Johannes Ebner

Tradition ohne Vergangenheit

Zur sozialen Neudefinition von alpinen Maskenbräuchen

D1719501

Johannes Ebner
Karl-Franzens-Universität Graz
Österreich

Figurationen. Schriften zur Zivilisations- und Prozesstheorie
ISBN 978-3-658-19021-7   ISBN 978-3-658-19022-4   (eBook)
DOI 10.1007/978-3-658-19022-4

Die Deutsche Nationalbibliothek verzeichnet diese Publikation in der Deutschen National-
bibliografie; detaillierte bibliografische Daten sind im Internet über http://dnb.d-nb.de abrufbar.

Springer VS
© Springer Fachmedien Wiesbaden GmbH 2018

Gedruckt auf säurefreiem und chlorfrei gebleichtem Papier

Springer VS ist Teil von Springer Nature
Die eingetragene Gesellschaft ist Springer Fachmedien Wiesbaden GmbH
Die Anschrift der Gesellschaft ist: Abraham-Lincoln-Str. 46, 65189 Wiesbaden, Germany

Meinen Eltern

Inhaltsverzeichnis

Vorwort... 13

Einleitung 19

Erster Teil: Stand der Forschung... 29

1   Im Spiegel der Zeit – Die Deutungsgeschichte in wissens-
    soziologischer Perspektive 31

    1.1   Wissenssoziologische Betrachtung der Deutungsgeschichte.............. 32
          1.1.1   Ein Relikt aus heidnischer Zeit – Mythologische Deutungen 33
          1.1.2   Römisch-byzantinische Volksschauspiele – Die Kulturtransfer-
                  Deutung.. 43
          1.1.3   Mittelalterlicher Teufelsglaube – Christliche Deutungen........... 45
          1.1.4   Das gezähmte Tier im Menschen – Psychoanalytische
                  Deutungen 47
          1.1.5   Umweltanpassung und Paarbildung – Ethologische Deutungen .. 48
          1.1.6   Betteln und Protest – Sozialökonomische Deutungen................ 52

    1.2   Kritik und Anknüpfungspunkte aus soziologischer Perspektive 57
          1.2.1   Zur wissenssoziologischen Rekonstruktion der
                  Deutungsgeschichte.. 57
          1.2.2   Anknüpfungspunkte für eine soziologische Untersuchung 59

2   Im Spiegel der Quellen – Die Brauchentwicklung in der
    volkskundlichen Literatur.. 63

    2.1   Zum Quellenproblem 64

    2.2   Die Brauchentwicklung im Spiegel der Quellen.................................. 65
          2.2.1   Hoch- und Spätmittelalter – Von kirchlichen Spielen zu wilden
                  Umzügen 66
          2.2.2   Reformation und Gegenreformation – Verbote, Einkehrbrauch
                  und wildes Treiben 70

2.2.3   Aufgeklärter Absolutismus – Verbote, Vermischungen und
        neue kirchliche Spiele 74
2.2.4   Romantik – Das Ende der Verbote, verklärter Blick und
        Reiseberichte 75
2.2.5   Industrialisierung und Nationalismus – Wiederbelebung,
        Pflege und Ideologisierung.. 77
2.2.6   Nationalsozialismus – Wiederbelebung, Pflege und
        ideologische Aufladung... 82
2.2.7   Nach dem Zweiten Weltkrieg... 84

2.3   Die Brauchgestalten im Spiegel der Quellen............................ 88
    2.3.1   Der Heilige Nikolaus, das Christkind und der Weihnachtsmann. 88
    2.3.2   Zu den Begleitern des Heiligen Nikolaus............................ 92

3   Im Spiegel des Booms – Eine Typologie aktueller Brauchdeutungen 99

    3.1   Deutungsmuster aktueller Entwicklungen............................. 99
        3.1.1   So wie es immer schon war – Die Rückzugsstrategie 100
        3.1.2   Früher war alles besser – Die Oppositionsstrategie................ 102
        3.1.3   Es wird nie mehr so wie früher – Die Fehlentwicklungsthese ... 105
        3.1.4   Manches ändert sich nie – Bedeutungslosigkeit oder
                Bedürfniskontinuität?.. 112
        3.1.5   Endlich wieder so, wie es früher nie war –
                Die Wandlungsthese... 116

    3.2   Fazit zum Stand der Forschung 125

Zweiter Teil: Zur Methode 127

4   Zum theoretischen Rahmen 129

    4.1   Zur Theoriebildung... 129
        4.1.1   Zum Verhältnis von Theorie und Empirie........................... 130
        4.1.2   Zur Validität der Ergebnisse.. 133

    4.2   Der figurationssoziologische Werkzeugkasten...................... 135
        4.2.1   Der Krampus- und Perchtenboom und der soziale Habitus........ 136
        4.2.2   Soziogenese und Psychogenese des Krampus- und
                Perchtenbooms 138
        4.2.3   Der Krampus- und Perchtenboom und Wir-Gefühle............... 142

5 Zu den Forschungsmethoden **145**

5.1 Feldforschung 145

    5.1.1 Feldnotizen 146

    5.1.2 Zugang zum Feld 149

5.2 Expertenbesuche und Expertinnengespräche 151

    5.2.1 Zur Auswahl 151

    5.2.2 Zugang erhalten und Vertrauen gewinnen 152

    5.2.3 Begleiten und teilnehmen 155

5.3 Feldforschung und statistische Analysen im Internet 159

    5.3.1 Internetportale als Feld: Von Krampusmania bis Krambay 159

    5.3.2 Zur deskriptiv-statistischen Analyse 161

    5.3.3 Zur virtuell-ethnographischen Analyse 164

Dritter Teil: Prozess- und figurationssoziologische Untersuchung **169**

**6 Versportlichung – Wandlungen des Krampusbrauches und
des Habitus** **171**

6.1 Der Krampusbrauch und Freizeitbedürfnisse 172

    6.1.1 Freizeit in der gegenwärtigen Soziologie 172

    6.1.2 Das Spektrum der Freizeit 178

    6.1.3 Anknüpfungspunkte für die Untersuchung von Krampus- und
Perchtenbräuchen 180

6.2 Warum Studien zum Sport als Ausgangspunkt? 185

6.3 Die Genese des Sports als Beispiel 187

    6.3.1 Versportlichung bei Elias und Dunning 188

    6.3.2 Die Umwandlung von Volksspielen in Sportspiele im
England des 18. Jahrhunderts 190

    6.3.3 Die Ausbreitung des Sports auf der ganzen Welt 192

6.4 Zur „Versportlichung" von Krampus- und Perchtenbräuchen 194

    6.4.1 Integration 196

    6.4.2 Institutionalisierung 203

    6.4.3 Quantitative Ausbreitung 205

    6.4.4 Räumliche und zeitliche Ausbreitung 209

    6.4.5 Soziale Ausbreitung I: Herkunftsmilieu 215

6.4.6   Soziale Ausbreitung II: Alter 237
6.4.7   Soziale Ausbreitung III: Geschlecht 241
6.4.8   Professionalisierung und Kommerzialisierung 264
6.4.9   Vereinheitlichung oder Spezialisierung? 268
6.4.10   Vom Vergnügen zur Ernsthaftigkeit 270
6.4.11   Formalisierung – Vom Selbst- zum Fremdzweck 273
6.4.12   Vom Fremd- zum Selbst- zum Fremdzwang 275
6.4.13   Von der expressiven zur instrumentellen Gewalt 282
6.4.14   Von der körperlichen zur Augenlust 286
6.4.15   Von der instrumentellen zur expressiven Gewalt 290

7   Krampus-Hooliganismus – Gewalt und Etablierten-Außenseiter-Beziehungen **305**

7.1   Problemstellung – Krampusläufe und exzessive Gewalt 305
    7.1.1   Zur Zunahme exzessiver Gewalt – eine feldforschende
            Annäherung 307
    7.1.2   Die „Flüchtlingskrise" und ihre Folgen 311

7.2   Steigerung der Gewalttätigkeit oder der Sensibilität gegenüber
      Gewalt? 327

7.3   Kulturelles Hintergrundwissen und soziale Herkunft 333
    7.3.1   Die Ausbreitung von Brauchhandlungen ohne entsprechende
            Expansion des Kontextes 334
    7.3.2   Angebot und Nachfrage verschiedener sozialer Gruppen im
            Krampus-Feld 339

7.4   Zivilisierter Habitus, aggressive Männlichkeit und segmentäre
      Bindungen 343
    7.4.1   Hooliganismus und segmentäre Bindung 343
    7.4.2   Krampus-Hooliganismus und sozialer Habitus 347

7.5   Etablierten-Außenseiter-Beziehungen 358
    7.5.1   Etablierten-Außenseiter-Beziehungen aus
            figurationssoziologischer Perspektive 358
    7.5.2   Ein Krampuslauf als Etablierten-Außenseiter-Figuration 360
    7.5.3   Krampus-Hooliganismus und Etablierten-Außenseiter-
            Beziehungen 365

7.6   Zusammenfassung 384

8   Heimat und Tradition – Der Krampus und Wir-Gefühle **387**

8.1   Problemstellung – Zur modernen Sehnsucht nach Heimat und
     Tradition 387

    8.1.1   Eine Frage aus verschiedenen Perspektiven 387

    8.1.2   Zur Komplexität menschlicher Beziehungen im Zeitalter der
           Globalisierung 390

8.2   Globalisierung – Zum Verlust von Etabliertheit, Sicherheit und
     Orientierung 397

    8.2.1   Lokal Etablierte als globale Außenseiter 397

    8.2.2   Der Druck aufsteigender Außenseiter – Wenn „der letzte
           Unterschied" bedroht ist 402

    8.2.3   Die „Erschöpfung des Selbst" im Zeitalter der Reflexivität
           und Identität 406

    8.2.4   Das „Unbehagen an der Moderne" und der „Preis der
           Zivilisation". 411

8.3   Rückzug auf Heimat und Tradition – Endlich wieder sicher und
     etabliert 415

    8.3.1   Identität und Sinn – Hobbys als Mittel der Identitäts-
           konstruktion. 418

    8.3.2   Gemeinschaft – Kollektive als Sozialisations- und
           Hierarchierahmen 425

    8.3.3   Mimesis und Explosion – Erlebnis und Gewalt als
           Intensivierung der Emotionen 440

    8.3.4   Status – Hobbys als Weg zur „Ersatzreputation" 445

    8.3.5   Wurzeln – Folklore als Flucht vor der Gegenwart 458

Zusammenfassung der Ergebnisse **491**

Literaturverzeichnis **501**

Quellenverzeichnis **539**

Vorwort

Die Arbeit an diesem Buch und seinen Vorversionen erstreckte sich über fast genau zehn Jahre – vom Besuch eines Krampuslaufes in meiner Heimatstadt Ferlach im November 2007 bis zu den letzten Korrekturen des überarbeiteten Manuskriptes im Frühsommer des Jahres 2017. Das Buch basiert in wesentlichen Zügen auf meiner Masterarbeit vom Frühling 2012, die den Abschluss eines fünfjährigen Forschungsprozesses darstellte. Während die zentralen Argumente der damaligen Arbeit erhalten geblieben sind, wurde das Manuskript für die vorliegende Buchfassung nicht nur um aktuelle Beispiele ergänzt. Um auch inhaltlich auf dem aktuellen Stand zu sein und die aktuellsten Entwicklungen in die Analyse einbeziehen zu können, wurde das ursprüngliche Manuskript um einige völlig neue Abschnitte erweitert.

Der ungewöhnlich – und unangemessen – lange Entstehungsprozess ist neben persönlichen Defiziten wohl auch auf meine vermessenen Ziele zurückzuführen. Ich wollte nicht nur eine theoretisch und empirisch fundierte Untersuchung eines soziologisch noch nicht erforschten Phänomens vorlegen, sondern darüber hinaus ein Schlaglicht auf größere gesellschaftliche Zusammenhänge und Prozesse werfen und einen Beitrag zur Zusammenarbeit von Soziologie und Ethnologie leisten. Dieser Ehrgeiz hatte zur Folge, dass die Arbeit mit einigen unerwarteten Herausforderungen verbunden war – von der Notwendigkeit, sich mit der Forschungstradition einer anderen Disziplin vertraut zu machen, bis zur Erfordernis, einen Disziplinen-übergreifenden Ansatz zu entwickeln. Die schwere Zugänglichkeit des nur während zwei Monaten des Jahres, der sogenannten „Krampuszeit", aktiven Feldes verlangte zudem nach einer Kombination mehrerer Erhebungsmethoden – von Feldstudien und verstehenden Interviews über Expertinnen- und Experteninterviews bis zu einer deskriptiv-statistischen und einer ethnographischen Analyse einschlägiger Internet-Portale.

Dass die Arbeit nun in der *Figurationen*-Reihe erscheint, ist ein großer, wenn auch nicht der einzige, Trost. Im Rahmen der jahrelangen Forschungsarbeit bin ich nämlich auf ein soziales Problem gestoßen, das ich im Rahmen meiner Dissertation untersuche: ethnisierende Exklusions- und Stigmatisierungsprozesse im Rahmen des aktuellen Brauchtumsbooms. Zudem verdanke ich dieser Arbeit – und meinem Betreuer Helmut Kuzmics – die Gelegenheit, mich intensiv mit der Soziologie von Norbert Elias zu befassen. Wie sich später herausstellen sollte, fand ich mit ihr nicht nur ein Werkzeug zur Disziplinen-übergreifenden

Untersuchung sozialer Probleme. Vielmehr gab sie mir in einer schwierigen Zeit das Gefühl, dass die soziologische Forschung doch eine lohnende Aufgabe und eine befriedigende Arbeit sein kann. Aus heutiger Sicht verdanke ich der damaligen Forschungsarbeit außerdem mein Interesse für einen meiner mir bis heute liebsten Arbeitsschwerpunkte: die historische Habitus-, Kriegs- und Gewaltforschung.

Auf die Gründe, aus denen nach dem Forschungs- auch der Publikationsprozess fast fünf Jahre in Anspruch genommen hat, muss an dieser Stelle nicht weiter eingegangen werden. Neben der Freude über das Endprodukt bleibt zumindest der Trost, dass das Buch nicht besser geworden wäre, wenn es früher erschienen wäre. Allerdings dürfte nun auch der Punkt erreicht sein, an dem die Qualität des Buches durch weitere Aktualisierungen, Korrekturen und Ergänzungen nicht mehr wesentlich gesteigert werden hätte können.

Danksagung

Wenn sich der Forschungsprozess über mehrere Jahre hinzieht und der Publikationsprozess ebenso viel Zeit in Anspruch nimmt, wird die Liste jener Wegbegleiterinnen und Webegleiter, denen man Dank, eine Entschuldigung oder etwas weniger Immaterielles schuldet, zwangsweise recht lang.

An erster Stelle danke ich meinen Eltern, Margarethe und Helmut Ebner, für ihre Unterstützung und Geduld, für ihr Vertrauen und ihre Liebe. Für all dies danke ich außerdem meiner Schwester Jutta sowie Sani und Maja. Mein Dank gilt auch meinen Großeltern Margarethe und Josef Mickl sowie Olga und Hubert Ebner. Besonders dankbar bin ich Marion, die unter den Mühen des Publikationsprozesses – neben und wegen mir – wohl am meisten zu leiden hatte. Ihr verdanke ich nicht nur Audrey und Humphrey, sondern auch meine Münchener Familie, die mich so herzlich in ihre Mitte aufgenommen hat. Dafür bin ich Hella, Alois und Julia Stopfinger sehr dankbar. Marion habe ich es auch zu verdanken, dass meine Prozessperspektive nun nicht mehr nur in die Vergangenheit, sondern auch in die Zukunft reicht – und das auf durchwegs undistanzierte Weise.

Zudem danke ich meiner besten Freundin, Barbara Colette Zitturi, für alles, was wir zusammen erlebt haben und erleben werden, aber auch dafür, dass unsere Freundschaft nicht von der Häufigkeit unserer Treffen abhängt. Pia Zitturi werde ich für ihre unvoreingenommene und bedingungslose Hilfe immer dankbar sein. Monika Wallner-Unterkircher bin ich vor allem dafür zu Dank verpflichtet, dass sie meiner Heiligkeit Schein verleiht und unermüdlich – und leider durchaus erfolgreich – versucht, mich zu einem Menschen zu degradieren. Ein ähnlich gearteter Dank gilt Wolfhart Baumann, Wolfgang Springer und Karl-Heinz Weber. Außerdem ist es mir ein besonderes Anliegen, all jenen Personen Dank zu sagen, die mir im Laufe des langen Forschungsprozesses zur Seite gestanden haben. An erster Stelle steht hier mein Betreuer und Mentor Helmut Kuzmics, dem ich für seine Ausdauer und Geduld, seine Beharrlichkeit und Hilfe sehr dankbar bin. Außerdem möchte ich mich bei einer Reihe von Soziologie-Kolleginnen und -Kollegen bedanken, die mir auf verschiedene Art – sei es in der Form inhaltlicher Hinweise, methodischer Ratschläge oder ermunternder Gespräche – geholfen haben: Silvia Andexlinger, Petra Martina Baumann, Christian Dorner-Hörig, Eric Dunning, Christian Fleck, Sabine A. Haring, Andreas Hess, Stephan Moebius, Abdur-Rahman Momin, Johanna Muckenhuber, Kathrin Parson, Andrea Ploder, Manfred Prisching, Dieter Reicher, Katharina Scherke, Jenny Schlager, Anne Seitz, Gertrude Selbitschka, Marion Stopfinger, John Torpey, Barbara Zitturi und Dennis Zuev. Für den Disziplinen-übergreifenden Austausch und die vielen Anregungen danke ich außerdem den Kolleginnen und Kollegen des Heimatschutz-Forschungsprojektes Antje Senarclens de Grancy, Monika Stromberger, Werner Suppanz, Ulrich Tragatschnig und Roman Urbaner. Vor dem Forschungsprozess waren mir auch meine Kollegenschaft aus dem Kärntner Landesarchiv (Helmut Jeremias, Renate Kohlrusch und Katrine Rassinger) und von der Technischen Universität Graz (Anna Huot, Oliver Jungwirth und Dimitrios Nikolaidis) eine große Stütze.

An dieser Stelle möchte ich auch jenen Personen und Organisationen meinen Dank ausdrücken, die mich während des langen Forschungs- und Publikationsprozesses finanziell oder infrastrukturell unterstützt haben. An der Universität Graz sind dies das *Institut für Soziologie*, der *Forschungsschwerpunkt Heterogenität und Kohäsion*, die *Sozial- und Wirtschaftswissenschaftliche Fakultät* sowie das *Centrum für Sozialforschung*; an der Technischen Universität Graz das *Institut für Stadt- und Baugeschichte* (insb. Peter H. Schurz), das *Institut für Architekturtheorie, Kunst- und Kulturwissenschaften* sowie die *Fakultät für Architektur*; ferner das *Ludwig Boltzmann-Institut für Kriegsfolgen-Forschung* (insb. Wolfram Dornik und Barbara Stelz-Marx), das *Ludwig Boltzmann-Institut für Gesellschafts- und Kulturgeschichte* sowie das *Kärntner Landesarchiv*.

Mein besonderer Dank gilt zudem allen Personen, die ich im Rahmen des Forschungsprozesses kennenlernen durfte und die die vorliegende Arbeit überhaupt erst möglich gemacht haben. Gerade weil die Brauchtumsbegeisterung in dieser Arbeit aus möglichst vielen Perspektiven betrachten werden sollte, war das Gelingen des Forschungsvorhabens ganz wesentlich von der Offenheit der kontaktierten Vereinsobleute, Schnitzer und Brauchausübenden, aber auch der Angehörigen und Krampuslaufzuschauer, abhängig. Ihnen allen möchte ich für ihre Gastfreundschaft und Ehrlichkeit, für ihr Engagement und ihre Hilfe herzlich danken. Dies gilt auch für all jene, deren Namen mir nicht bekannt sind oder die aus verschiedenen Gründen nicht genannt werden möchten. Ohne ihr Wissen, ihre Einschätzungen, ihre Vermittlungen und ihren Zuspruch wären viele Erkenntnisse wohl nicht – oder zumindest nicht in dieser Klarheit – zustande gekommen. Besonders zu Dank verpflichtet bin ich Martina Edler und Eva Kreissl vom *Steiermärkischen Volkskundemuseum Joanneum*, den Krampus-Ausstattern und *Krampusmania*-Administratoren Melanie Hafner und Gerhard Trinkl, Wolfgang Lattacher vom *Kärntner Brauchtumsverband*, dem Maskenschnitzer Robert Mitterer, Josef Moser jun. vom *1. Österreichischen Krampusmuseum* in Suetschach und dem *Loavnschau*-Herausgeber Thomas Steyerer.

Zu guter Letzt ist es mir ein Anliegen, meinen Dank gegenüber jenen Personen auszudrücken, die mich während des Publikationsprozesses begleitet haben. Mein besonderer Dank gilt Helmut Kuzmics, Sabine A. Haring, Katharina Scherke und Marion Stopfinger, deren entschiedener Nachdruck weitere Ausflüchte, Aufschübe und Ergänzungen verhindert hat. Neben Helmut Kuzmics danke ich Annette Treibel-Illian und Reinhard Blomert dafür, dass sie meine Arbeit in die Schriftenreihe *Figurationen. Schriften zur Zivilisations- und Prozesstheorie* aufgenommen haben. Dem Verlag *Springer VS*, vor allem Nora Valussi, Andreas Beierwaltes und ganz besonders Britta Göhrisch-Radmacher, danke ich für die äußerst professionelle Zusammenarbeit. Für die juristische Beratung danke ich Stefan Pötsch von der Rechts- und Organisationsabteilung der Karl-Franzens-Universität Graz. Edvina Bešić, Christina Korb, Julia S. O'Connor, Matthias Revers, Elisabeth Scheibelhofer, Roland Verwiebe und Hannah Volk möchte ich für den fachlichen und nicht-fachlichen Austausch danken. Es ist mir aber auch ein Anliegen, mich bei meinen Studierenden zu bedanken, die mir – mehr oder weniger freiwillig – gestattet haben, die Verständlichkeit einiger Gedanken und Argumente an ihnen auszuprobieren.

Leseempfehlung

Dieses Buch muss nicht zwangsweise von vorne bis hinten gelesen werden. Vielmehr ist es so konzipiert, dass jedes Kapitel für sich gelesen werden kann (dies gilt vor allem für die drei auf der empirischen Analyse basierenden Kapitel 6, 7 und 8). Wer sich für die Genese alpiner Maskenbräuche und die entsprechende Deutungsgeschichte nicht im Detail interessiert, kann die beiden ersten Kapitel getrost überspringen und mit dem dritten Kapitel einsetzen. Textstellen, die auf Passagen aus anderen Kapiteln aufbauen und entsprechendes Vorwissen voraussetzen, enthalten entsprechende Verweise.

Editorische Notiz

Das Buch basiert auf meiner Masterarbeit, die im Frühling 2012 an der Karl-Franzen-Universität Graz eingereicht wurde und den Abschluss eines fünfjährigen Forschungsprozesses bildete. Für die vorliegende Buchfassung wurde das ganze Manuskript einem erneuten Korrektorat und Lektorat unterzogen. Während manche Textteile, mit Ausnahme einiger Aktualisierungen, in ihren wesentlichen Argumenten weitgehend unverändert aus dem ursprünglichen Manuskript übernommen werden konnten, wurden andere Textstellen um aktuelle Beispiele ergänzt. Vor allem der sogenannten „Flüchtlingskrise" ist es zu verdanken, dass das ursprüngliche Manuskript im Rahmen der Überarbeitung im Frühjahr 2017 um einige völlig neue Abschnitte erweitert werden konnte und musste.

Zitate werden nicht an die aktuelle Rechtschreibung angepasst, sondern in der originalen Schreibweise belassen. Offensichtliche Tippfehler und Fehler, die die Leserlichkeit bzw. das Verständnis der Textstelle erschweren, sind mit [sic!] gekennzeichnet. Bei Internetforen-Einträgen wird von dieser Kennzeichnung abgesehen, da Rechtschreib- und Grammatikfehler in diesem Fall für die inhaltliche Interpretation keine Rolle spielen und diese Einträge häufig im Dialekt oder nahe an der Alltagssprache verfasst sind. Austriazismen, dialektale und umgangssprachliche Ausdrücke sowie versuchte phonetische Wiedergaben einer regionalen Aussprache eines hochsprachlichen Ausdrucks, die mir unverständlich erschienen, werden in eckigen Klammern erklärt und / oder sinngemäß übersetzt. Von mir transkribierte Interviewzitate werden vorsichtig an die Hochsprache sowie die Regeln von Rechtschreibung und Zeichensetzung angeglichen.

Zu Gunsten der besseren Lesbarkeit wird in der Folge nicht in jedem einzelnen Fall sowohl die männliche als auch die weibliche Form verwendet.

Ebenfalls zum Zwecke der einfacheren Lesbarkeit werden in diesem Buch die Figuren- und Brauchbezeichnungen „Krampus" und „Percht" – sofern nicht explizit unterschieden – synonym zueinander verwendet. Damit folge ich dem Sprachgebrauch weiter Teile der Krampus- (bzw. Perchten-)Szene, der eine solche Unterscheidung, vor allem, wenn es um Vereine und Umzüge geht, nicht erlaubt. Zwar spielt die Unterscheidung der beiden Brauchkomplexe und -figuren innerhalb der Szene für einige Subgruppen eine zentrale Rolle. Wenn jedoch nicht explizit diese Differenzierung verschiedener Brauchauffassungen oder -figuren oder die mit ihr zusammenhängenden Debatten diskutiert werden, sondern allgemeine Aussagen über die ganze Krampus- (und Perchten-)Szene gemacht werden, bezieht zum Beispiel der Begriff „Krampuslauf" jene Veranstaltungen ein, die als „Perchtenlauf" bezeichnet und beworben werden.

Einleitung

Wenn man an einem November- oder Dezemberabend durch irgendeine österreichische Ortschaft spaziert, wird man mit großer Wahrscheinlichkeit Vorgänge beobachten können, die – zumindest auf den ersten Blick – dem Bild einer westlich-demokratischen, funktional hochdifferenzierten Gesellschaft nicht entsprechen. Hunderte junge Männer mit Teufels- und anderen grauenhaften Masken ziehen durch die Straßen, brüllen, drohen und schlagen mit Weidenruten oder anderen Schlagwaffen um sich. Fragt man Passantinnen und Passanten oder die Maskierten, was es mit diesem Treiben auf sich hat, wird man erfahren, dass es sich dabei um einen uralten Brauch handle, der in den Ostalpen schon seit Jahrhunderten, wenn nicht Jahrtausenden praktiziert werde, um unartige Kinder zu tadeln, Erwachsene mit Fruchtbarkeit zu segnen oder böse Wintergeister zu vertreiben. Bei Besuchern aus dem Ausland, die diesem Spektakel zufällig beiwohnen, dürfte das Gesehene Verwunderung, wenn nicht gar Irritationen hervorrufen, schließlich vermutet man wilde Maskenzüge und magisch-mythische Rituale eher in traditionalen Gesellschaften als in einem hochdifferenzierten Nationalstaat. Und Menschen, die sich eines der vielen Krampus- und Perchtenlauf-Videos auf *YouTube* ansehen, denen aber Österreich ansonsten kein Begriff ist, machen sich von dieser Gesellschaft vermutlich ein Bild, das sowohl vom Selbstbild der Österreicherinnen und Österreicher als auch von der realen gesellschaftlichen Situation auf spezifische Weise abweicht.

Denn eigentlich wird man in einer hochdifferenzierten Gesellschaft kaum mit körperlicher Gewalt konfrontiert. Wenn überhaupt, dann tritt physische Gewalt über verschiedene Medien in den Gesichtskreis der Menschen. Die Gefahr, mit körperlicher Gewalt konfrontiert zu werden – sei es, als Opfer oder in einer Situation, in der man sich gezwungen sieht, selbst handgreiflich zu reagieren – ist trotz verschiedener Formen des sogenannten neuen Terrorismus sehr gering. Das Gefühl der Sicherheit ist nach wie vor wesentlicher Bestandteil des Selbstverständnisses aufgeklärter, demokratischer Gesellschaften. Im Gegensatz zu den Maskierten und Nicht-Maskierten kann man sich normalerweise in einer Gesellschaft wie Österreich nicht seinen emotionalen und körperlichen Bedürfnissen hingeben. Jeder Mensch ist im beruflichen wie im privaten Alltag in so komplexe und umfangreiche Handlungsketten eingebunden, dass er sein Verhalten beständig kontrollieren und längerfristigen Zielen unterordnen muss. Das Leben in

einer solchen Gesellschaft erfordert von jedem Menschen eine stabile, gleichmäßig ausgebildete Selbstkontrollapparatur.

Außerdem besitzen überlieferte Lebens-, Arbeits- und Denkweisen, die in
der vormodernen Zeit selbstverständlich von einer Generation zur nächsten wei-
tergegeben wurden, für junge Menschen nur mehr wenig Bedeutung. Dies gilt
auch und vor allem für mit dem Jahreslauf verbundene Rituale, deren wirtschaftliche, soziale und geistige Grundlagen spätestens im Laufe der letzten 50 bis 60
Jahre abhandengekommen sind. Im östlichen Alpenraum kann man diese Entwicklungen besonders deutlich an winterlichen Maskenbräuchen beobachten.
Dies gilt sowohl für die verschiedenen Brauchformen, die rund um den Kram-
pus- und den Nikolaus-Tag am 5. und 6. Dezember stattfinden, als auch für die
regional sehr unterschiedlichen Perchtenbräuche, die traditionell in den Räunäch-
ten um den Jahreswechsel ausgeübt werden. In den 1960er und 1970er Jahren
verloren sowohl Krampus- als Perchtenbräuche zunehmend an Attraktivität. Den
Vereinen fehlte der Nachwuchs, viele von ihnen wurden in den 1980er Jahren
aufgelöst. Es schien, als sei es nur eine Frage der Zeit, bis auch diese Bräuche
vollkommen aufgegeben werden würden. Aber seit Mitte der 1990er Jahre erleben alte – und als alt vorgestellte – Volksbräuche einen erneuten Aufschwung.
Seit damals wurden hunderte neue Krampus- bzw. Perchtenvereine gegründet –
auch in Regionen, in denen es diese Bräuche bis dahin gar nicht gegeben hatte.
Dieses Phänomen ist keineswegs auf Krampus- und Perchtenbräuche beschränkt.
Seit einigen Jahren erfreuen sich vermeintlich alte und regionale Praktiken und
Produkte großer Beliebtheit, werden ausgestorbene Brauchkomplexe wiederbelebt und neue erfunden, boomen Trachtenbälle und Oktoberfeste, erzielen Trach-
tenhersteller und Volksmusikstars Rekordgewinne.

Im Rahmen dieses Wiederentdeckungsprozesses haben sich diese Bräuche
auf spezifische Weise verändert. Besonders tiefgreifend und sichtbar sind diese
Wandlungen an Krampus- und Perchtenbräuchen. Erstens vermischen sich seit
Einsetzen des Booms in vielen Regionen die beiden Brauchkomplexe rund um
den heiligen Nikolaus und den Krampus auf der einen Seite und um die Figur der
Percht auf der anderen Seite zusehends. Von Anfang November bis Mitte Jänner
finden sowohl Krampus- als auch Perchten-, Teu-fels- und Klaubaufumzüge
statt. Viele Brauchträger legen auf diese Unterscheidung keinen Wert. Andere
Brauchträgergruppen sehen den Krampus und die Percht als zwei grundsätzlich
verschiedene Brauchgestalten mit völlig unterschiedlichen Ursprüngen an und
lehnen folglich deren Vermischung als vermeintlich neue – und daher bekla-
genswerte – Entwicklung ab. Die wissenschaftliche Volkskunde bzw. Ethnologie
geht heute jedoch davon aus, dass sich Nikolausspiele, Perchtenbräuche, Fasnachten, das Klaubaufgehen und andere winterliche Maskenbräuche aus unterschiedlichen Regionen über Jahrhunderte gegenseitig beeinflusst haben, und dass

die strikte Unterscheidung von Krampus und Percht ein recht junges Phänomen ist, das im Zusammenhang mit den brauchpflegerischen Bemühungen des späten 19. und des 20. Jahrhunderts gesehen werden muss. Zweitens wurden im Rahmen des Krampus- bzw. Perchtenbooms der letzten zwei bis drei Jahrzehnte nur bestimmte Brauchformen wiederentdeckt. Während Brauchformen, die traditionell innerhalb der Großfamilie oder in engen dörflichen Verbänden gepflegt wurden, wie etwa der häusliche Einkehrbrauch, weiterhin mit abnehmendem Interesse zu kämpfen haben, wurden in den letzten 15 bis 25 Jahren hunderte Umzüge ins Leben gerufen – und zwar auch in Regionen, in denen diese Brauchformen keine Tradition haben. Diese „Krampus-" oder „Perchtenläufe" knüpfen – wie wir im ersten, zweiten und sechsten Kapitel sehen werden – sowohl an wilde Maskenzüge an, die seit dem Mittelalter und der Frühen Neuzeit auch rund um den 6. Dezember und die Raunächte belegt sind, als auch an Schauumzüge des 19. Jahrhunderts, die bereits im Zusammenhang mit pflegerischen und frühen touristischen Aktivitäten zu sehen sind.

Gleichzeitig haben sich die Umzüge in den letzten Jahren auf spezifische auf spezifische – und erklärbare – Weise gewandelt. Aus wilden Raufereien der Dorfjugend sind professionell organisierte Events geworden, die auch in größeren Städten stattfinden und viele Tausend Zuschauer anlocken. Auch die Masken und Kostüme haben sich gewandelt. Die Vielfalt der Motive, die Qualität der Herstellung, aber auch die Einflüsse der globalen Populärkultur sind größer geworden. Außerdem hat sich die Art der Beziehung zwischen Krampussen und Nicht-Krampussen verändert. Maskierte und Nicht-Maskierte sind häufig durch Absperrgitter voneinander getrennt und der Einmarsch der Krampus- bzw. Perchtengruppen wird durch Death Metal oder mystische Musik untermalt. Die Krampusse haben sich in Darsteller und die früheren „Treiber" in Zuschauer verwandelt. Aus den vielen regionalen Traditionen hat sich eine Szene herausgebildet, die sich über (fast) ganz Österreich und auch über seine Grenzen hinweg ausgebreitet hat. Darüber hinaus stellen die meisten Gruppen ihre Masken nicht mehr selbst her, sondern bestellen sie bei professionellen Schnitzern, die mittlerweile ausschließlich von der Maskenherstellung leben können. Auch die Lokalpolitik, die Tourismusbranche und die Süßwarenindustrie haben Krampus- und Perchtenbräuche für sich entdeckt. Ähnliche Tendenzen sind – in unterschiedlicher Ausprägung und Intensität – bei vielen wieder oder neu eingeführten Bräuchen zu beobachten. Was Krampus- bzw. Perchtenbräuche von anderen Brauchtumsevents unterscheidet, ist die Tatsache, dass die Akteure vorwiegend junge Menschen sind, die außerdem verschiedensten sozialen Milieus und auch städtischen Regionen entstammen.

Bereits aus diesen skizzenhaft vorgetragenen Überlegungen ergeben sich unzählige Fragen. Warum erfreuen sich vermeintliche alte, traditionelle oder regionale Praktiken seit einigen Jahren so großer Beliebtheit? Weshalb werden in einer Zeit zunehmender Globalisierung und Kommerzialisierung fast vergessene Bräuche plötzlich von breiten gesellschaftlichen Kreisen wiederentdeckt? Ist diese Entwicklung ein geplantes, bewusst erfundenes und vielleicht sogar zentral gesteuertes Gegenprojekt zur allseitig proklamierten Amerikanisierung oder gegen andere als bedrohlich empfundene Mächte? Oder kann man den starken Zuspruch, den Brauchtumsfeste in den letzten Jahren erfahren, als Reaktion auf ein Bedürfnis nach Überschaubarkeit und Sicherheit interpretieren, in einer sich immer schneller verändernden Welt, in der sich der Einzelne übermächtigen äußeren Kräften ausgesetzt sieht? Oder aber ist der Festtagskalender nur will-kommener Anlass, um unter dem Deckmantel der Brauchtumspflege umsatzstar-ke Events zu erfinden? Wie ist die räumliche, zeitliche und soziale Ausbreitung zu erklären? Gibt es Grenzen und regionale Unterschiede? Ist die Begeisterung auf bestimmte gesellschaftliche Schichten beschränkt? Aus welchem Grund sind gerade Krampus- und Perchtenbräuche bei so breiten gesellschaftlichen Kreisen und vor allem bei jungen Menschen so beliebt? Kommen sie den emotionalen Bedürfnissen, die für Menschen in hochdifferenzierten Gesellschaften charakte-ristisch sind, auf besondere Weise entgegen?

Angesichts dieser Fülle an drängenden Fragen ist es umso überraschender, dass die soziologische Forschung diesem Phänomen bisher keine Beachtung geschenkt hat. Dies dürfte einerseits damit zu tun haben, dass es sich dabei um eine Freizeitbeschäftigung handelt und dass der Bereich der Freizeit, obwohl er sowohl quantitativ als auch in seiner Bedeutung zunimmt, noch immer einen niedrigen Stellenwert hat – nicht nur im außerwissenschaftlichen, sondern auch im wissenschaftlichen Bereich. Auch wenn sich die Freizeitsoziologie in den letzten Jahren zu einer eigenen Bindestrichdisziplin der Soziologie entwickelt hat, wird die Freizeit häufig noch immer als Gegenseite der Arbeit betrachtet, als Mittel, sich von den Strapazen der Erwerbsarbeit zu erholen. In konservativ-kulturkritischen Gesellschaftsdiagnosen wird hingegen häufig die Ausdehnung der Freizeit sowie das Vordringen hedonistischer Orientierungen in den Berufs-alltag beklagt. Insgesamt ist nicht nur das Ansehen der Freizeit, sondern auch die Reputation jener Soziologinnen und Soziologen, die sich mit ihr beschäftigen, noch immer eher gering.

Andererseits dürfte die soziologische Blindheit für die Brauchtumsbegeiste-rung der letzten Jahre auch mit der vorherrschenden wissenschaftlichen Arbeits-teilung zusammenhängen, der zufolge „Volksbräuche" und alles, was mit ihnen zusammenhängt, von der Volkskunde (bzw. der Europäischen Ethnologie oder Kulturanthropologie) untersucht werden bzw. wird. In den letzten Jahren wurden unzählige volkskundliche Arbeiten veröffentlicht, die sich der neuen Begeiste-rung für regionale und traditionelle Bräuche widmen. So unverzichtbar diese

Arbeiten in mancher Hinsicht – etwa für die Dokumentation und Beschreibung einzelner Brauchformen – sein mögen, so unbefriedigend sind sie, wenn es darum geht, den Brauchtumsboom zu verstehen oder sogar zu erklären. In der hier vorgelegten Arbeit wird die These vertreten, dass man diese Begeisterung nur verstehen kann, wenn man einzelne Brauchformen nicht isoliert voneinander untersucht, sondern nach allgemeinen Entwicklungstendenzen fragt und diese im Zusammenhang mit den emotionalen Bedürfnissen, Wir-Gefühlen und Affektstrukturen, aber auch mit den Mustern des Zusammenlebens betrachtet.

In vielen volkskundlichen Arbeiten wird festgestellt, die Wiederentdeckung alter bzw. vermeintlich alter Bräuche hänge auf irgendeine, nicht näher spezifizierte, Weise mit bestimmten emotionalen Bedürfnissen zusammen, die für hochdifferenzierte Gesellschaften charakteristisch sind. Leider wird jedoch kaum über solch allgemeine und undifferenzierte Feststellungen hinausgegangen, wodurch die Unterschiede, die zweifellos zwischen heutigen Krampusläufen und dem Schuhplatteln oder den im ganzen Land aus dem Boden schießenden Oktoberfesten bestehen, aus dem Blickfeld geraten. Außerdem reicht es für das Verständnis des gegenwärtigen Brauchtumsbooms nicht aus, abstrakt auf „den gesellschaftlichen Wandel" hinzuweisen oder Schlagworte wie „Sehnsucht nach dem Archaikum" anzuführen. Vielmehr müsste jede relevante Veränderung des Brauches mit konkreten gesellschaftlichen Wandlungsprozessen verknüpft und anhand theoretischer Konzepte und empirischer Quellen nach den mit ihnen zusammenhängenden Bedürfnissen der Menschen gefragt werden.

Das zentrale Anliegen dieser Arbeit ist, sowohl die eben angesprochenen psychisch-emotionalen Bedürfnisse als auch Bräuche und andere Freizeitaktivitäten anhand empirisch nachweisbarer Fakten systematisch mit gesellschaftlichen Verflechtungsmustern und Machtstrukturen und den für sie spezifischen psychischen Strukturen in Verbindung zu bringen und ihre Wandlungen nachzuzeichnen. Vor dem Hintergrund dieses Vergleichsrahmens wird danach gefragt, ob, wie und warum verschiedene Freizeitaktivitäten diesen spezifischen Bedürfnissen entgegenkommen. Auf diese Weise wird zu zeigen versucht, warum manche Bräuche besonders beliebt sind, weshalb einige nur von bestimmten sozialen Gruppen und andere von sehr breiten Kreisen angenommen werden. Die zentralen Fragestellungen sind:

Warum erleben Krampus- und Perchtenläufe, aber auch Trachten, Oktoberfeste und andere „Volksbräuche" seit ungefähr 20 bis 25 Jahren eine Renaissance? Weshalb werden in einer hochdifferenzierten Gesellschaft plötzlich regionale Eigenheiten und Traditionen wiederentdeckt? Oder anders gefragt: Was ist das für eine Gesellschaft, in der die Sehnsucht nach alten, kleinräumigen Traditionen wieder zunimmt? Was sagt dies über die Freizeitbedürfnisse, die Hoffnungen und Ängste, die psychischen Strukturen und Wir-Gefühle der Menschen aus? Welchen emotionalen Bedürfnissen, Werthaltungen und Denkmustern, die für Menschen in hochdifferenzierten Gesellschaften charakteristisch sind, kommen diese Freizeitbeschäftigungen entgegen? Warum sind Krampus- und Perchtenumzüge bei besonders breiten gesellschaftlichen Schichten, vor allem auch bei Jugendlichen und in städtischen Gebieten, so beliebt? Wodurch unterscheiden sich Krampus- und Perchtenläufe von anderen folkloristischen Events? Kommen sie dem psychischen Aufbau und dem Affekthaushalt, dem Bedürfnis nach Zugehörigkeit und Abgrenzung, nach Sicherheit und Orientierung, nach Verwurzelung und Erlebnis auf besondere Weise entgegen?

Wie haben sich Krampus- und Perchtenläufe vor, während und nach ihrer Wiederentdeckung gewandelt? Ist ihre Beliebtheit auch darauf zurückzuführen, dass sie sich im Gegensatz zu anderen wieder oder neu eingeführten Bräuchen so gewandelt haben, dass sie den emotionalen Bedürfnissen der Menschen besonders entsprechen? Oder anders formuliert: Ist ihre breite Anziehungskraft auch darauf zurückzuführen, dass sie flexibel genug sind, um an die psychisch-emotionalen Bedürfnisse von Menschen aller Altersgruppen, aber auch unterschiedlichster sozialer und regionaler Herkunft, angepasst zu werden?

Dieses Vorhaben verlangte nach einem theoretischen Modell, das es ermöglicht, die spezifischen Veränderungen von Krampus- bzw. Perchtenbräuchen, aber auch von anderen Brauchinnovationen und Freizeitaktivitäten zu untersuchen und systematisch sowohl mit den Wandlungen der zwischenmenschlichen Verflechtungsmuster und Machtverhältnisse als auch mit den Trieb- und Affektstrukturen, den emotionalen Bedürfnissen und Wir-Gefühlen der Menschen, die diese Muster miteinander bilden, in Beziehung zu setzen. Das Modell musste es erlauben, sowohl wirtschaftliche, politische und soziale Entwicklungen auf der lokalen, regionalen und nationalen Ebene anzusehen, als auch, die mit ihnen einhergehenden psychosozialen Veränderungen auf der Ebene einzelner Individuen und sozialer Gruppen zu untersuchen. Außerdem musste es sich dafür eignen, Aspekte regionaler und nationaler Identität und deren Konstruktion, Bedeutung, Funktion und Instrumentalisierung im zeitlichen Längs- sowie im räumlichen und sozialen Querschnitt zu untersuchen. Darüber hinaus sollte das Modell flexibel genug sein, um mit anderen theoretischen Konzepten, etwa aus der Ethnologie oder aus anderen soziologischen Denkrichtungen, kombiniert zu werden. Aus diesen Gründen wurde der prozess- und figurationssoziologische Ansatz von Norbert Elias gewählt.

Gerade weil es sich bei der Wiederentdeckung von Krampus- und Perchtenbräuchen um ein junges und relativ schwer zugängliches Phänomen handelt, boten sich Methoden an, die nicht auf umfangreiches Vorwissen in der Form feststehender Fragen oder Hypothesen angewiesen sind. Sie sollten es ermöglichen, dieses Wissen im Feld zu erwerben, um es dann in der Form von Fragen, Annahmen und Konzepten zu systematisieren. Außerdem sollten sie variabel genug sein, um mit den Konzepten, aber auch mit der Methodenkompetenz des Forschers und seiner zunehmenden Vertrautheit mit den Informantinnen und Informanten mitzuwachsen. Die Methoden sollten es aber auch ermöglichen, die Denkweisen und Wertvorstellungen der untersuchten Menschen zu verstehen. Und schließlich sollten sie mit anderen Erhebungstechniken kombinierbar sein. Die Daten, die die empirische Basis dieser Untersuchung bilden, stammen aus unterschiedlichsten Quellen und wurden über einen Zeitraum von vier Jahren mit verschiedenen Methoden erhoben. Sie stammen aus Feldaufenthalten, Gesprächen, Beobachtungen, einer deskriptiv-statistischen Analyse von Internet-Portalen, aus der Lektüre von Medienberichten und schriftlichen Erzeugnissen der Brauchträger und aus der Inhaltsanalyse eines einschlägigen Internetforums.

Zum Aufbau dieser Arbeit

Der *erste Teil* dieser Arbeit widmet sich aus unterschiedlicher Perspektive dem Stand der Forschung. Dabei wird nicht nur die Brauchentwicklung selbst, sondern auch die Geschichte der Deutung dieser Bräuche vor dem Hintergrund der jeweiligen politischen, ökonomischen, sozialen, rechtlichen und wissenschaftsgeschichtlichen Zusammenhänge betrachtet. Zunächst, im *ersten Kapitel*, wird die Deutungsgeschichte winterlicher Maskenbräuche in wissenssoziologischer Perspektive rekonstruiert. Die wichtigsten Erklärungsversuche von Brauchursprung und -entwicklung werden vor dem Hintergrund ihrer Entstehungsgeschichte diskutiert und auf ihre Brauchbarkeit für eine figurationssoziologische Untersuchung hin befragt. Im *zweiten Kapitel* rücken die Bräuche selbst in den Vordergrund. Anhand der anerkannten volkskundlichen Fachliteratur wird die Brauchentwicklung soweit nachgezeichnet, wie sie anhand der greifbaren Quellen belegt und nachvollziehbar gedeutet werden kann. Das *dritte Kapitel* widmet sich schließlich den Deutungen der *aktuellen* Brauchentwicklung und leitet so zum Kern dieser Arbeit, der prozess- und figurationssoziologischen Untersuchung der gegenwärtigen Entwicklungen, über. Zunächst werden die wichtigsten Interpretationstypen des jüngsten Krampus- und Perchtenbooms, die in volkskundlichen Arbeiten, Medienberichten und in den Wortmeldungen der Brauchträger selbst zu finden sind, diskutiert und analysiert. Danach wird anhand eines Beispiels versucht, mögliche Berührungspunkte zwischen der ethnologischen und der figurationssoziologischen Forschung aufzuzeigen.

Der *zweite Teil* dieser Arbeit ist den theoretischen und methodologischen Vorbemerkungen zur figurationssoziologischen Untersuchung gewidmet. Im *vierten Kapitel* wird zunächst die Art der Theoriebildung, die dieser Arbeit zugrunde liegt, kurz vorgestellt und wissenschaftstheoretisch begründet. Dies erscheint deshalb als notwendig, weil es sich um eine Art der Fragen-, Konzept- und Hypothesengenerierung handelt, die in ganz entscheidender Weise von der Vorgehensweise der formalisierten, hypothesenprüfenden Sozialwissenschaft abweicht. Danach wird der theoretische Rahmen der Untersuchung abgesteckt und die wichtigsten begrifflichen Werkzeuge werden vorgestellt. Dieses Kapitel soll von den volkskundlichen bzw. ethnologischen zu figurationssoziologischen Konzepten überleiten und sowohl Anknüpfungspunkte als auch Unterschiede aufzeigen. Den Abschluss des zweiten Teils bildet das *fünfte Kapitel*, das der Vorstellung und kritischen Diskussion der Forschungsmethoden gewidmet ist. Da in dieser Arbeit ein schwer zugängliches und wenig bekanntes Feld untersucht wurde, mussten nicht nur die theoretischen Konzepte, sondern auch die Methoden in Auseinandersetzung mit dem Forschungsfeld entwickelt und ständig an den Kenntnisstand des Forschers angepasst werden. Dieser Prozess wird anhand persönlicher Erlebnisse nachgezeichnet.

Der *dritte Teil* bildet den Kern dieser Arbeit: die prozess- und figurationssoziologische Untersuchung des Krampus- und Perchtenbooms der letzten 20 bis 30 Jahre. Die zentrale Frage, die in allen drei Kapiteln aus verschiedenen Perspektiven diskutiert wird, ist, warum in einer Zeit der zunehmenden gesellschaftlichen Differenzierung, der Globalisierung und Kommerzialisierung alte und als alt vorgestellte Bräuche von breiten gesellschaftlichen Kreisen wiederentdeckt werden. Im *sechsten Kapitel* wird der Frage nachgegangen, inwieweit die jüngste Beliebtheit von bestimmten Krampus- und Perchtenbräuchen mit spezifischen Wandlungen der emotionalen Bedürfnisse und Freizeitgewohnheiten der (insbesondere jungen) Menschen in hochdifferenzierten Gesellschaften zusammenhängt. Dabei wird die These vertreten, dass die Beliebtheit von Krampus- und Perchtenbräuchen damit zusammenhängt, dass sich diese auf eine Weise gewandelt haben, die den oben angesprochenen Bedürfnissen besonders entgegenkommt. Dieses Kapitel ist das deskriptivste dieser Arbeit, da die Wandlungen anhand verschiedenster Quellen nachgezeichnet werden. Gleichzeitig ist das Kapitel aber auch analytisch, da die These vertreten wird, dass diese Wandlungen auf spezifische Weise jenen entsprechen, die Norbert Elias und Eric Dunning als *Versportlichung* bezeichnet haben. Im *siebenten Kapitel* wird einem Phänomen auf den Grund gegangen, das den im sechsten Kapitel diskutierten Entwicklungen scheinbar entgegenläuft: gewalttätigen Auseinandersetzungen zwischen bestimmten Zuschauergruppen und Krampusläufern, die in den letzten Jahren nicht nur an Quantität, sondern auch an Brutalität zugenommen haben. Zur Untersuchung dieses Phänomens wird das Konzept der *Etablierten-Außenseiter-Beziehungen* angewandt, das Norbert Elias und John L. Scotson eingeführt haben. Es wird aber auch nach Habitusunterschieden und nach Wir-Gefühlen gefragt, die durch die Brauchpflege im Allgemeinen und durch solche Auseinandersetzungen im Speziellen geweckt, verstärkt und erzeugt werden. Im abschließenden *achten Kapitel* werden die Überlegungen der vorangegangenen Kapitel zusammengeführt und es wird zu zeigen versucht, warum sich regionale Brauchtumsfeste im Allgemeinen und Krampus- bzw. Perchtenbräuche im Besonderen in den letzten Jahren so großer Beliebtheit erfreuen. Dabei wird die These vertreten, dass gerade Krampus- und Perchtenläufe den emotionalen Bedürfnissen der Menschen in hochdifferenzierten Gesellschaften auf eine Weise entgegenkommen, wie es kaum eine andere Freizeitaktivität vermag.

Erster Teil: Stand der Forschung

Die ersten drei Kapitel dieser Arbeit widmen sich aus unterschiedlicher Perspektive dem Stand der Forschung zu alpinen Maskenbräuchen. Zunächst, im *ersten Kapitel*, werden wir uns der Deutungsgeschichte zuwenden und die wichtigsten Erklärungsversuche von Brauchursprung und -entwicklung diskutieren. Außerdem werden wir am Beispiel eines ausgewählten Deutungsmusters eine wissenssoziologische Betrachtung versuchen. Im *zweiten Kapitel* wird anhand der anerkannten Fachliteratur die Brauchentwicklung nachgezeichnet, soweit sie aus greifbaren Quellen belegbar ist. Das *dritte Kapitel* widmet sich den Deutungen der aktuellen Brauchentwicklung und leitet zur figurationssoziologischen Untersuchung der gegenwärtigen Entwicklungen über.

Nun mag man sich fragen, warum im Rahmen einer Arbeit über die Entwicklungen der letzten 30 Jahre die Vorgeschichte so ausführlich behandelt wird. Zunächst ist zu sagen, dass die Brauch- und die Deutungsgeschichte nicht nur wiedergegeben, sondern kritisch diskutiert und wissenssoziologisch rekonstruiert wird. Diese Vorgehensweise entspricht der zentralen Annahme der Soziologie von Norbert Elias, dass man aktuelle Entwicklungen nur verstehen kann, wenn man sie als Teil historischer Prozesse und daher in einer längerfristigen Perspektive betrachtet. Außerdem stellte sich im Rahmen erster Recherchen schnell heraus, dass es in der volkskundlichen Literatur fast ebenso viele unterschiedliche Deutungen der Brauchgeschichte gibt wie Deutungsversuche, dass es *die* Brauchgeschichte nicht gibt. Dies dürfte zum einen damit zusammenhängen, dass alleine im deutschsprachigen Raum eine fast nicht zu überblickende Fülle von winterlichen Maskenbräuchen bekannt ist, die sich im Laufe der Jahrhunderte miteinander vermischt haben. Zum anderen scheint, mit Elias gesprochen, der Großteil der vorliegenden Erklärungsversuche stärker durch Engagement als durch Distanzierung geprägt zu sein und in engem Zusammenhang mit seinem Entstehungszusammenhang gelesen werden zu müssen, wie dies etwa Elias (1982, 1985) mit Thomas Morus' *Utopia* gemacht hat. Außerdem berufen sich viele Heimatforscher und Brauchträger auf Elemente der Brauchgeschichte und der Deutungsmuster. Wir werden später sehen, dass das Konzept der Tradition, ob nachgewiesen oder nur vorgestellt, ob regional oder allgemein verstanden, für die Maskierten gerade heute von großer Bedeutung ist.

Es gibt aber noch einen weiteren Grund für die Wahl dieser Vorgehensweise. Diese Arbeit beschäftigt sich mit einem Thema, das traditionell zum Feld volkskundlicher bzw. ethnologischer Forschung zählt. Die Perspektive, mit der diese Bräuche betrachtet werden, die theoretischen Konzepte, mit denen versucht wird, sie zu verstehen, die Methoden, mit denen sie untersucht werden, stammen jedoch aus dem Werkzeugkasten der Soziologie. Wie sich im Rahmen des Forschungsprozesses gezeigt hat, haben es diese beiden Disziplinen bisher geschafft, die Arbeit der jeweils anderen weitgehend zu ignorieren. So hat sich die soziologische Forschung bisher kaum mit Volksbräuchen beschäftigt, obwohl diese nicht nur in vormodernen Gesellschaften für die Menschen von großer Bedeutung waren, sondern sich gerade in den letzten Jahren zunehmender Beliebtheit erfreuen. Volkskundlerinnen und Volkskundler hingegen haben es bisher kaum vermocht, soziologische Konzepte und Methoden für ihre Forschungen fruchtbar zu machen. Sie begnügen sich in der Regel mit dem Beschreiben und hören dort auf, wo es für Soziologinnen und Soziologen interessant wird: beim Versuch, zu verstehen. Diese Arbeit setzt genau dort an und kann daher als Versuch verstanden werden, diese beiden wissenschaftlichen Disziplinen einander näherzubringen. Gerade weil sich diese Arbeit sowohl an volkskundlich als auch an soziologisch geschulte Leserinnen und Leser wendet, scheint es geboten, die Brauchentwicklung und die wichtigsten Deutungen ausführlicher zu betrachten.

1 Im Spiegel der Zeit – Die Deutungsgeschichte in wissenssoziologischer Perspektive

In diesem Kapitel werden die wichtigsten Deutungsmuster alpiner Maskenbräuche vorgestellt. Auch wenn der Schwerpunkt hier auf der Deutungsgeschichte und im zweiten Kapitel auf der Brauchentwicklung liegt, sind diese beiden Prozesse nicht voneinander zu trennen. Daher ist es unerlässlich, sie miteinander zu verweben und auf Parallelen oder Widersprüche hinzuweisen. Gleichzeitig wird versucht, beide Prozesse vor dem Hintergrund der jeweiligen politischen, ökonomischen, sozialen, rechtlichen und auch wissenschaftsgeschichtlichen Zusammenhänge zu betrachten. Hinter dieser Vorgehensweise steht die Annahme, dass nicht nur die Entwicklung der *Bräuche* selbst, sondern auch die Entwicklung der *Brauchdeutungen* eng mit den jeweiligen Mustern des Zusammenlebens, aber auch mit den Interessen, Bedürfnissen, Sehnsüchten und Ängsten der Menschen der jeweiligen Zeit verflochten ist.

Zunächst gilt es, zwei Missverständnissen vorzubeugen, die vielen Einwänden gegen die wissenssoziologische Perspektive zugrunde liegen dürften. Wenn hier Diskurse und Begriffsbildungen im Kontext ihrer gesellschaftlichen Entstehungszusammenhänge betrachtet werden, bedeutet dies erstens nicht, dass sie direkt und zwingend aus ihnen „folgen". Im Gegensatz zur Vorstellung, dass zwischen sozialstrukturellen („unabhängigen") Merkmalen einer Person und den durch sie „verursachten" („abhängigen") Einstellungen eine kausale Beziehung besteht, wie dies etwa Meinungsumfragen und Persönlichkeitstests nahelegen, wird hier im Anschluss an Norbert Elias davon ausgegangen, dass die Muster des Zusammenlebens zwar die psychischen Strukturen, die Denk- und Handlungsmuster der Menschen prägen, dass sie aber gleichzeitig von ihnen gedeutet, reproduziert und somit auch verändert werden. In diesem Sinne spiegeln die im Folgenden diskutierten Deutungen das spezifische Wissen und die spezifischen emotionalen Bedürfnisse der jeweiligen Zeit, oder genauer: einer spezifischen sozialen Gruppe zu einer bestimmten Zeit, wider.

Zweitens wird Elias' Perspektive durch Pierre Bourdieus Forderung ergänzt, dass intellektuelle (und künstlerische) Erzeugnisse nicht einfach aus politischen, wirtschaftlichen und sozialen Umständen sowie der sozialen Position des Produzenten verstanden werden können. Vielmehr wird auch das wissenschaftliche Umfeld (oder „Feld") mit seinen eigenen Zwängen, Spielregeln und seiner Geschichte in die Analyse einbezogen.[1] Ein Feld ist eine Art Spiel mit eigenen Interessensobjekten, Regeln und Machtverteilungen, in dem die Akteure miteinander mit feldspezifischen Mitteln um feldspezifische Kapitalsorten konkurrieren. Diese Eigenheiten des Feldes funktionieren – je nach relativer Autonomie des Feldes von anderen Feldern – als Filter der gesellschaftlichen Realität. (Vgl. Bourdieu 1993, 1997.) Ist die Autonomie besonders groß, kann ein Feld den anderen voraus sein oder ihnen nachhinken. So könnte etwa das Feld der wissenschaftlichen Volkskunde seinen Akteuren ermöglichen, andere Deutungen zu entwickeln, als sie für Laien denkbar sind. Aber die Autonomie kann niemals absolut sein. Auch die herausragendsten Denker konnten und können die Denkmuster ihrer Zeit nur innerhalb bestimmter Grenzen überwinden.[2] In diesem Sinne ist die folgende Geschichte der Deutungen nicht nur eine Geschichte der Gesellschaft, sondern auch eine Geschichte der wissenschaftlichen Disziplinen, die diese Deutungen hervorgebracht haben. Sie ist eine „Geschichte im eigentlichen Sinne", der es um die „Vergangenheit als solche" geht, und zugleich eine „Gedächtnisgeschichte", die sich damit beschäftigt, „wie sie [die Vergangenheit; Anm. d. Verf.] erinnert wird" (J. Assmann 2007: 26).

1.1 Wissenssoziologische Betrachtung der Deutungsgeschichte

Zunächst sollte angemerkt werden, dass bereits in einigen volkskundlichen Arbeiten verschiedene Deutungen alpiner Maskenbräuche diskutiert und einander gegenübergestellt wurden. Die folgende Diskussion lehnt sich zum Teil an diese Aufsätze an und bringt deren Einschätzungen zusammen; ihre Darstellungen werden aber um weitere Deutungsmuster ergänzt und mit aktuellen Beispielen verknüpft. Dabei werden die Brauchdeutungen jeweils darauf hinterfragt, wie ihre Übereinstimmung mit greifbaren Quellen in der aktuellen volkskundlichen Literatur beurteilt wird. Darüber hinaus wird anhand des heute am weitesten verbreiteten, des „mythologischen", Erklärungsmusters angedeutet, wie eine genauere wissenssoziologische Analyse aussehen könnte.[3] Es sei noch darauf

---

1   Diese Vorstellung ist zwar auch in Elias' figurationssoziologischen Arbeiten angelegt, da sie Bourdieus Feldtheorie (1978, 1993) zugrunde liegt, ist sie jedoch bei ihm expliziter ausgearbeitet.

2   Elias (1993) hat dies am Beispiel Mozarts eindrücklich gezeigt.

3   Es wäre eine lohnende Aufgabe, alle hier diskutierten Thesen in dieser Ausführlichkeit zu besprechen und einer umfangreichen wissenssoziologischen Analyse zuzuführen. Im besten Falle wäre nicht nur die Entwicklung des Brauches selbst, sondern auch der Entstehungsprozess seiner Erklärungen wissenssoziologisch zu rekonstruieren. Dazu wären die jeweiligen Bräuche wie die Deutungen in prozesshafter Perspektive mit der Geschichte der Gesellschaft, der Affektstrukturen und der Denksysteme zu verknüpfen (vgl. Elias 2001b; Elias 2006a: 219-

hingewiesen, dass die folgende Zusammenfassung der Deutungen zu Erklärungsmustern zwar unerlässlich, aber nicht ganz unproblematisch ist. Einige der hier besprochenen Thesen könnte man ebenso gut einem anderen Muster zuordnen, zumal etliche Autorinnen und Autoren monokausale Erklärungen ablehnen und auf die Vielfalt der möglichen „Ursprünge", Einflüsse und Verschmelzungen verschiedener Bräuche aufmerksam machen.

1.1.1 Ein Relikt aus heidnischer Zeit – Mythologische Deutungen

Vor allem im Rahmen der Besprechung des mythologischen Ansatzes haben einige Autorinnen und Autoren dessen Entstehungszusammenhang in die Analyse miteinbezogen. Dies dürfte damit zusammenhängen, dass sich die wissenschaftliche Volkskunde spätestens seit dem Ende des Zweiten Weltkrieges zunehmend von solchen ideologisch aufgeladenen und oft politisch missbrauchten Denkmodellen distanziert hat. Eine wissenssoziologische Untersuchung bietet in diesem Fall gleichzeitig Einblicke in die Geschichte einer wissenschaftlichen Disziplin und ihrer kognitiven Identität[4]. Mythologische Deutungen sind für diese Arbeit aber aus einem weiteren Grund interessant: Anders als innerhalb der akademisch-institutionalisierten Disziplin, für die sich in Deutschland und Österreich seit den 1970er Jahren zunehmend die Bezeichnung *Europäische Ethnologie* durchsetzt, sind sie heute sowohl unter Brauchträgern als auch in der Öffentlichkeit die am weitesten verbreiteten Deutungsmuster. Da eine der zentralen Thesen dieser Arbeit ist, dass die Wiederentdeckung des Krampusbrauches in den letzten 20 Jahren auch mit einer Sehnsucht nach Heimat und Tradition zusammenhängt, scheint es an dieser Stelle gerechtfertigt, einige einflussreiche mythologische Erklärungen einer genaueren wissenssoziologischen Analyse zuzuführen und in langfristiger Perspektive zu betrachten.

Mythologische Erklärungen sind trotz fehlender Belege bis heute die am weitesten verbreiteten und in der öffentlichen Meinung vorherrschenden Deutungsmuster von Krampus- und Perchtenbräuchen. In verschiedener Ausprägung ist ihnen allen gemein, dass aktuell beobachtete Brauchformen auf vorchristliche Glaubensvorstellungen oder Kulthandlungen zurückgeführt werden. Der Krampus ist in dieser Sichtweise lediglich eine später durch die katholische Kirche

---

286, 383-401). Dies kann an dieser Stelle nicht geleistet werden. Es sei jedoch darauf hingewiesen, dass einige der Arbeiten, die hier inhaltlich diskutiert werden, in späteren Kapiteln (insb. im zweiten und dritten Kapitel) wissenssoziologisch besprochen werden.

4 Wolf Lepenies (1981) versteht unter der „kognitiven Identität" einer wissenschaftlichen Disziplin deren Selbstverständnis, das sich in Wechselwirkung von innerer und äußerer (auch öffentlicher) Wahrnehmung konstituiert.

hinzugefügte *„Spezialpercht"* (Lattacher, Radio Kärnten, 28.12. 2007); die Ni-kolausfigur Ausdruck eines kirchlichen Adaptionsversuchs vorchristlichen Brauchtums. (Vgl. Mezger 1990/I: 64.) Es ist an dieser Stelle nicht möglich, die unzähligen mythologischen Erklärungsversuche im Detail zu diskutieren. Für das Verständnis der folgenden Besprechung sollte der Hinweis genügen, dass sie sich danach unterscheiden lassen, ob der Volks*glaube* (in der Form von Märchen und Sagen) oder Volks*kulte* (in der Form von Bräuchen) als Ausgangspunkt des Brauchkomplexes angesehen werden.

(1) Romantik – Frühe mythologische Deutungen. Die Entstehung der ersten dieser Erklärungsversuche ist zeitlich an der Wende vom 18. zum 19. Jahrhundert zu verorten, als sich unter den gebildeten, adeligen, städtischen Oberschichten und später auch unter den bürgerlichen Mittelschichten in ganz Europa eine *„romantische Leidenschaft für die reine, einfache und unverdorbene Landbevölkerung"* (Hobsbawm 1990: 124f) ausbreitete. Seit damals sind verschiedenste mythologische Schulen entstanden, die ländliche Maskenbräuche auf verschiedenste Art und Weise gedeutet haben und deuten. Volks- und Altertumskundler, wie etwa Jacob Grimm in seiner *Deutschen Mythologie* (1835), zogen zur Deutung der Bräuche geistliche Handschriften aus dem Mittelalter heran und brachten sie kritiklos mit gesammelten Volkssagen in Verbindung. Daraus schlossen sie, dass es eine Kontinuität der Glaubensvorstellungen und Bräuche aus vorchristlicher Zeit bis in die Neuzeit gebe. (Vgl. Rumpf 1991: 175f.) Den romantischen Denkmustern dieser Zeit entsprechend sahen sie in den Schön- und Schiachperchten germanische Sonnen- und Lichtgottheiten, die im Mittelalter von der christlichen Kirche zu Dämonen degradiert worden waren (vgl. ebd.: 11). Über Bücher und wissenschaftliche Zeitschriften, aber auch über Landes- und Reisebeschreibungen erfuhren die gebildeten städtischen Schichten von den ländlichen Bräuchen. Auf diese Weise verbreiteten sich auch die mythologischen Deutungen. (Vgl. ebd.: 163-165.)

(2) Nationalismus – Die Hochzeit mythologischer Deutungen. Sowohl im Hinblick auf ihre Quantität als auch auf ihre Verbreitung erreichten mythologische Spekulationen ab 1850 ihren Höhepunkt. Nach den Kameralisten und Statistikern entdeckten auch städtisch-bürgerliche Alpinisten, Touristen und Volkskundler die als idyllisch wahrgenommene Rückständigkeit abgelegener alpiner Gebiete. (Vgl. Kammerhofer-Aggermann 2009: 102.) Je mehr sich die Gesellschaft im Zuge von Industrialisierung und Urbanisierung veränderte, je mehr sich traditionelle Hierarchien und Bindungen auflösten, je mehr die Agrarwirtschaft von der Industriewirtschaft abgelöst wurde, desto stärker wandte sich das städtische Bürgertum der bäuerlichen Kultur zu (vgl. Bausinger 2005: II-IV), die *„zur Projektionsfläche unbestimmter Sehnsüchte mutierte"* (Eberhart 2009: 1). Hermann Bausinger (2005) hat diesen Prozess treffend als *„Zerfall der Horizon-*

te" beschrieben, auf den die Menschen mit der Konstruktion künstlicher Horizonte reagierten. Wolfgang Kaschuba (vgl. Kaschuba 1990: 193-204) hat gezeigt, dass das städtisch-bürgerliche Bild vom Landleben mit der ländlichen Wirklichkeit wenig gemein hatte. Auch sie war in der zweiten Hälfte des 19. Jahrhunderts durch soziale und wirtschaftliche Wandlungsprozesse gekennzeichnet.[5]

Die bürgerliche Heimatliteratur, die entstehende Heimatkunst- und Heimatschutzbewegung, aber auch die Volkskunde ignorierten solche Veränderungen, Widersprüche und regionalen Unterschiede. Sie beschworen das Bild des sich selbst versorgenden Bauern, das kaum noch der Realität entsprach und sahen „die bäuerliche Kultur" undifferenziert als etwas Homogenes, Geschlossenes, Unveränderliches, Natürliches, Echtes und Unverdorbenes an (Vgl. ebd.: 194f.) Diese ideologische Aufwertung des Landlebens

> „[...] stützt[e] natürlich die inneren Strukturen dörflicher Herrschaft, also einer meist konservativ-bäuerlichen Dorfelite, der die Erhaltung und Wiederbelebung der ‚Bauernkultur' als Programm einleuchtet[e]: der Gemeinschaftsmythos als Gegenentwurf gegen störende Individualität, Mobilität, Aufstiegswünsche und Demokratie." (Ebd.: 199.)

Wie Eric Hobsbawm gezeigt hat, kann die massenhafte Entdeckung volkstümlicher Bräuche im ausgehenden 19. Jahrhundert auch als Ausdruck des innerstaatlichen Abgrenzungs- und Fluchtbedürfnisses des Bürgertums gesehen werden. Nach der *„Blütezeit des Kapitals"*, wie Hobsbawm (1990) die Zeit zwischen den Revolutionen von 1848 und der Depression der 1870er Jahre nennt[6], drohte das

---

5   Neue Techniken wurden in die landwirtschaftliche Produktion eingeführt, die Absatzmärkte für bäuerliche Produkte und damit die Kaufkraft der Bauern wuchsen (vgl. Jacobeit / Mooser / Stråth 1990: 13) und die Landbevölkerung differenzierte sich zunehmend. Einer kleinen Gruppe für den Markt produzierender Großbauern stand eine Mehrheit von Klein- und Nebenerwerbsbauern gegenüber, die in zunehmendem Maße auch von Lohnarbeit abhängig waren. Gemeinsam mit der Abwanderung vor allem junger Menschen und dem Anwachsen der Gruppe jener Menschen, die in Städte pendeln mussten, trug diese Entwicklung zur *„Auflösung traditioneller kleinbäuerlicher Gruppenkulturen und Familienformen"* (Kaschuba 1990: 198) bei, die zunehmend durch neue Geselligkeitsformen, wie Vereine und Volksfeste, aber auch städtisch-bürgerliche Konsumstile und Freizeitverhalten ersetzt wurden. (Vgl. ebd.: 193-198.)

6   Diese Zeit war vom bürgerlichen Glauben an die Stabilisierung ihrer politischen Macht, an unbegrenzten wirtschaftlich-industriellen Fortschritt, an die Selbstregulierungsmechanismen des kapitalistischen Markes und an ein liberalistisches Wirtschaftssystem gekennzeichnet gewesen. Für eine umfangreiche Geschichte des „langen 19. Jahrhunderts" siehe Hobsbawms dreibändiges Überblickswerk. Der erste Band, *Europäische Revolutionen* (1962), widmet sich der Zeit der beginnenden industriellen Revolution in England und der politischen Revolutionen in Frankreich und Nordamerika. In *Die Blütezeit des Kapitals* (1975) beschäftigt sich Hobsbawm mit den Jahren zwischen 1848 und den 1870er Jahren. Der Fokus des letzten Bandes, *Das imperiale Zeitalter* (1987), liegt auf der Zeit zwischen der Gründung des deutschen Kaiserreiches und dem Ausbruch des ersten Weltkrieges.

liberale Bürgertum angesichts der Wirtschaftskrise und der aufkommenden Arbeiterbewegungen (wie Gewerkschaften und Sozialdemokratie) aus dem Zentrum der politischen Macht verdrängt zu werden. (Vgl. Hobsbawm 2010: 263-307.) Dieser als unsicher und bedrohlich erlebten städtisch-industrialisierten Gegenwart stellte man die Vergangenheit, in der Form angeblich uralter ländlicher Volksbräuche, als „heile Welt" und Relikt aus der „guten alten Zeit" gegenüber. (Vgl. Hobsbawm 1989: 18-21.)[7] Anders als im Freiheits- und Gleichheitsgedanken der bürgerlichen Revolution oder im Individualitätsideal der Romantik wurde die Wahrnehmung zunehmender Individualisierung nun mit wachsendem Egoismus, mit seelenloser Ausbeutung und mit dem Verlust traditioneller Bindungen gleichgesetzt. In diesem Zusammenhang sei auf Jeffrey C. Alexanders Einwand hingewiesen, dass diese Haltung – genau wie das Individualismus-Ideal, deren Antithese sie darstellt – nicht *„aus dem Nichts"* entstehen konnte oder erfunden wurde.

> „The egoistical, impersonal, and morally irresponsible practices of early industrial capitalism were not checked by some kind of 'protectionist movement' that grew out of nowhere […]. To the contrary, this 'protectionist movement', acting in the name of 'society', emerged precisely because there already existed strongly institutionalised and culturally mandated reservoirs of non-market, non-individualistic force in Western social life." (Alexander 2001a: 20.)

Dass sich das Bürgertum in vielen europäischen Staaten gerade am Ende des 19. Jahrhunderts volkstümlichen Liedern, Festen, Baudenkmälern, Trachten und Bräuchen zuwandte, ist aber auch vor dem Hintergrund des zunehmenden Nationalbewusstseins und der damit zusammenhängenden Suche nach den eigenen Wurzeln zu verstehen (vgl. Hobsbawm 1990: 122). Norbert Elias hat in seinen *Studien über die Deutschen* gezeigt, dass diese *„Verschiebung der Prioritäten von humanistischen, moralischen Idealen und Werten […] zu nationalen Wertungen, die ein Idealbild des eigenen Landes und der eigenen Nation über allgemein-menschliche Ideale erhoben"* (Elias 1989: 174) mit dem Aufstieg der Mittelschichten in die Herrschaftseliten vieler europäischer Staaten zu tun hatte. Das Land- oder Dorfleben wurde *„nun verstärkt als Fundament von ‚Volk' und ‚Gemeinschaft', von ‚Heimat' und ‚Nation' zitiert und mystifiziert"* (Kaschuba 1990: 194).

---

7   Gleichzeitig wurden ehemalige Landwirtschaftsarbeiter, die nun als Lohnarbeiter in den Industriestätten Arbeit fanden, aus ihrer gewohnten Umgebung gerissen. Sie standen erstmals Herausforderungen gegenüber, die in ländlichen Gebieten unbekannt waren: den Möglichkeiten moderner Technik (Verkehr, Elektrizität, Massenkommunikationsmittel) und den Angeboten der Freizeitindustrie genauso wie neuen Gefahren, wie Kriminalität und ansteckenden Krankheiten, oder ethnischer Heterogenität sowie der Geschwindigkeit und Anonymität einer Großstadt (vgl. Frevert/ Haupt 1999: 17).7

„Im Unterschied zur harmlosen ‚Agrarromantik' des mittleren 19. Jahrhunderts dient diese ‚Bauernkultur' nicht mehr primär als Kulisse für bürgerliche Nostalgien, nun bildet sie die Kulisse für das Land selbst, als affirmative Bestätigung eines ‚So seid ihr!'" (Ebd.: 200.)

Heimat bedeutete nun „deutsche Heimat" und wurde nicht mehr regionalistisch, sondern völkisch verstanden (vgl. Farkas 1999: 61f.). Diesen national-romantischen Denkmustern entsprechend glaubte man in den alpinen Lärm- und Maskenumzügen „uraltes" heidnisches Brauchtum vor sich zu haben. Zahlreiche neu gegründete Vereine machten es sich zur Aufgabe, bereits Verschwundenes und gerade Verschwindendes zu „retten" und dem „Volk" weiterzugeben (vgl. Bausinger 2005: 31).[8] Bräuche, die fast vergessen oder gerade im Verschwinden begriffen waren, wurden wiederentdeckt, neu bewertet und am Leben gehalten. Mit der Zunahme des touristischen Interesses wandelte sich auch die öffentliche Meinung über die fast vergessenen Bräuche. Die lokale Presse, die sie noch wenige Jahrzehnte zuvor als groben Unfug getadelt hatte, pries sie nun als uraltes Volksgut, das es zu bewahren und pflegen gelte. (Vgl. Mezger 1990/II: 187f.) Auch die volkskundliche Forschung nährte – in ihrem Bestreben, direkte Kontinuitätslinien zwischen vorchristlichen Kulten und zeitgenössischen Brauchformen zu ziehen – dieses Idealbild einer intakten Volkskultur. Dabei bezog sie sich auf die Werke früherer Volks- und Altertumskundler, die Sagen, Märchen und Bräuche als Relikte aus vorchristlicher Zeit angesehen hatten (vgl. Prasch 1985: 29). Entsprechend sah die Volkskunde des ausgehenden 19. Jahrhunderts ihre Hauptaufgabe darin, die vom Verschwinden bedrohten Brauchreste zu konservieren, zu bewahren und zu pflegen.[9] Wenn ein Brauch selbst der Landbevölkerung nicht mehr bekannt war, stützte man sich bei der Wiederbelebung auf ältere Aufzeichnungen, wie jene von Jacob Grimm. Ein besonders einflussreiches Beispiel für diese Art der Argumentation stammt aus Wilhelm Mannhardts Arbeit über *Wald- und Feldkulte* aus den Jahren 1875 und 1877 (1904). Seine Untersuchung basiert auf der Annahme, dass viele Maskenbräuche ihre Ursprünge im Naturglauben heidnischer Gesellschaften haben. Der „primitive Mensch" habe sich Wetter- und andere Naturphänomene nicht anders erklären können, als

---

8   Es sei darauf hingewiesen, dass die letzten Jahrzehnte des 19. Jahrhunderts, die Hobsbawm (1989) als *„Zeit der Widersprüche"* bezeichnet, gleichzeitig eine Zeit der Aufklärung, des Liberalismus und des Fortschrittsglaubens aber auch der sozialistischen und republikanischen Gesellschaftsentwürfe waren (vgl. Alexander 2001b).

9   Auch Wissenschaftler, die man heute als Soziologen bezeichnet (vgl. Fleck 1990: 26-86), fragten damals, welche Kräfte eine Gesellschaft zusammenhalten, wenn sich die ständische Ordnung auflöst und was passiert, wenn es keine solchen Kräfte gibt. Man denke an Ferdinand Tönnies' *Gemeinschaft und Gesellschaft* (1887), Emile Durkheims *Über den Selbstmord* (1897), Georg Simmels *Die Großstädte und das Geistesleben* (1903) oder Max Webers *Wirtschaftsethik und Weltreligionen* (1917).

„Wald-" oder „Windgeister" für sie verantwortlich zu machen. Um diese Vegetationsdämonen gütig zu stimmen (oder zu vertreiben, wie z.b. Lattacher (o.D.: 1-5)[10] vermutet), stellte man sie mithilfe von Masken, Verkleidungen und Lärminstrumenten dar. Auf diese Weise seien die Glaubensvorstellungen in die Sitten und Bräuche der vorchristlichen Menschen eingegangen. (Vgl. Prasch 1987: 11.) *(3) Nationalsozialismus – Kultisch-mythologische Deutungen.* In den 1920er und -30er Jahren wurde diese Art der Erklärung innerhalb der Volkskunde von der Deutung einer anderen mythologischen Schule überlagert, die ihren Fokus nicht auf den Volks*glauben*, sondern auf die Volks*bräuche* und Brauchträger selbst richtete (vgl. Prasch 1987: 12). Innerhalb der *Germanischen Altertumskunde* war die Wiener Schule rund um Rudolf Much besonders einflussreich (vgl. Hruza 2008: 180-183). Protagonist dieser Sichtweise wurde der Much-Schüler, Germanist und Skandinavist Otto Höfler (vgl. Hoops / Beck / Geuenich / Steuer 2004: 210). Höfler wandte sich in seiner 1934 publizierten Habilitationsschrift *Kultische Geheimbünde der Germanen* gegen die bisherige Forschung und beklagte

> „[...] die typische Auffassung, daß es sich hier [bei den Kulthandlungen; Anm. d. Verf.] um etwas Sekundäres handle, um eine willkürliche, vielleicht zufällige, handgreifliche Darstellung von mythologischen Gedanken und Vorstellungen, die vorher und ursprünglich und eigentlich bloß in ‚Sagen', in epischen Traditionen vorhanden waren" (Höfler 1934: 6).

Anhand einiger Beispiele versuchte er zu zeigen, *„[...] daß die Handlungsmomente in jenem mythologischen Kreis nicht leichtes und spätes Beiwerk sind, sondern daß sie ursprüngliche Formen des Glaubens waren"* (ebd.). Höfler führte hingegen den Sagenkomplex der „Wilden Jagd" auf einen ekstatischen Totenkult germanischer Männerbünde zurück (vgl. Gallé o.D.), die für ihn die *„Grundfesten des germanischen Gemeinschaftslebens"* (Höfler 1934: 1) darstellten. Er zeichnete die Germanen als eine über lange Zeit unveränderte, politische und kulturelle Einheit, deren staatsbildende Fähigkeit er der besonderen Ratio zuschrieb, die aus den Männerbünden entstanden und daher den Germanen eigen sei. (Vgl. Höfler 1943: 1-12.) In den zeitgenössischen Maskenbräuchen sei *„[...] ein Kernstück altgermanischen Heidentums bis in unsere neue Zeit lebendig geblieben"* (Höfler 1934: 1). Dieses rassentheoretisch begründete Kontinuitätsverständnis, aber auch die These vom Ahnenerbe und die Betonung der ordnungspolitischen Fähigkeiten germanischer Männerbünde übten auf das SS-Ahnenerbe-Institut große Anziehungskraft aus. Höfler stand diesem Institut, dessen Ziel es war, *„‚wissenschaftliche' Belege für die Abstammung und Überlegenheit der sogenannten arischen Rasse zu finden"* (Gallé o.D.) nahe und ver-

---

10   Siehe auch Interviewtranskript vom 15.05.2010.

dankte dieser Nähe auch die Berufung an die Universität München im Jahr 1938 (vgl. Gschwantler 1987: 144-154; Gallé o.D.).

(4) Mythologische Deutungen heute. Auch wenn bereits in den 1930er Jahren einige Volkskundler auf die fehlenden Belege für die germanische Kontinuitätsannahme hinwiesen und diese teilweise anhand von Quellenstudien widerlegten (siehe z.b. Wolfram 1936 in Kammerhofer-Aggermann 2009: 106f.) hielten viele Vertreter der akademischen Volkskunde bis spätestens nach dem Zweiten Weltkrieg an mythologischen Deutungen fest. Um ein lokales und bekanntes Beispiel anzuführen, sei hier ein Ausschnitt aus den Beschreibungen des Grazer Volkskundlers Viktor von Geramb aus dem Jahr 1948 angeführt.

„Es ist das uralte Kinderfest St. Nikolaus (Vorabend 5. Christmonat). Die Verehrung dieses heiligen Bischofs, der als Schutzherr der Kinder, Bäcker, Schiffer und Flößer gilt, hat sich bei uns seit dem 11. Jahrhundert stärker ausgebildet. […] Allein im Volksgebrauch sind alte heidnische Gestalten dazugetreten, die heute als Schimmelreiter, Berchtl, Bartl […], ‚Schabmänner', Klaubauf, Pudlmutter und ähnliches den ‚heiligen Mann' begleiten. Im Kern ist der Brauch im ganzen auf dem Lande und in der Stadt in gleicher Form erhalten. St. Nikolaus im Bischofsgewandt erscheint am Abend mit dem pelzigen, kettenrasselnden, gehörnten und rotzungigen ‚Krampus' […]." (Von Geramb 1948: 207.)

„Das heidnische Gegenstück zu diesen christlichen Umzügen [dem Innviertler Adventblasen; Anm. d. Verf.] bilden die ‚Klöpfles'-, ‚Gstampa'-, ‚Berchtl'- und ‚Klöckler'-Nächte." (Ebd.: 204.)

„Das Berchtenlaufen und der Berchtentanz. Es sind das Mummereien und Lärmumzüge in der Dreikönigsnacht. In den deutschen Alpenländern finden wir dieselben (da und dort noch lebendig, sonst aber erst seit sehr kurzer Zeit abgestorben und daher sicher der Wiederbelebung fähig) unter verschiedenen Bezeichnungen: […]. Wesentlich handelt es sich um den Rest einer uralten Sitte, die den Zweck hatte, die feindlichen Frostriesen und Winter-Unholde durch Gelärm zu verscheuchen. Die Vermummungen stellen teils kultische Gewänder (weiße Hemden, die ‚Schönperchten'), zum Teil die Unholden (‚schiache Perchten') oder Bringer der Wachstumskräfte dar." (Ebd.: 20.)

Während es hinsichtlich der Herkunft der Begriffe *Krampus* und *Percht* selbst unter Volkskundlern nach wie vor verschiedene Meinungen gibt (worauf wir im nächsten Abschnitt ausführlicher eingehen werden), ist sich die heutige wissenschaftliche Volkskunde im Hinblick auf die „Wurzeln" dieser Bräuche heute weitgehend darüber einig, dass mythologische Deutungen mehr über die Geschichte der Volkskunde als über die gedeuteten Phänomene aussagen. Spätestens seit dem Ende des Zweiten Weltkriegs hat sich die Volkskunde im Rahmen intensiver Selbstreflexionsprozesse äußerst kritisch mit ihrer eigenen Vergangenheit auseinandergesetzt. Der Kärntner Volkskundler Hartmut Prasch (1985:

29) betont zum Beispiel, dass die „*[...] heute in weiten Teilen der Bevölkerung verhafteten Vorstellungen in Zusammenhang mit der frühen, romantisch verklärten wie national bestimmten Volkskultur gesehen werden [müssen].*" Ungeachtet sonstiger Differenzen und Streitpunkte gilt die germanische Kontinuitätsprämisse innerhalb der wissenschaftlichen Volkskunde heute als widerlegt. In der einschlägigen Fachliteratur herrscht ein breiter Konsens darüber, dass es in den heute greifbaren Quellen keinen Hinweis dafür gibt, dass die ab dem Spätmittelalter belegten Brauchformen auf vorchristliche Glaubensvorstellungen oder Kulthandlungen zurückgehen.

Aus figurationssoziologischer Sicht stellt sich die Frage nach Kontinuitäten differenzierter dar. Dass aus einer schriftlosen Kultur keine Belege für eine gesellschaftliche Praktik vorliegen, bedeutet nicht, dass es diese Praktiken nicht gegeben hat. Wie Jan Assmann (2004: 131) gezeigt hat, haben Riten und Stammesfeste in schriftlosen Gesellschaften selbst eine Überlieferungs- und Erinnerungsfunktion und können als „*das funktionale Äquivalent des schriftkulturellen Buchmarktes und der Lesesäle von Nationalbibliotheken*" angesehen werden. Dementsprechend kann man aus der Tatsache, dass es aus vorchristlicher, germanischer Zeit keine Belege für Perchtenbräuche gibt, weder schließen, dass es sie in genau dieser Form gegeben hat (wie dies Mythologen getan haben), noch kann man daraus folgern, dass keine funktionsäquivalenten Praktiken existiert haben (wie dies die anti-mythologische Haltung impliziert). Auch wenn sich die christlichen Brauchformen äußerlich von den germanischen unterschieden haben, wenn es in frühchristlichen oder mittelalterlichen Quellen keine Hinweise auf germanische Götter gibt und wenn Motive neu gruppiert wurden, lassen die Inhalte, Anlässe und Funktionen Kontinuitäten zwischen germanischen und christlichen Bräuchen vermuten (man denke etwa an die magisch-mythischen Elemente des Erntedankfestes). Der Grad der Naturbeherrschung des Frühmittelalters hat sich von jenem der Germanen nicht wesentlich unterschieden. Aus diesem Grund dürften auch die Affektstrukturen, Ängste und emotionalen Bedürfnisse recht ähnlich gewesen sein. Im Rahmen einer umfassenden wissenssoziologischen Betrachtung müsste man auch den anti-mythologischen Konsens in der gegenwärtigen Volkskunde vor dem Hintergrund seines Entstehungszusammenhanges untersuchen und als Resultat eines Abgrenzungsbedürfnisses von der eigenen – als mythologisch etikettierten – Fachgeschichte verstehen.

Gerade angesichts des breiten akademischen anti-mythologischen Konsenses ist die Beobachtung interessant, dass in der breiten Bevölkerung, in Medienberichten und in der Krampusszene bis heute mythologische Deutungen weit verbreitet sind und sich in den letzten Jahren wieder großer Beliebtheit erfreuen. Dies dürfte einerseits damit zu tun haben, dass volkskundlich interessierte Heimatforscher und einige Volkskundler, die nicht im Bereich wissenschaftlicher

Forschung, sondern in Vereinen, Verbänden oder anderen Organisationen als Brauchtumspfleger tätig sind, an mythologischen Deutungen festhalten. Sie treten in den Vereinen und zu besonderen Anlässen auch in Regionalmedien als „Brauchtumsspezialisten" auf und beeinflussen dadurch die öffentliche Meinungsbildung in viel größerem Ausmaß als die wissenschaftliche Volkskunde.[11]

In dem Maße, in dem das Interesse an angeblich alten Bräuchen in den letzten 30 Jahren zugenommen hat, ist auch die Zahl der selbsternannten „Brauchtumsexperten" angestiegen. Lehrer, Journalisten, Obmänner von Krampusgruppen, Heimatforscher und andere Hobby-Volkskundler konkurrieren während der zweimonatigen Krampuszeit um das öffentliche Interesse und die „richtige" Erklärung. Mittlerweile ist eine Fülle von Büchern auf dem Markt, deren Autoren – sei es aus Unwissenheit, aus Gleichgültigkeit oder aus Berechnung – auf die angeblich „uralten", heidnischen Wurzeln heutiger Bräuche hinweisen. Auch sie greifen auf die Deutungen der populären Spezialisten und nicht auf wissenschaftliche Literatur zurück. Der Kärntner Lehrer und „Heimatforscher" Matthias Maierbrugger schreibt zum Beispiel: *„Obwohl wir am Abend des 5. Dezember dem hl. Nikolaus, also einem christlichen Bischof, begegnen, entdeckt man im Brauchtum dieses Tages doch einen Rest des altgermanischen Glaubenskultes."* (Maierbrugger 1978: 154.)

Auch wenn er den Hinweis auf belegende Quellen schuldig bleibt, führt er die Krampusse (Bartel) auf böse heidnische Geister zurück und glaubt, in der Sagengestalt der Frau Perchta, die er in die Nähe der schwedischen Luzia stellt, gar den Ursprung der Nikolausfigur gefunden zu haben. *„Aus der vorchristlichen ‚Nikolofrau' hat sich wohl der spätere Nikolaus entwickelt."* (Ebd.: 156.) Neue Informations- und Kommunikationstechnologien wie das Internet erleichtern die Verbreitung solcher Deutungen (siehe z.B. Illg 1996: 5f.).

Im Extremfall kann die Unkenntnis – oder Ignoranz – sowohl der Quellenlage als auch aktueller wissenschaftlich-volkskundlicher Erkenntnisse nicht nur zu einer Fehlinterpretation der Brauchentwicklung, sondern auch der Entwicklung des Wissens über diese Bräuche führen. Die Erziehungswissenschaftlerin Karin El-Monir und die Germanistin Olivia de Fontana stellen in ihrem Buch *Mystische Steiermark* den aktuellen Stand der Forschung einfach auf den Kopf und behaupten, es sei *„[...] unbestritten, dass die Bräuche bis in heidnische*

---

11   Der Obmann des Kärntner Brauchtumsverbandes, Helmut Lattacher (o.D.: 2-5), verortet zum Beispiel die Wurzeln der Perchten in der „Antike" und leitet ihren Namen vom althochdeutschen Wort „peraht" ab, was *„hell-glänzendes prunksüchtiges Weib"* bedeute. In der landesweit ausgestrahlten Radiosendung *Stadt – Land* (Radio Kärnten, Fr., 28.12.2007) erklärte er zum Beispiel, die vor-christliche Figur der Percht sei *„immer"* (ebd.) zweigesichtig gewesen, also Gut und Böse, Schön- und Schiachpercht. Erst im Zuge gegenreformatorischer Bestrebungen des 16. Jahrhunderts sei sie zum Krampus, einer *„Spezialpercht"* geworden, die von nun an den bösen, strafenden Gegenpart zum guten, schenkenden Heiligen Nikolaus darstellte.

Vorzeiten zurückreichen" (El-Monir / Fontana 2006: 55). Besonders bezeichnend für den unkritischen Umgang mit Quellen und Erklärungsversuchen ist, dass sich die Autorinnen nicht auf aktuelle volkskundliche Forschungen, sondern auf die *Steirischen Heimathefte* aus dem Jahr 1951 (Hefte 1-12) beziehen. Franz Brauner, der Herausgeber der Heimathefte, gebe den *„entscheidenden Hinweis"*, wo die Ursprünge der Perchten zu suchen seien, nämlich in der Figur der *„Frau Perchtl", „[...] die bei den alten Deutschen auch Freia oder Hulda genannt [wurde], die Göttin der Liebe und Anmut, im Märchen Frau Holle, die Leuchtende"*. (Brauner 1951, zitiert nach El-Monir / Fontana 2006: 58.)

Dieses Beispiel zeigt, wie wichtig es ist, auch wissenschaftliche Erklärungsversuche immer im Zusammenhang mit ihrem Entstehungskontext und mit der Denktradition, in der sie stehen, zu sehen. Es ist unschwer zu erkennen, dass diese Deutung den mythologischen Spekulationen Otto Höflers sehr nahe kommt. Sie bezieht sich auf vorchristliche Sagen und versucht, Kontinuitätslinien zu Brauchformen, die im 18. oder 19. Jahrhundert entstanden sind, zu ziehen. Dabei wird vergessen, dass die Bräuche damals entweder erst erfunden oder bestehende Bräuche mit heidnischen Wurzeln versehen wurden. Nun mag man einwerfen, man könne von Laien, die ein Buch über „mystische Orte in der Steiermark" schreiben, nicht erwarten, die aktuelle volkskundliche Literatur oder gar die Fachgeschichte der Volkskunde zu kennen. Aber abgesehen davon, dass der Leser und die Leserin nicht erfahren, warum die Autorinnen ausgerechnet die *Heimathefte* für besonders aussagekräftig halten, hätte in diesem Fall bereits ein Blick auf die Biographie des Herausgebers genügt, um dessen geistige Herkunft zu erahnen. Franz Brauner war bereits 1934 der NSDAP beigetreten, hatte sich im Nationalsozialistischen Kraftfahrkorps (NSKK) als Referent für politische und weltanschauliche Schulung und im Nationalsozialistischen Lehrerbund (NSLB) als Gausachbearbeiter der Fachschaft 4 (Lehrer an Volksschulen) engagiert (vgl. Baur / Gradwohl-Schlacher 2008: 80f.).

Anhand dieses Beispiels kann man außerdem auf ein Problem hinweisen, das später ausführlich diskutiert wird. Vielleicht kann man die starke Anziehungskraft, die mythologische Erklärungen noch, oder besser: gerade heute auf viele Menschen ausüben, besser verstehen, wenn man sie nicht als Zeichen mangelnden Wissens, sondern als Ausdruck bestimmter Bedürfnisse, Ängste und Sehnsüchte ansieht. Damit müsste man sie als Teil eines Prozesses ansehen, der im Zentrum dieser Arbeit steht: des zunehmenden Interesses an regionalen Bräuchen, Trachten, dem Alten, den eigenen Wurzeln, das man seit Mitte der 1980er Jahre in vielen westeuropäischen Ländern und Regionen beobachten kann. Der Volkskundler Konrad Köstlin hat bereits 1994 diese *„Sehnsucht nach Archaik"* als Reaktion auf eine als immer unsicherer wahrgenommene Welt gedeutet: *„Bräuche ordnen die Welt und machen sie übersichtlich"* (Köstlin 1994: 8). Und gerade in den Alpen scheinen die Bräuche noch zu funktionieren. Daher würden Alpenbräuche Touristen und Bewohnern als Gegenwelt zur als entfremdet und instabil wahrgenommenen Lebenswelt dienen:

„Alpenbräuche [...] sind – so alt sie immer tun – Bräuche unserer Zeit. Sie sind Ausdruck des Einspruchs gegen die Moderne. Sie sind Ausdruck der Hoffnung. Sie gelten als Muster für Hoffnung und Kooperation. Sie sind Beleg für die Möglichkeiten des schonenden Umgangs mit der Natur. Zu allem dem aber sind sie umgedeutet worden." (Ebd.: 10.)

1.1.2 Römisch-byzantinische Volksschauspiele – Die Kulturtransfer-Deutung

Noch bevor der intensive Selbstreflexionsprozess innerhalb der deutschen Volkskunde nach dem Zweiten Weltkrieg einsetzte, zweifelten einige Forscher an den heidnischen Wurzeln europäischer Volksbräuche. Wie Prasch (1987: 13f.) gezeigt hat, stellte der schwedische Volkskundler Waldemar Liungman bereits 1938 eine ganz andere These vor, in der er europäischen Maskenbräuchen generell jeden kultischen Ursprung absprach. Liungman sah im europäischen Maskenwesen lediglich eine Fortsetzung des byzantinisch-römischen Mimosspiels, das sich aus dem Dionisoskult und dem Satyrdrama entwickelt hatte und bei den Römern und Griechen eine vornehme Volksbelustigung war. Mit dem Untergang des Weströmischen Reiches sei das Mimosspiel in den weströmischen Provinzen verschwunden. Im Oströmischen Reich hingegen sei es bis zur Türkenzeit erhalten geblieben. Erst fahrende Gaukler vom Balkan hätten Maskenbräuche in Europa verbreitet. Zur Fundierung seiner These wies Liungman auf eine Reihe von Ähnlichkeiten hin, die er zwischen dem römisch byzantinischen Mimosspiel auf der einen und Perchtenläufen und Fasnachtsumzügen auf der anderen Seite zu erkennen glaubte. So hätten die Volksschauspiele zu ähnlichen Terminen stattgefunden, an denen heutige alpine Maskenumzüge stattfinden (in der Weihnachtszeit und zu Frühlingsbeginn). Außerdem könne man bei den Maskentypen auffällige Übereinstimmungen erkennen. So habe es auch im Mimosspiel Tiermasken und Masken, die bestimmte Menschentypen, wie den Geistlichen, den Arzt, den Räuber oder den Barbier, darstellen, gegeben. Drittens führte er die Tatsache, dass bei den meisten Maskenbräuchen ausschließlich Männer auftreten, auf eine alte Schauspielerregel zurück. (Vgl. Liungmann 1938 nach Prasch 1987: 13f.) Liungmans These erregte damals innerhalb der Volkskunde großes Aufsehen. Für die Erklärung alpiner Maskenbräuche wurde sie aber nicht weiter beachtet. Liungmans größtes Verdienst ist darin zu sehen, den damals vorherrschenden mythologisch-nationalistischen Deutungen eine alternative Sichtweise gegenüberzustellen.

Auch Ulrike Kammerhofer-Aggermann misst überregionalen und internationalen Einflüssen und Austauschbeziehungen große Bedeutung bei (Kammerhofer-Aggermann 2007: 100-125). Alpine Maskenbräuche hätten im Laufe der Jahrhunderte so viele Überformungen, Verschmelzungen und Umdeutungen erfahren, dass man ihre „Ursprünge" mit dem heutigen Wissensstand nicht seriös identifizieren könne. Erst im Rahmen einer „*gesamteuropäische[n] Quellenstudie in Kombination mit Detailstudien zu den Einzelerscheinungen*" könnten all diese Stränge und Veränderungen nachgezeichnet und zu einem Bild zusammengesetzt werden. Angesichts dieser Vielfalt an Einflüssen sei es nicht zielführend, von einem einzelnen, von „dem Ursprung" alpiner Maskenbräuche auszugehen. Tatsächlich fänden sich in alpinen Maskenbräuchen

„[…] angefangen vom antiken Masken- und Umzugswesen über alpenländische frühe Spiel- und Glaubensvorstellungen, auch Einflüsse der mittelalterlichen höfischen Tänze und Aufzüge, des italienischen Karnevals und Theaters ebenso wie solche aus dem religiösen Volksschauspiel, das im Mittelalter seinen Ausgang nahm und in der Gegenreformation zur Hochblüte gelangte" (ebd.: 104).

Außerdem müsse man davon ausgehen,

„[…] dass das gesamte alpenländische Maskenwesen nicht kultisch, sondern karnevalesk besetzt ist. Erst die Nationalen und Nationalsozialisten ,vergaßen', die Zugehörigkeit dieser Umzüge zum Faschingstreiben zu erwähnen und wollten die Vernetzung vielschichtiger Einflüsse unterschiedlichster Herkunft mit deutlichen Wandlungen zugunsten ihrer Zielsetzung nicht wahrnehmen." (Ebd.)

Zum jetzigen Zeitpunkt könne man lediglich europäische „*Verwandtschaften*" feststellen. Kammerhofer-Aggermann weist exemplarisch auf „*auffallende Ähnlichkeiten*" zwischen Pinzgauer Schönperchtenumzügen und englischen, slawischen und baskischen Maskentänzen sowie Faschingstänzen aus dem Trentino hin. „*Interessant ist jedenfalls, dass alle diese ,schönen' Karnevalsläufer und Maskentänzer überall dort auftauchen, wo direkte Wege nach Venedig oder zur katholischen Kirche und ihren Orden der Gegenreformation führen.*" (Ebd.: 105.) Anhand von Gesetzestexten und Verboten hat die Autorin für die Salzburger Schönperchten exemplarisch gezeigt, dass diese im 17. Jahrhundert über Transitrouten, Fürstenhöfe und den europaweit verknüpften Adel aus Italien nach Salzburg gekommen sind (vgl. ebd.: 116). Der Schweizer Fasnachtsforscher Albert Bärtsch hat wiederum belegt, dass Tiroler Bauernburschen und Handwerker, die seit dem 17. Jahrhundert wegen Kriegen und der Pest in die Schweiz und nach Süddeutschland auswanderten, ihre Bräuche dorthin mitnahmen, die sich dort teilweise bis heute halten (vgl. Bärtsch 1993: 259f.).

1.1.3 Mittelalterlicher Teufelsglaube – Christliche Deutungen

Auch im deutschen Sprachraum zweifelten einige Volkskundler früh an den heidnischen Wurzeln zeitgenössischer Volksbräuche. Bereits 1931 bestritt Karl Meisen den in mythologischen Erklärungen zentralen Zusammenhang der Nikolaus-Folklore mit vorchristlichen Kulten. Meisen verlegte hingegen den Ursprung aller Nikolausbräuche ins Mittelalter. Er leitete die zentralen Elemente des Nikolausbrauches aus der Legende des Heiligen Nikolaus ab und sah in den Klosterschulen des 13. und 14. Jahrhunderts und im dort gefeierten Kinderbischofsfest den Ausgangspunkt aller Nikolaus-Bräuche. Die Krampusse, die von Beginn an als Begleiter des Heiligen Nikolaus aufgetreten seien, führt er auf den christlichen Dualismus von Gut und Böse zurück: bereits in den ältesten Teilen der Legende von Sankt Nikolaus werde dieser als Bekämpfer des Bösen dargestellt. Aus dieser Perspektive ist die in zahlreichen Quellen nachweisbare Verbreitung von Nikolausbräuchen zu dieser Zeit auf die katechetischen Bemühungen der Kirche und auf das Bedürfnis der Menschen nach der Veranschaulichung heilgeschichtlicher Botschaften zurückzuführen. Außerdem sei die Verbreitung des Nikolauskultes zeitlich genau mit der Zunahme des Teufelsglaubens zusammengefallen. (Vgl. Mezger 1990/I: 65.)

Werner Mezger hat zurecht darauf hingewiesen, dass Meisens ideengeschichtlicher, statischer Ansatz zwar die Entstehung und die kurzfristige Verbreitung dieser Bräuche erklären kann, nicht jedoch ihre Veränderungen, Vermischungen und regional unterschiedlichen Ausprägungen (ebd.: 65f.). Hierfür bedürfe es einer dynamischen Perspektive, mit der man die sozialen, wirtschaftlichen, politischen und religiösen Rahmenbedingungen der Brauchentwicklung im Auge behalten könne. Bei allen Schwächen und Einseitigkeiten von Meisens Ansatzes ist dessen Leistung doch nicht zu bestreiten, die darin besteht, eine plausible Alternative zu den damals nicht nur in der Volkskunde vorherrschenden mythologischen Deutungen angeboten zu haben. Mezger knüpft bei seiner Analyse teilweise an Meisens Deutung an und sieht zunächst auch in der christlichen Nikolausverehrung und im spätmittelalterlichen „Knabenbischofsfest" die *„Keimzelle aller populären Adventsbräuche"* (ebd.: 69). Er bezieht aber in seine Untersuchung sowohl gesellschaftliche Prozesse als auch die Bedürfnisse der Brauchträger und die Interessen der Obrigkeiten mit ein. Da Mezgers quellenreiche Studien innerhalb der heutigen Volkskunde allgemein anerkannt sind, bilden sie einen wichtigen Bestanteil des nächsten Kapitels, in dem die Brauchentwicklung nachgezeichnet wird. Aus diesem Grund wird an dieser Stelle weniger auf Mezgers Deutungen selbst eingegangen, als lediglich seine grundsätzlichen Annahmen besprochen.

„Angesichts der kaum noch zu überblickenden Vielfalt der bräuchlichen Handlungsmuster, die sich in einem nie zur Ruhe kommenden historischen Verände-
rungsprozess jeweils für eine gewisse Zeit um das Fest des Heiligen von Myra anla-
gern, ist es völlig unmöglich, […] die gestaltenden Kräfte des Nikolausbrauchtums
auf eine einfache Formel zu bringen." (Mezger 1990/II: 194.)

Mezger nennt fünf „*Intentionsebenen*" der Brauchentwicklung, die für diese
Vielfalt verantwortlich seien: das katechetische Bemühen der Kirche, christliche
Tugenden zu vermitteln und zu erhalten; die persönlichen Interessen der Braucht-
träger, denen Maskenbräuche als soziales Ventil dienten, um im Schutze der
Maske für kurze Zeit aus den Zwängen des Alltags auszubrechen; die pädagogischen Erwartungen der Eltern, die im Heiligen Nikolaus und seinen Begleitern
ein willkommenes Erziehungs- und Disziplinierungsmittel sahen; den folkloristischen Ehrgeiz verschiedener Trägervereine, die vorwiegend daran interessiert
waren, den jeweiligen Brauch in seiner angeblichen „Echtheit" und „Reinheit"
zu erhalten; und die „*nackte Profitgier der Geschenk- und Süßwarenindustrie*",
die Nikolausbräuche verwendet, um ihre Umsätze zu steigern. „*[E]rst die per-
manenten Interessenskonflikte zwischen Initiatoren, Ausführenden, Angesprochenen, entfernter Partizipierenden oder wie immer sonst vom Geschehen Tan-
gierten machen den eigentlichen Motor jeder Brauchentwicklung aus.*" (Ebd.:
197.)

Aus emotionssoziologischer Perspektive (vgl. Scherke 2009) wäre hinzuzu-
fügen, dass die von Mezger genannten „Intentionen" nicht nur intendierte, also
bewusste, Motivationen umfassen, sondern sehr wesentlich auch nicht-
intendierte, die den jeweiligen Akteuren selbst gar nicht bewusst sein müssen.
Eine soziologische Untersuchung müsste demnach die Wandlungen eines Brauches in engem Zusammenhang mit den Wandlungen dieser Bedürfnisse, Emotionen und Interessen untersuchen und beide Prozesse vor dem Hintergrund von
Wandlungen der gesellschaftlichen Strukturen und der Muster des Zusammenlebens untersuchen. Trotzdem spricht Mezger zwei wichtige Aspekte an. Erstens,
dass die Veränderung des Brauches als Ganzem in dieser Form von keinem der
Beteiligten so intendiert oder gar geplant war, sondern dass es sich dabei um ein
Zusammenspiel vieler verschiedener ungeplanter Prozesse handelt. Daher spricht
er sich auch gegen lineare, monokausale Erklärungen aus. Und zweitens, dass
man heutige Bräuche nur verstehen kann, wenn man die Genese ihrer Vielfalt
und Verschlungenheit in prozessualer Perspektive betrachtet. Man muss die
vielen Wege und Kreuzungen (die Verschmelzungen und Abtrennungen, das
Verschwinden und Wiederbelebt-Werden, das Absterben einzelner Brauchelemente und das Erstarken oder Hinzukommen anderer sowie die Übernahme von
Elementen aus anderen Bräuchen) mit den Veränderung der psychischen Strukturen der Akteure in Verbindung bringen und vor dem Hintergrund der verschie-

denen regionalen Entwicklungen der geographischen, politischen, rechtlichen, wirtschaftlichen, sozialen, religiösen Bedingungen betrachten. Auch aus figurations- bzw. prozesssoziologischer Perspektive ist Mezgers Schlussfolgerung zuzustimmen, dass ein Brauch „*niemals als statische Gegebenheit, sondern stets als dynamischer Prozess zu sehen ist*" (Mezger 1990/II: 197).

1.1.4 Das gezähmte Tier im Menschen – Psychoanalytische Deutungen

Der dritte Interpretationsversuch, den Mezger in seinem Aufsatz anführt, ist der Ansatz des niederländischen Psychologen Adriaan D. de Groot (1965). De Groot erkennt in Nikolausbräuchen eine Reihe von Liebes-, Fruchtbarkeits- und Geburtssymbolen und im Heiligen Nikolaus einen „*inoffiziellen Patron des Kindersegens*" (de Groot 1965: 9, zitiert nach Mezger 1990/I: 66). Wie Meisen geht auch de Groot davon aus, dass die bösen Begleiter des Heiligen Nikolaus – in Österreich der Krampus, in den Niederlanden Swarte Pitt – ihren Ursprung im christlichen Dualismus von Gut und Böse haben; aber der Nikolaus habe „Black Peter" nicht ausgetrieben, sondern gezähmt. Daher repräsentieren Nikolaus und Krampus „*[...] the dyadic unity of flesh and spirit, of animal and man, the integration of instinctual drive and moral mastery*" (ebd.: 174, zitiert nach Mezger 1990/I: 67).[12] De Groots Überlegungen sind eher als Denkanstoß aus psychoanalytischer Perspektive denn als in sich geschlossener Erklärungsversuch anzusehen. Trotzdem haben sie spätere Erklärungsversuche beeinflusst und sind auch in einigen heutigen Interpretationen zu finden.

Eva Kreissl (2009a) weist zum Beispiel darauf hin, dass Teufel – etwa an den Portalen von Kirchen – bis zum Ende des Mittelalters als „*dämonische Bestien*" dargestellt wurden. Das Böse sollte durch das Böse ferngehalten werden. Wie Krankheiten als eine äußere Gefahr oder eine Strafe Gottes angesehen wurden, habe man auch das Böse als etwas Äußeres, Niedriges und Kreatürliches verstanden, das den Menschen befallen könne.

„Die Vorstellung des Teufels als tierisches Wesen bedient vor allem die zivilisatorische Selbstgewissheit des Menschen und beschreibt das Schlechte als ein Äußeres,

---

12 Als fünftes Interpretationsmodell führt Mezger (1990/I: 67) unter dem Titel „Integrierender Ansatz" die Arbeit von Colette Méchin aus dem Jahr 1978 an. Méchin versucht, mythologische, christliche und ethologische Deutungen zusammenzufügen. Dabei führe sie jedoch, so Mezger, wilde Spekulationen über mögliche Verbindungslinien zwischen dem heiligen Nikolaus und der Hexennacht und anderen Brauchtumsfiguren an, ohne Belege anzuführen. Damit leiste sie „*eher einen Beitrag zur weiteren Mystifizierung als zur schrittweisen Klärung der verschiedenen Phänomene des Nikolausbrauchtums*" (ebd.).

der Natur Anhaftendes, das den Menschen von seiner niederen Entwicklungsstufe aus bedroht und ihn zu sich hinunterzuziehen droht." (Kreissl 2009a: 8.) Gleichzeitig müsse man, so Kreissl, die mittelalterliche Teufelsvorstellung auch als „*Personifizierung christlicher Ängste*" verstehen. Das Motiv des quälenden oder gar menschenfressenden Satans, der im Auftrag Gottes dessen Strafen vollstreckt, könne man ab dem 15. Jahrhundert in unzähligen Überlieferungen, wie etwa in Märchen, Gemälden oder Altären, finden. Erst im Zuge der Reformation sei die Tarnung des Teufels immer menschlicher geworden. Er konnte sich in allen verschiedenen Gestalten verstecken und so zur Erklärung und Beseitigung verschiedenster Phänomene benutzt werden. (Vgl. ebd.: 8f.)

1.1.5 Umweltanpassung und Paarbildung – Ethologische Deutungen

Auch die Brauchdeutungen des Zoologen Otto König (1976-77, 1980) werden von Mezger und von Berger diskutiert. Der Konrad-Lorenz-Schüler hat sich mit dem Klaubaufgehen[13] in Osttirol und mit dem Krampuslaufen im Gasteiner Tal beschäftigt und baut dabei seine Argumentation rund um die allgemeine ethologische Feststellung auf, dass der Mensch „*Produkt[e] eines großen Lebens- oder präziser Zellteilungsstromes*" (König 1983: 5) und als solcher genauso den „*allgemeinen Naturgesetzen*" unterworfen sei wie die „*frühesten Einzeller*":

> „So muss denn jede über längere Zeit eingefahrene menschliche Aktivität, also auch jedes Fest, jedes gesellige Ereignis, Ursprung und Ausgangspunkt in einer Umweltanpassung haben, selbst wenn es zunächst völlig sinnentleert erscheint und in der Gegenwart nur noch traditionell beibehalten wird." (Ebd: 6.)

Auf Krampus-, Rau- und Fasnachtsbräuche übertragen bedeutet dies, dass man ihre Ursprünge in den „ökologischen Urgründen", in den klimatischen Gegebenheiten und der bergbäuerlichen Arbeitsorganisation in den Alpenländern zu suchen habe. Noch um 1900 habe dort der Großteil der Bevölkerung auf dem Land in bäuerlichen Berufen gelebt, die viel stärker und unmittelbarer vom Jahreslauf, von klimatischen und anderen Umweltveränderungen abhängig und betroffen waren, als es unsere heutigen sind. „*Sie hatten sich den gebietstypischen ökologischen Verhältnissen anzupassen. Ihre Kultur war Reaktion auf die Natur.*" (Ebd.: 6.) So war die Zeit von Frühling bis Herbst die Zeit des Arbeitens und der

---

13 Die Namen der Begleiter des Heiligen Nikolaus variieren regional. In Osttirol werden sie nicht Krampusse, sondern Klaibaife (Singular: Klaubauf) genannt. (Vgl. Klaubaufgehen in Osttirol – Institut für Geschichtswissenschaften und Europäische Ethnologie der Universität Innsbruck. URL: https://www.uibk.ac.at/geschichte-ethnologie/medien/feste-und-braeuche/infoservice/klau bauf.html (letzter Zugriff: 21.02.2017).)

Winter jene Zeit, in der Wege unbenutzbar wurden, das Vieh von den Almen getrieben wurde, die Wanderhändler und Bergarbeiter heimkehrten. Nun, zu Beginn der kalten Jahreszeit, kamen die jungen Frauen und Männer, die das restliche Jahr über hart gearbeitet und einander kaum gesehen hatten, in den Siedlungen zusammen. *„Natürlich begann da ein Balzen und Flirten, ein Tändeln und Sichverlieben. [...] Kein Wunder, daß man sowohl den Anfang (Klaubauf- und Nikolausbräuche) wie auch das Ende (Fasnachtstreiben) dieses sozial so ergiebigen Zeitabschnittes feiert."* (Ebd.: 7.) Auch die traditionelle bäuerliche Heiratszeit falle bei uns zwischen Winterende und Frühlingsbeginn, also in jene Zeit, in der das winterliche Beisammensein endete und die jährliche Arbeit wieder begann. Überhaupt finde man eine solche Ansammlung von Liebes- und Orakelbräuchen zwischen Mitte November und Anfang März in allen nördlichen Ländern. Dementsprechend sei der Heilige Nikolaus auch ein Heiratsbischof und seine Attribute, die drei goldenen Äpfel, Liebessymbole. *„Das alte, ursprünglich der Paarbildung zwischen Burschen und Mädchen gewidmete Nikolaus- und Krampusfest ist aus dieser Sicht zu einer Art ‚Blinddarm' geworden, der aber im gegebenen Fall doch noch viel Spaß macht."* (Ebd.: 8.) Ähnlich und ebenso ahistorisch argumentiert Albert Bärtsch. Auch er weist darauf hin, dass die meisten alpinen Maskenbräuche zwischen Winter- und Frühlingsbeginn stattfinden. Bärtsch ist der Meinung, das Maskieren erleichtere es den Maskenträgern, Kontakt mit dem anderen Geschlecht aufzunehmen. *„Das Maskentreiben eröffnet eine phantastische Realität: Es erlaubt den Rollenwechsel, das Erleben der verkehrten Welt und unvermittelt leicht auch ein neues Prestigegefühl. Die Anonymität unter der Maske wirkt befreiend und enthemmend."* (Bärtsch 1993: 12.) Diese Überlegungen sind durchaus plausibel und – wie im sechsten, siebenten und achten Kapitel gezeigt wird – auch im Hinblick auf die Attraktivität heutiger Brauchtumsumzüge durchaus erhellend.

Trotzdem sei auf Norbert Elias' Warnung vor der ethologischen Tendenz hingewiesen, *„[...] alles menschliche Verhalten – Menschen als Individuen und als Gesellschaften – ausschließlich mit den gleichen theoretischen Werkzeugen zu untersuchen, die sich bei der Untersuchung vormenschlicher Lebewesen als zureichend und fruchtbar erwiesen haben [...]"* (Elias 2001: 255). Zwar teilen Menschen viele Struktureigentümlichkeiten mit Tieren, gleichzeitig stelle der Mensch aber *„innerhalb des kontinuierlichen evolutionären Prozesses den Durchbruch zu neuartigen und singulären organische Strukturen"* (ebd.) dar. Diese Eigenheiten, die spezifisch menschlich seien und die Menschen in ihrer biologischen Ausstattung von allen anderen Lebewesen unterscheiden, verliere man aus den Augen, wenn man sich ausschließlich auf Konzepte aus der Tierpsychologie stütze. (Vgl. Elias 2001: 254-262; Elias 2006c: 351-384.)

Auch Karl Christoph Berger fragt bei aller Wertschätzung Königs, ob man *„die gesellschaftlichen Kontakte der bäuerlichen Bevölkerung wirklich nur auf die Winterzeit reduzieren [kann]"* (Berger 2000: 157). Schließlich seien die Feste im bäuerlichen Festkalender über das ganze Jahr verstreut und auch in der besonders arbeitsintensiven Erntezeit im Sommer und Herbst nicht seltener. Außerdem habe König historische Gegebenheiten und hier vor allem zeitgenössische Entwicklungen völlig ignoriert. So habe er zum Beispiel die Pelzverkleidung der Matreier Klaibaife als *„uraltes Wintergewand"* gedeutet, das *„sich wohl aus einer Zeit erhalten [hat], als den Burschen außer Zweckkleidung nichts zur Verfügung stand"* (König 1983: 15). Tatsächlich, so Berger, habe man sich in Matrei noch um 1900 mit alten Lumpen verkleidet (vgl. Berger 2000: 156). Erst Anfang des 20. Jahrhunderts habe man begonnen, alte Jacken umzudrehen und die Pelzfütterung außen zu tragen. Das Tragen eines Felles habe sich erst Mitte des 20. Jahrhunderts durchgesetzt. Berger führt einen weiteren zentralen Kritikpunkt an Königs Thesen an. Zwar seien Kameradschaft, das Knüpfen und Vertiefen von Kontakten sowie das Imponieren von Mädchen grundsätzlich wichtige Brauchmotive, doch *„[w]eder gegenwärtige Brauch- und Festformen, noch historische Belege"* (ebd.) würden darauf hindeuten, dass gerade das Perchtenlaufen oder Klaubaufgehen, das häufig von wenigen Burschen getragen worden sei, besonders gut dazu geeignet gewesen sei, Kontakte zum anderen Geschlecht zu knüpfen (vgl. ebd.: 156). Insgesamt erfasse die *„monokausale und ahistorische Erklärung Königs [...] das eigentliche Wesen des Brauchs [des Klaubaufgehens in Matrei; Anm. d. Verf.] nicht, da historische, kulturell bedingte und weitere soziale Gesichtspunkte völlig außer Acht gelassen werden"* (ebd.: 157).

Der bei König zentrale befreiende, enthemmende Aspekt des Krampuslaufens wird im sechsten, siebenten und achten Kapitel ausführlich diskutiert. Auch wenn nicht alle ihre Anfangsannahmen und Schlussfolgerungen geteilt werden können, so bietet Königs Argumentation doch einige interessante Anhaltspunkte für das Verständnis der Entstehung und Entwicklung alpiner Maskenbräuche. Auch Mezger (1990), Prasch (1987) und Berger (2000) haben Königs Beitrag zum Verständnis der Nikolausbräuche gewürdigt. Gleichzeitig weisen aber sowohl Mezger (1990) als auch Berger (2000) ganz zu Recht auf die seltsamen Widersprüche hin, in die sich König danach verstrickt (vgl. Mezger 1990/I: 68). Einerseits kritisiert König mythologische Erklärungsversuche und argumentiert, sie müssten angesichts der ständigen Veränderung von Bräuchen an der Realität scheitern (vgl. König 1983: 12). Andererseits geht er aber auf zeitgenössische Entwicklungen so gut wie nicht ein (vgl. Berger 2000: 156). In den Klaibaifen, deren Name er als *„uralt und zutiefst germanisch"* bezeichnet, sieht er gar die älteste, heidnische Brauchschicht, der die katholische Kirche erst Jahrhunderte später die Figur des Heiligen Nikolaus hinzugefügt habe, um den Brauch zu christianisieren. Die Beliebtheit des Bischofs von Myra führt er – Otto Höflers Deutung kritiklos übernehmend – darauf zurück, dass die Bischofsfigur *„nur eine Christianisierung des alten warnenden Eckart [sei], der vor der wilden Jagd herzog"* (ebd.: 10). Anhand dieses Beispiels kann man auf zwei Tatsachen hinweisen. Erstens auf die Tatsache, dass die hier angeführten Deutungstypen oft nicht in der hier dargestellten „Reinheit" existieren. Vielmehr findet man in vielen Erklärungsversuchen nicht nur eine, sondern mehrere der hier vorgestellten Typen. So sollen sie auch verstanden werden: als Idealtypen im Sinne Max Webers (vgl. M. Weber 1988: 190f.). Zweitens ist Otto Königs Arbeit ein gutes Beispiel dafür, wie weit mythologische Erklärungen verbreitet sind. Selbst in ansonsten erkenntnisorientierten Arbeiten werden – vor allem wenn die Autorinnen oder Autoren ihr Fachgebiet verlassen – die am weitesten verbreiteten oder die am einfachsten verfügbaren Deutungen oft relativ unhinterfragt übernommen.

Dass Königs Thesen noch immer rezipiert und als Ausgangspunkt für weitere Untersuchungen herangezogen werden, zeigt die Tatsache, dass an der Universität Innsbruck erst im Jahr 2004 eine Diplomarbeit über *Die humanethologischen Aspekte des Krampuslaufs* (Dittel 2004) entstanden ist. Angelika Dittel beschäftigt sich darin mit dem Verhalten von Krampussen und Zuschauern, wobei ihr Fokus auf den Reaktionen der letzteren auf die ersteren liegt. Als empirisches Material greift sie auf Filmmaterial von Otto König aus den Jahren zwischen 1965 und 1986 zurück, das sie durch eigene Filme aus den Jahren 1997 und 1998 ergänzt. Unabhängig von Geschlecht und Alter hätten sich, so Dittel, zwischen 1965 und 1998 zwei Reaktionen nicht verändert: das Lachen oder Lächeln bei der Begegnung mit einem Krampus und das schützende Verhalten bei dessen Schlagandrohung. Außerdem ließen sich Frauen seltener auf Raufhandel ein und *„wirken bei der Anwesenheit eines Krampus' im allgemeinen nervöser als Männer"* (ebd.: 90). Während in den 1960er Jahren vorwiegend Männer und junge Paare bei Umzugsbräuchen anwesend gewesen seien, seien es in den 1990er Jahren hauptsächlich Familien und Kinder gewesen. Darüber hinaus habe sich das Verhalten der beiden Geschlechter zueinander und zum Krampus verändert. Während in den 1960er Jahren Männer ihre Frauen noch beschützt hätten, böten sie diese in den 1990er Jahren sogar den Krampussen an: *„Die Elemente des Brauchs, die in diesem Fall einstmals eine Bindung zwischen Mann und Frau gefördert haben, scheinen weitgehend ihre Funktion verloren zu haben. Heute scheint der Brauch mehr die Eltern-Kind-Bindung zu stärken."* (Ebd.: 98.) Über diese etwas weit hergeholte und nicht weiter begründete oder belegte Deutung hinaus bleibt die Autorin jedoch Erklärungen, an denen die Ethologie angeblich interessiert ist (vgl. ebd.: 98), schuldig. Zwar stellt sie in ihrer abschließenden Diskussion die Frage, *„welchen Zweck dieser Brauch ur-sprünglich und jetzt erfüllt"* habe, ihre Antworten fallen aber bemerkenswert schmal aus: *„Die Theorien über die Funktionen des Krampuslaufs finden heute keine Entsprechung mehr, wie z.b. nach Otto König, über den Krampuslauf Mädchen kennen zu lernen, oder nach K. Ch. Berger nach Geld zu heischen."* (Ebd..) Man könne den Krampusbrauch jedoch nach wie vor als *„Ventilsitte"* ansehen, durch die soziale Konflikte und Aggressionen abgebaut werden können, ohne die soziale Ordnung zu stören. Außerdem würden *„für das soziale Zusammenleben positive und bindende Elemente in den Brauch eingebaut und gefördert, wie das Geschenkritual (Nikolaus)"* (ebd.). Welche das sind, warum und wie dies passiert, wird jedoch nicht erörtert. So liefert uns diese Arbeit nur wenige Anhaltspunkte für unser Vorhaben, die jüngst zunehmende Beliebtheit von Krampus- und Perchtenbräuche besser zu verstehen.

1.1.6   Betteln und Protest – Sozialökonomische Deutungen[14]

Zum Abschluss dieses Abschnitts wird eine weitere Gruppe neuerer Deutungen diskutiert. So verschieden diese Erklärungsversuche seien mögen, sie alle sehen die Ursprünge alpenländischer Maskenbräuche nicht in überkommenen Glaubensvorstellungen, sondern in den konkreten Interessen und Bedürfnissen der Brauchträger sowie in lokalen wirtschaftlichen Bedingungen. Ihr Ziel ist es, die Brauchentwicklung anhand von Quellen nachzuzeichnen und mit ökonomischen oder rechtspolitischen Entwicklungen in Verbindung zu bringen. Hier stößt man jedoch auf das Problem, dass es bis zu den Reiseberichten des ausgehenden 18. Jahr-hunderts nur dann schriftliche Aufzeichnungen über die Sitten und Gebräuche der niederen Stände gibt, wenn die Obrigkeit durch sie die Sicherheit oder Sittlichkeit bedroht sah. (Vgl. Rumpf 1991: 163, 176.)

Marianne Rumpf (1976, 1982, 1991) hat sich diese amtlichen Belege seit dem 16. Jahrhundert angesehen und kommt zu einer anderen Deutung als Mythologen wie Grimm oder Höfler, denen viele dieser Quellen durchaus schon bekannt waren. Sie sahen in den Maskierungsverboten, die sich in Quellen vom 16. bis zum 18. Jahrhundert finden lassen, die Ursache für das Verschwinden der angeblich aus germanischer Zeit stammenden heidnischen Bräuche. Tatsächlich findet man im 16., 17. und 18. Jahrhundert – wie Ulrike Kammerhofer-Aggermann (2007: 113-116) am Beispiel des Salzburger Landes gezeigt hat – viele Verbote von Maskenläufen, die aus ordnungspolitischen, gegenreformatori-

---

14   Dieses Deutungsmuster wird von Mezger nicht behandelt. Dies ist vermutlich darauf zurückzu-führen, dass sich die Erklärungsansätze, die man diesem Muster zuordnen kann, eher auf Perchten- und Fasnachts- als auf die von Mezger untersuchten Krampusbräuche beziehen.

schen oder aufklärerischen Gründen erlassen wurden, jedoch insgesamt wenig erfolgreich waren. Allerdings kommt Rumpf zu dem Ergebnis, dass *„[...] nach kritischer Prüfung der alten Quellen wenig zu erfahren ist, was auf die Frage des Ursprungs und des Sinnes der Bräuche erschöpfende Auskunft geben kann"* (Rumpf 1991: 176). Man könne lediglich nach Gemeinsamkeiten suchen, und zwar sowohl zwischen verschiedenen Bräuchen in unterschiedlichen Regionen und Ländern als auch zwischen den Beschreibungen der Brauchhandlungen und Volkssagen. Sowohl in den archivalischen Quellen als auch in Sagen finde man Fastengebote und die mit ihnen verbundenen Arbeitsverbote und Heischegänge. Seit frühchristlicher Zeit galten jeweils die Tage vor hohen Festtagen als Fastentage.

> „Es ist deshalb auch nichts Außergewöhnliches, wenn die am Vorabend des Epiphaniastages, also dem Perchtenabend geübten Bräuche in ähnlichen Formen auch an anderen Fastenterminen ausgeübt werden, wie den Quatembertagen nach Luzia, am Nikolausabend, am Weihnachtsabend [...]." (Ebd.: 176f.)

Diese Tatsache habe dazu geführt, *„daß man etwa die Luzia, die am Luzientag als Gabenbringerin erscheint, fälschlicherweise für eine Perchtenfigur hält"* (ebd.: 176f.). Viel wahrscheinlicher sei, dass sich die Maskenumzüge aus spätmittelalterlichen Heischegängen, d.h. Bettelzügen, entwickelt haben, die an verschiedenen Fastentagen in der christlichen Welt üblich waren. An diesen Tagen seien fromme Christen verpflichtet gewesen, Bettlern, Kranken und Krüppeln Almosen zu spenden. Das Tragen von Masken und Schellen sei – wie Otto König gezeigt habe – im Mittelalter üblich gewesen, um vor ansteckenden Krankheiten zu warnen. Auch die Tatsache, dass Frau Perchta später immer wieder mit Handschuhen oder mit nur einer Hand dargestellt wurde, deutet Rumpf als Hinweis darauf, dass unter den Teilnehmern der mittelalterlichen Heischegänge oft Leprakranke waren. Die Maskierung habe also nicht die Funktion gehabt, Dämonen zu vertreiben oder nachzuahmen, sondern den von Krankheit entstellten Körper vor den Almosenspendern zu verbergen. Auf den frühesten bekannten Perchtendarstellungen und auch auf späteren, aus dem 18. und frühen 19. Jahrhundert stammenden, Abbildungen finde man keine Tier- oder Teufelsmasken, wie sie bei Schiachperchten ab dem späten 19. Jahrhundert üblich waren. *„Im Mittelalter wurden die aus der Gesellschaft ausgeschlossen und als tot erklärten Aussätzigen als Sünder gesehen, die mit ihrer Krankheit zu Lebzeiten, sozusagen als lebendige Tote, ihre Sünden abbüßen mußten."* (Ebd.: 180.) Die Teilnehmer, auch „Arme Seelen" genannt, seien im Volksglauben und in Sagen zu einem Heer der Toten umgedeutet worden, das in bestimmten Nächten um die Häuser zieht und dem man Almosen hinstellt. Im 17. Jahrhundert, als in Mitteleuropa die Lepra verschwunden war, seien die Heischezüge von Holzknechten, Handwerkern, Bergleuten, Studenten, armen Witwen mit Kindern und anderen gesellschaftlichen Gruppen, denen das Betteln erlaubt war, weitergeführt worden. Gerade diese Personen würden in Gerichtsprotokollen als Perchtenläufer genannt. Ihnen hätten die Masken dazu gedient, unerkannt zu bleiben. Erst im 19. Jahrhundert seien Teufelsfiguren aus anderen Bräuchen oder aus Volksschauspielen übernommen worden. (Vgl. ebd.: 176-181.) Rumpf wendet sich also gegen die Zurückführung des Perchtenlaufens auf einen einzigen „Ursprung" und verweist dabei nicht nur auf die schwierige Quellenlage, sondern auch auf die vielfältigen Einflüsse, Überschneidungen und Vermischungen. Sie weist aber auch auf die oft jahrzehntelangen Unterbrechungen und späteren Wiederentdeckungen hin, die man in der Geschichte der heutigen Bräuche erkennt. Daher ist es wenig überraschend, dass man in ihrer These einige Parallelen und Anknüpfungspunkte zu anderen Deutungstypen erkennt, wie etwa zu Otto Königs Betonung der ganz konkreten wirtschaftlichen und rechtlichen Lebensbedingungen oder zu der ebenfalls bereits besprochenen Idee des Kulturtransfers.

Auch Karl Christoph Berger wendet sich gegen eine „lineare und monokausale Geschichtsschreibung von Bräuchen" (Berger 2007b: 80) und plädiert für eine vergleichende Untersuchung verschiedener Maskenbräuche vor dem Hintergrund von Rechtsgewohnheiten, ökonomischen Entwicklungen und den damit zusammenhängenden Bedürfnissen und Motiven der Menschen. Dafür müsse man sich aber von der fixen Idee lösen, „es hätte bereits im Spätmittelalter jene strikte Differenzierung beispielsweise zwischen Fasnachts-, Perchten- und Krampusbrauch gegeben, wie sie heute oft in den Vordergrund gestellt wird" (ebd.). Diese Annahme sei ein zentrales Missverständnis, das sowohl in mythologischen Erklärungen als auch in unserem heutigen Alltagsverständnis tief verankert sei, das jedoch den Blick auf ein realitätsgerechtes Verständnis der Entwicklung unserer heutigen Bräuche verstelle. Nach allem, was man aus den bisher bekannten historischen Quellen wisse, müsse man die Ursprünge, oder besser: die Vorläufer verschiedener heute als uralt angesehener alpenländischer Maskenbräuche in spätmittelalterlichen bzw. frühneuzeitlichen Rechtsbräuchen, wie Heischegängen und Rügegerichten, suchen. Bergers Interpretation der Heischebräuche stimmt in wesentlichen Zügen mit Rumpfs überein. Im 15. und 16. Jahrhundert sei es an bestimmten Tagen – meist vor Beginn der Fastenzeit („vasnacht" = Nacht vor der Fastenzeit; „giperehtennaht" = Nacht vor Epiphanie) – üblich gewesen, Klöster und Pfarrhäuser zum Schein zu stürmen und zu besetzen, um Essen und Trinken zu verlangen. (Vgl. ebd.: 81.) „Verschwenderisches Essen und Trinken vor der strengen Fastenzeit sowie das damit in Verbindung stehende Heischen von Lebensmitteln begleiten quasi alle frühneuzeitlichen Brauchformen." (Ebd.) Diese Tage seien wichtige Termine für die Dorfgemeinschaft gewesen. Es habe Tanzveranstaltungen gegeben, bei denen es recht wild zugegangen und oft zu Schlägereien gekommen sei. Um einer Bestrafung durch die Obrigkeit zu entgehen, habe man zu solchen Anlässen häufig Masken getragen. Als Reaktion auf diese wilden Gelage und die häufigen Ausschreitungen wurden seit Mitte des 16. Jahrhunderts kirchliche und landesfürstliche Verbote erlassen. (Vgl. ebd.: 80f.) Diese Heischegänge seien Gelegenheiten gewesen, an zusätzliche Lebensmittel oder Geld zu kommen. Aus diesem Grund beteiligten sich vor allem die ärmeren Teile der Bevölkerung an diesen Bräuchen. Daher habe man genau darauf geachtet, dass nur Burschen aus dem eigenen Dorf oder Ortsteil an den jeweiligen Läufen teilnehmen. Beim Matreier Klaubaufgehen sei es bis zur Mitte des 20. Jahrhunderts zu Verfolgungsjagden und Schlägereien zwischen Klaubaufgruppen gekommen, wenn eine in das Revier der anderen eingedrungen sei, um dort zu heischen. Erst als die materielle Grundlage des Brauches zunehmend verloren gegangen sei, habe sich auch diese regionale Strenge aufgeweicht. Seit den 1960er Jahren nehmen bei den Matreier Klaubaufläufen Burschen aus verschiedenen Fraktionen[15] teil. Bis heute gilt es aber als Tabu, dass Maskierte aus anderen Osttiroler Gemeinden mitlaufen.[16] (Vgl. Berger 2000: 119-122.)

Einen weiteren Vorläufer heutiger Maskenbräuche sieht Berger in den Rechtsgewohnheiten des 16. und 17. Jahrhunderts. In vorindustriellen, agrarisch-ländlichen Gesellschaften war vieles, was heute Privatsache ist, noch der öffentlich-dörflichen Kontrolle unterworfen (vgl. Thompson 1972: 285-312). Im Laufe der Jahrhunderte entwickelte sich ein *„ausgeklügeltes, nicht nur aus heutiger Sicht brutal erscheinendes System der sozialen Kontrolle"* (Berger 2007b: 82), das die dörfliche Ordnung aufrecht erhielt und sie im Falle einer Abweichung von bestehenden Moralvorstellungen oder Verhaltenskonventionen wiederherstellte (vgl. auch Kramer 1974). Häufige Auslöser waren Verletzungen der regionalen Hochzeitsbräuche, die Wiederverheiratung einer Witwe, der Streit zwischen Eheleuten, Diebstahl, Meineid oder die Hochzeit zweier sehr verschiedener Personen (vgl. Thompson 1972: 285-312). Aus der Sicht des Volkes bestand kein Bedarf an einer ordnungspolitischen Einmischung von außen bzw. „oben". Im Gegenteil: Das Beharren des örtlichen Obrigkeitsvertreters auf Einhaltung eines Verbotserlasses wäre als Verstoß gegen örtliche Rechtsgewohnheiten

---

15 In Westösterreich werden Ortschaften auch als „Fraktionen" bezeichnet (vgl. Vorarlberger Landesarchiv 2004: 2). Im konkreten Fall handelt es sich um Ortschaften in der Marktgemeinde Matrei in Osttirol.

16 Albert Bärtsch berichtet, dass es in Gastein noch 1993 üblich war, dass ein und dasselbe Haus von mehreren „Krampuspassen" besucht wird. So blieb es nicht aus, dass zwei Passen einander trafen. Diese Begegnungen verliefen nach einem *„fest geregelten Ritual"*. Während sich die Nikoläuse begrüßten, drohten die Krampusse der beiden Passen einander und deuteten in der Form von *„Rempeltänzen"* Kraftproben an, indem sie mit den Schultern gegeneinander stießen. (Vgl. Bärtsch 1993: 41f.) Es erscheint plausibel, diese angedeuteten Raufereien als Überbleibsel jener oben beschriebenen Schlägereien anzusehen.

wahrgenommen worden und hätte seinerseits wieder Hohn- und Spottbräuche zur Folge gehabt. In Quellen aus dem 16. und 17. Jahrhundert sind unzählige Rügebräuche belegt, die ganz verschiedene Formen öffentlicher Demütigung annehmen konnten – von der üblen Nachrede über Spottlieder bis zur Ächtung, von Eigentumsbeschmutzungen oder -beschädigungen über verhöhnendes Nachahmen bis zu erniedrigenden Aufgaben, welche die Gerügten vor der versammelten Dorfgemeinschaft erledigen mussten. Während sich diese Bräuche besonders häufig gegen alte ledige Frauen, Fremde oder andere Außenseiter wandten, bestand die Gruppe der Brauchträger meist aus den Burschen und jungen, ledigen Männern des Dorfes. (Vgl. Berger 2007b: 82-84.) Martin Scharfe hat auf die „Ventilfunktion" dieser Rügebräuche hingewiesen – schließlich wurden mit den Jungmännern gerade die potentiellen Störenfriede zu Hütern der örtlichen Sitte und Moral (vgl. Scharfe 1970: 45-68). Im 18. Jahrhundert verschwanden unter dem Druck gegenreformatorischer und aufklärerischer Bestrebungen die meisten dieser Rügebräuche, die nun als Sünde oder bloßer Aberglaube angesehen wurden. Einerseits wurden die Verbotserlässe zunehmend verschärft, andererseits verbreitete sich durch Missionspredigten der Glaube, die Fasnacht sei ein Werk des Teufels. Außerdem machten staatliche Reformen *„das System der mittelalterlichen Selbstregulierung und sozialen Kontrolle [...] zunehmend obsolet"* (ebd.: 85). Im 19. Jahrhundert wurden viele dieser Bräuche wiederbelebt. Dabei wurden nur die Formen übernommen; die rechtlichen Funktionen waren den Brauchtumspflegern vermutlich gar nicht mehr bewusst. Stattdessen interpretierten sie sie als viel ältere, heidnische Bräuche zur Vertreibung germanischer Dämonen.[17] Und so finden sich einige dieser Rügeformen in der Form lustiger Spiele oder als wichtige Brauchtumselemente und Figuren in vielen heutigen Tiroler Fasnachten. Berger nennt zum Beispiel das Blochziehen, die Altweibermühle oder das Sterzinger Moos. (Vgl. ebd.: 82-87.)

Berger bietet aber noch eine dritte mögliche Funktion der Vorläufer heutiger Klaubauf-, Krampus-, Perchten- und Fasnachtsbräuche an. Man könne Maskenbräuche auch als Formen des Protests ärmerer Bevölkerungsteile und niede-

---

17   Wie leicht und schnell sich die Deutung eines Brauches ändert, wenn seine sozioökonomischen Grundlagen verschwinden, hat Bertl Petrei (1992) am Beispiel des „Kirchleintragens" im Kärntnerischen Eisenkappel gezeigt. Unter Berufung auf Pavle Zablatnik und Georg Graber zeigt Petrei, dass im Mai in vielen Teilen Europas Bräuche nachzuweisen sind, in denen – in verschiedener Form – *„Feuer ins Wasser [ge]tragen"* wird, *„weil von diesem Tag an nicht mehr bei (künstlichem) Licht gearbeitet werden muß. [...] Es handelt sich also zumindest um einen europaweiten Brauch, der meist verschwunden und dort, wo er inselartig bestehen geblieben ist, als ‚Ortsbrauch' empfunden wird."* (Petrei 1992: 17f.) Zablatnik habe zu Recht festgestellt, dass *„nicht alles ureigenes Volksgut"* sei und dass *„etliche Sitten und Bräuche als gemeinsames Kulturerbe der großen indo-europäischen Völkerfamilie ins Auge springen oder sich gar als Allgemeingut der Menschheit entpuppen"* (Zablatnik nach Petrei 1992: 18).

rer Schichten gegen verschiedene Missstände ansehen. Bei solchen Anlässen habe man unerkannt und ungestraft seine Meinung sagen, sich über die Obrigkeit lustig machen, Missstände anprangern, Aggressionen abbauen sowie Lebensmittel und Geld erbetteln können. (Vgl. Berger 2000: 124.)

> „Im Schutz der Maske konnten die vielfach aus ärmlichen Verhältnissen stammenden Brauchträger ihre aufgestaute Aggression oder die Wut an den besser Situierten, die manchmal vielleicht auch ihre Dienstgeber waren, abbauen. Die sozial abhängigen Burschen konnten selbstbewusst und gleichzeitig ungestraft zeigen, dass sie die eigentlich Stärkeren und Kräftigeren waren. Der Versuch Eindruck zu schinden, mag auch als Warnung für den Bauern gedient haben, seine Knechte unter dem Jahr nicht zu hart arbeiten zu lassen." (Ebd.)

Diese Interpretation von Maskenbräuchen als „verkehrte Welt", in der man in einem bestimmten Rahmen ausnahmsweise über die Stränge schlagen, Missstände ansprechen und überschüssige Energie abbauen darf, finden wir auch bei Otto König und für Sportspiele bei Norbert Elias und Eric Dunning. Auch Werner Mezger (1990) und Ingeborg Weber-Kellermann (1965, 1984, 1985, 1987) haben darauf hingewiesen, man müsse Bräuche nicht nur im Zusammenhang mit wirtschaftlichen, politischen und religiösen Entwicklungen, sondern auch als Mittel der zwischenmenschlichen Kommunikation sehen.

1.2 Kritik und Anknüpfungspunkte aus soziologischer Perspektive

1.2.1 Zur wissenssoziologischen Rekonstruktion der Deutungsgeschichte

Für die figurationssoziologische Untersuchung eines Brauches geht es weniger um die Frage nach den vermeintlichen „Ursprüngen", als darum, die Wandlungen der Bräuche und der Erklärungsversuche im Lichte der politischen, sozialen und religiösen Veränderungen zu rekonstruieren und nach den mit ihnen zusammenhängenden sich wandelnden Bedürfnissen, Interessen und Lebensbedingungen der Menschen zu fragen. Dass sich die oben besprochenen Brauchdeutungen nicht nur auf Krampusbräuche, sondern auch auf Perchten-, Klaubauf- und Fasnachtsbräuche bezogen haben, ist weder ein Versehen, noch hat es mit damit zu tun, dass es nicht genügend Thesen gebe, die sich mit dem Krampuslaufen beschäftigen. Die Auswahl ist auch nicht nur damit zu begründen, dass man allen besprochenen Erklärungsansätzen hilfreiche Anknüpfungspunkte für eine soziologische Untersuchung entnehmen kann. Sie hat vielmehr mit der Quellenlage und der Brauchentwicklung selbst zu tun und spiegelt die vielfältigen gegenseitigen Einflüsse, Verschmelzungen und parallelen Entwicklungen alpiner Maskenbräuche wider. Karl Christoph Berger, der für seine Arbeit über das Klaubaufge-

hen in Osttirol sowohl umfangreiche Quellenstudien als auch eigene Feldforschungen durchgeführt hat, betont zum Beispiel, dass

> „[...] [d]ie archivalisch belegten bzw. heute noch ausgeübten Maskenbräuche [...]
> starke Verflechtungen und Beziehungen zueinander [zeigen]. Man muss demnach
> mit Übernahmen und Nachahmungen von Brauchmotiven rechnen, ohne dabei je-
> doch den Weg nachvollziehen zu können." (Berger 2000: 95.)

Daher müsse man in die Untersuchung und Deutung eines Maskenbrauches immer aktuelle und vergangene Entwicklungen anderer Bräuche miteinbeziehen
und versuchen, gemeinsame Tendenzen herauszuarbeiten (vgl. ebd.: 6, 96-100).
Außerdem haben Zerling / Schweiger (2005: 23) und Kammerhofer-Aggermann
(2007: 115) darauf hingewiesen, dass man anhand der bekannten Quellen oft gar
nicht sagen kann, um welche Art des Maskenbrauches es sich bei den Schilderungen handelt. So sei in den Verbotserlässen aus dem 17. und 18. Jahrhunderts
häufig einfach von „mummereien" die Rede. Selbst wenn Quellen die Begriffe
„Percht" oder „Bercht" enthalten, könne man dies nicht als Hinweis auf die heute
bekannte Brauchgestalt deuten, weil diese Ausdrücke im damaligen Sprachgebrauch als Synonyme für „Maske" verwendet worden seien.

Seit am Beginn des 19. Jahrhunderts alpine Maskenbräuche erstmals nicht
mehr nur verboten und bekämpft, sondern beschrieben und belebt wurden, hat
man sie auf unterschiedlichste Weise gedeutet und bewertet. Zur Zeit der Romantik sah man in ihnen Relikte der vormodernen Welt und des vorchristlichen
Dämonenglaubens; in der Zeit des Nationalismus und später des Nationalsozialismus galten sie als Erbe germanischer Männerbünde; nach dem Zweiten Weltkrieg hat man ihre Ursprünge das eine Mal in christlich-kirchlichen Passionsspielen, ein anderes Mal in mittelalterlichen Rechtsbräuchen gesehen; man hat
sie als Mittel der Paarbildung und damit der Anpassung der Alpenbewohner an
ihre raue Umwelt, aber auch als Instrumente des Protests gegen die kirchliche
und weltliche Obrigkeiten gedeutet; manchmal lag der Fokus auf den Ängsten,
Bedürfnissen und Glaubensvorstellungen der Brauchträger, dann wieder auf den
Interessen der Obrigkeiten, mal auf den sozialen Funktionen und dann wieder
auf der Kontinuität oder Variation eines Brauchmotivs; man betonte regionale
Besonderheiten oder internationale (und sogar außereuropäische) Ähnlichkeiten,
gegenseitige Einflüsse und Verschmelzungen.

In der wissenschaftlichen Volkskunde herrscht heute weitgehend Konsens
darüber, dass man angesichts der vielen Überformungen, Verschmelzungen und
Umdeutungen, die alpine Maskenbräuche im Laufe der Jahrhunderte erfahren
haben, ihre „Ursprünge" mit dem heutigen Wissensstand nicht seriös identifizieren kann. Zum heutigen Zeitpunkt ist es nicht einmal möglich, die Entwicklungen alpiner Maskenbräuche eindeutig nachzuzeichnen. Im Laufe der Jahrhunderte seien so viele Brauchrelikte eingeflossen, hätten sich so viele Bräuche gegen-

seitig beeinflusst und seien sie alle so vielen unterschiedlichen gesellschaftlichen Veränderungen ausgesetzt gewesen, dass man häufig lediglich von plausibleren oder weniger plausiblen Entwicklungen ausgehen könne. Zwar gibt es verschiedene Auffassungen darüber, ob in ihnen Reste älterer Glaubensvorstellungen und Brauchhandlungen zu finden sind und wie diese die Zeit überdauert haben oder nach Europa gekommen sein sollen. Die meisten wissenschaftlichen Volkskundlerinnen und Volkskundler vertreten jedoch den Standpunkt, dass die heute bekannten alpinen Maskenbräuche ihre prägenden Einflüsse frühestens ab dem Hoch- und Spätmittelalter erhalten haben. Auf jeden Fall lassen sie sich erst ab dieser Zeit belegen.

Darüber hinaus wurde bereits darauf hingewiesen, dass die verschiedenen Deutungen nicht im luftleeren Raum, unabhängig von gesellschaftlichen Veränderungen und wissenschaftlichen Schulenbildungen, von akademischen Moden und Diskursen und von persönlichen Interessen entstanden sind. Vielmehr sind sie in vielfältige Bedeutungszusammenhänge eingebunden und in Auseinandersetzung mit anderen Erklärungsansätzen formuliert worden. Daher ist nicht verwunderlich, dass die vorgestellten Deutungsansätze keineswegs nur aus der Volkskunde stammen, sondern Anleihen bei verschiedenen sozial-, kultur- und geisteswissenschaftlichen Disziplinen nehmen. Einerseits haben sich auch Vertreterinnen und Vertreter anderer Disziplinen mit alpinen Fasnachts-, Krampus- oder Perchtenbräuchen beschäftigt, wie etwa der Verhaltensforscher Otto König oder der Psychologe Adriaan de Groot. Andererseits haben Volkskundlerinnen und Volkskundler verschiedentlich auf Konzepte und Forschungsmethoden benachbarter Disziplinen, wie etwa der Völkerkunde, der Soziologie, oder der Sozial-, Wirtschafts-, Kunst- und Rechtsgeschichte zurückgegriffen und sie für ihre Zwecke nutzbar gemacht.

1.2.2 Anknüpfungspunkte für eine soziologische Untersuchung

Umgekehrt ergeben sich aus den oben diskutierten Ansätzen einige Anknüpfungspunkte für eine figurationssoziologische Untersuchung. Bei aller Kritik kann man auch aus mythologischen Deutungen wichtige Erkenntnisse gewinnen. So haben bei ihnen die Glaubensvorstellungen, Denkgewohnheiten und gesellschaftlichen Praktiken der Menschen, namentlich der Naturglaube der Germanen, eine große Bedeutung. Natürlich ist die Existenz solcher Vorstellungen weder durch Quellen noch durch plausible Argumente gestützt, aber anders als bei vielen späteren Erklärungsversuchen werden sie zumindest thematisiert. Außerdem haben vor allem Höfler und Meuli in ihren männerbündisch-kultischen Thesen der Körperlichkeit, der Ekstase und dem vorübergehenden

Ausbrechen aus alltäglichen Zwängen einen zentralen Platz eingeräumt. Auch Otto Königs Untersuchungen zum Klaubaufgehen in Matrei bieten – blendet man die biologistischen Anfangsannahmen und die mythologischen Brauchherleitungen aus – eine Fülle von Gedanken, die eine soziologische Betrachtung heutiger Krampus- und Perchtenbräuche bereichern können. König stellte den bis dahin vorherrschenden ideengeschichtlichen Deutungen eine alltagspraktische Erklärung gegenüber. Er fragte nach den Interessen und Bedürfnissen der Brauchträger, aber auch nach den lokalen wirtschaftlichen und rechtlichen Besonderheiten. Außerdem hat auch er auf die enthemmende Funktion des Krampuslaufens aufmerksam gemacht. Karl Christoph Berger hat hingegen auf die Vielfältigkeit der möglichen Ursprünge und Einflüsse alpiner Maskenbräuche hingewiesen und sich gegen jede vereinfachende, lineare Lesart gewehrt. Auch seiner Forderung, Bräuche vor dem Hintergrund der jeweiligen wirtschaftlichen Entwicklung, der Rechtsgewohnheiten und Machtverhältnisse und der mit ihnen zusammenhängenden Interessen und Bedürfnisse der Menschen zu betrachten, kann aus figurationssoziologischer Sicht nur zugestimmt werden.

Zusammenfassend kann man sagen, dass Volkskundlerinnen und Volkskundler eine Fülle archivalischer und materieller Belege aufgespürt, zusammengetragen oder neu interpretiert und damit für weitere – auch soziologische – Untersuchungen zugänglich gemacht haben. Darüber hinaus liegen umfangreiche Brauchbeschreibungen vor, die eine wertvolle Grundlage für soziologische Untersuchungen und Synthesebildungen darstellen. Dass die volkskundlichen Erklärungsansätze mit großem Gewinn gelesen werden können, wurde bereits erwähnt. Dabei haben vor allem in den letzten 60 Jahren Forscherinnen und Forscher ihre Thesen einerseits auf der Basis umfangreicher Quellenstudien und andererseits in Abgrenzung von und Anknüpfung an andere Deutungen entwickelt. Als besonders erhellend und für unsere Zwecke wertvoll haben sich die Arbeiten von Karl Christoph Berger, Ulrike Kammerhofer-Aggermann, Werner Mezger, Marianne Rumpf und Ulrike Weber-Kellermann erwiesen. Neben den unterschiedlich akzentuierten Zusammenfassungen der Brauchentwicklung sind vor allem ihre kritischen Diskussionen einiger Erklärungsansätze von großem Wert. Alle fünf Autorinnen bzw. Autoren haben Hans Mosers (1985) Forderung bekräftigt, Brauchforschung nicht als Ursprungs-, sondern als Entwicklungsforschung zu verstehen. Aus dieser Perspektive ist es unerlässlich, heutige Bräuche als Teile eines historischen Prozesses anzusehen, der weder zielgerichtet noch geplant verläuft und weder Anfang noch Ende besitzt (vgl. auch Elias 1997: 386-446).

Aus figurationssoziologischer Perspektive unterschätzen jedoch viele Autorinnen und Autoren die Bedeutung inhaltlicher und vor allem funktionaler Kontinuitäten. Dem volkskundlich ungeschulten und daher distanzierteren Betrachter stellt sich nämlich die Frage, ob in der heutigen akademischen Volkskunde bzw. Europäischen Ethnologie bestimmten Deutungsversuchen nicht allzu schnell das Etikett „mythologisch" umgehängt und sie dann mit dem Hinweis auf dieses Label verworfen werden. Die reflexartige Vorwegnahme ihrer Schwächen birgt jedoch die Gefahr, für ihre Stärken blind zu werden. So unerlässlich die Einbeziehung von gesellschaftlichen Prozessen, von Wissenschaftstraditionen, Affektlagen, Denkgewohnheiten und ideologischen Strömungen für das Verständnis von Brauchinterpretationen der frühen Volkskunde ist, so unerlässlich ist sie auch für das Verständnis der anti-nationalistischen Reaktionen der Nachkriegs-Volkskunde. Aus dieser Perspektive sind sie Teil eines großen Selbstreflexions- und Abgrenzungsprozesses. Was man in dieser Hinsicht von Elias' und Dunnings Untersuchungen zum Sport (Elias / Dunning 2003: 239-267) lernen kann, ist, dass für die Frage nach Kontinuitäten und Brüchen nicht äußerliche Ähnlichkeiten oder eine auf den ersten Blick ähnlich wirkende Konstellation von Individuen und Gruppen entscheidend sind, sondern strukturelle und funktionale Ähnlichkeiten der Ereignisse. Diese Feststellung wurde von unzähligen Volkskundlerinnen und Volkskundlern ebenfalls getroffen:

> „Immer wieder stößt die Volkskunde bei ihren Forschungen auf jenes Problem der äußeren kulturellen Formenkonstanz bei gleichzeitiger Veränderung der sozialen Funktion: Scheinbar archaisch-unpolitische Bräuche entpuppen sich als effektive frühindustrielle Protestform; vermeintlich urchristliche Festtraditionen dienen weniger populärer Pietät als vielmehr profanen Geselligkeitsbedürfnissen." (Kaschuba 1990: 113.)

Allerdings beschränken sich diese Überlegungen auf das Phänomen, dass sich die brauchtumspflegerischen Bemühungen lediglich auf die äußeren Formen einer gesellschaftlichen Praktik beschränken und diese erstarren lassen, während die Inhalte und sozialen Funktionen den aktuellen Bedürfnissen der Brauchpfleger angepasst werden. Dieses Argument wird, wie wir gesehen haben, häufig zur Widerlegung der mythologischen Vorstellung ins Feld geführt, dass in den äußeren Erscheinungsformen eines Brauches uralte Inhalte und Glaubensvorstellungen bis in die heutige Zeit überlebt hätten. Hier soll diesem Argument keinesfalls widersprochen, es soll lediglich ergänzt werden durch den Hinweis, dass Elias viele Beispiele für den umgekehrten Fall angeführt hat: dass trotz veränderter äußerer Formen und Motive die Inhalte und sozialen Funktionen einer gesellschaftlichen Praktik über sehr lange Zeit erhalten bleiben, wenn sich die gesellschaftlichen Struktureigentümlichkeiten, der Grad der Naturbeherrschung und damit die Ängste und Affektmodellierungen der Menschen nicht oder nur wenig wandeln (vgl. Elias 2006a: 124-128).

Das größte Verdienst der genannten Volkskundlerinnen und Volkskundler ist jedoch, dass sie gegenwärtige Brauchentwicklungen einbeziehen. Dies mag für Leserinnen und Leser soziologischer Herkunft selbstverständlich erscheinen, doch nicht nur in der von Laien verfassten volkskundlichen Literatur werden aktuelle Entwicklungen, die von angeblich seit Jahrhunderten unveränderten Formen abweichen, häufig ignoriert oder als „Missbrauch echten Brauchtums" geschmäht. So stellen die Arbeiten der eben genannten Autorinnen und Autoren erwähnenswerte Ausnahmen dar, die für unser Vorhaben unverzichtbare, empirische Einblicke in das heutige Brauchgeschehen bieten. Aus soziologischer Perspektive umso bedauernswerter ist, dass selbst diese Volkskundlerinnen und Volkskundler bei aktuellen Entwicklungen kaum über das *Beschreiben*, das Anführen von Schlagworten oder das Anstellen allgemeiner Vermutungen hinausgehen. Im dritten Kapitel werden wir uns ausführlich mit den Deutungen des aktuellen Brauchgeschehens auseinandersetzen.

2 Im Spiegel der Quellen – Die Brauchentwicklung in der volkskundlichen Literatur

Im vorangegangenen Kapitel haben wir uns mit der Deutungsgeschichte alpiner Maskenbräuche beschäftigt. Im Rahmen dieser Diskussion haben wir hin und wieder kurze Schlaglichter auf die Brauchentwicklung geworfen, um auf Parallelen oder Widersprüche dieser beiden Prozesse hinzuweisen. In diesem Kapitel soll nun auf systematische Weise der Frage nachgegangen werden, wie sich Maskenbräuche im Alpenraum tatsächlich entwickelt haben, d.h. welche Entwicklungen anhand der greifbaren Quellen tatsächlich nachzuweisen sind. Da der Fokus dieser Arbeit auf den Entwicklungen der letzten 30 Jahre liegt, ist es auch an dieser Stelle weder möglich noch nötig, die Brauchentwicklung der letzten Jahrzehnte anhand archivalischer Quellen in all ihren Details zu untersuchen. Dieser Aufgabe hat sich eine Fülle von Volkskundlerinnen und Volkskundlern angenommen.[18] Vielmehr wird hier versucht, mithilfe wissenschaftlich-volkskundlicher Literatur die Entwicklung anhand der allgemein anerkannten Quellen nachzuzeichnen.

Dass sich die vorgestellten Deutungsversuche nicht so eindeutig in bewiesene Fakten auf der einen und bloße Vermutungen auf der anderen Seite einteilen lassen, wurde bereits angedeutet. Gerade jene Forscherinnen und Forscher, die sich um eine faktengestützte, nachvollziehbare Deutung bemühen, haben mehrfach darauf hingewiesen, dass die Zusammenhänge zu komplex, die Überlieferungen zu spärlich und zu viele Fragen offen sind, um gesicherte, monokausale Erklärungen anbieten zu können (vgl. Mezger 1990/I: 63). Die große Anzahl verschiedenster Thesen und Quellendeutungen sollte diesen Befund unterstreichen.

Aus diesem Grund steht am Beginn dieses Kapitels ein allgemeiner Kommentar zur Quellenlage. Danach wird es darum gehen, gemeinsame Tendenzen alpiner Maskenbräuche vor dem Hintergrund gesellschaftlicher Wandlungsprozesse herauszuarbeiten. Abschließend wird versucht, die Entstehung der wich-

---

18 Für ausführliche, quellengestützte Darstellungen der Brauchgeschichte siehe etwa Ingeborg Weber-Kellermann (1964, 1984, 1985, 1987), Leopld Schmidt (1972), Hartmuth Prasch (1987), Werner Mezger (1990), Marianne Rumpf (1991), Albert Bärtsch (1993), Roman Schweidlenka (1994), Karl Christoph Berger (2000, 2007a/b), Clemens Zerling / Christian Schweiger (2005), Ulrike Kammerhofer-Aggermann (2007) und Eva Kreissl (2007, 2009).

tigsten heute bekannten winterlichen Maskenbräuche des Ostalpenraumes getrennt voneinander nachzuzeichnen.

2.1 Zum Quellenproblem

Die im ersten Kapitel vorgestellten Brauchdeutungen stützen sich auf verschiedene Arten von Quellen. Einige Autorinnen und Autoren haben zur Rekonstruktion des Volks*glaubens* einerseits Volkssagen und andererseits bildliche Darstellungen, wie Lithographien oder Kirchenaltäre, herangezogen. Andere Volkskundlerinnen und Volkskundler haben jedoch auf die fehlenden Belege für die Verbindung dieser Quellen mit den Bräuchen selbst hingewiesen. Vor allem für die mythologische Annahme, germanische Glaubensvorstellungen hätten in Volkssagen und -bräuchen bis in die Gegenwart überdauert, gibt es keinerlei Beweise. Dass zwischen kirchlichen Teufelsdarstellungen und den in etwa zeitgleich auftauchenden Brauchtumsmasken ein Zusammenhang besteht, ist plausibler. Viele dieser Masken wurden im Laufe des 19. Jahrhunderts im Zuge der beginnenden Sammlertätigkeit in Museen gebracht. Sowohl Schmidt (1972) als auch Mezger (1990) und Berger (2000, 2007a/b) betonen jedoch, dass über die damaligen Funktionen und Bedeutungen dieser Sachzeugnisse nur Vermutungen angestellt werden können.

Über das Brauchgeschehen selbst, also die Volks*bräuche*, geben neben einzelnen erhaltenen Masken auch schriftliche Aufzeichnungen Auskunft. Auch hier stößt man jedoch auf ein grundsätzliches Quellenproblem der – nicht nur volkskundlichen – historischen Forschung. Während man über die Vergnügungen von Adel und König oder über kirchliche Feste eine Fülle detaillierter Beschreibungen finden kann, gibt es bis zum ausgehenden 18. Jahrhundert keine gesonderten Beschreibungen der Gebräuche der niederen Stände. Nur nebenbei erfährt man in Gerichtsbeschlüssen, Strafprotokollen, Verbotserlässen oder Rechnungsbüchern von den Festen und Bräuchen wie überhaupt vom Alltag der Untertanen. Daher finden sich bis zur Entstehung der ersten Reiseberichte am Ende des 18. Jahrhunderts immer nur dann Nachrichten von Maskenvolksbräuchen, wenn aus der Sicht der geistlichen oder weltlichen Obrigkeiten die Sicherheit, Ordnung oder Sittlichkeit bedroht war und Übertretungen bestehender Gesetze geahndet oder neue Verbote erlassen wurden. (Vgl. Rumpf 1991: 163, 176; Kammerhofer-Aggermann 2007: 105f.)

Zur spärlichen Quellenlage kommt hinzu, *„dass völlig unterschiedliche Erscheinungen mit demselben Namen benannt wurden"* (Kammerhofer-Aggermann o.D.: o.S., zitiert nach Wolf 2003: 16). So wurde der Begriff „Percht" mit großer Wahrscheinlichkeit lange Zeit als Synonym für Maske, aber auch als

„Sammelbegriff für sowohl Gaben bringende als auch erschreckende Sagen- und Umzugsgestalten" (Wolf 2003: 16) verwendet. *„Vieles deutet sogar darauf hin, dass die Bezeichnung ‚perchtlweis gehen' bzw. Perchtengehen von den Gerichtsschreibern als Art Überbegriff, ähnlich wie ‚mummerei', für verschiedenste Maskenbräuche verwendet wurde."* (Berger 2000: 96.) In diesen Fällen kann man über die Art des Brauchs und damit über dessen Bedeutung nur spekulieren. Angesichts der greifbaren archivalischen Belege müsse man davon ausgehen, dass sich verschiedene Maskenbräuche, wie etwa *„Formen des Perchtenbrauchs, des Klöpfelns, des Klaubaufgehens und Krampuslaufens sowie der Fasnacht"* trotz unterschiedlicher Bezeichnung *„[...] durch ihre Träger in einer Wechselbeziehung zueinander befanden"* (ebd.: 6). Sie alle *„waren ähnlichen Einflüssen ausgesetzt, haben sich aber auch gegenseitig beeinflusst"* (ebd.: 95). Man muss davon ausgehen, dass die Brauchträger einzelne Brauchmotive, Figuren, Masken oder Abläufe aus anderen Bräuchen übernommen und nachgeahmt haben (vgl. ebd.: 133). Dazu kommt, dass viele Bräuche, aus denen Elemente in gegenwärtige Brauchformen eingeflossen sind, heute nicht mehr existieren oder erst im 20. Jahrhundert wieder eingeführt wurden. Gerade in diesen Fällen orientierten sich die Brauchpfleger jedoch häufig an mehreren verschiedenen Vorbildern. Daher sei es notwendig, *„bei der Betrachtung eines Maskenbrauchs andere Bräuche zu berücksichtigen und für seine Erforschung, Erklärung und Deutung heranzuziehen"* (ebd.: 6). Angesichts all dieser Schwierigkeiten muss man sich, so der Tenor der wissenschaftlichen Volkskunde, bei dem Versuch, die Entwicklung eines oder mehrerer Bräuche nachzuzeichnen seines vorläufigen, lückenhaften und teilweise auch spekulativen Charakters bewusst sein.

2.2 Die Brauchentwicklung im Spiegel der Quellen

Aus den eben angeführten Gründen ist es nicht möglich, die Entwicklung eines einzelnen Brauches getrennt von allen anderen zu betrachten. Dies gilt hier umso mehr, als es nicht um die Geschichte eines einzelnen Brauches, sondern um die großen Entwicklungslinien alpiner Maskenbräuche geht. Hier interessieren nicht die formalen oder ästhetischen Transformationen der Bräuche, sondern vielmehr die Wandlungen der Bedürfnisse, Motive und Emotionen jener Menschen, in deren Leben diese Bräuche auf verschiedenste Weise eine Rolle gespielt haben. Daher können wir uns zunächst damit begnügen, allgemeine Tendenzen und grobe Entwicklungslinien in der Geschichte alpiner Maskenbräuche aus bestehenden volkskundlichen Arbeiten zu skizzieren und sie vor dem Hintergrund gesellschaftlicher Wandlungsprozesse zu betrachten. Dass dies etwas ausführlicher geschieht, hängt damit zusammen, dass sich diese Arbeit nicht nur an volkskundlich geschulte Leserinnen und Leser wendet, sondern auch an Soziologinnen und Soziologen, Brauchträgerinnen und Brauchträger sowie andere Interessierte, die mit der Brauchentwicklung nicht so vertraut sein mögen. Wir haben im letzten Kapitel gesehen, dass in der Öffentlichkeit viele verschiedene Brauchdeutungen herumgeistern. Dies ist, wie wir später sehen werden, keineswegs problematisch, sondern zentraler Bestandteil der Anziehungskraft dieser Bräuche. Wenn man aber dem Verständnis einer gesellschaftlichen Entwicklung näher kommen will, ist es notwendig, diese als Teil eines langfristigen Prozesses anzusehen und dessen Verlauf ungefähr zu kennen. Außerdem kann man nur über das Verhältnis einer Gruppe von Menschen zu ihrer – realen oder vorgestellten – Vergangenheit sprechen, wenn man weiß, worin diese vorgestellte Vergangenheit wurzelt.

2.2.1 Hoch- und Spätmittelalter – Von kirchlichen Spielen zu wilden Umzügen

Wie wir anhand des mythologischen Ansatzes gesehen haben, ist sich die wissenschaftliche Volkskunde bei allen Unterschieden in der Quellenbewertung und -interpretation weitgehend darüber einig, dass es in den heute greifbaren Quellen keinen Hinweis dafür gibt, dass die ab dem 14. und 15. Jahrhundert belegten Brauchformen auf vorchristliche Kulthandlungen oder Glaubensvorstellungen zurückgehen. Ungeachtet sonstiger Differenzen betonen sowohl Bausinger (1961) und Mezger (1990, 1991) als auch Weber-Kellermann (1965, 1984, 1985, 1987) und Prasch (1985, 2001, 2009), sowohl Rumpf (1991) und Kammerhofer-Aggermann (2007) als auch Kaschuba (1990), Bärtsch (1993) und Schweidlenka (1993), sowohl Gall (1996) als auch Berger (2000, 2007a/b) und Wolf (2003), sowohl Streng / Bakay (2005) und Zerling / Schweiger (2005) als auch Kreissl (2007, 2009), dass es bisher keinen wissenschaftlichen Beweis dafür gibt, dass die im 17., 18. und 19. Jahrhundert belegten Brauchformen auf germanische oder gar keltische Kulthandlungen zurückgehen.

> „Trotz krampfhafter Bemühungen konnte bisher nämlich noch nicht ein einziger überzeugender Beleg dafür beigebracht werden, dass es die stets axiomatisch vorausgesetzten fruchtbarkeitskultischen oder vegetations-dämonischen winterlichen Lärmumzüge der Germanen wirklich gegeben hat. Und unabhängig davon bleibt die noch viel wichtigere Frage offen, warum solche möglichen vorchristlichen Brauchformen nach der Christianisierung dann ausgerechnet mit der Gestalt des heiligen Nikolaus in Verbindung gebracht worden sein sollen." (Mezger 1990/I: 64f.)

Selbst wenn man von der Figur des Nikolaus absieht und sich auf andere Maskenbräuche, wie etwa jene der Raunächte bezieht, müsse festgestellt werden, dass die Percht zwar bereits in Tiroler Sagen aus dem 8. Jahrhundert zu finden ist, dass man sie als Brauchgestalt jedoch erst ab dem 17. Jahrhundert nachweisen kann (vgl. Streng / Bakay 2005: 218). Es fehlen nicht nur Belege dafür, dass zwischen vorchristlichen und mittelalterlichen Glaubensvorstellungen und Brauchhandlungen eine Kontinuität besteht. Tatsächlich, so Marianne Rumpf, habe es auch im 19. Jahrhundert *„langzeitige Unterbrechungen der Ausübung örtlicher Bräuche"* (Rumpf 1991: 169) gegeben. Wie schwer es vor allem jenen Volkskundlerinnen und Volkskundlern fällt, die selbst in der Brauchtumspflege aktiv sind, diese Kontinuitätsprämisse in Frage zu stellen, zeigt das folgende Zitat aus *„[dem] Standardwerk über alle großen Tiroler Fasnachten"* (Amazon.de [22.02.2011])[19] des Tiroler Fasnachtsforschers Hans Gapp: *„Die letzten Erkenntnisse der Fasnachtsforschung haben ergeben, daß wir uns von der vielfach liebgewonnenen Idee verabschieden müssen, daß sich das Fasnachtsbrauchtum kontinuierlich aus vorchristlichen Festen und Fruchtbarkeitsriten entwickelt hat."* (Gapp 1996: 11.) Hinsichtlich der Frage, ob man in heutigen alpinen Maskenbräuchen Relikte vorchristlicher Riten erkennen kann, kommt er jedoch zu einem anderen Schluss als Mezger. Zwar sei es aufgrund fehlender Quellen zum heutigen Zeitpunkt nicht möglich, Ursprünge und Entwicklungen der Fasnacht eindeutig zu identifizieren, da im Laufe der Jahrhunderte so viele „Brauchrelikte" eingeflossen seien und sich die Fasnacht außerdem durch viele Verbote verändert habe. Gerade im Mittelalter habe sich die Fasnacht stark verändert. (Vgl. ebd.: 12.) Aber dies bedeute nicht, *„[...] daß keine Relikte vorchristlicher Fest- und Kultbräuche in die Fasnacht eingeflossen wären"* (ebd.: 11). Ganz ähnlich argumentiert Lattacher für den Krampusbrauch. Mezger hingegen hält dies für wenig plausibel: *„Das Postulat heidnisch-germanischer Wurzeln des Nikolausbrauchtums entbehrt also jeglicher gesicherter Grundlage, ja es erscheint nüchtern historisch betrachtet alles in allem ziemlich abwegig."* (Mezger 1990/I: 64f.) Es wurde bereits darauf hingewiesen, dass diese dogmatisch anti-mythologische Haltung, die unter Volkskundlerinnen und Volkskundlern heute weit verbreitet ist, als ebenso einseitige Antithese zu den mythologischen Thesen des 19. und frühen 20. Jahrhunderts zu verstehen ist. Aus figurationssoziologischer Sicht könnte man mithilfe einer Synthese dieser beiden Sichtweisen, also einer Betrachtung, die weder blind für Veränderungen, noch für Kontinuitäten ist, ein realitätsgerechteres Bild der Brauchentwicklung zeichnen, als dies die beiden Extrempositionen vermögen.

Bereits in Quellen des 14. Jahrhunderts findet man Aufzeichnungen über das so genannte „Knabenbischofsfest", das Mezger als *„Keimzelle aller populären Adventsbräuche"* (Mezger 1990/I: 69) ansieht. In nordfranzösischen Klosterschulen habe sich zu dieser Zeit die Sitte entwickelt, am Nikolaustag einen der

---

19 Amazon.de – Die großen Fasnachten Tirols. URL: https://www.amazon.de/gro%C3%9Fen-Fasnachten-Tirols-Hans-Hrsg/dp/3706623536 (letzter Zugriff: 22.02.2017).

Schüler zum Bischof zu wählen. Er herrschte für einen Tag über die Schule (etwa wie heute Faschingsprinzen), trug Pontifikalgewänder und verteilte Geschenke an die anderen Schüler (vgl. ebd.: 69f.). Das Bischofsspiel ist bereits ab dem 10. Jahrhundert belegt, jedoch fand es zunächst am 28. Dezember, dem Tag der unschuldigen Kinder, statt. Erst im 13. oder 14. Jahrhundert wurde es auf den 6. Dezember verlegt und mit dem Heiligen Nikolaus in Verbindung gebracht (vgl. Berger 2000: 76). Noch im 14. Jahrhundert breitete sich diese „Brauchinnovation" über Klöster auf weite Teile Europas aus. Wie alle Nikolausbräuche wurzelte auch das Bischofsspiel in der Absicht kirchlicher Katechese. Durch theatralische Darstellungen glaubte man, den Kindern und später auch älteren Ungebildeten die Heilsgeschichte spielend näherbringen zu können (vgl. Mezger 1990/II: 178). Daher organisierte und förderte die Kirche zunächst geistliche Maskenspiele, wie Predigttheater oder Figuralprozessionen (vgl. Wolf 2003: 190).

Jedoch zeigte sich bald, dass die Brauchträger weniger an den katechetischen Intentionen der Kirche interessiert waren, sondern sehr profane Motive verfolgten. Sie hielten sich nicht an die kirchlichen Vorgaben, sondern *„machten aus den Rollenvorgaben jeweils das, was ihren Bedürfnissen am meisten entsprach"* (Mezger 1990II: 178): *„Was die jugendlichen Brauchträger bei ihren Aktivitäten am meisten faszinierte, war offenbar die Möglichkeit des vorübergehenden Ausbruchs aus der Alltagsrealität und des Eintauchens in eine Spielwirklichkeit."* (Mezger 1990/I: 70.) Wie Rumpf (1991: 63-76) und Berger (2007b: 80-84) anhand archivalischer Belege gezeigt haben, waren ausgelassene Heischegänge an den Tagen vor christlichen Feiertagen, an denen gläubige Christen nicht nur zum Fasten, sondern auch zum Spenden von Almosen verpflichtet waren, im Spätmittelalter durchaus üblich. Und so entwickelte sich im 15. Jahrhundert auch das Bischofsfest zu einem Heischegang, an dem unzählige als Bischöfe verkleidete Schüler unterwegs waren, die zum Spaß predigten und alles Mögliche segneten. Diese Vorführungen boten ihnen neben der Aufstockung ihres Lebensmittelbestandes die seltene Gelegenheit, der Enge des Alltags zu entkommen, im Schutze der Maske in fremde Häuser einzudringen und auf spielerische Weise Kontakte zu Mädchen aufzunehmen. (Vgl. Mezger 1990/II: 178-181; Kreissl 2009: 10f.) Dabei lieh man sich zunächst Teufelsmasken von Klöstern, die bei den großen geistlichen Spielen und Figuralprozessionen auch nicht auf die Figur des Teufels verzichten konnten.

> „Durch Abstraktion wären Glauben, Unterordnung und Bußfertigkeit des einfachen Volkes nicht zu gewinnen gewesen. Die öffentlichen Darbietungen waren da schon weit eher tauglich, die Emotionen der Menge anzusprechen, ihren Glauben durch katechetisches Wissen zu festigen und deren Spiritualität in christlichen Bahnen zu halten, aus denen Fantasie und Aberglaube sie nur zu gerne ausbrechen ließen." (Kreissl 2009: 10.)

Ab 1400 wurden Masken aus Fasnachtsbräuchen, die sich auch zu dieser Zeit ausbreiteten, übernommen. In den Quellen aus dem 15. und 16. Jahrhundert ist häufig zu lesen, die Menschen seien zu Fasching „verbunden". Überhaupt habe man die Faschingszeit „die verbundene Zeit" genannt. Schmidt deutet dies als Hinweis auf einfache Maskierungen in der Form umgewickelter Tücher oder verkehrt getragener Kleider. (Vgl. Schmidt 1972: 12f.) Wie Mezger (1990), Kammerhofer-Aggermann (2007) und Kreissl (2007, 2009) gezeigt haben, war jedoch im 15. Jahrhundert die häufigste Fasnachtsmaskierung noch nicht der Narr, sondern der Teufel, der vermutlich aus kirchlichen Spielen übernommen wurde und im Rahmen von Spottbräuchen oder Rügegerichten als Ankläger von Machtmissbrauch, Völlerei und Verlogenheit der einfachen Bevölkerung, aber auch der kirchlichen und weltlichen Obrigkeiten, auftrat (vgl. Kreissl 2009: 20).

> „Angesichts dieses reichen Bestandes an Teufelskleidern in Kirchen- wie in Privatbesitz und angesichts der enormen Popularität von Teufelsauftritten bei verschiedensten Spielanlässen im Jahr konnte es eigentlich gar nicht ausbleiben, dass irgendwann auch im Zusammenhang mit dem Bischofsspiel des Nikolausfestes Teufelskostüme auftauchten. Zum einen musste eine solche Erweiterung des Figurenrepertoires der allgemeinen Spielbegeisterung des Spätmittelalters und dessen Wunsch nach dramatischer Ausgestaltung jeder heischenhaften Handlung entgegenkommen, und zum anderen lag es ganz auf der Linie des christlichen Dualismusmodells, der positiven Bischofsfigur einen oder mehrere negative Gegenspieler zuzuordnen." (Mezger 1990/I: 72f.)

Die Sitte, Anfang Advent Schreckensmasken zu tragen, stamme also nicht aus vorchristlicher Zeit, sondern sei eine Brauchinnovation des frühen 15. Jahrhunderts: „Es waren ganz einfach Fasnachtsvermummungen, die da plötzlich noch ein zweites Mal im Jahr, kurz vor Weihnachten, hervorgeholt wurden." (Ebd.: 73.) Diese Entwicklung scheint binnen kurzer Zeit so aus dem Ruder gelaufen zu sein, dass sich die Obrigkeiten dazu veranlasst sahen, diese „nüwe gewonheit" (Ratserlass der Stadt Basel 1418, zitiert nach Mezger 1990/ I: 73) zu reglementieren oder unter Strafandrohung zu verbieten. Zahlreiche Verordnungen belegen, dass sich solche Umzüge im 15. Jahrhundert über weite Teile Europas ausgebreitet hatten. Der Baseler Erlass ist für Mezger der eindeutige Beweis, dass der „teilweise noch bis heute vertretene mythologische Ansatz endgültig widerlegt" ist, da aus ihm klar hervorgehe, dass es sich dabei um einen damals neuen Brauch gehandelt habe. Wie die Aufzeichnungen von Gerichten, Kirchen und Klöstern über Jahrhunderte belegen, blieben die Eindämmungsversuche weitgehend ohne Erfolg und konnten die weitere Ausbreitung der wilden Maskenzüge nicht bremsen.[20] Nach 1400 weitete sich die Gruppe der Brauchträger von Schülern auf ledige Handwerksgesellen aus, die durch ihre Mobilität die regionale Ausbreitung der neuen Brauchelemente weiter beschleunigten. Spätestens ab 1500 waren in vielen Städten lärmende Maskenzüge unterwegs. Dabei trat die Bischofsfigur zunehmend in den Schatten ihrer höllischen Begleiter und wurde zunehmend lächerlich gemacht. Die Zahl der Teufel wuchs hingegen immer mehr an. Mezger führt dies darauf zurück, dass Schreckfiguren den Brauchträgern größeren Spielraum bieten (vgl. Mezger 1990/I: 74f.).

Die Teufelsmasken dürften so ausgesehen haben wie die Teufelsdarstellungen der Altäre dieser Zeit. Schmidt hat gezeigt, dass das Gebiet, in dem die meisten Holzmasken gefunden wurden, dem Hauptgebiet der gotischen Passionsspiele und der gotischen Schnitz- und Malkunst entspricht. Von Tirol, Salzburg und Oberkärnten, dem *„Kerngebiet der geschnitzten Holzmaske"*, verbreiteten sich die Teufelsmasken auf Unterkärnten, Friaul, Görz, Krain und die Steiermark und gelangten über Passionsspielgruppen auch in weiter entfernte Städte. Gleichzeitig vermischten sich im Zuge der Vervolkstümlichung geistlicher Schauspiele die literarischen und musikalischen Fähigkeiten der Geistlichen mit dem Tanz- und Umzugswesen des einfachen Volkes. Über die großen Aufführungen auf Straßen und Märkten gelangte die geschnitzte gotische Holzmaske in das zunehmend wilde Treiben der Weihnachts- und Fasnachtszeit. (Vgl. Schmidt 1972: 16f.)

2.2.2 Reformation und Gegenreformation – Verbote, Einkehrbrauch und wildes Treiben

Die Brauchentwicklung des 16., 17. und frühen 18. Jahrhunderts muss im Zusammenhang mit Reformation und Gegenreformation, aber auch mit dem landesfürstlichen Bedürfnis nach Sittlichkeit und Ordnung gesehen werden. Die zahlreichen Gerichtsprotokolle, Verbotserlässe und Ratbeschlüsse zeichnen davon ein eindrucksvolles Bild. Viele der wichtigsten Zeugnisse des alpinen Maskenwesens stammen aus dieser Zeit.

Aus der Perspektive der protestantischen Lehre war die Figur des Heiligen Nikolaus nicht tragbar. Um den pädagogischen Gedanken des Belohnens und Bestrafens aufrechtzuerhalten, wurde jedoch der Brauch des anonymen Einlegens von Kindergeschenken beibehalten (vgl. Kreissl 2009: 11). Dabei tauschte man den Heiligen Nikolaus gegen den Heiligen Christ ein, aus dem sich im deutschen Sprachraum später die Figur des Christkinds entwickelte, das auch in ka-

---

20   Elias und Dunning haben, wie wir später sehen werden, ganz ähnliche Tendenzen für die Entwicklung des heutigen Fußballspiels im England des 14. Jahrhunderts nachgezeichnet (vgl. Elias / Dunning 2003: 316-321).

tholischen Gebieten als weihnachtlicher Gabenbringer vielfach wichtiger wurde, als der Nikolaus (vgl. Mezger 1990/I: 76). In einem 1682 erlassenen Dekret beklagt Herzog Adolf von Mecklenburg, dass sich *„dem gemeinen Gebrauch nach allerhand vermummte Personen"*, unter ihnen auch ein *„Nicolaus"*, auf der Straße herumtreiben und in Häuser eindringen. Diese Sitte habe ihre Wurzeln im *„abergläubischen Pabstthum, so gar wol, mutatis nominibus & personis, stockfinstern Heydenthum"* (von Mecklenburg 1682, zitiert nach Meisen 1981: 35). Mezger hält diese Quelle für besonders bedeutend, weil hier *„die Bezeichnung ‚heidnisch' nämlich eindeutig nicht im historisch analytischen, sondern allein im konfessionell polemischen Sinn verwendet [wird]"* (Mezger 1990/I: 78).

> „Mit anderen Worten: sie [die Quelle; Anm. d. Verf.] meinte keineswegs etwa ‚vorchristlich' oder gar ‚germanisch', sondern lediglich ‚unchristlich', weil katholischen Ursprungs und damit der rechten evangelischen Lehre widersprechend. Möglicherweise waren es Missverständnisse in genau diesem Begriffsfeld, die später in der volkskundlichen Forschung zu den bekannten mythologischen Deutungsversuchen des Nikolausbrauchtums geführt haben." (Ebd.)

Marianne Rumpf hat jene mittelalterlichen Handschriften einer neuerlichen kritischen Analyse unterzogen, in denen man nach mythologischer Lesart germanische Glaubensvorstellungen bis ins Mittelalter und von dort aus bis in die Neuzeit weiterleben sah (vgl. Rumpf 1991). Wenig überraschend interpretiert sie diese Quellen ganz anders als die Mythologen: zwar seien diese Schriften als Predigthilfen für die Geistlichen über den ganzen christlichen Kontinent verbreitet gewesen, aber aus diesen Belegen könne man keineswegs schließen,

> „[...] daß hier germanischer Glaube und Gottheiten aus germanischer und sogar vorgermanischer Vorzeit bezeugt sind. Die Frauen, die in diesen Quellen an Stelle der Perchta genannt werden, sind Dyana, Minerva, Herodiadis, Parcen, Abundia und Satia, eindeutig also keine Namen aus dem germanischen ‚Olymp'. Wenn also in den bisherigen Deutungen des Perchtenwesens immer wieder auf die ‚graue Vorzeit', auf germanische Götter und Kulte, auf Fruchtbarkeitsriten oder Seelenglauben verwiesen wird, so kann eine Kontinuität der Bräuche und der abergläubischen Vorstellungen aus dieser Vorzeit bis in die Gegenwart angesichts dieser Quellen aus dem Mittelalter nicht bestätigt werden." (Ebd.: 175f.)

In den katholischen Gebieten Süddeutschlands wurde die Figur des Bischofs von Myra erst recht als wichtiger Bestandteil der Adventspädagogik betont. Aber man versuchte, den Nikolausbrauch wieder in vertretbare Bahnen zu lenken und ihn in der Form des häuslichen Einkehrbrauchs, der ab dem Ende des 17. Jahrhunderts belegbar ist (vgl. Berger 2000: 77), zu den katechetischen Wurzeln zurückzuführen. Dabei wurde der Nikolaus wieder in den Mittelpunkt gerückt und lediglich von einer kleinen Zahl von Negativfiguren begleitet, die jedoch in seinem Dienste standen und *„von Landschaft zu Landschaft unter wechselnden*

Namen agierten" (Mezger 1990/I: 79). Diese Figurenkonstellation hatte eine doppelte Funktion:

> „[Z]um einen konkretisierte sich in ihr die heilsgeschichtliche Antithetik zwischen Gott und Teufel, Himmel und Hölle, Gut und Böse; und zum anderen personalisierte sie zugleich das pädagogische Prinzip von Belohnung und Bestrafung, indem der Bischof die eifrigen und folgsamen Kinder beschenkte und sein dunkler Knecht die lernfaulen und unartigen unter ihnen züchtigte." (Ebd.: 81.)

Im 18. Jahrhundert verbreitete sich der Einkehrbrauch von geistlichen Zentren aus auch auf adelige Kreise. Auch bei den Nikolaus- und Passionsspielen, die in gegenreformatorischer Absicht von katholischen Orden vermutlich bereits im 17., sicher aber im 18. Jahrhundert wiederbelebt und noch prunkvoller ausgestaltet wurden, stand die Polarisierung von Gut und Böse im Mittelpunkt (vgl. Berger 2000: 77-84). Dabei dienten die Teufelsmasken dazu, die alte Jenseitsdrohung bildlich darzustellen (vgl. Schmidt 1972: 18).

Trotz aller Lenkungs- und Verbotsbemühungen lebte die alte Brauchschicht der wilden Maskenumzüge sowohl in evangelischen als auch katholischen Gebieten weiter (vgl. Mezger 1990/I: 76f.). Ulrike Kammerhofer-Aggermann hat anhand einer Vielzahl von Belegen aus dem Pinzgau und dem Pongau gezeigt, dass die Verbote nicht nur von der dortigen Bevölkerung, sondern auch von den örtlichen Vertretern der Landesfürsten, den Pflegern, nicht sonderlich ernst genommen wurden. Sie führt dies darauf zurück, dass die Pfleger meist aus dem ländlichen niedrigen Adel stammten und mit den Bräuchen der Bevölkerung vertraut waren. Außerdem sei es schwierig gewesen, die Verbote durchzusetzen, da Maskenveranstaltungen oft in Wirts- oder Privathäusern stattgefunden hätten. Darüber hinaus habe die Bevölkerung andere Gesetze eher akzeptiert, wenn der Verweser bei der Einhaltung dieser Verbote nicht allzu genau gewesen sei. (Vgl. Kammerhofer-Aggermann 2007: 120.) Und so versuchten die Landesfürsten mehrmals vergeblich, die brutalen Rügebräuche zu unterbinden und auch auf dem Land ihr Gewalt- und Rechtsmonopol durchzusetzen (vgl. Berger 2007b: 82). Die Quellen aus dem Salzburger Land zeigen außerdem, dass das Tragen von Masken keineswegs allen Bevölkerungsgruppen verboten war. In adeligen Kreisen fanden große Maskenbälle mit bäuerlichen oder italienischen Masken, die nach venezianischem Vorbild aus Seide oder Samt gefertigt waren, statt. (Vgl. ebd.: 103-111.) Auch bei bürgerlich-barocken Faschingsbräuchen und bei den erneuerten Marktspielen und Figurenprozessionen des Schul- und Ordenstheaters war das Tragen von Masken erlaubt (vgl. Schmidt 1972: 20). Wie man aus den Belegen dieser Zeit schließen kann, wurden bei diesen Schauspielen nicht mehr nur schwere Holzmasken, sondern auch leichtere Papiermaché-Masken getragen. Von dort aus nahmen sie zwar auch Eingang in die Volkskultur, konnten sich aber nicht lange halten.

Die Maskenverbote bezogen sich auf die derben, manchmal brutalen Rügebräuche, auf die verweltlichten Bischofsspiele und auf die bäuerliche Fasnacht (vgl. Wolf 2003: 190). *„Die Kirche fürchtete um die Moral und die Gerichte staatsgefährdende Aufstände."* (Ebd.: 16.) Kammerhofer-Aggermann hat gezeigt, dass auch diese Maskenbräuche nicht grundsätzlich verboten waren, solange die öffentliche Ordnung und Sittlichkeit nicht gefährdet schien und es nicht zu Zusammenrottungen kam (vgl. Kammerhofer-Aggermann 2007: 103-111). Außerdem seien die Maskenverbote im Zusammenhang mit den Türkenkriegen zu sehen, da man befürchtete, Maskenzüge könnten die Männer vom Kriegsdienst abhalten (vgl. ebd.: 117-119). Angesichts des Wortlauts der Verbote müsse man davon ausgehen, dass „Larven" und „Claiderverstöllungen" zumindest im Pongau damals neu waren und sich rasch ausbreiteten (vgl. ebd.: 110). Wie Leopold Schmidt gezeigt hat, geht aus Anzeigen aus dem 17. Jahrhundert hervor, dass die Brauchträger in Salzburg, Tirol und Oberkärnten vor allem Holzmasken trugen. Die spätgotisch geschnitzten Teufelsmasken waren mittlerweile zum bäuerlichen Kulturgut geworden. *„Die grotesk verzerrten, lächerlich-häßlichen Züge der Teufelsgesichter werden immer wieder als Haupttypen betont."* (Schmidt 1972: 20.)

Es sind genau diese Masken, die im 19. Jahrhundert gesammelt und als „schiache Perchten" bekannt wurden (vgl. ebd.: 18-20). In Osttirol dürften Holzmasken bei Perchtenbräuchen und Nikolausspielen zwar schon üblich gewesen sein, aber beim Klaubaufgehen waren sie noch um 1900 seltener als Felllarven oder geschminkte Gesichter (vgl. Berger 2000: 120). Berger schließt aus archivalischen Belegen und Gesprächen mit ehemaligen Brauchteilnehmern, dass mehrere Maskenbräuche gleichzeitig existieren konnten, weil sie von unterschiedlichen sozialen Schichten getragen wurden. Perchtenbräuche seien die Bräuche wohlhabender Schichten gewesen, das Klaubaufgehen dürfte hingegen eher ein Heische-, Rüge-, Protest- und Ventil-Brauch der unterbäuerlichen Schichten gewesen sein. Daher sei die zentrale Funktion der Klaubauf-Maskierung nicht die Darstellung, sondern die Vermummung gewesen (vgl. ebd.: 134). Berger hat jedoch ausdrücklich darauf hingewiesen, dass es sich bei dieser Schlussfolgerung lediglich um eine Vermutung handelt, die durch bisher greifbare Quellen nicht gestützt wird. Gleichzeitig müsse man nämlich davon ausgehen, dass ein- und dieselbe Larve bei verschiedenen Bräuchen verwendet wurde und es so zu Übernahmen und Verschmelzungen kam.

2.2.3 Aufgeklärter Absolutismus – Verbote, Vermischungen und neue kirchliche Spiele

Im 18. Jahrhundert wurden immer schärfere Maskenverbote erlassen, jedoch nicht mehr in erster Linie aus religiösen Gründen oder zur Aufrechterhaltung von Sittlichkeit und Ordnung. Die Maskenverbote um 1750 müssen vielmehr im Zusammenhang mit dem aufgeklärten Absolutismus gesehen werden. *„Die Wissenschaftler der Aufklärung, hochgebildete Beamte und Geistliche, sahen in verschiedenen Volksbräuchen teilweise eine Pittoreske, vor allem aber Geldverschwendung und Gefahr für die Sittlichkeit."* (Kammerhofer-Aggermann 2007: 103.) Die Obrigkeiten sahen die regelmäßig aus dem Ruder laufenden Maskenzüge, die älteren Volksschauspiele und die großen Faschingsbräuche als Aberglaube und Gefahr für den zentralistischen Staat an. Dies dürfte damit zusammenhängen, dass die Verbindungen zu kirchlichen Bräuchen und zum Ordenstheater nun endgültig nicht mehr erkennbar waren. (Vgl. Schmidt 1972: 20f.) Selbst die Nikolausspiele wurden Mitte des 18. Jahrhunderts mit satirischen Elementen versetzt (vgl. Berger 2000: 79-84). Im 18. Jahrhundert verschmolzen die Figuren des häuslichen Einkehrbrauchs und der weiterhin bestehenden wilden Maskenzüge zusehends miteinander; die Grenzen zwischen Nikolaus- und Fasnachtsumzügen wurden endgültig fließend. In ganz Kontinentaleuropa vermischten sich Masken und Figuren. Es wurden nicht nur Fasnachtsmasken und -figuren bei Nikolausbräuchen eingesetzt, sondern auch Nikolauskostüme beim Fasnachtstreiben (vgl. Mezger 1990/II: 183). Dabei erscheint Mezger besonders interessant, dass dies weder das Bürgertum noch die geistlichen Obrigkeiten als Problem ansahen, so lange nur Nikolaus- und keine Jesuskostüme zweckentfremdet wurden: *„Offenbar war man von den klamaukhaften Nikolausbräuchen her längst daran gewöhnt, den ‚Claus' mehr als Narrenfigur denn als Verkörperung einer Heiligengestalt zu sehen."* (Ebd.: 183f.) In manchen Gegenden wurde der Nikolaus fester Bestandteil des Fasnachtstreibens. Im Alpenraum vermischten sich Perchtenfiguren mit den Figuren der Nikolausspiele, die sich – getragen von den Jesuiten – zu dieser Zeit ausbreiteten (vgl. Mezger 1990/ I: 79).[21] Auch Ulrike Kammerhofer-Aggermann betont, dass *„das ‚Berchtenlaufen' jener Zeit nichts mit dem gemein [hat], was seit etwa 1900 und speziell heute in den tonangebenden Gruppierungen darunter verstanden wird, sondern war reine Fa-*

---

21 In einem Verbotsdekret von Erzbischof Hieronymus Colloredo aus dem Jahre 1771 wird das erste Mal das Wort „Bercht", das 1741 erstmals urkundlich erwähnt worden und mittlerweile bereits ein gebräuchlicher Begriff geworden war, mit der Weihnachtszeit in Verbindung gebracht. Damit ist es, so Kammerhofer-Aggermann, *„ein wesentliches Dokument für die regionale Umarbeitung und Ausformung der Faschingsläufe und deren Verlagerung auf die Weihnachtszeit bzw. deren Verquickung mit Weichnachtsbräuchen [...]"* (Kammerhofer-Aggermann 2007: 114).

schingsbelustigung" (Kammerhofer-Aggermann 2007: 114). Berger kommt zu einem ähnlichen Fazit:

> „So wie der Perchtenbrauch und das Klaubaufgehen in ständiger Wechselbeziehung zueinander standen, scheinen mehrere Maskenbräuche in Vergangenheit und Gegenwart eine ständige Wechselbeziehung zueinander gehabt zu haben. Die den Brauch tragende Bevölkerung hat offenbar in zahllosen Fällen Elemente und Motive von fremden Bräuchen übernommen und den eigenen einverleibt. So lassen sich auch die verschiedensten Verbindungen feststellen und beobachten." (Berger 2000: 94.)

Vor allem Nikolausspiele, Perchtenbräuche, Fasnachten und das Klaubaufgehen haben sich gegenseitig beeinflusst. So wurde bei einem „Perchtlspiel" in Assling (im Osttiroler Teil des Pustertales) im Jahr 1837 eine Faschingshochzeit abgehalten; und auch die heischenden Figuren Lotter und Litterin, die noch heute beim Klaubaufgehen in Matrei zu finden sind, stammen vermutlich aus einer Faschingshochzeit (vgl. ebd.: 94f.); als im Jahre 1902 nach 20-jähriger Unterbrechung in Lienz wieder ein „Berchtenlaufen" veranstaltet wurde, fand es am Faschingsdienstag statt; bei einem Nikolausspiel in St. Jakob im Defereggental zu Beginn des 20. Jahrhunderts kam ein Bajazzo vor, den man im Alpenraum als Brauchtumsfigur kennt, seit er im 17. Jahrhundert aus der italienischen Stegreifkomödie in alpine Fasnachtsbräuche übernommen worden war; der Teufel, der bis heute Teil von Perchtenbräuchen des Tiroler Unterlandes ist, wurde aus Nikolausspielen übernommen (vgl. ebd.: 97); ähnliches gilt für den Tod, der bis in die 1940er Jahre beim Klaubaufgehen eine eigenständige Figur blieb, ehe auch Tod-Masken als „Klaubauf" bezeichnet wurden (vgl. ebd.: 138); und im Tiroler Unterland wird der Heilige Nikolaus nicht von Krampussen oder Teufeln, sondern von „Perchten" begleitet.

2.2.4 Romantik – Das Ende der Verbote, verklärter Blick und Reiseberichte

Im späten 18. und frühen 19. Jahrhundert begann sich die öffentliche Meinung gegenüber Volksbräuchen zu wandeln. An die Stelle aufklärerischen und ordnungspolitischen Misstrauens traten ethnographisches Interesse und romantische Verklärung. Ab diesem Zeitpunkt ist die volkskundliche Forschung nicht mehr ausschließlich auf Verbotserlässe und zufällige Funde in Rechnungsbüchern angewiesen, sondern kann sich auch auf bürgerliche Reiseberichte stützen. Das Problem besteht in diesen Quellen nicht mehr darin, dass ländliche Volksbräuche als etwas Anrüchiges oder Abergläubisches beschrieben werden, sondern im Gegenteil pauschal als etwas Unverdorbenes, Schönes und daher Erhaltenswertes. Auch die Volks- und Altertumskunde hielt Volksbräuche nicht nur für Materialisierungen einer im Verschwinden begriffenen idyllischen Welt, sondern für Überreste heidnischer Rituale aus vorchristlicher Zeit, die es zu erhalten, pflegen und gegebenenfalls wiedereinzuführen gelte (vgl. Rumpf 1991: 163; Berger 2007: 86). Das Bürgertum machte es sich zur Aufgabe, die als uralt vorgestellten Bräuche vor dem Verschwinden zu retten und dem Volk weiterzugeben (vgl. Bausinger 2005: 31). *„Kaum waren im frühen 19. Jahrhundert die Traditionen beendet, wollte man sie in national-romantischem Geist erneuern."* (Wolf 2003: 16.) Der Einkehrbrauch hingegen kam über den Umweg der Adelshöfe in die bürgerliche Gesellschaft. Obwohl er zumindest in Tirol am Land noch unbekannt war, empfanden ihn die städtischen Bürger als ländlich und uralt. (Vgl. Berger 2000: 78.) Aus dieser Zeit stammen auch die ersten Maskensammlungen. Masken und andere Erzeugnisse der „Volkskunst" wurden gesammelt und in Museen gebracht. Dem romantischen Ideal der anonymen Volkskunst entsprechend, blieben die Schnitzer meist unbenannt. (Vgl. Schmidt 1972: 22.)

Anders als in Belegen aus dem 17. und 18. Jahrhundert werden in jenen aus dem 19. Jahrhundert Frauen nicht mehr als Brauchträger erwähnt. Berger vermutet, dass Frauen oder Kinder einen Brauch immer dann weitergeführt hatten, wenn er von den Männern nicht mehr getragen worden war. Das kirchliche Gebot der Geschlechtertrennung in der Öffentlichkeit dürfte dieser Entwicklung einen Riegel vorgeschoben haben. Nun, im 19. Jahrhundert, glaubte man in der männlichen Dominanz einen festen Bestandteil der Bräuche zu erkennen. (Vgl. Berger 2000: 88.)

Wie gesagt ist der Einstellungswandel gegenüber ländlichen Volksbräuchen als Reaktion auf frühkapitalistische Entwicklungen und die gescheiterte national-staatliche Einigung des ehemaligen Römisch-Deutschen Reiches anzusehen. Die ländlichen Bräuche wurden daher vorwiegend mythologisch gedeutet. *„Seit das Perchtenlaufen behördlicherseits nicht mehr verboten wurde, bemühten sich Pfarrer, Lehrer und Trachtenvereine die, wie man glaubte, ‚uralten' Bräuche zu erneuern und neu zu gestalten."* (Rumpf 1991: 169.) Roman Schweidlenka sieht in dieser Entwicklung hingegen nicht nur die Sehnsucht nach dem Uralten, nach einer solidarischen, nicht-entfremdeten Welt, sondern auch einen Protest gegen feudale Ausbeutung und kirchliche Dogmatik. Er weist darauf hin, dass im beginnenden 19. Jahrhundert in subkulturellen Kreisen auch andere naturreligiöse Bräuche salonfähig wurden. (Vgl. Schweidlenka 1994: 222.)

2.2.5 Industrialisierung und Nationalismus – Wiederbelebung, Pflege und Ideologisierung

Im ersten Kapitel wurde gezeigt, dass mythologische Brauchdeutungen im ausgehenden 19. Jahrhundert ihren Höhepunkt erlebten. *„Volkskundliches Interesse und volkskundliche Forschung erwuchs immer aus Kulturkrisen. Ihr stärkster Antrieb war und ist das Heimweh nach einem verlorenen Paradies, nach dem Paradies der Ursprünglichkeit, nach dem ‚einfachen Leben‘.“* (Weiss 1978: 53.) Dementsprechend sah die Volkskunde dieser Zeit ihre Hauptaufgabe darin, die vom Verschwinden bedrohten Reste angeblich uralter Bräuche zu konservieren und zu bewahren. Von Deutschland ausgehend wurden in vielen europäischen Städten bürgerliche Vereine gegründet, die sich der Aufgabe annahmen, *„Volkstracht und Volkskunst, Volksglauben und Volksbrauch, Volkslied und Volkstanz"* (Geramb 1933: 24) zu pflegen, die natürliche und gebaute Umwelt zu erhalten, gegebenenfalls wiederherzustellen und zeitgemäß zu gestalten. (Vgl. Prasch 1985: 29.) Eine dieser konservativ-kulturreformatorischen Strömungen war die Heimatschutzbewegung, die sich als *„ganzheitliche kulturelle Erneuerungsbewegung"*[22] (Klueting 1998: 48) verstand. Nach dem Vorbild Deutschlands wurden zuerst in Tirol (1908), dann in der Steiermark (1909) und in Salzburg (1911) und schließlich auch in Kärnten (1912) Landesorganisationen gegründet, die von Anfang an von offiziellen Stellen und einflussreichen Persönlichkeiten des bürgerlichen Mittelstandes und des niederen Adels unterstützt wurden. (Vgl. Grancy 2009: 1-3.) Im Gegensatz zu den in etwa zeitgleich gegründeten Historischen Vereinen waren die Heimatschutzvereine nicht ausschließlich auf das Bewahren und Erhalten überlieferter Kulturgüter ausgerichtet, sondern sahen eine ihrer zentralen Aufgaben in der „heimatlichen" Gestaltung gegenwärtiger und zukünftiger Lebensweisen und Güter – und insofern in einer Weiterentwicklung der Tradition. (Vgl. Klueting 1998: 47f.)

> „Getragen von einer durch Modernisierung, Industrialisierung und Urbanisierung verunsicherten, zugleich aber aufbruchsbereiten gebildeten Mittelschicht, verschrieb sich der Heimatschutz der Erhaltung der natürlichen und gebauten Umwelt und war von Anfang an auch stark von (deutsch-)nationalen Vorstellungen geprägt. [...]
> Die Vereine [...] waren gut organisiert, trafen einander auf internationalen Kongressen und standen grenzübergreifend in engem Kontakt. Vor allem durch das Medium der Vereinspublikationen und Vorlagensammlungen führte dies zu einer

---

22 Das Ziel der Heimatschutzbewegung bestand bis ins 20. Jahrhundert hinein in der Denkmalpflege, im Schutz der landschaftlichen Natur sowie der einheimischen Tier- und Pflanzenwelt, in der Bewahrung der Volkskunst, der Bräuche, Trachten und der ganzen Lebensweise (vgl. Hofer 1998: 62; Ebner / Zitturi 2013a; 2013b).

Homogenisierung vermeintlich regionaler Baustile und zur Herausbildung eines quasi international gültigen ‚Heimatschutzstiles'." (Grancy 2009: 1f.)

Viele um die Jahrhundertwende gegründeten Brauchtumsvereine verstehen sich bis heute als *die* Träger und Bewahrer angeblich uralter Bräuche. Es sind einige Fälle überliefert, in denen ein Brauch selbst der Landbevölkerung nicht mehr bekannt war. Wie Rumpf gezeigt hat, *„ [geht] [a]us den Nachrichten, die wir seit dem 19. Jahrhundert über Perchtenläufe und -bräuche haben, [...] deutlich hervor, daß von einer kontinuierlichen Tradition nicht die Rede sein kann"* (Rumpf 1991: 169). Es ließen sich *„im Gegenteil langzeitige Unterbrechungen der Ausübung örtlicher Bräuche feststellen"* (ebd.). Dies dürfte damit zu tun haben, dass die materielle und rechtliche Grundlage für Maskenbräuche zunehmend verloren ging. Das Heischen und das Rügen waren nicht mehr ausreichend starke Motive, um die Bräuche fortzuführen. (Vgl. Berger 2000: 99f.) Und so verschwanden in der zweiten Hälfte des 19. und in der ersten Hälfte des 20. Jahrhunderts die meisten alpinen Maskenbräuche. Selbst im Pinz- und im Pongau, die heute allgemein als *„ Ursprungsgebiete"* der *„Krampus-, Teufels- und Schiachperchten"* angesehen werden, kann man nicht einmal für das 19. Jahrhundert eine kontinuierliche Tradition belegen. Wie Kammerhofer-Aggermann betont, haben zahlreiche Reiseschriftsteller festgestellt, dass das *„Berchtenlaufen [...] im Salzburger Land fast außer Gebrauch"* (Koch 1846, zitiert nach Kammerhofer-Aggermann 2007: 103) sei. Ähnliches gilt für die Perchtenbräuche in anderen Teilen Salzburgs, im Tiroler Unterland und in Osttirol sowie für die Fasnachten des unteren Inntals. Sie überlebten nur in Regionen, die schon früh von Touristen besucht wurden. Dort wurden viele im Verschwinden begriffene Bräuche neu belebt und als Schaubräuche aufgeführt (vgl. Berger 2000: 99f). Auch die Nikolausspiele wurden im 19. Jahrhundert in vielen Orten Tirols aufgegeben, sofern sie nicht von neu gegründeten Volkstheatern weitergeführt wurden (vgl. ebd.: 79; Schuhladen 1984: 100-146). Hans Moser hat darauf hingewiesen, dass viele Nachrichten über Perchtenumzüge aus dem Tirol des 19. Jahrhunderts stark von sagenkundlicher Literatur beeinflusst und daher äußerst kritisch zu beurteilen sind (vgl. Moser 1985: 48). Dass sich in Osttirol das Klaubaufgehen im Gegensatz zum Perchtenlaufen und zu Nikolausspielen halten konnte, dürfte damit zusammenhängen, dass sich die Masken ständig den wandelnden Bedürfnissen der Brauchträger anpassten, weshalb der Brauch von breiten Bevölkerungsschichten übernommen wurde. Viele Elemente des heutigen Klaubaufgehens, wie etwa das Lärmen mit Schellen, das Tragen von Holzmasken oder die Form eines Umzugsbrauchs, wurden jedoch von Perchtenbräuchen und Nikolausspielen übernommen. (Vgl. Berger 2000: 99f.)

Bei der Wiederbelebung stützte man sich auf ältere Brauchbeschreibungen und -deutungen der Volks- und Altertumskunde (vgl. Prasch 1985: 29). Diese galten im Allgemeinen als gut belegt, da bereits Jacob Grimms Zeitgenossen auf jene Erwähnungen in Gerichtsprotokollen, Verbotserlässen und Rechnungsbüchern verwiesen hatten, die noch heute als Quellen akzeptiert werden. Dabei übersah man aber, dass diese Quellen lediglich belegen, dass im Mittelalter Maskenbräuche existierten, nicht jedoch, dass sie in direktem Zusammenhang mit vorchristlichen Glaubensvorstellungen oder Brauchhandlungen gestanden waren. Grimm und seine Zeitgenossen hatten lediglich mittelalterliche Akten mit aus der gleichen Zeit stammenden Handschriften – Katechismen, Beichtspiegeln und Traktaten über den Aberglauben – und mit gesammelten Volkssagen in Verbindung gebracht und aus dieser angenommenen Verbindung darauf geschlossen, dass es eine Kontinuität der Bräuche und Glaubensvorstellungen aus vorchristlicher Zeit bis in die Neuzeit gebe. (Vgl. Rumpf 1991: 175-178.) *„Es wurde alles gesammelt, aufgezeichnet, erneuert und dazu erfunden, was dem damaligen Bild von Heimat, Tradition und – mit heutigen Worten gesprochen – regionaler Verankerung entsprach."* (Kammerhofer-Aggermann 2009: 105.) Neuere Quellenstudien deuten jedoch darauf hin, dass die mittelalterlichen Rechtsbräuche eng mit dem Kirchenjahr verbunden waren (vgl. Berger 2007: 86). Gleichzeitig waren gerade die Vereine um „Reinheit" und „Echtheit" der Bräuche bemüht. Sie setzten alles daran, diese gegen Veränderungen zu verteidigen. Dabei ist von einem Einfluss der damaligen Volkskunde auf die Brauchträger und Bräuche auszugehen. Wie Moser (1964: 52), Rumpf (1991: 165) und Berger (2007: 87f.) gezeigt haben, gelangten mythologische Deutungen über Organe der Volksbildung, wie Lehrer, Zeitungen, die Heimatschutzbewegung und die Volkskunde, in bürgerliche Vereine.

Diesem Verständnis der Volkskunde als *„Mittel der aktiven Kulturpolitik"* (Eberhart 2009: 2) kam sowohl in der Ersten Republik als auch im austrofaschistischen Ständestaat eine zentrale Bedeutung zu. Die deutschsprachige Bevölkerung der Doppelmonarchie, die sich sowohl mit der Österreichisch-Ungarischen Monarchie als auch mit der deutschen Kultur identifiziert hatte[23], tat sich nach dem Zusammenbruch der Monarchie schwer, den „Rest" als Nation anzuerkennen und sich mit ihm zu identifizieren. (Vgl. ebd.: 2f.) Sie war *„zutiefst in ihrem Eigenwert verunsichert"* (Elias 2006c: 343). In diesem geistigen Klima wurde die Volkskultur als Materialisierung der „guten alten Zeit" zur Projektionsfläche für verschiedenste Bedürfnisse und Sehnsüchte. Und wieder war es an der Volkskunde, die *„zerfallenen Horizonte"* (vgl. Bausinger 2005) durch „künstliche" zu ersetzen. Die Vorstellung, dass die Pflege und Weitergabe der Volkskultur die zentrale kulturpolitische Aufgabe der Volkskunde sei, kommt *„wohl nirgends im deutschen Sprachraum so deutlich zum Ausdruck wie in der Steier-*

---

23   Ernst Hanisch spricht in diesem Zusammenhang von *„doppelter Identität"* (Hanisch 1994: 154).

mark" (Eberhart 2009: 1). Nur wenige Wochen nach Kriegsende wandten sich die Protagonisten des *Vereins für Heimatschutz in Steiermark* mit einem Brief an das Präsidium des deutsch-österreichischen Staatsrates, in dem sie sich für die *„baldigste Sicherung einer auf volks- und heimatkundlicher Grundlage aufgebauten Volksbildung"* (VfH 1918, als Faksimile wiedergegeben in Semetkowski 1968: 33-39, zitiert nach ebd.) starkmachten:

> „Wenn je öffentliches Wirken die einander noch immer fremden Schichten unseres Volkes zu versöhnen und zu dauernder Lebens- und Arbeitsgemeinschaft zusammenzuführen vermag, dann ist es eine solche wahre Volksbildung und Volkserziehung." (Ebd.)

Das Ziel der Personengruppe um den Volkskundler Viktor von Geramb, welche die steirische Kulturpolitik der Zwischenkriegszeit prägte, ging weit über das Bewahren, Wiederbeleben und Vermitteln von Volksbräuchen, -trachten oder Bauweisen hinaus; es bestand darin, die Bevölkerung in jeder Hinsicht vor den Verlockungen „fremder", „internationaler" und „modischer" Einflüsse zu schützen und zur Rückbesinnung auf eine „bodenständige", „bäuerliche" Lebensweise zu erziehen. Letztendlich ging es um die *„Gesundung und Homogenisierung der Gesellschaft"* (Eberhart 2009: 1). Dieses Anliegen entsprach den emotionalen Bedürfnissen weiter Bevölkerungskreise. Sowohl Gerambs Publikationen als auch seine anderen volksbildnerischen Tätigkeiten (u.a. als Vorstand des Vereins für Heimatschutz, als Gründer und Leiter des Volkskundemuseums und des Heimatwerks, aber auch als Professor für Volkskunde an der Universität Graz) stießen auf großes Interesse. Unter Geramb wurde die Volkskunde in der Steiermark zum *„Faktor der Kulturprägung im Österreich der Zwischenkriegszeit"* (Kretzenbacher 1983: 83-93, zitiert nach Eberhart 2009: 3). Von Beginn an zielte die sammelnde, vermittelnde und regulierende Tätigkeit aber auch auf die touristische Nutzung volkskultureller Erzeugnisse ab (vgl. Grancy 2009: 3).[24]

Folglich wurden neu oder wieder eingeführte Volksbräuche als uralt etikettiert und die Volkskultur der Massenkultur des Alltags gegenübergestellt. Dies gilt natürlich nicht nur für Krampus-, Perchten- oder Fasnachtsbräuche. Vielmehr lässt sich mit zunehmendem Nationalbewusstsein die Ausbreitung einer *„Begeisterung für alles Volkstümliche"* (Bärtsch 1993: 31), für Feste und Trachten genauso wie für Lieder, Sagen und Märchen, beobachten. Hans Moser (1954, 1962, 1985) hat für die Wiederbelebung als uralt gedachter Bräuche den Begriff

---

24   Bereits am *Zweiten Internationalen Kongress für Heimatschutz* im Jahre 1912 in Stuttgart wies Karl Giannoni, der Geschäftsführer des *Vereins für Denkmalpflege und Heimatschutz in Niederösterreich*, in seinem Vortrag *Heimatschutz und Fremdenverkehr* ausdrücklich auf die Bedeutung des ersten für den zweiten hin (siehe auch Giannoni 1926).

Folklorismus eingeführt, der innerhalb der Volkskunde großes Aufsehen erregte. Hans Schuhladen hat fünf Stufen der Folklorisierung eines Brauches unterschieden, die für unsere späteren Überlegungen von großer Bedeutung sind: (a) die Gründung eines Trägervereins, (b) die „Veredelung" des Brauchs mit einer Reglementierung der Requisiten, (c) das Erstarren der Form (z.b. durch festgelegte Umzugsordnungen), (d) die ästhetische Ausgestaltung und Zunahme der Zahl der Requisiten (z.b. Masken) und schließlich (e) den Aufstieg des Brauchs zum Repräsentativ-Brauch (vgl. Schuhladen 1984: 210, nach Mezger 1990/II: 189). Zwischen 1900 und dem Ersten Weltkrieg erreichte auch die Sammlertätigkeit ihren Höhepunkt. Um der steigenden Nachfrage gerecht zu werden, wurden in Salzburg und Tirol Schnitzschulen gegründet. Dabei sei es auch zu Maskenfälschungen gekommen. *„Die dort unterrichteten Schnitzer neigten immer wieder dazu, zu kopieren und zu erfinden, ohne die Anknüpfung an die heimische Tradition beibehalten zu können."* (Schmidt 1972: 23.) Schmidt versteht all jene Masken als Fälschungen, die nicht in der jeweiligen regionalen Tradition stehen und nicht für das *„lebendige Brauchtum"* (ebd.), sondern nur als Sammler- oder Ausstellungsstücke hergestellt wurden. Diese Einschätzung würden viele Volkskundlerinnen und Volkskundler wohl nicht teilen. Sie zeigt aber zumindest, dass es schon um 1900 professionell ausgebildete Schnitzer gab und dass dies keineswegs ein ausschließlich neues Phänomen ist.

Im Rahmen der Diskussion des mythologischen Ansatzes wurde ausführlich dargelegt, dass die volkskundlichen wie die privaten Bemühungen vor dem Hintergrund sozialer, politischer und wirtschaftlicher Wandlungsprozesse im ausgehenden 19. und frühen 20. Jahrhundert gesehen werden müssen. In dem Maße, in dem die Agrarwirtschaft an Bedeutung verlor, wandte sich das städtische Bürgertum einem idyllisch gefärbten Bild des Landlebens zu. Der Rückzug auf volkstümlich-ländliche Traditionen kann aber auch als Abgrenzung gegen die aufsteigenden Arbeiterklassen gesehen werden. Aber auch der zunehmende Nationalismus am Ende des 19. Jahrhunderts dürfte das Bedürfnis geweckt haben, nach völkischen Wurzeln zu suchen. (Vgl. Hobsbawm 1989: 18-21; Hobsbawm 1990: 122; Hobsbawm 2010: 263-307; Kaschuba 1990: 193-198.) Auch wenn Geramb und seine Kollegen die Begriffe „Volk" und „Volkskultur" im Anschluss an die Romantik verwendeten, schufen sie damit, ob gewollt oder ungewollt, ein *„Begriffsarsenal für die Mythenschmiede"* (Heer 1947: 6, zitiert nach Eberhart 2009: 6) der Nationalsozialisten. Schweidlenka hat jedoch gezeigt, dass auch die frühe Arbeiterbewegung bewusst verbotene und nur im Untergrund betriebene Bräuche aufgriff, um am Land Fuß zu fassen. Erst Anfang des 20. Jahrhunderts habe man sich von jeglichem „Irrationalismus" distanziert und Volksbräuche der politischen Rechten überlassen. (Vgl. Schweidlenka 1994: 226.) Am Nikolausbrauch sind ungefähr ab 1850 Säkularisierungs- und Verbürgerlichungstendenzen zu erkennen. Einerseits verschmolzen der katholische Nikolaus und der protestantische Christ zum Weihnachtsmann, von dem sie zunehmend als Gabenbringer abgelöst wurden. Da der Weihnachtsmann die belohnende Funktion des Heiligen Nikolaus und die strafende Funktion seiner Begleiter in einer Person vereinte, wurde er zu einem wichtigen Hilfsmittel der bürgerlichen Erziehung (vgl. Mezger 1990/I: 85). Parallel dazu breitete sich ab 1900 die Figur des „Heiligen Christ" auch in katholischen Gebieten aus. Im Zuge dieses Prozesses verwandelte sie sich zunehmend in das kindliche, engelhafte und häufig weibliche Christkind (vgl. Schulte von Drach 2010)[25].[26]

2.2.6 Nationalsozialismus – Wiederbelebung, Pflege und ideologische Aufladung

Auch zur Zeit des Nationalsozialismus wurden Volksbräuche für politische Zwecke genützt. „Es wurde gefunden und erfunden, erneuert und im Sinne der eigenen Weltanschauung interpretiert." (Wolf 2003: 16.) Dabei konnte man auf die Deutungen und Begriffsbildungen der frühen Volkskunde zurückgreifen, die über Organisationen wie den Heimatschutz und ihre unzähligen lokalen Vereine in den kollektiven Wissensschatz weiter Bevölkerungsteile eingegangen waren. Mehrere Stellen und Organe, wie etwa das SS-Ahnenerbe mit seiner Zeitschrift Germania oder das Amt Rosenberg, hatten die Aufgabe, germanisch-naturkultische Brauchdeutungen zu entwickeln und zu verbreiten. (Vgl. Schweidlenka 1994: 226f.) Der Mythos von der Stärke germanischer Männerbünde mit ihrem Führerprinzip und ihren kultischen Bräuchen wurde dazu verwendet, den autoritären Staatsaufbau zu begründen, das realpolitische Geschehen zu rechtfertigen und die Volksgemeinschaft zu festigen. Die „Auffassung eines ,starren‘, unwandelbaren, in germanischen Urzeiten verwurzelten Brauchtums [diente dazu], soziale Hierarchien und strukturelle Unterdrückungsmechanismen einzuzementieren" (ebd.: 226). Germanisch-kultische Bräuche sollten als eine Arte neue völkische Religion die spirituellen Bedürfnisse der Bevölkerung jenseits der christlichen Kirchen befriedigen. „Besonders das alpine Brauchtum galt als ein völkischer Hort, in dem Wotan und andere ,Ariergötter‘ immer noch verehrt wurden. [...] Vor allem die Alpenregionen der ,Ostmark‘ wurden in diesem Prozeß völkisch-religiös aufgewertet." (Ebd.) Dabei wurden christlich-

25   Schulte von Drach, M. (2010): Christkind, Weihnachtsmann und Nikolaus. Wer ist denn dieser Typ in Rot? Sueddeutsche.de, 23.12.2010. URL: http://www.sueddeutsche.de/wissen/nikolaus-und-weihnachtsmann-wer-ist-eigentlich-dieser-typ-in-rot-1.891007 (letzter Zugriff: 29.03. 2011).
26   Für eine detaillierte Darstellung siehe 5.3.1.

alpine Brauchtumsgestalten zu arisch-germanischen Urahnen umgedeutet: Knecht Ruprecht zu Wotan, Weihnachten zu Jul und die Wilde Jagd zu einem Relikt germanischer Kulte. Der Dreikönigsbrauch wurde gar als Umzug der drei Schicksalsgöttinnen, der Nornen, gedeutet. Außerdem setzte man den „Lichterbaum" und den neuheidnischen Adventskranz gegen kirchliche Widerstände durch. Im Sinne der nationalsozialistischen Wertschätzung des Patriarchats wurden selbst Bräuche, die noch im 19. Jahrhundert von Frauen getragen worden waren, wie etwa jene der Frau Percht, als Reste germanisch-männerbündischer Kulte gedeutet. (Vgl. ebd.: 226f.)

„Mit seiner Neuinterpretation des Brauchtums knüpfte der Nationalsozialismus geschickt an latent gärende Sehnsüchte nach einem archaischen, magischen Weltbild an, das in der Zwischenkriegszeit einen Aufschwung erhalten hatte. Die brauchtümlich-kultischen Veranstaltungen der NSDAP konnten vor allem für kleinbürgerliche und bürgerlich-akademische Kreise eine spirituell-politische Ordnung vortäuschen, die psychosoziale Ängste, Unsicherheiten und Erlösungssehnsüchte auffing." (Ebd.: 228.)

Viele Bräuche wurden jedoch während der beiden Weltkriege aufgegeben. Berger hat für das Matreier Klaubaufgehen gezeigt, dass dieses während der Zeit des Nationalsozialismus zwar weiter auflebte und als germanischer Brauch interpretiert wurde, dass „[...] der Brauch jedoch deshalb nicht von der nationalsozialistischen Diktatur bewusst gefördert oder begünstigt [wurde]. Die Einflussnahme geschah vielmehr auf privater Ebene." (Berger 2000: 112.) So spiegeln sich etwa in Klaubauflarven aus den 1940er Jahren die Weltanschauungen der Schnitzer, welche auch die wichtigsten Träger des Brauches waren, wider. Der einflussreiche Maskenschnitzer Willi Trost schnitzte zum Beispiel karikierende Chamberlain- und Churchill-Larven sowie eine Larve mit dem Namen „Judengesicht", in der die stereotypen Vorstellungen der Zeit deutlich erkennbar sind. Lediglich im bäuerlichen Milieu, das stark in christlichen Traditionen verankert war, fanden die ideologisch aufgeladenen Brauchtumsveranstaltungen wenig Anklang (vgl. Schweidlenka 1994: 228). Schließlich verpönte die katholische Kirche das Klaubaufgehen als „heidnischen" Brauch. Berger hat anhand von Zeitzeugeninterviews gezeigt, dass die Brauchträger in einer Zwickmühle steckten. Einerseits wollten sie sich das geheischte Geld nicht entgehen lassen; andererseits war der Pfarrer eine bedeutende lokale Autoritätsperson. (Vgl. Berger 2000: 112f.)

2.2.7 Nach dem Zweiten Weltkrieg

Die Mehrheit der Bevölkerung, die sich in irgendeiner Weise mit dem national-sozialistischen Regime arrangiert hatte, nahm sich selbst als Opfer wahr: als Opfer des Krieges und seiner Zerstörungen, als Opfer machthungriger Politiker, die das „deutsche Volk" zu ihrem Spielball gemacht hatten, als Opfer des „Schandvertrages" von St. Germain, der einen weiteren Krieg heraufbeschworen hatte, und schließlich als Opfer der Entnazifizierung (vgl. Binder 2009: 1). Dieser Haltung entsprach das Bedürfnis, die jüngste Vergangenheit zu vergessen und zur „Normalität" zurückzukehren.[27]

> „Diese Absenz [der alten Ordnung; Anm. d. Verf.] wurde ab den 1950er-Jahren von einer zunehmenden Veränderung der soziokulturellen Rahmenbedingungen der Politik begleitet, die als Auflösungstendenz klassischer Lagerbindungen interpretiert wurde. Der Angst vor einer Entfremdung, einer ‚Amerikanisierung' setzte man nun gezielt das ‚Eigene' entgegen. ‚Volk' und ‚Heimat' wurden erneut zum Erziehungs-auftrag, und da diese Begrifflichkeit zweifellos älter als die nationalsozialistische Herrschaft war, erkannte man in ihnen ‚ewige Werte', wobei man zu deren Propagierung auf alte Experten zurückgriff, deren Expertentum eben etwaige nationalso-zialistische Zwischenspiele aufhob, bzw. kühl einkalkulierte, um auch an jene heran-zutreten, die in ihrer ‚mentalen Verstörung' verharrten." (Ebd.: 1f.)

In der Steiermark etwa wurde Viktor von Geramb, der sich 1938 an der Eingliederung des *Vereins für Heimatschutz* in den *Deutschen Heimatbund* beteiligt hatte, vom steirischen Landesbaudirektor mit der Neugründung des *Vereins für Heimatschutz* betraut[28]. Er bestimmte bis zu seinem Tod im Jahre 1958 weiterhin die Arbeit und ideologische Ausrichtung des Vereins mit. Wie Helmut Eberhart gezeigt hat, war Geramb bestrebt, *„unmittelbar an die Zeit vor 1938 an[zu]knüpfen und seinen bekannten Vorstellungen einmal mehr zum Durchbruch [zu] verhelfen"* (Eberhart 2009: 6). In der ersten Ausgabe der *Kleine-Zeitung*-Beilage *Heimatpflege* (14.02.1954/Nr.1) sprach Geramb gar von der *„heiligen Pflicht"* der Daheimgebliebenen und Kriegsüberlebenden, die Heimat der Gefallenen, Verwundeten und Gefangenen zu pflegen und zu erhalten. Im Hinblick auf Krampus- bzw. Perchtenbräuche kann man, wie Rumpf belegt hat, im Salzburger Land bereits ab 1949 *„erstaunlicherweise eine starke Welle der Wiederbelebung"* (Rumpf 1991: 171) feststellen. Auch in Bayern, etwa in Kirch-

---

27 Tony Judt hat dieses kulturelle Klima der ersten Nachkriegsjahre als *„vorsätzliche Amnesie"* (Judt 2006: 965) bezeichnet.

28 Geramb, der nach der Machtübernahme der Nationalsozialisten trotz seiner deutschnationalen Haltung wegen seiner katholischen Gesinnung fast aller Funktionen und Ämter – auch seiner Professur an der Grazer Universität – enthoben worden war, erhielt ab Mai 1945 fast alle seiner Ämter wieder zurück (vgl. Eberhart 2009: 6).

seeon bei München (1954), wurden Perchten als Brauchgestalten eingeführt, die bei Adventsveranstaltungen auftraten und von Tageszeitungen angekündigt wurden. Sie wurden damals übrigens noch „Klaubauf" genannt, da sich die Bezeichnung „Percht" noch nicht durchgesetzt hatte (vgl. Berger 2000: 57-60). Bei der Namensgebung bezog man sich schon damals auf angeblich uralte Sagengestalten. Viele der heute ältesten Vereine wurden in den Nachkriegsjahren gegründet. Und auch heute als uralte Bräuche beworbene Umzüge, wie etwa der Perchtenlauf in Bischofshofen (1950), wurden in dieser Zeit zum ersten Mal durchgeführt. (Vgl. Rumpf 1991: 111-173.)

Bereits in den 1950er und in noch stärkerem Maße in den 1960er Jahren erwies es sich sowohl für neu- als auch für wiedergegründete Brauchtumsvereine jedoch als äußerst schwierig, die Öffentlichkeit für ihre Anliegen zu gewinnen oder gar zur aktiven Mitarbeit zu bewegen. Auch dem Verein für Heimatschutz in Steiermark gelang es trotz seiner populären Galionsfigur Viktor von Geramb und erheblichen Anstrengungen nicht, ähnlich hohe Mitgliederzahlen zu erreichen und ähnlich breite Massen für die Anliegen ihrer Bewegung zu interessieren wie in den 1920er und 1930er Jahren. Zunächst standen drängendere Probleme im Vordergrund: die Zerstörungen des Krieges, die persönlichen Verluste, die Kriegserlebnisse und die materielle Not. Abgesehen davon fühlten sich vor allem die Kernschichten brauchpflegerischer Tätigkeiten aus dem gebildeten bürgerlichen Mittelstand missbraucht, alleingelassen, missverstanden und verraten, was sich als „*Misstrauen gegen alle idealistisch verkleideten Forderungen und Haltungen*" (Bruckmüller 2001: 425, zitiert nach Binder 2009: 2) äußerte. Vor allem für jene, die sich im NS-Regime gut eingerichtet hatten, waren dessen Zusammenbruch und die folgende Entnazifizierung häufig gleichbedeutend mit Entlassung, Berufsverbot, Strafsteuern, der Aberkennung bürgerlicher Rechte usw.; d.h. mit finanziellem und sozialem Abstieg.

Über kurz oder lang waren die Bemühungen Gerambs und seiner Mittstreiter zum Scheitern verurteilt. In einer Zeit des wachsenden Wohlstandes, der zunehmenden Verflechtung auf überstaatlicher Ebene, der Auflösung alter Familien- und Geschlechterverhältnisse, des tiefgreifenden Wandels von Lebens-, Arbeits- und Denkweisen, war ein Gesellschaftsmodell, das auf einer ländlichen, bäuerlichen, regional gedachten Lebenswelt basierte, ein „*Kampf gegen Windmühlen, der nicht zu gewinnen war*" (Eberhart 2009: 6). So sehr Geramb mit seinem breit verstandenen Konzept der Volkskultur als Modell einer „gesunden", bäuerlichen Lebensweise zwischen den Weltkriegen den Nerv der Zeit getroffen hatte, so wenig entsprach dieses Modell den Bedürfnissen der Menschen in den 1950er und 1960er Jahren. „*Je rascher sich Entwicklungen vollzogen, desto schneller erlebte Gerambs Volkskultur ihre Metamorphose zur Folklore und wurde damit genau zum Gegenteil des von ihm beabsichtigten*" (ebd.: 5f.): zur Pflege erstarrter äußerer Formen. In den 1960er und 1970er Jahren wurden aus fehlendem Interesse viele Bräuche aufgegeben. Nur in bestimmten Rückzugsgebieten wurden sie aufrechterhalten und zu großen Schaubräuchen ausgebaut. Man denke etwa an die Fasnachtsbräuche in Imst, Nassereith, Thaur, Axams und Telfs (alle Tirol), an die Krampusspiele in Bad Mitterndorf und Öblarn (beide Obersteiermark), an das Perchtenlaufen in Bischofshofen (Land Salzburg) oder an das Klaubaufgehen in Matrei (Osttirol). Im Tiroler Ort Patsch wurde hingegen das Perchtengehen aufgrund fehlenden männlichen Interesses in den 1960er Jahren von Frauen übernommen. (Vgl. Berger 2007b: 88f.)

Seit den 1980er Jahren kann man jene Entwicklung beobachten, die im Zentrum dieser Arbeit steht: ein wiederkehrendes Interesse an regionalen Eigenheiten und Traditionen, wie Trachten, Volksmusik oder Bräuchen. In den letzten 30 Jahren kann man eine Vielzahl von Vereinsgründungen, aber auch von großen öffentlichen Brauchübernahmen, -wiederentdeckungen und -neueinführungen beobachten (Mezger 1990/II: 198). Bei den ersten Wiederbelebungen und Neueinführungen von Krampus-, Perchten- und Fasnachtsbräuchen in den 1980er Jahren dienten die großen Schaubräuche als Vorbild. Gerade die Träger dieser neu eingeführten Bräuche verweisen häufig auf eine lange Tradition, die sie durch die Verwendung historisierender Masken oder durch archivalische Quellen zu belegen versuchen. (Vgl. Berger 2000: 100.) Wie bei den Braucheinführungen vor 100 Jahren betonen viele Heimatpfleger auch heute die „Echtheit" und „Reinheit" der jeweiligen Bräuche und wehren sich gegen jede als Verfälschung oder „Entartung" angesehene Veränderung. Dabei greifen sie größtenteils wieder auf mythologische Deutungen zurück, obwohl diese von der volkskundlich-ethnologischen Forschung längst widerlegt wurden. *„Im Laufe des 20. Jahrhunderts etablierte sich die mythologische Interpretation in der Bevölkerung und mauserte sich so zu einer wesentlichen Legitimation vieler Fastnachtsbräuche."* (Berger 2007b: 87b.) Nicht nur Wolf (2003: 16) und Berger hat darauf hingewiesen, dass die Krampus-, Klaubauf- und Perchtenbräuche, wie wir sie heute kennen, *„weitgehend im 20. Jahrhundert geformt"* (Berger 2000: 108) wurden. Zwar könne man zum Beispiel bei Perchtenläufen im Ziller- und Alpbachtal oder beim Osttiroler Klaubaufgehen eine längere, in manchen Fällen sogar *„ungebrochene Tradition"* (Berger 2007a: 121) nachweisen. Erstens könne man aber Krampus- bzw. Perchtenläufe erst ab dem 17. Jahrhundert nachweisen. Zweitens seien sie in den meisten Orten Tirols im 19. oder 20. Jahrhundert aufgegeben worden. (Vgl. ebd.) Selbst in den wenigen Fällen, in denen man eine kontinuierliche Brauchtradition nachweisen kann, sei diese Kontinuität ausschließlich eine äußerlich-formale:

> „Aber selbst bei einer scheinbar starren und beharrenden Überlieferung ändern sich soziale und kulturelle Rahmenbedingungen kontinuierlich. Abseits der Frage nach

Alter, Kontinuität oder äußerer Darstellung muss die Blickrichtung deshalb auf das hier angedeutete selbst gesponnene Bedeutungsgewebe gerichtet werden." (Berger 2007b: 80.)

Mittlerweile finden zwischen Ende November und Anfang Jänner unzählige Krampus- und Perchtenumzüge statt. Moderne Transport- und Kommunikationsmittel ermöglichen selbst kleinen Vereinen, überregionale Veranstaltungen zu organisieren, sodass etwaige regionale Besonderheiten von Gruppen aus anderen Gebieten wahrgenommen und im folgenden Jahr in die eigenen Kostüme eingebaut werden können. Darüber hinaus sind über das Internet und durch Kinofilme Vorbilder aus Hollywoodfilmen oder Videospielen überall zugänglich. Außerdem erleichtert das Internet den Austausch von Ideen und Formen. In den letzten Jahren hat sich ein eigener Masken- und Zubehörmarkt entwickelt. Mittlerweile gibt es mehrere professionelle Maskenschnitzer und Kostümausstatter, die ausschließlich von Aufträgen von Krampus- und Perchtengruppen aus ganz Österreich leben können.

Diese Entwicklungen wurden und werden in der volkskundlichen Literatur, in den Medien und von den Brauchträgern selbst unterschiedlich gedeutet und beurteilt. Viele Heimatkundler, aber auch einige wissenschaftliche Volkskundler bedauern die Vermarktung des Brauchtums durch Tourismusmanager (siehe z.B. Weitgruber 1984: 11) oder durch die *„gnadenlose Konsumindustrie"* (Mezger 1990/II: 198). Dabei wird häufig kritisiert, dass einige Brauchtumsvereine auf Bestellung und gegen Bezahlung bei verschiedensten Anlässen auftreten, und zwar nicht nur außerhalb der dafür vorgesehenen Zeit, sondern auch außerhalb ihres angeblich ursprünglichen Verbreitungsgebietes. (Vgl. Rumpf 1991: 174.) Andere Kommentatoren, wie etwa Berger (2000: 145-147; 2007a: 120-124; 2007b: 88-90), sehen hingegen in den kommerziellen Interessen keine hinreichende Erklärung für die vielen Wiederbelebungen und Neueinführungen von Bräuchen. Im Anschluss an Konrad Köstlin (1999) und Martin Scharfe (2002) verweist er auf den *„Identitätsbedarf in der Moderne"* (Berger 2007b: 89) und auf *„das Gefühl der Heimatlosigkeit in einer globalisierten Welt"* (Berger 2007a: 123). Durch Bräuche werde *„regionale Identität transportiert und vermittelt"*. Daher seien die drei wesentlichen Merkmale heutiger Brauchformen *„die Zeichenhaftigkeit von Details, der Verweis auf das Historische und das Herausstellen regionaler Besonderheiten"* (Berger 2007b: 89). Diese Interpretationen bieten wichtige Anknüpfungspunkte für eine soziologische Untersuchung.

Eine weitere interessante Entwicklung, die man an Krampus- und Perchtenbräuchen beobachten kann, sind die verschiedenen, miteinander konkurrierenden Auffassungen und Bedeutungen der Begriffe *Tradition* und *Brauchtum*. Im sechsten, siebenten und achten Kapitel wird auf diese Probleme näher eingegangen.

2.3 Die Brauchgestalten im Spiegel der Quellen

Wie wir gesehen haben, ist es durch die Verschmelzungen und gegenseitigen Beeinflussungen von Bräuchen meist nicht möglich, zu identifizieren, „[...] *um welche Brauchformen es sich bei den in Archivalien immer wieder vorkommenden „mummereien" handelt"* (Berger 2000: 102). Für viele Brauchträger sind diese Unterscheidungen hingegen von besonderer Bedeutung. Daher werden sie hier soweit unterschieden, wie dies anhand der verfügbaren Quellen und der volkskundlichen Literatur möglich ist.

2.3.1 *Der Heilige Nikolaus, das Christkind und der Weihnachtsmann*[29]

(1) Vom Bischof zum Heiligen. Sankt Nikolaus ist bis heute einer der am meisten verehrten Heiligen der katholischen Kirche. Dabei gilt als wahrscheinlich, dass in der kollektiven Erinnerung zwei verschiedene Personen verschmolzen sind: Nikolaos von Myra, der Bischof von Lykien in der heutigen Türkei, der im vierten Jahrhundert lebte, und Abt Nikolaus von Sion, der Bischof von Pinora, dessen Leben im fünften und sechsten Jahrhundert belegt ist. Seit dem sechsten Jahrhundert entwickelte sich der Nikolaus-Kult, der über Griechenland und die slawischen Länder nach Mitteleuropa kam. Als im elften Jahrhundert die Gebeine des Nikolaos von Myra nach Bari überführt wurden, breitete sich die Nikolausverehrung auf alle katholischen Gebiete aus. (Vgl. ebd.: 68-70.) In den folgenden Jahrhunderten wurden insgesamt ungefähr 2000 Kirchen und Kapellen zu seinen Ehren geweiht (vgl. Lattacher o.D.: 5). Auch in Tirol ist der Nikolauskult ab Mitte des elften Jahrhunderts belegt. Noch vor der Überführung der Gebeine wurde der Dom zu Brixen dem Heiligen Nikolaus geweiht. In Matrei in Osttirol wurde am Ende des zwölften Jahrhunderts eine Kirche zu seinen Ehren gebaut. (Vgl. Berger 2000: 68-70.)

Der Heilige Nikolaus wurde zum Patron der Kinder und des Kindersegens, der Reisenden, der Wirte, der Bauern, der Fischer, der Apotheker, der Studenten und der Armen. Als „Lahnpatron", der die Menschen vor Lawinen beschützen sollte, war er für die gebirgigen Gegenden besonders bedeutend. Zum Gabenbringer wurde er aber vermutlich durch die vielen Legenden, in denen er als mildtätiger Helfer der zu Unrecht Verurteilten und Gefangenen erscheint. So hat er angeblich drei ermordete Studenten wieder zum Leben erweckt, drei junge Frauen vor dem Weg in die Prostitution bewahrt, indem er ihrem Vater in der

---

29   Wir werden uns hier auf die Nikolaus-Legenden und auf die Brauchentwicklung ab dem 19. Jahrhundert konzentrieren. Die dazwischenliegende Brauchgeschichte wurde in Unterkapitel 2.2 ausführlich dargestellt.

Nacht Goldklumpen geschenkt hat. Auf die erste Legende geht vermutlich seine Funktion als „Kinderbischof" zurück und in der zweiten dürfte der Brauch wurzeln, heimlich Geschenke in die Schuhe zu legen. Im Spätmittelalter wurde der Nikolaustag einer der wichtigsten Kinderbeschenktage der Weihnachtszeit. Während Mädchen am Luzientag, dem 13. Dezember, beschenkt wurden, etablierte sich für Buben der sechste Dezember. Der Heilige Abend gehörte übrigens noch nicht dazu. Im 14. und 15. Jahrhundert breitete sich das Knabenbischofsfest über Klöster auf den ganzen Kontinent aus (siehe 1.1.3 und 2.2.1). (Vgl. Mezger 1990/I: 69-86.)

(2) Vom „Heiligen Christ" zum Christkind. Zur Zeit der Reformation wurde von protestantischer Seite der Heiligenverehrung der Kampf angesagt. Man war bestrebt, die Verehrung des Heiligen Nikolaus und die mit ihr zusammenhängenden Bräuche zurückzudrängen bzw. mit anderen Bedeutungen zu belegen. Im Jahre 1535 wurde in den protestantischen Gebieten die Kinderbescherung vom Nikolaustag bzw. Nikolausabend auf Weihnachten und den Weihnachtsabend verlegt. Da man den pädagogischen Gedanken des Belohnens und Bestrafens aufrechterhalten wollte, behielt man den Brauch des anonymen Einlegens von Kindergeschenken bei und führte die Figur des „Heiligen Christ" ein, die von nun an statt des Heiligen Nikolauses die Gaben brachte. (Vgl. Kreissl 2009: 11; Mezger 1990/I: 76.)

„Für die Kinder und die einfachen Leute war diese Figur zu anonym und gestaltlos und wurde daher nach und nach zum Christkind verniedlicht. Das Christkind symbolisiert nicht, wie wohl häufig angenommen wird, das neugeborene Jesuskind in der Wiege, sondern ist eine aus den vielfältigen Weihnachtsumzügen und Krippenspielen entnommene Figur. Maria und Joseph mit dem Jesuskind wurden von engelhaften, weißgewandeten Mädchen mit offenem goldenen Haar begleitet, deren Anführerin das häufig verschleierte ‚Christkind' war. Diese Figur wiederum war von den zahlreichen Heiligenbildchen und Kirchendarstellungen abgeguckt." (scinexx.de, 17.12.2010 [29.03.2011].)[30]

Dabei tauschte man den Heiligen Nikolaus gegen den Heiligen Christ ein, aus dem sich im deutschen Sprachraum später die Figur des Christkinds entwickelte, das auch in katholischen Gebieten als weihnachtlicher Gabenbringer vielfach wichtiger als der Nikolaus wurde. Im Gegenzug wurde auf katholischer Seite die Heiligenverehrung noch verstärkt. In den katholischen Alpenländern entstand eine Reihe großer Nikolausspiele, die im späten 20. Jahrhundert zu großen Touristenattraktionen werden sollten. (Vgl. Wolf 2003: 186.) Im 19. und 20. Jahrhundert breiteten sich säkularisierte und aus ihren früheren Bedeutungszusam-

---

30 Redaktion scinexx.de (1998-2011): *Weihnachtsmann versus Christkind: Wer bringt denn nun die Geschenke?* Heidelberg: Springer / Düsseldorf: MMCD interactive in science, 17.12.2010. URL: http://www.g-o.de/dossier-detail-196-11.html (letzter Zugriff: 29.03.2011).

menhängen herausgelöste Varianten und Mischformen dieser beiden Brauchgestalten auf dem ganzen europäischen Kontinent aus. Einerseits breitete sich ab 1900 das vervolkstümlichte Christkind auch in katholischen Gebieten aus. (Vgl. Schulte von Drach 2010.)[31] Andererseits verschmolzen der katholische Heilige Nikolaus und der protestantische Heilige Christ zum Weihnachtsmann, der seine beiden Vorgänger als weihnachtlicher Gabenbringer zunehmend ablöste.

> „In den folgenden 30 Jahren wechselten Christkind und Nikolaus zunehmend die Seiten, sodass Kinder im überwiegend katholischen Süden und Westen schließlich Luthers Christkind den Vorzug gaben, im Osten und Norden dagegen dem Nikolaus – allerdings in seiner neuen Gestalt: dem Weihnachtsmann. [...] Wie dieses Christkind auf dem Nürnberger Christkindlesmarkt hat sich Martin Luther den von ihm eingeführten ‚Heiligen Christ' wohl kaum vorgestellt. Und dass die Protestanten in Deutschland heute eher auf den ursprünglich katholischen Weihnachtsmann-Nikolaus stehen, während die Katholiken das Christkind verehren, hätte er sicher auch nicht erwartet." (Ebd.)

(3) Von Sinterklaas zu Santa Claus. Die Entstehung der neuen Brauchfigur des Weihnachtsmannes geht auf das 19. Jahrhundert zurück. Mezger bezeichnet den Weihnachtsmann als *„stark verweltliche Kompromissfigur aus katholischen und evangelischen Anschauungen wie auch aus germanisch-mythologischem Gedankengut, das wohl bereits durch die damalige Altertumskunde in die Brauchpraxis vermittelt worden war"* (Mezger 1990/I: 84).

> „Der ursprünglich als Bischof dargestellte Nikolaus verschmolz zunehmend mit seinen (regional verschiedenen) Begleitern und Gehilfen (zum Beispiel Knecht Ruprecht oder Krampus) und übernahm dessen Stiefel, den Sack und die Rute, behielt jedoch den Mantel und den – allerdings zunehmend abgewandelten – Bischofshut." (Schulte von Drach 2010.)[32]

Auf dieses Bild des Weihnachtsmanns bezieht sich auch der 1835 von August Heinrich Hoffmann von Fallersleben geschriebene Text des deutschen Weihnachtsliedes „Morgen kommt der Weihnachtsmann" (vgl. ebd.). Vom protestantischen Holland und Norddeutschland breitete sich die Figur des Weihnachtsmanns auch auf süddeutsche katholische Gebiete und später (als säkularisiertes Väterchen Frost) auf das kommunistische Russland aus. Da der Weihnachtsmann

---

31   Schulte von Drach, M. (2010): *Christkind, Weihnachtsmann und Nikolaus. Wer ist denn dieser Typ in Rot?* Sueddeutsche.de, 23.12.2010. URL: http://www.sueddeutsche.de/wissen/nikolaus-und-weihnachtsmann-wer-ist-eigentlich-dieser-typ-in-rot-1.891007 (letzter Zugriff: 29.03. 2011).

32   Schulte von Drach, M. (2010): *Christkind, Weihnachtsmann und Nikolaus. Wer ist denn dieser Typ in Rot?* Sueddeutsche.de, 23.12.2010. URL: http://www.sueddeutsche.de/wissen/nikolaus-und-weihnachtsmann-wer-ist-eigentlich-dieser-typ-in-rot-1.891007 (letzter Zugriff: 29.03. 2011).

die belohnende Funktion des Heiligen Nikolaus und die strafende Funktion seiner Begleiter in sich vereinte, wurde er zu einem wichtigen Hilfsmittel der bürgerlichen Erziehung. (Vgl. Mezger 1990/I: 84f.) Seine heute bekannte Erscheinung erhielt er jedoch erst in den USA. Aus der Nikolausfigur niederländischer Einwanderer, Sinterklaas, wurde Santa Claus, der mehr und mehr mit der britischen Brauchgestalt Father Christmas verschmolz und schließlich dessen Winterkleidung übernahm. In zahlreichen Gedichten aus den 1820er Jahren wird bereits dieser neue Santa Claus beschrieben. Besonders einflussreich war das Gedicht *'Twas the Night before Christmas (A Visit from St. Nicholas)* von Clement C. Moore (1822), in dem der Nikolaus bereits als lustiger, molliger, in Fell gekleideter Mann mit roten Wangen, einer roten Nase und einem langen weißen Rauschebart beschrieben wird. Die erste bildliche Darstellung von Santa Claus wurde im Jahr 1863 in der Wochenzeitschrift *Harper's Weekly* abgedruckt. Ihr Schöpfer, der politische Karikaturist Thomas Nast, stellte den Weihnachtsmann ebenfalls als rundlichen, netten Mann mit langem Bart dar. Allerdings verlegte er das Zuhause von Santa Claus an den Nordpol, wo dieser Spielzeuge herstelle. Anders als in bisherigen Darstellungen trug Nasts Santa Claus keine grünen, sondern rot-weiße Kleider. (Vgl. Schulte von Drach 2010.)[33]

> „Zunehmend verdrängte diese Figur nun alle anderen Darstellungen des Weihnachtsmannes. Auch machte er den europäischen Gefährten des ehemaligen Bischofs, Knecht Ruprecht, Krampus oder wie er auch heißen mag, überflüssig. Denn Santa führt seit Nast eine eigene Liste von braven und bösen Kindern, anhand derer er entscheidet, wer beschenkt wird, und wer nicht." (Ebd.)

Durch den Getränkehersteller Coca Cola, der Santa Claus in den 1920er Jahren als Werbeträger entdeckte, verbreitete sich die heutige Erscheinungsform des Weihnachtsmannes auf der ganzen Welt. (Vgl. ebd.)

(4) Die Rückkehr der Begleiter. Auch wenn der Heilige Nikolaus in den katholischen Alpenländern heute noch offiziell die Hauptfigur der Bräuche um den sechsten Dezember ist, üben seine Begleiter auf Teilnehmer und Zuschauer oft eine größere Anziehungskraft aus. Dies kann man nicht nur bei gegenwärtigen Krampusveranstaltungen beobachten. Bereits bei den Bischofspielen und Maskenzügen des Spätmittelalters waren die Negativrollen bei den Brauchträgern wesentlich beliebter als die Heiligenrollen. Für Mezger (1990/I: 83) ist dies gar eine *„Gesetzmäßigkeit"* der Brauchentwicklung, da Schreckfiguren den Maskierten größere Entfaltungsmöglichkeiten böten. Über die Jahrhunderte haben

---

33 Schulte von Drach, M. (2010): *Christkind, Weihnachtsmann und Nikolaus. Wer ist denn dieser Typ in Rot?* Sueddeutsche.de, 23.12.2010. URL: http://www.sueddeutsche.de/wissen/nikolaus-und-weihnachtsmann-wer-ist-eigentlich-dieser-typ-in-rot-1.891007 (letzter Zugriff: 29.03. 2011).

sich regional unterschiedliche Kombinationen entwickelt. In manchen Gegenden sind die Begleiter zu selbständigen Brauchfiguren geworden, die ohne Bischof auftreten. In anderen Orten ist der Heilige Nikolaus zur reinen Witzfigur verkommen. In wieder anderen Regionen sind der Nikolaus und sein Begleiter zu einer einzigen Figur verschmolzen, die die schenkenden und strafenden Eigenschaften beider Figuren in sich vereint. (Vgl. ebd.: 83; Bärtsch 1993: 37.)

2.3.2 Zu den Begleitern des Heiligen Nikolaus

Wo immer man den Heiligen Nikolaus als Brauchgestalt findet, wird er von einer größeren oder kleineren Gruppe vermummter Gestalten begleitet, die je nach Region unterschiedliche Namen tragen. In der Schweiz heißen sie „Schmutzli", im Rheinland „Hans Muff" oder „Düvel", in Hessen „Pelznickel", in Norddeutschland „Knecht Ruprecht", in den Niederlanden „Zwarte Pitt", in Frankreich „Père Fouettard" und in Tschechien „Cert" (vgl. Kreissl 2009: 7). Die bekanntesten Nikolausbegleiter des Alpenraumes sind „Krampus", „Klaubauf", „Knecht Ruprecht" und häufig auch die „Percht" (vgl. Berger 2000: 70).

Ihr Ursprung wird oft mit dem augustinischen Dualismusmodell von Gut und Böse erklärt. Im Zuge der Gegenreformation seien sie dem guten, beschenkenden Nikolaus als böse, strafende Gegenfigur zur Seite gestellt worden (vgl. Lattacher o.D.: 2f.; Wolf 2003: 186f.). Mezger (1990/I: 82) betont zum Beispiel, dass alle diese Schreckfiguren auf die Figur des Kinderfressers zurückgehen, die man aus Sagen des 16. Jahrhunderts kenne. Diese wiederum wurzle in Teufelsdarstellungen, die spätestens seit Dantes *Divina Commedia* verbreitet waren. Die Kette, mit der der Krampus auch heute oft dargestellt wird, deute auf den gefallenen und in der Hölle angeketteten Engel Luzifer hin. Früher hätten Krampuskostüme außerdem Flügel gehabt. (Vgl. Wolf 2003: 186f.) Im Tiroler Unterland wird der Nikolausbrauch bis heute „Teufelgehen" genannt. Berger (2000: 72f.) hat hingegen betont, dass man diese Gleichsetzung der Nikolausbegleiter mit dem Teufel erst zur Zeit der Aufklärung findet. Um die Bevölkerung von den als Aberglauben angesehenen Vorstellungen und Bräuchen zu befreien, setzte man viele Brauch- und Sagengestalten mit dem Teufel gleich. Vorher hätten die wilden Nikolausbegleiter nicht den Teufel repräsentiert, sondern seien neben ihm als eigenständige Gestalten aufgetreten. Bei den großen Umzugsbräuchen, die trotz Verboten, Reformen und Desinteresse in Rückzugsgebieten bis heute überlebt haben, könne man diese Trennung noch beobachten. *„Obwohl von der Maskierung kaum mehr unterscheidbar, wird von den Brauchträgern dieser Unterschied vorgenommen."* (Ebd.: 73.) Beim Perchtenlaufen in Kufstein unterscheide man zum Beispiel zwischen Percht, Krampus und Teufel. Und in Matrei habe es bis in die 1920er Jahre die Figur des Kettenteufels gegeben, der von zwei Klaibaifen, die als Diener und nicht als Gegenspieler des heiligen Nikolaus aufgetreten seien, in Zaum gehalten werden musste. (Vgl. ebd.: 72f.) Auch Lattacher (o.D.: 4f.) verneint, dass die Brauchtumsgestalt des Krampus irgendetwas mit dem Teufel zu tun hat. Sie verfolge die gleichen Ziele wie der gute Nikolaus, sei aber für das Bestrafen zuständig. Auch Eva Kreissl (2009: 8f.) hat darauf hingewiesen, dass der Teufel in der mittelalterlichen Vorstellung im Auftrag Gottes gehandelt habe und daher auch der Krampus als strafender Diener des Bischofs aufgetreten sei.

(1) Der Krampus. Auch wenn die Nikolausbegleiter im Alpenraum nach wie vor regional unterschiedliche Namen tragen, wie etwa „Klaubauf" in Teilen Osttirols oder „Bartl"[34] in Oberkärnten, hat sich im 20. Jahrhundert in ganz Österreich und Süddeutschland und auch in Teilen Norditaliens die Bezeichnung „Krampus" durchgesetzt. Der Name ist vermutlich eine Ableitung des mittelhochdeutschen „kramp", also Kralle. Somit dürften die langen Klauen des Krampus namensgebend gewesen sein. (Vgl. Lattacher o.D.: 2f.; Berger 2000: 70; Wolf 2003: 186.) Otto König hat den Namen hingegen vom griechischen „krampos" (vertrocknet) abgeleitet und vermutet, griechische Kindermädchen, die zur Zeit der Habsburgermonarchie nach Wien gekommen seien, hätten für die Kinder Teufelsfiguren aus gedörrten Pflaumen gebastelt und ihnen den griechischen Namen gegeben (vgl. Berger 2000: 70). Auch Roland Girtler verortet die Ursprünge der Krampusfigur in Griechenland, genauer gesagt: in der griechischen Mythologie. Der Satyr weise als Mischwesen zwischen Mensch und Pferd oder Esel nicht nur äußerlich starke Ähnlichkeiten mit dem Krampus auf, auch sein Verhalten erinnere sehr an jenes der mitteleuropäischen Maskengestalten. Als Begleiter des Dionysos, des Gottes der Fruchtbarkeit und der Ekstase, habe der Satyr nicht nur die ungebändigte Natur verkörpert, sondern habe auch wilde Feste gefeiert und sich den Mädchen genähert. (Vgl. Girtler, Krone bunt, Dezember 2010: 68.) Krampustag ist der fünften Dezember, der Tag vor dem Nikolaustag. Häufig laufen die Krampusse aber traditionell bereits ab St. Kathrein, dem 27. November.

(2) Der Klaubauf. Die Bezeichnung „Klaubauf"[35] (oft auch Wauwau oder Baubau) findet man für die Begleiter des Nikolaus nur noch im Osttiroler Iseltal

---

34   Die Namensherleitung ist keineswegs eindeutig. Lattacher (o.D.: 2f.) vermutet die dialektale Verkleinerungsform von Bart oder Spitzbart („Bartl" bzw. „Spitzbartl") als namensgebend. Berger (2000: 70) hält für möglich, dass es sich um eine Abwandlung von Percht, Ruprecht oder Bartholomäus handelt.

35   In der Literatur sind unterschiedliche Mehrzahlbildungen des Wortes „Klaubauf" zu finden. Otto König (1983) spricht von „Klaubaufs", Roland Girtler (2001a) von „Kleibeifs" und Karl Christoph Berger (2000) von „Klaibaifen". In dieser Arbeit wird Bergers Schreibweise übernommen, da sie am Matreier Sprachgebrauch orientiert ist.

und im Südtiroler Vinschgau. Überall sonst wurde Klaubauf durch „Krampus" oder „Teufel" ersetzt (vgl. Berger 2000: 52). Volksetymologisch wird Klaubauf vom „Aufklauben" abgeleitet (vgl. Bärtsch 1993: 39). Im Volksglauben des 19. Jahrhunderts war Klaubauf die Bezeichnung für einen Kinderschreck, einen Einzelgänger, der „aufklaubt" was er findet, der aber auch unfolgsame Kinder und faule oder hinterlistige Erwachsene in seinen Sack steckt und davonträgt. Auch in vielen Dialekt-Dichtungen aus dem ganzen Alpenraum taucht der Klaubauf als Kinderschreck auf. Berger hat allerdings darauf hingewiesen, dass viele Sagenmotive von der Sagengestalt der Percht auf den Klaubauf übertragen wurden. (Vgl. Berger 2000: 63-66). König und Bärtsch leiten Klaubauf hingegen vom gotischen „hlaupan" ab, was „laufen" oder „tanzen, im Kreis hüpfen" bedeute (vgl. Bärtsch 1993: 37-39). Diese Deutung ist aber weder belegt, noch wird sie von der wissenschaftlichen Volkskunde als plausibel beurteilt. Am wahrscheinlichsten ist, dass Klaubauf (wie Wauwau und Baubau) vom mittelhochdeutschen „klauber" oder „klouber" (Kralle, langer Fingernagel) kommt und daher den gleichen sprachlichen Ursprung wie der Krampus hat (vgl. Berger 2000: 72). Die heute in Matrei übliche Interpretation erinnert hingegen an die Deutung des 19. Jahrhunderts: der Klaubauf reißt einen Nachgeher (Zuschauer) zu Boden und hilft ihm bzw. klaubt ihn danach wieder auf (vgl. ebd.: 66).

Als Brauchgestalt bei einem Nikolausbrauch ist die Bezeichnung Klaubauf das erste Mal in einem Verbot aus Bayern aus dem Jahr 1783 belegt. Die Quellen zeigen, dass diese Bezeichnung noch am Ende des 19. Jahrhunderts fast im gesamten süddeutschen Raum für Brauch-, Kinderschreck- und Sagengestalten bekannt war (vgl. ebd.: 50f.). *„Das Klaubaufgehen hat mehrere Wurzeln, nahm Einflüsse im Laufe seiner Geschichte auf oder überwand sie wieder. Ein geschichtlicher Ursprung bzw. ein Ursprungsbrauch kann somit nicht genannt werden."* (Ebd.: 102.) Insbesondere sind Einflüsse von Perchtenbräuchen und Nikolausspielen anzunehmen. Bis in die Mitte des 20. Jahrhunderts war das Klaubaufgehen in Matrei ausschließlich ein Einkehrbrauch. Erst nach dem Zweiten Weltkrieg entwickelte es sich zu jenem großen Umzugsbrauch, den wir heute kennen. (Vgl. Bärtsch 1993: 37-39.) Das heutige Aussehen des Klaubaufs mit seinen großen, hörnerlosen Holzlarven, das heute vielfach als „ursprünglich" und noch nicht von neuen Einflüssen „verfälscht" angesehen wird, hat sich erst im zweiten Drittel des 20. Jahrhunderts entwickelt. Von Matrei aus breitete es sich auf benachbarte Gebiete in Osttirol, Südtirol und Kärnten aus.

(3) Die Percht. Die „Percht" wird heute oft als heidnisch-germanische Brauchgestalt gesehen und mit vorchristlichem Naturglauben, etwa in der Form von Fruchtbarkeitskulten oder dem Winteraustreiben, in Verbindung gebracht. Aus allen bekannten Quellen geht jedoch hervor, dass die Percht aus christlichen Glaubensvorstellungen und Bräuchen rund um den Dreikönigstag entstanden ist.

(Vgl. Bärtsch 1993: 33-43.) Sie geht vermutlich auf eine Gestalt zurück, die in zahlreichen Sagen aus Tirol, Salzburg, Kärnten, Südtirol, Oberkrain und der Steiermark zu finden ist. Dort tritt die Frau Percht in drei Erscheinungsformen auf: als Anführerin der „Wilden Jagd", einer Schar von Seelen ungetaufter Kinder, die um die Häuser zieht und von den bereitgestellten Speisen isst; als Wohltäterin, die in der Gestalt einer armen, alten Frau erscheint und jene, von denen sie Hilfe erhält, mit Gold belohnt; und schließlich als Schreckensgestalt, die die verrichtete Arbeit, aber auch die Feiertagsruhe an arbeitsfreien Tagen (wie dem Dreikönigsabend) kontrolliert, weshalb sie für die unterbäuerliche Schicht von großer Bedeutung war (vgl. Rumpf 1991: 23-31; Berger 2000: 70). Sie tritt vorwiegend in den Rau- bzw. Rauhnächten[36] zwischen Weihnachten und dem Dreikönigstag sowie am Thomastag (21. Dezember) und am Abend vor Neujahr auf. Die Bezeichnung „Bercht" taucht bereits in Quellen aus dem Frühmittelalter auf. Es dürfte sich dabei um die altbairische Übersetzung von „Epiphanias", des Dreikönigstages am sechsten Jänner, und damit noch um einen reinen Kalenderausdruck handeln. Wie damals üblich wurde der Brauch am Festvorabend nach dem Fest benannt. Es ist kein Zufall, dass viele Bräuche an den Vorabenden christlicher Feste stattfanden. An diesen Tagen galt nämlich ein Fasten- und Almosengebot. Somit müssen die frühmittelalterlichen Perchtenbräuche im Zusammenhang mit Bettel- und Heischegängen gesehen werden.[37] (Vgl. Berger 2007b: 81.) Im Zusammenhang mit Brauchhandlungen ist die Bezeichnung das erste Mal in den Mondseer Glossen aus dem elften Jahrhundert als „giperehtennaht", also „Berchtennacht", belegt. Die Bezeichnung von Maskierten als „Berchten" ist erstmals im 16. Jahrhundert nachweisbar. (Vgl. Schmidt 1972: 18.)

Daraus lässt sich jedoch nicht schließen, dass es damals schon jene Formen des Perchtenlaufens gegeben hat, die im 19. oder 20. Jahrhundert wieder eingeführt wurden. Der Begriff „Bercht" oder „Percht" dürfte nämlich von Gerichtsschreibern lange Zeit als Sammelbegriff für Maskierungen verwendet worden sein. (Vgl. Berger 2000: 96; Wolf 2003: 16; Zerling / Schweiger 2005: 23.) Außerdem dürfte es sich beim „Berchtenlaufen" um Heischegänge oder „reine Faschingsbelustigungen" (Kammerhofer-Aggermann 2007: 114) gehandelt haben, die mehr mit den damaligen Bedürfnissen der Brauchträger als mit vorchristlichen Kulthandlungen zu tun gehabt haben dürften.

---

36 Der Name stammt vermutlich vom Ausräuchern, das seit dem Spätmittelalter an den Tagen um den Jahreswechsel üblich ist, um Haus und Hof zu segnen und für das neue Jahr Unheil abzuwehren (vgl. Wolf 2003: 15).

37 Lattacher (o.D.: 5) leitet „Percht" hingegen vom althochdeutschen Wort „peraht" ab, was „hell-glänzendes prunksüchtiges Weib" bedeute. Für diese Deutung gibt es jedoch – genauso wie für Lattachers Annahme, die Brauchgestalt Percht wurzle im „Naturglauben" der „Antike" – keinerlei Belege.

Auch wenn es keine schriftlichen Beweise dafür gibt, dass die seit dem Frühmittelalter belegten Perchtenbräuche in direkter Kontinuität zu vorchristlichen Kulten stehen, lässt der vergleichbare Grad der Naturbeherrschung und des Denkens über Naturgewalten und -zyklen vermuten, dass es sich dabei um funktionale Äquivalente germanischer Stammesfeste handelt. Mögen sich die Motive, die konkreten Inhalte und Namen geändert haben; hinsichtlich der sozialen Funktionen und Anlässe waren die frühmittelalterlichen Perchtenbräuche den vorchristlichen Maskenriten recht ähnlich. Norbert Elias hat am Beispiel der afrikanischen Kunst mehrmals auf die emotionale Wirkung von Masken in schriftlosen Gesellschaften hingewiesen. (Vgl. Elias 2006a: 131-170, 171-218.) Die heute bekannten Schön- und Schiachperchten gehen vermutlich auf Rügebräuche der Fasnacht zurück und werden in allen Berichten vor 1900 als Teil des Fasnachtstreibens geschildert (vgl. Wolf 2003: 190). In Quellen aus dem 18. Jahrhundert wird der Begriff „Bercht" das erste Mal auch mit der Weihnachtszeit in Verbindung gebracht. Vor allem unter dem Einfluss der großen Nikolausspiele dürften sich *„Nikolausbrauch und Perchtenbrauch so vermischt [haben], dass die Frau Percht zur Nikolausbegleiterin wurde"* (Berger 2000: 70). Bei als traditionell bezeichneten Perchtenäufen herrscht – anders als bei vielen Krampusläufen – ein strenges Schlagverbot.[38]

(4) Krampus, Percht oder Klaubauf? Die strikte und explizite Trennung von Nikolausbegleitern und Raunachtsdämonen muss im Zusammenhang mit den pflegerischen Bemühungen des späten 19. und des 20. Jahrhunderts gesehen werden. Den mythologisch-kultischen Vorstellungen dieser Zeit entsprechend wurden Perchtenbräuche als vorchristlich-germanische Fruchtbarkeitskulte gedeutet. Der Krampus sei hingegen ein Produkt der Gegenreformation und Ausdruck des kirchlichen Bestrebens, heidnischen Naturglauben zu verdrängen. (Vgl. Mezger 1990/I: 78; Wolf 2003: 15; Zerling / Schweiger 2005: 23; Berger 2007b: 86-90; Kammerhofer-Aggermann 2007: 115.)

Auch heute wird in der populär-volkskundlichen Literatur und in Kommentaren diverser Brauchtumspfleger auf die grundsätzliche Verschiedenheit der Brauchgestalten Krampus und Percht hingewiesen. Sowohl hinsichtlich Herkunft (christlich-gegenreformatorisches Dualismusprinzip vs. vorchristlich-heidnischer Naturglaube), Bedeutung (Teufel vs. Naturgeister), Aussehen (menschlich-teuflisch vs. tierisch-dämonisch), Funktion (dienend-strafend vs. beschwörend-

---

38   Die Frage, ob und in welchem Ausmaß Krampusse ihre Weidenruten und anderen Schlagwerkzeuge gegen Zuschauer von Krampusumzügen anwenden dürfen, ist nicht nur in der Szene, sondern auch in den Regionalmedien seit Jahren Gegenstand kontroverser Diskussionen. Im Rahmen der Untersuchung der Transformationsprozesse, die Krampus- und Perchtenläufe in den letzten drei Jahrzehnten durchlaufen, wird diese Frage ausführlich diskutiert (siehe sechstes und siebentes Kapitel).

kontrollierend-glücksbringend) und Brauchtermin (Advent vs. Raunächte) seien sie grundverschieden und dürften auf keinen Fall miteinander vermischt werden:

> „Im allgemeinen Sprachgebrauch wird zwischen Krampussen und Perchten kaum unterschieden. Krampusse und Perchten sind jedoch zwei verschiedene Brauchgestalten. Sie stammen aus völlig unterschiedlichen Bräuchen und hatten ursprünglich auch nicht das heutige – zum Verwechseln ähnliche – Aussehen." (Meyer, nach Stingler 2002: 38f.)

Da auch die Medien diese Deutung übernehmen, ist sie in den kollektiven Wissensschatz eingegangen.[39]

> „,Es sind Krampusse und keine Perchten', darauf legt Organisator [des Klagenfurter Krampusumzuges; Anm. d. Verf.] Josef Pickl vom Kärntner Brauchtumsverband besonderen Wert. ,Der Krampus kommt als Vorläuferfigur am Wochenende vor dem Nikolaus, und nicht – wie oft anderswo – die Percht', betont Pickl […]." (Stückler, Kärntner Tageszeitung, 29.11.2007: 18f.)

Tatsächlich vermischen sich seit Einsetzen des Booms in vielen Regionen Krampus- und Perchtenbrauchtum zusehends. Von Anfang November bis Mitte Jänner finden sowohl Krampus- als auch Perchten-, Teufels- und Klaubaufumzüge statt. Viele Brauchträger legen auf diese Unterscheidung keinen Wert. Andere betonen ihn aber geradezu und lehnen jede Vermischung ab. Dabei verweisen sowohl Krampus- als auch Perchtengruppen jeweils auf angeblich jahrhundertelange Traditionen. Wie wir gesehen haben, ist diese strikte Trennung durch heute bekannte Quellen nicht belegt. Vielmehr haben sich im Laufe der Jahrhunderte verschiedene Maskenbräuche mit den gesellschaftlichen Veränderungen gewandelt, haben einander gegenseitig beeinflusst, sind Motive übernommen oder weggelassen worden, sind Bräuche miteinander verschmolzen, verschwunden oder neu eingeführt worden. Außerdem geht man in der wissenschaftlichen Volkskunde heute davon aus, dass für die Brauchträger selbst bis ins 19. Jahrhundert hinein nicht das *Darstellen* eines Dämons oder Teufels, sondern das *Vermummen* im Vordergrund gestanden ist. Die strikte Trennung zwischen Krampus und Percht ist also vermutlich – wie das Erstarren ihrer äußeren Formen – eine sehr junge Erscheinung und daher für diese Arbeit von zentralem Interesse.

---

39 Siehe z.B. Kärntner Tageszeitung, 17.11.2007: 10f. (wörtlich aus Wikipedia); Klagenfurter Monatsmagazin, 21.11. 2008: 12f. (Verweis auf den Brauchtumsverband und das Krampusmuseum Suetschach); Kronen Zeitung, 29.11.2007: VIII (von der Homepage des Krampusmuseums Suetschach); Kärntner Tageszeitung, 28.12.2007: 16 (Interview mit Josef Pickl vom Kärntner Brauchtumsverband); Kärntner Tageszeitung, 05.12.2007: 15. Weitere Beispiele siehe Quellenverzeichnis.

3 Im Spiegel des Booms – Eine Typologie aktueller Brauchdeutungen

3.1 Deutungsmuster aktueller Entwicklungen

Nun, da wir Forschungsstand und Quellenlage zur Brauchgeschichte kennen, können wir uns dem Kern dieser Arbeit zuwenden: der Brauchentwicklung der letzten 30 Jahre. Der jüngste Krampus- und Perchtenboom wird nicht nur von der Soziologie weitgehend ignoriert. Auch aus der Volkskunde liegen bisher – anders als für die Brauchgeschichte bis 1945 – nur wenige systematische theoretisch oder empirisch fundierte Untersuchungen vor. Stattdessen findet man in regionalen Medien, in volks- und heimatkundlichen Publikationen und in den Kommunikationskanälen der Brauchtumsvereine eine Fülle von mehr oder weniger parteilichen Kommentaren, Meinungen und Bewertungen. Sie zeichnen sich dadurch aus, dass sie aktuelle Brauchentwicklungen entweder – und im besten Falle – beschreiben oder – im häufigsten Falle – auf verschiedenste Art bewerten, jedoch nur selten nach möglichen Gründen fragen. Jene Vertreter der akademischen Volkskunde, die sich mit den jüngsten Entwicklungen auseinandersetzen, beschränken sich leider häufig auf recht allgemeine Bemerkungen, weshalb theoretisch gelenkte und empirisch fundierte Untersuchungen noch selten sind.

Die Vielfalt an vorliegenden Deutungen lässt sich in den Griff bekommen, wenn man diese zu Typen zusammenfasst. So kann man eine Typologie der Deutungen entwerfen und deren Merkmale als Polaritäten ausbilden.[40] Demnach werden hier Ansichten danach unterschieden,

- ob aktuelle Veränderungen der Bräuche wahrgenommen oder ignoriert werden;
- ob diese Veränderungen als positiv oder negativ bewertet werden;
- ob sie als bewusst geplant oder als überindividuell determiniert angesehen werden[41];

---

40 Diese Vorgehensweise orientiert sich an jener Dunnings bei der Unterscheidung verschiedener *Typen menschlicher Gewalt* (2003: 400-403).
41 Basiert auf Überlegungen von Elias 2001: 17-95.

- ob sich die Deutung auf Veränderungen oder auf Kontinuitäten konzentriert; und
- ob es sich um eine emotional-engagierte oder eine erkenntnisorientierte
  Deutung handelt[42].

Es sei der Hinweis gestattet, dass man diese Extremgruppen in der empiri-
schen Wirklichkeit nur selten finden wird. Jedoch kann man zwischen diesen
Polen jede Deutung einem Punkt zuordnen und sie aus der Abweichung von den
Extremgruppen erklären.

3.1.1 So wie es immer schon war – Die Rückzugsstrategie

Für die erste Gruppe von Wortmeldungen ist die Bezeichnung *Deutungs*muster
eigentlich nicht zutreffend. Man müsste sie richtiger als *Kommentar*typ bezeichnen. Schließlich ist ihre hervorstechende Eigenschaft, dass aktuelle Entwicklungen des Brauchgeschehens nicht nur nicht gedeutet, sondern nicht einmal wahrgenommen werden. Im Gegenteil: Diese Kommentatorinnen und Kommentatoren verschließen die Augen vor jeglichen aktuellen Brauchentwicklungen, egal
ob es sich dabei um das Verschwinden eines Brauches oder um dessen Veränderung, Verschmelzung, Wiederbelebung oder Neuschöpfung handelt. Stattdessen
richten sie ihren Fokus auf traditionelle Formen des Einkehrbrauches und auf die
großen, als alt und unveränderlich vorgestellten Schaubräuche, wie etwa das
Nikolausspiel in Bad Mitterndorf, das Klaubaufgehen in Matrei oder das Perchtenlaufen in Bischofshofen. Dabei ist besonders bemerkenswert, mit welcher
Konsequenz und Selbstverständlichkeit die hunderten neuen Krampus- und
Perchtenläufe, aber auch die überregionalen Events und die Weiterentwicklung
von Masken und Kostümen ignoriert werden. Stattdessen wird so getan, als seien
die Hausbesuche des Heiligen Nikolaus und die großen Schaubräuche die häufigste, ja sogar die einzige Form, in der heute Krampus- und Perchtenbräuche
ausgeübt werden.

Der folgende Ausschnitt aus einem Buch über *Fasnachts- und Maskenbrauchtum in der Schweiz, in Süddeutschland und Österreich* ist ein gutes Beispiel für diese Vorgehensweise. Der Schweizer Volkskundler Albert Bärtsch
beschreibt darin, was sich beim „Tischziehen" im Osttiroler Ort Matrei abspielt.

> „Eine Eigentümlichkeit dieses Brauches ist das Raufen um den Stubentisch. Beim
> Eintreten der Nikolausgruppe warten die Hausbewohner schon ungeduldig in der
> Stube. Junge Leute sitzen verteidigungsbereit hinter dem Tisch, die Mädchen wer-

---

42   Basiert auf Überlegungen von Elias 1987: 7-56.

den von den Burschen abgeschirmt. Die älteren Bewohner halten sich eher abseits des Stubentisches bei der Ofenbank auf.
Als erster tritt Sankt Nikolaus ein. Er spendet Segen, spricht feierliche Worte, belehrt die Kinder und prangert mit humorvollen Worten allerlei Verfehlungen der Hausbewohner an. [...]
Darauf stürmen die Klaubauf mit erhobenen Armen in die Stube. Die Balgerei um den Stubentisch beginnt. Die Klaubauf versuchen den Tisch durch die Türe in den Vorraum zu zerren, die Hausbewohner versuchen diesen mit vereinten Kräften festzuhalten. [...] Der Kampf um Tisch und Mädchen wird oft lange und verbissen geführt, da von seinem Ausgang Stolz und Ansehen abhängen." (Bärtsch 1993: 38.)

Bärtsch gibt in seinem 1993 erschienenen Buch dem Leser bzw. der Leserin das Gefühl, selbst in der Stube dabei zu sein. Wie Karl C. Berger (2000: 38) gezeigt hat, ist jedoch das Tischziehen in Matrei seit den 1970er Jahren nicht mehr üblich. Ob sich Bärtsch auf heimatkundliche Literatur stützt oder ob er in den 1970er Jahren das Tischziehen miterlebt hat, ist seinen Ausführen nicht zu entnehmen. Offensichtlich bleibt er jedoch den wichtigen Hinweis schuldig, dass der Brauch zum Zeitpunkt der Veröffentlichung seines Buches bereits seit ungefähr 20 Jahren verschwunden war. Dieses Beispiel zeigt, dass man diese Haltung selbst bei Volkskundlern findet, die quellenorientiert arbeiten und aktuelle Entwicklungen in ihre Untersuchungen einbeziehen.

Meistens ist diese verweigernde Haltung gegenüber aktuellen Brauchentwicklungen jedoch eng mit mythologischen Deutungen der älteren Brauchgeschichte verknüpft. Dies dürfte einerseits damit zu tun haben, dass diese Art des Umgangs mit Bräuchen vorwiegend bei Laienforschern und Brauchtumsverbänden zu finden ist. Andererseits ist eine zentrale These dieser Arbeit, dass der Rückzug auf eine als idyllisch vorgestellte Vergangenheit als Flucht aus einer als bedrohlich wahrgenommenen Gegenwart verstanden werden kann. In dieser Perspektive ist es nicht verwunderlich, wenn gegenwärtig verbreitete Deutungsmuster jenen aus dem 19. Jahrhundert gleichen oder sich sogar an ihnen orientieren. Schließlich sind auch die bürgerliche Hinwendung zur bäuerlichen Ländlichkeit, aber auch die mythologischen Brauchdeutungen und die Brauchwiederbelebungen oder -innovationen, die im ausgehenden 19. Jahrhundert vielfach belegt sind, als Reaktion auf umwälzende gesellschaftliche Veränderungen dieser Zeit zu verstehen.

Das zentrale Problem, das sich aus dieser Sichtweise ergibt, ist nicht, dass die meisten der heute bekannten Schaubräuche ihre gegenwärtige Form erst im 20. Jahrhundert erhalten haben oder nach jahrzehntelanger Unterbrechung überhaupt erst wieder eingeführt worden sind. Diese Diskrepanz ist bestenfalls interessant und wird im Laufe dieser Arbeit untersucht. Das Problem besteht vielmehr darin, dass diese Autorinnen und Autoren durch die Fokussierung auf wenige, erstarrte Brauchformen und das Ausblenden aller Veränderungen nicht nur den größten Teil des gegenwärtigen Brauchgeschehens ignorieren, sondern gerade jenen Teil, der für die Bedeutungs- und Erfahrungswelt der Brauchträger eine zentrale Rolle spielt. Das mag im Falle der Brauchträger und Hobby-Volkskundler spannend sein, bei wissenschaftlich tätigen oder zumindest ausgebildeten Volkskundlerinnen und Volkskundlern hingegen darf und muss diese Haltung – wenn sie auch hier höchst aufschlussreich ist – kritisiert werden.

3.1.2 Früher war alles besser – Die Oppositionsstrategie

Der zweite Typ des Umgangs mit dem gegenwärtigen Krampus- und Perchtenboom richtet seinen Fokus auf einen ähnlich kleinen Teil des Brauchgeschehens. Auch dieses Deutungs- und Handlungsmuster konzentriert sich auf angeblich uralte, unverfälschte Brauchformen. Der Unterschied zur oben vorgestellten Verweigerungshaltung liegt darin, dass die restlichen Entwicklungen nicht ignoriert, sondern als Fehlentwicklungen, Entartungen oder Missbrauch „echten" Brauchtums kritisiert werden. Dabei betrachtet man diese Prozesse entweder so, als existierten sie außerhalb des und unabhängig vom Einzelnen und würden von überindividuellen Kräften in Richtung eines unumgehbaren Endpunkts angetrieben. Oder aber sie werden, im Gegenteil, als geplantes und bewusst herbeigeführtes Machwerk einer Reihe von Individuen oder Organisationen angesehen. (Siehe dazu Elias 2001: 17-95, 209-310.) In beiden Fällen wendet man sich dann in Abgrenzung von diesem angeblichen Mainstream den vermeintlich „unverfälschten" Schaubräuchen zu. In vielen heimatkundlichen Publikationen wird der „unpersönlichen, schnelllebigen" modernen Welt eine romantisierende Vorstellung von der „guten alten Zeit" gegenübergestellt. Im Gegensatz zum ersten Typ wird hier jedoch nicht so getan, als seien Schaubräuche oder Hausbesuche mit selbst gefertigten Pappmachémasken die gängigen oder gar einzigen Arten der Brauchausübung. Im Gegenteil: Gerade *weil* sie dies nicht (mehr) sind, werden sie zum Speziellen, zu Ausnahmen, zu Relikten hochstilisiert und der *„Kultur der Massenhaftigkeit"* (Köstlin 1994: 11) gegenübergestellt. Als solche dienen sie nicht nur als Trutzburgen gegen Fehlentwicklungen des Brauchtums, sondern können zu Bollwerken gegen verschiedenste als verachtenswert oder bedrohlich angesehene gesellschaftliche Wandlungsprozesse (wie Amerikanisierung, Globalisierung, Überfremdung, Kommerzialisierung oder in jüngerer Vergangenheit die „Flüchtlingskrise") ausgebaut werden. Dementsprechend stehen die Dokumentation der bedrohten Bräuche und die Beschreibung angeblich alter Handlungsabläufe oder Masken im Mittelpunkt des Interesses. Auch hier bleiben aktuelle Entwicklungen und Fragen nach deren Entstehung oder nach deren Veränderungen und Auswirkungen auf der Strecke.

Stellvertretend für die vielen Wortmeldungen, die man diesem Deutungsmuster zuordnen könnte, seien zwei Beispiele angeführt. Das erste ist ein Ausschnitt aus einem Eintrag in dem Nachschlagewerk *Teuflisch gut. Die besten
Kärntner Perchten & Krampusse*. Der Verfasser ist der Obmann des *1. Österreichischen Krampusmuseums* in Suetschach (Kärnten).

> „Leider ist in der heutigen Zeit das Wort Brauchtum vielerorts zum Mißbrauch ver-
> kommen. Es ist mir einfach unbegreiflich, welche abartigen Auswüchse unser an-
> gebliches Brauchtum angenommen hat. So ist es verbreitete Mode geworden Kul-
> turgut zur Steigerung von Verkaufszahlen zu mißbrauchen. Durch abgesperrte Zo-
> nen und mit ohrenbetäubendem Lärm, Feuerwerk und zur Belsutigung [sic!] der Zu-
> seher, versuchten sich die Teilnehmenden Gruppen in den wildesten Phantasien zu
> übertreffen. Vom Satanskult begleitet, von Jungfrauenbestrafungen bis zum Ver-
> brennen eines Judensterns und Särgeziehen reichen die Abhandlungen, die unter
> dem Titel Brauchtumsveranstaltungen laufen. Der Mythos des heiligen Nikolaus
> mutiert hierbei überhaupt nur noch als Randfigur und ist teilweise schon uner-
> wünscht. [...] Zusammenfassend kann man davon ausgehen, dasss [sic!] diese nega-
> tive Entwicklung hoffentlich nicht lange anhalten wird. Denn nur stark verwurzeltes
> Brauchtum ist ein sicherer Garant dafür, Bestehndes [sic!] zu erhalten und weiter zu
> entwickeln. Doch gelte hier für alle Bereiche der Grundsatz: Alles mit Maß und
> Ziel." (J. Moser 2002: 4.)

Das zweite Beispiel ist eine Wortmeldung von Gerold Rosenstein, dem Organisator des „Villacher Perchten- und Krampuslaufs".

> „*Ich bevorzuge es, Gruppen mit traditionellen Masken dabei zu haben*', sagt Gerold
> Rosenstein. Denn leider macht Hollywood auch vor dem Krampus nicht halt. Immer
> wieder ähneln die Masken Filmgestalten." (Lux / Schild, Kleine Zeitung 29.11.2007:
> 17.)

Wie man bereits an diesen Beispielen sieht, ist die Bandbreite der Feindbilder,
von denen das eigene Handeln abgegrenzt wird, recht groß. Wie komplex, in sich
widersprüchlich und vieldeutig die einzelnen Brauchdeutungen sind, zeigt die
Tatsache, dass Moser und Rosenstein – abgesehen von der Ablehnung des angeblich Nicht-Traditionellen – sehr konträre Meinungen vertreten. Sie haben
zum Beispiel ein recht verschiedenes Verständnis davon, was „das Traditionelle"
und entsprechend „das Nicht-Traditionelle" umfasst und folglich unterschiedliche Auffassungen davon, worin die zu bewahrende Tradition besteht und wovor
diese geschützt werden muss. Während Rosenstein bei seiner Veranstaltung, die
meist Ende November oder Anfang Dezember stattfand,[43] zwischen Krampus-

---

43 Der Villacher Krampus- bzw. Perchtenlauf wurde 2009 das letzte Mal von Rosenstein organisiert. In den Jahren 2010 und 2011 fand in Villach aufgrund fehlender finanzieller Unterstützung aus dem Rathaus kein Umzug statt (vgl. KMU Marketing Agentur: *Skandal ! Auch heuer
   kein Perchtenlauf!* 14.11.2011. URL: http://www.vi2day.at/world/item/1312-skandal-auch-

und Perchtengruppen keinen Unterschied macht, ist Moser einer der schärfsten Verfechter dieser Trennung. Dabei berufen sich beide auf die angebliche Brauchgeschichte und sehen sich selbst als Bewahrer und Verteidiger „echten Brauchtums".

Abschließend sei erwähnt, dass die beiden ersten Typen, die Rückzugs- und die Oppositionsstrategie, einander nicht nur hinsichtlich ihrer Motive und ihres Hauptinteresses ähneln, sondern auch im Hinblick auf ihre Trägergruppen. Allerdings dürfte der zweite Typ weiter verbreitet sein.[44]

---

heuer-kein-perchtenlauf- (letzter Zugriff: 27.02.2007)). Während Rosenstein daraufhin – aus finanziellen Gründen erfolglos – den Umzug „mit 300 Perchten" vor das Rockefeller Center in New York verlegen wollte (vgl. *Villacher exportieren Perchten nach New York*. OE24, 30.11.2010. URL: http://www.oe24.at/oesterreich/chronik/Villacher-exportieren-Perchten-nach -New-York/11514845 (letzter Zugriff: 27.02.2007)), findet der „Villacher Perchtenlauf" mittlerweile wieder jährlich statt (vgl. Cik, Thomas: *Er lässt mehr als 800 Perchten mitten durch Villach laufen*. Kleine Zeitung, 26.11.2014. URL: http://www.kleinezeitung.at/kaern ten/vil lach/4605223/Villach_Er-laesst-die-Perchten-in-Villach-laufen (letzter Zugriff: 27.02.2007)).

44   Man denke an die zahlreichen Initiativen gegen den Weihnachtsmann, wie die 2002 ins Leben gerufene bayerische *Weihnachtsmannfreie Zone* (URL: http://www.weihnachtsmannfreie-zone. de/index.php?id=hintergrund (letzter Zugriff: 29.03.2011)) oder den bereits im Jahre 1998 gegründeten Tiroler *Verein Pro-Christkind* (URL: http://www.pro-christkind.net/php/portal.php (letzter Zugriff: 29.03.2011)). Auch wenn sich beide Initiativen gegen die *„populären Kunstfigur"* aus der Coca-Cola-Werbung richten, trachten die Ersten danach, den Heiligen Nikolaus zu retten, während das Christkind in Gefahr sehen. Wenn man sich in Erinnerung ruft, dass das heute katholisch-alpenländische Christkind aus dem protestantisch-norddeutschen „Heiligen Christ" hervorgegangen ist, der im Zuge der Reformation als Ersatz für den verpönten Heiligen Nikolaus eingeführt wurde, oder wenn man sich vergegenwärtigt, dass der norddeutsche und niederländische Weihnachtsmann des 19. Jahrhunderts, der sich später in den USA zu Santa Claus entwickeln sollte, aus einer Verschmelzung des Heiligen Nikolauses mit seinen wilden Begleitern und dem Heiligen Christ hervorging, wird deutlich, wie willkürlich und austauschbar nicht nur die Wahl des Feindbildes, sondern auch die Wahl jenes Kulturgutes ist, das gegen die *„Weihnachtsmann-Invasion"* (Birgit, 06.11.2005. URL: http://www.wer-weiss-was.de/theme76/article3268722.html (letzter Zugriff: Stand 29.03.2011) geschützt werden soll. Siehe dazu auch: *Nikolaus statt Weihnachtsmann. Gegenbewegung zum amerikanisierten Gabenbringer*. Bayerisches Landwirtschaftliches Wochenblatt v. 27.11.2009, 199. Jg., H. 48: 73; Schulte von Drach, M.: *Christkind, Weihnachtsmann und Nikolaus. Wer ist denn dieser Typ in Rot?* Sueddeutsche.de, 23.12.2010. URL: http://www.sueddeutsche.de/ (letzter Zugriff: 29.03.2011); *Christkind vs. Weihnachtsmann*. Dieuniversitätonline, 23.12. 2002. URL: http://www.dieuniversitaet-online.at; *Weihnachtsmannfreie Zone – brauchwiki*. URL: http:// www.Brauchwiki.de (vollständige Adressen im Quellenverzeichnis; alle letzter Zugriff: 29.03. 2011).

3.1.3 Es wird nie mehr so wie früher[45] – Die Fehlentwicklungsthese

Der dritte Deutungs- und Handlungstyp in Bezug auf gegenwärtige Brauchentwicklungen teilt mit den beiden ersten Mustern die ideologische Ausrichtung. Auch hier wird der Großteil des gegenwärtigen Umgangs mit Bräuchen negativ bewertet. Allerdings ziehen sich diese Kommentatoren in ihrer Argumentation nicht aus dieser Gegenwart zurück, sondern stellen sie ins Zentrum ihrer Analyse – oder besser: ihrer Beschreibung. Wie bei den beiden ersten Denk- und Handlungsmustern kann man auch dem dritten Extremtyp sehr unterschiedliche Äußerungen zuordnen. Erstens kann man wieder zwischen Wortmeldungen und Handlungen unterscheiden; zweitens ist auch dieses Deutungs- und Handlungsmuster häufig in Kombination mit anderen Typen (in diesem Fall vor allem mit dem des Rückzugs) zu finden; drittens reicht die Bandbreite von platten Polemiken und Abwehrreaktionen bis zu durchaus sachlichen Zeitdiagnosen; und viertens kann man die diesbezüglichen Aussagen und Handlungen vier großen Themenbereichen zuordnen:

(1) Kritik an der Veränderung äußerer Formen. In diesem Bereich wendet sich die Kritik gegen neue Formen des Brauchablaufs, Änderungen des Figurenrepertoires oder neue Entwicklungen im Bereich der Masken und Kostüme. Die häufigsten Kritikpunkte sind mit folgenden Schlagworten zusammenzufassen: zeitliche und räumliche Ausdehnung, Eventcharakter, Orientierung an Hollywood und Halloween, Entfernung von traditionellen Wurzeln, Verflachung, Vermischung, Vereinheitlichung. Der folgende Ausschnitt aus einem Kommentar von Josef Pickl, dem Organisator des Klagenfurter Krampusumzugs, stammt aus dem *Krampus- und Perchten-Magazin Loavnschau* und ist ein ansehnliches Beispiel für diese Haltung.

> „Aber auch unser Kulturkreis, der ja Brauchtum und Kultur regelrecht lebt, kann mit vielem nicht mehr so umgehen. Man braucht sich nur diverse Horrormasken ansehen oder neumoderne Anzüge aus Latex. Ich glaube, wenn Krampusse bei diversen Läufen wie Aliens auftreten und die Besucher dieses als nicht mehr brauchtumsgerecht ansehen, dann läuft sicher etwas falsch. […] Das Wort Brauchtum kommt von ‚brauchen' und das soll heißen, dass wir das Brauchtum gebrauchen, es weiter leben und tragen sollen, aber sicherlich nicht missbrauchen sollen." (Pickl 2009: 55.)

(2) Kritik an der Veränderung der Inhalte. In Bezug auf den Inhalt ist der häufigste Kritikpunkt, dass „ursprüngliche" Intentionen (vorchristliches Winteraustreiben, christliche Katechese), Botschaften (Natur respektieren, brav sein) oder Bedeutungen (Verwurzelung in Natur und Gemeinschaft) zunehmend ver-

---

45 Chorus aus dem Lied *Niemehr*, Text: Jens Burger. Schröders-Album *Frisch gepresst*. Hannover: TTM 1994.

schwinden und durch neue, weniger wertvolle Inhalte (Satanismus, Erotik, Gewalt) oder Inhalte, die nichts mit dem Brauchtum zu tun haben (Vermischen von Krampussen und Perchten zu Monstern), ersetzt werden. Dies wird wiederum häufig mit Inhaltsleere (kein „echtes" Brauchtum, reine Show) gleichgesetzt. In einem in der Ausgabe vom 5. Dezember 2007 abgedruckten Leserbrief an die Kärntner Ausgabe der *Kleinen Zeitung* fragte eine Leserin: *„Wie ist es möglich, dass man Perchten- und Krampusumzüge als Kärntner Brauchtum bezeichnet"* (Kleine Zeitung, 05.12.2007: 39). Perchten hätten schließlich nur in Tirol und Salzburg Tradition und daher in Kärnten, wo der Heilige Nikolaus von einem Engel, einem oder mehreren Krampussen und einer Habergeiß begleitet werde, nichts zu suchen. Angesichts der Vereinsnamen und der Symbole befürchtete sie sogar, *„ [...] dass diese Veranstaltungen bewusst oder unbewusst eine Huldigung Satans sind. Wir Kärntner dulden diese gefährlichen Auswüchse und Interpretationen nicht mehr!"*. Daher verlangte sie nach einer *„fachkundigen Aufklärung um das ursprüngliche Brauchtum in Kärnten um St. Nikolaus"* (ebd.). Die Formulierung „Wir Kärntner" zeigt, dass die Bedrohung als etwas von außen Kommendes angesehen wird, gegen das sich die anständigen, heimatverbundenen Kärntnerinnen und Kärntner wehren sollen.[46] Drei Tage später entgegnete an gleicher Stelle ein Mitglied der angesprochenen Perchtengruppe, man wolle den Zuschauern lediglich eine *„ Unterhaltungsshow"* bieten und distanziere sich von jeglichem satanistischen Gedankengut.[47] Häufig spielt aber gerade die Zeitungsberichterstattung mit dem Reiz des Teuflischen, Gefährlichen und Schrecklichen. Die *Kleine Zeitung* hatte die damaligen Veranstaltungen in Klagenfurt und Villach mit der Überschrift *Höllisch hässlich, aber teuflisch anziehend* (Kleine Zeitung, 29.11. 2007: 16f.) beworben und den doppelseitigen Bericht vom Klagenfurter Lauf mit *Ein teuflisches Spektakel* (Kleine Zeitung, 02.12.2007: 42f.) überschrieben.[48]

---

46   Die verbale Vereinnahmung der gesamten Bevölkerung für die eigenen Ziele und die Konstruktion eines „Wir" durch die Benennung eines äußeren Feindbildes („Ihr" bzw. „Sie") erinnert an die Rhetorik der damaligen Kärntner Regierungspolitik unter Landeshauptmann Jörg Haider (vgl. Dorner-Hörig 2014; Ebner 2015).

47   *„Die Perchtengruppe Lendorf ist bemüht, bei ihrer Veranstaltung Besuchern und Zusehern eine ‚Unterhaltungsshow' zu bieten. Unter Einsatz modernster Pyrotechnik soll eine ausgedachte und mühsam einstudierte Geschichte erzählt werden. Weder wurde ein Pentagramm verwendet, noch wird bewusst oder unbewusst dem Satanskult gehuldigt! Jeder, der sich persönlich ein Bild machen will, ist heute herzlichst dazu eingeladen."* (Leserbrief, Kleine Zeitung, 08.12.2007: 79.)

48   Die gleiche Rhetorik findet sich in vielen anderen – auch ganz aktuellen – Beispielen. Siehe etwa *Höllen-Gesellen lassen Kärntner erzittern* (Kärntner Tageszeitung, 17.11.2007: 10f.); *Siegen oder ab in die Hölle* (Kärntner Tageszeitung, 30.11.2007 – diese Titelseiten-Schlagzeile bezog sich auf den vom Abstieg bedrohten Fußballclub SK Austria Kärnten); oder *Unschuldsengel und Satansbraten. Himmlisch sexy und höllisch heiß: Zu Krampus und Nikolo sind Des-*

Diese Klage verbindet sich häufig mit der Kritik an Halloween. Innerhalb der Krampus- und Perchtenszene wird oft davor gewarnt, das „uralte" europäische Krampus-Brauchtum zu einer ähnlich „oberflächlichen" und inhaltsleeren Sache wie das amerikanische Kürbisfest verkommen zu lassen.[49] „*Wir sind Krampusse und keine Halloweenfiguren*", betont etwa der Ausstatter, Vereinsobmann und *Krampusmania*-Mitarbeiter Thomas Jörg (Loavnschau 2009: 32). Auch hier zeigt sich die Dehnbarkeit des Traditionsbegriffs. Erstens macht die Lektüre einschlägiger Diskussionen in szeneinternen Internetforen[50] deutlich, dass sich weder Heimatkundler noch Brauchtreibende darüber einig sind, wo die Grenze zwischen Brauchtums*pflege* und Brauchtums*verfälschung* oder - *missbrauch* verläuft. Je nach Intention und Bedürfnis der Brauchträger werden unterschiedlichste Brauchformen als „wahre" Tradition verstanden.[51] Zweitens lehnen keineswegs alle Krampus- oder Perchtengruppen Halloween grundsätzlich ab. Die Grenze zwischen selbsternannten Traditionalisten und ebenso selbsternannten Progressiven entspricht keineswegs jener zwischen Halloween-Gegnern und -Befürwortern. Und drittens werden auch zur Legitimierung von Halloweenpartys und -produkten die angeblich keltischen Wurzeln des Kinderbrauches ins Feld geführt. Der Innsbrucker Soziologe Werner Reichmann wies vor ein paar Jahren darauf hin, dass die seiner Meinung nach übertriebenen Klagen über Halloween konsequenterweise auf Krampusumzüge ausgedehnt werden müssten.

> „Einige Vorarlberger Gemeinden haben sich zur Halloween-freien Zone erklärt und begründen dies mit Brauchtumsverfälschung ebenso wie mit handfesten strafrechtlich relevanten Handlungen, die angeblich unter dem ‚Deckmantel Halloween' vermehrt auftreten. Dass die selben Politiker noch nie ein Wort gegen die Umtriebe der der [sic!] schlägernden Landjugend verloren haben, die alljährlich zum 5. Dezember um die Häuser torkelt, sei hier nur am Rande erwähnt." (Reichmann, Der Standard, 05.11.2005: 31.)[52]

---

sous besonders verlockend (Die Steirer Woche, 26.11.2008: 44f.). Weitere Beispiele sind im Quellenverzeichnis angeführt.

49   Für die gelegentlich behauptete Kontinuität eines keltischen Festes bis in unsere Zeit gibt es keinerlei Beweise. „All-Hallows Evening", der Abend vor Allerheiligen, ist lediglich als ein wichtiger Termin im Kirchenjahr belegt. Erst ab den 1970er Jahren wurde das größte Kinderfest der USA durch John Carpenters Horrorfilme *Halloween*, Teil 1 bis 7 (1978-1999), auch bei uns bekannt. (Vgl. O. Haid 2001: 164.)

50   Siehe sechstes, siebentes und achtes Kapitel.

51   Der Frage, warum Krampus- und Perchtenbräuche in den letzten Jahren von breiten Massen entdeckt worden sind, wird im sechsten, siebenten und achten Kapitel nachgegangen.

52   Reichmanns Kommentar erschien als Replik auf einen Artikel von Helmut Kuzmics (Sterz 2003 / Nr. 92-93: 6f.), in dem sich dieser über die offensichtlich lustvolle Art verstört gezeigt

Auch kirchliche und kirchennahe Kreise unterscheiden häufig nicht zwischen Krampus- bzw. Perchtenläufen auf der einen und Halloween auf der anderen Seite. Zwar brachte der Wiener Erzbischof Kardinal Schönborn in der Zeitschrift der Erzdiözese Wien lediglich seine Sorge zum Ausdruck, der „Maskenzauber" um Halloween könnte von den wahren Inhalten des Allerheiligenfestes ablenken. Wenn die Katholische Jungschar jedoch jährlich den „bösen Geistern" den Kampf ansagt, sind damit nicht Halloweenstreiche, sondern Krampus- und Perchtenumzüge gemeint. (Vgl. O. Haid 2001: 173.)

„Die Katholische Jungschar macht als Kinderorganisation seit vielen Jahren auf den Missbrauch der Person des Nikolaus als Erziehungsmittel oder angsterregende Person aufmerksam. In diesem Sinne sind wir sehr dankbar, wenn auch Kindergärten die Tradition von Krampus und Nikolaus hinterfragen. Gerade die Angst machende Funktion des Krampus, aber auch des Nikolaus ist ein vollkommen falscher Weg und gehört durchbrochen." (TeachersNews [19.05.2011].)[53]

„Auch auf den dunklen Begleiter, der Angst einflößend hinter dem Nikolaus hinterher schleicht wird verzichtet. ,Der Krampus als Begleiter des Nikolaus war für mich noch nie zeitgemäß. Wir wollen den Kindern weder Angst machen, noch ihnen drohen.' so Christa Laßlberger, Bildungsreferentin der KJS, Diözese Linz und Leiterin der Nikolausschule." (Diözese Linz, 16.11.2006 [10.05.2011].)[54]

„Auch der Krampus hat nach Auffassung der Jungschar am Nikolaustag nichts verloren. Gerade jüngere Kinder können Wahrheit und Fiktion nicht unterscheiden und sehen in den herumlaufenden Perchten die reale Personifizierung des Bösen. Der Krampus darf nicht in die Wohnung. Am besten soll er gleich zuhause bleiben. Auch über die Kunstbärte macht sich die Jungschar Gedanken. Sie wirken aber ,unnatürlich und verstellen das Gesicht des Darstellers/der Darstellerin'. Dies wirke laut der Gruppe bei Erwachsenen befremdlich und macht manchen Kindern Angst. Die Jungschar empfiehlt: ,Besser weglassen oder rechtzeitig mit dem Rasieren aufhören.'" (KATH.NET, 03.12.2010 [19.05.2011].)[55]

---

hatte, in der wir Mitteleuropäer US-amerikanische Festanlässe übernehmen. Der hier wiedergegebene Gedanke Reichmanns ist in dessen Argumentation nicht von zentraler Bedeutung.

53 TeachersNews – Katholische Jungschar: Rettet den Nikolaus! URL: http://www.teachersnews. at/artikel/schulformen/kindergarten/003828.php (letzter Zugriff: 10.05.2011).

54 Jungschar bildet Heiligen Nikolaus aus - Krampus kann heuer zu Hause bleiben – Diözese Linz Onl., 16.11.2006. URL: http://www.dioezese-linz.at/redaktion/index.php/www.dioezese-linz.at/ kirchenzeitung/www.dioezese-linz.at/www.haslinger-keck-pr.at/kirchenzeitung/religion.orf.at /projekt02/news/0511/www.haslinger-keck-pr.at/www.dioezese-linz.at/religion.orf.at/projekt 02/news/0511/index.php?action_new=Lesen&Article_ID=33814 (letzter Zugriff: 10.05.2011).

55 KATH.NET – Katholischer Nachrichtendienst, 03.12.2010. URL: http://www.kath.net/detail. php?id=29212 (letzter Zugriff: 19.05.2011). Siehe auch: kathweb Nachrichten – Katholische Presseagentur Österreichs, 04.12.2010. URL: http://www.kathpress.at/site/nachrichten/archiv/ archive/36223.html?SWS=7df7b45e1070072c12d920445b76a5cd&ts=0.15146000130588 8775 (letzter Zugriff: 10.05.2011).

„Langer Bart, ein Buch mit Verfehlungen und im Schlepptau der Krampus – so haben viele den Nikolaus erlebt. Der Krampus hat schon Hausverbot, jetzt will die Jungschar dem Nikolo auch den Bart abschneiden und das Buch wegnehmen." (ORF.at, 06.12.2010 [19.05.2011].)[56]

Auch der folgende Ausschnitt aus einem Zeitungsartikel ist ein gutes Beispiel für die Kritik an Form und Inhalt. Auch hier zeigt sich, dass diese Extremtypen in der empirischen Wirklichkeit hauptsächlich miteinander vermischt vorkommen.

„Wenn heute kaum noch Krampusse, sondern fast nur echte Horror-Fratzen durch die Stadt laufen, die aussehen, als wären sie eben einem blutrünstigen Hollywood-Schocker entstiegen, verkehrt sich gute alte Tradition in Perversion. ‚Alles wird lauter, schriller und deftiger, um die innere Leere zu überspielen', bestätigt die Volkskundlerin Sigrid Gruber vom Stadtmuseum Eisenerz. Gegen den grauslichen Trend wehrt sich die Katholische Jungschar, deren Nikolausdarsteller heute und morgen ganz ohne dunklen Begleiter auf Hausbesuch kommen." (Engele, Kleine Zeitung, 05.12.2008.)

Die Diagnose der Volkskundlerin ist ein gutes Beispiel für die oben beschriebene Haltung, die man besonders bei Vertretern der frühen Volkskunde antrifft. Statt – wissenschaftlich, weil erkenntnisorientiert – der angeblichen *„inneren Leere"* auf den Grund zu gehen, begnügt sie sich damit, sie zu beklagen.

(3) Kritik an Vermarktung und Vermarktlichung des Brauchtums. Dieser Kritikpunkt hängt mit den beiden genannten eng zusammen. Als Begleiterscheinung, Beschleuniger oder gar Verursacher der inhaltlichen und formalen Fehlentwicklungen glaubt man nämlich häufig Prozesse und Institutionen ausgemacht zu haben, die mit Schlagworten wie Ausbeutung, Kommerzialisierung oder Missbrauch beschrieben werden. In vielen Kommentaren erscheinen Bräuche und Brauchträger als unschuldige Opfer, die von raffgierigen Tourismusmanagern, wählerstimmenheischenden Politikern oder der *„gnadenlosen Konsumindustrie"* (Mezger 1990/II: 198) ausgebeutet werden. Andere Autorinnen und Autoren beklagen hingegen, dass viele Krampus- oder Perchtengruppen selbst ökonomische Interessen verfolgen und den „wahren Sinn" des Brauchtums gar nicht mehr kennen oder kennen wollen. Das folgende Zitat bezieht sich zwar nicht explizit auf Krampus- oder Perchtenbräuche, aber es ist ein besonders bildhaftes Beispiel für die erste Anschauung.

„Neuerdings machen wieder Rekorde von sich reden. Die Zeitungen vermelden es. Die Tourismusverantwortlichen erwarten sich Gäste und Geld. Der Folklore-Rekord-Wahnsinn boomt. Ein merkwürdiges Zeitzeichen. [...] Geschäftemacherei auf Brauchtumsbasis. Wer hat die schönste, bunteste, größte Erntekrone der Welt?

---

56 *Nikolaus ohne Bart, Buch und Krampus*, ORF.at, 06.12.2010. URL: http://ooe.orf.at/stories/485769/ (letzter Zugriff: 19.05.2011).

Wer darf die Hungrigen speisen? Satt und zufrieden küren wir und pervertieren unser Brauchtum. [...] Rekordsüchtige Touristiker und Folklorevermarkter stehen voll
im Trend. [...] Alles ertrinkt in Festes- und Rekordfreude. Landesweit boomt die
Volks-Kultur." (H. Haid 1994: 253.)[57]

Die Kritik an der Ökonomisierung von Krampus- und Perchtenbräuchen ist häufig in Verbindung mit der Klage zu finden, gegenwärtige Bräuche seien überhaupt inhalts- und daher sinn- und bedeutungslos. Der nachfolgende Ausschnitt
aus dem Kommentar des Herausgebers des *Krampus- und Perchtenmagazins
Loavnschau* ist ein gutes Beispiel für diese Argumentationsweise. In diesem
Zitat verbindet sich das Bedauern über die *„ausufernde Maskenkultur"* und den
Verlust der wesentlichen Inhalte mit der Kritik am vermarktlichten und industrialisierten Charakter des Maskenmarktes. All diese Entwicklungen werden als
Ausdruck gesamtgesellschaftlicher Oberflächlichkeit angesehen.

„Es wird in unserer Gesellschaft viel zu sehr auf Oberflächlichkeiten geachtet. Das
äußere Erscheinungsbild eines Menschen, steckt diesen auch schon sofort in eine bestimmte Schublade. Ebenso empfinde ich das mittlerweile beim Krampus- und
Perchtenbrauch. Wer die augefallenste [sic!] Maske und die unkonventionellste Ausrüstung hat, der ist was. Letztendlich ähneln die unzähligen Krampus- und Perchtenläufe mehr einer Modenschau, als irgendetwas anderem.
Ich persönlich habe größten Respekt vor allen Gruppen, die es sich heutzutage
noch trauen (so hart muss man es mittlerweile ausdrücken), nicht dem neuesten
Schnickschnack der Krampus- und Perchtenindustrie zu verfallen und sich auf das
Wesentliche besinnen: Die Pflege eines wertvollen Kulturgutes!
Im Grunde ist es doch nebensächlich, ob ich nun die modernste und neueste,
ausgefallenste 2009er Maske von Hinz & Kunz habe oder, ob ich einfach mit meiner
30 Jahre alten Holzmaske meines Opas gemeinsam mit meiner Gruppe durch den
Ort ziehe, um den Leuten mit der Aufrechterhaltung eines alten Brauches, eine
Freude zu bereiten." (Steyerer 2009: 55.)

Steyerer setzt die Begeisterung für neue Masken mit Oberflächlichkeit und Inhaltsleere gleich. Dabei konzentriert sich seine Argumentation ausschließlich auf
die äußere Erscheinung, von der er unhinterfragt auf bestimmte Intentionen
schließt. Einerseits plädiert er dafür, zwischen alten und neuen Masken keinen
Unterschied zu machen und sich auf *„das Wesentliche"*, nämlich die *„Pflege
wertvollen Kulturgutes"* zu besinnen. Andererseits unterstellt er all jenen, die
sich jedes Jahr neue, innovative Masken kaufen, dass sie genau dies nicht im
Sinn haben. Dies ist ein besonders gutes Beispiel für die Gleichsetzung einer
erstarrten äußeren Form mit Authentizität und wertvollen Inhalten. Dabei wird
die Beobachtung, dass die „ursprünglichen" Bedeutungen, sozialen Funktionen
und Gewissheiten nicht mehr von Bedeutung sind, mit dem generellen Verlust

---

57   Siehe auch H. Haid 1990 und 2006.

von Bedeutungen, sozialen Funktionen und Glaubensvorstellungen gleichgesetzt. Auf die Idee, nach aktuellen Motiven, Bedürfnissen und Bedeutungen zu fragen, kommt er nicht. Der Volkskundler Konrad Köstlin hat diese Haltung wie folgt beschrieben: *„Das Wort Brauch hat in den modernen Gesellschaften eine eigenartige Firnis bekommen. Denn was wir alltäglich und regelmäßig brauchen, kommt meist ohne das Prädikat Brauch aus."* (Köstlin 1994: 8.)[58]

(4) Kritik an der zunehmenden Gewalttätigkeit. Auch dieser Kritikpunkt ist mit den anderen aufs Engste verknüpft und teilweise in ihnen enthalten. In kritischen Medienberichten oder Kommentaren traditionalistischer Brauchtumspfleger wird das Tragen grässlicher Masken, das Aufführen erfundener Shows oder die Begleitung durch Death Metal als Gewalttätigkeit beschrieben. Diese Kritik steht häufig im Zusammenhang mit der Frage, ob und unter welchen Umständen solche Veranstaltungen für Kinder geeignet sind.[59] Dass die Kritik an der angeblichen Gewalttätigkeit hier als eigener Punkt behandelt wird, hat jedoch damit zu tun, dass sie sich häufig – wenn auch mit anderer Färbung – auch gegen Veranstaltungen und Vereine richtet, die sich den anderen Kritikpunkten kaum ausgesetzt sehen.

> „Die Krampusläufe bescheren Osttirol eine erschreckende Bilanz. Viele Zuschauer, Aktive und Unbeteiligte landeten im Spital. Krankenhausreif Geschlagene, zerrissene Gewänder sowie verbeulte Autos – die Bilanz des Krampusbrauchtums 2007 ist erschreckend: 1000 Verletzte, die stationär und ambulant behandelt werden mussten, gehen laut Aufzeichnungen des Lienzer Spitals auf das Konto der Teufelei. Alfred Fast, Pressesprecher des Spitals, fasst es zusammen: ‚Ein Wahnsinn, was sich darum um dieses so genannte Brauchtum abspielt.'" (Kleine Zeitung, 07.12.2007: 26.)

Egal, auf welchem dieser vier Kritikpunkte der Schwerpunkt liegt, ein Merkmal dieses Deutungs- und Handlungstyps liegt darin, dass die als negativ angesehene gegenwärtige Brauchentwicklung als Beweis für gesellschaftliche Fehlentwicklungen angesehen wird. Da wir an späterer Stelle darauf zurückkommen werden, seien hier nur die häufigsten Schlagworte genannt: Globalisierung, Amerikani-

---

58 Wie komplex die Szene diesbezüglich ist, wird deutlich, wenn man erkennt, dass Steyerer keineswegs formkonservativ ist und an anderer Stelle betont, dass *„[d]er Krampus- und Perchtenbrauch [...] seit jeher einem Wandel und den Einflüssen der Zeit ausgesetzt [ist]"*. Er beurteilt die Aufnahme *„zeitgerechter Einflüsse"* durchwegs positiv, so lange sie sich „in Grenzen" hält. Wo diese Grenzen liegen, müsse jedoch jede Gruppe selbst entscheiden. (Vgl. Interview Steyerer, 14.09.2011.)

59 Die *Kleine Zeitung* druckte dazu am 29.11.2007 (16) ein Interview mit dem Psychologen des Kärntner Landesschulrates ab (siehe hierzu außerdem Kärntner Tageszeitung / Beilage: Freizeit, 49. Woche / 2008: 26f.; Kärntner Tageszeitung / Beilage: Freizeit, 49. Woche / 2008, Titelseite; Kleine Zeitung / Kärnten, 05.12.2008: o.S.). In den Jahren 2006 und 2008 erregten einige Wiener Kindergärten mit dem Verbot von Krampusbesuchen Aufmerksamkeit (siehe: *Wirbel über Nikolo in Kindergärten*. URL: http://wien.orf.at (letzter Zugriff: 08.11.2010)).

sierung, Kommerzialisierung, Konsum- bzw. Erlebnisorientierung, Eventisierung, Überfremdung und Verrohung der Sitten.

3.1.4 Manches ändert sich nie – Bedeutungslosigkeit oder Bedürfniskontinuität?

So unterschiedlich die bisher besprochenen Deutungsmuster sind, sie alle haben gemeinsam, dass die aktuelle Brauchentwicklung als negativ angesehen wird. Folglich werden mögliche soziale Funktionen gegenwärtiger Brauchformen ebenso ignoriert wie die Intentionen und Bedürfnisse von Brauchträgern und Zuschauern. Das nächste Deutungsmuster zeichnet sich hingegen durch einen seltsam erscheinenden Widerspruch aus. Während sich seine Vertreter mit gegenwärtigen Brauchformen auseinandersetzen und diese durchaus nicht negativ bewerten, verweisen sie bei ihrer Deutung auf angebliche Kontinuitäten und Traditionen verschiedenster Art. Die beiden Spielarten, die hier diskutiert werden, unterscheiden sich dadurch, dass im ersten Fall die Intentionen, Motive und Denkmuster der Brauchträger und Zuschauer und im zweiten Fall deren Bedürfnisse, Emotionen und Affekte im Mittelpunkt stehen.

(1) Die These von der Kontinuität der Bedeutungen. Diese Anschauung kann man vor allem in Tages- und Regionalmedien finden. In Berichten und Ankündigungen von eventartigen Krampus- und Perchtenläufen wird einerseits deren Erlebnischarakter bejubelt. Gleichzeitig wird bei deren Deutung auf mythologische Erklärungen der Brauchgeschichte zurückgegriffen, die im Internet und in populärer Literatur zu Hunderten verfügbar sind. Anders als bei den bisher vorgestellten Deutungsmustern wird hier jedoch nicht das Verschwinden „ursprünglicher" Inhalte beklagt, sondern so getan, als wären sie die gleichen wie im 19. Jahrhundert oder in „vorchristlicher Zeit". Als Beispiel könnte man Zeitungsartikel anführen, in denen unterstellt wird, die Organisatoren und Brauchträger neuer Krampus- und Perchtenumzüge verfolgten das Ziel, winterliche Dämonen zu vertreiben oder ihre Mitmenschen zu frommem und bußfertigem Handeln zu ermahnen. Wie wir gesehen haben, verfolgten selbst die Burschen, die im Mittelalter im Auftrag der Kirche als Bischof und dessen Begleiter von Haus zu Haus zogen, ihre eigenen, sehr weltlichen Interessen. Wie Berger gezeigt hat,

> „[…] darf [man] heute nicht davon ausgehen, dass die ‚Sinndeutung' der einzelnen Brauchelemente den Brauchträgern jemals vollständig bewusst war. […] Für die Teilnehmer, die verhaftet und verhört wurden, stand nicht die Darstellung des Dämons ‚Percht', sondern das Heischen und der Spaß im Vordergrund." (Berger 2000: 95.)

Dies gilt heute umso mehr, als die materiellen, ordnungspolitischen, religiös-kulturellen, rechtlichen und sozialen Rahmenbedingungen und damit die Intentionen der Brauchträger völlig andere sind als zu jener Zeit. Damit soll nicht gesagt werden, heutige Brauchformen seien inhaltsleer oder hätten für die Brauchträger keine Bedeutung. Im Gegenteil: Eine These dieser Arbeit ist, dass man den gegenwärtigen Krampusboom nur verstehen kann, wenn man den *aktuellen* Vorstellungen und Motiven von Brauchträgern und Zuschauern auf den Grund geht. Heutige Maskenbräuche haben für die Beteiligten eine ganz andere Bedeutung als vor ein paar hundert, vor 50 oder sogar 20 Jahren. Diese Annahme darf jedoch nicht mit der Behauptung verwechselt werden, Traditionen oder traditionelle Glaubensvorstellungen seien für die Brauchträger und Zuschauer unwichtig. Im Gegenteil: Es ist eine weitere Annahme dieser Arbeit, dass die Brauchträger eine – mehr oder weniger konkrete – Vorstellung von der Geschichte des von ihnen ausgeübten Brauches haben und dass diese Vorstellung ein wesentlicher Bestandteil der Konstruktion von Identität ist.

(2) Die These von der Kontinuität der Bedürfnisse. Ähnliche Kontinuitätsvorstellungen findet man im Hinblick auf psychisch-emotionale Bedürfnisse und Affektlagen. Forscherinnen und Forscher aus verschiedenen Disziplinen haben sich im Rahmen ihrer Untersuchungen heutiger Brauchformen mit den emotionalen Bedürfnissen der Brauchträger beschäftigt. Der Verhaltensforscher Otto König schreibt zum Beispiel über Klaubauf- und Krampusbräuche:

„Die Zeiten ändern sich und damit die äußeren Brauchtumsformen, nicht aber die Triebe, Wünsche und Tendenzen der jeweils agierenden Jungmännerwelt. Oder glaubt jemand, daß ein stolz zu Roß dahinpreschender, kohlschwarz uniformierter Totenkopfhusar anders empfand als einer der totenkopfgezierten, schwarzledernen Höllenengel auf seinem ‚Feuerstuhl'? In den jungen Hitzköpfen dreht es sich immer um Imponieren, Mädchen und Kameradschaft. Der Versuch, die Wilde Jagd als Totenbrauch, als Geisterzug, als mythischen Gotteskult oder gar als verschobenes Erntedankfest zu erklären, kann nur in stillen Gelehrtenstuben überdauern – inmitten der Realität einer lebendigen Jugend wird er scheitern." (König 1983: 12.)

Zunächst sei darauf hingewiesen, dass König nicht nur die weit verbreiteten mythologischen Brauchdeutungen, sondern auch rein ideengeschichtliche Erklärungen überwindet. Außerdem kann man aus seinen Überlegungen lernen, dass der Schlüssel zum Verständnis der aktuellen Brauchentwicklung nicht nur in den kognitiven Intentionen und Motiven der Brauchträger, sondern auch in ihren emotionalen und körperlichen Bedürfnissen liegt. Diese Perspektive eröffnet den Blick auf die körperliche Anstrengung und die schweißtreibende Hitze unter den bis zu 30 Kilo schweren Kostümen, auf den Lärm der Glocken, Schellen und Death-Metal-Musik, aber auch auf die Möglichkeit, im Schutze der Maske Aggressionen und Emotionen auszuleben, denen man im Alltag nicht nachgehen

kann, oder auf die Gelegenheit, sich Mädchen auf eine direkte und unverschlüs-
selte Weise anzunähern, ohne einen Gedanken an Abweisung und damit verbundene Schamängste zu verlieren. Sie richtet die Aufmerksamkeit aber auch auf die
Möglichkeit der Zuschauer, sich Ängsten hinzugeben, immer mit dem Wissen,
dass nichts wirklich Schlimmes passieren wird, auf die Schmerzen durch einen
Schlag mit einer Weiden- oder Birkenrute oder durch den Aufprall auf dem As-
phalt, aber natürlich auch auf die Notwendigkeit für alle Beteiligten, die freige-
lassenen Emotionen in gewissen Grenzen zu halten.[60]

Der bei König zentrale befreiende und enthemmende Aspekt des Krampuslaufens ist ein wichtiger Anknüpfungspunkt für diese Arbeit. Aus figurationssoziologischer Sicht problematisch ist, dass König von stabilen körperlichen und
emotionalen Bedürfnissen ausgeht: die Muster der Arbeitsorganisation und des
Zusammenlebens und mit ihnen die *„äußeren Brauchtumsformen"* mögen sich
ändern; nicht aber die Gefühle, Bedürfnisse und Intentionen der Brauchträger.
Auch heute seien Statuserringung und -erhaltung, das Knüpfen von Kontakten zu
Mädchen und die Zugehörigkeit zu einer Gemeinschaft die zentralen *„Triebe"*
und *„Wünsche"* der Burschen.[61] Wie im letzten Kapitel dieser Arbeit argumentiert wird, kann man den jüngsten Krampus- und Perchtenboom tatsächlich nicht
verstehen, wenn man Machtbeziehungen, das Bedürfnis nach Zugehörigkeit und
den Erwerb von Reputation außer Acht lässt. Allerdings werden wir davon ausgehen, dass sich sowohl die Beziehungen, die Menschen heute miteinander bilden, als auch ihre Bedürfnisse und Intentionen recht deutlich von jenen vor 50
Jahren unterscheiden. Außerdem kann man aus Königs Perspektive nicht erklären, warum einige Bräuche großen, breiten Zuspruch erfahren und andere nicht.
Und auch etwa bei der Betrachtung der Paarbildung bleibt Königs Blick auf
äußere Veränderungen beschränkt.

> „Heutzutage natürlich wären all die Verschlüsselungen [auf Krampuskarten; Anm.
> d. Verf.] und romantischen Rituale [z.B. das Krampuslaufen; Anm. d. Verf.] um das
> Partnerfinden nicht mehr notwendig. In unserer so sehr pluralistisch freien Gesell-
> schaft, wo Sex Alltäglichkeit ist, bedarf es dafür keiner Termine [...]." (König 1983:
> 8.)

---

60 Den Hinweis auf diesen kathartischen und mimetischen Charakter von Krampus- und
    Perchtenläufen findet man auch in volkskundlichen Arbeiten (siehe z.B. Mezger 1990; Berger
    2000; Müller / Müller 1999).

61 An dieser Stelle muss darauf hingewiesen werden, dass Königs Arbeiten über Klaubauf- und
    Krampusbräuche zwischen den 1960er und 1980er Jahren und damit vor Einsetzen des großen
    Booms entstanden sind. Diese Kritik bezieht sich also nicht in erster Linie auf Königs Arbeiten
    selbst, sondern auf seine Perspektive, die – auf aktuelle Entwicklungen angewandt – für wich-
    tige Prozesse blind wäre. Im Übrigen haben mehrere Autoren (z.B. Mezger 1990 oder Berger
    2000) darauf hingewiesen, dass König die Brauchentwicklungen seiner Zeit konsequent igno-
    riert hat.

In dieser Arbeit wird hingegen die These vertreten, dass Krampusveranstaltungen gerade heute wichtige mimetische und kathartische Funktionen besitzen. Interessanterweise gehen selbst Volkskundler und Volkskundlerinnen, die im Bereich der Glaubensvorstellungen jede Art von Kontinuität verneinen, in Bezug auf Affektausprägungen und auf emotionale Bedürfnisse von einer Kontinuität aus.[62]

> „Egal wie verzerrt von touristischer Vermarktung und entkoppelt vom alltäglichen Lebenszusammenhang sie heute eingesetzt werden – Masken geben immer auch Auskunft über die archetypischen Grundbefindlichkeiten menschlicher Existenz." (Kreissl 2007: 8.)

Kreissl stellt zwar fest, dass sich im Rahmen gesellschaftlicher Wandlungsprozesse die Bedeutungen und Inhalte eines Brauchkomplexes ändern können. Gleichzeitig geht sie aber davon aus, dass sich die emotionalen Bedürfnisse der Brauchträger nicht ändern. Diese ahistorische Sicht findet man besonders häufig in Arbeiten, in denen die Untersuchung der Brauchentwicklung nicht mit jener der konkreten gesellschaftlichen Wandlungsprozesse verknüpft ist. Auch in der Tagespresse ist die Vorstellung, menschliche Bedürfnisse seien stabil und unwandelbar, weit verbreitet. Im November 1999 führte Hans Haider in einem Leitartikel in der *Presse* die zunehmende Beliebtheit von Halloween auf *„mythische, kultische Restbedürfnisse"* zurück, die in säkularisierten Gesellschaften *„nach Befriedigung lechzen"* (Haider 1999, zitiert nach O. Haid 2001: 173). Halloween sei dazu nicht geeignet, da wilde Lärmumzüge und Trinkgelage die Angst vor dem Tod nicht vertreiben könnten.

Zum Abschluss sei darauf hingewiesen, dass sich auch Brauchträger und Ausstatter mit der Frage beschäftigen, welchen menschlichen Bedürfnissen der Krampus- und Perchtenbrauch entgegenkommt. Auch hier ist die Auffassung weit verbreitet, menschliche Bedürfnisse seien unveränderlich. Der Maskenschnitzer Robert Mitterer sieht in diesen Bedürfnissen auch den Grund für die große Beliebtheit von Krampus- und Perchtenbräuchen.

> „Ich will Emotionen erzeugen, Urängste wecken, denen sich die Leute sonst gar nicht mehr bewusst sind. Und irgendwas muss da dran sein. Irgendwas muss in uns drin sein, dass wir Angst davor haben und es trotzdem sehen wollen. Und deshalb ist das auch so erfolgreich. Weil die Leute das einfach brauchen. Da ist einfach ein Bedürfnis da. Sag ich einmal." (Feldtagebuch Mitterer, 06.12.2017 und 27.12.2007.)

Diese Interpretation führt uns zu einem Streitpunkt, der gegenwärtig die Brauchträger in zwei große Lager spaltet. Die *Formen-* und die *Inhalts*-Bewahrer. Aus

---

62 Siehe z.B. auch Hartmuth Hellers (2007) Aufsatz *Selbstverfremdung durch Maske, Kostüm und Rollenspiel.*

Gründen, die im achten Kapitel diskutiert werden, ist beiden gemein, dass das *Bewahren* das zentrale Motiv ihrer Tätigkeiten darstellt. Zur Gruppe der ersten kann man Vertreter der alten Volkskunde, die Trägervereine großer Schaubräuche, aber auch die meisten Brauchtumsverbände zählen. In ihren Augen ist Traditionspflege die Erhaltung und Weitergabe bestimmter Formen, etwa von Kostümen und Brauchabläufen. Mitterer hingegen ist – wie viele junge Mitglieder neuer Krampusgruppen – ein Verfechter der zweiten Position. Er sieht seine Aufgabe in der Weitergabe bestimmter Brauchinhalte und -funktionen. Und diese seien die Erzeugung gewisser Emotionen, Ängste und Stimmungen. Dies sei heute jedoch mit Masken aus dem frühen 20. Jahrhundert oder selbst aus den 1980er Jahren nicht mehr möglich. Anders als die Bedürfnisse und Emotionen hätte sich nämlich die Art ihrer Befriedung bzw. ihrer Erzeugung sehr wohl gewandelt. Daher müsse man das Aussehen der Masken und den Charakter der Veranstaltungen an die sich wandelnden Sehgewohnheiten der Menschen anpassen. Aus dieser Sicht sind nicht die vielbeschriebenen Schaubräuche, sondern Krampusshows und Perchtenevents wahre Brauchtumspflege. (Vgl. Feldtagebuch Mitterer, 06.12.2007 und 27.12.2007.)[63]

3.1.5 *Endlich wieder so, wie es früher nie war*[64] *– Die Wandlungsthese*

Der fünfte Deutungstyp teilt mit dem vierten die grundsätzlich positive oder wertneutrale Einstellung gegenüber aktuellen Brauchentwicklungen. Der wesentliche Unterschied zu den Haltungen, die wir entweder der Bedeutungslosigkeits- oder der Bedürfniskontinuitätsthese zugeordnet haben, liegt darin, dass der Fokus hier nicht auf Kontinuitäten, sondern auf Veränderungen gelegt wird. Aus dieser Perspektive erscheinen heutige Krampus- und Perchtenläufe nicht als reine Fortführungen vergangener Bräuche oder als Befriedigungen ewig gleicher menschlicher Bedürfnisse, sondern als etwas ganz Neues. Auch hier können wir zwei Anschauungen voneinander unterscheiden.

(1) Die These von der erfundenen Tradition. Eine Ansicht, die man mit verschiedenen Nuancierungen immer wieder beobachten kann, ist jene, der Kram-

---

63 Auch hier sei darauf hingewiesen, dass diese Trennung in der empirischen Wirklichkeit nicht so eindeutig ist. Vielmehr stößt man auf unzählige Zwischen- und Mischformen, die noch dazu zeitlich alles andere als konstant sind.

64 Die Ähnlichkeit dieser Überschrift mit dem Titel von Joachim Meyerhoffs Roman *Wann wird es endlich wieder so, wie es nie war* (2013) ist zufällig und nicht beabsichtigt. Die Formulierung findet sich bereits in den ersten Manuskriptfassungen dieses Kapitels aus dem Jahr 2011 und auch in der im Februar 2012 an der Karl-Franzens-Universität Graz eingereichten Masterarbeit, auf der das vorliegende Buch basiert. Meyerhoffs Roman erschien fast genau ein Jahr danach, am 14. Februar 2013, bei Kiepenheuer & Witsch.

pus- und Perchtenboom sei ein bewusst geplantes, mehr oder weniger zentral gesteuertes Phänomen. Die Idee, viele alt erscheinende Traditionen seien junge, mehr oder weniger bewusste Erfindungen einzelner Individuen oder Körperschaften, geht auf Eric Hobsbawms und Terence Rangers Aufsatzsammlung *The Invention of Tradition* aus dem Jahr 1983 (2010) zurück. Hobsbawm (ebd.: 263-307) verortete den Höhepunkt der Erfindung von Traditionen zwischen 1870 und 1914, in einer Zeit, die – wie wir im ersten Kapitel gesehen haben – durch tiefgreifende politische, wirtschaftliche und soziale Umwälzungen und Unsicherheiten geprägt war. Dabei unterscheidet er drei einander überlappende Typen erfundener Traditionen: (1) jene, welche die Zugehörigkeit zu oder die soziale Kohäsion einer Gruppe begründen oder legitimieren; (2) jene, die bestimmte Institutionen oder Machtverhältnisse legitimieren; und (3) jene, die der Sozialisation bzw. der Internalisierung bestimmter Überzeugungen, Wertvorstellungen und Handlungsnormen, dienen (ebd.: 9f.).[65] In den Wortmeldungen von Brauchträgern, Heimatforschern und Volkskundlern sind vor allem die beiden ersten Typen vertreten, sodass einander auch hier zwei Lager gegenüberstehen.[66]

Ein Teil der Kommentatoren sieht in den unzähligen neu entstandenen Krampus- bzw. Perchtenumzügen (eine ausführliche Darstellung findet sich im sechsten Kapitel) lediglich einen weiteren Anlass, ökonomische Interessen durchzusetzen und damit eine erfundene Tradition zweiten Typs. Aus dieser Perspektive ist die Brauchtumspflege nur ein Vorwand für die Erfindung umsatzstarker Events und damit Teil größerer, gesellschaftlicher Missstände. Da diese Einschätzung bereits im Rahmen der Fehlentwicklungsthese besprochen wurde, soll es hier bei dieser kurzen Erwähnung bleiben. Das gegnerische Lager betrachtet den Boom ebenfalls so, als ob er durch einzelne Individuen oder Organisationen bewusst herbeigeführt worden wäre. Allerdings interpretiert es ihn genau umgekehrt: als bewusste Gegenbewegung zu eben diesen gesellschaftlichen Fehlentwicklungen. Auch dieses Beispiel zeigt, wie groß die Bandbreite an Einstellungen und Meinungen ist. Schließlich betrachtet das erste Lager eben diesen Boom – und die mit ihm einhergehende Veränderung der äußeren Formen – als Fehlentwicklung und stellt ihm das Bewahren alter Formen und Brauchabläufe gegenüber. Die Träger dieser Entwicklung, die vielen neuen Krampus- und Perchtengruppen, fühlen sich hingegen auch als Brauchtumsbewahrer, die Wi-

---

65 Siehe hierzu auch Hobsbawm 1998: 97-118.

66 Damit soll nicht gesagt werden, dass Brauchpfleger, Heimatkundler und Regionaljournalisten Hobsbawms Arbeiten kennen oder sich sogar bewusst auf sie beziehen. Aber es ist zumindest interessant, dass die Vorstellung, *„geschichtlich-gesellschaftliche Gebilde"* seien *„durch eine Reihe von Individuen oder von Körperschaften [...] entworfen, geplant und geschaffen worden [...]"* (Elias 2001: 17f.), heute unter Brauchträgern und anderen Kommentatoren ähnlich weite Verbreitung findet, wie dies Elias bereits im Jahr 1939 an Geistes- und Sozialwissenschaftlern beobachtet hat (vgl. Elias 2001: 17-22; Elias 1997b: 323-362).

derstand gegen die Pläne böser Individuen oder Organisationen leisten. Außerdem reichen die Feindbilder von gesamtgesellschaftlichen Missständen bis zu Fehlentwicklungen einer bestimmten Brauchform, von der Globalisierung der Waren- und Finanzmärkte über die Kommerzialisierung der Fest- und Feierkultur bis zur Konsumorientierung einzelner Gruppen oder Veranstaltungen, von der Amerikanisierung der Arbeits- und Lebensbedingungen über die Vereinheitlichung der Freizeitformen bis zur Verdrängung alteingesessener Bräuche durch Brauchinnovationen wie Halloween.

Im Rahmen dieser Arbeit wird eine andere Sichtweise vorgeschlagen und argumentiert, dass es weder fruchtbar ist, den gegenwärtigen Krampusboom als Ergebnis der bewussten Planung einzelner Individuen anzusehen, noch, in ihm eine überindividuelle, unausweichliche Entwicklung zu sehen. Vielmehr wird hier im Anschluss an Norbert Elias die Annahme verfolgt, dass man die Brauchentwicklung der letzten 30 Jahre nur adäquat verstehen kann, wenn man sie als Teil ungeplanter langfristiger und miteinander verflochtener gesellschaftlicher Prozesse ansieht. Dahinter steht die zentrale Annahme, dass die Art des Denkens, Fühlens und Handelns der einzelnen Menschen eng mit den jeweiligen Verflechtungsmustern, die von Menschen gebildet werden und in die sie hineingeboren werden, verbunden ist. Diese Figurationen prägen zwar die psychische Struktur, die Denkmuster und Verhaltensstandards der Menschen, werden aber gleichzeitig von ihnen reproduziert und auch verändert. (Vgl. Elias 1986: 100-103; Elias 1997: 386-446.)

(2) Die These vom Wandel der Bedürfnisse. Seit den 1950er Jahren haben sich Volkskundlerinnen und Volkskundler intensiv und äußerst kritisch mit der Geschichte ihres Faches auseinandergesetzt. Für die bisherigen Ausführungen waren vor allem die Diskurse zur ideologischen Ausrichtung und politischen Vereinnahmung der frühen Volkskunde, zur Kontinuitätsprämisse und zum Folklorismus interessant.[67] Gerade in den letzten Jahren ist eine Fülle volkskundlicher Arbeiten entstanden, in denen auch gegenwärtige Brauchentwicklungen vor dem Hintergrund gesellschaftlicher Wandlungsprozesse und des mit ihnen zusammenhängenden Wandels der Bedürfnisse und Sehnsüchte der Menschen betrachtet werden.[68] Dabei reicht die Bandbreite von konkreten Beobachtungen

---

67 Siehe z.B. Hans Moser 1954, 1962, 1964a/b; Jeggle / Korff 1980; Bodemann 1983; Assion 1986; Scharfe 1986 oder Bausinger 1999, 2000, 2003, 2005.

68 Siehe z.B. Hans Moser 1940, 1954, 1962, 1964, 1985; Weber-Kellermann 1965, 1984, 1985, 1987; Rumpf 1976, 1982, 1999; Schuhladen 1981; Prasch 1985, 1987; Jeggle 1986; Kaschuba 1988, 1990, 1995, 2006; Burckhardt-Seebass 1989; Mezger 1990/I,II; Köstlin 1994; Schweidlenka 1994; Scharfe 1998; Kogler 1999; Bausinger 2003, 2005; Krüdener / Schulze-Krüdener 2000; Berger 2000, 2007a/b; Herlyn (2001); Köck (2001); Kogler (2001); Steininger (2001); Prasch 2001a/b; Wolf 2003; Streng / Bakay 2005; Zerling / Schweiger 2005; Heller 2007; Prasch 2009.

einer lokalen Brauchform bis zu allgemeinen Überlegungen über die „*Sehnsucht nach dem Archaikum*" (Schweidlenka 1994: 221), die „*moderne Wurzelsuche*" (Köstlin 1994: 8) oder „*das Gefühl der Heimatlosigkeit in einer globalisierten Welt*" (Berger 2007a: 123, unter Berufung auf Münch (1993: 281) und Scharfe (2002: 317)). Viele in diesen Arbeiten vorgestellte Beobachtungen und Überlegungen bieten hochinteressante Anregungen und wertvolle Anknüpfungspunkte für soziologische Untersuchungen.[69] Da die Leistungen und Stärken dieser Arbeiten entweder bereits in den ersten beiden Kapiteln gewürdigt wurden oder aber in den nächsten Kapiteln diskutiert werden, wird hier nicht gesondert auf sie eingegangen. Stattdessen sei an dieser Stelle lediglich auf einige Eigentümlichkeiten hingewiesen, die sich aus soziologischer Perspektive als Schwächen oder Desiderate darstellen.

So genau die Rekonstruktion und so nachvollziehbar die Deutung der Brauchentwicklung bis 1945 sein mag, so oberflächlich bleibt meist die Analyse gegenwärtiger Brauchentwicklungen. Gerade angesichts der wertvollen Beobachtungen und der teilweise erhellenden Gedanken ist umso überraschender, dass im Hinblick auf aktuelle Entwicklungen selten über das Beschreiben oder über das Anführen einiger Schlagworte hinausgegangen wird. Eine theoretisch geleitete und empirisch fundierte Untersuchung fehlt.

Die Arbeiten Karl Christoph Bergers sind hierfür ein hervorragendes Beispiel. Der Volkskundler bietet sowohl in seiner Diplomarbeit (2000), als auch in späteren Aufsätzen (2007a/b) quellenreiche, differenzierte Deutungen der historischen Entwicklung des Matreier Klaubaufgehens und der Tiroler Fasnachten. Dabei bezieht er sowohl rechts- und wirtschaftsgeschichtliche Entwicklungen als auch die jeweiligen Bedürfnisse und Interessen der Menschen in seine Analyse ein (siehe erstes Kapitel). Sobald er jedoch zur Brauchentwicklung der letzten Jahrzehnte kommt, bleibt es im Wesentlichen bei Beschreibungen. Zwar beweist Berger wiederholt, dass er ein ausgezeichneter Beobachter ist, jedoch bricht er seine Analyse genau dort ab, wo es für Soziologinnen und Soziologen erst interessant wird: bei der Frage nach dem „warum", beim Versuch, diese Entwicklungen zu *verstehen*. So sorgfältig er bei der Deutung vergangener Entwicklungen und bei der Beschreibung der gegenwärtigen Brauchentwicklung ist, so unpräzise bleibt seine Deutung gegenwärtiger Entwicklungen. An diesem Punkt

---

69 Wie etwa Utz Jeggles und Gottfried Korffs Aufsatz (1980: 39-52) über Folklorismus und Regionalismus, in dem sie diese Phänomene als „*kulturelle Kompensation ökonomischer Rückständigkeit*" interpretieren; oder auch die Arbeiten von Hermann Bausinger, Martin Scharfe oder Konrad Köstlin. Alleine zur „Brauchinnovation Halloween" ist in den letzten Jahren eine Fülle von Studien veröffentlicht worden (z.B. zu sich verändernden Moden (Korff 2001); zum „Werden" einer Tradition (O. Haid 2001) und deren Verankerung im kollektiven Bewusstsein (Hörandner 2005); zu Verhalten und Rolle der Presse (Weingand 2005); oder zur wirtschaftlichen Bedeutung von *Halloween* (Gollesch/Schimanofsky 2005)).

angekommen beschränkt er sich auf das Benennen ethno- oder soziologischer Konzepte, Namen oder populärer zeitdiagnostischer Schlagworte. Vielleicht kann ein Beispiel diese Einschätzung verdeutlichen. In einem Aufsatz aus dem Jahr 2007 kann man Folgendes lesen:

> „Der hier angesprochene Eventcharakter gegenwärtiger Krampusbräuche bildet keinen Widerspruch zur vorhin skizzierten Suche nach Ursprünglichkeit. Vielmehr wird deutlich, dass die Gruppen im Spannungsfeld zwischen ihren Vorstellungen über das Vergangene und modernen Bedürfnissen agieren. Diese Pole werden zu einer Symbiose verschmolzen und somit zum Bestandteil gegenwärtiger Deutungszusammenhänge. In diesem Zusammenhang wird das scheinbar Typische betont, gleichzeitig aber weiter ausdifferenziert." (Berger 2007a: 122.)

Auf die Beschreibung eines Sachverhaltes folgt eine wenig präzise Interpretation. Zunächst beobachtet Berger treffend, dass die vielfach beklagte Entfernung der Bräuche von ihren angeblichen Ursprüngen nicht im Widerspruch zum Bedürfnis der Brauchträger und Zuschauer nach räumlicher und zeitlicher Verwurzelung steht. Eine der zentralen Thesen der hier vorliegenden Arbeit ist, dass der jüngste Boom verschiedener Volksbräuche nicht im Widerspruch zu Globalisierungstendenzen im Bereich der Lebens- und Arbeitsbedingungen und damit der Bräuche selbst steht. Im achten Kapitel wird zu zeigen versucht, dass es auch und gerade die Offenheit gegenüber diesen Entwicklungen ist, die Krampus- und Perchtenbräuche im Gegensatz zu anderen Bräuchen für eine breite Masse von Jugendlichen so attraktiv macht. Abgesehen von dieser Beobachtung wird bei Berger jedoch weder klar, was damit gemeint ist, dass Krampusgruppen *„im Spannungsfeld zwischen ihren Vorstellungen über das Vergangene und modernen Bedürfnissen"* handeln, noch, wie *„diese Pole [...] zu einer Symbiose verschmolzen"* (ebd.) werden. Diese Bemerkungen sind weder unplausibel noch trivial. Aber sie reichen nicht aus, wenn man beabsichtigt, die gegenwärtige Brauchbegeisterung zu verstehen, oder wenn man gar zu erklären versucht, warum manche Bräuche wiederbelebt und von breiten gesellschaftlichen Schichten angenommen werden und andere nicht.[70] Trotzdem sind sie als Ausgangsthesen für weiterführende (auch soziologische) Untersuchungen von Bedeutung. Vielleicht kann ein weiteres Beispiel diesen Befund verdeutlichen. Berger schreibt in seiner Diplomarbeit:

> „Es bedarf wohl mehr als nur des Faktors ‚Tradition', dass sich Maskierte wie Nachgeher wie beschrieben verhalten [dass sie bei Verletzungen, die im Rahmen des Raufens mit einem Klaubauf entstehen, angeben, diese seien abseits des Klaubauf-

---

70   Elias (2005: 136) hat gezeigt, *„[...] daß ein paar geistreiche Bemerkungen [...] nicht ausreichen, um mit solchen Problemen fertigzuwerden. Dazu sind eingehende theoretische und empirische Untersuchungen langfristiger ungeplanter Prozesse nötig."*

gehens entstanden; Anm. d. Verf.]. Es ist der bereits erwähnte Zauber, der für die Brauchträger von einem Brauch ausgeht." (Berger 2000: 147.)

„Obwohl unter den Brauchträgern die verschiedensten Ursprungsthesen grassieren, denken viele selten und kaum über den Ursprung des Klaubaufgehens nach. Es ist ihnen egal. Gemeinsam ist nun allen Brauchteilnehmern, dass sie weder wegen eines heidnischen Rituals noch wegen anderen Ursprungsthesen am Brauch teilnehmen. Primär zählt die Freude am Brauch und die Möglichkeit, in der Anonymität ungestraft herum zu tollen. Es ist der beschriebene Zauber, der fesselt und die jungen Männer veranlasst, am Brauch mit zu laufen. Doch auch die ‚Tradition' scheint in den letzten Jahren ein zunehmend wichtiger Faktor beim Klaubaufgehen geworden zu sein." (Ebd.: 151.)

Auch das ist ausgezeichnet beobachtet. Viele der von Berger präsentierten Informationen stammen aus Gesprächen mit Brauchteilnehmern und älteren Matreiern und sind somit wertvolle Zeitzeugnisse. Darüber hinaus zeugen die beiden Textstellen von der weiten Verbreitung mythologischer Deutungen. Und Bergers Einschätzung, die Brauchträger dächten selbst kaum über mögliche Ursprünge des Brauches nach, verweist auf zwei Prämissen von Elias' Figurationssoziologie: auf den mimetischen Charakter von Volksspielen und auf die Ungeplantheit ihrer Entwicklung. Sobald es jedoch um die Bedeutung des Brauches für die Menschen, um deren Bedürfnisse, Motive und Interessen geht, beschränkt sich Berger auf Schlagworte, nämlich „Faktor Tradition" und „Zauber". Diese Begriffe sind aber so unpräzise, dass nicht einmal aus dem Zusammenhang zu erahnen ist, was sie hier bedeuten sollen. Was hat man sich zum Beispiel unter dem „Zauber, der für die Brauchträger von einem Brauch ausgeht" (ebd.) vorzustellen? Offensichtlich hat Berger beobachtet, dass das Klaubaufgehen eine besondere Anziehungskraft auf Brauchträger und Nachgeher ausübt. Dieser Befund ist an sich weder spektakulär noch problematisch. Er deutet lediglich darauf hin, dass der Brauch für die Beteiligten eine Bedeutung hat, die man mit biologistischen, ideengeschichtlichen oder rein materialistischen bzw. statusbezogenen Begriffsbildungen und Denkmodellen nicht erfassen kann. Auch diese Schlussfolgerung ist zwar als Analyse unzureichend, bietet sich aber als Anfangsfeststellung für weitere Untersuchungen an. So wäre aus soziologischer Sicht zu fragen, worin dieser „Zauber" eigentlich besteht, d.h. welche Eigenschaften eines Brauches es sind, die auf Aktive und Zuschauer eine starke Anziehungskraft ausüben. Man könnte aber auch den Fragen nachgehen, wie sich diese Anziehungskraft den Menschen vermittelt, was sie bei ihnen auslöst, warum dies bei anderen Brauchformen nicht in dieser Intensität der Fall ist und warum Menschen in einer hochdifferenzierten Gesellschaft dafür überhaupt empfänglich sind. All diese Fragen können Ausgangspunkte für figurationssoziologische Untersuchungen sein. Im sechsten, siebenten und achten Kapitel werden wir auf einige von ihnen zurückkommen.

Ähnlich verhält es sich mit dem „*Faktor Tradition*" (ebd.). Will Berger mit dieser Formulierung sagen, dass die Matreier ihre Verletzungen nicht mit dem Klaubaufgehen in Verbindung bringen möchten, weil man solche Zwischenfälle „schon immer" unter sich regeln und obrigkeitliche Ordnungshüter nicht hineinziehen wollte?[71] Oder knüpft er mit dieser Formulierung an die volkskundliche Folklorismus-Debatte an und verweist damit auf die zunehmende wirtschaftliche Bedeutung und touristische Vermarktung volkstümlicher Feste und Bräuche? In diesem Falle würde er den „Faktor Tradition" als ökonomischen Faktor verstehen. Der „Faktor Tradition" könnte aber auch auf die Sehnsucht des modernen Menschen nach archaischen Bräuchen und auf deren Bedeutung für die Identitätsbildung anspielen. Warum Berger das Wort *Tradition* im zweiten Zitat unter Anführungszeichen setzt, wird leider auch nicht ausgeführt. Vielleicht möchte der Autor darauf hinweisen, dass es sich dabei nicht um die durch Quellen belegbare „objektive" Tradition, sondern darum handelt, was die Brauchträger dafür halten. Eine soziologische Untersuchung würde wohl an einem solchen subjektiven Begriffsverständnis von Tradition ansetzen. Tatsächlich ist eine zentrale Frage der hier vorliegenden Arbeit, wie sich diese beiden Vorstellungen von Tradition zueinander verhalten, ob und auf welche Weise sich dieses Verhältnis gewandelt hat und auf welche gesellschaftlichen Muster und Prozesse dies zurückzuführen ist. Es ist aber auch vorstellbar – und auch dieser Gedanke spielt in dieser Arbeit eine wichtige Rolle –, dass Berger darauf hinweisen möchte, dass es sich dabei nicht um eine spezifische, regional nachweisbare Tradition handelt, sondern um das, was man in Anschluss an Hermann Bausinger als „das Traditionelle" bezeichnen könnte. Die Verwendung von Anführungszeichen könnte aber auch darauf hindeuten, dass hinter den sprachlichen auch gedankliche Ungenauigkeiten stecken (vgl. Sick 2008: 429-434). Dies könnte wiederum damit zu tun haben, dass es sich bei vielen der in den Zitaten angedeuteten Probleme um soziologische Fragen handelt, die nur mithilfe eines soziologischen Instrumentariums angemessen diskutiert werden können – und deren Diskussion Berger dementsprechend gar nicht beabsichtigt. Man kann aber angesichts dieser Beispiele darauf hinweisen, wie wichtig die Kooperation dieser beiden wissenschaftlichen Disziplinen wäre.

---

71   Selbst wenn man der ersten Interpretation folgen würde, wäre eine Reihe möglicher Deutungen möglich: dass es „schon immer so war", könnte zum Beispiel auf eine implizite, nicht-hinterfragte gesellschaftliche Praxis hinweisen, aber auch auf die starke soziale Kontrolle in kleinräumigen sozialen Einheiten und die Angst vor Sanktionen oder auf die vergesellschaftenden Funktionen solcher Zusammenkünfte.

Als letztes Beispiel für die Unterschiede und Ähnlichkeiten zwischen volkskundlicher und soziologischer Vorgehensweise sei ein weiterer Ausschnitt aus Bergers Diplomarbeit angeführt, in dem noch einmal vom oben angesprochenen „Zauber" die Rede ist:

> „Auch auf die Gefahr hin, hier unwissenschaftlich zu agieren, wenn man von einem Fieber und Zauber eines Brauchs berichtet, Tatsache ist, dass eine solche Faszination ein größerer konstituierender Faktor bei der Ausübung von Bräuchensein [sic!] kann, als Tradition und Geld." (Berger 2000: 148.)

Das wissenschaftstheoretische bzw. forschungsethische Problem, das Berger an dieser Stelle beschäftigt, könnte man folgendermaßen verallgemeinern: Wie können Wissenschaftlerinnen und Wissenschaftler von einer scheinbar unwissenschaftlichen gesellschaftlichen Praxis berichten, ohne dabei selbst in den Verdacht der Unwissenschaftlichkeit zu geraten? Wie verhalten sich Alltagssprache und Forschungssprache zueinander? Wie können Erfahrungen und (Selbst-)Beobachtungen in eine wissenschaftliche Terminologie und Theoriebildung überführt werden? Das Problembewusstsein, das sich in diesen Fragen widerspiegelt, wurzelt in jenen sprachwissenschaftlichen Überlegungen, die unter den Leitworten *linguistic* oder *literal turn* bekannt sind. In den späten 1980er Jahren setzte auch in der neuen Volkskunde – oder Ethnologie – die sogenannte *Writing-Culture-Debatte* (Clifford / Marcus 1986) ein, die das Deutungsmonopol der Wissenschaft in Frage stellte. Die ethnologische Deutung sollte nicht mehr als authentisches Abbild der Wirklichkeit, sondern als *eine* mögliche Deutung angesehen werden. Diese Debatten haben das ethnologische Selbstverständnis grundlegend verändert. So tragen etwa Clifford Geertz' Konzept der *Polyphonie* (Vielstimmigkeit) (1987; 2001: 258-270) oder Claude Lévi-Strauss' Konzept der *bricolage* (1987) diesem Bewusstsein insofern Rechnung, als sie das Alltagswissen der Beforschten auf eine Stufe mit dem wissenschaftlichen Wissen des Forschers stellen und das Forschungsergebnis als Aushandlungsprozess zwischen diesen Sichtweisen verstehen. Eine so gedachte „dialogische Anthropologie" repräsentiere ihren Gegenstand nicht nur, sie erfinde ihn; sie untersuche kulturelle Praktiken nicht nur, sie sei selbst eine; sie erforsche Geschichte nicht nur, sondern schreibe sie dadurch mit (vgl. Halbmayer 2010: o.S.).[72] James Clifford (1986) forderte etwa, den konstruktiven und selbststilisierenden Charakter der ethnologischen Wissensproduktion immer wieder zu überprüfen und offenzulegen. Im Zuge dieser „reflexiven Wende" stellte sich auch die Frage nach der

---

72 Vgl. ksamethoden – Postmoderne Kritik, literal turn und die Krise der Repräsentation, 18.06.2010. URL: http://www.univie.ac.at/ksa/elearning/cp/ksamethoden/ksamethoden-83. html72 (letzter Zugriff: 15.06.2011).

gesellschaftlichen und kulturellen Deutungsmacht (vgl. Kaschuba 2006: 245-254).

Folglich kann man Bergers Unsicherheit bei der Wortwahl als Ausdruck jenes *„professionelles Dilemmas"* deuten, das Geertz (1987) als Grundproblem jeder ethnologischen Forschung ausgemacht hat. Es entsteht aus dem Konflikt zwischen dem Anspruch, das Denken, Fühlen und Handeln der untersuchten Menschen zu verstehen, und der Unmöglichkeit, dieses Vorhaben in der Feldforschungspraxis umzusetzen. Einerseits beschreiben die Begriffe „Fieber" und „Zauber", die von den Brauchträgern selbst verwendet werden, um die Faszination des Klaubaufgehens in Worte zu fassen, am treffendsten Bergers körperliche und emotionale Empfindungen beim Beobachten dieses Brauches. Andererseits haben diese Begriffe in der Alltagssprache unzählige Konnotationen. Das Wort „Fieber" wird hier zum Beispiel nicht in seiner gebräuchlichsten Bedeutung verwendet; und der Begriff „Zauber" erinnert an ältere volkskundliche Brauchbeschreibungen, in denen vom „Zauber" oder (Volks-)„Geist" die Rede ist.[73] Vielleicht ist es hilfreich, sich an dieser Stelle Clifford Geertz' Unterscheidung von „erfahrungsnahen" und „erfahrungsfernen" Begriffen in Erinnerung zu rufen:

> „Erfahrungsnahe Begriffe sind [...] solche, die ein Mensch [...] mühelos verwenden kann, um zu bestimmen, was er oder seine Mitmenschen sehen, denken, sich vorstellen und so weiter, und die er mühelos verstehen kann, wenn sie in derselben Weise von anderen angewandt werden. Erfahrungsferne Begriffe sind diejenigen, welche alle möglichen Spezialisten [...] benutzen, um ihre wissenschaftlichen, philosophischen oder praktischen Ziele zu verfolgen. ‚Liebe' ist ein erfahrungsnaher Begriff, ‚Objektbindung' ist ein erfahrungsferner." (Geertz 1987: 291.)

Aus dieser Perspektive ist es keineswegs „unwissenschaftlich", alltagssprachliche oder „erfahrungsnahe" Begriffe zu verwenden. Im Gegenteil: Eben *weil* sie nahe an den Erfahrungen der untersuchten gesellschaftlichen Gruppen sind und aus ihnen entstehen, vermögen sie Einblick in die Empfindungen und Bedürfnisse der Menschen, aber auch in gesellschaftliche Sprachkonventionen zu geben. Daher sind sie und ihre Geschichte von Interesse. Problematisch ist hingegen, wenn diesen Bedeutungen, Konventionen und Tabus nicht nachgegangen wird. Aus figurationssoziologischer Sicht ist nicht das *Berichten* von „Fieber" und „Zauber" unwissenschaftlich, sondern die Vorgehensweise, es bei der Übernahme dieser „erfahrungsnahen" Schlagworte zu belassen. Wissenschaftlich, weil erkenntnisorientiert, wäre es hingegen, diesen „Zauber" verstehen und erklären zu versuchen und Fragen wie den folgenden nachzugehen: Worin besteht dieser

---

73   Dass sich später die Nationalsozialisten dieser Begriffe bedienen konnten, ist nicht zuletzt auf deren Verwaschenheit und Offenheit zurückzuführen (vgl. Kaschuba 2006: 34).

„Zauber"? Warum geht er von einigen Bräuchen aus und von anderen nicht? Warum wirkt er auf einige Menschen und auf andere nicht? Von wem und mit welchen Bedeutungen wurden diese Begriffe in verschiedenen gesellschaftlichen Kontexten verwendet? Darüber hinaus könnte man eine Reihe methodologischer und begriffsgeschichtlicher Fragen stellen: Wie kann man diesen Zauber empirisch sauber und nachvollziehbar feststellen? Welche Haltung sollte man als Forscher bzw. Forscherin zu ihm einnehmen? Wie ist das möglich? Welche Balance von Engagement (Innenansicht) und Distanzierung (Außenansicht) ist dafür nötig? Wie sollen sich dabei alltagssprachliche, „erfahrungsnahe" zu synthetisierenden, „erfahrungsferneren" Begriffen verhalten?

3.2 Fazit zum Stand der Forschung

Wir haben gesehen, dass sich aus volkskundlichen bzw. ethnologischen Arbeiten wertvolle Anknüpfungspunkte ergeben. Vor allem die Quellenaufbereitungen sind für eine soziologische Untersuchung, die sich vorwiegend auf gegenwärtige Tendenzen konzentriert, von unschätzbarem Wert. Es wurde aber auch darauf hingewiesen, dass einige aus soziologischer Sicht zentrale Aspekte bisher unbeachtet geblieben oder nur unzureichend untersucht worden sind. Die kritischen Hinweise sollen dazu dienen, sich der Stärken bestehender Arbeiten, aber auch der Desiderate bewusst zu werden und die Ausgangssituation für eine an sie anknüpfende Studie abzustecken. Eben weil diese Studie mit soziologischer Brille in das Revier volkskundlicher Forschung eindringt, prallen unterschiedliche Perspektiven, Ziele, Fragestellungen, Konzepte und Methoden aufeinander.

Man kann an volkskundliche Arbeiten ebenso wenig soziologische Kriterien anlegen, wie man soziologische Untersuchungen an volkskundlichen Ansprüchen messen kann. Dass volkskundliche bzw. ethnologische Arbeiten zur gegenwärtigen Brauchentwicklung nur selten über das Beschreiben dieser Entwicklungen und über recht vage Annahmen zu deren Hintergründen hinausgehen, liegt darin begründet, dass ihr Ziel weniger darin besteht, gegenwärtige Tendenzen zu *verstehen*, als darin, sie möglichst genau zu *beschreiben*. Aus volkskundlicher Perspektive könnte man an der vorliegenden Arbeit kritisieren, dass sich die Darstellung der Brauchgeschichte kaum auf Originalquellen stützt. Dies hat wiederum damit zu tun, dass hier nicht das Ziel verfolgt wird, Quellen zugänglich zu machen, die Brauchgeschichte detailliert darzustellen oder eine alternative Quellendeutung vorzulegen. Dies leisten Volkskundler und Ethnologinnen seit vielen Jahrzehnten. Das Anliegen dieser Arbeit ist nicht das genaue Beschreiben *„einmaliger und richtungsloser Details"* (Elias 2006c: 105), sondern das Erkennen und Verstehen allgemeiner Muster und Entwicklungstendenzen.

Die volkskundlichen Brauchdarstellungen, Deutungen und Konzepte sind hierbei von großer Bedeutung. In diesem Sinne waren das erste, das zweite und das dritte Kapitel der Versuch, die vorliegenden Arbeiten auf ihre Fruchtbarkeit für weiterführende figurationssoziologische Studien zu untersuchen.

Darüber hinaus sind jedoch erstens theoretisch und methodisch fundierte Analysewerkzeuge und zweitens Synthesemodelle vonnöten, mit deren Hilfe man das analytisch Zergliederte wieder zusammenfügen kann. (vgl. Elias 2005: 109). Im folgenden Kapitel werden am Beispiel dieser Erkenntnisse die begrifflichen Werkzeuge für diese Arbeit vorgestellt.

Zweiter Teil: Zur Methode

Der *zweite Teil* dieser Arbeit ist den theoretischen und methodologischen Vorbemerkungen zur figurationssoziologischen Untersuchung gewidmet.

Im *vierten Kapitel* wird zunächst die dieser Arbeit zugrundeliegende Art der Theoriebildung vorgestellt und wissenschaftstheoretisch begründet. Dies ist notwendig, weil sie sich auf spezifische Weise von der Vorgehensweise der formalisierten, hypothesenprüfenden Sozialwissenschaft unterscheidet. Da in dieser Arbeit ein schwer zugängliches und wenig bekanntes Feld untersucht wurde, mussten sowohl die theoretischen Konzepte als auch die Forschungsmethoden immer wieder an das Forschungsfeld und den Wissensstand des Forschers angepasst werden. Sowohl die Fragen als auch die Hypothesen und theoretischen Konzepte konnten nicht einfach aus der bestehenden volkskundlichen oder figurationssoziologischen Literatur abgeleitet werden, sondern mussten in ständiger Auseinandersetzung mit dem empirischen Material entwickelt und erweitert werden. Im zweiten Abschnitt dieses Kapitels wird der theoretische Rahmen dieser Untersuchung abgesteckt und die wichtigsten begrifflichen Werkzeuge werden vorgestellt.

Im *fünften Kapitel* werden die Erhebungs- und Auswertungsmethoden vorgestellt und kritisch diskutiert. Wie die theoretischen Konzepte wurden auch die Forschungsmethoden im Laufe der Forschung immer wieder verworfen, erweitert, verfeinert oder durch andere Methoden ergänzt. Um einen Eindruck von diesem Prozess zu vermitteln, werden die verschiedenen Phasen der Datenerhebung und -auswertung – von der Annäherung an das Feld über die Methodenwahl, -anpassung und -kombination bis zu den Auswertungstechniken – mit all ihren Problemen, Hindernissen und Erfolgserlebnissen anhand persönlicher Erlebnisse geschildert. Daher ist dieses Kapitel teilweise in Ich-Form verfasst.

4 Zum theoretischen Rahmen

4.1 Zur Theoriebildung

Da sich diese Arbeit einem soziologisch kaum untersuchten Feld widmet und sich mit figurationssoziologischer Brille in ein volkskundliches Forschungsfeld wagt, konnten weder Fragen noch Hypothesen und Konzepte einfach aus bestimmten theoretischen Modellen abgeleitet und danach durch empirische Untersuchungen „überprüft" werden. Die Fragen, Hypothesen und theoretischen Konzepte, die dieser figurationssoziologischen Untersuchung zugrunde liegen, wurden weder aus der volkskundlichen noch aus der figurationssoziologischen Literatur übernommen. Auch wenn der theoretische Rahmen durch die Figurationssoziologie von Norbert Elias einigermaßen abgesteckt war, wurden die Fragen, Annahmen und Konzepte auch in Auseinandersetzung mit empirischen Beobachtungen und volkskundlicher Literatur entwickelt. Bei Bedarf wurde die zivilisationstheoretische Perspektive durch andere Sichtweisen und begriffliche Werkzeuge – etwa Pierre Bourdieus Feldtheorie, Jean-Claude Kaufmanns Untersuchungen zur Identität oder die Milieuforschung von Michael Vester et al. – ergänzt.

Sowohl die in der Einleitung vorgestellten Fragen als auch die im Folgenden eingeführten Konzepte und Hypothesen standen in dieser Form nicht vor Beginn der Untersuchung fest. Sie sind das Ergebnis eines ständigen hin und her zwischen Theorie und Empirie: sie wurden in ständiger Auseinandersetzung mit dem empirischen Material entwickelt und erweitert und sind im besten Falle Vorstufen einer *„Grounded Theory"*, also einer *„gegenstandsverankerten Theorie"* (vgl. Strauss / Corbin 1996: 7). Diese Art der Theoriebildung lehnt sich im Wesentlichen an die Theoriekonstruktionen von Norbert Elias, Anselm Strauss und Jean-Claude Kaufmann an. Wie Strauss und Corbin (1996: 4f.) ausführlich dargestellt haben, eignen sich die auf diesem Wege gewonnenen Konzepte und Fragen besonders gut dazu, zu verstehen, was hinter wenig bekannten Phänomenen steckt, aber auch dazu, neue und überraschende Erkenntnisse über bereits gut erforschte Phänomene zutage zu fördern.

4.1.1 Zum Verhältnis von Theorie und Empirie

Erste wichtige Anknüpfungspunkte für eine *„empirisch fundierte"* (Kaufmann 1999: 126) oder *„gegenstandsverankerte Theorie"* (vgl. Strauss / Corbin 1996: 7) bietet die *Grounded Theory*.[74] Sie wurde in den 1960er Jahren von Barney Glaser und Anselm Strauss (1967) als Gegenentwurf zu den in der damaligen amerikanischen Soziologie vorherrschenden funktionalistischen und strukturalistischen Theorien, aber auch zu den hochformalisierten Methoden der quantitativen Sozialforschung entwickelt. Ihnen stellten die beiden Autoren ein wissenschaftstheoretisch begründetes Verfahren gegenüber, das es erlauben sollte, Fragen, theoretische Konzepte und letztendlich die Theorie systematisch aus dem empirischen Material zu entwickeln. Damit ist die Grounded Theory nicht nur eine alternative Art und Weise, über die soziale Wirklichkeit nachzudenken und soziologische Theorien zu generieren. Sie stellt dem Forscher gleichzeitig eine Reihe von Techniken der Datengewinnung, -analyse und -aufbereitung zur Verfügung (vgl. Strauss / Corbin 1996: VII-IX).[75]

Strauss und Corbin (1990: 7) beschreiben die Grounded Theory als *„gegenstandsverankerte Theorie, die induktiv aus der Untersuchung des Phänomens abgeleitet wird, das sie abbildet"*. Diese Art der Theoriebildung ist eng mit qualitativen Methoden verknüpft. Im Gegensatz zu hoch standardisierten, hypothesenprüfenden Methoden können sie sowohl dabei helfen, zu verstehen, was hinter wenig bekannten Phänomenen steckt, als auch dabei, neue und überraschende Erkenntnisse über bereits erforschte Phänomene zutage zu fördern (vgl. ebd.: 4f.). Dabei kann die Theorie aus sehr unterschiedlichen Verfahren, wie etwa Beobachtungen, Interviews, der Analyse von Dokumenten und Literatur oder der entsprechenden Interpretation quantitativer Daten abgeleitet werden. Diese Art der Theoriegewinnung verlangt vom Forscher bzw. von der Forscherin Flexibilität und Kreativität, gleichzeitig aber auch ein hohes Maß an Sorgfalt. Die Herausforderung besteht darin, einerseits einen Schritt zurückzutreten, um analytische Distanz zu gewinnen und sich von gewohnten Denkmustern und Interpretation zu befreien, und andererseits bei der Interpretation der Daten trotzdem auf vergangene Erfahrungen und theoretisches Wissen zurückzugreifen.[76] Zusam-

---

[74] Die einzelnen Techniken (zum Beispiel das Kodieren) wurden im Anschluss an Jean-Claude Kaufmann entwickelt. Die Grounded Theory war eher wegen ihrer grundlegenden Annahmen von Bedeutung.

[75] Seit damals wurde diese Art der Theoriekonstruktion auf verschiedenste Weise angewandt, diskutiert und in verschiedene Richtungen weiterentwickelt. Seit dem Bruch zwischen Glaser und Strauss im Jahre 1990 sind zwei Schulen entstanden. (Vgl. Strübing 2007: 157f.) Hier wurde jener Variante gefolgt, die Anselm Strauss mit Juliet Corbin (1990) entwickelt hat.

[76] Man könnte mit Elias (1983; 2005: 166-175) von einer bestimmten Balance zwischen Engagement und Distanzierung sprechen.

menfassend kann man festhalten, dass das Ziel der Grounded Theory darin besteht, durch qualitative Datenanalyse systematisch und induktiv Theorien zu entwickeln (vgl. ebd.: IX).

Auch Norbert Elias (1990: 171) hat häufig beklagt, die Spezialisierungs- und Technisierungstendenzen, die er in der Mainstream-Soziologie ausmachte, führten zu einer *„Verengung der soziologischen Perspektive"* und zu einer *„Verkümmerung der soziologischen Vorstellungskraft"*. Diesem Trend hat Elias seine Soziologie als *„umfassende Gesellschaftswissenschaft"* ([1986] 2003) gegenübergestellt. Um die gängigen Dualismen von Struktur und Handlung, Gesellschaft und Individuum, Mikro- und Makro-Perspektive zu überwinden hat er den Begriff der *sozialen Figuration* eingeführt. Figurationen sind Verflechtungsmuster, die von Menschen gebildet werden und in die sie hineingeboren werden. Sie prägen zwar die psychische Struktur, die Denk- und Handlungsmuster der Menschen, werden aber gleichzeitig von ihnen reproduziert und verändert. (Vgl. Elias 2006c: 100-103.) Das bedeutet, dass Figurationen keineswegs starre, unveränderliche Gebilde sind, sondern sich in ständigem Wandel befinden. Um dem gerecht zu werden, stellte Elias der Zustandssoziologie (vgl. ebd.: 189), als die er die Mainstream-Soziologie wahrnahm, seine *Prozesssoziologie* gegenüber. (Vgl. Loyal/Quilley 2004: 4-7.) Anstatt sich auf einen Zustand oder auf einzelne Situationen zu konzentrieren, solle der Menschenwissenschaftler in langfristigen Prozessen denken. (Vgl. Elias 2006c: 117-119.) Dies sei wiederum nur möglich, wenn man sowohl die theoretischen Konzepte als auch die empirischen Methoden nicht als stabile Gebilde und Selbstzweck, sondern als weiche, entwicklungsfähige Werkzeuge ansehe (vgl. Kaufmann 1999: 35). Daher plädierte Elias (1987: 135) für eine Art der Theoriebildung, die er als *„ununterbrochene Hin- und Herbewegung zwischen zwei Wissensebenen"* beschrieb. Anstatt Theorie und Empirie voneinander zu trennen, müsse man die Erklärungsmodelle regelmäßig, systematisch und kritisch mit empirischen Beobachtungen konfrontieren. Seine Art des Fragens und Antwortens ist nicht nur aus der Beobachtung gewonnen, sondern kann auch auf sie zurückgeführt und so weiterentwickelt werden (vgl. Kuzmics / Mörth 1991: 18).

Die dritte Säule, auf die sich die Theoriebildung dieser Arbeit stützt, sind die wissenschaftstheoretischen und forschungspraktischen Überlegungen des französischen Soziologen Jean-Claude Kaufmann[77] (1999: 49-69). Kaufmann hat die Methodologie seines Verstehenden Interviews in Auseinandersetzung mit Anselm Strauss und Juliet Corbin sowie mit Charles Wright Mills und Norbert Elias entwickelt. Auch Kaufmann dreht die Vorgehensweise des *„klassischen Modells"* der *„industrialisierten Datenproduktion"* (ebd.: 17) um. Anstatt aus

---

[77] Ich verdanke diesen Hinweis Christian Dorner-Hörig.

einem theoretisch-abstrakten Konzept konkretere Hypothesen abzuleiten und diese dann mittels empirischer Untersuchung zu überprüfen, empfiehlt er, die Hypothesen direkt aus der empirischen Beobachtung zu entwickeln. Aus dieser Perspektive ist das empirische Material mehr als nur Beleg oder Illustration zuvor aufgestellter Thesen. Es ist der Ausgangspunkt der Theoriebildung. Die so gewonnenen Konzepte und Fragestellungen werden nicht als starre, feststehende Wahrheiten verstanden, sondern als wandelbare, vorläufige Werkzeuge. Wie Strauss und Corbin (1995) empfiehlt Kaufmann, nicht ganz ohne Vorüberlegungen an das Material heranzutreten, sondern schon erste Ideen, Fragen und Annahmen im Kopf zu haben. Diese mögen dann verändert, verfeinert oder sogar verworfen werden, jedoch können sie als eine Art Leitlinie für die Forschung dienen und dabei helfen, Herr über das Material zu werden. (Vgl. Kaufmann 1999: 50-52.) Den weiteren Forschungsprozess beschreibt Kaufmann als *„ständige Konfrontation zwischen lokalem [emischem; Anm. d. Verf.] und globalem [etischem; Anm. d. Verf.] Wissen"*, als ständiges Hin- und Hergleiten zwischen kleinen, spezifischen Details, konkreten Beobachtungen und den lokalen Kategorien der Informanten auf der einen Seite und allgemeineren Interpretationsmodellen auf einem höheren Syntheseniveau auf der anderen Seite. Nur wenn man die „autochthonen Kategorien", das heißt die Wertvorstellungen und Denkweisen der Informanten, verstehe und von ihnen ausgehend die theoretischen Konzepte und Fragen entwickle, könne man zu einem tiefen Verstehen der untersuchten Phänomene gelangen.[78] Dementsprechend tragen „lokales" („autochthone Kategorien") und „globales Wissen" (abstrakte Konzepte) unabhängig von ihrem *„Status in der Wissenschaftshierarchie"* gleichermaßen zur Konstruktion des Gegenstands bei. (Vgl. ebd.: 126-131.)

Im Falle dieser Arbeit stand am Beginn die Verwunderung darüber, dass sich Krampusveranstaltungen seit jener Zeit, in der der Verfasser und seine Altersgenossen an der Reihe gewesen wären, diese Bräuche zu tragen, drastisch verändert hatten. Statt einer Reihe konkreter Fragen und Hypothesen gab es ein zentrales Rätsel: Warum haben Krampus- und Perchtenbräuche seit Mitte der 1980er Jahre so stark an Beliebtheit gewonnen? Aus relativ naiven Beobachtungen beim Besuch solcher Veranstaltungen und der Lektüre der entsprechenden Medienberichte entwickelten sich erste allgemeine Fragen. Natürlich wäre es naiv, anzunehmen, die ersten Beobachtungen und Überlegungen seien nicht durch die figurationssoziologische Brille beeinflusst worden. Trotzdem hatten die anfänglichen Fragen eine große Bandbreite. Parallel zu diesen Beobachtungen wurde begonnen, einschlägige volkskundliche und freizeitsoziologische

---

[78]   Kaufmann (1999: 127-129) verweist in diesem Zusammenhang auf Clifford Geertz (1987), der betont, wie wichtig es ist, die Dinge aus der Perspektive der untersuchten Menschen zu sehen, ihre Wertvorstellungen und Denkweisen zu verstehen.

Literatur zu studieren, was sich sowohl auf die selbst verfassten Feldnotizen als auch auf die folgenden Beobachtungen auswirkte. Fragen, Annahmen und Konzepte wurden umformuliert, ausgebaut oder verworfen, neue Fragen, Annahmen und Konzepte wurden formuliert. All dies erwies sich als wenig zufriedenstellend. Die beobachteten Entwicklungen schienen weder mit den existierenden Beschreibungen und Deutungen übereinzustimmen noch mit den volkskundlichen oder freizeitsoziologischen Konzepten fassbar zu sein. Die ersehnte Hilfe kam aus einer unerwarteten Richtung: aus der Aufsatzsammlung *Sport und Spannung im Prozeß der Zivilisation* von Norbert Elias und Eric Dunning (1983), die scheinbar einem ganz anderen Thema gewidmet ist. Elias und Dunning sind darin den Veränderungen des Freizeitverhaltens der englischen Oberschichten im 17. und 18. Jahrhundert nachgegangen. Erstaunlicherweise waren dort einige Prozesse, die man an gegenwärtigen Krampus- und Perchtenbräuchen beobachten kann, beispielhaft beschrieben und analysiert. Elias' und Dunnings Vorgehensweise und ihre begrifflichen Werkzeuge boten weitere Anhaltspunkte für die Entwicklung geeigneter Fragen und Konzepte. Diese Überlegungen wurden dann wieder mit den bestehenden gekreuzt und bei den folgenden Feldaufenthalten in die Beobachtungen einbezogen. Die weitere Vorgehensweise kann man als einen Kreislauf mit folgenden Bausteinen beschreiben: laufende Lektüre; Aufstellen, Abwandeln, Verfeinern und Verwerfen von Hypothesen; Konfrontieren derselben mit Beobachtungen und Daten; Aufnahme neuer Aspekte aus dem empirischem Material und der Lektüre; Abwandeln und Verwerfen von Hypothesen usw. (vgl. Kaufmann 1999: 54-58).

4.1.2 Zur Validität der Ergebnisse

Bei hochformalisierten, quantitativen Untersuchungen werden die Hypothesen direkt durch das empirische Material überprüft. Dabei soll die Validität der Ergebnisse durch die Standardisierung der Methoden und durch eine Fülle von Kriterien gewährleistet werden. Bei verstehenden, qualitativen Methoden hingegen werden die Hypothesen erst aus der Beobachtung abgeleitet. Diese Vorgehensweise hat – wie wir gesehen haben – den Vorteil, dass die theoretischen Konzepte nicht nur in abstrakten Überlegungen, sondern bereits in konkreten, empirischen Tatsachen wurzeln. Sie hat jedoch den Nachteil, dass die Qualität der Konzepte in höherem Maße von der Kreativität und Sorgfalt des Forschers abhängt und dass unzutreffende Interpretationen schwerer aufgedeckt werden können. Da die Hypothesen nicht am Beginn, sondern erst im Laufe des Forschungsprozesses entstehen, da sie aus dem empirischen Material entwickelt und nicht durch es überprüft werden und da die Methoden weniger formalisiert sind, können die methodischen Werkzeuge alleine keine Garantie für die Validität der Ergebnisse bieten. (Vgl. Kaufmann 1999: 36-39.)

Wie Norbert Elias jedoch betont hat, sind nicht die Methoden alleine für die Objektivierung der Ergebnisse zuständig. Vielmehr ist die *„Art der Problemstellung und Theoriebildung selbst"* (Elias 1987: 133) entscheidend für die Distanzierung gegenüber dem Spontanwissen. Auch Kaufmann hat darauf hingewiesen, dass die Validität eines Modells in erster Linie *„von der Kohärenz des Argumentationsstranges, der Treffsicherheit der Illustration einer Hypothese und der Genauigkeit der Analyse eines Kontextes"* (Kaufmann 1999: 44) abhängt.

Dementsprechend gibt es eine Reihe von Evaluationskriterien zur Beurteilung der Solidität und Angemessenheit der Ergebnisse qualitativer Untersuchungen.[79] Als erstes Kriterium könnte man die *„Kohärenz des Forschungsvorgehens als Ganzem"* (Quiviy / Van Campenhoudt 1988: 255, zitiert nach Kaufmann 1999: 39) anführen; d.h. die Art und Weise, wie die Hypothesen aus dem empirischen Material entwickelt werden, wie mit Verallgemeinerungen umgegangen wird und wie die Methoden eingesetzt werden. Wesentlich ist nach Kaufmann nicht, welche Methoden man anwendet, sondern, dass man sich ihrer jeweiligen Stärken und Schwächen bewusst ist und sie nur für jene Aufgaben einsetzt, für die sie geeignet sind. Eine quantitative Fragebogenuntersuchung ist genau so wenig dazu geeignet, tiefe, überraschende Einblicke in die Gefühlswelt eines Menschen zu gestatten, wie sich eine qualitative Methode dazu eignet, systematisch zu beschreiben oder zu messen. Ein zweites Kriterium ist, wie gut das Modell den empirischen Tatsachen entspricht. Die Konfrontation mit der Wirklichkeit ist das wichtigste Evaluationskriterium der Ergebnisse qualitativer Forschung. (Vgl. Kaufmann 1999: 36-43.) Manfred Prisching hat diese Haltung folgendermaßen beschrieben:

> „Zeitdiagnosen, die eine ,ganze' gesellschaftliche Figuration darzustellen bestrebt sind, müssen sich auf empirische Materialien stützen, aber sie können dadurch nicht ,bewiesen' werden. Es geht nicht um Einzelhypothesen, die durch Umfragen oder multifaktorielle Methoden ,prüfbar' sind, sondern vielfach um die Plausibilität eines ,Bildes', in das sich natürlich in höchst möglichem Maße empirische Befunde einfügen lassen müssen." (Prisching 2009a: 15.)

Durch die Veröffentlichung der Ergebnisse erweitert sich der Kreis der potentiellen Evaluierer. Wenn es sich um die Beschreibung oder Einschätzung eines bekannten aktuellen Phänomens handelt, können auch Laien – mehr oder weniger gut – beurteilen, ob das Gesagte ihren eigenen Beobachtungen oder Empfindungen entspricht. Solche Modelle werden gelegentlich auch in den Medien oder in

---

[79]   Kaufmanns Kriterien entsprechen im Wesentlichen jenen, die Strauss und Corbin (1996) nennen: Übereinstimmung, Verständlichkeit, Allgemeingültigkeit und Kontrolle.

politischen Debatten diskutiert. Die theoretischen Konzepte und Hypothesen hingegen werden höchstens von Kolleginnen und Kollegen diskutiert und im besten Falle mit anderen Modellen und Studien konfrontiert. Drittens kann man sich an Norbert Elias halten und als Kriterium für den Wert von Forschungsresultaten den *„Fortschritt [ansehen], den diese Forschungsergebnisse gemessen am bestehenden gesellschaftlichen, vor allem auch wissenschaftlichen Wissensfundus darstellen"* (Elias 1970: 54). Dementsprechend kann man eine Arbeit danach beurteilen, wie viel sie zur Vergrößerung des Wissensvorrates über ein unbekanntes Phänomen beiträgt.

Diese Beurteilungskriterien beziehen sich auf die Zeit nach der Forschung. Sie mögen der nachträglichen Ergebnisvalidierung dienen, aber bei der Einschätzung und Kontrolle des eigenen Vorgehens sind sie keine Hilfe. Auch hier findet man bei Kaufmann hilfreiche Ratschläge, um die Solidität des eigenen Modells zu prüfen. Das wichtigste Instrument ist die Sättigung. Nachdem das Konzept zu Beginn noch schwammig und spekulativ ist und durch jede neue Beobachtung in Frage gestellt wird, nimmt es nach und nach Konturen an. Schritt für Schritt bilden sich grobe Linien heraus, die immer klarer werden. Die neuen Beobachtungen fügen sich immer besser in das Modell ein und verlangen immer weniger danach, es zu verändern. Irgendwann tragen neue Informationen nichts oder fast nichts Neues zur Bildung des Modells bei. Wenn das der Fall ist, ist das Modell gesättigt. Ein zweites Instrument, um die Solidität des eigenen Modells zu prüfen, ist die ständige Konfrontation der Konzepte und Ergebnisse mit verwandten theoretischen Konzepten auf der einen und mit Ergebnissen anderer Studien auf der anderen Seite. (Vgl. Kaufmann 1999: 41-45.)

Da die Fragen, Annahmen und theoretischen Konzepte dieser Arbeit so nahe wie möglich am und durch das empirische Material entwickelt werden sollten, wurde versucht, die Validität und Reichhaltigkeit der Ergebnisse auf zwei Arten zu erhöhen: durch den systematischen Vergleich mit Ergebnissen volkskundlicher Studien und durch die Kombinationen mehrerer Methoden. Diese Vorgehensweise zielte darauf ab, die Schwächen der einen durch die Stärken der anderen Methode auszugleichen.

4.2 Der figurationssoziologische Werkzeugkasten

Die zentrale Fragestellung dieser Arbeit ist, warum Krampus- und Perchtenbräuche seit Mitte der 1990er Jahre einen Boom erleben. In diesem Abschnitt wird der theoretische Rahmen für die figurationssoziologische Untersuchung dieser Frage abgesteckt und die wichtigsten Begriffe und Konzepte werden eingeführt. Das theoretische Gerüst dieser Untersuchung bilden der prozess- und figurati-

onssoziologische Ansatz und die Zivilisationstheorie nach Norbert Elias. Die
hier vorgestellten begrifflichen Werkzeuge wurden – wie im vorigen Abschnitt
dargestellt – einerseits im Anschluss an Elias, andererseits in Auseinandersetzung mit volkskundlichen Konzepten und aus eigenen empirischen Beobachtungen entwickelt. Daher wird im Folgen jeweils zu zeigen versucht, ob und inwiefern sie zum Verständnis der Brauchentwicklung mehr beitragen können als die
in den ersten drei Kapiteln diskutierten volkskundlichen Deutungsversuche.

4.2.1 Der Krampus- und Perchtenboom und der soziale Habitus

In dieser Arbeit wird davon ausgegangen, dass ein Schlüssel zum Verständnis
des jüngsten Krampus- und Perchtenbooms in den Bedürfnissen der Brauchträger liegt. Daher wird im sechsten Kapitel der Frage nachgegangen, inwieweit der
Krampusboom der letzten Jahre mit spezifischen Wandlungen der emotionalen
Bedürfnisse und der Freizeitgewohnheiten junger Menschen in hochdifferenzierten Gesellschaften zusammenhängt. Hinter dieser Vorgehensweise steht die
Annahme, dass mit einem bestimmten Muster des Zusammenlebens bestimmte
emotionale Bedürfnisse und eine spezifische Affektmodellierung der Individuen,
die diese Figuration bilden, zusammenhängen. In diesem Zusammenhang ergeben sich aus der Diskussion der volkskundlichen Deutungen folgende Anknüp-
fungs-, Weiterentwicklungs- und Abgrenzungspunkte.

(1) Von der Arbeits- und Freizeitforschung zur Gesellschaftswissenschaft.
Zunächst kann man von volkskundlichen Arbeiten lernen, dass es sich lohnt,
Freizeitbeschäftigungen zu untersuchen. Norbert Elias und Eric Dunning (2003)
haben wiederholt darauf hingewiesen, dass sich eine *„umfassende Gesellschaftswissenschaft"* mit der Gesellschaft in all ihren Aspekten beschäftigen
muss. Das bedeutet, dass man Freizeit nicht als geschlossenen Lebensbereich
verstehen kann, den man von anderen getrennt betrachtet. Umgekehrt kann man
aus der Untersuchung von Freizeitbeschäftigungen und -bedürfnissen überraschende Erkenntnisse über größere gesellschaftliche Prozesse und Probleme
gewinnen.

(2) Von der Dichotomie zur Polarität. Wir haben gesehen, dass die Palette
der Deutungs- und Handlungsmuster sehr breit ist. Sie reicht von erkenntnisorientierten Analysen bis zu emotionalen Appellen, von kulturpessimistischen bis
zu euphorischen Einschätzungen, von konservatorischen bis zu reformerischen
Bestrebungen. Dabei hat es sich als hilfreich erwiesen, diese Haltungen entlang
mehrerer Polaritäten anzuordnen. Wenn man sich die Polaritäten als Achsen
vorstellt, die einen Merkmalsraum aufspannen, kann man jede Haltung einem
Punkt zuordnen. (Vgl. Dunning 2003: 400-403.) Damit ist natürlich keineswegs

gesagt, dass die herausgearbeiteten Typen in der empirischen Wirklichkeit tatsächlich in dieser Form existieren. Vielmehr besteht ein zentraler Erkenntnisgewinn einer Typologie darin, die Abweichungen der empirischen Realität von den theoretisch abgeleiteten oder in anderen Studien empirisch gewonnenen Typen zu analysieren. Dementsprechend sollen die in den vorangegangen wie in den folgenden Kapiteln entwickelten Typologien dazu dienen, bestimmte beobachtbare Ansichten, Freizeitstile oder Ereignisse in Abweichung von Extrem- oder Idealtypen zu definieren (vgl. Elias 2001: 226-310).

(3) *Wissenssoziologische Perspektive.* Die Diskussion verschiedener Interpretationen hat aber auch deutlich gemacht, dass alle Wortmeldungen und Ansichten, unabhängig davon, ob sie von Laien oder Wissenschaftlerinnen bzw. Wissenschaftlern stammen, vor dem Hintergrund ihres Entstehungszusammenhangs betrachtet werden müssen. Diese Einsicht verweist auf Elias' Vorstellung, dass die Denkmittel und Begriffsbildungen, die uns zur Verfügung stehen, weder unveränderlich sind noch im luftleeren Raum entstanden sind, sondern dass sie eng mit den jeweiligen Mustern des menschlichen Zusammenlebens zusammenhängen (vgl. Elias 2001: 110f.).

(4) *Vom Individuum-vs.-Gesellschaft-Dualismus zum Figurationsbegriff.* Auch die vergangene und aktuelle Brauchentwicklung kann man nur als Teil gesellschaftlicher Prozesse verstehen. Dieser Gedanke führt uns zu Elias' Figurationskonzept. Figurationen sind Verflechtungsmuster, die von Menschen gebildet werden und in die Menschen hineingeboren werden. Sie prägen zwar die psychische Struktur, die Denk- und Handlungsmuster der Menschen, werden aber gleichzeitig von ihnen reproduziert und verändert. (Vgl. Elias 2006c: 100-103.) Für die Untersuchung des gegenwärtigen Krampus- und Perchtenbooms ergeben sich zwei Anknüpfungspunkte: Erstens kann man ihn weder als Ergebnis der bewussten Planung einzelner Individuen noch als Produkt überindividueller Kräfte verstehen. Zweitens ist er kein starres, unveränderliches Gebilde, sondern befindet sich in ständigem Wandel.

(5) *Von der Zustands- zur Prozessperspektive.* Daher müssen gegenwärtige (Brauch-)Entwicklungen als Teile vielfältiger Prozesse angesehen werden. Wie wir in den ersten drei Kapiteln gesehen haben, können ahistorische Betrachtungen nicht zum Verständnis dieser Veränderungen beitragen. Dies führt uns zu Elias' Prozessbegriff. (Vgl. Loyal / Quilley 2004: 4-7.) Anstatt sich auf einen Zustand oder auf einzelne Situationen zu konzentrieren, solle der Menschenwissenschaftler in langfristigen Prozessen denken. (Vgl. Elias 2006: 104-111.) Das bedeutet jedoch nicht, dass man die Bedürfnisse und Intentionen der Brauchträger aus dem Blick verliert. Vielmehr kann man Elias' prozessorientiertes Figurationskonzept sowohl auf große, relativ stabile Gebilde wie Staaten als auch auf kleinere, weniger langfristige Verflechtungen von Menschen, wie etwa eine

Familie, einen Verein oder einen Krampuslauf, anwenden. (Vgl. Heß-Meining 1999: 203f.)

(6) Von der einseitigen Spekulation zum umfassenden Habituskonzept. Wie wir jedoch im Rahmen der Diskussion volkskundlicher Brauchdeutungen gesehen haben, kann man nicht von stabilen Neigungen und Intentionen der Brauchträger ausgehen. Vielmehr muss man nach ihren aktuellen Bedürfnissen und Motiven fragen, wenn man verstehen will, warum gerade Krampus- und Perchtenbräuche auf junge Menschen eine so große Anziehung ausüben. Hierzu eignet sich Elias' Habituskonzept besonders gut, da es sowohl Affektausprägungen als auch Verhaltensstandards, sowohl kognitive als auch emotionalpsychische und körperliche, sowohl manifest-bewusste als auch latentunbewusste Dimensionen, sowohl Aussehen als auch Sprache, Gestik und Mimik umfasst (vgl. Spode 1999: 10 f., 29).

(7) Von der Brauchbeschreibung zur Gesellschaftsanalyse. Diesen Überlegungen entsprechend wird in dieser Arbeit die vergangene und gegenwärtige Brauchentwicklung immer vor dem Hintergrund der jeweiligen wirtschaftlichen, rechtlich-politischen und sozialen Prozesse betrachtet, welche etwa die Veränderung von Machtbalancen oder die Entstehung, Wandlung und Etablierung verschiedener Institutionen umfassen. Gleichzeitig wird nach den spezifischen Wandlungen der Affektmodellierungen, der Denkmittel und psychischen Strukturen der Individuen, die diese Figurationen bilden, gefragt. Diese Vorgehensweise entspricht einerseits Elias' Vorstellung, dass jede noch so kleine, kurzlebige oder spontane Figuration – wie die Begegnung von Krampus und Zuschauer – in größere, langfristigere und stabilere Interdependenzketten und Machtverteilungen, also Figurationen, eingeflochten ist. (Vgl. Heß-Meining 1999: 203f.) Andererseits kann man von Elias und Dunning lernen, dass eine Untersuchung, die sich nur auf die Veränderung der Freizeitbeschäftigungen selbst konzentriert und die mit ihr verbundenen Veränderungen der sozialen Strukturen und individuellen Bedürfnisse ausblendet, zum Verständnis dieser Wandlungen wenig beitragen kann. Im besten Falle kann man aus der Brauchentwicklung etwas über gesamtgesellschaftliche Prozesse erfahren.

4.2.2 Soziogenese und Psychogenese des Krampus- und Perchtenbooms

Eine weitere Grundannahme dieser Arbeit ist, dass der Krampus- und Perchtenboom auch mit den spezifischen Veränderungen zusammenhängt, die diese Bräuche in den vergangenen Jahren durchgemacht haben. Dementsprechend wird im sechsten Kapitel den Veränderungen nachgespürt, die man seit Einsetzen des Booms an Krampusbräuchen beobachten kann. Dabei wird der Frage nachgegangen, ob und inwiefern die gegenwärtige Beliebtheit dieser Bräuche damit zusammenhängt, dass sie sich auf spezifische Art und Weise gewandelt haben. Oder anders ausgedrückt: Entsprechen die Veränderungen der Bräuche den Veränderungen der Freizeitbedürfnisse junger Menschen, wie sie für hochdifferenzierte Gesellschaften typisch sind?

Auch für dieses Vorhaben kann man herausarbeiten, welche der in den ersten drei Kapiteln besprochenen volkskundlichen Vorarbeiten dabei hilfreich sein könnten, welche Konzepte der Elias'schen Soziologie über die volkskundlichen Arbeiten hinausgehen, und inwiefern eine Verknüpfung der beiden Forschungstraditionen fruchtbar sein könnte.

(1) Von der Vergangenheits- zur Gegenwartsdeutung. Dementsprechend ist das Anliegen des sechsten Kapitels, die Entwicklung, in deren Verlauf Krampus- und Perchtenbräuche an Aufmerksamkeit gewonnen, sich auf bestimmte Weise verändert und ausgebreitet haben, nachzuzeichnen und zu verstehen. Dabei ergeben sich aus den obigen Ausführungen zwei Anknüpfungspunkte. Auch wenn viele Kommentatoren die aktuelle Brauchentwicklung ignorieren oder als Fehlentwicklungen deuten, bieten jene Arbeiten, die sich gegenwärtigen Entwicklungen widmen, wertvolle Brauchbeschreibungen. Darüber hinaus zeigen gerade die kulturkritischen Polemiken, dass man aktuelle Entwicklungen nur adäquat verstehen kann, wenn man sie als Teile langfristiger Prozesse ansieht (vgl. Elias 2006c: 104-111, 297-333).

(2) Von der Beschreibung zur theoretisch und empirisch fundierten Analyse. Anders als in vielen volkskundlichen Arbeiten soll es hier nicht bei Beschreibungen bleiben. Vielmehr wird es darum gehen, theoretische Konzepte und begriffliche Werkzeuge zu entwickeln, die es erlauben, sich dem Verständnis des Problems anzunähern. Elias' Prozess- und Figurationssoziologie bildet den theoretischen Rahmen, in dem die meisten der hier vorgestellten Denkmodelle entwickelt werden. Manche von ihnen werden aus Elias' Arbeiten abgeleitet; dabei werden sie jedoch nicht einfach übernommen oder als unwandelbar angesehen, sondern regelmäßig mit den empirischen Beobachtungen konfrontiert und in Auseinandersetzung mit ihnen weiterentwickelt. Andere Konzepte sind aus den empirischen Untersuchungen entstanden.

(3) Von abstrakten Schlagworten zur konkreten Analyse. Hinter dieser Art der theoretisch fundierten und empirisch gestützten Begriffsbildung steht die Annahme, dass es für das Verständnis des gegenwärtigen Booms nicht ausreicht, abstrakt auf „den gesellschaftlichen Wandel" hinzuweisen oder Schlagworte anzuführen, wie dies in vielen volkskundlichen Arbeiten geschieht. In dieser Arbeit wird hingegen jede relevante Veränderung des Brauches mit konkreten gesellschaftlichen Wandlungsprozessen verknüpft und anhand empirischer Quellen oder theoretischer Konzepte nach den mit ihnen zusammenhängenden Be-

dürfnissen der Brauchträger gefragt. Diese Vorgehensweise ähnelt in mancher Hinsicht jener von Elias und Dunning, die der Frage nachgegangen sind, warum und auf welche Weise sich im England des 18. Jahrhunderts einige Formen des Zeitvertreibs auf spezifische Weise wandelten und anschließend in manchen Ländern übernommen wurden. Es stellt sich etwa die Frage, ob man einige dieser Wandlungen auch an Krampusgruppen und -veranstaltungen erkennen kann, ob man also von einer *Versportlichung des Krampusbrauches* sprechen kann. Was kann man daraus für den Habitus der Brauchträger schließen? Deuten die Veränderungen darauf hin, dass sich auch die Affektstruktur der Individuen auf spezifische Weise gewandelt hat?

(4) Vom Detail zum Muster. Wie wir anhand einiger volkskundlicher Arbeiten gesehen haben, besteht auch die umgekehrte Gefahr, sich in der theorielosen Sammlung und Beschreibung von Details zu verlieren. Um diese Falle zu umgehen, werden die empirischen Beobachtungen mit den theoretischen Konzepten verknüpft und in deren Weiterentwicklung einbezogen. Da das Ziel dieser Arbeit nicht im Beschreiben einzelner Details, sondern im Identifizieren und Verstehen allgemeiner Entwicklungsmuster liegt, ist die Gefahr, der Sammelleidenschaft zu erliegen, etwas eingedämmt.

(5) Vom Mikro-Makro-Dualismus zur Synthesebildung. Diese Überlegungen führen uns zu einem weiteren Problem: zur Frage, wie man den Fokus einstellen soll. Wählt man das Mikro-Objektiv, kann man zwar die kleinsten Details in all ihren Facetten erkennen, aber man verliert die gesamte Situation, die Muster und Strukturen aus dem Auge. Blickt man hingegen durch das Makro-Objektiv, entfaltet sich vor einem das gesamte Panorama der Verflechtungen und ihrer Wandlungen. Die Innenansicht der Individuen kann man aus der Vogelperspektive jedoch nicht erfassen. Elias hat zur Erläuterung dieses Problems das Bild des *„geschichtlichen Stroms"* gewählt. Beide Perspektiven, *„die Flugzeugsicht wie die Sicht des Schwimmers im Strom"*, bergen die Gefahr der Verkürzung und Verzerrung. Erst die etische und die emische Perspektive zusammen *„[...] ergeben ein ausgewogenes Bild"* (Elias 2001: 73).

(6) Die Balance von Engagement und Distanzierung. *„Soziologinnen und Soziologen beschäftigen sich mit Prozessen, in denen Menschen engagiert und involviert sind"* (Treibel 2011: 16). Als Teil der untersuchten Gesellschaft sind sie von ihren Fragen mehr oder weniger persönlich betroffen. Die Herausforderung für den Forscher und die Forscherin besteht darin, sich von den eigenen Erwartungen, Wertungen und politischen Einstellungen zu befreien und sich vom Tagesgeschehen zu distanzieren.

> „Scharf umrissen treten die unterscheidenden sozialen Strukturen und so auch die Probleme der jeweiligen Gegenwart für das Auge der Untersuchenden erst hervor, wenn es ihnen gelingt, sie mit einiger Distanz zu betrachten. Dazu bedarf es der

ständigen Arbeit an einem klar profilierten, konsensfähigen, also überprüfbaren theoretischen Modell der langfristigen Gesellschaftsentwicklung, das es möglich macht, die eigene Gegenwart, statt sie mit engem Horizont und in Isolierung zu untersuchen, systematisch mit anderen Entwicklungsphasen zu vergleichen und sie so auch selbst als Phase einer Entwicklung wahrzunehmen, die über diese Gegenwart hinausweist." (Elias 2006b: 401.)

Wie Elias (1987) herausgearbeitet hat, ist das eigene Engagement gleichzeitig die Voraussetzung, um die untersuchten Probleme verstehen zu können. Gerade wenn man die Bedürfnisse und Intentionen der Brauchträger verstehen will, ist es notwendig, vorübergehend ihre Perspektive einzunehmen. Dies bedeutet jedoch nicht, dass man – wie wir es oben gesehen haben – Partei ergreifen und sich zu polemischen Werturteilen hinreißen lassen soll. Vielmehr geht es darum, die jeweils richtige Balance zwischen Innen- und Außenansicht, zwischen Engagement und Distanzierung, zu finden.

(7) Vom Aktionismus-vs.-Determinismus-Dualismus zum Verflechtungsbegriff. Wie wir gesehen haben, wird in der allgemein verbreiteten Vorstellung der aktuelle Krampus- und Perchtenboom entweder als Ergebnis der bewussten Planung einzelner Individuen oder als Produkt anonymer, überindividueller Kräfte angesehen. Im Gegensatz dazu wird hier die Brauchentwicklung als Teil ungeplanter langfristiger und miteinander verflochtener gesellschaftlicher Prozesse verstanden (vgl. Elias 2001: 17-95). Diese Auffassung basiert auf Elias' Kritik an der Gegenüberstellung – und analytischen Trennung – von „Individuum" und „Gesellschaft". Aus figurations- bzw. prozesssoziologischer Perspektive ist das einzelne Individuum ohne Gesellschaft ebenso wenig denkbar wie die Gesellschaft außerhalb der einzelnen Individuen. Dementsprechend ist das „Individuum" weder völlig frei noch völlig von „der Gesellschaft" determiniert; vielmehr hat jeder Mensch, je nach der Struktur der gesellschaftlichen Figuration und seiner sozialen Position innerhalb dieser Figuration, einen bestimmten – theoretisch bestimmbaren und empirisch überprüfbaren – Freiheitsspielraum. Zwar prägen die Muster des Zusammenlebens die psychische Struktur, die Denk- und Handlungsmuster der Menschen, gleichzeitig werden aber auch die Muster des Zusammenlebens von den einzelnen, in Beziehung zueinander handelnden Menschen reproduziert und verändert. (Vgl. Elias 2001a; Elias 2006c: 100-103.) Daher befindet sich die Gesellschaft in ständigem Wandel, dessen Motor die Intentionen einzelner Menschen sind. Trotzdem kann kein noch so mächtiger Mensch und auch keine mächtige Gruppe von Menschen die Gesellschaftsentwicklung planen oder auch nur im Detail voraussehen. Der Prozess als solcher verläuft „blind", ohne Ziel und ungeplant. (Vgl. Elias 2006a, 383-401.) Elias' hellsichtige Überlegungen zum Freiheit-vs.-Determinismus-Dualismus (vgl. ebd.), der selbst bestimmte Muster des Zusammenlebens widerspiegle und daher

typisch für unsere Zeit sei, sind ein hervorragendes Beispiel dafür, wie Elias
auch das Nachdenken über Wissenschaft zum Gegenstand der Soziologie macht.

4.2.3 Der Krampus- und Perchtenboom und Wir-Gefühle

Die dritte Hauptannahme dieser Arbeit ist, dass der Krampus- und Perchtenboom
mit bestimmten kollektiven Identitäten und Wir-Gefühlen zusammenhängt, die
man wiederum vor dem Hintergrund größerer gesellschaftlicher Wandlungsprozesse betrachten muss. Im siebenten und achten Kapitel wird es um die Frage
gehen, welche Wir-Gefühle durch die Brauchpflege geweckt, verstärkt oder
erzeugt werden. Darüber hinaus ist von Interesse, in welchem spezifischen Zusammenhang diese Entwicklung mit größeren gesellschaftlichen Wandlungsprozessen, wie den ungleichzeitigen gesellschaftlichen Differenzierungsprozessen
und den daraus resultierenden Konflikten, steht. In diesem Zusammenhang sind
folgende Konzepte von Bedeutung.

(1) Wir-Gefühle und Wir-Identitäten. Das Konzept des Wir-Gefühls sollte
nicht mit dem des Habitus verwechselt oder vermischt werden (vgl. Elias 1993:
210-218). Während sich der Habitus auf *Prägungen des Affekthaushalts* bezieht,
steht der Begriff des Wir-Gefühls für nationale oder regionale *Gefühle* – von der
Empfindung vager Zugehörigkeit bis zu Nationalstolz und Nationalismus. Anders als jene Prägungen des Gefühlslebens, die mit dem Begriff des Habitus
umschrieben werden, können Zugehörigkeitsgefühle ganz spontan zustande
kommen. Und während habituelle Prägungen oft unbewusst bleiben und es einer
besonderen geistigen Anstrengung und Distanzierung bedarf, sie an die Oberfläche des Bewusstseins zu heben, wurden und werden nationale Gefühle häufig
bewusst geschürt oder für bestimmte Zwecke genutzt. (Vgl. Blomert / Kuzmics /
Treibel 1993: 7f.; Kuzmics / Axtmann 2000: 13f.)

(2) Vom linearen zum nicht-linearen Geschichtsverständnis. Anders als
Verfechter der Kontinuitätsprämisse geht Elias davon aus, dass gesellschaftliche
Transformationsprozesse widersprüchlich sind und keineswegs linear verlaufen.
Auf Zeiten des friedlichen Zusammenlebens folgen Zeiten gewaltvoller Ausei-
nandersetzungen; sozial stark integrierte Figurationen existieren neben und in
Verflechtung mit weniger integrierten Figurationen, oder solchen, die gerade
einen Desintegrationsschub durchmachen; und auf Jahrhunderte oder Jahrzehnte
der Formalisierung mögen solche der Informalisierung folgen; manchmal finden
solch widersprüchliche Entwicklungen zeitgleich innerhalb einer Figuration statt.
(Vgl. Elias 2006a: 117.)

(3) Die Richtungsbeständigkeit der gesellschaftlichen Entwicklung. Doch
Elias' zentraler Gedanke ist, dass man in der Menschheitsgeschichte in einer

längerfristigen Perspektive eine bestimmte Richtung hin zu zunehmender sozialer Integration, zum Übergang von kleineren zu größeren Integrationseinheiten, zur Machtverlagerung von einer niedrigeren auf die nächst höhere Ebene, zu funktionaler Differenzierung, zur Verlängerung der Interdependenzketten und zum Herausbilden größerer und stabilerer Monopolinstitute erkennen kann. Diesen ungeplanten langfristigen Veränderungen der Muster des menschlichen Zusammenlebens entsprechen bestimmte Veränderungen des Verhaltens und Empfindens, des Habitus der Individuen, die Elias mit dem Begriff *Zivilisierung* umschreibt. Er umfasst etwa die zunehmende Identifikation der Menschen untereinander, das Vorrücken der Scham- und Peinlichkeitsschwelle, die Dämpfung der Affekte, die zunehmende Fähigkeit zur Langsicht, die immer geringere Angewiesenheit auf Fremdzwänge und die Entwicklung umfangreicher Selbstzwangapparaturen. (Vgl. Elias 1997: 386-446; Elias 2006c: 338f.)

(4) Vom Kontinuität-vs.-Erfindung-Dualismus zur synthetischen Betrachtungsweise. Wie wir gesehen haben, zeichnen sich die mythologischen Brauchdeutungen der „alten Volkskunde" durch eine (Über-)Betonung von Kontinuitäten aus. In Abgrenzung von diesem politisch belasteten Geschichtsverständnis hat sich in der Nachkriegsvolkskunde bzw. -ethnologie eine betont antimythologische Geschichtsvorstellung etabliert, die Brüche hervorhebt, weil ihr Kontinuitäten verdächtig erscheinen. Die figurationssoziologische Perspektive vereinigt die Stärken und überwindet die Schwächen beider Ansätze, indem sie weder Brüchen noch Kontinuitäten grundsätzlich den Vorzug gibt. Vielmehr zeichnet sich der gesellschaftliche Wandel, der in langfristiger Perspektive in eine bestimmte Richtung verläuft, gerade durch Brüche *und* Kontinuitäten, Vor- *und* Rückwärtsbewegungen, Verstärkungs- *und* Widerstandsbestrebungen sowie durch eine Vielzahl verschiedener Entwicklungswege aus. Das gleiche gilt für die Formung von Mentalitäten und Habitus, für die – je nach Situation – Kontinuitäts- wie Brucherfahrungen gleichermaßen von Bedeutung sind (vgl. Kuzmics 1989: 316). Aus dieser Perspektive sind auch die oben besprochenen wissenschaftlichen Deutungsversuche als Teil gesellschaftlicher Wandlungsprozesse und der mit ihnen Einhergehenden emotionalen Bedürfnisse sowie der Denk- und Sprachmittel anzusehen. (Vgl. Elias 2006c: 335-337.)

(5) Integration und Desintegration. Für unser Vorhaben ist von zentraler Bedeutung, dass diese vielschichtigen Prozesse der gesellschaftlichen Integration keineswegs konfliktfrei verlaufen. Gerade mit dem Übergang einer Gesellschaft von einer Integrationsebene zur nächsten sind eine Reihe von Problemen verbunden, da bisherige Macht- und Statusverteilungen in Frage gestellt werden, sich die Position des Einzelnen in der Gesamtfiguration verändert und Selbstverständlichkeiten und Sicherheiten verlorengehen (vgl. Elias 1987: 209-247). Mit dieser Entwicklung sind vielfältige Loyalitäts-, Identitäts- und Gewissens-, aber

auch Generationenkonflikte verbunden. Beispiele für diese Konflikte lassen sich auf allen Ebenen der gesellschaftlichen Integration finden. Elias (1987) hat dies sehr eindrucksvoll für den Übergang von der Ebene familialer Sippenverbände auf jene dynastischer Königreiche gezeigt, aber auch auf jener von Königreichen zu größeren, absolutistischen Fürstenstaaten, von Fürstenstaaten zu modernen Nationalstaaten, die sich heute im Übergang zu Einheiten auf einer übernationalen Integrationsebene (wie etwa der Europäischen Union oder der NATO) und etwa im Bereich der Wirtschaft und Politik auch auf der globalen Ebene befinden.

(6) Nachhinkeffekt und Etablierten-Außenseiter-Beziehungen. Diese Probleme und Konflikte sind umso gravierender, wenn die Entwicklung der Persönlichkeitsstruktur mit jener der Gesellschaftsstruktur nicht mithalten kann, sondern auf der niedrigeren Integrationsebene verharrt und sich Wir-Gefühle weiterhin auf diese beziehen. Elias hat dieses Problem, das man in der Geschichte immer wieder beobachten kann, als *Nachhinkeffekt* bezeichnet. Diese Situation wird in einer globalisierten, sich stetig auf höheren Ebenen integrierenden Welt dadurch verschärft, dass sich Integrationsschübe gleichzeitig auf mehreren Ebenen vollziehen, sodass auch wenig ausdifferenzierte und stark regional integrierte Figurationen in vielfältiger Weise mit differenzierteren Figurationen auf höheren Integrationsebenen verflochten sind. (Vgl. Elias 1987: 281-310.) Zur Untersuchung dieser Beziehung zwischen Zentrum und Peripherie wird auf Elias' Konzept der Etablierten-Außenseiter-Beziehungen (Elias / Scotson 1993) zurückgegriffen.

(7) Amerikanisierung vs. Traditionalismus bzw. Globalisierung vs. Regionalismus. Mit der Frage nach den spezifischen Merkmalen der Wandlungen sowohl der sozialen Gruppen, die den Brauch betreiben, als auch ihrer Aktivitäten, ist eine weitere eng verbunden: Wie kann man es erklären, dass in einer Zeit zunehmender Kommerzialisierung und Globalisierung ein vergessener Brauch plötzlich wiederentdeckt wird? Aus Elias' und Dunnings Untersuchungen gewinnt man die Einsicht, dass diese beiden empirisch beobachtbaren Entwicklungen sich nicht widersprechen müssen, sondern dass sie zwei Seiten ein und derselben Medaille sind. Eine der zentralen Thesen dieser Arbeit ist, dass sich Krampus- und Perchtenbräuche so großer und allgemeiner Beliebtheit erfreuen, weil sie einerseits regional begrenzte und in lokalen Traditionen verwurzelte Wir-Identitäten zulassen und andererseits flexibel genug sind, um in mancher Hinsicht amerikanisiert und an die globalisierten ästhetischen Rezeptionsgewohnheiten der Jugendlichen angepasst zu werden.

5   Zu den Forschungsmethoden

Die Untersuchungen und Überlegungen, auf denen die folgenden Ausführungen basieren, erstreckten sich über einen Zeitraum von vier Jahren, von Mitte November 2007 bis Mitte Dezember 2011. Natürlich wurde während dieser Zeit nicht dauernd an diesem Vorhaben gearbeitet. Es gab intensivere und weniger intensive Phasen, auf Wochen mit täglichen Feldaufenthalten folgten Wochen des reinen Nachdenkens, der Lektüre oder der Internetrecherche. Trotzdem haben sich im Laufe dieses Prozesses nicht nur die Fragen und theoretischen Konzepte, sondern auch die Methoden weiterentwickelt, sie wurden angepasst und verfeinert.[80] Im Rahmen des fast vierjährigen Forschungsprozesses wurden folgende Erhebungsmethoden eingesetzt: Feldforschung, Experteninterviews, eine deskriptiv-statistische Analyse einschlägiger Internet-Portale und eine Inhaltsanalyse ausgewählter Forendiskussionen des meistfrequentierten Krampus-Portals.

5.1   Feldforschung

Am Beginn dieser Arbeit standen weder eindeutige Fragen noch klar formulierte Thesen. Das Interesse an der großen Beliebtheit von Krampus- und Perchtenbräuchen war lediglich aus der Verwunderung entstanden, wie sehr sich der Ferlacher Krampuslauf im Jahr 2007 von jenen unterschied, die ich aus meiner Kindheit Mitte der 1980er Jahre kannte. Meine Fragen waren entsprechend unpräzise, aber umso brennender: Warum haben sich Veranstaltungen, Gruppen und Masken gewandelt? Wieso gerade auf diese Weise? Aus welchem Grund interessieren sich auf einmal so viele Menschen für diesen Brauch? Gerade weil es sich bei der Wiederentdeckung von Krampus- und Perchtenbräuchen um ein junges und relativ schwer zugängliches Phänomen handelt, boten sich Methoden an, die nicht auf umfangreiches Vorwissen in der Form feststehender Fragen oder Hypothesen angewiesen sind. Sie sollten es ermöglichen, dieses Wissen im Feld zu erwerben, um es dann in der Form von Fragen, Annahmen und Konzep-

---

80   Da hier nicht nur die Forschungsmethoden beschrieben werden, sondern da der Forschungsprozess anhand persönlicher Erlebnisse nachgezeichnet wird, unterscheidet sich dieses Kapitel
in doppelter Hinsicht von den anderen Kapiteln: erstens ist hier der Grad der Abstraktion bewusst niedrig gehalten, zweitens sind die Ausführungen teilweise in Ich-Form verfasst.

ten zu systematisieren. Außerdem sollten sie variabel genug sein, um mit den Konzepten, aber auch mit der Methodenkompetenz des Forschers und seiner zunehmenden Vertrautheit mit den Informantinnen und Informanten mitzuwachsen. Die Methoden sollten es aber auch ermöglichen, die Denkweisen und Wertvorstellungen der untersuchten Menschen zu verstehen. Und sie sollten mit anderen Erhebungs- und Auswertungstechniken kombiniert werden können.

5.1.1 Feldnotizen

Zunächst standen Besuche diverser Krampus- und Perchtenläufe auf dem Programm. Eine Besonderheit des Feldes[81], das in dieser Arbeit untersucht wird, ist, dass es nur während einer kurzen Zeitspanne von wenigen Tagen existiert – zumindest schien es am Beginn meiner Forschungen so zu sein. Wie sich schnell herausstellen sollte, hat sich die Krampus- und Perchtenzeit in den letzten Jahren auf einen Zeitraum von zwei Monaten ausgedehnt, was sowohl angesichts der gestiegenen Nachfrage als auch wegen des gesteigerten Angebotes notwendig geworden ist. Bereits im Oktober werden die neuen Ausrüstungen auf Maskenausstellungen präsentiert. Die ersten Krampusläufe finden Mitte November, die letzten Raunachtsläufe Mitte Jänner statt.

In den ersten Wochen beschränkten sich die Aktivitäten auf den Besuch und das Beobachten von Krampusläufen. Dabei stellten sich folgende Fragen: Was machen die Maskenträger vor dem Krampuslauf? Wie bereiten sie sich darauf vor? Worüber sprechen sie miteinander? Welche Art von Kontakten pflegen sie zu anderen Gruppen? Was passiert, wenn ein Noch-Nicht-Krampus einem potentiellen Opfer, also einem ungefähr gleichaltrigen Mädchen oder Jungen, begegnet? Welche Art von Verhaltensregeln gibt es? Von wem werden sie angekündigt? Werden sie eingehalten? Was passiert, wenn nicht? Wie setzen sich die Besucher zusammen? Von wo kommen die teilnehmenden Gruppen? Diese Beobachtungen wurden einerseits mit Fotos und Videos dokumentiert und andererseits in Feldaufzeichnungen festgehalten und kommentiert. Es war überraschend einfach, sich während der Vorbereitungen und Läufen unter die Brauchträger zu mischen. Je nach Veranstaltungstyp und Situation waren die Beobachtungen einmal eher teilnehmend und ein anderes Mal eher nicht, mal offen, mal verdeckt, meist ohne, manchmal mit expliziter Coverstory.

---

81   Die Vorstellung des Forschungsfeldes ist in diesem Kapitel bewusst kurz und holzschnittartig gehalten. Hier werden nur jene Aspekte angesprochen, die zum Verständnis der Methodenwahl und -weiterentwicklung nötig sind. In späteren Kapiteln werden genauere, tiefergehende und systematischere Einblicke in die Struktur und Dynamik des Feldes gewährt.

Da die theoretischen Konzepte und inhaltlichen Annahmen auch aus dem empirischen Material entwickelt werden sollten, war die Dokumentation und Reflexion des Beobachteten von zentraler Bedeutung. Von Anfang an wurden Feldtagebücher geführt, in denen Beschreibungen, Erkenntnisse und spontane Gedanken ebenso festgehalten wurden wie provisorische Annahmen. Bei den ersten Krampuslaufbesuchen lag der Schwerpunkt auf dem Fotografieren und Filmen. Beides half, Ängste und Schamgefühle zu überwinden und die Vielzahl an neuen Eindrücken zu verarbeiten. Mit zunehmender Routine gewann jedoch das Notieren bzw. Diktieren von Gedanken an Bedeutung. Dies hatte in erster Linie damit zu tun, dass mein Interesse zunehmend vom reinen Beschreiben zum Formulieren erster Fragen und Annahmen überging. Nach und nach schälten sich Fragestellungen heraus, der Blick schärfte sich und mit ihm die Fähigkeit, Wichtiges von Unwichtigem zu unterscheiden. Das wichtigste Werkzeug zur Gewinnung von Fragen und Annahmen war das Führen des Feldtagebuches. Hier konnten die Erlebnisse festgehalten, interpretiert, reflektiert und mit anderen Beobachtungen und theoretischen Konzepten verknüpft werden. Hier wurden die ersten Fragestellungen und Hypothesen entwickelt, abgeändert oder gestrichen. Das Führen des Feldtagebuches bot aber auch die Möglichkeit, das eigene Vorgehen kritisch zu reflektieren und gegebenenfalls die Forschungsstrategie zu überdenken.[82]

Je nach Bedarf wurden die Feldaufenthalte in verschiedener Form festgehalten und verarbeitet. Man kann die textlichen Aufzeichnungen, die im Rahmen dieser Untersuchung entstanden sind, in drei Kategorien einteilen, die sich voneinander durch Art und Umfang der nachträglichen Reflexion unterscheiden. In *Interviewtranskripten* wurde nur das jeweils geführte Interview wiedergegeben, der Kontext hingegen weitgehend ausgespart. Dies war vor allem bei Experteninterviews der Fall, bei denen die Kontaktaufnahme unkompliziert, die Interviewumgebung neutral und das Gespräch nicht mit Beobachtungen oder anderen Aktivitäten verbunden war. *Feldnotizen* sind hingegen entweder handgeschrieben oder auf Tonband aufgenommen und enthalten aufgeschnappte Gespräche, Handlungs- bzw. Situationsbeschreibungen, aber auch spontane Gedanken und vereinzelte Reflexionen. In den umfangreichen *Feldtagebucheinträgen* wurde beides kombiniert. In allen drei Fällen wurden die aufgezeichneten Gespräche zunächst – Kaufmann (1999: 117-125) und Strauss / Corbin (1996: 14) folgend – selektiv statt vollständig transkribiert.[83] Im Laufe des Forschungsprozesses er-

---

82 Als Orientierung dienten William Foote Whyte (1994, 1996) und Jean-Claude Kaufmann (1999).

83 Kaufmann argumentiert, eine Tonbandaufnahme in einen geschriebenen Text umzuwandeln sei nur dann sinnvoll, wenn man die Daten eindimensional präsentieren, ordnen und sortieren oder Kategorien und Typologien bilden möchte. Wenn man aber beabsichtige, die Fragestellung

wies sich jedoch das Arbeiten mit dem Transkript als praktischer als das von Kaufmann vorgeschlagene Karteikartensystem. Daher wurden die Interviews doch wörtlich und vollständig transkribiert und erneut kodiert. Auch wenn dies nicht geplant war, waren die Beobachtungen immer auch Selbstbeobachtungen. Gerade im Hinblick auf emotionale und körperliche Empfindungen wären diese Erfahrungen kaum durch Erzählungen zu ersetzen gewesen. Als Beispiel sei hier ein kurzer Ausschnitt aus meinem Feldtagebuch angeführt.

„Kurze Selbstbeobachtung: Das ist wirklich interessant. Noch in Ferlach und auch zu Beginn des Villacher Laufs hätte ich mich das nie getraut. Ich bin zwischen den Krampussen, gehe voraus, lasse mich von ihnen links und rechts überholen, stoße gelegentlich mit ihnen zusammen und gehe mit ihnen mit. Dass ich so unbeschwert bin, führe ich einerseits auf Gewöhnung zurück – schließlich habe ich in den letzten beiden Tagen über fünf Stunden Krampusse gesehen. Das ist wie wenn man sich jeden Tag Horrorfilme ansieht oder Ego-Shooter-Games spielt – man stumpft halt irgendwann ab. Zweitens denke ich, dass es ganz wichtig war, mich unter die Krampusse zu mischen, als sie noch keine Masken aufhatten bzw. den Akt der Verwandlung, also den Übergang vom Burschen oder Mädel zum Monster, mitzuerleben. Wenn man vor dem Konsum eines Horrorfilms das ‚Making of' sieht – und die Spezialeffekte, Kulissen, Attrappen, Interviews mit den Schauspielern und das Schminken und Kostümieren derselben – kann man ihn danach vermutlich zumindest besser aushalten und sich selbst immer wieder daran erinnern, dass das alles nicht echt und eh nur ein Film ist. Drittens scheinen mich durch meine Backstage-Recherchen einige Krampe schon zu kennen und eindeutig als Fotografen zu identifizieren. Und die werden in Ruhe gelassen. Ich scheine also gar nicht als mögliches Opfer in Frage zu kommen. Überhaupt scheine ich entweder unsichtbar oder – durch ein unsichtbares Signal, das ich mit der Zeit versuche, bewusst auszusenden – eine Gelegenheit zum Posieren zu sein (interessant – wie wird man als was etikettiert?). Ich denke, es gibt für viele Krampusse nichts Schöneres, als am nächsten Tag die eigene Maske in einer Zeitung abgedruckt zu sehen – das ganze Krampusbrauchtum repräsentierend (interessant – noch ansehen). Viertens dürfte die Erfahrung eine Rolle spielen, dass ich in den letzten Tagen kein einziges Mal von einem Krampus absichtlich gehauen worden bin […]. Ernsthafte blaue Flecken oder Abschürfungen hab ich keine. Dies scheint nicht nur mit meiner Rolle des Fotografen zusammenzuhängen, sondern auch und vor allem damit, dass ich kein kreischendes 13- bis 17-jähriges hübsches Mädchen bin, sondern ein seltsamer alter Typ mit Bart – ich pass einfach nicht ins Beuteschema. Also gibt's keinen Grund, Angst zu haben. […] Fünftens ist die Kamera ein Filter. Sie schützt mich nicht nur vor den Schlägen der Krampusse […], sondern auch vor der Angst, die unwillkürlich entsteht, wenn sie auf einen zukommen, also davor, mich auf sie einzulassen." (Feldtagebuch: 16. Klagenfurter Krampusumzug, 01.12.2007.)

---

möglichst nahe an der Empirie zu entwickeln, sei die Arbeit mit dem gesprochenen Wort überlegen, da man so in die Details eintauchen und der Lebenswelt des Informanten möglichst nahe kommen könne. (Vgl. ebd.: 118.)

5.1.2 Zugang zum Feld

Bei solchen Veranstaltungen ergaben sich informelle Gespräche mit anderen Zuschauern, mit Ordnern und mit noch nicht oder nicht mehr maskierten Krampusläufern. Diese Veranstaltungen waren jene seltenen Gelegenheiten, an denen sich das schwer zugängliche Feld öffnete. William Foote Whyte hat in seiner Studie über einen Bostoner Slum (vgl. Whyte 1943: VIII) gezeigt, wie wichtig die Wechselwirkung von Beobachtungen und Interviews für das Verstehen einer wenig bekannten sozialen Gruppe ist. Mit zunehmender Kenntnis der offiziellen wie inoffiziellen internen Abläufe, der unausgesprochenen Regeln und der Fachausdrücke konnte ich mich mehr und mehr unter die Burschen und Mädchen mischen und mit ihnen auf Augenhöhe diskutieren. Trotzdem blieben die Gespräche vor, während und nach den Veranstaltungen kürzer und oberflächlicher als erhofft. Dies dürfte daran gelegen haben, dass bei größeren Veranstaltungen viele Gruppen aus anderen Bundesländern oder aus Südtirol oder Bayern anreisen. Auch die steigende Anzahl von Krampus- und Perchtenläufen hat zur Folge, dass einige Gruppen im November und Dezember mehrere „Auftritte" an einem Wochenende haben. Beide Entwicklungen haben dazu geführt, dass die jungen Männer – und immer häufiger auch jungen Frauen – vor und nach dem Laufen oft wenig Zeit haben und gar nicht an den gemeinsamen Feiern teilnehmen.

Doch auch wenn sie nicht in Eile waren, gestaltete es sich bei solchen Veranstaltungen als äußerst schwierig, Zugang zu den Gruppen zu erhalten. Im Anschluss an die meisten Läufe saßen die Aktiven im örtlichen Gasthaus oder in einem Festzelt zusammen, tranken, aßen und besprachen den Lauf. Es verlangte eine Menge Überwindung, als Außenstehender auf eine trinkende, miteinander diskutierende Gruppe zuzugehen, das laufende Gespräch zu unterbrechen und ein neues zu beginnen. Selbst wenn dies gelang, war es schwierig, mit feiernden Jugendlichen ernsthaft und ehrlich über ihre Meinungen und Bedürfnisse zu sprechen. Das größte Problem bestand darin, das Vertrauen zumindest einiger Gruppenmitglieder zu gewinnen. Während unmittelbar nach dem Lauf Fotowünsche bereitwillig erfüllt und Fragen zu den Masken gerne beantwortet werden, bleiben die Teilnehmer beim anschließenden Umtrunk lieber unter sich. Daher stellte ich mich nicht als Soziologiestudent vor, sondern versuchte, ohne Vorstellung mit dem einen oder anderen ins Gespräch zu kommen. Meine Vorsicht lag auch in der Intention begründet, zu diesem Zeitpunkt die Prozesse so wenig wie möglich zu beeinflussen und zu verhindern, dass die Krampus-Szene von der Untersuchung erfährt. Von den Erfahrungen mit den Ordnern und Fotografen begeistert, hoffte ich, wieder entweder als Mitglied einer nicht teilnehmenden oder als nicht-aktives Mitglied einer teilnehmenden Krampusgruppe wahrgenommen zu werden.

Dies gelang nicht. Die erste Frage, mit der sich ein Fremder in diesem Kontext konfrontiert sieht, ist nämlich: *„Und wo läufst du?"* Gibt man sich als Mitglied einer existierenden Krampusgruppe aus, besteht die Gefahr, dass der Gesprächspartner mehr über sie weiß als man selbst. Erfindet man eine Gruppe,
läuft man Gefahr, nach Kontaktadressen gefragt zu werden. Gerade zu Beginn
war das Risiko, sich aus Unwissenheit in Widersprüche zu verwickeln und damit
die Tarnung auffliegen zu lassen, zu groß. In der Szene hätte sich schnell herum-
gesprochen, dass sich jemand bei Veranstaltungen herumtreibt und versucht, die
Teilnehmer auszuhorchen. Die Szene ist über mehrere Internetforen gut vernetzt.
Solche Vorkommnisse wären sofort bekanntgemacht worden, wodurch ich möglicherweise den Zugang zerstört hätte, bevor ich ihn erhalten hätte. Im Anschluss
an Krampusläufe hatte ich es mit Gruppen junger, betrunkener, verschwitzter
Männer zu tun, die durch ihre gemeinsame Mission und ihr kollektives Auftreten, aber auch durch die geteilte Erfahrung pöbelnder Zuschauer, heißer Fellanzüge und enger Masken zusammengeschweißt waren. Rückblickend wäre es
vermutlich besser gewesen, sich von Anfang an offen als Student, der an der
aktuellen Brauchentwicklung interessiert ist, zu erkennen zu geben. Wie sich
später herausstellen sollte, waren einige Schlüsselpersonen der Krampusszene
gerne bereit, auf verschiedene Art und Weise zum Gelingen dieser Arbeit beizutragen. Diese Vorgehensweise hätte vermutlich einige Umwege erspart. Aus
heutiger Sicht hat meine passive und vorsichtige Haltung verhindert, das Vertrauen der Teilnehmer zu gewinnen. Ich wurde weder als Teil der Szene noch als
Journalist oder Wissenschaftler wahrgenommen, sondern als jemand, den man
nicht einschätzen kann.

Rückblickend waren die Veranstaltungsbesuche vor allem zu Beginn, im
Winter 2007/08, wichtig, um einen Eindruck vom Aufbau, Ablauf und Charakter
der Veranstaltungen, von Hierarchien und Machtverhältnissen, vom individuellen und Gruppenverhalten der Teilnehmer und Zuschauer sowie von überregionalen Gemeinsamkeiten bzw. Trends und regionalen Unterschieden zu gewinnen. Außerdem gestatteten sie erste, wenn auch oberflächliche, Einblicke in die
möglichen Motive und Bedürfnisse der Akteure, die erste Anhaltspunkte für die
Entwicklung diesbezüglicher Fragen und Annahmen boten. Vor allem die Gespräche stellten sich als äußerst fruchtbar für die Rekonstruktion der Entwicklungen der letzten Jahre dar. Bald stellte sich jedoch heraus, dass die Erinnerun-
gen Lücken aufwiesen. Ältere Zuschauer mochten von ihrer Kindheit erzählen
können, ihnen fehlte jedoch der Einblick in gegenwärtige Prozesse. Junge Krampusse konnten die Szene in ihrer heutigen Gestalt von innen beschreiben, über
die Entwicklungen der letzten 30 Jahre konnten sie jedoch wenig berichten.
Schwerer wog jedoch, dass die Gruppen- und Wirtshausgespräche nicht erlaub-

ten, Zugang zu den ehrlichen Meinungen, Gefühlen und Bedürfnissen der Brauchträger zu erhalten. Daher musste die Vorgehensweise geändert werden.

5.2 Expertenbesuche und Expertinnengespräche

Angesichts dieser Probleme war bald klar, dass die Veranstaltungsbesuche durch ausführliche Gespräche abseits der Krampusläufe ergänzt werden müssen. Hierfür bot sich die Methode des Verstehenden Interviews an, wie sie Jean-Claude Kaufmann (1999) entwickelt und mehrmals (2005, 2006) angewandt hat.

5.2.1 Zur Auswahl

Bei Kaufmanns Interviewmethode (vgl. Kaufmann 2009: 60-65) ist die Wahl der Gesprächspartner für die Qualität und Reichhaltigkeit der Ergebnisse von zentraler Bedeutung. Anders als bei einer Fragebogenuntersuchung ist das zentrale Auswahlkriterium beim Verstehenden Interview nicht die Repräsentativität. Vielmehr ging es darum, *„diejenigen Personen zu finden, die im Hinblick auf die aufgeworfenen Fragen am meisten beitragen können"* (ebd.: 63). Da der Zweck der Gespräche nicht im reinen Sammeln von Meinungen lag und sich durch die Gespräche laufend neue Fokussierungen ergaben, konnte die Auswahl der Befragten keinen von Anfang an feststehenden Kategorien folgen. Vielmehr verlangte diese Art der Befragung nach einer dynamischen Stichprobenziehung, die laufende Entscheidungen erforderte. Die Befragten waren nicht nur Informanten, sondern wurden auch als Kontakt- und Vermittlungspersonen genutzt. Hierfür boten sich einerseits Schlüsselfiguren der Szene und andererseits Brauchtumsexpertinnen und -experten an.

Durch den Begriff *Experteninterview* könnte der Eindruck entstehen, die persönlichen Interviews seien ausschließlich mit akademischen oder selbsternannten Brauchtumsexperten geführt worden. Dies wäre aber dem oben vorgestellten Ziel, die Fragen und Konzepte auch „von unten" zu entwickeln, entgegenlaufen. Vielmehr wurden all jene Personen als Experten verstanden, die zu den aufgestellten Fragen etwas Interessantes zu sagen haben, die einen tiefen Einblick in die untersuchten Prozesse gewähren können und zum verstehenden Erklären dieser Prozesse am meisten beitragen können. Sie wurden nicht nur nach ihren Meinungen gefragt, vielmehr wurde versucht, Zugang zu ihrem Wissen, ihren Wertesystemen und ihren Einschätzungen zu erhalten. Diese Vorgehensweise basierte auf der Annahme, dass Menschen nicht nur passive Träger gesellschaftlicher Strukturen sind, sondern auch deren aktive Produzenten. Sie verfügen über wichtiges Wissen, das es zu erkunden gilt: *„Das Allgemeinwissen ist kein Nichtwissen, sondern es birgt im Gegenteil einen Schatz an Kenntnissen (den der Forscher oft so gut wie nicht zu nutzen weiß).* "[84] (Kaufmann 1999: 31.)

Im Hinblick auf den Krampus- und Perchtenboom der letzten Jahre entsprechen Schnitzer und Vereinsobleute am ehesten diesem Expertenverständnis. Sie sind aktiv beteiligt und in ihrem Denken, Fühlen und Handeln im Untersuchungsfeld engagiert. Gleichzeitig beschäftigen sich viele von ihnen seit mehreren Jahren (manchmal sogar Jahrzehnten) mit diesem Brauch und verfügen über einen besseren Überblick als jugendliche Burschen und Mädchen. Außerdem kann man sich so die Machtverhältnisse des Feldes zunutze machen. Die Schlüsselfiguren sind – in unterschiedlichem Ausmaß – Autoritätspersonen und eigenen sich gut dazu, den Zugang zum Feld zu öffnen, andere Leute zum Reden zu bewegen und weitere Kontakte herzustellen. Auch wenn die Krampusläufe für persönliche Gespräche nicht geeignet waren, konnte man bei ihrem Besuch zumindest einen Eindruck davon gewinnen, wer die tonangebenden, angesehenen Persönlichkeiten der Szene sind. Da die Gruppen dort häufig einzeln vorgestellt werden, erfährt der Gast neben Gründungsdatum, Herkunftsort und Gruppengröße auch den Namen des Ausstatters. Außerdem bot das Internetforum *Krampusmania.at*, das größte Kommunikationsmittel der Szene, einen Eindruck, wer die Themen vorgibt, die Diskussionen dominiert, meinungsführend ist. Dieses Schneeballverfahren wurde bei mehreren Personen mit extremen Positionen begonnen und so lange fortgeführt, bis die Interviews schließlich kaum neue und überraschende Erkenntnisse zutage förderten.

5.2.2   Zugang erhalten und Vertrauen gewinnen

Zunächst galt es, potentielle Informantinnen oder Informanten von der Wichtigkeit des Vorhabens zu überzeugen und ihnen zu versichern, dass ihre Sicht der Dinge, ihr Wissen und ihre Teilnahme unverzichtbar sind. Bereits in diesem frühen Stadium wurde versucht, auf die Informanten einzugehen, sie einzuschätzen und die richtigen Worte zu finden. Beim Kontaktieren eines experimentellen, progressiven Schnitzers musste die Fragestellung anders formuliert werden als in einer E-Mail an den Vorsitzenden eines traditionalistischen Brauchtumsverbandes. Auch wenn ich beiden von meinem Anliegen berichtete, die Brauchentwick-

---

84   Das bedeutet nicht, dass sich jeder Einzelne dieses Wissens bewusst ist, oder dass die untersuchten Prozesse von einzelnen Individuen geplant sind. Vielmehr zielt Kaufmanns Methode darauf ab, verborgenes Wissen an die Oberfläche des Bewusstseins zu heben. Der Bruch mit dem Allgemeinwissen erfolgt dann schrittweise durch die Entwicklung von Fragen, Hypothesen und Konzepten auf einer höheren Syntheseebene (vgl. Elias 1987: 123-128).

lung der letzten Jahrzehnte zu verstehen, stellte ich diese Entwicklungen einmal als Paradebeispiel „lebendigen" und das andere Mal als Missbrauch „wahren" Brauchtums dar. Erst im Laufe des Interviews konnte ich eine differenziertere Position einnehmen; aber um überhaupt zu einem Gespräch eingeladen zu werden, erwies sich diese Vorgehensweise als vorteilhaft. Dies dürfte auch damit zu tun haben, dass in den letzten Jahren innerhalb der Szene erbitterte Diskussionen darüber geführt werden, was „echtes Krampusbrauchtum" sei, wie man damit umzugehen habe und wer dazu befugt sei. Im Hinblick auf in den folgenden Kapiteln diskutierte Fragestellungen ist vielleicht nicht ganz unwichtig, dass es sich als deutlich schwieriger erwies, Termine mit Maskenschnitzern zu vereinbaren als mit Volkskundlerinnen oder anderen Brauchtumsexperten. Wie sich später herausstellte, erlaubt die gute Auftragslage den Schnitzern nicht, einen ganzen Nachmittag für ein Gespräch zu verschwenden, das weder dem Verkauf noch der Werbung dient.

Die Begegnungen selbst waren sowohl im Hinblick auf den Formalitätsgrad als auch auf die Intensität des Kontaktes recht unterschiedlich. Einige wurden an den Arbeitsplätzen der Befragten, andere in ihren Wohnungen durchgeführt; manchmal dauerten sie kaum mehr als eine Stunde, bei anderen Gesprächspartnern verbrachte ich ganze Nachmittage; die meisten Interviews fanden im Rahmen eines einmaligen Treffens statt, anderen Informanten stattete ich hingegen mehrere Besuche ab. Einen Schnitzer konnte ich drei Mal besuchen, bei seiner Arbeit beobachten und bei seinen Besorgungsfahrten begleiten. Natürlich haben sich diese Rahmenbedingungen auch auf den Charakter der Gespräche und damit auf die Art der Informationen ausgewirkt, die die Gesprächspartner preiszugeben bereit waren. Da sich die Gespräche sehr unterschiedlich gestalteten, werden hier nur die wichtigsten Leitlinien dargestellt, an denen die Interviewführung angelehnt war. Auch sie sind Kaufmanns lesenswertem Buch über das Verstehende Interview (1999) entnommen.

Kaufmann hat seine Interviewtechnik in Abgrenzung von der *„industrialisierten Datenproduktion"* (Kaufmann 1999: 17) des *„klassischen Modells"* (ebd.: 29) entwickelt. In Lehrbüchern zu quantitativen und oft auch qualitativen Befragungstechniken werde der Interviewer bzw. die Interviewerin zur äußersten Zurückhaltung und Neutralität angehalten, um die Beeinflussung des Befragten zu verhindern. Kaufmann wendet sich gegen diese Vorgehensweise, da sich der Informant nur in dem Maße in das Gespräch einbringe, in dem sich auch der Interviewer darauf einlasse. Wenn die befragte Person den Gesprächspartner nicht einordnen könne, bleibe die anfängliche Hierarchie bestehen und die Antworten zurückhaltend. Um das Vertrauen des Informanten zu gewinnen und Zugang zu den tiefsten Schichten seines Bewusstseins zu erhalten, müsse sich der Interviewer als Mensch mit Gefühlen und Meinungen zeigen. (Vgl. ebd.: 75-

79; Diekmann 2004: 375-381.) Nicht Neutralität und Distanz seien gefragt, sondern *„diskrete, aber starke persönliche Präsenz"* (Kaufmann 1999: 78). Natürlich sei es wichtig, zu Beginn des Gesprächs vorsichtig mit Informationen und
eigenen Meinungen umzugehen. Zunächst solle man vor allem interessiert, offen
und freundlich sein und alles Gesagte positiv aufnehmen. Man müsse dem Informanten das Gefühl geben, dass man sich für ihn interessiert. Außerdem könne
man in dieser Phase des Gesprächs einen ersten Eindruck vom Wissen und von
den Ansichten des Gesprächspartners gewinnen. Auf Basis dieser Einsichten
könne der Interviewer seine eigene Position für das restliche Interview wählen.
Merke der Gesprächspartner, dass seine Aussagen verstanden und geschätzt
werden, öffne er sich immer mehr. Sei er einmal davon überzeugt, dass man
offen für alles Gesagte ist, könne man auch gelegentlich anderer Meinung sein.
Überhaupt empfiehlt Kaufmann, zwar zu versuchen, das Denkschema des Ge-
genübers zu übernehmen, nicht aber seine Meinung und Sprache. Ein solches
Verhalten werde sofort als nicht authentisch entlarvt. William Foote Whyte
(1994: 75) hat anschaulich berichtet, dass er während seinen Bostoner Feldstudien von den *Corner Boys* immer als anders und fremd wahrgenommen wurde –
egal, wie sehr er sich verstellte. Als er jedoch versuchte, die gleichen Schimpf-
wörter zu benützen wie sie, reagierten sie mit Verwunderung und Misstrauen.
Der Bandenchef, der gleichzeitig Whytes Vertrauens- und Kontaktperson war,
erklärte ihm später, dass dieses Verhalten zwar zur Bande, aber nicht zu Whyte
gepasst habe. Die Burschen hatten akzeptiert, dass er anders war als sie, aber sie
konnten nicht akzeptieren, dass er sich verstellte. Kaufmann (1999: 90f.) weist
darauf hin, dass man als Feldforscher oder Interviewer dieses Anderssein akzeptieren müsse, um – wenn schon anders – zumindest glaubwürdig zu wirken. Bei
einem standardisierten Interview werde versucht, möglichst wenig Einfluss auf
den Gesprächspartner zu nehmen. Diese Standardisierung mache die Interviewsituation zu einer *„völlig unnormalen Situation"* (ebd.). Kaufmann empfiehlt hingegen, die Besonderheit der Interviewsituation zu akzeptieren und sich zunutze
zu machen. Gerade wenn man den Gesprächspartner aus dem alltäglichen Rahmen herausführe, ihn dazu bringe, einen Schritt zurück zu treten und reflexive
Distanz zu sich und dem Gegenstand zu gewinnen, erhalte man die wertvollsten
Daten.

Insgesamt ist das Interview bei Kaufmann ein Prozess, in dessen Verlauf
sich die Positionen beider Akteure und ihr Verhältnis zueinander ständig wandeln. Daher gebe es nicht *das* richtige Verhalten oder *die* richtige Position.
Vielmehr müsse man immer die Balance zwischen Offenheit und eigener Meinung, zwischen naivem Interesse und Informiertheit halten. Darüber hinaus entwickle sich das Verhältnis zwischen Interviewer und Informant im Laufe des
Gespräches weiter. Im Idealfall sei der Interviewer eine Kombination aus einer

Vertrauensperson und einem Fremden, dem man alles erzählen kann, weil man ihn nie wieder sehen wird und er niemanden aus dem sozialen Umfeld des Befragten kennt. (Vgl. ebd.: 75-79.)

5.2.3 Begleiten und teilnehmen

Sich diesem Ideal anzunähern, ist in ebenso unterschiedlichem Ausmaß gelungen, wie sich die Umgebungen und die Gespräche selbst voneinander unterschieden haben. Alle Interviews haben mehr als eine Stunde gedauert und jedes hat – wenn auch in unterschiedlichem Ausmaß – etwas Neues und Überraschendes zutage gefördert. Dass ich manche Informanten besuchen und einen von ihnen sogar mehrere Stunden begleiten konnte, war zwar in diesem Ausmaß nicht geplant, aber auch keine große Überraschung; schließlich fanden die Interviews an den Arbeitsstätten der Befragten statt, sodass es nahe lag, sie mit Beobachtungen zu verbinden. Außerdem hatte ich gehofft, dass jene Personen, die sich zu einem Gespräch bereit erklärt hatten, an meinem Forschungsprojekt interessiert und bereit sein würden, Einblicke in ihren Beitrag zur Brauchpflege zu gewähren.

Völlig unerwartet und überraschend kam hingegen, dass ich von drei Informanten eingeladen wurde, an ihren Aktivitäten teilzunehmen. Nach den Zugangsschwierigkeiten bei Krampusläufen waren diese Erlebnisse wichtige Bestätigungen, es weiter zu versuchen. Am überraschendsten war, dass ich vom Mitglied einer Krampusgruppe eingeladen wurde, am örtlichen Lauf teilzunehmen. Dies hätte mich bei jedem Krampus- bzw. Perchtenlauf überrascht; aber in diesem Fall war es umso erstaunlicher, als es sich um einen 100 Jahre alten Verein handelte, der sich als Träger unverfälschter Traditionen sieht und gegen jede Veränderung überlieferter Formen wehrt. Die Suetschacher Krampusse aus dem Kärntner Rosental laufen nur auf ihrem eigenen Lauf, der traditionellerweise am 5. Dezember stattfindet, und laden dazu auch keine anderen Gruppen ein. Figuren und Ablauf folgen festen, angeblich uralten Regeln. Sowohl für die Burschen als auch für die Mädchen des Dorfes ist es selbstverständlich, dass Männer ab dem 16. Lebensjahr mitlaufen dürfen, während für Mädchen und unter 16-jährige Burschen nur die Rolle der Gejagten bleibt. Außerdem – so wurde mir erzählt – dürfe niemand wissen, wer von den Dorfmännern ein Krampus ist und wer nicht. Interessant war auch, wie selbstverständlich und unhinterfragt diese Regeln und die ihnen zugrundeliegenden Legenden von Dorfbewohnern jedes Alters gekannt und akzeptiert wurden.

Ich war von diesem Angebot so überrascht, dass ich nicht wusste, wie ich reagieren soll. Zwar hatten wir uns zwei Tage zuvor beim Besuch des örtlichen

Krampusmuseums kennengelernt. Aber angesichts der Strenge, mit der hier Regeln verfolgt, Mythen gepflegt und Geheimnisse gehütet werden, hatte ich mir die Brauchträger als geschlossene Gruppe vorgestellt, in die man hineingeboren wird oder nicht. Erst durch mehrere Feldaufenthalte, Gespräche und Beobachtungen verstand ich, dass niemand im Dorf – auch nicht die engsten Verwandten der potentiellen Krampusse – weiß, wer in diesem Jahr dabei ist und welche Maske er dabei tragen könnte. Diese Geheimnistuerei geht auf eine Legende zurück, die im Dorf jedes Kind kennt. Man erzählt sich, vor langer Zeit, an einem Freitag, habe ein Krampus – der dreizehnte – gefehlt und der Teufel (den man an seinem Ziegenbein erkennt) habe als Dreizehnter unbemerkt seinen Platz eingenommen. Seit diesem Tag laufen die Suetschacher Krampusse nur in ungeraden Zahlen und da bis unmittelbar vor Beginn des Laufes niemand weiß, wer von den versammelten oder angeblich daheim gebliebenen Männern mitlaufen wird, steht immer ein „Springer" bereit. Anscheinend ist es üblich, auch Fremde heimlich zum Mitlaufen zu überreden und ihnen Maske und Ausrüstung zur Verfügung zu stellen. (Vgl. Feldtagebuch: Traditioneller Krampuslauf, 05.12.2007.)

Dieses Beispiel zeigt, wie wichtig es war, Zugang zu den Wertvorstellungen und Denkmustern der Beteiligten zu erhalten, um die beobachteten Handlungen und die Bedeutung, die sie für die Menschen haben, zu verstehen. (Vgl. Weiss 1998: o.S.) Erst im Nachhinein verstand ich, dass ich nicht *trotz*, sondern gerade *wegen* der Strenge der Überliefung zum Mitlaufen eingeladen worden war, was bei einem hochformalisierten, durchorganisierten Krampusevent mit Registriegungspflicht jedes Teilnehmers, mit gruppenspezifischen Kostümierungen und über lange Zeit einstudierten Choreographien nicht möglich gewesen wäre. Während bei solchen Veranstaltungen der Zugang zu den Akteuren das Problem gewesen war, bestand in dieser Situation die größte Herausforderung darin, genügend kritische Distanz zu bewahren, um sich von der beschränkten Perspektive, die mit der Rolle des Beteiligten verbunden ist, zu lösen. Als Sozialwissenschaftler war ich ohnehin Teil des Objektes, das ich untersuchte. Hätte ich mich am Krampustreiben auch noch aktiv beteiligt, wäre die Identifikation mit den Beteiligten möglicherweise auch über die Dauer des Laufes hinweg zu stark geworden. (Vgl. Elias 1987: 123.) Und dies hätte gerade angesichts der Tatsache, dass die Suetschacher auf der Polarität von Bewahrern und Weiterentwicklern den traditionalistischen Pol bilden, starke Verzerrungen bei der weiteren Untersuchung zur Folge haben können.

Obwohl ich damals nicht über all dies nachdachte, lehnte ich ab. In dieser Phase war ich vor allem an Zuschauerreaktionen, der Beziehung zwischen Krampussen und Zuschauern, den impliziten Regeln und der Dynamik des Geflechts aus Zuschauern, Aufpassern, Gastronomen, Polizisten und Darstellern

interessiert. Natürlich hätte sich hierzu auch die Innenansicht des Krampus geeignet, vor allem hinsichtlich der körperlichen und emotionalen Erfahrungen. Da
die Suetschacher Krampusse aber nur einmal im Jahr, bei ihrem eigenen Lauf am
5. Dezember, aktiv sind, entschied ich mich, das seltene Geschehen von außen
zu beobachten.[85] Außerdem war ich vom Angebot überrascht und hatte Angst,
gegen eine der vielen mir unbekannten Regeln zu verstoßen. Gerade bei einer so
kleinen, fast familiären Veranstaltung wollte ich nicht riskieren, unangenehm
aufzufallen und das aufgebaute Vertrauen wieder zu zerstören. Aus heutiger
Sicht war dies vielleicht ein Fehler.

Um der Komplexität des Problems von Engagement und Distanzierung (das
im folgenden Absatz ausführlicher diskutiert wird) Rechnung zu tragen, seien
auch die beiden anderen Beispiele angesprochen. Ich wurde vom Obmann einer
großen Brauchtumsorganisation im Rahmen eines Interviews gefragt, ob ich
Interesse hätte, in dieser Organisation mitzuarbeiten. Abgesehen davon, dass sich
dieses Angebot auf die Zeit nach der Fertigstellung dieser Arbeit bezog und wohl
eher aus Freundlichkeit als aus ehrlichem Interesse unterbreitet wurde, hätte ich
im Konflikt zwischen Konservativen und Progressiven unbeabsichtigt Stellung
bezogen. Dadurch wären mir in der Szene mit Sicherheit einige Türen verschlossen geblieben. (Vgl. Interview Lattacher, 15.05. 2010.) Das dritte Beispiel betrifft den Schnitzer, den ich mehrere Male in seiner Werkstatt besuchen durfte.
Da ich befürchtete hatte, als Soziologiestudent keinen Termin zu erhalten, hatte
ich mir eine Coverstory überlegt. Ich gab vor, schnitzen lernen zu wollen. Je
weniger ich von meinen wahren Plänen preisgab, desto zurückhaltender war
jedoch auch mein Gesprächspartner. Je ehrlicher ich wurde, desto mehr öffnete
er sich. Als ich ihm von meinem wahren Vorhaben erzählte, entwickelte sich ein
mehrstündiges Gespräch. Eine Woche nach meinem ersten Besuch rief er mich
an und fragte, ob ich Lust hätte, bei ihm vorbeizukommen. Dort angekommen,
gewährte er mir Einblick in seine Arbeit und versprach, mir als Kontaktperson zu
anderen Schnitzen zur Verfügung zu stehen. Problematisch wurde es erst, als er
fragte, ob ich Teil seines „Netzwerks" werden wolle, das Schnitzer, Gerber,
Kunststoffgießer und Graphiker umfasste. Ein Soziologe fehlte anscheinend
noch. So bemerkenswert der Wandel unseres Verhältnisses war, als Teil der

---

85   Zwar wäre es möglich gewesen, den Suetschacher Lauf im darauffolgenden Jahr wieder zu
      besuchen und als Unbeteiligter zu beobachten, aber damals verfolgte ich das Ziel, möglichst
      viele verschiedene Veranstaltungen zu besuchen, um einen Eindruck von der Bandbreite der
      Veranstaltungsformen zu erhalten. Gerade am 5. Dezember, dem „Krampustag", finden in ganz
      Österreich, aber auch in Süddeutschland, Slowenien und Norditalien, hunderte Krampusumzü-
      ge statt. Tatsächlich besuchte ich ein Jahr danach, am 5. Dezember 2008, einen neu eingeführ-
      ten Krampusumzug im Grazer Stadtbezirk Lend, der mich jedoch aus ganz anderen Gründen
      interessierte (siehe dazu Kapitel 7).

Krampusszene wäre ich ein unmittelbarer Teil des Untersuchungsfeldes geworden. (Vgl. Feldtagebuch Mitterer, 06.12.2007 und 27.12.2007.)

So unterschiedlich die drei Beispiele sind, sie alle haben mit einem Problem
zu tun, das Norbert Elias mit dem Begriffspaar *Engagement und Distanzierung*
(1987) beschrieben und als zentrales Problem aller „Gesellschaftswissenschaft-
ler" bezeichnet hat. Als Soziologe oder Soziologin kann man nicht aufhören, Teil
der Gesellschaft zu sein. Was immer man tut, man bleibt von sozialen, politischen und wirtschaftlichen Angelegenheiten persönlich betroffen. Elias betont
aber ausdrücklich, dass dieses Engagement gleichzeitig die Voraussetzung ist,
um die untersuchten Probleme verstehen zu können. Pierre Bourdieu hat diese
Forderung in den Vorbemerkungen zu *Das Elend der Welt* in das methodische
Konzept der *„teilnehmenden Objektivierung"* (Bourdieu et al. 2008) übersetzt.
Bourdieu et al. widmeten sich in der Interviewstudie nicht den ökonomischen
Nöten der Ärmsten, sondern sie untersuchten Formen symbolischer Armut in
verschiedenen sozialen Milieus. Aus der Distanz betrachtet mögen die alltäglichen *„kleinen Nöte"* im Vergleich zur materiellen Not der Ärmsten als gering
erscheinen. Für jene, die soziale Ausgrenzung, Prestigeverlust und Stigmatisierung erfahren – oder auch nur befürchten –, seien sie jedoch nicht minder bedrohlich und existentiell. Bourdieus Perspektivismus beruht daher auf der Notwendigkeit,

> „[…] den einen, zentralen, beherrschenden, kurz: gleichsam göttlichen Standpunkt,
> den der Beobachter und sein Leser (jedenfalls so lange, als er sich nicht selbst be-
> troffen fühlt) so gern einnehmen, zugunsten der Pluralität der Perspektiven aufzuge-
> ben, die der Pluralität der miteinander existierenden und manchmal direkt konkurrie-
> renden Standpunkte entspricht." (Bourdieu, in Bourdieu et al. 2008: 17f.)

Dabei geht es Bourdieu keineswegs um einen *„subjektivistischen Relativismus"*,
sondern um die vorübergehende *„Übernahme eines Standpunktes, der dem der
befragten Person so nahe wie möglich ist"* (ebd.: 14), um die verschiedenen
Perspektiven verstehen und danach kontextualisieren und miteinander konfrontieren zu können. Die zentrale Frage ist also nicht, ob Sozialwissenschaftlerinnen
und Sozialwissenschaftler engagiert oder distanziert sind, sondern, wie die Balance zwischen Engagement und Distanzierung aussieht und wie mit der eigenen
Engagiertheit umgegangen wird. Oder mit Elias' Worten: *„Wie ist es möglich,
ihre beiden Funktionen als Beteiligte und als Forscher unzweideutig und konsequent auseinanderzuhalten?"* (Elias 1987: 128.) Dies gilt für diese Arbeit umso
mehr, als sie ein doppeltes Ziel verfolgt: zu den Emotionen, Bedürfnissen und
Wertvorstellungen der Menschen vorzudringen und die Struktur ihrer Wandlungen und der Wandlungen der gesellschaftlichen Muster, die diese Menschen
miteinander bilden, zu erkennen. Gerade wenn man die Fragen, Annahmen und
Konzepte aus und in fortwährender Konfrontation mit dem empirischen Material

entwickeln möchte, muss man immer zwischen diesen beiden Ebenen hin- und herpendeln, um aus konkreten Beobachtungen allgemeinere Zusammenhänge auf einem höheren Syntheseniveau abzuleiten. Und immer geht es darum, die schwierige Balance zu finden zwischen dem Einnehmen der Perspektive des Untersuchten und deren Verständnis, zwischen dem Zugang zu Wertvorstellungen, Denkmustern und vertraulichen Informationen und ihrer Übernahme, zwischen verstehender Innen- und analytischer Außensicht.

5.3 Feldforschung und statistische Analysen im Internet

5.3.1 Internetportale als Feld: Von Krampusmania bis Krambay

(1) Zum scheinbar temporären Charakter des Feldes. Eine Besonderheit des Feldes, das in dieser Arbeit untersucht wird, ist, dass es oberflächlich betrachtet nur während der so genannten Krampus- und Perchtenzeit[86], d.h. zwischen Mitte November und Mitte Jänner, existiert. Das Problem, das sich dabei ergibt, ist offensichtlich: wenn sich die Gruppen nur während der Wintermonate zusammenschließen und Veranstaltungen nur in diesem Zeitfenster stattfinden, kann der Forscher nur während dieser Zeit Zugang erhalten. Wie sich jedoch schnell herausstellen sollte, stehen die Gruppen während des ganzen Jahres in regem Kontakt. Erstens verlangt die zunehmende Professionalität der Masken, Kostüme und Umzüge nach intensiver Vorbereitung, die sich nicht nur auf wenige Wochen vor Saisonbeginn beschränkt.[87] Zweitens gehen die Aktivitäten vieler Gruppen weit über die Brauchtumspflege hinaus. Die Bandbreite reicht von Faschingsumzügen über Kegel- und Fußballturniere bis zu Maskenausstellungen, bei denen die neuesten Ausrüstungen präsentiert und Freundschaften gepflegt werden und sich Gleichgesinnte aus verschiedenen Regionen Österreichs treffen, um auf dem neuesten Stand der Masken- und Zubehörentwicklung zu bleiben. Drittens ist die Krampus- und Perchtenszene während des gesamten Jahres über Internetportale miteinander verknüpft. Hier stellen sich Vereine, Schnitzer und Ausstatter vor, werden Masken gezeigt und Trends besprochen, können Fotoreportagen von Krampusläufen und sogenannten Schnitzertouren gelesen werden, werden Umzugstermine koordiniert und bekanntgegeben, können sich Vereine für Veranstaltungen anmelden, etc.

---

86 Anfang und Ende der „Saison" sind je nach Region, Brauchtumsauffassung und Strenge der Trennung zwischen Krampusbrauch und Perchtenbrauch verschieden und variieren außerdem im Zeitverlauf.

87 Diese Entwicklung wird im sechsten Kapitel ausführlich diskutiert.

(2) Krampus-Portale.[88] Das Feld der sogenannten Krampusportale ist erst in den letzten zehn Jahren entstanden. Mit 12.233 registrierten Nutzern und 743 Krampus- bzw. Perchtenvereinen (Stand 03.03.2011) ist das 2005 gegründete *Krampusmania.at*[89] das beliebteste und erfolgreichste Krampus-Portal.[90] *Krampusmania* zeichnet sich durch seine weltanschauliche Offenheit aus. Hier treffen Vertreter unterschiedlichster Brauchtumsauffassungen, Intentionen und Bedürfnisse aus allen Regionen Österreichs, aus Süddeutschland und Norditalien aufeinander. Diese Eigenschaft von *Krampusmania* ist vor allem für die Frage interessant, wie sich gruppen- und szeneneigene Traditionsverständnisse, Wir-Identitäten, Selbst- und Fremdbilder bilden und welche Zugehörigkeits- und Abgrenzungsbedürfnisse dabei von Bedeutung sind. Das *Krampusforum*[91] (früher *Tuiflmania*) erinnert in Graphik, Aufbau und Inhalt an *Krampusmania*, wird jedoch von den Brauchtragenden eher als *Krampusmania*-Kopie denn als Konkurrenz angesehen. Andere Portale sind auf bestimmte Brauchformen, Regionen oder Weltanschauungen spezialisiert. Der *Krampusstammtisch*[92] ist Treffpunkt konservativer Traditionalisten, die für das Festhalten an überlieferten Formen einstehen; im *Krampustreff*[93] haben sich hingegen Personen versammelt, welche die Erscheinung der Krampusse dem aktuellen ästhetischen Empfinden anpassen und weiter entwickeln möchten.[94] (Vgl. Interview Hafner / Trinkl, 15.05.2010.) In den letzten zwei bis drei Jahren haben diese Krampus-Portale von sozialen Netzwerken, vor allem von Facebook-Seiten, die ähnliche Funktionen anbieten (z.B. Seiten von Vereinen, Schnitzern, aber auch Maskenbasare), starke Konkurrenz erhalten (vgl. Krampusmania.at, 19.05.2015 [09.03.2017])[95]. Auch wenn die Zahl der registrierten *Krampusmania*-Userinnen und -User seit dem Ab-

88   Eine ausführliche Vorstellung der wichtigsten Internetportale, ihrer Geschichte, inhaltlichen Ausrichtung und ihres Erfolgs (Userzahlen, Frequenz usw.) findet sich im sechsten Kapitel.
89   Portal – KRAMPUSMANIA das Original. URL: http://ks.krampusportal.at/index.php?page= Portal (letzter Zugriff: 05.04.2011). Aktuelle URL: http://krampusmania.at/ (letzter Zugriff: 02.03.2017).
90   Am 2. März 2017 waren 18.182 User registriert. Das Vereinsverzeichnis gibt es nicht mehr. (Vgl. Mitglieder – KRAMPUSMANIA. URL: http://krampusmania.at/index.php/MembersList/ (letzter Zugriff 02.03.2017).)
91   Portal – www.krampusforum.at. URL: (15) http://www.tuiflmania.at/wbb3/index.php?page= Portal (letzter Zugriff: 31.12.2010).
92   Krampusstammtisch – Portal. URL: http://www.krampus-stammtisch.com/wbb2/hmportal.php (letzter Zugriff: 31.12.2010).
93   Krampustreff – Portal. URL: http://www.krampustreff.at/wbb2/hmportal.php (letzter Zugriff: 31.12.2010).
94   Das *Teufelsportal* war im Untersuchungszeitraum nicht online und wurde daher nicht in die Erhebung einbezogen.
95   Zerstört Facebook die Brauchtumsgemeinschaft?, 19.05.2015. URL: http://krampusmania.at/ index.php/Thread/60801-Zerst%C3%B6rt-Facebook-die-Brauchtumsgemeinschaft/?postID=79 9745&highlight=facebook#post799745 (letzter Zugriff: 09.03.2017).

schluss der Erhebung von 12.233 (am 3. März 2011) auf 18.182 (am 2. März 2017) gestiegen ist, hat die Frequenz – trotz mehrerer Gegensteuerungsversuche – seither deutlich abgenommen (vgl. Krampusmania.at, 06.01.2017 [09.03. 2017])[96].

5.3.2 Zur deskriptiv-statistischen Analyse

Die erste Säule der Online-Analyse bildete die deskriptiv-statistische Untersuchung der in diesen Portalen registrierten User und Vereine.

(1) Vereinsgründungen. Um den Prozess der räumlichen Ausbreitung verschiedener Brauchformen nachzuzeichnen, wurden über einen Zeitraum von zwei Jahren parallel zu den anderen Forschungsaktivitäten Informationen über die Gründung von Krampus- und Perchtengruppen erhoben.[97] Abschließend sollte mittels deskriptiv-statistischer Verfahren herausgefunden werden, ob und in welchem Ausmaß sich die Anzahl der Gruppen in den letzten Jahrzehnten in verschiedenen Regionen Österreichs verändert hat.[98]

Der größte Schwachpunkt dieser Online-Untersuchung ist ihre Repräsentativität – die geringe Übereinstimmung von angestrebter Grundgesamtheit und Auswahlgesamtheit. Das bedeutet, dass nicht alle Krampus- und Perchtengruppen die gleiche Chance hatten, in die Stichprobe zu gelangen (vgl. Freie Universität Berlin [07.04.2011])[99]. Dies betraf Gruppen, die weder auf einschlägigen Internetportalen noch auf Teilnehmerlisten von Krampusläufen, weder in volkskundlichen Dokumentationen noch in behördlichen Vereinsregistern aufscheinen.[100] Daher war die Grundgesamtheit nicht bekannt. Zum anderen musste die Vereinserhebung aus Zeit- und Kostengründen auf die oben vorgestellten Internet-Portale eingeschränkt werden. Die Auswahlgesamtheit umfasste folglich nur

---

96 UMFRAGE: Wie zufrieden seit Ihr mit KRAMPUSMANIA.AT ??? URL: http://krampusmania. at/index.php/Thread/61839-UMFRAGE-Wie-zufrieden-seit-Ihr-mit-KRAMPUSMANIA-AT/? postID=802881&highlight=facebook#post802881, 06.01.2017 (letzter Zugriff: 09.03.2017).
97 Die Online-Vollerhebung wurde am dritten März 2011 abgeschlossen.
98 Da dieses Vorhaben für die Fragestellungen dieser Arbeit nicht von zentraler Bedeutung ist, wurde es nur ansatzweise durchgeführt. Zwar wurde die Zahl der jährlichen Vereinsgründungen der letzten Jahrzehnte bis hinunter auf die Bezirksebene nachvollzogen; von einer weiteren Differenzierung nach Brauchformen und -auffassungen, die mit den erhobenen Daten durchaus möglich gewesen wäre, wurde jedoch abgesehen.
99 Probleme bei der Bestimmung der Grundgesamtheit – Freie Universität Berlin. URL: http:// web.neuestatistik.de/inhalte_web/content/MOD_27531/html/comp_27607.html (letzter Zugriff: 07.04.2011).
100 Es handelt sich um Gruppen, die behördlich nicht als Verein eingetragen sind, die in keinem der großen Internet-Portale vertreten sind und deren Aktivitäten von der heimat- und volkskundlichen Forschung nicht als dokumentationswürdig angesehen werden.

Gruppen, die auf mindestens einem der großen Krampus-Portale registriert bzw. eingetragen waren.[101] Folglich hatten Krampusgruppen, die auf keinem der fünf Portale registriert waren, keine Chance, in die Stichprobe zu gelangen. Dies war insofern problematisch, als die Verteilung *aller* existierenden Gruppen nicht ermittelt werden konnte. Daher konnte weder festgestellt werden, ob ihr die Verteilung der auf Internet-Portalen registrierten Gruppen entspricht, noch konnte für jede existierende Gruppe die Wahrscheinlichkeit berechnet werden, dass sie Teil der Stichprobe wird. (Vgl. Schnell / Hill / Esser 1999: 249-291.)

Es ist jedoch anzunehmen, dass der Ausfall bestimmter Gruppen nicht zufällig, sondern aufgrund bestimmter Merkmale erfolgt ist. So liegt die Vermutung nahe, dass ein bestimmter Gruppentyp in Internetportalen unterrepräsentiert ist. Es handelt sich hierbei um Gruppen, deren Mitglieder älter und nicht an neuen Brauchentwicklungen interessiert sind oder ihnen negativ gegenüberstehen; die den Brauch nicht in erster Linie für Zuschauer, sondern für die Dorfgemeinschaft ausüben; die sich nicht explizit zur Brauchpflege zusammengeschlossen haben, sondern diesen Brauch als selbstverständlichen Teil des Jahreskreislaufs bzw. des lokalen Gemeinschaftslebens betrachten; die nicht als Vereine eingetragen sind und weder einen festen Mitgliederstock noch klare Aufgabenverteilungen haben, usw. Um diesem Problem zu begegnen, wurden neben den ideologisch offeneren Portalen *Krampusmania.at* und *Krampusforum.at* auch Portale wie *Krampusstammtisch.com* und *Krampustreff.at*, die auf bestimmte Brauchformen spezialisiert sind, sowie das Online-Lexikon *Perchten.at[102]* in die Analyse einbezogen.[103] Registrierte Krampusgruppen, deren Gründungsjahr bzw. Herkunftsregion nicht ermittelt werden konnte, wurden bei den jeweiligen Berechnungen ausgeschlossen. Aufgelöste Gruppen und Mehrfachregistrierungen wurden ebenso ausgefiltert wie Gruppen, die ausschließlich andere (z.B. Fasnachts-) Bräuche pflegen. Zur Erhebung *aller* Brauchformen und Trägergruppen müssten diese Daten durch Informationen aus anderen Quellen ergänzt werden.[104] Für jene Szenen und Gruppen, die den Boom der letzten Jahre tragen und die daher für unsere Fragen von Interesse sind, können die im sechsten Kapitel präsentierten Daten jedoch als repräsentativ angesehen werden.

---

101 User und Vereine registrieren sich selbst. Nach Überprüfung und Überarbeitung werden die Daten von einem Administrator bzw. einer Administratorin freigeschalten. (Interview Hafner / Trinkl, 15.05.2010.)

102 Perchten.at – Perchtengruppen Österreich – Portal. URL: http://www.perchten.at/site07/con tent/category/4/23/32/ (letzter Zugriff: 03.03.2011).

103 Dem Undercoverage-Problem, dass das Internet im Allgemeinen und soziale Netzwerke im Besonderen nicht allen sozialen Gruppen in gleichem Maße zugänglich sind, konnte damit nicht begegnet werden.

104 Zum Beispiel aus privaten und volkskundlichen Sammlungen, aus offiziellen Vereinsstatistiken oder aus einer Netzwerkanalyse der Verlinkungen auf Vereins-Homepages.

(2) Soziodemographische Daten. Die zweite Frage, zu deren Diskussion deskriptiv-statistische Verfahren zur Anwendung kamen, war, wer die tausenden Menschen sind, die einen erheblichen Teil ihrer zeitlichen und ökonomischen Ressourcen jährlich in neue Ausrüstungen stecken. Beschränkt sich die Begeisterung für winterliche Maskenumzüge auf bestimmte Regionen, soziale Milieus und Altersklassen? Oder hat sie – wie die tausenden Zuschauer bei Krampusläufen vermuten lassen – breite Bevölkerungsschichten erreicht? Die begrenzten Ressourcen machten eine Zuschauer-Erhebung unmöglich. Daher konnten diesen Fragen lediglich für die Brauchausübenden nachgegangen werden. Zu diesem Zweck wurden die Userinnen und User des beliebtesten Krampus-Portals, *Krampusmania*, hinsichtlich der Variablen Alter, Geschlecht und Beruf ausgewertet. Die User-Erhebung fand Anfang 2011 statt und wurde am 27. Februar abgeschlossen. Zunächst wurde aus den damals 12.233 registrierten *Krampusmania*-Userinnen und -Usern eine Stichprobe gezogen. Im ersten Schritt wurden alle 2.892 aktiven User (d.h. User, die einen oder mehrere Foreneinträge verfasst hatten) erfasst. Aus den verbliebenen 9.441 Usern wurden nach dem Zufallsprinzip mehr als 3.000 User gezogen. Die Erhebung erwies sich als äußerst aufwendig, da für jeden User ein eigener Frame geöffnet und die interessierenden Informationen händisch in ein Statistikprogramm übertragen werden mussten. Diese Vorgehensweise wurde abgebrochen, als der Einbezug weiterer 1.000 Fälle bei den Häufigkeitsverteilungen keine nennenswerten Veränderungen (d.h. nur mehr Schwankungen im Promillebereich) mit sich brachten. Die endgültige Stichprobe umfasste 6.000 Fälle. Das bedeutet, dass fast die Hälfte aller registrierten *Krampusmania*-User in die Stichprobe aufgenommen wurde.

Die oben angesprochenen Probleme der Repräsentativität gelten hier umso mehr, als mit den soziodemographischen Variablen genau jene Merkmale von Interesse sind, entlang derer bestimmte Gruppen in der Stichprobe über- oder unterrepräsentiert sein könnten. Daher muss der Geltungsbereich der auf diesem Wege gewonnenen Ergebnisse auf jene Merkmalsträger – diesmal User – eingegrenzt werden, die von den jüngsten Wandlungsprozessen des Brauches besonders betroffen und an ihnen beteiligt sind. Darüber hinaus erlaubten die zeitlichen Ressourcen nicht, diese aufwendige Art der Erhebung in allen großen Krampus-Portalen durchzuführen. Stattdessen beschränkte sie sich auf *Krampusmania*, das hinsichtlich Userzahl, Userfrequenz und weltanschaulicher Offenheit am geeignetsten erschien. Dementsprechend umfasste die Auswahlgesamtheit alle registrierten *Krampusmania*-User. Da die meisten Funktionen nur für registrierte bzw. angemeldete User zugänglich sind, kann man von *den Krampusmania*-Usern sprechen. Angesichts der starken Frequenz, der großen Userzahl und der großen Bandbreite an Meinungen, Vereinen und Subszenen kann *Krampusmania* durchaus als repräsentativ für jene Gruppen und Individuen angesehen werden, die den Krampus- und Perchtenboom der letzten Jahre tragen.

5.3.3 Zur virtuell-ethnographischen Analyse

Der Schwerpunkt der Online-Analyse lag jedoch auf einer qualitativ-verstehenden Untersuchung. Fotoreportagen, Lexikoneinträge, selbstverfasste Gruppendarstellungen, Werbeschaltungen und vor allem Diskussionsforen bieten ein reichhaltiges Material für ethnographische Untersuchungen.

(1) Das virtuelle Feld. Für die Untersuchung der Brauchdeutungen waren vor allem die umfangreichen Informationsthemen, in denen sich Userinnen und User über verschiedene Brauchformen und deren Geschichte informieren können, von Interesse. Dabei ging es um die Fragen, welche Brauchformen auf welche Art und Weise dargestellt werden, auf welche vorhandenen Deutungen und Muster man sich dabei bezieht, wie mit alternativen Deutungsvorschlägen umgegangen wird und welche Erklärungsversuche sich schließlich durchsetzen. Um zu verstehen, wie und warum volks- und heimatkundliche Thesen in den kollektiven Wissensbestand übergehen, sind diese von den Brauchträgern verfassten Einträge und der Umgang mit ihnen von großer Bedeutung. Sie waren eine wichtige Ergänzung zu heimatkundlichen Publikationen, Medienberichten, volkskundlichen Arbeiten und neueren volkskundlichen Untersuchungen. In diesem Zusammenhang waren auch die User-Kommentare in Bildergalerien[105], in denen Schnitzer, Gruppen und einzelne User ihre aktuellen Masken präsentieren, von großem Interesse. Die Vereinspräsentationen waren vor allem im Hinblick auf die Selbstdarstellung der Vereine, aber auch der Schnitzer, der Teilszenen und der ganzen Szene aufschlussreich.

Gerade weil es mittlerweile in allen fast allen Landesteilen Krampus- bzw. Perchtengruppen gibt und weil sich ihre öffentlich sichtbaren und zugänglichen Kernaktivitäten auf knapp zwei Monate des Jahres beschränken, dienen die Internetportale auch als Kommunikationskanäle und Diskussionsplattformen. Hier werden Vereine und Schnitzer präsentiert, Veranstaltungen angekündigt, Ratschläge erteilt, die neusten Entwicklungen besprochen und Probleme diskutiert,

---

105 Userinnen und User können schon vor Saisonbeginn die Aktivitäten der anderen Gruppen und Schnitzer verfolgen, auf dem aktuellen Stand der Masken- und Zubehörentwicklung bleiben und gegebenenfalls Innovationen in ihre Ausrüstung übernehmen. Über private Nachrichten wird der User außerdem laufend über aktuelle Geschehnisse, Veranstaltungen oder Medienberichte informiert.

von denen einige *nicht* für die (mediale) Öffentlichkeit bestimmt sind.[106] In den Foren werden Gespräche geführt, die in einer nicht (nur) virtuellen Gemeinde auf der Straße, in den Kneipen und Kaffeehäusern stattfinden. Aus diesem Grund waren die Online-Diskussionsforen für die Erforschung tabuisierter Einstellungen, Emotionen und Verhaltensweisen, die vor allem im siebenten Kapitel von Bedeutung sind, eine unersetzliche Quelle. Sie ermöglichten es, einen Blick hinter die Kulissen, auf die *„Hinterbühne"*[107] der Krampus- und Perchtenszene, zu werfen. Über die Diskussionsforen erhielt ich Zugang zu Meinungen, Wertvorstellungen und emotionalen Bedürfnissen, die eigentlich nicht für Außenstehende gedacht sind und die durch Interviews alleine wohl kaum zutage gefördert werden hätten können.

Wie wir im sechsten, siebenten und achten Kapitel sehen werden, sind diese Internetportale nicht nur wichtige Instrumente der szeneinternen Meinungsbildung, sondern Austragungsorte erbitterter Konkurrenzkämpfe. Sie sind Schauplatz und Werkzeug der Zugehörigkeits- und Abgrenzungsbemühungen verschiedenster gesellschaftlicher Gruppen und damit für die Konstruktion von Fremd- und Selbstbildern sowie von Gruppenidentitäten von großer Bedeutung. Da eine genaue Analyse aller Krampus-Foren im Rahmen dieser Arbeit nicht geleistet werden konnte, wurde die ethnographische Untersuchung nur in *Krampusmania* durchgeführt.

(2) Feldforschung im Internet. In dem Maße, in dem das Internet zu einem selbstverständlichen Teil des beruflichen und privaten Alltags der Menschen in hochdifferenzierten Gesellschaften geworden ist, ist es auch in den Fokus der sozialwissenschaftlichen Forschung gerückt. Die *Virtuelle Ethnographie* ist einer jener Ansätze, die sich als Reaktion auf die Entstehung dieses neuen potentiellen Forschungsfeldes entwickelt haben. Sie besteht aus einer Vielzahl von Ansätzen aus verschiedenen Disziplinen und verfügt weder über allgemein anerkannte theoretische Konzepte noch über ein gemeinsames Repertoire von Forschungsmethoden. „Virtuelle Ethnographie" ist daher weder als Disziplinen- noch als

---

106 Die Diskussionsforen sind nur für registrierte User zugänglich. Besonders emotional sind Diskussionen über das richtige bzw. falsche Verhalten von Krampussen, über Zuschauerangriffe auf Krampusse, über den Regulierungsgrad von Krampusläufen, über die Frage, wie man sich gegenüber „Ausländern" verhalten solle und welche Brauchtumsauffassung die „richtige" sei.

107 Natürlich ist ein Online-Portal, das im Hinblick auf die Öffentlichkeit eine Hinterbühne darstellt, gleichzeitig eine szeneinterne Vorderbühne, auf der die einzelnen Vereine, Interessensvertretungen und alle anderen User „Eindrucksmanipulation" betreiben. Da es hier weniger darum ging, die Einstellungen und Werthaltungen der verschiedenen Teilszenen aufzuspüren, als darum, den allgemeinen Wertekonsens und die impliziten Verhaltensnormen, die sich über alle Brauchtumsauffassungen hin zeigen, zu verstehen, war es trotzdem hilfreich, die Diskussionsforen als Hinterbühne im Goffman'schen Sinne (2003) anzusehen.

Methodenbezeichnung zu verstehen, sondern als Sammelbegriff für Versuche, das junge Feld des Internets ethnographisch zu untersuchen. Die spezielle Herausforderung, der sich die virtuelle Feldforschung zu stellen hat, ergibt sich aus der Spannung zwischen der besonderen Beschaffenheit des Feldes und anerkannten Konzepten der Ethnographie. Auch wenn viele Probleme keineswegs neu sind – man denke an die Fragen nach Perspektive, Repräsentation und Partizipation des Forschers –, verlangen die spezifischen Eigenschaften des Feldes danach, gängige ethnographische Vorgehensweisen und Konzepte zu überdenken – etwa hinsichtlich des Feldzugangs, des Eintretens und Verlassens des Feldes oder der Teilnahme. (Vgl. Dominguez et al. 2007: 1f.) Die folgenden Überlegungen wurden in Auseinandersetzung mit Aufsätzen entwickelt, die in der FQS[108]-Schwerpunktausgabe *Virtuelle Ethnographie* im September 2007 erschienen sind. Sowohl Heike Mónika Greschke als auch Simona Isabella haben jeweils am Beispiel einer eigenen Studie die Potentiale und Probleme ethnographischer Untersuchungen eines virtuellen Feldes herausgearbeitet.

(3) Zugang zum virtuellen Feld. Greschkes Überlegungen waren vor allem hinsichtlich des Zugangs und der Rolle des Forschers im virtuellen Feld von Bedeutung. Zum Beispiel stellte sich bald die Frage, ob man sich im Internetforum als Forscher zu erkennen geben oder eine andere Identität annehmen soll, ob man Diskussionen anregen und sich an ihnen beteiligen oder das Online-Geschehen nur beobachten (*lurken*) soll. Im Falle dieser Untersuchung bot es sich an, als Forscher unerkannt zu bleiben und sich wie alle anderen User mit einem *Nick*[109] zu registrieren.[110] Bei Bedarf hätte die Möglichkeit bestanden, laufende Diskussionen durch Wortmeldungen zu beeinflussen, Themen zur Diskussion zu stellen oder Umfragen zu starten. Angesichts des Umfangs und Gehalts der existierenden Diskussionen wurde jedoch von dieser Möglichkeit abgesehen. Um mir diese Option offen zu lassen und das Vertrauen der User zu gewinnen, arbeitete ich beständig an meinem Image (vgl. ebd.: 18-20), das einerseits vom Bekanntheitsgrad und andererseits vom Status des jeweiligen Users abhängt. Da beide mit zunehmender Anzahl der Diskussionsbeiträge und gesammelter „Erfahrung" (Zeitraum seit Registrierung) steigen, galt es, möglichst viele „Aktivitätspunkte" zu sammeln. Um kein Aufsehen zu erregen, bediente ich mich dabei des gleichen Mittels wie die übrigen User: ich postete hin und

---

108 Forum Qualitative Sozialforschung, URL: http://www.qualitative-research.net/index.php/fqs (letzter Zugriff: 02.03.2017).

109 Benutzername, vom englischen *Nickname* (Spitzname).

110 Diskussionsforum, Register, Lexikon und Bildergalerie sind wie alle wichtigen Funktionen nur registrierten Usern zugänglich.

wieder belanglose Wortmeldungen.[111] Wie bei einer nicht-virtuellen Feldforschung galt auch hier, sich an Sprache und Regeln des Feldes anzupassen. Auf *Krampusmania* muss jeder User bei der Erstregistrierung den Nutzungsbestimmungen zustimmen. Neben diesem verschriftlichten, formellen Regelwerk existiert ein Netz unausgesprochener, informeller Verhaltensstandards, die immer dann sichtbar werden, wenn ein User einen solchen verletzt und von anderen Userinnen und Usern oder einem Moderator darauf hingewiesen wird. Da alle Diskussionsbeiträge (außer den wegen groben Verfehlungen gelöschten) in den Foren erhalten bleiben, bestand keine Notwendigkeit, die Regeln zu brechen, um sie sichtbar zu machen. Es genügte, sich alte Diskussionen anzusehen.

(4) Internetportale als Gegenstand oder Quelle? Abschließend ist auf einen grundsätzlichen Unterschied zwischen dieser Arbeit und den beiden vorgestellten ethnographischen Online-Forschungen hinzuweisen. Während Internetforen bei Greschke und Isabella *Gegenstand der Untersuchung* waren, wurden sie in dieser Arbeit lediglich als *Datenquelle* genützt. Es ging nicht um die besondere Art der Kommunikation im Internet, um die sozialen Beziehungen, die unter Usern entstehen oder um die Frage, ob *Krampusmania* Krampusläufe obsolet macht. Vielmehr erleichterte *Krampusmania* als wichtigstes Kommunikationsmittel der Szene den Zugang zu den Brauchausübenden und ihren Bedürfnissen, Ein- und Wertvorstellungen. Während in den Internet-Portalen, die Greschke und Isabella untersucht haben,[112] die Kontakte lediglich über das Internet und nur zu diesem Zweck aufgenommen wurden und die physischen Treffen eher ein Nebenprodukt darstellen, dient *Krampusmania* den Usern in erster Linie dazu, die Planung, Dokumentation und Diskussion physischer Treffen zu erleichtern und die Zeit zwischen ihnen zu überbrücken.

Entsprechend verschieden ist der Stellenwert, den die ethnographische Online-Forschung im gesamten Forschungsdesign einnimmt. Da Greschke und Isabella das Ziel verfolgten, zu verstehen, welche Bedeutung das jeweilige Internetforum für die User hat, lag ihr Schwerpunkt auf der Internet-Analyse, die durch „Face-to-Face-Untersuchungen" lediglich ergänzt wurde. Im Falle der vorliegenden Arbeit war die Online-Unter-suchung einer von mehreren Bausteinen des Forschungsdesigns. Da die Fragen, Annahmen und theoretischen Konzepte so nahe wie möglich am und durch das empirische Material entwickelt werden sollten, wurden mehrere Methoden miteinander kombiniert. Diese Vor-

---

111 Häufig schrieb ich unter ein Bild einer Maske als x-ter User den Kommentar „geil" oder „wahnsinn!".

112 Greschke führte von 2003 bis 2005 eine ethnographische Untersuchung eines öffentlich zugänglichen Internetforums durch, das Exil-Paraguayanern auf der ganzen Welt als Treffpunkt dient. Isabellas Überlegungen basieren auf einer vergleichenden Untersuchung zweier textbasierter Online-Rollenspiele (*Multi User Domains, MUDs*).

gehensweise zielte darauf ab, die Schwächen der einen durch die Stärken der anderen Methode auszugleichen und so die Validität und Reichhaltigkeit der Ergebnisse zu erhöhen. Die Diskussionen der Brauchträgerinnen und Brauchträger, die in den einschlägigen Internet-Foren einfach zugänglich sind, zeichnen sich durch größere Unmittelbarkeit und Ungeschminktheit aus als Informationen, die durch Feldaufenthalte, Beobachtungen, Experteninterviews oder die Analyse offizieller Erzeugnisse (wie etwa Zeitungsartikel) gewonnen wurden. Im Gegenzug sollten die Schwierigkeiten, die aus methodologischer Sicht mit der Anonymität virtueller Kommunikationsmittel verbunden sind, durch eine Reihe etablierter Methoden der empirischen Sozialforschung ausgeglichen werden.

Dritter Teil: Prozess- und figurationssoziologische Untersuchung

Der dritte Teil dieser Arbeit stellt deren Kern dar: die prozess- und figurationssoziologische Untersuchung des gegenwärtigen Booms von Krampus- und
Perchtenbräuchen. Die zentrale Frage, die sich durch die folgenden Kapitel zieht,
ist, aus welchem Grund in einer Zeit zunehmender Globalisierung, Kommerzialisierung und sozialer Differenzierung ein alter – oder vermeintlich alter – Brauch
wiederentdeckt und zu einem Massenphänomen wird. In jedem der nachfolgenden Kapitel wird diese Entwicklung aus einem anderen Blickwinkel beleuchtet.
Am Ende wird versucht, diese Einsichten zusammenzubringen und zu einem
größeren Bild zusammenzufügen.

Im *sechsten Kapitel* werden wir der Frage nachgehen, inwieweit die jüngste
Beliebtheit von Krampus- und Perchtenbräuchen mit spezifischen Wandlungen
der emotionalen Bedürfnisse und der Freizeitgewohnheiten junger Menschen in
komplexen, hochdifferenzierten Gesellschaften zusammenhängt. Dabei wird die
Frage diskutiert, ob und inwiefern die jähe Beliebtheit dieser Bräuche damit
zusammenhängt, dass sie sich auf eine Weise gewandelt haben, die den oben
angesprochenen Bedürfnissen auf besondere Weise entgegenkommt.

Im *siebenten Kapitel* wird einem Phänomen auf den Grund gegangen, das
als *Krampus-Hooliganismus* bezeichnet wird und auf den ersten Blick den im
sechsten Kapitel diskutierten Entwicklungen entgegenzulaufen scheint: brutale,
gewalttätige Auseinandersetzungen zwischen Brauchträger- und Zuschauergruppen. Dabei wird es um gesellschaftliche Subgruppen und ihre Männlichkeitsnormen gehen, aber auch um Wir-Gefühle und Habitusunterschiede, um Machtdifferenzen und Etablierten-Außenseiter-Beziehungen.

Im *achten und letzten Kapitel* werden die Überlegungen der vorangegangenen Kapitel zusammengeführt und es wird argumentiert, dass sich regionale
Brauchtumsfeste im Allgemeinen und Krampus- bzw. Perchtenbräuche im Besonderen in den letzten Jahren so großer Beliebtheit erfreuen, weil sie den emotionalen Bedürfnissen der Menschen in hochdifferenzierten Gesellschaften auf
ganz spezifische Weise entgegenkommen.

6   Versportlichung – Wandlungen des Krampusbrauches und des Habitus

In medialen und populär-volkskundlichen Wortmeldungen ist der häufigste Kritikpunkt am jüngsten Krampus- und Perchtenboom, dass alte Brauchformen, - abläufe und -inhalte verloren gehen und durch neue, weniger wertvolle oder authentische ersetzt werden (siehe drittes Kapitel). Eine der zentralen Thesen dieser Arbeit ist, dass man die gegenwärtige Begeisterung für Brauchtumsfeste und wiederbelebte oder neu eingeführte Bräuche nur adäquat verstehen kann, wenn man sie im Zusammenhang mit den emotionalen Bedürfnissen der Brauchträger sieht. Im Wesentlichen geht es um die Frage, inwiefern der jüngste Krampus- und Perchtenboom mit Wandlungen sowohl der emotionalen Bedürfnisse als auch der Freizeitgewohnheiten zusammenhängt, die für Menschen in hochdifferenzierten Gesellschaften typisch sind. Dabei wird die These vertreten, dass die Brauchbegeisterung der letzten Jahre eng mit den spezifischen Veränderungen der Bräuche in eben dieser Zeit zusammenhängt.

Im Folgenden werden zunächst allgemeine Überlegungen zur soziologischen Freizeitforschung angestellt. Insbesondere wird gefragt, welche Freizeitbedürfnisse in unserer Gesellschaft vorherrschen. Danach wird der Frage nachgegangen, auf welche Weise Krampusbräuche diesen emotionalen Bedürfnissen entsprechen. Dabei wird die These vertreten, dass die besondere Anziehungskraft von Krampusbräuchen auch darauf zurückzuführen ist, dass sich diese auf spezifische Weise gewandelt haben: auf eine Weise, die den emotionalen Bedürfnissen der Menschen in funktional differenzierten Gesellschaften entsprechen. Daher wird versucht, diese Veränderungen nachzuzeichnen. Im Mittelpunkt steht die Frage, ob und inwiefern die Veränderungen der Bräuche mit spezifischen gesamtgesellschaftlichen Wandlungen und mit den mit ihnen einhergehenden Veränderungen der emotionalen Bedürfnisse der Menschen zusammenhängen. Dabei wird auch zu zeigen versucht, dass die aktuellen Krampusveranstaltungen – anders als es volkskundliche und brauchtumspflegerische Interpretationen vermuten lassen – keineswegs sinn- oder bedeutungslos sind. Vielmehr wird hier unter Berufung auf theoretische Überlegungen und empirische Belege argumentiert, dass die Wiederentdeckung dieser und anderer brauchtümlicher Feste gerade darauf zurückzuführen ist, dass sie den aktuellen emotionalen Bedürfnissen breiter Bevölkerungsschichten entgegenkommen.

6.1 Der Krampusbrauch und Freizeitbedürfnisse

Wenn man sich als Soziologe mit Krampus- und Perchtenbräuchen beschäftigt, liegt es nahe, neben volkskundlicher bzw. ethnologischer auch freizeitsoziologische Literatur zu konsultieren – schließlich scheint es sich bei Krampusläufen um Freizeitveranstaltungen zu handeln. Aktive und Zuschauer beteiligen sich daran außerhalb der Arbeitszeit und meistens unentgeltlich. Ähnliches gilt für die Vorbereitungen, für welche die jungen Männer und Frauen einen erheblichen Teil ihrer Freizeit und enorme Summen an Geld investieren. Andererseits werden die Vorbereitungen in dem Maße aufwendiger und komplexer, in dem die Kostüme ausgefeilter, die Masken realitätsgetreuer, die Veranstaltungen straffer organisiert und die Läufe zu choreographierten Shows werden. Eine Folge dieser Entwicklung ist, dass einige jener Tätigkeiten, die bis vor 15 oder 20 Jahren im Kreise der Vereine vollzogen wurden, an Spezialisten abgegeben worden sind. Mittlerweile ist ein eigener Markt entstanden, mit neuen Berufen und ständig neuen Dienstleistungen. Auch an den Veranstaltungen ist ein Trend zur Professionalisierung zu erkennen. Viele Tätigkeiten, die noch in den 1990er Jahren von den Krampussen selbst und in der Gemeinschaft erledigt wurden, sind in die Hände von Spezialisten übergegangen.

6.1.1 Freizeit in der gegenwärtigen Soziologie

Wie dieses Beispiel zeigt, stößt man bald auf begriffliche Ungenauigkeiten, die es schwierig, wenn nicht gar unmöglich machen, ein realitätsgerechtes Bild von den interessierenden Entwicklungen zu gewinnen. In dieser Arbeit wird davon ausgegangen, dass die Überlegungen von Norbert Elias und Eric Dunning dabei helfen können, viele dieser Ungenauigkeiten zu überwinden. Bereits im Vorwort zu *Sport und Spannung* hat Dunning auf die *„westliche Tendenz zu reduktionistischem und dualistischem Denken"* (1986) und die aus ihr resultierende Vernachlässigung von Freizeitbeschäftigungen durch die Mainstream-Soziologie hingewiesen. Soziologinnen und Soziologen, so seine Einschätzung, konzentrieren sich auf Arbeit, Geist und Ernst sowie auf ökonomische Phänomene, während sie Freizeit, Körper, Vergnügen und nicht-ökonomische Phänomene[113] weitgehend

---

113 Man könnte diese Liste der Dichotomien um jene von *Rationalität* und *Emotionalität* erweitern. Während sich die „Klassiker" der Soziologie noch mit Fragen aus verschiedensten Gebieten beschäftigt hatten, dominierte seit den 1930er Jahren auch in der Soziologie ein Weltbild, in dessen Zentrum rational kalkulierende Akteure standen. Diese Ausblendung von Emotionen spiegelt einerseits die damals gesellschaftlich vorherrschenden Vorstellungen wider. Andererseits dürfte sie mit der Spezialisierung der Wissenschaften und der Trennung von Mikro- und Makroebene zu tun haben (vgl. Kemper 1990: 3). Katharina Scherke (2009: 126-157) hat da-

ignorieren (vgl. Dunning 2003: 16f.). Heute, gut 30 Jahre danach, gibt es eine Fülle von Ansätzen, die sich nur dem Bereich der Freizeit widmen.[114] Die Liste der Autoren und Autorinnen, die – mit unterschiedlichster Intention und Argumentation – diagnostizieren, die Freizeit erhalte in nachindustriellen Gesellschaften eine immer größere Bedeutung, ist lang, wovon eine Fülle von Begriffsinnovationen zeugt.

Anfang der 1980er Jahre tauchten die Begriffe *Freizeitgesellschaft* und *Spaßgesellschaft* in öffentlichen und politischen Diskussionen auf. Beide Konzepte verweisen darauf, dass Menschen in hochdifferenzierten Gesellschaften mehr Freizeit haben und diese bewusster wahrnehmen als je zuvor. Häufig schwingt mit ihnen die Klage über den Niedergang von Leistungsstreben und Arbeitsethik mit, wie das folgende Zitat illustriert:

„Während einst berufsbezogener, wirtschaftlicher und gesellschaftlicher Aufstieg mit individual-psychologischem Glücksempfinden harmonierte, werden für viele Menschen neben- und außer-berufliche Rollen künftig noch wichtiger werden." (Krupp in Allmendinger 1984: 12.)[115]

---

rauf hingewiesen, dass die Soziologie im Zuge der Etablierung als eigenständige Disziplin bemüht war, sich von anderen Fächern abzugrenzen. Dementsprechend habe man Methoden und Gegenstände ausgeklammert, die bereits von anderen Disziplinen (im Falle der Emotionen von der Psychologie) besetzt waren. Erst die sozialen Bewegungen der 1960er Jahre stellten das rationalistische Weltbild in Frage. Und so entdeckte ab den 1970er Jahren auch die Soziologie Emotionen wieder als Gegenstand. Außerdem erwiesen sich die vorherrschende strukturfunktionalistische Perspektive und das *homo-oeconomicus*-Modell als wenig geeignet, die drastischen gesellschaftlichen Veränderungen und die mit ihnen zusammenhängenden Verunsicherungen zu verstehen (vgl. Flam 2000: 3; Flam 2002: 9-14). Spätestens die Veränderung der alltäglichen Lebenswelt durch die Entwicklung moderner Transport- und Kommunikationsmittel wie des Internets haben die soziologische Aufmerksamkeit endgültig wieder auf emotionale Bedürfnisse gerichtet (vgl. Williams / Bendelow 1998: XIX). (Vgl. Scherke 2009: 123-157.)

114 In den letzten Jahrzehnten hat auch das Interesse für Emotionen zugenommen, und zwar nicht nur im wissenschaftlichen, sondern auch im populär- und außerwissenschaftlichen Bereich. Vor allem in Unterhaltungsmedien und in der Werbung erfährt „das Emotionale" wachsende Aufmerksamkeit. Während sich andere wissenschaftliche Disziplinen, wie etwa die Neurobiologie, und die amerikanische Soziologie bereits seit Längerem dem Forschungsfeld Emotionen widmen, hat sie die deutschsprachige Soziologie erst in den letzten Jahren (wieder) für sich entdeckt. (Vgl. Scherke 2009: 11-16, 121f.)

115 Eine ähnliche Hedonismus-Kritik findet sich in vielen konservativen Interpretationen, etwa bei Daniel Bell (1979). Für eine ausführliche und kritische Diskussion der Deutungen der Moderne bzw. der Konsumgesellschaft siehe Kuzmics (1989). Kuzmics setzt sich dabei sowohl mit der konservativen Konsum- und Individualismuskritik (etwa bei Bell) als auch mit der Kapitalismuskritik in der Tradition der Kritischen Theorie (bei Fromm oder Lasch) auseinander. Dabei zeigt er, dass man dem „Unbehagen an der Moderne" mithilfe einer Synthese von Elias' figurationssoziologischer Methode mit Goffmans Theatermodell und Hirschs These der Positionsgüter und des Defensivkonsums gerechter wird als mit den oben genannten Interpretationen.

Mittlerweile hat sich die Freizeitsoziologie zu einer eigenen Bindestrichdisziplin entwickelt. Mit dieser Spezialisierung sind aber neue Probleme entstanden. Konzentriert man sich nämlich nur auf die Freizeit und setzt sie nicht ständig in Beziehung zu anderen Lebensbereichen, läuft man Gefahr, wesentliche Aspekte aus den Augen zu verlieren. Elias formulierte dies für die Untersuchung des Sports folgendermaßen:

> „Sport ist eine Beschäftigung von Menschen, und viele menschliche Beschäftigungen, werden in Wirklichkeit nicht von verschiedenen, sondern von denselben Menschen betrieben. [...] Man kann seine Untersuchungen nicht auf den Sport allein beschränken." (Elias 2003: 69-70.)

An diesem Punkt wird die von Dunning beklagte Dichotomisierung deutlich. Zwar befassen sich in den letzten Jahren einige Soziologinnen und Soziologen mit der anderen, der negativ bewerteten Seite der Dichotomien. An der Unterteilung der menschlichen Beschäftigungen in Arbeit und Freizeit, Geist und Körper, Ernst und Vergnügen, ökonomische und nicht-ökonomische Phänomene hat sich jedoch nicht viel geändert. Neben den genuin freizeitsoziologischen Forschungsrichtungen sind für unsere Interessen vor allem Gesellschaftsdiagnosen von Bedeutung. Anfang der 1990er Jahre führte Gerhard Schulze das Konzept der *Erlebnisgesellschaft* ein. Der Wandel westlicher Gesellschaften seit der Nachkriegszeit lässt sich, so Schulzes These, als Vermehrung der Möglichkeiten in allen Lebensbereichen charakterisieren: *„Angebotsexplosion, Ausweitung der Konsumpotentiale, Wegfall von Zugangsbarrieren, Umwandlung von vorgegebener in gestaltbare Wirklichkeit"* (Schulze 2009: 58). Während man noch in den 1960er Jahren den *Gebrauchs*wert eines Produkts beworben hätte, betone die Werbeindustrie heute dessen *Erlebnis*wert. Schulzes Konzept bezieht sich jedoch nicht nur auf den Güter- und Dienstleistungsmarkt, sondern auf die ganze Gesellschaft. Mit der Erweiterung der Alternativen sei ein Wandel der Lebensauffassungen von der Zweck- zur Erlebnis-, von der Außen- zur Innenorientierung einhergegangen. Typisch für die Innen- oder Erlebnisorientierung sei das Bestreben, schöne Erlebnisse für sich selbst herbeizuführen. Mittlerweile seien in hochdifferenzierten Gesellschaften Erlebnisansprüche ins Zentrum der Wertvorstellungen vorgedrungen. Sie definieren den Sinn des Lebens. Mit dieser Entwicklung gehen zwei Probleme einher: Unsicherheit und Enttäuschung. Die subjektive Bedeutung der Möglichkeiten könne häufig mit der Entwicklung der Möglichkeiten nicht mithalten. (Vgl. ebd.: 13-63.) Schulzes Konzept erregte nicht nur in der Soziologie, sondern auch in der medialen Öffentlichkeit einiges

Aufsehen. In der Volkskunde hat sich *Erlebnis* zu einem Schlüsselkonzept entwickelt.[116]

Jenseits der großen Gesellschaftsdiagnosen überlässt auch die Soziologie auch heute noch den Bereich der Freizeit entweder den Sport-, Bildungs- und Erziehungswissenschaften (vgl. Dunning 2003: 10-15), oder sie hält an den oben genannten Dichotomien fest. Eine Folge dieser Dichotomisierung ist, dass Freizeit häufig als Anhängsel der Arbeit behandelt wird.[117] Arbeit werde als wertvoll und das eigentlich Wichtige im Leben angesehen, Freizeit hingegen nur als Mittel zum Zweck, als Gelegenheit, sich von den Anstrengungen der Arbeit zu erholen und die berufliche Leistungsfähigkeit zu steigern. Die Gesellschaft dulde die menschliche Neigung zu Vergnügen und Müßiggang nur, um die Beschwerlichkeiten der Arbeit auszugleichen. Aber wenn es in der Freizeit nur darum ginge, sich von der Arbeit zu erholen, wäre es sinnvoller, ins Bett statt ins Kino oder Fußballstadion zu gehen. Wenn man Freizeit nur als Mittel ansieht, die Spannungen der Arbeit abzubauen und sich zu entspannen, unterstellt man implizit, dass Spannungen etwas Schlechtes, Schädliches sind. Warum suchen wir aber dann in unserer Freizeit nach erregenden Erlebnissen, Abenteuern, Aufregung und Spannung?

Wie Elias und Dunning (2003: 169-174) gezeigt haben, weisen alle menschlichen Figurationen ein bestimmtes Spannungs- und Konfliktniveau auf. Da Menschen ein Bedürfnis nach solchen Spannungen haben, erzeugen fast alle Freizeitbeschäftigungen, die dem Zeitvertreib dienen, angenehme Spannungen. Horst Opaschowski (1999, nach Prasch 2001: 146) dreht die scheinbare Kausalkette, nach der die Freizeit eine Funktion der Arbeit ist, um, und führt den Begriff *Lùxese* ein. Lùxese steht für das Verhalten, im Alltag zu sparen und zu verzichten, um sich in der Freizeit Luxus und Erlebnisse leisten zu können. Auch auf diesen Gedanken werden wir im Laufe dieser Arbeit zurückkommen.

Ein weiteres Problem ist, dass es fast ebenso viele Definitionen von Freizeit gibt, wie Ansätze zu ihrer Erklärung. Oft wird *Freizeit* mit *Vergnügen* gleichgesetzt. Die Reduktion der Freizeit auf das, was Spaß macht, verstellt jedoch den Blick auf die Tatsache, dass Menschen in hochdifferenzierten Gesellschaften auch außerhalb der Erwerbsarbeit einer Reihe von Tätigkeiten nachgehen müssen, die ihnen keine Freude bereiten. Außerdem kann der *„höflich-zivilisierte*

---

116   Die Österreichische Volkskundetagung fand z.B. im Jahr 2001 unter dem Titel *Erlebniswelt Volkskultur* statt (siehe dazu die Beiträge im gleichnamigen Sammelband, hg. von Bockkhorn / Hörandner / Prasch).

117   Jeffrey C. Alexander zeigt in seinem Aufsatz über die *Sociology of Evil* (Alexander 2001b: 153-168), dass das dichotomistische Denken und die Degradierung der jeweils negativ bewerteten Seite zu einer *„residual category"*, die sich lediglich durch die Abwesenheit der Eigenschaften der positiven Seite auszeichnet, tief in der westlichen Denktradition verwurzelt ist.

Abendländer" (Kuzmics 1989: 289) auch in der Freizeit keineswegs seine Affekte auf direktem Wege ausleben und lustvoll seinen emotionalen Bedürfnissen nachgehen; vielmehr unterliegt auch das persönliche Vergnügen in der Freizeit sozialen Verhaltensnormen und umfangreichen Selbstkontrollen. Wie weiter unten dargestellt wird, gibt es in jeder Gesellschaft räumliche oder zeitliche Enklaven, innerhalb derer das Ausleben von im Alltag unterdrückten Affekten und emotionalen Bedürfnissen erlaubt ist – ohne Gewissensbisse und strafende Blicke. Wir werden jedoch in diesem Kapitel sehen, dass die Herstellung bzw. Organisation solcher Enklaven vom Einzelnen wiederum ein hohes Maß an Voraussicht, Planung und Terminabstimmung erfordert. (Vgl. ebd.: 286-291.) Auf der anderen Seite kann man auch an der Berufsarbeit Spaß haben, zumal wenn man einer erfüllenden oder herausfordernden Arbeit nachgeht. Manfred Prisching identifiziert zum Beispiel Geld und Spaß als Dimensionen seiner *zweidimensionalen Gesellschaft*, weist aber gleichzeitig darauf hin, dass sie nicht für jeweils getrennte Bereiche stehen.

„Hohe Produktivität im Wirtschaftsleben erfordert hohe Produktivität im Konsum, und diese beiden Elemente bedingen einander. […] Eine konsumistische Gesellschaft ist also eine reiche Gesellschaft mit hoher Konsumproduktivität und einer entsprechenden Geisteshaltung. […] Um die Individuen trotz steigenden Wohlstands in die Hochleistungsmaschinerie hineinzubugsieren, muss das Prinzip ‚Geld' – über alle Bedürfnisbegrenzungen hinaus – zu einem zentralen Wert jeder Lebensäußerung gemacht werden. Und um die Individuen trotz steigendem Arbeits-Stress zu einem Hochleistungs-Konsum zu veranlassen, muss das Prinzip des grenzenlosen ‚Spaßes' in ihrem Bewusstsein verankert werden." (Prisching 2009a: 10f.)

Oft wird hingegen nicht präzisiert, was unter Freizeit verstanden werden soll. Vielmehr gilt die implizite Annahme, Freizeit sei alles, was nicht Berufsarbeit ist. (Vgl. Elias / Dunning 2003: 169-174; Kuzmics 1989: 281-310.) Fasst man Freizeit aber so weit und differenziert nicht weiter, verliert man die unzähligen Graustufen, Mischformen und Widersprüche aus den Augen. Ein Begriff, der so unpräzise ist und auf so unterschiedliche Aktivitäten wie Fußballspielen, Wäschewaschen und Schlafen angewandt werden kann, ist jedoch wenig hilfreich, wenn man verstehen will, was diese Tätigkeiten miteinander gemein haben, wodurch sie sich voneinander und von anderen Tätigkeiten unterscheiden. Dies gilt umso mehr, wenn man der Frage nachgehen möchte, ob und auf welche Weise sich bestimmte Tätigkeiten gewandelt haben und wandeln.

Darüber hinaus sind beide Begriffe, Arbeit und Freizeit, mit Werturteilen besetzt. Während in westlichen Gesellschaften der Arbeit ein hoher Stellenwert beigemessen und sie mit moralischer Pflicht assoziiert wird, hat die Freizeit einen niedrigen Status und wird häufig als Form des Müßiggangs oder des Genusses betrachtet (vgl. Elias / Dunning 2003: 127-129). Auch wenn dem Bereich der Freizeit in der heutigen Soziologie mehr Aufmerksamkeit geschenkt wird als zu jener Zeit, als Elias und Dunning ihre Essays zum ersten Mal gesammelt veröffentlicht haben, dürfte sich an der Bewertung der Freizeit als Objekt der soziologischen Forschung und am Ansehen der Soziologinnen und Soziologen, die sich mit Phänomenen jenseits der Erwerbsarbeit beschäftigen, wenig geändert haben. Ein Indiz für diese Einschätzung sind die Reaktionen der Kollegenschaft auf das Thema dieser Arbeit. Zwar reichen die ersten Reaktionen von Interesse bis zu Orientierungslosigkeit, spätestens nach ersten Erklärungen folgen aber häufig Fragen, wie: *„Und warum ist das wichtig?"*, *„Wem bringt das was?"*, *„Wen interessiert das?"* und *„Wer wäre bereit, einen Bericht darüber zu lesen oder gar eine Studie zu finanzieren?"*. Es stimmt. Es gibt unzählige Freizeitbeschäftigungen, die „sinnvoller", „anspruchsvoller" oder „gemeinnütziger" sind, bei denen die Akteure mehr lernen, sich mehr bewegen oder wertvollere Einsichten gewinnen. Fußballspielen etwa, oder fischen, Klavierspielen oder an Pfadfindertreffen teilnehmen, in einem Chor singen oder sich bei einer karitativen Organisation engagieren. Sich mit einer Freizeitbeschäftigung zu befassen, die weder für die Beteiligten noch für Dritte nützlich zu sein scheint, erscheint unwichtig, und kann das Interesse der Peers höchstens als Kuriosum wecken. Noch dazu, wenn die Untersuchung selbst ebenso wenig „bringt", weder geflüchteten Minderjährigen noch Opfern häuslicher Gewalt, und schon gar nicht – was am schlimmsten zu sein scheint – dem Forscher selbst.

Hier wird hingegen die Ansicht vertreten, dass auch die Untersuchung scheinbar belangloser gesellschaftlicher Praktiken wertvolle Einblicke in gesellschaftliche Veränderungen bieten kann. Gerade weil Krampusläufe Freizeit- und nicht Wohltätigkeitsveranstaltungen sind, sind sie relativ leicht zugänglich und ermöglichen es, große, gesamtgesellschaftliche Veränderungen im Kleinen, im *„natürlichen Labor"* (Dunning 2003: 18) zu studieren. Oder wie es Elias formuliert hat: *„Wir waren uns sehr bewusst, dass Wissen über den Sport gleichzeitig Wissen über die Gesellschaft ist"* (Elias 2003: 42). Jean-Claude Kaufmann geht noch einen Schritt weiter und bezeichnet die Ignoranz der *„kulturellen und intellektuellen Eliten"* gegenüber den *„gewöhnlichen Leidenschaften"* der *„kleinen Leute"* als *„zweifaches Verbrechen"* (Kaufmann 2005: 223). Erstens sei sie ein Akt der Intoleranz und des Ethnozentrismus und zweitens mache sie sich über die emotionalen Bedürfnisse der „Mittellosesten" und deren Versuch, sich als jemand anderes zu erfinden, lustig. Wie wir nämlich in den folgenden Kapiteln sehen werden, sind Krampus- und Perchtenbräuche für die beteiligten Menschen sehr wohl von Bedeutung – nicht nur, weil sie soziale Kontakte ermöglichen, Zugehörigkeitsgefühle, Sicherheit und Selbstachtung verleihen. Außerdem sei an Dunnings Prämisse erinnert, dass die Soziologie, wenn sie den Anspruch erhebt, eine umfassende Gesellschaftswissenschaft zu sein, die sich mit Gesellschaften in all ihren Aspekten beschäftigt, auch Bräuche, Feste und Sport untersuchen muss (vgl. Dunning 2003: 16-18).

6.1.2 Das Spektrum der Freizeit

In hochdifferenzierten Gesellschaften verlangt der Bereich der Arbeit nach einer gleichbleibenden und stetigen Unterordnung persönlicher Gefühle unter unpersönliche soziale Anforderungen. Doch das gleichmäßig ausgeprägte Selbstzwanggefüge der Berufsarbeit reicht auch in den Bereich der Freizeit hinein. Sogar innerhalb der Familie ist der erlaubte Spielraum für die Lockerung von Kontrollen relativ klein. In wenig differenzierten Gesellschaften gibt es viele Öffnungen und Lücken für ein unbeherrschtes Sich-gehen-Lassen, vor allem auch wegen der größeren Macht- und Statusunterschiede. In hochdifferenzierten Gesellschaften haben sogar die Mächtigsten relativ wenig Spielraum für spontane Ausbrüche leidenschaftlicher Erregung – zumindest, ohne ihren sozialen Status zu gefährden. (Vgl. Elias / Dunning 2003: 133-135.) Trotzdem bilden die Menschen in modernen westlichen Gesellschaften in der Freizeit andere Figurationen als in der Arbeit. Menschliche Entscheidungen sind immer von anderen Menschen und vom Individuum selbst abhängig. Das Pendel schlägt nur einmal eher in die eine und ein anderes Mal eher in die andere Richtung aus. Im Berufsleben haben wir relativ wenig Spielraum für individuelle Entscheidungen. Der Freizeitbereich hingegen ist in einer arbeitenden Gesellschaft die einzige Sphäre, in der individuelle Entscheidungen nach persönlichem Vergnügen und individueller Befriedigung getroffen werden können. (Vgl. ebd.: 169-174.)

Entlang dieser Achse haben Elias und Dunning eine Typologie entwickelt, die sie *Spektrum der Freizeit* genannt haben (vgl. ebd.: 177-181). In allen Bereichen der Freizeit ist eine gewisse Lockerung der beruflichen Affektkontrollen zu beobachten. Die verschiedenen Bereiche der Freizeit unterscheiden sich voneinander durch eine jeweils spezifische Balance aus Formalisierung und Entformalisierung (der Möglichkeit, das eigene Verhalten selbst zu bestimmen). Selbst im am stärksten entformalisierten Freizeitbereich, jenem von *Muße, Müßiggang und Zeitvertreib*, ist die Affektkontrolle nicht beliebig, sondern gesellschaftlich und individuell kontrolliert.

Das Spektrum der Freizeit besteht aus drei Bereichen: (A) der Formalisierten Freizeit, (B) der Intermediären Freizeit und (C) dem Bereich von Muße, Müßiggang und Zeitvertreib.

(A) Formalisierte Freizeit: Sie besteht wiederum aus zwei Teilbereichen:

a. der *selbstverständlichen Sorge für die eigenen biologischen und sonstigen körperlichen Bedürfnisse* (z.b.: das tägliche Essen, Trinken, Ausruhen, Schlafen, aber auch Sexualverkehr und Körperpflege); und

b. den *täglichen Verrichtungen im Haushalt* (z.b.: Putzen, tägliches Aufstehen, Wäsche, Einkaufen, Versorgung und Erziehung der Kinder).

(B) Intermediäre Freizeit: Sie umfasst Aktivitäten, die wiederkehrende Bedürfnisse nach sozialer Orientierung, Bildung, Selbstverwirklichung und Selbstbestätigung befriedigen. Dazu gehören:

a. die *private, außerberufliche freiwillige Arbeit, die in erster Linie anderen zugutekommt* (z.b.: aktive Mitarbeit in lokalen Institutionen, Beteiligung an Wahlen, fürsorgerische Tätigkeiten);

b. die *private, außerberufliche freiwillige Arbeit*, die sich *mehr oder weniger anspruchsvoll* gestalten kann, *wenig kommunikativ* ist sich durch eine *geringe emotionale Resonanz* auszeichnet (z.b.: private Fortbildung für berufliches Fortkommen, spezielle Kenntnisse oder Fertigkeiten verlangende Hobbys);

c. die *private, außerberufliche freiwillige Arbeit*, die jener unter (B/b) sehr ähnlich, jedoch *weniger schwer und anspruchsvoll* ist (z.b.: Hobbys wie Fotografie oder Briefmarkensammeln);

d. die *private, außerberufliche freiwillige Arbeit*, die jener unter (B/b) sehr ähnlich, jedoch *stärker kommunikativ* ist, und eine *höhere emotionale Resonanz* bietet (z.b.: Training als Amateursportler, Singen in einem Chor);

e. religiöse Aktivitäten; und

f. *soziale Orientierung und Bildung auf freiwilliger Basis*, die gesellschaftlich wenig kontrolliert und von wechselnder Intensität sind (z.b.: Volkshochschulkurse, Lesen von Tageszeitungen, Ansehen von Diskussionen oder Dokumentationen).

(C) Muße, Müßiggang und Zeitvertreib: Dieser am wenigsten formalisierte Freizeitbereich kann wiederum in drei Subbereiche unterteilt werden:

a. der *ausschließlich oder vorwiegend gesellige Bereich* umfasst einerseits aa) die Teilnahme als Gast an formelleren Zusammenkünften (z.b.: Hochzeiten, Begräbnisse, Bankette, Abendessen bei Vorgesetzten) und ab) die Teilnahme an relativ informellen Freizeitgesellschaften von freundschaftlicher und herzlicher Art (z.b.: Ausgehen, Partys, Familientreffen, Kaffeekränzchen);

b. *„mimetische" oder spielerische Beschäftigungen* beinhalten ba) die Teilnahme an weitgehend organisierten mimetischen Aktivitäten als Mitglied einer Organisation, bb) den Besuch gut organisierter mimetischer Veranstaltungen, ohne selbst etwas beizutragen (z.b.: Zuschauer bei Fußballspielen,

Besuch einer Theateraufführung oder eines Konzerts), und bc) die Teilnahme an weniger stark organisierten, mehr individualisierten mimetischen Tätigkeiten; und schließlich

c. *hoch spezialisierte, angenehme Freizeitaktivitäten*, die entformalisierend wirken (z.b.: Ferienreisen, Restaurantbesuch, Liebesbeziehungen, Sonntagmorgen im Bett, Sonnenbaden).

6.1.3 *Anknüpfungspunkte für die Untersuchung von Krampus- und Perchten-bräuchen*

Wenn man versucht, die Freizeitbeschäftigungen, die mit Krampus- und Perchtenbräuchen zu tun haben, einem oder mehreren Bereichen des Spektrums zuzuordnen, erkennt man schnell, dass es sich hierbei nicht nur um *eine*, sondern um eine Vielzahl von Tätigkeiten handelt und dass diese sehr unterschiedlichen Charakters sind.

(1) Muße, Müßiggang und Zeitvertreib (C). Das Krampus- oder Perchtenlaufen selbst kann man diesem Bereich zuordnen. Da die Berufsaktivitäten in zivilisierten Gesellschaften von den Menschen äußerst strenge, bewusste wie unbewusste Selbstzwänge erfordern, kommen die eigenen Emotionen und die Befriedigung unmittelbarer und spontaner Bedürfnisse immer wieder zu kurz. Die Funktion *für euch* oder *für sie* ist der Funktion *für einen selbst* übergeordnet. Die Familie stellt ein wichtiges Gegengewicht zu diesem hoch formalisierten Beziehungstyp dar. Sie ist eine der sozialen Instanzen zur Befriedigung der instinktiven und emotionalen Bedürfnisse, jedoch reicht sie alleine nicht aus, da in unserer Art von Gesellschaft auch das Familienleben hoch formalisiert ist. Daher ist die ausgleichende Funktion der Familie mit sehr starken und unausweichlichen Verpflichtungen verbunden. Freizeitbeschäftigungen des Zeitvertreibs und der Muße sind Enklaven, in denen emotionale Erholung *ohne* diese Verpflichtungen möglich ist. Sie ermöglichen dem Einzelnen die Befriedigung unmittelbarer und spontaner Bedürfnisse, denen er außerhalb dieser geschützten Räume nicht nachgehen kann. Ihre Hauptfunktion ist es, Vergnügen zu bereiten und den im beruflichen aber auch im sonstigen freizeitlichen Alltag ständig anwesenden Selbstzwang, die Verpflichtungen und Spannungen, erträglicher zu machen. Hier kann man die emotionalen Kontrollen lockern, was allerdings immer mit einem Risiko verbunden ist. Wie Elias und Dunning (2003: 213-219) gezeigt haben, liegt ein wesentlicher Aspekt des Vergnügens in der Gefahr, dass die spielerische Spannung in einen ernsten sozialen Konflikt umschlägt. Wir werden im Laufe dieser Arbeit noch ausführlicher auf diesen Gedanken zurückkommen. An dieser Stelle sei lediglich auf den Volkskundler Hartmut Prasch (2001: 150f.) hinge-

wiesen, der einen Grund für die aktuelle Beliebtheit von Brauchtumsveranstaltungen darin sieht, dass sie *„[i]m Gegensatz zu virtuellen Projektionen"* immer *„bis zu einem gewissen Grad unberechenbar bleiben"*.

(2) Organisierte mimetische Aktivitäten als Mitglied einer Organisation. Man kann noch weiter präzisieren und einen Krampuslauf als *„relativ weitgehend organisierte mimetische Aktivität"* bezeichnen. Aus dieser Perspektive werden Krampus- und Perchtenläufe in dieser Arbeit als mimetische Ereignisse für (C/ba) Krampusse (*„als Mitglied einer Organisation"*) und für (C/bb) Zuschauer angesehen. In hochkomplexen Gesellschaften ist das soziale Überleben von einer zuverlässigen, weder zu starken noch zu schwachen individuellen Selbstkontrolle abhängig. Für das Zeigen starker Gefühle gibt es einen sehr begrenzten Spielraum. Wer die Beherrschung verliert oder zu starke Erregung zeigt, hat nicht nur mit gesellschaftlicher Missachtung, sondern auch mit starken Schamgefühlen und Gewissensbissen zu rechnen. Das ständige Aufrechterhalten einer gleichmäßigen Trieb-, Affekt- und Emotionskontrolle in allen Lebensbereichen erzeugt jedoch innere Spannungen. Die meisten Gesellschaften entwickeln eine Reihe von Gegenmaßnahmen gegen jene belastenden Anspannungen, die sie selbst erzeugen. In besonders stark differenzierten, westlichen Gesellschaften gibt es eine Vielzahl von Freizeitbeschäftigungen, die darauf angelegt sind, bei den Teilnehmern und Zuschauern vorübergehend eine angenehme und kontrollierte Lockerung der Affektkontrolle herbeizuführen, ohne aber dass damit wie im Alltag Angst, Schuld und Risiken verbunden sind. Sie bieten einen imaginären Schauplatz, der Erregung in einer Form stimulieren soll, die diejenige nachahmt, die in Situationen des wirklichen Lebens erzeugt wird, jedoch ohne deren Gefahren und Risiken. Mimetische Ereignisse sind zeitliche und/oder räumliche Enklaven, in denen für eine kurze Zeit die Last des Alltags aufgehoben und eine besondere Form von Spannung, eine freudige Erregung, hervorgerufen wird. Einige dieser Freizeitbeschäftigungen können in mimetischer Weise sowohl Angst und Schmerz als auch Triumph und Freude, sowohl Hass als auch Zuneigung und Liebe hervorrufen. Indem sie zulassen, dass diese Gefühle ungehindert ausgelebt werden, verringern sie die Last der allgegenwärtigen Zwänge. Dies kann auch dann funktionieren, wenn die mimetischen Ereignisse den wirklichen überhaupt nicht ähneln. (Vgl. Elias 2003: 80-89.) Genauso wie es soziale und persönliche Kontrollen der Emotionen in irgendeiner Form in allen Gesellschaften gibt, lassen sich auch überall solche Freizeitbeschäftigungen finden. Viele Freizeitaktivitäten unserer Zeit, vor allem jedoch jene mit mimetischer Funktion, erfüllen Funktionen, die früher von religiösen Aktivitäten erfüllt wurden. (Vgl. Elias / Dunning 2003: 124-127.)

Krampusläufe ermöglichen beiden, Krampussen und Zuschauern, ein Verhalten zu zeigen, das abseits dieser Veranstaltungen nicht akzeptiert werden würde – weder von Mitmenschen, noch von den Personen selbst. Die (noch immer meist männlichen) Maskierten dürfen brüllen, Kinder erschrecken, Mädchen schütteln und männliche Zuschauer mit Ruten, Stöcken und Rosshaarpeitschen schlagen. Es ist ihnen erlaubt, wild herum zu springen, sich am Boden zu wälzen, mit den Kollegen zu raufen und die – den in ihrem jeweiligen gesellschaftlichen Milieu vorherrschenden Geschlechternormen entsprechende – Männlichkeit zur Schau zu stellen. Viele Mädchen und jungen Frauen, die solche Veranstaltungen besuchen, stellen sich bewusst in die erste Reihe. Sie können Angst erleben, kreischen, sich dem Nervenkitzel und der Unsicherheit hingeben, von einem wilden Monster verprügelt zu werden – immer in dem Wissen, dass ihre Gesundheit nicht ernsthaft gefährdet ist. Selbst als männlicher Zuschauer Anfang Dreißig kann man nie sicher sein, nicht doch einen brennenden Schlag abzubekommen oder von drei bis vier Burschen in die Mangel genommen zu werden. Im Verlauf der nächsten Kapitel wird gezeigt werden, dass man eine solche Veranstaltung als Mischung aus dem Ansehen eines Horrorfilms und einer Achterbahnfahrt beschreiben kann. Der Grusel und Ekel vor den grauenhaften Masken wird verstärkt durch das laute Schellen der Glocken und die aggressive Musik; die körperliche Erregung wird durch die Bewegung und die tatsächliche Angst, einen schmerzhaften Hieb abzubekommen, gesteigert. Wir werden jedoch sehen, daas diese kompensatorische Erregung und Emotionalität ebenfalls durch zivilisierende Kontrollen gemäßigt ist.

Wie wir bereits gesehen haben, messen auch Volkskundler dem kathartischen Charakter von Krampusbräuchen große Bedeutung bei. Für den Verhaltensforscher Otto König (1977, 1983) führt das Verständnis des Klaubaufbrauches über seine enthemmende Funktion in vormodernen Gesellschaften. Auch Albert Bärtsch (1993), Werner Mezger (1990) und Karl Christoph Berger (2000, 2007a/b) haben gezeigt, dass die seit dem Mittelalter belegten volkstümlichen Maskenbräuche als „soziale Ventilsitte" zu verstehen sind. Im Schutze der Maske konnten die jungen Männer für kurze Zeit aus den Zwängen des Alltags ausbrechen, Handlungskonventionen überschreiten und sich den Mädchen annähern. Bärtsch (1993) und Prasch (2001b) haben darauf hingewiesen, dass der befreiende Aspekt auch und gerade heute von großer Bedeutung ist und dass der Weg zum Verständnis des Krampus- und Perchtenbooms auch über ihn führt. Der Soziologe Manfred Prisching ist hingegen der Ansicht, solche sozialen Enklaven seien heute gar nicht mehr notwendig, da sich ohnehin die ganze Gesellschaft in ein einziges Event verwandelt habe.

> „Früher waren für das Spannungserleben abgezirkelte Räume zuständig. […] Nun aber ist die ganze Gesellschaft zum Theater geworden: Urlaube werden inszeniert, Essen wird dramatisiert, das Theater wird eventisiert. Man steigert das Erlebnis zum Exzess. Jeder Marketing-Experte – so hat einer von ihnen gesagt – wird zum ‚Dro-

gendealer', der die Dosis für seine Kunden ständig steigern müsse, damit sie nicht enttäuscht würden." (Prisching 2009a: 119.)

(3) Intermediäre Freizeit (B). Gleichzeitig kann man jedoch, wenn man sich die Professionalität der einstudierten Choreographien und die Terminpläne (oder wie sie es selbst oft nennen: *„Tourdaten")* der Krampusgruppen vergegenwärtigt, annehmen, dass die Läufe für die Maskenträger im Laufe des Dezembers zur Routine werden. Wie Elias und Dunning herausgearbeitet haben, können Freizeitbeschäftigungen ihre entformalisierende Funktion verlieren, wenn sie entweder zu oft wiederholt oder durch zu starke Kontrolle formalisiert werden (vgl. Elias / Dunning 2003: 191-198). In diesem Fall wäre die Teilnahme an einem Krampuslauf eher der *Intermediären Freizeit* zuzuordnen; und zwar als eine *„private, außerberufliche freiwillige Arbeit"* (ebd.: 178) mehr oder weniger anspruchsvollen Charakters, die relativ stark kommunikativ ist und eine relativ hohe emotionale Resonanz für den einzelnen besitzt (B/d). Dies ist ein wichtiger Anknüpfungspunkt für die folgenden Überlegungen: Können sich die Maskierten angesichts der vielfältigen Abhängigkeiten und zeitlichen Abstimmungen überhaupt ganz dem vielzitierten „wilden Treiben" hingeben? Oder sind die Veranstaltungen für sie eher Auftritte, wie für einen Chor, eine Band oder ein Theatensemble? In diesem Zusammenhang darf man die Rolle alkoholischer Getränke bei Kirchtagen, beim Fortgehen und auch bei Krampusläufen nicht unterschätzen. Auch das rigorose Alkoholverbot, das immer mehr Veranstalter über die Krampusse verhängen, wirkt sich auf die eine oder andere Weise auf das Verhalten von Mitwirkenden und Zuschauern aus.

Ähnlich verhält es sich mit den Vorbereitungen, die jedes Jahr aufs Neue anfallen, weil sich viele Gruppen jede Saison neu einkleiden. Dazu gehören die Auswahl eines Gruppenthemas und -stils (oft in Zusammenarbeit oder Abstimmung mit dem jeweiligen Maskenschnitzer und/oder Ausstatter), das Bestellen der Ausrüstung, das Überlegen und Einstudieren der Choreographien und in vielen Fällen die Organisation und Bewerbung eines eigenen Krampuslaufes. Wie wir sehen werden, erfordern außerdem die Planung der Saison, die terminliche Abstimmung der einzelnen Veranstaltungen und die Organisation der Anreise zu den Veranstaltungen eine gewissenhafte und langfristige Planung.

(4) Gemeinnützige Arbeit. Das Studium von Vereins-Websites, die Lektüre einschlägiger Internetdiskussionsforen und persönliche Gespräche legen die Einschätzung nahe, dass viele Brauchträger ihre jeweilige Interpretation von Brauchtumspflege auch als gemeinnützige Arbeit (B/a) verstehen. Fragt man danach, worin nach Ansicht der Krampus- und Perchtengruppen ihr Dienst an der Allgemeinheit besteht, trifft man mit Abstand am häufigsten und am explizitesten auf das Ziel, „das Brauchtum" zu bewahren oder wiederzubeleben und diesbezüglich bei der Bevölkerung „Aufklärungsarbeit" zu leisten. Auch, aber

wesentlich seltener und indirekter ist in den Mission-Statements das Motiv zu finden, eine sinnvolle Freizeitbeschäftigung für Jugendliche anzubieten, sie durch die Gemeinschaft des Vereines aufzufangen oder von der Abwanderung abzuhalten.[118] Das folgende Textbeispiel stammt aus einem Artikel, der unter dem Titel *Die fünf größten Kramperl-Irrtümer* in einer oberösterreichischen Regionalzeitung abgedruckt wurde. Das Zitat, aber vor allem die Bedeutung, die der in diesem Artikel als Brauchtumsexperte auftretende Krampusgruppenobmann dem Artikel beimisst, ist ein anschauliches Beispiel für das Selbstverständnis eines nicht unerheblichen Teils der Krampus- und Perchtenszene.

> „MARKUS HÖRETSEDER KLÄRT AUF:
> Irrtum 1: In der Zeit um den 5. und 6. Dezember treiben die Perchten ihr Unwesen. Falsch! Hier bei uns gibt es keine Perchten. Diese laufen in den Rauhnächten im Dezember bis zur letzten Rauhnacht vom 5. auf den 6. Jänner und haben mit dem Krampus nichts zu tun. Was man bei uns antrifft, sind ausschließlich Krampusse. Und die haben nach dem 6. Dezember auf der Straße nichts mehr verloren.
> Irrtum 2: Krampuslaufen ist ein österreichisches Brauchtum. Falsch! Wir haben das Rad am Wagen nicht erfunden. Das Brauchtum des Krampuslaufens wird in vielen Ländern ausgeübt und hat dort eine sehr ähnliche Tradition wie bei uns. In Deutschland nennt man den Kramperl etwa ‚Knecht Ruprecht', in der Schweiz ‚Schmutzli'.
> Irrtum 3: Die Krampusrute dient rein als Schlagwerkzeug und hat sonst keine Bedeutung. Falsch! Die Rute ist ein Fruchtbarkeitssymbol. Ursprünglich aus Birkenzweigen hergestellt, steht sie als Symbol des wieder beginnenden Lebens. Das rote Schnürband symbolisiert Blut.
> Irrtum 4: Krampus und Nikolaus haben miteinander nichts zu tun. Falsch! Der Krampus ist Begleiter des hl. Nikolaus und bestraft die unartigen Kinder. Der Nikolaus hingegen lobt und beschenkt die artigen.
> Irrtum 5: Es heißt nicht der Brauchtum, sondern das Brauchtum." (Land & Leute, 01.12.2010: 2f.)

Markus Höretseder, *Krampusmania*-Administrator und Obmann der „X-Pass – Krampusgruppe Tillysburg", kündigte diesen Artikel am Tag seiner Erscheinung auf *Krampusmania.at* an. Dabei beschrieb er seine Motivation, der Zeitung für ein Interview zur Verfügung zu stehen, damit, *„das Ganze ein wenig in der Öffentlichkeit richtig zu stellen"*, und zwar *„im Sinne von uns Kramperl"*. Dieser Aufsatz sei *„zwar nur ein kleiner aber trotzdem aufklärender Schritt der auch sicher einige Unwissende erreichen wird"* (Username anonymisiert, krampus-

---

118 Das bedeutet jedoch nicht, dass diese und andere Ziele nicht auch genannt werden oder dass sie für die Konstruktion der Gruppenidentität bzw. des Gruppenselbstbildes nicht von Bedeutung sind. Oft werden mehrere, einander überschneidende Ziele angeführt. Das Bewahren und Weitergeben vermeintlich uralten Brauchtums steht jedoch fast immer an erster Stelle. Wir werden im achten Kapitel ausführlicher darauf zurückkommen.

mania.at, 01.12.2010 [13.12.2010])[119]. Die Reaktionen auf *Krampusmania* waren durchwegs positiv. Ein User fand es *„super das du unser brauchtum für viele wieder mal ins richtige licht gelenkt hast!"* (Username anonymisiert, ebd.). Andere berichteten, dass auch sie ständig darum bemüht sind, *„Aufklärungsarbeit bei unseren Läufen...in den Schulen etc."* (Username anonymisiert, ebd.) zu leisten und bedauerten, dass der Artikel nur in einem und nicht in allen Bundesländern veröffentlicht wurde. Interessant ist in diesem Zusammenhang auch, dass dieses Selbstverständnis nicht nur durch den – als gemeinnützig verstandenen – volksbildnerischen Anspruch und das normative Verständnis von Volkskultur (vgl. Ebner / Zitturi 2013b) ganz in der Tradition der Heimatschutzbewegung steht, sondern auch im Hinblick auf die Wahl der sprachlich-didaktischen Mittel (insbesondere die Gegenüberstellung von „guten" und „schlechten" Beispielen, vermeintlich richtigen und „falschen" Brauchtumsinterpretationen bzw. „Irrtümern") (vgl. Senarclens de Grancy 2013a).

Abgesehen vom Aspekt der Selbstdefinition gibt es aber einen weiteren Grund, den gegenwärtigen Boom von Krampus- und Perchtenbräuchen unter dem Aspekt der gemeinnützigen Arbeit anzusehen. Einige Gruppen stellen nämlich die Einnahmen ihrer Läufe wohltägigen Organisationen oder Hilfsprojekten zur Verfügung oder veranstalten zusätzlich Feste, Ausstellungen und Bazare zugunsten Bedürftiger.

(5) „Freizeitgesellschaften". Dazu zählen natürlich auch verschiedene Arten formeller (C/aa) und informeller (C/ab) *Freizeitgesellschaften,* die häufig während des ganzen Jahres, also außerhalb der Krampuszeit, existieren.

6.2 Warum Studien zum Sport als Ausgangspunkt?

Im Folgenden wird der Frage nachgegangen, wie und warum sich Krampus- und Perchtenbräuche in den letzten Jahren gewandelt haben. Einige der wichtigsten theoretischen Konzepte und begrifflichen Werkzeuge dieses Kapitels wurden im Anschluss an Nobert Elias' und Eric Dunnings Studien zu *Sport und Spannung* (1983) entwickelt. Dies scheint auf den ersten Blick überraschend. Was hat, so mag man fragen, die jüngste Begeisterung für vermeintlich uralte „Volksbräuche" mit den Freizeitbeschäftigungen der englischen Oberklassen des 18. Jahrhunderts zu tun? Sind dazu nicht volkskundliche Konzepte besser geeignet, die bereits bei der Auseinandersetzung mit populären Bräuchen angewandt wurden?

---

119 Einladung und Bericht einer Zeitung – Brauchtum – KRAMPUSMANIA das Original. URL: http://krampusmania.at/index.php?page=Thread&threadID=46442 (letzter Zugriff: 13.12. 2010).

Sollte man die Untersuchung volkstümlicher Bräuche nicht überhaupt besser Volkskundlerinnen und Volkskundlern überlassen? Zunächst ist festzuhalten, dass volkskundliche und ethnologische Begriffsbildungen und Denkmodelle für diese Untersuchung von großer Bedeutung sind. Wie bereits dargelegt wurde, weichen jedoch einige der hier gestellten Fragen in erheblichem Maße von jenen der volkskundlich-ethnologischen Forschung ab. Während Letztere eher auf die genaue Beschreibung eines Phänomens abzielen, ist im figurationssoziologischen Denken das Erklären und Verstehen von großen gesellschaftlichen Mustern und Verflechtungsmechanismen sowie von deren Wandlungen zentral. Folglich sind figurationssoziologische Denkwerkzeuge häufig besser dazu geeignet, die aus dieser Perspektive aufgeworfenen Fragen zu diskutieren als volkskundliche Konzepte, die für andere Zwecke entwickelt worden sind.

Hier wird etwa der Frage nachgegangen, ob man einige Wandlungen von Freizeitbeschäftigungen, die Elias und Dunning an Sportspielen des 18. Jahrhunderts nachzeichnen, in der gegenwärtigen Brauchentwicklung wiedererkennen kann. Darüber hinaus zeigen die Arbeiten unzähliger Soziologinnen und Soziologen, dass Elias' Denkmodelle auf verschiedenste Weise weiterentwickelt und zur Untersuchung unterschiedlichster Phänomene angewandt werden können.[120] Diese Arbeit ist der Versuch, dies für die gegenwärtige Begeisterung für alte (oder als alt imaginierte) Bräuche zu machen. Abschließend sei auf Jean-Claude Kaufmanns (1999: 53f.) Argument hingewiesen, dass im Rahmen des Forschungsprozesses auch die Lektüre thematisch weit entfernter Arbeiten wichtig ist. Sie versetzt den Forscher in die Lage, eine neue Perspektive auf ein Phänomen zu eröffnen, Analogien zu entdecken und unerwartete Querverbindungen zu ziehen.

---

120 Helmut Kuzmics und Roland Axtmann (2000) haben für Österreich und England die Prozesse der Staatsbildung und die mit ihnen einhergehende Formung bestimmter Mentalitäten untersucht. In den letzten 25 Jahren sind viele Arbeiten zur Genese nationaler und regionaler Habitus entstanden, so etwa zum deutschen (Jansen, Maurer, Treibel (alle 1993), Greiffenhagen, Krüger (beide 2000)), zum englischen (Buckley 2000), zum österreichischen (Kuzmics 2000; Kuzmics / Haring 2013; Reicher 2003, 2009; Johnston 2010), zum Kärntner (Dorner-Hörig 2014), zum US-amerikanischen (Mennell 2007) oder zum sowjetischen (Haring 2008, 2010). Aufsätze zu nationalen und regionalen Habitus finden sich in dem von Jean Hillier und Emma Rooksby herausgegebenen Sammelband *Habitus. A Sense of Place* (2005). Kapteyn, Wilterdink (beide 1993) und Roby (2005) haben sich hingegen der Frage nach der Entstehung eines europäischen Habitus im Rahmen des europäischen Integrationsprozesses gewidmet. Als ein Beispiel für die historische Erforschung regionaler Habitus sei Gerhard Gräbers Aufsatz über den Pfälzischen Separatismus nach dem Ersten Weltkrieg (1993) genannt. Die Autoren anderer Beiträge (wie etwa Bogner, Fröhlich, Kiss, Kuzmics / Mörth und Rehberg (alle 1991), Fletcher (1997) sowie Axtmann, Hinz, Smith und van Krieken (alle 2000)) haben Elias' Habituskonzept kritisch betrachtet und nach Synthesemöglichkeiten mit anderen Theorien gefragt.

6.3 Die Genese des Sports als Beispiel

Viele Sportarten, die man heute auf der ganzen Welt kennt, sind im 18. und 19. Jahrhundert in England entstanden und in der zweiten Hälfte des 19. sowie Anfang des 20. Jahrhunderts in andere Länder gelangt. Elias' und Dunnings Untersuchungen zeigen, dass unsere heutigen Sportarten nicht einfach so zu einem bestimmten Zeitpunkt entstanden sind und dass sie nicht von Anfang an den Charakter heutiger Wettkampfspiele hatten. Vielmehr vollzog sich dieser Wandel in einem allmählichen Prozess, in dessen Verlauf sich in der englischen Gesellschaft die Formen des Zeitvertreibs auf spezifische Weise wandelten. Um der Prozesshaftigkeit dieser Wandlungen gerecht zu werden, haben Elias und Dunning den Begriff *Versportlichung* vorgeschlagen. Schon in den Prozess-Büchern ([1939] 1997) hat Elias gezeigt, wie sich in Frankreich seit dem 16. Jahrhundert der Verhaltens- und Affektstandard zunächst der Ober-, dann immer breiterer Schichten in einer bestimmten Richtung zu wandeln begann. Dieser Wandel hing mit Staatsbildungsprozessen zusammen, in deren Verlauf die relativ unabhängigen Ritter des Mittelalters zu abhängigen Höflingen wurden. Elias nannte diesen Prozess *Verhöflichung der Krieger*. Die *Versportlichung der Freizeitbeschäftigungen* folgt der gleichen allgemeinen Entwicklung der Verhaltens- und Affektcodes und ist somit ein weiteres Beispiel für einen Zivilisierungsschub. (Vgl. Elias 2003: 45-50.)

Elias und Dunning haben diesen Prozess anhand der Entwicklung des heutigen Fußballspiels nachgezeichnet. Seit dem 14. Jahrhundert belegen englische Quellen ein Ballspiel namens „Fußball". Die Tatsache, dass in diesen Quellen der heute gebräuchliche Begriff verwendet wird, bedeutet jedoch nicht, dass es sich dabei um jenes Spiel handelt, das wir heute „Fußball" nennen. Es war ein sehr wildes und gewalttätiges Spiel, das die Obrigkeiten über Jahrhunderte zu unterbinden und zu verbieten versuchten – nicht nur, um Ruhe und öffentliche Ordnung aufrechtzuerhalten, sondern auch, weil die Spiele die Männer von der Beteiligung an militärischen Übungen abhielten. Ähnlich wie im Falle der Maskenbräuche (siehe erstes Kapitel) ließ sich die Bevölkerung nicht von ihren Spielen abbringen. In dieser Zeit war es für die Obrigkeiten schwer, Gesetze durch- und relativ einfach, sich über sie hinwegzusetzen.

Die mittelalterliche Gesellschaft war von zwei Eigenschaften geprägt, die uns heute als Gegensatz erscheinen: Gemeinschaftssinn und Solidarität standen neben Hass und Feindseligkeit. Beide waren stärker und spontaner als heute, die Schwankung der Affekte in beiden Richtungen größer: man war herzlicher und gewalttätiger. Wenn es zu offenen Konflikten kam, konnten sie jederzeit in gewalttätige Auseinandersetzungen übergehen. Allerdings existierten bewährte Institutionen zur Kanalisierung von Konflikten. Fußballspiele waren eines von mehreren Ventilen für den Abbau von Spannungen zwischen verschiedenen sozialen Gruppen einer Region. (Vgl. Elias / Dunning 2003: 316-324.) Da noch keine auf die Konfliktschlichtung spezialisierten Institutionen existierten, wurden die meisten Probleme in den von persönlichen Beziehungen geprägten lokalen Gemeinschaften geregelt. Dabei hatten Bräuche eine ähnliche Funktion wie heutige Gesetze.[121] Auch die „Fußball"-Wettkämpfe fanden an festgelegten Tagen, etwa an Fest- und Feiertagen, statt. Sie waren keine zufälligen Schlägereien, sondern fester Bestandteil der Feste und somit des Jahreslaufes.

Man kann die gesellschaftliche Überlebensfähigkeit dieser Tradition nicht verstehen, wenn man sie nur als Spiel ansieht. *„Im Mittelalter war der ‚Fußball'* *Teil religiöser Tradition"* (ebd.: 324), er war Teil von Fastnachts- und anderen Maskenbräuchen. Zu dieser Zeit war die Unterscheidung von religiösen und weltlichen Feiern noch nicht üblich. Zwar waren alle Lebensbereiche von Religion durchdrungen, aber das heißt nicht, dass man sich das mittelalterliche Leben so ernst und ruhig wie heutige Gottesdienste vorstellen muss. Vielmehr waren auch Gottesdienste lauter und dem alltäglichen Leben der Menschen ähnlicher als heute. Die weltlichen Sphären waren stärker religiös und die religiösen stärker weltlich geprägt. Außerdem waren Fußballspiele – wie alle mittelalterlichen Spiele – nur durch überlieferte Traditionen geregelt. Wie das Leben in der mittelalterlichen Gesellschaft in hohem Maße von wechselnden Gefühlen und plötzlichen Affektausbrüchen gekennzeichnet war, so schränkten die durch Brauch und Sitte vorgegebenen Verbote eine gewalttätige Spielweise kaum ein. Die Spiele waren geprägt von spontaner Angriffslust und weitgehend tolerierter Gewalttätigkeit. Obwohl die Menschen viel traditionsbewusster waren als wir es heute sind, hatten Überlieferungen nicht die Form starrer Regeln. Vielmehr existierten viele verschiedene örtliche Spielweisen, die sich ständig veränderten. Darüber hinaus fehlte eine zentrale Instanz, die die Regeln hätte vereinheitlichen und deren Einhaltung überwachen können. Da die meisten Menschen weder lesen noch schreiben konnten, gab es keine schriftlich fixierten Regeln. Bräuche waren allgemein nichts Starres, sondern veränderten sich ständig mit der Gesellschaft mit. (Vgl. ebd.: 322-330.)

6.3.1   Versportlichung bei Elias und Dunning

Elias und Dunning haben den Begriff des *Sports* mit dem der *Industrie* verglichen. Im weitesten Sinne beziehen sich beide auf Figurationen, die in Stammes-

---

121   Man denke etwa an die im ersten und zweiten Kapitel besprochenen Rügegerichte, aus denen sich einige Brauchelemente, die man noch heute in Fasnachtsumzügen oder Krampusspielen findet, entwickelt haben.

gesellschaften ebenso zu finden sind wie in modernen Nationalstaaten. Trotzdem waren sowohl der Prozess der *Versportlichung* des 18. und 19. als auch jener der *Industrialisierung* des 19. und 20. Jahrhunderts etwas völlig Neues. Die Freizeitbeschäftigungen bzw. die Produktions- und Arbeitsweisen wandelten sich auf spezifische Weise. Sportliche Wettkämpfe unterscheiden sich ebenso von vorsportlichen Spielen wie sich industrielle Produktionsmethoden von jenen in agrarischen Gesellschaften unterscheiden. Der verbreiteten Vorstellung folgend, Arbeit sei wertvoller als Freizeit, werden Veränderungen des Freizeitverhaltens oft als *Auswirkungen* der Industrialisierung angesehen.

Elias und Dunning (2003: 235f.) haben hingegen beide Prozesse als *„interdependente Teilentwicklungen einer umfassenden Veränderung der Staatsgesellschaften der Neuzeit"* verstanden. Zusammenfassend kann man den Prozess der Versportlichung als eine Reihe miteinander zusammenhängender Veränderungen der Formen des Zeitvertreibs beschreiben. Elias hat diese Prozesse anhand der Entwicklung des modernen Fußballs aus volkstümlichen Ballspielen des späten Mittelalters nachgezeichnet. Es war ein Prozess, in dessen Verlauf sich aus vielen örtlichen Spielweisen mit lockeren, regional verschiedenen, sich ändernden Regeln nach und nach ein Spiel mit fixen Regeln und einem spezifischen Verhaltenskodex entwickelte. Es war die Entwicklung von einer relativ wenig zu einer hoch regulierten Art des Spielens. Auf einer vorsportlichen Stufe variierten die Freizeitbeschäftigungen, wie etwa Jagen oder Ballspielen, von Ort zu Ort. Es gab keine festen Regeln, das Spielmuster war variabel. Die neu entstehenden sportlichen Zeitvertreibe hingegen wurden oberhalb der lokalen Ebene durch Clubs organisiert, sodass es nötig wurde, die verschiedenen lokalen Traditionen zu vereinheitlichen. Dies verlangte vom Einzelnen ein höheres Maß an individueller Selbstkontrolle.[122]

Elias hat gezeigt, dass die Wandlung der Formen des Zeitvertreibs eng mit einem Wandel der Persönlichkeitsstruktur verbunden war. Auch die Art des Vergnügens änderte sich auf spezifische Art. Am Beispiel der Fuchsjagd lässt sich eine zunehmende Sensibilität in Bezug auf Gewalt erkennen. Während im Mittelalter und bis ins 16. Jahrhundert hinein das Vergnügen am Töten und der Verzehr des toten Tieres alles andere überschatteten, wurde im Laufe des 18. Jahrhunderts der Akt des Tötens entwertet und die erfreuliche Spannung beim Jagen, die Vorfreude auf den Höhepunkt traten in den Mittelpunkt. Die punktuelle Siegesfreude wurde im Scheingefecht des Sports verlängert. Dies hatte nicht nur damit zu tun, dass der primäre Zweck des Jagens nicht mehr die Nahrungs-

---

122 Ein ähnlicher Prozessverlauf ist bei der Entwicklung von wilden, mittelalterlichen Heischegängen, Rügebräuchen und Protestformen zu vereinheitlichten, regulierten, starren bzw. vermeintlich starren Schaubräuchen des 19. Jahrhunderts zu beobachten (siehe erstes und zweites Kapitel).

beschaffung war. Vielmehr war der Wandel der Persönlichkeitsstruktur und der Formen des Zeitvertreibs eng mit besonderen Veränderungen in der Machtstruktur der Gesellschaft verbunden.[123] (Vgl. Elias 2003: 44-53, 290-315.)

6.3.2   Die Umwandlung von Volksspielen in Sportspiele im England des 18. Jahrhunderts

Der Prozess der Herausbildung hochregulierter Spiele mit den Eigenschaften heutiger Sportspiele aus wilden Volksspielen war eng mit spezifischen Veränderungen der Machtstruktur und dem Prozess der Staatsbildung verbunden. Im Gegensatz zu anderen Ländern, wie etwa Frankreich oder dem späteren Deutschland, wurden in England bereits im Verlauf des 18. Jahrhunderts die sich gegenseitig verstärkenden Konflikte zwischen den puritanischen Mittel- und Unterschichten auf der einen und den Oberschichten auf der anderen Seite unterbrochen. Elias und Dunning haben gezeigt, wie die Veränderung der Freizeitbeschäftigungen der englischen Oberschichten mit der Herausbildung der parlamentarischen Staatsordnung zusammenhängt.

Im 18. Jahrhundert war ein Großteil Kontinentaleuropas von offenen Auseinandersetzungen zwischen städtischen Bürgerschichten und dem grundbesitzenden Adel geprägt, deren Lebensstile, gesellschaftliche Ziele und wirtschaftliche Interessen stark differierten. In England hingegen bildete sich im Laufe des 18. Jahrhunderts eine einzigartige soziale Formation heraus, in der es eine Zwischenposition zwischen der Klasse städtischer Bürger und der Klasse adeliger Landbesitzer gab: eine Klasse von Landbesitzern, die nicht dem Adel angehörte. Demnach war der wichtigste politische Gegensatz im England des 18. Jahrhunderts ein Gegensatz zwischen zwei Fraktionen grundbesitzender Gruppen – den Whigs, wohlhabenden aristokratischen Familien, und den Tories, landbesitzenden Familien ohne Adelstitel. Die Tories hatten, da sie nicht dem Adelsstand angehörten, zwar keinen Sitz im Oberhaus, waren jedoch im Unterhaus stark vertreten. Folglich dominierten die Grundbesitzer nicht nur das Ober-, sondern auch das Unterhaus. Bei allen Interessenskonflikten der beiden Gruppen einten sie, Adelige und Gentlemen, die gemeinsamen Interessen gegenüber dem König einerseits und den Bauern und bürgerlichen Handwerkern andererseits. Die Einheit der grundbesitzenden Klassen war eine der Bedingungen dafür, dass in England im 18. Jahrhundert die großen Spannungen des 17. Jahrhunderts nach und

---

123   Ähnlich ist auch der Wandel von überlebenswichtigen Heischezügen zu Spendensammlungen (wie etwa durch Lotter und Litterin in Matrei) oder Kinderbelustigungen (das Krapfenschnappen in Matrei) oder von demütigenden Rechts- und Rügebräuchen zu lustigen Faschingshochzeiten zu verstehen.

nach abflauten. Die feindlichen Fraktionen, die durch den Gentlemen-Code vereint wurden, lernten sich so weit zu vertrauen, um eine gewaltlose Art des Wettstreits im Parlament entstehen zu lassen. Nach und nach konnten sie einander als
Repräsentanten verschiedener politischer Prinzipien akzeptieren. Sie lernten, im
Parlament gemäß vereinbarter Regeln und des für Gentlemen geltenden Affekt-
und Verhaltensstandards zu konkurrieren. Der gewaltlose Konkurrenzkampf war
damals etwas Neues, auch wenn er heute oft als selbstverständlich hingenommen
wird. Die beiden Gruppen entwickelten Strategien der gewaltlosen Auseinandersetzung, und militärische wurden von verbalen Fertigkeiten abgelöst. (Vgl. Elias
2003: 59-65.)

In Frankreich war der mittelalterliche Kreislauf der Gewalt, in dem viele relativ unabhängige kleine Einheiten miteinander konkurriert hatten, schon im 17.
Jahrhundert durchbrochen worden. Allerdings durch eine Serie von Siegen, sodass diejenigen, die aus diesen Ausscheidungskämpfen als Sieger hervorgingen,
relativ große Gebiete kontrollieren und ein Gewalt- und Steuermonopol durchsetzen konnten. Diese Königshöfe waren im Frankreich des 17. Jahrhunderts die
wesentliche zivilisierende Instanz. Die einst mächtige Klasse der unabhängigen
grundbesitzenden Adeligen verwandelte sich in eine Klasse von Höflingen, die
vollkommen vom König abhängig war. In England hingegen konnten die grundbesitzenden Oberklassen im 18. Jahrhundert die Vorherrschaft über den König
erringen. Diese war jedoch nicht groß genug, um die Interessen des Königs und
der städtischen Zünfte völlig ignorieren zu können. Vielmehr erforderte diese
Situation sorgfältiges Abwägen und die Bereitschaft, Kompromisse einzugehen.
Während in Frankreich die autokratische Herrschaft des Königs nicht zuließ,
dass Meinungsverschiedenheiten und Kämpfe zwischen den Fraktionen offen
zutage traten, *erlaubte* in England die parlamentarische Herrschaftsform nicht
nur offene Wettkämpfe zwischen rivalisierenden Fraktionen, sie *machte es sogar
notwendig*, dass sie offen ausgetragen wurden. Anders als in Frankreich hing in
England das gesellschaftliche Überleben davon ab, *„[...] zu kämpfen, jedoch
nicht mit Dolch oder Schwert, sondern mit der Kraft des Arguments, der Fähigkeit des Überzeugens und der Kunst des Kompromisses"* (ebd.: 74). Von Gentlemen wurde erwartet, nie die Beherrschung zu verlieren oder Gewalt anzuwenden, außer in der geregelten Form eines Duells. (Vgl. ebd.: 72-74.) Darüber hinaus hatte das spezielle Machtgleichgewicht in der englischen Gesellschaft zur
Folge, dass die scharfe Trennung zwischen Hofadeligen und Landadeligen ausblieb. Während in Frankreich jener Teil der Adeligen, der keinen Zugang zu den
Höfen hatte, von den Zentren der Macht und Kultiviertheit abgeschnitten war,
konnten sich in England die Verhaltensstandards der „guten Gesellschaft" in der
ganzen Oberschicht verbreiten. (Vgl. ebd.: 69-76.)

Im absolutistischen Frankreich war das Recht der Untertanen, Vereinigungen zu gründen, stark eingeschränkt. In England hingegen konnten sich die Gentlemen zu Clubs zusammenschließen. Diese Clubs spielten in der Entwicklung des Sports eine entscheidende Rolle. Als es nämlich üblich wurde, dass Mannschaften aus verschiedenen Ortschaften gegeneinander antraten, wurde es notwendig, die verschiedenen lokalen Traditionen zu vereinheitlichen. Daher bildeten zunächst die Gentlemen einer Grafschaft einen Club, in dem sie sich auf gewisse Regeln einigten. Mit der Festlegung von Regeln ging die Entwicklung eines Aufsichtsgremiums, das die Einhaltung der Regeln überwachte und Schiedsrichter zur Verfügung stellte, einher. Diese Entwicklung verlieh dem Spiel ein gewisses Maß an Eigengesetzlichkeit gegenüber den Spielern. Spiel und Spieler waren nicht mehr identisch. Diese Eigengesetzlichkeit nahm in dem Maße zu, in dem Aufsichtsgremien auf der nächst-höheren Integrationsebene die Kontrolle über das Spiel übernahmen. (Vgl. ebd.: 76-78.) Innerhalb dieser Gruppe vollzog sich die Umwandlung früherer Formen des Zeitvertreibs in solche mit den charakteristischen Eigenschaften des Sports. Und so entwickelte sich eine eigenständige kulturelle Tradition, welche die Grundbesitzer, Adel und Gentry, von den anderen sozialen Klassen unterschied: der Gentleman-Code. Der „Sport" wurde zum Distinktionsmerkmal der englischen Oberklassen.

Wie Elias gezeigt hat, fand der Wandel im gesellschaftlichen Habitus hin zu einer gesteigerten Sensibilität im Hinblick auf die Anwendung von Gewalt auch in der Entwicklung der Freizeitbeschäftigungen Ausdruck: *„Die Parlamentarisierung der grundbesitzenden Klassen in England hatte ihr Gegenstück in der ,Versportlichung' ihrer Freizeitbeschäftigungen"* (ebd.: 68). Elias hat jedoch betont, dass es sich hierbei um keinen Kausalzusammenhang handelt. Die parlamentarische Herrschaftsordnung war nicht die *„Ursache"* für die Entwicklung des Sports. Vielmehr waren *„beide Ausdruck desselben Wandels"* (ebd.: 79f.) in der Machtstruktur Englands und im gesellschaftlichen Habitus der herrschenden Klasse.

6.3.3 Die Ausbreitung des Sports auf der ganzen Welt

Wenn man sich mit dem Boom von Krampusbräuchen beschäftigt, stellt sich nicht nur die Frage, warum sich eine zunehmende Anzahl von jungen Menschen für diesen Brauch interessiert, wo und warum neue Vereine gegründet werden. Früher oder später wird man auch auf die Frage stoßen, wie und warum sich diese Entwicklung gerade auf jene Weise vollzieht, wie man es beobachten kann. Elias und Dunning sind der Frage nachgegangen, warum sich einige Sportarten auf der ganzen Welt ausgebreitet haben und andere nicht oder nur in bestimmten

Ländern. In diesem Zusammenhang haben sie auch gefragt, warum sich manche Sportarten in einigen Ländern auf bestimmte Weise verändert haben und in anderen nicht oder auf ganz andere Art und Weise? Im Speziellen haben Elias und Dunning gefragt, warum eine im 18. Jahrhundert in England entstandene Form des Zeitvertreibs, der Sport, im 19. und 20. Jahrhundert zum Vorbild einer weltweiten Freizeitbewegung wurde. (Vgl. Elias / Dunning 2003: 230-234.) Man kann ihre Antwort auf die Aussage zusammenfassen, dass der Sport den spezifischen Freizeitbedürfnissen der Menschen in vielen Ländern entsprochen hat. Abgesehen von den jeweiligen Bedürfnissen der Menschen einer Gesellschaft hat jede Sportart eine relative Autonomie zu den Individuen, die sie ausüben, und zur Gesellschaft, in der sie sich entwickelt hat. Manche Sportarten, wie etwa die Fuchsjagd, sind stärker auf eine spezielle gesellschaftliche Konstellation und auf entsprechende Persönlichkeitsstrukturen der Individuen angewiesen als andere. Je größer die Autonomie einer Sportart, desto einfacher kann sie von anderen Gesellschaften übernommen werden. Die ersten englischen Sportarten, die in anderen Ländern übernommen wurden, waren Boxen, die Fuchsjagd und Pferderennen. Die heute populärsten Sportarten wie Fußball oder Tennis fanden erst Anfang des 19. Jahrhunderts Verbreitung. Im Gegensatz zu Deutschland gelangte der Sport sowohl als Begriff als auch als bestimmte Art der Freizeitbeschäftigung schon im 18. Jahrhundert nach Frankreich. Das aristokratische Freizeitverhalten, das sich in der englischen „guten Gesellschaft" entwickelt hatte, wurde von den Oberschichten Frankreichs übernommen und verbreitete sich so noch bevor die volkstümlichen Sportarten wie Fußball – selbst in England – Merkmale eines Sports entwickelten. In Deutschland hingegen, wo es, wie Elias an anderer Stelle (1989) gezeigt hat, eine solche gemeinsame integrierende „gute Gesellschaft" erst sehr spät und auch dann nicht in ähnlichem Ausmaß gab, bürgerte sich der Begriff „Sport" erst Ende des 19. und Anfang des 20. Jahrhundert ein, als sich auch sportliche Aktivitäten (vorwiegend Fußball) in Deutschland ausbreiteten. (Vgl. ebd.: 230-234.)

Wieder erweist es sich als nützlich, die Elias'sche durch die Bourdieu'sche Perspektive zu ergänzen. Den allgemeinen Annahmen seiner Feldtheorie entsprechend hat sich Bourdieu dagegen ausgesprochen, die Besonderheiten einer Sportart zu einem gegebenen historischen Zeitpunkt alleine durch den Bezug auf die *„ökonomischen und sozialen Bedingungen der betreffenden Gesamtgesellschaft"* (Bourdieu 1993: 166) zu erklären. Wie jedes andere soziale „Konkurrenzfeld" verfüge der Sport über eine *„relativ autonome Geschichte"* mit *„ihrem eigenen Tempo und ihren eigenen Entwicklungstendenzen"* (ebd.: 166f.). Gerade weil sich sportliche Tätigkeiten grundlegend von vorsportlichen unterscheiden, sei die zentrale und einzig „zulässige" Frage, weshalb und wie der Sport als eigenes, relativ autonomes Feld entstanden sei, wie sie Elias gestellt habe. (Vgl.

Bourdieu 1993: 166-168.) Für unser Vorhaben ist von Interesse, dass Bourdieu einen weiteren Grund für die Ausbreitung von ehemals aristokratischen und bürgerlichen Schichten vorbehaltenen Sportarten im *„Bestreben nach lückenloser, totaler Aufsicht der Arbeiterschichten"* (ebd.: 178) durch die bürgerlichen Eliten erblickt. Anders als in den viktorianischen Eliteinternaten sei Sport in den öffentlichen Schulen nicht als Instrument der Charakterbildung angesehen worden, sondern als *„ökonomisches Mittel gleichzeitig zur Mobilisierung, Beschäftigung und Kontrolle der Jugendlichen"* (ebd.).

Aus dieser Perspektive erscheinen auch die unzähligen seit Ende des 19. Jahrhunderts gegründeten Sportvereine (ähnlich wie Gefängnisse, Krankenhäuser oder Schulen) als *Totale Institutionen* im Sinne Erving Goffmans (1982). In dem Maße, in dem *„die staatliche Anerkennung und finanzielle Unterstützung der Sportvereine [...] wächst, bildet sich Sport so zu einem zentralen, wenngleich als solches verschleierten Objekt des politischen Kampfes heraus"*, in dem es um nicht weniger als *„in politische Macht umtauschbares Kapital an Notorietät und Honorabilität"* (Bourdieu 1993: 179) zwischen verschiedenen lokalen Elitegruppen geht. Dementsprechend begreift Bourdieu die Popularisierung des Sports als Übereinstimmung von *„Angebot"* – in der Form von *„Sportpraxis und Sportkonsum"* – und sozialer *„Nachfrage"* – in der Form der *„Erwartungen, Interessen und Wertvorstellungen der potentiellen Sportler"*. Das Bedürfnis breiter Massen, Sport passiv zu konsumieren, verlange nach professionellen Sportlern, die dazu bereit sind, sich dieser harten, körperlichen Arbeit auszusetzen. Diese Voraussetzung wurde von den Heranwachsenden aus den unteren und Mittelklassen erfüllt, für die eine Sportlerkarriere eine der wenigen Chancen darstellte, gesellschaftlich aufzusteigen. Anders als die aristokratisch-bürgerlichen Amateure folgten sie nicht den Idealen des Fair Play und des zweckfreien Spiels, sondern zeichneten sich durch einen *„Hang zur Gewalttätigkeit"* (ebd.: 179) sowie eine *„typisch proletarische Opferbereitschaft"* (ebd.) aus. (Vgl. ebd.: 179-181.) Damit verweist Bourdieu auf die Aktualität klassen- oder besser: milieuspezifischer Freizeitformen, denen jeweils spezifische Habitus und Lebensstile zugrunde liegen.

6.4   Zur „Versportlichung" von Krampus- und Perchtenbräuchen

Die zentrale Annahme, die dem sechsten Kapitel zugrunde liegt, ist, dass der gegenwärtige Krampus- und Perchtenboom eng damit zusammenhängt, dass sich diese Bräuche in den letzten Jahren auf spezifische Weise gewandelt haben; und zwar so, dass sie bestimmten sozialen Habitus und Wir-Gefühlen junger Menschen in hochdifferenzierten Gesellschaften entgegenkommen.

Daher ist das zentrale Anliegen dieses Unterkapitels, die Entwicklung, in deren Verlauf Krampusbräuche an Aufmerksamkeit gewonnen, sich auf bestimmte Art und Weise verändert und ausgebreitet haben, nachzuzeichnen und in figurationssoziologischer Perspektive zu analysieren. Dieses Vorhaben ähnelt in mancher Hinsicht jenem von Elias und Dunning. Dementsprechend wird auf die Perspektivierungen von Elias und Dunning und die mit ihnen verbundenen Begriffsbildungen zurückgegriffen. Im Zentrum steht die Frage, ob die jüngsten Veränderungen von Krampusgruppen und -veranstaltungen jenen entsprechen, die Elias und Dunning an Sportspielen des 18. Jahrhunderts identifiziert haben. Kann man von einer *Versportlichung des Krampus- und Perchtenbrauches* sprechen? Wenn diese Frage zu bejahen ist, wird man folgende Frage Elias' auf diese Arbeit anwenden können:

> „Was ist das für eine Gesellschaft, in der immer mehr Menschen einen Teil ihrer Freizeit darauf verwenden, an den gewaltlosen Wettkämpfen körperlicher Geschicklichkeit und Stärke, die wir als ‚Sport' bezeichnen, teilzunehmen oder ihnen zuzuschauen?" (Elias 2003: 43.)

Zunächst kann man aus Elias' und Dunnings Studien für die Untersuchung des gegenwärtigen Krampus- und Perchtenbooms zumindest folgende Fragenkomplexe ableiten:

(1) Warum ist die Anzahl von Krampusgruppen und -veranstaltungen in den letzten 25 bis 30 Jahren so stark angestiegen? Auf welche Weise haben sich die Freizeitbeschäftigungen, die Gruppen und Veranstaltungen im Laufe dieses Prozesses verändert? Ähneln diese Veränderungen jenem Wandel, den bestimmte Freizeitbeschäftigungen im England des 18. Jahrhunderts durchmachten?

(2) Warum hat sich eine Form des Zeitvertreibs, die sich zu Beginn des 20. Jahrhunderts in einigen österreichischen Alpenregionen aus volkstümlichen Bräuchen entwickelt hat, im Laufe der letzten Jahre weit über ihr bisheriges Verbreitungsgebiet hinaus ausgebreitet? Wer sind die Individuen, die sich an diesen Veranstaltungen als Aktive oder Zuseher beteiligen und wie hat sich ihre Zusammensetzung in den letzten Jahren geändert?

(3) Wie hängen diese Entwicklungen mit größeren gesellschaftlichen Veränderungen, aber auch mit Wandlungen von Persönlichkeitsstrukturen und Freizeitbedürfnissen zusammen? Ist der Boom darauf zurückzuführen, dass Krampusbräuche eine größere *relative Autonomie* im Elias'schen Sinne zu den Individuen, von denen sie ausgeübt werden, und zur Gesellschaft, in der sie sich entwickelt haben, aufweisen als andere überlieferte oder wiedereingeführte Volksbräuche?

(4) In welchem Licht erscheinen diese Fragen, wenn man sie in einer Langzeitperspektive ansieht und mindestens bis ins 19. Jahrhundert zurückgeht; in

eine Zeit, in der Krampus- und Perchtenaktivitäten institutionalisiert und erste Vereine gegründet wurden? Es ist an dieser Stelle nicht möglich, all diesen Fragen in der gebotenen Genauigkeit und Reflexivität nachzugehen. Aber man kann im Anschluss an Elias und Dunning eine Typologie entwickeln, mit deren Hilfe man die Vielfalt und Widersprüchlichkeit der beobachtbaren Entwicklungen in den Griff bekommen kann. Wie in Dunnings *Typologie menschlicher Gewalt* (2003: 400-403) und Elias' *Typologie der Verhaltens- und Erlebensimpulse* (2003: 107-109) werden die Merkmale jeweils als *Polaritäten* oder *Balancen* ausgebildet. Dementsprechend kann man Krampus- und Perchtengruppen, aber auch die von ihnen getragenen Veranstaltungen danach unterscheiden,

- ob im Herkunftsort eine örtliche Krampus- bzw. Perchtentradition existiert oder nicht;
- ob es sich um einen losen Zusammenschluss junger Männer (und immer öfter auch Frauen) handelt oder um einen eingetragenen Verein mit festgelegten Statuten und Funktionen;
- ob dieser Zusammenschluss automatisch oder explizit erfolgt;
- ob es nur ein mündlich überliefertes oder ein verschriftlichtes, starres Regelwerk gibt;
- ob die Gruppe ein explizites Ziel verfolgt oder nicht;
- ob sie um Außenwirkung, Eigenwerbung und Merchandising bemüht ist oder nicht;
- wie umfangreich die Kontakte außerhalb der Krampus- bzw. Perchtenzeit sind;
- ob die Gruppe heterogen oder homogen zusammengesetzt ist (im Hinblick auf Alter, Bildungsniveau, Geschlecht, Familienstand, Ethnizität usw.);
- ob die Interessen der Brauchträger oder jene der Zuschauer im Mittepunkt stehen;
- ob die Mitglieder das Krampuslaufen als Spiel, als Rauferei oder als Pflicht ansehen.

Die im Folgenden angeführten Tendenzen überschneiden sich teilweise mit diesen Polaritäten, teilweise weisen sie aber auch auf Gesichtspunkte hin, die im achten Kapitel ausführlicher diskutiert werden.

6.4.1 Integration

Zunächst kann man festhalten, dass sich die Gruppe der Brauchtumsausführenden hinsichtlich ihrer Struktur und ihrer sozialen Funktionen auf bestimmte Art und Weise gewandelt hat und wandelt. Elias' Zivilisationstheorie basiert auf der Vorstellung, dass die Menschheitsgeschichte langfristig durch zunehmende soziale Integration gekennzeichnet ist. Dieser Integrationsprozess umfasst den Übergang von kleineren zu größeren Integrationseinheiten, die Machtverlagerung von niedrigeren auf höhere Ebenen, die funktionale Differenzierung, die wachsende gegenseitige Abhängigkeit der Individuen und Gruppen sowie die Herausbildung größerer und stabilerer Monopolinstitute. (Vgl. Elias 1970: 99-115). In unserem Fall geht es um den Prozess, in dessen Verlauf sich relativ spontane, selbstverständliche und voneinander unabhängige Zusammenschlüsse der männlichen Dorfjugend in verschiedenen Ortschaften in explizit für die Brauchpflege gegründete, über Verbände miteinander verflochtene Vereine mit klar verteilten Funktionen und einem verschriftlichten Regelwerk umwandelten. Dabei kann man idealtypisch verschiedene Integrationsstufen unterscheiden: (1) zunächst bildet sich aus den potentiellen Brauchträgern – meist den ortsansässigen jungen Männern und männlichen Heranwachsenden – eine Gruppe heraus, die diese Funktion übernimmt; (2) der nächste Schritt ist die Gründung einer Gruppe[124] mit relativ stabilen Mitgliedschaften, die mit ihrem Namen ihren Herkunftsort nach außen vertritt; (3) auf der nächsthöheren Stufe erfolgt die Vereinsgründung im Sinne des Vereinsgesetzes 2002 bei der zuständigen Bundespolizeidirektion bzw. Bezirkshauptmannschaft (BM.I – Vereinswesen [13.12.2010])[125]; (4) ihr folgt die Verbandsgründung auf einer höheren Integrationsebene (etwa auf Bezirks-, Landes- oder Bundesebene). Wenn die allgemeine Richtung dieser Darstellung zutrifft, kann man den Krampusboom als weiteres Beispiel für einen Zivilisierungsschub verstehen. (Vgl. Elias 2003: 45-50.) Es besteht kein Zweifel, dass viele Gruppen in den letzten Jahren die dritte Stufe erreicht haben. Außerdem gibt es eine Reihe von Hinweisen, die auf weiterführende Monopolisierungstendenzen hinweisen. Eine Insiderin berichtet:

> „Da hat es ja die wildesten Sachen gegeben von wegen wir brauchen einen österreichischen Dachverband, der das reguliert, der das Erscheinungsbild reguliert, der die Laufzeiten reguliert, und alles Mögliche, und alleine wenn du einmal nachdenkst, und ich hab mich intensiv damit befasst, du kannst nicht für einen Brauch, der im

---

124 Häufig „Pass" genannt. Auf *Krampusmania* findet man dazu folgende Einträge: *„Pass ist gleichzusetzen mit Gruppe! Die Pass = Die Gruppe! Mehrere Passen = Mehrere Gruppen! Pass = angepasst sein, zusammenpassen, zueinander passen!"* (Pass Gründung – Sonstiges – KRAMPUSMAIA das Original. URL: http://krampusmania.at/index.php?page=LexiconIt em&id=806); *„Österreichisch für Gruppe = Pass = Zusammenpassen = gleich sein, eines sein"* (Pass – Lexikon – KRAMPUSMAIA das Original. URL: http://krampusmania.at/index. php?page=LexiconItem&id=806) (jeweils letzter Zugriff: 29.03.2011).

125 BM.I – Vereinswesen. URL: http://www.bmi.gv.at/cms/BMIVereinswesen/vereinsbehoerde/ start.aspx; BM.I – Vereinswesen. URL: http://www.bmi.gv.at/cms/BMI_Vereinswesen/gruen dung/Erste_Schritte.aspx (jeweils letzter Zugriff: 13.12.2010).

Prinzip über Jahrhunderte in jedem einzelnen kleinen Dorf auf unterschiedliche
Weise sich entwickelt hat, den kannst du nicht auf einmal unter einem österreichi-
schen Dachverband regulieren. Es ist im Endeffekt daran gescheitert, dass es keine
Person gegeben hat, die das managen hätte können und es war auch keiner da, der
sich managen lassen hätte. Und so war das zum Scheitern verurteilt." (Interview
Hafner / Trinkl, 15.05.2010.)

Dabei sind es nicht nur die Bestrebungen, regional unterschiedliche Brauchformen zu einem „österreichischen Brauchtum" zusammenzufassen, die bei Bewahrern regionaler Traditionen auf Widerstand stoßen. Auch Traditionalisten mit
ihren regional jeweils eigenen Traditionen konkurrieren – über szeneinterne
Internetforen, aber auch über die Regionalmedien – um die Definitions- und
Regulierungsmacht innerhalb der Brauchtumspfleger. Allerdings ist das Regulie-
rungsbestreben keine Eigenheit traditionalistischer Formbewahrer. Auch Gruppen und Personen, die sich mit verschiedenster inhaltlicher und formaler Ausrichtung der Weiterentwicklung verschrieben haben, wollen die Brauchentwicklung ihren Vorstellungen entsprechend lenken – etwa wenn es um die Trennung
von Krampussen und Perchten geht.

„Oh da haben wir die unterschiedlichsten Fraktionen gehabt. Also da waren einmal
die ganz Ur-Brauchtümlichen, Salzburg-Gastein, ,wer hat's erfunden?' [Anspielung
auf den berühmten Werbeslogan eines Schweizer Kräuterbonbonherstellers, in dem
die Echtheit und Originalität des Schweizer Originalrezeptes unterstrichen wird;
Anm. d. Verf.], dann haben wir wieder diese Neo-Revoluzzer gehabt, zum Beispiel
auch der Weichenberger Roland, der wirklich die komplett moderne Schiene vom
Krampus fährt, also nicht Perchten nur Krampus, und dann haben wir noch so verschiedene Zwischendinger gehabt, da waren die Bayern, also so Berchtesgadener,
dort hinein, die haben wieder ein komplett anderes Brauchtum, das zwar ähnlich und
teilweise vermischt mit dem österreichischen, aber doch ganz was Eigenes ist. Und
ja, das scheidet sich dann halt komplett. Und da sind dann immer Emotionen hoch-
gekommen. Dann haben wir in Kärnten jemanden gehabt und der gemeint hat, weil
er beim Brauchtumsverband Kärnten ist, muss er hat er die Weisheit mit dem Löffel
gefressen." (Interviewpartner anonymisiert, 2010.)

Bis jetzt ist es keinem der Meinungsführer gelungen, seinen Monopolanspruch
auf die Definitionsmacht über das alpenländische Winterbrauchtum durchzusetzen.[126] Ähnlich verhält es sich mit den einschlägigen Internetportalen. Auch hier

---

126 Auf der lokalen Ebene kann immer wieder eine Partei zwischenzeitlich ihre Auffassungen
     durchsetzen. In Matrei (Osttirol) etwa hat sich in den 1990er Jahren eine Gruppe von Männern
     zum sogenannten „Klaubaufteam" zusammengeschlossen. Sie organisieren das Klaubaufgehen
     und halten Kontakt zu Polizei, Rettungsdienst und Bezirkshauptmannschaft. Das Team ist au-
     ßerdem bestrebt, sich an einem bestimmten überlieferten Vorbild zu orientieren und Ausufe-
     rungen, die „mit dem althergebrachten Matreier Klaubaufbrauchtum nicht mehr das Geringste
     zu tun [haben]" (Klaubaufnachlese 1999: 1), in Zaum zu halten. Dies bezieht sich nicht nur auf

konkurrieren mehrere Webseiten um die Gunst der User und damit um die Macht über ein wichtiges Instrument der Meinungsbildung. Auch wenn man keine ähnlich offenen Monopolisierungsintentionen erkennen kann, ist aus „*vielen, vielen Konkurrenzkämpfen*" (Interview Hafner / Trinkl, 15.05.2010) das Portal *Krampusmania.at* als vorläufiger Sieger hervorgegangen. Krampusportale sind ein sehr junges Phänomen. Zwar gab es schon vor dem Jahr 2003 Online-Nachschlagewerke, wie *Perchten.at*[127], aber das 2003 online gestellte Portal *Teufelskreis.info*[128] war das erste wirkliche Diskussionsforum der Szene. *Krampusmania* wurde im Jahr 2005 von einem ehemaligen Mitglied des Teufelskreises und zwei weiteren Personen gegründet. *Krampusmania* hat bis heute von allen Krampus- bzw. Perchten-Portalen am meisten User, am meisten registrierte Vereine (siehe Tabellen 1 und 2) und am meisten Frequenz. Es sei noch einmal darauf hingewiesen, dass die Frequenz – trotz weiterhin steigender Userzahlen (von 12.233 am 3. März 2011 auf 18.182 am 2. März 2017) und trotz mehrerer Gegensteuerungsversuche – seit dem Abschluss der Erhebung deutlich abgenommen hat. Vor allem die Hunderten einschlägigen Facebook-Seiten, die ähnliche Funktionen anbieten (Bildergalerien, Vereinspräsentation, Maskenverkauf), stellen für Krampus-Portale – auch für *Krampusmania* – eine ernste Konkurrenz dar (siehe fünftes Kapitel).

Der Erfolg von *Krampusmania* dürfte einerseits mit der Zusammensetzung des Moderatorenteams zusammenhängen. Der harte Kern besteht aus Leuten, die seit Jahrzehnten selbst als Krampusse aktiv sind und sich in dieser Zeit intensiv mit dem Brauch beschäftigt haben. Außerdem stammen die Schlüsselfiguren aus verschiedenen Regionen Österreichs, sodass sie mit unterschiedlichsten regionalen Sonderentwicklungen und Brauchvariationen vertraut sind. Gleichzeitig können so die aktuellen Entwicklungen in verschiedenen Regionen beobachtet werden. Die wichtigste – und im Hinblick auf unsere Fragestellung interessanteste – Eigenschaft von *Krampusmania* ist aber, dass die Betreiber bestrebt sind, sich „*nie extrem auf eine Seite [zu] schlagen*" (Interview Hafner / Trinkl, 15.05. 2010). In dieser Offenheit dürfte – vor allem im Vergleich mit anderen Portalen – der Schlüssel zum Erfolg von *Krampusmania* liegen. Eine *Krampusmania*-„Moderatorin" bringt diese Haltung auf den Punkt:

---

die Larven und Glocken, sondern auch auf das angeblich zu wilde Verhalten der Klaibaife. (Vgl. Berger 2000: 162-167.)

127 Perchten.at – Perchtengruppen Österreich – Portal. URL: http://www.perchten.at/site07/content /category/4/23/32/ (letzter Zugriff: 03.03.2011).

128 Unabhängiges Krampus und Perchten-Portal. URL: http://www.teufelskreis.info/, nicht mehr online (letzter Zugriff: 28.12.2010). Im Untersuchungszeitraum nicht online (vgl. Pagelnsider.com. URL: http://www.pageinsider.com/teufelskreis.info (letzter Zugriff: 31.12.2010)).

„Bei *KM* [Krampusmania; Anm. d. Verf.] ist jeder willkommen, da wird jeder, der ehrlich ist und der seine Registrierung ehrlich ausfüllt, freigeschaltet. Und wenn er sich nicht daneben benimmt und die Portalregeln befolgt, ist ein jeder herzlich willkommen. Und deswegen gibt es da keine Lastigkeiten. […] Wir sind außen vor, wir greifen regulierend ein, aber es wird keinem irgendwas vorgeschrieben." (Ebd.)

Tabelle 1:   Auf den wichtigsten Internetportalen registrierte User und Vereine[129]

	Krampus-mania	Krampus-forum	Krampus-stammtisch	Krampus-treff	Teufels-portal	Perchten.at
User[130]	12.233	752	1.245	1.142	74[131]	-
Vereine	743	338	311	395	-	132

Auf *Krampusmania* treffen Verfechter unterschiedlichster Brauchtumsauffassungen und Intentionen sowie Menschen mit verschiedenen emotionalen Bedürfnissen aus unterschiedlichen Regionen aufeinander. Im achten Kapitel wird die Annahme vertreten, dass gruppen- und szeneeigene Wir-Identitäten, die als

---

129   Eigene statistische Auswertung, Stand 03.03.2011. Quellen: Mitglieder – KRAMPUSMANIA das Original. URL: http://krampusmania.at/index.php?page=MembersList; Mitglieder – KRAMPUSFORUM. URL: http://tuiflmania.at/wbb3/index.php?page=MembersList; Mitglieder – Krampustreff / Portal. URL: http://www.krampustreff.at/wbb3/index.php?page=Mem bersList; Mitgliederliste – Krampus-Stammtisch. URL: http://www.krampus-stammtisch.com/ wbb2/memberslist.php; Verzeichnis Vereine – Lexikon – KRAMPUSMANIA das Original. URL: http://krampusmania.at/index.php?page=Lexicon&lexiconID=1; Lexikon – KRAMPUS-FORUM. URL: http://tuiflmania.at/wbb3/index.php?page=Lexicon&lexiconID=1; Verzeichnis Vereine – KRAMPUS-STAMMTISCH. URL: http://www.krampus-stammtisch.com/wbb2/ board.php?boarded=91; Krampustreff – Portal. URL: http://www.krampustreff.at/wbb3/index. php; Perchtengruppen – Perchten.at – Perchtengruppen Österreich. URL: http://www.perchten. at/site07/content/category/4/23/32/ (jeweils letzter Zugriff: 03.03.2011).

130   User und Vereine registrieren sich selbst. Nach Überprüfung und Überarbeitung werden die Daten von einem Administrator bzw. einer Administratorin freigeschaltet. *„Früher war's so, dass ich jeden Einzelnen selber geschrieben hab. Oder eben Informationen zusammengetragen, zusammenkopiert habe. […] Am Anfang sind wir wirklich von Gruppe zu Gruppe gefahren und haben sie interviewt, gefragt, die ganzen Schnitzertouren. Die ersten Jahre war wirklich sehr viel, ich sag mal fürs KM [Krampusmania; Anm. d. Verf.] 10.000 Kilometer im Jahr, das war ganz normal, das war das was wir gefahren sind, um die Informationen zusammenzutragen. Jetzt ist es schon wesentlich einfacher. Mittlerweile ist das KM so bekannt, dass das fast ein Selbstläufer ist und nach der neuen Software können die Vereine sich selbst eintragen und ich schau dann nur ich überprüf dann nur, ob die Daten stimmen können, ob das passt, ob sich da nicht irgendjemand wieder einmal einen Scherz erlaubt oder so etwas und dann brauch ich's nur noch freigeben."* (Interview Hafner / Trinkl, 15.05. 2010.)

131   Das *Teufelsportal* war im Untersuchungszeitraum nicht online, sondern richtete seinen Usern via Facebook aus: *Bald geht die neue Version des Teufelsportal Online"* (Krampusclub Teufelsportal – Facebook. URL: http://www.facebook.com/group.php?gid=419518850088 (letzter Zugriff: 03.03.2011)). Am zehnten Mai 2011, zwei Monate nach Abschluss der Online-Erhebung, ging das *Teufelsportal „mit neuem Eigentümer und neuem Style und neuer Technik"* wieder online.

Schlüssel zum Verständnis des Krampusbooms angesehen werden, durch die Abgrenzung von anderen Anschauungen konstruiert werden.[132] Daher ist *Krampusmania* als Quelle für diese Arbeit von großer Bedeutung. Für andere Portale, die teilweise als Abspaltungen von *Krampusmania*, teilweise neu entstanden sind, bleibt nur die Rolle der *Krampusmania*-Kopie oder des Nischenprodukts.[133] Das *Krampusforum*[134] (früher *Tuiflmania*), dessen Graphik, Aufbau und Inhalt an *Krampusmania* erinnern, zählt zur ersten Gruppe. Aus mangelndem User-Interesse wird es von *Krampusmania* nicht als Konkurrenz angesehen. Andere Portale sind auf einzelne Brauchformen, Weltanschauungen oder Regionen spezialisiert. Jene Traditionalisten, die wir im Zusammenhang mit Regulierungsbestrebungen kennengelernt haben, betreiben zum Beispiel den *Krampusstammtisch*[135]. Der *Krampustreff*[136] ist hingegen die Plattform all jener, die für die Weiterentwicklung des Krampusbrauches und in der Folge auch der Masken stehen.[137] Er wird von Personen betrieben und unterstützt, die sich um einen einflussreichen Schnitzer und einen ebenso erfolgreichen Ausstatter versammelt haben und spiegelt dementsprechend deren Haltung wider. Das seit 10. Mai 2011 wieder zugängliche *Teufelsportal*[138] hat seinen Fokus auf Ober- und Niederösterreich gerichtet. (Vgl. Interview Hafner / Trinkl, 15.05. 2010.) In einer E-Mail, die tags darauf an alle ehemals registrierten User erging, gaben die Betreiber das Ziel aus, *„wieder wie früher die Nummer 2 [hinter Krampusmania; Anm. d. Verf.] zu werden"* (E-Mail von Teuefslportal.at, 11.05.2011)[139]. Das neue *Teufelsportal* sollte sich von den anderen Webportalen durch den völligen Verzicht auf Werbeanzeigen und *„den vielen schnick schnack"* abheben: *„Wir wollen uns*

---

132 Mit Kaufmann (1999) wird davon ausgegangen, dass die jeweiligen Traditionsverständnisse durch den Prozess der Auseinandersetzung mit Vertretern anderer Anschauungen gebildet oder zumindest expliziert werden.

133 *Krampusmania* wirbt mit dem Slogan: *„Krampusmania das ORIGINAL – oft kopiert und nie erreicht"*.

134 Portal – www.krampusforum.at. URL: (15) http://www.tuiflmania.at/wbb3/index.php?page= Portal (letzter Zugriff: 31.12.2010).

135 Krampusstammtisch – Portal. URL: http://www.krampus-stammtisch.com/wbb2/hmportal.php (letzter Zugriff: 31.12.2010).

136 Krampustreff – Portal. URL: http://www.krampustreff.at/wbb2/hmportal.php (letzter Zugriff: 31.12.2010).

137 Besucher der Krampustreff-Homepage werden mit folgendem Slogan begrüßt: *„Tradition ist die Weitergabe des Feuers, nicht die Anbetung der Asche."* (ebd.).

138 Portal – TEUFELSPORTAL – DER KRAMPALRATSCH. URL: http://www.teufelsportal. com/index.php?page=portal (letzter Zugriff: 19.05.2011).

139 Webmail: Posteingang – Das neue Teufelsportal. URL: https://webmail.tugraz.at/horde/index. php?url=https%3A%2F%2Fweb mail.tugraz.at%2Fhorde%2F, am 11.05.2011 (letzter Zugriff: 20.05.2011).

nur auf das Wesentliche konzentrieren: das Quatschen, Diskutieren, zum Verkaufen usw..." (Teufelsportal.at [20.05.2011])[140].

Tabelle 2: Auf den wichtigsten Internetportalen registrierte Vereine nach
Staaten (inkl. Mehrfachnennungen)[141]

	Krampus- mania	Krampus- forum	Krampus- stammtisch	Krampus- treff	Perchten .at	Gesamt[142]
Österreich	658 (87,5)	329 (43,8)	289 (38,4)	330 (44,0)	118 (15,7)	752 (100)
Deutschland	65 (94,2)	1 (1,5)	13 (18,8)	37 (53,6)	14 (20,3)	69 (100)
Italien	14 (56,0)	8 (32,0)	9 (36,0)	24 (96,0)	-	25 (100)
Schweiz	3 (75,0)	-	-	2 (50,0)	-	4 (100)
Slowenien	2 (100,0)	-	-	1 (50,0)	-	2 (100)
Liechtenstein	1 (100,0)	-	-	1 (100,0)	-	1 (100)
Gesamt	743 (87,1)	338 (39,6)	311 (36,5)	395 (46,3)	132 (15,5)	853 (100)

Wie in Tabelle 2 ersichtlich, sind auf *Krampusmania* fast doppelt so viele Vereine registriert wie auf allen anderen Krampus-Portalen. Während im *Krampusforum*, im *Krampusstammtisch* und im *Krampustreff* jeweils weniger als die Hälfte der derzeit in einschlägigen Portalen angemeldeten Vereine registriert sind, sind neun von zehn von ihnen auf *Krampusmania* vertreten. Mit Ausnahme von Italien, wo *Krampustreff* dank eines Südtiroler Administrators an der Spitze liegt, sind auf *Krampusmania* mit Abstand am meisten Krampus-, Perchten- oder Teufelsvereine angemeldet.[143] Besonders interessant ist die Tatsache, dass viele Vereine sowohl im traditionalistischen *Krampusstammtisch* als auch im progressiven *Krampustreff*, sowohl auf *Krampusmania* als auch in der Nachahmung *Krampusforum* registriert sind. Dies dürfte vor allem damit zu tun haben, dass sich viele Vereine bei allen bekannten Portalen anmelden, ohne zwischen deren jeweiligen Brauchtumsauffassungen zu unterscheiden.[144]

---

140 TP INFORMIERT – Das neue Teufelsportal. URL: http://www.teufelsportal.com/index.php?
page=thread&threadID=31 (letzter Zugriff: 20.05.2011).
141 Eigene statistische Auswertung, Stand 03.03.2011. Quellen siehe Tabelle 1.
142 Anzahl der Vereine, die in mindestens einem Portal registriert sind (viele sind auf mehreren
Portalen registriert). Die Zahl in Klammern gibt an, welcher Anteil der in einem oder mehreren
der Portale registrierten Gruppen eines Landes im jeweiligen Portal registriert ist.
143 Im Laufe der zweijährigen Untersuchungszeit nahm die Anzahl der registrierten Vereine auf
Krampusmania, Krampusforum und *Krampustreff* stetig zu. Im traditionalistischen *Krampusstammtisch* und im veralteten Online-Nachschlagewerk *Perchten.at* war die Zahl der registrierten Vereine in diesem Zeitraum hingegen rückläufig.
144 Eine weiterführende Auswertung der für diese Arbeit erhobenen Daten könnte in dieser Frage
Klarheit bringen.

6.4.2 Institutionalisierung

Der Prozess der sozialen Integration ist mit jenem der Institutionalisierung eng verbunden. Institutionalisierung steht hier für einen „*Prozeß der Verfestigung und Erstarrung sozialer Normen und Verhaltensmuster zu Normen-, Rollen- und Statusbeziehungen, durch die konkrete Handlungsziele definiert sowie allgemeine Ordnungs-, Herrschafts- und Sanktionsmechanismen zusammengehalten werden können*" (Schaefer / Goos / Goeppert 2010: Glossar). Wie man an Krampus- und Perchtengruppen beobachten kann, gehen mit der Vereinsgründung in der Regel weitere Formen der Integration und der funktionalen Differenzierung einher: etwa die Festlegung von Statuten, die Auf- und Zuteilung bestimmter Funktionen, die Wahl eines Vorstandes oder die formelle Einführung schriftlicher Regeln. In diesem Sinne könnte man im Anschluss an Elias und Dunning (2003: 392-39; Dunning 2003: 408-412) von einer Zivilisierung des Krampusbrauches sprechen. Ähnliches gilt für Krampusläufe, die sich in vielen Fällen von unorganisierten Raufereien der Dorfjugend zu professionell geplanten, polizeilich angemeldeten Großveranstaltungen entwickelt haben. Die Vereinsgründung bringt eine Reihe weiterer Veränderungen mit sich. Ein angemeldeter Verein hat Anspruch auf Subventionen, die er in seiner Heimatgemeinde beantragen kann.[145] Außerdem kann er für seine Mitglieder eine Haftpflichtversicherung abschließen, sodass diese für den Fall, dass bei einem Lauf Sach- oder Personenschaden entsteht, nicht haftbar gemacht werden können. Darüber hinaus ist es für einen Verein einfacher, Veranstaltungen zu organisieren und von den Gemeinden die nötigen Bewilligungen zu erhalten. Ein weiterer Vorteil ist, dass ein Verein – anders als eine Gruppe von Privatpersonen – Einnahmen bis zu 7.300 Euro nicht versteuern muss. Schließlich darf ein ordnungsgemäß eingetragener Verein im Metro-Großmarkt und auf Kommission einkaufen, wodurch bei der Organisation einer Veranstaltung Kosten gespart werden können. (Vgl. Interview Hafner / Trinkl, 15.05.2010.)

Damit soll weder gesagt werden, dass es vor 20 oder vor 100 Jahren keine Krampus- oder Perchtenvereine gegeben hat, noch, dass heute alle Bräuche von hochgradig funktionsteilig organisierten Gruppen ausgeübt werden. Das bedeutet auch nicht, dass Bräuche, die nicht von Vereinen organisiert werden, völlig unorganisiert und chaotisch sind. Und schon gar nicht wird hier behauptet, diese Entwicklung verlaufe linear und unaufhaltsam. Wir haben im ersten, zweiten und dritten Kapitel gesehen, dass bereits im Zuge der Bewahrungs- und Wiederbelebungsversuche des späten 19. Jahrhunderts Brauchtumsvereine gegründet wur-

---

145 Zwar handelt es sich hierbei nur um 200 bis 300 Euro pro Jahr, aber Vereinen, die jährlich tausende Euro für Masken und Kostüme ausgeben und auf dem Weg zu Krampusläufen mehrere tausend Kilometer zurücklegen, ist jede Hilfe willkommen.

den. Danach, vor allem in den 1960er und 1970er Jahren, wurden aus fehlendem Interesse viele Bräuche aufgegeben und nur in bestimmten Rückzugsgebieten aufrechterhalten. Viele dieser Gruppen lassen sich erst seit Ende der 1990er oder Anfang der 2000er Jahre als Vereine eintragen. Ein weiteres Beispiel für die Vielgesichtigkeit der Entwicklungen, die langfristig trotzdem in die gleiche Richtung weisen, ist das Klaubaufgehen in Matrei. Die Matreier Klaibaife haben sich bis heute weder in Vereinen organisiert, noch haben sich Brauchträger aus einzelnen Fraktionen (Ortschaften) zu einem Dachverband zusammengeschlossen. Dies hat damit zu tun, dass das Zu-Boden-Werfen als Teil der Klaubauftradition angesehen und daher bis heute beibehalten wird. Im Rahmen dieses Treibens kommt es heute wie früher immer wieder zu Sachbeschädigungen und schwereren Verletzungen. Solange das Publikum nur aus Einheimischen bestand, die mit den Verhaltenskonventionen und den dahinter liegenden Glaubensvorstellungen vertraut waren, war dies kein Problem. Eine Insiderin beschreibt diese Entwicklung folgendermaßen:

> „Also zum Beispiel in Osttirol der Klaubauf: Da geht kein Mensch in seinem Sonntagsgewand hin. Da stellt sich kein junges Dirndle [Mädchen, junge Frau; Anm. d. Verf.] mit einem Minirock in die erste Reihe. Weil die wissen was passiert. Die wissen, es kommt dort zu Verletzungen. Die wissen, dass sie wenn sie dort vorne stehen und einen Mucker machen [einen Mucks von sich geben, aufbegehren, die Aufmerksamkeit eines Klaubaufs auf sich ziehen; Anm. d. Verf.], dass sie dann am Boden liegen. Und dass das weht tut, wissen sie ganz sicher auch. Aber sie sind vorbereitet darauf." (Ebd.)

Seit den späten 1960er Jahren wurde die Zahl der Klaibaife und der Zuschauer immer größer. Viele auswärtige Besucher missverstanden das Raufen als aggressive Handlung und wehrten sich. 1967 kam es zur ersten Anzeige gegen einen Klaubauf. Da am Klaubaufgehen keine Vereine beteiligt sind und sich die Brauchträger bis heute erfolgreich gegen die *„namentliche Registrierung"* (Klaubaufnachlese 1999: 2) und damit die Aufgabe ihrer Anonymität wehren, sind bisher alle Anzeigen erfolglos geblieben. Das bedeutet jedoch nicht, dass das Matreier Klaubaufgehen unorganisiert verläuft. Seit Jahren werden die Aktivitäten koordiniert, um zeitliche Überschneidungen zu verhindern. Das Klaubaufteam, das Mitte der 1990er Jahre die Organisation in Matrei-Markt von der Familie Trost übernommen hat, hält Rücksprache mit den Bezirksbehörden, der Exekutive und der Rettung und stellt das Ordnungspersonal. (Vgl. Berger 2000: 33f.) Berger resümiert: *„Die Organisation heute, obwohl nicht vereinsmäßig organisiert, ist dennoch professionell"* (ebd.). Auch in diesem Fall kann man aus einer längerfristigen Perspektive eine Entwicklung in eine bestimmte Richtung erkennen.

Im achten Kapitel werden wir auf diese Entwicklung zurückkommmen und argumentieren, dass man auch die Vielfalt der von Trägergruppen ins Feld geführten Traditionsbegriffe und die daraus resultierende Konkurrenz um die „richtige" Art der Brauchtumspflege vor dem Hintergrund jener Konflikte betrachten muss, die mit dem Übergang einer Gesellschaft von einer Integrationsebene zur nächsten einhergehen. Auch dieses Problem wird im letzten Kapitel diskutiert.[146]

6.4.3 Quantitative Ausbreitung

Elias und Dunning haben untersucht, warum sich einige Sportarten auf der ganzen Welt ausgebreitet haben, wieso andere nicht oder nur in bestimmten Ländern übernommen wurden und warum sich manche Sportarten im Zuge dieses Prozesses verändert haben und andere nicht. Wie wir gesehen haben, kann man auch in der Geschichte alpiner Maskenbräuche Ausbreitungs- und Rückzugsbewegungen beobachten. Nach Jahrzehnten des Desinteresses befinden wir uns seit etwa 20 bis 25 Jahren wieder in einer Expansionsphase, und zwar in mehrerlei Hinsicht: quantitativ, räumlich, zeitlich und sozial.

Eine der offensichtlichsten Entwicklungen der letzten Jahre ist die Veränderung von Gruppen-, Veranstaltungs-, Ausrüster- und Zuschauerzahlen. Ein gutes Beispiel hierfür ist die seit etwa 15 bis 20 Jahren stetig steigende Anzahl von Krampus- und Perchtenläufen, die jährlich immer mehr Besucher – insgesamt hunderttausende – anlocken. Glaubt man Berichten in Regionalmedien[147], strömen alleine zum Umzug in Klagenfurt jährlich 50.000 bis 70.000 Zuschauer. Um die Dauer der Veranstaltung in Grenzen zu halten und deren Durchführung überhaupt zu ermöglichen, musste die Zahl der teilnehmenden Krampus- und Perchtengruppen auf 30 (und damit die Zahl der Krampusse auf 1.000) pro Jahr beschränkt werden. Wie die Veranstalter berichten, haben sie jedes Jahr viel mehr Anfragen von Krampusgruppen, von denen sie jedoch die meisten ablehnen müssen (vgl. Kohlweis, Kärntner-Tageszeitung -Beilage, 47. Woche / 2008: 32).

Wenden wir uns nun aber etwas ausführlicher den Vereinen zu. Als Informationsquellen bieten sich neben dem behördlichen Vereinsregister und den bestehenden volkskundlichen Arbeiten vor allem die oben vorgestellten Internet-

---

146 Zu diesem Zweck werden wir den Institutionalisierungsbegriff um den Gedanken von Berger / Luckmann (2004: 58) erweitern, dass *„Institutionalisierung [...] statt[findet], sobald habitualisierte Handlungen durch Typen von Handelnden reziprok typisiert werden"*. Diese Ergänzung verweist auf den konstitutiven Charakter gegenseitiger Zuschreibungen, Bestätigungen und Abgrenzungen und auf ihre Bedeutung für die Bildung von Eigen- und Fremdgruppen (vgl. Dunning 2003: 395f.).

147 Siehe etwa Kleine Zeitung, 29.11.2007: 16f.; Kärntner Tageszeitung, 29.11.2007: 16f.; Kleine Zeitung, 30.10.2008: 33; Kleine Zeitung, 26.11.2011; Kleine Zeitung, 27.11.2011.

portale und persönliche Gespräche an. Nachdem in den 1960er und 1970er Jahren aus fehlendem Interesse viele Bräuche und Brauchtumsgruppen aufgegeben worden waren, kann man seit den späten 1980er Jahren hunderte Brauchwiederbelebungen, Brauchneueinführungen und Vereinsgründungen beobachten (vgl. Mezger 1990/II: 198).

> „Und die greifen jetzt nach Jahrzehnten Totenstille das wieder auf und so entstehen aus der Asche wieder neue Gruppen, die einfach wieder dieses alte Brauchtum aufleben lassen. Es ist faszinierend, es hat sich in den letzten 20 Jahren so extrem viel getan. Vorher war das Brauchtum eigentlich fast tot, da hat es nur ganz wenige Gruppen gegeben [...]. Und dann sind die Gruppen geschossen, also so von Anfang der 90er, Ende 90 sind die Gruppen geschossen wie die Schwammerln. In jedem kleinen Dorf hat's mindestens eine Gruppe gegeben. Und dann mit der Zeit ist auch die Qualität der Ausrüstung immer besser geworden." (Interview Hafner / Trinkl, 15.05.2010.)

2009 waren im überregionalen Vereinsregister 621 Krampus- bzw. Perchtenvereine behördlich gemeldet. Man kann jedoch die tatsächliche Gründung eines *Vereines* keineswegs mit der Existenz von Krampus- oder Perchten*aktivitäten* in einer Ortschaft gleichsetzen. Die Lektüre der Vereinsgeschichten zeigt, dass die amtliche Eintragung als Verein zwar in einigen Fällen der bislang letzte Schritt der Institutionalisierung ist, dass viele Gruppen jedoch schon wesentlich länger bestehen oder sich auch bisher nicht eintragen haben lassen. In anderen Fällen beginnen die Aktivitäten tatsächlich erst mit der offiziellen Vereinsgründung. Dies dürfte vor allem in Gegenden der Fall sein, in denen Krampusläufe ausgestorben oder gar nicht Teil der regionalen Festkultur waren. Eine Ausstatterin bringt dieses Problem mit folgenden Worten auf den Punkt: *„Es gibt in Österreich 600 bis 650 gemeldete Vereine und die Dunkelziffer ist weit höher."* (Ebd.) Die oben angesprochenen Internetportale sind in dieser Hinsicht eine wertvolle Ergänzung zu offiziellen Statistiken, da sich hier Gruppen unabhängig von ihrem Institutionalisierungsgrad und offiziellen Status eintragen bzw. eintragen lassen können.

Auf den fünf untersuchten Internetportalen waren zu Erhebungsende[148] insgesamt 853 Krampus- bzw. Perchtengruppen registriert (siehe Tabelle 2).

---

148 Die Online-Datenerhebung wurde über einen Zeitraum von mehr als zwei Jahren durchgeführt und am dritten Jänner 2011 abgeschlossen. Die hier angegebenen Daten und Berechnungen basieren auf dem Stand zu Erhebungsende. Vor und nach diesem Zeitpunkt beobachtete Veränderungen wurden nicht berücksichtigt. Zwar haben sich im Laufe der zwei Jahre sowohl bei den Vereins- als auch bei den User-Zahlen die *absoluten* Häufigkeiten verändert, die *relativen* Häufigkeiten sind jedoch fast unverändert geblieben. Auch bis zum Zeitpunkt der Abgabe dieses Manuskriptes hat es bei den relativen Häufigkeiten keine nennenswerten Veränderungen gegeben.

Abbildung 1:   Vereinsgründungen zwischen 1876 und 2011[149]

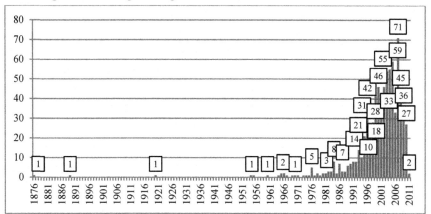

Die befragten Schnitzer, Ausstatter und Brauchtumsbeobachter sind sich darüber einig, dass der Höhepunkt der Expansion um die Jahrhundertwende (2000) erreicht wurde.

> „Ich denke, dass es jetzt in den nächsten Jahren ein Bisschen ruhiger werden wird, es wird nicht mehr ganz so viele neue Gruppen geben, aber das alleine schon vom wirtschaftlichen Standpunkt her. Wir sind im Moment nicht gerade in einer Hochphase, viele werden auch wieder darauf zurückkommen, dass sie das Gewand ein paar Jahre länger behalten, aber im Großen und Ganzen wird sich nicht viel ändern. Es wird immer wieder Junge geben, die nachkommen." (Interview Hafner / Trinkl, 15.05.2010.)

Wie man in der Graphik sieht, decken sich diese Einschätzungen weitgehend mit den Ergebnissen der Online-Auszählung. Nur ein Zehntel der registrierten Gruppen wurde vor 1991 gegründet. In den 1990er Jahren begann die Zahl der Vereinsgründungen zuzunehmen und so entstanden zwischen 1991 und 2000 ungefähr 40 Prozent der zu Erhebungsende registrierten Vereine. Zwischen 1999 und 2007 erreichte der Gründungsboom seinen vorläufigen Höhepunkt. In diesem kurzen Zeitraum wurden mehr als die Hälfte der heute registrierten Gruppen gegründet. Seit 2008 nimmt die Gruppenanzahl zwar weiterhin zu, jedoch weniger stark als in den Jahren davor.[150] Die Tatsache, dass 60 Prozent der registrier-

---

149   Eigene Häufigkeitsauszählung (fehlende Werte (keine oder unklare Angabe) = 93; gültige Werte = 760). Anders als in Abbildung 2 ist hier die X-Achse nicht gestaucht und kann daher maßstäblich gelesen werden. Quellen siehe Tabelle 1.

150   Die Daten aus den Jahren 2009, 2010 und 2011 müssen mit Vorbehalt interpretiert werden. Da es auf *Krampusmania* seit einigen Jahren kein Vereinsregister mehr gibt, stehen uns für die

ten Gruppen[151] zwischen 2001 und 2010 gegründet wurde, zeigt, dass es sich beim Boom um ein sehr junges Phänomen handelt. Außerdem geht der Trend von Großvereinen mit 30 bis 50 Mitgliedern zu kleineren Vereinen mit einer Hand voll Aktiven. Mittlerweile gibt es in einigen kleinen Ortschaften nicht nur eine, sondern mehrere Krampus- oder Perchtengruppen.

Die Frage, wie viele Personen tatsächlich als Krampusse bzw. Perchten aktiv sind, ist empirisch nicht endgültig zu klären, da viele von ihnen in gar keiner Gruppe organisiert sind. Man denke etwa an die hunderten Kinder, die aufgrund ihres zu geringen Alters noch keiner „Pass" beitreten dürfen, an die Mädchen, die sich nicht mit der Rolle der Marketenderin oder des Engels zufrieden geben wollen, an die Jugendlichen, in deren Wohnort es weder eine „traditionelle" noch eine „neue" Trägergruppe gibt. Sie alle ziehen an den ersten Dezemberabenden alleine oder in kleinen Gruppen durch die Dörfer und erschrecken – mit Holzmasken aus vorangegangenen Saisonen, aber auch mit selbst gebastelten Pappmaschee- oder gekauften Plastikmasken – die Passanten. Empirisch ebenso wenig zu fassen sind die vielen Männer und Frauen, die rund um den 5. und 6. Dezember den Heiligen Nikolaus bei seinen Hausbesuchen begleiten – sofern diese Besuche nicht von Vereinen organisiert werden. Außerdem ist immer wieder zu beobachten, dass sich bei Krampusumzügen einzelne Burschen, die nicht oder nicht mehr Mitglieder einer Krampusgruppe sind, mit ihrer eigenen oder einer geliehenen Ausrüstung den Gruppen anschließen. Dazu kommt, dass auch innerhalb der Vereine die Zahl der aktiven Krampusse über die Jahre und sogar über eine ganze Saison nicht konstant ist. Es kommt recht häufig vor, dass der eine oder andere aufgrund beruflicher, schulischer oder familiärer Verpflichtungen ein Wochenende oder eine Saison aussetzen muss. Verletzte oder nicht ganz fitte Gruppenmitglieder sind häufig nur als Zuschauer oder „Aufpasser" mit dabei. Trotz all dieser Einschränkungen zeigen doch alleine die User-Zahlen der einschlägigen Internet-Portale (siehe Tabelle 1), dass es weit über 10.000 Personen gibt, die sich gegenwärtig in einem ausreichenden Ausmaß für Krampus- und Perchtenbräuche interessieren, um sich in einem einschlägigen Internetportal anzumelden. Darüber hinaus ist interessant, dass die überwiegende Mehrheit der

---

Jahre nach 2011 diesbezüglich keine Daten zur Verfügung. Im Rahmen der zwischen 2009 und 2011 durchgeführten Online-Erhebung hat sich jedoch gezeigt, dass sich viele Gruppen erst ein bis zwei Jahre nach ihrer offiziellen Gründung in Internetportalen registrieren. Viele warten bis nach der ersten Saison, weil sie danach Fotos und Berichte von Veranstaltungsteilnahmen präsentieren können. Daher ist anzunehmen, dass Krampus- und Perchtengruppen, die in den Jahren 2009, 2010 und 2011 gegründet wurden, in Abb. 1 deutlich unterrepräsentiert sind. Tatsächlich dürfte die Zahl der Gruppen- und Vereinsgründungen in diesen Jahren deutlich höher gewesen sein.

151   Quartile: 0,25 = 1998; 0,5 = 2003; 0,75 = 2006.

12.233 *Krampusmania*-User (Stand 3. März 2011; am 2. März 2017 waren es 18.182 (siehe dazu 5.3.1)) Mitglied eines Krampus- oder Perchtenvereines ist.

6.4.4 Räumliche und zeitliche Ausbreitung

(1) Räumliche Expansion. Wir haben im ersten Kapitel gesehen, dass es im Osttiroler Ort Matrei noch bis zur Mitte des 20. Jahrhunderts den Klaubaufgruppen nicht erlaubt war, Hausbesuche in einer anderen als der eigenen Fraktion (Ortschaft) abzuhalten (vgl. Berger 2000: 119-122). In dem Maße, in dem sich örtliche Rügegerichte, Heischegänge oder im religiösen Glauben verwurzelte Einkehrbräuche zu größeren Krampusläufen und später zu öffentlichen Umzügen wandelten, weichte sich auch die regionale Strenge auf. Heute ermöglichen es moderne Transport- und Kommunikationsmittel auch kleinen Vereinen, an Läufen in anderen Regionen oder Bundesländern teilzunehmen oder selbst eine überregionale Veranstaltung zu organisieren. So ist es keine Seltenheit, dass ein Verein auf dem Weg zu seinen „Läufen" pro Saison 3.000 Kilometer zurücklegt. In den letzten 15 bis 20 Jahren ist zu beobachten, dass Krampus- und Perchtengruppen in zunehmendem Maße auch in Regionen gegründet werden, in denen es solche Umzugsbräuche bis dahin nicht oder seit Jahrzehnten nicht mehr gegeben hat.

Tabelle 3: Anzahl und Anteil (%) der auf mindestens einem Internetportal registrierten Vereine[152]

Staat	abs. Häufigkeit	rel. Häufigkeit (in %)
Österreich	752	88,2
Deutschland	69	8,1
Italien	25	2,9
Schweiz	4	0,5
Slowenien	2	0,2
Liechtenstein	1	0,1
Insg.	**853**	**100,0**

Im Anschluss an Elias und Dunning (2003: 230-234) könnte man sagen, dass vor allem jene Brauchformen in solchen Regionen und von breiteren Trägerschichten übernommen werden, die eine relativ hohe Autonomie gegenüber ihrem Entstehungszusammenhang aufweisen. In unserem Fall handelt es sich um Brauchfor-

---

152 Eigene statistische Auswertung, Stand 03.03.2011. Quellen siehe Tabelle 1.

men, die weniger auf regionale Besonderheiten, eine spezielle gesellschaftliche Konstellation und entsprechende Persönlichkeitsstrukturen der Individuen angewiesen sind, und die sich weniger auf überlieferte Formen und Inhalte als auf aktuelle ästhetische Gewohnheiten und emotionale Bedürfnisse der jungen Leute beziehen.[153]

Von den 853 registrierten Vereinen stammt mit gut 88 Prozent die überwiegende Mehrheit aus Österreich. Der süddeutsche Raum und Norditalien folgen mit acht bzw. drei Prozent.[154]

Zwischen den österreichischen Bundesländern sind nach wie vor beträchtliche Unterschiede festzustellen. Während Salzburg, die Steiermark und Kärnten zusammen zwei Drittel aller österreichischen Krampus- bzw. Perchtengruppen beherbergen, kommen die ostösterreichischen, weitgehend vor- und nichtalpinen Bundesländer Niederösterreich, das Burgenland und Wien gemeinsam nicht einmal auf sieben Prozent.

Setzt man diese Zahlen mit den Einwohnerzahlen der österreichischen Bundesländer in Beziehung, heben sich Salzburg und Kärnten noch deutlicher ab. In den östlichen Bundesländern ist die Vereinsdichte am geringsten. Während in Salzburg auf gut 2.550 Einwohner ein Krampus- oder Perchtenverein kommt, gibt es in Niederösterreich pro knapp 42.500 Einwohner einen Verein. Anders ausgedrückt gibt es in Salzburg 39, in Niederösterreich lediglich zweieinhalb Krampusvereine pro 100.000 Einwohner.

Wollte man eine Landkarte der Krampus- und Perchtenbräuche zeichnen, müsste man nach Formen, Inhalten usw. differenzieren.[155] Da die quantitative Entwicklung für diese Arbeit nur von geringer Bedeutung ist, müssen wir hier nicht ins Detail gehen. Bereits die allgemeinen Vereinsgründungszahlen zeigen, dass die Gegenüberstellung von Bundesländern problematisch ist, da in fast allen Bundesländern die Vereinsdichte innerhalb einzelner Bezirke stark variiert. Gleichzeitig sind benachbarte Bezirke, die verschiedenen Bundesländern angehören, einander oft sehr ähnlich.[156]

---

153 Ein besonders extremes Beispiel für die Verschmelzung regionaler Brauchformen und deren Loslösung von lokalen Trägergruppen sind die „Schwarzen Teufel". Diese Gruppe bezeichnet sich selbst als „nicht-ortschaftsgebunden" und setzt sich aus bekannten Schnitzern und Ausstattern zusammen, die aus verschiedenen Bundesländern stammen. Die „Schwarzen Teufel" nehmen an ausgewählten Krampus- und Perchtenläufen in ganz Österreich teil. (Vgl. Interview Hafner / Trinkl, 15.05.2010.)

154 Von den deutschen Vereinen stammen mehr als zwei Drittel aus Bayern (vorwiegend Oberbayern), der Rest aus Baden-Württemberg. 24 der 25 italienischen Gruppen stammen aus Südtirol.

155 Siehe hierzu die Vorgehensweise von Axel Franzen und Katrin Botzen (1999: 52-59) bei ihrer Analyse der Vereinsstruktur Deutschlands, die mithilfe der Bildung von Vereinstypen eine „Landkarte des Sozialkapitals" entworfen haben.

156 Aktuelle Verwaltungsgrenzen entsprechen häufig nicht den Grenzen aktueller und vergangener sozialräumlicher Einheiten und damit wirtschaftlichen und kulturellen Austauschbeziehungen.

Tabelle 4: Anzahl und Anteil (%) der österreichischen Vereine nach Bundesländern[157]

Bundesland	abs. Häufigkeit	rel. Häufigkeit (in %)	Einwohner pro Verein[158]	Verein pro 100.000 EW[159]
Burgenland	8	1,1	35.711	2,8
Kärnten	157	20,9	3.543	28,2
Niederösterreich	38	5,0	42.492	2,4
Oberösterreich	96	12,8	14.767	6,8
Salzburg	206	27,4	2.568	38,9
Steiermark	159	21,1	7.601	13,2
Tirol	86	11,4	8.248	12,1
Vorarlberg	-	-	-	-
Wien	2	0,3	857.114	0,1
Österreich	**752**	**100,0**	**11.173**	**9,0**

Vereine, deren regionale Herkunft auch durch Nachrecherchen keinem Bezirk zugeordnet werden konnten, wurden aus den folgenden Berechnungen ausgeschlossen.

157 Eigene statistische Auswertung. Quellen siehe Tabelle 1.
158 Bevölkerungszahlen siehe STATISTIK AUSTRIA, Registerzählung 2011: Gemeindetabelle Österreich, erstellt am 19.11.2013. URL: https://www.statistik.at/web_de/statistiken/menschen _und_gesellschaft/bevoelkerung/volkszaehlungen_registerzaehlungen_abgestimmte_erwerbsst atistik/index.html (letzter Zugriff: 16.05.2017). Die Daten der *Registerzählung 2011* waren zum Zeitpunkt des Abschlusses der ersten Textfassung Ende 2011 noch nicht verfügbar (die *Gemeindetabelle Österreich* wurde von *STATISTIK AUSTRIA* am 19. November 2013 erstellt). Daher basierten die damaligen Berechnungen auf der *Probezählung 2006* (Gebietsstand 2006), was angesichts der Tatsache, dass die eigene statistische Auswertung des Vereinsregisters auf *Krampusmania.at* den Stand vom 3. März 2011 abbildete, nicht unproblematisch war. Für das vorliegende Buch wurde die Vereinsdichte mit den Daten der *Registerzählung 2011* neu berechnet. Da das Vereinsregister auf *Krampusmania.at* seit einigen Jahren nicht mehr aktualisiert wird, können über aktuelle Entwicklungen leider keine validen Aussagen gemacht werden. Zwar können wir für die Bevölkerungsentwicklung auf aktuelle Daten (z.B. die *Bevölkerungsprognose 2016* von *STATISTIK AUSTRIA*) zurückgreifen, die auch die jüngsten Entwicklungen (wie Landflucht, Städtewachstum oder die steirische Gemeindestrukturreform) beinhalten, jedoch ist die Entwicklung der Vereinszahlen und -dichte kaum abzuschätzen. Gespräche mit Szeneinsidern deuten nämlich darauf hin, dass es seit ungefähr fünf bis zehn Jahren unterschiedliche – und teilweise zueinander gegenläufige – Tendenzen gibt, die sogar grobe Aussagen über die Entwicklungsrichtung erschweren (einerseits sei der Höhepunkt der räumlichen Ausbreitung mittlerweile überschritten, andererseits gebe es gleichzeitig einen Trend zur Aufspaltung bestehender Vereine sowie zur Besetzung von Nischen durch immer kleinere und immer stärker spezialisierte Gruppen).
159 Bevölkerungszahlen siehe ebd.

Abbildung 2:   Vereinsgründungen in den österreichischen Bundesländern
                   zwischen 1876 und 2011[160]

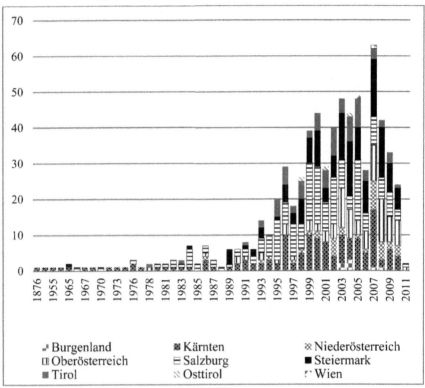

.ⁱ Burgenland	▒ Kärnten	⁕ Niederösterreich
⊞ Oberösterreich	⊟ Salzburg	■ Steiermark
▓ Tirol	⁑ Osttirol	⌐⁙ Wien

So kann man in den letzten Jahren im südlichen Niederösterreich (im Most- und
im Industrieviertel) die Gründung einer Fülle neuer Krampusvereine und -läufe
beobachten. Hier kommt mittlerweile auf ungefähr 30.000 Einwohner ein Krampusverein. Im Wald- (ein Verein auf knapp 110.000 Einwohner) und im Wein-
viertel (ein Verein auf fast 300.00 Einwohner), die von den alpinen Kern- und
voralpinen Ausstrahlungsgebieten weiter entfernt sind, sind hingegen so gut wie
keine Aktivitäten festzustellen. Insgesamt kommen lediglich fünf Prozent aller
österreichischen Krampusgruppen aus Niederösterreich, dem nach Wien bevöl-
kerungsreichsten österreichischen Bundesland. Ein ähnlicher Trend lässt sich in

---

160   Eigene Häufigkeitsauszählung (fehlende Werte (keine oder unklare Angabe) = 176; gültige
      Werte = 677). Diesmal ist die X-Achse gestaucht und daher nicht maßstäblich zu lesen. Quel-
      len siehe Tabelle 1.

Oberösterreich feststellen, wo sich die Vereinsgründungen der letzten Jahre im Wesentlichen auf das Inn-, das Traun- und in geringerem Maße auch auf das Hausruckviertel beschränken, während der Boom das Mühlviertel bisher kaum erreicht hat.

Auch in der Steiermark, aus der mehr als ein Fünftel aller österreichischen Krampus- bzw. Perchtengruppen stammt, ist ein starkes Gefälle zwischen den inneralpinen Regionen auf der einen und dem oststeirischen Hügelland auf der anderen Seite zu erkennen. Fast 60 Prozent aller steirischen Gruppen stammen aus der Obersteiermark, wobei aus dem Mur-/Mürztal (50) und dem Ennstal (44) ungefähr gleich viele Gruppen kommen. Der Bezirk Liezen weist mit einem Verein pro gut 1.800 Einwohner eine der höchsten Vereinsdichten Österreichs auf. Seit 2000 sind jedoch auch in der West- (ein Verein pro ca. 6.500 Einwohner) und Südsteiermark (ein Verein pro ca. 8.700 Einwohner) sowie in Graz und Umgebung (ein Verein pro ca. 19.300 Einwohner) insgesamt mehr als 50 Vereine entstanden. Zu Erhebungsschluss kamen über 20 Prozent der steirischen Vereine aus der Südweststeiermark und fast 15 Prozent aus dem Großraum Graz.

In Tirol lassen sich ebenfalls erhebliche regionale Unterschiede feststellen. Während zwei Drittel der Krampusgruppen aus dem Unterland stammen, kommt nur ein Zehntel aus dem Oberland (der Rest verteilt sich auf den Großraum Innsbruck (20 Prozent) und Osttirol[161] (5 Prozent)). Im Unterland kommt auf ca. 4.400, im Oberland auf 14.600 Einwohner ein Verein. Dieses Ost-West-Gefälle dürfte damit zusammenhängen, dass das Oberland dem alemannischen Kulturkreis angehört und dort andere winterliche Maskenbräuche (etwa der schwäbisch-alemannischen Fasnacht) verbreitet sind. Für diese These spricht auch, dass es in Vorarlberg, dem westlichsten Bundesland Österreichs, so gut wie keine Krampus- oder Perchtenumzüge und -vereine gibt.[162]

---

161 Da die Osttiroler Klaibaife, wie wir in den Abschnitten 6.4.1 und 6.4.2 gesehen haben, kaum in die Krampus- und Perchtenszene integriert sind und sie sich überdies nur selten zu festgefügten Gruppen oder gar Vereinen zusammenschließen, sind diese auch kaum auf Krampus- oder Perchten-Internetportalen vertreten.

162 Auch durch zusätzliche Internetrecherchen konnte nur *ein* Vorarlberger Krampuslauf in Erfahrung gebracht werden. In Klösterle am Arlberg wird seit 2007 von *„einigen jungen Mitgliedern der Funkenzunft Klösterle"* (http://www.kloesterle.com/vermieter/index.php?id=346 (letzter Zugriff: 10.03.2011)) ein Krampuslauf veranstaltet. Es handelt sich dabei nicht um einen eigenständigen Verein, sondern um eine *„Abordnung der Funkenzunft Klösterle"*. Diese wurde bereits im Jahr 1964 zum Zwecke der *„Erhaltung und Weiterführung des traditionellen Funkenabbrennens"* (http://www.klostertal.org/kloesterle/de/tmp_1_1698091379/Funkenzunft _Klosterle_am_Arlberg_detail.aspx (letzter Zugriff: 28.03.2011)), eines im schwäbisch-alemannischen Raum weit verbreiteten Winterbrauches, gegründet. *„Durch die großartige Unterstützung von unseren Krampusfreunden aus Tirol konnten wir uns auch auf anderen Umzügen Präsentieren und könnten so neue Kontakte & auch Freundschaften Knüpfen!"* (http://

Innerhalb Kärntens sind hingegen keine nennenswerten regionalen Unterschiede festzustellen. Jeweils ein Viertel der Vereine stammt aus den Großräumen Klagenfurt und Villach, ein Fünftel aus Oberkärnten und jeweils ein Sechstel aus Mittel- und Unterkärnten. Mit einem Verein je 3.200 bis 4.200 Einwohner ist die Vereinsdichte aller Kärntner Regionen im österreichweiten Vergleich sehr hoch (etwa doppelt so hoch wie in der West- oder Südsteiermark).

Ein weiterer interessanter Trend ist, dass ungefähr seit dem Jahr 2000 auch in den städtischen Großräumen um Graz, Salzburg, Innsbruck, Klagenfurt und Villach viele Vereine und Umzüge entstehen. Dabei handelt es sich keineswegs nur um Ausnahmen; vielmehr machen die städtischen Gruppen in allen Bundesländern rund ein Fünftel der bestehenden Vereine aus. So stammen zum Beispiel mehr (in einem Internetforum registrierten) Vereine aus den Bezirken Salzburg Stadt und Salzburg Land als aus dem Pongau, das in volkskundlichen Publikationen als Kern- bzw. Rückzugsgebiet vieler Krampus- und Perchtenbräuche gilt.[163]

Zusammenfassend sind folgende Merkmale zu nennen, die für die regionale Ausbreitung der neuen Umzugsbräuche von Bedeutung sind und bei einer genaueren Untersuchung berücksichtigt werden sollten: die Entfernung von Kern- und Ausstrahlungsgebieten; topographische Gegebenheiten; vergangene und aktuelle wirtschaftliche, politische und soziale Austauschbeziehungen; sowie konfessionelle und sprachlich-kulturelle Grenzen.

(2) Zeitliche Expansion. Auch wenn einige traditionalistische Krampusvereine bis heute nur am 5. und 6. Dezember laufen und manche Perchtengruppen ihre Aktivitäten auf den Thomastag und die Raunächte beschränken, finden heute zwischen Mitte November und Anfang Jänner Krampus- und Perchtenveranstaltungen statt. Alleine angesichts der Anzahl von Gruppen und Veranstaltungen wäre es gar nicht möglich, die Läufe nur auf die überlieferten Tage zu legen. Diese *„zeitliche Ausdehnung ihres [Anm.: der Brauchfiguren] primären Aktionstermins durch die Suche nach zusätzlichen Auftrittsgelegenheiten"* (Mezger 1990/I: 83) beschränkt sich natürlich nicht nur auf die hier untersuchten Bräuche. Der Volkskundler Werner Mezger bezeichnet diesen Prozess sogar als *„Gesetzmäßigkeit der Brauchentwicklung"* (ebd.). Da dieser Aspekt im Rahmen der folgenden Ausführungen ausführlich dargestellt und besprochen wird, kann an dieser Stelle davon abgesehen werden, ihn gesondert zu diskutieren.

---

www.kloesterle.com/vermieter/index.php?id=346 (letzter Zugriff: 10.03.2011)). Fast alle befreundeten Gruppen stammen aus dem Tiroler Unterland.
    Siehe auch: Vorarlberg Online. URL: www.vol.at/news; SÜDKURIER Online. URL: www.suedkurier.de; Funkenzuft Klösterle: Krampusse. URL: www.funkenzunft-kloesterle.at (vollständige Adressen im Quellenverzeichnis (jeweils letzter Zugriff: 10.03.2011)); und die Aufsätze von Reinhard Johler (1994, 1999, 2000).
163   Für eine ausführliche Besprechung der Stichprobenziehung und ihrer Schwächen siehe 5.3.2.

6.4.5 Soziale Ausbreitung I: Herkunftsmilieu

Im nächsten Abschnitt geht es um die Frage, wer die tausenden Menschen sind, die einen erheblichen Teil ihrer Freizeit und ihres Geldes jährlich in neue Ausrüstungen und Masken stecken. Beschränkt sich die Begeisterung für winterliche Maskenumzüge auf bestimmte soziale Milieus und Altersklassen? Oder hat sie – wie die zehntausenden Zuschauer bei Krampusläufen vermuten lassen – breite Bevölkerungsschichten erreicht?

Der Begriff der Versportlichung steht bei Elias und Dunning (2003) für eine spezifische Veränderung der Freizeitbeschäftigungen in der frühen Neuzeit. Dabei ist einer der zentralen Gedanken, dass sich diese neue Art des gemeinschaftlichen Vergnügens und Wettkampfes über die Jahrhunderte nicht nur auf immer weitere Regionen und Länder ausgebreitet hat, sondern dass diese Wandlungen, die sich zunächst innerhalb der weltlichen Oberklassen vollzogen, nach und nach auf immer breitere Bevölkerungsschichten übergegangen sind. Da die Überlegungen dieses Kapitels auf der Annahme beruhen, dass man an Krampus- und Perchtenbräuchen ähnliche Tendenzen erkennen kann, wie sie Elias und Dunning für den Fußball nachgezeichnet haben, liegt es nahe, danach zu fragen, ob man auch an volkstümlichen Maskenbräuchen des Alpenraumes soziale Ausbreitungsbewegungen erkennen kann. In diesem Zusammenhang ist es vielleicht hilfreich, auf Elias' zentralen Gedanken hinzuweisen, dass die Umorganisierung der menschlichen Beziehungen mit bestimmten Veränderungen der Art des Denkens, Fühlens und Handelns des einzelnen Menschen einhergeht. Den sich wandelnden Freizeit*bedürfnissen* entsprechend wandeln sich auch die Freizeit*beschäftigungen*. (Vgl. Elias 2003: 45-50.)

Auf Krampusbräuche übertragen bedeutet dies, dass auch ihr Wandel als Teil größerer gesellschaftlicher Transformationsprozesse und im Zusammenhang mit spezifischen Veränderungen der Verhaltens- und Affektcodes, der Intentionen, emotionalen Bedürfnisse und Wir-Gefühle der Heranwachsenden gesehen werden muss. Eine zentrale These der vorliegenden Untersuchung ist, dass die gegenwärtige Begeisterung für Krampus- und Perchtenbräuche mit Konflikten zusammenhängt, die entstehen, wenn eine Gesellschaft von einer Integrationsebene zur nächsten über- und in ihr aufgeht. Vor diesem Hintergrund werden auch die emotionalen Abwehrreaktionen gegen jede Veränderung oder Vereinheitlichung, welche in den Augen der Brauchtumspfleger die regionale Tradition bedrohen oder entwerten würde, verständlich. Diese Probleme werden wir im siebenten und achten Kapitel ausführlich behandeln. Zunächst werden wir der Frage nach der sozialen Expansion in drei Dimensionen nachgehen: Herkunftsmilieu, Alter und Geschlecht.

Im Hinblick auf das Herkunftsmilieu der Brauchausübenden wurde im ersten und zweiten Kapitel dargelegt, dass die hier besprochenen Maskenbräuche in den Bedürfnissen, Glaubensvorstellungen und Lebensbedingungen verschiedener sozialer Schichten wurzeln und dass sie im Laufe der Jahrhunderte von unterschiedlichsten Trägergruppen aufgegriffen, verändert und vermischt wurden.[164] Brauchmotive, die im katholischen Ordensschulmilieu entstanden waren, wurden von Handwerksgesellen und anderen ledigen jungen Männern übernommen. Andere Brauchformen dürften ihre Ursprünge in mittelalterlichen Heischegängen, Rügegerichten und Protestformen des abhängigen Bauernstandes und wieder andere in dessen Glaubensvorstellungen haben. Nicht zuletzt dürften sich diese Motive auf verschiedenste Art und Weise mit aristokratischen Maskenformen, aber auch mit Figuren bürgerlicher und geistlicher Spiele vermischt haben. Trotz dieser Kreuzungen ist davon auszugehen, dass gewisse Maskenbräuche bis ins 19. und teilweise 20. Jahrhundert von bestimmten sozialen Schichten getragen wurden. Wie Berger (2000: 97-100) gezeigt hat, lassen schriftliche Quellen aus dem 19. Jahrhundert und Gespräche mit älteren Ortsbewohnern darauf schließen, dass in Matrei das Perchtenlaufen eher ein Brauch bürgerlicher Schichten und der „besten Bauern" (Mang 1925: 183, nach Berger 2000: 98) gewesen sei. Das Klaubaufgehen dürfte hingegen seine Ursprünge in Heischegängen lediger Burschen aus der unterbäuerlichen Schicht haben. Im 19. Jahrhundert wurden als Folge jahrelanger Verbote, aber auch im Zuge einschneidender Veränderungen der Lebensumstände viele Maskenbräuche aufgegeben. Andererseits breiteten sich im Rahmen der allgemeinen Popularisierung bäuerlichländlicher Traditionen auch einige Maskenbräuche auf weitere soziale Schichten aus. Diejenigen Bräuche, die nicht als erhaltens- oder belebenswert erachtet wurden, blieben vergessen oder gingen endgültig verloren.

> „Die Vielfalt der Maskenbräuche im Osttiroler Raum hat sich heute, sieht man von den von Kindern getragenen Bräuchen (Krapfenschnappen, Anklöpfeln) ab, auf das Klaubauf- bzw. Krampusgehen konzentriert. Die Aufgabe kleinerer Bräuchen [sic!] durch die Bevölkerung zu Gunsten eines größeren Brauchs, die Reduktion auf einen einzigen, größeren Maskenbrauch ist in weiten Teilen des Alpenraums zu beobachten." (Berger 2000: 99.)

In Osttirol zum Beispiel hat sich von den vielen Maskenbräuchen, die noch Mitte des 19. Jahrhunderts belegt sind, nur das Klaubaufgehen bis heute gehalten. Das Perchtenlaufen und die Nikolausspiele wurden hingegen noch im 19. Jahrhundert

---

164 Dabei wurden Bräuche, die sich aus dem Alltag bestimmter sozialer Schichten entwickelten, manchmal von mächtigeren gesellschaftlichen Gruppen verabscheut, belächelt oder gar verboten, manchmal aber auch von ihnen übernommen und umgewandelt. Darüber hinaus dienten sie verschiedentlich als Distinktionsmittel gegen jeweils niedrigere, nach oben drängende Schichten.

aufgegeben. Dass das Klaubaufgehen bis heute überdauert hat, führt Berger darauf zurück, dass es im Gegensatz zu anderen Bräuchen im 19. und vor allem im 20. Jahrhundert von breiteren Bevölkerungsschichten übernommen wurde. Berger hat die interessante Überlegung angestellt, dies habe damit zu tun, dass die Klaubauflarven, anders als Perchtenmasken und als Teufelsmasken aus Nikolausspielen, ständig an die sich wandelnden Bedürfnisse der Brauchträger angepasst wurden. (Vgl. ebd.: 97-100.) So hätten im Laufe des 20. Jahrhunderts auch höhere Schichten den Brauch für sich entdeckt und zum Aushängeschild ihrer Heimatgemeinden gemacht. Berger hat im Jahr 2000 beobachtet, dass es auch in anderen Regionen Maskenbräuche gibt, die von *„allen Berufsgruppen und Gesellschaftsschichten"* getragen werden.

> „Die Träger der Fasnachtsbräuche im Tiroler Oberland etwa setzen sich aus der bäuerlichen Schicht, aus Arbeitern, Angestellten und Akademikern zusammen. Es ist keine homogene Gesellschaftsschicht, die den Brauch trägt. Das gleiche ist für das Klaubaufgehen in Matrei zu sagen. Auch hier finden sich alle Berufsgruppen und Gesellschaftsschichten, die den Brauch tragen. Unter den Klaibaifen sind Bauern, Bauarbeiter, Maurer, Tischler aber auch Schüler und Studenten; 1999 wurde der Lotter von einem promovierten Rechtsanwalt dargestellt und auch der Bürgermeister der Marktgemeinde Matrei i.O., Dr. Andreas Köll, maskierte sich als Klaubauf." (Berger 2000: 145f.)

Einerseits haben lokale Politiker und Wirtschaftstreibende längst das touristische und wirtschaftspolitische Potential des Klaubaufgehens erkannt (vgl. ebd.: 129).[165] Andererseits führt Berger die breite Wertschätzung des Klaubaufgehens darauf zurück, dass *„Bräuche [...] in weiten Teilen der Bevölkerung das Bedürfnis zum Regionalen und Traditionellen"* befriedigen. *„Im Zeitalter der Globalisierung und weltweiten Vernetzung ist diese Tendenz durch alle Bevölkerungsschichten hindurch beobachtbar."* (Ebd.: 145.)

So interessant Bergers Beobachtungen und so plausibel seine Interpretationen sein mögen, so zweifelhaft ist, dass man sie einfach auf alle Krampus- und Perchtenbräuche übertragen kann. Vergleicht man die in diesem Kapitel vorgestellten jüngsten Wandlungen von Krampus- und Perchtenbräuchen mit Bergers Beschreibung des Matreier Klaubaufgehens, ist vielmehr davon auszugehen, dass beide zwar den gleichen gesamtgesellschaftlichen Entwicklungen unterliegen, dass sie sich aber trotzdem in vielen Punkten voneinander unterscheiden. Daher kann man nicht ohne Weiteres davon ausgehen, dass die Zusammensetzung neu gegründeter, städtischer Showvereine jener der Matreier Trägergruppen entspricht. Ebenso zu klären ist, ob mit der quantitativen, räumlichen und zeitlichen Ausbreitung von Krampus- bzw. Perchtenbräuchen eine ähnliche soziale

---

165 Siehe dazu auch Kammerhofer-Aggermann 2003: 329-354.

Expansionsbewegung einhergegangen ist, wie sie Berger für das Matreier Klaubaufgehen nachgezeichnet hat.

Es ist erstaunlich, dass in keiner volkskundlich-ethnologischen Arbeit über die jüngsten Entwicklungen von Krampus- und Perchtenbräuchen explizit danach gefragt wird, wer die Leute sind, die einen erheblichen Teil ihrer Freizeit und ihres Einkommens in dieses Hobby investieren. Ob das in den letzten Jahren wiederkehrende Interesse an regionalen Bräuchen alle Menschen in westlichen, hochdifferenzierten Gesellschaften gleichermaßen berührt oder ob dieses Bedürfnis bei Personen aus bestimmten Regionen, mit bestimmten Berufen, mit einem bestimmten Bildungsniveau oder einem bestimmten Alter stärker ausgeprägt ist oder welchen sozialen Milieus die brauchbegeisterten Konsumenten entstammen, wird nicht gefragt. Allerdings wird in der Soziologie und in der Volkskunde bzw. Ethnologie spätestens seit den 1970er Jahren auf einer allgemeineren Ebene diskutiert, ob man angesichts der breiten Bildungs- und Aufstiegsbewegungen nach dem Zweiten Weltkrieg überhaupt noch von klassenbzw. schichtspezifischen Unterschieden ausgehen kann. Im Folgenden werden zunächst (1) einige soziologische Ansätze vorgestellt, die auf der Idee basieren, dass sich schichtspezifische Freizeitbedürfnisse in spätmodernen Gesellschaften weitgehend auflösen. Außerdem wird in volkskundlichen Studien zu alpinen Maskenbräuchen nach Hinweisen auf ähnliche Entwicklungen gesucht. Danach (2) werden einige Einwände, die aus figurationssoziologischer, aber auch aus sozialstrukturanalytischer Perspektive an dieser These bestehen, diskutiert und ein alternativer Blickwinkel wird vorgeschlagen. Abschließend (3) werden diese Überlegungen auf die jüngsten Entwicklungen von Krampus- und Perchtenbräuchen übertragen.

(1) Zur Auflösung schichtspezifischer Freizeitbedürfnisse in spätmodernen Gesellschaften. Die Frage nach der Existenz und Funktion klassenspezifischer Mentalitätsunterschiede und Solidaritäten war eine grundlegende Frage der sich formierenden Soziologie.[166] (Vgl. Vester et al. 2001: 167-176.) Sie war aber auch für die frühe Volkskunde von Bedeutung,

> „[...] da die Fragen nach sozialer Ordnung, nach Schichtzugehörigkeit und nach sozialer Ungleichheit unmittelbar verknüpft sind mit den Problemen der unterschiedlichen Partizipationsmöglichkeiten an der gesellschaftlichen Kultur wie mit der Beobachtung schicht- und gruppenspezifischer Kulturstile. Kulturelle Handlungen sind nicht zufällig ähnlich oder unterschiedlich ausgestaltet, sondern sie weisen durch ih-

---

166 Man denke etwa an die Arbeiten von Friedrich Engels (1945), Karl Marx (z.B. 1850, 1867/85/94), Herbert Spencer (z.B. 1851, 1884), Ferdinand Tönnies (etwa 1887), Émile Durkheim (z.B. 1893, 1894/95), Georg Simmel (z.B. 1900, 1903, 1908, 1914) oder Max Weber (z.B. 1904, 1921/22).

re gestaltform und Zeichnung auf systematische soziale Unterschiede hin." (Kaschuba 2006: 152.)

Die Denk- und Sprachmittel, die damals der Volkskunde zur Verfügung standen, erlaubten es jedoch nicht, über eine statische Gegenüberstellung von bäuerlich-ländlicher Volkskultur (Tradition, Erfahrungswissen, mündliche Überlieferung) und bürgerlich-städtischer Elitenkultur (Weltläufigkeit, Bildung, Schriftlichkeit) hinauszugehen. Im Gegenteil: Dieses statisch-dualistische Kulturverständnis blieb in der Volkskunde bis in die 1950er Jahre vorherrschend. Erst in den 1960er Jahren begann die sich neu formierende Volkskunde bzw. Ethnologie sich unter dem Einfluss der Sozialwissenschaften vom statischen Kulturverständnis zu lösen und Kultur als Prozess zu verstehen. Der dualistische Charakter, dem die idealisierende Gemeinschaftsvorstellung des 19. Jahrhunderts zugrunde liegt, blieb jedoch weitgehend erhalten. So wurde das als sozial homogen und solidarisch verstandene Dorf, das für die vormoderne, vorindustrielle Idylle stand, der heterogenen, modernen Stadt gegenübergestellt, die mit industrieller Produktion, technischer Zivilisation und sozialer Entfremdung gleichgesetzt wurde. (Vgl. Kaschuba 2006: 153.)

In den durch Wirtschaftswachstum und Wohlstandszunahme geprägten 1960er und frühen 1970er Jahren dominierten in der Soziologie vulgärmarxistischer Ansätze, welche die gesellschaftliche Entwicklung als linear und durch die ökonomische Entwicklung determiniert verstanden. (Vgl. Vester et al. 2001: 135-139.) Auch in der Volkskunde bzw. Ethnologie wurden in den 1970er Jahren – sowohl in der gegenwartsbezogenen wie in der historischen Forschung – Familienformen, Lebensentwürfe und Vergesellschaftungsformen vorwiegend vor dem Hintergrund wirtschaftlicher Ressourcenverteilungen und politischer Herrschaftsverhältnisse untersucht. Entsprechend stellte man die „Arbeiterkultur" (körperliche Arbeit, Kollektivismus) der „bürgerliche Kultur" (geistige Arbeit, Individualismus) gegenüber. (Vgl. Kaschuba 2006: 153f.)

In den 1980er Jahren wurden die neomarxistischen Theorien von Gesellschaftsdiagnosen abgelöst, die – unter den Schlagworten *postmaterieller Wertewandel*[167], *postindustrielle Dienstleistungs- bzw. Wissensgesellschaft*[168], *reflexi-*

---

167 Ronald Inglehart (1977) argumentierte, die allgemeine Wohlstandszunahme nach dem Zweiten Weltkrieg habe dazu geführt, dass materielle und physische Bedürfnisse weitgehend gesättigt seien. Diese Tatsache mache sich in einem Übergang von materialistischen zu postmaterialistischen, ideellen Werten bemerkbar, der für fortgeschrittene westliche Demokratien typisch sei.

168 Das Konzept der *postindustriellen Wissens- und Dienstleistungsgesellschaft*, das vor allem von Alain Touraine (1961) und Daniel Bell (1973) entwickelt wurde, basiert auf der Annahme, dass spätestens seit den 1980er Jahren in der Gesamtwirtschaft die industrielle vom Dienstleistungssektor als dominanter Sektor abgelöst wird. Dementsprechend werden auch die materiellen Werte der Arbeiterklasse durch die postmateriellen Werte der Dienstleistenden verdrängt. Vester et al. (2001: 75f.) haben jedoch darauf hingewiesen, dass die Tertiarisierung den Industrie-

ve Modernisierung und *freie Identitätswahl*[169] – auf der These aufbauten, die alte Klassengesellschaft löse sich zunehmend auf. Nach der beispiellosen Wohlstandsteigerung seit dem Ende des Zweiten Weltkrieges hätten die Bildungsexpansion und vor allem die jüngsten arbeitsorganisatorischen und technologischen Entwicklungen endgültig dazu geführt, dass sich die Lebens- und Arbeitsverhältnisse *aller* sozialen Schichten nicht nur verbessert, sondern auch aneinander angenähert haben. Die Folge sei eine Individualisierung und Pluralisierung der Lebensstile. Frei von den Selbstverständlichkeiten und festgelegten klassenspezifischen Lebensformen der industriellen Moderne können, so die These, die Menschen ihren Lebensstil mehr oder weniger frei wählen. Durch populäre Vertreter wie Anthony Giddens und Ulrich Beck wurde diese These spätestens in den 1990ern zum soziologischen Mainstream. In der deutschsprachigen Soziologie erschienen die Begriffe *Klasse* und *Schicht* nun verdächtig und wurden auch in der öffentlichen Diskussion weitgehend durch den Begriff *Milieu* ersetzt.

Durchsucht man die einschlägigen volkskundlichen bzw. ethnologischen Arbeiten auf Hinweise nach dieser Frage, stößt man auf eine Reihe von Beobachtungen, die den Schluss nahe legen, dass sich die Freizeitstile verschiedener gesellschaftlicher Gruppen etwa seit den 1970er Jahren zunehmend angleichen. Roman Schweidlenka (1990: 230-232) argumentiert etwa, man könne die *„Sehnsucht nach dem Archaikum"* keineswegs auf eine bestimmte soziale Schicht, Berufsgruppe oder politische Orientierung reduzieren. Sie sei vielmehr ein Merkmal des *„modernen Menschen"*.[170] Allerdings lassen sich die Befunde und Deutungen danach unterscheiden, ob sie die Popularisierung ehemals exklusiver Praktiken behandeln oder die Übernahme von Freizeitbeschäftigungen der unteren Klassen durch gesellschaftlich mächtigere Gruppen. Hermann Bausinger (2005: 138-143) diagnostizierte etwa bereits 1960, die allgemeine Zugänglich-

---

sektor nicht verdrängt, sondern dass sie vielmehr auch in ihm stattgefunden hat. Außerdem entspricht die Grenze zwischen materiellen und postmateriellen Werten keineswegs der Grenze zwischen Arbeitern und Dienstleistenden.

169 Anthony Giddens (1985) ist wie Ulrich Beck (1986) und Stefan Hradil (1988, 1992) davon ausgegangen, dass die Abnahme der materiellen Not und die Auflösung bzw. Lockerung traditioneller (Klassen-)Bindungen dazu führen, dass Einstellungen, Lebensstile, Milieus und letztlich die Identität frei gewählt und zusammengestückelt werden können. Durch die Auflösung alter Klassenordnungen und Lebensläufe entstehen jedoch auch neue soziale Ungleichheiten und schichtübergreifende Risiko- und Gefährdungspotentiale. Die neue Freiheit bringt auch neue Unsicherheiten und Unübersichtlichkeiten mit sich.

170 Von *„bewegten Ökoaktivisten"* wie von *„neuen Heiden"*, von *„spirituellen Feministinnen"* wie von Pfadfindern, von *„esoterischen Gruppen"* (etwa Schamanen- und Druiden-Orden) wie von *„lokalen Tourismusmanagern- und -verbänden"*, von *„neuen Hexen"* wie von *„alternativen Wurzelsuchern"*, von *„der neuen rituellen, parteipolitisch ungebundenen grünen Politik"* wie von der *„Neuen Rechten"*, von *„christlich-konservativen Politikern"* wie von ihren *„sozialdemokratischen Kollegen"* (vgl. Schweidlenka 1990: 230-232).

keit von Bildung und Informationen führe dazu, dass „*früher sozial beschränkte Vorstellungen*" und Kulturgüter in zunehmendem Maße für „*alle Schichten und Gruppen*" verfügbar werden würden. In eine ähnliche Kerbe schlägt Hartmut Prasch (2001: 148f.), wenn er diagnostiziert, die Sehnsucht nach immer neuen, auch volkskulturellen „*Erlebniswelten*" habe damit zu tun, dass die „*Welt verfügbar geworden*" sei.

Auf der anderen Seite kann man in den letzten Jahren beobachten, dass – wie schon im 19. Jahrhundert, als bürgerliche Vereine bäuerliche Bräuche für sich entdeckten – die populäre Kultur bei allen sozialen Schichten legitim und beliebt geworden ist. Man denke etwa an die Übernahme des Cashual-Looks durch die Haute Couture oder die Einflüsse der Straßenmusik auf die seit langem salonfähige Jazzmusik. (Vgl. Kaufmann 2005: 234-236.) Auch der Körpersoziologe Robert Gugutzer (2010: 35-37) hat darauf hingewiesen, dass die Zunahme des allgemeinen Wohlstandes, die Ausweitung der Freizeit und der Massenmedien sowie der Übergang von extrinsisch-materiellen zu intrinsisch-immateriellen, hedonistischen Werten dazu geführt hat, dass seit den 1980er Jahren die populäre Kultur in „*allen Bildungsschichten*" sozial legitim und beliebt ist. In differenzierten, hochindustrialisierten, nationalstaatlich organisierten Gesellschaften besitzen sowohl alte als auch neue Brauchformen bei weitem nicht mehr jene Verbindlichkeit wie in vormodernen, ständisch organisierten Gesellschaften mit ihrem dörflichen System der direkten sozialen Kontrolle.[171] Nicht nur die Aktiven, sondern die Menschen insgesamt sind es gewöhnt, mit Versatzstücken verschiedener kultureller Erzeugnisse und Praktiken – auch mit aus ihren ehemaligen sozialen Kontexten herausgelösten Bräuchen – relativ unverbindlich und flexibel umzugehen, sie aufzugreifen, mit anderen Artefakten zu vermischen und auch wieder beiseite zu legen. (Vgl. Bausinger 2005.)

(2) Zur Herausbildung und Persistenz milieuspezifischer Freizeitbedürfnisse. Kann man aus dieser Beobachtung schließen, dass die These von der Auflösung der Klassengesellschaft auch die Entwicklung der Krampus- und Perchtenbräuche zutreffend beschreibt? Zunächst sei darauf hingewiesen, dass – wie Vester et al. (2001: 13-15, 68-78) gezeigt haben – die Theorien von der Auflösung der Klassen weitgehend in den Dichotomien der vulgärmarxistischen An-

---

171 Ein gutes Beispiel für diese Entwicklung ist die Transformation frühneuzeitlicher Rügebräuche in der Belustigung dienende Schaubräuche. Wie wir später sehen werden, handelt es sich hierbei nicht – wie oft behauptet wird – um einen „völligen Verlust" von Inhalten, Bedeutungen und Funktionen, sondern um deren Wandel. Für die vielen Zuschauer und vor allem für die Aktiven sind auch heutige Bräuche – seien sie auch noch so junge Erfindungen ebenso junger Tourismusverbände – von großer Bedeutung; etwa als Gemeinschaftsaktivitäten oder als Akte der lokalen Identitätsbildung, der Schaffung von etwas Besonderem, der Erzeugung und Bekräftigung der Identifikation mit, aber auch als Akte der Abgrenzung von einer sozialen Gruppe.

sätze aus den 1970er Jahren verhaftet bleiben. Sie wenden sich lediglich dem jeweils anderen Extrem zu: ideell statt materiell, voluntaristisch statt deterministisch, subjektiv statt objektiv. Außerdem leiten auch sie kulturelle und soziale Prozesse einseitig von wirtschaftlichen Veränderungen ab.[172]

Dazu kommt zweitens, dass spätestens mit dem Zusammenbruch des kommunistischen Ostblocks deutlich wurde, dass es viele verschiedene kapitalistische Entwicklungspfade gibt. Es zeigte sich, dass Theorien, die gesamtgesellschaftliche Entwicklungen ausschließlich auf ökonomische Entwicklungen zurückführen, diese unterschiedlichen Wege nicht erklären können. Das gleiche gilt für die Tatsache, dass die allgemeine Zunahme des Wohlstandes nicht zu einem Abbau, sondern zu einer Zunahme der sozialen Ungleichheiten und sogar zur dauerhaften Armut und Arbeitslosigkeit führen kann. Einen ersten entscheidenden Schritt zur Überwindung der eindimensionalen, rein ökonomistischen Perspektive stellte Gösta Esping-Andersens (1993 (hier 2009)) *Institutionelle Schichtungstheorie* dar. Esping-Andersen wandte sich sowohl ge-gen Theorien der neuen Unterklasse als auch gegen Theorien der klassenlosen Wissensgesellschaft. Er wies darauf hin, dass man neben den wirtschaftlichen Entwicklungen auch die institutionellen Regulierungen in die Analyse einbeziehen müsse, die in verschiedenen Staaten recht unterschiedlich sind. Ebenso wichtig war Karl-Martin Boltes und Peter A. Bergers (1990: 27-50) Hinweis, man müsse auch die subjektiven Erfahrungen der Akteure sowie die neuen Diskontinuitäten und Differenzierungen der Lebensstile, aber auch die neuen Ungleichheiten nach Alter, Herkunftsland und Geschlecht berücksichtigen. (Vgl. Vester et al. 2001: 14f.)[173]

Aus diesem Grund muss man drittens im Anschluss an Pierre Bourdieu (1987) die These von der freien Zusammenstellung des eigenen Lebensstils zumindest in eine weitere Richtung differenzieren. Dass „Kulturgüter" und Freizeitstile grundsätzlich für immer mehr Menschen *verfügbar* sind, bedeutet keineswegs, dass sie allen in gleichem Maße *zugänglich* sind. Vielmehr muss man danach fragen, welche sozialen Milieus über welche Freizeitangebote tatsächlich verfügen können und wollen. Wie verfügbar, im Sinne von tatsächlich zugänglich, attraktiv oder interessant, bestimmte Freizeitstile sind, hängt demnach mit der ökonomischen, sozialen und kulturellen Kapitalausstattung zusammen. Selbst in Gerhard Schulzes *Erlebnisgesellschaft* (2005) verfügt jedes soziale Milieu über andere *„Erlebnisorientierungen"*.

Auch in volkskundlichen Brauchbeschreibungen findet man viele Hinweise darauf, dass sich die Freizeitstile verschiedener sozialen Milieus nach wie vor

---

172 Das gleiche gilt für Gesellschaftsdiagnosen, die in etwa zur gleichen Zeit entstanden, jedoch angesichts der Entstehung neuer sozialer Ungleichheiten von der Wiederkehr einer verelendeten Unterklasse ausgegangen sind (vgl. Vester et al. 2001: 13-15, 68-78).

173 Siehe auch P. A. Berger / R. Hitzler (2010) sowie P. A. Berger / M. Vester (1998).

erheblich voneinander unterscheiden. So haben zum Beispiel Katharina Krenn und Wolfgang Otte (2007: 131) bei ihrer Beschreibung des aktuellen Tauplitzer Nikolospiels darauf hingewiesen, dass *„Veranstalter, Regisseure, Darsteller und Publikum [...] wie im mittelalterlichen Schauspiel aus demselben Lebensumfeld [stammen]"*. Und Gottfried Korff hat mit dem Hinweis auf sozialstatistische Untersuchungen argumentiert, dass es trotz Angleichungstendenzen nach wie vor erhebliche schichtspezifische Unterschiede im Freizeit-, Konsum-, und Bildungsverhalten gibt.

> „Die Vergrößerung des Freizeitvolumens, sei es durch Urlaub oder 40-Stunden-Woche, zusammen mit einem breiten kulturindustriellen Zerstreuungsangebot, haben zwar eine tendenzielle Angleichung ehemals scharf gesonderter Kulturstile bewirkt, aber trotzdem erweisen sich Feststellungen, daß der Arbeiter sich den Standards der Mittelschicht angepaßt habe, als stark überzeichnet." (Korff 1999: 51.)

Dies führt uns zu den beiden grundsätzlichsten Einwänden gegen die These vom reflexiven, von allen Beschränkungen der sozialen Herkunft befreiten Individuum der *Post-* oder *reflexiven Moderne*.[174] Die Vertreter der These, das mündige weil informierte Individuum wähle seinen Freizeit- und Konsumstil und damit letztlich seinen Lebensstil und seine Identität aus verfügbaren „Versatzstücken" in einem Akt des freien Willens aus, verkennen, wie die französische Soziologe Jean-Claude Kaufmann (2005: 217-236) gezeigt hat, nämlich viertens, dass auch die Informationen und die Fähigkeit, sich selbst zu erfinden, ungleich verteilt sind. Außerdem führt die Reflexivität eine weitere Dimension der Ungleichheit ein, da zu den realen Ungleichheiten die Wahrnehmung derselben hinzukommt. Da in der „reflexiven Moderne" jeder für sein Schicksal selbst verantwortlich ist, sind Armut und Erfolgslosigkeit in noch stärkerem Maße mit einem Verlust der Selbstachtung verbunden. Gerade wenn immer breitere gesellschaftliche Kreise wohlhabend, reflektiert und distanziert sind und über ein hohes Maß an emotionaler Selbstkontrolle verfügen, fühlen sich jene, die bei diesen Aufstiegsbewegungen außen vor geblieben sind, als Verlierer.

Fünftens ergeben sich aus figurationssoziologisch-zivilisationstheoretischer Perspektive einige Einwände gegen die Vorstellung eines von jeglichen gesellschaftlichen Zwängen freien, mehr oder weniger rational kalkulierenden Individuums. Sie werden im Laufe dieser Arbeit immer wieder ausführlich diskutiert und daher an dieser Stelle nicht weiter ausgeführt. Hier sei lediglich darauf hingewiesen, dass in dieser Arbeit davon ausgegangen wird, dass die Art des Den-

---

174 Hier wird davon abgesehen, weitere Einwände, die aus figurationssoziologischer Perspektive gegen dichotomisierende Modelle und gegen ökonomistisch-rationalistische Erklärungen bestünden, auszuführen. Die Grundannahmen und begrifflichen Werkzeuge der Elias'schen Soziologie werden an anderer Stelle – z.B. in den Kapiteln 1, 2, 3 und 4 – ausführlich diskutiert und – in den Kapiteln 6, 7 und 8 – auf konkrete Probleme angewandt.

kens, Fühlens und Handelns eines Individuums eng mit den Mustern des gesellschaftlichen Zusammenlebens zusammenhängen, die dieses Individuum mit anderen Individuen bildet. Außerdem legt die figurationssoziologische Perspektive nahe, neben den Plänen und Einstellungen auch Affekte und emotionale Bedürfnisse, neben beabsichtigten auch nicht-intendierte Konsequenzen des Handelns zu berücksichtigen. Abgesehen von diesen grundsätzlichen Einwänden ist zu sagen, dass sich im Laufe der letzten Jahrhunderte der abendländischen Gesellschaftsentwicklung zwar das gesellschaftliche Machtgefälle zugunsten der Schwächeren verschoben hat (man denke etwa an die Transformation ständischer in klassenbezogene Abhängigkeiten und die Diffusion derselben in jüngster Vergangenheit), dass jedoch mit zunehmender Ausbreitung der wirtschaftlichen, politischen und sozialen Beziehungsnetze über immer größere Räume hinweg und mit dem Länger- und Verzweigterwerden der Abhängigkeitsnetze der Einzelne gleichzeitig in immer größerem Maße von einer immer größeren Anzahl wildfremder Menschen abhängig wurde. Je länger die Handlungsketten und je verzweigter die Beziehungsnetze sind, desto weniger kann eine einzelne Person, selbst die mächtigste, den Verlauf kontrollieren oder überblicken. Die soziale Kontrolle wird im Rahmen dieses Prozesses zwar schwächer, an ihre Stelle treten jedoch immer umfassendere Selbstzwänge. Elias hat anhand von historischem Material eindrucksvoll gezeigt, dass die Internalisierung gesellschaftlicher Zwänge und die Entwicklung immer umfassenderer und stabilerer Selbstzwangapparaturen ein zentraler Aspekt der Entwicklung eines zivilisierten Affekthaushalts ist. Je stärker der gesellschaftliche Zwang zum Selbstzwang, je umfassender und komplexer das soziale Regelwissen ist, je größer die Anforderungen an den Einzelnen sind, die Befriedigung der emotionalen und körperlichen Bedürfnisse aufzuschieben oder in verfeinerter Form auszuleben, desto schwerer ist es für Außenseiter und Aufsteiger, diesen „zivilisierten" Umgangsformen zu entsprechen. Wie wir im siebenten Kapitel sehen werden, nutzen etablierte Gruppen die Verschärfung ihrer Verhaltens-Codes häufig als Instrument der Distinktion und sozialen Schließung gegen aufsteigende Gruppen. (Vgl. Elias 1997a/b.) Abschließend sei darauf hingewiesen, dass das reale Wachstum (sei es des materiellen Wohlstandes, der beruflichen oder privaten Chancen) mit dem Wachstum der Ansprüche und Erwartungen nicht immer schritthalten kann. (Vgl. Kuzmics 1989.)

Diese Überlegungen zeigen, dass es sich für die Frage nach *milieu*spezifischen Freizeit-, Konsum- und Lebensformen lohnen kann, die figurationssoziologisch-zivilisationstheoretische durch eine sozialstrukturanalytisch-feldtheoretische Perspektive zu ergänzen, wie sie Pierre Bourdieu entwickelt hat.[175]

---

175 Dieser Schritt bietet sich aus mehreren Gründen an: Anders als Elias hat Bourdieu sein Habituskonzept vorwiegend aus der und zur Untersuchung sozialer Ungleichheit zwischen sozialen

Bourdieus Soziologie ist – anders als jene von Elias – seit den späten 1980er Jahren nicht nur in der Soziologie, sondern auch in der Ethnologie äußerst populär. Vor allem die beiden Studien *Entwurf einer Theorie der Praxis* (1972)[176] und *Die feinen Unterschiede* (1979) haben seither dazu beigetragen, Gesellschaftsanalyse auch als Kulturanalyse zu verstehen. Bourdieus Soziologie basiert auf der Annahme, dass Geschmäcker und Freizeitvorlieben – etwa hinsichtlich Kleidung, Essen, Musik oder Sport – auch in hochdifferenzierten, demokratischen Gesellschaften schichtspezifisch verteilt sind. Dies hängt erstens damit zusammen, dass verschiedene soziale Milieus über unterschiedliche kulturelle Habitus und Lebensstile verfügen. Der kulturelle Habitus einer Gruppe ist vielschichtig. Er umfasst *Wahrnehmungs*schemata, die alltägliche Wahrnehmungen der sozialen Welt strukturieren, *Denk*schemata, die der Interpretation und Ordnung der sozialen Welt, aber auch der normativen Bewertung gesellschaftlicher Praktiken oder kultureller Objekte dienen, und *Handlungs*schemata, durch die sich der Geschmack realisiert. Der Habitus formt sich durch Verinnerlichung der äußeren gesellschaftlichen Existenzbedingungen und ist damit durch die spezifische Position bestimmt, die ein Individuum im Raum der Lebensstile einnimmt. Diese Klassenposition wird wiederum durch die Ausstattung mit drei

---

Klassen in hochdifferenzierten Gesellschaften entwickelt. Gleichzeitig weisen die Habituskonzepte von Elias und Bourdieu in ihren wesentlichen Grundannahmen genügend Übereinstimmungen auf, um fruchtbar zusammengeführt zu werden. Bei beiden findet man die zentrale Vorstellung, dass die Muster des gesellschaftlichen Zusammenlebens und die Arten des Denkens, Fühlens und Handelns jener, die diese Muster bilden, miteinander verflochten sind und voneinander abhängen. Darüber hinaus kann man auch aus Bourdieus Theorie der Praxis Werkzeuge entwickeln, um die Verbindung von Gesellschaft und Habitus herauszuarbeiten, ohne in kausale oder eindimensionale Erklärungen (die z.B. den oben besprochenen Theorien der postmodernen Wissensgesellschaft zugrundeliegen) zurückzufallen. Außerdem ist die Überwindung sowohl des Mikro-Makro- als auch des Voluntarismus-Determinismus-Dualismus in beiden Perspektiven angelegt. Ein weiterer Vorteil beider Konzepte – sowohl gegenüber situationistischen als auch im Vergleich zu strukturalistischen Ansätzen – besteht darin, dass sie dem Forscher dabei helfen, ahistorische Erklärungen zu vermeiden. Stattdessen ermöglichen sie es, die historischen Prozesse der Herausbildung bestimmter Kulturmuster vergleichend nachzuvollziehen. Darüber hinaus nehmen bei Bourdieu wie bei Elias Machtunterschiede, der Wettstreit um verschiedene Arten der Macht und die Abgrenzungsbemühungen der jeweils Mächtigen gegenüber den weniger Mächtigen eine zentrale Rolle ein. Auf diese Weise machen es beide Habituskonzepte möglich, gruppenspezifische Denk- und Sichtweisen, Sprachstile und Freizeitvorlieben, aber auch Prinzipien des Urteilens und Bewertens und damit Geschmacks- und Manierenunterschiede der Analyse zugänglich zu machen. Ergänzend sei erwähnt, dass sich Elias und Bourdieu auch hinsichtlich des Stellenwerts ähneln, welcher der Position des Soziologen im Forschungsfeld eingeräumt wird. Bei beiden muss diese und die Perspektivierungen, die mit ihr verbunden sind, stets in die Analyse einbezogen werden. Bei aller notwendigen Distanzierung ist dieses „Engagement" aber gleichzeitig auch die Voraussetzung für ein vertieftes Verständnis.

176 Vgl. HyperBourdieu 1970-1979. URL: http://hyperbourdieu.jku.at/hb70-79.htm (letzter Zugriff: 30.07.2011).

„Kapitalsorten" bestimmt: mit ökonomischem Kapital (Besitz, Einkommen), sozialem Kapital (soziale Beziehungen und Netzwerke) und kulturellem Kapital (Bildung, Lebensstil, Geschmack). (Vgl. Heß-Meining 1999: 209-213.) Der zweite Aspekt, der dafür verantwortlich ist, dass soziale Klassen je unterschiedliche Freizeit- und Konsumstile haben, ist, dass sich „soziale Unterschiede" nicht nur in „kulturellen Unterschieden", sondern auch in „symbolischen Unterscheidungsakten" ausdrücken. Die zentrale Aussage der 1979 erstmals veröffentlichten empirischen Untersuchung der oberen Mittelklassen Frankreichs, *Die feinen Unterschiede*, ist, dass kulturelle Praxisformen (wie Konsumvorlieben und Wohnformen, Kleidungsstile und ästhetische Geschmäcker, aber auch Bildungsformen und Freizeitmuster) sowohl den klassenspezifischen Geschmack und Lebensstil als auch spezifische Distinktionsstrategien verraten. Diese Strategien dienen dazu, das eigene soziale Milieu zu erkennen, sich mit ihm zu identifizieren und von anderen sozialen Milieus symbolisch abzugrenzen. Im Laufe der familiären und auch späteren Sozialisation verinnerlicht (oder „habitualisiert") das Individuum den Lebensstil und Geschmack des eigenen sozialen Milieus so sehr, dass diese ihm als einzig richtiger, wahrer oder „normaler" Lebensstil und Geschmack erscheinen.[177] Das bedeutet, dass Klassenzugehörigkeiten auch nicht von sich aus existieren, sondern durch Zuordnung, Klassifizierung und Abgrenzung von den sozialen Akteuren selbst konstruiert werden. Dementsprechend ist der Kampf um die Macht über die Ordnungs- und Klassifikationssysteme ein zentraler Bestandteil aller zwischenmenschlichen Beziehungen. (Vgl. Kaschuba: 155-158.)

> „Bei Bourdieu wird also Kultur zur zentralen Folie, auf der sich soziale Ungleichheit und Klassenstrukturen abbilden, genauer: Kultur *ist* die Herrschaftsstruktur der Gesellschaft, da sie die Praxis verkörpert, jenen Bereich, in dem wir ‚uns' erkennen und uns von ‚anderen' abgrenzen. [...] Geschmack und Distinktion markieren jene feinen Unterschiede in der kulturellen Landkarte der Gesellschaft, auf der man genau verortet wird und andere verorten kann." (Kaschuba 2006: 157.)

Im Folgenden werden wir uns jedoch auf eine aktuellere Studie aus Deutschland stützen, in der Bourdieus Feldkonzept mit anderen Konzepten – etwa von Norbert Elias oder Edward Thompson – kombiniert und auf eine ländervergleichende Untersuchung mit qualitativen und quantitativen Methoden angewandt wurde. Michael Vester et al. haben dazu Gösping-Andersons und Boltes Einwände gegen die eindimensional-kausalen Theorien der Erosion der Klassenge-

---

177   In der alltäglichen Interaktion schließen wir stets von bestimmten äußeren Praxisformen auf dahinterliegende, komplexere Gruppenzugehörigkeiten. Aus den Eigenschaften, die wir den jeweiligen Gruppen zuschreiben, entwickeln wir bestimmte Handlungserwartungen, an denen wir unser Verhalten ausrichten. (Vgl. ebd.)

sellschaft aufgegriffen und in ein theoretisch begründetes und empirisch fundiertes Modell überführt. Ziel dieser Vorgangsweise war, *„[...] das Gesamtbild der sozialen Gruppen, ihrer Grundhaltungen, ihrer Beziehungen und ihrer Veränderungen in einer ‚sozialen Landkarte' zu beschreiben"* (Vester / von Oertzen / Geling / Hermann / Müller 2001: 15). In Vesters et al. Verständnis ist die Gesellschaft ein *„Feld von Beziehungen und Kräften".*[178] Während sich andere Schichtungs- und Klassentheorien nur auf eine, nämlich die vertikale Achse des sozialen Raumes konzentrieren, spannt sich Vesters et al. Feld nach vier Dimensionen auf, die den *„vier theoretischen Grundkonzepten der klassischen Soziologie"* (ebd.: 24) entsprechen. Auf diese Weise werden neben der *sozialen Über- und Unterordnung* (vertikale Achse) auch die *funktionale Arbeitsteilung* (horizontale Achse), die *institutionelle Differenzierung* (dritte Raumachse) und die *soziale Zeit* (vierte Achse) in die Analyse einbezogen. Diese Achsen werden nicht als statisch verstanden, sondern als Schauplätze spezifischer Spezialisierungs- und Differenzierungsprozesse.[179]

Von diesem umfassenden Modell der sozialen Beziehungen ausgehend haben Vester et al. sowohl Berufs- und Erwerbsverhältnisse als auch Formen der Lebensführung, der sozialen Kohäsion, der Freizeitgestaltung, der Wertvorstel-

---

178 Diese Annahme beruht einerseits auf Bourdieus Feldtheorie, andererseits auf Thompsons (1972) Konzept des sozialen Raumes und auf der figurationssoziologischen Prämisse, die Beziehungen zwischen den Menschen zur zentralen Untersuchungseinheit zu machen. Vester et al. gehen davon aus, dass das Konzept eines sozialen Feldes, das räumlich nach Dimensionen und Handlungsebenen gegliedert ist, in den historischen Untersuchungen zahlreicher Soziologinnen und Soziologen, wie etwa von Durkheim, Weber und Thompson, implizit angelegt ist und von Bourdieu nur noch expliziert wurde (vgl. Vester et al. 2001: 17f.).

179 So spielt sich auf der horizontalen Achse der historische Prozess der zunehmenden Spezialisierung von Arbeits- und Lebensweisen ab, in dessen Verlauf die Kompetenz und Reflexivität des Einzelnen zunehmen – und zwar auf allen vertikalen Ebenen (in allen sozialen Klassen). Dieser Prozess der horizontalen Arbeitsteilung ändert jedoch von sich aus nichts an der vertikalen Arbeitsteilung. Anders als etwa von Giddens prognostiziert hat nämlich die Umwandlung von Industrie- in Dienstleitungsarbeitsplätze nicht automatisch zu einer Aufwertung dieser Berufe, zu einem Mentalitätswandel der Arbeitnehmer oder gar zu einer Auflösung der Arbeiterklasse geführt. Was sich verschiebt, sind, so Vester, die Konfliktlinien zwischen jenen Fraktionen der Arbeiterklasse, die von diesen Veränderungen profitiert haben und aufgestiegen sind und jenen, die in ihren alten Jobs verblieben sind, weil sie mit den neuen Entwicklungen nicht mithalten konnten. (Vgl. ebd.: 17-19, 23-37.) Ähnliche innere Differenzierungen sind in allen sozialen Klassen zu beobachten. Auf der dritten Achse des sozialen Raumes findet die relative Verselbstständigung der institutionellen Handlungsfelder statt. Das Profane emanzipiert sich vom Heiligen, die Politik von der Wirtschaft, „bürokratische Hemmnisse", aber auch „soziale Risikosicherungen" werden zunehmend abgebaut und verschiedene Elitefraktionen konkurrieren um die gesellschaftliche Definitions- und Deutungsmacht. Auf der vierten, der historischen Zeitachse werden die Ungleichzeitigkeiten, die Konflikte zwischen Alt und Neu oder zwischen Tradition und Innovation sichtbar, aber auch die Veränderung der Kräfteverhältnisse zwischen sozialen Gruppen; kurz: Generationen- und Elitenwechsel.

lungen, der Mentalität und der politischen Beteiligung mit quantitativen und qualitativen Methoden untersucht. Diese Informationen wurden auf einer vierdimensionalen „sozialen Landkarte", im „sozialen Raum", verortet und Typologien sozialer Milieus und ihrer Habitus gebildet. (Vgl. ebd.: 10-12.) Dass Vester et al. den *Klassen-* durch den *Milieu*-Begriff ersetzt haben, hat nicht etwa damit zu tun, dass es ihrer Ansicht nach keine sozialen Schichtungen mehr gibt, wie neomarxistische Theoretiker in den 1970er Jahren gefordert und postmoderne Theoretiker in den 1980er Jahren behauptet hatten. Vester et al. haben u.a. den Klassenbegriff aufgegeben, weil er den Blick ausschließlich auf Prozesse der vertikalen sozialen Schichtung lenkt und für alle anderen gesellschaftlichen Prozesse blind macht. Der Milieubegriff hingegen umfasst neben der vertikalen Herrschaft auch die horizontale Differenzierung und lenkt außerdem den Blick auf institutionelle Prozesse und die Gleichzeitigkeit ungleichzeitiger Entwicklungen. *„Auch wenn die Veränderungen der wirtschaftlichen Bedingungen unbestreitbar sind, ist es fraglich, ob Veränderungen der sozialen Beziehungen und der Kultur bruchlos daraus abgeleitet werden können."* (Ebd.: 77.) Aus dieser Perspektive war es diese Einengung des Blicks auf eine Achse der gesellschaftlichen Entwicklung, die zu den bekannten Fehldiagnosen und -prognosen geführt hat – dies gilt sowohl für die neomarxistische Verelendungs- als auch für die postmoderne Individualisierungsthese (vgl. ebd.: 23f.).

Soziale Milieus sind Gruppen mit ähnlichem Habitus, d.h. Gruppen, die durch gemeinsame Beziehungen einen gemeinsamen Grundstock von moralischen Regeln des sozialen Umgangs, eine gemeinsame Mentalität und *„Ethik der alltäglichen Lebensführung"* (Weber 1972), die sich durch Handlungsprioritäten ausdrückt (vgl. Vester 2002: 80), sowie einen gemeinsamen Geschmack und eine gemeinsame Alltagskultur entwickeln. In Anlehnung an Emilie Durkheim, Max Weber, Stuart Hall und Edward Thompson gehen Vester et al. davon aus, dass sich diese gemeinsamen Regeln auch in sozialen Ständen, Klassen und Schichten herausbilden, wo sie sich zu „Traditionslinien der Mentalität", zu sozialen Habitus im Sinne Norbert Elias' und Pierre Bourdieus, verfestigen. Individuen, die demselben sozialen Milieu entstammen, verfügen demnach über eine ähnliche körperliche und mentale, innere und äußere „Haltung".

> „Milieus sind dieser Definition nach Gruppen mit ähnlichen soziostrukturellen Merkmalen, Verhaltensmustern und Überzeugungen, die auch die politischen Einstellungen beeinflussen. Sie konstituieren sich in einer ‚Dialektik von Kohäsion und Abgrenzung' gegenüber anderen Milieus." (Vester et al. 1993: 76.)

> „Diese relationale Perspektive verdeutlicht, daß Milieus sich nicht autonom, auf der Grundlage bestimmter Eigenschaften ihrer Angehörigen herausbilden, sondern in Abhängigkeit von der regionalen oder nationalen Konstellation, in die sie eingebunden sind." (Jaehrling 2001: o.S.)

Abbildung 3: Soziale Milieus nach Vester et al. 2001: 49 (vereinfachte Skizze; nähere Informationen siehe ebd. 26-47)

Horizontale Differenzierungsachse

+ ←——————————— Kulturelles Kapital ——————————→ –
– ←——————————— Ökonomisches Kapital ——————————→ +
avantgardistisch – eigenverantwortlich – hierarchiegebunden – autoritär

	1. Führende gesellschaftliche Milieus (23%)[180]		
	(Bildung, Macht und Besitz)		
	Avantgarde – Alternative (ehem. Schöne Künste)	Humanistische und dienstleistende Elite-Milieus (ehem. Bildungsbürger)	Wirtsch. und hoheitliche Elite-Milieus (ehem. Besitzbürger)
Habitus der Distinktion	Postmodernes Milieu (5%) (Künstler, Creative Industries)	Liberal-intellektuelles Milieu (9%) (Hochschullehrer)	Konservativ-technokratisches Milieu (9%) (Ingenieure, Selbstständige, Führungskräfte im öff. Dienst)
	Grenze der Distinktion		
	2. Mittlere Volksmilieus (64%)		
	(Arbeiter, Angestellte, Dienstleistende, kleine Selbständige)		
	Jugendkulturelle Avantgarde	Respektable Volksmilieus	
		Traditionslinie der Facharbeit und der praktischen Intelligenz	Ständischkleinbürgerliche Traditionslinie
Habitus der Arrivierten	Hedonistisches Milieu (11%) (Kulturvermittler, Lehrer)	Modernes Arbeitnehmermilieu (7%) (moderne technische, soziale und administr. Berufe)	Modernes bürgerliches Milieu (8%) (mittlere Angestellte u. Beamte)
Habitus der Strebenden		Leistungs- bzw. aufstiegsorientiertes Arbeitnehmermilieu (18%) (mittlere Führungskräfte, Techniker, Angestellte)	Kleinbürgerliches Arbeitnehmermilieu (15%) (Kleinkaufleute, Bauern, Handwerker)
Habitus der Notwendigkeit		Traditionelles Arbeitnehmermilieu (5%) (Vorarbeiter, Facharbeiter, Büro- und Handels-Angestellte)	
	Grenze der Respektabilität		
	3. Unterprivilegierte Volksmilieus (11%)		
	(Angelernte Arbeiter, Hilfsarbeiter, Facharbeiter)		
	Traditionslose Milieus (gering Qualifizierte)		
Habitus d. Notw.	Unangepasste (2%)	Resignierte (6%)	Statusorientierte (3%)

(Vertikale Herrschaftsachse — Kapitalvolumen)

---

180 Anteil an der Gesamtbevölkerung.

Da die Individuen eines sozialen Milieus im sozialen Raum ähnliche Positionen einnehmen, ist das Milieu der Nachfahre von Stand, Klasse und Schicht. (Vgl. Vester et al. 2001: 16-25.)

> „Auch empirisch gelangten wir zu dem Ergebnis, daß die neuen Mentalitätszüge sich zwar weiter verbreitet, aber doch keine vollständig neuen Mentalitätstypen hervorgebracht haben. Die historischen Traditionslinien der Milieus bestehen auch heute fort. Aber sie haben sich […] in neue Äste und Zweige mit stärkeren ‚postmateriellen' oder ‚individualisierten' Einzelzügen aufgefächert." (Vester et al. 2001: 16.)

Für uns ist von Bedeutung, dass Milieus und milieuspezifische Formen der alltäglichen Lebensführung keineswegs zerfallen sind. Vielmehr differenzieren sich auch die einzelnen Milieus immer weiter, sodass auch in ihrem Inneren ideologische und politische Konflikte entstehen. Was sich auflöst, sind nicht soziale Milieus und Habitus, sondern Vorherrschaften der verschiedenen politischen Parteien in den jeweiligen gesellschaftspolitischen Lagern. (Vgl. ebd.: 12, 25.) *„Zwar gibt es nach wie vor eine Milieustruktur, doch wird ihre subjektive Repräsentation zunehmend verschwommen und lückenhaft. Wir konstituieren soziale Milieus, ohne es zu wissen."* (Schulze 1992: 415.) Auf diese *„Krise der politischen Repräsentation"* werden wir im siebenten und achten Kapitel noch zurückkommen. Für den Moment ist lediglich von Bedeutung, dass als Folge dieser Differenzierungen der Einzelne – darunter auch mancher wissenschaftlich geschulte Beobachter – glaubt, gesellschaftliche Schichtungen würden sich ganz auflösen.

(3) Krampus- und Perchtenbräuche als milieuspezifische Freizeitformen. Nachdem wir nun die allgemeine Frage, ob sich soziale Milieus nach wie vor durch eigene, von anderen Milieus verschiedene Freizeitvorlieben und -bedürfnisse auszeichnen, theoretisch diskutiert haben, geht es um die konkrete Frage, ob mit der räumlichen Ausbreitung des Brauchgeschehens und der quantitativen Zunahme der Krampusbegeisterten auch eine soziale Expansion einhergegangen ist. Oder anders gefragt: Ist die breite Begeisterung für Krampusbräuche, wie wir sie seit 15 bis 25 Jahren beobachten, überhaupt nur möglich, weil diese nicht mehr ausschließlich von den unteren, machtlosen gesellschaftlichen Schichten getragen werden?

Wenden wir uns zunächst der Seite der *Zuschauer* von Krampusläufen zu. Im Rahmen dieser Studie war es aus zeitlichen Gründen nicht möglich, eine repräsentative empirische Erhebung der soziodemographischen Merkmale von Umzugsbesuchern durchzuführen. Aber alleine die Zuschauerzahlen und vor allem die Aussagen seit Jahrzehnten aktiver Szene-Insider lassen darauf schließen, dass für Krampus- und Perchtenläufe das gleiche gilt, wie es verschiedene Volkskundlerinnen und Volkskundler bereits für andere „Brauchtums-Events" der jüngsten Zeit[181] beschrieben haben, die seit etwa zehn bis zwanzig Jahren zu hunderten entstehen und jährlich zehntausende Besucher anziehen: die *„moderne Wurzelsuche"* (Köstlin ebd.: 8) beschränkt sich nicht auf bestimmte soziale Schichten oder Milieus, sondern ist eine Reaktion auf ein *„Gefühl der Heimatlosigkeit in einer globalisierten Welt"* (Berger 2007a), die – in unterschiedlicher Färbung und Intensität – in allen sozialen Gruppen zu beobachten ist. Gleichzeitig dürfte auch die Steigerung des allgemeinen Wohlstandes, die Ausweitung der Massenmedien und die allgemeine Zunahme hedonistischer Werthaltungen dazu geführt haben, dass seit den 1980er Jahren die populäre Kultur in „allen Bildungsschichten" sozial legitim und beliebt geworden ist (vgl. Gugutzer 2010: 35-37). Wir werden in diesem, vor allem aber im siebenten und achten Kapitel sehen, dass auch heutige Showveranstaltungen keineswegs, wie dies häufig behauptet wird, funktions-, sinn- und bedeutungslos sind. Trotzdem ist sowohl die soziale Funktion eines großen, städtischen Krampusspektakels mit tausenden Zuschauern als auch die Bedeutung, die es für die beteiligten Individuen und sozialen Gruppen hat, eine ganz andere als bei mittelalterlichen oder frühneuzeitlichen Heische- und Rügebräuchen, aus denen jene Bräuche hervorgegangen sind, auf die sich wiederum viele der heutigen Krampus- und Perchtenvereine berufen. Anders als bei Bräuchen in vormodernen Gesellschaften, bei denen nicht nur die Brauchträger, sondern die ganze dörfliche Gemeinschaft (oder eine bestimmte soziale Gruppe) mehr oder weniger aktiv am Geschehen teilgenommen hat[182], sind bei heutigen Krampusveranstaltungen die Rollen klar in aktive Teilnehmer und passive Zuschauer verteilt. Wie man etwa beim Perchtenumzug in Graz beobachten kann, der am späten Nachmittag stattfindet, kommen viele Zuschauer mehr oder weniger zufällig bei der „Laufstrecke" durch die Herrengasse vorbei, um zwischen dem Besuch zweier Geschäfte oder auf dem Nachhauseweg einen Blick auf das seltene Spektakel zu werfen. Zusammenfassend kann gesagt werden, dass sich die soziale Zusammensetzung der Anwesenden bei einem gegenwärtigen Krampuslauf zwangsweise von der Zusammensetzung der Anwesenden bei einem frühneuzeitlichen Rügebrauch unterscheidet. Ob und

---

181 Als Beispiele seien der (während der Regierungszeit Jörg Haiders eingeführte und hochsubventionierte, jedoch mittlerweile von der Nachfolgeregierung – auch aus Kostengründen – wieder eingestellte (vgl. Leitner 2014: 86f.; Sommersguter 2014: 60)) *Kärntner Heimatherbst*, das *Aufsteirern* in Graz, die hunderten *Oktoberfeste* (die nach Münchner Vorbild mittlerweile im ganzen deutschen Sprachraum stattfinden) oder auch der seit einigen Jahren zu beobachtende Trend zu Trachten und Trachtenmode (vgl. Egger 2008, 2014) genannt.

182 Man denke an die mittelalterlichen bzw. frühneuzeitlichen Heische- und Protestbräuche oder an die öffentlichen Rügebräuche, die wir im ersten und zweiten Kapitel ausführlich diskutiert haben. An ihnen war nicht nur die Gruppe der Brauchträger (meist die ledigen jungen Männer des Dorfes) beteiligt, sondern auch die jeweiligen Adressaten (wohlhabende Schichten, geistige und weltliche Obrigkeiten bzw. die gerügte Person) und vor allem die Dorföffentlichkeit.

wie sich diese Zusammensetzung jedoch in den letzten Jahren entwickelt hat, kann aufgrund fehlender empirischer Belege nicht eindeutig gesagt werden. Die rein quantitative Entwicklung der Zuschauerzahlen in den letzten zehn bis fünfzehn Jahren lässt jedoch vermuten, dass in diesem Zeitraum auch breitere gesellschaftliche Schichten in Kontakt mit Krampus- und Perchtenbräuchen gekommen sind. Genauere Aussagen könnten nur anhand repräsentativer empirischer Untersuchungen gemacht werden, die jedoch weder für vergangene noch für gegenwärtige Krampus- oder andere Bräuche vorliegen. Dies konnte im Rahmen dieser Studie auch nicht nachgeholt werden.

Für die Frage hingegen, wer die tausenden *Brauchträger* sind, die einen erheblichen Teil ihrer Freizeit und ihres Geldes jährlich in neue Ausrüstungen stecken, konnte auf User-Informationen von Internetportalen zurückgegriffen werden. Die User-Angaben des beliebtesten Krampus-Portals, *Krampusmania*, wurden hinsichtlich der Variablen Alter, Geschlecht und Beruf ausgewertet. Dazu wurden von den 12.233 registrierten Usern – zunächst nach dem Zufalls- und danach nach dem Sättigungsprinzip – insgesamt 6.000 User gezogen.[183] Da die User die Informationen ohne vorgegebene Antwortkategorien selbständig und freiwillig eintragen, sind die Angaben häufig unvollständig, unpräzise und manchmal widersprüchlich, was für die Zuordnung zu Berufssparten problematisch war. Alle nicht eindeutigen oder nicht zuordenbaren Angaben wurden nicht in die Analyse einbezogen, wodurch sich der hohe Anteil an fehlenden Werten ergibt.[184]

Mehr als ein Fünftel der *Krampusmania*-User sind Schüler. Leider ermöglichen die User-Angaben keine weitere Unterscheidung. So kann nicht gesagt werden, wie sich jene, die sich als „Schüler" bezeichnet haben, auf Schulstufen und -typen aufteilen. Weiter unten wird durch den Einbezug des Alters zumindest zwischen Volks-, Mittel- und höheren Schülern bzw. Lehrlingen unterschieden. Für unsere Frage ist interessant, dass mehr als die Hälfte aller *Krampusmania*-User eher körperlicher als geistiger Arbeit nachgeht. Nur 0,5 Prozent verfügen über einen höheren Abschluss als Matura. Da wir auf die vorhandenen Daten angewiesen sind, kann auch in diesem Fall nicht weiter differenziert werden. So umfasst die Gruppe der sogenannten Arbeiter sowohl angelernte Arbeiter und Hilfsarbeiter als auch Facharbeiter, aber auch Handwerker und Lehrlinge. Zwar sind auch genauere Angaben, wie etwa „Hilfsarbeiter" oder „Tischler", zu finden, da jedoch häufig einfach „Arbeiter" angegeben wird, können auch die präzi-

---

183 Für ausführliche Informationen zur Festlegung der Grundgesamtheit und zur Stichprobenziehung siehe fünftes Kapitel.

184 Die häufigsten Gründe für die Kodierung als „fehlend" waren Widersprüche, Witze, unglaubwürdige Angaben und der Eintrag „k.A." oder „privat". User, deren Profil nur für Freunde sichtbar ist, wurden in jeder der drei Kategorien als „fehlend" kodiert.

seren Angaben nur der globalen Kategorie „Arbeiter" zugeordnet werden. Im Anschluss an Vester et al. (2001) könnte man zwar annehmen, dass Hilfs- oder angelernte Arbeiter sich selbst eher als „Arbeiter" bezeichnen als etwa Handwerker, denen die genauere Berufsbezeichnung dazu dient, sich ihrem „Habitus der Strebenden" entsprechend von den Arbeitern unterhalb der „Grenze der Respektabilität" abzugrenzen (siehe Abb. 3). Aber mit den hier zur Verfügung stehenden Daten kann diese Annahme nicht empirisch belegt werden.

Tabelle 5:   *Krampusmania*-Userinnen und -User nach Beruf[185]

Beruf[186]	abs. Häufigkeit	hochger. abs. H.	rel. Häufigkeit (in %)	kum. Häufigkeit (in %)
Arbeitslose/r	72	229	1,9	1,9
Schüler/in	784	2.497	20,4	22,3
Arbeiter/in	1.883	5.999	49,0	71,3
Angestellte/r	737	2.348	19,2	90,5
Beamte/r	113	360	2,9	93,4
Selbständige/r	106	338	2,8	96,2
Student/in	64	204	1,7	97,9
Leitende/r Angestellte/r	32	102	0,8	98,7
Bauer/Bäuerin	7	22	0,2	98,9
Familie	20	64	0,5	99,4
Pensionist/in	5	16	0,1	99,5
Höherer Abschluss	17	54	0,5	100
Gesamt	**3.840**	**12.233**	**100,0**	

185 Eigene statistische Auswertung der Daten aus http://krampusmania.at/index.php?page=Mem bersList (Stand 27.02.2011). Grundgesamtheit (N) = 12.333, Stichprobe (n) = 6.000 (2.892 aktive und 3.108 inaktive User, davon 2.160 fehlende Werte).

186 Als *„arbeitslos"* wurden nur Personen kodiert, die explizit „arbeitslos", „momentan keiner", „nichts", „nix", „Hackenstaad" oder „Leider AMS" angegeben haben. Die *„Angestellten"* setzen sich großteils aus den Angaben „Angestellte/r", „kaufmännische/r" oder „technische/r Angestellte/r", „Bürokaufmann/-frau" zusammen. Insgesamt sind sie vorwiegend im Dienstleistungssektor (Einzelhandel, Gastronomie, Schönheits- und Pflegeberufe, Sekretariat) tätig. Als *„Beamte"* wurden Berufe aus dem Sozial-, Pflege- und Kinderbetreuungsbereich, aber auch Bundesheerbedienstete kodiert. Ob allerdings z.B. Rettungssanitäter Angestellte oder Beamte sind, hängt vom jeweiligen Rechtsverhältnis ab. Daher wurden sie den Beamten zugerechnet. Den *„Selbständigen"* wurden jene Personen zugeordnet, die dies explizit angegeben haben. Angaben wie „Chef", „Boss" oder „Fürst" wurden hingegen, sofern keine weiteren überprüfbaren Informationen angegeben waren, als „fehlend" kodiert. Als *„Leitende/r Angestellte/r"* wurden z.B. „Qualitätsmanager", „Produktmanager", „Büroleiter", „Filialleiter" oder „Sektionsleiter" kodiert. Angaben wie „Hausfrau" / „Hausmann", „Mutter" / „Vater" oder „Familienmanagerin" wurden in der Kategorie *„Familie"* zusammengefasst.

Daher ist gerade jene Differenzierung des Berufes, die für die Milieuzuordnung und damit für Aussagen über einen entsprechenden Habitus mit spezifischen Freizeitvorlieben und -bedürfnissen notwendig wäre, nicht möglich. Somit lässt sich lediglich festhalten, dass mehr als 95 Prozent der *Krampusmania*-User den „mittleren" und „unteren Volksmilieus" angehören. Die „führenden gesellschaftliche Milieus", die sich durch ein besonders hohes Gesamtkapitalvolumen auszeichnen und in Vesters repräsentativer Untersuchung 23 Prozent der (bundesdeutschen) Gesamtbevölkerung ausmachten, sind hingegen deutlich unterrepräsentiert. Dabei ist sowohl das „avantgardistisch-alternative" (hohes kulturelles bei niedrigem ökonomischem Kapital) als auch das "liberal-intellektuelle" Sub-Milieu (Kapitalsorten ausgeglichen) so gut wie nicht vertreten, während das sogenannte „konservativ-technokratische" Sub-Milieu (dessen hohes Gesamtkapitalvolumen sich vorwiegend aus dem ökonomischen Kapital ergibt) durch die Selbstständigen zumindest auf wenige Prozent kommt.[187]

Die restlichen 95 Prozent der *Krampusmania*-User sind den „mittleren" und „unteren Volksmilieus" zuzurechnen. Aufgrund der oben besprochenen Probleme bei der Zuordnung der „Arbeiter" kann nicht genau gesagt werden, wie sich die User auf die beiden Volksmilieus verteilen. Sehr wohl gesagt werden kann jedoch, dass neben den „führenden gesellschaftlichen Milieus" auch die auf der „Herrschaftsachse" obersten Sub-Milieus der „respektablen mittleren Volksmilieus", die sich durch den sogenannten „Habitus der Arrivierten" auszeichnen, so gut wie nicht besetzt sind. Das nächsthöhere Submilieu in der „Traditionslinie der Facharbeit und der praktischen Intelligenz" ist das „leistungs- bzw. aufstiegsorientierte Arbeitnehmermilieu", das sich vorwiegend aus Angestellten (insgesamt 19,2 Prozent) und Beamten (2,9 Prozent) zusammensetzt. Das „traditionelle Arbeitnehmermilieu" wird hingegen vorwiegend von Vor- und Facharbeitern, aber auch von Angestellten in Büro und Handel gebildet. Aufgrund der ungenauen Angaben kann auch für die Angestellten nicht gesagt werden, wie sie sich auf diese beiden Sub-Milieus verteilen. Allerdings sind vor allem sehr viele

---

187 Dass auch diese Zuordnungen nicht unproblematisch sind, zeigt die Frage, welchem Sub-Milieu man die Maskenschnitzer zuordnen soll. Einige betreiben die Schnitzerei als Hobby, andere professionell; die einen sind Lehrer, die anderen Schüler, manche sind ausgebildete Bildhauer und manche Tischler, die sich auf die Herstellung von Krampusmasken spezialisiert haben; manche bezeichnen sich selbst als Künstler, andere lehnen diese Bezeichnung ab; einige verfolgen volksbildnerische, andere heimatschützerische und wieder andere handwerkliche oder ästhetische Ziele und für andere steht wiederum der kommerzielle Aspekt im Vordergrund; und während sich die einen streng an überlieferten Vorbildern orientieren, wollen die anderen bestimmte Inhalte und Formen weiterentwickeln, einen eigenen Stil etablieren oder die ehemalige „Volkskunst" in den Stand einer „hohen Kunst" heben oder zumindest das „handwerkliche Niveau" verbessern. Auch wenn man dieser Komplexität damit nicht gerecht wird, wurden hier alle professionellen Schnitzer den „Selbstständigen" zugerechnet.

weibliche User als kaufmännische Angestellte tätig und damit eher dem „traditionellen Arbeitnehmermilieu" zuzurechnen. Obwohl sich die Kapitalbalance beider Sub-Milieus ähnelt, ist die Kapitalausstattung des traditionellen Arbeitermilieus insgesamt schlechter. Seinen fortwehrenden existenziellen Problemen entsprechend ist dieses Milieu durch den sogenannten „Habitus der Notwendigkeit" geprägt, während sich das aufstiegsorientierte Milieu durch den „Habitus der Strebenden" auszeichnet.

Die zweite, die „ständisch-kleinbürgerliche" Traditionslinie der respektablen Volkmilieus unterscheidet sich von der ersten nicht durch ihre Gesamtkapitalausstattung, sondern durch die Verteilung der Kapitalsorten. Diese Sub-Milieus zeichnen sich durch eine verhältnismäßig höhere Ausstattung mit ökonomischem und eine niedrigere Ausstattung mit kulturellem Kapital aus. Auch hier ist das oberste Sub-Milieu, das sich aus mittleren Beamten und Angestellten zusammensetzt, so gut wie nicht besetzt. Aufgrund der ungenauen Berufsangabe von „Arbeitern" sind keine Aussagen über die Stärke des „kleinbürgerlichen Arbeitnehmermilieus" möglich, dem neben Landwirten (0,2 Prozent) und Kleinkaufleuten (vermutlich teilweise bei den Selbständigen) von Handwerkern gebildet wird. Alleine die Zahl jener, die angegeben haben, gelernte Handwerker, also Tischler, Schlosser, Maschinenbauer o.Ä. zu sein, oder die sich lediglich als „Lehrlinge" bezeichnet haben und daher den Schülern zugeordnet wurden, lässt jedoch darauf schließen, dass dieses Milieu recht groß ist. Auf der horizontalen Differenzierungsachse ganz links befindet sich das sogenannte „hedonistische Milieu", das sich in unserem Falle vollständig aus Volksschullehrinnen und -lehrern zusammensetzt. Auch wenn die Lehrer als lokale Autoritäten und Vertreter der örtlichen Intelligenz in den Vereinen und in der Volksbildung überhaupt häufig eine wichtige Rolle spielen, sind sie mit knapp 0,3 Prozent (oder 10 Usern) quantitativ kaum von Bedeutung. Es sei noch angemerkt, dass mehr als die Hälfte der User mit höherem Abschluss als Matura Volksschullehrer sind.

Die gesellschaftlichen Milieus, die auf der vertikalen Herrschaftsachse ganz unten liegen und folglich mit allen Kapitalsorten schlecht ausgestattet sind, bezeichnen Vester et al. (2011) als „unterprivilegierte Volksmilieus". Sie werden vor allem von gering Qualifizierten, wie angelernten Arbeitern und Hilfsarbeitern, aber auch von Arbeitslosen (1,9 Prozent) gebildet. Auch wenn dies empirisch nicht belegt werden kann, ist alleine angesichts der Häufigkeit jener, die „Hilfsarbeiter" angegeben haben und aufgrund der oben vorgestellten Vermutung, dass sich viele der angelernten und Hilfsarbeiter als „Arbeiter" bezeichnet haben, anzunehmen, dass die unterprivilegierten Milieus mindestens zehn Prozent der *Krampusmania*-User ausmachen.

Zusammenfassend kann gesagt werden, dass die Frage, ob mit der räumlichen und quantitativen Ausbreitung des Krampusbrauches auch eine soziale

Expansion einhergegangen ist, mit den hier zur Verfügung stehenden Daten nicht im Detail beantwortet werden kann. Abgesehen davon, dass aus früheren Jahren keine Vergleichsdaten vorliegen und man sich auf volkskundliche Beschreibungen verlassen muss, sind die Angaben der Online-Portal-User zu ungenau, um differenzierte Aussagen zu machen. Was gesagt werden kann, ist, dass man im Falle gegenwärtiger Krampus- und Perchtenbräuche – anders als für frühneuzeitliche Heischegänge der unterbäuerlichen Schicht oder für von bürgerlichen Vereinen aufgeführte Schaubräuche des 19. Jahrhunderts – nicht von einer Freizeitbeschäftigung einer bestimmten sozialen Schicht sprechen kann. Durch die Gründung von Vereinen in Regionen jenseits der Ursprungs- bzw. Rückzugsgebiete des Krampusbrauches, aber auch durch lange, manchmal jahrzehntelange Unterbrechungen ist es in den meisten Fällen keine lokal etablierte Gruppe von Brauchträgern (ob Dorfeliten oder untere Schichten), sondern häufig einfach eine Gruppe von Jugendlichen, die über das Internet auf den Brauch aufmerksam geworden sind und einen eigenen Verein gegründet haben. Trotzdem zeigen die soziodemographischen Daten der *Krampusmania*-User, dass die Aktiven überwiegend aus bestimmten gesellschaftlichen Milieus stammen. So kann eindeutig gesagt werden, dass Personen aus den führenden, gesellschaftlich mächtigen, hoch gebildeten Milieus mit hohem Kapitalvolumen in der Gruppe der *Krampusmania*-User so gut wie nicht vertreten sind. Stattdessen entstammt die überwiegende Mehrzahl der Krampusläufer den mittleren Volksmilieus, aber auch den unterprivilegierten Milieus, die mit allen Kapitalsorten schlecht ausgestattet sind. Auch wenn die hier ausgewerteten Daten keine differenzierten Aussagen zulassen, kann doch gesagt werden, dass die Aktiven eher handwerklicher als geistiger Arbeit nachgehen und dass ein großer Teil über recht geringes kulturelles Kapital verfügt. Auch für die Interviewpersonen aus der Szene steht außer Frage, dass es nach wie vor vorwiegend Jugendliche mit Lehrberufen sind, die Mitglied in einem Krampus- oder Perchtenverein werden:

> „Dieses Hobby machen hauptsächlich junge Leute, die finanziell unabhängig sind, junge Lehrbuben, die einfach die Kohle haben, weil du wirst kaum einen finden, der 30-40 Jahre ist, ich meine gibt es schon, aber nicht viele, dass die sich eine Ausrüstung kaufen, die 2.500 Euro kostet, ich meine, wer kauft sich das? Kein normaler Mensch... nur einer der keine großartigen Verpflichtungen hat." (Interview Hafner / Trinkl, 15.05.2010.)

Darüber hinaus ist aber festzustellen, dass verschiedenste Berufe aus allen wirtschaftlichen Sektoren und damit auch unterschiedliche soziale Sub-Milieus vertreten sind. Das bedeutet aber auch, dass es sich bei den Krampusläufern keineswegs um eine homogene Gruppe von Menschen mit gemeinsamen Wertvorstellungen, Handlungsnormen und der gleichen Alltags- und Festkultur handelt. Auch wenn sich die sozialen Habitus und damit die Freizeitbedürfnisse der mittleren und unteren Milieus von jenen der oberen, mächtigeren Milieus unterscheiden, so unterscheiden sie sich – wie wir gesehen haben – doch auch untereinander. Wie wir vor allem im letzten Kapitel sehen werden, ist die soziale Figuration der Krampusszene von einer Spannung zwischen verschiedenen emotionalen Bedürfnissen und Wir-Gefühlen sowie zwischen Einzel- und Gruppen-Interessen ebenso gekennzeichnet wie durch Hierarchiekämpfe und Abgrenzungsbemühungen.

6.4.6 Soziale Ausbreitung II: Alter

Dieses Zitat führt uns zu einem Aspekt der sozialen Expansion, an dem man – anders als im Falle der sozialen Herkunft – eindeutig eine Ausbreitung der Trägerschichten beobachten kann. Wir haben im ersten und zweiten Kapitel gesehen, dass viele volkstümliche Maskenbräuche im Zusammenhang mit Schülerfesten, Heischegängen, Rügegerichten, zwischengeschlechtlichen Annäherungsversuchen und anderen Vergnügungen junger Leute gesehen werden müssen. In einem Schriftstück aus dem Jahr 1730 vom Pfleggericht Werfen wird zum Beispiel berichtet, dass trotz mehrmaliger Verbotserlässe *„[j]unge Pursch in Unterschiedlichen Naaren Kleidern und Schellwerck verstölter umzulauffen pflegen"* (nach Kammerhofer-Aggermann 2007: 120). Es ist allerdings nicht anzunehmen, dass die Teilnahme an diesen wilden, unorganisierten, spontanen und oft auch illegalen Maskenzügen durch verschriftlichte, explizit festgelegte Kriterien geregelt war. Vielmehr dürfte es unausgesprochene, implizite und möglicherweise auch unhinterfragte Konventionen gegeben haben, die von Ortschaft zu Ortschaft variierten und sich mit den Wandlungen der politischen Machtverhältnisse, der ökonomischen Bedingungen, der geschlechtlichen Arbeitsteilung, der Auf- und Abstiegsmobilität bestimmter gesellschaftlicher Gruppen mitveränderten. Als bürgerliche Kreise im ausgehenden 19. Jahrhundert die Landbevölkerung und deren Sitten und Bräuche für sich entdeckten und zu etwas Erhaltenswertem hochstilisierten, wurden die Bräuche aus ihrem gesellschaftlichen Kontext und damit aus ihrem Funktions- und Bedeutungszusammenhang gerissen.[188] Lebendige Bräuche der Landbevölkerung erstarrten zu unveränderlichen Schaubräuchen städtisch-bürgerlicher Vereine. Dabei wurden Maskenformen und Brauchabläufe, die sich bis dahin immer mit den Bedürfnissen der Brauchträger mitentwickelt hatten, auf diesem Stand eingefroren, und implizit-normative Handlungsdirektiven wandelten sich zu explizit-verschriftlichten Regeln. Auch heute beziehen sich einige traditionalistische Brauchgruppen auf die damals aufgestell-

---

188 Wie wir gesehen haben, wurden viele Bräuche zum Zeitpunkt ihrer „Entdeckung" von ihren früheren Trägerschichten bereits nicht mehr getragen.

ten, angeblich uralten Regeln – nicht nur hinsichtlich der Masken und Brauchtermine, sondern auch im Hinblick auf bestimmte Merkmale der brauchtragenden Personen. Bei den Gasteiner Perchten (Land Salzburg) dürfen zum Beispiel bis heute nur unverheiratete Männer bis zum 21. Lebensjahr mitlaufen (vgl. Interview Hafner / Trinkl, 15.05.2010). Im Kärntner Ort Suetschach gibt es hingegen keine Altersbeschränkung nach oben. Hier dürfen Männer ab 16 Jahren mitlaufen, wenn sie zuvor bei Hausbesuchen des Heiligen Nikolaus genügend Erfahrung als Krampusse gesammelt haben – egal, ob verheiratet oder nicht (vgl. Feldtagebuch: „1. Österreichisches Krampusmuseums" in Suetschach, 04.12. 2007). Die Matreier Klaibaife (Osttirol) ziehen hingegen in drei Altersgruppen (6 bis 12 Jahre, 12 bis 16 Jahre, über 16 Jahre) durch die Ortsteile, wobei für jede Altersgruppe bestimmte Tage vorgesehen sind. Die Einhaltung der Altersgrenzen wird aber nicht so genau genommen (vgl. Berger 2000: 16f.).

Insgesamt kann man aber beobachten, dass seit dem Einsetzen der quantitativen und räumlichen Ausbreitung von Krampus- und Perchtenläufen das Mindestalter der Maskierten sinkt, während die Zahl der maskierten Kinder und Jugendlichen steigt. Dabei lassen sich drei miteinander zusammenhängende Prozesse unterscheiden: die Öffnung bestehender Gruppen für immer jüngere Mitglieder, die Gründung neuer Gruppen durch immer jüngere Jugendliche und die Etablierung eigener Kinder- und Jugendläufe durch bestehende Gruppen.

Gespräche, Beobachtungen und Foren-Diskussionen lassen darauf schließen, dass die meisten Krampus- und Perchtengruppen die Zugangsbeschränkungen hinsichtlich des Alters nicht so streng handhaben wie die oben angeführten traditionalistischen Gruppen und Vereine. Vor allem neuere Vereine, die weder an eine örtliche Krampus- oder Perchtentradition noch an eine seit langer Zeit etablierte Trägergruppe gebunden sind, sind auch hinsichtlich der Auswahlkriterien ihrer Mitglieder tendenziell flexibler. Viele Vereine nehmen immer jüngere Mitglieder auf. Selbst Gruppen, in denen eine ganze Familie aktiv ist, sind keine Seltenheit. So kann man in den letzten Jahren zunehmend beobachten, dass so manche Krampus- oder Perchtengruppe vollständig maskierte Kinder in ihren Reihen hat, die mit ihren eigens hergestellten kleinen Masken besonders beliebte Fotomotive von Zuschauern und Pressefotografen sind.

Parallel dazu ist seit einigen Jahren zu beobachten, dass kleine Gruppen von Jugendlichen sich entweder von etablierten Vereinen abspalten oder, statt einem bestehenden Verein beizutreten, gleich eine eigene – meist nur aus wenigen Mitgliedern bestehende – Krampus- oder Perchtengruppe gründen. Diese Entwicklung ist einerseits eine Ursache der starken Vermehrung von Krampus- und Perchtengruppen und andererseits des – von vielen Umzugsveranstaltern, Schnit-

zern und etablierten Vereinen beklagten – Verlustes von „Qualität", Zuverlässigkeit und Glaubwürdigkeit der Krampus- und Perchtengruppen.[189]
Der dritte Trend, den man in den letzten Jahren beobachten kann, ist, dass in manchen Ortschaften, in denen Kindern die Teilnahme an den regulären Krampusläufen verwehrt ist, eigene Umzüge für Kinder veranstaltet werden – entweder an einem eigenen Tag oder unmittelbar vor dem regulären Krampuslauf (etwa der „Kinderkrampuslauf" in Großarl (Land Salzburg), der „Kramupuslauf der Kinder" in Lienz (Osttirol) oder das „Kinderklaubauftreiben" in Virgen (Osttirol)).

Anders im Falle der weiblichen Krampusse (siehe nächster Abschnitt) haben sich bei den Kinderkrampussen bisher noch keine eigenen äußeren Formen herausgebildet. Während, wie wir im nächsten Abschnitt sehen werden, nicht nur die Zahl der männliche Krampusse verkörpernden Mädchen und jungen Frauen zunimmt, sondern in seltenen Fällen tatsächlich Krampusfrauen (weibliche Krampusfiguren) zu sehen sind, konnten bisher keine Krampuskinder (nicht ausgewachsene Krampusse mit kindlichen Gesichtszügen und ihrem Alter entsprechenden Artefakten) beobachtet werden. Kinderkrampusse sind lediglich Miniaturen der erwachsenen Maskierten, die sich manchmal (aber nicht immer) von den Großen nur dadurch unterscheiden, dass ihre Ausrüstung nicht ganz so professionell und ihre Masken nicht ganz neu sind.

Tabelle 6 zeigt, dass fast zwei Drittel der *Krampusmania*-User das 25. Lebensjahr noch nicht vollendet haben. Trotz der oben angesprochenen Öffnungstendenzen sind nur knapp sieben Prozent jünger als 16, was angesichts der Zugänglichkeit von und der Vertrautheit mit dem Internet dieser Altersgruppe umso bemerkenswerter ist.[190] Mit über 30 bzw. 26 Prozent sind die 16- bis 20-Jährigen und die 21- bis 25-Jährigen die mit Abstand größten Altersgruppen. Fast 58 Prozent aller *Krampusmania*-User ist zwischen 16 und 25 Jahren. Danach nimmt die Anzahl der User mit zunehmendem Alter kontinuierlich ab, sodass zwar noch knapp 16 Prozent zwischen 26 und 30 sind, aber nur mehr knapp zehn Prozent zwischen 31 und 35.

---

189 Auf *Krampusmania.at* gibt es unzählige Diskussionen, in denen die Unzuverlässigkeit, die fehlende Ernsthaftigkeit und die brauchtumsbezogene Unwissenheit der vielen neuen, kleinen Krampus- und Perchtengruppen beklagt und nach möglichen Lösungen gesucht wird (siehe z.B. Anmelden und nicht zum Lauf kommen, ist die neueste Art von Gruppen. URL: http://krampusmania.at/index.php/Thread/61825-Anmelden-und-nicht-zum-Lauf-kommen-ist-die-ne ueste-Art-von-Gruppen/?pageNo=1, 28.12.2016 (letzter Zugriff: 15.03.2017)).

190 Die auf *Krampusmania* mit Abstand aktivste Gruppe (d.h. jene mit den meisten Postings pro Person) ist jene der männlichen Schüler und Arbeiter zwischen 16 und 20 Jahren.

Tabelle 6:   *Krampusmania*-Userinnen und -User nach Alter[191]

Alter (in Jahren)	abs. Häufigkeit	hochger. abs. H.	rel. Häufigkeit (in%)	kum. Häufigkeit (in %)
bis 15	369	815	6,7	6,7
16-20	1.700	3.756	30,7	37,4
21-25	1.447	3.197	26,1	63,5
26-30	871	1.924	15,7	79,2
31-35	532	1.176	9,6	88,8
36-40	288	636	5,2	94,0
41-45	177	391	3,2	97,2
46-50	86	190	1,6	98,8
51-55	44	97	0,8	99,6
56-60	16	36	0,3	99,9
60-65	6	13	0,1	100,0
65-70	0	0	0,0	100,0
70-75	1	2	0,0	100,0
Gesamt	**5.537**	**12.233**	**100,00**	

Trotzdem sind insgesamt mehr als 20 Prozent älter als 30, sodass man beim Boom der letzten Jahre nicht von einem reinen Jugendphänomen sprechen kann. In welchen Funktionen die älteren Personen jedoch in ihren Vereinen tätig sind, kann anhand dieser Daten nicht gesagt werden. Beobachtungen und Gespräche haben jedoch gezeigt, dass viele Aktive zwischen dem 30. und dem 35. Lebensjahr eher organisatorische oder begleitende Tätigkeiten übernehmen und etwa als Aufpasser bei den Läufen dabei sind. Dies hat einerseits mit familiären und beruflichen Verpflichtungen zu tun. Andererseits sind – wie wir im Laufe dieses Kapitels noch sehen werden – die körperlichen Anstrengungen des Krampuslaufens nicht zu unterschätzen. Gleichzeitig ist jedoch in den letzten Jahren zu beobachten, dass sich die Altersgrenze der Aktiven nicht nur nach unten, sondern auch nach oben verschiebt. Der folgende Ausschnitt aus einem Interview mit zwei seit vielen Jahren aktiven Krampussen weist darauf hin, dass die Ausdehnung des Aktivitätsalters nach oben mit jener nach unten zusammenhängt und dass beide auf die gleichen größeren Entwicklungen zurückzuführen sind.

---

191   Eigene statistische Auswertung der Daten aus http://krampusmania.at/index.php?page=Mem bersList (Stand 27.02.2011). Grundgesamtheit (N) = 12.333, Stichprobe (n) = 6.000 (2.892 aktive und 3.108 inaktive User, davon 463 fehlende Werte).

„Die Jugend fährt da voll drauf ab. Es werden immer mehr Kinder und seit die [Krampusgruppen; Anm. d. Verf.] die [Kinder; Anm. d. Verf.] dazu gelassen haben, werden es immer mehr, die werden immer jünger [...]. Die Kinder haben wir ja fast schon zulassen müssen, weil einfach die Generation schon so weit herangereift ist, dass es schon die eigenen Kinder sind, die mitlaufen. Du willst eigentlich nicht aufhören, weil früher war's so: nach der Hochzeit war's aus, da hast nicht mehr laufen dürfen. Und jetzt kannst du halt weiterlaufen und jetzt ist es halt so, da sind manchmal ganze Familien. So wie bei uns: Wir haben uns über das kennengelernt [...] und die nächste Generation die ist schon gezüchteter Krampus. [lacht] Und weil eben keiner von uns das Hobby gerne aufgibt, und du kannst weitermachen, dann nimmst halt die Kinder mit. Früher waren's die Naturfreunde, heute sind's die Krampusse." (Interview Hafner / Trinkl, 15.05.2010.)

6.4.7 Soziale Ausbreitung III: Geschlecht

Die in diesem Unterkapitel versammelten Beobachtungen und Überlegungen sind in weiten Teilen erst nach Abschluss der empirischen Erhebung, auf der dieses Buch basiert, und auch nach Einreichung der ersten Textfassung im Februar 2012 entstanden. Dies ist in erster Linie darauf zurückzuführen, dass weibliche Krampusse und Perchten – und erst recht rein weibliche Krampus- und Perchtengruppen – ein sehr neues Phänomen sind. Zwar zeichneten sich in den Jahren 2011 und 2012 einige der im Folgenden geschilderten und analysierten Entwicklungen bereits ab, zu einem erklärungswürdigen – weil auch unter Brauchausübenden diskutierten – Phänomen haben sie sich jedoch erst im Verlauf der letzten fünf Jahre entwickelt. Während der erste Abschnitt – mit Ausnahme einiger Aktualisierungen – weitgehend unverändert aus dem ursprünglichen Manuskript übernommen werden konnte, wurden weite Teile der darauffolgenden Abschnitte erst im Frühjahr 2017 verfasst. Dies hat den Vorteil, dass in diesen Abschnitten ganz aktuelle Entwicklungen diskutiert werden. Der Nachteil dieser Analysen ist, dass sie nicht auf systematischen, empirischen Erhebungen basieren, sondern eher als Ideensammlung zu verstehen sind, die jedoch als Grundlage für weitere empirische Untersuchungen dienen könnte.

(1) Zur geschlechtsbezogenen Öffnung. Ähnlich wie im Hinblick auf das Herkunftsmilieu und das Alter kann man auch hinsichtlich des Geschlechts der Brauchträger eine Tendenz der Öffnung beobachten. Wie wir im ersten und zweiten Kapitel gesehen haben, beteiligten sich im 15. und 16. Jahrhundert sowohl Männer als auch Frauen aus der unterbäuerlichen Schicht an Heischegängen und Dorffesten. Angesichts der bekannten Gerichtsakten kann man jedoch davon ausgehen, dass an den wilden Maskenzügen, die immer wieder in Schlägereien ausarteten, hauptsächlich männliche Holzknechte, Handwerker, Bergleu-

te und auch Studenten beteiligt waren (vgl. Rumpf, 1991: 163-176; Berger 2007b: 81f.). Auch die mittelalterlichen und frühneuzeitlichen Rügebräuche wurden hauptsächlich von jungen, ledigen Männern getragen (vgl. Scharfe 1970: 45-68). Für Otto König (1983) und Albert Bärtsch (1993) bestand die Hauptfunktion von Maskenbräuchen darin, jungen Männern die Kontaktaufnahme mit dem anderen Geschlecht zu erleichtern. Trotzdem werden in Belegen aus dem 17. und 18. Jahrhundert auch Frauen als Maskenträger erwähnt. Berger (2000: 88) vermutet, dass Frauen oder Kinder einen Brauch dann weiterführten, wenn er von den Männern nicht mehr getragen wurde. Allerdings dürfte das kirchliche Gebot der Geschlechtertrennung in der Öffentlichkeit diese Entwicklung im Keim erstickt haben. Und so findet man in Quellen aus dem 19. Jahrhundert keinen Hinweis mehr auf weibliche Brauchträger. Als die frühe Volkskunde sich aufmachte, alpine Maskenbräuche zu rekonstruieren, griff sie auf genau jene Quellen aus dem 19. Jahrhundert zurück. Den damals vorherrschenden männerbündischen Deutungsmustern entsprechend deutete man die männliche Trägerschaft als festen Bestandteil des Brauches und schloss Frauen – mit dem Hinweis, dies sei schon immer so gewesen – von der Teilnahme an vielen Maskenbräuchen aus. (Vgl. ebd.)

Auch heute halten bestimmte traditionalistische Brauchtumsvereine an diesem vermeintlich uralten Gebot fest. Bei den Gasteiner Perchten (Land Salzburg) etwa dürfen explizit nur ledige Männer bis 21 Jahre mitlaufen (vgl. Interview Hafner / Trinkl, 15.05.2010.) Im Kärntner Ort Winklern im Mölltal scheiterten die Ambitionen einiger Mädchen, am dortigen Bartelumzug teilzunehmen, am Protest der Männer. Auch beim Klaubaufgehen in Matrei (Osttirol) ist es noch heute undenkbar, dass sich Frauen als Klaibaife beteiligen. In den 1970er und 1980er Jahren meldeten einige Mädchen ihren Anspruch auf die Teilnahme am Klaubaufgehen an. Eine Matreierin, so hat Berger von einer Dorfbewohnerin erfahren, habe sich damals tatsächlich unter die männlichen Klaibaife zu mischen versucht. Als sie jedoch entdeckt wurde, musste sie vor den wütenden Burschen flüchten. In einigen Ortsteilen Matreis werden bei den Kinder-Klaibaifen mittlerweile Mädchen geduldet. Insgesamt, so Berger, scheinen sich aber die Matreierinnen damit abgefunden zu haben, dass sie im Erwachsenenalter nur als Engel an diesem Brauch teilnehmen dürfen (vgl. Berger 2000: 159) – denn auch die weibliche Figur der Litterin wird von einem Mann dargestellt. Interessant ist, dass Frauen eher die Rolle des Heiligen Nikolaus überlassen wird als jene seiner strafenden Begleiter (vgl. ebd.: 11f.). Dies kann auch als Hinweis darauf gedeutet werden, dass die Schreckgestalten bei den brauchtragenden Burschen noch immer einen höheren Status einnehmen als die Figur des Bischofs, auf die viele Gruppen ohnehin ganz verzichten, sofern sie keine Hausbesuche durchführen.

Insgesamt kann man aber beobachten, dass das Geschlecht als Zugangskri-terium zu Krampus- und Perchtengruppen zunehmend an Bedeutung verliert. Dabei kann man fünf idealtypische Stufen der Öffnung unterscheiden: (a) auf der ersten Stufe werden alle Figuren, auch die weiblichen (wie zum Beispiel Hexe oder Litterin), von Männern dargestellt; (b) im zweiten Stadium übernehmen Frauen entweder einige weibliche Gestalten (wie etwa Engel) und Figuren, die für Männer nicht oder nicht mehr attraktiv sind (wie den Heiligen Nikolaus), oder sie übernehmen begleitende Aufgaben (Marketenderin, Verpflegerin, Foto-grafin oder Tafelträgerin); (c) auf der nächsten Stufe werden Mädchen und Frau-en auch als normale, männliche Krampusse in die Gruppe aufgenommen; (d) im vierten Schritt wird der weibliche Krampus zu einer eigenständigen, gleichwerti-gen Brauchtumsfigur, für die eigene Krampusmasken mit weiblichen Gesichts-zügen und Ganzkörperanzüge mit erotisierten weiblichen Formen, die oft beson-ders hervorgehoben und zur Schau gestellt werden, hergestellt werden; (e) und auf der vorläufig letzten Stufe schließen sich junge Frauen zu einer eigenen Krampus- oder Perchtengruppe zusammen, die dann entweder ein weibliches (nicht unbedingt erotisiertes) oder ein männliches Gruppenthema wählt.[192] Dabei ist besonders interessant, dass – zumindest auf *Krampusmania.at* – die weibli-chen Aktiven im Schnitt älter als die männlichen sind. Während die meisten männlichen *Krampusmania*-User zwischen 16 und 25 sind, ist die größte weibli-che Altersgruppe jene der 26- bis 30-Jährigen.

Tabelle 7: *Krampusmania*-Userinnen und -User nach Geschlecht[193]

Geschlecht	abs. Häu-figkeit	hochger. abs. H	rel. Häufigkeit (in%)	kum. Häufigkeit (in%)
männlich	4.948	10.902	89,1	89,1
weiblich	604	1.331	10,9	100,0
Gesamt	**5.552**	**12.233**	**100,0**	

Für die Frage nach der Zusammensetzung der Zuschauer kann man für die Zeit ab den 1960er Jahren auf Filmaufnahmen zurückgreifen. Angelika Dittel hat diese Aufnahmen ausgewertet und mit Filmen aus den späten 1990er Jahren verglichen. Dabei hat sie festgestellt, dass in den 1960er Jahren bei Umzugs-bräuchen vorwiegend Männer und junge Paare anwesend waren. In den 1990er

---

192 Das bedeutet weder, dass sich diese Entwicklung linear, geplant oder konfliktlos vollzieht, noch, dass sich alle Krampus- oder Perchtengruppen gegenwärtig auf der gleichen Stufe befin-den oder sich zwingend auf die vorläufig letzte Stufe zubewegen.

193 Eigene statistische Auswertung der Daten aus http://krampusmania.at/index.php?page=Mem bersList (Stand 27.02.2011). Grundgesamtheit (N) = 12.333, Stichprobe (n) = 6.000 (2.892 ak-tive und 3.108 inaktive User, davon 448 fehlende Werte).

Jahren seien hingegen im Publikum hauptsächlich Familien und Kinder zu sehen (vgl. Dittel 2004: 90).

(2) Repräsentationen der geschlechtsbezogenen Öffnung. Auch die Regionalpresse hat in den letzten Jahren mehrmals über Frauen in Krampus- oder Perchtenkostümen berichtet. Dabei unterscheidet sich die diesbezügliche Berichterstattung von jener über andere – nicht-weibliche – Krampusse oder Perchten in mehrfacher Hinsicht.

Eine Besonderheit ist, dass Frauen, die sich als Krampusse verkleiden, durchwegs als etwas Exotisches bzw. in sich Widersprüchliches dargestellt werden. Die Kärntner Tageszeitung kürte am 5. Dezember 2007 (16) eine 27-jährige Psychologie-Studentin, die Mitglied der Brauchtumsgruppe Techelsberg ist, zur „Kärntnerin des Tages" und widmete ihr unter dem Titel *„Eine liebe Krampusine"* eine ganze Seite. Ein Jahr später lächelte eine andere junge Frau von der Titelseite der *Kärntner-Tageszeitung*-Wochenendbeilage *Freizeit* (47. Woche / 2008). Im Blattinneren werden ihre angeblich typisch weiblichen Eigenschaften und Interessen betont. Gleichzeitig werden diese als offensichtlicher Gegensatz zu den Eigenschaften eines Krampus bzw. einer Percht dargestellt.

> „Sie trägt Ed-Hardy-T-Shirts, kauft gerne exklusiv ein und ist dennoch stets auf der Suche nach neuen Zottelfellen. Sie bummelt durch Kosmetikläden und versteckt ihr Gesicht mit Begeisterung hinter grauenvollen Fratzen. [...] Die ‚Montur', plateaumäßig aufgedoppelte Schuhe, das Fell, die geschnitzte Larve mit mächtigen Hörnern... wiegt 25 Kilo, die Management-Assistentin auf Erden teufelt damit wie ihre männlichen Kollegen – auch wenn sie nach einem erfolgreichen Lauf lieber einen Prosecco zischt, während die Männer Bier schäumen lassen. Pelz würde sie unterm Jahr nie tragen, dafür mag sie Tiere zu gerne." (Kohlweis, Kärntner-Tageszeitung-Beilage, 47. Woche / 2008: 32.)

In diesem Zitat zeichnet sich bereits ein weiteres Charakteristikum der Diskussion über weibliche Krampusse ab: die Bestätigung traditioneller Geschlechterbilder. Besonders interessant ist in diesem Zusammenhang, dass – anders als bei der Vorstellung männlicher Brauchtumsbegeisterter – der Fokus auf das äußere Erscheinungsbild gelegt wird – und zwar sowohl der Maskierung als auch der Maskierten. In einem im November 2016 erschienenen Artikel in der *Kronen Zeitung* wird eine Tirolerin vorgestellt, die das einzige weibliche Mitglied der Zillertaler „Dark Shadows" ist. Die Autorin präsentiert sie dabei nicht als junge Frau, die sich als Krampus verkleidet, sondern als *„Krampus mit weiblicher Note"* (J. Steiner, Kronen Zeitung, 29.11.2016 [17.03.2017])[194]. Was diese weibliche Note ausmacht, geht aus dem Artikel nicht hervor. Eine andere Journalistin

---

194 Steiner, Jasmin: *Valentina Dornauer: Ein Krampus mit weiblicher Note.* Kronen Zeitung / Bundesländer / Tirol, 29.11.2016. URL: http://www.krone.at/tirol/ein-krampus-mit-weiblicher-note-valentina-dornauer-story-541660 (letzter Zugriff: 17.03.2017).

der Kronen Zeitung gibt jenen Leserinnen, die – durch die Lektüre ihres doppel-seitigen Artikels über eine rein weibliche Krampusgruppe – selbst Lust auf das Krampuslaufen bekommen haben, einen bezeichnenden Tipp: „*Merke: Es findet sich das Ziegenbockfell halt nicht gleich zwischen High Heels und dem kleinen Schwarzen im Kleiderkasten.*" (Messner, Krone-Beilage, Dezember 2010: 11.) Auch die im Dezember 2016 in der *Kleinen Zeitung* als „*Kärntnerin des Tages*" vorgestellte Marion Klewein wird als „*hübsche Blondine*" und „*sympathische Kärntnerin*" mit „*sportlicher[r] Figur*" (Oberlechner, Kleine Zeitung – Kärnten, 05.12.2016) beschrieben.

Ein Muster, das einerseits den Fokus der Journalistinnen und Journalisten, andererseits aber auch das tatsächlich in der Szene vorherrschende Geschlechter-bild widerspiegelt, ist die immer wiederkehrende Vorstellung, männliche Kram-pusse seien gruselig und böse, weibliche hingegen zwar auch gruselig, aber in erster Linie erotisch. Der folgende Ausschnitt aus dem *Kleine-Zeitung*-Artikel „*Männer-Domäne fällt: Jetzt wird selbst der Krampus weiblich*" vom November 2014, der auf einem Interview mit dem steirischen Maskenschnitzer Christian Lipp basiert, ist ein schönes Beispiel hierfür:

> „Zum Beweis legt Christian Lipp eine kunstvoll gefertigte Maske einer ‚Krampusi-ne' auf den Tisch. ‚Allein in diesem Jahr habe ich rund 20 weibliche Krampusmas-ken anfertigen müssen', sagt Christian Lipp. ‚Immer mehr Frauen nehmen aktiv an den Läufen teil.' Und während der gemeine männliche Krampus dort eher als bra-chial-bösartiger Hüne im dicken Zottelfell in Erscheinung tritt, darf der weibliche Krampus im Fellmantel, Latex-Bustier oder im Ziegenfell-Korsett durchaus ein we-nig Erotik versprühen." (Plauder, Kleine Zeitung, 16.11.2014 [17.03.2017].)[195]

Das bedeutet nicht, dass die gruseligen Masken nicht thematisiert werden, son-dern dass sie entweder als drolliger Widerspruch zum sanften Wesen oder als direkte Widerspiegelung des erotischen Wesens der Trägerin diskutiert werden. Die Entsprechung bzw. der Widerspruch zwischen Eigenschaften des Maskierten und seiner Maske spielt – wie überhaupt die Intention, den Menschen unter der Maske darzustellen – bei der Vorstellung männlichen Krampusläufer nur dann eine Rolle, wenn Ängste oder Vorurteile abgebaut und der gute Ruf von Kram-pus- und Perchtenläufen wiederhergestellt werden soll. Die Tatsache, dass die in den 2000er Jahren sehr beliebten Latexanzüge nur dann als „Erotik versprühend" beschreiben werden, wenn sie von Frauen getragen werden, nicht aber, wenn sie – was deutlich öfter vorkommt – die Körper von männlichen Brauchausübenden zur Geltung bringen, deutet darauf hin, dass die sexualisierte Konnotation weni-

---

195 Plauder, Thomas: *Männer-Domäne fällt: Jetzt wird selbst der Krampus weiblich.* Kleine Zei-tung – Steiermark, 16.11.2014. URL: http://www.kleinezeitung.at/steiermark/4595407/Maen nerDomaene-faellt_Jetzt-wird-selbst-der-Krampus-weiblich (letzter Zugriff: 17.03.2017).

ger über das Aussehen der weiblichen Krampusse aussagt als über den Blickwinkel der – vorwiegend männlichen – Kommentatoren. Verkleiden sich nämlich Frauen nicht als erotische bzw. erotisierbare weibliche, sondern als männliche Krampusse, werden sie selbst erotisiert. Die Schlagzeile auf der *Titelseite der Kärntner-Tageszeitung*-Wochenendbeilage *Freizeit* (47. Woche / 2008) ist dafür ein recht eindringliches Beispiel: *„Emanzipation in der Hölle... Was die zotteligen Felle oft verstecken: so heiß kann es darunter manchmal sein!"*.

Welchen großen Stellenwert das erotisierte Aussehen weiblicher Brauchausübender und Brauchtumsfiguren hat, wird auch in einem im Oktober 2016 online gestellten Bericht auf *ORF.at* deutlich. Darin beschreiben zwei Maskenschnitzer, Daniel Mörtl und Harald Hofer, die Besonderheiten weiblicher Masken. Frauenmasken hätten *„Wimpern, Augenbrauen und lange Haare"* (Mörtl), außerdem sei die *„Krampusine"* nicht nur gruselig, sondern auch mit *„diversen erotischen Komponenten, wie einer Corsage"* (Hofer) ausgestattet: die meisten Kundinnen wollten *„[h]übsch gruselig, gestylt und gut frisiert"* (ORF.at, 07.10.2016 [17.03.2017])[196] sein. Während bei jüngeren Kundinnen vor allem Vampirmasken beliebt seien, entschieden sich ältere immer noch für Hexenmasken, die bei Krampusbräuchen am weitesten verbreiteten traditionellen weiblichen Figuren. Die Betonung des Gegensatzes zwischen vermeintlich traditionellen, an bestimmten Darstellungsnormen orientierten, Masken auf der einen Seite und vermeintlich traditionslosen, von Hollywoodfilmen inspirierten, Masken auf der anderen Seite ist hingegen kein Spezifikum der Diskussion um weibliche Krampusläuferinnen und -figuren (siehe dazu drittes und achtes Kapitel). Das gleiche gilt für die Fehlinterpretation dieses Gegensatzes als Generationenkonflikt (siehe 6.4.6). Der Fokus auf das äußere Erscheinungsbild und dabei auf vermeintlich typisch weibliche Attribute findet sich auch im folgenden Ausschnitt aus einem Bericht eines oberösterreichischen Online-Nachrichtenportals:

> „Ausgestattet sind ‚D'Woidmenscha' mit Birken-Ruten, Taschen mit Ruß, Glocken, aufeinander abgestimmtem Krampusgewand von Ungustl Gwandl und natürlich den unverkennbaren Masken des Innviertler Maskenschnitzers Anton ‚Doni' Waltl. Als ‚Vereinsfarben' haben sich Lila (steht für Weiblichkeit) und Grün (Wald) durchgesetzt. ‚Unser Rauch bei den Läufen ist lila und grün – das macht eine unverkennbare Stimmung', erzählt Melanie Holzer im Tips-Gespräch." (Zeilinger, Tips.at, 14.12.2016 [17.03.2017])[197]

---

196 *Der Krampus ist immer öfter weiblich.* ORF.at, 07.10.2016. URL: http://kaernten.orf.at/radio/stories/2801300 (letzter Zugriff: 17.03.2017).

197 Zeilinger, Elisabeth: *Weibliche Revolution in der heimischen Krampusszene.* Tips / Linz-Land, 14.12.2016. URL: http://www.tips.at/news/ansfelden/kultur/379132-weibliche-revolution-in-der-heimischen-krampusszene (letzter Zugriff: 17.03.2017).

Obwohl sexualisierte Inhalte bei vielen Krampus- und Perchtenläufen eine Rolle spielen, hat die tatsächliche Brauchentwicklung die in Regionalmedien vorherrschenden Vorstellungen längst überholt. Der Einsatz erotischer Elemente geschieht viel spielerischer, selbstbewusster und durchaus auch gegenseitiger als es der mediale Diskurs vermuten lassen würde. Wie wir im ersten und zweiten Kapitel gesehen haben, bestand eine der wichtigsten gesellschaftlichen Funktionen von Maskenbräuchen über Jahrhundert darin, es jungen Männern und Frauen zu ermöglichen, sich ungezwungen und von gesellschaftlichen Tabus befreit einander anzunähern. Den vorherrschenden Geschlechterbildern und Machtbalancen entsprechend waren auch im Brauchgeschehen die Rollen bis ins 20. Jahrhundert hinein klarer verteilt als heute: maskierte junge Männer konnten im Schutze der Maske miteinander prügelnd ihre Männlichkeit zur Schau stellen und um die zuschauenden weiblichen „Opfer" werben. Die ersten Frauen, die sich – heimlich, als Männer-Ersatz oder nach langjähriger Ausübung anderer Funktionen im Verein – unter die Brauchausübenden mischten, schlüpften zunächst, wohl auch aus pragmatischen Gründen, in die vorgegebenen Kostüme – und verkörperten dementsprechend auch die den jeweiligen Figuren zugeschriebenen Geschlechterbilder.

Seit sich der weibliche Krampus zu einer eigenständigen Brauchtumsfigur zu entwickeln begonnen hat, sind mehrere parallel verlaufende Entwicklungen festzustellen. In den ersten Jahren, als weibliche Krampusse noch für Aufsehen sorgten, wurden die vermeintlich typisch weiblichen Attribute besonders hervorgehoben. Den in den vertretenen Milieus vorherrschenden Geschlechterbildern entsprechend bedeutete dies eine Zurschaustellung und Erotisierung des weiblichen Körpers. Ein besonders anschauliches, wenn auch nicht repräsentatives Beispiel für diese frühe Phase der Entwicklung von weiblichen Krampusfiguren ist eine Krampusgruppe, die Ende November 2010 beim Krampusumzug in Klagenfurt (Kärnten) zu beobachten war. Während die zotteligen, gruseligen männlichen Krampusse über die Laufstrecke rannten, den Zuschauern drohten oder kleine Schaukämpfe inszenierten, räkelte sich der einzige weibliche Krampus an einer Gogo-Stange, die auf dem Anhänger eines Traktors angebracht war. Mit ihrem hautengen Latexanzug, der wohl nackte rote Haut imitieren sollte und die intimen weiblichen Körperteile betonte, entsprach sie – mit Ausnahme der starken Scham- und sonstigen Körperbehaarung – durchwegs den vorherrschenden Schönheitsidealen. Diese sexualisierte Zurschaustellung intimer Körperteile ging nicht nur von der Existenz des (männlichen) Betrachters aus, sondern sie deutet darauf hin, dass die Figur des weiblichen Krampus in dieser frühen Phase vornehmlich aus der Perspektive des männlichen Zuschauers – und damit als passives Objekt – gedacht wurde. (Vgl. Feldnotizen Klagenfurt, 27.11.2010.)

Diese Art der Sexualisierung des (weiblichen) Krampus hat sich in den letzten Jahren nicht durchgesetzt – obwohl die mediale Berichterstattung etwas anderes vermuten lässt. Tatsächlich haben sich bisher drei von Frauen dargestellte Figuren herausentwickelt: (a) von Frauen dargestellte männliche Krampusse oder Perchten, die sich mit ihren Masken und zotteligen Fellanzügen von den von Männern dargestellten Krampussen und Perchten äußerlich nicht unterscheiden; (b) weibliche Krampusse, die wegen ihrer Masken mit menschlichen oder vampirischen Gesichtszügen, aber auch wegen ihrer Bekleidung, das weibliche Geschlecht der Maskierten zu erkennen geben; und schließlich (c) Hexen, die jedoch sowohl von Männern als auch von Frauen verkörpert werden können und daher keinen Rückschluss auf das Geschlecht des Maskenträgers bzw. der Maskenträgerin zulassen. Diese drei Figurentypen finden sich sowohl in ansonsten rein männlichen Vereinen als auch in reinen Frauenvereinen. Erotisierte Weiblichkeit lässt sich lediglich beim zweiten Typen beobachten, allerdings auch nicht unbedingt in der direkten, expliziten, traditionellen Rollbildern entsprechenden Art des Gogo-Krampus.[198]

Die im Jänner 2011 gegründeten „Keutschacher Seenteufeln" aus Kärnten bestehen zum Beispiel ausschließlich aus Frauen, wobei besonders interessant ist, dass sich diese Gruppe im maskierten Zustand nicht von anderen, rein männlichen oder gemischtgeschlechtlichen, Gruppen unterscheidet. Sieben der acht Frauen stellen nämlich männliche Krampusse dar, nur ein Krampus ist weiblich. Ein Bild, an das sich mittlerweile selbst traditionalistische Brauchtumsbewahrer gewöhnt haben dürften, zumal zum Figurenrepertoire vieler Krampusgruppen traditionell eine – von einem Mann dargestellte – weibliche Brauchtumsfigur gehört: die Hexe. Die ebenfalls nur aus weiblichen Mitgliedern bestehenden „D'Woidmenscha" aus Oberösterreich zeichnen sich hingegen dadurch aus, dass sieben von acht Mitgliedern einen weiblichen Krampus verkörpern. Trotzdem fehlt auch bei ihnen die Hexe nicht. Diese weibliche Krampusgruppe entspricht so gar nicht dem Bild der in den obigen Zeitungsartikeln proklamierten erotischen, aber passiven Weiblichkeit. Die ausschließlich weiblichen Mitglieder tragen zu ihren Vampirmasken weder Nacktheit imitierende Latexanzüge noch Korsagen oder andere vermeintlich typisch weibliche Rollenrequisiten, sondern trachtenartige Felljacken und kurze Lederhosen, die den Blick auf die nackten Beine freigeben. Dies ist aber nicht notwendigerweise als Akt der sexuellen Befreiung oder als erotisierte Weiblichkeit zu verstehen, sondern entspricht dem auch bei männlichen Krampussen zu beobachtenden Trend, Fellanzüge durch vermeintlich alte, „trachtige" Lederhosen zu ersetzen, und – manchmal mit Ruß

---

198 Es wäre ein lohnenswertes Unterfangen, systematisch empirisch zu untersuchen, wie sich die Anwesenheit weiblicher Krampusse auf die Dynamik in Gruppen, zwischen Gruppen und zwischen Krampussen und Zuschauern auswirkt.

geschwärzte – Haut zu zeigen. Ähnliches gilt für den Verzicht auf blutige, mit klaffenden Wunden übersäte Masken oder für die Abkehr von Monster- und Ork-Masken zugunsten von Masken mit menschlichen Gesichtszügen. Dass die Sexualisierung des weiblichen Krampus nicht in jenem Maße eingetreten ist, wie dies die ersten Jahre vermuten ließen, kann damit zusammenhängen, dass sich im ungefähr gleichen Zeitraum die weiblichen Begleitfiguren der Krampusse sexualisiert haben: viele Marketenderinnen, Schildträgerinnen und Engel tragen heute Korsagen, Hotpants und Netzstrümpfe.[199]

Eine weitere Besonderheit, durch die sich die Diskussion und Berichterstattung um weibliche Krampusse auszeichnet, ist die Frage nach den Intentionen und Motiven. Anders als die Mitgliedschaft eines jungen Mannes in einem Krampus- oder Perchtenverein scheint die Teilhabe einer jungen Frau nicht nur ein erwähnenswertes, sondern sogar ein erklärungswürdiges Phänomen zu sein. Denn die Frage, wie und warum sich jemand für das Hobby des Krampus- oder Perchtenlaufens entschieden hat, wird in Tageszeitungsartikeln über männliche Krampusse oder Perchten nicht gestellt.

Als zentrales Motiv von Frauen wird in den Regionalmedien die eigene Angst vor Krampussen angeführt – und zwar unabhängig davon, ob das einzige weibliche Mitglied eines männlichen Vereines oder die Gründerin und Obfrau einer eigenen weiblichen Gruppe porträtiert wird:

> „Mitten drin ist zum ersten Mal die 19- jährige Sandra Trey aus Keutschach – die sich eigentlich immer vor Perchten gefürchtet hat: ‚Ich wollte das dann einfach selbst ausprobieren. Und inzwischen hab' ich absolut keine Angst mehr', freut sie sich." (C.M. Steiner, Kronen Zeitung, 03.12.2016 [17.03.2017].)[200]

Das bedeutet jedoch nicht, dass Ängste nur im Zusammenhang mit Frauen thematisiert werden. In vielen in Regional- und Lokalzeitungen abgedruckten Ankündigungen und Berichten von Krampusläufen kommt der spielerischen, lustvollen Angst – in der Form eines Schauders oder Kitzels – eine zentrale Bedeutung zu. Von den unzähligen Artikeln zum Krampus-, Perchten- und Klaubaufbrauchtum, die zwischen Mitte November und Mitte Dezember fast täglich (und

---

199 Während in der Regionalpresse die Teilnahme von Frauen an Krampus- und Perchtenbräuchen entweder als Sensation oder als Skandal, auf jeden Fall aber als etwas nicht Selbstverständliches, dargestellt wird, wird die jeweilige Erscheinungsform zwar thematisiert, aber nicht hinterfragt. So wird etwa in Zeitungsartikeln über Frauen, die mit den üblichen Masken und Anzügen männliche Krampusse darstellen, nicht gefragt, ob es auch weibliche Krampusse geben könnte. In Berichten über weibliche Krampusfiguren wird umgekehrt nicht gefragt, warum Frauen nicht einfach die üblichen Krampusfiguren darstellen, die ja keine explizit männlichen – oder überhaupt geschlechtlichen – Wesen sind.

200 Steiner, Clara Milena: *Seenteufel: Die Krampus- Mädels sind los!* Kronen Zeitung, 03.12.2016. URL: http://www.krone.at/kaernten/die-krampus-maedels-sind-los-seenteufel-story-541867 (letzter Zugriff: 17.03.2017).

nicht selten als Titelstory oder mehrseitige Reportage) in regionalen Tages-, Wochen- und Monatszeitungen erscheinen, spielt der Großteil mit den Attributen „höllisch"[201], „teuflisch"[202] oder „angsteinflößend"[203]. Dieser voyeuristischen Lust an den vermeintlich archaischen Freizeitvergnügungen der „einfachen Landbevölkerung" kann man einerseits Zeitungsartikel zuordnen, die harmlose Vorfälle bei Krampus- oder Perchtenläufen zu großen Storys aufblähen.[204] Andererseits zählen herzu auch Artikel, die Unfälle, die zufällig in der Nähe stattgefunden haben, mit dem *„höllischen Treiben"* in Verbindung bringen.[205] Dies gilt unabhängig davon, ob die Bräuche als unverfälscht und echt bewundert oder als provinziell und rückständig belächelt werden.

Auch die reale, nicht-spielerische Angst wird in Lokal- und Regionalmedien nicht nur als Motivation weiblicher Krampusse diskutiert. Vielmehr kann man in diesem Zusammenhang drei Erscheinungsformen unterscheiden.

Die erste Form (a) ist die Angst von Kindern vor dem Krampus. Zumindest in jenen ländlichen Regionen Österreichs, in denen der Einkehrbrauch – mit dem lobenden und tadelnden Heiligen Nikolaus und dem strafenden Krampus – zum Adventbrauchtum gehört, ist die Strafandrohung (und damit die Herstellung von Angst) ein selbstverständlicher Teil des Adventbrauchtums. In den letzten Jahren wird diese Instrumentalisierung des Krampus zum Zwecke der Erziehung jedoch

---

201 *„Höllisch hässlich, aber teuflisch anziehend"* (Kleine Zeitung, 29.11. 2007: 16f.); *„In Gurnitz war wieder die Hölle los"* (Kleine Zeitung, 26.11.2014: 24); *„Ein Flecken Hölle auf Erden"* (Kleine Zeitung, 30.11.2014: 22f.); *„Gesichter aus der Hölle"* (Kleine-Zeitung-Sonntagsbeilage, 30.11.2014: 6f.); *„Höllisch großer Umzug"* (Kleine Zeitung, 27.11.2016: 24).

202 *„Ein teuflisches Spektakel"* (Kleine Zeitung, 02.12.2007: 42f.); *„Des Teufels rauhe Gesellen"* (Kronen Zeitung, 23.11.2014: 40f.); *„1000 teuflische Zottelgestalten"* (Kronen Zeitung, 26.11.2014: 23); *„In Drasendorf regieren , Teufel'"* (Die Kärntner Woche, 29.11.2016: 16); *„Teuflisch viel los"* (Kleine Zeitung, 29.11.2015: 28); *„Teuflische Gesellen"* (Klagenfurter, November 2016: 20).

203 *„Höllen-Gesellen lassen Kärntner erzittern"* (Kärntner Tageszeitung, 17.11.2007: 10f.); *„Gar gruselige Gestalten"* (Kronen Zeitung, 22.11.2015: 50); *„Krampusse machten Innenstadt unsicher"* (Kleine Zeitung, 30.11.2014: 40); *„Schaurige Gestalten"* (Die Kärntner Woche, 22.11.2015: 21); *„Ganz schön fürchterlich"* (Kleine Zeitung, 05.12.2016); *„Wenn ein Ort alle das Fürchten lehrt"* (Kleine Zeitung, 06.12.2015: 30f.); *„Die Krampuskinder liefen heiß"* (Kleine Zeitung, 22.11.2016: 24); *„Die lange Nacht der Furcht"* (Kleine Zeitung, 08.12.2016: 20f.).

204 *„Feuer-Drama um Krampus"* (Kronen Zeitung, 23.11.2014: Titelseite); *„Fell fing Feuer: Krampus schwer verletzt"* (Kronen Zeitung, 23.11.2014: 12f.); *„Brennende Percht wurde rasch gelöscht"* (Kleine Zeitung, 23.11.2014: 28f.); *„Hitlergruß im Krampuskostüm"* (Der Standard, 05.12.2014. URL: http://derstandard.at/2000008998055/Hitlergruss-im-Krampus kostuem [06.04.2017]).

205 *„Krampuslauf: Polizist ringt nach Unfall mit Tod"* (Kronen Zeitung, 01.12.2014: 18f.); *„Brutale Attacke bei Krampuslauf: 15-jähriger Täter ausgeforscht"* (Tiroler Tageszeitung, 06.12.2014. URL: http://www.tt.com/panorama/verbrechen/9354496-91/brutale-attacke-bei-krampuslauf-15-j%C3%A4hriger-t%C3%A4ter-ausgeforscht.csp [06.04.2017]).

zunehmend in Frage gestellt – sowohl aus pädagogischen Gründen als auch aus Rücksicht auf Kinder mit nicht-christlichem Glauben. Diese Entwicklung spiegelt sich in den Tagesmedien in zwei Debatten wider: einerseits in der Diskussion um eine zeitgemäße Erscheinungsform des Heiligen Nikolaus[206] und andererseits in der Debatte über ein Hausverbot für Nikoläuse und Krampusse in Wiener Kindergärten[207]. Wie wir im achten Kapitel sehen werden, sind diese Debatten auch im Zusammenhang mit Aushandlungs- und Ausgrenzungsprozessen zu sehen, bei denen einander sowohl milieu-spezifische als auch städtisch-aufgeklärte und ländlich-brauchbewahrende Positionen gegenüberstehen.

Der zweite Kontext, in dem Angst im Zusammenhang mit Krampussen und Perchten in den Medien diskutiert wird, ist (b) die – im siebenten und achten Kapitel ausführlich diskutierte – Angst der Krampusse vor aggressiven Zuschauern[208]. Während Lokal- und Regionalmedien das Krampuslaufen als Bewältigung der Angst *vor* Krampussen nur bei Frauen thematisieren, wird die Angst *von* Krampussen vor aggressiven Zuschauern sowohl von männlichen als auch von weiblichen Brauchausübenden vorgetragen. Wie im siebenten und achten Kapitel gezeigt wird, verstehen jedoch viele andere Brauchausübenden diese Klage als *„ unmännlich"*. Folglich betrachten sie die Aggression von Zuschauern als logische Konsequenz der Reglementierung bzw. *„ Verweichlichung"* (Username anonymisiert, krampusmania.at, 24.09.2008 [15.12.2010])[209] von Krampusumzügen. Erwähnenswert ist auch, dass in Berichten über aggressive Zu-

206 *„Bart ab für den Nikolo"* (Kronen Zeitung, 21.11.2014: Titelseite); *„Nikolo bald ohne Rauschebart"* (Kronen Zeitung, 21.11.2014: 14f.); *„Lieber guter alter Nikolo"* (Kronen Zeitung, 21.11.2014: 15); *„Armer Nikolaus... "* (Kronen Zeitung, Leserbrief, 22.11.2014: 36); *„Nikolaus"* (Kronen Zeitung, Leserbrief, 22.11.2014: 36); *„Ohne Bart?"* (Kronen Zeitung, Leserbrief, 22.11.2014: 36); *„Rasur für den Nikolaus regt auf: Klagenfurter Mutter macht ihrem Ärger über Nikolaus-Styling Luft"* (Die Kärntner Woche, 26.11.2914: 3); *„Was ein richtiger Nikolo braucht"* (Krone bunt, 06.12.2014: 7)

207 *„Nikolaus hat in Wiener Kindergärten Hausverbot"* (Der Standard, 30.11.2006. URL: http://derstandard.at/2676149/Nikolaus-hat-in-Wiener-Kindergaerten-Hausverbot   [05.04.2017]); *„Ritter Strache rettet Krampus, Sparschwein und Abendland"* (Der Standard, 17.04.2007. URL: http://derstandard.at/2807772 [22.12.2011]); *„Rettet den Krampus: „Der tut nix"*. Kurier, 05.12.2015. URL: https://kurier.at/chronik/oesterreich/rettet-den-krampus-der-tut-nix/100. 736.019 [05.04.2017].

208 *„Den Teufel graust's vor den Leuten!"* (Kärntner Tageszeitung, 23.11.2007: 12f.); *„Ein Krampuslauf ist halt doch kein Ballett"* (Kleine Zeitung, 05.12.2014: 20f.); *„Krampusse bei Umzug attackiert"* (Kleine Zeitung, 05.12.2014: 27); *„Der Krampus hat Angst"* (Klagenfurter, 18./19. 11.2015: Titelseite); *„Ein Krampuslauf ist kein Balletttanz"* (Klagenfurter, 18./19.11.2015: 12f.); *„Frau und Kind bei Perchtenlauf eingekreist: Helfer niedergeschlagen"* (Kurier, 06.12. 2016. URL: https://kurier.at/chronik/oesterreich/frau-und-kind-bei-perchtenlauf-eingekreist-helfer-niedergeschlagen/234.523.441 [06.04.2017]).

209 Hörner reißen – Vorfälle – KRAMPUSMANIA das Original. URL: http://krampusmania.at/index.php?page=Thread&threadID=28454 (letzter Zugriff: 15.12.2010).

schauer zwei Zuschreibungen zu beobachten sind: sie seien Jugendliche mit Migrationsbiographie und männlich.

Die (c) die nicht-spielerische Angst von Erwachsenen vor Krampussen oder Perchten wird hingegen ausschließlich am Beispiel von Frauen thematisiert. Obwohl empört vorgetragene Berichte über die von „Brutalo-Klaubaufen", aggressiven Krampussen und betrunkenen Perchten verursachten *physischen* Verletzungen[210] ebenso zum alljährlichen Vorweihnachtsrepertoire der Lokalpresse gehören wie die oben erwähnten Höllen-Metaphern oder Belehrungen über den Unterschied zwischen Krampus und Percht, werden die *psychischen* Folgen solcher Vorfälle ausschließlich am Beispiel von Frauen verhandelt. Angesichts der in den brauchtragenden Milieus vorherrschenden Machtdifferentiale zwischen den Geschlechtern und angesichts der im Kontext von alpinen Maskenbräuchen nach wie vor existierenden Geschlechterrollendisparität, die Männern die Rolle des aktiven Täters und Frauen jene des passiven Opfers zuweisen, wäre es tatsächlich nicht verwunderlich, wenn Mädchen und Frauen besonders traumatisierende Erlebnisse gemacht hätten (und noch heute machen). Ein Beleg dafür, dass die kindlichen und späteren Begegnungen mit Krampussen zu nachhaltigen Traumatisierungen führen können, ist die Tatsache, dass eine Salzburger Verhaltenstherapeutin gemeinsam mit einem Krampusverein jedes Jahr Anfang Dezember ein gut besuchtes *„Krampus-Angstbewältigungs-Seminar"* anbietet. In einem im Dezember 2014 in der Tageszeitung *Kurier* erschienen Artikel berichtet die Therapeutin, viele Erwachsene – und vor allem Frauen – *„fürchten sich so sehr, dass sie in der Krampuszeit gar nicht mehr das Haus verlassen. Das ist ein ungesundes Verhalten, das man nur mit Konfrontation löschen kann"* (Hammerer, zitiert nach Lindorfer, Kurier, 05.12.2015, kurier.at [05.04. 2017])[211]. Einen Tag davor berichtete auch *Die Presse* über das *„Seminar gegen Krampus-Angst"*:

---

210   *„Mehrere Verletzte nach brutalem Krampuslauf"* (Heute, 03.12.2013. URL: http://www.heute. at/oesterreich/salzburg/story/15849763 [06.04.2017]); *„Aus Rache: Krampus fügte Schüler Schädelbruch zu. Ermittlungen nach Krampusangriff in Matrei in Osttirol"* (Kurier, 10.12. 2013. URL: https://kurier.at/chronik/oesterreich/aus-rache-krampus-fuegte-schueler-schaedel bruch-zu/40.068.042 [06.04.2017]); *„‚Das war kein Krampus, sondern ein Sadist'"* (Kleine Zeitung, 08.12.2013. URL: http://www.kleinezeitung.at/kaernten/osttirol/4108846/Osttirol_ Das-war-kein-Krampus-sondern-ein-Sadist [06.04.2017]; *„Perchtentreiben: Matrei will keine Brutalo-Klaubaufe mehr"* (Kronen Zeitung, 28.11.2014: 20); *„37-Jährige von Krampus brutal attackiert – Hämatome an Beinen"* (Kronen Zeitung, 02.12.2014. URL: http://www.krone. at/salzburg/37-jaehrige-von-krampus-brutal-attackiert-haematome-an-beinen-story-429735 [06. 04.2017]).

211   Lindorfer, Raffaela: *Rettet den Krampus: „Der tut nix"*. Kurier, 05.12.2015. URL: https:// kurier.at/chronik/oesterreich/rettet-den-krampus-der-tut-nix/100.736.019 (letzter Zugriff: 05. 04.2017).

„Für Kathrin, Christa oder Doris sind die Tage Anfang Dezember, ja was eigentlich? Die Hölle? Sehr schwierig jedenfalls. Aus Angst, einer Krampustruppe zu begegnen, verzichten die Frauen auf Treffen mit Freunden, auf Stadtbummel oder Besuche am Christkindlmarkt. Sie bunkern Lebensmittel, um ein paar Tage möglichst nicht außer Haus gehen zu müssen. Bei einem Seminar mit den Anifer Krampussen und der Verhaltenstherapeutin Andrea Hammerer versuchen rund 25 Frauen an diesem Montag, wenige Tage vor dem ominösen 5. Dezember, ihre Furcht vor den finsteren Gestalten zu überwinden. [...] Karin aus Großgmain hat erst vergangene Woche bei einem Krampuskränzchen von Schlägen mit Kuhschweifen schmerzhafte blaue Striemen davongetragen. Erlebnisse mit Burschen und Männern, die unter dem Schutzmantel des Brauchtums Aggressionen auslebten, hatten schon einige Frauen. Die Panik kommt nicht von ungefähr." (Lagler, Die Presse, 04.12.2014, diepresse.com [04.04.2017].)[212]

Ganz anders als in diesen beiden Artikeln wird die Angst vor Krampussen in einem zur gleichen Zeit in der Wochenendbeilage der *Kronen Zeitung* erschienenen Artikel thematisiert. Während der *Kurier*- und der *Presse*-Artikel auch möglichen Ursachen dieser Angst nachgehen, lässt die im *Krone*-Artikel gewählte Formulierung *„[t]eilgenommen haben, wen überrascht es, ausschließlich Frauen"* (Messner, Krone bunt, Advent 2014: 18f.) Raum für unterschiedlichste Interpretationen.

Für unsere Frage nach der geschlechtsspezifischen Thematisierung von Angst ist interessant, dass Regional- und Lokalmedien, wenn sie im Zusammenhang mit Krampussen und Perchten von Frauen berichten, diese Frauen fast ausschließlich als Opfer darstellen. Sie richten den Fokus auf die aus traumatischen Erfahrungen resultierende Krampusangst – und zwar unabhängig davon, ob die proträtierten Frauen ein Angstbewältigungsseminar besuchen, ob sie sich als Zuschauerinnen eines Krampuslaufes der spielerischen Angst hingeben oder ob sie selbst als Krampusse oder Perchten aktiv sind. Dieser Fokus auf die Persönlichkeitsentwicklung fehlt in Reportagen über männliche Krampusse und Perchten völlig. Diese Zuschreibung traditioneller Geschlechterrollen (Männer als Täter, Frauen als Opfer) ist ein weiteres Indiz für die oben formulierte These, dass die in Regionalmedien jährlich reproduzierten Vorstellungen der tatsächlichen Brauchentwicklung weit hinterherhinken.

Die Bewältigung der eigenen Angst vor Krampussen ist aber nur eines von mehreren Motiven, die in der Lokal- und Regionalpresse angeführt werden, um zu erklären, warum junge Frauen sich als Krampusse oder Perchten verkleiden möchten. Ein anderes Motiv sind persönliche Beziehungen in die Brauchtumsszene. Hier lassen sich die genannten Motive und Umstände jedoch danach

---

212 Lagler, Claudia: *Salzburg: Seminar gegen die Krampus-Angst.* Die Presse, 04.12.2016. URL: http://diepresse.com/home/panorama/oesterreich/1320210/Salzburg_Seminar-gegen-die-Krampus Angst (letzter Zugriff: 04.04.2017).

unterscheiden, ob die porträtierte Frau Mitglied eines gemischtgeschlechtlichen oder eines rein weiblichen Vereines ist. Das bereits erwähnte Porträt einer jungen Frau in der *Kärntner-Tageszeitung*-Wochenendbeilage *Freizeit* (47. Woche / 2008) ist ein anschauliches Beispiel für die Darstellung der Motive von Frauen, die als einziges weibliches Mitglied einer ansonsten nur aus männlichen Aktiven bestehenden Gruppen vorgestellt werden. In diesem Artikel erfährt man, dass die *„Hübsch-Perchte"* über ihren Freund, den Obmann des Vereines, zum Perchten-laufen gekommen sei. Als Kind habe sie immer Angst vor Krampussen und Perchten gehabt, *„bis sie im Alter von 16 einen ganz süßen traf und Mitglied der Brauchtumsgruppe wurde"*. Auch die im Dezember 2016 in der *Kleinen Zeitung* porträtierte „Kärntnerin des Tages" habe es einem Bekannten *„zu verdanken, dass sie heute ein Teil der Rosentaler Brauchtumsgruppe ist"* (Oberlechner, Kleine Zeitung, 05.12.2016).

In Zeitungsartikeln über rein weibliche Krampus- oder Perchtengruppen wird hingegen als vornehmliches Motiv für die Vereinsgründung angeführt, sich selbst und den Männern beweisen zu wollen, dass auch Frauen erfolgreich eine Krampus- oder Perchtengruppe aufbauen und etablieren können. Im folgenden Ausschnitt aus einem Artikel über die „Keutschacher Seenteufeln" aus Kärnten kann man dies sehr schön erkennen:

> „Wie es dazu gekommen ist? ‚Naja, das war so', erzählt Obfrau Manuela Safran: ‚Die Männer haben uns immer wieder aufgezogen und behauptet, wir Mädels würden es als Krampus nicht mal ein Jahr aushalten. Aber wir dachten uns nur: Denen zeigen wir es!' Und das haben sie auch getan. Denn heuer sind die ‚Seenteufel' schon das sechste Jahr unterwegs." (Ebd.)

In einer häufig genannten Variation dieses Motives wird die Umkehrung der gesellschaftlichen Machtverhältnisse noch stärker gewichtet. Für eine in der *Kronen-Zeitung*-Beilage von Dezember 2010 proträtierte junge Frau besteht die Faszination des Krampuslaufens darin, *„[e]inmal die Burschen so richtig hertu-schen [verprügeln; Anm. d. Verf.]"* (Messner, Krone-Beilage, Dezember 2010: 0) zu können.

Mit Ausnahme des letzten finden sich diese Motive in Berichten über männliche Krampusse gar nicht. Stattdessen wird der Eindruck erweckt, bei Männern stünden weniger eigennützige Intentionen im Vordergrund, wie etwa die Wiederbelebung, Pflege und Erhaltung des Brauchtums oder die Stärkung der sozialen Kohäsion im Heimatort. Im letzten Kapitel werden wir sehen, dass eigen- und gemeinnützige Motive einander nicht ausschließen.

Ein weiterer Unterschied der Berichterstattung über männliche und weibliche Krampusse tritt in Schilderungen der Tätigkeit zutage. Wie die Motive entsprechen auch die als typisch dargestellten Tätigkeiten eines weiblichen Krampus dem gesellschaftlich erwarteten Geschlechtsrollenverhalten. Anders als in

Artikeln über männliche wird in Berichten über weibliche Krampusse auch die Pflege der Ausrüstung (bzw. des „Outfits") thematisiert – und zwar auch bei Frauen, deren Ausrüstung sich von jener von Männern nicht unterscheidet.

> „Kein Wunder, ein ‚Leben' als Krampus ist ja auch aufregend! Das beginnt schon beim ‚Outfit': Die große Glocke, die geschnitzte und bemalte Holzmaske sowie die schweren Felle – die von Sandra sind übrigens vom Wildschein – kommen auf einen Preis von gut 1000 Euro. Nicht nur deshalb muss gut auf sie aufgepasst werden: ‚Die Felle sollten immer gut trocknen, sonst verklumpen sich die Haare womöglich. Oder das Gewand fängt an zu stinken.' Außerdem gibt's auch mutige Kids, die den Krampus- Ladys ein paar Haare vom Fell ausreißen wollen – als Mutprobe! Sandra weiß sich da aber zu wehren: ‚Solche Zuschauer erschrecke ich besonders gern!', lacht sie." (Ebd.)

Außerdem werden die Tücken des Krampuslaufens (Gewicht der Ausrüstung, Sichtbehinderungen durch die Maske, Gehbehinderungen durch den Fellanzug) diskutiert, wodurch das Krampuslaufen als etwas Beschwerliches – und vielleicht sogar zu Schweres – erscheint:

> „Die Holzmaske und die große Glocke sind ganz schön schwer
> ‚Denn: unter der Maske nimmt man eine ganz andere Identität an! Das merke ich auch bei schüchternen Kolleginnen. Ich glaube, durch das Krampus- Dasein gewinnt man viel an Selbstvertrauen.'
> Ganz so einfach wie es klingt, ist es dann aber auch wieder nicht: ‚Am schwierigsten ist es, aus der Holzmaske sehen zu können. Da sind nur zwei kleine Schlitze, und meistens ist es ja schon dunkel draußen. Daran musste ich mich erst gewöhnen! Und auch das Gehen ist nicht leicht.', sagt Sandra. Denn das Krampus- Fell des Beinkleides ist sehr lang – die Mädels müssen aufpassen, dass sie nicht stolpern." (Ebd.)

> „Vergangene Woche trafen sie [die „Keutschacher Seenteufeln"; Anm. d. Verf.] sich in Reifnitz zur ersten Probe. ‚Das wird noch ein bisserl dauern, bis wir sturzfrei laufen', lacht die Obfrau Martina Kompajn. ‚Die schweren Masken und die eingeschränkte Sicht sind noch gewöhnungsbedürftig.' Übung macht bekanntlich den Meister." (meinbezirk.at, am 09.11.2011 [21.03.2017].)[213]

Besonders aufschlussreich ist, dass in manchen Zeitungsberichten die weiblichen Teilnahmeaspirationen als Vordringen in eine der letzten *„Männer-Domänen"* diskutiert werden. Die Bandbreite reicht von mit einem Augenzwinkern vorgetragenen Warnungen an männliche Brauchausübende und Zuschauer bis zu durchaus ernstgemeinten Beiträgen, in denen die *„[w]eibliche Revolution in der*

---

213 *Weibliche Perchten: Zurück zur Tradition.* meinbezirk.at – *Regionalmedien* Austria AG, 09.11.2011. URL: https://www.meinbezirk.at/klagenfurt-land/lokales/weibliche-perchten-zurueck-zur-tradition-d266796.html (letzter Zugriff: 21.03.2017).

heimischen Krampusszene" (Zeilinger, Tips.at, 14.12.2016 [17.03.2017])[214] als Teil einer umfassenderen, beklagenswerten *„Metamorphose des Krampus- und des Perchtenbrauchs"* (Plauder, Kleine Zeitung, 16.11.2014 [17.03.2017])[215] dargestellt wird. Ein Beispiel für den ersten, humorvollen Umgang mit der geschlechtsbezogenen Expansion ist ein mit dem Titel *„Männer-Domäne fällt: Jetzt wird selbst der Krampus weiblich"* überschriebener Artikel, der im November 2014 in der *Kleinen Zeitung* abgedruckt wurde. Darin warnt der Autor: *„Liebe männliche Leserschaft, bevor Sie jetzt weiterlesen, nehmen Sie ihr [sic!] Blutdruck senkendes Mittel und atmen Sie ganz tief durch. Der Krampus wird immer weiblicher."* (Ebd.) Ein ähnliches Geschlechterbild wird in einem doppelseitigen Artikel gezeichnet, der im Dezember 2010 in der *Kronen-Zeitung*-Beilage erschien. Er berichtet von einer reinen Frauengruppe, die sich im Winter 2007 heimlich unter die Gruppen des Großarler Krampusumzuges mischte, um *„das Monopol der männlichen Krampusse [zu] brechen"*:

> „Unerhörtes wird aus dem Salzburgischen vermeldet: Heuer bereits zum dritten Mal mischt sich in das düstere Krampustreiben von Großarl eine Frauenpass. Ganz ohne Aufstand der Männer, ganz ohne Mediengetöse hielt hier die Gleichberechtigung mit Bockfuß und Rute, Zottelfell und Hörnermaske Einzug ins Brauchtumsgeschehen. [...] Die Überraschung nach der Demaskierung war groß. Wie mag sich da so mancher Bursch gefühlt haben – bei dem Gedanken, dass er die Rutenhiebe von einer Frau bekommen hat?" (Messner, Krone-Beilage, Dezember 2010: O.)

Zur großen Verwunderung der Verfasserin handelt es sich bei den jungen Frauen keineswegs um *„verbissene Rächerinnen"*, sondern um *„bildhübsche Mädchen, die viel Spaß an der Sache haben"* (ebd.: 11).

In anderen Zeitungsberichten, Online-Diskussionsbeiträgen und Gesprächen wird jedoch deutlich, dass die Teilnahme von Frauen für viele männlichen Beteiligten mehr ist als nur ein Anlass für das lustvolle Kokettieren mit dem Wandel von Geschlechterrollen – sie ist Teil größerer gesellschaftlicher Wandlungen der Machtbalance zwischen den Geschlechtern (vgl. Elias 2006b: 139-234). In diesen Beiträgen erscheint die Tatsache, dass sich immer mehr Mädchen und junge Frauen nicht mehr mit der Rolle des Engels oder der Schildträgerin begnügen, sondern selbst einen Krampus oder eine Percht verkörpern möchten, als Teil eines – durchaus als bedrohlich wahrgenommenen – Verfallsprozesses nicht nur des Krampus- und Perchtenbrauches, sondern der ganzen Gesellschaft. In diesen

---

214 Zeilinger, Elisabeth: *Weibliche Revolution in der heimischen Krampusszene.* Tips / Linz-Land, 14.12.2016. URL: http://www.tips.at/news/ansfelden/kultur/379132-weibliche-revolution-in-der-heimischen-krampusszene (letzter Zugriff: 17.03.2017).

215 Plauder, Thomas: *Männer-Domäne fällt: Jetzt wird selbst der Krampus weiblich.* Kleine Zeitung – Steiermark, 16.11.2014. URL: http://www.kleinezeitung.at/steiermark/4595407/MaennerDomaene-faellt_Jetzt-wird-selbst-der-Krampus-weiblich (letzter Zugriff: 17.03.2017).

Beiträgen verbindet sich die Klage über das Vorrücken von Frauen mit der Sorge über die Kommerzialisierung des Brauches, den zunehmenden Einfluss von Hollywoodfilmen auf die Maskengestaltung oder die Verschmelzung von Krampus und Percht.[216]
Die Teilnahme von Frauen an Krampus- und Perchtenbräuchen scheint außer in besonders traditionalistischen Kreisen in der Szene weitgehend akzeptiert oder zumindest toleriert zu werden – insbesondere unter folgenden Voraussetzungen: wenn (a) einzelne Frauen Vereinen beitreten, die hauptsächlich aus männlichen Krampussen bestehen; wenn (b) ein Verein neu gegründet wird und von Anfang ein eine Frau dabei ist; wenn (c) die Frau mit einem der Mitglieder verwandt ist; wenn (d) ein Verein auch Kinder mitlaufen lässt; wenn (e) die mit Macht und Ansehen verbundenen Führungs- und Repräsentationspositionen weiterhin von Männern besetzt werden; und wenn (f) ansonsten die üblichen geschlechtsspezifischen Rollenverteilungen aufrecht erhalten bleiben. Dieser Haltung entspricht die in den weiter oben angeführten Ausschnitten aus Regionalmedien zu beobachtende Betonung der Rolle des Freundes, der seine Partnerin zum Krampuslaufen gebracht hat, ebenso wie die Verknüpfung der Offenheit

---

216 Ein *Artikel* und eine Karikatur, die am 5. Dezember 2015 in der *Kronen Zeitung* abgedruckt wurden, sind dafür ein schönes Beispiel. In dem Artikel mit dem Titel „*Krampus bekommt Konkurrenz*" (Perry, Kronen Zeitung, 05.12.2015: 9) geht es eigentlich um die angebliche Verdrängung des Krampus durch die Percht. Auf der Basis eines ebenfalls abgedruckten Interviews mit der Leiterin der Sammlung „Volkskunde und Alltagskultur" im Schlossmuseum Linz („*Ganz weg ist der Krampus noch nicht*", Kronen Zeitung, 05.12.2015: 9) wird in diesem Artikel die Ausbreitung alpiner Maskenbräuche in den „*flacheren Osten Österreichs*" als „Verperchtung" beschrieben. Die Figur des Krampus, die es nur in Begleitung des Heiligen Nikolaus gebe, wird hingegen als vom Aussterben bedrohte Brauchtumsfigur beschrieben. Bei den hunderten Umzügen und Vereinen handle es sich hingegen lediglich um „*sinnentleertes Show-Brauchtumstreiben*" (Perry, *Krampus bekommt Konkurrenz*, Kronen Zeitung, 05.12.2015: 9). Diese Behauptung widerspricht nicht nur den Einschätzungen der wissenschaftlichen Volkskunde, sie ist auch mit dem Selbstverständnis der Brauchtumsübenden nicht vereinbar.
    Die Karikatur hingegen zeigt einen Kindergarten, vor dem ein – vermutlich den „Kommerz" personifizierender – Mickey-Mouse-Krampus und eine – die Effemination symbolisierende – Frau im Nikolaus-Kostüm stehen. Während der Disney-Krampus einen Korb voller (zu verschenkender oder den Kindern abgenommener) Handys in Händen hält, sind sowohl auf der Bischofsmütze als auch auf dem Bischofsstab des weiblichen Nikolaus die christlichen Insignien (Kreuz und Krümme) durch ein Fragezeichen ersetzt. Daneben steht eine Mülltonne mit der Aufschrift „Brauchtum", in die vermeintlich „echte" Tradition entsorgt wurde: ein nichtverbalhornter Bischofsstab, eine mit einem Kreuz bestickte Bischofsmütze, eine Weidenrute, die traditionellen Nikolaus- und Krampus-Geschenke (Äpfel und ein Schokoladen-Krampus) und eine Krampusmaske. Die Tatsache, dass diese das vermeintlich unverfälschte Brauchtum repräsentierende Krampusmaske gerade an jenen Masken orientiert ist, die sich erst im Rahmen der im Artikel als traditionsfeindlich beklagten Fehlentwicklungen herausentwickeln konnten (dass es sich im Sinne des Artikels also eigentlich um eine Perchtenmaske handelt), zeugt von der begrifflichen, gedanklichen und argumentativen Unsauberkeit, durch die diese Diskussion zuweilen geprägt ist.

gegenüber Frauen mit der Aufnahme von (deren) Kindern, wodurch Frauen wieder die Mutterrolle zugewiesen wird. Diese beiden Arten der Rekrutierung weiblicher Brauchausübender könnten – neben der Seltenheit der Gründung rein weiblicher Vereine – für das höhere Durchschnittsalter und die abweichende Altersstruktur weiblicher *Krampusmania*-Unserinnen (siehe 6.4.6) verantwortlich sein. Alarmistisch wird der Ton hingegen, wenn Regionalmedien von rein weiblichen Krampus- oder Perchtengruppen berichten. Bereits die Titel der Artikel legen davon Zeugnis ab: *„Männer-Domäne fällt: Jetzt wird selbst der Krampus weiblich"* (Plauder, Kleine Zeitung, 16.11.2014 [17.03.2017])[217], *„Seenteufel: Die Krampus-Mädels sind los!"* (C.M. Steiner, Kronen Zeitung, 03.12.2016 [17.03.2017])[218] oder *„Weibliche Revolution in der heimischen Krampusszene"* (Zeilinger, Tips.at, 14.12.2016 [17.03.2017])[219].

(3) Revolution, Kontinuität oder Transformation? Doch wie neu sind diese als Revolution beschriebenen Wandlungen der teilnehmenden gesellschaftlichen Gruppen und die Erotisierung von Krampus und Percht? Wenn man auch nicht von einer jahrhundertelangen Kontinuität von Frauen als Krampussen oder Perchten ausgehen kann, so ist doch festzuhalten, dass mehrere der oben diskutierten Elemente in der Brauchgeschichte keineswegs neu sind. Vielmehr ist davon auszugehen, dass zentrale mit dem Krampusbrauch verbundene Narrative bestehen bleiben und sich im Rahmen der rezenten Brauchwandlungen lediglich deren konkrete Ausgestaltung ändert.

Die augenscheinlichste Variation eines mit dem Krampusbrauch verbundenen Narratives betrifft den Dualismus von Gut und Böse, belohnend und bestrafend, schön und hässlich. An die Stelle der Gegenüberstellung der beiden Brauchfiguren, des Heiligen Nikolaus und des Krampus, tritt die Gegenüberstellung der weiblichen Brauchausübenden und der von ihnen verkörperten Brauchgestalten. Durch die Übertragung des Dualismus-Narratives auf den vermeintlichen Geschlechtergegensatz wird der Prozess der Verwandlung eines Menschen in einen Krampus betont, der eigentlich (zumindest vor dem Laufen) nicht Teil der öffentlichen Darbietung ist – und manchmal sogar im Verborgenen stattfindet. Bei Krampusläufen findet in der Regel nur die Rückverwandlung nach dem Krampuslauf in der Öffentlichkeit statt, etwa um Kindern das Gesicht unter der

---

217 Plauder, Thomas: *Männer-Domäne fällt: Jetzt wird selbst der Krampus weiblich.* Kleine Zeitung – Steiermark, 16.11.2014. URL: http://www.kleinezeitung.at/steiermark/4595407/ MaennerDomaene-faellt_Jetzt-wird-selbst-der-Krampus-weiblich (letzter Zugriff: 17.03.2017).

218 Steiner, Clara Milena: *Seenteufel: Die Krampus- Mädels sind los!* Kronen Zeitung, 03.12.2016. URL: http://www.krone.at/kaernten/die-krampus-maedels-sind-los-seenteufel-story-541867 (letzter Zugriff: 17.03.2017).

219 Zeilinger, Elisabeth: *Weibliche Revolution in der heimischen Krampusszene.* Tips / Linz-Land, 14.12.2016. URL: http://www.tips.at/news/ansfelden/kultur/379132-weibliche-revolution-in-der-heimischen-krampusszene (letzter Zugriff: 17.03.2017).

Maske zu zeigen, Kindern die Maske aufzusetzen oder gemeinsam mit Zuschauern für Fotos zu posieren. Dieses Sichtbarmachen und Strukturieren des Überganges (vgl. Gennep 1986; Turner 1989) von der Frau zum Krampus entspricht den in Unterkapitel 6.4.2 beschriebenen Registrierungstendenzen, die auch als Versuch zu verstehen sind, die Anonymität der Maske aufzulösen, die soziale wie polizeiliche Kontrolle zu erhöhen und die Menschen hinter den Masken sichtbar zu machen. Dementsprechend kann man dieses Lüften der Maske als Versuch verstehen, Kindern die Angst und städtisch-bürgerlichen Brauchtumskritikern die Bedenken zu nehmen, indem man die brauchausübenden Menschen als sympathisch und – zumindest Frauen gegenüber – offen darstellt. Die Betonung der redlichen Absichten und der dennoch auftretenden Schwierigkeiten könnte aber auch darauf hinweisen, dass es nötig ist, den brauchausübenden Männern die Angst vor der weiblichen Konkurrenz zu nehmen.

Auch die weibliche Beteiligung am Brauchgeschehen selbst ist – anders als viele Medienberichte ihren Leserinnen und Lesern weismachen wollen – keineswegs neu: die Brauchfigur der Percht ist überhaupt weiblichen Ursprungs; mittelalterliche und frühneuzeitliche Heischegänge waren vor allem Frauen und Kindern erlaubt; und bereits für das 17. und 18. Jahrhundert ist belegt, dass Bräuche oder Brauchfiguren, die für Männer unattraktiv geworden waren, von Frauen übernommen wurden. Dass gesellschaftlich mächtigere Gruppen den weniger Mächtigen das spielerische Aufbegehren im Schutze der Maske gewähren, ist – wie wir im ersten und zweiten Kapitel gesehen haben – in der Geschichte alpiner Maskenbräuche immer wieder zu beobachten. Allerdings wurde diese verkehrte Welt nur akzeptiert, solange einerseits bestimmte, mehr oder weniger klar definierte (zeitliche und räumliche) Grenzen nicht überschritten wurden und andererseits die gesellschaftliche Machtbalance so steil war, dass selbst das Überschreiten der Grenzen des jeweiligen Brauchanlasses keine ernsthafte Gefahr für das Bestehen des großen Machtdifferenzials darstellte.

Neu ist hingegen, dass Frauen an einem Brauch teilnehmen und teilhaben möchten, der sich bei Männern großer Beliebtheit erfreut, und dass sie gerade die beliebtesten Brauchfiguren verkörpern möchten: nicht etwa den Nikolaus (wie es sich die Katholische Jungschar wünschen würde), sondern Krampus und Percht. Dass so viele Frauen aus mittleren und unterprivilegierten Milieus (vgl. Vester et al. 2001: 26-47) trotz oder gerade wegen des männlichen Widerstandes an diesen Bräuchen teilzuhaben beanspruchen, spiegelt den Wandel der Machtbalance zwischen den Geschlechtern wider. Wie stark die Widerstände gegen dieses Eindringen in eine der letzten „Männer-Domänen" sind, müsste empirisch erhoben waren. Es ist aber anzunehmen, dass Intensität und Art des Widerstandes von folgenden Faktoren abhängt: (a) wie wichtig das Brauchgeschehen für das Selbstbild der Männer ist; (b) wie stark Krampus- und Perchtenbräuche als Bastion gegen als bedrohlich wahrgenommene gesellschaftliche Entwicklungen insgesamt wahrgenommen und als Bastion der eigenen Etabliertheit (auch gegenüber Ausländern) angesehen werden; (c) ob es noch andere soziale Gruppen gibt, die weiterhin ausgegrenzt werden können; und (d) wie sehr Frauen außerhalb des Brauchgeschehens als Bedrohung angesehen werden. Aus dieser Perspektive ist nicht verwunderlich, dass viele männliche Brauchausübende davon überfordert sind, dass sich ausgerechnet in einer der letzten, symbolisch so bedeutenden, Bastionen der Männlichkeit die Geschlechtervielfalt besonders groß und verwirrend ist. Schließlich lösen sich in der Krampus- und Perchtenszene seit einigen Jahren nicht nur traditionelle, vermeintlich Jahrhunderte alte Geschlechterrollen auf, sondern auch die – biologisch gedachten – Geschlechter selbst: Frauen sehen aus wie männliche Krampusse und verhalten sich auch so; andere Frauen sehen aus wie männliche Krampusse, verhalten sich aber nicht so; wieder andere Frauen sehen aus wie Krampusse, allerdings wie weibliche, verhalten sich aber so, wie es bisher maskierten Männern vorbehalten war. Dass weibliche Figuren wie die Hexe seit jeher von Männern dargestellt werden, scheint hingegen nicht zu irritieren.

Auch die Sexualisierung des Brauchgeschehens ist keineswegs ein neues Phänomen. Vielmehr sind erotische Anspielungen ein zentrales Element alpiner Maskenbräuche. Auf den erotischen Aspekt des Krampusbrauches und dessen Funktion als Begegnungsort für junge Männer und Frauen wurde bereits im ersten und zweiten Kapitel hingewiesen. Dort wurde auch gezeigt, dass mittelalterliche und frühneuzeitliche Rügebräuche oft der Sanktionierung sexueller Nonkonformität dienten – etwa eines weiblichen Seitensprunges, vorehelichen Geschlechtsverkehrs oder einfach der Tatsache, eine „alte Jungfer" zu sein. Gleichzeitig waren auch die Rügegerichte selbst reich an sexuellen Anspielungen. Im Hinblick auf den Krampusbrauch ist neben der Bedeutung des Rutenhiebes als Fruchtbarkeitssymbol vor allem auf die Tradition des Verschenkens von Krampuskarten mit erotisch-launigen Sprüchen[220] hinzuweisen. Aus dieser längerfristigen Perspektive sind erotische Anspielungen bei alpinen Maskenbräuchen eher als kontinuierliches Merkmal oder als Rückkehr zu einem lange Zeit charakteristischen Merkmal denn als Neuheit zu verstehen.

(4) Öffnung und Schließung. Die Öffnung von Krampus- und Perchtenvereinen für Frauen bedeutet jedoch nicht, dass für Frauen offene Vereine, reine

---

220 Eine kleine Auswahl von Krampuskarten-Sprüchen: *„Justament und höchst vergnüglich – tät' ich gern – was höchst Vergnüglich! Gruß vom Krampus!", „Langes sehnen, langes hoffen, kann nicht kommen, bin besoffen. Gruß vom Krampus!", „Allerhand hört man von dir, das kostet Strafe, komm zu mir! Gruß vom Krampus!", „Krampbusserln, die wünsch ich mir, und ausgerechnet nur von dir! Gruß vom Krampus!"* (Dies und das und irgendwas. URL: http://diesdasirgendwas.blogspot.co.at/2014/12/krampuskarten.html (letzter Zugriff: 22.03.2017)).

Frauenvereine oder weibliche Krampusse im Hinblick auf das äußere Erscheinungsbild weniger traditionalistisch oder gar gegenüber den Teilhabeansprüchen anderer gesellschaftlicher Gruppen aufgeschlossener sind. Wie wir oben gesehen haben, verlangt die Einführung einer neuen bzw. die Variation einer alten Brauchtumsfigur einerseits neue – in diesem Falle vermeintlich typisch weibliche – Gestaltungsmittel. Außerdem lässt sich sowohl an weiblichen Krampussen in gemischtgeschlechtlichen Gruppen als auch an rein weiblichen Gruppen das Bedürfnis beobachten, sich von männlichen Krampussen und Krampusgruppen auch äußerlich abzuheben.

> „Auch Schwierigkeiten mit den anderen – wohl bemerkt nur männlichen – Kollegen gab es keine. ‚Ich wurde von allen auf Anhieb akzeptiert. Mittlerweile bin ich sogar Mitglied unseres Ausschusses', verkündet sie. Doch wer glaubt, dass sie sich in ein traditionelles Kostüm wirft, der irrt. ‚Ich möchte mich von den Männern unterscheiden und daher lasse ich mir jährlich verschiedene Rollen einfallen', verdeutlicht Dornauer. […]
> In diesem Jahr ist sie zum Beispiel als König mit von der Partie. ‚Das Kostüm ist zwar schon aus Fell gemacht und die Larve hat auch das klassische, furchteinflößende Gesicht, doch an der Krone ist das Außergewöhnliche zweifellos erkennbar', verdeutlicht die Zillertalerin. Stolze 2.350 Euro hat sie für diese Variante ausgegeben. ‚Nach dem Winter werde ich es verkaufen und dann gleich das neue Kostüm für 2017 besorgen', verrät sie. (J. Steiner, Kronen Zeitung, 29.11.2016 [17.03.2017])[221]

Auch die Etablierung weiblicher Schnitzerinnen dürfte zur Erweiterung der Formensprache und zur Entwicklung verschiedener weiblicher Krampustypen, insbesondere von Alternativen zu den oben beschriebenen Geschlechterstereotypen, beigetragen haben. Dazu zählen die Ausdifferenzierung femininer Krampusfiguren und die Weiterentwicklung weiblicher Gesichtsausdrücke ebenso wie die Abkehr von sexualisierten Formen von Weiblichkeit. Die Schnitzerin Bernadette „Börny" Klingler hat mit ihrer Verschmelzung von traditionell männlichen (Krampus) mit traditionell weiblichen (Hexe) und mit neuen weiblichen oder geschlechtsneutralen Gestaltungselementen maßgeblich zur Auflösung der eindimensionalen Gegenüberstellung von männlichen und weiblichen Brauchtumsfiguren beigetragen. Ihr spielerischer Umgang mit Formtraditionen spiegelt sich auch in vielen ihrer Männermasken wider (etwa durch den Einsatz von Gesichtsverzierungen nach dem Vorbild von Tätowierungen oder venezianischen Masken; oder durch den Einsatz kupferner bzw. goldener Farbe, die ansonsten – außer für die Imitation von Metall (etwa bei Kronen, Wundklammern, Schwer-

---

221 Steiner, Jasmin: *Valentina Dornauer: Ein Krampus mit weiblicher Note.* Kronen Zeitung / Bundesländer / Tirol, 29.11.2016. URL: http://www.krone.at/tirol/ein-krampus-mit-weiblicher-note-valentina-dornauer-story-541660 (letzter Zugriff: 17.03.2017).

tern oder Schilden) oder bei Kupfer- und Bronzeguss-Masken – kaum zum Ge-
staltungsrepertoire von Maskenschnitzern gehört). Ob diese Entwicklungen von
männlichen Brauchträgern als Effemination von Krampus- und Perchtenbräuchen wahrgenommen werden, müsste empirisch untersucht werden. Ästhetische
Gegenreaktionen – etwa die Betonung maskuliner Stilelemente bei der Gestaltung männlicher Masken, Gewänder und Artefakte – sind bisher nicht auszumachen. Der Trend zu Bärten und Lederhosen dürfte eher mit den oben bereits
angedeuteten (und im achten Kapitel ausführlich diskutierten) Trends zu menschenähnlichen Masken, zur Ausdifferenzierung vielfältiger Krampustypen und
zum Einsatz von Stilelementen, die zeitliche und regionale Verwurzelung vermitteln, zusammenhängen.

Andererseits kann man beobachten, dass gerade weibliche Krampusse und
Krampusgruppen ihren Beitrag zur Bewahrung tradierter Brauchformen und
Gestaltungselemente betonen und auf der Einhaltung bestimmter tradierter Formen bestehen. Diese formkonservative Haltung von Frauen kann – angesichts
der Diskussionen auf *Krampusmania.at* – auch als Versuch verstanden werden,
ihre neu erworbenen Teilhaberechte zu rechtfertigen, und zu verhindern, dass
jenes Feld, in dem sie sich gerade etabliert haben, an Besonderheit und Bedeutung einbüßt.

„Angst brauche man vor den ‚Woidmenscha‘ aber nicht zu haben. Die Ansfeldner
Krampusse achten auf ihr Image. ‚Wir wollen trotz schauriger Masken edel wirken
und kommen auch ohne Blut und Narben aus. Wichtig ist uns, dass wir Brauchtum
vermitteln und nicht verschandeln‘, betont die stellvertretende Obfrau." (Zeilinger,
Tps.at, 14.12.2016 17.03.2017])[222]

Ähnlich verhält es sich mit der Offenheit gegenüber Teilhabeaspirationen anderer gesellschaftlicher Gruppen. Während bei manchen Vereinen die Aufgeschlossenheit gegenüber Frauen- und Kinder-Krampussen mit der Offenheit für
Interessierte mit Zuwanderungsbiographie korreliert, kann man auch beobachten,
dass gerade reine Frauenvereine und weibliche Krampusse die Reihen hinter sich
schließen möchten, um – so die hier vertretene These – die eigene Aufstiegsleis-
tung nicht zu entwerten und das neue Feld der eigenen Etabliertheit als exklusives Gut zu bewahren.

Der letzte Aspekt, der im Zusammenhang mit dem Geschlecht zu erwähnen
ist, hat seit Abschluss der empirischen Analyse, auf dem dieses Buch basiert,
deutlich an Brisanz gewonnen. Seit der Zuspitzung der politischen und öffentlichen Diskussion um die sogenannte Flüchtlingskrise und insbesondere seit den

---

222   Zeilinger, Elisabeth: *Weibliche Revolution in der heimischen Krampusszene.* Tips / Linz-Land,
      14.12.2016.   URL: http://www.tips.at/news/ansfelden/kultur/379132-weibliche-revolution-in-
      der-heimischen-krampusszene (letzter Zugriff: 17.03.2017).

sexuellen Übergriffen in der Silvesternacht 2015 in Köln scheint sich nicht nur die Meinung der – männlichen – Brauchausübenden über weibliche Teilnahmeaspirationen gewandelt zu haben, vielmehr scheint sich niemand mehr daran erinnern zu wollen, dass irgendjemand in der Szene jemals eine andere Auffassung vertreten hat. Stattdessen dient die angebliche Offenheit gegenüber Frauen – und als deren symbolische Repräsentation die Aufgeschlossenheit gegenüber weiblichen Krampussen – als neues Distinktionsmittel der Krampus- und Perchtenszene gegenüber „Ausländern". Während große Teile der Brauchausübenden bis vor wenigen Jahren erhebliche Schwierigkeiten mit der Öffnung von Krampus- und Perchtenbräuchen für Frauen hatten, gratulieren sie sich heute selbst zu den vielfältigen Teilhabe-, Entfaltungs- und Aufstiegsmöglichkeiten, die Frauen in der Krampus- und Perchtenszene „immer schon" offen gestanden hätten. Auch wird gerne darüber hinweggesehen, dass sich in den sexualisierten weiblichen Krampusfiguren der 2000er Jahre genau jene traditionellen Geschlechterrollenbilder und -normen widerspiegeln, die heute – zumindest in der Diskussion über türkische und nordafrikanische Männer sowie Flüchtlinge – auch in der Brauchtumsszene als rückständig und typisch muslimisch verdammt werden. Dabei greifen die Brauchträger auf das im öffentlichen Diskurs vorherrschende Klischeebild des türkischstämmigen „Machos" (Kelec 2006) zurück, das Jugendgewalt auf religiöse bzw. ethnisch-südländische Identität, patriarchale Familienstrukturen und Kulturkonflikte zurückführt (vgl. Messerschmidt 1993, Pfeiffer / Wetzels 2000, Bohnsack 2001, Lenz 2007, M. Weber 2007). Im siebenten und achten Kapitel werden diese Zuschreibungen ausführlicher diskutiert. In diesem Zusammenhang wird auch nach der Funktion gefragt, die im Rahmen dieser ethnischen und geschlechtsbezogenen Zuschreibungsprozesse der Inszenierung von Gewalt und Männlichkeit zukommt (vgl. P. Scheibelhofer 2005, 2007, 2008; Spindler 2003, 2010, 2011; Yazıcı 2011).

Dabei verbindet sich die Intention, durch die Brauchtumspflege „das Abendland" vor „Überfremdung" und ähnlichen bedrohlichen Entwicklungen zu schützen, häufig mit dem Motiv, „unsere" Frauen gegen Männer aus bestimmten Zuwanderergruppen zu verteidigen. Dieses Motiv ist keineswegs neu; vielmehr findet es sich immer wieder in den Agenden rechtspopulistischer Parteien.[223]

---

223 Der Ring Freiheitlicher Jugend (RFJ) Steiermark, eine Vorfeldorganisation der FPÖ Steiermark, lancierte beispielsweise Anfang 2016 die Kampagne *„Finger weg! Unsere Frauen sind kein Freiwild!"*, um für eine Politik zu werben, die *„mit aller Härte"* gegen *„radikale Steinzeitislamisten"* vorgeht, die *„Übergriffe auf Frauen"* verüben (RFJ-Steiermark: Unsere Frauen sind kein Freiwild! URL: http://www.fpoe-stmk.at/news-detail/rfj-steiermark-unsere-frauensind-kein-freiwild/, am 23.03.2016 (letzter Zugriff: 22.03.2017)). Auf den über soziale Medien verbreiteten Flyern sind vier junge Frauen im Dirndl zu sehen, die grimmig und in abwehrender Pose in die Kamera blicken. Darüber steht in deutscher und arabischer Sprache (in lateinischen und arabischen Schriftzeichen) geschrieben: *„Finger weg!"*. Die Ergänzung *„Unsere*

Neu ist hingegen, dass die Verteidigung des Abendlandes und christlicher Bräuche nicht mehr nur mit dem Beschützen einzelner Frauen gleichgesetzt wird, sondern auch mit der Bewahrung weiblicher Teilhabe – als wären es nicht „österreichische" oder „bayrische" Brauchtumsbewahrer, sondern türkische (oder richtiger: türkischstämmige) Zuschauer oder gar Flüchtlinge gewesen, die – über Jahrhunderte und bis vor wenigen Jahren – weibliche Teilhabeaspirationen behindert hätten. Diese Abgrenzung von (noch) schwächeren gesellschaftlichen Gruppen ermöglicht es sogar wert- und formkonservativen Brauchtumsbewahrern, sich rückwirkend zu Kämpfern für die Gleichberechtigung der Geschlechter und den Abbau traditioneller Geschlechternormen zu stilisieren.

Tatsächlich legen Gespräche und Internetforendiskussionen zu anderen Themen die Vermutung nahe, dass sich die Geschlechternormen vieler Brauchträger nach wie vor weit weniger von jenen unterscheiden, die sie Flüchtlingen und anderen muslimischen Männern und auch Frauen unterstellen.

Dieses Beispiel weist auf einen Aspekt von Gruppenbeziehungen hin, der im Zentrum der Diskussionen des siebenten und achten Kapitels stehen wird: die Auslagerung negativer Eigenschaften an eine „Ihr-" oder „Sie-Gruppe" bei gleichzeitiger Inkorporation positiver Attribute in die „Wir-Gruppe".

6.4.8 Professionalisierung und Kommerzialisierung

Eine weitere Veränderung, die man in den letzten Jahren an Gruppen und Veranstaltungen beobachten kann und die mit der Institutionalisierung aufs Engste zusammenhängt, ist die zunehmende Professionalisierung. Damit ist einerseits gemeint, dass die Handlungen der Aktiven während eines Krampuslaufes mehr oder weniger genau aufeinander abgestimmt und manchmal von langer Hand einstudiert sind. Die große Anzahl von Gruppen und Veranstaltungen verlangt außerdem von den Veranstaltern und auch von den einzelnen Gruppen ein hohes

---

Frauen sind kein Freiwild!" ist eine Verballhornung von Slogans, die bei Demonstrationen gegen sexuelle Belästigung in der Politik und am Arbeitsplatz häufig Verwendung finden: „Frauen sind kein Freiwild" und „Wir sind kein Freiwild! Finger weg!" (vgl. Bauer, Katja: Sexismus in der Politik: Frauen tragen das Risiko. Stuttgarter Nachrichten, 26.09.2016. URL: http://www.stuttgarter-nachrichten.de/inhalt.sexismus-in-der-politik-frauen-tragen-das-risiko. 8d924aac-7478-41b2-b8a4-24c1693401f1.html (letzter Zugriff: 22.03.2017). Während im Falle der Anti-Sexismus-Demonstrationen Frauen für sich selbst sprechen, sind es in der RFJ-Variante „Unsere Frauen sind kein Freiwild!" Männer, die sich schützend vor offensichtlich hilfsbedürftige und ebenso offensichtlich österreichische, weil in Tracht gekleidete, Frauen stellen. Auch die intendierten Empfänger unterscheiden sich: anders als die Demonstrantinnen, die die potentiellen Täter direkt ansprechen, richtet sich die RFJ-Kampagne – trotz direkter Anrede und arabischer Schrift – an die Regierungsparteien und in erster Linie an potentielle Wählerinnen und Wähler.

Maß an Planung, Koordination und Voraussicht. Jede Gruppe, die an größeren Veranstaltungen teilnimmt und ihre Masken von bekannten Schnitzern bezieht, ist in ein umfangreiches Netz von Beziehungen und Abhängigkeiten eingespannt, deren Umfang die einzelnen Mitglieder nicht überblicken und deren Entwicklung sie weder voraussagen noch steuern können. Seit in allen größeren Dörfern Krampus- und Perchtenumzüge stattfinden, die tausende Zuschauer anlocken, und über die auch Regionalmedien berichten, sind sie zu einem wichtigen Wirtschaftsfaktor geworden. Längst haben lokale Wirtschaftstreibende und Gastronomen, die Süßwaren- und Geschenkartikelindustrie, aber auch die Lokalpolitik und die Tourismuswerbung das ökonomische Potential von Krampus- und Perchtenbräuchen und des ganzen boomenden Brauchtums- und Folkloresektors entdeckt.

> „Natürlich hat der Tourismus und die heimische Wirtschaft den Brauch enorm beeinflusst. In manchen Regionen, wo bis vor kurzem noch nie ein Krampus- oder Perchtenlauf stattgefunden hat, ziehen plötzlich 100te [sic!] von finsteren Gestalten durch kreischende Touristen. Der Eventstatus und die Kommerzialisierung hat längst Einzug gehalten. Wie übrigens in so viele andere Bräuche ebenso." (Interview Steyerer, 14.09.2011.)

Da viele Krampusgruppen auch bei Veranstaltungen außerhalb ihrer Heimatregionen im Einsatz sind, sind diese – manchmal bewusst, manchmal aber einfach durch ihre Herkunft – Werbeträger ihrer Herkunftsregionen. Man denke an die steirischen „Vulkanlandperchten" oder an die „Thermenperchten". Einige Gruppen bieten Gemeinden, in denen es noch keinen einschlägigen Verein gibt, ihre „Auftritte" gegen Bezahlung an, wie die folgenden Texte von zwei Internetseiten zeigen.

> „Wir die Brauchtumsgruppe Zerberus sind bemüht, Ihren Heimatort, wo immer dieser sich befindet, für einige Stunden in der geheimnisvollen Zeit um die Raunächte in einen höllischen Zauber einer Atmosphäre voller Mystik und Mythos mit uralter Brauchtumspflege und junger Dynamik zu verwandeln!
> Wir bieten Organisationen von umfangreichen Krampusumzügen, Perchten - und Hexentreffen und unser Aushängeschild das Mysterien-Krampusspiel: ‚Jeder Mann's Höllenfahrt' Und die Krampusparabel: ‚Das Teufelszeug' im Zeitraum von 15. November bis 6. Januar jedes Kalenderjahres an!" (zerberus.at [02.03.2011].)[224]

> „Sie können uns gerne für Auftritte buchen. Wir gestalten unseren Auftritt nach Ihren Vorstellungen und Wünschen - so können Sie die Dauer des Auftritts, die Anzahl der Masken, Pyrotechnik, usw. festlegen. Die Preise richten sich nach den jeweiligen Gegebenheiten und werden im Vorhinein ausgehandelt und fixiert. Auch

---

224 www.zerberus.at. URL: http://www.zerberus.at/index1 (letzter Zugriff: 02.03.2011).

Krampus-Hausbesuche im traditionellen Stil können bei uns gebucht werden."
(steinfeldteufel.at [02.03.2011].)²²⁵

Die „Krampus-Pass d'Wienerwoid Teif'ln" kann sogar für private Feiern jeder
Art gebucht werden, wie die folgende Dienstleistungsbeschreibung von der Vereinshomepage zeigt: *„Ob professionell geschminkt oder mit Masken mit unserer
Gruppe ist jedes Fest ein Gewinn. Gerne kommen wir auch zu Ihrer Veranstaltung."* (wienerwald teufel.at [26.08.2011].)²²⁶

Ein weiteres Beispiel für diese Entwicklung ist die Dienstleistung des so
genannten „Leasing-Krampus", die auf *Krampusmania* angeboten wird. Gruppen
oder Veranstalter, die befürchten, bei einem Lauf zu wenige Krampusse stellen
zu können, können auf dieses Service zurückgreifen und sich gegen Bezahlung
einen Krampus ausleihen – je nach Wunsch mit oder ohne eigener Ausrüs-
tung.²²⁷

Andererseits werden mehr und mehr Tätigkeiten, die bis in die 1990er Jahre
von den Mitgliedern oder vom Umfeld der Gruppen selbst erledigt wurden, an
Professionalisten abgegeben. Dies gilt vor allem für Tätigkeiten, die großes Ge-
schick oder besondere Fertigkeiten, spezielles Werkzeug oder viel Zeitaufwand
verlangen. In den letzten Jahren hat sich ein eigener Masken- und Zubehörmarkt
entwickelt. Mittlerweile gibt es eine ganze Reihe professioneller Schnitzer und
Ausstatter, die ausschließlich von Aufträgen von Krampus- und Perchtengruppen
aus ganz Österreich und den benachbarten Gebieten leben können. Ein Schnitzer
berichtete, dass er mindestens 150 Masken pro Jahr schnitzen müsse, um seine
Kosten zu decken. Alleine auf *Krampusmania.at* sind 129 Maskenschnitzer und
zwölf Ausstatter registriert. Dazu kommen 17 Pyrotechnikbetriebe und 29 Stickereien, von denen viele auf ebendieser Seite ihre Werbungen laufen lassen.²²⁸
Da sich viele Gruppen jedes Jahr neu ausrüsten, ist mittlerweile auch ein blühen-
der Gebrauchtmaskenmarkt entstanden. Auf der eigens eingerichteten Internet-
seite *„Krambay.at Europas 1. Aktionshaus für Krampus und Percht"*²²⁹, aber
auch auf den „Bazaren", die es in jedem einschlägigen Online-Portal gibt, und
vor allem auf unzähligen einschlägigen Facebook-Seiten können Masken, Felle,
Latexanzüge usw. ge- und verkauft werden. Die folgende Beobachtung, die Leo-

---

225 www.steinfeldteufel.at. URL: http://www.steinfeldteufel.at/index.php/kontakt.html (letzter
      Zugriff: 02.03.2011).
226 Krampus-Pass d'Wienerwoid Teif'ln – Spaß mit der Pass. URL: http://www.wienerwaldteufel.
      at/startseite.htm (letzter Zugriff: 26.08.2011).
227 Die Bezeichnung „Leih-Krampus" wäre in diesem Fall zutreffender.
228 Lexikon – KRAMPUSMANIA das Original. URL: http://krampusmania.at/index.php?page=
      Lexicon&lexiconID=0 (letzter Zugriff: 28.03.2011).
229 Online nur via Facebook: www.Krambay.at – Facebook. URL: http://www.facebook.com/
      pages/wwwkrambay.at/420389980680?sk=info (letzter Zugriff: 30.03.2011).

pold Schmidt im Jahr 1972 angestellt hat, deutet darauf hin, dass die in den letzten 15 Jahren zu beobachtende Auslagerung und Professionalisierung der Maskenherstellung zwar Vorläufer hat, dass sie gleichzeitig aber doch etwas ganz Neues ist:

> „Neben den berufsmäßigen Maskenschnitzern gibt es an den verschiedensten Orten des Maskenspiels auch Laien, die sich ihre Masken selbst herstellen oder erst allmählich auch für andere zu arbeiten beginnen. Das hat es schon früher gegeben."
> (Schmidt 1972: 23.)

Dieses Zitat zeigt, dass die Praxis, die Masken nicht selbst herzustellen, sondern von fachkundigen Schnitzern zu erwerben, kein ganz neues Phänomen ist. Neu ist nur, dass viele der heutigen Maskenschnitzer – anders als ihre Kollegen des 19. und frühen 20. Jahrhunderts – von der Maskenherstellung leben können, dass es sich also nicht bloß um kundige, sondern um professionelle, erwerbsmäßige Schnitzer handelt. Schmidts an gleicher Stelle formulierte Klage, es habe *„allenthalben früher mehr und geschulterte Schnitzer gegeben, denen man nun manchmal mehr schlecht als recht nacheifert"* (ebd.: 26), weist aber darauf hin, dass in den 1970er Jahren viele Brauchausübenden ihre Masken selbst herstellten. Die Professionalisierung war damals noch bei weitem nicht so weit fortgeschritten, wie dies heute der Fall ist – und zwar nicht nur hinsichtlich des Ausmaßes der Maskenproduktion, sondern vor allem im Hinblick auf deren Monopolisierung in den Händen weniger Spezialisten und auf die Qualität der geschnitzten Masken. Im Gegensatz zu den von Schmidt in den frühen 1970er Jahren beschriebenen *„berufsmäßigen Maskenschnitzern"* haben sich die meisten der heutigen berufsmäßigen Maskenschnitzer auf die Produktion von Krampus- und Perchtenmasken spezialisiert. Verkürzend könnte man resümieren, dass im Rahmen der Herausbildung des ausschließlich für die Krampus- und Perchtenszene produzierenden Maskenschnitzertyps zwei andere Typen von Schnitzern weitgehend verschwunden sind: der für den Eigengebrauch (bzw. die eigene Gruppe) schnitzende Laie und der Holzbildhauer, der nebenbei auch Brauchtumsmasken anfertigt.

Diese Professionalisierung konnte nur Hand in Hand mit der quantitativen, räumlichen und sozialen Ausbreitung der Bräuche stattfinden, da sich nur durch sie ein stabiler Absatzmarkt etablieren konnte. Allerdings muss in diesem Zusammenhang darauf hingewiesen werden, dass diese Entwicklung *„ein ungeplanter blinder, aber unausweichlicher sozialer Prozess"* ist, wie es Dunning (2003: 363-366) über die Professionalisierung des Sports gesagt hat. Zwar mögen einzelne Personen und Gruppen federführend gewesen seien, mögen ihr Engagement und ihre Innovationen dazu beigetragen haben, das Krampuslaufen breiteren Schichten zugänglich zu machen, die schnitzerische Qualität zu steigern und an die aktuellen Sehgewohnheiten der jugendlichen Brauchausübenden anzupassen.[230] Aber kein Einzelner und auch keine Gruppe hat diese Entwicklung so geplant oder auch nur vorhergesehen. Außerdem kann es jederzeit zu kürzeren oder längeren Gegenbewegungen kommen. Wie ein Ausstatter berichtete, sind manche Kundenwünsche mittlerweile so ausgefallen, dass es zu aufwendig und zeitintensiv wäre, sie erwerbsmäßig umzusetzen. Daher sind einige Gruppen wieder dazu übergegangen, Teile der Kostüme unter seiner professionellen Anleitung selbst herzustellen. Dies gilt vor allem für die Herstellung von Brust- und Rückenpanzern oder Ganzkörperanzügen aus Latex, da dies *„jeder, der ein bisschen handwerklich geschickt ist"* (Interview Hafner / Trinkl, 15.05.2010) selbst machen könne: *„da brauch ich keinen Spezialisten, der das macht"* (ebd.). Außerdem sei Latex *„im Moment eine Modeerscheinung, wo ich sag, ich weiß nicht, ob das in zehn Jahren noch so interessant ist"* (ebd.). Auch der *„Tragekomfort"* sei wesentlich niedriger als bei Fell- oder Lederanzügen. Da man in diesen Anzügen stark schwitze, sei es außerdem – anders als bei Fellanzügen – nicht möglich, das Gewand nach einem Jahr zu verkaufen oder gegen einen Aufpreis gegen ein neues einzutauschen.

6.4.9 Vereinheitlichung oder Spezialisierung?

In den letzten Jahren ist bei vielen Gruppen das Bestreben zu beobachten, sich von den unzähligen anderen Gruppen abzuheben (vgl. Berger 2007a: 122f.; 2007b: 89). Dies wird jedoch in dem Ausmaß schwieriger, in dem Schnitzer überregional und international tätig sind, Gruppen in verschiedenen Regionen auftreten und allen die gleichen Vorbilder zugänglich sind. In zahlreichen Kommentaren und auch unter Brauchträgern kann man zwei Einschätzungen ausmachen: einerseits wird beklagt, dass sich Veranstaltungen und Maskenstile zunehmend angleichen. Andererseits ist häufig von der Beliebigkeit etwa bei der Wahl der Maskenmotive die Rede. Insgesamt stellt sich angesichts der hier beschriebenen Trends zu überregionalen Veranstaltungen, zur Vernetzung über das Internet, zur Auslagerung der Kostümherstellung an Professionalisten und des dadurch steigenden Konkurrenzdrucks die Frage, ob sich die einzelnen Gruppen und Veranstaltungen nicht mehr und mehr aneinander angleichen.

Die Tatsache, dass durch Hollywoodfilme und Videospiele unzählige Inspirationsquellen für Masken und Kostüme für jedermann zu jeder Zeit verfügbar sind, hat die Ansprüche der Kunden an Realitätstreue, Grauenhaftigkeit und Genauigkeit der Verarbeitung in den letzten zehn bis 20 Jahren so stark steigen lassen, dass sich solche Masken von Laien gar nicht herstellen lassen. Daher ist

---

230   Hier seien vor allem Alois und Hermann Prommegger (Mezger) sowie Roland Weichenberger genannt.

in den letzten Jahren ein eigener Masken- und Zubehörmarkt entstanden und mit ihm neue Berufe, wie etwa der des Maskenschnitzers oder des Kostümausstatters. Auch hier kann man eine zweifache Arbeitsteilung erkennen: einerseits hat sich neben dem Beruf des Maskenschnitzers in den letzten Jahren jener des Kostümausstatters als eigenständige Tätigkeit etabliert. Andererseits teilen einige Schnitzer die Masken- und Zubehörproduktion in mehrere Arbeitsschritte auf, sodass alle nicht-kreativen Aufgaben an Helfer oder kooperierende Kostümausstatter abgegeben werden können. Manche Schnitzer gehen teilweise von der handwerklichen (Schnitzen) zur industriellen (Gießen)[231] Herstellung über. (Vgl. Feldtagebuch Mitterer, 06.12.2007 und 27.12.2007.) Und da die Gruppen über das Internet miteinander verbunden sind und sich außerdem selbst bei kleineren Veranstaltungen Vereine aus mehreren Bundesländern treffen, treiben sich Gruppen, Schnitzer und Veranstalter in gegenseitiger Konkurrenz gegenseitig an. Ähnliches gilt für Krampusläufe. Großveranstaltungen wie in Klagenfurt, Schladming oder Villach erfordern einen so großen administrativen Aufwand, dass es für eine kleine, lose Gruppe oder gar für einen Einzelnen nahezu unmöglich ist, eine solche Veranstaltung auf die Beine zu stellen.

---

231 Gussmasken sind Masken, die nicht aus Linden-, Weymouthskiefern- oder Zirbenholz geschnitzt, sondern mithilfe eigens hergestellter Gussformen aus Kunststoff oder Metall gegossen werden. Während die Szene Kunststoffgusse weitgehend als brauchtumsfremd, kommerzialisiert und nicht-individuell ablehnt, erlebten aus Aluminium, Kupfer oder Bronze gegossene Masken in den 2000er Jahre einen Boom. Die unbemalt belassenen Masken galten auch dank ihrer menschlichen Gesichtszüge als Gegenentwurf zu den zwar geschnitzten, aber oft immer blutiger werdenden, an Hollywood-Monstern orientierten Holzmasken. Zudem entsprach ihre mit einer künstlichen Patina und mit Gebrauchsspuren versehene Oberfläche einem ungefähr zeitgleich einsetzenden Trend, den man in Anlehnung an ähnliche Trends in der Möbel- und Modebranche als Vintage-, Retro- oder Shabby-Chic-Trend bezeichnen könnte. Dieser Trend spiegelt das zunehmende Bedürfnis von Brauchausübenden und Schnitzern wider, durch die Verwendung alter oder alt wirkender Materialien, die Orientierung an alten Maskenformen sowie die Imitation eines groben, unprofessionellen Schnitzstils sowohl die räumliche und zeitliche Verwurzelung als auch das Alter der Bräuche zu betonen. Mittlerweile hat sich die Euphorie um Gussmasken aber wieder gelegt. Einerseits haben Metallgussmasken rasch den Reiz des Neuen verloren. Andererseits scheint das Gussverfahren mit den für das Selbstbild der Krampus- und Perchtenszene so bedeutenden Idealen der Schnitzkunst, der Einzelstücke und der individuellen Gestaltung auf Dauer nicht vereinbar zu sein. Obwohl die bekannten Schnitzer stets betonten, dass auch ihre Gussmasken Einzelstücke seien, dürfte schon die Möglichkeit, mit einer geschnitzten Gussform binnen kurzer Zeit hunderte identische Masken herzustellen, für die Szene ein zu großes Risiko dargestellt haben. (Vgl. „was haltetm ihr von gussmasken?" – Krampusmania.at, April 2014. URL: http://krampusmania.at/index.php/Thread/60747-was-haltetm-ihr-von-gussmasken/?postID=795978&highlight=gussmasken#post795978 (letzter Zugriff: 28.03.2017). Die beiden oben beschriebenen Trends halten aber nach wie vor an. Seit einigen Jahren sind unbemalte Masken aus Nusshölzern sehr beliebt, deren sichtbare Maserung sowohl auf die Verwendung regionaler Naturprodukte als auch auf die Handwerkskunst und die Individualität der Maske verweist.

Die Tendenz zur Spezialisierung kann man aber auch an vielen Gruppen beobachten. Damit ist nicht nur die Betonung regionaler Besonderheiten oder besonderer Brauchtraditionen gemeint, die von einigen Volkskundlern (Scharfe 1986, 1998, 2002; Berger 2007a/b) nicht zu Unrecht als Reaktion auf das „moderne Gefühl der Heimatlosigkeit" gedeutet wurden. Auf diesen Aspekt werden wir im achten Kapitel zurückkommen. An dieser Stelle interessiert uns hingegen vor allem die Beobachtung, dass sich viele Gruppen auf bestimmte Themen, Maskenstile oder Brauchformen oder auch auf eine bestimmte Art von Veranstaltung oder Auftritt spezialisieren. So präsentieren sich manche Vereine als reine Showgruppen, die man über das Internet für Veranstaltungen buchen kann; andere verstehen sich hingegen ausschließlich als Brauchtumsgruppen, die nur auf bestimmten Umzügen mitlaufen oder nur eine bestimmte Brauchform pflegen. Um aus den hunderten Fällen ein Beispiel herauszugreifen: Die Grazer Krampusgruppe „Trigua Pass" (Steiermark) hat sich auf das Gasteiner Krampusbrauchtum (Land Salzburg) spezialisiert, was von Heimatkundlern als Brauchtumspflege gelobt, von Showgruppen als Scheinheiligkeit, von Grazer Traditionalisten als Verrat und von Gasteiner Gruppen als Diebstahl kritisiert wird (vgl. krampusmania.at [31.12.2010])[232]. Wie wir im achten Kapitel sehen werden, sind auch diese Selbstverständnisse und   -darstellungen sowie die mit ihnen verbundenen Abgrenzungsbemühungen für die Konstruktion kollektiver Identitäten und Wir-Gefühle von großer Bedeutung.

6.4.10 Vom Vergnügen zur Ernsthaftigkeit

An dieser Stelle lässt sich ein weiterer interessanter Anknüpfungspunkt an Elias' und Dunnings Untersuchungen zum Sport festhalten. So stellt sich die Frage, wie sich die eben skizzierten Veränderungen darauf auswirken, was Dunning (2003: 374-379) die „Polarität von Spiel und Ernsthaftigkeit" nennt. Vieles deutet darauf hin, dass in dem Maße, in dem ein Verein mit einer steigenden Anzahl von Vereinen, Zuschauern und auch mit Politikern[233], Wirtschaftstreibenden, Gastro-

---

232 Ja was war den da los!!! – Vorfälle – KRAMPUSMANIA das Original. URL: http://krampus
     mania.at/index.php?page=Thread&threadID=46493 (letzter Zugriff: 15.12.2010).
233 Dies gilt zunächst für Lokal- und Landespolitiker, die größere Veranstaltungen als Bühne
     nützen. Darüber hinaus wird die Figur des Krampus aber auch auf überregionaler Ebene zu-
     nehmend als Vehikel parteipolitischer Botschaften eingesetzt. Auch hier zeigt sich, dass sich
     der Krampusbrauch für verschiedenste, teils entgegengesetzte Zwecke verwenden lässt. Der 5.
     Dezember wird von Regionalmedien wie von Politikern aller Couleurs gerne zum Anlass ge-
     nommen, die Verfehlungen der Politiker bzw. des jeweiligen politischen Gegners anzuprangern
     und ihnen bzw. ihm symbolisch eine Rute zu überreichen.

nomen, Touristikern und Medienvertretern auf die eine oder andere Weise verbunden ist, indem also das Netz der Interdependenzen größer und gleichzeitig dichter wird, der Trend zu wachsender Ernsthaftigkeit der Beteiligten Individuen sich beschleunigt.

Alleine die Planung der Saison, die terminliche Abstimmung der Veranstaltungen und die Organisation der Anreise zu den Veranstaltungen verlangen nach gewissenhafter und langfristiger Planung. Der Administrations- und Koordinationsaufwand vervielfacht sich, wenn ein eigener Krampus- oder Perchtenlauf mit Gruppen aus verschiedenen Teilen Österreichs veranstaltet wird. Auch die Aushandlung eines bestimmten Traditionsverständnisses und die dementsprechend explizitere Festlegung eines Gruppenthemas (die in den meisten Fällen nicht jedes Jahr aufs Neue geschehen), die Festlegung des Maskenstils, die Entscheidung für einen Schnitzer und / oder Ausstatter sowie die laufende Betreuung der Vereinshomepage sind Beispiele dafür, dass in hochdifferenzierten Gesellschaften das persönliche Vergnügen und die individuelle Befriedigung emotionaler Bedürfnisse auch im Bereich der Freizeit häufig unter unpersönliche soziale

---

Die Kärntner Ausgabe der *Kleinen Zeitung* vergab zum Beispiel am 5. Dezember 2007 in dem Artikel *„Das Gute oder die Rute"* (24f.) Noten an die Landespolitiker. Häufig veranstalten Partei-Fraktionen selbst kleine Krampusläufe oder kokettieren auf Plakaten oder in Werbeeinschaltungen in den Printmedien mit den Eigenschaften der Brauchgestalt. Die Kremser Grünen (Niederösterreich) erklärten zum Beispiel im Jahr 2006 auf ihrer Homepage, sie würden gerne einmal Krampus sein und *„den Mächtigen eine Rute ins Fenster stellen für verfehlte Maßnahmen und unsinnige Vorhaben"*; die Niederösterreichischen Nachrichten (13.12.2010) bezeichneten einen Kremser KPÖ-Gemeinderat als *„Krampus im Rathaus"*, weil er mit seiner aggressiven Oppositionspolitik *„wie der Krampus durchs Rathaus fegt"*; in einer Werbeanzeige der Kärntner SPÖ in der *Kärntner Tageszeitung* hieß es am Krampustag 2007: *„Sozial gerecht und rot! Der Nikolaus könnte glatt einer von uns sein!"*; selbst beim Grazer Anti-Pelz-Umzug des *Vereins gegen Tierfabriken* (VGT) war heuer erstmals ein Krampus zu sehen, der – traditionsgemäß selbst in Pelz gewandet – ein Transparent mit der Aufschrift *„Pelz tragen tötet"* in die Luft hielt; FPÖ-Parteiobmann Strache gründete hingegen im Jahr 2007 den Verein „SOS Abendland", mit dem Ziel, *„vergessenes Brauchtum wiederzubeleben"* und das Abendland vor Islamisierung und Amerikanisierung zu retten; die Tageszeitung *Der Standard* (17.04.2007) spottete über dieses Ansinnen mit der Schlagzeile *„Ritter Strache rettet Krampus, Sparschwein und Abendland"* usw. Dabei unterschied sich die freiheitliche Klage in Inhalt und Diktion kaum von jener, welche die Grazer KPÖ 2011 in ihrer Monatsschrift unter dem Titel *„Der Krampus ist keine Percht"* abdruckte. Dies dürfte auch damit zusammenhängen, dass jener Teil des KPÖ-Artikels, in dem es um den Unterschied zwischen Krampus und Percht geht, wörtlich aus Wikipedia übernommen war, das auch anderen Partei-Pressestellen, aber auch regionalen Journalisten und vielen Krampusgruppen als Informationsquelle dient. So wird die verschwimmende Grenze zwischen den beiden Brauchfiguren sowohl als Symptom der großkapitalistischen Globalisierung als auch als Ausdruck kultureller Überfremdung gedeutet.

Abschließend sei darauf hingewiesen, dass auch die parteipolitische Vereinnahmung des Krampusbrauches kein ganz neues Phänomen ist. Bereits im Wahlkampf zu den Nationalratswahlen im Jahre 1970 warb die ÖVP – wenig erfolgreich – mit dem Slogan *„Kreisky war dem Wähler kein Krampus"* (vgl. Plasil o.D.: 21).

Anforderungen, welche Voraussicht, Planung, Verhaltenserwartbarkeit und Abstimmung verlangen, untergeordnet werden müssen (vgl. Elias / Dunning 2003: 133-135). Ähnliches gilt für Schnitzer und Ausstatter. Spätestens Ende Oktober müssen die Masken fertig sein, weil sie von den Gruppen für Fotoshootings und Ausstellungen gebraucht werden. Gleichzeitig beginnen die Vorbereitungen für die kommende Saison. Bereits Anfang Oktober kommen die ersten Bestellungen für das nächste Jahr herein. Die eigentliche Krampus- bzw. Perchtenzeit zwischen Ende November und Anfang Jänner ist für jene Schnitzer, die selbst nicht (mehr) als Läufer aktiv sind, die ruhigste Zeit. Sie wird für das Austüfteln, Ausdenken und Ausprobieren neuer Ideen (z.B. hinsichtlich der Figuren oder der Materialien) und Effekte (etwa durch neue Verarbeitungstechniken) genutzt. Ab Mitte Jänner beginnt die Produktion für die nächste Saison. (Vgl. Feldtagebuch Mitterer, 06.12.2007 und 27.12. 2007.) Dies gilt in noch stärkerem Maße für die Veranstalter eines großen Krampus- und Perchtenlaufes. Abgesehen von der Auswahl und Einladung der Gruppen, deren Verpflegung und Unterbringung, geht es um die terminliche Abstimmung mit anderen Veranstaltungen, um die Organisation und Koordination der gastronomischen Betriebe, die Zuschauer und Aktive verköstigen sollen, um die Organisation eines passenden Rahmenprogramms (von Live-Musik über Modenschauen bis zu Interviews mit lokalen Persönlichkeiten und Politikern) und um die Absprache mit lokalen Behörden (Gewerbeamt, Polizei, Feuerwehr)[234]. Die Veranstalter müssen nicht nur den Spagat zwischen der Herstellung einer „spannenden" Atmosphäre und der Gewährung der Sicherheit aller Beteiligten schaffen, sie müssen außerdem Rücksicht auf die ansässigen Bewohner und die lokalen Wirtschaftstreibenden nehmen. Nachdem beim Klagenfurter Krampusumzug 2008 das erste Mal Absperrgitter aufgestellt worden waren, beklagten sich die entlang der Laufstrecke angesiedelten Geschäftsleute über Umsatzeinbußen.

> „50.000 Zuschauer waren begeistert, doch die Kaufleute, die entlang der Route des samstägigen Krampuslaufes ihre Geschäfte haben, grollen. Zu Mittag wurden – heuer erstmals – die Absperrgitter aufgestellt. [...] ‚Wir sind am Überlegen, ob und wie wir eine Klage einbringen', ärgert sich WK-Bezirksstellenobmann Max Habenicht. ‚Die Bahnhofstraße war wie ausgestorben, ab 13 Uhr komplett abgesperrt, Geschäfte haben teilweise zugesperrt', erzählt der Juwelier. Der erste Einkaufssamstag habe sich katastrophal zu Buche geschlagen: ‚Im Vorjahr hab ich 3.000 Euro Umsatz gemacht, heuer waren es 100!'" (Kärntner Tageszeitung, 02.12.2008: 16.)

---

234 Beim Klagenfurter Krampusumzug sind jährlich ungefähr 120 Einsatzkräfte anwesend (vgl. Kleine Zeitung, 25.11.2009). Neben der Aufrechterhaltung der öffentlichen Ordnung und der Sicherung der Strecke geht es um die Bekanntmachung und Exekution des vorübergehenden Parkverbots, die Behandlung von Verletzungen und Erschöpfungserscheinungen, die feuerpolizeiliche Abnahme der Feuershows usw. Dazu kommen Vorbereitungen, wie etwa die Planung und Koordination von Umleitungen und Behinderungen des öffentlichen Linienverkehrs.

Die Absperrgitter waren notwendig geworden, „*weil die Krampusse im Vorjahr fast nur noch hintereinander durch die Zuschauermassen durchgekommen sind*" (Kärntner Tageszeitung, 26.11.2008: 18), erklärte Krampuslauf-Organisator Josef Pickl. Der Inhaber eines Modehauses entgegnete dieser Begründung, „*[d]ie sollen den Krampuslauf doch am Sonntag oder im Stadion machen, wenn er so gefährlich ist!*" (Kärntner Tageszeitung, 02.12.2008: 17).

Seit 2009 findet der Umzug statt um 18 Uhr erst um 19 Uhr statt. Die Absperrungen werden, ähnlich wie in Graz, erst kurz vor Laufbeginn aufgestellt und unmittelbar nach Ende des Umzuges wieder abgebaut.

6.4.11 Formalisierung – Vom Selbst- zum Fremdzweck

Mit diesem Problem hängt eine andere Entwicklung eng zusammen: der Trend zur zunehmenden *Formalisierung*. Elias und Dunning definieren den Grad der Formalisierung einer Freizeitbeschäftigung als „*Möglichkeit, das eigene Verhalten selbst zu bestimmen*" (2003: 159-165).[235] Heutige Krampus- und Perchtenläufe sind in viel stärkerem Maße auf die Zuschauer ausgerichtet, als dies noch vor 15 bis 20 Jahren der Fall war. Zuschauer und Medien verlangen ein aufregendes Schauspiel. Tatsächlich kann man beobachten, dass viele Umzüge zunehmend den Charakter eines Treibens (bei dem Krampusse und Zuschauer einander durch die Gassen „treiben") verlieren und stattdessen mehr und mehr den Charakter von Umzügen oder Vorstellungen annehmen.[236] Dies hat wiederum Auswirkungen auf das, was Elias und Dunning die „*Polarität zwischen den Interessen der Spieler und der Zuschauer*" nennen. Ein Krampus- oder Perchtenumzug ist heute eine ganz andere soziale Figuration als noch vor 15 oder 20 Jahren.

Vielleicht kann ein Beispiel diesen Gedanken erläutern. Im Verhalten der Krampusse bzw. Perchten ist ein Übergang vom tatsächlich gewalttätigen Verhalten zum Posieren in möglichst gewalttätig aussehender Pose festzustellen. An die Stelle unmittelbaren Vergnügens bzw. des Brauches als Selbstzweck treten sowohl bei den Aktiven als auch bei den Zuschauern längerfristige Ziele, bei denen Identität, Prestige und materielle Belohnungen stärker im Mittelpunkt stehen. Mit Elias (1997b) könnte man diese Prozesse auch als Psychologisierung und Rationalisierung bezeichnen. Einiges spricht dafür, dass gegenwärtige Umzüge eher darauf ausgerichtet sind, den Zuschauern Erregung und den Vereinen,

---

235 Siehe dazu auch Wouters (1999).
236 In zeitdiagnostischen und volkskundlichen Publikationen wird diese Tendenz häufig unter den Stichworten „Erlebnisorientierung", „Theatralisierung" oder „Eventisierung des Brauchtums" diskutiert.

den einzelnen Brauchausübenden und den Organisatoren eine Form der Belohnung (sei sie finanziell oder statusmäßig) zu verschaffen, als darauf, den Aktiven unmittelbares Vergnügen zu bereiten. Allerdings ist davon auszugehen, dass trotz einer Verschiebung der Balance zwischen extrinsischen und intrinsischen Motiven zugunsten der ersteren für die Brauchträger nach wie vor der Spaß im Vordergrund steht. Dies gilt auch für die Frage, ob den Aktiven der Konsum alkoholischer Getränke vor und nach dem Lauf gestattet sein soll. Auf *Krampusmania.at* ist auch hinsichtlich dieser Frage die Bandbreite der Meinungen sehr groß. Sie reicht von der Forderung eines generellen Alkoholverbotes für Zuschauer und Teilnehmer über die Hoffnung auf verantwortungsvolles Handeln aller Beteiligten bis zum – immer seltener zu beobachtenden – Plädoyer für die Untrennbarkeit von Krampuslaufen und Alkohol. Sowohl aus den Forenbeiträgen als auch aus den Interviews lässt sich schließen, dass viele Gruppen den Alkoholkonsum vor dem Umzug reduzieren oder ganz auf ihn verzichten, dass sie aber auf den anschließenden Partys nach wie vor ausgelassen feiern. Auf die Frage, ob durch den dichten Terminplan das gemeinsame Trinken oder Ausgehen nach den Umzügen wegfalle, antwortete ein Aktiver:

> „Das ist das Lustige daran, das funktioniert immer. Nur es ist halt sehr zeitaufwendig und du bist dann halt wirklich die drei Wochen Saison durch unterwegs. Also den Urlaub sparst du dir für die Saison und dann fährst du am Donnerstag weg und dann kommst du am Sonntagabend oder am Montag in der Früh irgendwann einmal nachhause und da hast drei oder vier Ortschaften gehabt [...] ich bewundere jeden, der das länger durchhält." (Interview Hafner / Trinkl, 15.05.2010.)

Insgesamt ist sowohl innerhalb der Krampus- und Perchtengruppen als auch bei den Veranstaltungen der Trend zu einem restriktiveren Umgang mit Alkohol zu erkennen, was auch im Zusammenhang mit dem Bestreben zu sehen ist, Zuschauer, Sponsoren und für Genehmigungen zuständige Behörden nicht zu vergraulen.

> „Aber einige Gruppen müssten sich halt auch an der eigenen Nase fassen - Weil eine Sache stört da ganz gewaltig - Alkoholkonsum vorm Krampuslauf. Gibt immer wieder welche die sich ab einem gewissen Wert nicht mehr unter Kontrolle haben. Wird halt auch einen Teil dazu beitragen das ‚wir' als ‚Brutalos die eh nur zuschlagen' abgestempelt werden." (Username anonymisiert, krampusmania.at, 01.12.2010 [20.03.2017].)[237]

---

237 Einladung und Bericht einer Zeitung – Krampusmania.at, 01.12.2010. URL: http://krampus mania.at/index.php/Thread/46442-Einladung-und-Bericht-einer-Zeitung/?postID=686500&hig hlight=brutalos#post686500 (letzter Zugriff: 20.03.2017).

6.4.12 Vom Fremd- zum Selbst- zum Fremdzwang

(1) Vom Fremd- zum Selbstzwang. All dies erfordert von den Maskierten jedes Alters und Geschlechts, die in die Kostüme schlüpfen, nicht nur eine hohe und andauernde Leistungsbereitschaft, sondern auch ein hohes Maß an emotionaler Selbstkontrolle. Auch wenn es – wie wir weiter oben gesehen haben – einigermaßen plausibel ist, Krampus- und Perchtenläufe als mimetische Ereignisse, also als zeitliche und räumliche Enklaven anzusehen, in denen die Zwänge und Kontrollen des Alltags gelockert und Spannungen erzeugt werden können, ist dieses Sich-gehen-Lassen umfangreichen sozialen und Selbstkontrollen unterworfen. Anders als noch vor 15 bis 20 Jahren, kann der einzelne Aktive auf einem Krampusevent nicht jedem Mädchen nachjagen und Kinder verprügeln, wie es ihm passt. Er ist in ein Netz von Abhängigkeiten verstrickt, die es nötig machen, sein Verhalten über den Moment hinaus zu kontrollieren und für andere bis zu einem gewissen Grad berechenbar zu machen. Dies fängt auf der Ebene der einzelnen Gruppen mit ihren Choreographien an und geht über die zeitliche und dramaturgische Abstimmung mit anderen Gruppen bis hin zu den Erwartungen und Bedürfnissen der Zuschauer, Politiker, Gastronomen und Medien. Ähnlich wie ein Spitzensportler ist ein heutiger Krampus in ein Netz von Abhängigkeiten eingebunden. Von den Gruppen wird erwartet, Leistung zu bringen. Sie sind die Repräsentanten sozialer Einheiten (Dörfer, Gemeinden, Regionen oder bei Auftritten im Ausland Österreich), auf deren Image sich ihre Leistungen und auch ihr Auftreten abseits des Krampuslaufes auswirken. Die überregionalen Veranstaltungen erfordern langfristige Planung, bürokratische Organisation und teilweise auch den Verzicht auf unmittelbare Befriedigung emotionaler Bedürfnisse. (Vgl. Dunning 2003: 388-392.)

(2) Reglementierung – Vom Selbstzwang zur Fremdkontrolle. Der Wandel der Balance von Selbst- und Fremdzwang ist jedoch komplizierter als bisher der Eindruck erweckt wurde. Auf der einen Seite kann man davon ausgehen, dass Krampus- und Perchtenveranstaltungen, ob professionell durchorganisiert oder nicht, den Aktiven und Zuschauern ermöglichen, gewisse Zwänge in einem bestimmten Rahmen zu lockern und sich Emotionen auszusetzen, die sie im Alltag meiden würden. Wie wir bereits gesehen haben, haben einige Volkskundlerinnen und Volkskundler (König 1983; Mezger 1990; Berger 2000; Felix und Ulrich Müller 1999) darauf hingewiesen, dass Maskenbräuche und ihre mittelalterlichen bzw. frühneuzeitlichen Vorläufer als „soziale Ventilsitten" zu versehen sind. Aus dieser Perspektive ist der mimetische Charakter von Maskenbräuchen nicht nur eine willkommene Begleiterscheinung, sondern in der Form von Heischegängen, Rügegerichten oder Protestritualen, ein konstitutives Element. Ähnlich wie die wenig geregelten und manchmal brutalen Vorläufer des späteren Fuß-

ballsports erfüllten auch die wilden und herben Maskenzüge eine wichtige soziale Funktion.

Wenn jedoch die oben vorgestellten Beobachtungen nicht ganz falsch sind, hat sich nicht nur der Inhalt dessen, welche Art von Übertretung jeweils akzeptiert oder verboten ist, verändert. Auch die erlaubende oder strafende Instanz scheint sich gewandelt zu haben. Genauer gesagt scheint sich bei den Brauchträgern die Balance zwischen individuellen Selbst- und sozialen Fremdzwängen verschoben zu haben. Man kann annehmen, dass in dem Maße, in dem sich das Krampuslaufen von kleinen, geschlossenen sozialen Einheiten (wie Dorfgemeinschaften oder Burschenschaften) mit ihren jeweils selbstverständlichen und unausgesprochenen Verhaltensnormen gelöst hat und anonymer geworden ist, und in dem die soziale Kontrolle der Gruppe wie der ganzen Gemeinschaft abgenommen hat, der Einzelne in stärkerem Maße auf sich selbst angewiesen ist. Gleichzeitig ist er in ein dichtes Netz von Abhängigkeiten eingebunden, die weit über persönliche Beziehungen innerhalb der eigenen Gruppe hinausgehen. Diese Konstellation macht es einerseits nötig, sein Verhalten genau zu kontrollieren. Es geht darum, sein Verhalten auf das anderer abzustimmen und es so voraussehbar zu machen, dass andere ihr Verhalten darauf abstimmen können.

Andererseits ist zu beobachten, dass immer mehr Vereine und Veranstalter mehr oder weniger strenge verschriftlichte Verhaltensregeln festlegen. In einem Artikel in der *Kärntner Tageszeitung* (23.11.2007: 12f.) versicherten sechs der sieben befragten Vereinsobmänner, dass für die Krampusse bzw. Perchten vor den Läufen ein striktes Alkoholverbot gelte. *„Es sind schon Leute rausgeflogen, weil sie sich daran nicht halten wollten. Wir machen keine Randale und dabei bleibt es"*, wurde Mario Käfer von den „Ebenthaler Perchten" zitiert. Und Mario Rojacher, der Obmann der „Teufelsgruppe Mephisto Mörtschach", versprach: *„90 Prozent der heimischen Gruppen wollen einfach nur eine gute Show bieten"*. Ein Jahr später verkündete der Obmann des Kärntner Brauchtumsverbandes, Wolfgang Lattacher, in einem in der Kärntner Ausgabe der *Kleinen Zeitung* (30.10.2008: 33) abgedruckten Interview, er und seine Mitarbeiter arbeiteten an einem *„Kodex"*. Dieser solle in Zukunft nicht nur Sicherheitsstandards für Krampusveranstaltungen festlegen, sondern auch regeln, wie die Gruppen in ihren Reihen für Sicherheit und Disziplin zu sorgen haben. Außerdem enthalte er *„ganz klare"* Verhaltensvorschriften, die zum Beispiel vorgeben, wie man sich als Krampus bzw. Percht in Gegenwart eines Kindes zu verhalten habe.

Im Winter 2013 berichteten mehrere Tageszeitungen, dass dieser „Ehrenkodex für Krampusse", auch „Krampus-Kodex" oder „Knigge für den Krampus" genannt, tatsächlich eingeführt wurde. Die Kärntner Ausgabe der *Kleinen Zeitung* wies beispielsweise im Rahmen der Ankündigung einiger großer Krampus- und Perchtenläufe auf den Kodex hin:

„Doch ganz ohne Regeln geht es nicht. Der Brauchtumsverband Kärnten hat auf Gewaltvorfälle reagiert und einen eigenen Krampus-Kodex ausgearbeitet. ‚In diesem sind die Richtlinien für die Pflege traditionellen Brauchtums festgelegt', erklären Wolfgang Lattacher und Josef Pickl vom Brauchtumsverband. In dem Kodex ist nicht nur die Ausrüstung eines Krampusses, der halb Mensch halb Ziegenbock ist, definiert, sondern auch sein Verhalten. ‚Krampusse sollten der Situation entsprechend temperamentvoll, jedoch nicht aggressiv oder gewalttätig sein. Keinesfalls dürfen Krampusse während der Brauchtumspflege alkoholisiert sein. Beim Zusammentreffen mit Kindern ist besondere, einfühlsame Vorsicht geboten', heißt es. Weiters sei behördlichen Vorschriften Folge zu leisten. [...] Ebenso im Kodex steht, dass nach den Läufen Partys stattfinden sollen." (Oberlechner, Kleine Zeitung, 29.11.2013.)[238]

Nur wenige Tage später widmete sich die Kärntner *Kleine Zeitung* wieder dem Kodex – diesmal im Rahmen des groß aufgemachten Artikels „*‚Osttiroler Krampusse sind viel gefährlicher'*"[239], in dem über einen Verletzten bei einem Krampuslauf im benachbarten Osttirol berichtet wurde (die Schlagzeile auf der Titelseite lautete „*Oberschenkelbruch bei Krampustreiben: Wie weit darf Brauchtum gehen?*"):

„Zu Ausschreitungen ist es in der Vergangenheit auch in Kärnten mituntergekommen. Mittlerweile müssen die felligen Gesellen aber brav sein, um nicht in Teufels Küche zu geraten. Wie wir berichtet, haben sie sich jüngst dazu verpflichtet, einem Ehrenkodex Folge zu leisten.
So dürften sie beispielsweise nicht alkoholisiert sein. Auch zu ihrem eigenen Schutz. ‚Wegen des Dampfes unter der Maske könnte sie verunglücken', sagt Lattacher, der Autor des Kodex. Krampusse erhalten Nummern, die am Kostüm befestigt werden. Reden sie mit Kindern, sollen sie in die Hocke gehen und die Maske abnehmen." (Peutz, Kleine Zeitung, 04.12.2013.)[240]

Seither gehören Zeitungsartikel über den „Krampus-Kodex" ebenso zum vorweihnachtlichen Repertoire der Lokal- und Regionalmedien wie Belehrungen über den Unterschied zwischen Krampus und Percht oder die Erörterung der Frage, in welchem Zeitraum traditionelle Krampus- und Perchtenläufe stattfinden dürfen. In diesem Zusammenhang ist nicht uninteressant, dass der vom

---

238 Oberlechner, Kerstin: *Ohne Titel.* Kleine Zeitung / Kärnten, 29.11.2013, Pressereader.com. URL: https://www.pressreader.com/austria/kleine-zeitung-kaernten/20131129/2818915910666 31 (letzter Zugriff: 11.04.2017).

239 *Oberschenkelbruch bei Krampustreiben: Wie weit darf Brauchtum gehen?* Kleine Zeitung, 04.12.2013: Titelseite. URL: http://www.pressreader.com/austria/kleine-zeitung-kaernten/2013 1204/281947425648448 (letzter Zugriff: 11.04.2017).

240 Peutz, Elisabeth: *„Osttiroler Krampusse sind viel gefährlicher".* Kleine Zeitung, 04.12.2013, Pressereader.com. URL: http://www.pressreader.com/austria/kleine-zeitung-kaernten/201312 04/281947425648448 (letzter Zugriff: 11.04.2017).

Kärntner Brauchtumsverband entwickelte Kodex bis heute vornehmlich dann ins Feld geführt wird, wenn über Vorfälle bei dem viel weniger regulierten und kommerzialisierten Klaubaufgehen in der benachbarten Region Osttirol – einer Exklave des Bundeslandes Tirol – berichtet wird. Seit am 6. Dezember 2013 ein 15-Jähriger beim Klaubaufgehen im Osttiroler Ort Matrei einen Schädelbruch erlitt, hat sich jedoch die Konnotation dieser Artikel geändert. Während Regionalzeitungen und von ihnen bemühte „Brauchtumsspezialisten" bis dahin vorwiegend von der Faszination und „Wildheit" des vermeintlich archaischen Klaubaufgehens berichteten, häufen sich in den letzten Jahren Forderungen, auch das Klaubaufgehen zu reglementieren.

> „Klaubauf in Matrei. Im Osttiroler Ort wird versucht, ‚wildes' Brauchtum in seiner Ursprünglichkeit zu bewahren. Das Klaubauf- und Krampusgehen ist ein Höhepunkt im Jahresbrauchtum in Osttirol. Doch in die Begeisterung mischt sich Kritik. Jährlich liefert der Brauch Schlagzeilen. Im Vorjahr erlitt ein 15-jähriger Osttiroler einen Schädelbruch und landete in der Intensivstation des Klinikum Klagenfurt. Beim Ausläuten der Kleibeife in Matrei schlug ein Klaubauf den Schüler mehrmals mit dem Kopf gegen den Asphalt, bis der Bursche bewusstlos war. Er war eines von bis zu 100 Opfern, die dieser ‚Brauch' pro Jahr im gesamten Bezirk fordert." (Kasupovic / Ruggenthaler, Kleine Zeitung, 30.11.2014, 22f.)

> „‚Man hat Angst und ist gleichzeitig fasziniert.' Der Kultursoziologe Roland Girtler weiß, wovon er spricht. Girtler ist nicht nur langjähriger Gast der Matreier Gespräche, die derzeit im Ort im Iseltal stattfinden, sondern auch begeisterter Beobachter des Klaubauf-Brauchtums. Was sich jedoch am 6. Dezember 2013 in Matrei abspielte, dafür hat er nur ein Wort: ‚Verbrechen.' Ein junger Bursche wurde damals von einem Klaubauf so schwer verletzt, dass er mit einem Schädelbruch im Klinikum Klagenfurt landete. Der Täter wurde nie erwischt." (Kanatschnig, Kleine Zeitung, 06.01.2015: 30f.)

Anknüpfend an die in Abschnitt 6.4.2 angestellten Überlegungen zur Institutionalisierung von Krampus- und Perchtenbräuchen sind die Regulierungs- und Reglementierungsforderungen von Wolfgang Lattacher, dem Obmann des Kärntner Brauchtumsverbandes, jedoch auch als Versuch zu verstehen, bestimmte „*Ordnungs-, Herrschafts- und Sanktionsmechanismen*" (Schaefer / Goos / Goeppert 2010: Glossar) durchzusetzen bzw. deren Geltungsanspruch auf benachbarte Regionen auszudehnen. Die folgenden Wortmeldungen von Lattacher aus *Kleine-Zeitung*-Artikeln über das Matreier Klaubaufgehen deuten in diese Richtung:

> „‚Man muss den Brauch in die Gegenwart stellen und fragen: Passt das so? Der Brauch in Matrei ist sehr hart geworden. Es ist an der Zeit, nachzudenken, was verändert werden soll. [...] Gäste sollten das Brauchtum auch miterleben können. Ohne besondere Gefahren.'" (Kanatschnig, Kleine Zeitung, 06.01.2015: 30f.)

„Jeder Brauch hat das Recht, sich zu ändern, auch unterzugehen, wenn er nicht mehr zeitgemäß ist." (Kleine Zeitung – Kärnten, 06.01.2015: 31.)

Bisher konnten sich die Brauchausübenden in Matrei erfolgreich gegen die von Regionalmedien, dem Kärntner Brauchtumsverband und der zuständigen Bezirkshauptmannschaft geforderten Reglementierungen ihres Brauches wehren. Dies dürfte unter anderem deshalb möglich sein, da sie einerseits in ihrem Bürgermeister einen prominenten Unterstützer haben, andererseits jedoch auf der niedrigsten der in Abschnitt 6.4.1 herausgearbeiteten Integrationsstufen verharren: die Matreier Klaibaife verfügen weder über stabile Mitgliedschaften noch haben sie sich je zu einem bei der Bezirkshauptmannschaft gemeldeten Verein mit klar verteilten Funktionen oder gar einem verschriftlichten Regelwerk zusammenschlossen.

„Krampusumzüge sind heutzutage reglementiert und kontrolliert – zumindest in den meisten Städten und Gemeinden Kärntens und Osttirols. Nur in Matrei ticken die Uhren anders. Hier gibt es keinen Verein, unter dessen Dach Krampusse zusammenfinden, hier wird ‚wild' gelaufen, hier gibt es keine Absperrgitter.

Daran hat auch der Vorfall im Vorjahr nichts geändert, bei dem ein 15.Jährigen beim ‚Ausläuten' am 6. Dezember von einem Krampus zu Boden gerissen und schwer verletzt worden ist. Die Bezirkshauptmannschaft in Lienz drängt auf eine Reglementierung des Matreier ‚Klaubaufgehens'. Dort hält man wenig davon. ‚Das Klaubaufgehen ist ein Brauch von Matreiern für Matreier. Ein Brauch, den wir nicht zur Touristenshow verkommen lassen, sondern der in seiner Ursprünglichkeit bewahrt werden soll', sagt Bürgermeister Andreas Köll. Immerhin verschickte die Gemeinde einen mehrseitigen Ehrenkodex für Krampusse. So soll sich das traditionelle Ranggeln nicht gegen Kinder, Frauen und ältere richten." (Kleine Zeitung, 05.12.2014: 21.)

Da die Brauchausübenden nicht registriert sind, ist die Identifizierung von zu gewalttätigen Maskenträgern und damit auch die strafrechtliche Verfolgung durch die zuständige Staatsanwaltschaft fast unmöglich. Da es keinen Verein gibt, kann auch dieser nicht haftbar gemacht werden. Und da das „Ausläuten" keine offiziell angemeldete Veranstaltung ist, kann sie von den Behörden nicht verboten oder abgesagt werden. Oder in den Worten des Matreier Bürgermeisters: *„Ich will in einem Postwurf an den Ehrenkodex der Klaubaufe appellieren, der sie an Regeln bindet. Ich kann aber nicht verbieten, was keine offizielle Veranstaltung ist!"* (Kronen Zeitung – Kärnten, 28.11.2014: 20.) Die oben zitierte Wortmeldung des Bürgermeisters deutet darauf hin, dass er weder großes Interesse an einer Veränderung des Matreier Brauchtums noch an Einmischungen von außen hat. Wie viele andere Zentralisierungs- und Integrationsprozesse ist auch jener des Krampus- und Perchtenbrauches eng mit dem in Abschnitt 6.4.1 diskutierten Prozess der Formalisierung verbunden. Während für die Bezirkshauptmannschaft die Aufrechterhaltung der öffentlichen Ordnung und für den Kärntner Brauchtumsverband die Interessen der Zuschauer, der Tourismusbranche und der Sponsoren im Vordergrund stehen, beharren die Matreier Funktionsträger darauf, dass die Interessen der unmittelbar am Brauch beteiligten Personen – mit und ohne Maskierung – gewahrt werden. Ob und wie lange sich die Matreier Klaibaife den Zentralisierungs- und Integrationsprozessen des Krampus- und Perchtenbrauches noch entziehen können, ist zum jetzigen Zeitpunkt schwer abzuschätzen.

Die bei vielen Veranstaltungen üblichen Verhaltensregeln verlangen – ob verschriftlicht oder nicht – einerseits von jedem Krampus ein strenges und umfassendes Maß an Selbstkontrolle. Andererseits wird – zumindest außerhalb Matreis – die Einhaltung dieser Forderung von mehr oder weniger unabhängigen Instanzen überwacht und dessen Übertretung durch mehr oder weniger genau definierte Sanktionen bestraft. Insgesamt kann man an Krampus- und Perchtenveranstaltungen eine zunehmende Reglementierung des Verhaltens erkennen. Es ist einigermaßen plausibel, diesen Trend auf zwei Entwicklungen zurückzuführen: Auf der einen Seite dürfte sich durch die zunehmende mediale Aufmerksamkeit und die Einbindung von Lokalpolitik, Tourismusbranche und Sponsoren der Druck auf Vereine und Veranstalter erhöhen, ein bestimmtes Bild zu wahren. Auf der anderen Seite ist aber auch denkbar, dass die von *oben* oder *außen* aufgestellten Regeln immer strenger und expliziter formuliert werden müssen, weil sie nicht das gleiche Maß an Selbstverständlichkeit besitzen wie von Generation zu Generation überlieferte brauchbezogene Verhaltenskodes. Im siebenten Kapitel wird diese Frage ausführlicher diskutiert. Dabei wird auch der Frage nachgegangen, ob diese äußeren Kontrollen als Ausdruck einer gestiegenen Sensibilität gegenüber exzessiver Gewalt verstanden werden können, oder ob sie – wie dies häufig behauptet wird – einfach notwendig geworden sind, weil die Jugendlichen über immer lückenhaftere, schwächere Selbstkontrollapparaturen verfügen und nicht mehr wissen, „was sich gehört".

Ein Beispiel für die Tatsache, dass eine Veranstaltung mit vielen Tausend Besuchern nicht nur andere organisatorische und gesetzliche, sondern auch andere ordnungspolizeiliche Anforderungen mit sich bringt als ein dörflicher Krampuslauf mit 200 Besuchern, die einander größtenteils persönlich kennen, ist die Frage der Absperrgitter. Beim großen Krampusumzug in Klagenfurt wurden im Jahr 2008 aufgrund einer „polizeilichen Auflage" erstmals Absperrgitter aufgestellt.

„Dies hat nichts mit etwaigen gewalttätigen Ausschreitungen zu tun. ‚Es sind nur dermaßen viele Zuschauer, dass einige beinahe erdrückt wurden. Wir mussten mit dem Polizeiauto fast wie ein Pflug durch die Menge fahren, um Platz für die Krampusse zu schaffen', sagt Stadtpolizeikommandant Eugen Schluga." (Auer, Kleine Zeitung, 30.10.2008: 33.)

Die Tendenz, Veranstaltungen zu reglementieren und die Überwachung der Regeleinhaltung an Sicherheitsfirmen auszulagern, wird von den Brauchträgern sehr unterschiedlich eingeschätzt und durchaus kontrovers diskutiert: während die Einen Absperrgitter befürworten, plädieren die Anderen für Freiläufe; während manche Brauchausübenden das Schlagen mit der Rute für einen wesentlichen Teil des Brauches halten, würden sich andere auch damit zufrieden geben, vor Kameras zu posieren. Interessant ist in diesem Zusammenhang, dass ein großer Teil jener Aktiven, die Absperrgitter befürworten, dies nicht aus Sorge um das Publikum tun, sondern, um sich ungestört präsentieren zu können und vor dem Publikum sicher zu sein. Andererseits wird bedauert, dadurch den „Kontakt" zu den Zuschauern zu verlieren. Im folgenden Zitat sind einige Aspekte dieser Diskussion versammelt. Die Ausstatterin, *Krampusmania*-Moderatorin und aktive Läuferin lehnt einerseits Absperrungen ab, da durch diese ein wesentlicher Teil des Brauches, die strafende Gewalt *durch* den Krampus, und damit dessen Bedeutung verloren gehe. Andererseits seien Absperrgitter in manchen Regionen mittlerweile notwendig, da die Gewalt *an* Krampussen immer stärker zunehme.

> „Ja das ist eine Entwicklung, die ist zweigeteilt zu sehen. Früher war der Krampus alle haben gezittert. […] Der Name hat gereicht, dass du unter die Küchenbank gegangen bist. Und das war aber auch von den Eltern so gewollt, weil die Eltern haben gewusst, wenn du im Sommer etwas angestellt hast, dann hat die Mama gesagt: ‚Wenn du jetzt nicht brav bist, dann hol ich den Krampus', und du bist gestanden wie ein Einser. Und das ist jetzt die soziale Entwicklung die jetzt ist… OK du sollst ein Kind nicht schlagen, aber ich sage, uns hat eine gesunde Watsche wenn du einen Scheiß gedreht hast auch nicht geschadet. Und wenn jetzt manche sagen: ‚Die psychische Belastung für ein Kind der Krampus', ich weiß nicht, ob du die Diskussion voriges Jahr verfolgt hast, von wegen die Wiener verbieten den Krampus, den Nikolaus verbieten sie in Kindergärten, weil das wäre ja eine Diskriminierung der ausländischen Mitbürger, der Krampus ist sowieso verpönt und verboten, weil das wäre eine ‚Vergewaltigung der kindlichen Seele'. […] Und irgendwie ist dieser Wert verloren gegangen. Die Kinder haben keine Angst mehr vorm Krampus. Es ist ja mittlerweile in manchen Regionen so, dass die Krampusse beim Laufen Schutz brauchen… […]
> Die Jungen gehen jetzt auf diesen ‚um Gottes Willen keine Gewalt und die Kinder', aber ich muss das doch unterscheiden, ob ich jetzt wirklich aus Brutalität Gewalt ausübe oder ob ich mit der Rute eine Tradition verfolge. Ich meine, es will ja keiner jemanden böswillig verletzen, das ist ja nicht die Absicht von dem Ganzen, sondern das ist eine Tradition. Der Krampus ist eine strafende Persönlichkeit. Und wenn der mit der Rute fährt, dann sollen die Kinder zittern, das ist so. Da kann ich nicht sagen: ‚Ja du darfst die Kinder anschauen, darfst sie angrinsen, darfst sie auf

den Arm nehmen, damit sie von dir ein Foto machen können, aber hau ja nicht zu sehr zu, sonst nimmt das Kind einen psychischen Schaden.' Also irgendwo ist da der Wert verkehrt. [...]
Und es ist einfach diese Entwicklung von den Absperrungen so, dass die Leute sagen, einerseits will die Gemeinde einen Krampuslauf, weil das ist Tradition, weil das ist ja auch ein Publikumsmagnet und andererseits darf aber nichts gemacht werden, weil man könnte ja die Leute wirklich vergraulen oder verletzen oder sonst irgendwas." (Interview Hafner / Trinkl, 15.05.2010.)

Im Rahmen weiterer Untersuchungen könnte man sich ansehen, ob Regeln nicht nur dann geändert werden, wenn die Veranstaltungen zu gefährlich zu sein scheinen, sondern auch dann, wenn sie für die Zuschauer oder die Brauchträger zu langweilig sind.

6.4.13 Von der expressiven zur instrumentellen Gewalt

Vorausgesetzt, die hier getroffenen Einschätzungen charakterisieren die gegenwärtigen Trends nicht ganz falsch, kann man davon sprechen, dass Krampus- und Perchtenveranstaltungen in den letzten Jahren in mancher Hinsicht zivilisierter (im Wortverständnis Elias') geworden sind. Trotzdem klingt es angesichts der grauenvollen Masken, der teufels- und gewaltverherrlichenden Musik (meist *Death Metal*, *Neue Deutsche Härte* (wie *Rammstein*) oder mystischer *Monumental Dance* (z.B. *E Nomine*)) und der vorgeführten Kämpfe im ersten Moment unsinnig, zu sagen, dass über die letzten 20 bis 25 Jahre das Gewaltniveau bei Krampusveranstaltungen gesunken ist. Dunning (2003: 405-412) hat allerdings in seiner Studie über Sport und Gewalt anhand der Entwicklung des Rugby-Sports gezeigt, dass diese beiden Entwicklungen keineswegs unvereinbar sind; und zwar dann nicht, wenn man sich die *Art der Gewalt* ansieht, die auf der einen Seite zugenommen, auf der anderen abgenommen hat. Zum Zwecke der Unterscheidung verschiedener Arten von Gewalt hat Dunning eine *Typologie menschlicher Gewalt* entwickelt, wobei er nach den Motiven des Handelnden, nach den angewandten Mitteln und nach „*sozialen Parametern*" unterschieden hat.
Im Anschluss an Dunning kann man acht Formen menschlicher Gewalt danach unterscheiden,

▪ ob die Gewalt physisch ausgeübt wird oder ob sie symbolisch, d.h. verbal ist;
▪ ob es sich um rituelle (Spiel, Schein) oder nicht-rituelle (ernst, wirklich) Gewalt handelt;
▪ ob Waffen verwendet werden oder nicht;

- ob die Kontrahenten mit ihren Waffen in direkten Kontakt miteinander treten oder nicht;
- ob Gewalt intentional oder nicht-intentional angewandt wird;
- ob Gewalt mit oder ohne Provokation angewandt wird;
- ob Gewalt als legitim oder als nicht-legitim angesehen wird; und
- ob Gewalt eine instrumentelle bzw. rationale oder eine expressive bzw. affektive Form annimmt.

Dunning hat etwa gezeigt, dass den relativ zivilisierten Persönlichkeitsmustern der heutigen Rugbyspieler und -zuschauer entsprechend die *affektive* Gewalt abgenommen, gleichzeitig jedoch – durch zunehmende Interdependenzen und wachsenden Konkurrenzdruck – der Gebrauch *instrumenteller* Gewalt zugenommen hat.

Insgesamt kann man an Krampusläufen auch im Hinblick auf den Stellenwert und den Typ von sowie auf den Umgang mit Gewalt ähnliche Tendenzen erkennen, wie sie Elias und Dunning (2003: 316-324) für den Fußball nachgezeichnet haben. Das ist insofern plausibel, als im Mittelalter noch nicht zwischen weltlichen und religiösen Feiern unterschieden wurde und die Vorläufer des heutigen Fußballs Teil von Fasnachtsbräuchen waren. (Vgl. ebd.: 316-324.) Wie wir im ersten und zweiten Kapitel gesehen haben, zeichnen Verbotserlässe und Gerichtsprotokolle des 14. und 15. Jahrhunderts ein recht brutales und gewalthaltiges Bild von mittelalterlichen Maskierungsanlässen. Ähnlich wie es Elias (1997/b) mit Benimmbüchern der weltlichen Oberschichten gemacht hat, kann man auch Verbotserlässe und Gerichtsprotokolle als Zeugnisse für einen bestimmten Standard der sozialen Beziehungen und der Affektgestaltung der bäuerlichen Unterschichten ansehen. Dieser Affekthaushalt entsprach der mittelalterlichen Gesellschaftsstruktur. Die mittelalterliche Gesellschaft war eine agrarischständische Kriegergesellschaft, in der mehr oder weniger freie Ritter – die jeweils mehr oder weniger große Landstriche beherrschten, ausbeuteten und zugleich beschützten – miteinander konkurrierten. Da sich noch keine stabilen Gewalt-, Rechts- und Steuermonopole herausgebildet hatten, musste man, ob freier Ritter oder abhängiger Bauer, ständig mit einem gewalttätigen Angriff rechnen. Dieser gesellschaftlichen Konstellation entsprach ein sozialer Habitus, der durch ein Gefühl der allgemeinen Unsicherheit, durch stärkere Affektivität sowie durch ein unmittelbareres und unverhüllteres Zutagetreten von Emotionen gekennzeichnet war. (Vgl. ebd.: 330-343.) Elias hat gezeigt, dass in der mittelalterlichen Gesellschaft die Schwankungen der Affekte sowohl in Richtung Feindseligkeit und Aggressivität als auch in Richtung Solidarität und Freude größer waren als heute. (Vgl. Elias / Dunning 2003: 316-324.) Die Selbstzwangapparatur der Menschen war noch nicht annähernd so stark, umfassend, stabil, unbewusst und automatisiert, wie wir es heute gewöhnt sind. Wie die Vorläufer des heutigen Fußballs hatten auch die spätmittelalterlichen und frühneuzeitlichen Maskenfeste wichtige soziale Funktionen: Erstens ermöglichten sie es den Menschen, für kurze Zeit aus den engen Zwängen des ständischen Lebens auszubrechen. Zweitens hatten örtliche Hohn- und Rügebräuche in einer Zeit, in der sich noch keine stabilen Monopolinstitute der Gewalt herausgebildet hatten, eine wichtige rechts- und ordnungspolitische Funktion. (Vgl. Berger 2007b: 82.) Trotzdem waren sie wie das gesamte Leben in der mittelalterlichen Gesellschaft in hohem Maße von wechselnden Gefühlen, plötzlichen Affektausbrüchen und Gewalttätigkeit gekennzeichnet.

Im Laufe des 16., 17. und 18. Jahrhunderts nahmen die wilden, unregulierten Trinkgelage, Raufereien, Betteleien, Rüge- und Spottspiele, nach und nach die Form ritualisierter Heischezüge und Rügebräuche an, die jedoch meistens nicht weniger wild und herb waren (vgl. Mezger 1990/ I: 74f.). Noch in Gerichtsakten aus dem 17. und 18. Jahrhundert ist nicht nur von Raufereien, sondern sogar von Totschlag die Rede. Eine Quelle aus dem Jahr 1691 berichtet, dass bei einem seit 1609 verbotenen „Perchtenlauff" in Bad Reichenhall mit Masken und Tüchern vermummte Personen durch die Straßen ziehen, um mit Waffen Krapfen zu fordern. Zerling und Schweiger (2005: 17-23) haben außerdem gezeigt, dass viele Quellen von Waffen, wie Stöcken, Ketten oder „Büchsen", berichten. Die Aufzeichnungen von Gerichten, Kirchen und Klöstern belegen, dass sich weltliche und geistliche Obrigkeiten über Jahrhunderte erfolglos darum bemühten, die wilden volkstümlichen Zusammenrottungen einzudämmen oder zumindest zu reglementieren und auch auf dem Land ihr Gewalt- und Rechtsmonopol durchzusetzen. Die Zunahme der Verbotserlässe und Gerichtsverhandlungen ab dem 17. Jahrhundert lässt einerseits darauf schließen, dass in der Zeit der Renaissance die Peinlichkeitsschwelle und die Schamgrenze innerhalb der Oberschichten vorrückten. Andererseits zeigen sie, dass sich diese Veränderung des Affekt- und Verhaltensstandards noch nicht über aristokratische und kirchliche Oberschichten sowie bürgerliche Mittelschichten hinaus ausgebreitet hatten. (Vgl. Elias 1997a: 181-201.) Das Selbstzwangvermögen der unteren Schichten war noch so schwach ausgebildet, dass erheblicher gesellschaftlicher Fremdzwang nötig war, um das Umschlagen von Festen und Maskenbräuchen in Schlägereien zu verhindern (vgl. Elias 1992: 142). Aus dieser Perspektive erscheinen nicht nur die landesfürstlichen Versuche, das Gewaltmonopol durchzusetzen, in einem anderen Licht. Auch die Jenseitsdrohungen der reformatorischen Verbote und der gegenreformatorischen Passionsspiele kann man in diesem Zusammenhang als Hinweis darauf deuten, dass sich die Fremdzwänge der vorwiegend bäuerlichen Brauchträger noch nicht in jenem Maße in stabilere, gleichmäßigere und stärker verinnerlichte Selbstzwänge umgewandelt hatten, wie dies innerhalb der Ober- und Mittelschichten bereits der Fall war (vgl. Elias 1997b: 341f.), denn:

> „Die Religion, das Bewußtsein der strafenden und beglückenden Allmacht Gottes, wirkt für sich allein niemals ‚zivilisierend' oder affektdämpfend. Umgekehrt: Die Religion ist jeweils genau so ‚zivilisiert', wie die Gesellschaft oder wie die Schicht, die sie trägt." (Elias 1997a: 366.)

Kommen wir abschließend auf Dunnings Typologie menschlicher Gewalt zurück. Betrachtet man den Prozess, in dessen Verlauf sich mittelalterliche Rauf- und Trinkgelage zu den heutigen Krampus- und Perchtenläufen gewandelt haben, in einer längerfristigen Perspektive, kann man – bei allen Auf- und Abwärtsbewegungen – eine Verschiebung der Balancen in eine bestimmte Richtung beobachten: von der nicht-rituellen zugunsten der rituellen Gewalt; von der nicht-intentionalen zugunsten der intentionalen Gewalt; und von der affektiven, tatsächlich physisch angewandten zugunsten der vorgeführten oder durch Gesten angedrohten Gewalt. Einen ähnlichen Trend gibt es bei der Verwendung von Waffen. Bei vielen gegenwärtigen Umzügen, vor allem bei jenen in größeren Städten, kann man beobachten, dass die Krampusse nicht nur durch Absperrgitter von den Zuschauern getrennt sind, sondern dass das Zuschlagen mit der Rute, das in der volkskundlichen Literatur trotz verschiedenster Bewertungen als älteres Brauchelement anerkannt ist, entweder streng reglementiert oder sogar ganz verboten ist.

> „Da hat sich definitiv etwas geändert", bestätigt Tilli [Major Markus Tilli, Leiter des Einsatzreferats der Klagenfurter Polizei; Anm. d. Verf.]. ‚Die Auflagen der Behörde für die Umzüge wurden immer strenger. Sogar die Art der Rute ist genau geregelt. Erlaubt sind nur traditionell geflochtene Zweige.'
> Die Krampusgruppen halten sich auch an diese Auflagen. ‚Jede Gruppe erhält bei diesen großen Umzügen eine Nummer. Die können gar nicht mehr wild sein', sagt Brauchtumsexperte Wolfgang Lattacher. Mit „Kleinigkeiten" müsse man rechnen: ‚Ein Krampuslauf ist halt doch kein Ballett.' […]
> Nicht mehr wertvoll ist der ‚Einsatz' von Krampussen als Erziehungsmaßnahme für Kinder, wie es einst üblich war. ‚Heute läuft Pädagogik anders', sagt Lattacher. ‚Wir schauen bei Schulungen der Krampusse auf den richtigen Umgang mit Kindern. Das war früher viel brutaler.'" (Zebedin, Kleine Zeitung, 05.12.2014: 20f.)

Diese und weitere Verhaltensregelungen, die manchmal die Form loser Vorgaben, manchmal die Form des oben vorgestellten Kodex und manchmal die Form eines verschriftlichten Regelwerkes annehmen, werden von gruppen- und veranstaltungseigenen Ordnern überwacht und durchgesetzt. Für den Schutz der Teilnehmer vor den Zuschauern sind hingegen meistens gruppeneigene Begleitpersonen oder Sicherheitsfirmen zuständig. Diese beiden Instanzen sind jedoch unzweifelhaft dem staatlichen Gewaltmonopol mit seinen Rechtsnormen und

Exekutivorganen untergeordnet. Wir haben aber auch gesehen, dass den Krampussen und Perchten selbst eine große Eigenverantwortung zufällt, die nach einer internalisierten und stabilen Selbstzwangapparatur sowie nach der Fähigkeit zur Langsicht verlangt. Dies ist vor allem bei jenen Veranstaltungen der Fall, bei denen der Grad der Regulierung im Verhältnis zur Anzahl der Teilnehmer und Zuschauer klein ist, bei denen also die organisierte und die soziale Kontrolle schwach ausgeprägt sind.

6.4.14 Von der körperlichen zur Augenlust

In dem Maße, in dem Gewalt*ausübung* und Waffen*anwendung*[241] mit Tabus und Verboten belegt werden, kann man die Zunahme von Gewalt*darstellungen* und von der Verwendung von Waffen*attrappen* beobachten. Statt mit Zuschauern zu rangeln, werden häufig Kämpfe zwischen zwei oder mehreren Krampussen inszeniert. Daher wird die funktionslos gewordene Rute häufig durch blutverschmierte Schwert-, Axt-, Lanzen- oder Sensen-Nachbildungen ersetzt. Diese Tendenzen sind gerade bei jenen Veranstaltungen zu beobachten, die eher den Charakter eines Umzuges als eines Treibens annehmen. Besonders interessant ist dabei, dass die vorgeführten Raufereien wesentlich gewaltvoller sind als ein Rutenschlag oder das Zu-Boden-Reißen eines Klaubaufs je sein kann. Auch die Gefährlichkeit und Schlagkraft der Waffen scheint zuzunehmen. Und die Masken werden in dem Maße, in dem sie nicht von den Brauchträgern, sondern von professionellen Schnitzern hergestellt werden und in dem sie mehr an Horrorfilmen als an überlieferten Formen orientiert sind, realitätsgetreuer und detailreicher. Mittlerweile haben sich die meisten Zuschauer – auch die Kinder – an blutverschmierte Zähne, an klaffende, eitrige, mit Maden bedeckte Fleischwunden, an aus Körperöffnungen heraushängende Gedärme, an fehlende oder herabhängende Körperteile und sogar an körperliche Missbildungen gewöhnt.

Diese Entwicklungen scheinen Elias' These zu widersprechen, dass im Zuge des abendländischen Zivilisationsprozesses affektive Gewalt und körperliche Verrichtungen zunehmend von der öffentlichen in die private, nicht-sichtbare Sphäre verlegt wurden und werden.[242] In modernen, hochdifferenzierten Industriestaaten sind nicht nur gewisse Tätigkeiten, sondern es ist auch das Sprechen

---

241 Bei den heute als Schlagwerkzeuge verwendeten und manchmal verbotenen „Waffen" handelt es sich einerseits um Weiden- bzw. Birkenruten und andererseits um Pferdeschwänze.

242 Elias hat diesen Gedanken anhand unzähliger Beispiele verdeutlicht – etwa anhand des veränderten Umgangs mit körperlicher Gewalt, mit dem Tod, mit Nacktheit, mit Sexualität, mit Standesunterschieden, mit Armut, mit der Zerlegung eines gejagten Tieres oder mit der Sprache (vgl. Elias 1997a: 157-194).

darüber oder das Denken daran mit umfassenden Tabus und Verboten belegt. Dabei ist der Einzelne in viel geringerem Maße als etwa im Mittelalter auf gesellschaftliche oder übernatürliche Fremdzwänge angewiesen. In dem Maße, in dem nämlich die Ängste vor äußeren Bedrohungen abgenommen haben, haben die inneren Ängste zugenommen (vgl. Elias 1997b: 417). In funktional hochdifferenzierten Gesellschaften internalisiert der Einzelne die gesellschaftlichen Tabus, Ängste und Affektrestriktionen von klein auf, so dass sie ihm als Erwachsenem so in Fleisch und Blut übergegangen sind, dass sie ihm meist gar nicht bewusst sind. Viele Lustformen sind mit Unlustdrohungen belegt. Bereits das Denken an eine tabuisierte Handlung hat Schamgefühle und Gewissensbisse zur Folge. Viele Triebe können nur in verfeinerter Form oder über Umwege ausgelebt werden. (Vgl. ebd.: 260, 349-356.)

Warum löst aber dann die Vorführung brutaler Gewalt und die detaillierte Darstellung körperlicher Verstümmelungen, die man auf vielen Krampusumzügen sehen kann, bei den Anwesenden weder Ekel-, Scham- und Peinlichkeitsgefühle noch Stürme der Entrüstung aus? Ist dies ein Indiz für die zumindest partielle Widerlegung der Elias'schen Zivilisationstheorie? Zunächst muss man entgegenhalten, dass Elias ausdrücklich betont hat, dass die von ihm nachgezeichnete Entwicklung bisher keineswegs geradlinig verlaufen ist und dass sie sich auch in Zukunft nicht in dieselbe Richtung fortsetzen muss. (Vgl. Elias 1997a: 260.) Elias hat sich wiederholt zu Entzivilisierungsschüben im 20. Jahrhundert geäußert. Zweitens wurde bereits oben argumentiert, dass man die Veranstaltungen als zeitliche und räumliche Enklaven ansehen kann, in denen Verhaltensweisen und Affekte legitim sind, die im alltäglichen Leben nicht erlaubt wären. Die grauenhaften Kostüme, die Dynamik der Kämpfe, das Dröhnen der Death-Metal-Musik, der Glocken, Schellen und Trommeln, der Anblick erotisch tanzender, nackt kostümierter Teufelinnen sowie die ständige Gefahr, sich zu erschrecken oder doch einen schmerzhaften Schlag abzubekommen, lösen Emotionen aus, mit denen man im alltäglichen Leben kaum konfrontiert wird und die man dort auch nicht ohne Weiteres zeigen dürfte.

Dass uns die angenehme Erregung, die wir beim Anblick der blutrünstigen, gewalttätigen und sexualisierten Darstellungen empfinden, kein schlechtes Gewissen bereitet, könnte damit zusammenhängen, dass sich Aktive und Zuschauer jederzeit darüber bewusst sind, dass es sich bei Krampussen und Perchten weder um den Teufel noch um fleischgewordene Naturdämonen oder andere Monster handelt, dass die Waffen nicht echt, sondern nur harmlose Nachahmungen sind, dass die Verletzungen nicht das Resultat wirklicher Angriffe, sondern der Schnitz-, Modellier- und Malkünste der Ausstatter sind, und dass es sich bei den Kämpfen und Folterungen um Schauspiele und nicht um tatsächlich angewandte Gewalt handelt.

Dass uns dieser Bruch gesellschaftlicher Tabus nicht die Schamesröte ins Gesicht treibt, könnte aber auch mit einer tatsächlichen *„Lockerung der Sitten"* (Elias 1997a: 350) zu tun haben, die wir seit der Nachkriegszeit erleben. Der nackte weibliche Gogo-Krampus (siehe auch 6.4.7) erregte beim Klagenfurter Umzug zwar einige Aufmerksamkeit, aber diese bezog sich eher auf den überraschenden Anblick eines weiblichen, Gogo-tanzenden Krampus' als auf dessen Nacktheit (vgl. Feldnotizen Klagenfurt, 27.11.2010). Noch vor wenigen Jahrzehnten hätte diese Show für erhebliche Aufregung gesorgt (ganz zu schweigen davon, dass man ihr höchstens als Form des Protestes, als Teil einer Kunstperformance, einer ausgelassenen Party oder eines subkulturellen Festes und nicht im Rahmen eines vom Volkskulturverband mitorganisierten Brauchtumsumzuges begegnet wäre). Dies dürfte damit zu tun haben, dass wir den Anblick von Nacktheit nicht nur aus dem Fernsehen, dem Kino, dem Internet und der Werbung, sondern auch aus Clubs oder von Techno-Paraden gewöhnt sind.[243] Ob man die relative Gleichgültigkeit der Öffentlichkeit gegenüber diesen geballten Tabubrüchen nun auf das Bewusstsein des spielerischen Brauchcharakters oder auf eine allgemeine gesellschaftliche Lockerung der Sitten zurückführt – in beiden Fällen kann man sie als Resultat sehr straffer Affektkontrollen und Selbstzwänge verstehen (vgl. Elias 1997a: 281-299, 349-356).

„Eine Reihe von Bindungen, die dem Verhalten vor dem Kriege [Zweiter Weltkrieg; Anm. d. Verf.] auferlegt waren, sind schwächer worden oder ganz verschwunden. Manche Dinge, die ehemals verboten waren, sind nun [1969, erweiterte Auflage; Anm. d. Verf.] erlaubt. Und die Bewegung scheint so, von nahem betrachtet, eher in der umgekehrten Richtung weiterzugehen, als es hier gezeigt wurde; sie scheint zu einem Nachlassen der Zwänge zu führen, die dem Einzelnen durch das gesellschaftliche Leben auferlegt werden.

Aber wenn man genauer zusieht, erkennt man unschwer, daß es sich nur um ein leichtes Zurückfluten, um eine jener kleinen Bewegungen handelt, wie sie aus der Vielschichtigkeit der geschichtlichen Bewegungen innerhalb jeder Stufe des umfassenderen Prozesses immer von neuem entstehen.

Da sind, um ein Beispiel herauszugreifen, die Badesitten. Undenkbar in der Tat, daß im 19. Jahrhundert eine Frau in der Öffentlichkeit eines jener Badekostüme hätte tragen können, die heute gang und gebe sind, ohne der gesellschaftlichen Feme zu verfallen. Aber diese Wandlung, und mit ihr die ganze Ausbreitung des Sports für

---

243 Der deutsche Komödiant Markus Barth bringt diese Entwicklung in der Kurzgeschichte *Jan-Torben, pack deine Brüste ein!* auf den Punkt: *„Nackt ist sooo langweilig! Nackt ist das Neue angezogen! [...] Nacktdemos interessieren keinen Menschen mehr. Früher waren die vielleicht noch ein Erlebnis. Mitglieder der Anti-Atom-Bewegung zogen sich aus und streckten den gepanzerten Polizisten ihre ausladende Schambehaarung entgegen. Das war neu, das war ein Skandal, das war vor 30 Jahren! Wenn heute ein Nackter über die Straße rennt, denkt sich der Durchschnittspassant ungefähr Folgendes: ,Ach guck, der ist nackt. Na ja. War ich heute Morgen auch.'"* (Barth 2001: 131-132.)

Männer, wie für Frauen, alles das hat einen sehr hohen Standard der Triebgebundenheit zur Voraussetzung. Nur in einer Gesellschaft, in der ein hohes Maß an Zurückhaltung zur Selbstverständlichkeit geworden ist, und in der Frauen, wie Männer absolut sicher sind, daß starke Selbstzwänge und eine strikte Umgangsetikette jeden Einzelnen im Zaume halten, können sich Bade- und Sportgebräuche von solcher Art, und – gemessen an vorangegangenen Phasen – solcher Freiheit entfalten. Es ist eine Lockerung, die sich vollkommen im Rahmen eines bestimmten ‚zivilisierten' Standard-Verhaltens hält; d. h. im Rahmen einer automatischen, als Gewohnheit angezüchteten Bindung und Umformung der Affekte sehr hohen Grades." (Elias 1997a: 350.)

Noch aufschlussreicher für das Verständnis dieser Veränderung der Umgangsformen im 20. Jahrhundert ist Cas Wouters' Konzept der *Informalisierung*. Während jene Gefühle und Verhaltensweisen, die mit Nacktheit, Sexualität, Gewalt, Tod und körperlichen Verrichtungen in Zusammenhang stehen, in früheren Jahrhunderten zunehmend hinter die Kulissen gedrängt und mit strengen gesellschaftlichen und individuellen Tabus belegt worden waren (vgl. Elias 1997), lässt sich im 20. Jahrhundert von Generation zu Generation ein zunehmend offener und unverkrampfter Umgang beobachten. Im Gegensatz zu konservativ-kulturkritischen Beobachtern deutet Wouters diesen Wandel nicht als Symptom oder Folge einer Entzivilisierung oder Vulgarisierung (im Sinne einer Lockerung des emotionalen Selbstzwanges), sondern als Begleiterscheinung der Pluralisierung von Lebensstilen, Wertvorstellungen und Handlungsnormen. Damit verbunden sei eine Entstandardisierung – oder Entformalisierung – der äußeren Erscheinungsformen, mit der eine Lockerung gesellschaftlicher Fremdzwänge einhergehe. Gerade weil sich aber die äußeren, gesellschaftlichen Zwänge abschwächen und bewährte (etwa schichtspezifisch formalisierte) Regulierungen auflösen, ist jedes Individuum selbst für seine Gefühlsregulierung verantwortlich. Jeder und jede Einzelne muss sich nicht nur selbst kontrollieren, sondern auch die individuell passende – das heißt sowohl individuell zufriedenstellende als auch gesellschaftlich anerkannte – Balance von emotionalem Freilauf und emotionalem Selbstzwang finden. Dies verlangt wiederum ein besonders hohes Maß an individueller Selbstkontrolle. (Vgl. Wouters 1999; Wouters / Mennell 2013: 553-579.)

All diese Überlegungen kann man mit Elias (ebd.: 373) als *„Verwandlung dessen, was ursprünglich als aktive, oft aggressive Lustäußerung auftritt, in die passivere, gesittete Lust am Zusehen, also in eine bloße Augenlust"* zusammenfassen.[244]

---

[244] In diesem Zusammenhang erweist sich Elias' zivilisationstheoretische Analyse als weit erhellender als Bourdieus (1993: 173-180) These, der angeblich zu beobachtende Übergang von der *„aktiven Sportbetätigung"* zum *„passiven Sportkonsum"* sei darauf zurückzuführen, dass das

6.4.15 Von der instrumentellen zur expressiven Gewalt

Gleichzeitig scheint es jedoch eine gegenläufige Entwicklung hin zu exzessiver, affektiver Gewalt zu geben, die man nicht nur mit dem Begriff der Augenlust erklären kann. Zu Beginn der Krampussaison 2007 widmete die *Kärntner Tageszeitung* diesem Problem einen doppelseitigen Bericht, der mit der Schlagzeile *„Den Teufel graust's vor den Leuten!"* überschrieben war. Die sieben befragten Gruppenobmänner beklagten, die Aggression gehe *„meist vom Publikum"* (Werner Unterköfler) und nicht von den Maskierten aus: *„Oft sind es die Läufer, die vom Publikum provoziert werden"*. Wolfgang Kienberger, der Obmann der „Griffner Grottenteufeln", ergänzte:

> „Man hat oft ein mulmiges Gefühl. Die Veranstalter der Läufe legen fest, ob wir uns den Menschen nähern oder einfach nur zügig durchlaufen sollen. Wir könnten uns gar nicht wehren, denn jeder Läufer hat eine Nummer, an der er identifizierbar ist. Die Maske bietet also keine Anonymität." (Kienberger, zitiert nach Schwarzfurtner, Kärntner Tageszeitung, 23.11.2007: 12f.)

Jedes Jahr finden sich in der Vorweihnachtszeit ähnliche Berichte in verschiedenen Regional- und Lokalmedien. Die monatlich erscheinende Lokalzeitung *Klagenfurter* widmete der zunehmenden Aggressivität der Zuschauer von Krampus- und Perchtenläufen im November 2015 nicht nur das Titelblatt, sondern auch einen doppelseitigen Artikel mit dem Titel *„Der Krampus hat Angst"* und dem Untertitel *„Flaschen, Steine, Schneestangen und Fäuste – all das muss sich der Krampus heutzutage gefallen lassen"* (Klagenfurter, 23/2015, 18./19.11.2015: 12f.). Der darin zu Wort kommende Obmann des „Teufelskreises Virunum", Hermann Paier, berichtet, es käme zu *„immer mehr Übergriffen gegenüber Krampussen"*. Mittlerweile fühlten er und seine Gruppe *„sich durch Krawallmacher und Halbstarke bedroht"* (ebd.: 12): *„Es wird immer schlimmer. Alkoholisierte Jugendliche greifen immer mehr Krampusse an."* (Ebd.) Vor allem in größeren Städten habe er immer wieder *„ein mulmiges Gefühl"* (ebd.: 13).

Offensichtlich ist die hier beschriebene Gewalt gänzlich anderen Charakters als jene, mit der wir es oben zu tun hatten. Anders als verschiedene Formen spielerisch dargestellter, rationaler und daher legitimer Gewalt ist in einer in Elias' Sinne zivilisierten Gesellschaft tatsächlich physisch ausgeübte, affektive Gewalt mit umfassenden Tabus und Verboten belegt. Sie ist in den Händen des Staates monopolisiert, im Friedensfalle von der Oberfläche verbannt und im Alltag höchstens in verfeinerter, rationalisierter oder sublimierter Form akzeptiert. Diesem gesellschaftlichen Aufbau entspricht ein psychischer Aufbau der Individuen,

---

Ausüben vieler Sportarten in immer stärkerem Maße den *„herrschenden Klassen"* vorbehalten sei.

der bei der Konfrontation mit diesen Verhaltensweisen und Affekten starke und umfassende Peinlichkeitsgefühle, Schamängste, Gewissensbisse und andere Unlustgefühle hervorruft. Dies gilt nicht nur für die Tätigkeiten selbst, sondern auch für das Sprechen über oder das Denken an sie (vgl. Elias 1997b: 417). Gerade für die Erforschung solcherart tabuisierter und verdrängter Verhaltensweisen, Affekte und Einstellungen ist *Krampusmania.at* eine unersetzliche Quelle. Das wichtigste szeneninterne Kommunikationsmedium ermöglicht es der soziologischen Forscherin und ihrem männlichen Kollegen, eine Innenansicht der Szene zu zeichnen. Vor allem über das Diskussionsforum erhält man Zugang zu den Meinungen, Emotionen und Wertvorstellungen der Aktiven, aber auch der Organisatoren, Leitfiguren und Schnitzer, die eigentlich nicht für Außenstehende gedacht sind. Alleine in der Rubrik „Vorfälle" gibt es zu mehr als 100 Themen über 4.000 Beiträge (vgl. krampusmania.at [12.04.2017])[245].[246] Bei allen Meinungsverschiedenheiten sind sich die *Krampusmania*-Benützer weitgehend darüber einig, dass die Zuschauer immer aggressiver werden und dass gewalttätige Übergriffe auf die Brauchträger in den letzten Jahren stark zugenommen haben. Tatsächlich wird von abgerissenen Hörnern, Genickverletzungen, gebrochenen Nasen und sogar einem erstochenen Krampus berichtet.

> „da sieht mans wieder es heist immer die sch..ss läufer treschen nur zu und vor denen muss man angst haben leute schön langsam wirds soweit dass wir uns vor den zusehern fürchten müssen hört man jetzt öfters schön bei den hörnern gepakt und zugetroschen also das kann ja wirklich nicht war sein schlisslich und endlichkostet ja so eine ausrütung viel geld aber das wissen so manche blitzer nicht schade aber na ja wenn wir alle zusammenhalten vielleicht endert sich wieder mal was mfg" (Username anonymisiert, krampusmania.at, 03.12.2010 [15.12.2010].)[247]

> „Weng sowas hab i as laffen lossen mir ist es so ähnlich gegangen die Krampuse perchten und toife müssen schon von den Zuschauern Angst haben. Mfg P.s. War a richtiga Perchtenfreund hat nichts anders gegeben für mich!!!!!!!!!!!!!" (Username anonymisiert, 04.12.2010, ebd.)

---

245 Suchergebnisse – KRAMPUSMANIA. URL: http://krampusmania.at/index.php/SearchResult/ 98761/?highlight=vorf%C3%A4lle (letzter Zugriff: 12.04.2017). Am 13.12.2007 waren es noch 3.452 Beiträge in 72 Themen (Vorfälle – KRAMPUSMANIA das Original. URL: http:// krampusmania.at/index.php?page=Board&boardID=89 (letzter Zugriff: 13.12.2010)).

246 Natürlich wird hier nicht nur über gewalttätige Zuschauerangriffe und über Probleme mit „Ausländern" diskutiert, sondern auch über das negative Bild, das in den Medien von Krampussen gezeichnet wird, über den Diebstahl von Masken und anderen Ausrüstungsgegenständen sowie über Organisationsprobleme und gruppeninterne Querelen.

247 Ja was war den da los!!! – Vorfälle – KRAMPUSMANIA das Original. URL: http://krampus mania.at/index.php?page=Thread&threadID=46493 (letzter Zugriff: 15.12.2010).

Am Beispiel der Diskussion über das gefürchtete „Hörnerreißen" kann man die große Bandbreite an Meinungen zur körperlichen Gewalt demonstrieren. Die diesbezüglichen Kommentare kann man folgendermaßen klassifizieren: *(1) Konkrete Erfahrungsberichte.* Zunächst sei eine Tatsache in Erinnerung gerufen, die allzu leicht vergessen wird: die Körperlichkeit. Ein Krampus- und Perchtenlauf, egal ob in der Form einer wilden Rauferei oder eines geregelten Umzuges, ist eine soziale Figuration, die von lebenden, interagierenden und dadurch auf spezifische Weise miteinander verbundenen Menschen gebildet wird. Aus diesem Grund kann man den Reiz, der von diesen Veranstaltungen ausgeht, aber auch das Gefahren- und Konfliktpotential, das in ihnen steckt, nicht begreifen, wenn man die körperliche Erfahrung der Beteiligten außer Acht lässt. Ein Krampuslauf ermöglicht es Aktiven und Zuschauern, Emotionen zuzulassen und auszuleben, körperliche und emotionale Spannungen zu erleben, die im alltäglichen Leben einer hoch differenzierten Gesellschaft weder auftreten noch akzeptiert sind. (Vgl. Elias 1997a: 167-299.) Diese außergewöhnliche Situation erfordert vor allem von den Maskierten ein hohes Maß an Selbstkontrolle. Die körperliche Anstrengung, die eingeschränkte Bewegungsfreiheit und die Hitze, die das Laufen mit der bis zu 35 Kilo schweren Ausrüstung mit sich bringen; das eingeschränkte Sichtfeld und die verringerte Sauerstoffzufuhr durch die Schlitze der Maske; die aufputschende Wirkung von Feuer, Musik, Publikumsgeschrei und Alkohol, die durch die Interaktion mit Gruppenmitgliedern und Zuschauern noch verstärkt wird; das Machtgefühl, welches das ungewohnte Tragen einer Schlagwaffe, die Angst der Zuschauer und die Anonymität der Maske mit sich bringt – all diese körperlichen Erfahrungen bringen es aber auch mit sich, dass ein Krampus- bzw. Perchtenlauf trotz seines spielerischen Charakters immer mit körperlichen Gefahren verbunden ist – auch abseits größerer Ausschreitungen. Die folgenden Erfahrungsberichte zeugen davon in beeindruckender Weise.

> „Mich hat vor einigen Jahren auch mal einer [ein Zuschauer; Anm. d. Verf.] an den Hörnern gepackt und mir den Kopf so verdreht dass es im Genick nur noch krachte, hab keine Luft mehr bekommen und bin in die Knie gegangen wie ein nasses Handtuch. Da ist dann nix mehr mit zuhauen, da bekommst keinen Ton mehr raus. Da glaubst du nur noch es ist gleich aus mit dir. Glaubt mir das, es ist so. Da kannst noch so durch die Leute rauschen sowas kommt auch dann." (Username anonymisiert, krampusmania.at, 26.09.2008 [13.04.2017].)[248]

> „Also in der Situation is man echt überfordert.. weil man nicht einschätzen kann wie es ausgehen wird. Ist es ein ernstes vorgehen? ist gefahr in sicht?.. All diese fragen lassen sich in den Sek. nicht entscheiden. ein TIPP von mir.. MASKE RUN-

---

248   Hörner reißen / Page 3 – Vorfälle – KRAMPUSMANIA. URL: http://krampusmania.at/index.php/Thread/28454-H%C3%B6rner-rei%C3%9Fen/?pageNo=3 (letzter Zugriff: 13.04.2017).

TER!<<<< und dann die Situation klären.. Egal wieviele Menschen dein gesicht sehen. Ich habs damals bereut das ich mein Schädl [umgangssprachlich für Maske;
Anm. d. Verf.] oben gelassen habe. Weil ich dachte, es sei harmlos.. und dies war
mein Fehler.. Es kam zur Rauferei und ich hab die Maske nicht abgesetzt......... und
mir wurde die Maske vom Gesicht gerissen.. (drehbewegung).. Zum Glück ist damals das Gummiband gerissen und mein Kopf [Maske; Anm. d. Verf.] ist gesprungen..
      Naja ich habe noch glück das ich am Leben bin<<.. und ich rate JEDEN davon
ab um sich zu hauen!!!
      Fazit! MASKE runter und Situation klären. Auch wenns anfangs harmlos er-
scheint!!!!" (Username anonymisiert, krampusmania.at, 06.11.2009 [13.04.2017])[249]

(2) Überlegungen zu möglichen Ursachen. Trotz sonst divergierender Meinungen sind sich die Diskutantinnen und Diskutanten auf *Krampusmania* weitgehend darüber einig, dass die zunehmende Häufigkeit der Zuschauerübergriffe
damit zu tun hat, dass die jungen Leute immer weniger über den Brauch wissen
und ihn als aggressive Geste oder als Einladung zur Gewalt interpretieren. Dies
ist vor allem dort der Fall, wo Krampus- oder Perchtenläufe keine längere Tradition haben oder wo es langzeitige Unterbrechungen gegeben hat. Das folgende
Zitat ist ein Beispiel für eine sehr reflektierte Meinungsäußerung:

„Wenn man einen Krampuslauf für die Zuseher und für die Show, für Selbstdarstellung und für die Sponsoren macht, dann muss man nach den bedürfnissen der Zuseher und Gönner tanzen, je größer eine Veranstaltung desto mehr Sicherheitsauflagen
bekommt man. Durch die Sicherheitsauflagen (Sperrgitter, Ordner usw....) wird es
bei der Veranstaltung immer schwieriger den Besucher in die Brauchhandlung mit
ein zu beziehen (was aber für die erhaltung und für das verständnis des Brauches
wichtig wäre). Ich denke die ganzen Probleme die wir Heute haben (Herndlreissen,
weil die Zuseher keinen Respekt mehr vorm Kramperl haben usw...) haben wir uns
zum Teil selber eingebrockt und können auch nur wir selber ändern, was aber nicht
heisst das wir jetzt wieder als Krampusse mit der Rute - kräftig durchziehen müssen-
davor ist Vorsicht geraten - sonst haben wir bald wieder die ersten Verbote der Obrigkeit ;)
      In Gebieten wo das Krampuslaufen eine tradition hat, wird der Krampus auch
verstanden, die Leute wissen um was es beim Brauch geht, und gehen auch dementsprechend damit um - zb: zieht man halt 2 paar Hosen an [damit die Rutenhiebe weniger schmerzhaft sind; Anm. d. Verf.] wenn man a bissl Kramperl segiern [sekkie-
ren (ärgern, necken); Anm. d. Verf.] will usw.... damit der Brauch leben kann muss

249 Hörner reißen / Page 11 – Vorfälle – KRAMPUSMANIA. URL: http://krampusmania.at/index.
php/Thread/28454-H%C3%B6rner-rei%C3%9Fen/?pageNo=11 (letzter Zugriff: 13.04.2017).

er auch im Ort gelebt werden." (Username anonymisiert, krampusmania.at, 25.09.2008 [13.04.2017].)[250]

Dieses Zitat weist jedoch bereits auf eine weitere mögliche Ursache für die Zunahme aggressiven Zuschauerverhaltens hin, die in der Krampus- und Perchtenszene selbst – bzw. in der quantitativen Expansion der einschlägigen Vereine und Veranstaltungen – begründet liegt: zu große, zu lange dauernde und zu wenig unterhaltend gestaltete Umzüge.

„Leider setzen schon zuviele auf Masse statt Klasse. Dabei muss man aber bedenken den Zusehern Interesiert das schon gar nicht mehr eine solch große Veranstaltung anzusehen. Meist ist es so die ersten 10-15 Gruppen sind noch Interessant und die anderen gehen dann in der Gähnenden Menge unter. Und jetzt frage ich euch was bitte macht da noch einen Sinn wenn ich 50 oder mehr Gruppen einlade. Wenn die anderen Gruppen dann onehinn keine Beachtung mehr bekommen. Oder vl. dann auch noch den Unmut der Leute zu spürn bekommen.

Mir persöhnlich ist es schon so oft aufgefallen je größer und je mehr Gruppen bei einem Lauf sind desto agressiver und rücksichtsloser die Zuschauermenge. Man braucht sich nur ein Beispiel ansehen. Was war denn bitte vor 2 Jahren in St. Johann (Tirol) die Leute sind völlig ausgerastet haben mit Flaschen und Plastikbechern herumgeballert. Aber Komischerweise so richtig erst ab der 30. Gruppe warum? Weil ihnen dann einfach nur noch Fad war und der Unmut seinen lauf breit machte.

Das 2. Problem je länger der Lauf dauert umsomehr Alkohol wird von den Zusehern konsummiert und was dann passiert wissen wir ja alle nur zu gut .Die Leute trauen sich viel mehr zu. Reissen an den Hörnern oder beschütten dich mit Glühwein. Die Ausschreitungen häuffen sich und wer daran Schuld hat wissen wir sowieso, das sind ja immer wir bösen Krampusse.

Ich glaube all das wäre nicht notwendig bzw. würde sicher nicht so Ausarten wenn die Veranstalter viel mehr auf Klasse setzen würden als auf Masse.

Denn je kleiner der Lauf desto schöner, übersichtlicher und besser ist der Lauf für die Zuschauer anzusehen. Und würde sicher (da bin ich mir sicher) nicht so brutal Ausarten wie eine Großveranstaltung. Ein par schwarze Schafe wird man überall dabei haben egal ob Groß oder Kleinveranstaltung aber sicher nicht so viele Also darum lieber Klein und fein als Groß und ....

Wünsche allen eine Unfallfreie Saison 09/10 mfg" (Username anonymisiert, krampusmania.at, 12.11.2009 [12.04.2017].)[251]

Die dritte mögliche Ursache, die nicht nur im Zusammenhang mit den in den letzten Jahren entstandenen langen Wartezeiten zu sehen ist, sondern – wie wir

---

250 Hörner reißen / Page 3 – Vorfälle – KRAMPUSMANIA. URL: http://krampusmania.at/index. php/Thread/28454-H%C3%B6rner-rei%C3%9Fen/?pageNo=3 (letzter Zugriff: 13.04.2017).

251 Zu viele Gruppen…! – Vorfälle – KRAMPUSMANIA. URL: http://krampusmania.at/index. php/Thread/37925-Zu-viele-Gruppen/?postID=586334&highlight=h%25C3%25B6rner%2Brei %25C3%259Fen#post586334 (letzter Zugriff: 12.04.2017).

im ersten und zweiten Kapitel gesehen haben – seit jeher ein zentraler Bestandteil von alpinen Maskenbräuchen ist, ist übermäßiger Alkoholkonsum.

„Hab gehört, dass bei einem Lauf heuer (ich glaub Schladming?) stichprobenartig Alkoholtests durchgeführt wurden. Einerseits sicher nichts schlechtes, andererseits müssen da sicher etliche Gruppen wieder die Heimreise antreten. Meiner Meinung sollte es gleich wie beim Autofahren etc. eine Grenze geben, wenn die Leute selber schon nicht wissen wann es genug ist. Allerdings sind es ja nicht einmal ‚immer' die Krampala die zuviel erwischen. Während dem Lauf gibt es genügen Zuschauer die komplett betrunken sind, sich selber nicht mehr im Griff haben und zb. anfangen die Krampal an den Hörnern zu reissen usw usw. ALSO: Es sollten sowohl Krampal/Perchten aber auch Zuschauer mal schaun was und wie viel sie trinken sonst geht es mit uns nur mehr bergab." (Username anonymisiert, krampusmania.at, 07.12.2009 [12.04.2017].)[252]

Die vierte in der Szene diskutierte Erklärung für aggressives Zuschauerverhalten lautet, viele Zuschauer hätten den Respekt vor den Krampussen verloren. Dies sei nicht nur auf fehlendes brauchbezogenes Wissen oder auf übermäßigen Alkoholkonsum zurückzuführen, sondern vor allem darauf, dass sich Krampusse und Perchten bei hochregulierten Läufen mit Absperrgittern und Schlagverboten keinen Respekt mehr verschaffen bzw. verschaffen dürfen. Der bereits angeführte Lokalzeitungsartikel vom November 2015 ist hierfür ein anschauliches Beispiel. Darin klagt der Obmann des „Teufelskreises Virunum": *„Wir hatten noch Respekt vor dem Krampus. Heutzutage ist davon nichts mehr zu merken. Brauchtum und Tradition sollen doch Spaß machen."* (Klagenfurter, 23/2015, 18./19.11.2015: 13.) Wie das folgende Zitat veranschaulicht, verbindet sich diese Haltung oft mit der Einschätzung, die Krampusszene sie verweichlicht oder effeminiert (siehe dazu 6.4.7):

„da krampus hot amoi de ruatn und so bleibts a..
bei soiche läufe wo rutenverbot is do werd i mie nie im lebn anmeldn
und jez heats bitte amoi mit soiche ‚woschloppnthemen' auf..
fongts endlich amoi o eich zum übalegn wia ma in respect wieda zruggriagn...
das wieda amoi a ongst do is bei de leit..
wonn a krampus kimmt donn muas amoi wieda wos los sei und nied umgekehrt.." (Username anonymisiert, krampusmania.at, 21.10.2008 [12.04.2017].)[253]

---

252   Wollen wir das wirklich??? – Vorfälle – KRAMPUSMANIA. URL: http://krampusmania.at/index.php/Thread/38587-Wollen-wir-das-wirklich/?postID=597028&highlight=h%25C3%25B56rner%2Brei%25C3%259Fen#post597028 (letzter Zugriff: 12.04.2017).
253   Rute gegen Pferdeschweif tauschen??? / Page 2 – Vorfälle – KRAMPUSMANIA. URL: http://krampusmania.at/index.php/Thread/29186-Rute-gegen-Pferdeschweif-tauschen/?pageNo=2 (letzter Zugriff: 12.04.2017).

Die letzte Gruppe verbreiteter Erklärungen verweist auf jene größeren gesellschaftlichen Probleme, die im dritten Kapitel bereits thematisiert wurden und im siebenten und achten Kapitel ausführlich diskutiert werden. Die Protagonistinnen und Protagonisten dieses Erklärungsansatzes schließen die anderen Erklärungen nicht aus, sehen diese aber nur als Symptome oder Folgen größerer gesellschaftlicher Fehlentwicklungen an. So sei das fehlende brauchbezogene Wissen nur ein Anzeichen für die Entfremdung der Jugend von ihren Wurzeln; der mangelnde Respekt vor Krampussen und Perchten spiegle nur die grundsätzliche Respektlosigkeit der Menschen wider; und auch der hemmungslose Alkoholkonsum und die hohe Aggressionsbereitschaft seien keineswegs auf das Brauchgeschehen beschränkt. Die Tatsache, dass diese Klagen in den meisten Fällen mit der Ansicht verbunden sind, diese Probleme gingen fast immer von „Ausländern" aus, deutet darauf auf das im siebenten und achten Kapitel dargelegte Argument hin, dass der Boom von Krampus- und Perchtenbräuchen ohne den Einbezug von Abgrenzungs- und Zugehörigkeitsbemühungen nur schwer verstanden werden kann.

> „Auch wenn ihr es für rassistisch oder dumm haltet
> mal ehrlich des dan nur de kloan jugokinder genau wie des bereits zur ‚tradition' gewordenen schneeballschießen auf krampusse i hob no nie an kloan österreicher gseng der des do hätt egal wos ma üwa de jugend sog i glaub das de imma no genug respekt vorm bösen krampus mit seiner langen rute hom im gegensatz zu de ausländerkinder de in unser land keman und moanan weis an nicht vorhandenen krieg üwalebt hom das de könige san und irgndwonn wird sich österreich, hoffe ich jedenfalls, das nicht mehr gefallen lassen
> bitte koane blöden bemerkungen" (Username anonymisiert, krampusmania.at, 25.09.2008 [28.06.2009].)[254]

(3) Überlegungen zu möglichen Lösungen. Hinsichtlich der Frage, wie man sich vor aggressiven, an den Hörnern reißenden Zuschauern schützen und im Ernstfall darauf reagieren solle, gehen die Meinungen weit auseinander. Zum Zwecke der Analyse kann man sie jedoch drei großen Lagern zuordnen.

Die Vertreter des einen Lagers (a) sehen die Ursache für die Entfremdung der Jugend vom Krampusbrauch in der Szene selbst. Die hochregulierten Schauläufe der letzten Jahre hätten dazu geführt, dass viele Zuschauer gar nicht wüssten, dass das Schlagen mit der Rute ein grundlegender Teil des Krampusbrauches sei. Daher, so das Argument, rechnen sie nicht mehr damit, einen Schlag mit der Rute abzubekommen und fühlen sich provoziert, wenn sie – versehentlich oder absichtlich – von einem Maskierten berührt werden. Damit sei auch der mangelnde Respekt vor Krampussen und Perchten verbunden.

---

254 Hörner reißen / Page 9 – Vorfälle – KRAMPUSMANIA. URL: http://krampusmania.at/index.php/Thread/28454-H%C3%B6rner-rei%C3%9Fen/?pageNo=9 (letzter Zugriff: 13.04.2017).

„Weißt du, auf der einen Seite sagen sie, die Kinder sollen das nicht mitbekommen. Das ist meine Erziehung als Elternteil, wie die Kinder damit umgehen. Wenn ich nicht will, dass mein Kind da einen ‚seelischen Schaden' nimmt, dann geh ich nicht hin zu so einem Lauf. Aber es ist teilweise so, dass die Eltern die Kinder gegen die Absperrung drücken und sich quasi dann aufregen, weil das einen Rutenhieb mitbekommt. Hallo, ich sehe so einen Zwerg nicht mit der Maske. Und wenn der irgendwo zwischen den Füßen herumspringt, wie soll ich den wahrnehmen? Wie? Also deswegen ist es finde ich mit den Absperrungen teilweise gefährlicher als anders." (Interview Hafner / Trinkl, 15.05.2010.)

Das gegenseitige Provozieren und Raufen sei aber untrennbar mit dem Krampusbrauch verbunden. Dementsprechend plädieren die Protagonisten dieses Lagers für Läufe ohne Absperrgitter.

„Also ich würd das Laufen lassen, is ja viel zu gefährlich bei so vielen agressiven Leuten, die da bei den Läufen zuschaun, da müssen die braven Krampus doch geschützt werden vor der gemeinen Meute der Zuschauer.
Ich glaub ich würd weinen anfangen, wenn mi jemand bei den Hörnern festhalten würde..... MANDA [Männer; Anm. d. Verf.] ....so nah darf doch keiner herankommen ohne das er eine fängt!!! Die Verweichlichung der Krampus führe ich allein auf die ‚geregelten Umzüge' zurück. Ein Jahr freier Lauf, ohne Ordner und doppelten Boden, dann ist der Respekt vorm Krampus wieder da und die Kinder bleiben zu Hause!" (Username anonymisiert, krampusmania.at, 24.09.2008 [13.04.2017].)[255]

„Ich glaub aber auch dass 99% derer, denen an den Herndln grissn werd, ned gscheid Krampuslaufen. Weil wenn i als Gruppe gscheid durchfetz [mit Schwung durch die Zuschauer laufe; Anm. d. Verf.] und zuahau [mit der Rute zuschlage; Anm. d. Verf.] (wie sichs für an Krampus gehört) kummt eh ned so schnell wer auf die Idee das a wem beim Herndl pockt." (Username anonymisiert, krampusmania.at, 24.09.2008 [13.04.2017].)[256]

„Wir machen unseren Lauf in Zukunft nur mehr alle 2 Jahre und einer gewissen Anzahl von Gruppen die wir sorgfältig auswählen, in dem Jahr wo wir keinen Lauf machen, wird wie vor 20 oder 30 Jahren auch schon - Hausbesuche gemacht und danach ein Kramperl- Umzug mit Nikolaus von der Viehberghütte durch den Ort, ohne Absperrgitter, Ordner, Musikanlage oder Platzsprecher, wer Zusehen kommen will muss sich auch dessen bewusst sein das er die Rute spüren könnte wen er sich einen Kramperl in den Weg stellt- da ists besser die Mädls mit ihren Miniröcken bleiben zuhause. Kramperl-laufen zwecks dem Brauch und nicht zwecks dem Zuschauer

---

255 Hörner reißen / Page 1 – Vorfälle – KRAMPUSMANIA. URL: http://krampusmania.at/index. php/Thread/28454-H%C3%B6rner-rei%C3%9Fen/?pageNo=1 (letzter Zugriff: 13.04.2017).
256 Hörner reißen / Page 2 – Vorfälle – KRAMPUSMANIA. URL: http://krampusmania.at/index. php/Thread/28454-H%C3%B6rner-rei%C3%9Fen/?pageNo=2 (letzter Zugriff: 13.04.2017).

oder der Selbstdarstellung (wie toll bin ich wie toll kann ich noch werden)." (Username anonymisiert, krampusmania.at, 25.09.2008 [13.04.2017].)[257]

Ähnlich unzimperlich sind sie bei der Frage, ob und wie fest ein Krampus zuschlagen bzw. wie er sich gegen brutale Angreifer wehren soll. Einige User sehen im „Draufhauen" überhaupt die Lösung des Problems.

„najo hob do letztes joah oan der wos des do hod an gscheidn headput [Headbutt (Kopfstoß, in diesem Fall ein Stoß mit der Maske ins Gesicht des Angreifers); Anm. d. Verf.] mid da loavn gebn das der jenige eigonga is glab das der sowos nimma mocht und sunnst jo mid da ruatn fest herdreschn dasa nerma woas wo hintn und vuahn is" (Username anonymisiert, krampusmania.at, 24.09.2008 [13.04.2017].)[258]

„pferdeschwanz[259] umdrehen und mit dem holz zuschlagen so habs i halt imma gmocht!!!!" (Username anonymisiert, krampusmania.at, 18.02.2009 [13.04.2017].)[260]

„auch nach den hörnern greifen und aus der maske raus, dann stehts 1:1 und dann MTG [Mit teuflischen Grüßen (in der Krampusszene üblicher Gruß); Anm. d. Verf.]" (Username anonymisiert, krampusmania.at, 25.09.2008 [13.04.2017].)[261]

---

257 Hörner reißen / Page 3 – Vorfälle – KRAMPUSMANIA. URL: http://krampusmania.at/index. php/Thread/28454-H%C3%B6rner-rei%C3%9Fen/?pageNo=3 (letzter Zugriff: 13.04.2017).

258 Hörner reißen / Page 1 – Vorfälle – KRAMPUSMANIA. URL: http://krampusmania.at/index. php/Thread/28454-H%C3%B6rner-rei%C3%9Fen/?pageNo=1 (letzter Zugriff: 13.04.2017).

259 Während Birken- oder Weidenruten das traditionelle Droh- und Schlagwerkzeug des Krampus sind, gehört zur Ausstattung einer Percht nach Ansicht traditionalistischer Brauchtumsbewahrer ein gegerbter Pferdeschweif. Da Perchten – im Gegensatz zu Krampussen, die als Begleiter des Heiligen Nikolaus den drohenden und strafenden Part des christlichen Gut-Böse-Dualismus verkörpern – keine strafenden Figuren sind, sondern „ Wintergeister vertreiben und durch einen Streif mit dem Pferdeschwanz Glück, Fruchtbarkeit und Segen für das neue Jahr bringen sollen" (Rossmann, zitiert nach Knes, Feldkirchner, 18./19.11.2014: 10f.), war der Pferdeschweif eigentlich nicht als Schlagwerkzeug gedacht. Wie wir im ersten und zweiten Kapitel gesehen haben, ist die klare Trennung von Krampus und Percht, die heute von vielen selbsternannten Brauchtumsexperten als Schlüssel zum Verständnis und zur traditionsgerechten Pflege alpiner Maskenbräuche angesehen wird, ein recht spätes Produkt des 19. Jahrhunderts. Durch die Vermischung der beiden Brauchfiguren im Rahmen des Booms der letzten 20 bis 25 Jahre wurde der Pferdeschwanz zum Schlaginstrument umfunktioniert. In den letzten Jahren ist zu beobachten, dass die Veranstalter großer, hochregulierter Umzüge entweder ein Schlagverbot verhängen, oder die Gruppen dazu anhalten, ihre Ruten durch Pferdeschweife zu ersetzen. Da viele Brauchtragende auf das Schlagen nicht verzichten wollen oder – angesichts der Angst vor aggressiven Zuschauern – können, wandeln sie den Pferdeschwanz in eine Schlagwaffe um, indem sie die Pferdehaare mit Wasser tränken, kleine Perlen einknüpfen oder den Pferdeschwanz (wie im obigen Zitat beschrieben) umdrehen und mit dem Holzgriff zuschlagen.

260 Hörner reißen / Page 7 – Vorfälle – KRAMPUSMANIA. URL: http://krampusmania.at/index. php/Thread/28454-H%C3%B6rner-rei%C3%9Fen/?pageNo=7 (letzter Zugriff: 13.04.2017).

Das andere Lager (b) ist hingegen der Ansicht, die Zunahme aggressiven Zuschauerverhaltens wurzle in einem Informationsdefizit. Dementsprechend sind dessen Protagonistinnen und Protagonisten der Meinung, brutal zurück oder vorsorglich in die Menge zu schlagen, sei nicht der richtige Weg, um den Respekt der Bevölkerung zu gewinnen. Ein solches Verhalten führe zu einem Zuschauerrückgang gefährde den Fortbestand des Brauches.

„Bei dem von Euch genannten ‚Hörner reißen' der Zuschauer oder wer auch immer kann es schon zu einer gefährlichen Situation kommen. Wir wissen ja alle das es hier schon einige Genickverletzungen gegeben hat! Wie hier jemand schreibt ‚einfach nur zuhaun' na ja so einfach ist es dann auch wieder nicht je nach dem in welcher Situation ich bin! Am besten ist immer noch aufpassen, aufpassen, aufpassen, aufpassen und zu leichtsinnige Situationen vermeiden!" (Username anonymisiert, krampusmania.at, 24.09.2008 [13.04.2017].)[262]

„Genau und wenn die KINDER zuhause bleiben....dann kommen auch weniger Eltern/Erwachsene...... und dann werden wir alleine bei einem Lauf sein!!!!!!!! Dann ist es besser wir hören alle gleich auch....... Und wenn du jetzt nachdenkst KEINE ZUSEHER ---- KEIN LAUF
Also das ‚Schnauze einhauen' , ‚mit der Rute gescheit Zuhauen' bringt also auch nichts...... Das beste ist man nimmt sich solche Leute zur Brust und erklärt ihnen das man das nicht machen darf weil sehr starke Verletzungen dadurch entstehen können........und mit erklären mein ich jetzt REDEN und keinen ‚Headbut' oder sonst was.....macht die ganze Sache sonst noch schlimmer!!!!! Einfach in so einer Situation als Gruppe zusammen halten...... Lg" (Username anonymisiert, krampusmania.at, 24.09.2008 [13.04.2017].)[263]

Kurzfristig gehe es darum, die Läufe möglichst ohne Ausschreitungen zu überstehen. Über die Frage, wie dies erreicht werden kann, herrscht jedoch wieder Uneinigkeit. Die einen plädieren für vom Veranstalter gestelltes Sicherheitspersonal, die anderen bauen auf gruppeneigene Ordner oder auf den Gruppenzusammenhalt, und wieder andere berufen sich auf das staatliche Gewaltmonopol.

„Bin selber Obmann einer Gruppe und wir haben bei jedem Lauf Begleit Personen mit die auf die Perchten Aufpassen, Weil die meisten Ordner des Veranstallters nicht in der lage sind um Zuschauer fern zu halten. Nur wenn ich sollche Argumente lese,: anfoch zuadreschn oder ane in die Fressn haun, dann stehlts mir die Haare am Kopf auf. Perchten Läufe haben was mit Brauchtum zu tun und nicht mit überschüssiger Agression die ich Ablassen kann.

---

261 Hörner reißen / Page 2 – Vorfälle – KRAMPUSMANIA. URL: http://krampusmania.at/index. php/Thread/28454-H%C3%B6rner-rei%C3%9Fen/?pageNo=2 (letzter Zugriff: 13.04.2017).
262 Hörner reißen / Page 1 – Vorfälle – KRAMPUSMANIA. URL: http://krampusmania.at/index. php/Thread/28454-H%C3%B6rner-rei%C3%9Fen/?pageNo=1 (letzter Zugriff: 13.04.2017).
263 Hörner reißen / Page 2 – Vorfälle – KRAMPUSMANIA. URL: http://krampusmania.at/index. php/Thread/28454-H%C3%B6rner-rei%C3%9Fen/?pageNo=2 (letzter Zugriff: 13.04.2017).

Wir alle wissen das es nicht immer einfach ist mit denn Zusehern aber muss ich dann gleich mit Gewalt Antworten? Auch ich wurde mal von hinten an denn Hörnern gerissen, meine Begleit Personen haben sofort eingegriffen denn Zuschauer fest gehalten mit Hilfe anderer Zusehern und wir haben ihn Angezeigt wegen Absichtlicher Körper Verletzung. Denkt darüber nach ob wirklich Gewalt immer die BESTE Lösung ist." (Username anonymisiert, krampusmania.at, 15.12.2008 [13.04.2017].)[264]

„Ich denke wenn die Gruppe zusammenbleibt, kann man solche ‚Zwischenfälle' relativ schnell und ohne viel aufsehen ‚regeln'. […] Man muss halt a wengerl zusammenhalten, und als Gruppe auftreten, aber solche Aktionen wird man nie ausschließen und vermeiden können! […] Und ob durchfetzen und durchziehen das richtige Mittel ist, bin ich nicht wirklich überzeugt, aber vielleicht täusch ich mich ja auch!" (Username anonymisiert, krampusmania.at, 24.09.2008 [13.04.2017].)[265]

„am besten ist es, nach möglichkeit, sich von solchen gruppen bzw. einzelnen fern zu halten. - ist leicht gesagt, da man durch die maske net unbedingt viel sieht. das andere problem ist wenn einer an den hörnern reißt das man denjenigen auch dann mit dem pferdeschwanz, hirschhaxen etc., trifft - handicap durch maske - aussicht, beweglichkeit eingeschränkt durch die garnitur. daher ist es sehr gut wenn ordner anwesend sind oder man aufeinander schaut (begleitpersonen). durch die länge der hörner kann das für das genick sehr schlecht ausgehen..... leider überlegen solche idioten leider immer erst dann wenn etwas passiert ist, und dann tut es ihnen aufeinmal leid und das wollten sie nicht usw...

solche sollten sofort angezeigt werden oder nach möglichkeit vom lauf entfernt werden." (Username anonymisiert, krampusmania.at, 23.12.2008 [13.04.2017].)[266]

Das Zuschauerverhalten gegenüber den Maskierten könne man nur verändern, wenn man ihnen, statt auf sie einzuschlagen, klarmache, dass die Ausrüstung teuer und das Hörnerziehen lebensgefährlich ist.

„Einmal vorweg, Hörner reißen sollte absolut net sein!

Die Verletzungsgefahr ist nicht unerheblich, schlimmstenfalsch TOD durch Genickbruch. Viele unterschätzen einfach die Kraft die auf das Genick wirken durch die Hebelwirkung der Länge der Hörner. -Kraft mal Kraftarm... Wenn einer jemand an den Hörnern hat und zieht kommt ma net wirklich zum schlagen. Denn durch das eingschränkte Gesichtsfeld muss man denjenigen mal sehen und dann mal treffen, ohne einen Unbeteiligten zu erwischen.

Am besten ist auf sich Gegenseitig zu achten und dann gibts noch die Ordner, die hoffentlich gleich zur Stelle sind um einen zu helfen. Höchste Vorsicht ist gebo-

---

264 Hörner reißen / Page 6 – Vorfälle – KRAMPUSMANIA. URL: http://krampusmania.at/index. php/Thread/28454-H%C3%B6rner-rei%C3%9Fen/?pageNo=6 (letzter Zugriff: 13.04.2017).

265 Hörner reißen / Page 2 – Vorfälle – KRAMPUSMANIA. URL: http://krampusmania.at/index. php/Thread/28454-H%C3%B6rner-rei%C3%9Fen/?pageNo=2 (letzter Zugriff: 13.04.2017).

266 Hörner reißen / Page 6 – Vorfälle – KRAMPUSMANIA. URL: http://krampusmania.at/index. php/Thread/28454-H%C3%B6rner-rei%C3%9Fen/?pageNo=6 (letzter Zugriff: 13.04.2017).

ten bei Läufen wo man im Vorhinein schon weiß dort könnts brenzlig werden. Und das nächste ist solche Läufe in Zukunft zu meiden. Was ich seid Jahren auch noch mach, ist Leit auf die gefahren hinzuweisen, wenn an an de Hörner reißen!! Da sind sie immer sehr erstaunt darüber was dabei passieren kann. Denn in ihrer naivität nehmen sie an da kann e nix passieren, bis halt wieder mal was ist und dann heißt es wieder: ‚hob i net gwußt duat ma lad!' Nur von dem hat der Geschädigte wenn ist net wirklich viel Wenn man mit die Leit red verstehn sie es eh, und a paar blede wird immer geben - leider...." (Username anonymisiert, krampusmania.at, 25.09.2009 [13.04.2017].)[267]

Langfristig könne man, so die Meinung vieler Userinnen und User, den Respekt der Zuschauer nur gewinnen und das Interesse breiter Bevölkerungsschichten nur aufrechterhalten bzw. weiter ausbauen, wenn man ihnen erkläre, worum es bei Krampus- und Perchtenbräuchen geht, und ihnen klarmache, dass es sich bei den Rutenschlägen, den grauenvollen Maskierungen und aggressiven Posen nicht um Angriffe oder Provokationen handelt, sondern um die Ausübung eines alten Brauches.

„Es ist gefordert, dass Ordnungshüter dabei sind, dass Ordner dabei sind, die das Ganze überwachen und die schauen was los ist. Also es ist nicht umsonst, dass Gruppen in solchen Problemgebieten [Orte und Stadtteile mit einem hohen Ausländeranteil; Anm. d. Ver.] mehr Ordner mithaben als Läufer. Das schaut zwar witzig aus und die meisten Leute hacken sich ab [lachen; Anm. d. Verf.], wenn da sieben Krampusse kommen und 15 Ordner. Aber es hat einen Grund. Es hat einen Grund. Und ich [als Veranstalter eines Umzuges; Anm. d. Verf.] darf auch nicht im Vorfeld schon das Ganze so anheizen, dass ich sage, OK wenn die Krampusse kommen und es passiert irgendetwas, dann kommt's zu uns, weil wir machen dann eine Anzeige und was weiß ich was alles. Also ich muss dann die Leute vorbereiten drauf, was passiert. Ich muss ihnen das erklären. [...] DAS muss ich machen. Ich darf nicht wie bei einem Lauf in Klagenfurt da Gitter aufstellen und den Leuten sagen: ‚Bleiben Sie hinter den Absperrungen', und den Krampussen sagen: ‚Geht nicht nahe zu den Absperrungen dazu'. Sondern ich muss sagen: ‚So und so schaut's aus. Der, der da vorne an der Absperrung steht, muss damit rechnen, dass er mit der Rute eines drüberkriegt, weil das gehört dazu.' Ich glaube, da ist das Verständnis teilweise auch ein Bisschen verkehrt aufgebaut. Und auch wo ich auch sagen muss, die Medien schlachten das teilweise gewaltig aus." (Interview Hafner / Trinkl, 15.05.2010.)

Das dritte Lager (c) umfasst Vertreterinnen und Vertreter verschiedenster Erklärungsversuche. Unabhängig davon, ob sie die Ursache immer aggressiveren Zuschauerverhaltens innerhalb oder außerhalb der Krampusszene verorten, ob sie sich stärker an aggressiven Zuschauern oder aggressiven Krampussen stören, und ob sie die Zuschaueraggression an sich als Problem ansehen oder ob sie eher

---

267 Hörner reißen / Page 10 – Vorfälle – KRAMPUSMANIA. URL: http://krampusmania.at/index. php/Thread/28454-H%C3%B6rner-rei%C3%9Fen/?pageNo=10 (letzter Zugriff: 13.04.2017).

bedauern, selbst nicht mehr zuschlagen zu dürfen – ihre Schlussfolgerung ist, sich mehr oder weniger intensiv aus der Krampus- und Perchtenszene zurückzuziehen. Während manche berichten, bestimmte Läufe auszulassen oder nur mehr an wenigen ausgewählten Läufen teilzunehmen, beschränken sich andere wieder darauf, den Heiligen Nikolaus bei seinen Hausbesuchen zu begleiten.

> „Ich finde das dass die unterste schublade ist !!! [...] desswegen hören auch viele passen auf oder machen nur hausbesuche oder so weil es immer unruhen mit den zuschauern gibt !!! [...] und des sehr fest eine haun is a koa lösung weil der jenige donn genau woas dasa a beweis hod zum ANZEIGEN !!!" (Username anonymisiert, krampusmania.at, 27.04.2010 [13.04.2017].)[268]

Diese Diskussion ist nicht nur im Hinblick auf die Frage nach körperlicher Gewalt und deren Bedeutung interessant. Sie zeigt außerdem, wie wichtig den Brauchträgerinnen und Brauchträgern die Außerdarstellung ihrer Tätigkeiten und ihr Image in der medialen Öffentlichkeit ist. Durch die Wortmeldungen in den verschiedenen Quellen zieht sich das Bemühen und der Wunsch wie ein roter Faden, dass die Gruppentätigkeiten nicht nur nicht als gewalttätiges, abweichendes Verhalten angesehen werden, sondern im Gegenteil als Beitrag zur Erhaltung heimischen Kulturgutes und damit als wertvoller Dienst an der Allgemeinheit. Sowohl in den Interviews als auch auf *Krampusmania* wird die einseitige Medienberichterstattung beklagt. So werde meistens nur über gewalttätige Krampusse berichtet, während Provokationen und körperliche Angriffe von Seiten der Zuschauer meistens verschwiegen werden würden. Die Salzburger Ausgabe der *Kronen Zeitung* titelte zum Beispiel am 5. Dezember 2010: *„Polizist von randalierendem Krampus verletzt – Nase gebrochen"*. Im Artikel (vgl. Kronen Zeitung, 05.12.2010 [13.04.2017])[269] war hingegen nicht mehr von einem Maskierten, sondern lediglich von einem *„21-jährigen Tischler"* mit einem Blutalkoholgehalt von 1,96 Promille die Rede. Wie die folgenden Zitate zeigen, hatte die Krampusgemeinde zunächst wenig Verständnis für den ausgerasteten Kollegen. Eine Userin schrieb zum Beispiel:

> „Des is echt da Hammer Dann wundern warum Alkoholverbot vorm Lauf und Polizei und Sicherheitsdienst auf da Laufstrecke, Absperrgitter und und und Als Veranstalter sollst dann no an Lauf organisieren wos ned soviel Auflagen gibt. Des hamma

---

268 Hörner reißen / Page 13 – Vorfälle – KRAMPUSMANIA. URL: http://krampusmania.at/index. php/Thread/28454-H%C3%B6rner-rei%C3%9Fen/?pageNo=13 (letzter Zugriff: 13.04.2017).

269 *Polizist von randalierendem Krampus verletzt – Nase gebrochen.* Kronen Zeitung / Österreich, 14.12.2010.   URL: http://www.krone.at/oesterreich/polizist-von-randalierendem-krampus-verletzt-nase-gebrochen-story-233970 (letzter Zugriff: 13.04.2017).

ja dan wohl solche Deppen zum verdanken" (Username anonymisiert, krampusma-nia.at, 05.12.2010 [13.04.2017].)[270] Ein anderer User stimmte ihr zu. Auch er bedauerte, dass das Image des ganzen Brauches immer wieder durch schwarze Schafe in den Schmutz gezogen werde.

„?!?!?!?! Oida, des möcht des Brauchtum imma nua schlimma, weil wenn des sovie-le Leite in der Zeitung lesen, und dann das noch überall mündlich weitererzählt wird, do traut si jo kana mea am Perchtenlauf ! Der wos des dahn hat, der soi sei Strafe sche langsam ziang lassen, den keat des so richtig das er ins Gefängnis kommt, is er ja, oda ???" (Username anonymisiert, 05.12.2010, ebd.)

Nicht nur der Obmann der „Fallen Angels Teufelspass Volders" (www.fallen-angels.at [13.04.2017])[271] plädierte für ein grundsätzliches Alkoholverbot vor Krampusläufen:

„Das Problem an der ganzen Sache ist,dass 1drittl aller Krampusse nur diesen Brauchtum ausübt um SAAUUFFEENN zu können. Für mich sind das rießen große ARSC......R. ‚Kein' Alkohol vorm Laufen!!!!!!!!!!!!!!!!!!!!!!!!! HG [Höllische Grü-ße (in der Krampusszene üblicher Gruß); Anm. d. Verf.] Obmann der Fallen An-gels." (Username anonymisiert, krampusmania.at, 06.12.2010 [13.04.2017].)[272]

Andere erwiderten, das gemeinsame Trinken von Alkohol sei Teil des Brauches. Ein User schrieb zum Beispiel:

„wenn er keinen alkohol verträgt dann soll er lassen!! denn wer trinkt vorm lauf kei-nen alk !! und wenn man sich nicht unter kontrolle hat dann sollt man es lassen" (Username anonymisiert, krampusmania.at, 09.12.2010 [13.04.2017].)[273]

Als jedoch ein Mitglied der Gruppe, die diesen Lauf organisiert hatte, einwandte, der Täter sei *„eine Privatperson am Krampuslauf, und war nie als Krampus verkleidet bzw. ist nicht Mitglied einer Pass!!"* (Username anonymisiert, kram-pusmania.at, 06.12.2010 [13.04.2017])[274], wandte sich die Stimmung gegen *„die*

270 Polizist von randalierendem Krampus verletzt / Page 1 – Vorfälle – KRAMPUSMANIA. URL: http://krampusmania.at/index.php/Thread/46551-Polizist-von-randalierendem-Krampus-verlet zt/?pageNo=1 (letzter Zugriff: 13.04.2017).
271 Teufelpass Volders / Fallen Angels. URL: http://www.fallen-angels.at/ (letzter Zugriff: 13.04. 2017).
272 Polizist von randalierendem Krampus verletzt / Page 1 – Vorfälle – KRAMPUSMANIA. URL: http://krampusmania.at/index.php/Thread/46551-Polizist-von-randalierendem-Krampus-verlet zt/?pageNo=1 (letzter Zugriff: 13.04.2017).
273 Polizist von randalierendem Krampus verletzt / Page 2 – Vorfälle – KRAMPUSMANIA. URL: http://krampusmania.at/index.php/Thread/46551-Polizist-von-randalierendem-Krampus-verlet zt/?pageNo=2 (letzter Zugriff: 13.04.2017).
274 Polizist von randalierendem Krampus verletzt / Page 1 – Vorfälle – KRAMPUSMANIA. URL: http://krampusmania.at/index.php/Thread/46551-Polizist-von-randalierendem-Krampus-verlet zt/?pageNo=1 (letzter Zugriff: 13.04.2017).

Medien". Ein User beklagte sich zum Beispiel, *„ [d]ie Pressefritzen richt[et]en mit ihrer unseriösen Berichterstattung auch andauernd die Szene ins schiefe Licht"* (Username anonymisiert, krampusmania.at, 09.12.2010 [13.04.2017])[275]. Aber nicht nur im Hinblick auf Alkoholkonsum, sondern allgemein würden, so die einhellige Meinung, Krampusse und Perchten oft zu Unrecht als Schläger dargestellt.

> „Man hört immer so viel, ‚das Krampusbrauchtum das sind aggressive Jugendliche, die einfach nur ihren Frust abbauen wollen', und so weiter. Schmarren! Natürlich gibt's die auch, die gibt's überall, die gibt's auch bei uns. Es gibt Vollidioten, die wirklich nur aufs Schlagen aus sind. Aber das sind die, die eigentlich dann eh aus-gemerzt werden nach einer Zeit, weil die wollen wir eigentlich gar nicht haben." (In-terview Hafner / Trinkl, 15.05.2010.)

Da das Phänomen der – tatsächlich oder vermeintlich – zunehmenden Häufigkeit und Intensität gewalttätiger Auseinandersetzungen bei Krampusläufen der Ver-sportlichungsthese, auf der dieses Kapitel basierte, zu widersprechen scheint, wird diesem Phänomen ein eigenes, das siebente, Kapitel gewidmet.

---

275 Polizist von randalierendem Krampus verletzt / Page 2 – Vorfälle – KRAMPUSMANIA. URL: http://krampusmania.at/index.php/Thread/46551-Polizist-von-randalierendem-Krampus-verlet zt/?pageNo=2 (letzter Zugriff: 13.04.2017).

7 Krampus-Hooliganismus – Gewalt und Etablierten-Außenseiter-Beziehungen

7.1 Problemstellung – Krampusläufe und exzessive Gewalt

In diesem Kapitel werden wir uns mit gewalttätigen Auseinandersetzungen zwischen Maskierten und Zuschauern beschäftigen und sie als *Krampus-Hooliganismus* bezeichnen. Darunter wird hier jenes Zuschauer- und Krampusverhalten verstanden, welches das bei Krampus- und Perchtenläufen übliche oder erlaubte Maß an Aggressivität und Gewalttätigkeit überschreitet bzw. andere als die legitimen Formen der Gewalt (siehe sechstes Kapitel) annimmt. Der Begriff *Hooliganismus* könnte den Eindruck erwecken, er beziehe sich ausschließlich auf Gewalt, die von Brauchausübenden ausgeht. Dem ist nicht so. Auch der Begriff *Fußball-Hooliganismus* bezieht sich nicht auf die Gewalt *von* Fußballspielern an anderen Fußballspielern oder an Zuschauern, sondern auf jene *zwischen* Zuschauergruppen oder in selteneren Fällen auf die Gewalt von Zuschauern *an* Spielern.[276] Dass dieser Begriff hier eingeführt wird, ist der Beobachtung geschuldet, dass es deutliche Parallelen zwischen Fußball-Hooliganismus und den gewalttätigen Ausschreitungen bei Krampus- bzw. Perchtenläufen gibt. Dass es seltsam erscheint, im Zusammenhang mit Brauchtumsumzügen von Hooliganismus zu sprechen, könnte damit zusammenhängen, dass dieser Begriff in der Alltagssprache vorwiegend im Zusammenhang mit Sport verwendet wird.

Um gewalttätige Ausschreitungen bei Krampus- bzw. Perchtenläufen besser verstehen zu können, werden wir uns ihnen in diesem Kapitel von verschiedenen Seiten annähern und sie aus unterschiedlichen Blickwinkeln untersuchen. Zunächst (7.2) werden wir danach fragen, ob Krampus- und Perchtenläufe in den letzten Jahren tatsächlich gewalthaltiger geworden sind, oder ob wir Ausmaß und Intensität dieser vermeintlichen Exzesse überschätzen, weil die Sensibilität gegenüber bestimmten Formen der Gewalt zugenommen hat. Danach (7.3) werden wir aus analytischen Gründen davon ausgehen, dass die Gewalttätigkeit bestimmter sozialer Gruppen tatsächlich gestiegen ist, und der Frage nachgehen, ob dies auf fehlendes kulturelles – in diesem Falle brauchtumsbezogenes – Hinter-

---

276 Für eine differenzierte Darstellung der Konfrontationsformen zwischen Fußballhooligans siehe Dunning / Murphy / Williams 2003: 436-440.

grundwissen zurückzuführen ist. Im nächsten Schritt (7.4) werden wir noch weiter gehen und fragen, welche Rolle dabei die Affektmodellierungen und Verhaltensstandards der beteiligten sozialen Gruppen spielen. Schließlich (7.5) werden wir die Machtausstattung der einander bei einem Krampuslauf gegenüberstehenden Gruppen einbeziehen und einen Krampuslauf als Etablierten-Außenseiter-Figuration im Elias'schen Sinne verstehen. Dementsprechend werden wir nach den Machtverhältnissen, aber auch nach den Wünschen, Ängsten und Ansprüchen sowie nach Abgrenzungs- und Zugehörigkeitsbemühungen auf beiden Seiten fragen.

Bevor wir uns der systematischen, theorie- und empiriegestützten Analyse des Krampus-Hooliganismus zuwenden, scheint es aber geboten, die Problemstellung in zwei Schritten kurz zu umreißen. Im ersten Schritt (7.1.1) wird das zu erklärende Phänomen aus der Perspektive des Feldforschers skizziert. Um einen Eindruck zu vermitteln, welche Formen Krampus-Hooliganismus annehmen kann und wie sehr er die Beteiligten beschäftigt, werden im siebenden Kapitel auch Krampusläufer zu Wort kommen und von ihren Erfahrungen berichten. Als Bindeglied zwischen Betroffenenberichten, empirischen Untersuchungen und theoretischen Analysen sollen zwei persönliche Erlebnisse, die aus der mehrjährigen Feldforschungstätigkeit stammen, der systematischen Untersuchung vorangestellt werden.[277] Im zweiten Schritt (7.1.2) wird der Fokus auf die Frage gelegt, ob und inwiefern sich im Rahmen der sogenannten „Flüchtlingskrise" die Konfliktkonstellation in den Augen der Brauchausübenden geändert hat. Für die Rekonstruktion dieser Debatte wird auf verschiedenste Quellen zurückgegriffen: von Medienberichten über Online-Diskussionsforen bis zu persönlichen Gesprächen, die in den letzten beiden Jahren im Rahmen von Feldforschungen geführt wurden.

---

277   Natürlich sind auch diese Erzählungen nicht absolut distanziert oder objektiv. Nicht nur, dass ich in Kärnten aufgewachsen und damit im Österreich der 1980er und -90er Jahre sozialisiert worden bin; auch mit der Rolle des Soziologen sind ganz bestimmte Perspektivierungen verbunden, die den Rahmen für das Erleben und Reflektieren dieser Erfahrungen gebildet haben. Und gerade wenn man sich als in einer hochdifferenzierten Staatsgesellschaft aufgewachsener Mensch plötzlich in einer gewalthaltigen, bedrohlichen Situation wiederfindet, kann von einer distanzierten Beobachtung und Einschätzung ohnehin nicht die Rede sein. In diesem Sinne sind die hier wiedergegebenen Auszüge aus meinem Forschungstagebuch höchst subjektiv und in Elias' Sinne durch und durch engagiert. Trotzdem bin ich als Beobachter, der weder der Gruppe der angeblichen „Täter" noch jener der selbsternannten „Opfer" angehört, weniger involviert als die Beteiligten. Insofern sind meine Erzählungen als Ergänzung zu den anderen Erfahrungsberichten und Kommentaren gedacht, die im besten Falle zu einer ausgewogeneren Sicht des Problems beitragen. Dies ist gerade angesichts der Tatsache von Bedeutung, dass in diesem Kapitel aus methodischen und forschungspraktischen, aber auch aus inhaltlichen Gründen, nur eine der beiden Seiten zu Wort kommt.

7.1.1 *Zur Zunahme exzessiver Gewalt – eine feldforschende Annäherung*

Im November 2008 besuchte ich den berühmten Krampuslauf in Schladming (Obersteiermark). Gleich zu Beginn durchbrachen zwei Krampusgruppen die Absperrgitter, stürmten in ein dahinter liegendes türkisches Lokal und schlugen jenseits des auf allen Läufen, die ich bis dahin besucht hatte, tolerierten Maßes an Gewalttätigkeit auf die in den Hauseingang flüchtenden Personen ein. Zunächst hielt ich diese Brutalität für eine Schladminger Tradition und freute mich, Zeuge einer authentischen, wenig reglementierten Spielart des Krampusbrauchtums werden zu dürfen. Anders als bei vielen anderen Krampus- und Perchenläufen (siehe sechstes Kapitel) schien hier das „Krampustreiben", das gegenseitige Necken und Rangeln von Maskierten und Nicht-Maskierten, noch nicht vom Posieren und vom Vorführen inszenierter Schaukämpfe abgelöst worden zu sein. Außerdem handelte es sich bei den beiden Krampusgruppen um zwei von drei „Vorgruppen". Dies sind neu gegründete Gruppen, die bei diesem renommierten Lauf die Möglichkeit erhalten, sich vor den 20 „Hauptgruppen" dem Publikum und der Presse zu präsentieren und bei den Organisatoren für das nächste Jahr zu empfehlen. Dazu kommt, dass die Mitglieder der beiden Gruppen sehr jung, d.h. zwischen 14 und 17 Jahren, und aus Schladming waren. Alle diese Informationen ließen zunächst das Bild entstehen, es habe sich lediglich um jugendlichen Übermut und bei den angegriffenen Zuschauern um Freunde oder Bekannte der Krampusse gehandelt. Diese Einschätzung sollte sich jedoch bald als falsch herausstellen. Auch wenn ich aufseiten der Zuschauer keine über das übliche Maß hinausgehenden Provokationen erkennen konnte, kann man aufgrund einiger Hintergrundinformationen davon ausgehen, dass dieser Vorfall eine Vorgeschichte hatte.

Medienberichte, Diskussionen auf *Krampusmania.at* und vor allem persönliche Beobachtungen sollten nämlich zeigen, dass hinter diesem Vorfall mehr steckte als ein Spaß unter Freunden, und dass er nur eine von vielen gewalttätigen Auseinandersetzungen zwischen Brauchausübenden auf der einen Seite und Jugendlichen ausländischer Herkunft auf der anderen Seite ist. Bereits am nächsten Tag gab es auf *Krampusmania* empörte Berichte auswärtiger Krampusgruppen, die erzählten, während und nach dem Schladminger Lauf von „Ausländern" angegriffen worden zu sein. Sie erklärten, im nächsten Jahr nicht mehr nach Schladming zu kommen und rieten anderen Gruppen, diesen Lauf ebenfalls zu meiden. Es meldeten sich Mitglieder von Gruppen, die in der Vergangenheit ähnliche Erfahrungen gemacht und die gleichen Konsequenzen gezogen hatten. (Vgl. Feldtagebuch Schladming, 29.11.2008.) Im *Krampusmania*-Forum gibt es eine Fülle diesbezüglicher Berichte und Diskussionen über ähnliche Vorfälle bei verschiedenen Krampus- und Perchtenläufen in ganz Österreich. Fast alle Kommentatorinnen und Kommentatoren berichten, dass Übergriffe von Zuschauern zunehmen und dass diese meistens von sogenannten Ausländern ausgehen. Spätestens die Teilnahme an einem Krampuslauf am Grazer Lendplatz zeigte mir, dass es sich bei den Erzählungen der *Krampusmania*-User nicht bloß um Übertreibungen oder gar von rechtsextremen Organisationen gestreute Gerüchte handelte, sondern dass diese Konflikte auf größere gesellschaftliche Probleme hinweisen, ohne deren Berücksichtigung die jüngste Begeisterung für Krampus- und Perchtenbräuche nicht verstanden werden kann. Angesichts der Vorkommnisse in Schladming und der Berichte auf *Krampusmania* hatte ich mich bewusst für den Besuch des kleinen Umzuges auf dem Lendplatz und gegen den Besuch des am gleichen Abend stattfindenden berühmten Laufes in Lienz (Osttirol) entschieden. Schließlich schien mir gerade in Lend[278] die Wahrscheinlichkeit für das Aufeinandertreffen von Krampussen und einer größeren Anzahl von – vorwiegend männlichen – Migranten hoch zu sein; und ich wollte mit eigenen Augen sehen, was in einer solchen Situation passiert. Tatsächlich verfolgten die Veranstalter, die „Kalvarienberg Teifl", das Ziel, *„[...] den vergessenen Brauch wieder auf die rechte Murseite[279] zu bringen"* (Plakat zur Veranstaltung, Graz, Dezember 2008). Da der Lauf in jenem Jahr zum ersten – und wie sich herausstellen sollte, auch zum letzten – Mal stattfand, war er entsprechend unprofessionell organisiert. Die Laufstrecke war nicht, wie dies heute üblich ist, mit Absperrgittern, sondern lediglich mit einem Baustellenband gesichert. Es gab nur einen Ordner, Polizisten waren nicht zu sehen. Da es regnete, waren nur ein paar

---

278   Lend ist der Grazer Stadtbezirk mit dem zweithöchsten Migrantenanteil (im Oktober 2010 lag der Anteil der nicht-österreichischen Hauptwohnsitze bei 25,95 Prozent; im Oktober 2016 waren es 32,99 Prozent) (vgl. Magistrat Graz: Aktuelle Bezirks-Bevölkerungsstatistik Lend, 2016). Nur der angrenzende Stadtbezirk Gries hat einen höheren Anteil nicht-österreichischer Bevölkerung (30,13 Prozent der Hauptwohnsitze im Oktober 2010 und 39,54 Prozent im Oktober 2016) (vgl. Magistrat Graz: Aktuelle Bezirks-Bevölkerungsstatistik Gries, 2016). Bezieht man Nebenwohnsitze mit ein, sind die nicht-österreichischen Bevölkerungsanteile noch höher.

279   Als „rechte Murseite" werden von der Grazer Stadtbevölkerung jene Stadtbezirke bezeichnet, die sich am rechten, das heißt westlichen, Murufer rund um den Hauptbahnhof befinden und traditionell vorwiegend durch Arbeiterviertel geprägt sind. Umgangssprachlich wird die Bezeichnung „rechte" oder auch „schlechte Murseite" jedoch häufig synonym für die beiden oben genannten Stadtbezirke Lend und Gries verwendet und dem traditionell bürgerlichen, wohlhabenden und politisch links-liberalen Murufer rund um Innenstadt und Universität gegenübergestellt. Lend und Gries zeichnen sich durch einen hohen Migrantenanteil, einen geringen Grünflächenanteil und niedrige Einkommen aus (vgl. Zöchling, Profil, 22.07.2015). Außerdem wurden dort in den letzten beiden Jahren mit Abstand die meisten Asylwerberinnen und Asylwerber aller Grazer Stadtbezirke untergebracht (vgl. Kleine Zeitung, 22.07.2015). Auch wenn seit ungefähr 15 Jahren gerade in der Gegend um den Lendplatz umfassende Gentrifizierungsprozesse zu beobachten sind (vgl. Schmidt, Der Standard, 03.05.2013), ist die Intention der Krampuslauf-Veranstalter durchaus als Rückeroberung eines vermeintlich an Migranten und die linke urbane Szene verlorenen Stadtteils zu verstehen.

hundert Zuschauer anwesend. Zudem bestand das Teilnehmerfeld nur aus acht Krampussen, die allesamt den „Kalvarienberg Teifln" angehörten. Während sich ältere Zuschauer und Familien südlich, östlich und westlich der Laufstrecke zwischen den Marktständen einfanden, hielten sich die jugendlichen Zuschauer vorwiegend im Norden des Lendplatzes auf. (Vgl. Feldnotizen Graz-Lendplatz, 05.12.2008.)

Nach der Show sollte ein Freilauf[280] folgen. Zu diesem Zweck verließen einige Krampusse den abgesperrten Bereich, um direkten Kontakt mit Kindern und Jugendlichen aufzunehmen. Zu Beginn machten sich die Jugendlichen über die Krampusse nur lustig, aber dann gelang es ihnen, einen von ihnen von den anderen zu isolieren und einzukreisen. Ein Bursche rannte auf den Maskierten zu und versetzte ihm einen Sprungkick in den Rücken. Als sich zwei weitere Krampusse drohend und um sich schlagend in die Nähe der Jugendlichen wagten, wurden auch sie angegriffen. Plötzlich kippte die Stimmung, die Jugendlichen rotteten sich zu Gruppen zusammen – einige riefen mit ihren Handys Freunde herbei, andere verbargen ihre Gesichter hinter Schals. Sie schnappten sich Stöcke und andere Gegenstände, die sie auf der Straße finden konnten. Ein Mädchen, das auf der anderen Seite der Laufstrecke stand, rief: *„ Versteht ihr das nicht? Das ist ja nur ein Brauch. "* Innerhalb weniger Minuten fanden sich an der Nordseite des Lendplatzes 100 bis 150 vorwiegend männliche Jugendliche ein. Zwar zogen sich die Krampusse zurück, allerdings konnte man unter den anderen Zuschauern vereinzelt Widerstand erkennen. Zwei Frauen, eine Mitte 30, die andere Anfang 50, riefen: *„Ausländer raus! Ausländer raus!"*. Auch wenn sich die beiden Parteien nie definiert hatten, schien allen Beteiligten klar zu sein, dass es sich um eine Auseinandersetzung zwischen „Ausländern" auf der einen und „Inländern" auf der anderen Seite handelt. Tatsächlich ließen Aussehen und Sprache der Jugendlichen darauf schließen, dass ein großer Teil von ihnen aus Familien mit

---

280 Verhältnismäßig wenig regulierte Art des Krampuslaufes, die sich dadurch auszeichnet, dass Krampusse und Zuschauer nicht durch Absperrgitter voneinander getrennt sind, dass für erstere kein Schlagverbot herrscht und dass beide Gruppen unmittelbar aufeinandertreffen. Bis vor einigen Jahren waren Freiläufe (oder „Krampustreiben") die üblichste Form des Krampuslaufes. Erst im Zuge des im sechsten Kapitel nachgezeichneten Transformationsprozesses wurden sie entweder in hochregulierte Show-Veranstaltungen umgewandelt (wie etwa in Schladming (Steiermark)) oder Show- und Freilaufelemente voneinander getrennt, um es jenen, die dies wünschen, zu ermöglichen, den Krampussen nur zuzuschauen, ohne mit ihnen in direkten Kontakt zu treten. Diese Trennung kann entweder zeitlich erfolgen (wie beim Krampuslauf in Zell am See (Land Salzburg), bei dem der Freilauf im Anschluss an den Showlauf stattfindet) oder räumlich (wie etwa beim Krampuslauf in Lienz (Osttirol), bei dem der Freilauf auf ein abgesperrtes Areal begrenzt ist). Aus den im sechsten Kapitel angeführten Gründen gibt es reine Freiläufe zum gegenwärtigen Stand nur mehr sehr selten (ein Beispiel sind die Klaufbauf-Bräuche im Osttiroler Ort Matrei, deren Besonderheiten im ersten, zweiten und sechsten Kapitel ausführlich dargelegt wurden).

Migrationshintergrund stammte. Als die Krampusse zurückzogen, löste sich die Ansammlung auf. Insgesamt wurden drei Krampusse brutal angegriffen und mehrere bedroht. Da ich mich – als vorausschauender und naiver Feldforscher – inmitten der Jugendlichen postiert hatte, konnte ich die Dynamik des Eskalationsprozesses aus nächster Nähe beobachten. Offensichtlich nahmen die Jugendlichen zumindest in Kauf, ihre Opponenten zu verletzen. (Vgl. ebd.)

Es ist eine Tatsache, dass sich in den letzten Jahren – parallel zur im sechsten Kapitel skizzierten Theatralisierung und Reglementierung von Krampus- und Perchtenläufen – in der Lokalpresse und in der Krampusszene ein Narrativ entwickelt hat, das eine gegenläufige Entwicklung hin zu exzessiver, physischer Gewalt – vonseiten der Zuschauer wie vonseiten der Brauchträger – zum Thema hat.[281] Es sei darauf hingewiesen, dass die zuständigen Behörden eine entsprechende Zunahme aggressiver Gewalttaten nicht bestätigen können. Der Klagenfurter Polizeisprecher Markus Drexel weist in dem im sechsten Kapitel angeführten Zeitungsartikel über aggressive Zuschauer die Klage eines Vereinsobmannes, es käme zu *„immer mehr Übergriffen gegenüber Krampussen"* (Fugger, Klagenfurter, 23/2015, 18./19.11.2015: 12), zurück: *„Uns ist kein Anstieg von aggressivem Verhalten gemeldet worden. Es gab in den letzten Jahren in Klagenfurt und Klagenfurt Land keine Anzeige."* (Ebd.: 13.) Auch der Mitorganisator des Klagenfurter Krampuslaufes entgegnet in diesem Zeitungsartikel den Vorwürfen, es sei dort *„zuerst eskaliert [...] und dann zu einer Rauferei gekommen"*: *„Es gibt höchstens kleine Reibereien. Wenn einer nicht mitlaufen will, muss er das nicht. Ein Krampuslauf ist kein Balletttanz. [...] Es ist zu keiner strafrechtlichen Tat gekommen. Ein paar Jugendliche sind über den Zaun gesprungen. Sie wurden aber sofort von den Ordnern beruhigt."* (Ebd. 12f.) Der Obmann des „Teufelskreises Virunum" spricht hingegen von einem *„Tabuthema"* (ebd.).

Die im Rahmen dieses Forschungsprojektes angewandten Methoden erlauben es nicht, generalisierende Aussagen über die quantitative Entwicklung aggressiven und gewalttätigen Verhaltens bei Krampus- und Perchtenläufen zu machen. Auf der Basis der in den letzten zehn Jahren durchgeführten Feldforschungen lässt sich aber doch feststellen, dass zumindest bei jenen Krampus- und Perchtenläufen, die ich in feldforschender Absicht jedes Jahr besuche, eine Zunahme solcher Vorfälle durchaus zu beobachten ist. Zum Verständnis dieses Trends können die Konzepte der Augenlust und des mimetischen Ereignisses oder der Verweis auf verschiedene Gewalttypen ebenso wenig beitragen wie der Hinweis, dass Norbert Elias den abendländischen Zivilisationsprozess als nicht-

---

281   Siehe dazu auch die im sechsten Kapitel angeführten Zeitungsartikel über gewalttätige Krampusse, aggressive Zuschauer und die mitunter schweren Verletzungen, die Krampus- und Perchtenläufe nach sich ziehen können.

lineare, widersprüchliche Entwicklung verstanden hat. Anders als im Falle der Krampusshows hat man es hier nicht mit spielerischer, inszenierter, sondern mit ernsthafter, spontaner und brutaler Gewalt zu tun.

7.1.2 Die „Flüchtlingskrise" und ihre Folgen

Der Großteil der im siebenten Kapitel versammelten Beobachtungen und Analysen ist vor dem Einsetzen der sogenannten „Flüchtlingskrise" entstanden. Das bedeutet einerseits, dass die ab Unterkapitel 7.2 vorgetragenen Analysen und Interpretationen auf systematischen, empirischen Erhebungen basieren. Andererseits lässt sich – anders als etwa im Falle der weiblichen Krampusse und Perchten – im Hinblick auf gewalttätige Ausschreitungen zum jetzigen Zeitpunkt nicht einschätzen, auf welche Art und in welchem Ausmaß sich die Entwicklungs- und Konfliktlinien in den letzten Jahren verändert haben. Vieles spricht dafür, dass die Konfliktkonstellation – oder figurationssoziologisch ausgedrückt: die Etablierten-Außenseiter-Figuration – durch die Unterbringung von Flüchtlingen in ländlichen Gemeinden noch komplexer geworden ist. Einerseits, weil dadurch Flüchtlinge mit den für sie fremden Umzügen und Masken konfrontiert wurden, und andererseits, weil auch für die Veranstalter von Krampus- und Perchtenläufen, für die verantwortlichen Entscheidungsträger und für die Brauchausübenden neue Herausforderungen entstanden sind. Die entsprechenden Debatten innerhalb der Krampus- und Perchtenszene sind daher immer im Zusammenhang mit der Zuspitzung der politischen und öffentlichen Diskussion über den Umgang mit Flüchtenden und Geflüchteten zu verstehen.

In den vergangenen beiden Wintern durchgeführte Feldforschungen lassen darauf schließen, dass sich dadurch nicht nur die Konfliktkonstellation geändert hat, sondern dass auch neue Konfliktlinien, Zugehörigkeits- und Abgrenzungsbedürfnisse hinzugetreten sind. Da die systematische empirische Untersuchung, auf der dieses Buch basiert, vor dem Einsetzen der sogenannten „Flüchtlingskrise" abgeschlossen war, können diese Fragen in diesem Buch nicht systematisch behandelt oder gar beantwortet werden. Allerdings werden in den folgenden Unterkapiteln die entsprechenden Analysen bei Bedarf um aktuelle Beobachtungen und Überlegungen erweitert. Eine weitere Einschränkung besteht darin, dass wir uns in diesem Buch vorwiegend der Perspektive der Brauchausübenden widmen, da aufgrund der übergeordneten Fragestellung vor allem die Bedürfnisse und Interessen dieser gesellschaftlichen Milieus von Bedeutung sind. Zwar werden in diesem Kapitel sowohl einzelne Krampusläufe als auch die Beziehungen zwischen den daran beteiligten gesellschaftlichen Großgruppen als Etablierten-Außenseiter-Figuration skizziert und analysiert. Es wird auch danach gefragt, wie sich die Figuration ändert, wenn sich die Beziehungen (zum Beispiel die Machtverhältnisse) zwischen den beteiligten Gruppen wandeln, oder wenn neue Außenseiter (zum Beispiel Flüchtlinge) hinzukommen. Aber wie sich diese Veränderungen im Detail gestalten, wird – wie die Frage, welche theoretischen, methodischen und methodologischen Schlüsse daraus zu ziehen sind – in einer derzeit laufenden Nachfolgestudie untersucht. In diese Studie werden auch die Perspektiven der Zuschauer und Ausgeschlossenen systematisch einbezogen, um ein noch kohärenteres Bild von jenen Prozessdynamiken zu erhalten, die an den Veränderungen der Etablierten-Außenseiter-Figuration beteiligt sind.

Im Hinblick auf die in diesem Kapitel interessierende Perspektive der Brauchausübenden scheinen sich die heute zu beobachtenden Entwicklungs- und Konfliktlinien seit dem Jahr 2010 nicht wesentlich verändert zu haben. Hinsichtlich der inhaltlichen Ausrichtung und der sprachlichen Gestaltung der Argumente lassen sich in den Wortmeldungen der Brauchausübenden keine großen Veränderungen feststellen. Vieles deutet darauf hin, dass Flüchtlinge lediglich als eine weitere Bedrohung, nicht aber als neue Art der Bedrohung wahrgenommen werden. Schließlich war die Vorstellung, „Ausländer" würden „österreichische" oder „christliche" Bräuche zerstören, schon lange vor dem Einsetzen der großen Flüchtlingsbewegungen von 2015 ein in der Krampus- und Perchtenszene bestens eingeführtes Narrativ – nur dass damit bis dahin Jugendliche aus türkisch- oder ex-jugoslawischstämmigen Familien gemeint waren. Dementsprechend ziehen die Kommentatorinnen und Kommentatoren heute auch keine wesentlich anderen Schlüsse als vor der sogenannten „Flüchtlingskrise", sondern fühlen sich lediglich in ihren Ansichten und Einschätzungen bestätigt. Wie die Ausführungen der nächsten Seiten zeigen werden, gilt dies auch dann, wenn sich die – tatsächliche, erwartete oder befürchtete – Anwesenheit von Asylwerbern unmittelbar auf die Ausübung des Brauchtums auswirkt. In diesen Fällen kann man lediglich eine Veränderung in der Quantität und Intensität der Wortmeldungen feststellen, die jedoch auch nur von kurzer Dauer ist.

Insgesamt lassen sich im Zusammenhang mit der direkten Konfrontation der Krampus- und Perchtenszene mit Flüchtlingen vier Reaktionen identifizieren: (a) die Verstärkung der brauchtümlichen Aktivitäten, (b) der Ausschluss von Flüchtlingen von brauchtümlichen Aktivitäten, (c) die Absage brauchtümlicher Aktivitäten wegen Sicherheitsbedenken und (d) die Einbeziehung von Flüchtlingen in bzw. die Aufklärung von Flüchtlingen über brauchtümliche Aktivitäten. Die in vielen *Krampusmania*-Kommentaren befürchtete Absage aus Rücksichtnahme auf Flüchtlinge konnte hingegen bisher nicht beobachtet werden.

Obwohl sich die konkreten Anlässe für die Diskussionen über den Umgang mit „Ausländern" durch die Konfrontation mit Flüchtlingen durchaus verändert haben, kann man alle vier Reaktionen als Spielarten der in der Krampus- und

Perchtenszene seit Jahren kontrovers diskutierten Frage verstehen, wie man mit „Ausländern" umzugehen habe. Da jedoch nicht nur der Anlass selbst, sondern auch die Intensität der Diskussionen durchaus neu ist, sei in aller Kürze auf die Besonderheiten der Diskussion über dem Umgang mit Flüchtlingen hingewiesen. Sowohl die (a) Verstärkung der brauchtümlichen Aktivitäten, um der Bedrohung durch das Fremde faktisch oder symbolisch entgegenzuwirken, als auch die (b) Haltung, man müsse Flüchtlinge von Krampus- und Perchtenläufen fernhalten, ist eine Fortführung und Spezifizierung von Tendenzen, die schon lange vor dem Einsetzen der sogenannten „Flüchtlingskrise" in der Krampus- und Perchtenszene zu beobachten sind. Da sich die in diesem Zusammenhang vorgetragenen Thesen, Wertvorstellungen und Argumente durch die Ankunft von Flüchtlingen nicht wesentlich verändert haben, werden sie ab Unterkapitel 7.2 ausführlich diskutiert und müssen an dieser Stelle nicht weiter ausgeführt werden.

Die (c) Absage eines Krampus- oder Perchtenlaufes aus Angst vor Flüchtlingen (oder aus Rücksichtnahme auf Flüchtlinge) mag ein extremes und seltenes Beispiel sein. Aus drei Gründen ist es jedoch trotzdem geboten, hier kurz darauf einzugehen: Erstens ist die Absage eines Krampuslaufes aus Sicherheitsbedenken tatsächlich ein neues Phänomen. Zweitens erlaubt dieser extreme Fall, ein Schlaglicht auf Verunsicherungen, Ängste, Abgrenzungsbedürfnisse und politische Vereinnahmungen zu werfen, die – nicht nur in der Krampus- und Perchtenszene – mit der sogenannten „Flüchtlingskrise" zusammenhängen. Und drittens sind auch das Ausmaß und die Art der medialen Berichterstattung über diese Absage im Hinblick auf mehrere Fragen, die im weiteren Verlauf dieses Kapitels diskutiert werden, durchaus aufschlussreich.

Am 20. Oktober 2015 sagte die Krampusgruppe „Moorteufel Steindorf" auf ihrer *Facebook*-Seite ihren für den 21. November geplanten Krampuslauf mit folgendem Statement ab:

„OSSIACHER KRAMPUSLAUF ABGESAGT!!! [zwei weinende Emojis; Anm. d. Verf.]

Anbei die Benachrichtigung,die an alle teilnehmenden Gruppen geschickt wurde!!

Liebe Teilnehmer,liebe Freunde!

Schweren Herzens muss ich euch hiermit leider mitteilen,dass wir den heutigen Krampuslauf in Ossiach leider absagen müssen!

Mir ist klar, dass es für euch jetzt eine sch..... Situation ist,da ihr euch sicher schon darauf gefreut habt und jetzt so kurzfristig nur mehr schwer einen Startplatz bei einem anderen Lauf bekommen werdet. Ich hoffe aber, dass ihr nach dem Lesen der nachfolgenden Zeilen einigermassen verstehen werdet,warum wir uns für ein Absage entschieden haben,und sich euer Zorn auf uns in Grenzen haltet!

BEGRÜNDUNG
Wie einige von euch mitbekommen haben, wird in Ossiach ein Erstaufnahme-
zentrum für Flüchtlinge eröffnet.
Genau Infos,wann es soweit ist,hat zwar nicht mal die Gemeinde Ossiach,die
Rede ist aber von ‚Ende Oktober/Anfang November'. Auf Aussagen wie ‚vor Dezember zieht da sicher niemand ein' können wir uns nicht verlassen, da es nur mut-
maßungen sind! Da diese Gebäude nur ca. 5 Gehminuten von unserem Veranstal-
tungsort entfernt ist,ist davon auszugehen, dass sich bei der Veranstaltung auch
‚Bewohner' von dort aufhalten werden.
    Da dieses Thema seit Monaten polarisiert wie kein anderes und sich auch jeder
schon seine eigene Meinung,egal ob positiv oder negativ,gebildet hat,können und
wollen   wir   das   Risiko,dass   es   zu   Zwischenfällen/Auseinandersetzungen
kommt,nicht eingehen
    Damit meine ich folgendes:Stellt euch vor,einer von euch gibt einem sich in
den Zuschauern befindenden Flüchtling einen ‚ganz normalen Rutenhieb'! Kein
Mensch weiß,wie er darauf reagiert,weil er unser Brauchtum nicht kennt und eventuell den Schlag als ‚persönlichen Angriff auf sein Leben' sieht,oder vielleicht einfach nur auf Stunk aus ist! Sollte er zurückschlagen,weiß ich auch ganz genau,dass
sich jeder einzelne von euch sehr gut selbst verteidigen,sowas dann aber schnell zum
eskalieren beginnen kann,und genau das wollen wir vermeiden.
    Es muss aber nicht mal mit euch zu tun haben. Es ist ja auch ganz leicht mög-
lich,dass es zu Stänkereien unter den Zusehern kommt. Wie gesagt, jeder hat seine
ganz persönliche Einstellung zum Thema Flüchtlinge! Und Alkohol macht ja bekanntlich die Zunge weich [ein zwinkerndes Emoji; Anm. d. Verf.]
    Genauso kann es ja auch sein,dass sich unter den Flüchtlingen welche befin-
den,die nur auf Stunk aus sind und die Konfrontation suchen!
    Man kann unzählige Szenarien durchspielen,Fakt ist,dass jede Range-
lei,Schlägerei,Sachbeschädigung,............. Auf uns zurückfällt!
    Sollte es zu schlimmeren Ausseinanderstzungen mit eventuellen Verletzten
kommen,bin ICH der jenige,der vor dem Richter steht! Und da hab ich wohl wirklich besseres zu tun!!
    Aus diesen Gründen sehen wir uns leider gezwungen unsere Veranstaltung
heuer abzusagen! Wir warten jetzt mal ein Jahr ab und schauen,wie sich die Dinge in
Ossiach (und allgemein in Österreich) entwickeln,und hoffen,dass wir den Lauf
nächstes Jahr wieder durchführen können.
    ICH KANN MICH NUR NOCH MAL BEI EUCH ENTSCHULDIGEN UND
HOFFE,DASS IHR UNSERE ENTSCHEIDUNG EINIGERMASSEN VERSTE-
HEN KÖNNT!!
    ICH WÜNSCHE EUCH AUF ALLE FÄLLE EINE TOLLE,UNFALLFREIE
SAISON UND HOFFE DEN EINEN ODER ANDEREN MAL IRGENDWO ZU
TREFFEN!!" (KG Moorteufel Steindorf – Facebook, 20.10.2015 [16.03.2017].)[282]

---

282 KG Moorteufel Steindorf – Facebook, 20.10.2015. URL: https://www.facebook.com/groups/
     327908912300/?fref=ts (letzter Zugriff: 16.03.2017).

In diesem Statement, das auch an all jene Krampus- und Perchtengruppen verschickt wurde, die sich für den Ossiacher Krampuslauf angemeldet hatten, lassen sich mehrere Motive identifizieren. Die Ungewissheit, wie Flüchtlinge auf die furchterregenden Masken, die lauten Glocken und die aufgeheizte Stimmung reagieren, weil sie das Brauchtum nicht kennen, traumatisiert sind und sich möglicherweise bedroht fühlen, ist kein neues Motiv, sondern lediglich eine Fortsetzung der seit mehr als zehn Jahren verbreiteten These, aggressives Zuschauerverhalten wurzle in mangelnder Brauchkenntnis (siehe sechstes Kapitel). Neu ist hingegen die Angst, dass es zu *„Stänkereien unter den Zusehern"* kommt. Sie deutet einerseits auf die damalige Polarisierung der öffentlichen Meinung in der Flüchtlingsfrage hin und lässt andererseits vermuten, dass die Veranstalter davon ausgingen, dass eventuell anwesende Flüchtlinge von anderen Zuschauern angegriffen oder zumindest beleidigt werden würden. Der Zusatz *„Alkohol macht ja bekanntlich die Zunge weich [ein zwinkerndes Emoji; Anm. d. Verf.]"* kann als Versuch gedeutet werden, erwartetes Fehlverhalten im Voraus zu entschuldigen. Das dritte der genannten Motive ist die Angst, einige Flüchtlinge wollten nur stänkern. Dass dieses Motiv nicht weiter ausgeführt wird, hängt wohl damit zusammen, dass die These vom aggressiven, brauchtumszerstörenden „Ausländer" innerhalb der Szene wohletabliert ist und keiner weiteren Erläuterung bedarf. Die Möglichkeit, dass Brauchausübende gegenüber Flüchtlingen aggressiv werden, wird hingegen gar nicht angesprochen.

Während ansonsten die Absage eines kleinen Krampus- oder Perchtenlaufes nicht einmal in Lokalzeitungen besprochen wird, schlug die Flüchtlings-bedingte Absage des Ossiacher Laufes in den Medien und sozialen Netzwerken bundesweit hohe Wellen. Die Wiener Tageszeitung *Kurier*, die ansonsten kaum über ländliche Folklore berichtet, gab in ihrem Artikel *„Kärntner Brauchtumsverein sagt Krampuslauf ab"* (Kurier, 20.11.2015 [16.03.2017])[283] die oben genannten Motive kurz wieder und ließ neben der veranstaltenden Gruppe auch den Ossiacher Bürgermeister und den Obmann des Kärntner Brauchtumsverbandes zu Wort kommen. Sogar der *ORF*, Österreichs größter Medienkonzern, berichtete ausführlich – und zwar nicht das Landesstudio Kärnten, sondern das auf ein bundesweites Lesepublikum ausgerichtete Nachrichtenportal *ORF.at*.

> „Viele Menschen haben Angst vor Krampussen und ihren Ruten. Das gehört im Alpenraum seit vielen Jahren in der Vorweihnachtszeit einfach dazu und macht für viele den Nervenkitzel der Krampusläufe erst aus. Doch dass Krampusse vor Menschen Angst haben, ist neu.

---

283 *Kärntner Brauchtumsverein sagt Krampuslauf ab.* Kurier, 20.11.2015. URL: https://kurier.at/ chronik/oesterreich/fluechtlinge-kaerntner-brauchtumsverein-sagt-krampuslauf-ab/159.631.813 (letzter Zugriff: 16.03.2017).

Wovor der Verein der Moorteufel konkret Angst hat, war am Mittwoch nicht zu erfahren. Sowohl Obmann Georg Rossmann als auch sein Stellvertreter Philip Wurzer waren für den ORF telefonisch nicht erreichbar." (ORF.at, 21.10.2015 [16.03.2017].)[284]

Dieser Textausschnitt ist insofern interessant, als er exemplarisch für den einerseits faszinierten, andererseits abschätzigen Blick städtisch-aufgeklärter Kreise auf die – nicht nur ländliche – Brauchtumsbegeisterung ist. Gleichzeitig unterscheidet er sich aber von Regional- und Boulevardzeitungsartikeln insofern nicht, als er ausschließlich auf die Angst vor Flüchtlingen eingeht, während er die im *Facebook*-Statement der Krampusgruppe ebenfalls angeführte Angst vor unangemessenen Zuschauerreaktionen nicht thematisiert. Darüber hinaus wird die Tatsache, dass sich Krampusse vor Zuschauern fürchten, als neue Entwicklung und damit als Resultat der Anwesenheit von Flüchtlingen dargestellt. Die im sechsten Kapitel angeführten Lokalzeitungsartikel und *Krampusmania*-Diskussionsbeiträge belegen hingegen, dass aggressives und mitunter gewalttätiges Zuschauerverhalten zumindest in den ländlichen Regionen Österreichs seit mindestens zehn Jahren als Problem wahrgenommen wird. Wodurch sich der *ORF.at*-Beitrag von Lokal- und Boulevardzeitungsartikeln unterscheidet, ist die Tatsache, dass er die Angemessenheit der Angst vor Flüchtlingen in Frage stellt. Auch die Kärntner Ausgabe der *Kleinen Zeitung* legte mit ihrer Artikelüberschrift *„Krampusse ‚fliehen' vor Flüchtlingen"* (Canori, Kleine Zeitung, 20.10. 2015 [16.03.2017])[285] nahe, die Angst vor Flüchtlingen sei das zentrale Motiv für die Absage gewesen. Im Beitrag selbst wird hingegen die Absage als wohlüberlegte Reaktion auf die unübersichtliche, schwer einzuschätzende Lage dargestellt.

„Mit Ausländerfeindlichkeit habe das nichts zu tun, beteuert der Schriftführer des Vereins, Anton Truppe, der ‚Kleinen Zeitung'. Es sei ein reines Sicherheits- und Haftungsproblem. ‚Niemand konnte uns sagen, wie viele Flüchtlinge Ende November in Ossiach sein werden. Und wir wissen auch nicht, wie sie auf dieses Brauchtum reagieren', sagt Truppe. Zwar sehe die Polizei kein erhöhtes Gefahrenpotenzial, als kleiner Verein wolle man aber trotzdem kein Risiko eingehen." (Ebd.)

Der doppelseitige Artikel *„Um den Krampus und den Nikolaus ist es schlecht bestellt"*, der kurz darauf in der österreichweit erscheinenden Boulevardzeitung *Die ganze Woche* (49/2015) abgedruckt wurde, ist aus drei Gründen interessant. Erstens wird die Absage des Ossiacher Krampuslaufes als Symptom größerer

---

284 *Krampuslauf wegen Asylwerbern abgesagt?* ORF.at, 21.10.2015. URL: http://kaernten.orf.at/news/stories/2738069/ (letzter Zugriff: 16.03.2017).

285 Canori, Christiane: *Krampusse „fliehen" vor Flüchtlingen.* Kleine Zeitung / Kärnten, 20.10. 2015. URL: http://www.kleinezeitung.at/kaernten/feldkirchen/4848160/Ossiach_Krampusse-fliehen-vor-Fluechtlingen (letzter Zugriff: 16.03.2017).

gesellschaftlicher Fehlentwicklungen und als Resultat politischer Fehlentschei-
dungen dargestellt. Zweitens sind die ersten Zeilen dieses Artikels ein auf-
schlussreiches Beispiel sowohl für den auch in der Krampus- und Perchtenszene
verbreiteten spielerischen Umgang mit gedachten Traditionen und vorgestellten
Kontinuitäten als auch für die zentrale Rolle, die der Imagination einer langen,
kontinuierlichen Tradition bei der Konstruktion von Gruppenkohäsion und -
identität zukommt. Der folgende Textausschnitt ist exemplarisch für die Konstruktion einer langen, kontinuierlichen Tradition:

> „Krampus- und Perchtenläufe sind aus der Adventzeit in unserem Land nicht mehr
> wegzudenken. Auch in der Gemeinde Ossiach in Kärnten fand jährlich ein Kram-
> puslauf statt. Heuer wurde er zum ersten Mal seit 20 Jahren abgesagt." (Ebd.)

Zunächst werden Krampus- und Perchtenläufe als konstitutiver und tief verwur-
zelter Bestandteil einer seit langer Zeit bestehenden, emotional verankerten und
national gefassten Fest- und Feierkultur eingeführt. Im zweiten Satz wird der
Ossiacher Krampuslauf als Teil dieser vermeintlich langen, jährlich kollektiv
begangenen Tradition vorgestellt. Im dritten Satz, der vom Ende dieser Tradition
kündet, erfahren der Leser und die Leserin, dass diese Tradition erst seit 20 Jahren besteht (laut den „Moorteufeln Steindorf" waren es sogar nur acht Jahre). Als
die „Moorteufel Steindorf" im Jahr 2017 das zehnjährige Jubiläum ihres Krampuslaufes, der seit 2016 wieder jährlich stattfindet, und ihr 20-jähriges Vereins-
jubiläum feierten, erschien in der auf der neuen Website *Krampuszeit.at* veröffentlichten Rückschau die Geschichte des Ossiacher Krampuslaufes wiederum
als kontinuierliche, zehnjährige Tradition (vgl. Krampuszeit.at, 04.01.2017
[19.04.2017])[286]. Die Absage aus dem Jahr 2015 wird auch hier ausgeblendet.

Der dritte Grund, aus dem der *Die-ganze-Woche*-Artikel (49/2015) interessant ist, ist die Tatsache, dass darin die Absage des Krampuslaufes mit einer
anderen, ebenfalls als Bedrohung des Brauchtums interpretierten, Entwicklung in
Zusammenhang gebracht wird: mit dem Vorschlag der Katholischen Jungschar,
der Heilige Nikolaus solle bei seinen Hausbesuchen keinen Bart mehr tragen,
damit seine Mimik besser sichtbar sei (siehe sechstes Kapitel).

> „Weil in Ossiach (K) Flüchtlinge in einem Verteilerzentrum untergebracht sind, hat
> der Verein ‚Moorteufel Steindorf' seinen Krampuslauf abgesagt. Weil die Veranstal-
> ter nicht wissen, wie die Flüchtlinge auf diesen Brauch reagieren. Auch der Nikolaus
> darf nicht mehr so sein wie er war. Die Katholische Jungschar in Kärnten will, dass
> der Nikolaus keinen Bart mehr trägt. […] Während den Ossiachern der Krampus
> madig gemacht wird, soll nun auch der bärtige Nikolaus aus dem Kärntner Brauch-
> tum verschwinden." (Ebd.)

---

286 Krampuslauf Ossiach 2017 „20 Jahre Moorteufel" – Krampuszeit.at, 04.01.2017. URL: http://
www.krampuszeit.at/event/__trashed/ (letzter Zugriff: 19.04.2017).

Die Reaktionen auf die Absage und die mediale Berichterstattung reichten von Verständnis über Ärger bis zu recht harter Kritik, waren aber überwiegend negativ. Während Ossiachs FPÖ-Bürgermeister Johann Huber angesichts der vermeintlich gefährdeten Sicherheitslage „vollstes Verständnis" (Canori, Kleine Zeitung, 20.10.2015 [16.03.2017])[287] für die Absage hatte, kritisierte sein Stellvertreter und Parteifreund, Franz Moser, er „[...] halte nichts davon, dass wir der Flüchtlinge wegen irgendetwas absagen sollten. Im Gegenteil: Wir müssen unsere Kultur mehr denn je pflegen." (Die ganze Woche, 49/2015.) Weniger trotzig, aber ebenfalls auf einem selbstbewussten Bekenntnis zu den vermeintlich eigenen Wurzeln bestehend, äußerte sich der Landesobmann der Jungen ÖVP Kärnten, Sebastian Schuschnig:

„Einen traditionellen Perchtenlauf abzusagen, weil Flüchtlinge zuschauen könnten, die vielleicht zurückhauen, ist dermaßen daneben. Wenn wir selbst unsere Bräuche nicht hoch halten, wie sollen wir dann von Zuwanderern verlangen, diese zu achten?" (Schuschnig zitiert nach Canori, Kleine Zeitung, 20.10.2015 [16.03.2017].)[288]

Diese Gleichsetzung der Absage eines Krampuslaufes mit der Aufgabe oder gar dem Verrat vermeintlich typisch österreichischer oder christlicher Traditionen, Wertvorstellungen und Lebensweisen war unter Krampusmania-Usern die häufigste Reaktion auf die Absage des Ossiacher Krampuslaufes. Während der ganzen Krampuszeit im Winter 2015 war die Tendenz zu beobachten, bei jedem Bericht über einen Zwischenfall reflexartig darauf zu schließen, dies sei auf „die Flüchtlinge" oder „die Flüchtlingskrise" zurückzuführen. Als Anfang Dezember 2015 mehrere regionale Boulevardmedien im Sog des großen Medienechos, das die Absage des Ossiacher Krampuslaufes ausgelöst hatte, von der Absage weiterer Krampusläufe berichteten, wurde die Stimmung auf Krampusmania und in anderen Diskussionsforen zunehmend aggressiver. Obwohl sowohl die berichtenden Medien – das regionale Online-Nachrichtenportal Salzburg24 (Naderer, Salzburg24, 17.11.2015 [20.04.2017])[289] und die Kronen Zeitung (02.12.2015 [16.03.2017])[290] – als auch die Organisatoren der abgesagten Krampusläufe

287   Canori, Christiane: Krampusse „fliehen" vor Flüchtlingen. Kleine Zeitung / Kärnten, 20.10. 2015. URL: http://www.kleinezeitung.at/kaernten/feldkirchen/4848160/Ossiach_Krampusse-fliehen-vor-Fluechtlingen (letzter Zugriff: 16.03.2017).

288   Canori, Christiane: Krampusse „fliehen" vor Flüchtlingen. Kleine Zeitung / Kärnten, 20.10. 2015. URL: http://www.kleinezeitung.at/kaernten/feldkirchen/4848160/Ossiach_Krampusse-fliehen-vor-Fluechtlingen (letzter Zugriff: 16.03.2017).

289   Naderer, Moritz: Auch Halleiner Krampuslauf für 2015 abgesagt. Salzburg24, 17.11.2015. URL: http://www.salzburg24.at/auch-halleiner-krampuslauf-fuer-2015-abgesagt/4522604 (letzter Zugriff: 20.04.2017).

290   Schaurige Tradition: Krampus- Warnung für Flüchtlinge in Österreich. Kronen Zeitung, 02.12.2015. URL: http://www.krone.at/oesterreich/krampus-warnung-fuer-fluechtlinge-in-oesterreich-schaurige-tradition-story-485050 (letzter Zugriff: 16.03.2017).

ausdrücklich betonten, die Absage der Krampusläufe in der Stadt Salzburg, in Braunau (Oberösterreich), Hallein (Land Salzburg) und Schladming (Steiermark) sei aus finanziellen bzw. *„sicherheitstechnischen und organisatorischen Gründen"* erfolgt, schien für den Großteil der Diskutanten festzustehen, dass „die Flüchtlinge" daran schuld seien.

> „Liebe Redaktion, hört endlich mal auf mit eurer Heuchelei, ihr glaubt wohl selber nicht, dass die Krampusläufe aus organisatorischen Gründen abgesagt werden mussten, wenn wir nicht mehr das schreiben dürfen was Sache ist, auch negatives, ja dann sperrt halt gleich bei allen Artikeln die Kommentarfunktionen, und die Sache hat sich.Das ist meine Meinung dazu." (Username anonymisiert, Salzburg24, 17.11.2015 [20.04.2017].)[291]

> „Kurz um: Ihr seit eine deklarierte Lügenpresse!" (Username anonymisiert, ebd.)

Viele Kommentatoren beklagten, die falsche Rücksichtnahme auf die Befindlichkeiten und kulturellen Prägungen von Asylwerbern führe zur Zerstörung oder „Abschaffung" der „eigenen" Kultur.

> „Und nächstes Jahr werden alle Christkindlmärkte abgesagt aus Respekt vor unseren muslimischen Mitbürgern.
> Ich finde auch es wäre besser für das Geld Moscheen zu bauen um diese neuen friedlichen Mitbürger noch besser zu integrieren.
> Schafft alle unsere Bräuche und Traditionen ab. Braucht doch kein Mensch. Kauft doch lieber ne Palette voll Iphone 6 für die armen, traumatisierten Flüchtlinge anstatt Geschenke für einheimische Kinder. Und gebt ihnen doch unsere Christbäume, dann müssen sie wenigstens nicht mehr die Zelte anzünden. Stinkt auch nicht so." (Username anonymisiert, ebd.)

> „Nur weiter so! Damit schön langsam alle Traditionen ausgerottet werden..." (Username anonymisiert, ebd.)

> „Ich brauche die Klaubeufe auch nicht, aber wegen den Flüchtlingen werden wir gar nichts abschaffen!!! Vor allem werden wir nicht ihre Gesetze bei uns einführen, wie z. B. das Schächten von Tieren!!!!!Sie sollen akzeptieren, wie es bei uns ist, ansonsten ab in die Heimat!!!!!!!!!!!!!!" (Username anonymisiert, Krone.at, 04.12.2015 [16.03.2017].)[292]

---

291 Naderer, Moritz: *Auch Halleiner Krampuslauf für 2015 abgesagt.* Salzburg24, 17.11.2015. URL: http://www.salzburg24.at/auch-halleiner-krampuslauf-fuer-2015-abgesagt/4522604 (letzter Zugriff: 20.04.2017).

292 *Schaurige Tradition: Krampus- Warnung für Flüchtlinge in Österreich.* Kronen Zeitung, 02.12.2015. URL: http://www.krone.at/oesterreich/krampus-warnung-fuer-fluechtlinge-in-oesterreich-schaurige-tradition-story-485050 (letzter Zugriff: 16.03.2017).

In anderen Kommentaren findet sich die Ansicht wieder, ein zu wenig selbstbewusster Umgang mit den eigenen Traditionen verhindere die Integration von Zugewanderten.

„Ob wegen.der Flüchtlinge oder nicht das werden wir wohl nie erfahren ,denn die Ehrlichkeit und Aufrichtigkeit die dieses Thema betreffen sind schon längst auf der Strecke geblieben! (falls jemals vorhanden) Da braucht sich keiner mehr zu wundern wenn keiner wenn man nicht mehr glaubt das diese Absagen nicht mit den.flüchtlingen zusammen hängen dreht sich doch seit Monaten alles nur mehr um dieses leidige Thema! Nur sollte es dennoch der Fall sein das diese Absagen damit zu tun haben ist das sicher der falsche Weg ,denn überall hört man von Integration und näher bringen unserer Kultur ,und diese Bräuche sind nun einmal Teile unserer Kultur! Auch ist es denke ich enttäuschend für die vielen.Mitglieder dieser Passen denn ich weiss wie viel Vorbereitung, Geld und auch Vorfreude hinter dem Ganzen stecken! Wie schauts dann nächstes Jahr bei den Festspielen aus???? Wird der Jedermann vom Spielplan gestrichen? Ist ja auch Furcht einflößend wenn der durch die Nacht grölt und dürfen.wir Silvester nicht mehr schießen? Was müssen.wir noch Alles hinnehmen und dulden?" (Username anonymisiert, Salzburg24, 17.11.2015 [20.04.2017].)²⁹³

Wieder andere Diskutanten vermuteten, die Absagen seien in der Angst vor Terroranschlägen begründet, die wiederum auf die Verfehlungen der europäischen und österreichischen Flüchtlingspolitik zurückgeführt werden.

„Das sind doch alles nur Ausreden, zu sagen aus organisatorischen Gründen, in Wirklichkeit haben alle Angst wegen den Anschlägen in Paris und auch wegen der Flüchtlingskrise, denn dass gerade heuer so viele Absagen sind, finde ich schon merkwürdig." (Username anonymisiert, ebd.)

Für besonders emotionale Diskussionen sorgte die Aussage, der Halleiner Krampuslauf habe abgesagt werden müssen, weil die Polizei die nötigen Absperrgitter nicht zur Verfügung habe stellen können. Wie ein Polizeisprecher mitteilte, seien zwar *„in den vergangenen Jahren die Absperrgitter von der Polizei zur Verfügung gestellt worden, grundsätzlich [sei] dafür aber der Veranstalter zuständig"* (Naderer, ebd., 17.11.2015). Und diese Kosten seien, so ein Sprecher der veranstaltenden Krampusgruppe „Igonta Pass", *„für die Vereine nicht zu tragen gewesen"* (ebd.). Viele Kommentatorinnen und Kommentatoren vermuteten, die Absperrgitter stünden nicht zur Verfügung, weil sie *„zur Flüchtlingslenkung"* (Username anonymisiert, ebd.) gebraucht werden.²⁹⁴

---

293 Naderer, Moritz: *Auch Halleiner Krampuslauf für 2015 abgesagt.* Salzburg24, 17.11.2015. URL: http://www.salzburg24.at/auch-halleiner-krampuslauf-fuer-2015-abgesagt/4522604 (letzter Zugriff: 20.04.2017).
294 Im September 2015 wurde Salzburg zur Drehscheibe der Flüchtlingsbewegung über die Balkanroute nach Deutschland. Als Deutschland wieder Grenzkontrollen einführte, wurde die Inf-

„Wenn die Absperrgitter jedes Jahr zur Verfügung gestellt wurden, aber ausgerechnet dieses Jahr nicht, dann können sich die Leute ausrechnen warum dieses Jahr nicht. Ihr könntet ja mal recherchieren wo die Gitter aktuell sind. Ich vermute bei jeder Demo sind Absperrgitter im Einsatz ohne das sich der Veranstalter darum kümmern muss. Recherchiert doch mal!" (Username anonymisiert, ebd.)

„Wo werden diese Gitter wohl benötigt werden.... Wenn sie vor Ort wären, würde man sicher keine Absage erteilen. Schade, dass jetzt wirklich unsere Tradition schon so darunter leiden muss." (Username anonymisiert, ebd.)

„Jaja die Absperrgitter brauchen sie an den Grenzen für die Flüchtlinge.. Für einen traditionellen Krampuslauf ist natürlich kein Geld da!! Peinlich Peinlich.." (Username anonymisiert, ebd.)

„Traurig aber wahr! Wichtig für die Flüchtlinge (sind nicht die Schuldigen-aber trotzdem) sind Gitter und sonst noch so einiges vorhanden! Aber für die Österreicher und deren Interessen schauts finster aus......Böser Gedanke von mir: Vielleicht sind die Krampusse und unsere Brauchtumsinteressen zu wenig weit links angesiedelt für Förderungen und Unterstützung......" (Username anonymisiert, ebd.)

Tatsächlich kann nicht abschließend beurteilt werden, warum diese Krampusläufe abgesagt wurden. Fakt ist, dass sich im Winter 2015 viele Flüchtlinge in der Stadt Salzburg aufhielten. Es ist durchaus möglich, dass dies bei der Absage des Salzburger Krampuslaufes eine Rolle spielte. Ebenso plausibel ist, dass die Polizei keine kostenlosen Absperrgitter zur Verfügung stellen konnte, weil diese für das „Flüchtlingsmanagement" dringender gebraucht wurden. Fest steht aber auch, dass die Absage eines Krampuslaufes aus finanziellen oder organisatorischen Gründen bereits vor der sogenannten „Flüchtlingskrise" keine Seltenheit war. Vor allem die hohen Kosten, ausbleibende kommunale Subventionen, Haftungsprobleme und die ständige Verschärfung sicherheitstechnischer Auflagen (siehe sechstes Kapitel) sorgen bereits seit Jahren dafür, dass Veranstalter ein Jahr aussetzen oder ganz aufgeben. Die nach der Absage des Ossiacher Krampuslaufes auf *Facebook* verbreitete Meldung, auch der große Klagenfurter Krampusumzug sei abgesagt – und zwar *„aus Rücksicht auf Flüchtlinge"* –, stellte sich als Falschmeldung heraus (vgl. Kleine Zeitung, 03.11.2015: 25).

Im Zusammenhang mit der Absage des Ossiacher Krampuslaufes vermuteten andere Kommentatoren, die bevorstehende Eröffnung des Verteilerzentrums für Flüchtlinge sei nur ein Vorwand, den man aus anderen – zum Beispiel finanziellen oder organisatorischen – Gründen gefährdeten Lauf abzusagen. Wieder andere

---

rastruktur zur Registrierung, Unterbringung und Versorgung von Flüchtlingen weiter ausgebaut. Bestehende Einrichtungen wurden ausgebaut und es entstanden neue Notquartiere und eingezäunte Abfertigungsstellen. (Vgl. Ein Jahr Flüchtlingskrise in Salzburg: Das ist passiert, Salzburg24, 31.08.2016. URL: http://www.salzburg24.at/ein-jahr-fluechtlingskrise-in-salzburg-das-ist-passiert/4877077 (letzter Zugriff: 20.04.2017).)

kritisierten, statt den Krampuslauf abzusagen hätte man auf Flüchtlinge zugehen und so versuchen sollen, Ängste auszuräumen. Wie sowohl der *Kurier* als auch *Die ganze Woche* berichteten, zeigte sich Wolfgang Lattacher, der Obmann des Kärntner Brauchtumsverbandes, über die Absage *„verwundert"*.

> „Wir müssen die Asylwerber nur über den Brauch informieren, dann gibt es auch keine Probleme. Es sollten Plakate bei den Flüchtlingen aufgehängt und Zettel in den jeweiligen Sprachen verteilt werden, auf denen erklärt wird, dass das ein alter Brauch bei uns ist. Wenn die Flüchtlinge das lesen, wissen sie, dass sie keine Angst haben müssen." (Lattacher, zitiert nach Die ganze Woche, 49/2015.)

Diese Forderung weist auf die vierte – und mit Abstand seltenste – Art der Reaktion der Krampus- und Perchtenszene auf die sogenannte „Flüchtlingskrise" hin: die (d) Aufklärung von Flüchtlingen. Neu ist dabei nicht das volksbildnerische Motiv der Aufklärung bzw. Informationsvermittlung (da auch die These des fehlenden brauchbezogenen Wissens nicht neu ist), sondern die Tatsache, dass es – wenn auch nur ganz vereinzelt – tatsächlich in die Tat umgesetzt wird. Der zentrale Unterschied zu den drei bisher diskutierten Reaktionen ist dabei nicht, dass statt der Befindlichkeiten der Brauchtreibenden jene der Geflüchteten im Zentrum stehen – schließlich wurde der Ossiacher Krampuslauf auch aus Sorge um eine angstgetriebene Überreaktionen von Flüchtlingen auf Krampusse abgesagt. Diese Reaktion unterscheidet sich von den anderen vielmehr dadurch, dass sie die Geflüchteten nicht ausschließt, sondern einbezieht.

Wie *ORF.at* (21.10.2015 [16.03.2017])[295] berichtete, gebe es im bayerischen Berchtesgaden *„mehrere Positivbeispiele"*, die zeigten, *„[d]ass Information Ängste zwischen Flüchtlingen und Krampussen ausräumen kann"*. Dort habe die Caritas einen Krampus in eine Flüchtlingsunterkunft eingeladen, der sich dort vor den Augen der Kinder und Erwachsenen sein Krampuskostüm anzog. Dadurch hätten alle gelernt, mit dem Brauch umzugehen. (Vgl. ebd.)

Anfang Dezember 2015, also ungefähr zeitgleich mit der Absage des Ossiacher Krampuslaufes, erregte eine Klaubaufgruppe aus der Gemeinde Virgen in Osttirol große mediale Aufmerksamkeit. Wie viele – sogar nicht-österreichische – Medien berichteten, besuchten kurz vor Beginn der Klaubaufzeit einige Mitglieder der „Niedermaurer Kleibeife" ein Flüchtlingsheim, um den 22 Asylwerbern aus Syrien, Afghanistan und dem Irak die Angst vor dem Klaubauf zu nehmen.

> „Wir gingen zunächst ohne unsere Masken, Glocken und Pelze in das Heim. Es ging darum, den Flüchtlingen den Brauch vorzustellen und ihnen auch eventuell bestehende Ängste zu nehmen. Wenn wir an sechs Tagen als Kleibeife im Dorf unter-

---

295   *Krampuslauf wegen Asylwerbern abgesagt?* ORF.at, 21.10.2015. URL: http://kaernten.orf.at/news/stories/2738069/ (letzter Zugriff: 16.03.2017).

wegs sind, soll niemand unnötig Angst haben', berichtete ‚Krampus' Thomas Gasser. Die Kinder durften die Masken angreifen und auch aufsetzen. Anschließend verteilte der Nikolaus Nüsse und Mandarinen." (Kronen Zeitung, 02.12.2015 [16.03.2017].)[296]

„Um die Bräuche des Krampusfestes besser kennen zu lernen, wird Flüchtlingen in Lienz die Tradition nähergebracht. Damit soll Immigranten die Angst vor den Gestalten genommen werden.
‚Klaubaufe sind ein wichtiger Bestandteil unseres Brauchtums. Für Menschen, die das noch nie gesehen haben, ist das sicher Furcht einflößend', so Bettina Huber, die bei der Aktion eine ehrenamtliche Mitarbeiterin ist, zu ‚orf.at'.
Den Asylwerbern sollen zuerst die Larven und die Glocken gezeigt werden, und ihnen so die Angst vor den Requisiten genommen werden. Besonders bei den Kindern gab es bei einer Veranstaltung erschrockene Gesichter, als die Gestalten schließlich mit vollem Karacho wüteten.
Versöhnlich beschlossen wurde die Veranstaltung, die mit 13 Familien in Osttirol stattfand, schließlich von einem Nikolaus, der auch Geschenke wie Nüssen und Mandarinen dabei hatte." (heute, 27.11.2015 [16.03.2017].)[297]

Für unsere Fragestellung ist nicht nur dieser Besuch an sich interessant, sondern auch und vor allem die Art und Weise, wie verschiedene Akteurinnen und Akteure darauf reagierten. Zunächst ist erwähnenswert, dass internationale Medien – von den britischen Zeitungen *Daily Mirror* und *The Telegraph* bis zum US-Nachrichtensender *NBC* – darüber berichteten. Die britische Wochenzeitung *The Telegraph* bezog sich im Wesentlichen auf einen Beitrag des regionalen Online-Magazins *Osttirol heute* und berichtete, auch in Osttirol habe man zunächst in Betracht gezogen, den Klaubauflauf abzusagen, sich dann aber für eine Einbeziehung der Flüchtlinge entschieden.

"Austrian town takes steps to stop Christmas tradition of marching through streets in grotesque masks surprising newly arrived asylum-seekers
The sight of people wearing grotesque masks marching through the streets in December is not unusual for the residents of Lienz, in Austria, Locals wear the masks for the Krampus parade, known as a Perchtenlauf or Klaubaufe, in the northern Austrian state of Tyrol, to banish winter's evil spirits.
But the town became concerned that the parade might confuse or startle their latest residents, with several refugee families from Syria and Afghanistan now living in the area. Residents of Lienz considered cancelling the annual parade, before deciding this would stir up tensions within the community. Instead, they decided to

---

296 *Schaurige Tradition: Krampus- Warnung für Flüchtlinge in Österreich.* Kronen Zeitung, 02.12.2015.   URL: http://www.krone.at/oesterreich/krampus-warnung-fuer-fluechtlinge-in-oesterreich-schaurige-tradition-story-485050 (letzter Zugriff: 16.03.2017).
297 *Aufklärung: Flüchtlingen soll Angst vor Krampus genommen werden.* heute, 27.11.2015. URL: http://www.heute.at/news/oesterreich/Fluechtlingen-soll-Angst-vor-Krampus-genommen-werd en ;art23655,1238282 (letzter Zugriff: 16.03.2017).

slowly introduce refugees and asylum-seekers to the important local custom for the sake of social cohesion. Around a dozen children from the refugee families were invited to participate in a presentation of the props and costumes involved in the parade well in advance of the main event, according to the local broadcaster ORF. The parade's repulsive masks are inspired by tales of demonic mountain spirits who wreak havoc in the winter. Locals dress as 'perchten', similar to devils, with bells and clips around their waists every December as they knock on doors throughout the town. 'For people who have never seen it, it can be somewhat intimidating,' said local volunteer Bettina Huber. 'They had no idea about this [tradition], and were totally surprised. It's good that they see what happens,' Paulo Keliny, a translator from Egypt, told ORF." (Sabur, The Telegraph, 30.11.2015 [16.03.2017].)[298]

Die Berichterstattung des US-amerikanischen Nachrichtensenders *NBC* zeugt davon, wie sehr sich internationale Medien in jenen Monaten dafür interessierten, wie jene Staaten, die besonders viele Flüchtlinge aufgenommen hatten, mit dieser Herausforderung umgingen.

"MAINZ, Germany — The integration of Syrian and Iraqi refugees is facing a terrifying challenge in rural Austria this holiday season.

Officials in the village of Virgen worried about how new arrivals from the Middle East would react to the local tradition of meeting so-called "Christmas Devils" who pretend to abduct kids. 'In the first week of December, the good, gift-bringing St. Nicholas wanders through the streets with his evil, scary companions called Krampus,' Kurt Glaenzer, the head of a local Krampus club, explained to NBC News.

Some of Virgen's around 2,000 residents wear animal skins and don carved wooden masks on nights leading up to St. Nicholas Day on December 6. Loud bells tied to their costumes clank through the darkness of the night as the creepy creatures wander the streets searching for poorly behaved children. 'When the Krampus roams the town, he often wrestles people to the ground, symbolizing the abduction of bad children,' Glaenzer added.

Fearing the spectacle would be misunderstood, community representatives last week visited the 22 migrants – including 12 children – who have been housed in the Alpine village since the end of October. They were shown the frightening masks and given insight into the event's history with the help of an Arabic translator. The verdict? The newcomers had 'lots of fun,' according to social worker Nicole Kranebitter. The migrants ,will now know what to expect when St. Nicholas and the Krampus creatures knock on their door,' Kranebitter added. She said the next event

---

298   Sabur, Rozina: *Austrian town reassures asylum-seekers over unusual Christmas tradition.* The Telegraph, 30.11.2015. URL: http://www.telegraph.co.uk/news/worldnews/europe/austria/12 024686/Austrian-town-reassures-asylum-seekers-over-unusual-Christmas-tradition.html (letzter Zugriff: 16.03.2017).

planned for the families who fled war-torn homelands will be traditional cookie baking." (Eckardt, NBC NEWS, 01.12.2015 [21.04.2017].)[299]

Wie der Artikel der britischen Boulevardzeitung *Daily Mirror*, der im Wesentlichen auf dem *NBC*-Bericht basiert, vermuten lässt, dürfte das internationale Interesse am Krampusbrauch aber auch damit zusammengehangen haben, dass zur gleichen Zeit die US-amerikanische Horrorkomödie *Krampus* in den Kinos anlief.[300]

"The authorities fear newly-arrived Syrians and Iraqis may be terrified by the village of Virgen's traditional St Nicholas Day festival on December 6
Officials in the Austrian village of Virgen are worried its traditional festival of Christmas Devils where Krampus runs amok trying to snatch children will cause panic among Syrians and Iraqis new to the country. Kurt Glaenzer, the head of a Krampus club, said: 'In the first week of December, the good, gift-bringing St. Nicholas wanders through the streets with his evil, horned companion called Krampus. When the Krampus roams the town, he often wrestles people to the ground, symbolising the abduction of bad children.' Participants will don terrifying wooden masks, animal skins and bells and prowl the streets searching for poorly behaved children in the run-up to St Nicholas Day on December 6. To try and help the newcomers settle in authorities have organised visits with an Arabic translator to explain the history of the event and show children the masks. The tale of Krampus is the subject of a new film to be released on Friday. Most were now planning to take part and a further event of cookie baking has been organised, according to NBC." (Carr, Daily Mirror, 01.12.2015 [16.03.2017].)[301]

Besonders spannend ist, dass die britischen und US-amerikanischen Medien viel früher über den Flüchtlingsheimbesuch der Virgener Klaibaife berichteten als österreichische Medien. Dass viele österreichische Zeitungen in ihren Artikeln über den Flüchtlingsheimbesuch auch über das große internationale Medienecho berichteten, lässt darauf schließen, dass ihnen das internationale Interesse an dem Besuch mindestens ebenso berichtenswert erschien wie der Besuch an sich. Ein in der *Kleinen Zeitung* abgedruckter Artikel trug zum Beispiel die Überschrift *„Klaubauf in internationalen Medien"* (Kleine Zeitung, 06.12.2015: 31).

---

299 Eckardt, Andy: *Austrian Villagers to Refugees: Please Don't Fear Krampus.* NBC NEWS, 01.12.2015. URL: http://www.nbcnews.com/news/world/austrian-villager-refugees-please-dont -fear-krampus-n471906 (letzter Zugriff: 21.04.2017).

300 Auch Christoph Waltz' Auftritt in der *Tonight-Show* von Jimmy Falloon im Dezember 2014 dürfte zur Popularisierung der Brauchtumsfigur Krampus in den USA beigetragen haben (vgl. Kleine Zeitung, 22.11.2015: 18f., 21).

301 Carr, Simon: *Refugees in Austria told 'don't be afraid of Krampus the child snatching Christmas Devil'.* Daily Mirror, 01.12.2015. URL: http://www.mirror.co.uk/news/world-news/refu gees-austria-told-dont-afraid-6934831 (letzter Zugriff: 16.03.2017).

„Den Flüchtlingen wurde der Brauch anschaulich erklärt und versucht, ihnen in der direkten Begegnung Angst vor den Furcht einflößenden Gestalten zu nehmen. Mit dem Integrationsakt landete Virgen in internationalen Medien und bei einem Millionenpublikum. Der britische ‚Daily Mirror‘ berichtete von der Aktion im kleinen Osttiroler Bergdorf ebenso, wie der News-Kanal NBC.“ (Kleine Zeitung / Kärnten, 06.12.2015: 31.)

Dieser Textausschnitt zeigt außerdem, dass die internationale Medienberichterstattung über diesen *„Integrationsakt“* (ebd.) nicht nur als Bestätigung der Angemessenheit der österreichischen Hilfestellungen, sondern auch als Ausweis der Besonderheit der heimischen Integrationsbemühungen präsentiert wurde. Gegen Ende des folgenden Ausschnitts aus einem *Kronen-Zeitungs*-Artikel ist diese Haltung noch deutlicher zu erkennen.

„Anfang Dezember sind die Krampusläufe ein fixer Bestandteil der Adventbräuche in vielen österreichischen Gemeinden. Besonders in Kärnten und Osttirol haben die ‚Klaubaufe‘ mit ihren schaurigen Masken und dicken Pelzen sowie dem lauten Glockengeläute eine lange Tradition. Doch während die ‚bösen‘ Gehilfen des Heiligen Nikolaus bei Einheimischen oft nur für dezentes Gruseln sorgen, mahnen die Behörden jetzt zu besonderer Rücksicht im Umgang mit Flüchtlingen: Diesen könne nämlich angesichts der Krampusse angst und bange werden.
Sogar bis in die internationalen Medien hat es die Aufregung um den Krampus geschafft: Der britische ‚Daily Mirror‘ berichtete, österreichische Behörden würden die Flüchtlinge beruhigen: ‚Habt keine Angst vor dem Kinder verschleppenden Teufel.‘
Dass man hierzulande die Ängste der Flüchtlinge durchaus ernst nimmt, zeigt ein Beispiel aus Osttirol: In der Gemeinde Virgen haben einige der ‚Niedermaurer Kleibeife‘ das dortige Flüchtlingsheim besucht, um besonders den Flüchtlingskindern die Angst vor dem Krampus zu nehmen.“ (Kronen Zeitung, 02.12.2015 [16.03.2017].)[302]

In den folgenden Ausführungen wird sowohl die Zunahme von gewalttätigen Ausschreitungen bei Krampusläufen als auch die Genese der eben skizzierten Narrative als Ausdruck bestimmter Loyalitäts-, Habitus-, Macht- und Identitätskonflikte verstanden, die mit spezifischen Wandlungen hochdifferenzierter Gesellschaften einhergehen. Dabei wird das Erklärungsmodell zunächst einfach gehalten und danach Schritt für Schritt erweitert.

---

302 *Schaurige Tradition: Krampus- Warnung für Flüchtlinge in Österreich.* Kronen Zeitung, 02.12.2015.   URL: http://www.krone.at/oesterreich/krampus-warnung-fuer-fluechtlinge-in-oesterreich-schaurige-tradition-story-485050 (letzter Zugriff: 16.03.2017).

7.2 Steigerung der Gewalttätigkeit oder der Sensibilität gegenüber Gewalt?

Die obigen Erlebnisberichte und die am Ende des sechsten Kapitels diskutierten Meinungen scheinen der populären Auffassung Recht zu geben, „[...] *wir würden heute in einem der gewalttätigsten Zeitalter der Menschheitsgeschichte leben"* (Dunning 2003: 398). Was, so könnte man fragen, ist mit den umfassenden gesellschaftlichen Tabus und Verboten, mit denen nach Elias in hochdifferenzierten Gesellschaften das *Ausüben* spontaner Gewalt und sogar das *Sprechen über* oder das *Denken an* sie belegt sind?

Zunächst stellt sich die Frage, ob die Gewalttätigkeit bestimmter Brauchträger- und Zuschauergruppen in den letzten Jahren tatsächlich zugenommen hat, oder ob sich nur die Sensibilität der Menschen – in diesem Falle der anderen Brauchträger und Zuschauer oder der Presse – gegenüber bestimmten Formen von Gewalt und demit einhergehend ihre Wahrnehmung verändert hat.[303] Ein Aspekt von Elias' (1997a: 356-394) Zivilisationskonzept ist, dass im Rahmen des abendländischen Zivilisationsprozesses spontane, affektive Gewaltäußerungen zunehmend hinter die Kulissen gedrängt werden und nur mehr in sublimierter, verfeinerter Form zutage treten. Die „*aktive, oft aggressive Lustäußerung"* wandelt sich in eine „*passivere, gesittetere Lust am Zusehen, also in eine bloße Augenlust"* (ebd.: 373). In einem innerlich pazifizierten Nationalstaat wie Österreich wird der Einzelne im alltäglichen Leben kaum mit körperlicher Gewalt konfrontiert. Das Gefühl der Sicherheit ist wesentlicher Bestandteil des Selbstverständnisses demokratischer Gesellschaften (vgl. z.B. Hinz 2002: 75-58.) Dementsprechend ist der psychische Aufbau der Individuen in einer hochdifferenzierten Gesellschaft dadurch gekennzeichnet, dass gewalttätige Verhaltensweisen und aggressive Emotionen oder Gedanken mit starken Gewissensbissen und Schamgefühlen verbunden sind. Angriffslust oder Aggressivität können auf legitime Weise nur in speziell dafür geschaffenen Enklaven oder durch das Zusehen ausgelebt werden.

> „Die Kampf- und Angriffslust findet z. B. einen gesellschaftlich erlaubten Ausdruck im sportlichen Wettkampf. Und sie äußert sich vor allem im ‚Zusehen', etwa im Zusehen bei Boxkämpfen, in der tagtraumartigen Identifizierung mit einigen Wenigen, denen ein gemäßigter und genau geregelter Spielraum zur Entladung solcher Affekte gegeben wird. Und dieses Ausleben von Affekten im Zusehen oder selbst im bloßen Hören, etwa eines Radio-Berichts, ist ein besonders charakteristischer Zug der zivi-

---

303   Auch wenn wir uns in diesem Kapitel auf die Gewalt *an* Brauchträgern konzentrieren, beziehen sich diese Überlegungen selbstverständlich auch auf die Gewalt, die *von* den Maskierten ausgeht. Die im sechsten Kapitel angeführten Zeitungsartikel über die zunehmende Gewalttätigkeit der Krampusse und Perchten sind ein Beispiel für diese Tendenz.

lisierten Gesellschaft. Er ist mitbestimmend für die Entwicklung von Buch und Theater, entscheidend für die Rolle des Kinos in unserer Welt." (Elias 1997a: 373.)

Was bedeutet es aber, wenn – wie dies in den letzten 30 Jahren zu beobachten ist – Kinofilme und Videospiele immer grausamer und brutaler werden? Offensichtlich kann man diese Entwicklung nicht alleine mit dem Hinweis auf die zunehmende Bedeutung der Augenlust erklären. Wenn auf einer besonders fortgeschrittenen Stufe der Zivilisierung bereits der Anblick gewalttätiger Auseinandersetzungen oder sogar der bloße Gedanke an die eigene Aggressivität starke Scham- und Unlustgefühle hervorruft, warum haben dann breite Massen unterschiedlicher sozioreligiöser Herkunft Spaß daran, sich alleine oder in Gruppen Horror-, Splatter- und Actionfilme anzusehen oder in Ego-Shooter-Spielen andere Menschen brutal umzubringen?

Eine mögliche Erklärung ist, dass die tägliche Konfrontation mit medialer Gewalt – ob in Kinofilmen, Fernsehserien, Videospielen, den Nachrichten oder im Internet – zu einer Abstumpfung gegenüber Gewalt – oder zumindest gegenüber Gewaltdarstellungen – führt. Medienwirkungsforscher gehen davon aus, dass der langzeitige Konsum gewaltvoller Filme oder Videospiele zu einer Gewöhnung an fiktive Gewalt führt, sodass sich in der Folge auch die Sensibilität gegenüber realer Gewalt mehr und mehr verringert, bis schließlich physische Gewalt als normales Alltagsverhalten angesehen wird (vgl. Kunczik / Zipfel 2002: 4f.). Mit den Begriffen der Figurationssoziologie könnte man von einem Rückzug der Scham- und Peinlichkeitsschwelle und von einer Enttabuisierung von dargestellter und in der Folge auch von realer Gewalt sprechen. Allerdings haben etwa Fröhlich und Kunczik (1993) (und auch Kunczik / Zipfel 2002) darauf hingewiesen, dass diese These bis heute nicht empirisch belegt ist. Beim Krampus- bzw. Perchtenbrauch ist diese Gewöhnung vor allem im Hinblick auf *dargestellte* Gewalt und Aggression zu beobachten. Wie wir gesehen haben, ist bei den Masken, Gewändern, Artefakten und Brauchabläufen seit etwa 20 bis 25 Jahren ein Trend zu immer realistischeren, detaillierteren und dadurch expliziteren Motiven zu beobachten. Eines der wichtigsten Argumente, das jene Schnitzer und Brauchträger ins Feld führen, die für eine Weiterentwicklung der Brauchformen eintreten, ist, die Bräuche müssten sich mit den Sehgewohnheiten, ästhetischen Konventionen und emotionalen Bedürfnissen der Brauchträger und Zuschauer mitentwickeln.

„Der Krampus und die Percht haben immer so ausgeschaut, das war das Furchtbarste und Schrecklichste, was die Menschen zu dieser Zeit sich haben vorstellen können. […] Nur es ist einfach unsere Zeit schon so, wir sind schon so mit Eindrücken vollgepflastert, also was ist für uns noch grausig? Also, wenn ich mir Nachrichten ansehe sind da oft grauslichere Sachen dabei als ein alter Krampusschädel. Und unsere Kinder wachsen auch so auf." (Interview Hafner / Trinkl, 15.05.2010.)

Allerdings stellt sich die Frage, welche Art von Gewalt und Gewaltdarstellung in Kinofilmen, Fernsehserien und Computerspielen tatsächlich zugenommen hat. An dieser Stelle ist es hilfreich, sich an Tina Webers Untersuchung von Totendarstellungen im Fernsehen (T. Weber, userfiles.todundtoterkoerper.eu [20.04. 2011])[304] zu orientieren. Soziologische Studien[305] zeigen, dass Krankheit und Sterben in westlich differenzierten Gesellschaften aus dem Blickfeld der Menschen verschwunden sind, sodass *„die Gesellschaft [...] ihre Toten kaum noch zu Angesicht [bekommt]"* (T. Weber, userfiles.todundtoterkoerper.eu [20.04. 2011])[306]. Gleichzeitig sind in den letzten Jahren Totendarstellungen im Fernsehen immer häufiger geworden (Tina Weber spricht sogar von einer *„stetig wachsende[n] Sichtbarkeit von Toten und forensischen Sektionen"* (ebd.)). Durch Serien wie *CSI, Dexter* oder *Six Feet Under* sei der Tote zur *„mehrfach einsetzbaren Figur im Handlungsverlauf"* geworden, der nicht mehr ausschließlich am Tatort, sondern auch in der Pathologie oder im Leichenschauhaus gezeigt wird. Allerdings werden die Toten *„mit „spezifischen Darstellungscodes"* gezeigt.

> „Nicht nur der lebende, sondern auch der tote Körper hat sich den sozialen Regulierungen der gegenwärtigen Körperkultur zu verpflichten und sich den jugendlich, gesunden und makellosen Körpernormen anzupassen. Es können also keine Unterschiede zwischen den Totendarstellungen und den Darstellungen von Lebenden in Hinblick auf ihre Körper festgestellt werden, außer den tödlichen Wunden und Autopsienarben, die den eigentlichen Status des Körpers vermitteln. Der tote Körper spiegelt den zivilisierten lebenden Körper mit all seinen Darstellungstabus." (Ebd.)

Diese *„ästhetisierten Toten"* seien in zwei Erscheinungsformen zu beobachten: als *„schöne Tote mit hässlichen Wunden"* und als *„nicht mehr identifizierbare Tote"*, die als glitzernde Knochen-, Haut- und Fleischhaufen in Erscheinung treten. Auch das Objekt des Ekels wird den gängigen ästhetischen Normen entsprechend gezeigt und *„so inszeniert, dass es wenn nicht hübsch, dann aber mindestens doch interessant aussieht"* (ebd.). Insgesamt entsprechen die in US-

---

304   Weber, Tina: Audiovisuelle Darstellungen von toten Körpern und Sektionen. URL: http:// userfiles.todundtoterkoerper.eu/Audiovisuelle%20Darstellungen%20von%20toten%20Körpern %20und%20Sektionen_Homepage.pdf (letzter Zugriff: 20.04.2011). Siehe auch: Weber, Tina: Tod und Toter Körper. URL: http://www.todundtoterkoerper.eu/projekt2.php (letzter Zugriff: 20.04.2011). Siehe außerdem: Elias 2005: 385-401; Moebius / T. Weber 2007: 264-308; T. Weber 2007a: 3485-3494; T. Weber 2007b: 541-558; T. Weber 2008: 202 –212; T. Weber 2010: 109-126.

305   Ariès (2009: 715-770), aber auch Falk (1972) und Kahl (2009) sprechen in diesem Zusammenhang von der Medikalisierung, Privatisierung und Tabuisierung des Todes und verweisen auf dessen Ausweisung in professionelle Institutionen wie Krankenhäuser, Altersheime oder Bestattungsinstitute.

306   Weber, Tina: Audiovisuelle Darstellungen von toten Körpern und Sektionen. URL: http:// userfiles.todundtoterkoerper.eu/Audiovisuelle%20Darstellungen%20von%20toten%20Körpern %20und%20Sektionen_Homepage.pdf (letzter Zugriff: 20.04.2011).

Fernsehserien dargestellten Toten dem *„typischen medialen Körperbild"* und unterliegen denselben Darstellungstabus wie Lebende. *„Alter und Tod, Krankheit und Tod, Unordnung und Tod sind Verbindungen, die dem Zuschauer nicht zugemutet werden wollen."* (Ebd.) Unkontrollierte Glieder und deformierte Gesichter werden ebenso wenig gezeigt wie natürliche biologische Prozesse. Diese Beobachtungen sind für uns von großem Interesse. Selbst an den grauenhaftesten und brutalsten Krampusmasken sind ganz bestimmte Darstellungstabus festzustellen. Zunächst ist festzuhalten, dass diese Masken meist keine realitätsgetreuen oder realitätsgetreu scheinenden Abbildungen realer oder fiktiver Menschen sein sollen, sondern höchstens deren Zerrbilder, Parodien oder bewusste Entstellungen. Den jeweiligen Moden und Trends entsprechend ändert sich von Saison zu Saison, ob die Masken mehr an Menschen bzw. menschenähnlichen Wesen wie Elfen orientiert sind oder mehr an Vampiren, Werwölfen, Orks, oder Teufeln. Die Trends hängen wiederum stark mit den jeweils aktuellen Filmen, Fernsehserien und Videospielen zusammen. Gleichzeitig ist ein szeneninterner Kreislauf zu beobachten, der durch Innovationsbemühungen, gegenseitige Beeinflussungen und Abgrenzungen in Gang gehalten wird. Manche Gruppen und Schnitzer haben sich auf eine bestimmte Stilrichtung spezialisiert – etwa hinsichtlich des Schnitz- und Bemalungsstils oder der inhaltlichen Ausrichtung.[307]

Auch wenn Krampuskostüme wegen dieses grundsätzlichen Unterschieds weniger direkte Assoziationen zu Menschen hervorrufen als mediale Totendarstellungen, sind ähnliche Darstellungsnormen und -tabus zu erkennen. Wie die toten Körper im Fernsehen entsprechen auch die (un-)toten und geschundenen Krampuskörper – von ihren Verletzungen und Verstümmelungen abgesehen – häufig den gängigen Schönheits- und Fitnessstandards. Dies trifft, wie wir im sechsten Kapitel gesehen haben, vor allem auf weibliche Krampusse und Teufelinnen zu, die – bei meist starker Körperbehaarung – den jeweils vorherrschenden Schönheitsidealen entsprechende Körpermaße und Gesichtszüge aufweisen. Gleichzeitig sind viele Krampusse so stark durch Verletzungen entstellt, dass sie – wie die *„nicht mehr identifizierbaren Toten"* in den Fernsehserien – nicht als Menschen oder andere lebendige Lebewesen, sondern nur mehr als Fleischhaufen angesehen werden, zu dem der Betrachter nur schwerlich eine emotionale Beziehung aufbauen kann. Dazu kommt, dass eine monster-ähnliche Figur, die mit gespaltenem Kopf und heraushängenden Gedärmen herumläuft, zu wenig real und menschlich sein dürfte, um sich als Objekt der Identifikation zu eigenen.

Trotz der detaillierten Darstellungen von Verletzungen und Verstümmelungen wird der Akt des Verletzens selbst nicht dargestellt, sondern bleibt der Phan-

---

307   Der Maskenschnitzer Roland Weichenberger ist zum Beispiel dafür bekannt, sich ganz auf den „modernen Krampus" spezialisiert zu haben.

tasie des Betrachters überlassen. Die Zuschauer von Krampusläufen werden zwar häufig Zeugen inszenierter Kämpfe zwischen zwei oder mehreren Krampussen. Gelegentlich können sie sogar mitansehen, wie ein Krampus von einem anderen ausgepeitscht wird. Der tatsächliche Akt des Verletzens oder Verstümmelns – etwa das Erzeugen einer Wunde – wird jedoch nicht dargestellt, obwohl dies mit den heutigen technischen Mitteln, mit der Handwerkskunst der Ausstatter und dem Einfallsreichtum der Darsteller durchaus möglich wäre. Stattdessen bekommen die Zuschauer nur das – zugegeben schreckliche – Ergebnis der Kämpfe und Folterungen zu sehen. Dieses ist zwar meist so plastisch dargestellt und handwerklich gekonnt inszeniert, dass es keiner besonders ausgeprägten Vorstellungskraft bedarf, sich die furchtbaren Torturen des Opfers und die Grausamkeit des Täters auszumalen. Trotzdem haben die Aktiven bisher davon abgesehen, dieses Tabu zu brechen und den Akt der Manipulation des Körpers darzustellen.

Vermutlich ist es nur eine Frage der Zeit, bis auch dieses Tabu fällt – schließlich haben sich Zuschauer und Brauchausübende auch relativ schnell an andere Innovationen, wie etwa klaffende Wunden, gewöhnt. Gegen Ende einer Saison erregen zu Saisonbeginn eingeführte Neuheiten kaum noch Aufmerksamkeit. So müssen sich Aktive wie Hersteller spätestens für das nächste Jahr stets etwas Neues einfallen lassen – seien es neue Verletzungen oder noch realistischere Darstellungen. Aus diesem Grund sind sowohl die Aktiven als auch die Schnitzer und Ausstatter bestrebt, jedes Jahr etwas Überraschendes zu bieten, um die anderen Gruppen bzw. Hersteller zu übertrumpfen. Tina Weber hat an den Totendarstellungen im Fernsehen eine ähnliche Entwicklung festgestellt: *„Da [...] stereotype Schönheit immer die Gefahr der Übersättigung und Abnutzung durch Monotonie birgt, werden neue künstlich gegensätzliche Stimuli eingefügt"* (ebd.). Die Struktur dieser Figuration ist so beschaffen, dass die Beteiligten – unabhängig davon, ob sie dies beabsichtigen oder nicht – sich gegenseitig immer weiter treiben. Und was ist besser dazu geeignet, Aufmerksamkeit zu erregen, als ein Tabubruch? Diese kleinen Tabubrüche erlauben den Aktiven und den Zuschauern ein kurzfristiges Gefühl des Schauers oder des Ekels, bleiben aber insgesamt innerhalb der Grenzen des gesellschaftlich Erlaubten, Akzeptierten und Zumutbaren. *„Der Ekel wird so dosiert und im Schönen aufgefangen, dass er erträglich bleibt und sich das Publikum nicht abwendet."* (Ebd.) Daher kann man in Anlehnung an Tina Weber feststellen, dass auch die heutigen Krampusse und Perchten den aktuellen Schönheitsidealen entsprechen und den zivilisierten lebenden Körper mit all seinen Darstellungstabus widerspiegeln. Diese Einschätzung entspricht Elias' am historischen Material entwickelter Zivilisationstheorie. Dementsprechend kann man mit den Worten von Helmut Kuzmics (1989: 321) zusammenfassen, dass *„wir heute neben der regulierten Lust auch das regulierte Grauen [haben]"*.

In diesem Abschnitt wurde zunächst gefragt, ob die häufig zu vernehmende Klage über die zunehmende Häufigkeit von gewalttätigen Ausschreitungen bei Krampusläufen auf einem Wahrnehmungsfehler beruht. So könnte man im Anschluss an Elias argumentieren, dass nicht die reale Gewalttätigkeit, sondern lediglich die Empfindlichkeit ihr gegenüber zugenommen hat. Allerdings kann man im Hinblick auf dargestellte, offensichtlich inszenierte Gewalt in den letzten Jahren eine gegenteilige Entwicklung hin zu immer detaillierteren und grauenhafteren Darstellungen beobachten. In Anlehnung an Ergebnisse aus der Medienforschung wurde argumentiert, die tägliche Konfrontation mit medialen Darstellungen von Gewalt und Tod habe zu einer Abstumpfung gegenüber dargestellter Gewalt geführt. Allerdings unterliegen auch die grauenhaftesten, gewaltvollsten Inszenierungen bestimmten Darstellungstabus, die wiederum den medial vermittelten gesellschaftlichen Darstellungscodes entsprechen. Da sich außerdem die Fernsehgewohnheiten verschiedener Alters- und Milieugruppen voneinander unterscheiden, sind bei weitem nicht alle Menschen, die bei einem Krampuslauf mit Gewalt- und Totendarstellungen konfrontiert werden, in gleichem Maße an sie gewöhnt, weshalb sie unterschiedlich auf sie reagieren. Dass sich aktuell eine Gegenbewegung beobachten lässt, die sich als Abkehr von blutverschmierten Monster- und Ork-Masken zugunsten von Masken mit möglichst realistisch geschnitzten menschlichen Gesichtszügen charakterisieren lässt, widerspricht diesen Einschätzungen nicht. Sie ist nämlich weniger als Beleg für eine plötzlich gestiegene Empfindlichkeit gegenüber Gewaltdarstellungen zu verstehen, sondern vielmehr als Teil einer Retraditionalisierungsbewegung, die von vielen Brauchausübenden als „Rückbesinnung" oder „Normalisierung" empfunden wird.

Während man also im Hinblick auf *dargestellte* oder *inszenierte* Formen der Gewalt durchaus von einem Rückzug der Scham- und Peinlichkeitsschwelle sprechen kann, gilt dies für *reale,* aggressive und ernsthaft physisch angewandte Formen von Gewalt nicht bzw. nicht im gleichen Ausmaß (vgl. Dunning 2003: 401). Warum bleibt es aber bei Krampusläufen häufig nicht bei der *Darstellung* von Gewalt? In Anlehnung an Elias und Dunning (2003) wird hier die zunehmende Gewalttätigkeit und Brutalität in Filmen und anderen sozialen Enklaven als eine notwendige, kathartische Reaktion auf den immer stärkeren und umfassenderen Zwang verstanden, aggressive Emotionen im Alltag zu kontrollieren und aufzuschieben. Wenn, so könnte man sagen, sich das Ventil zur Entladung emotionaler und körperlicher Bedürfnisse im Alltag stärker schließt, muss es sich im Bereich der Freizeit öffnen, um die aufgestauten Spannungen abzubauen. Schließlich erfreuen sich in den letzten Jahren auch Extremsportarten, Pauschal-Partyreisen, Mixed-Martial-Arts-Veranstaltungen und andere Produkte der Unterhaltungsindustrie, die Spannung, Gefahr und Nervenkitzel versprechen, großer

Beliebtheit. Dem wachsenden Bedürfnis nach dem Auf- und Abbau emotionaler Spannungen steht jedoch die zunehmende oder zumindest gleich bleibende Ablehnung gegenüber allen Formen nicht-spielerischer, realer Gewalt gegenüber. Wie im sechsten Kapitel gezeigt wurde, versuchen jedoch viele Veranstalter von Krampus- und Perchtenläufen zunehmend, auch die *spielerische* und bisher legitime Ausübung von Gewalt (in der Form von Rutenhieben oder Rangeleien) durch die Inszenierung von Gewalt zu ersetzen. Dies hat zur Folge, dass die im Alltag aufgestauten und im Rahmen des Laufes zusätzlich erzeugten Spannungen nicht mehr auf legitime Weise abgebaut werden können. Der legitimen Ventile beraubt, muss der Druck, der auch beim bloßen Anblick inszenierter Kämpfe aufgebaut wird, auf anderen Wegen, unter bestimmten Umständen auch über illegitime Ventile, entweichen.

Diesem Kapitel liegt die These zugrunde, dass mindestens drei Voraussetzungen erfüllt sein müssen, damit die im Rahmen eines Krampuslaufes legitimen Affektäußerungen nicht in aggressiv-exzessive Gewalt umschlagen. Erstens müssen alle Beteiligten den Krampus- bzw. Perchtenlauf als Brauchtumsumzug und die aggressiven Gesten als Teil dieses Spiels erkennen (siehe 7.3). Zweitens müssen Maskierte und Zuschauer über eine Affektmodellierung verfügen, die es ihnen ermöglicht, beim Anblick dargestellter Gewalt ihre Affekte im Zaum zu halten (siehe 7.4). Und drittens muss die Machtbalance zwischen den beteiligten Gruppen so gestaltet sein, dass auch die Schwächsten die Möglichkeit haben, das notwendige Hintergrundwissen zu erwerben, einen in diesem Sinne zivilisierten Habitus zu entwickeln und beides unter Beweis zu stellen (siehe 7.5).

7.3 Kulturelles Hintergrundwissen und soziale Herkunft

Dass eine brauchtümliche Handlung nicht als solche erkannt wird, ist natürlich ein drastisches Beispiel. Es weist aber auf Veränderungen hin, die man – wenn auch nicht in dieser Intensität und Deutlichkeit – auch bei anderen wieder oder neu eingeführten Brauchtumsveranstaltungen beobachten kann: die Auflösung des magisch-religiösen Bezugssystems und das Aufweichen normativer Handlungsdirektiven (vgl. Burckhardt-Seebass 1989: 97-110; Burckhardt-Seebass 1990: 141-159).[308]

---

308 Burckhardt-Seebass nennt außerdem die Loslösung von religiösen Institutionen, das Kleiner-Werden der Bezugsgruppe, die Privatisierung der Rituale und den Übergang zum Prinzip der „freien" Wahl.

7.3.1 Die Ausbreitung von Brauchhandlungen ohne entsprechende Expansion des Kontextes

Dass diese Veränderungen im Falle von Krampus- und Perchtenbräuchen so deutlich zutage treten, hängt eng mit deren räumlicher und sozialer Expansion der letzten beiden Jahrzehnte zusammen. An dieser Stelle sei noch einmal auf Pierre Bourdieus Referat über *„Historische und soziale Voraussetzungen des modernen Sports"* (1993) hingewiesen. Bourdieu führt einige *„Auswüchse heutigen Sports – wie Dopinggebrauch und die zunehmende Gewalttätigkeit auf dem Rasen wie auf den Rängen"* teilweise darauf zurück, dass der Sport

> „[...] durch das Fernsehen zu einem Massenspektakel geworden ist, dem nicht nur der Kreis der gegenwärtigen oder einstigen ,Aktiv-Sportler' huldigt, sondern ein umfassenderes Publikum, das in der Regel nur unzulänglich mit dem Sport vertraut ist, um seine Feinheiten und Spielzüge angemessen nachvollziehen zu können." (Bourdieu 1993: 175.)

In lokal integrierten Gemeinschaften war bzw. ist das Überleben in viel stärkerem Maße von äußeren Gefahren – ob durch die Natur oder andere Menschen – bedroht als in einer hochdifferenzierten Staatsgesellschaft. Dementsprechend nahmen magisch-mythische bzw. religiöse Glaubensvorstellungen und Rituale im Alltag der Menschen einen wichtigen Platz ein. Die Bedeutungsinhalte der Bräuche und die diesbezüglichen Verhaltenskonventionen wurden dem Heranwachsenden durch Erzählungen oder Erlebnisse von klein auf mitgegeben und gehörten zum für das soziale Überleben notwendigen Wissensschatz eines Erwachsenen. (Vgl. Elias 1997a: 356-394.) In einem modernen Nationalstaat wie dem heutigen Österreich sind brauchtümliche Veranstaltungen wie das Krampuslaufen – trotz ihrer zunehmenden Popularisierung – auf ganz andere Art und Weise wichtige Festtermine der lokalen Öffentlichkeit. Im Laufe der letzten Jahre wurden in ganz Österreich unzählige Krampusgruppen gegründet und Umzüge eingeführt. Vor allem in Regionen, in denen diesbezügliche Umzugsbräuche keine lange Tradition haben oder in denen es langzeitige Unterbrechungen gegeben hat, sind die Jugendlichen nicht mit diesen Brauchformen aufgewachsen. Auch in Orten ohne langjährige Krampustradition begannen Ende der 1990er Jahre plötzlich soziale Gruppen diese Bräuche für sich zu entdecken, die sich bis dahin nicht dafür interessiert hatten. Viele der heute in Vereinen aktiven Heranwachsenden sind aufgrund ihres jungen Alters oder einer fehlenden lokalen Tradition nicht mit diesen Brauchformen oder mit Erzählungen von deren

Bedeutung aufgewachsen, sondern sind über die Presse, das Internet oder Freunde auf sie aufmerksam geworden.[309]

Dementsprechend unterschätzen viele Brauchausübenden, welche zentrale Rolle gewalttätiges und aggressives Verhalten in der Geschichte der Maskenbräuche eingenommen hat. Wie wir gesehen haben, waren die Ausübung und Androhung physischer Gewalt sowie die öffentliche Rüge und Misshandlung bis weit in die Neuzeit zentrale Elemente jener europäischen Maskenbräuche[310], auf die sich heute viele Krampus- und Perchtenvereine berufen.[311] *„Eine Sicht, die uns Heutige, in ‚Volks- und Regionalkultur‘ Erzogene oft überrascht, denn uns trennen vom 17. und 18. Jahrhundert zumindest zwei Jahrhunderte der Entdeckung der Volkskultur als einer ‚heilen Welt‘ [...].“* (Kammerhofer-Aggermann 2007: 122.) Mit der *„Entdeckung der Volkskultur war ein Zähmungsprozeß verbunden“* (Bausinger 2005: II). Dieser Wandel kommt im folgenden Interview-Ausschnitt gut zum Ausdruck.

---

309 Und Regionalmedien neigen im Hinblick auf Krampusveranstaltungen genauso häufig zu alarmistischen Pauschalverurteilungen wie zu euphorischen Ankündigungen. Auf der Website des *ORF*-Landesstudios Tirol konnte man zum Beispiel im Jahre 2006 unter dem Titel *„Gefährliche Krampusse – so wehr ich mich“* lesen, *„dass die Angst vieler Frauen vor den Krampussen nicht nur unbegründet ist. [...] Kettenrasseln, Knallkörper und in die Ecke gedrängt von 3 Krampussen – das ist die Hölle.“* Aber, so konnte man lesen, *„es gibt Möglichkeiten sich zu wehren [...].* Michele De Lucia, von der Wing Tsun Schule in Völs, rät Frauen, sich schon im Vorfeld zu überlegen, wie sie in einer Situation reagieren würden.“ Zunächst solle man Schreien. *„Allerdings sollten die Schrei [sic!] laut De Lucia nicht schrill hysterisch sein, sondern tief und bestimmt. Die Frau sollte von Anfang an die Initiative ergreifen und sofort zu schreien beginnen.“* Bringe das Schreien nicht den gewünschten Erfolg, *„[...] dann hilft nur mehr eines – zurückschlagen. Und laut De Lucia dorthin, wo es am meisten weh tut. Aber auch ein Tritt auf Knie, Schienbein oder Sprunggelenke kann einen Krampuss [sic!] zum Abrücken bringen. Aber auch die furchteinflössende [sic!] Maske kann von Frauen geschickt zur Abwehr eingesetzt werden. Die Maske nehmen und dem Krampuss [sic!] fest ins Gesicht drücken, meint Delucia. Das ist sicher sehr unangenehm.“* (Tirol-Magazin, 30.11.2006. URL: http://tirv1.orf.at/magazin/tirol/stories/154467/index.html (letzter Zugriff: 22.04.2017).) Für eine Diskussion der in der Stadt Salzburg angebotenen „Seminare gegen Krampusangst“ siehe 6.4.7. Es ist nicht uninteressant, dass solche Kurse – ob zum Zwecke der Selbstverteidigung oder der Angstbewältigung – aktuell weniger zum Schutz vor Krampussen als vor Geflüchteten (oder nordafrikanischen Männern) angeboten werden. Ebenso bezeichnend ist, dass in der medialen und szeneinternen Diskussion übersehen wird, dass sich weniger die Gefährdungslage und die damit verbundenen Ängste verändert haben, sondern dass lediglich die vermeintlichen Aggressoren ausgetauscht wurden.

310 In einem 1953 veröffentlichen Aufsatz über *„Das Buttmandl-Laufen im Loip“* (Rattelmüller, Schönere Heimat, 1953 / Heft 3/4: 107-110) wird das Raufen als selbstverständlicher und schöner Teil des Brauches beschrieben. Sogar beim teilweise touristisch vermarkteten Matreier Klaubaufgehen hat sich das „Umwerfen“ bis heute gehalten (vgl. Berger 2000).

311 Wenn auch nicht auf ihre Inhalte und Funktionen, sondern nur auf ihre äußeren Formen (siehe drittes Kapitel).

„Der was direkt am Seil[312] steht muss damit rechnen, dass er eine abkriegt. Dann geht es einmal herunter, dann sagt der Sprecher: ‚So jetzt beginnt der Freilauf.' Und alles, was sich dann nicht in Sicherheit gebracht hat, muss damit rechnen, dass er eine drüberbekommt, weil da gibt es keine Seile mehr und dann läuft da alles rundherum. Aber das Lustige war, es ist keiner weg gewesen, die sind alle stehengeblieben, weil die haben alle gewusst, was passiert, die haben gewusst, jetzt kommen die Ruten und die haben damit gerechnet, dass sie ein paar Schläge abkriegen. Das Beste, was mir passiert ist, das war in St. Georgen an der Gusen [Gemeinde in Oberösterreich; Anm. d. Verf.], da war eine Frau und der hab ich mit der Lederpeitsche so über die Beine drüber, eine alte Frau, die war gut und gerne 70, 80 und dann schaut sie mich an und hat sich dafür bedankt. Die hat sich dafür bedankt. Aber aus dem einfachen Grund, weil sie diesen Brauch kennt und sie gewusst hat, dass das ein Segensbringer ist und sie hat sich in dem Moment, das hat sie mir später dann erzählt, in dem Moment hat sie sich als Frau wahrgenommen gefühlt. Früher war's ein Fruchtbarkeitsschlag, wenn du mit der Rute eine drübergekriegt hast. Das war eben das. Weil die alten Leute können eben damit umgehen." (Interview Hafner / Trinkl, 15.05.2010.)

Gerade Hobby-Volkskundler, die wesentlich an der Bereitstellung kollektiver Wissensbestände über das Brauchgeschehen beteiligt sind, übersehen häufig, dass im Ausleben der im alltäglichen Verkehr unterdrückten Affekte schon immer eine Hauptfunktion von Maskenbräuchen lag und dass das Über-die-Stränge-Schlagen ein grundlegender Teil der Tradition dieser Bräuche ist. Dies mag auch damit zusammenhängen, dass sich die populäre Kontinuitätsprämisse vorwiegend auf das Überdauern von Glaubensvorstellungen und Brauchformen bezieht, während sie den Wandel von sozialen Funktionen und Bedeutungen der Bräuche sowie gesellschaftliche Wandlungen ignoriert (siehe erstes und drittes Kapitel). Die Kombination der daraus resultierenden Sichtweise mit dem Vorrücken der Scham- und Peinlichkeitsschwelle gegenüber physischer Gewalt lässt

---

312 Bei manchen Krampusläufen wird die Laufstrecke nicht durch Absperrgitter von den Zuschauern abgetrennt, sondern durch ein Seil, das von den in der ersten Reihe stehenden Zuschauern gehalten wird. Da das Seil einen viel unmittelbareren Kontakt zu den Zuschauern ermöglicht, ist es bei vielen Brauchausübenden sehr beliebt. Die Seilabsperrung hat im Vergleich zu Absperrgittern zwei weitere Vorteile: Erstens ist sie mit viel geringerem organisatorischen, zeitlichen und finanziellen Aufwand verbunden als Absperrgitter, die von der Polizei oder von privaten Sicherheitskräften auf- und abgebaut werden müssen. Und zweitens erlaubt es das Seil, die Art und Intensität des Aufeinandertreffens von Krampussen und Zuschauern während des Krampuslaufes zu variieren (indem man zum Beispiel das Seil einsammelt oder die in der ersten Reihe stehenden Zuschauer bittet, das Seil fallenzulassen). Daher wird das Seil vor allem bei Läufen eingesetzt, bei denen auf einen Umzug ein Freilauf folgt. Der große Nachteil einer Seilabsperrung ist, dass sie viel instabiler und daher unberechenbarer ist als Absperrgitter. Im Rahmen der mit den sozialen, räumlichen und quantitativen Expansionsprozessen einhergehenden Verschärfung der sicherheitstechnischen Auflagen haben sich Absperrgitter als häufigste Art der Laufstreckeneinhegung durchgesetzt.

bei vielen Brauchträgern den Eindruck entstehen, die Gewaltbereitschaft der Zuschauer habe ein höheres Maß erreicht als je zuvor. Im ersten, zweiten und sechsten Kapitel haben wir jedoch gesehen, dass in längerfristiger Perspektive auch bei Maskenbräuchen ein Trend zur Eindämmung und Tabuisierung von Gewalt sowie zur Wandlung von der Gewalt*ausübung* zur Gewalt*darstellung* zu beobachten ist. So legt Dunnings Feststellung, *„daß der Fußball-Hooliganismus ein heutiges Gegenstück der volkstümlichen Vorläufer des modernen Fußballs darstellt"* (Dunning 2003: 432), den Schluss nahe, dass nicht die heutigen Maskenevents selbst, sondern die Pöbeleien, Randale und Ausschreitungen am Rande dieser Veranstaltungen, die von Medien und vielen Brauchträgern als Angriff auf das Brauchtum beklagt werden, die funktionalen Äquivalente der Vorläufer heutiger Maskenbräuche sind. In dem kurzen Zeitraum, die für die Brauchträger und für diese Arbeit von Bedeutung ist, kann man jedoch parallel zum Theatralisierungs- und Reglementierungs-Trend tatsächlich eine gegenläufige Entwicklung zu realer, physischer Gewalt beobachten. Folglich kann man sich Helmut Kuzmics' Resümee seiner fabelhaften Untersuchung *„Der Preis der Zivilisation"* anschließen und sagen, dass *„die Moderne bei korrekten Analysen in vielen Bereichen besser dasteht als unsere europäische Vergangenheit; aber mit unseren Ansprüchen, noch dazu, wenn sie in verallgemeinerter Form auftreten, kann sie nicht Schritt halten"* (Kuzmics 1989: 323).

In noch stärkerem Maße als für die Brauchausübenden gilt das eben Gesagte für die Zuschauer, die sich naturgemäß weniger mit der Geschichte und Bedeutung der Bräuche beschäftigen als die Brauchträger. Bei neu eingeführten Umzügen in größeren Städten und in Orts- oder Stadtteilen mit einem relativ hohen Anteil von Menschen mit Migrationshintergrund tritt dieses Problem besonders deutlich zutage. Hier werden soziale Gruppen mit Situationen konfrontiert, zu denen ihnen das kulturelle Hintergrundwissen fehlt. Es ist wohl nicht allzu weit hergeholt, auch hier auf Bourdieus Überlegungen zum Verhältnis von Amateur- und Profisport zurückzugreifen:

„Dagegen [im Gegensatz zum passiven Zuschauer; Anm. d. Verf.] verfügt der ‚Kenner' über Wahrnehmungs- und Bewertungsschemata, die ihn sehen lassen, was dem Laien verborgen bleibt, dort zwingende Zusammenhänge zu bemerken, wo der ‚Banause' nur Chaos und Gewalt erblickt [...]. Je oberflächlicher eine Wahrnehmung ist, je blinder gegenüber diesen Feinheiten, Nuancen und Subtilitäten, um so weniger vermag sie sich an der Darbietung zu ergötzen, um so mehr greift sie nach dem ‚Sensationellen', huldigt sie dem Kult der sichtbaren Leistung und Virtuosität, um so vehementer und ausschließlicher heftet sie sich an jene andere Dimension des Sportspektakels: Spannung und Bangen ums Resultat – mit der Folge, daß nicht weniger die Spieler als auch die Organisation derartiger Veranstaltungen immer stärker auf bedingungslosen Sieg aus sind." (Bourdieu 1993: 175f.)

Die jungen Menschen in Wien oder Graz wachsen nicht mit Krampus- und Perchtenbräuchen auf; nicht einmal mit Erzählungen über sie. Selbst der häufig noch praktizierte Einkehrbrauch hat seine religiösen Bedeutungsinhalte und auch seine sozialen Funktionen zumindest für die Öffentlichkeit längst verloren.[313] Die großen Umzüge – egal ob sie eher den Charakter einer Horror-Show oder eines Brauchtums-Events annehmen – haben mit den täglichen Problemen, Ängsten und Interessen der meisten Zuschauer nichts zu tun. Hans Georg Soeffner zufolge erfüllen Rituale folgende Funktionen: sie verleihen Verhaltenssicherheit; sie helfen bei der Bewältigung schwieriger Alltagssituationen; sie steuern, erlauben und begrenzen das Verhalten; sie sind Teil der symbolischen Problemverarbeitung; sie verleihen Sinn und Bedeutung; sie verdeutlichen die normativen Gesamtorientierungen der Gruppe bzw. Gesellschaft; sie stellen die in Frage gestellte Ordnung wieder her und sind so ein wichtiger Teil der sozialen Kontrolle (vgl. Soeffner 1989; Oelkers / Wegenast 1991: 63-81) und fördern das Zugehörigkeitsgefühl zum Kollektiv (vgl. Jeggle 1992: 603-628). Offensichtlich werden diese Funktionen in hochdifferenzierten Gesellschaften im Alltag von ganz anderen Ritualen erfüllt als in kleinräumigen, agrarischen Gesellschaften. So viele dieser Funktionen gegenwärtige Krampus- bzw. Perchtenbräuche für die Brauchausübenden und für Teile der Zuschauer erfüllen, so unverständlich dürften sie für jene Jugendlichen sein, die aggressiv und gewalttätig auf sie reagieren.[314] Wenn man das Gesehene nicht einordnen kann oder es anders interpretiert, als es von den Handelnden intendiert ist und auch von den anderen Zuschauern interpretiert wird, kann man weder entsprechende Verhaltenserwartungen entwickeln noch in angemessener, legitimer Form reagieren. Und so kann eine gewaltvolle Inszenierung oder das neckische Spiel zwischen Maskierten und Zuschauern leicht als aggressive Provokation missverstanden werden. Tatsächlich wird nicht nur im *Krampusmania*-Forum, sondern auch in persönlichen Gesprächen mit Brauchträgern immer wieder davon berichtet, dass die überwiegende Anzahl der Angriffe von „Ausländern" ausgeht, die nicht verstehen, was gerade passiert. Im folgenden Ausschnitt aus dem bereits mehrfach herangezo-

---

313 In Wiener Kindergärten sind Besuche von Nikolaus und Krampus verboten (siehe drittes und sechstes Kapitel).

314 Das bedeutet weder, dass angeblich alte Bräuche wie das Krampus- und Perchtenlaufen für die Zuschauer keine Bedeutung haben oder dass sie bei ihnen keine Emotionen auslösen, noch, dass sie für die Identitätskonstruktion keine Rolle spielen. Im Gegenteil: Im achten Kapitel wird die These aufgestellt, dass gerade in der Konstruktion von Zugehörigkeits- und Wir-Gefühlen eine wesentliche soziale Funktion von Krampusbräuchen liegt, ohne die man deren Boom, aber auch die allgemeine Begeisterung für regionale Trachten, Bräuche und Feste nicht verstehen kann. Die hier angestellten Überlegungen beziehen sich daher vorwiegend auf jene Zuschauergruppen, von denen aggressives und manchmal gewalttätiges Verhalten gegenüber Krampussen und Perchten ausgeht.

genen Interview mit zwei Szene-Insidern sind einige Aspekte, die man auch in vielen *Krampusmania*-Diskussionen findet, exemplarisch und konzentriert versammelt.

> „Also das Schlimmste, was uns passiert ist, das war bei einem Lauf in Niederösterreich, dort war auch ein relativ hoher Anteil an Türken, die das auch nicht verstanden haben und die haben sich dann auch massivst... wo du auch gemerkt hast, der weiß gar nicht was da auf ihn... was da los ist, der kennt den nicht, der sieht da nur eine Maske, der sieht da nur eine Gestalt, der weiß nicht, warum der jetzt schreit und so tut, als würde er auf ihn losgehen, der glaubt wirklich, der ist jetzt in Gefahr und der dann wirklich auch massivst gewalttätig darauf reagiert." (Interview Hafner / Trinkl, 15.05.2010.)

Wie wir am Anfang dieses Kapitels (7.1.2) gesehen haben, haben sich diese Befürchtungen im Rahmen der sogenannten „Flüchtlingskrise" noch einmal verstärkt. Vieles spricht dafür, dass sie bei der Absage mehrerer Krampusläufe im Winter 2015 eine Rolle spielten.

7.3.2 Angebot und Nachfrage verschiedener sozialer Gruppen im Krampus-Feld

Viele Menschen, die in den letzten Jahren mit Krampus- oder Perchtenläufen konfrontiert wurden, verfügen nicht über dasselbe Hintergrundwissen wie die meisten Aktiven. Dazu kommt, dass sich das Verständnis von Brauchtumspflege, aber auch die Bild- und Musikgeschmäcker vieler Zuschauer von jenen recht deutlich unterscheiden dürften, die sich in den letzten Jahren in der jungen Krampus- und Perchtenszene etabliert haben. Dementsprechend ist das Nebeneinander der Begeisterung für gewaltvolle Spielkämpfe und grauenerregende Masken auf der einen Seite und der Empörung über Zuschauergewalt und Brauchtumsmissbrauch auf der anderen Seite nicht nur das Resultat der oben beschriebenen Tatsache, dass die Empfindlichkeit gegenüber dargestellter Gewalt weniger stark ausgeprägt ist als gegenüber realer Gewalt. Vielmehr existieren hinsichtlich dieser Sensibilität erhebliche Unterschiede zwischen verschiedenen Gruppen von Brauchträgern, Medienvertretern und Zuschauern. Bei einem Krampuslauf treffen soziale Gruppen aufeinander, deren Einstellungen zu und Umgangsformen mit Gewalt sich deutlich voneinander unterscheiden.

Es sei darauf hingewiesen, dass jenseits dieser Unterschiede alle Zuschauer, Aktiven und Ausrüstungshersteller etwas gemeinsam haben: sie bilden eine soziale Figuration, die nicht auf die Zeit des Krampuslaufes beschränkt ist. Insofern sie sich für Masken, Kostüme und Vorführungen interessieren, diese beurteilen und über diese diskutieren, sind nicht nur die Schnitzer und Brauchausübenden, sondern auch die Zuschauer Teil dessen, was man in Anlehnung an Bourdieus Überlegungen zum *„künstlerischen Feld"* (1993: 153-64) als *Brauchtums-* oder *Krampus-Feld* bezeichnen könnte. Dieses Feld besteht zum einen aus *„klassifizierten Gütern"* (Masken, Latexanzüge, Umzüge usw.) und andererseits aus *„Leute[n], die über Klassifizierungsprinzipien verfügen"* (ebd.: 153). Allerdings ist im Krampus-Feld die Grenze zwischen Produzenten, Kritikern und Konsumenten weniger stark ausgeprägt als im künstlerischen Feld. Beschränkt man diese Überlegung auf Masken und Ausrüstungsgegenstände, steht einer relativ geringen Anzahl meist professioneller Hersteller eine vergleichsweise große Anzahl von Konsumenten gegenüber. Zu den tatsächlichen Käufern der Masken und Ausrüstungsgegenstände, den Aktiven, kommen die Zuschauer von Krampusläufen und über Medienberichte eine noch breitere Öffentlichkeit hinzu. Versteht man jedoch Krampus- und Perchtenläufe als Auftritte und in weiterer Folge auch als *„klassifizierte Güter"*, ist die Anzahl der Produzenten ungleich größer. Auf jeden Fall bilden Produzenten und Konsumenten zusammen einen *„Darstellungsdiskurs"* (T. Weber, userfiles.todundtoterkoerper.eu [20. 04.2011])[315].

Der Geschmack einer Person oder Gruppe (etwa hinsichtlich der Masken) kann als Produkt des Zusammentreffens *„einer Erwartung und ihrer Realisierung"* (Bourdieu 1993: 154) verstanden werden. Die Erzeugnisse der Produzenten und die Erwartungen der Konsumenten entsprechen einander, weil die *„kulturellen Güter"* nichts anderes sind als *„Objektivierungen"* des in einer Gesellschaft bzw. in einem bestimmten sozialen Milieu vorherrschenden Geschmacks. Die *„kulturellen Produzenten"*, in unserem Falle die Schnitzer, sind zwar *„Profi(s) der Verwandlung von Implizitem in Explizites"* (ebd.: 155), die gegenseitige Anpassung von Angebot und Nachfrage ist jedoch von keinem Individuum und auch von keiner sozialen Gruppe intendiert. Die kulturellen Produzenten suchen ebenso wenig bewusst nach Nachfragepotentialen und Marktlücken wie die kulturellen Konsumenten ihre Geschmäcker, Interessen und Wertvorstellungen in einem bewussten Akt auswählen oder erschaffen. Vielmehr sind die Handlungen beider Parteien von der jeweiligen Position bestimmt, die sie im Krampus-Feld und im sozialen Raum einnehmen. Dieser Stellung entsprechen ein bestimmter Habitus und bestimmte emotionale Bedürfnisse, Interessen und Überzeugungen. Ein Schnitzer, der im Krampus-Feld eine traditionalistische Position einnimmt, realisiert die Erwartungen der traditionalistisch-konservativen Klientel. Umgekehrt richten diese Konsumenten ihre Erwartungen und Bedürfnisse an den Angeboten „ihres" Schnitzers aus. So treffen Nachfrage und Angebot, Erwartungen und deren Realisierungen zusammen. Gleichzeitig sind Schnitzer und Aktive

---

315 Weber, Tina: Audiovisuelle Darstellungen von toten Körpern und Sektionen. URL: http://userfiles.todundtoterkoerper.eu/Audiovisuelle%20Darstellungen%20von%20toten%20Körpern%20und%20Sektionen_Homepage.pdf (letzter Zugriff: 20.04.2011).

ständig bestrebt, sich von ihren Konkurrenten abzugrenzen bzw. sie zu überbieten. Aufgrund der vielfältigen Spannungen zwischen Innovation und Bewahrung, Rückgriff und Neuinterpretation, Weiterentwicklung und Erstarrung, Originalität und Konformität, Adaptierung und Kanonisierung, Nachahmung und Abgrenzung sowie der Annäherung und Abschottung verschiedener „Schulen" ist das Krampus-Feld einem ständigen Wandel unterworfen. Wie im künstlerischen oder im religiösen Feld finden auch im Krampus-Feld „[...] *lauter Teilrevolutionen statt, die die Struktur des Feldes umwälzen, ohne das Feld als solches und das Spiel, das dort gespielt wird, in Frage zu stellen"* (ebd.: 159). Immer wieder treten Neuerer auf den Plan, die dem Establishment vorwerfen, die „ursprünglichen Ziele" oder den „eigentlichen Sinn" des Brauches aus dem Auge verloren zu haben. Man kann diesen Konflikt auch als Gegensatz zwischen Jungen, d.h. später Hinzugekommenen, und Alten, d.h. Etablierten, verstehen (ebd.: 137), wobei darauf hingewiesen werden muss, dass die „Alten" nicht mit Traditionalisten und die „Jungen" nicht mit „Progressiven" gleichgesetzt werden können. Im Gegenteil: Während Latexanzüge und blutverschmierte, mit klaffenden Wunden übersäte Masken, die anfangs für einen Aufschrei der Entrüstung gesorgt hatten, mittlerweile in weiten Teilen der Szene etabliert sind, kann man in der jüngsten Vergangenheit vermehrt beobachten, dass Gruppen, die durchwegs aus jungen Mitgliedern bestehen, und Schnitzer, die keineswegs als traditionalistisch oder formkonservativ einzustufen sind, zu „alten", „traditionellen" Masken und Fellanzügen zurückkehren.[316] Mit diesen erregen sie bei Krampusläufen viel Aufsehen und sorgen bei nicht wenigen Krampusgruppen für Kopfschütteln. Das Tragen einer „auf alt gemachten" oder einer nicht hochwertig verarbeiteten Maske kann – je nach Sub-Szene – ein mindestens ebenso schlimmer Tabubruch sein wie das Tragen einer besonders neuartigen, innovativen Maske, die sich nicht an die Motiv-, Form- und Verarbeitungskonventionen der Szene hält. Die oben bereits zitierte Untersuchung medialer Totendarstellungen von Tina Weber lässt außerdem vermuten, dass auch das *biologische* Alter bei der Meinungsbildung von Bedeutung ist – gerade, wenn es um klaffende Wunden und herabhängende Körperteile geht. Dies hängt damit zusammen, dass sich die Fernsehgewohnheiten von jüngeren und älteren Menschen voneinander unterscheiden. Während amerikanische Krimi- und Autopsieserien vorwiegend von unter 50-Jährigen

---

316 Natürlich handelt es sich hierbei nur in den seltensten Fällen tatsächlich um alte Masken. Meistens sind diese Masken „auf alt gemacht", was bedeutet, dass sich die Schnitzer hinsichtlich der Motive (Teufel und Tiere statt Hollywood-Monster oder Orks), der Formensprache (grob und scheinbar unprofessionell geschnitzt statt professionell modelliert, an alten Masken statt an Computersimulationen angelehnte Ästhetik) oder der Herstellungsart (alte statt moderne Werkzeuge, handwerkliche statt industrieller Fertigung) an älteren Vorbildern orientieren (siehe dazu auch 6.4.9 und 6.4.10).

gesehen werden, setzt sich die Seherschaft deutscher Krimiserien hauptsächlich aus über 50-Jährigen zusammen. Da sich die Totendarstellungen in US-amerikanischen und deutschen Krimiserien deutlich voneinander unterscheiden, bekommen Junge und Alte unterschiedliche Tote zu sehen. Erstens sind in deutschen Krimiserien viel seltener Tote zu sehen als in amerikanischen Krimserien, die nicht nur über Online-Abonnementanbieter (wie *Netflix*, *Maxdome* oder *Amazon Prime*), sondern teilweise auch im österreichischen und deutschen Fernsehen verfügbar sind. Zweitens gelten die oben skizzierten Darstellungscodes nur für amerikanische Serien, weshalb jüngere Menschen den Anblick offener, klaffender Wunden und Fleischhaufen eher gewöhnt sind als ältere.

Neben dem Aufeinandertreffen von Einheimischen und Zuwanderern, das weiter unten diskutiert wird, und neben den Spannungen zwischen verschiedenen sozialen Milieus, die im achten Kapitel thematisiert werden, ist auf einen weiteren potentiellen Konflikt zwischen verschiedenen Gruppen hinzuweisen. Egal wie sich Aktive und Zuschauer eines Krampuslaufes zusammensetzen, sie verfügen in unterschiedlichem Ausmaß über brauchbezogenes Hintergrundwissen und nehmen innerhalb der temporären Figuration eines Krampuslaufes unterschiedliche Rollen ein, die wiederum mit unterschiedlichen Machtressourcen und Handlungsimperativen, Rechten und Pflichten verbunden sind. Dies zu akzeptieren ist nicht nur für Personen, die über den Krampusbrauch nicht Bescheid wissen, schwierig. Es ist nicht einfach, sich damit abzufinden, dass man sich von einem gleichaltrigen oder jüngeren Burschen schlagen lassen muss, ohne sich wehren oder auch nur beschweren zu dürfen. Gerade die Phasen des Übergangs – etwa vom schüchternen Burschen zum selbstbewussten Krampus oder vom unerreichbaren Mädchen zum kreischenden Opfer – sind mit Handlungs- und Erwartungsunsicherheiten verbunden. Daher gibt es entweder bestimmte Rituale, die diese Übergänge markieren und signalisieren, dass sich das Gegenüber nun anders verhalten darf und dass man sich selbst auch anders verhalten darf (vgl. van Gennep 1986). Beim Krampuslaufen ist das Auf- bzw. Absetzen der Maske ein solches Signal. Häufig vollzieht sich die Verwandlung ganz hinter den Kulissen und ist für die Zuschauer nicht sichtbar. Die in diesem Kapitel diskutierten Probleme hängen auch damit zusammen, dass diese Signale oder deren Bedeutung entweder nicht allen Beteiligten bekannt sind oder nicht von allen anerkannt werden.

7.4 Zivilisierter Habitus, aggressive Männlichkeit und segmentäre Bindungen

Die zweite Voraussetzung, die erfüllt sein muss, damit die bei einem Krampuslauf legitimen Affektäußerungen nicht in exzessive Gewalt umschlagen, ist, so die hier vertretene These, dass Aktive und Zuschauer über eine Affektmodellierung verfügen, die es ihnen ermöglicht, ihre Leidenschaften trotz der dargestellten Gewalt, den aggressiven Gesten, den Provokationen, der Dynamik der Bewegungen und der schmerzhaften Rutenhiebe im Zaum zu halten. Diese Konstellation verlangt von allen Beteiligten jenen hohen Standard der emotionalen Selbstkontrolle, jene Fähigkeit zur Unterordnung spontaner Triebäußerungen unter längerfristige Ziele, die nach Elias für abendländisch-zivilisierte Staatsgesellschaften charakteristisch ist. Diese Affektmodellierung wird den Heranwachsenden von klein auf „angezüchtet", bis sie als automatisierter, meist unbewusster Selbstzwang zur zweiten Natur wird. Sie ist für das soziale Überleben und Vorankommen in einer westlich-industrialisierten Gesellschaft unabdingbar. (Vgl. Elias 1997a: 356-394.)

Im Anschluss an diese Überlegungen wird in diesem Kapitel gefragt, ob jene Jugendlichen, die für die jüngsten Gewalteskalationen bei Krampusumzügen verantwortlich sind und die in der Folge als Krampus-Hooligans bezeichnet werden, nicht über diese in Elias' Sinne zivilisierte Affektmodellierung verfügen. Dementsprechend stellen sich folgende Fragen: Aus welchen familiären bzw. sozialen Herkunftsmilieus stammen die Beteiligten? Warum attackieren sie die Teilnehmer einer Brauchtumsveranstaltung? Und warum kommt es bei anderen brauchtümlichen Festen nicht zu solchen Auseinandersetzungen?

7.4.1 Hooliganismus und segmentäre Bindung

(1) Segmentäre und funktionale Bindung. Ein zentraler Aspekt des abendländischen Zivilisationsprozesses ist die Veränderung *„der Art und Weise, wie die Mitglieder einer Gesellschaft miteinander in Beziehung stehen"* (Dunning 2003: 412). Dunning (ebd.: 413-416) hat diesen Prozess als schrittweise Ersetzung von segmentären durch funktionale Bindungen beschrieben. Zum Zwecke der Analyse hat er diese beiden Typen der sozialen Bindung und die Charakteristika der jeweils mit ihnen zusammenhängenden gesellschaftlichen Figurationen als eine Reihe von Polaritäten ausgebildet und einander gegenübergestellt.[317] In der folgenden Auflistung wird die gesellschaftliche Figuration einer vormodernen,

---

317 Wie bei allen in dieser Arbeit vorgestellten Polaritäten werden auch hier nur die Pole, die Extremtypen, angeführt.

segmentär geprägten Gesellschaft der hochdifferenzierten, funktonal geprägten Figuration des heutigen Europa idealtypisch gegenübergestellt.

- lokale, autarke Gemeinschaften vs. nationalstaatlich integrierte Gemeinschaften;
- relative Armut vs. relativer Wohlstand;
- schwache vs. starke Zentralisierung der staatlichen Funktionen;
- relativ unabhängige vs. relativ abhängige herrschende Klasse;
- zugeschriebene (verwandtschaftliche, lokale) vs. erworbene (funktionale) Bindungen;
- enge vs. breite Palette möglicher Berufe (homogene vs. heterogene Arbeitserfahrung);
- geringe vs. hohe geographische und soziale Mobilität (enge vs. weite Erfahrungshorizonte);
- geringer vs. starker sozialer Druck zur emotionalen Selbstkontrolle und zur Langsicht;
- geringe vs. hohe Fähigkeit zum Bedürfnisaufschub und zur langfristigen Planung;
- wilde Stimmungsschwankungen vs. stabile Gemütsverfassung;
- Suche nach unmittelbarer vs. verdeckter Erregung;
- hohe vs. niedrige Scham- und Peinlichkeitsschwelle hinsichtlich Gewalt und Schmerz;
- Zurschaustellung vs. Hinter-die-Kulissen-Drängung von Gewalt;
- spontane, affektive und exzessive vs. geplante, rationale und instrumentelle Gewalt;
- geringe vs. starke Schuldgefühle nach Gewaltanwendung;
- hohes vs. geringes Maß an ehelicher Rollenteilung (hohe vs. niedrige Kinderzahl);
- strikte vs. geringe Trennung zwischen männlichem und weiblichem Lebensbereich;
- stark vs. gering ausgeprägte physische Gewalt zwischen den Geschlechtern;
- lose, gewaltvolle vs. dauerhafte, gewaltlose elterliche Kontrolle über die Kinder;
- männliche Dominanz vs. Gleichheit zwischen den Geschlechtern;
- Tendenz zur Bildung von Banden vs. Tendenz zum Eingehen von Beziehungen durch Wahl;
- aggressive vs. zivilisierte Männlichkeit;
- Fähigkeit zum Kämpfen vs. berufliche Fähigkeiten als Schlüssel zu Macht und Status;
- starke lokale bzw. nationale vs. schwache nationale bzw. internationale Wir-Gefühle;

- „volkstümliche" vs. „moderne" Formen des Sports (ritualisierte Banden- vs. Spielkämpfe).

In diesen Polaritäten sind jene Eigenschaften einander gegenübergestellt, die auf verschiedenen Ebenen für eine traditionale bzw. moderne Gesellschaft charakteristisch sind. Dunning hat betont, dass diese Pole als Extremtypen zu verstehen sind, die in der empirischen Realität kaum in dieser Reinheit anzutreffen sind. Vielmehr handelt es sich hierbei um Balancen, die sich in einem Falle mehr in die eine und im anderen Falle mehr in die andere Richtung verschieben. Diese Verschiebung verläuft weder linear noch konfliktlos. Innerhalb einer Gesellschaft können verschiedene Formen der sozialen Bindung nebeneinander existieren. Auch in hochdifferenzierten Staatsgesellschaften, in denen Bindungen des funktionalen Typs vorherrschen, sind gewisse Bevölkerungsgruppen durch eher segmentäre Bindungen charakterisiert. Auf den Krampus-Hooliganismus übertragen gilt es im Folgenden zu fragen, ob man die aktuellen Vorfälle, die aufgrund ihres besonders hohen Maßes an Brutalität und Gewalttätigkeit die öffentliche Aufmerksamkeit erregen, darauf zurückführen kann, dass in einigen sozialen Milieus nach wie vor Bindungen des segmentären Typs und die mit ihnen zusammenhängenden Affektmodellierungen vorherrschen.

(2) Fußball- und Krampus-Hooliganismus. Auf den ersten Blick mag es weit hergeholt erscheinen, für die Untersuchung gewalttätiger Auseinandersetzungen bei Krampusläufen auf Überlegungen zum englischen Fußball-Hooliganismus zurückzugreifen. Aber es gibt strukturelle Ähnlichkeiten zwischen diesen Phänomenen, die diese Vorgehensweise rechtfertigen. Im sechsten Kapitel wurde eine Reihe von Parallelen zwischen Sportspielen und Maskenbräuchen angeführt. Diese heute voneinander getrennten Phänomene haben ähnliche Wurzeln: jene wilden Spiele, Bandenkämpfe, Heischegänge und Rügebräuche, die für vorindustrielle, lokal und segmentär organisierte Gesellschaften charakteristisch sind. Außerdem wurde gezeigt, dass die aktuellen Formen des Fußballsports und des Krampusbrauches Ergebnisse eines Zivilisierungsprozesses sind, den wir im Anschluss an Elias und Dunning als *Versportlichung* bezeichnet haben. Dementsprechend wurde argumentiert, dass es sich sowohl bei einem Krampusumzug als auch bei einem Fußballspiel um spielerische, aber hochregulierte Auseinandersetzungen verschiedener Gruppen handelt, in deren Rahmen aggressives Verhalten innerhalb bestimmter Grenzen akzeptiert und sogar erwünscht ist. Beide Figurationen verlangen von den Beteiligten ein hohes Maß an emotionaler Zurückhaltung. In Elias' Worten könnte man sagen, es handle sich um mimetische Ereignisse, um soziale, räumliche und zeitliche Enklaven, in denen Aktive und Zuschauer innerhalb bestimmter Grenzen ihre Affektkontrollen lockern und bestimmte Emotionen auf eine Weise ausleben können, die im Alltag nicht sozial legitim wäre. Ein wesentlicher Unterschied dieser beiden Figurationen besteht

jedoch in der Art der Beziehung zwischen aktiven Teilnehmern auf der einen und Zuschauern auf der anderen Seite. Wie einflussreich einzelne Fangruppierungen eines Fußballclubs auch sein mögen, wie intensiv und für den Spielverlauf bedeutend die Interaktion zwischen Spielern und Fans auch sein mag: die Grenze zwischen Aktiven und Zuschauern ist bei einem Fußballspiel eindeutiger und unverrückbarer als bei einem Krampus- oder Perchtenlauf. Da die beiden Figurationen in dieser Hinsicht ein unterschiedliches Strukturmuster aufweisen, unterscheidet sich die Art der Beziehungen zwischen den Individuen und Gruppen. Während bei einem Fußballspiel zwei klar definierte Mannschaften gegeneinander antreten, stehen einander bei einem Krampus- oder Perchtenlauf – trotz Absperrgittern und inszenierten Shows – Maskierte und Nicht-Maskierte gegenüber. Die Besucher nehmen mehr oder weniger aktiv an dem Treiben teil und können jederzeit vom Zuschauer zum Opfer oder Gejagten werden.[318] Sie sind Teil des Geschehens und daher auf andere Art und Weise emotional einbezogen als Zuschauer eines Fußballspiels. Während die Beziehung zwischen zwei Fußballmannschaften durch spielerischen Wettkampf und die Beziehung zwischen Spielern und Fans – im Falle der eigenen Fans – durch gegenseitige (wenn auch asymmetrische) Identifikation und Sympathie bzw. – im Falle der gegnerischen Fans – durch Ablehnung und Antipathie gekennzeichnet ist, kann man die Beziehung zwischen Krampussen und Zuschauern als *„Scheingefecht"* (Dunning 2003: 403) oder *„Spielkampf"* (ebd.: 432) beschreiben. Ein weiterer Unterschied zwischen Fußballspielen und Krampusläufen besteht in der Häufigkeit, Art und Intensität, in der unbeteiligte Passanten damit rechnen müssen, mit dem Geschehen konfrontiert oder sogar in es hineingezogen zu werden. Aus diesem Grund sind die Befürchtungen hinsichtlich in der Nähe von Krampusläufen untergebrachter Flüchtlinge nicht ganz unbegründet.

Was sowohl Fußballspiele als auch Krampusläufe von Dorffesten und Musikfestivals, aber auch von anderen folkloristischen Brauchvorführungen unterscheidet, ist die Zentralität des Prinzips der Gegnerschaft, das sich besonders gut zur Stärkung der Gruppenidentifikation eignet (vgl. ebd.: 431f.). Sowohl bei Fußballspielen als auch bei Krampusläufen kann die legitime, rationale, kontrollierte Gewalt jederzeit in illegitime, affektive, spontane Gewalt umschlagen. Dunnings Argument, das hier auf Krampusläufe übertragen werden soll, ist, dass

---

318 Es sei angemerkt, dass sich das Muster der sozialen Beziehungen zwischen Krampussen und Zuschauern und damit die emotionale Betroffenheit der Zuschauer ändert, wenn für die Besucher keine Gefahr mehr besteht, einen schmerzvollen Hieb mit der Rute abzubekommen (oder im Falle des Matreier Klaubaufgehens zu Boden geworfen zu werden), weil die Krampusse nur noch posieren oder inszenierte Shows vorführen. In diesem Falle werden – wie wir im sechsten Kapitel gesehen haben – die Krampusse zu Darstellern und die Besucher zu reinen Zuschauern (siehe hierzu auch die im sechsten Kapitel angeführten Überlegungen zur Polarität von Vergnügen und Ernsthaftigkeit bzw. von ausgeübter und dargestellter Gewalt).

sich solche „Spielkämpfe" besonders gut als Schauplatz für den Ausdruck aggressiver Männlichkeitsnormen eignen und daher die spielerische schnell in ernste Gewalt umschlagen kann. Wie wir oben gesehen haben, sind Normen aggressiver Männlichkeit, starke Gruppenidentifikation und eine geringe emotionale Selbstkontrolle keineswegs typisch für komplexe, arbeitsteilige Gesellschaften, in denen die Menschen vorwiegend durch funktionale, erworbene Bindungen zueinander in Beziehung stehen. Im Gegenteil: hier herrscht ein deutlich weniger aggressives Männlichkeitsideal vor. Bereits von jungen Erwachsenen wird erwartet, dass sie über eine vergleichsweise hoch entwickelte Fähigkeit verfügen, spontane Affekte und Triebäußerungen aufzuschieben. (Vgl. ebd.: 412-426, 473-502.)

7.4.2   Krampus-Hooliganismus und sozialer Habitus

(1) Hooligans und soziales Milieu. Dunning ist davon ausgegangen, dass Hooligans aus Milieus stammen, in denen nach wie vor segmentäre Bindungen und entsprechende Affektprägungen vorherrschen. Er hat sich auf empirische Untersuchungen bezogen, denen zufolge Fußballgewalttäter sich zu großen Teilen aus der *„Arbeiterklasse mit rauen Umgangsformen"* (ebd.: 429) rekrutieren. Hierbei handelt es sich um *„männliche Heranwachsende und junge erwachsene Männer aus bestimmten Gruppen des sozioökonomisch untersten Randes der Arbeiterklasse",* die durch ein *„starkes Interesse an der tätlichen Auseinandersetzung"* (Dunning / Murphy / Williams 2003: 435) gekennzeichnet seien. Ihr gesellschaftlich-familiäres Umfeld zeichnet sich durch folgende Attribute aus: relativ große Armut, niedriges Ausbildungsniveau, ungelernte Arbeit, hohes Arbeitsplatzrisiko, geringe geographische Mobilität, große Verwandtschaftsnetzwerke, ein hohes Maß an ehelicher Rollenteilung, männliche Dominanz, geringe Überwachung der Kinder, Erziehung mit Gewaltanwendung, geringe Fähigkeit zur emotionalen Selbstkontrolle, niedrige Scham- und Peinlichkeitsschwelle gegenüber physischer Gewalt, starke Zugehörigkeitsgefühle zu eng definierten Wir-Grup-pen und eine entsprechend starke Ablehnung gegenüber „Ihr"- und „Sie-Gruppen" (vgl. Dunning 2003: 426-431).

Für unser Vorhaben ist bedeutend, dass jene Aspekte des Fußball-Hooliganismus, die nach Dunning durch segmentäre Bindungen erzeugt werden, auch beim Krampus-Hooliganismus zu beobachten sind. Zu ihnen gehört zum Beispiel, dass bestimmte Zuschauergruppen – und in unserem Falle auch Teile der Maskenträger – mehr Vergnügen an gewalttätigen Auseinandersetzungen finden als an der Veranstaltung selbst. Dabei bedarf es keines konkreten Auslösers, damit die inszenierte, spielerische Gewalt in ernste Gewalt umschlägt. Ein Individuum wird nur deshalb angegriffen, weil es Teil der gegnerischen Gruppe (und eine Gruppe, weil sie Teil einer Großgruppe) ist. Dies lässt wiederum auf eine starke Gruppenidentifikation schließen. Die folgende Wortmeldung steht exemplarisch für hunderte Postings auf *Krampusmania* oder in anderen Internetforen:

> „Hatten heuer auch einige (zum glück nur kleinigkeiten) zwischenfälle mit unseren ausländischen mitbürgern. Ich will gar nicht wissen was mir passieren würde, wenn ich mich bei denen daheim so aufführen würde. Bzw. würd ich das gar nicht weil ich sowas ähnliches wie anstand besitze.
>
>   Nur was soll man machen??? -Drauf einsteigen -raufen -strafanzeige-und dann steht in der zeitung dass wieder die krampusse besoffene raufbolde sind und unsere ausländer den brauch nicht verstehn und sich dadurch angegriffen gefühlt haben und opfer sind?? -oder sich daheim von seinen `gästen`alles gefallen lassen, egal ob beschimpfen herndlziehn bespucken oder mit böllern beworfen werden??
>
>   Natürlich sind es nicht nur die ausländer, bei uns gibts a deppate, die halten sich aber meistens in grenzen und kommen nicht wensst mit oan a problem hast mitn ganzen clan daher
>
>   das posting stellt meine pers. meinung da und nicht die meines vereins" (Username anonymisiert.at, krampusmania, 17.12.2009 [25.04.2017].)[319]

Ein weiteres Merkmal beider Arten des Hooliganismus, das im Zusammenhang mit segmentären Bindungen zu sehen ist, ist die Betonung aggressiver Männlichkeit, die um das Attribut „Kampffähigkeit" zentriert ist. Da dieses Ideal von den gesellschaftlich vorherrschenden Männlichkeitsnormen abweicht, wird es von sozial dominierenden Gruppen – in unserem Falle von städtsich-bildungsbürgerlichen Milieus und Feuilletonisten – verurteilt. (Vgl. Dunning 2003: 428-430.) Im folgenden Zitat verbindet sich die Wertschätzung verbaler Konfliktlösungskompetenz und männlicher Kampffähigkeit mit dem Vorwurf, „die Ausländer" würden weder über die eine noch über die andere verfügen. Sie seien weder zum „Ausreden" noch zu einer fairen Auseinandersetzung im Kampf Mann gegen Mann imstande.[320]

> „Wos wüstn duan i sog immer wenns ba erna sogst 1 gegen 1 kannst ba erna scho moi an 0er hintam 1er dazuahängen. Wennst sogst du wüst des ausredn mit erna kummt also antwort ‚bei >>UNS<<(ja bei ERNA in ERNAM LAND ÖSTERREICH) wird nicht geredet sondern gehandelt' toll oda?

---

319   Ausländer bei Perchtenlauf / Page 2 – Vorfälle – KRAMPUSMANIA, 16.12.2009. URL: http: //krampusmania.at/index.php/Thread/39038-Ausl%C3%A4nder-bei-Perchtenlauf/?pageNo=2 (letzter Zugriff: 25.04.2017).

320   Diese Argumentation erinnert an die Selbstdefinition der „guten Gesellschaft", wie sie Elias in seinen *Studien über die Deutschen* (1992) skizziert hat. Die Verschärfung der Selbstkontrolle dient als Distinktionsmittel gegen gesellschaftliche Gruppen, denen diese Fähigkeit abgesprochen wird. „Die Ausländer" sind in Elias' Worten „nicht satisfikationsfähig".

Afoch ignoriern und schaun dass davo kemts (sicha isas traurig wennst die vor Ausländer in unserm land verstecken muast oba es kummt eh nur blödsinn aussa, und bevor i di saison aufgebm muas wal i an brochenen fuaß hob etc. geh i dem lieber ausn weg)" (Username anonymisiert, krampusmania.at, 15.12.2009 [24.04.2017].)[321]

(2) Aggressive Zuschauer und ihr Affekthaushalt. Wenden wir uns zunächst den Störenfrieden aufseiten der Zuschauer zu. Im Rahmen dieser Untersuchung war es nicht möglich, sozio-demographische Merkmale der Hooligans zu erheben. Erzählungen, *Krampusmania*-Kommentare und eigene Erfahrungen aus Feldaufenthalten lassen jedoch vermuten, dass die Meisten – im Gegensatz zu Fußball-Hooligans – aus Familien mit Einwanderungshintergrund stammen.[322] In diesem Zusammenhang stellt sich die Frage, ob die aggressive Haltung gegenüber Krampussen und die gewalttätigen Angriffe auf sie auch damit zusammenhängen, dass diese Heranwachsenden und jungen Erwachsenen in Gesellschaften oder in der Tradition von Gesellschaften sozialisiert wurden bzw. werden, die Affektmodellierungen, Wertideen und Männlichkeitsnormen hervorbringen, die sich von jenen unterscheiden, die gegenwärtig in der österreichischen Staatsgesellschaft – oder zumindest in den gesellschaftlich dominierenden Milieus – vorherrschen. Elias hat zwar betont, dass sich gesellschaftliche und individuelle Zivilisationsprozesse keineswegs nur im Abendland vollzogen haben und vollziehen.

„Sie finden sich überall, wo unter einem Konkurrenzdruck die Funktionsteilung größere Menschenräume voneinander abhängig, wo eine Monopolisierung der körperlichen Gewalt eine leidenschaftsfreie Kooperation möglich und notwendig macht, überall, wo sich Funktionen herstellen, die eine beständige Rück- und Voraussicht auf die Aktionen und Absichten Anderer über viele Glieder hinweg erfordern." (Elias 1997b: 347.)

Aber:

„Was den Zivilisationsprozeß des Abendlandes zu einer besonderen und einzigartigen Erscheinung macht, ist die Tatsache, daß sich hier eine Funktionsteilung so hohen Ausmaßes, Gewalt- und Steuermonopole von solcher Stabilität, Interdependen-

---

321 Ausländer bei Perchtenlauf / Page 2 – Vorfälle – KRAMPUSMANIA, 16.12.2009. URL: http://krampusmania.at/index.php/Thread/39038-Ausl%C3%A4nder-bei-Perchtenlauf/?pageNo=2 (letzter Zugriff: 25.04.2017).

322 Auch wenn man die Kommentare auf *Krampusmania* nicht wörtlich nehmen kann und sie mindestens ebenso viel über die Kommentatoren aussagen wie über die kommentierten Probleme, dürfte es sich bei den Angreifern vorwiegend um die sogenannte zweite und dritte Generation von Zugewanderten handeln; das heißt um Jugendliche, deren Eltern oder Großeltern aus der Türkei, aus den Nachfolgestaaten Jugoslawiens oder aus anderen Ländern nach Österreich eingewandert sind und die selbst schon in Österreich aufgewachsen sind.

zen und Konkurrenzen über so weite Räume und so große Menschenmassen hin hergestellt haben, wie noch nie in der Erdgeschichte." (Elias 1997b: 347.) Außerdem bilden sich *„je nach der Strukturgeschichte eines Landes"* auch in Ländern, die auf der gleichen Stufe der gesellschaftlichen Entwicklung stehen – wie in den west- und mitteleuropäischen Staatsgesellschaften – *„recht verschiedene Modellierungen und Spielarten der Affektgestaltung"* (Elias 1997b: 360) heraus (siehe dazu auch Elias 2006a: 86-123).

Im Anschluss an diese Überlegungen wird hier die These vertreten, dass das für unsere Begriffe unverhältnismäßig aggressive und gewalttätige Verhalten der Krampus-Hooligans auch als Ausdruck einer Affektmodellierung verstanden werden kann, die das Ergebnis einer für segmentär geprägte, kleinräumig organisierte Gesellschaften charakteristischen Sozialisation ist. Eine Figuration, die nicht im gleichen Maße sozial integriert und funktional differenziert ist wie Österreich, in der die körperliche Gewalt nicht in ebenso hohem Maße in der Hand des Staates monopolisiert und ansonsten mit starken Tabus belegt ist, die nicht im gleichen Maße pazifiziert ist, bringt eine entsprechend andere Affektmodellierung, eine andere Wir-Ich-Balance, ein anderes Männlichkeitsideal und andere Verhaltensstandards im Hinblick auf körperliche Gewalt hervor. Dies gilt nicht nur für das Herkunftsland, sondern – besonders im Falle der zweiten, dritten und vierten Einwanderergeneration – auch für die Ethnic Communities, die für die Nachfolgegenerationen von größerer Bedeutung sind als die Herkunftsländer ihrer Vorfahren. Wie Annette Treibel (2011: 190-192) gezeigt hat, sind diese „Einwanderergesellschaften" weder ein Abbild der Herkunfts- noch der Einwanderungsgesellschaft. Sie verfügen über eine eigene Kultur, die sich von beiden anderen unterscheidet und vorwiegend auf informellen Kontakten basiert. Wir werden jedoch in Unterkapitel 7.5 sehen, dass sich jene sozialen Milieus, aus denen sich die Brauchausübenden vorwiegend rekrutieren, von jenen „Ausländergruppen", von denen sie sich ständig abzugrenzen bemüht sind, weniger unterscheiden, als beiden lieb ist.

Neben den Studien von Elias und Dunning können wir uns auf Untersuchungen aus der Medienwirkungsforschung[323] stützen, die zeigen, dass die Art und Weise, wie eine Person mit gesehener, fiktiver Gewalt umgeht, eng mit ihren persönlichen Merkmalen und mit ihrer Sozialisation zusammenhängt. Die in der medialen Diskussion oft vertretene Annahme, Mediengewalt führe mehr oder weniger unmittelbar und zwingend zu Nachahmungstaten, gilt in der aktuellen wissenschaftlichen Literatur als widerlegt.[324] Auch wenn in der öffentlichen

---

323 Vgl. dazu das Internet-Portal MedienGewalt.de. URL: http://www.mediengewalt.de/ (letzter Zugriff: 04.01.2011).
324 Das gleiche gilt jedoch auch für die Katharsis- und die Inhibitionsthese, die besagen, das Betrachten von Gewaltdarstellungen löse Aggressionshemmungen aus. Auch die These von der

Diskussion gerade nach besonders grausamen oder gewalttätigen Verbrechen (zum Beispiel nach den Amokläufen in Erfurt oder München, dem Massenmord in Norwegen, der Veröffentlichung von „Happy Slapping"-Videos[325] und sogar nach terroristischen Anschlägen) gewalthaltige Filme und Computerspiele für die reale Gewalt verantwortlich gemacht werden, legen Ergebnisse der Medienwirkungsforschung eine weitaus differenzierte Betrachtung des *„Zusammenhangs zwischen Mediengewalt und realer Gewalt"* nahe. (Vgl. Kunczik / Zipfel 2002: 2f.)

> „Aufgrund der inzwischen vorliegenden Befunde besteht heute Konsens darüber, dass Mediengewalt negative Effekte haben kann, wobei allerdings nicht von einem simplen Ursache-Wirkung-Zusammenhang ausgegangen werden darf und nicht die relativ wenig gefährdete Gesamtbevölkerung betrachtet werden muss, sondern vielmehr bestimmte Problemgruppen im Mittelpunkt der Untersuchungen stehen sollten." (Ebd.: 2.)

Für unsere Fragestellung erweisen sich lerntheoretische Beiträge als besonders hilfreich. Sie basieren auf der Annahme, dass Menschen von klein auf durch Beobachtung und Nachahmung lernen, dass sie ihre medialen oder realen Vorbilder jedoch nicht einfach unreflektiert kopieren (vgl. Bandura 1979). Vielmehr ergibt sich das Verhalten *„aus einer ständigen Wechselwirkung von Persönlichkeits- und Umweltfaktoren"* (ebd.).[326] Empirische Studien legen den Schluss nahe, dass gewaltvolle Medieninhalte nur bei bestimmten Rezipienten und „Problemgruppen" zu aggressiven Phantasien, Einstellungen oder zu aggressivem Verhalten führen. Von besonderer Bedeutung sind hierbei das familiäre Umfeld, Peergroups, die soziale Integration und das Selbstbewusstsein, das mit allen drei Faktoren zusammenhängt. (Vgl. Kunczik / Zipfel 2002: 149-159.) In eine ähnliche Kerbe schlagen soziologische Untersuchungen. René König stellte

---

kognitiven Unterstützung, der zufolge das Fernsehen die Phantasie anregt und es so den Zuschauern ermöglicht, das unmittelbare Ausleben von Impulsen zu kontrollieren, ist nicht empirisch belegt. Wesentlich differenzierter ist Leonard Berkowitz' (1969) Stimulationsthese, die auf der Basis von Experimenten entwickelt wurde. Sie besagt, dass das Betrachten von Gewalt unter bestimmten persönlichkeitsspezifischen und situativen Umständen kurzfristig zu einer Zunahme des aggressiven Verhaltens führen kann. (Vgl. Kunczik / Zipfel 2002: 4.)

325   Beim „Happy Slapping" handelt es sich um das meist grundlose Zusammenschlagen und Demütigen eines Opfers. Das mit der Handykamera aufgenommene Video wird dann an Freunde weiterverschickt.

326   Die Wirkung von Medieninhalten ist nach lerntheoretischer Überzeugung von drei Einflussfaktoren abhängig: von den *Medieninhalten* (wie dem Stellenwert, der Nachvollziehbarkeit, Deutlichkeit, Effizienz, Belohnung und Rechtfertigung von Gewalt), von bestimmten *Eigenschaften des Beobachters* (wie etwa von seiner Wahrnehmungsfähigkeit, seinen Charaktereigenschaften, Interessen, Erfahrungen oder seinem Erregungsniveau) und schließlich von *situativen Bedingungen* (wie der Sozialisation oder den Normen und Verhaltensweisen im familiären Umfeld oder in Peer-Groups). (Vgl. Kunczik / Zipfel 2002: 3-14.)

bereits 1971 fest, dass „*[...] der gleiche Inhalt eines Films, einer Sendung oder Ausstrahlung bei den verschiedenen Gruppen ganz verschieden ankommt, entsprechend der verschiedenen Ausrichtung ihrer Bewußtseinsstrukturen*" (R. König 1971: 197). Außerdem reagiere keineswegs jeder Mensch gleich auf das selektiv wahrgenommene. (Vgl. Schroer 2008: 13.)

Wie der Schweizer Soziologe Hans-Joachim Hoffmann-Nowotny (1970, 1973, 1987, 1988, 1994) gezeigt hat, sitzen in den meisten europäischen Staaten nicht nur die Zuwanderer, sondern auch deren Nachkommen auf den unteren Statuspositionen des Beschäftigungssystems fest. Annette Treibel geht sogar davon aus, dass in vielen europäischen Ländern – auch in Österreich – eine Tendenz zur ethnischen Schichtung zu beobachten ist. Das bedeutet, dass sich ethnische Kategorien und Schichtgrenzen miteinander verbinden und die ethnische Herkunft entscheidend für die Position am Arbeitsmarkt ist. (Vgl. Treibel 2011: 206-209.) Wie Hoffmann-Nowotny (1873: 24, 110-112) gezeigt hat, war der soziale und finanzielle Aufstieg breiter Schichten, wie man ihn in vielen europäischen Staaten seit dem Zweiten Weltkrieg beobachten kann, nur möglich, weil die „*unteren Statusdimensionen*" im Erwerbssystem von Zuwanderern besetzt wurden. Da sie als billige Arbeitskräfte benötigt werden, werden ihnen konsequent Aufstiegschancen verwehrt.

> „Und da man auf die Kriterien der modernen Gesellschaft (Qualifikation, Leistung) nicht zurückgreifen kann, da die Zuwanderinnen und Zuwanderer nicht eindeutig schlechter qualifiziert sind als die einheimischen Arbeiterinnen und Arbeiter [...] greift man auf das Kriterium der ethnischen Zugehörigkeit zurück. D.h., man pocht auf den *zugeschriebenen* Status (Herkunft, Nationalität) statt auf den *erworbenen* Status (Qualifikation, Leistung). Damit erhält die moderne Gesellschaft ein traditionales Element, die sog. *neofeudale Absetzung*." (Treibel 2011: 181.)

Durch diese Zuweisung der unteren sozialen Positionen[327] sind jedoch „*die zentralen Statuslinien (berufliche Stellung, Einkommen, Bildung) für die Zugewanderten gesperrt*" (ebd.: 181). Da die Einheimischen nach ihrer eigenen Definition auf der Statuslinie der ethnischen Zugehörigkeit die hohen Positionen besetzen, erscheint es ihnen als gerechtfertigt, dass die Einwanderer auch hinsichtlich des Einkommens und des gesellschaftlichen Status auf niedrigen Positionen festsitzen. Durch den Rückgriff auf ethnische Kriterien gelingt es den Einheimischen, den Zugewanderten die unteren Statuspositionen im Beschäftigungssystem zuzuweisen und Aufstiegschancen zu verwehren. Diese Situation hat erhebliche emotionale Spannungen zur Folge. Zum Ausgleich dieser Spannungen

---

327   Zwar erfolgt diese Zuweisung von den meisten Menschen nicht bewusst, aber auch jene, die den Zugewanderten positiv gesinnt sind, benötigen diese als billiges und „*diskriminiertes Arbeitspotential*" (Hoffmann-Nowotny 1973: 129).

akzeptieren viele Zugewanderte ihr Schicksal und ziehen sich – manchmal in radikaler Ausprägung – auf die ethnische Herkunft ihrer Vorfahren zurück, wodurch die Einheimischen ihre Vorurteile als bestätigt und weitere Diskriminierungen als gerechtfertigt ansehen. Unter diesen Umständen ist eine spannungsfreie Sozialisation, die Selbstbewusstsein, soziale Integration und konstruktive Wege des Umgangs mit Aggressionen vermittelt, kaum möglich. (Vgl. ebd.: 204.)

(3) Aggressive Maskenträger und ihr Affekthaushalt. Man kann die gewalttätigen Auseinandersetzungen zwischen bestimmten Krampus- und Zuschauergruppen jedoch nicht verstehen, wenn man nur eine Seite dieser Figuration betrachtet. Vielmehr muss die gesamte Figuration, das Verhältnis der beiden opponierenden Gruppen, die Spannungen, wechselseitigen Abhängigkeiten, Abgrenzungen und Anziehungen zwischen ihnen betrachtet werden (vgl. Treibel 2009: 138).

Ein Merkmal des Fußball-Hooliganismus ist, dass sich die opponierenden Gruppen aus den gleichen sozialen Schichten rekrutieren (vgl. Dunning 2003: 428-430) und daher über ähnliche Affektmodellierungen verfügen. Diesen Gedanken muss man im Hinblick auf die Auseinandersetzungen bei Krampusumzügen differenzieren. Der zivilisatorische Prozess, dessen vorläufiges Ergebnis die oben beschriebene, „zivilisierte" Affektmodellierung ist, verläuft auch innerhalb eines Staates keineswegs homogen, linear und widerspruchsfrei. Zu Verschiedenheiten, die in der Einwanderung von Menschen aus Gesellschaften mit anderen Struktureigentümlichkeiten und Prozessverläufen wurzeln, kommen Unterschiede zwischen Generationen, Regionen, Milieus sowie zwischen Zentrum und Peripherie. Elias' und Dunnings Untersuchungen legen nahe, dass auch in hochdifferenzierten Gesellschaften, in denen funktionale, erworbene Bindungen vorherrschen, gewisse soziale Milieus (auch *ohne* Einwanderungshintergrund) dem Modell der segmentären Bindung noch recht nahe kommen (vgl. ebd.: 426). Wie wir im sechsten Kapitel gesehen haben, stammt ein nicht zu vernachlässigender Teil der Brauchträger aus den *„unterprivilegierten Volksmilieus mit geringen Qualifikationen"* (Vester et al. 2001), deren Habitus – ähnlich wie jener der Menschen in segmentär integrierten, funktional weniger differenzierten Gesellschaften – durch ein im Vergleich zu gesellschaftlich mächtigeren Milieus geringes Maß an *„innengeleiteter Selbstdisziplinierung"* gekennzeichnet ist. Das bedeutet, dass man nicht nur die Hooligans aufseiten der Zuschauer, sondern auch jene in den Reihen der Brauchträger der *„Arbeiterklasse mit rauen Umgangsformen"* im Dunning'schen Sinne zuordnen kann, die sich durch ein niedriges Niveau der formalen Ausbildung und geringe geographische Mobilität auszeichnet (Dunning 2003: 426-431).[328] Beide Hooligangruppen sind durch aggressive Männlichkeitsnormen, starke Zugehörigkeitsgefühle gegenüber kleinen Wir-Gruppen und eine niedrige Scham- und Peinlichkeitsschwelle gegenüber körperlicher Gewalt gekennzeichnet.

Der zentrale Unterschied zwischen den beiden Hooligan-Gruppen liegt weniger in deren Affektmodellierung als in deren Machtausstattung. Dieser Gedanke wird im letzten Abschnitt dieses Kapitels ausgeführt. Für den Moment sollte der Hinweis genügen, dass Zuwanderer, wenn sie von den Einheimischen in die untersten Positionen des Beschäftigungssystems gedrängt werden, sich nicht an die „Kultur der Mittelschichten", sondern höchstens an die „Kultur der Unterschicht" anpassen können (vgl. Hoffman-Nowotny 1973: 186). Diese ist jedoch, wie wir gesehen haben, stärker durch Normen aggressiver Männlichkeit und die Wertschätzung physischer Gewalt gekennzeichnet als die Kultur der gesellschaftlich dominierenden – „aufgeklärten" bzw. „zivilisierten" – Milieus (vgl. Dunning 2003: 426-431). Aus dieser Perspektive hat das Verhalten der Hooligans mit Einwanderungshintergrund, das aus der Sicht der gesellschaftlich herrschenden Milieus als „unzivilisiert" erscheint und von dem sich gerade Menschen aus einheimischen „unterprivilegierten Volksmilieus" abzugrenzen versuchen (siehe Wortmeldungen unten), weniger mit der ethnischen Herkunft als mit der Anpassung an die Kultur ebendieser „unterprivilegierten Volksmilieus" zu tun.

Abschließend bleibt mit dem Hinweis auf den folgenden Abschnitt darauf hinzuweisen, dass die Abwehr- und Abgrenzungsbestrebungen der Einheimischen auch mit ihrer Angst vor Status- und Ansehensverlust zusammenhängen. So lange die Einwanderer auf den unteren Statuspositionen festsitzen, stellen sie für den Großteil der Einheimischen keine Konkurrenz dar. Anders sieht es jedoch für jene sozialen Milieus aus, die nicht an den breiten sozialen Aufstiegsbewegungen seit 1945 beteiligt waren oder deren Aufstieg prekär ist.

> „Diejenigen, die aufgrund einer regionalen oder strukturellen Benachteiligung weniger Chancen haben, unterprivilegiert sind, und diejenigen, deren bildungsbezogener Status mit dem Aufstieg in finanzieller und beruflicher Hinsicht nicht „mitgehalten" hat, reagieren auf die Zugewanderten mit Abwehr." (Treibel 2011: 182 (Hoffmann-Nowotny (1973: 71) zusammenfassend).)

Diese spezifische Lage der „unterprivilegierten Volksmilieus mit geringen Qualifikationen" in der gesamtgesellschaftlichen Figuration bringt ständige Span-

---

328 Diese Charakterisierungen der unteren sozialen Milieus decken sich mit Bourdieus Beobachtung, dass die „heranwachsenden aus minderbemittelten Schichten" einen relativ starken „Hang zur Gewalttätigkeit" und eine „typisch proletarische Opferbereitschaft" aufweisen (Bourdieu 1993: 179).

nungen zwischen ihrem geringen Maß an *„innengeleiteter Selbstdisziplinierung"*, das sie mit den unterprivilegierten Zugewanderten teilen, und der Anlehnung an *„respektable Volksmilieus"* mit ihren distinguierteren Umgangsformen und umfassenderen Selbstzwangapparaturen mit sich (vgl. Vester 2001: 31). Daraus resultiert das Bedürfnis, sich ständig von „den Ausländern" und ihrem angeblich „unzivilisierten" Verhalten abzugrenzen. Auf *Krampusmania* und in anderen Online-Diskussionsforen sind es vor allem User aus diesen sozialen Milieus, die mit ihrem brutalen Vorgehen gegen sogenannte Ausländer prahlen oder gar zur vorsorglichen Gewalt an „Türken", „Jugos" oder „dem Gsindl" aufrufen:

> „ihr habts doch alle glei angst vor de ausländer is ja so, was scheißts eich so an, ah richtiga krampal hot koa angst vor a jugo" (Username anonymisiert, krampusmania.at, 16.08.2010 [24.04.2017].)[329]

> „NUR NIX GEFALLEN LASSEN!!!! Wir sind die Inländer und des is unser Land und unser Brauchtum...... Ned davon laufen -- wenn i des schon hör.. Seit stolz Österreicher zu sein!!!!!" (Username anonymisiert, 07.09.2010, ebd.)

> „Mauthausen khert wieder akteviert muast da denga pro körper 37 grad des gibt scho a guade fernwärme ob!!!!!!" (Username anonymisiert, krampusmania.at, 31.03.2010 [26.04.2017].)[330]

Tatsächlich fehlen empirische Belege, um die sozio-ökonomische Herkunft der potentiell gewalttätigen Zuschauer und Aktiven zu bestimmen. Insgesamt legen die Untersuchungen von Dunning und Hoffmann-Nowotny, aber auch die Feldaufenthalte den Schluss nahe, dass sich die Affektmodellierungen der jugendlichen Zuwanderergruppen und der einheimischen unteren Schichten weniger voneinander unterscheiden, als dies die Zweiten gerne hätten. Gerade deshalb betonen sie aber jeden tatsächlichen oder scheinbaren Unterschied, den sie als Beweis für die eigene Überlegenheit bzw. die Andersheit und Unterlegenheit der anderen ansehen. Daher kann zusammenfassend festgestellt werden, dass sich die konfligierenden Gruppen vor allem in ihrer eigenen Wahrnehmung voneinander unterscheiden. Das augenscheinlichste und deshalb für die Definition der Eigen- und Fremdgruppe entscheidende Merkmal ist die ethnische Herkunft.

(4) Krampus-Hooliganismus als Figuration. Krampusläufe sind wie Fußballspiele oder andere Sportarten, die den Charakter einer Scheinschlacht an-

---

329 Ausländer bei Perchtenlauf / Page 8 – Vorfälle – KRAMPUSMANIA, 16.08.2010. URL: http: //krampusmania.at/index.php/Thread/39038-Ausl%C3%A4nder-bei-Perchtenlauf/?pageNo=8 (letzter Zugriff: 24.04.2017).

330 Ausländer bei Perchtenlauf / Page 6 – Vorfälle – KRAMPUSMANIA, 16.08.2010. URL: http: //krampusmania.at/index.php/Thread/39038-Ausl%C3%A4nder-bei-Perchtenlauf/?pageNo=6 (letzter Zugriff: 26.04.2017).

nehmen, Figurationen, die den Menschen in einer funktional differenzierten Gesellschaft die seltene Gelegenheit bieten, emotionale Spannungen aufzubauen, auszuleben und so wieder abzubauen. Gerade aufgrund dieses Strukturmerkmals, so wurde im sechsten Kapitel argumentiert, besuchen viele tausend Menschen aus verschiedenen Bevölkerungsschichten diese Veranstaltungen. Damit die dargestellte, in spielerischer Form angedeutete Gewalt nicht in ernste Gewalt umschlägt, sondern es bei einem vergnüglich-leichten Schaudern bleibt, müssen Maskenträger und Besucher stets ihre Emotionen unter Kontrolle halten.

Bei einem Krampuslauf treffen jedoch Menschen verschiedener sozialer Herkunft aufeinander. Sowohl aufseiten der Zuschauer als auch aufseiten der Aktiven sind verschiedene gesellschaftliche Milieus und Sub-Milieus vertreten, deren Affektausstattungen und Wir-Identitäten sich voneinander unterscheiden. Von milieuspezifischen Färbungen abgesehen verfügt jedoch der Großteil der Anwesenden über die für hochdifferenzierte Gesellschaften typische Affektmodellierung, die sich unter anderem durch die verinnerlichte Fähigkeit zu emotionaler Selbstkontrolle auszeichnet. Für diesen großen Teil erfüllen diese Veranstaltungen eine mimetische Funktion. Gleichzeitig – so die hier aufgestellte These – verfügen jedoch bestimmte Gruppen auf beiden Seiten nicht über diesen Habitus, weshalb die hier skizzierten Merkmale eines Krampuslaufes für sie eine andere Bedeutung haben. Gerade für männliche Jugendliche und junge Erwachsene aus segmentär geprägten Herkunftsmilieus (mit und ohne Einwanderungs- bzw. Fluchtbiographie) ist ein Krampuslauf ein *„Spielkampf, in dem männliche Reputationen gestärkt oder zerstört"* und *„Normen gewalttätiger oder aggressiver Männlichkeit"* (ebd.: 432) sozial legitimiert zur Schau gestellt werden können. Auch das Prinzip der Gegnerschaft, das ein zentrales Strukturmerkmal eines Krampuslaufes ist, eignet sich gut dazu, Gruppenidentifikationen zu stärken und entsprechende Aggressionen gegenüber anderen Gruppen zu entwickeln bzw. zu stärken (vgl. Stagl 2003: 33-39). Die für segmentäre Gruppen charakteristischen Männlichkeitsnormen und die relative Unfähigkeit, Selbstkontrolle auszuüben, führen leicht dazu, dass sich ein verbaler Konflikt zweier Individuen zu einem ein Kampf zwischen Banden auswächst.

Unterschiede in den Affekthaushalten, Männlichkeitsnormen, Handlungsdirektiven und der Empfindlichkeit gegenüber Gewalt mögen im alltäglichen Verkehr, in dem Angehörige sehr unterschiedlicher sozialer Milieus nur recht oberflächlich miteinander in Kontakt treten und zudem in straffe und umfassende Abhängigkeitsnetze und berufliche Rollen eingebunden sind, die von ihnen ein hohes Maß an Bedürfnisaufschub und Weitsicht verlangen, von geringer Bedeutung sein. Bei einem Krampuslauf hingegen bilden die beteiligten Individuen miteinander eine völlig andere Figuration als im Alltag; gerade daraus bezieht er seine Beliebtheit und Anziehungskraft. Da innerhalb bestimmter Grenzen ansonsten nicht geduldete Angst- und Aggressionsäußerungen erlaubt sind und das Einhalten dieser Grenzen des sozial Legitimen ein hohes Maß an emotionaler Selbstkontrolle verlangt, treten hier die Unterschiede der Affekthaushalte und Gewaltnormen besonders deutlich zutage. Und so ist nicht verwunderlich, dass diese Verhaltensunterschiede bei den jeweils anderen sozialen Gruppen auf Unverständnis und gelegentlich auch auf Widerstand stoßen. Schließlich sind in einem hochdifferenzierten Nationalstaat segmentär gebundene Gruppen umfangreichen *„Zivilisierungszwängen und -kontrollen"* (Dunning 2003: 431) ausgesetzt.

„Diese modernen Formen segmentärer Bindung sind nicht mit den vorindustriellen Formen identisch, da sie in einer Gesellschaft mit einem relativ stabilen und effektiven Staat angesiedelt sind, in der es ein komplexes Netzwerk an Interdependenzen gibt." (Ebd.)

Diese Zwänge und Kontrollen gehen einerseits von *„Polizei-, Erziehungs- und Sozialarbeitsinstanzen des Staates"* und andererseits von *„funktionell gebundenen Gruppen in der Gesellschaft insgesamt"* (ebd.) aus. Im Falle eines Krampus- bzw. Perchtenumzuges wird das Verhalten der aggressiven Jugendlichen (beider Seiten) von der Polizei, vom veranstaltungseigenen Sicherheitspersonal und von gruppeneigenen Ordnern überwacht. Gleichzeitig geht auch von der friedlichen Mehrheit des Publikums und der Brauchträger ein beständiger Druck aus, das eigene Verhalten im Zaum zu halten. Ein Merkmal moderner Formen segmentärer Bindungen ist, dass die Zwänge, die von außen ausgehen, deutlich stärker sind als jene von innerhalb der Gruppe und des Individuums. Besonders interessant ist Dunnings Ergänzung, dass der Druck im zweiten Fall manchmal durch direkte Handlungen ausgeübt wird, manchmal aber auch *„mittels des Einflusses, den sie [die funktionell gebundenen Gruppen; Anm. d. Verf.] auf Massenmedien und offizielle Instanzen ausüben können"* (ebd.: 431).

Aus dieser Perspektive müssen sowohl die Presseberichte über die angeblich zunehmende Gewaltbereitschaft *von* Krampussen als auch die *Krampusmania*-Kommentare über die Gewalttätigkeit ausländischer Zuschauer *an* Krampussen (und vor allem die Befürchtungen über die vermeintliche Gewalttätigkeit von Flüchtlingen) im Zusammenhang mit den jeweiligen Affektstandards, aber auch mit den Abgrenzungs- und Zugehörigkeitsbemühungen verschiedener sozialer Gruppen verstanden werden. Die Berichte legen davon Zeugnis ab, dass es sich bei den Ausschreitungen nicht nur um Auseinandersetzungen zwischen einzelnen Individuen handelt, sondern dass hier soziale Gruppen aufeinander treffen, die sich sowohl hinsichtlich ihrer Affekthaushalte und Einstellungen gegenüber physischer Gewalt voneinander unterscheiden bzw. unterscheiden möchten als auch im Hinblick auf ihre Machtausstattungen.

Im nächsten Abschnitt werden wir der Frage nachgehen, ob die ethnische Herkunft und damit kulturelle Unterschiede tatsächlich für die hier besprochenen Konflikte verantwortlich sind, oder ob es sich dabei lediglich um Zuschreibungen durch mächtigere, etablierte Gruppen handelt.

7.5   Etablierten-Außenseiter-Beziehungen[331]

Diese Überlegungen führen uns zu einem Aspekt, den wir bisher weitgehend ausgeklammert haben: zur Macht. Bisher wurde das Phänomen *Krampus-Hooliganismus* aus verschiedenen Perspektiven diskutiert: als Resultat allgemeiner Abstumpfung gegenüber Gewalt (7.2); als Hinweis auf die allgemein zunehmende Empfindlichkeit gegenüber Gewalt (ebenfalls 7.2); als Ergebnis fehlenden kulturellen Hintergrundwissens (7.3); und schließlich als Zusammentreffen von sozialen Gruppen mit (tatsächlichen und imaginierten) unterschiedlichen Affektmodellierungen, Männlichkeitsnormen und Verhaltenskonventionen (7.4). Während die beiden ersten Deutungen die veränderte Wahrnehmung thematisieren, basieren die Hintergrundwissens- und die Affektmodellierungs-These auf der Annahme, dass die gewalttätigen Auseinandersetzungen auch auf reale, empirisch nachweisbare Unterschiede zwischen den opponierenden Gruppen zurückzuführen sind.

Nun, im letzten Schritt, werden diese Sichtweisen zusammengeführt. In diesem Unterkapitel geht es um Machtverhältnisse und Konkurrenzkämpfe, aber auch um die mit ihnen zusammenhängenden Fremd- und Selbstbilder sowie um Zugehörigkeitsbedürfnisse und Abgrenzungsbemühungen.

7.5.1   *Etablierten-Außenseiter-Beziehungen aus figurationssoziologischer Perspektive*

(1) Macht als Struktureigentümlichkeit menschlicher Beziehungen. Norbert Elias (2001: 15-98) hat Menschen genauso wenig als gesellschaftslose, unabhängig von der Gesellschaft lebende Individuen verstanden wie er Gesellschaften als „Systeme" angesehen hat, die außerhalb der Individuen existieren. Gesellschaften sind mehr als bloße Anhäufungen von Individuen. Sie sind „*Beziehungsgeflechte von Menschen, die wechselseitig voneinander abhängig sind*" (Treibel

---

331 Das Konzept der Etablierten-Außenseiter-Beziehungen würde sich auch zur Untersuchung der Krampusgemeinde eignen. Es könnte zum Beispiel dabei helfen, die regionalen Machtbeziehungen, die Konkurrenzkämpfe zwischen verschiedenen Fraktionen sowie deren gegenseitige Abgrenzungsbemühungen besser zu verstehen.

2009: 139). Daher ist jede Beziehung zwischen zwei oder mehreren Menschen, Menschengruppen oder Gesellschaften durch eine bestimmte Machtbalance gekennzeichnet.

> „Wir hängen von anderen ab, andere hängen von uns ab. Insofern als wir mehr von anderen abhängen als sie von uns, mehr auf andere angewiesen sind als sie auf uns, haben sie Macht über uns, ob wir nun durch nackte Gewalt von ihnen abhängig geworden sind oder durch unsere Liebe oder durch unser Bedürfnis, geliebt zu werden, durch unser Bedürfnis nach Geld, Gesundung, Status, Karriere und Abwechslung." (Elias 2009: 97.)

Jedoch verfügt kein Mensch und keine Gruppe von sich aus über Macht, sondern immer nur in Beziehung und in Relation zu anderen. Elias hat daher stets von Macht*beziehungen*, Macht*verhältnissen* oder *„[m]ehr oder weniger fluktuierende[n] Machtbalancen"* gesprochen, die *„ein integrales Element aller menschlichen Beziehungen [bilden]"* (ebd.: 76). Da Menschen immer mit anderen Menschen in Beziehung stehen, sind auch die Mächtigsten nie vollkommen unabhängig, sondern auf bestimmte Art und Weise von den weniger Mächtigen abhängig. Umgekehrt verfügen auch die Machtlosesten in gewissem Sinne über Macht, wie Elias am Beispiel der Beziehung zwischen einem Baby und seinen Eltern demonstriert hat. Wie menschliche Verflechtungsmuster werden auch die ihnen inhärenten Machtverhältnisse nicht als starr, sondern als wandelbar verstanden. Wer heute mächtig ist, kann morgen zu den Machtlosen gehören und auch die Schwächsten von heute können in Zukunft an Einfluss gewinnen. (Vgl. Treibel 2009: 143f.)

(2) Etablierten-Außenseiter-Beziehungen. Zur Untersuchung der Machtverhältnisse werden wir uns in der Folge auf Elias' Prozessbücher und auf die empirische Fallstudie *Etablierte und Außenseiter* (1993) beziehen. In dieser zwischen 1958 und 1960 durchgeführten Studie hat Elias gemeinsam mit John L. Scotson eine englische Vorortgemeinde untersucht, die durch ein steiles Machtgefälle zwischen Alteingesessenen und Zugewanderten gekennzeichnet war. Die Ersten fühlten durch die Neuen ihre angestammte Lebensweise bedroht. Sie schlossen die Neubürger aus, vermieden jeden privaten Kontakt mit ihnen und betrachteten sie als Menschen zweiter Klasse. Bemerkenswert ist, dass sich die beiden Gruppen hinsichtlich jener sozialstrukturellen Merkmale, die häufig für die Erklärung von Machtunterschieden herangezogen werden, wie soziale Klasse, ethnische Herkunft, Religion, Nationalität oder Bildungsniveau, praktisch nicht voneinander unterschieden. Der einzige Unterschied zwischen Etablierten und Außenseitern war die Wohndauer in der untersuchten Ortschaft. Daher haben Elias und Scotson nach den *„Figurationsaspekten"* gefragt. Der entscheidende Unterschied zwischen den beiden sozialen Gruppen lag in der Art und Qualität ihrer sozialen Integration. Die alteingesessenen Familien kannten sich seit Generatio-

nen und verfügten über ein größeres „Kohäsionspotential" als die Zugewanderten, die sich zunächst auch untereinander fremd waren. Die Etablierten reservierten jene sozialen Positionen, die mit hohem Machtgewicht und Status ausgestattet waren, für die eigenen Leute. Die Außenseiter hingegen hatten keine Chance, Zugang zu den wichtigen und angesehenen Positionen zu erhalten, da sie in sich weniger integriert waren.[332] (Vgl. Elias 1993: 7-15.)

7.5.2 Ein Krampuslauf als Etablierten-Außenseiter-Figuration

(1) Zur Anwendbarkeit des Modells. Das Argument dieses Abschnitts ist, dass man einen Krampuslauf als Etablierten-Außenseiter-Figuration bezeichnen und das Verhalten der Hooligans und der Brauchträger besser verstehen kann, wenn man auch *Figurationsaspekte* in die Analyse einbezieht. Das bedeutet nicht, dass die oben diskutierten Merkmale des sozialen Milieus und der ethnischen Herkunft nicht von Bedeutung sind. Anders als in Winston Parva unterscheiden sich die bei Krampusläufen einander gegenüberstehenden Gruppen hinsichtlich dieser Merkmale sehrwohl voneinander.[333] Aber Elias uns Scotson haben gezeigt, dass, wie Annette Treibel dies formuliert, *„[f]ür viele Konflikte zwischen Einheimischen und Zugewanderten [...] das Kriterium der ethnischen Zugehörigkeit keine ausreichende Erklärung [bietet]"* (Treibel 2011: 221). Auch Elias war diesbezüglich sehr deutlich:

> „Was man Rassenbeziehungen nennt, sind also im Grunde Etablierten-Außenseiter-Beziehungen eines bestimmten Typs. Daß sich die Mitglieder der beiden Gruppen in ihrem körperlichen Aussehen unterscheiden oder daß eine von ihnen die Sprache, in der sie kommunizieren, mit einem anderen Akzent und anderer Flüssigkeit spricht, dient lediglich als ein verstärkendes Schibboleth, das die Angehörigen der Außenseitergruppe leichter als solche kenntlich macht." (Elias 1993: 26.)

Welche Bedeutung die ethnische Herkunft bekommt, hängt davon ab, wie die Einheimischen sich gegenüber den Zugewanderten verhalten und welcher Status

---

332   Allerdings haben Elias und Scotson (1993: 273-278) die enge Integration einer Gruppe keineswegs als grundsätzlich positiv und eine lockere Integration nicht als negativ angesehen. Die Kohäsion könne nicht nur zu schwach, sondern auch zu stark sein. So gehe eine enge, dörfliche Sozialstruktur zwar mit starker gegenseitiger Solidarität, aber auch mit starker sozialer Kontrolle und starkem Konformitätsdruck einher.

333   Elias hat ausdrücklich betont, dass man das Modell der Etablierten-Außenseiter-Beziehungen auf verschiedenste Machtbeziehungen übertragen kann; wie etwa auf jene zwischen Lehensherren und Leibeigenen, Weißen und Schwarzen, Protestanten und Katholiken, Nicht-Juden und Juden, Männern und Frauen, reichen, hochgerüsteten und ärmeren, militärisch unterlegenen Staaten, der sogenannten westlichen, nördlichen und der östlichen, südlichen Welt. (Vgl. ebd.: 8.)

diesen zugewiesen wird. Die Reaktion der Einheimischen hängt wiederum davon ab, wie lange „die Neuen" schon hier sind und wie sichtbar deren Andersheit ist. Wichtiger als die *tatsächlichen* Eigenschaften der jeweils anderen und der eigenen Gruppe sind die Eigenschaften, die den jeweils anderen und eigenen *zugeschrieben* werden. Aus diesem Grund werden hier sozialstrukturelle *und* figurationale Aspekte betrachtet und das Verhältnis zwischen Einheimischen und Zugewanderten als *„Spezialfall einer bestimmten Gruppenbeziehung"* (Treibel 2011: 209) verstanden.[334]

Dass wir uns im Folgenden vorwiegend der Perspektive der Brauchträger widmen, ist darauf zurückzuführen, dass aufgrund der übergeordneten Fragestellung aggressive Zuschauer weder befragt noch systematisch beobachtet wurden. Daher können ihre Meinungen, Affektlagen und Herkunftsmilieus nur anhand von Beobachtungen und Literatur rekonstruiert werden. Wir werden uns zunächst mit Etablierten-Außenseiter-Beziehungen auf der regionalen bzw. nationalstaatlichen Ebene beschäftigen. Im achten Kapitel wird das Modell erweitert, indem Machtbeziehungen auf höheren Integrationsebenen in die Analyse einbezogen werden.

(2) Etablierte Brauchträger und ausgeschlossene Hooligans. Fürs erste werden wir die Brauchausübenden als Etablierte verstehen. Sie stammen aus mehr oder weniger alteingesessenen Familien, sind in ihren Herkunftsorten aufgewachsen und durch sie und staatliche Bildungseinrichtungen sozialisiert. Sie pflegen eine gemeinsame Lebensweise und haben den gesellschaftlich – oder zumindest den innerhalb ihres Herkunftsmilieus – vorherrschenden Normenkanon internalisiert. Sie verfügen über weitverzweigte Freund-, Verwandt-, und Bekanntschaftsnetzwerke, die ihnen auch in beruflicher Hinsicht zugutekommen können. Sie sind ohne besondere Widerstände durch ihre Eltern oder Großeltern, durch Freunde oder Arbeitskollegen zum Krampuslaufen gekommen. Darüber

---

334 Diese Perspektive gewinnt seit den späten 1980er Jahren auch in der Migrationsforschung an Bedeutung. So wurde das Konzept der Etablierten-Außenseiter-Beziehung bereits mehrfach auf die Beziehung zwischen Einheimischen und Zuwanderern übertragen (vgl. etwa Korte 1984; Eichener 1988; Eckert / Kißler 1989, 1997). Anne Juhasz und Eva Mey (2003) haben sich in ihrer qualitativen Studie über die zweite Ausländergeneration in der Schweiz von der in der Migrationsforschung vorherrschenden Defizit- und Kulturfixierung abgewandt und stattdessen nach strukturellen Ungleichheiten gefragt. Dabei haben sie sich auf Konzepte von Elias und Bourdieu bezogen und in den Biographien von Jugendlichen ausländischer Herkunft untersucht, *„[...] wie die kapitalbedingte und die figurationsbedingte Ungleichheitsdimension die Lebenssituation der Jugendlichen prägen, wie sie in ihren Biographien mit Handlungs- und Wahrnehmungsmustern verschränkt werden und wie diese [...] die gegebenen Möglichkeitsräume zu verändern vermögen"* (ebd.: 103f., nach Griese 2004. URL: http://www.socialnet.de/ rezensionen/1496.php (letzter Zugriff: 25.04.2017)). Von Bedeutung sind auch die Stigmatisierungs- und Diskriminierungserfahrungen (vgl. Juhasz / Mey 2003: 297-331).

hinaus sind sie Mitglieder etablierter Vereine, die zur Ausübung dieser Bräuche gesellschaftlich legitimiert sind.

Auf der anderen Seite kann man in unserem Modell die Hooligans aufseiten der Zuschauer als Außenseiter bezeichnen. Viele stammen aus Familien mit Migrationshintergrund, wachsen in ethnisch-subkulturellen Milieus auf und bleiben dabei weitgehend unter sich. Wie wir gesehen haben, haben sie am Arbeitsmarkt geringere Chancen als Gleichaltrige aus der etablierten Gruppe. Für das hier verfolgte Argument ist bedeutend, dass sie nicht Teil jener sozialen Milieus sind, aus denen sich die Brauchträger traditionell und gegenwärtig rekrutieren. Sie sind sowohl in gesamtgesellschaftlicher als auch ich brauchbezogener Hinsicht „die Neuen", „die Anderen", die „Außenseiter". Aufgrund ihrer Gruppenzugehörigkeit sind sie von der Teilnahme an gemeinschaftlichen Aktivitäten ausgeschlossen, die zumindest in ländlich-dörflichen Gebieten nach wie vor – oder wieder – mit Reputation und einer bestimmten Macht verbunden sind. Dabei geht es weniger um die Frage, ob sich die Heranwachsenden aus der Außenseitergruppe an diesen Aktivitäten beteiligen und Mitglied einer Krampus- oder Perchtengruppe werden möchten, als vielmehr darum, ob sie das Gefühl haben, dass sie teilnehmen könnten, wenn sie wollten.

Durch die Ankunft und Anwesenheit von Flüchtlingen verändert sich natürlich auch diese Etablierten-Außenseiter-Figuration. Wie wir am Beginn dieses Kapitels (siehe 7.1.2) gesehen haben, dürften diese Veränderungen für jene sozialen Gruppe, die wir hier als Etablierte verstehen, die Brauchausübenden, nicht besonders dramatisch sein. In den letzten beiden Jahren durchgeführte Feldforschungen lassen jedoch darauf schließen, dass jene sozialen Gruppen, die wir hier als Außenseiter verstehen, nämlich Jugendliche der zweiten und dritten Einwanderergeneration, von der Ankunft von Gruppen, die noch weniger etabliert und in sich integriert sind, direkter betroffen sind. Wie sich dies auf die Beziehungen zwischen „alten" Etablierten und „alten" Außenseitern auswirkt, kann zum jetzigen Zeitpunkt ebenso wenig gesagt werden, wie man heute abschätzen kann, was dies für das Verhältnis der „alten Außenseiter" zu den Bräuchen der „alten Etablierten" bedeutet. Diese und weitere Fragen werden im Rahmen einer gerade laufenden Studie untersucht.

Unabhängig davon, ob man die sogenannte „Flüchtlingskrise" einbezieht oder nicht, sind die Brauchausübenden – wie die Alteingesessenen in Winston Parva – stolz auf ihre Lebensweise, ihren Normenkanon und ihre Traditionen, die sie als wertvoll und erhaltenswert ansehen. Das Gefühl ihres sozialen Status' ist eng mit diesen Traditionen verknüpft. Daher ist nur allzu verständlich, dass sie diese einerseits gegen Zerstörung schützen und andererseits als exklusiv zugängliches Gut erhalten wollen. Auch in unserem Falle fühlen sich die Alteingesessenen durch die bloße Anwesenheit der Neuen gestört und erleben sie als

Bedrohung für ihre Traditionen. Anders als in der englischen Vorortgemeinde handelt es sich hier nicht um Landsleute, sondern sehrwohl um Menschen anderer ethnischer Herkunft. (Vgl. Elias 1993: 16.) Wie wir oben gesehen haben, sind die „Neuen" mit den üblichen Verhaltenskonventionen und Gebräuchen oft nicht vertraut. Die Brauchträger erleben das Verhalten und manchmal auch schon die bloße Anwesenheit „ausländischer" Jugendlicher als Bedrohung für den Fortbestand des Brauches, wie sie die Einwanderung von Menschen aus bestimmten Ländern allgemein als Bedrohung der angestammten – der „österreichischen" – Lebensweise erleben.

Auch im *Krampusmania*-Forum kann man diese gegenseitige Verstärkung von sozialstrukturellen und figurationalen Aspekten beobachten. Zunächst werden all jene Zuschauer als potentielle Zerstörer des Brauchtums angesehen, die sich bei einem Krampuslauf nicht zu benehmen wissen. Diese Gruppe wird jedoch schnell mit „den Ausländern" gleichgesetzt. Mittlerweile ist die Tendenz zu beobachten, bei jedem Bericht über Zuschauergewalt reflexartig darauf zu schließen, sie sei von „Ausländern" ausgegangen. Nachdem zum Beispiel ein Benützer einen Link auf einen Artikel[335] gepostet hatte, in dem von einer Attacke eines 17-jährigen *„alkoholisierten Jugendlichen"* auf einen 24-jährigen Teilnehmer eines Perchtenlaufs im oberösterreichischen Lenzing berichtet wurde, war man sich im *Krampusmania*-Forum schnell darüber einig, dass es sich bei dem Angreifer um einen „Ausländer" handeln müsse:

> „Ich will ja nichts sagen, aber ich wette der Jugendliche der den Krampus angegriffen hat war kein Deutscher/Österreicher...den Rest könnt ihr euch selbst denken ;-)" (Username anonymisiert, krampusmania.at, 03.12.2010 [25.04.2017].)[336]

> „diese leute gehören alle in einen bus richtung osttirol gschickt zu den klaubauf und so weiter, schaun ob sie sich des duat a traun ;-)) na paß bei seite. aber meinermeinung nach (is zwar ganz tief, aber was solls) Eini in zug und ab in die Hölle (wobei ihr euch die Hölle denken könnt)" (Username anonymisiert, krampusmania.at, 03.12.2010 [25.04.2017].)[337]

Auch wenn einige Userinnen und User darauf hinwiesen, dass es sich bei den Angreifern nicht immer um „Ausländer", sondern manchmal auch um „Angsoffene" handle (wobei diese Entschuldigung für „Ausländer" nicht ins Feld geführt

---

335 Schlägerei bei Perchtenlauf, ORF.at, 03.12.2010. URL: http://ooe.orf.at/stories/485361/ (letzter Zugriff: 25.04.2017).
336 Ja was war denn da los!!! / Page 1 – KRAMPUSMANIA das Original, 03.12.2010. URL: http://krampusmania.at/index.php/Thread/46493-Ja-was-war-denn-da-los/?pageNo=1 (letzter Zugriff: 25.04.2017).
337 Ja was war denn da los!!! / Page 2 – KRAMPUSMANIA das Original, 03.12.2010. URL: http://krampusmania.at/index.php/Thread/46493-Ja-was-war-denn-da-los/?pageNo=2 (letzter Zugriff: 25.04.2017).

wird), fasst das Zitat den Gruppentenor treffend zusammen. Dabei werden häufig Einschätzungen über gesamtgesellschaftliche (Fehl-)Entwicklungen unreflektiert und unhinterfragt auf Geschehnisse bei Krampusläufen übertragen.

„Ich muss auch mal meinen Senf dazugeben. Was mich in unserem Land so dermaßen stört das ist unsere gesammte Landesführung. Die Millionen von Euro in die Intergration von Migranten stecken. Und garnicht mitbekommen das sich das ganze einfach nichts bringt. Wie bitte soll man z.b. einen gläubigen Moslem beibringen das er unsere Bräuche akzeptiert und versteht. Das ist eine Sache die zu 99% unmöglich ist bei diesem Volk, da man damit ihre Autorität begraben würde. Sind wir uns in diesem Punkt mal einig das, dass nicht gehen wird oder ?. Aber trotzdem wird unsere super Arsch Politik weiterhin unsere Steuergelder in diesen unssinigen Bereich der Intergration pumpen. Aber egal sollange sich da keiner beschwert ist es denen doch schei... egal was sie mit dem Geld machen. Fakt ist die Dummen sind wir das Volk. Wir können dann ihr Verusachtes Defizit wieder mit Steuererhöhungen Stopfen. Denn mit dem Dummen Österreichischen Volk kann mans ja machen. Das nächste ist dann das man nicht mehr ohne Angst fortgehen kann ohne wieder von irgendeiner Seite blöd angeschaud oder angredet wird. Ich finde dabei wird unsere gesammte Österreichische gemütlichkeit für die wir ja so bekannt sind zerstört. Wenn man nicht einmal in ein Lokal gehen kann ohne ein Problem mit diesem Gsindl zu haben. Bitte wo leben wir, wer hat hier bitte sagen Wir oder Sie. So kann das nicht weitergehen.
Der Krieg im Kosovo und Bosnien ist vorbei sie waren Kriegsflüchtlinge also ab in die HEIMAT auf wiedersehen. Und was die ganze Kopftuchmafia betrifft die sind doch gerade zu uns gekommen weil sie von ihrem eigen Volk vergrausigt worden sind. Denn welch Türke verlässt schon gerne seine Heimat das muss ja dann schon Gründe gegeben haben. Denn den anhang an ihre Heimat den´beweisen sie uns ja sowieso jeden Tag. Türkisch F Türkische Zeitung und Fernsehen den ganzen Tag. Frag mal einen Türken mal was in Österreich geschieht oder passiert ist, den Interessiert das ja einen Dreck. Aber egal bei uns wird ja wirklich alles genommen vom Kriegsverbrecher bis Drogendieler wichtig ist nur das er Steuern zahlt der rest ist egal. Denn so wie unsere Politik angiebt das der Arbeitsmarkt gestopft wird um das kanns ja wirklich nicht gehen denn Arbeitssuchende haben wir ja schon zur genüge.
Und was das wichtigste ist worum es eingentlich hier geht das ist unser Brauchtum der von vielen unserer Migranten zum zerstören probiert wird. Sind ja schon viele Beschwerden beim Europäischen Gerichtshof eingetroffen wie man ja weis. Wenn noch weiterhin Klagen kommen dann wird darüber sicher mal stark über dieses Thema diskutiert. Jetzt sind es noch zu wenige Klagen aber die häuffen sich ja von Jahr zu Jahr und das wird ein Problem werden. Und wer dann der Sieger sein wird das ist wohl auch klar unsere Migranten. Den unseren Politikern liegt der Brauch ja sowieso nichts am Herzen denn sonst würde in Wien und Umgebung noch der Nikolaus in den Kindergarten kommen dürfen. Aber Moscheen und Minarette dürfen natürlich gebaut werden ist já sowieso egal.

So und jetzt hör ich lieber auf zu schreiben denn sonnst binn ich Morgen noch nicht fertig. Aber nehmt euch das ein bisschen zu Herzen das wir uns nicht alles gefallen lassen dürfen denn wir sind Das Volk und nicht sie" (Username anonymisiert, krampusmania.at, 04.04.2010 [26.04.2017].)[338]

7.5.3 Krampus-Hooliganismus und Etablierten-Außenseiter-Beziehungen

(1) Ethnisierung. Die Etablierten fühlen die gewohnte Ordnung von den Außenseitern bedroht und reagieren darauf „ *[...] mit all den typischen Waffen, über die eine wohletablierte und relativ dicht gefügte Gruppe im Umgang mit hinzustoßenden Außenseitern gebietet, die sich aus dem ein oder anderen Grund nicht an ihre Traditionen und Normen anpassen und daher – so wird es empfunden – ihren kollektiven Status, ihre kollektive Identität bedrohen"* (Elias / Scotson 1993: 84). Sie entwickeln ein „ *System von Einstellungen und Glaubensaxiomen"* (ebd.), das ihre eigene Überlegenheit unterstreicht und gleichzeitig rechtfertigt, die anderen als „minderwertige" Menschen zu behandeln. Dies ist im Falle der Krampusszene noch einfacher als in Winston Parva, da diese Etablierten-Außenseiter-Beziehung eine Miniatur des gesamtgesellschaftlichen Verhältnisses von Einheimischen und Zugewanderten ist, sodass die Brauchträger auf umfangreiche und aus ihrer Sicht bewährte Mechanismen des Umgangs mit Zugewanderten zurückgreifen können.

> „Gegenwärtig treten bürgerliche und Arbeitergruppen zusammen als etablierte Wir-Gruppen der Nationalstaaten einer neuen Außenseiterwelle von Zuwanderern, vor allem von Gastarbeitergruppen entgegen. Wie auf den vorangegangenen Stufen werden auch hier die Außenseiter nicht in die Wir-Identität mit einbezogen. Die Etablierten erleben auch in diesem Falle die Außenseitergruppe als Gruppe der dritten Person." (Elias 2001a: 276.)

Wie Hoffmann-Nowotny gezeigt hat, besteht in vielen mittel- und westeuropäischen Ländern die Tendenz, bei Zugewanderten nicht auf dem erworbenen, sondern auf dem ihnen zugeschriebenen Status des „Ausländers" zu bestehen. Mit dem Verweis auf diesen Status werden ihnen dann untere soziale und berufliche Statuspositionen zugewiesen (vgl. Treibel 2011: 215). In unserem Fall sind die Unterschiede zwischen den beiden Gruppen sichtbarer als in der englischen Gemeinde Winston Parva. Wolf-Dietrich Bukow und Roberto Llaryora (1988) haben diesen Zuschreibungsprozess als *Ethnisierung* bezeichnet. Für sie existieren kulturelle Unterschiede nicht von sich aus, sondern sind das Ergebnis von Zu-

---

338 Ausländer bei Perchtenlauf / Page 7 – KRAMPUSMANIA das Original, 04.04.2010. URL: http://krampusmania.at/index.php/Thread/39038-Ausl%C3%A4nder-bei-Perchtenlauf/?pageNo =7 (letzter Zugriff: 26.04.2017).

schreibungsprozessen. Ethnische Gruppen und Identitäten entstehen durch Definitionsprozesse, die einerseits von der Gruppe selbst, andererseits aber auch von anderen ausgehen.[339] Das Etikett „Ausländer" oder „aus einem anderen Kulturkreis" dient den etablierten gesellschaftlichen Gruppen dazu, bestimmte Menschen auszugrenzen. *„Diese seien rückständig, ihre Erziehungspraktiken autoritär, ihre Alltags Organisation und Kultur wiesen bestimmte Defizite an Modernität auf, die – wenn überhaupt – durch eine nachholende Sozialisation [...] abgebaut werden könnten."* (Treibel 2011: 200.) Tatsächlich, so Bukow / Llaryora, seien kulturelle Unterschiede sowohl inner- als auch zwischengesellschaftlich belanglos und *„[...] sicher nicht gravierender [...] als Unterschiede innerhalb einer Gesellschaft zwischen verschiedenen Klassen"* (Bukow / Llaryora 1988: 40, zitiert nach Treibel 2011: 201). So seien es nicht religiös-kulturelle Unterschiede, welche die Eingewöhnung und Integration von Zuwanderern in die Aufnahmegesellschaft erschweren, sondern das abweisende Verhalten der Einheimischen. Als Reaktion auf diese Erfahrungen der Marginalisierung ziehen sich viele Zuwanderer tatsächlich auf ihre ethnische Herkunft zurück und identifizieren sich mit ihr. Es kommt zur „Re-Ethnisierung", zur Re-Identifikation mit den ethnischen Wurzeln (vgl. Anderson 2006).

Dieser Ansatz stellt die bisher angestellten Überlegungen teilweise in Frage. Sind das kulturelle Hintergrundwissen und die Affektmodellierung der Beteiligten für die Erklärung der Ausschreitungen überhaupt von Bedeutung? Schreiben die Brauchträger den vermeintlichen Störenfrieden diese Merkmale nicht nur zu, um sie von der friedlichen Anwesenheit bei solchen Veranstaltungen fernzuhalten oder um einen Vorwand zu haben, sie anzugreifen? Ist das aggressive und brutale Verhalten der Hooligans nicht der Ausdruck fehlenden kulturellen Hintergrundwissens oder gar eines anderen Habitus, sondern einfach eine Reaktion auf die Etikettierungen, Anfeindungen und brutalen Angriffe durch die Brauchausübenden? Hier wird mit Annette Treibel die These vertreten, dass die Konflikte bei Krampus- und Perchtenläufen – wie die größeren gesamtgesellschaftlichen Probleme der gesellschaftlichen Integration von Zugewanderten – weder durch den Verweis auf kulturelle Unterschiede noch durch den Ethnisierungsprozess alleine erklärt werden können. Vielmehr dürfte es eine Kombination beider Aspekte sein, die dafür sorgt, dass sich diese Konflikte immer wieder zuspitzen.

---

339   *„Der Begriff ethnisch bezieht sich auf jedes Individuum, das sich als Mitglied einer Gruppe mit einer fremden Kultur betrachtet oder als solches betrachtet wird und das an den Aktivitäten der Gruppe teilnimmt. Ethnics können von ausländischer als auch von einheimischer Herkunft sein."* (Warner / Srole 1945: 28, zitiert nach Treibel 2011: 199.) Siehe auch Bukow (1996) und die Definition von Max Weber (1972: 237).

(2) Schimpf- und Lobklatsch. Als Mittel zur Verbreitung des eigenen Gruppencharismas und der fremden *„Gruppenschande"* dienen *„Lob-"* und *„Schimpfklatsch"* (Elias 1993: 9). Dabei wird die Außenseitergruppe nach den *„schlechtesten Eigenschaften ihrer schlechtesten Teilgruppen"* beurteilt, die eigene Gruppe hingegen nach den positivsten Eigenschaften ihrer angesehensten Teilgruppen. So haben sie *„immer Belege dafür parat, daß die eigene Gruppe ,gut' ist und die andere ,schlecht'"* (ebd.: 13). Der folgende Kommentar eines *Krampusmania*-Users ist dafür ein anschauliches Beispiel:

„scheiss gsindl sog i do nur mehr!!!! hatten auch in steyr einen zwischenfall, wo ein jugo, achso dieses land gibt es ja nicht mehr, dann wars halt ein serbe oder sowas in die richtung, meinen sohn an den hörnern packte, und wie wild daran umherr riess. mein sohn ist 10 jahre, und ihr wisst alle wie schnell da was am genick passieren kann. ich und 3 weitere von unserem pass zögerten keine minute, und prügelten auf diese gruppe, weil plötzlich wars nicht mehr einer sondern 4 oder 5 ein. und jetzt kommt das beste, da stand ein polizist keine 5 meter weg von dem ganzen, und der hat ausser das er gelacht hat, nichts getan!!! dürfte wohl mitbekommen haben was vorher los war, und dem hat es auch noch gefallen.

also meine meinung, lasst euch nicht alles von den scheiss ausländern gefallen und greifft auch mal mit ganzer härte ein und durch!!!!!!

ES IST UNSER BRAUCHTUM; UND DEN KÖNNEN WIR UNS VON EIN PAAR SO MÖCHTE-GERN-ÖSTERREICHER ZERSTÖRREN LASSEN!!!!!!" (Username anonymisiert, krampusmania.at, 27.12.2009 [15.12.2010].)[340]

Elias und Scotson haben in diesem Zusammenhang von *„sozialen Vorurteilen"* gesprochen, weil es sich dabei um eine Gruppenstigmatisierung – die Stigmatisierung einer Gruppe durch eine andere – handelt.

„Geh ich könnt mich hüber diese... schon wieder so dermaßen aufregen... Ich bin wirklich ein herzensguter mensch und absolut kein neonazi aber meine einstellung zum thema ausländer fragt man besser nicht!! Wo zeigen sie mit diesen taten das sie sich in österreich integrieren wollen? Wo zeigen sie mit diesen taten das sie sich ,anpassen' wollen? Fahren wir lustig nach miregal und warten dort bis sie einen brauch ausüben und terrorisieren sie dann dort? NEIN! und warum? Weil wir HIRN haben!!!!" (Username anonymisiert, krampusmania.at, 16.12.2009 [25.04.2017].)[341]

---

340 Ja was war den da los!!! – Vorfälle – KRAMPUSMANIA das Original. URL: http://kram pusmania.at/index.php?page=Thread&threadID=46493 (letzter Zugriff: 15.12.2010). Dieses Posting war im April 2017 nicht mehr online.

341 Ausländer bei Perchtenlauf / Page 1 – Vorfälle – KRAMPUSMANIA, 16.12.2009. URL: http: //krampusmania.at/index.php/Thread/39038-Ausl%C3%A4nder-bei-Perchtenlauf/?pageNo=1 (letzter Zugriff: 25.04.2017).

In vielen *Krampusmania*-Kommentaren stellen die Verfasser klar, der Besitz der österreichischen Staatsbürgerschaft reiche nicht aus, um Mitglied der Etabliertengruppe, der Gruppe der potentiellen Brauchträger, zu sein.

> „Wir haben doch keine Ausländer!! Sind alles Österreicher mit gute Deutsch !! Die meisten e nicht mal unsere Sprache können aber sagen i nix Ausläner i esterreicher Kolega!! Is bei den Läufen e immer des gleiche mit de Türkn nur agresiv!! Das ist der drund warum ich nicht mehr geh mir hat so ein schwarzer Österreicher schon 4000 Euro gekostet den schuld war ich als Kramperl is jo e klor!!" (Username anonymisiert, krampusmania.at, 19.12.2009 [25.04.2017].)[342]

Es seien bestimmte positive Eigenschaften, die – der Gruppenideologie entsprechend – die Mitglieder der eigenen Gruppe auszeichnen, den Außenseitern aber fehlen. In vielen *Krampusmania*-Kommentaren wird argumentiert, die Brauchträger würden sich von „Ausländern", „Türken" oder „Jugos" dadurch unterscheiden, dass sie *„HIRN"* (Username anonymisiert, krampusmania.at, 16.12. 2009 [25.04.2017])[343], *„mehr kultur"* (Username anonymisiert, krampusmania.at, 31.03.2010 [26.04.2017])[344] oder *„sowas ähnliches wie anstand besitzen"* (Username anonymisiert, krampusmania.at, 17.12.2009 [25.04.2017])[345]. Elias (1993: 8) hat in diesem Zusammenhang davon gesprochen, *„daß die mächtigere Gruppe sich selbst als die ‚besseren' Menschen ansieht, ausgestattet mit einem Gruppencharisma, einem spezifischen Wert, an dem ihre sämtlichen Mitglieder teilhaben und der den anderen abgeht"*. Gleichzeitig werden negative Erfahrungen mit einzelnen Personen, die der Außenseitergruppe zugeordnet werden, auf die ganze Gruppe übertragen und als „typisch" für sie angesehen. Dabei verbinden sich persönliche Erlebnisse mit Erzählungen und allgemeinen sozialen Vorurteilen, die nicht in persönlichen Erfahrungen, sondern in einschlägigen Medienberichten[346], Parteislogans[347] oder anderen Gemeinplätzen wurzeln. Diese

---

342 Ausländer bei Perchtenlauf / Page 3 – Vorfälle – KRAMPUSMANIA, 19.12.2009. URL: http: //krampusmania.at/index.php/Thread/39038-Ausl%C3%A4nder-bei-Perchtenlauf/?pageNo=3 (letzter Zugriff: 26.04.2017).

343 Ausländer bei Perchtenlauf / Page 1 – Vorfälle – KRAMPUSMANIA, 16.12.2009. URL: http://krampusmania.at/index.php/Thread/39038-Ausl%C3%A4nder-bei-Perchtenlauf/?pageNo =1 (letzter Zugriff: 25.04.2017).

344 Ausländer bei Perchtenlauf / Page 6 – Vorfälle – KRAMPUSMANIA, 31.03.2010. URL: http: //krampusmania.at/index.php/Thread/39038-Ausl%C3%A4nder-bei-Perchtenlauf/?pageNo=6 (letzter Zugriff: 26.04.2017).

345 Ausländer bei Perchtenlauf / Page 2 – Vorfälle – KRAMPUSMANIA, 17.12.2009. URL: http: //krampusmania.at/index.php/Thread/39038-Ausl%C3%A4nder-bei-Perchtenlauf/?pageNo=2 (letzter Zugriff: 25.04.2017).

346 Viele Kommentare erinnern in Diktion und Stil an Kronen-Zeitungs-Leserbriefe. Ein User hat an seinen Kommentar *„longsom wirds echt schlimm mit denen .. wir hatten auch ein paar vorfälle wo man einfach beschimpft wird obwohl man nur eine show zeigen will .. und es wird nichts daran getan .."* (Username anonymisiert, Ausländer bei Perchtenlauf / Page 3 – Vorfälle

Eigenschaften werden *„durch einen unaufhörlichen Strom des Klatsches verbreitet und aufrechterhalten"* (Elias / Scotson 1993: 85) und auf jede Person oder Gruppe übertragen, die man als Teil der Außenseitergruppe identifiziert. Die kontinuierliche Abwertung und Stigmatisierung der „Sie-Gruppe" stärkt das „Gruppencharisma" und die innere Kohäsion der „Wir-Gruppe". Auch in Winston Parva, wo Alteingesessene und Zugezogene der gleichen Nationalität, Konfession und sozialen Klasse angehörten, wurden die Neuankömmlinge von den Etablierten als triebhafte, kriminelle, *„rohe, ungehobelte Leute"*, als Mitglieder einer *„minderwertigen, weniger respektablen Gruppe"* (ebd.: 9) etikettiert. Diese Zuschreibungen findet man in vielen *Krampusmania*-Kommentaren wieder.

„I sog eng jz oan vorfall fo uns im ort. Bo an weihnachts moarkt bo uns im ort is a Krampal pass auftrettn und ca. 200 meter weita weg woa in an Gasthaus a TÜRKN hochzeit. Is ois nu sche und guad. donn san de Türkn aufn MArktplatz kemma und hom mit BIERFLASCHN noch de Krampal gschossn. noch ca 10 min. san de krampal hinta de gemeinde gonga und hom a pausn vo 10 min gmocht, und in dera zwischn zeit hom de Türkn olle SCHNEE STANGEN de wos im umkreis vo 300 meter gfundn hom aus gerissn und hom auf de Krampal gwoat. De Krampal san wida aufn Marktplatz kemma und de TÜRKN einfach IGNORIERT und des muast imma doa. Des is des beste wos doa konnst" (Username anonymisiert, krampusmania.at, 16.12.2009 [25.04.2017].)[348]

„Uns hat heuer bei unseren Lauf eine Gruppe von ca 10 Ausländern Bengaln [bengalische Feuer; Anm. d. Verf.] und Bltzer [vermutlich Feuerwerkskörper; Anm. d.

– KRAMPUSMANIA, 19.12.2009. URL: http://krampusmania.at/index.php/Thread/39038-Ausl%C3%A4nder-bei-Perchtenlauf/?pageNo=3 (letzter Zugriff: 26.04.2017) drei Links auf folgende *Kronen-Zeitungs*-Artikel angehängt: *„Fekter will Asyl-Zentrum im Südburgenland – Baubeginn 2010?"* (Kronen Zeitung / Österreich, 19.12.2009. URL: http://www.krone.at/oesterreich/fekter-will-asyl-zentrum-im-suedburgenland-baubeginn-2010-story-176709 (letzter Zugriff: 26.04.2017)), *„Österreich in EU-Ausländerstatistik auf Rang 7 – 10% Fremdenanteil"* (Kronen Zeitung, 16.12.2009. URL: http://www.krone.at/welt/oesterreich-in-eu-auslaendersta tistik-auf-rang-7-10-prozent-fremdenanteil-story-176259 (letzter Zugriff: 26.04.2017)) und *„Vater klagt gegen Kruzifix – ÖVP will ,Kampf aufnehmen' – Streitthema Kreuz"* (Kronen Zeitung, 19.12.2009. URL: http://www.krone.at/oesterreich/vater-klagt-gegen-kruzifix-oevp-will-kampf-aufnehmen-streitthema-kreuz-story-176701 (letzter Zugriff: 26.04.2017)).

347 Das Spektrum reicht von themen- und sprachverwandten Äußerungen über konkrete Wahlempfehlungen bis zu einem Kommentar, dessen Verfasser sich *„mit freiheitlichen grüßen"* verabschiedet: *„Es soit afoch jeda in seim Land bleim, bzw. dahin gehn wo wer hingehört... dann hätten wir zb. weniger rasissmus,straftaten mehr kultur ! dan währen zb. 99% der Straftaten von Berlin nicht geschen... (98% von Türkischer herkunft) (Ein hoch auf die führende linkspartei!!!) mit freiheitlichen grüßen"* (Username anonymisiert, Ausländer bei Perchtenlauf / Page 6 – Vorfälle – KRAMPUSMANIA, 31.03.2010. URL: http://krampusmania.at/index.php/Thread/ 39038-Ausl%C3%A4nder-bei-Perchtenlauf/?pageNo=6 (letzter Zugriff: 26.04.2017)).

348 Ausländer bei Perchtenlauf / Page 1 – Vorfälle – KRAMPUSMANIA, 16.12.2009. URL: http: //krampusmania.at/index.php/Thread/39038-Ausl%C3%A4nder-bei-Perchtenlauf/?pageNo=1 (letzter Zugriff: 25.04.2017).

Verf.] im Wert von ca.100€ gestohlen! Diese hatten dann aber ein Taxi mit Blaulicht!^^... Und des Licht von eanan "Taxi" woa ned des anzige, des blau bei Eana woa!" (Username anonymisiert, krampusmania.at, 16.12.2009 [25.04.2017].)[349]

Dass die hier angeführten Kommentare vor dem Hintergrund der Glaubensaxiome der Brauchträger zu verstehen sind, bedeutet jedoch nicht, dass die Berichte über brutale Angriffe und Provokationen von Jugendlichen ausländischer Herkunft erfunden sind. Es stellt sich jedoch die Frage, warum sich einige Zugewanderte so verhalten. Wir haben darüber im Rahmen dieses Kapitels bereits ausführlich nachgedacht und werden auch an späterer Stelle nocheinmal darauf zurückkommen. An dieser Stelle sei lediglich auf Elias' (1993: 9) Beobachtung hingewiesen, dass die Außenseiter nach einer gewissen Zeit die negativen Eigenschaften, die ihnen von der Etabliertengruppe zugeschrieben worden waren, in ihr Selbstbild übernahmen und sich dann auch entsprechend benahmen. Die Etikettierung einer Gruppe als kriminell und unzivilisiert ist aber nur eines von mehreren Elementen des sogenannten „Schimpfklatsches". Gleichzeitig werden die „Ausländer" häufig als feig, unehrenhaft und geldgierig beschrieben. In vielen *Krampusmania*-Kommentaren ist zu lesen, sie würden nur in größeren Gruppen auftreten, Zweikämpfen ohne Maske aus dem Weg gehen und nach einem Raufhandel Schmerzensgeld fordern, für etwaige Beschädigungen der Maske aber nicht aufkommen wollen. Diese Beispiele deuten darauf hin, dass auch unter den Brauchträgern Normen aggressiver Männlichkeit verbreitet sind. Sie zeigen aber auch, dass die Berufung auf das staatliche Rechts- und Gewaltmonopol, die in einigen der oben angeführten Kommentare den Kern des Arguments für das eigene Handeln dargestellt hat, nun gegen die Anderen verwendet wird.

> „es wird afoch imma gstörter, drum is gscheidaste is, afoch net provozieren lossn und weida gehn, kummt eh so oder so nur bleds aussa. und wenn ma scho sprechen zwecks ‚einwanderer', wennst so an dawsicht, kriagst sowieso weder a schmerzengeld , noch irgendan ersatz für die maske." (Username anonymisiert, krampusmania.at, 03.12.2010 [25.04.2017].)[350]

> „Das stimmt das gsindl haben wir in der süd steiermark auch aber die kommen gruppen weiße zu unseren läufen und wollen gegen uns perchten wärend dem lauf raufen. Und dann wenn wir aus zucken könne wir zum schluss dann für das gsindl

---

349   Ausländer bei Perchtenlauf / Page 2 – Vorfälle – KRAMPUSMANIA, 16.12.2009. URL: http://krampusmania.at/index.php/Thread/39038-Ausl%C3%A4nder-bei-Perchtenlauf/?pageNo=2 (letzter Zugriff: 25.04.2017).

350   Ja was war den da los!!! / Page 1 – Vorfälle – KRAMPUSMANIA das Original, 03.12.2010. URL: http://krampusmania.at/index.php/Thread/46493-Ja-was-war-denn-da-los/?pageNo=1 (letzter Zugriff: 25.04.2017).

zahlen. Schade das es in adi nicht mehr gibt dann hätten wir wenigstens amal a ru-he." (Username anonymisiert, krampusmania.at, 06.01.2010 [25.04.2017].)[351]

Ein weiteres Motiv, das sich durch viele Kommentare zieht, ist die Behauptung, „die Ausländer" würden bewusst versuchen, die „österreichischen Bräuche" zu zerstören.

> „Jo des is echt schlimm mit de Ausländer. Wir hobn heier auch a paar Vorfälle kobt mit Ausländer
>> Mir kumt vor de gehn nua zuaschaun damit se rafn und umaschlogn kenna. de gehn glabi net amol umme damit de de Gruppnen onschaun kennan. Und mir sama heuer auch bei vielen Läufen das letze Mal dabei gewesen!" (Username anonymisiert, krampusmania.at, 16.12.2009 [25.04.2017].)[352]

In vielen Kommentaren werden die Provokationen angeblicher Ausländer als Symptome für den Untergang des Abendlandes gedeutet. Aus dieser Perspektive erscheinen die Pöbeleien jugendlicher Gruppen als geplante Angriffe auf die „österreichisch-christliche Kultur". Sie werden nicht mehr als Resultat besonderer Triebausstattungen oder fehlender Eigenschaften der Außenseiter betrachtet, sondern als Teil eines Plans, der die Übernahme des „freien Abendlandes" durch „Ausländer", „Türken" oder „Jugos" zum Ziel hat.

> „Alle Einträge haben einen realen Hintergrund! Integration bedeutet meine Wurzeln aufzugeben und in einer neuen Wertegemeinschaft mich anzupassen. Mich am Bruttosozialprodukt zu beteiligen (arbeiten gehen) die Sprache zu können und ortsübliche Regeln zu befolgen. Manchen gelingt das auch. Das grösste Problem sehe ich mit den Muslimen. Da sind wir grundverschieden und unsere Welten passen einfach nicht zusammen.
> Völlig verfehlte Ausländerpolitik führen ganz Europa in eine Krise. Akzeptiert ein Muslime unsere Vorgaben zur Integration? Sicher nicht im Gegenteil. Darum haben wir auch solche Probleme unseren Brauch auszuüben, denn viele jugendliche Muslime sind orientierungslos und rotten sich zusammen. Wir müssen Mitteln und Wege finden dieser ‚Gefahr' entgegenzutreten und das bald denn sie werden immer mehr.Daher hoffe ich auf ein Moscheenverbot auch in Österreich. Aberkennung der Staatsbürgerschaft bei groben Fehlleistungen.Offensiveres vorgehen der Behörden

---

351 Ausländer bei Perchtenlauf / Page 4 – Vorfälle – KRAMPUSMANIA, 06.01.2010. URL: http: //krampusmania.at/index.php/Thread/39038-Ausl%C3%A4nder-bei-Perchtenlauf/?pageNo=4 (letzter Zugriff: 25.04.2017).
352 Ausländer bei Perchtenlauf / Page 1 – Vorfälle – KRAMPUSMANIA, 16.12.2009. URL: http: //krampusmania.at/index.php/Thread/39038-Ausl%C3%A4nder-bei-Perchtenlauf/?pageNo=1 (letzter Zugriff: 25.04.2017).

bei Brauchtumsveranstaltungen. Lang lebe unser noch schönes Land." (Username anonymisiert, krampusmania.at, 17.12.2009 [25.04.2017].)[353]

Hier hat man es nicht nur mit einem Unbehagen zu tun, wie es Elias und Scotson in Winston Parva festgestellt haben und das typisch für eine Figuration ist, in der eine wohletablierte Gruppe mit einer neuen Gruppe konfrontiert wird. Die Verfasser und Verfasserinnen dieser Kommentare sehen nicht einfach ihre eigene Lebensweise durch hinzustoßende Gruppen, die sich nicht an ihre Normen und Traditionen anpassen, bedroht. Sie sehen diese Gruppen als Teil und Vorhut einer viel größeren und mächtigeren ethnisch-religiösen Großgruppe, die langfristig das Ziel verfolgt, Österreich und ganz Europa zu unterwerfen.

> „Danke liebe ‚Gutmenschen‘, dass ihr so auf Toleranz pocht und die Gerechtigkeit in unserem Land so hochleben laßt!
> Aber hat das Wort ‚Gerecht‘ nicht zwei Waagschalen, die eigentlich auf selber höhe sein sollten - oder hab ich da etwas nicht ganz kapiert???
> Aus den Kindergärten und Schulen werden still und heimlich die Kreuze entfernt und nur wenige Zeitungen trauen sich überhaupt darüber ein Wort zu verlieren. Aus den Geschichtsbüchern werden die Türkenkriege gestrichen um nicht noch mehr ‚Konfliktpotenzial‘ zu schaffen. Die christlichen Feste werden im Kindergarten nicht mehr gefeiert und der Nikolaus darf nicht mehr kommen, da sich andersgläubige Kinder dadurch irritiert fühlen könnten. .... Aber wenn jemand verlangt, dass eine Verbrecherin im Gerichtssaal aufgrund des verfassungsrechtlichen Vermummungsverbotes keine Burka tragen darf, dann berichten die Medien monatelang und ein Aufschrei der ‚Toleranz‘ (???) geht durch die Welt. Wehe wenn jemand gegen ein Kopftuch wettert oder den Bau eines Minarettes anzweifelt - denn das ist ja schließlich das Recht zur freien Religionsausübung!!! (ich glaube - auch im Verfassungsrecht verankert) Komisch!!!.... Wieso gelten die Rechte, die unsere Väter festgelegt haben eigentlich für uns nicht mehr????" (Username anonymisiert, krampusmania.at, 27.12.2009 [25.04.2017].)[354]

In diesen Kommentaren sind viele der von Elias und Scotson genannten Elemente enthalten: der Schluss von negativen Einzelerlebnissen auf kollektive Gruppeneigenschaften, die Betonung des Wertes des eigenen Brauchs, die Hervorhebung der positiven Eigenschaften der Wir-Gruppe, die Gegenüberstellung von höherwertiger „eigener" und minderwertiger „fremder" Kultur, der Hinweis auf die eigene Gutmütigkeit und Toleranz, die schamlos ausgenützt werden, und

---

353　Ausländer bei Perchtenlauf / Page 2 – Vorfälle – KRAMPUSMANIA, 17.12.2009. URL: http://krampusmania.at/index.php/Thread/39038-Ausl%C3%A4nder-bei-Perchtenlauf/?pageNo=2 (letzter Zugriff: 25.04.2017).

354　Ausländer bei Perchtenlauf / Page 4 – Vorfälle – KRAMPUSMANIA, 27.12.2009. URL: http://krampusmania.at/index.php/Thread/39038-Ausl%C3%A4nder-bei-Perchtenlauf/?pageNo=4 (letzter Zugriff: 25.04.2017).

daraus resultierend die Legitimierung des eigenen (gewalttätigen) Handelns als Akt der Notwehr oder sogar der Landesverteidigung.

> „Ganz einfach Wir vonb den Aggressive Devils können von diesen Vorfällen nur ein Lied singen da wir eine Show haben wo es ein wenig zur sache geht und das unsere lieben nicht Österreichischen Mitbürger nicht ganz verstehen das das nur show ist. Jedoch man kann sich helfen. Bei uns passt einer auf den anderen auf und so bald etwas passiert geht die ganze Gruppe auf die jenigen Personen los und zwar so das ihnen das lachen vergeht. Währe ein Tipp für alle Gruppen. Wir sind Österreicher und haben die Lizenz zum Schlagen !!!!!!" (Username anonymisiert, krampusmania.at, 28.01.2010 [26.04.2017].)[355]

(3) Zum Tabubruch. Wie in Winston Parva kann man auch auf *Krampusmania* die Tendenz erkennen, dass jene Mitglieder der Etabliertengruppe, die sich – auch nur in Ansätzen – mit den Außenseitern solidarisieren oder auf die Einseitigkeit der Sichtweise der Etablierten hinweisen, als Verräter bezeichnet und ebenfalls stigmatisiert werden. In beiden Fällen geschieht dies mit Mitteln der sozialen Kontrolle, wie „Lobklatsch" und „Schimpfklatsch" (Elias / Scotson 1993: 9). Dies ist nur in einer relativ kleinen und überschaubaren Gruppe möglich, deren Mitglieder sich kennen und in der ein hohes Maß an gegenseitiger Solidarität, aber auch an sozialer Kontrolle vorherrscht. Wie fest die Meinungs- und Gewissensbildung des einzelnen Individuums an die Gruppenmeinung geknüpft ist, variiert von Person zu Person. In Elias' Vorstellung geht die Autonomie des Einzelnen weder jeweils ganz in einem Kollektiv auf, noch kann er völlig unabhängig und unbeeinflusst von der Gruppenmeinung bleiben. Die *„Empfänglichkeit für den Druck der Wir-Gruppe"* sei besonders stark, wenn *„die Zugehörigkeit zu einem Establishment den Einzelnen ein starkes Gefühl ihrer menschlichen Höherwertigkeit gegenüber Außenseitern vermitteln"* (ebd.: 41). Ob die Beziehungen zwischen den Mitgliedern der *Krampusmania*-Gemeinde ähnlich eng und vertraulich sind wie jene zwischen den „alten Familien" in Winston Parva, kann nicht gesagt werden. Offensichtlich ist jedoch, dass Kommentatoren, die dem regulativen Druck der Gruppenmeinung widerstehen, auf diese Abweichung eindringlich aufmerksam gemacht werden. Roland Weichenberger, einer der zu diesem Zeitpunkt angesehensten Schnitzer der Szene, fühlte sich durch Kommentare wie die obigen dazu veranlasst, für eine ausgewogenere Sichtweise zu plädieren.

> „Ich finde diese Ausländerhass-Themen nicht gut. Macht euch mal etwas intensivere Gedanken darüber zb Wer von euch war schon mal arbeitslos und hat in dieser zeit

---

355 Ausländer bei Perchtenlauf / Page 6 – Vorfälle – KRAMPUSMANIA, 28.01.2010. URL: http://krampusmania.at/index.php/Thread/39038-Ausl%C3%A4nder-bei-Perchtenlauf/?pageNo=6 (letzter Zugriff: 26.04.2017).

lieber Arbeitslosengeld bezogen statt einen Job in der Kanalreinigung zu machen ?Sollten wir über solche Arbeitsdienste nicht auch dankbar sein denn wer von euch würde solche Jobs sonst machen ??
    Oder stellts euch doch mal vor ihr hättet nicht das Glück gehabt(und nichts anderes war es..) dass ihr in einem so schönen Land wie Österreich hineingebohren worden wärt, sondern irgendwo wo ihr echte Probleme mit dem finanziellem Überleben hättet oder anders unterdrückt werdet...Würdet ihr dann nicht auch gern die Möglichkeit haben wollen auszuwandern wo hin wo es schöner ist ??? Ihr Jammerer wärt doch die aller Ersten !!!!
    Nur MITEINANDER geht es. Gegeneinander entstehen Kriege !!!!! Oder sind 60 Millionen Tote des 2 Weltkrieges wegen Rassenhass und Diskrimierung nicht genug ?? Und in einem Portal das über Krampus & Perchten geht, haben politische Parteiaussagen schon mal gar nix verloren !!!!!!" (Weichenberger, krampusmania.at, 31.03.2010 [26.04.2017].)[356]

Weichenberger griff in seinem Kommentar weder andere User an, noch bestritt er, dass es bei Krampusläufen oder allgemein Probleme mit Jugendlichen aus Familien mit Migrationshintergrund gibt (in einem anderen Kommentar gab er den anderen Kommentatoren sogar Recht und bestätigt ihre Beobachtungen[357]). Trotzdem löste sein Kommentar bei vielen Usern regelrechte Empörung und Enttäuschung aus.

„Nanana Na Herr Weichenberger, bis oba schon sehr links eingestellt? Bei den hauffen Kanacken was wir in Österreich haben ist das logisch das manche darüber Dikutieren wollen. Und wenn leute wie Du wegschauen und die zusammenführung Auländischer Straftäter vieleicht auch noch unterstützen, dann bist du für mich ein Vollksverräter! Sorry aber das ist meine Meinung!" (Username anonymisiert, krampusmania.at, 31.03.2010 [26.04.2017].)[358]

356   Ausländer bei Perchtenlauf / Page 6 – Vorfälle – KRAMPUSMANIA, 31.03.2010. URL: http: //krampusmania.at/index.php/Thread/39038-Ausl%C3%A4nder-bei-Perchtenlauf/?pageNo=6 (letzter Zugriff: 26.04.2017).
357   „Ich bin in Hallein [Land Salzburg; Anm. d. Verf.] aufgewachsen..Diese Stadt dürfte wohl eine der höchsten (wenn nicht sogar den allerhöchsten) Anteil an Ausländern von den Städten in Österreich haben..Meine Berufsschulzeit verbrachte ich in einem Internat in Wien, wo ich ab einer gewisse Uhrzeit mit meiner damaligen blonden Freundin nicht mal mehr vor die Tür gehen konnte. Ich weiß also ganz genau von was du schreibst und es ist auch sicher alles so richtig wie du es schreibst. Man sollte bei diesen Sachen jedoch auch immer beide Seiten sehen und nicht alle immer in einen Topf werfen. Nichts ist eben nur Schwarz oder Weiß." (Weichenberger, 01.04. 2010, Ausländer bei Perchtenlauf / Page 7 – KRAMPUSMANIA das Original, 01.04.2010. URL: http://krampusmania.at/index.php/Thread/39038-Ausl%C3%A4nder-bei-Perchtenlauf/?pageNo=7 (letzter Zugriff: 26.04.2017).)
358   Ausländer bei Perchtenlauf / Page 6 – Vorfälle – KRAMPUSMANIA, 31.03.2010. URL: http: //krampusmania.at/index.php/Thread/39038-Ausl%C3%A4nder-bei-Perchtenlauf/?pageNo=6 (letzter Zugriff: 26.04.2017).

„Lieber Roland, i weiß grad nit was i zu deiner Antwort sagen soll. I bin sprachlos!" (Username anonymisiert, 31.03.2010, ebd.)

Diese Reaktionen sind umso bedeutender einzustufen, als Kommentare, wie „Schade das es in adi nicht mehr gibt" (Username anonymisiert, krampusmania.at, 06.01.2010 [25.04.2017])[359], „der jörg muss wieder her" (Username anonymisiert, krampusmania.at, 16.12.2009 [25.04.2017])[360] oder „Mauthausen khert wieder akteviert" (Username anonymisiert, krampusmania.at, 31.03.2010 [26.04.2017])[361], weder Aufregung oder Widerstand noch irgendeine andere Reaktion hervorriefen.[362] Im Anschluss an Elias und Scotson könnte man die Emotionalität der Reaktionen so deuten, dass Weichenberger durch die Relativierung einiger negativer Eigenschaften der Außenseitergruppe auch die positiven Eigenschaften der Etabliertengruppe abschwächte. In anderen Worten könnte man sagen, er habe dadurch, dass er die Gruppenschande der Außenseiter in Frage stellte, auch das Gruppencharisma der Etablierten beschädigt. Damit widersprach er nicht nur der Gruppenmeinung, er stellte die Legitimität des bestehenden Machtdifferenzials in Frage. Da die Abgrenzung von der „Sie-Gruppe" und ihren minderwertigen Eigenschaften die wichtigste Quelle der Gruppenidentität und des inneren Zusammenhalts ist, stellte er die gesamte Gruppenideologie und damit die Gruppe selbst in Frage. Gerade für jene Teile der Etabliertengruppe, die in der gesamtgesellschaftlichen Figuration keineswegs zu den Etablierten zählen, sondern nur im Verhältnis zu den gesellschaftlich noch Schwächeren (den Zugewanderten), ist diese Unterscheidung jedoch von zentraler Bedeutung. Sie markiert im Feld des Brauches die Grenze zwischen Etablierten und Außenseitern und damit den „letzten Unterschied" (Champagne, in Bourdieu et al. 2008: 141-146), der aus der Sicht der unterprivilegierten sozialen Einheimischenmilieus zur Erhaltung ihrer eigenen Respektabilität und ihres eigenen Wertes unbedingt aufrecht erhalten werden muss. Mangels anderer Möglichkeiten beziehen

359 Ausländer bei Perchtenlauf / Page 4 – Vorfälle – KRAMPUSMANIA, 06.01.2010. URL: http: //krampusmania.at/index.php/Thread/39038-Ausl%C3%A4nder-bei-Perchtenlauf/?pageNo=4 (letzter Zugriff: 25.04.2017).

360 Ausländer bei Perchtenlauf / Page 1 – Vorfälle – KRAMPUSMANIA, 16.12.2009. URL: http: //krampusmania.at/index.php/Thread/39038-Ausl%C3%A4nder-bei-Perchtenlauf/?pageNo=1 (letzter Zugriff: 25.04.2017).

361 Ausländer bei Perchtenlauf / Page 6 – Vorfälle – KRAMPUSMANIA, 16.08.2010. URL: http: //krampusmania.at/index.php/Thread/39038-Ausl%C3%A4nder-bei-Perchtenlauf/?pageNo=6 (letzter Zugriff: 26.04.2017).

362 Hier geht es nicht darum, diese Aussagen zu bewerten oder gar verurteilen. Im Anschluss an Elias, aber auch an Hoffmann-Nowotny (1973: 151), Treibel (2011: 182) und Champagne (1993: 252-256; 2008: 141-146) werden hier selbst diese massiven ausländerfeindlichen Aussagen nicht als „Fremdenhaß im Sinne eines Persönlichkeits-Defekts" verstanden, sondern als Ausdruck von Abstiegsängsten und „als strukturelles Problem, als Ausdruck der vom Auswanderungsland ins Einwanderungsland transferierten Spannungen" (Treibel 2011: 182).

diese gesellschaftlichen Gruppen ihr Selbstbewusstsein und ihren Stolz lediglich aus der Abgrenzung von Gruppen, die noch schwächer sind.

Wie wir gesehen haben, können sie sich dabei nicht auf erworbene Kriterien, wie Leistung oder Qualifikation, sondern nur auf zugeschriebene, vermeintlich angeborene oder zumindest essentialistisch gedeutete Kriterien, wie die ethnische Herkunft, stützen. Weichenberger stellte diese Grenze und damit auch diesen Unterschied in Frage und bekam die entsprechenden Abwehrreaktionen in all ihrer Intensität zu spüren. Dass andere relativierende Kommentare weniger heftige oder keine Reaktionen nach sich zogen, könnte damit zusammenhängen, dass Weichenberger damals eine der angesehensten Personen der ganzen Szene war, und dass daher sein Beitrag den Glauben an die Vorzüge der eigenen Gruppe besonders stark zu beschädigen drohte. (Vgl. Elias 1993: 40f.) Auf der anderen Seite hat ihn sein damaliger Status möglicherweise vor noch beleidigenderen Kommentaren und Drohungen bewahrt.

(4) Ausschluss der Außenseiter. In Winston Parva reagierten die Alteingesessenen auf die Zugezogenen außerdem dadurch, dass sie *„ihre Reihen schlossen"* (Elias / Scotson 1993: 84). Damit ist nicht nur gemeint, dass sie den privaten Verkehr mit den Neuen so weit wie möglich vermieden und jene Positionen für sich monopolisierten, die mit Macht und Ansehen ausgestattet waren. Vielmehr schlossen sie die Neuankömmlinge inklusive ihrer Kinder grundsätzlich von Vereinen und Freizeitaktivitäten aus. Diese Vorgehensweise war für die Etablierten durch die Axiome ihrer Statusideologie nicht nur gerechtfertigt, sie erschein ihnen sogar als notwendig. Wer wollte beim Bingospielen schon Dieben und Rüpeln begegnen? Und was sollten verantwortungsvolle Eltern anderes tun, als gegen die Aufnahme von Raufbolden in den Fußballclub ihrer Kinder zu protestieren? Außerdem erhielt und verstärkte der Ausschluss der Außenseitergruppe die Macht, aber auch die innere Integration und Kohäsion der Etabliertengruppe. (Vgl. ebd.)

Auch für diesen Prozess finden wir im Falle des Krampusbrauches unzählige Entsprechungen. Auf *Krampusmania* wird immer wieder vorgeschlagen, „Ausländer" prinzipiell als Zuschauer von sogenannten „österreichischen Bräuchen" auszuschließen.

> „Es is imma wieda da gleiche scheiß mid de Ausländer!! Noamalaweise keratn de in da Krampalzeit irgendwo eigsperrt!!!!!! Wei wia hom heia [heuer (in diesem Jahr); Anm. d. Verf.] 13 leif kopt und es hod kan lauf gebm wo ned irgend a Ausländer ka problem gmocht hod!! Und es bleibt jo daun ned bei oan es wean daun imma üba 5

oda so!!! Wahh i kunnt mi üba des Voik stundn long aufregn!!!!" (Username anonymisiert, krampusmania.at, 19.12.2009 [25.04.2017].)[363]

„wir hatte heuer auch einen lauf in einen jugendzentrum.kosovaren,jugoslaven usw.(nicht 1 österreicher) in ihrer heimat würden sie sich gegenseitig umbringen, aber in österreich machen sie gemeinsame sache. 45 jährige werden bedroht ‚ich bring dich um du drecksau' usw.

probleme mit ausländern wirds immer geben,und sie werden auch noch heftiger, daher sollte es so sein wie sie es bei uns machen! oder war von euch schon mal einer auf einen Türkischen opferfest.da wird nur gesagt ‚nix wollen osterreicher hier'!

dann muss es auch bei unseren bräuchen so sein ‚sorry nur für Österreicher' ist ja klar, wenn ich von einen brauch nichts halte was mach ich dann da? leider wird sich daran nie was ändern den wir haben schon lange das recht verspielt in unseren eigenen land zu leben wie wir wollen! nicht die müssen sich anpassen, sonder wir österreicher müssen uns umstellen!!!" (Username anonymisiert, krampusmania.at, 17.12.2009 [25.04.2017].)[364]

Greift man die Gedanken von Elias und Scotson auf, kann man diese Kommentare nicht nur als Reaktion auf konkrete Übergriffe oder als Ausdruck einer generellen Ablehnung von Menschen mit Migrationshintergrund verstehen, sondern auch als Versuch einer etablierten Gruppe, den Zugang zu einer – zumindest innerhalb dieser Gruppe – mit erheblicher Macht und erheblichem Prestige ausgestatteten Praktik auf ihresgleichen zu beschränken und sie so als exklusives Gut zu bewahren. Dies gilt vor allem, wenn es nicht nur um Zuschauer geht, sondern um die seit Jahren diskutierte Frage, ob „Ausländer" prinzipiell auch als Krampusse bzw. Perchten gehen dürften und ob man sie in einen Verein aufnehmen solle. Dass diese Bräuche in den Herkunftsregionen vieler Kommentatoren weder alt noch kontinuierlich nachweisbar sind und dass man sie aufgrund ihrer Entwicklung und Verbreitung kaum als „österreichisch" bezeichnen kann, spielt für ihre Bedeutung bei der Bewahrung und Stärkung der bedrohten kollektiven Identität keine Rolle. Im *Krampusmania*-Forum reicht die Bandbreite der Beiträge auch in diesem Fall von platten ausländerfeindlichen Aussagen über differenzierte Problemanalysen bis zu Einwänden bosnisch-stämmiger (und in selteneren Fällen auch türkisch-stämmiger) Österreicherinnen und Österreicher, die seit Jahren Mitglieder in Krampusvereinen sind. Der Grundtenor wird jedoch in den folgenden Beispielen recht treffend wiedergegeben:

363 Ausländer bei Perchtenlauf / Page 4 – Vorfälle – KRAMPUSMANIA, 06.01.2010. URL: http://krampusmania.at/index.php/Thread/39038-Ausl%C3%A4nder-bei-Perchtenlauf/?pageNo=4 (letzter Zugriff: 25.04.2017).

364 Ausländer bei Perchtenlauf / Page 3 – Vorfälle – KRAMPUSMANIA, 19.12.2009. URL: http://krampusmania.at/index.php/Thread/39038-Ausl%C3%A4nder-bei-Perchtenlauf/?pageNo=3 (letzter Zugriff: 26.04.2017).

„i hob normahl a nix gegn ausländer, nur solange sie sie anpassen und orwatn bei uns.einige ausnahmen.auser türkn,fleissig kinda mochn in österreich und obkassieren.awa bei an verein,na.nie ‚wers tuat füllllllllll spass" (Username anonymisiert, krampusmania.at, 26.01.2010 [26.04.2017].)[365]

„bei uns in der gemeinde in telfs in tirol drufen auslander laufen ? wenn ihr meind es geht friedlich zu dann deuscht euch nicht nur weil sie a gummilaven au hom kenn sie schlagen wie sie wollen
nicht mit uns
sie haben nichts mit dem brauchtum zu tun und sagt etwas bist glei a nazi
sie haben ihre brauche und wir unsere" (Username anonymisiert, krampusmania.at, 19.06.2010 [26.04.2017].)[366]

Durch die Brille der Statusideologie der Etabliertengruppe erscheint jede Handlung der Außenseiter als verwerflich, hinterlistig oder triebhaft und dient wiederum als Bestätigung dieser Glaubensaxiome. Egal, wie sich die jugendlichen „Ausländer" bei einem Krampuslauf verhalten, die brauchtragenden Gruppen werden immer einen Beleg dafür finden, dass dieses Verhalten „schlecht" ist. (Vgl. Elias 1993: 13.) Bleiben sie den örtlichen Krampusläufen fern, wirft man ihnen mangelndes Interesse an „österreichischen Bräuchen" und fehlende Integrationsbereitschaft vor. Besuchen sie solche Veranstaltungen und nehmen daran ihren Normen und Standards entsprechend Teil, hält man ihnen vor, sie wollten die österreichische Lebensweise mutwillig zerstören. Und wenn sie einem Krampusverein beitreten möchten, werden sie mit der Begründung abgelehnt, es handle sich um österreichische Bräuche.

Aus den obigen Zitaten geht jedoch auch hervor, dass sich bestimmte soziale Milieus von den mächtigeren gesellschaftlichen Gruppen im Stich gelassen fühlen. Im achten Kapitel werden wir auf dieses Problem zurückkommen und in Anlehnung an Norbert Elias (1993) und Jean-Claude Kaufmann (2005) die These vertreten, dass das Prinzip der Gegnerschaft ein integraler Bestandteil der Aufrechterhaltung und Stärkung der etablierten Gruppenidentität ist. Zuvor wenden wir uns aber nocheinmal den Krampus-Hooligans zu.

(5) Stigmaübernahme, Re-Ethnisierung und Gegenstigmatisierung. Elias (z.B. 1997a/b, mit Scotson 1993, mit Dunning 2003) hat gezeigt, dass die Art des Umgangs der Außenseiter mit ihrer Stigmatisierung von zwei Faktoren abhängt:

---

365 Ausländer bei Perchtenlauf / Page 5 – Vorfälle – KRAMPUSMANIA, 26.01.2010. URL: http: //krampusmania.at/index.php/Thread/39038-Ausl%C3%A4nder-bei-Perchtenlauf/?pageNo=5 (letzter Zugriff: 26.04.2017).

366 Ausländer bei Perchtenlauf / Page 7 – KRAMPUSMANIA das Original, 04.04.2010. URL: http://krampusmania.at/index.php/Thread/39038-Ausl%C3%A4nder-bei-Perchtenlauf/?pageNo =7 (letzter Zugriff: 26.04.2017).

von der tatsächlichen gesellschaftlichen Macht im Verhältnis zu den Etabliertengruppen und von der Wahrnehmung dieses Ungleichgewichts.

Gerade zu Beginn, als sich die Neuankömmlinge in Winston Parva auch untereinander nicht kannten, konnten sie aufgrund des geringen „Kohäsionspotentials" den Anfeindungen und Ausschließungen nichts entgegensetzen. Da sie einander fremd waren und sich folglich auch nicht als Gruppe wahrnahmen, konnten sie weder eine eigene Gruppenidentität samt Gruppenideologie entwickeln noch gemeinsame Ziele definieren und verfolgen. Sie stellten gar nicht den Anspruch, an den gemeinschaftlichen Aktivitäten teilzunehmen oder als gleichwertige Dorfbewohner akzeptiert zu werden. Im Gegenteil: Sie begannen *„hinzunehmen, daß Sie zu einer minderwertigen, weniger respektablen Gruppe zählten"* (Elias 1993: 9) und sich entsprechend zu verhalten. Sie wurden aggressiv und kamen mit Gesetzen in Konflikt. Wie Hermann Korte (1984: 277) gezeigt hat, gilt dies umso mehr für Zuwanderer, die nicht nur aus anderen Landesteilen, sondern aus anderen Staaten stammen. Die Gastarbeiter, die in der Nachkriegszeit zu tausenden von Österreich angeworben wurden, hatten keine gemeinsame Geschichte, waren einander fremd und hatten ein viel kleineres „Kohäsionspotential" als die Einheimischen. Das gleiche gilt für andere Einwanderer der ersten Generation. Sie sind zunächst damit beschäftigt, eine ökonomische Basis zu schaffen. Dass sie in die unteren Statuspositionen gedrängt werden und keine Aufstiegschancen besitzen, tut ihnen zwar weh, veranlasst sie aber nicht zu gemeinsamen Aktivitäten. (Vgl. Treibel 2011: 216.)

In diesem Sinne könnte man das aggressive und teilweise gewalttätige Verhalten von jungen Zugewanderten bei Krampusläufen so deuten, dass sie die negativen Eigenschaften, die ihnen von Brauchträgern, Medien und im Alltag zugeschrieben werden, in ihr Selbstbild übernehmen und sich diesem entsprechend verhalten. Die Etikettierung der Jugendlichen mit Migrationshintergrund als kriminell, deviant, triebhaft und weniger respektabel resultiert in einer Verstärkung eben dieser Eigenschaften und Verhaltensweisen (vgl. Becker 1982; Goffman 1974).

Eine andere mögliche Reaktion auf die Zuschreibung negativer Eigenschaften aufgrund der ethnischen Herkunft ist, sich den Fragmenten dieser Herkunft zuzuwenden. Bukow (1996: 68) hat zum Beispiel gezeigt, dass die Ethnisierung bestimmter Zuwanderergruppen auch deshalb so gut funktioniert, *„weil die Etikettierten selbst sich häufig den Klischees entsprechend verhielten. Nicht aufgrund ihrer ‚kulturellen Unterschiede', sondern zur Sicherung und Stabilisierung ihrer Identität griffen sie auf kulturelle Unterschiede zurück"* (Treibel 2011: 202). Die symbolische Identifikation mit der Vergangenheit, mit der ethnischen Herkunft ihrer Vorfahren, dient als Rückzugsbereich aus dem spannungsreichen Alltag in der Aufnahmegesellschaft. Dabei ist zu beobachten, dass selbst

Menschen, die zunächst eigentlich keine bzw. keine innige Beziehung zur Kultur und Religion der Herkunftsgesellschaft ihrer Eltern oder Großeltern hatten, sich plötzlich – und manchmal sogar radikal – in sie zurückziehen. Die Zugehörigkeit zu einer ethnischen oder kulturell-religiösen Tradition, die auch in Abgrenzung von der Aufnahmegesellschaft gedacht wird, dient als „Identitätsanker" und zur Wiederherstellung der Selbstachtung (vgl. Kaufmann 2005: 133-144). Auch dadurch bestätigen sich die Vorurteile der Etablierten, dass sich die „Ausländer" nicht an die Kultur der Einwanderungsgesellschaft anpassen wollen und können.

In diesem Zusammenhang ist Aladin El-Mafaalanis (2014) These hochinteressant, der Salafismus erfülle heute für viele Jugendliche die gleichen alltagspraktischen Funktionen wie in den 1970er Jahren der Punk: er sei ein Mittel der Rebellion gegen die Elterngeneration. In einer liberalen, säkularisierten und weitgehend aufgeklärten Gesellschaft seien Irokesenfrisuren, wilde Orgien und die Ablehnung kleinbürgerlicher Moralvorstellungen nicht mehr dazu geeignet, sich von der etablierten Kultur abzugrenzen. Im Gegenteil: Salafisten – und Salafistinnen – provozieren durch tradierte Geschlechterbilder (und deren symbolische Repräsentationen – langer Bart und Vollverschleierung), fundamentalistische Religiosität und einen asketischen Lebensstil. Der Salafismus – und in weiterer Folge die Ideologie des sogenannten „Islamischen Staates" – sei für Jugendliche aus muslimischen und christlichen Familien so attraktiv, weil sie zwei Bedürfnisse vereine: Askese und – ähnlich wie Krampus- und Perchtenbräuche – Nostalgie. (Vgl. El-Mafaalani 2014; Brühl, Sueddeutsche Zeitung, 31.01.2015 [26.04.2017].)[367]

Verschiebt sich das Machtgleichgewicht etwas mehr zugunsten der Außenseiter und erkennen diese, dass zumindest einzelne von ihnen die Chance haben, in den Kreis der Etablierten aufzusteigen, versuchen einige von ihnen, die Verhaltensstandards der Etablierten zu imitieren. Sie wollen an deren gemeinschaftlichen Aktivitäten teilhaben und erachten es als möglich, irgendwann eine statushohe Position einzunehmen. Elias hat diese Phase in seinen Prozessbüchern (Elias 1997a/b) als „*Kolonisations- und Assimilationsphase*" bezeichnet, da die Oberen bestrebt sind, die Unteren zu zivilisieren, während die Unteren danach Streben, ihr Verhalten an jenem der Oberen auszurichten und an deren prestigeträchtigen Vergnügungen teilzuhaben. Auch wenn es vielen Einzelnen gelingt, von der unteren in die obere Schicht aufzusteigen, bleibt es im Wesentlichen bei individuellen Aufstiegen. Solange die Machtunterschiede zwischen beiden Gruppen groß und die Grenzen zwischen ihnen klar definiert sind, fühlen sich die Etablierten von den Außenseitern nicht bedroht. Im Gegenteil: sie sind be-

---

367 Brühl, Jannis: *Salafismus als Jugendkultur: Burka ist der neue Punk*. Sueddeutsche Zeitung, 31.01.2015. URL: http://www.sueddeutsche.de/politik/salafismus-als-jugendkultur-burka-ist-der-neue-punk-1.2318706 (letzter Aufruf: 26.04.2017).

strebt, ihre scheinbar überlegenen Eigenschaften an die weniger „zivilisierten" Außenseiter weiterzugeben. Diese erheben als Kollektiv keinen Anspruch auf Gleichwertigkeit oder Teilhabe, sondern versuchen, die Oberen nachzuahmen. Sie sind von deren Verhaltensvorschriften und Affektregelungen beeindruckt und versuchen, ihre Affektmodellierungen an jenen der Oberen auszurichten. Da *„Erziehung, Lebensstandard und Lebensraum"* der beiden Schichten jedoch noch zu verschieden sind, ist die Imitation meistens zum Scheitern verurteilt. Dies löst bei den gescheiterten Aufsteigern intensive Scham- und Peinlichkeitsgefühle aus; die Oberen reagieren hingegen mit Hohn und Spott. Sie verwenden ihren Anstand, ihr zivilisiertes Verhalten, ihre Kultur und ihren Verstand als Prestigeinstrument und Herrschaftsmittel gegen die unteren, aufsteigenden Schichten. (Vgl. Elias 1997b: 434-440.)

Im Falle des Krampuslaufens könnte man die Anwesenheit von Jugendlichen mit Migrationshintergrund als Versuch deuten, an den Vergnügungen der etablierten Mehrheit teilzuhaben. Da sich ihre Erziehung, Lebensweise und Affektmodellierung von jener der Etablierten noch zu stark unterscheidet, sie die Verhaltensstandards bei einer solchen Veranstaltung nicht kennen und außerdem jede ihrer Handlungen misstrauisch beobachtet und beurteilt wird, fallen sie wieder negativ auf. Sie bestätigen die Glaubensaxiome der Etablierten, von denen sie sich eigentlich befreien wollten. Beide, Etablierte und Außenseiter, sehen ihre Meinung bestätigt, dass die Außenseiter der Teilnahme an den Vergnügungen der Etablierten unwürdig und dazu gar nicht fähig sind. Während dieses Scheitern den Etablierten ihre eigene Überlegenheit bestätigt, löst es bei den Außenseitern intensive Scham- und Peinlichkeitsgefühle aus. (Vgl. Elias 1997b: 434-440.) Im Anschluss an Thomas Scheff (1990, 1994, 1997, 2000; gemeinsam mit Suzanne M. Retzinger 1991, 1997) könnte man die besondere Gewalttätigkeit daher auch als Wut-Reaktion auf intensive Scham- und Unterlegenheitsgefühle deuten.

Nimmt die gesellschaftliche Stärke der Außenseiter im Vergleich zu den Etablierten weiter zu, entwickeln sie ein eigenes Selbstbewusstsein. Mit zunehmender Aufenthaltsdauer und zunehmender Etablierung der ethnischen Communities entwickeln auch die Zugewanderten ein eigenes Wir-Gefühl. Die Außenseiter stellen Ansprüche an die Teilhabe an statushohen gesellschaftlichen Gütern und Positionen. Sie versuchen nicht mehr, die Etablierten zu kopieren oder an ihren Vergnügungen teilzuhaben, sondern entwickeln und pflegen eigene Verhaltensstandards und Gruppenideologien. Es sind nicht mehr einzelne, die an Aktivitäten der Etablierten teilzunehmen versuchen. Vielmehr erheben sie nun als Gruppe den Anspruch auf Gleichwertigkeit – oder sogar Überlegenheit – ihrer eigenen Aktivitäten und Normen. Anders als zuvor werden die ihnen zugeschriebenen Eigenschaften nicht als negativ akzeptiert, sondern zu etwas Positivem umgedeutet. Die Etablierten fühlen sich und ihre gesellschaftliche Stärke durch die Avancen der aufsteigenden Außenseiter bedroht, da sie fürchten, ihren Status und ihr Ansehen (wieder) zu verlieren. Vor allem jene, die im Rahmen der breiten sozialen Aufstiegsprozesse der zweiten Hälfte des 20. Jahrhunderts (siehe 6.4.5) entweder nicht aufgestiegen sind oder deren Aufstieg prekär ist, versuchen, die Ansprüche der Zugewanderten zu bremsen, und greifen dabei auf das Kriterium *alt vs. neu* bzw. *einheimisch vs. ausländisch* zurück. Sie unterstellen den Zugewanderten, sie würden sich nicht integrieren und anpassen. Dies ist besonders einfach, wenn das soziologische Alter einer Gruppe niedrig ist und man sie ethnisieren kann. (Vgl. Treibel 2011: 216f.)

In dem Maße, in dem sich die Etablierten gegen die aufsteigenden (Noch-)Außenseiter zu wehren versuchen und beginnen, ihre Reihen fester zu schließen, schotten sich auch die Außenseiter ab. Und so treiben sich die beiden Parteien gegenseitig immer weiter auseinander. Sie ziehen sich auf den Kern ihrer jeweiligen Gruppenidentität zurück, schließen die anderen aus ihren Kreisen aus, grenzen sich voneinander ab, betonen die Unterschiede und sehen sich selbst als den anderen überlegen an. (Vgl. Elias 1993: 15-17.)

Viele Jugendliche ausländischer Herkunft orientieren sich an den Sitten und Bräuchen aus der Herkunftskultur ihrer Eltern. Jene, die als Zuschauer zu Krampusläufen kommen, sehen diese als minderwertig, unrespektabel oder als lächerlich an. Sie betonen ihr Verhalten aggressiver Männlichkeit und machen sich über die verhältnismäßig zivilisierte, in ihren Augen „unmännliche", Männlichkeit der Einheimischen lustig. Die Brauchausübenden verstehen diese Provokationen wiederum als Angriff auf ihre Bräuche, auf ihr Selbstwertgefühl und ihre Gruppenideologie. Sie nehmen die Angreifer entweder als gewalttätig und unzivilisiert wahr oder betonen ihre eigenen Normen aggressiver Männlichkeit und spotten über die Feigheit der „Ausländer". Je mehr die Etablierten die aufsteigenden Außenseiter ausschließen und stigmatisieren, desto mehr ziehen sich diese zurück, betonen ihre eigenen Wurzeln und lehnen die Kultur der Etablierten ab. Dadurch fühlen sich die Etablierten wiederum bedroht und reagieren ebenfalls mit aggressiverem Veralten. Und so weiter. Dieser Prozess kann so weit führen, dass für beide Seiten die Anwendung von Gewalt als gerechtfertigt erscheint: *„In dem Maß, in dem z.B. das staatliche Gewaltmonopol an Durchsetzungskraft verliert [oder zu verlieren scheint; Anm. d. Verf.], legitimiert nun der Ethnisierungsprozeß bereits auch Gewaltaktionen auf der Straße"* (Bukow 1996: 68). Die im sechsten und in diesem Kapitel angeführten Wortmeldungen aus der Krampus- und Perchtenszene legen davon ebenso eindrücklich Zeugnis ab wie die geschilderten Vorfälle bei Krampus- und Perchtenläufen.

Wie wir gesehen haben, reagieren vor allem jene Einheimischengruppen mit Abwehr und Aggression auf Zugewanderte, die entweder selbst in den untersten sozialen Positionen verharren oder aus diesen erst kürzlich aufgestiegen sind. *„Die treibende Kraft für Ausgrenzung, Fremdenfeindlichkeit und Rassismus sind unterprivilegierte Einheimische ohne Mobilitätschancen und diejenigen, die nicht deklassiert sind, aber eine Deklassierung fürchten."* (Treibel 2011: 218.) Während die ersten fürchten, von den scheinbar weniger „zivilisierten" Zuwanderern überholt und dadurch noch weiter deklassiert zu werden, haben die Zweiten Angst, den errungenen Status durch zusätzliche Konkurrenz zu verlieren.

„Die Einheimischen, die im Statusgefüge der Gesamtgesellschaft keineswegs zu den Etablierten gehören, steigen in der Figuration mit den Neuankömmlingen auf. Als längeransässige und untereinander enger verbundene Gruppe nutzen sie Diffamierung und Abgrenzung, um die Neuankömmlinge auf Distanz zu halten und ihren eigenen Status abzusichern bzw. aufzuwerten." (Elias / Scotson 1993: 185.)

Treibel ist jedoch der Ansicht, die Aufstiegsprozesse der Zugewanderten seien zu gering, um den europaweiten Erfolg rechtspopulistischer Parteien zu erklären. Vielmehr hätten sich die strukturellen und anomischen Spannungen in den Aufnahmegesellschaften seit Mitte der 1980er Jahre ganz ohne Zutun der Einwanderer verschärft. Wie Hermann Korte (1983: 22-25) für Deutschland gezeigt hat, *„[verstärkten] Strukturkrisen, Jugend- und Dauerarbeitslosigkeit der 80er Jahre, Zukunftsängste, die wachsenden Abhängigkeiten der Aufnahmegesellschaften im internationalen System und die Zementierung des Gastarbeiter-Status durch Politik, Rechtsprechung und Bürokratie [...] die ethnisch akzentuierten Konfliktpotentiale"* (Treibel 2011: 184).

Es ist so schwer, aus diesem Kreislauf auszubrechen, da die Beteiligten – egal, welcher der beiden gesellschaftlichen Großgruppen sie angehören – so eng in ihre jeweiligen Beziehungen und Zwänge verflochten sind, dass sie sich nicht von den Perspektivierungen, die mit ihrer jeweiligen Gruppenzugehörigkeit zusammenhängen, zu distanzieren vermögen (vgl. Elias 1987: 123-128). Etablierte und Außenseiter sind *„in einer Beziehungsfalle gefangen"* (Elias 1993: 28): *„In diesem ganzen Drama spielten beide Seiten ihre vorhersehbare Rolle, gefangen im Fallstrick ihrer Beziehungen als Etablierte und Außenseiter"* (ebd.: 56). Daher, so Elias, sind wir als Alltagsmenschen weitgehend blind für die größeren Zusammenhänge und langfristigen Prozesse, deren Teil wir sind. Es erfordert ein hohes Maß an soziologischer Vorstellungskraft, sich von den alltäglichen Vorstellungen, Wünschen, Ängsten und unhinterfragten Denkmustern zu lösen. Diese Fähigkeit zur Distanzierung ist es, die einen guten Soziologen bzw. eine gute Soziologin ausmacht. *„So betrachtet, verhilft die Soziologie nicht nur zu einer anderen Sicht, sondern sie macht überhaupt erst sehend."* (Treibel 2009: 138.)

Im Rahmen einer gerade laufenden Nachfolgeuntersuchung wird untersucht, ob sich die bisherigen Außenseiter (Jugendliche der zweiten und dritten Einwanderergeneration) von Flüchtlingen ebenso bedroht fühlen wie die bisherigen Etablierten (Jugendliche aus Familien ohne – sichtbaren oder erinnerten – Migrationshintergrund) von ihnen. In diesem Zusammenhang werden die alten Außenseiter im Verhältnis zu den Neuen als neue Etablierte angesehen, und es wird danach gefragt, ob und wie sich dies auf ihre Haltung zu den bisherigen Etablierten und zu deren Bräuchen auswirkt.

7.6 Zusammenfassung

Wir haben uns in diesem Kapitel mit gewalttätigen Ausschreitungen bei Krampus- bzw. Perchtenläufen beschäftigt. Dabei haben wir uns ihnen von verschiedenen Seiten genähert und sie aus mehreren Perspektiven betrachtet.

Zunächst (7.2.) haben wir gefragt, ob in den letzten Jahren die Gewalttätigkeit bei Krampusläufen tatsächlich zugenommen hat oder ob die mediale Öffentlichkeit und die Brauchträger das Ausmaß an exzessiver Gewalt überschätzen, weil die Empfindlichkeit gegenüber bestimmten Formen der Gewalt zugenommen hat und die Kommentatoren so in der Gegenwart verhaftet und in verklärten Vergangenheitsvorstellungen gefangen sind, dass sie den gewaltvollen Charakter der Vorläufer heutiger Krampusevents ausklammern. Wir haben festgestellt, dass im Zuge des jüngsten Krampus- und Perchtenbooms die Inszenierung von Gewalt gefördert wird, während gleichzeitig die Bemühungen zugenommen haben, echte Gewalt einzudämmen oder ganz von solchen Veranstaltungen fernzuhalten. Verschiedene Quellen und Beobachtungen weisen darauf hin, dass es parallel eine Entwicklung in die entgegengesetzte Richtung gibt. In den letzten Jahren hat sowohl die Häufigkeit von gewalttätigen Auseinandersetzungen zwischen Maskierten- und Zuschauergruppen als auch die Brutalität, mit der die beiden Gruppen aufeinander losgehen, zugenommen. Zur Diskussion dieses Problems wurden zwei Sichtweisen vorgestellt. In der ersten ist die zunehmende Gewaltbereitschaft das Resultat der Abstumpfung durch mediale Gewaltdarstellungen, in der zweiten ist sie eine notwendige Reaktion auf die Zunahme alltäglicher Gewalttabus und Verhaltensrestriktionen. Wir haben allerdings gesehen, dass sich beide Erklärungsversuche zwar auf fiktionale Gewalt anwenden lassen, dass sie zum Verständnis realer Gewaltformen jedoch nur wenig beitragen können.

Stattdessen wurde im darauffolgenden Unterkapitel (7.3) die These vertreten, dass viele Zuschauer aggressiv auf Krampusse reagieren, weil sie nicht mit solchen Umzugsbräuchen aufgewachsen sind und somit nicht über das nötige kulturelle Hintergrundwissen verfügen. Umzüge werden als Provokationen, inszenierte Aggressionen als reale Bedrohung missverstanden. Dies, so wurde argumentiert, habe einerseits mit der jüngsten sozialen und räumlichen Expansion der Bräuche zu tun. Andererseits dürfte auch das ethnisch-religiöse Herkunftsmilieu eine Rolle spielen. So ist zu beobachten, dass besonders viele brutale Angriffe auf Krampusse von männlichen Jugendlichen mit Migrationshintergrund ausgehen. Diese Überlegung führte uns zu der Annahme (7.4), dass das außergewöhnlich hohe Maß an Aggressivität und Brutalität, das man bei vielen dieser jugendlichen Angreifer beobachten kann, auch mit ihrer Affektmodellierung zusammenhängen könnte. In einer hochdifferenzierten Gesellschaft, deren Mitglieder funktional aneinander gebunden sind, ist es für das soziale Überleben eines Individuums notwendig, vom frühen Kindesalter an die Fähigkeit zu emotionaler Selbstkontrolle und zum Bedürfnisaufschub, sowie umfassende Gewalttabus zu verinnerlichen. In jeder Gesellschaft gibt es jedoch kleinräumiger organisierte, weniger differenzierte Schichten, die weniger stark mit höheren Integrationsebenen verflochten sind. Die hier vorgestellte These lautete, dass viele Krampus-Hooligans beider Seiten aus diesen sozialen Schichten stammen und daher über andere Affektmodellierungen und Verhaltensstandards verfügen als die gesellschaftlich dominierenden Milieus. Da ein Krampuslauf von allen Beteiligten ein besonders hohes Maß an emotionaler Selbstkontrolle verlangt, treten diese Unterschiede dort besonders deutlich zutage.

Im letzten Unterkapitel (7.5) haben wir all diese Elemente zusammengeführt und unser Modell um den Aspekt der Macht erweitert. Dabei haben wir einen Krampuslauf als Etablierten-Außenseiter-Figuration verstanden und uns mit dem Machtverhältnis zwischen Brauchträgern und Zuschauern, aber auch mit ihren jeweiligen Ängsten, Wünschen und Ansprüchen beschäftigt. Eine wichtige Rolle haben dabei die Bemühungen der Etablierten, ihren Status mitsamt der Gruppenideologie zu verteidigen und die Bestrebungen der Außenseiter, in den Kreis der Etablierten aufzusteigen, eingenommen. Wir sind davon ausgegangen, dass die Verhaltensnormen, Denkmuster und Affektlagen einer sozialen Gruppe eng mit den jeweiligen Machtverhältnissen zusammenhängen und haben beide als wandelbar verstanden.

Wie jedes Modell ist auch das hier angewandte keine realitätsgetreue Nachbildung der komplexen empirischen Wirklichkeit. Erstens haben wir mit Ausnahme des letzten Abschnitts die Zeitdimension weitgehend ignoriert und den prozesshaften Charakter sozialer Figurationen außer Acht gelassen. Zweitens haben wir die beiden Gruppen sehr grob skizziert und einander auf recht plakative Weise gegenübergestellt. Natürlich ist die Gruppe der im Hinblick auf den Krampusbrauch Etablierten genauso wenig homogen wie jene der Außenseiter (worauf am Beispiel von Flüchtlingen hingewiesen wurde). Diese Vorgehensweise hat den Nachteil, dass man, wenn man diese analytische Trennung für eine reale hält, die Graustufen aus dem Blick verliert. Die Bildung von Extremgruppen hat jedoch den Vorteil, dass die Gruppenunterschiede, die ja für das hier vorgetragene Argument von besonderer Bedeutung sind, stärker zutage treten. Drittens haben wir das Etablierten-Außenseiter-Modell auf die Ebene des Krampusbrauches bzw. auf die regionale oder nationalstaatliche Ebene beschränkt und andere Machtverhältnisse – etwa in der Arbeitswelt oder auf internationaler Ebene – ausgeblendet. Wir haben die Brauchträger als Etabliertengruppe und die jugendlichen Hooligans mit Migrationsbiographie als Außenseitergruppe verstanden. Dabei haben wir zwei Tatsachen weitgehend ignoriert: Erstens sind jene, die im Hinblick auf den Krampusbrauch – und im Vergleich zu Migranten im Allgemeinen – als Etablierte angesehen wurden, in Beziehung zu den gesellschaftlich dominierenden Milieus (etwa im Hinblick auf den Zugang zu Bildungs-, Berufs- und anderen Lebenschancen oder hinsichtlich der Teilhabe an prestigeträchtigen symbolischen Kulturgütern) als Außenseiter zu verstehen. Zweitens kann man zumindest fragen, ob die Kinder und Enkel türkischer und ex-jugoslawischer Gastarbeiter im Vergleich und in Beziehung zu den in den vergangenen Jahren angekommenen Flüchtlingen als Etablierte anzusehen sind.

In dieser Vereinfachung und Überspitzung liegt die Stärke eines Modells. Diese Beschränkung war sinnvoll, da wir uns den Fragen anzunähern versuchten, warum besonders viele Provokationen und besonders brutale Angriffe von Jugendlichen ausländischer Herkunft ausgehen, was das Verhalten der Brauchträger damit zu tun hat und aus welchem Grund diese in jener Weise darauf reagieren, wie sie dies tun. Im folgenden – und letzten – Kapitel werden wir die erste Einschränkung insofern aufheben, als wir das Modell erweitern und Machtbeziehungen auf höheren Integrationsebenen einbeziehen werden. Die Frage, wie sich die skizzierte Etablierten-Außenseiter-Figuration durch die Ankunft einer neuen Außenseitergruppe im Rahmen der sogenannten „Flüchtlingskrise" verändert hat bzw. in den kommenden Jahren verändern wird, ist hingegen Gegenstand einer laufenden Nachfolgestudie.

8 Heimat und Tradition – Der Krampus und Wir-Gefühle

8.1 Problemstellung – Zur modernen Sehnsucht nach Heimat und Tradition

8.1.1 Eine Frage aus verschiedenen Perspektiven

In allen bisherigen Kapiteln dieser Arbeit wurde – mit verschiedenen Schwerpunkten – die Frage diskutiert, warum in einer hochdifferenzierten, zukunftsorientierten und global integrierten Gesellschaft regionale Eigenheiten und Traditionen nach jahrzehntelangem Desinteresse plötzlich von breiten Bevölkerungsschichten wieder entdeckt werden.

Wir haben im *ersten* und *zweiten Kapitel* gesehen, dass Widerstände gegen gesellschaftliche Wandlungsprozesse in der Geschichte immer wieder zu beobachten sind. Die gesellschaftliche Entwicklung des europäischen Abendlandes seit dem Mittelalter ist stärker als jede gesellschaftliche Figuration in der Menschheitsgeschichte zuvor gekennzeichnet durch eine Ausweitung der Interdependenzen und Konkurrenzen über große Räume hinweg und das Aufgehen kleinerer in größeren Integrationseinheiten (vgl. Elias 1997b: 347). Daher treten hier Widerstände gegen diese Entwicklungen besonders deutlich zutage. Gerade in Zeiten drastischer gesellschaftlicher Wandlungen werden bisherige Macht- und Statusverteilungen in Frage gestellt und Sicherheiten gehen verloren. Es gibt zahlreiche historische Beispiele dafür, dass sich gesellschaftliche Gruppen, die ihre Macht- und Statusposition durch Veränderungen bedroht sehen, gedanklich aus der Gegenwart zurückziehen – in eine Vergangenheit, in der die Gesellschaft übersichtlich, die Positionen klar verteilt und die eigene Rolle abgesichert war. So flüchtete sich das städtische Bürgertum im späten 19. Jahrhundert aus einer durch Industrialisierung, Urbanisierung und aufsteigende Arbeiterklassen geprägten Gegenwart in eine romantische Leidenschaft für die vorindustrielle, ländliche Idylle. Gegenwärtig ist in vielen Teilen der Welt das Auftreten ähnlicher Ängste und entsprechender Abwehr- und Rückzugsreaktionen zu beobachten. Die Bandbreite reicht vom Aufkeimen des Ethnonationalismus in Kriegs- und Krisengebieten über regionalistische und separatistische Bewegungen bis zur Wiederentdeckung folkloristischer Feste oder zum erneuten Boom volkstüm-

licher Musik. Ein anderes aktuelles Beispiel ist der Aufschwung rechtspopulistischer und anderer Parteien, die entweder eine Rückkehr in die vermeintliche
Sicherheit des Nationalstaates propagieren oder vermeintlich einfache Lösungen
auf die komplexen Probleme der Gegenwart anbieten. Dies hat nicht zuletzt
damit zu tun, dass auch kleine, regional integrierte Figurationen mit größeren,
differenzierteren Figurationen auf höheren Integrationsebenen verflochten sind,
wodurch die gesellschaftliche Entwicklung für den Einzelnen noch schwieriger
zu überblicken, oder gar zu steuern, ist. (Vgl. Elias 2001a: 281-310.)

Wie im *dritten Kapitel* gezeigt wurde, kann man auch die gegenwärtige Begeisterung für vormoderne Geselligkeitsformen, regionale Bräuche und lokale
Gemeinschaften als Rückzug aus einer Gegenwart verstehen, die keinerlei Orien-
tierungspunkte bietet und daher als unpersönlich, entwurzelt und bedrohlich
wahrgenommen wird. Wir haben aber auch gesehen, dass verschiedene Gruppen
und Individuen um die „richtige" Art der Brauchtumspflege konkurrieren. Was
die einen als Brauchtumsmissbrauch, als sinnentleert bezeichnen, ist für die anderen Brauchtumspflege, Bindung und Identifikation mit der lokalen Gemeinschaft und daher sinngebend. In dieser Arbeit wird die These vertreten, dass
gegenwärtige Krampus- und Perchtenbräuche[368] gerade deshalb so breite gesellschaftliche Schichten begeistern, weil sie im Gegensatz zu anderen Bräuchen
flexibel genug sind, um an aktuelle Bedürfnisse und Glaubensvorstellungen
angepasst zu werden.

Im *sechsten Kapitel* haben wir gefragt, ob und auf welche Weise sich in den
letzten Jahrzehnten die Affektmodellierungen, Verhaltensstandards und Freizeitbedürfnisse der Menschen in hochdifferenzierten Gesellschaften verändert haben. Die zentrale These dieses Kapitels war, dass Krampus- und Perchtenbräuche
in den letzten Jahren auch deshalb so breite Bevölkerungsschichten ansprechen,
weil sie es sowohl Aktiven als auch Zuschauern ermöglichen, für die Dauer von
zwei Stunden die im Alltag notwendigen Selbstzwänge ein wenig zu lockern und
sich der emotionalen und körperlichen Spannung hinzugeben. Aus dieser Perspektive erscheint die Brauchbegeisterung der letzten Jahre weder als Produkt
geschickter Marketingstrategen noch als Ergebnis überindividueller Geschehnisse, die nichts mit den aktuellen Bedürfnissen der Menschen zu tun haben. Vielmehr kann man sie als Teil der aktuellen gesellschaftlichen Wandlungen und der
mit ihnen zusammenhängenden Wandlungen der menschlichen Bedürfnisse

---

368 Sofern nicht explizit unterschieden, werden „Krampus" und „Percht" in der Folge synonym
verwendet. Damit folgen wir dem Sprachgebrauch weiter Teile der Krampus- (bzw. Perchten-
)Szene. Zwar spielt die Unterscheidung der beiden Brauchkomplexe und -figuren innerhalb der
Szene für einige Subgruppen eine zentrale Rolle. Wenn wir uns jedoch nicht explizit mit dieser
Unterscheidung und den mit ihr zusammenhängenden Debatten beschäftigen, beziehen die Begriffe „Krampusbrauch" oder „Krampuslauf" auch jene Veranstaltungen ein, die als „Perchtenlauf" bezeichnet und beworben werden.

verstehen. Aus diesem Grund haben wir die Entwicklung von Krampus- und Perchtenbräuchen nachgezeichnet und nach entsprechenden gesamtgesellschaftlichen Prozessen und Wandlungen des sozialen Habitus der Menschen gefragt. Dabei wurde argumentiert, die jüngste Begeisterung für Krampus- und Perchtenbräuche hänge damit zusammen, dass sie – im Gegensatz zu anderen wieder- oder neueingeführten Bräuchen – nicht in ihrer äußeren Form erstarrt sind, sondern so verändert wurden und werden, dass sie den aktuellen Bedürfnissen und Wertvorstellungen junger Menschen entsprechen.

Im *siebenten Kapitel* sind wir der Frage nachgegangen, warum sich in letzter Zeit die Berichte über gewalttätige Auseinandersetzungen zwischen Brauchträgern und Zuschauern mehren. Dabei wurde die These vertreten, dass viele Zuschauer nicht mit diesen Brauchformen aufgewachsen sind und diese daher als Provokation oder Bedrohung wahrnehmen. Außerdem stammen viele Krampus-Hooligans aus sozialen Schichten, deren Affektmodellierungen und Verhaltensstandards sich von jenen der breiten Masse der Brauchträger und in noch größerem Maße von jenen der gesellschaftlich dominierenden Milieus unterscheiden. Auf einem Krampuslauf, der allen Beteiligten ein besonders hohes Maß an emotionaler Selbstkontrolle abverlangt, treten diese Unterschiede besonders deutlich zutage. Da sich die Machtausstattung der beiden einander gegenüberstehenden sozialen Gruppen voneinander unterscheidet, haben wir im Anschluss an Norbert Elias und John L. Scotson einen Krampus- bzw. Perchtenlauf als Etablierten-Außenseiter-Figuration verstanden und uns sowohl mit Machtverhältnissen als auch mit Ängsten, Wünschen und Ansprüchen sowie mit Abgrenzungs- und Zugehörigkeitsbemühungen beschäftigt. Die etablierten Brauchträger fühlen sich vom leicht abweichenden Verhalten der Jugendlichen ausländischer Herkunft bedroht. Sie schließen ihre Reihen, stigmatisieren die anderen als unzivilisiert und grenzen sich von ihnen ab. Diese fühlen sich ausgeschlossen und reagieren mit einer Verstärkung der ihnen zugeschriebenen Verhaltensweisen, was wiederum die Meinung der Brauchträger bestätigt. Vor allem für jene Teile der Krampusläufer, die in ihrem Alltag zu den gesellschaftlichen Außenseitern zählen oder sich als solche wahrnehmen, ist das Krampuslaufen eine der wenigen Gelegenheiten, sich von noch schwächeren gesellschaftlichen Gruppen abzugrenzen und sich selbst als Etablierte zu fühlen.

In *diesem Kapitel* kommen wir auf die Hauptfragestellung dieser Arbeit zurück und erweitern sie um die im siebenten Kapitel eingeführten Aspekte der Gruppenmacht und des Gruppenstatus. Wir werden der Frage nachgehen, ob der jüngste Boom von folkloristischen Festen, volkstümlichen Trachten und regionalen Traditionen mit dem Verlust von Sicherheiten, Orientierungspunkten, Machtpotentialen und mit entsprechenden Ängsten zusammenhängt, die der weltweite Integrationsprozess mit sich bringt. Zu diesem Zweck wird das Etablierten-Außenseiter-Modell in verschiedene Richtungen erweitert. Dieses Kapitel ist weniger ausgereift als die anderen Kapitel dieser Arbeit. Es ist als Versuch oder Entwurf einer Zusammenführung der Erkenntnisse dieser Arbeit anzusehen, der jedoch so, wie er hier zu lesen ist, nicht fertig ist.

8.1.2 Zur Komplexität menschlicher Beziehungen im Zeitalter der Globalisierung

Wir werden Etablierten-Außenseiter-Beziehungen in der Folge nicht nur auf der Ebene eines Krampus- und Perchtenlaufes und auch nicht nur auf der national-staatlichen Ebene betrachten, sondern wir werden nach Machtbeziehungen auf höheren gesellschaftlichen Integrationsebenen fragen. Diese Vorgehensweise basiert auf der Annahme, dass Krampus- und Perchtenbräuche in den letzten beiden Jahrzehnten auch deshalb zu medial gefeierten und wirtschaftlich bedeutenden Massenveranstaltungen geworden sind, weil sie es Brauchausübenden und Zuschauern ermöglichen, sich für kurze Zeit als Etablierte statt als Außenseiter, als Gewinner statt als Verlierer, als mächtig statt als machtlos, als angesehen statt als unbedeutend zu fühlen. Wir werden dabei auch auf Elias' Spielmodelle[369] (2009) zurückgreifen und sie im Sinne Elias' als „*vereinfachende Gedankenexperimente*" verstehen, die dabei helfen sollen, komplexe Sachverhalte verständlich zu machen.[370] In diesem Kapitel wird das Etablierten-Außenseiter-Modell des siebenten Kapitels in verschiedener Hinsicht erweitert. Wir werden (1) Machtbeziehungen als Prozesse verstehen; sie nicht nur zwischen zwei, sondern zwischen mehreren (2) gesellschaftlichen Gruppen und (3) sozialen Schich-

---

369 Elias ist in seinen Spielmodellen nicht von rational kalkulierenden, nutzenmaximierenden Spielern ausgegangen. Die einzelnen Spieler und Spielergruppen mögen bestimmte Absichten und Pläne verfolgen. Aber es kann nicht nur jede intendierte Interaktion nicht-intendierte Konsequenzen haben, vielmehr liegen „*jeder beabsichtigten Interaktion unbeabsichtigte menschliche Interdependenzen zugrunde*" (Elias 2009: 99). Die Reihenfolge, in der Elias seine Modellserie vorstellt, basiert auf dem Gedanken, dass die Kontrolle, die einer der Spieler oder eine der Spielergruppen über Spielverlauf und -ausgang hat, in dem Maße abnimmt, in dem die Anzahl der Spieler zunimmt und die Machtunterschiede zwischen ihnen abnehmen (vgl. ebd.: 86f.).

370 Die Vereinfachung wird dadurch erreicht, dass bestimmte Aspekte (in unserem Fall bestimmte Machtverhältnisse und ihr Wandel) hervorgehoben und andere Aspekte ausgeblendet werden. Es liegt in der Natur eines Modells, dass es nicht alle Aspekte der Realität abbildet. Genau in dieser Reduktion liegt seine Stärke. Daher sind die folgenden Überlegungen weder als umfassende Gesellschaftsdiagnose noch als Vollständigkeit beanspruchende Beschreibung zu verstehen, sondern als „*vereinfachendes Gedankenexperiment*", das die Aufmerksamkeit auf einige Aspekte lenken soll, denen ansonsten vielleicht weniger Aufmerksamkeit gewidmet wird.

ten untersuchen; (4) verschiedene gesellschaftliche Integrationsebenen betrachten; und uns (5) ausführlicher der subjektiven Sicht der Spieler widmen.

(1) Menschliche Beziehungen als Prozess. Aus figurationssoziologischer Perspektive kann man Beziehungen zwischen Menschen nicht adäquat verstehen, wenn man sie nur zu *einem* Zeitpunkt betrachtet. Machtverhältnisse sind veränderlich und müssen als *„Verflechtungsprozesse"* (Elias 2009: 80) verstanden werden. Die Modellbildung soll dabei helfen, *„den Prozeßcharakter von Beziehungen interdependenter Menschen aufzuzeigen"* (Elias 2009: 83). Außerdem macht sie deutlich, *„in welcher Weise sich die Verflechtung der Menschen ändert, wenn sich die Verteilung der Machtgewichte verändert"* (ebd.). Dadurch öffnet sich nicht nur der Blick auf die Pläne und Absichten der um verschiedene Machtressourcen konkurrierenden sozialen Gruppen und Schichten, sondern auch auf ihre Aufstiegshoffnungen und Abstiegsängste, ihre Zugehörigkeits- und Abgrenzungsbemühungen.

(2) Vom Ein- zum Vielpersonenspiel. Wir haben im siebenten Kapitel die Beziehung zwischen aktiven und zuschauenden Hooligans weitgehend so betrachtet, als stünden einander nur diese beiden gesellschaftlichen Großgruppen gegenüber. Allerdings steht jeder Einzelne – unabhängig davon, ob er dies möchte oder nicht, ob er dies beabsichtigt oder nicht, und ob er sich dessen bewusst ist oder nicht – mit einer Vielzahl von Menschen in Beziehung. Jeder Einzelne ist Teil von Großgruppen, die wiederum Teil noch größerer Gruppen sind. Gerade in einer hochkomplexen, arbeitsteilig differenzierten Gesellschaft ist der Einzelne mit unzähligen Menschen – teils direkt, teils über weit verzweigte Personenketten und über Ländergrenzen hinweg – auf unterschiedlichste Weise verbunden. Viele dieser Menschen wird er niemals kennenlernen oder auch nur zu Gesicht bekommen. Trotzdem ist er auf vielfältige Weise von ihnen abhängig, wie auch sie von ihm abhängig sind.

(3) Vom ein- zum mehrstöckigen Spiel. So ist jeder Mensch Teil vieler, einander überlappender Figurationen (oder Spiele), in denen die Machtbalancen unterschiedlich ausgeprägt sein können. Auch jene Individuen, die wir im siebenten Kapitel als Teil der Etabliertengruppe betrachtet haben, können im Berufsleben, im familiären Umfeld oder in anderen Freizeitkontexten zu den Außenseitern gehören. Elias hat vorgeschlagen, bei der Untersuchung komplexer Figurationen Begriffe wie „Klasse" oder „Schicht" durch die Vorstellung von *„Stockwerken"* (Elias 2009: 89) zu ersetzen. In dem Maße, in dem das Spiel sich auf immer größere Räume ausbreitet, in dem die Anzahl der Spieler zunimmt und die Machtunterschiede zwischen ihnen kleiner werden, ist das Spiel für die einzelnen Spieler und Spielergruppen schlechter zu kontrollieren. Die Spielfiguration und der Spielprozess werden immer undurchsichtiger, das Spiel funktioniert immer schlechter. Dieser Prozess drängt die Spieler dazu, sich umzuorgani-

sieren. Die Spielergruppe kann sich in mehrere kleine Gruppen aufteilen, die sich zunehmend voneinander entfernen und schließlich unabhängig voneinander spielen. Es kann aber auch eine neue Figuration interdependenter, kleiner Splittergruppen entstehen, von denen jede ihr eigenes Spiel weiterspielt, während sie als Ganzes mit den anderen Gruppen um Chancen konkurriert. Die wachsende Spielergruppe kann aber auch integriert bleiben und sich in eine komplexere, *„mehrstöckige"* (ebd.) Figuration verwandeln. (Vgl. ebd.)

Ein Beispiel für die letzte Variante ist jener Prozess, den Elias in seinen Prozess-Büchern (1997a/b) nachgezeichnet hat. Das ganze Mittelalter hindurch rangen Kirche, Kriegsadel, Fürsten und das städtische Bürgertum miteinander, ohne dass sich das Machtgewicht eindeutig und längerfristig zugunsten einer der Gruppen verschob. Zwar gab es Zentralisierungsprozesse, aber diese beschränkten sich auf relativ kleine Gebiete oder wurden bald von Phasen der Dezentralisierung abgelöst. Aber nach und nach verengte sich der Kreis der konkurrierenden Feudalherren und im Laufe der folgenden Jahrhunderte gelang es in fast ganz Kontinentaleuropa einigen von ihnen, größere Gebiete unter ihre Kontrolle zu bringen, ein Gewalt- und Steuermonopol durchzusetzen und die anderen immer stärker von sich abhängig zu machen.[371]

Dieser Feudalisierungsprozess ist ein Beispiel für die Entstehung eines weiteren „Stockwerks". Elias hat eine so komplexe Figuration als „mehrstöckiges" oder „mehrebeniges" Spiel bezeichnet. Die Spieler der beiden Stockwerke stehen nach wie vor miteinander in Beziehung, aber es spielen nicht mehr alle direkt miteinander. Selbst wenn man das Modell auf zwei Stockwerke beschränkt und um der Einfachheit willen die „Vielstöckigkeit" einer menschenreichen, komplexen Gesellschaft außer Acht lässt, kann man verschiedene Machtbalancen unterscheiden: jene zwischen den Spielern (und Spielergruppen) des oberen Stockwerks, jene zwischen den Spielern (und Spielergruppen) beider Stockwerke, jene

---

371 Dies hatte mit einer Reihe von Entwicklungen zu tun, die sich zugunsten einer starken Zentralgewalt auswirkten. Erstens erhöhten sich durch die wachsende Bedeutung der Geld- gegenüber der Naturalwirtschaft die Verdienstchancen der über Steuereinnahmen verfügenden Fürsten und der berufsbürgerlichen Schichten, während der Kriegerschicht beide Einkommenskanäle verschlossen waren. Durch die steigenden finanziellen Mittel waren die Fürsten bzw. Könige auch in militärischer Hinsicht nicht mehr vom Kriegeradel abhängig, sondern konnten sich Söldnerheere leisten. Außerdem ließ die Veränderung der Kriegstechnik (wie etwa die Erfindung der Feuerwaffe) die Bedeutung der unedlen, aber massenhaften Infanterie zugunsten der edlen, aber zahlenmäßig beschränkten Kavallerie zunehmen. So führte eine Reihe von Veränderungen dazu, dass die Abhängigkeit der Fürsten bzw. Könige vom Kriegsadel abnahm, während umgekehrt die ehemals unabhängigen Ritter mehr und mehr von den Fürsten abhängig wurden. Und so verwandelte sich in allen größeren Ländern Europas nach und nach die Klasse der unabhängigen grundbesitzenden Krieger in eine Klasse von Höflingen. (Vgl. Elias 1997b: 9-45.)

zwischen den Spielern (und Spielergruppen) des unteren Stockwerks, und jene innerhalb der jeweiligen Spielergruppen. (Vgl. Elias 2009: 91.)

Im oben angeführten Beispiel gab die Konstellation der Machtgewichte dem absolutistischen Fürsten (oder König) die Chance, alle anderen Spielergruppen der oberen und der unteren Stockwerke, sowohl adelige Höflinge als auch aufsteigende Bürgerschichten, und damit den Spielverlauf, zu kontrollieren.[372] Elias (1997b: 9-45) hat diesen Prozess am Beispiel der Staatsentwicklung Frankreichs nachgezeichnet. In England hingegen konnten die Oberklassen (die Spielergruppen des oberen bzw. mittleren Stockwerks) die Vorherrschaft über den König erringen, da sich grundbesitzende Schichten mit und ohne Adelstitel miteinander verbündeten (vgl. Elias 2003: 59-65; siehe dazu auch Unterkapitel 6.3 (insb. 6.3.2)).

Je größer die Zahl der Spieler wird und je weniger ungleich die Machtgewichte der Spieler werden, desto weniger kann ein einzelner – selbst der mächtigste – Spieler den Spielverlauf steuern oder vorhersagen. Je mehr sich die gesellschaftlichen Funktionen differenzieren, über je weitere Menschenräume sich die Konkurrenzverhältnisse und Interdependenzketten ausbreiten, je weiter und dichter die Netze der gegenseitigen Abhängigkeiten werden, desto mehr muss jeder Einzelne sein Verhalten auf das Verhalten anderer abstimmen. (Vgl. Elias 2005: 133.) Solche Prozesse vollziehen sich nicht nur im Abendland, sondern sind überall dort zu beobachten, wo der gegenseitige Konkurrenzdruck immer mehr Menschen über immer weitere Räume voneinander abhängig macht. Aber:

„Was der abendländischen Entwicklung ihr besonderes Gepräge gibt, ist die Tatsache, daß in ihrem Verlauf die Abhängigkeit aller von allen gleichmäßiger wird. In steigendem Maße hängt das höchst differenzierte, höchst arbeitsteilige Getriebe der abendländischen Gesellschaften davon ab, daß auch die unteren, agrarischen und städtischen Schichten ihr Verhalten und ihre Tätigkeit aus der Einsicht in langfristigere und ferner liegende Verflechtungen regeln. Diese Schichten hören auf, schlechthin ‚untere‘ soziale Schichten zu sein. Der arbeitsteilige Apparat wird so empfindlich und kompliziert, Störungen an jeder Stelle der fließenden Bänder, die durch ihn hingehen, bedrohen so sehr das Ganze, daß die leitenden, die eigentlich verfügenden Schichten, im Druck der eigenen Ausscheidungskämpfe zu immer größerer Rücksicht auf die breiten Massenschichten genötigt sind." (Elias 1997b: 351.)

Je größer die Menschenräume sind, über die sich das Spiel erstreckt und je kleiner die Machtunterschiede zwischen den Spielern werden, desto weniger ist ein einzelner Spieler oder eine Gruppe von Spielern in der Lage, Spielverlauf und

---

372   Dieses steile Machtgefälle ist auch auf das labile Machtgleichgewicht zwischen den Ständen zurückzuführen. Das Überleben eines absoluten Fürstentums hatte zur Voraussetzung, dass sich Adel und Bürgertum weder gegen den Zentralherren verbündeten noch dass sich eine der beiden Seiten entscheidend gegen die andere durchsetzte.

Spielausgang zu kontrollieren oder auch nur zu überblicken. In dem Maße, in dem die Machtchancen gleichmäßiger auf die Spieler aufgeteilt werden, werden auch die mächtigsten Spieler der oberen Stockwerke von den Spielern der unteren Stockwerke abhängig; und dies wird allen Beteiligten in zunehmendem Maße bewusst. So wandelt sich die Rolle der Spieler der oberen Stockwerke von absoluten Herrschern zu Repräsentanten der Spieler der unteren Stockwerke. (Vgl. Elias 2009: 86-95.)

Aus dieser Perspektive sind die Machtverhältnisse, die im vorigen Kapitel unveränderlich zu sein schienen, das Resultat gegenseitiger Abhängigkeiten miteinander konkurrierender Spielergruppen verschiedener Stockwerke. Im siebenten Kapitel haben wir die Brauchträger – auch die Hooligans unter ihnen – als (Teil der) Etabliertengruppe (des oberen Stockwerks) und die jugendlichen Hooligans aus den Reihen der Zuschauer als (Teil der) Außenseitergruppe (des unteren Stockwerks) verstanden. Diese Beschränkung war sinnvoll, da wir der Frage nachgegangen sind, ob und warum an vielen Auseinandersetzungen Jugendliche mit Migrationshintergrund beteiligt sind. Betrachtet man jedoch nicht nur diese beiden „Stockwerke", sondern das ganze gesellschaftliche „Gebäude"[373], wird deutlich, dass sich *beide* (Spieler-)Gruppen auf relativ niedrigen Stockwerken befinden. Die Brauchträger sind nicht nur mit Spielern ihres eigenen Stockwerks und mit Spielern und Spielgruppen niedrigerer, sondern auch mit jenen höherer Stockwerke verflochten. Und durch die Ankunft einer großen Zahl von Flüchtlingen seit Sommer 2015 ist ein weiteres, noch niedrigeres Stockwerk entstanden, auf das nun jene, die bis dahin im untersten Stockwerk gelebt hatten, hinabblicken können.

(4) Vom Ein- zum Mehrebenen-Modell. In der Sprache der Spielmodelle könnte man sagen, dass nicht nur die „Stockwerke" des gesellschaftlichen „Gebäudes" miteinander verflochten sind, sondern dass auch das ganze „Gebäude" mit anderen „Gebäuden" verbunden ist, mit denen es zusammen eine „Stadt" bildet usw. Auch die anderen „Gebäude" verfügen über mehrere „Stockwerke". So sind die Spieler eines „Stockwerks" nicht nur mit Spielern ihres eigenen „Stocks" und mit Spielern aus anderen „Stockwerken" ihres eigenen „Gebäudes" verflochten, sondern auch mit Spielern aus verschiedenen „Stockwerken" anderer „Gebäude" und „Städte".[374] Die Soziogenese der abendländischen Gesell-

---

373 Elias selbst hat in diesem Zusammenhang nicht den vergegenständlichenden Begriff „Gebäude" verwendet. An anderer Stelle (z.B. in *Die Gesellschaft der Individuen* (2001)) hat er von „gesellschaftlichen Integrationseinheiten" oder „-ebenen" gesprochen.

374 Die Begriffe „Gebäude" oder „Stadt" bergen die Gefahr, sich statische, unwandelbare Objekte oder „Strukturen" vorzustellen, die außerhalb und unabhängig von den Menschen existieren. Um der Tatsache, dass soziale Figurationen nichts anderes sind als sich wandelnde Verflechtungsmuster interdependenter Individuen, wird in der Folge wieder von „Integrationseinheiten", „-stufen" und „-ebenen" gesprochen.

schaften ist nicht nur durch die Herausbildung großer und stabiler Monopolinstitute, durch eine zunehmende funktionale Differenzierung und die Entstehung „vielstöckiger" Figurationen gekennzeichnet, sondern auch durch den Übergang von kleineren auf größere Integrationseinheiten, die Machtverlagerung von niedrigeren auf höhere Integrationsebenen und die Verlängerung der Interdependenzketten über die Grenzen dieser Einheiten hinweg.

Jene gesellschaftlichen Gruppen, die wir im siebenten Kapitel als Etabliertengruppe verstanden haben, sind nicht nur innerhalb Österreichs mit Menschen und Menschengruppen aus anderen sozialen Schichten (oder „Stockwerken") verbunden. Vielmehr stehen sie mit Individuen und sozialen Gruppen aus fernen Ländern in Beziehung. Dies gilt sowohl für Angehörige des gleichen Stockwerks (etwa im Falle von Arbeitskräften) als auch für Menschen auf höheren (Politiker, Wirtschaftstreibende) oder niedrigeren (ausgebeutete oder Kinderarbeiter in China, Flüchtlinge) Stockwerken. Angesichts dieser Weite der gegenseitigen Verflechtungen ist es, so Elias, nicht sinnvoll, soziale „Klassen", „Schichten" oder „Milieus" nur innerhalb einer kleineren Integrationseinheit, wie etwa einer Region oder eines Nationalstaates, zu betrachten. Daher werden wir in diesem Kapitel immer wieder zwischen niedrigeren und höheren Integrationsebenen hin- und herspringen und uns ansehen, wie Veränderungen auf der einen Ebene mit Wandlungen auf anderen Ebenen zusammenhängen.

(5) Emische und etische Perspektive. Der fünfte Punkt, in dem das oben skizzierte Modell hier verfeinert wird, ist, dass wir uns noch intensiver der Perspektive der betroffenen Akteure zuwenden werden. Nach Jean-Claude Kaufmann (2005: 236) haben die Prozesse der Demokratisierung und der Bildungsexpansion, aber auch die Forderung nach Selbstbestimmung und Eigenverantwortlichkeit, einen neue Dimension der Ungleichheit erschaffen. Zu den realen Ungleichheiten kommt die Wahrnehmung dieser Ungleichheiten hinzu, für die man noch dazu selbst verantwortlich ist.[375] Norbert Elias stellte 1970 fest, den meisten Menschen sei noch nicht bewusst, dass sie auch über die täglichen Beziehungen hinaus an eine Vielzahl anderer Menschen durch gegenseitige Abhängigkeits- und Machtbeziehungen gebunden sind.

> „Soziologie beschäftigt sich mit Menschen; deren Interdependenzen stehen im Mittelpunkt ihrer Arbeit. Das Wort ,menschliche Beziehungen' erweckt oft den Eindruck, daß es sich dabei einfach um das handelt, was man im engen Erfahrungskreis der eigenen Person, in seiner Familie und in seinem Beruf täglich und stündlich vor Augen hat. Das Problem, das dadurch entsteht, daß Hunderte, Tausende, Millionen von Menschen in Beziehung miteinander stehen und voneinander abhängig sein können, wie das in der gegenwärtigen Welt der Fall ist, kommt vielen Menschen noch kaum in seiner Allgemeinheit zum Bewußtsein, obgleich die weite Spanne der

---

375 Für detailliertere Ausführungen siehe 6.4.5 und 8.2.3.

Abhängigkeiten, die gegenwärtig Menschen aneinander binden, und das Netzwerk der Interdependenzen, das Menschen aneinander bindet, zu den elementarsten Aspekten des menschlichen Lebens gehören." (Elias 2009: 106.)

Heute, fast fünf Jahrzehnte später, ist diese weltweite Verflochtenheit noch spürbarer und selbstverständlicher. Produkte, die in fernen Ländern erzeugt wurden, gehören ebenso zum Alltag der Menschen in westlichen Gesellschaften wie geschäftliche und private Beziehungen, die über nationalstaatliche Grenzen hinausreichen. Durch moderne Kommunikationsmedien sind Informationen aus allen Teilen der Welt verfügbar, wodurch die Verflochtenheit jedes einzelnen Menschen noch sichtbarer wird. Gleichzeitig fühlen sich aber viele Menschen zunehmend diesen Abhängigkeitsnetzen, die sie nur schwer begreifen und kaum überblicken können, ausgeliefert. Sie haben Angst, Gewohntes zu verlieren und mit den sich beschleunigenden weltweiten Entwicklungen nicht mithalten zu können. Davon sind vor allem Menschen betroffen, die vorwiegend die negativen Konsequenzen der politischen, wirtschaftlichen und kulturellen Globalisierung zu spüren bekommen. Das gilt einerseits für jene, die Angst haben, ihre tatsächliche oder empfundene Etablierten-Position zu verlieren und andererseits für jene, die sich ohnehin für Außenseiter halten und nur aus der Abgrenzung und Abwehr noch schwächerer Gruppen Selbstachtung beziehen können.

Im Folgenden wird die These vertreten, dass Krampus- und Perchtenbräuche in den letzten Jahren deshalb eine so große Anziehungskraft besitzen, weil sie den emotionalen Bedürfnissen, die der psychischen und sozialen Struktur einer hochdifferenzierten Gesellschaft entsprechen, besonders gut entgegenkommen. Sie sind flexibel genug, um an die spezifischen Bedürfnisse verschiedener sozialer Schichten angepasst zu werden, geben aber trotzdem jedem einzelnen Menschen das Gefühl, dass seine jeweilige Art der Brauchausübung die richtige, ja sogar die einzig mögliche, ist. Zunächst werden anhand einiger soziologischer Analysen die für unser Argument wichtigsten Herausforderungen, mit denen die Menschen in modernen Gesellschaften konfrontiert sind, und die mit ihnen zusammenhängenden emotionalen Bedürfnisse skizziert. Danach wird zu zeigen versucht, ob und auf welche Weise der Krampus- und Perchtenbrauch diesen Herausforderungen und Bedürfnissen mehr oder weniger entgegenkommt als andere Freizeitaktivitäten.

8.2 Globalisierung – Zum Verlust von Etabliertheit, Sicherheit und Orientierung

8.2.1 Lokal Etablierte als globale Außenseiter

(1) Globalisierung und Nachhinkeffekt. Die Erweiterung der Perspektive macht deutlich, dass jene Individuen und gesellschaftlichen Gruppen, die man im Hinblick auf Krampus- und Perchtenbräuche und in der Machtbeziehung mit Zuwanderern als Etablierte bezeichnen kann, in anderen Lebensbereichen zu den Außenseitern zählen. Im Rahmen dieser Arbeit wurde bereits mehrmals auf Elias' Prämisse hingewiesen, dass jene Prozesse, die der Begriff *Zivilisierung* zusammenfasst, widersprüchlich und vielschichtig verlaufen und häufig mit Widerständen und Konflikten verbunden sind. Dies hat nicht nur damit zu tun, dass die Gesellschaftsentwicklung in zunehmendem Maße unübersichtlich und unkontrollierbar erscheint. In Gesellschaften, die sich am Übergang von einer zur nächsten Integrationsebene befinden, werden bisherige Macht- und Statusverteilungen in Frage gestellt, verändert sich die Position des Einzelnen in der Gesamtfiguration, gehen alltägliche Selbstverständlichkeiten und Sicherheiten verloren. (Vgl. Elias 2001a: 209-247.) Mit dieser Entwicklung sind vielfältige Loyalitäts-, Identitäts- und Gewissens-, aber auch Generationenkonflikte verbunden. Elias hat solche Konflikte für den Übergang von der Ebene familialer Sippenverbände auf jene dynastischer Königreiche nachgezeichnet, aber auch für das Aufgehen kleinerer Königreiche in absolutistischen Fürstenstaaten, für die Integration dieser Fürstenstaaten in moderne Nationalstaaten und für das gegenwärtige Aufgehen souveräner Nationalstaaten in übernationalen Integrationseinheiten (wie der Europäischen Union oder der Nato). Aus dieser Perspektive sind viele aktuelle Probleme, die als Konflikte zwischen sozialen Klassen, politischen Fraktionen oder ethnisch-religiösen Gruppen (d.h. zwischen Spielergruppen von verschiedenen Stockwerken) erscheinen, als Begleiterscheinungen des Übergangs zentraler gesellschaftlicher Funktionen von einer Integrationsebene auf die andere zu verstehen.

Elias hat dieses Problem als *Nachhinkeffekt* bezeichnet. Die Entwicklung der Persönlichkeitsstruktur der Menschen kann mit der Entwicklung der Gesellschaftsstruktur nicht mithalten, sondern verharrt auf der niedrigeren Integrationsebene. Auch wenn die politischen, wirtschaftlichen und kulturellen Verflechtungen weit über die Ebene des Nationalstaates hinausreichen und wenn die für das alltägliche Leben und für das Überleben bedeutendsten Entscheidungen nicht mehr (nur) auf dieser Ebene getroffen werden, beziehen sich die Wir-Gefühle weiterhin auf den Nationalstaat oder auf noch kleinere Integrationseinheiten, wie Bundesländer oder Gemeinden. In einer globalisierten und sich stetig auf höheren Ebenen integrierenden Welt vollziehen sich solche Integrationsschübe gleichzeitig auf mehreren Ebenen. Dadurch sind auch wenig differenzierte, stark regional und segmentär integrierte Figurationen auf vielfältige Weise mit differenzierteren, funktional integrierten Figurationen verflochten.[376] (Vgl. Elias 2001a: 281-310.)

(2) Etablierte als Außenseiter. Im Anschluss an Elias / Scotson (1993) und Kaufmann (2005) wird hier die These vertreten, dass man jene sozialen Milieus[377], aus denen sich die Brauchträger überwiegend rekrutieren, teilweise be-

---

376 In den letzten Jahren sind viele Studien veröffentlicht worden, die sich mit verschiedenen Aspekten transnationaler, nationaler und regionaler Identität im europäischen Integrationsprozess beschäftigen. Gellner (1983), Hobsbawm (1990), A.D. Smith (u.a. 1993, 2003, 2009) und Estels (1994, 2002a, 2002b) haben z.b. zahlreiche Untersuchungen zu nationaler Identität und Nationalismus vorgelegt. Maier (1991) hat sich mit der Vergangenheit und Gegenwart der deutschen, Ringel (1984, 1988) und Heer (2001) mit der österreichischen Identität befasst. Man denke an Maguires und Poultons (1999) Aufsatz über die Erfindung von Habituselementen im Rahmen der Fußball-EM 1996, Westles (1999) Arbeit über kollektive Identität im vereinten Deutschland, Brubakers (1992, 1996, 2006) Studien zur Frage nationaler Identitäten in Osteuropa nach dem Fall des Eisernen Vorhangs, Fryes (2008) Untersuchungen zur nationalen Identität in Bosnien sowie Listons und Morelands (2009) Arbeit über Sport und nationale Identität in Nordirland.

Haslinger (2001) und D.M. Smith / Wistrich (2009) haben das Spannungsverhältnis von regionalen und nationalen Identitäten im Rahmen des europäischen und globalen Integrationsprozesses untersucht. Auch Luverà (1983), Caciagli (1990), Pieper (1992), Harvie (1994), Horsman / Marshall (1994), Lindner (1994), Cavazza (2000), Kanga (2002), Millard (2002) und Krauss (2009) gehen in ihren Arbeiten der Frage nach dem sogenannten „Neuen Regionalismus" nach. In diesem Zusammenhang ist außerdem die vom Zentrum für Vergleichende Geschichte Europas organisierte Tagung *The Boundaries of Nations and Nation-States: Regionalisms in European Intermediate Areas from the mid-19th to the end of the 20th century* (2001) zu erwähnen.

In den letzten Jahren wurden aber auch einige quantitativ angelegte Studien zu nationalen und auch regionalen Wir-Gefühlen und Identitäten veröffentlicht. In diesem Zusammenhang sind vor allem die BISER-Studie *Regional Identity in the Information Society* (2004) und die Studien der Forschungsgruppe *FIMO: Kulturelle Identitäten in Italien* zu nennen, die sich sowohl mit nationalen als auch mit regionalen Identitäten, Selbstbildern und Kollektivgefühlen beschäftigen (z.b. Gallenmüller-Roschmann 1992, 1996, 1999, 2001; Gallenmüller-Roschmann / Martini / Wakenhut 2000; Gallenmüller-Roschmann / Wakenhut 1993, 1994, 1995, 1996, 1999, 2000; Gallenmüller-Roschmann / Martini 2004). Jüngst haben Höllinger, Kuzmics und Fleiß (2009) eine Sekundäranalyse eines Surveys vorgelegt, in der sie verschiedenen Ausprägungen von Nationalstolz zwischen Patriotismus und Nationalismus nachgegangen sind.

Andere Autorinnen und Autoren (Koch-Hillebrecht 1977, Hortmann 1993, Castendyk 1993, Hall 1997, Bausinger 2000, Zimmermann 2008) haben nach dem Wandel von Selbst- und Fremdbildern gefragt.

377 Wie im sechsten Kapitel dargelegt wurde, werden gesellschaftliche Milieus hier nicht nur durch ihre jeweilige Ausstattung mit „ökonomischem Kapital" definiert. Vielmehr wird im Anschluss an Elias, aber auch an Bourdieu und Vester et al. von einer Reihe miteinander zusammenhängender Merkmale ausgegangen, die sowohl reale Macht- und Ressourcenausstattungen als auch spezifische Arten des Denkens, Fühlens und Verhaltens einschließen.

reits auf der nationalen, vor allem aber auf der globalen Ebene als Außenseiter bezeichnen kann. Sie sind nicht nur weitgehend von statushohen Positionen, sondern überhaupt von vielen Vorteilen der Globalisierung ausgeschlossen. Für unsere Frage ebenso bedeutend wie der *tatsächliche* Ausschluss von Positionen, Gütern und Dienstleistungen ist, dass sich viele Menschen selbst als Verlierer und Außenseiter der Globalisierung *wahrnehmen*. Elias und Scotson (1993: 30-32) haben gezeigt, dass – sofern die grundlegendsten Bedürfnisse gestillt sind – nicht nur beobachtbare, materielle, sondern auch *„andere, spezifisch menschliche Ziele"* (ebd.: 32) zum Gegenstand von Machtkämpfen werden können. *„Wie soll man ihn nennen? Mangel an Wert? Oder Sinn? An Selbstliebe und Selbstachtung?"* (Ebd.)

> „Man hat einige Mühe, die rechten Begriffe für sie zu finden, weil die verfügbaren gegenwärtig einen idealisierenden Unterton haben; sie klingen so, als ob man von etwas nicht ganz Wirklichem rede – nicht so ‚wirklich' und greifbar wie die Stillung des Hungers." (Ebd.: 31.)

Aber dieser Mangel an Selbstwertgefühl oder Sinn ist nicht weniger real und schmerzhaft als der Mangel an Geld oder Nahrung.[378] Elias hat am Beispiel europäischer Staatenbildungsprozesse gezeigt, dass solche Ängste und die entsprechenden Kompensations- und Abwehrreaktionen in der Menschheitsgeschichte immer wieder zu beobachten sind. Sie treten besonders intensiv zutage, wenn sich die Beziehungs- und Abhängigkeitsnetze auf größere Menschenräume ausdehnen, kleinere gesellschaftliche Einheiten in größeren aufgehen und die Monopolinstitute auf höhere gesellschaftliche Integrationsebenen verlagert werden. Am lautesten schreien jeweils jene Gruppen, die ihren Status zu verlieren fürchten oder das Gefühl haben, von den Prozessen überrumpelt zu werden. Insofern sind die heutigen Ängste und Abwehr- bzw. Rückzugsbestrebungen keine neue Erscheinung, sondern stehen in einer langen Tradition von Reform-, Bewahrungs- und Schutzbewegungen. Wie wir im ersten und zweiten Kapitel gesehen haben, sind die massenhaften Gründungen von Brauchtums-, Landschafts- und Trachtenpflegevereinen ab dem späten 19. Jahrhundert auch als

---

378 Bei Bourdieu (2008) heißt dieser Mangel *„symbolische Armut"*. Der Elendsbegriff, den er der Interviewstudie *Das Elend der Welt* zugrunde legte, lässt sich weder auf die Nöte bestimmter sozialer Gruppen noch auf die herkömmliche Gegenüberstellung von absoluter und relativer ökonomischer Armut reduzieren, sondern bezieht sich auf verschiedene Formen symbolischer Armut und die mit ihr verbundenen Exklusions-, Marginalisierungs- und Stigmatisierungsprozesse. Ein so verstandener Elendsbegriff bleibt nicht auf die ökonomisch Ärmsten beschränkt und hilft, der Falle zu entgehen, die „kleinen Nöte" an der materiellen Not der Ärmsten zu messen und als weniger real abzutun. Denn, so Bourdieu et al., auch rein symbolische Armut werde von den Betroffenen als ernst und bedrohlich wahrgenommen. (Siehe hierzu die editorischen Vorbemerkungen (ebd.: 11f.) zum Problem der Übersetzung des französischen „misère" ins Deutsche.)

Versuch zu verstehen, die bedrohte bäuerliche Kultur vor der Zerstörungskraft von Industrialisierung und Urbanisierung zu schützen und sich gedanklich in eine davon unberührte, heile Welt zurückzuziehen. Neu ist hingegen, wie Vester et al. (2001) gezeigt haben, dass das Gefühl, nicht mithalten zu können und nirgends dazuzugehören, so gut wie alle gesellschaftlichen Schichten befällt. Die weltweiten Integrations- und Verflechtungsprozesse sind so tiefgreifend, dass sich ihnen niemand – auch nicht der Mächtigste und die Autarkste – entziehen kann. Und diese Abhängigkeit wird für immer breitere Kreise in ihrem alltäglichen Leben spürbar – und zwar in wirtschaftlicher (Finanzkrise, Produktionsverlagerung, Rationalisierung, Konkurrenz durch Zuwanderung), kultureller (Amerikanisierung, Multikulturalismus, „Flüchtlingskrise") und politischer (abnehmende Bedeutung des Nationalstaates zugunsten der EU) Hinsicht.

> „Die Risiken dieser [scheinbar; Anm. d. Verf.] vom Einzelnen losgelösten Welt scheinen individuell unbeherrschbar und unermesslich. Im Frühjahr 2009 bekannten 57 Prozent der Deutschen in einer GfK-Umfrage, sie hätten Angst um ihren Arbeitsplatz – obwohl die tatsächliche Arbeitslosenquote bei nur 8,2 Prozent lag. 28 Prozent der Befragten äußerten die Befürchtung, im Zuge der Krise abzurutschen und den eigenen sozialen Status zu verlieren – mehr als ein Viertel der Bevölkerung sieht sich im Treibsand der Veränderung." (Schmitt-Roschmann 2010: 51f.)

Breite Kreise fühlen sich als Verlierer der Modernisierung. Sie sehen sich als globale Außenseiter, die außermenschlichen Kräften ausgesetzt sind oder von einer kleinen aber mächtigen Gruppe von Etablierten, wie Bankern, Politikern oder „den Reichen", beherrscht und ausgenutzt werden. Die Einschnitte in die sozialstaatlichen Sicherheitsnetze seit der Jahrtausendwende haben diese Ängste weiter genährt.

> „Große Teile der Mitte sind überzeugt, daß schmale Gewinnergruppen durch die Modernisierungen privilegiert sind, während sie selbst durch verschiedene Formen sozialer Ungerechtigkeit und den Verlust kontinuierlicher Berufsperspektiven die Risiken tragen. Dies ist, nach unserer Diagnose, die Ursache der Krise der Repräsentation. Das alte Sozialmodell ist in Frage gestellt und ein neues übergreifendes Arrangement zwischen den sozialen Gruppen noch nicht in Sicht [...]." (Vester et al. 2001: 14.)

Ulrich Beck hat in diesem Zusammenhang von *„schichtübergreifenden Risiko- und Gefährdungspotentialen"* gesprochen, da die sozialen, ökologischen und emotionalen Risiken für alle Menschen – zumindest in westlichen Industriestaaten – ähnlicher seien als jemals zuvor.

> „Das Koordinatensystem, in dem das Leben und Denken in der industriellen Moderne befestigt ist – die Achsen von Familie und Beruf, Glaube an Wissenschaft und

Fortschritt –, gerät ins Wanken, und es entsteht ein neues Zwielicht von Chancen und Risiken." (Beck 1986: 20, zitiert nach Kaschuba 2006: 154f.)

Trotzdem sind die Chancen und Risiken der Globalisierung ungleich auf die Bevölkerungsgruppen verteilt. Vor allem die unterprivilegierten Milieus, die bereits innerhalb der nationalen Figuration zu den Außenseitern gehören, weil sie die breiten Aufstiegsbewegungen seit dem Ende des Zweiten Weltkrieges nicht mitgemacht haben, und jene Teile der „respektablen Volksmilieus" (vgl. Vester et al. 2001; siehe auch 6.4.5), die fürchten, zu Außenseitern zu werden, nehmen sich als Verlierer der Globalisierung wahr. Die erste Gruppe ist besonders stark von internationalen Wirtschafts- und Finanzkrisen, von Betriebsschließungen und Arbeitnehmerabbau betroffen. Während diese Menschen an den Chancen der Globalisierung kaum teilhaben, sind sie von ihren negativen Begleiterscheinungen unmittelbarer und mit einschneidenderen Konsequenzen betroffen als soziale Gruppen, die besser mit materiellen, sozialen und kulturellen Ressourcen ausgestattet sind. Gleichzeitig sind sie räumlich weniger mobil und verfügen über ein geographisch weniger ausgedehntes Beziehungsnetz als kulturell dominierende Milieus mit höherem Ausbildungsniveau.[379] Dadurch fällt es ihnen noch schwerer als anderen gesellschaftlichen Gruppen, die weltweiten Prozesse zu überblicken, einzuordnen und mit Distanz zu betrachten. Ihr alltägliches Leben, ihre Bedeutungshorizonte und Wir-Gefühle sind weiterhin vor allem auf die regionale und nationale Ebene beschränkt. Mit internationalen Ereignissen und globalen Prozessen werden sie hingegen überwiegend über deren negative Auswirkungen konfrontiert. (Vgl. Kaufmann 2005: 211-217.)

> „Die Vermutung liegt nahe, daß die Individuen um so empfänglicher sind für die durch Gruppen mit lokaler Basis [...] ausgeübten Effekte der Filterung (oder falschen Kontextualisierung), d.h. umso stärker geneigt, bei der Beurteilung ihrer sozialen Stellung einen geographisch fundierten sozialen Subbezirk als Bezugsrahmen heranzuziehen (Dorf, Nachbarschaftsgruppe, usw.), je mehr ihnen Eigenschaften fehlen, die über Chancen des Zugangs zu Meinungen oder zu Hilfsmitteln, sich Meinung zu bilden (wie der Lektüre einer überregionalen Zeitung) entscheiden." (Bourdieu 1987: 718.)

Wie im sechsten Kapitel (siehe 6.4.5) gezeigt wurde, stammen die Brauchausübenden überwiegend aus diesen gesellschaftlichen Großmilieus, die sich nicht nur in besonderem Maße vor der Globalisierung und ihren Auswirkungen fürchten, sondern sich selbst als „Modernisierungs-„ oder „Globalisierungsverlierer" wahrnehmen. Diese Schmach ist, wie Kaufmann (2005) gezeigt hat, umso drü-

---

379 In der Sprache der Spielmodelle könnte man sagen, dass die Spielergruppen höherer Stockwerke im Hinblick auf Chancen dichter mit Spielergruppen aus anderen Gebäuden verflochten sind als Spieler der unteren Stockwerke.

ckender, als die vermeintlichen Gewinner dieser Konkurrenzkämpfe auf die Verlierer hinabschauen.

8.2.2 Der Druck aufsteigender Außenseiter – Wenn „der letzte Unterschied"[380] bedroht ist

Das Hauptargument dieses Kapitels ist, dass das Leid der gesellschaftlichen (Groß-)Gruppen, die auf globaler und teilweise nationalstaatlicher Ebene zu den Außenseitern im obigen Sinne gehören (oder sich als solche wahrnehmen), gemindert wird, wenn sie sich auf nationalstaatlicher oder regionaler Ebene als Etablierte wahrnehmen können. Solange die „Ausländer" in deren alltäglichem Lebensumfeld und in Österreich insgesamt eindeutig schwächer, ungebildeter und unzivilisierter erscheinen, und so lange diese Integrationsebenen im Bewusstsein der Brauchträger bedeutender sind als internationale oder globale Bezugsebenen, können sie sich weiter als (Teil der) Etabliertengruppe wahrnehmen. An dieser Stelle ist es notwendig, das Modell um die Zeitdimension zu erweitern und eine prozesshafte Perspektive einzunehmen. Wir werden uns dabei an Elias' Prozess-Büchern orientieren, da der hier untersuchte Prozess in mancherlei Hinsicht jenem ähnelt, den Elias anhand des im 16. Jahrhundert beginnenden Aufstiegs bürgerlicher Schichten in den Kreis der „guten Gesellschaft" untersucht hat. Wie heute die aus dem Arbeiter- und Kleinbürgermilieu stammenden Brauchausübenden fühlte sich damals die höfische Aristokratie von aufsteigenden Schichten bedroht. In beiden Fällen konkurrieren miteinander verflochtene und auf verschiedenste Weise voneinander abhängige Gruppen um den Zugang zu Machtquellen und zu sozialen Positionen mit hoher Status- und Machtausstattung. Auch wenn es weder die „Oberen" noch die „Unteren" beabsichtigen, drängt die Dynamik dieses Prozesses langfristig zur Angleichung der Lebens- und Verhaltensstandards der beiden Schichten. Aber dieser Prozess der gegenseitigen Anziehung und Abstoßung verläuft weder geradlinig noch konfliktfrei.

(1) Steiles Machtgefälle und eindeutige Grenzen. Im siebenten Kapitel wurde bereits angedeutet, dass die mächtigere und die weniger mächtige Gruppe ihr Verhalten kaum aufeinander abstimmen müssen, solange die Machtunterschiede zwischen ihnen so groß sind, dass für Individuen aus der weniger mächtigen Gruppe keinerlei Aufstiegschancen und für Menschen aus der mächtigeren Gruppe keine nennenswerten Abstiegsgefahren bestehen. Auch wenn die Unteren von den Oberen in größerem Maße abhängig sind als umgekehrt, sind die

---

380 Champagne 2008: 141-156.

Kontakte zwischen ihnen beschränkt. Beide Gruppen nehmen sowohl diese Trennung als auch die mit ihr verbundene unterschiedliche Ressourcenausstattung als selbstverständlich hin. Auch die unteren Schichten haben keine starken Unterlegenheitsgefühle. Beide Gruppen können ihre Affekte im Rahmen ihrer jeweils eigenen Freizeitformen und Bräuche in jener Form ausleben, die ihren gruppenspezifischen Wertvorstellungen und Triebmodellierungen am besten entspricht. (Vgl. Elias 1997b: 434-440.)

Überträgt man diese Gedanken auf jene gesellschaftlichen Milieus, aus denen sich die Brauchträger vorwiegend rekrutieren, finden sich einige Beispiele für ein ähnlich steiles Machtgefälle. Betrachten wir die lokale bzw. nationalstaatliche Ebene und konzentrieren uns auf das Machtverhältnis zwischen alteingesessenen Arbeiterschichten und verschiedenen Gruppen von Zuwanderern, können wir die ersten als „Obere" oder „Etablierte" und die zweiten als „Untere" oder „Außenseiter" ansehen.[381] Man denke an die Machtbalance zwischen österreichischen Arbeitskräften und Gastarbeitern in den 1960er und -70er Jahren oder an das gegenwärtige Machtgefälle zwischen österreichischen Staatsbürgern und Asylwerbern. Auch wenn sich diese beiden Zuwanderergruppen sowohl hinsichtlich der Wanderungsursachen (freiwillig vs. unfreiwillig, Arbeit vs. Flucht, angeworben vs. geduldet) als auch hinsichtlich ihrer Lebenssituation und Ressourcenausstattung voneinander unterscheiden, ähneln sie einander in einigen Gesichtspunkten. In beiden Fällen ist bzw. war die (intendierte) Aufenthaltsdauer begrenzt, der Aufenthaltszweck bzw. die Aufenthaltsberechtigung genau festgelegt, der Zugang zum Arbeitsmarkt eingeschränkt und folglich die Ausstattung mit Ressourcen beschränkt – und zwar sowohl mit ökonomischen (Gehalt, Sozialleistungen), politischen (Mitsprache) und juristischen (Bürgerrechte) Ressourcen als auch mit sozialen (Bekanntschaften, Teilnahme an Festen und Veranstaltungen, Mitgliedschaft in Vereinen, „Kohäsionspotential") und kulturellen (Sprache, Bildung) Ressourcen.[382]

---

381 In der Sprache der Spielmodelle könnte man sagen, dass wir uns zunächst auf die Machtverhältnisse zwischen den verschiedenen Stockwerken eines Gebäudes konzentrieren und vorübergehend ignorieren, dass das Gebäude Teil einer größeren Siedlung ist (die wiederum mit anderen Siedlungen eine Region bildet usw.) und dass auch die Stockwerke der verschiedenen Häuser miteinander verbunden sind.

382 Asylwerber dürfen sich nur für die Dauer des laufenden Asylverfahrens (inklusive Folgeanträge) auf österreichischem Staatsgebiet aufhalten. Wird eine Person als Flüchtling anerkannt, erhält sie ein befristetes Aufenthaltsrecht; wenn nicht, wird sie in ihr Herkunftsland abgeschoben (vgl. Bundesgesetz über die Gewährung von Asyl (Asylgesetz 2005 - AsylG 2005). URL: http://www.ris.bka.gv.at/GeltendeFassung.wxe?Abfrage=Bundesnormen&Gesetzesnummer=20004240 (letzter Zugriff: 03.02.2011)). Laut Genfer Flüchtlingskonvention ist ein Flüchtling eine Person, die „[...] aus der begründeten Furcht vor Verfolgung wegen ihrer Rasse, Religion, Nationalität, Zugehörigkeit zu einer bestimmten sozialen Gruppe oder wegen ihrer politischen Überzeugung sich außerhalb des Landes befindet, dessen Staatsangehörigkeit sie besitzt, und

Auch die Gastarbeiter, die der österreichische Staat ab Anfang der 1960er Jahre für den industriellen Sektor anwarb, sollten lediglich als temporäre Arbeitskräfte und nicht als Einwanderer nach Österreich kommen.[383] Die Gastarbeiterpolitik basierte auf der Idee, Arbeitskräfte für eine bestimmte Zeit anzuwerben und danach wieder in ihre Heimatländer zurückzuschicken. Bei Bedarf sollten – wieder für eine begrenzte Zeit – neue Arbeitskräfte angeworben werden. (Vgl. Bauer 2008: 5-9.) Unter diesen Umständen erschien die soziale und kulturelle Integration beiden Seiten als nicht nötig.[384] Die Gastarbeiter hatten zunächst weder Aussicht auf ein Daueraufenthaltsrecht noch auf die österreichische Staatsbürgerschaft, kein Recht auf politische Mitbestimmung, keinen Anspruch auf über die vereinbarte Grundversorgung hinausgehende Sozialleistungen, keinen Zugang zum regulären Arbeitsmarkt[385] und damit keine Chance auf gesellschaftlichen Aufstieg. Sie waren einander – wie die Außenseiter in Winston Parva – fremd, verfügten über keine gemeinsame Geschichte und konnten daher keine positive „Gruppenidentität" entwickeln. Auch als sich abzeichnete, dass die „Gastarbeiter" länger in Österreich bleiben und ihre Familien nachholen

---

den Schutz dieses Landes nicht in Anspruch nehmen kann [...]" (Abkommen über die Rechtsstellung der Flüchtlinge von 1951 („Genfer Flüchtlingskonvention"), zitiert nach BM.I – Asylwesen. URL: http://www.bmi.gv.at/cms/BMI_Asylwesen/betreuung/start.aspx (letzter Zugriff: 03.02.2011)).

383   Weil sich Österreich seit den 1950er Jahren mit einem akuten Arbeitskräftemangel konfrontiert sah, der durch Wirtschaftswachstum und die Abwanderung österreichischer Arbeiter ausgelöst worden war, schloss die österreichische Regierung im Jahr 1961ein bilaterales Abkommen mit Italien ab, in dem die systematische Anwerbung von Arbeitskräften geregelt wurde. Es folgten Anwerbeabkommen mit der Türkei (1964) und mit Jugoslawien (1966). (Vgl. Bauer 2008: 5-9.)

384   Auch die heutige „nationale Integrationshilfe", die den „Zugang zu Beschäftigung, Ausbildung, sozialer Sicherheit, Gesundheitsvorsorge und Wohnen" sowie den „Schutz vor Diskriminierung" sicherstellen soll, gilt „ausschließlich für Fremde, denen der Status des Asylberechtigten zuerkannt wurde" (BM.I – Asylwesen. URL: http://www.bmi.gv.at/cms/BMI_Asylwesen/betreuung/start.aspx (letzter Zugriff: 03.02.2011)), nicht für Asylwerber.

385   Auch hier gibt es Ähnlichkeiten zur heutigen Lage von Asylwerbern. „Ein Ausländer darf [...] eine Beschäftigung nur antreten und ausüben, wenn für ihn eine Beschäftigungsbewilligung, eine Zulassung als Schlüsselkraft oder eine Entsendebewilligung erteilt [...] wurde oder wenn er eine für diese Beschäftigung gültige Arbeitserlaubnis oder [...] eine „Niederlassungsbewilligung – unbeschränkt" oder einen Aufenthaltstitel „Daueraufenthalt-EG" oder einen Niederlassungsnachweis besitzt." (AuslBG, Abschnitt I, § 3 (2).) „Die Beschäftigungsbewilligung darf weiters nur erteilt werden, wenn [...] der Ausländer über ein Aufenthaltsrecht nach dem NAG oder dem Fremdenpolizeigesetz 2005 (FPG), BGBl. I Nr. 100, verfügt, das die Ausübung einer Beschäftigung nicht ausschließt, oder seit drei Monaten zum Asylverfahren zugelassen ist und über einen faktischen Abschiebeschutz oder ein Aufenthaltsrecht nach §§ 12 oder 13 AsylG 2005 verfügt oder gemäß § 46a FPG geduldet ist [...]." (Ausländerbeschäftigungsgesetz - AuslBG. StF: BGBl. Nr. 218/1975, Abschnitt II, § 4 (3). RIS – Gesamte Rechtsvorschrift für Ausländerbeschäftigungsgesetz. URL: http://www.ris.bka.gv.at/GeltendeFassung.wxe?Abfrage =Bundesnormen&Gesetzesnummer=10008365 (letzter Zugriff: 03.02.2011).)

können würden, waren sie damit beschäftigt, das Überleben der Familie zu sichern. Dass sie keine Aufstiegschancen besaßen, mochte sie schmerzen, aber veranlasste sie nicht zu gemeinsamen Aktivitäten. (Vgl. Treibel 2011: 216.) So stellten die im Rahmen der boomenden Wirtschaftslage angeworbenen Arbeitskräfte zunächst keine Konkurrenz für die eingesessenen Arbeitnehmer dar und drohten auch nicht, die „angestammte Lebensweise" in Frage zu stellen. Wie Hoffmann-Nowotny (1973: 24) gezeigt hat, war der soziale und finanzielle Aufstieg breiter Kreise nach dem Zweiten Weltkrieg nur möglich, weil die *„unteren Statusdimensionen"* mit Zuwanderern besetzt wurden. Diese *„ethnische Unterschichtung"* betraf nicht nur Gastarbeiter, sondern ist auch noch heute zu beobachten. Diese Außenseitergruppen waren gerade für die neu Aufgestiegenen, die nun die breite „Mittelklasse" bildeten, und für jene, die von diesen Aufstiegsbewegungen nicht profitieren konnten, als Objekt der Abgrenzung von Bedeutung. Auch wenn man selbst nicht aufgestiegen war und die anderen auf einen herabblickten, konnte man doch verächtlich auf die noch Schwächeren hinabschauen und sich so zumindest im Vergleich zu ihnen als Etablierter fühlen.

Auch auf übernationaler Ebene sah sich die österreichische Arbeiterschaft bis in die 1980er Jahre bei weitem nicht in jenem Maße internationaler Konkurrenz ausgesetzt, wie dies heute der Fall ist. Der kleine österreichische Nationalstaat, die österreichischen Wirtschaftsunternehmen und der Einzelne waren in viel geringerem Maße mit anderen Regierungen, Organisationen, Märkten – und damit Menschen – verflochten. Auch wenn Österreich gerade in den ersten Nachkriegsjahren auf internationale Hilfe angewiesen gewesen war und sowohl in wirtschaftlicher als auch in politischer Hinsicht nicht von anderen Staaten isoliert oder gar unabhängig war, waren die politischen und wirtschaftlichen Verflechtungen doch um ein Vielfaches geringer als dies heute der Fall ist – auch und vor allem in der Wahrnehmung vieler Menschen. Heute werden die wesentlichen wirtschaftlichen Gewinne, aber auch viele politische Entscheidungen, die den Alltag der Menschen bestimmen, nicht in Österreich erzielt und gefällt, sondern irgendwo anders.

(2) Der Druck aufsteigender Außenseiter. Verschiebt sich das Machtgewicht zugunsten der Außenseiter, entwickeln diese zunehmend ein eigenes Selbstbewusstsein. Sie beanspruchen, an statushohen gesellschaftlichen Gütern und Positionen teilzuhaben. Die Etablierten, vor allem ihre schwächsten Teilgruppen, die nur im Verhältnis zu den noch schwächeren Zugewanderten „etabliert" sind, sehen dadurch ihre gesellschaftliche Position bedroht. Vor allem jene, die nicht aufgestiegen sind oder deren Aufstieg prekär ist, sind bestrebt, die Ambitionen der Zugewanderten zu bremsen und greifen dabei auf die ethnische Herkunft zurück. Sie schließen ihre Reihen, betonen bestimmte Eigenschaften

und Traditionen, die sie für ihre eigene Gruppe als charakteristisch und durch die Fremden als bedroht ansehen. Je mehr die Etablierten die aufsteigenden Außenseiter ausschließen, desto mehr ziehen sich diese zurück und betonen ihre eigenen Wurzeln. Dadurch fühlen sich die Etablierten wiederum bedroht und reagieren entweder ebenfalls mit aggressiverem Verhalten oder mit dem Rückzug darauf, was sie für ihre eigenen Wurzeln halten.

Aus dieser Perspektive ist die gegenwärtige Begeisterung für Trachtenmode, volkstümliche Musik und Brauchtumsfeste im Allgemeinen und der jüngste Krampus- und Perchtenboom im Besonderen als Schutz-, Abgrenzungs- und Abwehrreaktion gegen eine als bedrohlich und unüberschaubar wahrgenommene Gegenwart zu verstehen. Dabei geht es nicht nur um den Druck aufsteigender Zuwanderer, sondern um tiefgreifende Wandlungen, die mit weltweiten Verflechtungsprozessen einhergehen und Unsicherheiten hervorrufen. Die Zunahme des internationalen Konkurrenzdrucks hatte seit den 1980er Jahren nicht nur den Abbau protektionistischer Wirtschaftspolitiken und sozialstaatlicher Sicherheitsnetze zur Folge, sondern tiefgreifende wirtschaftliche und gesellschaftliche Strukturkrisen, wie Jugend- und Dauerarbeitslosigkeit, die Einzementierung bestimmter Unterschichtmilieus (vgl. Treibel 2011: 184) und die Verstärkung des sozialen Abstiegs durch die mit ihm verbundene Schmach.

8.2.3   Die „Erschöpfung des Selbst" im Zeitalter der Reflexivität und Identität

Diese Überlegungen müssen durch einen weiteren Aspekt ergänzt werden, der mit der Auflösung gewohnter Hierarchien und Sicherheiten zusammenhängt. Es handelt sich um jenen Prozess, in dessen Verlauf es für das Individuum notwendig wurde, sich selbst zu erfinden. Dieser Prozess, der häufig als „Individualisierung" und von Jean-Claude Kaufmann (2005) als „Revolution der Identität" bezeichnet wird, kann im Anschluss an Elias (2001a) als ein spezifischer Wandel der Wir-Ich-Balance verstanden werden. Im Rahmen des historischen Prozesses der sozialen Differenzierung nimmt sich der Einzelne zunehmend als Individuum wahr. Zahl und Bandbreite der möglichen Selbstbilder vergrößern sich. Der Einzelne wird dadurch aber nicht nur freier, er ist auch in größerem Maße auf sich selbst angewiesen.

(1) Die Revolution der Identität. Auch dieser Wandel setzte in verstärktem Maße im 18. und 19. Jahrhundert ein, als im Gefolge umwälzender gesellschaftlicher Veränderungen etablierte Gemeinschaften aufgelöst, bestehende Macht- und Statusverteilungen in Frage gestellt wurden. Der Einzelne wurde aus alten Unfreiheiten entlassen, jedoch gingen dadurch Sicherheiten und Selbstverständlichkeiten verloren: „*Die Identitätsfrage resultierte historisch aus der Auflösung*

der Gemeinschaften, die Individuen in die Freiheit entließen, die nun gezwungen waren, sich selbst zu definieren" (Kaufmann 2005: 62). Aus diesem Grund wurden die neuen Abhängigkeitsbeziehungen als fremd und unüberschaubar wahrgenommen.[386] Als Reaktion auf diesen Verlust der Sicherheiten und Sozialisationsrahmen wandten sich viele Menschen zunächst mächtigen Institutionen zu, die die Rolle der aufgelösten Gemeinschaften übernehmen sollten. Die sozialen Bewegungen des ausgehenden 19. Jahrhunderts, der aufkeimende Nationalismus der Jahrhundertwende und die tausenden Bewahrungsvereine sind augenscheinliche Beispiele hierfür.[387]

> „Hand in Hand mit dieser Auflösung ,alter' Muster entstehen […] ,neue' Geselligkeitsformen: Es ist kein Zufall, daß nun die Hoch-Zeit der dörflichen Vereinsgründungen und der dörflichen Festkultur beginnt, denn solche ,künstlichen' Bindeglieder sollten die schwindende sozialkulturelle Bindekraft des dörflichen Gefüges nochmals stärken." (Kaschuba 1990: 198.)

> „Die erste Phase der Moderne ist gewissermaßen eine Moderne ohne wirklich moderne Identitäten. […] Eine lange Übergangsphase im Hinblick auf die Identität, in deren Verlauf die Institution den Menschen den Sinn dessen gibt, was noch sehr einem Schicksal gleicht und sich kaum von der Prägung durch die Gemeinschaft unterscheidet." (Kaufmann, 2005: 67.)

In den 60er Jahren des 20. Jahrhunderts endete diese Übergangsphase. Die Infragestellung überkommener (nicht nur religiöser) Vorstellungen, gesellschaftlicher Hierarchien und etablierter Institutionen ermöglichte eine neue kritische Distanz zu den Sozialisationsrahmen. Das Selbstbild, die Identität, der Sinn wurde nicht länger von „oben", von der integrierenden Gemeinschaft, von religiösen Glaubensvorstellungen oder von einer Institution vorgegeben, sondern musste selbst konstruiert werden (vgl. Dubet 1994, 2002). Gleichzeitig stieg mit der sozialen und beruflichen Differenzierung die Anzahl und Verschiedenheit der möglichen „Selbste". (Vgl. Dubet / Martuccelli 1998: 297; Kaufmann 2005: 68-83).

Diese neue Freiheit hatte jedoch ihren Preis: Die *„zweite"* (Kaufmann 2005) oder *„reflexive"* (Beck / Giddens / Lash 1996) Moderne zeichnet sich nämlich nicht nur durch größere Freiheiten, sondern auch durch größere Unsicherheiten aus. Der Einzelne *kann* sich nicht nur in größerem Maße selbst erfinden als jemals zuvor, er *muss* dies tun. (Vgl. Kaufmann 2005: 68-83; Elias 2006c: 351-384.) Seinem Leben selbst Sinn zu verleihen ist jedoch anstrengend und kann, vor allem wenn man nicht über die notwendigen materiellen und geis-

---

386   Diese neuen Abhängigkeiten waren umfassender und weitreichender als die alten (vgl. Elias 2001a: 281-310).

387   Nach Sylvie Mesure und Alain Renaut (1999) können die romantischen Versuche, *„sich auf die Wurzeln zurückzubesinnen, um diese zu bewahren"* (Kaufmann 2005: 66), als Suche nach Sicherheit verstanden werden.

tigen Ressourcen verfügt, zu Einsamkeit, Entfremdung, Depression, Sucht und Erschöpfung führen.[388] (Vgl. Ehrenberg 2004: 135.) Stuart Hall (1994: 180f.) hat in diesem Zusammenhang von einem *„Verlust einer stabilen Selbstwahrnehmung"* und von der *„Krise der Identität"* gesprochen. Außerdem ist diese neue Subjektivität durch einen grundlegenden Widerspruch gekennzeichnet. Während die Reflexivität alles, auch alte Sicherheiten, in Frage stellt, ist die Identität – nach dem Vorbild der vormodernen Totalität – bestrebt, alles wieder zusammenzuflicken und neue Sicherheit, neuen Sinn, zu verleihen. Allerdings sind die heutigen *„Mikrototalitäten"*, die die Identität hervorbringt, nur temporär, provisorisch und prekär. (Vgl. Kaufmann 2005: 84f.)

(2) Milieu und Identität. Der Identitätsprozess besteht in der Distanzierung von Sozialisationsrahmen. Aber die Fähigkeit zu dieser Distanzierung und die Fähigkeit, sich unterschiedlich zu erfinden, sind ungleich verteilt. Eine geringe Menge an Ressourcen begrenzt, eine große Menge erweitert die Anzahl und die Bandbreite der *„möglichen Selbste"*. Eine gute Ausstattung mit ökonomischen Ressourcen, die den Inhabern den einfachen Zugang zu Gütern, Dienstleitungen und Räumen gestattet, ermöglicht eine mühelose *„Neuformulierung von sich selbst"*. Das gleiche gilt für soziale Ressourcen, die jedoch immer ungleicher sind, da die *„kulturell dominierenden sozialen Milieus"* – auch aufgrund ihres höheren Niveaus der formalen Ausbildung – über ein dichteres und geographisch weiter gespanntes Beziehungsnetz verfügen. Am bedeutendsten für die Selbsterfindung sind nach Kaufmann aber die sogenannten kulturellen Ressourcen, da Reflexivität und Vorstellungsvermögen die *„identitäre Kreativität"* und die *„Perspektive der persönlichen Neuformulierung"* erweitern. (Vgl. ebd.: 57-89, 217.) Aber die Lage im sozialen Raum bestimmt nicht automatisch, wie die Identität zum Ausdruck kommt. Bei den mittellosen Milieus kommt zum Mangel an Ressourcen und der daraus folgenden eingeschränkten Fähigkeit, sich selbst zu konstruieren, die Demütigung hinzu, trotz der breiten sozialen Aufstiegsbewegungen noch immer zu den Schwächsten zu zählen.

„Zwar werden die konkreten Ungleichheiten durch eine relative Verteilung des Reichtums gemildert, doch waren sie verglichen mit den Prinzipien der demokratischen Gleichheit sicher niemals so deutlich (Dubet 2000). Sie werden im Übrigen durch die Individualisierung der Gesellschaft von Grund auf neu formuliert. [...] Die Armen sind zwar zu Akteuren geworden, bleiben aber trotzdem arm. Aber das Gleichheitsprinzip (das die Übernahme von Verantwortung durch den Einzelnen impliziert) ändert alles. Es führt einen neuen Raum der Ungleichheiten ein. Den der Vorstellung von sich selbst, der Bilder und Emotionen, die sie transportiert. [...] Arm zu sein bedeutet heute vor allem in den weiterentwickelten Ländern eine Heimsuchung, die von einem noch schrecklicheren Übel verschlimmert wird: dem Blick

---

388   Figurationssoziologische Ergänzungen zu diesen Befunden folgen in Unterkapitel 8.3.

von anderen, die sagen, dass jeder selbst für das verantwortlich ist, was ihm widerfährt." (Kaufmann 2005: 211f.)

Der soziale Raum differenziert sich, weil jeder für sein Schicksal selbst verantwortlich ist. Zu den realen Ungleichheiten kommt die Wahrnehmung derselben dazu. Das Auseinanderklaffen von Anspruch und Wirklichkeit wird zu einem zentralen Kriterium der Selbst- und Fremdwahrnehmung. So sind es nicht nur die materiell Ärmsten, die sich als Verlierer und Außenseiter fühlen. Auch wenn man oben steht, kann man, wenn man sich an jenen orientiert, die noch weiter oben stehen, als Verlierer fühlen. Im Rahmen des „Identitätsprozesses" verschwimmen die institutionellen Stützen und damit auch die Kriterien der gegenseitigen Bewertung zusehends. Daher ist die Flucht in eine Institution, die eine klare Zuordnung von oben und unten kennt, nicht nur für Menschen aus den unterprivilegiertesten Milieus verlockend. (Vgl. ebd.: 289f.)

(3) Drei Modelle des Ausdrucks von Identität. Kaufmann unterscheidet drei Möglichkeiten, mit dieser Situation umzugehen: (a) *Exit,* (b) *Loyalty* und (c) *Voice.*[389]

Der erste Versuch, (a) *Exit,* besteht darin, gesellschaftliche Veränderungen und deren Erfordernisse einfach zu ignorieren, an den gewohnten Wertvorstellungen und Lebensformen festzuhalten und sich „in die kleinen Rückzugswelten zu verkriechen, die dafür sorgen, dass man ist, was man ist" (ebd.: 271). Es ist der Versuch, sich aus dem unsicheren Prozess der Selbsterfindung, aus dem zwischenmenschlichen Konkurrenzkampf, zurückzuziehen und „[...] mit dem auszukommen, was man hat und was man ist, Glück und menschliche Wärme in [...] kleinen Belanglosigkeiten zu finden" (ebd.: 242).[390] Die Formel: „Ich möchte einfach so sein, wie ich bin", entspricht dieser Haltung. Es ist der Rückzug in „gewöhnliche Leidenschaften" (Bromberger 1998), wie Briefmarkensammeln, Marathonlaufen oder die Modelleisenbahn. Auch wenn man Kaufmanns Modelle des Ausdrucks von Identität nicht direkt auf bestimmte soziale Schichten übertragen kann, konzentriert sich das Modell des Rückzugs auf die unteren oder „abgehängten" Mittelschichten – vorwiegend kleinbürgerliche Milieus, die mit den sozialen Aufstiegsbewegungen und der Bildungsexpansion nicht mithalten konnten. Zwar ziehen sie sich in ihre Hobbys zurück, aber sie warten nur auf die Chance, es den Aufsteigern, die nun auf sie herabblicken, zurückzuzahlen. Kauf-

---

389   Kaufmann hat die drei Versuche der Identitätskonstruktion im Anschluss an Albert Hirschmanns Untersuchung des Konsumentenverhaltens entwickelt. Das englischsprachige Original erschien 1970 mit dem Titel *Exit, Voice, and Loyalty. Responses to Decline in Firms, Organizations, and States.* Im Titel der deutschsprachigen Übersetzung (*Abwanderung und Widerspruch. Reaktionen auf Leistungsabfall bei Unternehmungen, Organisationen und Staaten,* 1974) sind diese Konzepte nicht ersichtlich.

390   Siehe auch Kaufmann 2001, 2006.

mann erklärt aus dieser Gemütslage die große Zahl von Protestwählern. (Vgl. Kaufmann 2005: 241-270.)

Die zweite Art, mit den Anforderungen der „reflexiven Moderne" umzugehen, nennt Kaufmann (b) *Loyalty*. Sie ist vor allem in den sozial schwächsten Milieus zu finden und besteht darin, sich gesellschaftlich anerkannten Institutionen oder Kollektiven anzuschließen. Gerade weil die Fähigkeit, sich selbst immer wieder neu zu erfinden, gesellschaftlich hoch bewertet, gleichzeitig aber ungleich verteilt ist, kann das Individuum, das nicht über diese Fähigkeit verfügt, an dieser Unfähigkeit zerbrechen. Statt sich dem Risiko des Scheiterns auszusetzen, ist es vor allem für unterprivilegierte Menschen verlockend, sich dem disziplinarischen Netz einer starken Institution mit ihren anerkannten Sozialisationsrahmen und Identifikationsangeboten anzuschließen. Auch diese Art der Identitätsaneignung kann die Form der völligen Hingabe für ein Hobby annehmen. Der zentrale Unterschied zur Ausdrucksmodalität *Exit* besteht darin, dass das Ziel nicht darin besteht, durch das Hobby „man selbst" zu sein, sondern darin, sich vor sich selbst in ein Hobby zu flüchten. Denn das, was man ist, erscheint als so minderwertig und verachtenswert, dass man sich ganz in das von der Institution zur Verfügung gestellte Selbstbild zurückzieht. Die Sicherheit wird allerdings um den Preis der Unterordnung erkauft. Je tiefer und länger das Individuum in diesen Traum eintaucht, desto negativer erscheint die Realität. (Vgl. ebd.: 241-270.)

Die dritte Art der Identitätsaneignung in der Moderne, (c) *Voice*, ist die emotionale Explosion, die als Wutausbruch zutage tritt. Sie ist eine Steigerung der ersten beiden, da sie aus ihnen hervorgehen kann. Bei den mittellosen Milieus kommt zum Mangel an Ressourcen und der damit verbundenen eingeschränkten „identitären Kreativität" die Demütigung hinzu, trotz der breiten Aufstiegsbewegungen noch immer zu den Schwächsten zu zählen. Die verächtlichen Blicke der anderen haben oft den Verlust der Selbstachtung zur Folge. Das Bedürfnis des auf sich alleine gestellten Individuums nach befriedigenden Selbstbildern und nach einer Wiederherstellung der Selbstachtung ist groß. Gleichzeitig ist die identitäre Kreativität beschränkt und das Individuum nicht in der Lage, sich positive Selbstbilder zu erschaffen. Die geringe Quantität der möglichen Selbste wird durch eine besonders hohe emotionale Qualität ausgeglichen. Im Extremfall können sich die Beschämung und Enttäuschung über die eigene Unfähigkeit in einem Wutausbruch entladen.

In Unterkapitel 8.3 wird argumentiert, dass Krampus- und Perchtenbräuche allen drei Versuchen der Identitätsaneignung entsprechen können.

8.2.4 Das „Unbehagen an der Moderne" und der „Preis der Zivilisation"

(1) Der „Preis der Zivilisation". Diese Thesen sind aus zivilisationstheoretischer Perspektive zu ergänzen. Zunächst ist die bei Kaufmann beschriebene Auflösung traditioneller Hierarchien und Gemeinschaften eher als Transformation zu verstehen. Auch wenn sich im Laufe der letzten Jahrhunderte der abendländischen Gesellschaftsentwicklung das gesellschaftliche Machtgefälle zugunsten der Schwächeren verschoben hat (man denke an Prozesse der Demokratisierung, an die Teilhabe immer breiterer Kreise an Wohlstand, Bildung usw.), wurde der Einzelne mit zunehmender Ausbreitung der wirtschaftlichen, politischen und sozialen Beziehungsnetze gleichzeitig in immer stärkerem Maße von einer immer größeren Anzahl von Menschen abhängig. Je länger die Handlungsketten, je verzweigter die Beziehungsnetze wurden, desto weniger konnte eine einzelne Person, auch die Mächtigste, den Verlauf kontrollieren oder überblicken. (Vgl. Elias 2009: 86-95.) Außerdem lösten sich die sozialen Kontrollen vormoderner, regional integrierter Gemeinschaften im Laufe dieses Prozesses nicht einfach auf; vielmehr wurden die gesellschaftlichen Zwänge – wie Elias (1997a/b) anhand von historischem Material gezeigt hat – nach und nach internalisiert und durch weniger sichtbare Selbstzwänge ersetzt. (Vgl. auch Kuzmics 1989: 298-310.) Die Kontrollinstanz verlagerte sich in die Psyche, der „Kampfplatz" von außen nach innen. Die gefühlsmäßige Distanz zum eigenen Körper und zu jenem der anderen wurde immer größer.

In funktional differenzierten Gesellschaften ist das direkte Ausleben und Zeigen von körperlichen und emotionalen Bedürfnissen mit umfassenden Tabus und Verboten belegt, deren Nichtbeachtung Peinlichkeitsgefühle, Schamängste, Gewissensbisse, Unlustgefühle oder gesellschaftliche Ächtung zur Folge hat.[391] (Vgl. Elias 2005: 113-122.) Man denke an die Ausübung von physischer Gewalt, die – im Inneren des Staates – in dessen Händen monopolisiert und im Friedensfalle von der Oberfläche verbannt ist. In verfeinerter, rationalisierter oder sublimierter Form ist physische Gewalt lediglich innerhalb zeitlich oder räumlich begrenzter Enklaven akzeptiert (vgl. Elias 1997b: 417). Wie wir im sechsten Kapitel am Beispiel der vielfältigen Anforderungen an den Organisator eines Krampus- oder Perchtenlaufes gesehen haben, erfordert auch die Herstellung und Organisation solcher Enklaven vom Einzelnen ein hohes Maß an Voraussicht, Planung und Terminabstimmung. (Vgl. ebd.: 286-291.) Eine Folge dieser Anfor-

---

391 Elias (siehe z.B. 2005: 144-152) hat diesen Wandel der menschlichen Verhaltens- und Empfindensweisen bzw. die Etablierung entsprechender gesellschaftlicher Tabus unter anderem anhand des Aufkommens und Gebrauchs von Essinstrumenten (wie des Messers und der Gabel), aber auch am Beispiel des Umgangs mit Nacktheit, Sexualität und Gewalttätigkeit demonstriert.

derungen an den modernen Menschen ist seine vieldiskutierte Unruhe und Unzu-
friedenheit, die eine große Menge von Interpretationen gefunden hat. Allerdings
hat Elias immer wieder darauf hingewiesen, dass man diese Wandlungen des
Affekthaushaltes nicht einfach als emotionale „Verarmung" oder „Entfremdung"
verstehen kann.

> „Denn das Umgekehrte, die ständige Bereitschaft zu intensiven Affektentladungen
> von Menschen im Verkehr miteinander, beunruhigt und gefährdet alle Beteiligten.
> Sie macht heftige Streitigkeiten und Gewalttaten zur Regel. [...] Das Leben war kei-
> neswegs ‚menschlicher' dadurch, daß die Distanz zwischen den Menschen geringer
> war. [...]
> Das ist ein Problem, das wir erst noch erforschen müssen: Wie kann eine Ge-
> sellschaft, die so komplex ist wie unsere, funktionieren, ohne daß das relativ hohe
> Maß an Affektkontrolle, das sie erfordert, zur Verkümmerung von Affekten führt?
> [...] Was wir erforschen müssen ist, wie man die zur Aufrechterhaltung solcher In-
> dustriegesellschaften notwendigen, persönlichen Affektkontrollen so einbaut, daß
> sie weniger Neurosen und Frustrierungen zur Folge haben, als dies heute der Fall
> ist." (Elias 2005: 134.)

Dies könne jedoch nicht durch einseitige, pauschale Gesellschaftsdiagnosen
gelingen, sondern nur mithilfe theoretischer und empirischer Untersuchungen
langfristiger ungeplanter Prozesse.

(2) Gebrochene Versprechen und das „Unbehagen an der Moderne". Seit
den späten 1970er Jahren sind unzählige Deutungen des „Unbehagens an der
Moderne" entstanden, deren gemeinsamer Nenner die Feststellung ist, dass die
Versprechen der Moderne nicht eingelöst wurden. Wie Helmut Kuzmics in seiner Untersuchung *„Der Preis der Zivilisation"* (1989) gezeigt hat, bleiben sowohl konservative Kritiken als auch Analysen, die in der Tradition der Kritischen Theorie stehen, entweder in ökonomischen Denkschemata oder in Werturteilen verhaftet.

Aus konservativer Perspektive konnte das Versprechen der Moderne, dass
jeder und jede alles haben und erreichen kann, wann immer er oder sie es will,
nicht eingelöst werden, weil auch die Erwartungen überverhältnismäßig gestiegen sind. Daniel Bell (1985) sieht etwa die Ursachen für die *„Rastlosigkeit des
Konsumenten"* (Kuzmics 1989: 320) in den durch die Werbung hervorgerufenen
„überzogenen Ansprüchen" der *„egoistischen Hedonisten"*, zu denen die Individuen in der spätmodernen Massenkonsumgesellschaft verkommen seien.
Kuzmics führt hingegen in Anlehnung an Norbert Elias und Fred Hirsch (1991)
die *„Ablösung der Rastlosigkeit der Berufsarbeit durch die Rastlosigkeit der
Konsumenten"* darauf zurück, dass auch der Konsum in mehrerlei Hinsicht zu
Arbeit geworden ist, die ein hohes Maß an Organisationstalent, Planung und
Selbstkontrolle erfordert – eine These, die durch einige im sechsten Kapitel be-

schriebenen Entwicklungen des Krampus- und Perchtenbrauches bestätigt wird. Die Konsumenten sind, so Kuzmics, weder von Gier und Genusssucht getrieben noch stürzen sie sich von einem Vergnügen zum anderen; vielmehr haben sie *„schon Schwierigkeiten, überhaupt Lust aus ihren Vergnügen zu ziehen"* (ebd.). Auch die Deutungen in der Denktradition der Kritischen Theorie können ihre moralisierende Grundhaltung nicht verbergen. Sie basieren auf der Annahme, dass die Einlösung des modernen Versprechens, Glück und Autonomie für alle zu bringen, am grundsätzlich dialektischen Charakter der Aufklärung bzw. der Moderne scheitert. Zwar wurden die Menschen aus alten, ständischen Zwängen befreit, aber sie gerieten gleichzeitig unter die Knechtschaft enger bürokratischer Kontrollen und der Ungnädigkeit des Marktes. Unter diesen Zwängen mutiere der autoritäre, asketische Bürger zum *„opportunistischen Marktcharakter"* (Fromm) bzw. zum *„Narzißten"* (Lasch), der sich durch ein historisch einmaliges Ausmaß an Konformismus und Oberflächlichkeit auszeichne. Wie Kuzmics gezeigt hat, sind die angeblich neuen Charaktereigenschaften (auch in dieser Intensität und in diesem Ausmaß) keine Besonderheit der kapitalistischen Konsumgesellschaft; sie wurden von Elias schon am höfischen Menschen beobachtet. Historisch neu ist hingegen die Kritik an diesen Persönlichkeitsmerkmalen, denn *„erst bürgerliches Authentizitätsstreben konnte dessen Maskerade anprangern"* (ebd.: 323). Aus dieser Perspektive stellt die „Konsumgesellschaft" genauso wenig einen Bruch mit allen vorangegangenen historischen Entwicklungen dar wie der „Marktcharakter", sondern beide *„wurzel[n] tiefer in der Vergangenheit, als man vielleicht vermuten könnte"* (ebd.: 322).

Plausibler ist Kuzmics' These, dass die Diskrepanz zwischen den Versprechen der Moderne und deren Einlösung im *„Auseinanderfallen individueller und kollektiver Rationalität"* begründet ist. Die Moderne hat viele Vorteile gebracht: materiellen Wohlstand, gestiegene Lebenserwartung, freiere Berufswahl, demokratische Teilhabe sowie eine Verringerung der Machtdifferenzen zwischen sozialen Milieus, Generationen und Geschlechtern. Während viele alte Knappheiten beseitigt werden konnten, entstanden jedoch unzählige neue, „versteckte" Knappheiten (etwa Knappheiten der Zeit oder der ungehemmten Lust) (vgl. ebd.: 300-303). Die Erwartungen, die man an die Moderne gestellt hatte, konnten nicht für alle eingelöst werden: *„Je allgemeiner der Wohlfahrtsanspruch aus dem Massenkonsum, desto deutlicher ergeben sich neue Knappheiten und Grenzen; was individuell rational ist, ist für alle nicht einlösbar"* (ebd.: 324). Zwar ist die berufliche Arbeit für breite Gesellschaftskreise physisch weniger anstrengend und die relative Macht der einfachen Arbeiter gegenüber den Führungspositionen größer geworden; zwar können immer mehr Menschen höhere Positionen anstreben und auch erreichen; aber in dem Maße, in dem deren Anzahl steigt, werden sie entwertet: *„man bekommt etwas, aber es ist nicht mehr das, was man wollte"* (ebd.). Aus dieser Perspektive ist es nicht verwunderlich, wenn sich viele Menschen, auch die relative erfolgreichen, als Verlierer der Modernisierung fühlen. Dazu kommt, dass nicht einmal in den reichsten Industriegesellschaften alle Menschen in gleichem Maße von den Vorteilen der Moderne profitiert haben. (Vgl. ebd.: 281-325.)

(3) Milieu und zivilisierter Habitus. Da verschiedene Aspekte des Milieus in dieser Arbeit bereits ausführlich diskutiert wurden (siehe etwa 6.4.5 und 7.4) oder an späterer Stelle noch werden (siehe 8.2.2 und 8.2.3), können diesbezügliche Überlegungen an dieser Stelle kurz gehalten werden. Als Ergänzung zu den Ausführungen Kaufmanns soll hier lediglich festgehalten werden, dass nicht nur die Fähigkeit, sich immer wieder neu zu erfinden, ungleich verteilt ist, sondern auch das soziale Regelwissen um Manieren und die Fähigkeit zur langfristigen Planung und zur Unterordnung körperlich-emotionaler Bedürfnisse unter längerfristige Ziele. Elias hat in seinen Prozess-Büchern gezeigt, wie sich unter den spezifischen Konkurrenzverhältnissen an den französischen Höfen des 16. Jahrhunderts innerhalb der weltlichen Oberklassen bestimmte Wandlungen des Gefühlslebens vollzogen, die nach und nach auf immer breitere Bevölkerungsschichten übergingen. Während sich die jeweils unteren Schichten an den Verhaltensstandards der oberen Schichten orientierten, reagierten diese auf den dadurch entstehenden Druck durch eine Verschärfung der Verhaltens-Codes, die ihnen als Instrument der Distinktion und sozialen Schließung gegen potentielle Aufsteiger dienten. (Vgl. Elias 1997 a/b.) Je stärker der gesellschaftliche Zwang zum Selbstzwang, je umfassender und komplexer das soziale Regelwissen, je distinguierter die Umgangsformen, desto schwerer ist es für Außenseiter und Aufsteiger, diesen „zivilisierten" Umgangsformen zu entsprechen. Elias hat am Beispiel der Tabus des vorehelichen Geschlechtsverkehrs gezeigt, dass viele Restriktionen, die sich im Rahmen des Zivilisationsprozesses herausbilden, *„[...] keine Funktion für das gesellschaftliche Leben selbst"* haben, sondern *„nur der Aufrechterhaltung ganz bestimmter Machtverhältnisse"* (Elias 2005: 135) – in diesem Fall zwischen den Geschlechtern – dienen. Wie im siebenten Kapitel gezeigt wurde, sind solche Prozesse auch bei Krampus- und Perchtenbräuchen festzustellen. So kann sich die Schmach, Nichts oder zu wenig aus seinem Leben gemacht zu haben, mit der Scham darüber verbinden, sich nicht „zivilisiert" benehmen zu können.

8.3 Rückzug auf Heimat und Tradition – Endlich wieder sicher und etabliert

Gesellschaftliche Wandlungsprozesse und ihre für das Individuum problematischen „Folgen" spielten in der Geschichte des soziologischen Denkens von Anfang an eine Rolle. Schon vor der Institutionalisierung der Soziologie[392] als *„spezialisierte Fachwissenschaft"* (Mozetič 2001: 349), beschäftigten sich jene Wissenschaftler, die wir heute als erste Soziologen betrachten, mit Unsicherheiten und sozialen Problemen, die Industrialisierung, Urbanisierung und Staatenbildung mit sich gebracht hatten. Wir haben im ersten und zweiten Kapitel gesehen, dass sich die alte Volkskunde diesen einschneidenden Wandlungsprozessen gegenüber skeptisch und abwehrend verhielt. Zuerst unter romantischen, dann unter völkisch-nationalistischen Vorzeichen verschrieb man sich der Dokumentation und Bewahrung der bedrohten Reste der Vergangenheit. Auch die frühen Soziologen beschäftigten sich mit den umwälzenden gesellschaftlichen Wandlungen und ihren Folgen – etwa mit den Mechanismen oder „Gesetzen" des gesellschaftlichen Wandels (z.b. Comte (1842), Spencer (1874-75) oder M. Weber (1904)), mit den Folgen der Auflösung der ständischen Ordnung und lokal integrierten Gemeinschaften (etwa Tönnies (1887) oder Durkheim (1897)), aber auch mit der Entfremdung und Ausbeutung der Industriearbeiterschaft (u.a. Engels (1845), Marx (1849, 1894)), mit der Bürokratie (M. Weber (1921/22), Michels (1911)) oder mit den psychischen Folgen der Beschleunigung des Lebens (etwa Simmel (1903)). In der gegenwärtigen Soziologie werden gesellschaftliche Wandlungsprozesse und deren Folgen vorwiegend unter den Schlagworten *Globalisierung, Individualisierung, Säkularisierung, Entfremdung, Multikulturalismus* oder *Konsumgesellschaft* diskutiert.[393] Aber auch Medizin und Psychologie

---

392 In Österreich konnte sich die Soziologie erst in der zweiten Hälfte des 20. Jahrhunderts als eigenständige akademische Disziplin mit spezifischem Ausbildungsangebot und Berufsbild etablieren. Jene Denker, die sich in der Habsburgermonarchie mit soziologisch relevanten Fragen beschäftigten, würde man heute wohl anderen Disziplinen – u.a. der Politischen Theorie, der Ökonomischen Theorie, der Sozialpsychologie, der Philosophie oder den Rechtswissenschaften – zurechnen. (Vgl. Fleck 1990: 26-31.)

393 Siehe z.B. P.L. Berger / Kellner 1974, 1977; Jeggle et al. 1986; Kuzmics 1989; Burckhardt-Seebass 1989, 1990; P. A. Berger / Hradil 1990; Giddens 1991, 1993, 1996a/b; Taylor 1992, 1995, 1996, 2001a/b, 2009; Münch 1993, 1998; Schweidlenka 1994; Schröder 1995; Bell 1996; P.L. Berger et al. 1996, 1999; Beck et al. 1997, 1998, 2002; P.A. Berger / Vester 1998; Robertson 1998; Schulze 1999, 2004, 2005, 2006, 2010; B. Binder et al. 2001; Vester et al. 2001; Stets / Burke 2002: Norberg 2003; Bausinger 2005; Kaufmann 2005; Ritzer 2006; Sennett 2006, 2007; Behrens 2007; Bemerburg / Niederbacher 2007; K.C. Berger 2007; Dahrendorf 2007; Fäßler 2007; Schlögel 2007; Heller 2007; Johler et al. 2007a/b, 2008; Scheu 2007; Bhagwati 2008; Bourdieu et al. 2008; Rehbein / Schwengel 2008; Schwartz 2009; Prisching 2009a/b; P.A. Berger / Hitzler 2010; Hobsbawm 2010; Sen 2010; Spellerberg / Kühne 2010.

beteiligen sich an der Herstellung und Reproduktion des gesellschaftlichen Glo-balisierungs-Diskurses, wobei sie die „Folgen" dieser gesellschaftlichen Wand-lungsprozesse für das Individuum thematisieren. Man denke an die breitgefä-cherte Ratgeberliteratur zu den Themen Stress, Einsamkeit, Depression, Rastlo-sigkeit und anderen „Zivilisationskrankheiten". Dass gesellschaftliche Wand-lungsprozesse alte Sicherheiten und Gewissheiten in Frage stellen und daher Ängste und Unsicherheiten, aber auch Loyalitäts-, Identitäts-, Gewissens- und Generationenkonflikte mit sich bringen, gehört zum allgemeinen Wissensschatz. Allerdings tritt diese Vorstellung in der medialen und alltäglichen Diskussion eher in der Form diffuser Ängste oder Verurteilungen und – wie wir gesehen haben – in manchen professionellen Analysen in der Form pauschaler Charakte-risierungen zutage als in der Form distanzierter Analysen. Man denke an die Popularität von Verschwörungstheorien oder an die alarmistischen Medienbe-richte und Leserbriefe über den „Konsumterror" weltweit tätiger Konzerne, die „Überfremdung", die „Flüchtlingskrise", die Bedrohung durch islamistischen Terrorismus, die „Verrohung der Sitten", die Finanzkrise oder Jugendkrawalle.

Elias hat sich wiederholt gegen oberflächliche und allgemeine Gesell-schaftsdiagnosen ausgesprochen.

> „Solche pauschalen, von vollständiger Feindseligkeit gekennzeichneten Beschrei-bungen unserer Gesellschaft sind genauso schädlich wie die Beschreibung, die sich mit dem zufrieden gibt, was ist, und es als wunderbar betrachtet. Wir müssen uns an die Arbeit machen, uns anstrengen und ganz genau nachdenken, um herauszube-kommen, was falsch läuft. Aber wenn man einfach nur hingeht und unsere Welt als wahnsinnig bezeichnet, dann hilft das so wenig, wie wenn man sagt: ‚Wie wunder-voll ist doch unsere Welt.'" (Elias 2005: 104.)

In dieser Arbeit wurde im Anschluss an Elias argumentiert, dass Unsicherheiten und Widerstände gegen gesellschaftliche Wandlungsprozesse keineswegs neue Phänomene sind. In Zeiten drastischer gesellschaftlicher Wandlungen, in deren Verlauf Sicherheiten, Macht- und Statusverteilungen in Frage gestellt wurden, hat es immer Abwehrreaktionen breiterer oder weniger breiter gesellschaftlicher Gruppen gegeben. Aber die Wandlungen und Umbrüche, denen das europäische Abendland seit etwa 200 Jahren ausgesetzt ist, sind schneller, tiefgreifender, intensiver, grundlegender und spürbarer als zuvor. Das gilt in besonderem Maße für die Wandlungen der letzten fünfzig Jahre. Daher fühlen sich immer breitere gesellschaftliche Schichten von diesen Entwicklungen bedroht. Dabei reicht, wie im dritten Kapitel gezeigt wurde, die Bandbreite der Feindbilder von „der Globa-lisierung" über die kulturelle „Amerikanisierung" bis zu den „Wirtschafts- und Finanzbossen", von „den Politikern" über die EU und „die Eliten" bis zu „den Ausländern". Dass gesellschaftliche Wandlungsprozesse häufig als bedrohliche Fehlentwicklungen betrachtet werden, hängt auch damit zusammen, dass diese

Prozesse so komplex und vielschichtig sind, dass sie für den einzelnen Menschen nicht mehr überblickbar sind. Daher stellt man sie sich vielfach so vor, als existierten sie außerhalb des und unabhängig vom Einzelnen, als würden sie von überindividuellen Kräften in Richtung eines unumgehbaren Endpunktes angetrieben. Oder aber sie werden so betrachtet, als seien sie das Produkt der Planung einzelner Individuen oder Organisationen. (Vgl. Elias 2001: 17-95, 209-310.)

Hier wird eine andere Sichtweise vorgeschlagen. Jene Prozesse, die oft mit den Schlagworten „Globalisierung" oder „Individualisierung" bezeichnet werden, werden als Teile ungeplanter langfristiger und miteinander verflochtener gesellschaftlicher Prozesse verstanden. Dahinter steht die Annahme, dass die Art des Denkens, Fühlens und Handelns der Menschen mit den jeweiligen Verflechtungsmustern, die von den Menschen gebildet werden, verbunden ist. (Vgl. Elias 1997: 386-446.) Hier wird davon ausgegangen, dass die Charaktereigenschaften und Affektlagen des modernen Menschen tief in der Vergangenheit wurzeln und als Teil langfristiger gesellschaftlicher und psychischer Entwicklungen verstanden werden müssen. Allerdings wurde in diesem Kapitel gezeigt, dass gerade *weil* sich im Rahmen dieser Prozesse die Quantität und Qualität der menschlichen Beziehungen auf bestimmte Weise gewandelt haben, die Probleme, denen sich die Individuen gegenwärtig ausgesetzt sehen, andere sind als vor hundert, fünfzig oder sogar zwanzig Jahren. Außerdem wird oft übersehen, dass nicht alle Menschen in gleichem Maße und auf gleiche Art von diesen Problemen betroffen sind und dass sich ihre Bedürfnisse und Ängste voneinander unterscheiden.

Im Anschluss an die bisherigen Überlegungen kann man mehrere emotionale Bedürfnisse anführen, die aus figurationssoziologischer Perspektive für Menschen in hochdifferenzierten, westlich-demokratischen Gesellschaften charakteristisch sind:

- das Bedürfnis, sich frei verwirklichen und ausleben zu können;
- das Bedürfnis, zumindest in der Freizeit „etwas Besonderes" zu erleben;
- das Bedürfnis nach einem vorgegebenen Selbstbild und Lebenssinn;
- das Bedürfnis nach Gemeinschaft und eindeutigen Hierarchien;
- das Bedürfnis nach Sicherheit und Überschaubarkeit;
- das Bedürfnis, die im Alltag aufgestauten Affekte auf legitime Weise auszuleben;
- das Bedürfnis nach Anerkennung, verbunden mit dem Bedürfnis, weiterhin oder wieder zu den gesellschaftlich Etablierten zu gehören und die Selbstachtung wiederherzustellen.[394]

---

394 Diese Aufzählung ist weder vollständig noch trennscharf. Sie ergibt sich einerseits aus den Arbeiten von Elias und Kaufmann und den in dieser Arbeit bisher angestellten Überlegungen.

Im Folgenden geht es um die Frage, wie Menschen verschiedener sozialer Herkunft mit diesen Bedürfnissen umgehen. Dabei werden wir jeweils der Frage nachgehen, welche Bedeutung den neuen Krampus- und Perchtenbräuchen zukommt. Im sechsten und siebenten Kapitel wurde gezeigt, dass Krampus- und Perchtenbräuche unter anderem deshalb so breite Bevölkerungsschichten begeistern, weil sie bestimmten emotionalen Bedürfnissen entgegenkommen und bestimmte gesellschaftliche Funktionen erfüllen, die für hochdifferenzierte, westlich-demokratische Gesellschaften charakteristisch sind. Außerdem wurde jeweils gefragt, mit welchen gesellschaftlichen Prozessen diese Bedürfnisse und Konflikte einhergehen. In diesem Kapitel wird gefragt, ob und in welcher Hinsicht Krampus- und Perchtenbräuche lediglich die gleichen gesellschaftlichen Funktionen erfüllen wie andere Freizeitbeschäftigungen, oder ob, warum und wie sie den Brauchausübenden und Zuschauern etwas bieten, womit andere „gewöhnliche Leidenschaften" nicht dienen können.

8.3.1 Identität und Sinn – Hobbys als Mittel der Identitätskonstruktion

(1) Der gesellschaftliche Zwang zur Selbsterfindung. Wie wir gesehen haben, sind in hochdifferenzierten Gesellschaften der Lebensweg und das Selbstbild des Individuums nicht automatisch durch die Sozialisation vorgegeben. Das moderne Individuum kann und muss sich immer wieder selbst erfinden und seinem Leben selbst Sinn verleihen. Dies spiegelt sich in der Auflösung von Normalbiographien, im Prinzip der freien Berufswahl, aber auch in der Zunahme der Freizeitangebote und in der Auflösung traditioneller Geschlechterrollen und Familienformen wider. Wer sich im Berufsleben nicht „selbst verwirklichen" kann, findet die Erfüllung möglicherweise in der Freizeit, in einem Hobby, mit dem er oder sie sich identifizieren kann. Dabei spielen Hobbys die Rolle von Identitätsentwürfen, die sich das „reflexive", selbstbestimmte Individuum vorübergehend aneignet. Spätestens seit den 1960er Jahren sind entsprechende Prozesse auch in Österreich zu beobachten. Sie veranlassten Soziologen[395] dazu, vom „Ende der Klassengesellschaft" zu sprechen. Wir haben aber gesehen, dass die Möglichkeiten, sich selbst zu erfinden und auszuprobieren, ungleich verteilt sind. Nicht alle Menschen verfügen über die Fähigkeit und die Macht, sich verschiedene befriedigende Selbstbilder auszudenken und diese auch zu realisieren. Darüber hinaus kann man nur dann spielerisch mit möglichen Selbsten umgehen, sich ihnen für kurze Zeit völlig hingeben und sie dann wieder zugunsten eines anderen Selbst-

---

Andererseits sind die emotionalen Bedürfnisse, Konflikte und Ängste so gebündelt, wie es für das hier vorgetragene Argument am sinnvollsten erscheint.

395   Siehe dazu die ausführlichen Ausführungen im sechsten Kapitel (insb. 6.4.5).

bildes verlassen, wenn man nicht nur eine gewisse Distanz zu den Sozialisationsrahmen, sondern auch zu jedem Selbstentwurf hat. Diese Fähigkeiten hängen von den materiellen, sozialen und kulturellen Ressourcen eines Individuums ab. Es sind vor allem die bildungs- und aufstiegsorientierten Milieus der Mittelschicht, die danach streben, aus den alten Hierarchien auszubrechen, sich zu beweisen und neu zu erfinden. (Vgl. Kaufmann 2005: 277-283.)

(2) Erschöpfung, Unsicherheit und die Sehnsucht nach Eindeutigkeit. Für jene, die über geringe materielle und soziale Ressourcen und über eine schwach ausgeprägte „identitäre Kreativität" verfügen, ist die Suche nach einer Identität besonders anstrengend und mit dem Risiko verbunden, am Ende ohne befriedigendes Selbstbild dazustehen. Während Individuen, die reich an Ressourcen sind, immer neue Identifizierungen ausprobieren können, haben Individuen mit wenigen Ressourcen nur einen einzigen Ausweg aus ihrem als unbefriedigend oder bedrohlich erlebten Alltag: die Flucht in Identitäten, die sie so distanzlos prägen, wie es die Sozialisation in vormodernen Gesellschaften getan hat. Dieses Klammern an ein Selbstbild kann alle drei von Kaufmann eingeführten Formen der Identitätsaneignung annehmen und sowohl im beruflichen Alltag als auch in der Familie oder in der Freizeit stattfinden. Allerdings ist es auch keineswegs auf die untersten gesellschaftlichen Milieus beschränkt. Gerade Menschen, die hohe berufliche Positionen innehaben, identifizieren sich häufig vollkommen mit ihrem Job und beziehen ihr Selbstvertrauen und ihr Selbstbild ganz aus dem Berufsleben. Sie sind „Lehrer aus Überzeugung", „Eisenbahner durch und durch" oder „mit ganzem Herzen Banker". Allerdings ist es ein Unterschied, ob der Beruf, über den man sich definiert, mit hohem gesellschaftlichen Ansehen und materiellen Wohlstand verbunden ist oder nicht. Außerdem erleichtern materielle Ressourcen, ein weit verzweigtes Beziehungsnetz und ein hohes Maß an geistigem Distanzierungsvermögen, bei Bedarf – etwa bei einem beruflichen Misserfolg, beim Verlust des Arbeitsplatzes oder nach der Pensionierung – auf andere Identitätsentwürfe (wie private Interessen, Hobbys oder einen neuen Job) auszuweichen. (Vgl. ebd.: 211-223.)

(3) „Gewöhnliche Leidenschaften" als Ausweg. Eine andere Art, der Unsicherheit des anstrengenden Selbstfindungsprozesses zu entgehen, ist, sich ganz einem Hobby hinzugeben. Gerade wenn der Beruf sich nicht zur Stiftung eines positiven Selbstbildes eignet, kann eine Freizeitbeschäftigung Befriedigung, Anerkennung und Selbstgewissheit verleihen. *„Gewöhnliche Leidenschaften"* (Bromberger 1998) – wie die Begeisterung für einen Fußballclub, die Mitgliedschaft in einem Sportverein, das Sammeln von Briefmarken, die Liebe zum Kleingarten, die Hingabe zu einer bestimmten Automarke oder eben die Aktivität in einem Krampusverein –, konstruieren *„eine Vielzahl kleiner Welten [...], die die bescheidene Kultur der ,kleinen Leute' (Sansot 1991) zum Ausdruck*

bringt" (Kaufmann 2005: 223). Auch die Identifikation mit einem Hobby kann verschiedene Formen annehmen: sie kann kurzzeitig oder langanhaltend, mehr oder weniger einnehmend und mit verschiedensten Inhalten gefüllt sein. Auch hier gilt, dass eine gute Ausstattung mit ökonomischen Ressourcen, aber auch soziale Kontakte und die „identitäre Kreativität" dafür ausschlaggebend sind, wie spielerisch mit verschiedenen Selbstbildern umgegangen werden kann. Zwar können auch Menschen mit geringer Ressourcenausstattung Selbstbilder entwerfen und – um ein Beispiel von Christian Le Bart und Jean-Charles Ambroise (2000) aufzugreifen – Beatles-Fan werden. Aber sie tun dies auf andere Art und Weise als Menschen aus Milieus, die über kulturelle Ressourcen verfügen. Während die Zweiten ihre Leidenschaften durch ein hohes Maß an Reflexivität, Distanzierung und emotionaler Selbstkontrolle filtern können, verfügen sozial schwächere Milieus nur über eine einzige Ressource: ihre Leidenschaft. Aufgrund dieses Mangels an Wahlmöglichkeiten bleibt ihnen häufig nur die innerhalb der Fangemeinden am wenigsten angesehene *„Rolle des Fans an der Basis"* (Le Bart / Ambroise, zitiert nach Kaufmann 2005: 220), in der sie jedoch völlig aufgehen. *„Denn die Distanzierung setzt äußere Stützpunkte voraus, andere mögliche Identifizierungen, die in eine vielfältige, offene Persönlichkeitsstruktur in einem Netzwerk eingebettet sind und von Ressourcen genährt werden."* (Kaufmann 2005: 220f.)

(4) „Gewöhnliche Leidenschaften" als Falle. Da Identitäten die Funktion haben, eindeutigen Sinn zu verleihen, neigen sie zur Totalität. Eine Person, die über eine große Menge und Bandbreite möglicher Selbstbilder und über ein hohes Maß an kritischer Distanz zu jedem von ihnen verfügt, hat die Fähigkeit, zwischen mehreren temporären Totalitäten zu wechseln und doch in jeder von ihnen ganz aufzugehen. Ist das Repertoire an Selbstbildern jedoch begrenzt, fehlen Stützpunkte außerhalb der aktuellen Identität, die eine kritische Distanz ermöglichen. Die Totalisierung bleibt nicht auf einen bestimmten Zeitpunkt oder einen bestimmten Kontext beschränkt, *„sondern definiert das Individuum selbst"* (ebd.: 222). (Vgl. ebd.: 217-223). Dann kann die gewählte Identität so einnehmend und ausschließlich werden, wie es die Sozialisation in vormodernen Gesellschaften war. Diese Totalität gibt dem Individuum zwar ein Gefühl von Sicherheit, sie ist aber mit einer Reihe von Gefahren verbunden. Kaschuba spricht in diesem Zusammenhang von der

> „[...] Gefahr der sozialen Überidentifikation, wenn wir uns von einem zentralen Identitätsbezug völlig abhängig machen – etwa von einem bestimmten Körperlichkeitsbild, von der Akzeptanz einer bestimmten Bezugsgruppe, wie das in Bereichen der Jugendkultur häufig geschieht, oder von einer nationalistischen Einstellung, die sich aggressiv gegen das ‚Fremde' wendet." (Kaschuba 2006: 136.)

Im Falle einer völligen Identifikation mit einem Hobby oder mit dem Job besteht die Gefahr, die Welt nur noch durch die Wahrnehmungsfilter dieser einen Identität zu sehen. Das Risiko ist umso größer, je weiter die Weltsicht, die durch diesen Filter erzeugt wird, von den gesellschaftlich anerkannten Wirklichkeitsdeutungen abweicht. Vielleicht kann man diesen Gedanken am Beispiel des Singens verdeutlichen. Tausende Menschen finden Spaß daran, in ihrer Freizeit – alleine oder in Gruppen – zu musizieren oder zu singen. Für viele von ihnen ist die Musik mehr als nur Spaß und Zeitvertreib, sie ist ein wichtiger, für einige sogar der wichtigste Bestandteil ihres Selbstbildes. Mag die Schule noch so langweilig, der Job noch so unbefriedigend und mögen die Zukunftsaussichten noch so angsteinflößend sein: beim Musizieren können sie ihre Sorgen vergessen. Dabei kann diese Leidenschaft sowohl jene Form der Identitätsaneignung annehmen, die Kaufmann als *Exit* bezeichnet, als auch in jene, die er *Loyalty* nennt. Im ersten Fall besteht das zentrale Motiv darin, „einfach man selbst zu sein", wie man oft von den Kandidatinnen und Kandidaten in TV-Casting-Shows hört. Im zweiten Fall geht es hingegen darum, wie jemand anderes oder sogar jemand anderes zu sein, oder zu einer bestimmten bereits etablierten Gruppe von Musikern zu gehören. In beiden Fällen kann die Freude an der Musik und die Selbstdefinition als Musiker so einnehmend werden, dass man sich nicht mehr damit zufrieden gibt, in seiner Freizeit zu singen, von einer Karriere als Sänger zu träumen oder für einen bestimmten Star zu schwärmen. Der Traum kann so einnehmend werden, dass man davon überzeugt ist, tatsächlich ein großartiger Sänger oder bereits ein Star zu sein. Wie man am Beispiel von Casting-Shows sieht, ist für dieses Träumen das tatsächliche Talent weniger von Bedeutung als die identitäre Kraft des Selbstbildes. Problematisch wird es, wenn dieses Selbstbild nicht mit der Fremdwahrnehmung übereinstimmt. Bricht nämlich das einzige Selbstbild, über das man verfügt, zusammen, steht man plötzlich ohne Identität da und die ganze Welt scheint aus den Fugen zu geraten. Diesen Zusammenbruch bekommt man in Casting-Shows vor allem in der Rubrik „Leider Nein" zu sehen.

Die Totalität der Identität kann durch die Integration in eine Gruppe von Gleichgesinnten noch verstärkt werden (vgl. ebd.: 85f.). Stehen die Denkschemata und Wertideen dieser Gruppe mit Rechtsvorschriften oder grundlegenden gesellschaftlich anerkannten Wertvorstellungen in Konflikt, wie im Falle der Hooligan-Subkultur[396], kann mit der Eingliederung in das Kollektiv eine weitere Radikalisierung des Selbstbildes einhergehen. Je stärker das Individuum in diese Gemeinschaft integriert ist und je mehr es ihre Wahrnehmungsschemata und Wertvorstellungen übernimmt, desto größer wird die Gefahr, dass die sozialen

---

396 Im Falle des Hooliganismus ist – wie etwa auch im Falle des Punks oder des Salafismus – die Ablehnung bestimmter gesellschaftlich etablierter Wertvorstellungen und Lebensweisen eine zentrale Wertvorstellung (vgl. Dunning 2003: 398-432).

Kontakte außerhalb der Gruppe abbrechen. So wird das Gefühl der Sicherheit mit der Unterordnung unter ein Kollektiv erkauft. Außerdem wird das Individuum, das sich völlig mit einem Selbstbild identifiziert und keine alternativen Identitätsanker zur Verfügung hat, ganz von dieser einen sozialen Gruppe abhängig. Droht diese aus irgendeinem Grund sich aufzulösen, bricht die ganze Welt zusammen und das Individuum selbst wird in Frage gestellt. (Vgl. Kaufmann 2005: 217-240.) In diesem Zusammenhang sind, wie wir später sehen werden, auch die emotionalen Reaktionen einiger Krampusläufer auf die angeblichen Angriffe auf den Brauch zu verstehen. Die Verunsicherung, Leere, Enttäuschung und der Verlust der Selbstachtung, die der reale oder drohende Zusammenbruch der identitätsstiftenden Gemeinschaft zurücklässt, ist – kombiniert mit der Erkenntnis, dass die Welt doch nicht so einfach ist, und mit dem Hohn gesellschaftlich dominierender Milieus – ein idealer Nährboden für politische Demagogen mit ihren einfachen Antworten und Schwarz-Weiß-Malereien. Wieder bietet die Unterordnung unter ein starkes Kollektiv eine Wiederherstellung der Selbstachtung. Die gesellschaftliche Schmähung und die Identifizierung eines klaren Feindes verstärken zusätzlich die Emotionalität.

(5) Der Krampus- und Perchtenbrauch als „gewöhnliche Leidenschaft". Das hier Gesagte gilt auch für Krampus- und Perchtenbräuche, aber auch für viele andere Freizeittätigkeiten, die alleine oder in Vereinen ausgeübt werden. Gerade wenn man mit Kaufmann davon ausgeht, dass der Druck, etwas aus seinem Leben zu machen oder zumindest in der Freizeit etwas Besonderes zu erleben, in den letzten Jahrzehnten zugenommen hat, wird einerseits verständlich, dass viele Menschen in Hobbys, die ihnen möglichst eindeutige Identitätsanker bieten und gleichzeitig besondere Erlebnisse und Distinktionsgewinne versprechen, nach Erfüllung suchen. Gleichzeitig stellen Hobbys eine Möglichkeit dar, sich aus dem anstrengenden und unsicheren Prozess der Selbsterfindung zurückzuziehen und sich ganz *einem* möglichen Selbstbild hinzugeben. Dies gilt für alle Menschen, in besonderem Maße aber für gesellschaftliche Milieus, die von diesen Anforderungen der „reflexiven Moderne" überfordert sind. Da sie hauptsächlich mit den negativen Seiten der gesellschaftlichen Wandlungsprozesse konfrontiert sind und es für sie besonders schwierig ist, diese zu überblicken, fühlen sie sich besonders häufig als Globalisierungsverlierer.

Diese Überlegungen bieten einen ersten Ansatzpunkt für die Frage, warum ein so großer Anteil der Krampus- und Perchtenläufer entweder aus den unterprivilegierten oder aus den unteren mittleren Volksmilieus stammt. Sie bringen uns jedoch bei der Frage nicht weiter, ob der wiederbelebte Krampus- und Perchtenbrauch den Brauchausübenden und Zuschauern etwas bietet, was andere Freizeitbeschäftigungen nicht können. Sie deuten lediglich darauf hin, dass Krampus- und Perchtenbräuche – wie andere Hobbys und Freizeitgemeinschaften –

einigen Bedürfnissen entgegenkommen, die für westlich-differenzierte Gesellschaften charakteristisch sind. Insofern ist der Krampus- und Perchtenboom keine Besonderheit, sondern eine typische Zeiterscheinung. Gleichzeitig wird im Folgenden zu zeigen versucht, dass Krampus- und Perchtenbräuche in ihrer heutigen Form den emotionalen Bedürfnissen vieler Menschen in einer Weise entgegenkommen, wie dies andere Hobbys und Brauchtumsevents nicht können.

Diese Überlegungen entsprechen aber auch den im sechsten Kapitel im Anschluss an Elias, Bourdieu und Vester et al. angestellten Beobachtungen, dass Menschen aus verschiedenen Milieus unterschiedliche Bedürfnisse haben. Daher wäre es verkürzt, von *den* emotionalen Bedürfnissen und *der* Bedeutung bzw. *der* sozialen Funktion des Krampus- und Perchtenbrauches zu sprechen. Vielmehr ist davon auszugehen, dass die Aktivität in einem Krampus- bzw. Perchtenverein für Menschen aus verschiedenen sozialen Milieus, aber auch in verschiedenen Lebensabschnitten, unterschiedliche Bedeutungen und Funktionen[397] haben kann. Wie im Falle der Beatles-Fangemeinde kann man auch innerhalb der Krampus- und Perchtenszene unterschiedliche Formen der Identitätsaneignung erkennen, wie die folgende Gegenüberstellung zweier Extremgruppen zeigt.

Auf der einen Seite zeichnen sich jene, die neben dem emotionalen auch einen geschäftlich-professionellen Zugang zu den Bräuchen haben (etwa die Profischnitzer), durch eine recht reflektierte und distanzierte Haltung aus. Das bedeutet nicht, dass sie nicht mit Leidenschaft bei der Sache sind oder dass sie während des Krampuslaufens nicht ihre Affektkontrollen lockern. Gerade wenn man das ganze Jahr an Krampus- und Perchtenmasken arbeitet oder sich neue Motive und Effekte für die Krampuszeit ausdenkt, wird, wie die Interviews mit Schnitzern und Ausstattern gezeigt haben, das Selbstbild in sehr großem Maße vom Krampusbrauch bestimmt. Dies gilt in noch stärkerem Maße für jene, die dieser Tätigkeit hauptberuflich nachgehen und daher über keine beruflichen Identitätsstützen außerhalb des Krampusbrauches verfügen. Aber da auch finanzielle und geschäftliche Überlegungen eine Rolle spielen, ist die Leidenschaft notwendigerweise durch ein hohes Maß an emotionaler Selbstkontrolle, Distanzierung und Reflexivität gefiltert.

Den anderen Pol bilden die vielen Krampusläufer, die aus den *„unterprivilegierten Volksmilieus mit geringen Qualifikationen"* (Vester et al. 2001) stammen. Wie die im siebenten Kapitel wiedergegebenen Zitate zeigen, empfinden sich viele von ihnen in ihrem Alltag als Außenseiter und können nur mithilfe *„absteigender Vergleiche"* (Kaufmann 2005: 224) ein Gefühl der Selbstachtung erzeugen. Sie sind kaum in der Lage, aus ihrer beruflichen Position ein positives Selbstbild abzuleiten. Gleichzeitig ist ihr Repertoire möglicher Identitäten durch

---

397 Es sei noch einmal darauf hingewiesen, dass der Begriff „Funktion" hier im Anschluss an Elias und nicht in der funktionalistischen Bedeutung verwendet wird.

mangelnde Ressourcen beschränkt. Für sie ist ein Hobby wie der Krampus- bzw. Perchtenbrauch eine der wenigen Möglichkeiten, ihrem Leben Sinn zu verleihen und ein befriedigendes Selbstbild zu erlangen. Diese ausschließliche Fixierung auf ein Selbstbild macht sie jedoch abhängiger von dieser Freizeitbeschäftigung als Gleichgesinnte, die sich neben dem Krampusbrauch – und außerhalb der Krampuszeit – auch über die Arbeit, die Familie oder ein anderes Hobby definieren können. Wir werden später sehen, dass es für Menschen aus weniger mächtigen Milieus aus diesem Grund besonders wichtig ist, dass der Krampusbrauch weiterbesteht. So sind auch die aggressiven Abwehrreaktionen gegen vermeintlich brauchtumsfeindliche Aktionen zu erklären. Diese Situation wird noch verschärft, wenn sich die Brauchausübenden – wie im Falle des Hooligan-Problems – nicht nur durch wenig brauchbezogenes Spezialwissen, sondern auch durch eine instabile emotionale Selbstkontrollapparatur auszeichnen. Die einzige Ressource, über die bestimmte Milieus verfügen, ist ihre Leidenschaft (Vgl. ebd.: 220f.) Wie im Falle der Beatles-Fans bleibt auch ihnen nur die *„Rolle des Fans an der Basis"* (Le Bart / Ambroise, zitiert nach ebd.: 220), die jedoch innerhalb der Krampusgemeinde mit relativ wenig Ansehen verbunden ist. Aus Mangel an Alternativen gehen sie jedoch völlig in dieser Rolle auf. Wie man im siebenten Kapitel an den Zitaten gesehen hat, kann von dieser *„obsessiven Fixierung"* (ebd.: 222) eine besonders starke Emotionalität ausgehen. Auch hierzu ist der Krampusbrauch aus Gründen, die unten besprochen werden, besonders gut geeignet.

Zwischen diesen Extremtypen der Identitätsaneignung lassen sich die tausenden Aktiven und Zuschauer aufreihen. So unterschiedlich die jeweiligen Ressourcen, emotionalen Bedürfnisse, Interessen und Machtausstattungen sein mögen, so kann man doch allgemeine Muster erkennen, die für Menschen in hochdifferenzierten, demokratischen Staatsgesellschaften auf der jetzigen Entwicklungsstufe charakteristisch sind. Auch wenn bestimmte gesellschaftliche Milieus besonders stark vertreten sind, handelt es sich bei den Krampusläufern und -zuschauern nicht um eine homogene Gruppe von Menschen mit gemeinsamen Wertvorstellungen, Handlungsnormen und der gleichen Alltags- und Festkultur. Daher ist der Krampus- bzw. Perchtenbrauch, wie wir im Folgenden sehen werden, Austragungsort von Konkurrenzkämpfen und Gruppenkonflikten und damit Schauplatz von Zugehörigkeits- und Abgrenzungsbemühungen.

In diesem Unterkapitel wurde argumentiert, dass Krampus- und Perchtenbräuche für viele Aktive und Zuschauer als eine Art Rückzugsbereich funktionieren, in den sie sich vor den Anforderungen des Alltags flüchten und in dem sie zur Ruhe kommen können. Dies gilt jedoch für so gut wie alle Hobbys und kann auch für die Familie oder den Beruf gelten. Daher reicht dieser Befund als Erklärung für das Ausmaß und die Intensität des Krampus- bzw. Perchtenbooms nicht aus. Um die Unzulänglichkeit dieses Arguments zu verdeutlichen, wurden die verschiedenen Teilargumente am Beispiel verschiedener Freizeitaktivitäten vorgetragen. In den bisherigen Überlegungen wurde aber bereits angedeutet, dass die Frage nach den Gründen für den jüngsten Boom von Krampus- und Perchtenläufen nicht mit dem Hinweis auf *einen* einzelnen Sachverhalt beantwortet werden kann. Hier wird nicht davon ausgegangen, man könne die Begeisterung für den Krampusbrauch aus einem einzigen emotionalen Bedürfnis oder aus den Bestrebungen einer Person erklären. Die hier vertretene These lautet nicht, dass der Krampusbrauch etwas bietet, was sonst keine Freizeit- oder andere Aktivität bieten kann. Vielmehr wird hier argumentiert, dass gerade in der Möglichkeit, mehrere zeitgenössische emotionale Bedürfnisse zu befriedigen, der Schlüssel zum Verständnis des gegenwärtigen Krampusbooms liegt. Der Krampusbrauch ist in seiner gegenwärtigen Form deshalb so beliebt, weil er so vielen emotionalen Bedürfnissen entgegenkommt, wie kaum eine andere Freizeitbeschäftigung. Diesen Bedürfnissen und der Frage, warum dies so ist, werden wir uns in der Folge weiter widmen.

8.3.2 Gemeinschaft – Kollektive als Sozialisations- und Hierarchierahmen

In diesem Abschnitt wird argumentiert, dass der Krampus- und Perchtenboom der letzten Jahre auch darauf zurückzuführen ist, dass diese Bräuche nicht alleine, sondern in Gruppen ausgeübt werden. Kollektive eignen sich besonders gut als Identitätsanker und Zufluchtsort vor den Unsicherheiten, Widersprüchen und Sorgen des Alltags. Sie bieten nicht nur ein Gefühl von Gemeinschaft und Zusammenhalt, sondern sie stellen darüber hinaus ein Repertoire kollektiv anerkannter Wahrheiten zur Verfügung. Zudem verfügen sie über eine innere Hierarchie, die jedem Mitglied eine eindeutige Position zuweist. Indem sie klare Grenzen zwischen innen und außen, „Wir" und „Sie", ziehen, machen sie die Welt überschaubarer. Auf diese Weise kommen sie einigen emotionalen Bedürfnissen entgegen, die für die Persönlichkeitsstruktur der Menschen in hochformalisierten Gesellschaften charakteristisch sind.

(1) Die Auflösung alter Gemeinschaften. In einer hochdifferenzierten Gesellschaft muss sich der Einzelne nicht nur selbst erfinden, er muss auch die meisten seiner Freund- und Bekanntschaften selbst aufbauen und aufrechterhalten. Aus figurationssoziologischer Perspektive ist die Veränderung der Art, wie die Mitglieder einer Gesellschaft miteinander in Beziehung stehen, ein zentraler Aspekt des abendländischen Zivilisationsprozesses. Im ersten und zweiten Kapitel wurde gezeigt, dass im Rahmen von Staatenbildungs-, Industrialisierungs- und Urbanisierungsprozessen bestehende Macht- und Statusverteilungen in Fra-

ge gestellt wurden. Etablierte Beziehungsmuster und Formen des Zusammenlebens begannen sich grundsätzlich zu wandeln. Im Rahmen dieses Prozesses
lösten sich lokal integrierte, relativ autarke Gemeinschaften zunehmend auf und
gingen in größeren, nationalstaatlich integrierten Staatsgesellschaften auf. Mit
zunehmender Zentralisierung der Herrschaftsfunktionen verloren lokale und
regionale Gemeinschaften viele ihrer Funktionen. Man denke an die Rechtsprechung, die physische Verteidigung oder die Identifikation. Für den Einzelnen
bedeutete dies, dass er aus ständischen und danach aus klassenspezifischen Abhängigkeiten befreit wurde. Gleichzeitig wurde er jedoch in immer größerem
Maße von Menschen abhängig, die er weder persönlich kannte, noch jemals
kennen lernen würde – und diese Tatsache wurde den Menschen in zunehmendem Maße bewusst. Dementsprechend wurden – und werden heute in noch größerem Maße – diese Verflechtungen häufig nicht als zwischenmenschliche Beziehungen, sondern als außermenschliche Kräfte oder gar als von einzelnen Individuen gelenkte Entwicklungen angesehen. Viele Menschen haben das Gefühl,
alleine zu sein und einer unpersönlichen „Gesellschaft" gegenüberzustehen.
(Vgl. Elias 2001a.) Wie Elias gezeigt hat, hängt diese Art des Selbsterlebnisses
auch mit jener Persönlichkeitsstruktur zusammen, die charakteristisch für Menschen in hochdifferenzierten, demokratischen Staatsgesellschaften ist. Die im
Vergleich zu früheren Gesellschaften gleichmäßigeren und umfassenderen Trieb-
und Affektkontrollen, die für das gesellschaftliche Überleben nötig sind, werden
von den Menschen häufig als „Mauer" zwischen ihnen selbst und den anderen
Menschen wahrgenommen.

> „Diesem Erleben begegnet man immer häufiger: Es drückt sich aus in Gefühlen der
> Einsamkeit, des Alleinseins, der Reserve, der Distanz: Es findet seinen Niederschlag
> in wissenschaftlichen und philosophischen Theorien, in denen der Mensch so darge-
> stellt wird, als ob er tatsächlich für sich allein und außerhalb aller Objekte und Men-
> schen existierte." (Elias 2005: 137.)

Während dieses Gefühl, diese Art des Selbsterlebens, echt sei und daher ernst
genommen werden solle, müsse man im Bereich des wissenschaftlichen Nachdenkens das Menschenbild des *homo clausus*, das in der abendländischen Philosophie eine lange Tradition hat und das auch vielen heutigen soziologischen
Theorien zugrunde liegt, zugunsten eines Denkens in Figurationen aufgeben.
Auch wenn die Vorstellung vom alleine existierenden Individuum der Selbstwahrnehmung vieler Menschen entspricht, steht der Mensch von seiner Geburt
an mit anderen Menschen in Beziehung. *Individuum* und *Gesellschaft* sind keine
für sich existierenden, in sich geschlossenen Objekte. Daher können sie, so Elias,
auch nicht getrennt voneinander untersucht werden. Menschen bilden miteinander Figurationen, die sich in ständigem Wandel befinden. Dem Wandel dieser
Beziehungsmuster entsprechend wandeln sich auch die psychischen Muster der

Menschen, die diese Verflechtungen bilden. Aus dieser Perspektive sind die auf dieser Art des Selbsterlebens basierenden philosophischen, psychologischen und soziologischen Denkmodelle Ausdruck einer Persönlichkeitsstruktur, die charakteristisch für jene Muster der menschlichen Verflechtung ist, die im Rahmen der neuzeitlichen Entwicklung des europäischen Abendlandes zutage treten. (Vgl. Elias 2005: 136-143.)

Das Gefühl der Einsamkeit wird dadurch verstärkt, dass die persönlichen Beziehungen tatsächlich in größerem Maße als je zuvor selbst aufgebaut und erhalten werden müssen. Das Individuum wird nicht mehr in eine kleine, eng integrierte Gemeinschaft hineingeboren, in der jeder jeden kennt. In dem Maße in dem die soziale, berufliche und räumliche Mobilität zugenommen hat, haben sich lebenslange zugunsten kurzfristiger Beziehungen funktionalen Typs aufgelöst. (Vgl. Elias 2006c: 190-197.) Gleichzeitig haben sich auch die sozialen Kreise (vgl. Simmel 1890), in die der Mensch im Laufe seines Lebens eingebunden ist, vermehrt. Aber nicht nur die Quantität, auch die Qualität der sozialen Beziehungen hat sich gewandelt. An die Stelle zugeschriebener, verwandtschaftlicher, lokaler Bindungen sind erworbene, funktionale getreten (vgl. Dunning 2003: 413-416). Dadurch haben sich nicht nur etablierte Hierarchien, sondern auch gewohnte Gemeinschaften mit ihren Vergemeinschaftungs- und Geselligkeitsformen aufgelöst.

Wie wir im ersten und zweiten Kapitel gesehen haben, reagierten die Menschen bereits im ausgehenden 19. und im frühen 20. Jahrhundert auf diese Entwicklungen damit, dass sie sich neu entstandenen Kollektiven bzw. Institutionen – etwa in der Form von Vereinen oder Parteien, aber auch in der Form der Nation oder des „Volkes" – zuwandten. Die oben skizzierten gesellschaftlichen Prozesse haben sich bis heute nicht nur fortgesetzt, sondern intensiviert und beschleunigt. Seit den 1960er Jahren hat die geographische, soziale und berufliche Mobilität stark zugenommen, wodurch sich Familienformen gewandelt haben, Arbeitserfahrungen heterogener und Erfahrungshorizonte weiter geworden sind. Zwar waren in den meisten Ländern des westlichen Europa Industrialisierungs-, Urbanisierungs- und Demokratisierungsprozesse und mit ihnen zusammenhängende soziale und kulturelle Veränderungen bereits seit dem 18. Jahrhundert im Gange. Aber nach dem Ende des Zweiten Weltkrieges beschleunigten und intensivierten sich diese Prozesse in ungeheurem Maße. Außerdem fand zu dieser Zeit erstmals „*die größte und dramatischste, schnellste und universellste Transformation der Menschheitsgeschichte Eingang in die Reflexion und das Bewusstsein derer, die sie erlebten*" (Hobsbawm 2009: 264).

Im Zusammenhang mit den Veränderung der Familienstrukturen sowie der Beziehungen zwischen den Geschlechtern und den Generationen ist auch die Kluft zwischen Eltern- und Kindergeneration zu sehen, die vor dem Zweiten

Weitkrieg nie so groß gewesen war. Seit den 1960er Jahren entstand mit dem Hinauszögern des Ausbildungsabschlusses, des Eintritts in das Berufsleben und der Gründung einer eigenen Familie eine Lebenszeit zwischen Kindheit und Adoleszenz: die Jugend. Seit damals werden Kinder in eine Welt hineingeboren, die sich von jener ihrer Eltern auf vielfache Weise unterscheidet. Das Wissen der Eltern- und der Großelterngeneration ist für nachfolgende Generationen von geringerer Bedeutung als dies noch vor wenigen Jahrzehnten der Fall war. Den Heranwachsenden steht eine Vielzahl beruflicher und privater Lebensentwürfe offen. Nur selten treten sie in die beruflichen Fußstapfen ihrer Eltern. Und selbst wenn sie den Beruf eines ihrer Elternteile ergreifen, haben dessen Anforderungsprofil und sozialer Status meist wenig mit dem Elternberuf gemein, was auch mit der Geschwindigkeit des technologischen Wandels in den letzten Jahrzehnten zusammenhängt. *„Was Kinder von Eltern lernen konnten, wurde immer weniger offensichtlich als das, was Kinder wußten und Eltern nicht. Die Rollen der Generationen kehrten sich in ihr Gegenteil um."* (Ebd.: 410.) In den gleichen Zeitraum fällt die Entstehung einer internationalen und selbstbewussten Jugendkultur, die in zunehmendem Maße über beträchtliche Kaufkraft verfügt. (Vgl. ebd.: 363-431.) Zunächst wurden diese Veränderungen begrüßt und als Befreiung empfunden. Vor allem die Jungen, Gebildeten stellten etablierte Institutionen und Hierarchien, aber auch traditionelle Geschlechterrollen in Frage und lehnten die etablierten Wertvorstellungen, Verhaltensnormen und damit auch jene Rituale und Institutionen ab, die ihrer Eltern- und Großelterngeneration Sicherheit und Orientierung gegeben hatten. Stattdessen forderten sie Selbstentfaltung und Selbstbestimmung für Jeden. Insgesamt hatten diese Prozesse gemeinsam mit der Wohlstandssteigerung und der Bildungsexpansion zur Folge, dass sich die Lebens- und Arbeitsverhältnisse aller sozialen Schichten verbesserten und teilweise aneinander annäherten. Wie wir gesehen haben, schien selbst für viele Soziologen das Individuum nach den vormodernen ständischen nun auch von den klassenspezifischen Lebensformen der industriellen Moderne befreit zu sein und seinen Lebensstil frei wählen zu können. Auch wenn hier im Anschluss an Elias, Vester et al., Bourdieu und Kaufmann davon ausgegangen wird, dass diese Darstellung übertrieben ist, kann nicht bestritten werden, dass der und die Einzelne heute sein Leben von bestimmten *äußeren* Zwängen freier, selbständiger und selbstbestimmter leben kann und muss als vor hundert oder fünfzig Jahren. Allerdings sind – wie wir gesehen haben – an die Stelle der alten ständischen oder klassenspezifischen Zwänge neue getreten, die vielleicht weniger sichtbar, aber keineswegs weniger spürbar sind. Die Ausbreitung der „Handels- und Geldverflechtung" gab den unteren und Mittelschichten zunächst die gesellschaftliche Macht, sich aus den ständischen Zwängen zu befreien. Je stärker sich diese Verflechtungen jedoch ausbreiteten, desto mehr wurden wiederum die „befreiten"

Menschen von ihnen abhängig. (Vgl. Elias 1997a: 255.) Außerdem traten inter-
nalisierte Selbstzwänge an die Stelle gesellschaftlicher Zwänge.
(2) Von den alten in neue Abhängigkeiten. Nach der anfänglichen Euphorie
stellte sich heraus, dass die Hoffnung, dass in der modernen demokratischen
Gesellschaft jeder – und vor allem auch jede – ein freies, unbeschwertes, selbst-
bestimmtes Leben führen kann, nicht für alle eingelöst werden kann. Der materielle Wohlstand breiter gesellschaftlicher Kreise bringt neue Zwänge (des Berufs
und des Konsums) mit sich; der berufliche Aufstieg breiter Schichten ist mit der
generellen Entwertung der höheren Positionen verbunden; der Hoffnung auf ein
erfülltes Ehe- und Familienleben stehen Forderungen nach individueller Selbstbestimmung im Beruf und im privaten Leben (etwa in der Sexualität) gegenüber;
und die Ansprüche auf ein erfülltes, lustvolles Sexualleben werden von einer
Verstärkung der Selbstzwänge (Verhütung, Hygiene, „zivilisierte" Leidenschaft)
und der sozialen Anforderungen (Terminplanung auch in der Freizeit, Umschal-
ten von beruflicher Selbstkontrolle zu privater Leidenschaft) konterkariert. (Vgl.
Kuzmics 1989: 299-310.) Dazu kommt, dass das Netz der zwischenmenschlichen Verflechtungen heute so dicht ist und so viele Menschen über so weite
Räume umfasst, dass es für den Einzelnen kaum zu überblicken und schon gar
nicht zu lenken ist. Daher werden diese Verflechtungen häufig nicht als zwischenmenschliche Beziehungen wahrgenommen, sondern als außermenschliche
Kräfte oder als Werke einzelner, böser Individuen. So scheint es den Menschen
oft so, als stünden sie alleine einer übermächtigen „Gesellschaft" gegenüber.
(Vgl. Elias 2001.) Spätestens in den 1990er Jahren verband sich die Enttäuschung, dass die Auflösung der alten Abhängigkeiten nicht die erwarteten Chancen – und wenn, dann nicht ohne Nebenwirkungen – gebracht hat, mit der Erkenntnis, dass sich mit den alten Abhängigkeiten auch die alten Sicherheiten
aufgelöst haben. Die Freude über die neue „Freiheit" löste sich in Frustration und
Versagensangst sowie in Gefühle der Schutzlosigkeit, Orientierungslosigkeit,
Einsamkeit oder Entfremdung auf.

Ein Ausweg aus diesen Unsicherheiten ist, sich einem gesellschaftlich anerkannten Kollektiv oder einer kollektiven Idee unterzuordnen.

> „Ein Großteil derer, die auf Aufstieg und Stabilisierung ihrer Verhältnisse setzten,
> ließ diese Hoffnung fahren. […] Die Verunsicherung ist also real und sie ist ein
> Massenphänomen, ebenso wie die Sehnsucht nach Sicherheit, Geborgenheit, Ge-
> wissheit.[…] Netzwerke, Familie, Vereine, Kirche – in der Not beginnt die Rückbe-
> sinnung auf tot gesagte Institutionen." (Schmitt-Roschmann 2010: 52f.)

Sport- und andere Freizeitvereine, aber auch ehrenamtliche Organisationen erfüllen unabhängig von ihrem vordergründigen Zweck – ob er im Fußballspielen, im
gemeinsamen Anfeuern einer Fußballmannschaft, im Singen, im Retten der Wa-
le, im Tauschen von Briefmarken oder im Pflegen eines volkstümlichen Brau-

ches besteht – eine ganze Reihe sozialer Funktionen, die in einer spätmodernen, funktional differenzierten Gesellschaft ansonsten kaum erfüllt werden. Die folgenden Überlegungen ergeben sich einerseits aus den bisher diskutierten Ansätzen von Elias, Kaufmann und Kuzmics und vor allem aus Dunnings idealtypischer Unterscheidung zwischen vormodernen und modernen Gesellschaften (vgl. Dunning 2003: 413-416; siehe auch 7.4.1), die im siebenten Kapitel diskutiert und auf die Analyse des Krampus-Hooliganismus angewandt wurde. Andererseits basieren sie auf der mehrjährigen Beschäftigung mit den empirisch beobachtbaren Entwicklungen des Krampus- bzw. Perchtenbrauches. Trotzdem sei darauf hingewiesen, dass sie teilweise spekulativ sind.

(3) Soziale Kontakte und Zusammenhalt. Zunächst bieten Kollektive, oder hier: Vereine, durch ihre überschaubare Anzahl von Mitgliedern und durch institutionalisierte Gruppentreffen einen Rahmen für regelmäßige Sozialkontakte. Damit ermöglichen sie es ihren Mitgliedern, persönliche zwischenmenschliche Beziehungen aufzubauen, was außerhalb dieses Rahmens, wo funktionale Beziehungen vorherrschen, vielen schwerfällt. Dies betrifft nicht nur, aber in noch stärkerem Maße, Menschen aus den unteren sozialen Schichten, die geographisch weniger mobil sind und hauptsächlich die negativen Folgen der Globalisierung zu spüren bekommen. Wie Elias (2001a) gezeigt hat, beziehen sich ihre Wir-Gefühle noch immer vorwiegend auf kleinere räumliche Einheiten, wie Gemeinden, Regionen, Bundesländer oder auch Nationen, während die bedeutenden Entscheidungskompetenzen und gesellschaftlichen Monopolfunktionen zunehmend auf höhere übernationale Ebenen übergehen. Wie wir im sechsten und siebenten Kapitel gesehen haben bietet die Mitgliedschaft in einem Verein – über die realen Kontakte hinausgehend – emotionale Bindungen, die man als Erlebnis von Gemeinschaft[398] und Zusammenhalt beschreiben kann. Auch der folgende Ausschnitt aus einem Interview mit zwei Krampusausstattern weist in diese Richtung.

> „Damals war genau dieser Scheideweg, dass die Jugend gesagt hat, teilweise sie haben nicht gewusst, was sie damit anfangen sollen. Da ist dann das erste Mal das heraufgekommen ‚unsere Jugend braucht Werte, weil die verlieren das und Tradition und so weiter' und da ist dann das erste Mal gewesen, dass die Jugend wieder in die-

---

398   Natürlich ist die Vorstellung, dass vormoderne Gesellschaften solidarisch und harmonisch waren bzw. sind, verkürzt. Elias hat mehrmals darauf hingewiesen, dass in lokal integrierten Gesellschaften nicht nur die Kohäsion, sondern auch die soziale Kontrolle stärker gewesen ist als wir dies aus unserer funktional differenzierten Gesellschaft kennen. Die mittelalterlichen und frühneuzeitlichen Rügebräuche, die im ersten und zweiten Kapitel als Vorfahren heutiger Maskenbräuche vorgestellt wurden, sind gute Beispiele hierfür. Außerdem haben Elias und Dunning (2003: 316-324) gezeigt, dass in der mittelalterlichen Gesellschaft nicht nur die Solidarität, sondern auch die Feindseligkeit und die Schwankung der Affekte in beide Richtungen stärker und spontaner gewesen ist als heute.

se Gemeinschaften eingebunden worden ist. Weil wenn man sich ein Bisschen um-
hört zum Beispiel beim Brauchtumsverband oder so die sagen eigentlich auch, dass
das zu der Zeit wieder ins Rollen gekommen ist, wo die ältere Generation gesagt hat
‚he wir brauch Nachwuchs, aber wenn wir wen brauchen, dann müssen wir fördern
und dann müssen wir auch jemanden dazulassen‘, und dann sind so langsam wieder
die Jungen nachgekommen. Teilweise war's auch einfach so, dass die Jugendlichen
gesagt haben: ‚he wir müssen was tun, weil es ist fad, weil es passiert nichts und
wenn wir nichts tun, dann kommen wir zu nichts‘, und so ist das dann wieder gekommen, da sind dann die Traditionen wieder gekommen. Die Jugendlichen haben
eigentlich nur einen Basisbaustein gesucht, um den sie ein soziales Leben aufbauen
können. Und das ist ein Verein, da kann man sagen was man will." (Interview Hafner / Trinkl, 15.05.2010.)

Auf diese Weise kommen Kollektive dem von Elias (2001a) analysierten modernen Gefühl, alleine „der Gesellschaft" gegenüberzustehen, die entweder als men-
schenloses Objekt oder als handelndes Subjekt wahrgenommen wird, entgegen.
Das hier vorgetragene Argument lautet, dass Vereine oder Freizeitgruppen dazu
besonders gut geeignet sind, weil sie durch ihre Überschaubarkeit und durch die
Regelmäßigkeit ihrer Treffen das Aufbauen von Kontakten und Bindungen fördern.

Dadurch, dass jedes Mitglied persönliche, informelle Beziehungen zu Menschen aufbaut, die zuvor noch Teil der bedrohlichen, anonymen „Gesellschaft"
waren, löst sich zumindest ein Teil „dieser Gesellschaft" in das auf, was er ist: in
Menschen und die von ihnen gebildeten Beziehungen. Für diese These sprechen
die im sechsten und siebenten Kapitel zitierten Wortmeldungen von Mitgliedern
der Krampusgemeinde, in denen beklagt wird, „die Gesellschaft" sei verrückt
oder gefährlich geworden, und zwischenmenschliche Beziehungen erschöpften
sich in ökonomischen Austauschbeziehungen („Kommerzialisierung") oder in
auf einen bestimmten Zweck ausgerichteten Begegnungen („Anonymität"). Das
gleiche gilt für Kommentare, in denen andere Menschen überhaupt als fremd und
bedrohlich erscheinen („Überfremdung"). Gleichzeitig werden in sehr vielen
Kommentaren die persönlichen Beziehungen, der Gruppenzusammenhalt, die
Gemeinschaftserfahrung und die Vertrautheit innerhalb der Krampusvereine und
innerhalb der Krampusszene hervorgehoben.

(4) Zu „etwas Großem" gehören. Gleichzeitig sind die einzelnen Krampus-
und Perchtenvereine in ein dichtes und weitverzweigtes Netz von Partner- und
Konkurrenzvereinen eingebunden. Diese Figuration, die in dieser Arbeit als
Krampusszene oder *Krampusgemeinde* bezeichnet wurde, erstreckt sich über
ganz Österreich und auch über dessen Grenzen hinaus. Mittels *Krampusmania.at*
und anderen Online-Portalen stehen die Mitglieder auch außerhalb der „Krampuszeit" in engem Kontakt. In der sozialwissenschaftlichen Forschung hat sich in
den letzten Jahren für diese Form der sozialen Figuration der Begriff „*Szene"*

etabliert.[399] Szenen sind Netzwerke von Personen, die bestimmte *„materielle und / oder mentale Formen der kollektiven Selbststilisierung teilen und diese Gemeinsamkeiten interaktiv stabilisieren und weiterentwickeln"* (Gebhardt / Hitzler / Pfadenauer 2000: 11). Im Vergleich zu vormodernen Gemeinschaften sind Szenen temporär, und ihre Mitgliedschaft und ihre Wahrheitsansprüche weniger verbindlich. Wie im sechsten Kapitel gezeigt wurde, besteht die Krampusszene aus mehreren, mehr oder weniger eindeutig abgegrenzten Sub-Szenen, die bei allen Auffassungsunterschieden über die „richtige" Art der Brauchtumspflege eine Reihe gemeinsamer Wertvorstellungen und Interessen teilen: die Begeisterung für Krampus- und Perchtenbräuche; das Interesse, diese Bräuche zu pflegen und zu verbreiten; das Ziel, die Definitionsmacht und das Durchführungsrecht zu behalten; und in den letzten Jahren in vermehrtem Maße auch eine Oppositionshaltung gegen „Globalisierung", „Amerikanisierung", „Überfremdung" etc.[400] Hier wird die These vertreten, dass die Mitgliedschaft in einem Verein über die oben genannten Sicherheiten hinaus das Gefühl verleiht, zu einer großen, gesellschaftlich mächtigen Bewegung zu gehören, als deren Teil es einfacher ist, gegen die „Gesellschaft" und ihre als bedrohliche Fehlentwicklungen angesehenen Wandlungsprozesse bestehen zu können.[401]

Da eine Szene für die meisten Mitglieder eben nicht so einnehmend ist wie es etwa eine vormoderne Dorfgemeinschaft war, benötigt sie regelmäßige Akte der Vergewisserung ihrer *„kollektiven Existenz"* (ebd.: 12). In den Begriffen der Szenenforschung geschieht dies meist in der Form von *„Events"*, den *„typischen außeralltäglichen Vergemeinschaftungsformen grenzenloser, sich zunehmend individualisierender und pluralisierender Gesellschaften"* (ebd.). Diese Einschätzung trifft auf Krampus- bzw. Perchtenläufe, die ja nur innerhalb einer kurzen Zeitspanne von knapp zwei Monaten des Jahres stattfinden, in besonderem Maße zu. Auch andere Befunde, die im Rahmen dieser Arbeit vorgestellt wurden, weisen darauf hin, dass man Krampusläufe in ihrer heutigen Form durchaus als Events bezeichnen kann. Neben ihrem zweifellos hohen Erlebniswert, dem Prinzip der Spannung und der Vermischung unterschiedlichster kultureller Traditionsbestände ist ihre hohe Anziehungskraft vor allem in der Tatsache zu sehen, dass sie bei den Teilnehmenden bzw. Anwesenden das Gefühl erzeu-

---

399 Für eine theoretische Grundlegung siehe den Sammelband von Gebhardt / Hitzler / Pfadenauer (2000) oder die Monographie *„Leben in Szenen"* von Hitzler / Bucher / Niederbacher (2005).

400 Die Auffassungsunterschiede und Konkurrenzkämpfe innerhalb der Krampusszene sowie die Widersprüche in den verschiedenen Argumenten wurden im zweiten, dritten, vierten, sechsten und siebenten Kapitel diskutiert.

401 Das Online-Portal *Krampusmania* führte zum Beispiel neben der – mehrmals variierten – Losung *„Das Original, oft kopiert, aber nie erreicht!"* zeitweilig auch den Slogan *„Zusammen sind wir mehr!"* (KRAMPUSMANIA das Original. URL: http://www.krampusmania.at/ (letzter Zugriff: 03.01.2012)).

gen, „*im gemeinsamen Vollzug des Events eine Einheit, eine ‚große Familie' zu bilden*" (Gebhardt 2000: 21).

„Krampuslaufen ist zudem ein Akt der Gemeinschaft. Man tut etwas, was viele Gleichgesinnte machen. Freunde, die bereits als Burschen um die Häuser zogen, haben auch im höheren Alter noch etwas, was sie gemeinsam machen können. Natürlich gibt es da noch unzählig andere Dinge, die man mit seinen Freunden machen könnte, aber wie jedes Hobby, hilft es einem, den Alltag für kurze Zeit zu vergessen und abzuschalten. Der ein oder andere schaltet vollkommen vom Alltag ab, sobald er seine Maske aufsitzt oder mit seiner Pass unterwegs ist. Es hilft einem, seine Sorgen für einem kurzen Moment zu vergessen und einfach nur gemeinsam mit seinen Burschen ein gelebtes Hobby auszuüben." (Interview Steyerer, 14.09.2011.)

Dies geschieht einerseits durch das gemeinsame Erlebnis bzw. die „*körperliche Kopräsenz*" (Knoblauch 2000: 36), andererseits aber auch durch Betonung der eigenen Besonderheit bzw. durch Ab- und Ausgrenzung von Menschen, die nicht willkommen sind (siehe siebentes Kapitel). Für viele Teilnehmerinnen und Teilnehmer tragen Events das Versprechen in sich, ihnen als „*ästhetische Loslösung vom Alltag und den Zwängen der conditio humana*" (Soeffner 1998: 246) und als Kraftquelle für diesen als entfremdet wahrgenommenen Alltag zu dienen. Krampusläufe und andere populärkulturelle Events (wie das „Aufsteirern" in Graz, die Loveparade und andere Musik-Festivals, das GTI-Treffen oder der Papstbesuch) stellen dem partikularisierten, von Zwängen beherrschten Alltag eine „*metaphysische Erfahrung ‚des ganzen Seins'*" (Gebhardt 2000: 20) gegenüber. Diese Erfahrung kann noch verstärkt werden, wenn das Event als Träger einer weltanschaulichen Botschaft verstanden wird. Wie wir im siebenten Kapitel gesehen haben und in diesem Kapitel noch sehen werden, ist dies bei Krampus- und Perchtenläufen häufig der Fall. (Vgl. ebd.: 17-31.)

(5) Anerkannte Wahrheiten und Solidarität. Dieser Erfahrung von Unsicherheit, Einsamkeit, Orientierungslosigkeit, Fremdheit und Beliebigkeit halten Krampus- und andere Freizeitvereine ein Repertoire allgemein anerkannter Wahrheiten entgegen. Elias und Scotson (1993: 85) haben in diesem Zusammenhang von einem „*System von Einstellungen und Glaubensaxiomen*" gesprochen, das sowohl die eigene Überlegenheit gegenüber Nicht-Etablierten als auch die Legitimität dieses Überlegenheitsgefühls und die gegenseitige Solidarität unterstreicht. Diese Ideologie verleiht Sinn und Bedeutung und fördert das Zugehörigkeitsgefühl zum Kollektiv (vgl. Jeggle 1992: 603-628). Die weiter unten vorgestellten Mission Statements und Gründungsmythen von Krampus- und Perchtenvereinen sind Beispiele für solche allgemein geteilten Glaubensaxiome. Dazu kommt, dass man sich innerhalb eines Freizeitvereines trotz aller Auffassungsunterschiede und Intrigen relativ sicher sein kann, dass alle Mitglieder ein gemeinsames Ziel verfolgen und zumindest hinsichtlich dieses Ziels ähnliche Wertvor-

stellungen und emotionale Bedürfnisse haben. Gerade weil die Fähigkeit, sich selbst immer wieder neu zu erfinden, gesellschaftlich hoch bewertet, gleichzeitig aber ungleich verteilt ist, können Menschen, die nicht über diese Fähigkeit verfügen, an dieser Unfähigkeit zerbrechen. Statt sich dem Risiko des Scheiterns auszusetzen, ist es vor allem für Menschen aus unterprivilegierten Milieus verlockend, sich dem disziplinarischen Netz einer starken Institution mit ihren anerkannten Sozialisationsrahmen und Identifikationsangeboten anzuschließen. Aber dies gilt für immer breitere Schichten, da – wie wir im Anschluss an Elias, Kuzmics und Kaufmann gesehen haben – aufgrund des Auseinanderklaffens von Ansprüchen und deren Einlösung das Gefühl, zu den Verlierern oder Versagern zu gehören, keineswegs auf die ökonomisch Ärmsten beschränkt ist. Diese Identifizierung kann ähnlich bindend und einnehmend sein wie die vormoderne Identifizierung mit der Dorfgemeinschaft und der Nation oder wie der Glaube an übernatürliche Kräfte. Auch wenn heute die Distanz zum sozialisierten Selbstbild größer ist, gilt dies nicht unbedingt für die mehr oder weniger selbst gewählten und erfundenen Rollen. (Vgl. Kaufmann 2005: 277-283.)

Als Beispiel für die bindende Kraft der Gruppenideologie können die im siebenten Kapitel (siehe 7.5.3) diskutierten emotionalen Reaktionen auf die Wortmeldung eines Schnitzers dienen. Dieser Schnitzer hatte angesichts der Kommentare über brutale Angriffe auf Krampusse in einem *Krampusmania*-Diskussionsforum darauf hingewiesen, dass nicht alle „Ausländer" brutal, unzivilisiert und dem Krampusbrauch gegenüber negativ eingestellt sind. Da sich jedoch die Vorstellung vom bedrohlichen, brauchzerstörenden „Ausländer" innerhalb der Krampusgemeinde schon zum damaligen Zeitpunkt (vor der sogenannten „Flüchtlingskrise") zu einer allgemein anerkannten Wahrheit verfestigt hatte, stellte die Wortmeldung des Schnitzers eben diese Wahrheit in Frage. Dadurch drohte nicht nur dieses eine Glaubensaxiom in den Rang einer diskutablen These abzurutschen, auch die anderen Axiome der Statusideologie der Krampusgemeinde schienen ihren impliziten, unhinterfragbaren Status einbüßen zu können. (Vgl. Elias / Scotson 1993: 76-84.) Damit stellte der Schnitzer (aller Wahrscheinlichkeit nach ungewollt) nicht nur den Wert des Krampus- bzw. Perchtenbrauches in Frage, sondern auch die Legitimität seiner Trägervereine – auch, weil sich die Verteidigung und Durchsetzung des Brauches gegen die Widerstände zugewanderter „Banden" in den letzten Jahren zu einem ebenso zentralen Motor der Krampusbewegung entwickelt hat wie die Intention, den gleichmachenden Tendenzen der kulturellen Globalisierung und den Interessen der globalen finanzkapitalistischen Eliten etwas entgegenzusetzen.

(6) Eindeutige Hierarchien. Freizeitvereine wie Krampus- und Perchtengruppen bieten darüber hinaus eindeutige und sichtbare Hierarchien, wodurch sie sich von den meisten Situationen und Institutionen des Alltags deutlich unter-

scheiden. Die gesellschaftliche Entwicklung des europäischen Abendlandes ist seit dem Mittelalter, und besonders im 20. Jahrhundert, gekennzeichnet durch eine Ausweitung der Interdependenzen und Konkurrenzen über besonders große Räume hinweg, durch das Aufgehen kleinerer in größeren Integrationseinheiten und durch die Verlagerung von Monopolfunktionen von niedrigeren auf höhere Integrationsebenen. (Vgl. Elias 1997b: 347.) Wie wir im siebenten Kapitel gesehen haben, kann man viele aktuelle Identitäts-, Loyalitäts- und Machtkonflikte damit erklären, dass verschiedene Funktionen von der nationalstaatlichen auf eine übernationale Ebene übergehen.[402] Mit zunehmender Länge der Handlungsketten und mit zunehmender Komplexität der Beziehungsnetze nahm die gesellschaftliche Macht der führenden Positionen ab und die Macht der niedrigeren Positionen relativ zu ihr zu. In einer demokratischen, funktional differenzierten Gesellschaft ist auch der Mächtigste recht stark von den weniger Mächtigen abhängig und dazu gezwungen, seine Handlungen auf andere auszurichten. Die einschneidenden wirtschaftlichen, politischen, sozialen und kulturellen Veränderungen seit dem Ende des Zweiten Weltkrieges und die mit ihnen einhergehenden *„Umwälzungen in den kulturellen Orientierungssystemen von Lebenswelt und Alltag, von Lebensgeschichten und Lebensentwürfen"* (Kaschuba 2006: 182) stellten alte Hierarchien in Frage und erschütterten etablierte Autoritäten. Dies gilt sowohl für den Bereich des Berufes (man denke an die Teilhabe immer breiterer Schichten am materiellen Wohlstand, die Bildungsexpansion oder die freie Berufswahl) und den Bereich der Politik (Teilhabe an politischen Entscheidungsprozessen durch demokratische Wahlen und politische Bewegungen, sinkendes Ansehen von Politikern) als auch für den Bereich der Familie (z.B. die Hierarchie zwischen den Ehepartnern oder den Eltern und den Kindern), den Bereich der Schule (die Autorität des Lehrers) oder den Bereich des Militärs (trotz weitgehender innerer Pazifizierung der modernen Staatsgesellschaften und dem kaum in Frage gestellten staatlichen Gewaltmonopol hat nicht nur die Autorität von Polizisten, sondern auch das Ansehen des Militärs seit dem Ende des Zweiten Weltkrieges abgenommen (vgl. Kuzmics / Axtmann 2000: 153f.)). All diese Entwicklungen brachten jedoch neue Unsicherheiten und Uneindeutigkeiten mit sich.

Sowohl Krampus- bzw. Perchtenvereine (und wohl auch viele andere Freizeitvereine) als auch die Krampusszene (wie auch andere verbandartige Figurationen) verfügen hingegen über eine vergleichsweise eindeutige und überschauba-

---

402 Die emotionalen Diskussionen und erbitterten politischen Widerstände, die die Zusammenlegung kleinerer Verwaltungseinheiten im Rahmen der Gemeindestrukturreform der 2010er Jahre im österreichischen Bundesland Steiermark begleiteten, sind ein gutes Beispiel dafür, dass sich solche Prozesse auch weiterhin auf verschiedenen gesellschaftlichen Integrationsebenen vollziehen.

re innere Hierarchie, die nicht nur jedem Mitglied eine eindeutige Position zuweist, sondern eindeutig und für jedes Mitglied sichtbar festgelegt, welche Positionen es gibt, mit welchen Vor- und Nachteilen welche Position ausgestattet ist
und wer eine Position wie erreichen kann. Jedes Mitglied weiß, wo sein Platz ist,
und es weiß auch, dass auch die anderen das wissen. Da mit jeder Position bestimmte, allgemein bekannte Rechte und Pflichten verbunden sind, weiß man
nicht nur, wie man sich zu verhalten hat und wie das Gegenüber sich verhalten
wird, sondern auch, dass auch das Gegenüber das weiß. Auf diese Weise verleihen solche Kollektive Verhaltens- und Erwartungssicherheit. Vielleicht kann
man diese Thesen anhand der Hierarchie des Online-Portals *Krampusmania.at*
verdeutlichen. Diese Überlegungen basieren auch auf einer Untersuchung von
Simona Isabella (2007) über zwei textbasierte Online-Rollenspiele (so genannte
MUDs (Multi User Domains)), die zu dem Ergebnis kam, dass Online-
Communities einige spezifische Eigenschaften vormoderner Gesellschaften aufweisen. Isabellas These ist, dass es MUDs ihren Benützerinnen und Benützern
ermöglichen, Teil einer Gruppe zu sein und sich als solcher zu fühlen – und das
in einer Gesellschaft, in der es solche Gruppen und Gefühle kaum noch gibt (vgl.
ebd.: 4-7). Ganz ähnlich wie ein MUD kann man auch *Krampusmania* als hierar-
chische Gemeinschaft beschreiben. Man beginnt als *Newbie* und kann durch
Erfahrung und Aktivität in der Hierarchie bis zum *Golden Devil* aufsteigen. An
der Spitze stehen aber die *Administratoren, Moderatoren* und *Super-
Moderatoren*, die sich einerseits aus Betreibern der Homepage und andererseits
aus besonders aktiven und engagierten *Golden Devils*, die in den Stand eines
Moderators erhoben wurden, zusammensetzen. Neben schriftlich festgelegten
Nutzerregeln (vgl. krampusmania.at [01.05.2017])[403] existieren Verhaltensnor-
men, die im Normalfall unausgesprochen bleiben. Diese scheinen für eine dritte
Gruppe von Usern, die *Krampusmania-Partner* (Sponsoren der Website) und
Schnitzer (Schnitzer und Ausstatter), in besonderem Maße zu gelten. Trotzdem
ist ihre Statusposition unveränderlich. Aus den Kommentaren und den Inter-
views kann man schließen, dass sich die Userinnen und User sowohl mit der
Krampusmania-Community, die für eine bestimmte Gesinnung innerhalb der
Krampus-Gemeinde steht, als auch mit der ganzen Krampusszene identifizieren.
Ob die spezielle Struktur *Krampusmanias* dieses Gemeinschaftsgefühl verstärkt
oder ob die Website nur ein Mittel der Kommunikation und des Handelns ist,
von dem selbst keine vergemeinschaftende Wirkung ausgeht, kann im Rahmen
dieser Untersuchung allerdings nicht geklärt werden.

---

403   Nutzungsbestimmungen – KRAMPUSMANIA das Original. URL: http://krampusmania.at/
      index.php/Terms/?s=b7d24d4f97112c88fbb16d8c3fda00b043eaa12e (letzter Zugriff: 01.05.
      2017).

Die hier vertretene These lautet, dass der Boom von Krampus- und Perchtenvereinen auch mit deren relativ klaren Hierarchie zusammenhängt – dies gilt sowohl für die Online-Portale als auch für die Vereine und die gesamte Szene. Dabei geht es weniger darum, dass alle Mitglieder gleichberechtigt sind, als darum, dass die jeweiligen Positionen in der Hierarchie und die mit ihnen verbundenen Rechte und Pflichten eindeutig und transparent sind. Verstößt man nicht gegen sämtliche explizite und implizite Regeln, läuft man kaum Gefahr, in der Hierarchie abzusteigen. Und dass die Hierarchie als solche umgeworfen wird, ist – zumindest so lange, wie es den Krampusbrauch in dieser Form gibt – ebenso äußerst unwahrscheinlich.[404]

(7) Verhaltenssicherheit. Durch ihre relative Stabilität und Sichtbarkeit der sozialen Positionen und deren Rechte und Pflichten verleihen solche Kollektive Verhaltens- und Erwartungssicherheit. Aus Gründen, die oben ausführlich besprochen wurden, haben sich seit den 1950er Jahren nicht nur die beruflichen Tätigkeiten, sondern auch die Familienformen, die Generationen- und Geschlechterbeziehungen sowie die entsprechenden Wertvorstellungen und Erwartungen stark differenziert. Gleichzeitig sind die Anzahl der Personen, die Verschiedenheit der Situationen und die Komplexität der Beziehungsgeflechte, mit denen das Individuum im Laufe eines Tages zu tun hat, so weit gestiegen, dass die Frage nach dem jeweils adäquaten Verhalten ungleich schwerer zu beantworten ist als etwa in den 1950er Jahren. Außerdem verändern sich gerade im beruflichen Alltag die Anforderungen so schnell, dass die Fähigkeiten von heute – überspitzt gesagt – morgen wertlos sein können. Das gilt in noch stärkerem Maße für das Wissen der älteren Generationen, was für Eltern und Kinder eine gleichermaßen schwierige Erfahrung sein kann. So scheint es für die Älteren oft so, als hätten ihre Erfahrungen, Wertvorstellungen und Handlungsnormen jegliche Gültigkeit verloren, als sei „die Jugend" völlig frei von Wertideen, moralischen Grundsätzen und Manieren.[405] Das siebente Kapitel hat gezeigt, dass diese Einschätzung und die aus ihr resultierende Verunsicherung bei der Konfrontation mit Menschen aus anderen Kulturkreisen bzw. mit anderen Sprachen besonders groß ist – selbst wenn diese in Österreich geboren sind und fließend Deutsch sprechen. Bei den Jungen kann sich leicht das Gefühl einstellen, als müssten sie sich für jedes Problem eine neue Lösung ausdenken, als seien sie auf sich alleine

---

404   Die Frage ist hier nicht, ob die Machtverteilungen tatsächlich so stabil und transparent sind. Es geht lediglich um die Feststellung, dass die Mitglieder sie als solche wahrnehmen und um die Frage, warum dies für sie von Bedeutung ist.

405   Selbst wenn sich seit den 1970er Jahren in einigen Bereichen (etwa in der Sexualität) tatsächlich eine Liberalisierung oder Lockerung der Triebbeherrschung andeutet, sind auf anderen Gebieten die Etikettenregeln und Selbstzwänge deutlich stärker geworden. So setzt, wie Elias (1997a/b) gezeigt hat, etwa das gemischtgeschlechtliche Baden in einem Freibad starke und umfassende Affekt- und Triebkontrollen voraus.

gestellt. (Vgl. Elias 2006c: 400.) Dazu kommt, dass, wie wir oben gesehen haben, die Länge der Handlungsketten und die Komplexität der gesellschaftlichen Beziehungsnetze ein hohes Maß an Voraussicht und körperlicher wie emotionaler Selbstkontrolle verlangt (vgl. Elias 197a/b). Dies gilt nicht nur für den Bereich der beruflichen Arbeit, sondern für alle Lebensbereiche – bis in die intimsten Sphären des Familienlebens und der Sexualität (vgl. Kuzmics 1989: 300-303). Vor allem Menschen aus niedrigeren gesellschaftlichen Milieus, deren Affektmodellierung noch stärker auf vormoderne, funktional wenig integrierte Beziehungsstrukturen (vgl. Dunning 2003: 413-416) ausgerichtet ist, sind mit den Ansprüchen, die in funktional hochdifferenzierten Gesellschaften an das Verhalten gerichtet werden, oft überfordert. Angesichts dieser komplexen Anforderungen ist es nicht verwunderlich, dass viele Menschen verunsichert sind, wie sie sich in welcher Situation verhalten sollen und welches Verhalten sie vom jeweiligen Gegenüber erwarten können. Auch dieser Verunsicherung kommen Freizeitvereine wie Krampus- bzw. Perchtengruppen entgegen.

Zunächst erlaubt schon der Glaube (oder besser: die Überzeugung), dass die sozialen Positionen innerhalb der Gruppe stabil und ihre jeweilige Ausstattung mit Rechten und Pflichten für jedes Gruppenmitglied sichtbar sind, Verhaltenssicherheit. Man weiß nicht nur, wie man sich jedem anderen Gruppenmitglied gegenüber zu verhalten hat, man kann auch davon ausgehen, dass dies alle Mitglieder wissen und sich auf erwartbare Weise verhalten werden. Darüber hinaus ist das Verhalten jedes einzelnen Mitglieds entsprechend seiner Position bzw. Funktion in mehr oder weniger formellen, mehr oder weniger strengen Vorschriften reguliert. Alle angemeldeten Vereine verfügen über schriftlich fixierte Regeln (die sogenannten Statuten), in denen sowohl die Rechte und Pflichten jedes Typs von Mitglied als auch die möglichen Sanktionen und die zur Sanktionierung legitimierten bzw. verpflichteten Personen festgelegt sind. Das gleiche gilt, wenn auch in weniger formeller Form, für Gruppen, die zwar nicht über schriftlich festgehaltene Regeln, aber stattdessen über einen Satz etablierter und allgemein anerkannter Verhaltensnormen verfügen. Darüber hinaus haben sich – wie sowohl Beobachtungen als auch Gespräche gezeigt haben – in vielen Krampus- bzw. Perchtengruppen, aber auch auf *Krampusmania,* bestimmte Rituale zur kollektiven Problemlösung entwickelt, die bei der Bewältigung schwieriger oder besonderer Situationen helfen. Wenn etwa die Sinnhaftigkeit heutiger Krampusbrauchformen oder die Legitimität der sie betreibenden Vereine in Frage gestellt wird, reagieren die Mitglieder auf spezifische Weise. Indem sie innerhalb der Krampus-Gemeinde allgemein bekannte und anerkannte Rituale zur Lösung dieser Probleme anwenden, stellen sie auch die in Frage gestellte Ordnung und Selbstsicherheit wieder her. Gleichzeitig verdeutlichen sie die normativen Gesamtorientierungen der Gruppe bzw. der Gemeinde und explizieren damit die ansonsten impliziten Verhaltensrichtlinien. Auch dadurch wird das Verhalten der anderen erwartbar. (Vgl. Soeffner 1989.)

Ein Beispiel hierfür ist die Sitte, die sich auf *Krampusmania* und in anderen Diskussionsforen in den letzten Jahren eingebürgert hat, in Diskussionen über Bilder von Masken oder anderen Ausrüstungsgegenständen immer wieder die Formel: *„Aber das ist Geschmacksache"* (oder einen sinnäquivalenten Satz) einzubauen. Diese Redewendung signalisiert, dass andere Meinungen prinzipiell akzeptiert werden und ist daher zunächst ein Zeichen für eine recht zivilisierte Gesprächskultur (vgl. Elias 2003: 59-74.) Natürlich ist sie, gerade wenn sie an eine derbe Beschimpfung angehängt wird, auch ein Mittel, der Rüge durch einen Administrator zu entgehen. Den oben angeführten Überlegungen entsprechend kann man diese Formel jedoch auch als vorsorgliche Absicherung gegen eine grundsätzliche Infragestellung der Zeitgemäßheit des Krampus- bzw. Perchten-brauches verstehen. Auch wenn bestimmte Maskenarten heftig diskutiert werden und deren Bezug zum „echten Brauchtum" in Frage gestellt wird, soll doch die Sinnhaftigkeit der vereinsmäßigen Pflege von Krampus- und Perchtenbräuchen unberührt bleiben. Wie gezeigt wurde, sehen die *Krampusmania*-Betreiber die Stärke ihres Online-Portals gerade in dieser ideologischen Offenheit und ihre Stärke darin, verschiedensten Meinungen und Brauchauffassungen Raum zu bieten. Im folgenden Kommentar eines *Krampusmania*-Users findet man diesen Vorgang recht plastisch wieder.

> „Des is vom Brauchtum oba scho weit weg von jahr zu jahr wiads brutala und bald schmian ma uns alle blut ins gsicht und laufn umadum wi a boa Geistesgstörte Des san koane TEUFELN neama des san zerschnittene FICHA oba jeder hot sei eigenen Gschmok Gott sei Dank" (Username anonymisiert, krampusmania.at, 14.01.2011 [02.12.2011].)[406]

(8) Eindeutige äußere Grenzen. Das letzte Argument dieses Abschnitts gilt wohl nicht für alle Typen von Freizeitvereinen, aber sehrwohl für Sportvereine, Fan-clubs und Krampus- bzw. Perchtengruppen: sie ziehen recht eindeutige Grenzen zwischen innen und außen, „Wir-" und „Sie-" bzw. „Ihr-Gruppe", und benennen eindeutige Gegner. Diese Grenzziehungen sind häufig in den Glaubensaxiomen und Handlungsnormen der Gruppen verankert. Gleichzeitig unterstreicht die Betonung dieser Grenzen die Gruppensolidarität und -identität, bestätigt die Gruppenwahrheiten und die Identifikation der Mitglieder mit der Gruppe und verfestigt die inneren Hierarchien. Dass das Prinzip der Gegnerschaft und Ab-grenzung zur Verstärkung der inneren Integration beiträgt, wurde im siebenten

---

406 Rettei – Galerie – KRAMPUSMANIA das Original, 14.01.2011. URL: http://krampusmania. at/index.php?page=UserGalleryPhoto&photoID=129&commentID=413#comment413 (letzter Zugriff: 02.12.2011).

Kapitel am Beispiel der Auseinandersetzungen mit aggressiven Zuschauern gezeigt. Ebenso konnte gezeigt werden, dass Krampus- und Perchtenvereine aufgrund dieser Struktureigentümlichkeiten den emotionalen Bedürfnissen von
Menschen entgegenkommen, die ein besonderes Bedürfnis nach Abgrenzung
von sozialen Gruppen haben, die vom Brauchgeschehen ausgeschlossen bzw. nur
in der Form des (schwächeren) Gegners zugelassen sind. Dabei hat sich auch
gezeigt, dass der anvisierte Gegner weder eine konkret fassbare Person oder
Gruppe noch über die Zeit konstant sein muss. So wird das Ausüben und Pflegen
des Krampusbrauchs von verschiedenen Fraktionen als Gegenprojekt gegen
verschiedenste Personen, Organisationen, Ideen und Entwicklungen angesehen.
Am stärksten und emotionalsten ist diese Grenzziehung bzw. Abgrenzung jedoch, wenn sie gegen einen eindeutig benennbaren, physisch anwesenden Gegner erfolgt, wie die Auseinandersetzungen mit Zuwanderergruppen zeigen.

8.3.3 Mimesis und Explosion – Erlebnis und Gewalt als Intensivierung der Emotionen

Die meisten der in den beiden ersten Abschnitten (8.3.1 und 8.3.2) angeführten
Argumente gelten nicht nur für Krampus- und Perchtenbräuche, sondern auch für
viele andere gruppenmäßig organisierte Freizeitaktivitäten. Dies hat auch damit
zu tun, dass wir uns bisher hauptsächlich mit den Gruppen selbst und weniger
mit deren Aktivitäten beschäftigt haben. Außerdem wurde bisher nur ein Aspekt
menschlicher Emotionen, der subjektiv-gefühlsmäßige, beleuchtet. Die Verhaltenskomponente wurde hingegen weitgehend als Ausdruck dieser Emotionen
oder als Reaktion auf bestimmte emotionale Bedürfnisse verstanden. Diese Verkürzung mag für die bisherigen Ausführungen sinnvoll gewesen sein und dem
gängigen Begriffsverständnis entsprechen. Die folgenden Überlegungen sollten
jedoch deutlich machen, dass diese Sichtweise, wenn sie nicht durch weitere
Überlegungen ergänzt wird, irreführend ist. Betrachtet man nämlich, wie Elias
(2006c: 351-384) dies gefordert hat, neben der gefühlsmäßigen auch die Verhal-
tens- und die somatisch-physiologische Komponente von Emotionen, wird klar,
dass sich ein Krampuslauf auf ganz bestimmte Weise vom Briefmarkensammeln,
vom gemeinsamen Musizieren oder vom Schachspielen – und in einigen Gesichtspunkten auch vom Eishockeyspielen und vom Anfeuern einer Fußballmannschaft – unterscheidet. Gerade im Hinblick auf die motorischen und somatischen Aspekte von Emotionen sowie im Hinblick auf den Aspekt der Körperlichkeit bieten Krampusläufe etwas, womit viele andere Freizeitaktivitäten nicht
– oder zumindest nicht in dieser Intensität und Fülle – dienen können.

(1) Mimetische Ereignisse. Im sechsten und siebenten Kapitel wurde analysiert, wie und warum man Krampus- und Perchtenbräuche auch als soziale Enklaven verstehen kann, die es Brauchausübenden und Zuschauern ermöglichen, innerhalb eines klar abgesteckten zeitlichen und räumlichen Rahmens Affekte auszuleben und emotional-körperlichen Bedürfnissen nachzugehen, die im Alltag mit umfassenden Tabus und Verboten belegt sind. In einer hochdifferenzierten Gesellschaft, in der nicht nur der Bereich der Arbeit, sondern auch das Freizeit- und Familienleben nach einer gleichbleibenden und stetigen Unterordnung persönlicher Gefühle unter unpersönliche soziale Anforderungen verlangt, ist dies eine bedeutende gesellschaftliche Funktion. (Vgl. Elias / Dunning 2003.) Dass Krampus- und Perchtenläufe bei so vielen Menschen so beliebt sind, hängt, so die hier vorgetragene These, auch damit zusammen, dass sie verschiedene mimetische Funktionen, die ansonsten nicht von einer, sondern von mehreren verschiedenen Freizeitaktivitäten erfüllt werden, in sich vereinen – und zwar sowohl hinsichtlich der Gefühls- als auch der somatischen und der Verhaltenskomponente.

Wie bei anderen physischen Sportarten ist auch bei einem Krampus- bzw. Perchtenlauf die körperliche Bewegung mit ihren physiologischen Begleiterscheinungen (Anstrengung, Erschöpfung, Kurzatmigkeit, Schwitzen, Aufregung, den eignen Körper spüren) von zentraler Bedeutung. Dies gilt sowohl für die Maskierten als auch für die Zuschauer – auch wenn sie durch Absperrgitter voneinander getrennt sind. Ferner kann man einen Krampuslauf – ähnlich wie Mannschaftssportarten wie etwa ein Fußball-, Handball- oder Eishockeymatch – als (imaginierten und physischen) Scheinkampf verstehen, bei dem die Gruppenidentifikation, der körperliche Kontakt und das Prinzip der Gegnerschaft zentral sind. Dieses Prinzip nimmt in den meisten Fällen spielerischen Charakter an, etwa wenn es um das Drohen oder das gegenseitige Necken von Krampussen und männlichen wie weiblichen Zuschauern geht. Wie jedoch im siebenten Kapitel anhand des Krampus-Hooliganismus gezeigt wurde, verstärken Körperlichkeit und Gegnerschaft sowohl die Gruppensolidarität als auch die Emotionalität, sodass der Scheinkampf jederzeit in ein reales Gefecht und die dargestellte bzw. angedrohte Gewalt leicht in reale, ernsthafte Gewalt umschlagen kann.

Darüber hinaus haben Krampus- und Perchtenläufe mit Action- und Horrorfilmen gemeinsam, dass sie bei den Zuschauern Spannung, Angst, Grusel und Ekel hervorrufen, weil sie gesellschaftlich latente Ängste materialisieren und gruselige Fratzen, inszenierte physische Gewalt und körperliche Vorgänge zeigen, die im realen Leben hinter die Kulissen gedrängt oder mit starken Scham- und anderen Unlustgefühlen belegt sind. Im siebenten Kapitel wurde illustriert, dass diese Inszenierungen zwar die im Alltag erlaubten Maße weit überschreiten, dass sie dies jedoch innerhalb gewisser gesellschaftlicher Konventionen tun.

Schließlich unterscheiden sich Krampusläufe von sehr vielen Freizeitbeschäftigungen – vielleicht mit Ausnahme von Kampf- und Extremsportarten bzw. Sadomaso-Praktiken – dadurch, dass der Angst vor tatsächlichen körperlichen Schmerzen eine zentrale Bedeutung zukommt. Das Drohen und Strafen spielte, wie im ersten und zweiten Kapitel gezeigt wurde, bereits in den mittelalterlichen und frühneuzeitlichen Fasnachtsumzügen und Rügebräuchen, die man aus heutiger Sicht als Vorläufer heutiger Maskenfolklore ansehen kann, eine wesentliche Rolle. Ganz sicher gilt dies auch für den häuslichen Einkehrbrauch, der ab dem Ende des 17. Jahrhunderts belegt ist (vgl. Berger 2000: 77).

(2) Mimesis und Milieu. Dass bei einem Krampus- bzw. Perchtenlauf einige körperlich-emotionale Bedürfnisse unmittelbarer ausgelebt können als im Alltag, bedeutet jedoch nicht, dass die Trieb- und Affektkontrollen völlig gelockert werden und die Anwesenden sich vollkommen gehen lassen können. Die Grenzen, innerhalb derer die Lockerung erlaubt ist, sind nur etwas weiter nach außen verschoben, sodass der Spielraum etwas größer ist. Sie sind aber nicht weniger starr und mit nicht weniger starken Tabus belegt als dies im Alltag der Fall ist. Gleichzeitig werden sie im Eifer des Gefechts leichter überschritten. Gerade weil ein Krampuslauf den Anwesenden eine Lockerung der emotionalen Selbstkontrolle erlaubt, ist der Grat zwischen Spiel und Ernst besonders schmal und die Einhaltung der Grenzen verlangt besonders viel Disziplin. Gerade weil man sich emotional auf ein Scheingefecht anlassen und auch in körperlichen Kontakt mit dem „Gegner" treten kann, müssen alle Beteiligten über ein hohes Maß an Selbstbeherrschung verfügen, damit aus einem spielerischen kein ernsthafter Kampf wird.

Dies gilt bei einem Krampus- oder Perchtenlauf umso mehr, als hier Menschen aus verschiedenen gesellschaftlichen Milieus aufeinander treffen, deren Affekthaushalte, emotionale Bedürfnisse und entsprechende Handlungsnormen sich auf spezifische Art und Weise voneinander unterscheiden. Mögen diese Unterschiede im Alltag keine große Rolle spielen; in der aufgeladenen Atmosphäre eines Krampus- bzw. Perchtenlaufes treten sie besonders deutlich zutage. Zunächst fällt auf, dass die Verhaltensstandards, Männlichkeitsnormen und der Grad der emotionalen Selbstkontrolle bestimmter Zuschauergruppen von jenen abweichen, die in hochdifferenzierten Gesellschaften idealtypisch vorherrschen. Wie im siebenten Kapitel gezeigt wurde, sind es meist männliche Jugendliche – häufig, aber keineswegs immer, mit Migrationshintergrund –, deren Verhalten das auf Krampusläufen übliche Maß an Aggressivität und Gewalttätigkeit überschreitet. Das spielerische Drohen und Necken kann jedoch nur dann in eine ernste Rauferei umschlagen, wenn auch einige Maskenträger ihre Affekte nicht unter Kontrolle halten können. Auch hier handelt es sich meist um männliche heranwachsende und junge Männer aus den sogenannten *„unterprivilegierten*

Volksmilieus mit geringen Qualifikationen" (Vester et al. 2001). Sie zeichnen sich nicht nur durch eine weniger stabile emotionale Selbstkontrollapparatur, sondern auch durch Normen aggressiver Männlichkeit, eine höhere Wertschätzung der Fähigkeit zum Kämpfen und durch starke lokale und nationale Wir-Gefühle aus (vgl. Dunnings 2003: 413-416). Da sie ihre ohnehin schwache gesellschaftliche Stellung durch Zugewanderte bedroht fühlen, haben sie ein besonders starkes Bedürfnis, sich von ihnen abzugrenzen. Weil sich erworbene Eigenschaften, wie etwa Bildung, nicht als Abgrenzungskriterium eignen, greifen sie dazu – wie wir gesehen haben – auf ethnische Vorurteile zurück und bezeichnen „die Ausländer" als unzivilisiert, aggressiv und gewalttätig. (Vgl. Treibel 2011: 204.) Diese Vorgehensweise ist jedoch keineswegs auf bestimmte soziale Milieus beschränkt. Vielmehr hat sie sich in den letzten Jahren innerhalb der ganzen Krampusszene verbreitet und zu einer allgemein anerkannten Wahrheit entwickelt.

(3) Körperliche Bewegung und Identität. Auch Kaufmann hat gezeigt, dass von jenen *„kleinen"* oder *„gewöhnlichen Leidenschaften"* eine besondere identitäre Kraft ausgeht, die körperliche Bewegung beinhalten oder in Opposition zu einem klar identifizierbaren Gegner ausgeübt werden. In diesem Fall werden Hobbys zu *„mehr oder weniger kontrollierten emotionalen Explosionen [...], die den Identitätsbekräftigungen eigen sind"* (Kaufmann 2005: 122), zu sozialen Enklaven. Emotionen sind wichtig für die Erfahrung von Identität, weil zu viel Reflexivität ihren *„heiligen Charakter"* beeinträchtigen würde. Daher eigenen sich Krampusläufe besonders gut dazu, Sinn hervorzurufen und Identität zu erfahren. Kaufmann spricht in diesem Zusammenhang von einer *„zweiten Phase des Zivilisationsprozesses"* (ebd.).

> „Mangels eines Lebenssinns, der in Form von Werten oder Zielen ausgedrückt wird, füllen die (positiven) Gefühle das Bewusstsein mit einem Inhalt, der die Illusion von Fülle und Gewissheit schafft. Der Sinn ist nicht klar, wird aber zutiefst empfunden und ist angenehm.
> Dieser unbestimmte, mit Gewissheit erfüllende Sinn, der im Gegensatz zu der existenziellen Schwäche des nichtsdestoweniger ‚wirklichen Lebens' steht, kann wahre Gipfel erreichen, wenn in bestimmten Kontexten die Gefühle noch stärker werden. Dann besteht keine Notwendigkeit der Umhüllung mehr. Allein die Gefühle verleihen und schließen den Sinn durch den Schwung der Bewegung, der in ein gleichwohl nur schlecht definiertes Anderswo mitreist. Die Extremsportarten und waghalsige Aktionen sind gewissermaßen beispielhafte Momente, in denen ‚die Existenz zum Glühen gebracht wird'." (Ebd.: 117.)

(4) Körperlichkeit, Identität und Milieu. Zwar sind starke Emotionen nötig, um Identität herzustellen, aber dies funktioniert auf konstruktive Weise nur, wenn das Individuum über ein hohes Maß an emotionaler Selbstkontrolle und eine gute

Ausstattung mit ökonomischen, sozialen und kulturellen Ressourcen verfügt (vgl. ebd.: 120-122). In diesem Fall nimmt die emotionale Explosion die Form eines mimetischen Ereignisses an. Nach dieser vorübergehenden „explosiven Behauptung", die das Leben lebendiger und erfüllter erscheinen lässt, kehrt der Einzelne jedoch zu seiner gewöhnlichen, angepassten Identität zurück. Auch wenn dieser Explosion eine ehrlich empfundene Empörung zugrunde liegt[407], ist deren Funktion aufgrund des vorübergehenden und nicht-existenziellen Charakters als mimetisch zu bezeichnen. (Vgl. ebd.: 228f.)

Bei den gesellschaftlich schwächsten Milieus kommt jedoch zur Unfähigkeit, aus dem beruflichen Alltag Selbstachtung zu gewinnen, und zur schwächer ausgebildeten Selbstkontrollapparatur hinzu, dass ihr Repertoire an möglichen positiven Selbstbildern durch ihre schlechte Ressourcenausstattung auch in der Freizeit beschränkt ist. Die einzige Ressource, über die diese Milieus verfügen, ist die Leidenschaft (vgl. ebd.: 220f.). Verfügt das Individuum jedoch nicht über genügend Ressourcen, um nach der Identitätsexplosion in ein anderes zufriedenstellendes Selbst zurückkehren zu können, wird der Mangel an Selbstachtung noch verstärkt. Die Wut bleibt latent bestehen und kann jederzeit ausbrechen, als *„[...] ein plötzlicher emotionaler Ausdruck, der bis zum Aufschrei, zum Zorn und sogar zur Gewalt gegen Menschen und Sachen reichen kann"* (ebd.: 228). Sie entlädt sich entweder als Implosion (Depression, harte Drogen, Selbstmord) oder als Explosion (Wut, Gewalt, Suche nach Reizen) (vgl. Ehrenberg 2004: 223). Dabei ist es möglich, dass die gesellschaftliche Stigmatisierung nicht mehr nach unten weitergeben, sondern in eine Ressource umgewandelt wird. *„Es geht um den Anspruch, dass man zum Lager der Barbaren gehört"* (Messu 1997: 172, zitiert nach Kaufmann 2005: 230). Dabei richtet sich die Wut gegen keinen bestimmten oder bestimmbaren Gegner – sie verfolgt weder klare Ziele noch politische Forderungen.

> „Das Wichtigste ist also nicht, etwas zu sagen – weil es eben nichts Genaues zu sagen gibt –, sondern zu schreien. Durch diesen Schrei zu leben, um die innere Konfusion der Selbstbilder zu beseitigen, die jede klare Botschaft verbieten, und auf das unstillbare Bedürfnis nach Anerkennung, das im Inneren nagt, zu reagieren." (Kaufmann 2005: 231.)

---

407   Diese oppositionelle Empörung kann man innerhalb der Krampusszene immer häufiger beobachten. Vieles spricht dafür, sie als Teil einer größeren Protestbewegung anzusehen – etwa mit den mitunter gewaltsamen Protesten in den Banlieues verschiedener französischer Großstädte oder mit den Montagsdemonstrationen von PEGIDA, aber auch mit den durchwegs von wohlhabenden, bürgerlichen Milieus getragenen Protestformen, für die sich in den letzten Jahren der Begriff „Wutbürger" durchgesetzt hat (vgl. Kurbjuweit, Der Spiegel, 2010/41: 26-27). Als Beispiele wären die Demonstrationen gegen Kürzungen im Sozialbereich, wie man sie im Jahr 2011 in der Steiermark beobachten konnte, oder auch die Großdemonstrationen gegen den Neubau des Stuttgarter Bahnhofs zu nennen.

Diese Einschätzung kann durch die Kommentare der *Krampusmania*-User nur bestätigt werden. Zwar ziehen sich gewisse Motive, wie etwa Ausländerfeindlichkeit, Konsumkritik und ein tiefes Misstrauen gegenüber „den Politikern" und „den Gutmenschen" durch die Kommentare; aber sie werden weder expliziert noch ziehen sie – zumindest bisher – über die Brauchpflege hinausgehende geplante Gemeinschaftshandlungen nach sich. Außerdem haben wir gesehen, dass selbst die Einigung auf den Gegner „Kommerzialisierung" auf grundverschiedenen Definitionen und Einschätzungen basieren kann, sodass ein-und-dieselbe Krampusmaske gleichzeitig als „wahres Brauchtum" und als endgültige „Abkehr vom Brauchtum" oder auch als „Zerstörung und Verfälschung des Brauchtums" angesehen wird. Jene, die nur aus der aktiven Teilnahme an einem Krampus- oder Perchtenlauf ein positives Selbstbild beziehen können, sind jedoch in viel größerem Maße von dessen Existenz abhängig als Menschen, die sich auch über die Arbeit, die Familie oder andere Hobbys definieren. Für viele ist der Krampus- bzw. Perchtenbrauch – und die Mitgliedschaft in einer Krampus- bzw. Perchtengruppe – die einzige Quelle der Selbstachtung.

8.3.4 Status – Hobbys als Weg zur „Ersatzreputation"

Diesem Unterkapitel liegt die Annahme zugrunde, dass Krampus- bzw. Perchtenbräuche auch deshalb eine so starke Anziehungskraft besitzen, weil sie reale oder befürchtete Statusverluste kompensieren und es ihren Mitgliedern ermöglichen, „jemand zu sein".

(1) Globale Außenseiter als lokale Etablierte. Wenn die Annahme stimmt, dass aufgrund der oben beschriebenen gesellschaftlichen Integrations- und Verflechtungsprozesse immer breitere Kreise sich selbst als Verlierer und Außenseiter wahrnehmen, kann es nicht verwundern, dass Vereine und Aktivitäten, die ein Gefühl der Etabliertheit vermitteln und die Selbstachtung wiederherstellen, großen Zuspruch erfahren. Dies gilt in besonderem Maße für jene sozialen Milieus, die man im Bereich der Berufsarbeit tatsächlich als Außenseiter bezeichnen kann, weil sie von statushohen Positionen – und überhaupt von vielen Vorteilen der sogenannten Globalisierung – ausgeschlossen sind. Im sechsten Kapitel konnte gezeigt werden, dass sich die Mitglieder von Krampus- und Perchtenvereinen vor allem aus zwei gesellschaftlichen Großmilieus rekrutieren: aus den *„unterprivilegierten Milieus"*, die bereits innerhalb der nationalen Figuration Außenseiter sind, und aus jenen Teilen der *„respektablen Volksmilieus"* (Vester et al. 2001), die sich noch als einigermaßen etabliert wahrnehmen, aber fürchten, auch zu Außenseitern zu werden.

Hier wird die These vertreten, dass das Leid, auf globaler – oder präziser: transnationaler – und teilweise nationalstaatlicher Ebene zu den Außenseitern zu gehören, gemindert wird, wenn man sich auf nationalstaatlicher oder regionaler Ebene als etabliert wahrnehmen kann. Daher ist nur allzu verständlich, dass gerade Maskenträger aus den betroffenen Milieus die Grenze zwischen sich und den Außenseitern (z.b. Zugewanderten) betonen und den Krampusbrauch als exklusiv zugängliches Gut erhalten wollen. Mögen die Zugewanderten im Arbeitsalltag zunehmend zu Konkurrenten werden, mögen sie auf gesamtgesellschaftlicher Ebene ihre Wertvorstellungen durchsetzen, mögen sie überhaupt „zur Mehrheit" werden – zumindest im Bereich der lokalen Kulturpflege bleiben sie Außenseiter. In diesem Zusammenhang sind auch die im siebenten Kapitel diskutierten Abgrenzungs- und Abwehrreaktionen gegen „Ausländer" zu verstehen. Nehmen diese als Zuschauer an den Umzügen Teil, werden sie als gewalttätige Zerstörer des Krampusbrauchs angesehen, die sich für „österreichische Bräuche" nicht interessieren. Will aber ein Jugendlicher aus einer Zuwandererfamilie einer Krampusgruppe beitreten, löst dies mindestens ebenso emotionale Abwehrreaktionen aus, wie der folgende Ausschnitt aus einer Facebook-Diskussion zeigt.

> „Heute habe ich wieder eine schlimme entdeckung machen müssen! Weibliche Krampussläuferinnen, und jetzt kommt das schlimmste, Türken und Jugos als Krampusse, ich kann es kaum fassen! Was haltet ihr von dieser Ideotie?" (Zurück zum Ursprung!, facebook.com, 26.11.2009 [06.12.2011].)[408]

> „[...] es ist eine Sache die schon Seit jeher von Männer betrieben wird und ich hoffe es wird auch weiterhin so bleiben. Ich bekomme Gänsehaut, wenn ich an Türken und Jugos beim Krampuslauf denke. Deren Meinung ist meist: *,Voll krass mann, da könn ma wida ungestraft auf a poa österreicher eindreschen!'"* (Zurück zum Ursprung!, 27.11.2009, ebd.)

In diesen Kommentaren wird deutlich, dass sich Zuwanderer aus der Sicht vieler Mitglieder der Krampusgemeinde immer falsch verhalten, unabhängig davon, was sie tun. Der Betreiber dieser Facebook-Gruppe hat offensichtlich am 26. November 2009 das erste Mal beobachtet, dass Jugendliche, die er als *„Türken und Jugos"* identifiziert, am Brauchgeschehen als Maskenträger teilnehmen. Bereits einen Tag später beschreibt er deren angebliche Meinung. Es spricht einiges dafür, dass diese Darstellung weniger auf Tatsachen oder auf persönlichen Gesprächen mit den Betroffenen beruht als auf einer Übertragung von Vorurteilen und negativen Erfahrungen mit angeblich „ausländischen" Zuschauern.

---

408 Zurück zum Ursprung! KRAMPUSLAUF WIE IN ALTEN ZEITEN. URL: http://de-de.facebook.com/pages/Zur%C3%BCck-zum-Ursprung-KRAMPUSLAUF-WIE-IN-ALTEN-ZEITEN/172342376667 (letzter Zugriff: 06.12.2011).

So begründet der Verfasser seine Einschätzungen lediglich mit der „Meinung", die „Türken und Jugos" angeblich „meist" hätten, während er auf das Verhalten der Burschen nicht eingeht. Wie im siebenten Kapitel gezeigt wurde, dienen „die Ausländer" den Brauchausübenden als negativer Identifikationspunkt, mit dessen Hilfe der innere Zusammenhalt gestärkt, die innere Hierarchie gefestigt und die Legitimität der eigenen Mission bestätigt wird.[409]

In mehreren Kommentaren, die im siebenten Kapitel besprochen wurden, ist zu lesen, man werde, wenn man von negativen Erfahrungen mit Zugewanderten berichtet, gleich als „Nazi" bezeichnet. Diese Klage zeugt davon, dass sich die Verfasser in ihren Ängsten und Problemen nicht ernst genommen fühlen. Da die Probleme der unteren von den führenden gesellschaftlichen Milieus offensichtlich nicht geteilt bzw. nicht einmal als solche wahrgenommen werden, gibt es keine gesellschaftlich bewährten und anerkannten Mittel des Umgangs mit diesen Problemen. So bleibt den unteren Milieus nichts anderes übrig, als auf Mittel zurückzugreifen, die von den Mächtigen wiederum als unzivilisiert, „rassistisch" oder zumindest als übertrieben angesehen werden: sie diskriminieren jene, die noch Schwächer sind als sie selbst, und jene, die sie als Auslöser verschiedener gesellschaftlicher Probleme wahrnehmen (oft sind das dieselben). Im Gegenzug werden sie von den führenden Milieus als „Unterschicht" stigmatisiert und so mit den Schwächsten in einen Topf geworfen. Eine Möglichkeit, dem dadurch drohenden Verlust der Selbstachtung entgegenzutreten, ist, den kulturell führenden Milieus – oder „Eliten" – die Anerkennung als „Etabliertengruppe" zu verweigern und ihnen damit die Definitionsmacht zu entziehen.

Ohne an dieser Stelle näher darauf eingehen zu können, sei erwähnt, dass man im Anschluss an Robert K. Mertons Anomietheorie (Merton 1968: 283-313.) idealtypisch verschiedene Arten der De-Etablierung von Etabliertengruppen und der gleichzeitigen Re-Etablierung der eigenen sozialen Gruppe unterscheiden könnte, indem man das Verhältnis von kulturell anerkannten Zielen und den Mitteln zu deren Erreichung untersucht.

Akzeptieren die Brauchträger aus den relativ machtlosen Milieus sowohl die gesellschaftlich anerkannten Ziele (z.B. ökonomischen Wohlstand, statushohe berufliche Position, Konsum von Statussymbolen) als auch die Mittel zu deren Erreichung (Bildung, beruflicher Erfolg), müssen sie sich eingestehen, dass sie aus Ermangelung der Zweiten die Ersten kaum in dem Maße erreichen können, wie sie es sich wünschen. Diese Haltung würde der Akzeptanz des Status Quo und in Mertons Worten dem Handlungstyp der (a) Konformität entsprechen.

In vielen Krampusmania-Kommentaren sind jedoch auch Varianten des Handlungstyps (b) Innovation zu finden, der sich dadurch auszeichnet, dass zwar

---

409 Zur Gleichsetzung der Teilnahmeansprüche von Zugewanderten und Frauen siehe 6.4.7.

die gesellschaftlich vorherrschenden Ziele verfolgt, aber die legitimen Mittel zur Erreichung dieser nicht akzeptiert werden – bzw. dass aus Ermangelung der legitimen Mittel andere Wege zur Zielerreichung eingeschlagen werden. Die Varianten des innovativen Handlungstyps lassen sich danach unterscheiden, ob die Brauchträger selbst zu illegitimen Mitteln greifen, um gesellschaftlich anerkannte Ziele zu erreichen, oder ob sie diese Vorgehensweise den gesellschaftlich dominierenden Milieus vorwerfen. Ein Beispiel für die erste Haltung wäre der Aufruf, „sich nichts mehr gefallen zu lassen" und Gewalt gegen „Ausländer" anzuwenden, um die soziale Ordnung (wieder) herzustellen. Die zweite Haltung spiegelt sich in Wortmeldungen wider, in denen den mächtigeren und kulturell dominierenden Milieus (den „Eliten") unterstellt wird, sie hätten ihren Etabliertenstatus auf illegitime Weise erreicht (z.B. verlogene Politiker, ausbeutende Banker, heuchlerische Gutmenschen).

Vermutlich kann man das Ansinnen, alte – bzw. vermeintlich alte – gesellschaftliche Praktiken zu pflegen und wiederzubeleben, ohne dabei ihre früheren Bedeutungen und Inhalte (sondern aktuelle Intentionen und Bedürfnisse) im Sinn zu haben, auch als (c) *Ritualismus* verstehen. Im letzten Abschnitt dieses Kapitels wird argumentiert, dass dieses Festhalten an überkommenen, von ihren alten Inhalten und gesellschaftlichen Funktionen losgelösten gesellschaftlichen Praktiken durch das Prinzip der (scheinbar) unveränderten Wiederholung und durch den äußerlichen Vergangenheitsbezug jene Verunsicherungen ausgleicht, die durch das Verschwimmen bzw. Verwerfen gesellschaftlich anerkannter Ziele entstehen. Die folkloristische Brauchtumspflege weicht schon durch ihre ästhetischen Leitbilder und erst recht durch ihre mitunter völkisch-national argumentierten Kontinuitätsansprüche von den Geschmäckern, aber auch von den Denk- und Sprachmitteln der kulturellen Eliten ab. Diese Abweichung kann jedoch, wie wir weiter unten sehen werden, verschiedene Formen annehmen.

So kann die Begeisterung für den Krampus- bzw. Perchtenbrauch als (d) *Rückzug* (auch in Mertons Verständnis als Selbst- oder Fremdexklusion) aus einer als bedrohlich wahrgenommenen Welt in Erscheinung treten. Statt nach den scheinbar ohnehin nicht erreichbaren kulturellen Zielen zu streben oder die legitimen Mittel der Zielerreichung (etwa durch Fortbildung) zu erwerben, gehen viele Krampusfans ganz in der Brauchtumspflege auf, wo beide, kulturelle Ziele und legitime Mittel, keine Bedeutung zu haben scheinen.

Andere Krampusläufer verstehen ihre Form der Brauchausübung hingegen als Akt der (e) *Rebellion* gegen gesellschaftliche Missstände bzw. Fehlentwicklungen, die sowohl als Protest- wie auch als gesellschaftliche Erneuerungsbewegung zu beobachten ist. In beiden Fällen wird den etablierten kulturellen Zielen und den gesellschaftlich akzeptierten Mitteln, diese zu erreichen, die Legitimität abgesprochen. Stattdessen werden ihnen neue (bzw. „alte") Ziele und Mittel

gegenübergestellt. Diese Haltung liegt etwa der Gegenüberstellung von intellektuellem Geschwafel und „gesundem Hausverstand" zugrunde.
(2) Ersatzreputation. Auf diese Weise verschaffen Krampus- und Perchtenvereine ihren Mitgliedern eine Art Ersatzreputation. Wie der folgende Interviewausschnitt zeigt, ist die Mitgliedschaft in einem angesehenen Verein nicht nur für das Selbstwertgefühl des Einzelnen von Bedeutung, sondern auch für die Herstellung, Aufrechterhaltung und Bestimmung von dessen Reputation in der dörflichen Gemeinschaft.

> „In manchen österr. Gemeinden kommt es vor, dass es kaum einen Jugendlichen gibt, der nicht in einer Krampus- und Perchtengruppe ist. Ist man also in keiner Gruppe aktiv, kann man schnell als Außenseiter gelten. Die Gruppenwirkung ist mittlerweile auch bei Krampus- und Perchtenvereinen nicht mehr zu unterschätzen." (Interview Steyerer, 14.09.2011.)

Mag man im beruflichen Alltag ein Verlierer und in seinen intimen Beziehungen unglücklich sein – als Mitglied eines lokal etablierten Vereines ist man ein wertvoller Teil der Gesellschaft (oder zumindest der Gemeinde). Als wichtige Bestandteile der lokalen Kultur- und Vereinslandschaft sind Krampus- und Perchtenvereine dazu legitimiert, den Krampus- bzw. Perchtenbrauch auszuüben. Wie die während der Krampuszeit in Regionalmedien massenhaft abgedruckten Wortmeldungen diverser selbsternannter Brauchtumsexperten zeigen, beanspruchen die Krampus- und Perchtenvereine dieses Privileg sogar als exklusives Recht für sich. Dies ist jedoch nur möglich, weil diese Vereine in der öffentlich-medialen Wahrnehmung über Kompetenzen und brauchbezogenes Fachwissen verfügen. Und dieser Status strahlt auch auf die einzelnen Mitglieder aus. Dies gilt jedoch im übertragenen Sinne auch für Fußballvereine oder Musikkapellen. Der zentrale Unterschied besteht darin, dass die (erfolgreiche und statuserhöhende) Mitgliedschaft in einem Fußballverein ein bestimmtes Maß an fußballerischen Fähigkeiten und die Mitgliedschaft in einer lokalen Blaskapelle die Beherrschung eines entsprechenden Musikinstruments voraussetzt. Im Gegensatz dazu ist die Mitgliedschaft in einem Krampus- oder Perchtenverein an keine besondere Fähigkeit geknüpft. Dies gilt in eingeschränktem Maße auch für den zeitlichen Aufwand. Natürlich investieren die Mitglieder einer Krampus- oder Perchtengruppe einen nicht unerheblichen Teil ihrer Freizeit in die Vorbereitung der kommenden Saison; und von Mitte November bis Mitte Dezember bleibt wohl kaum Zeit für andere Freizeitaktivitäten. Aber verglichen mit dem wöchentlichen Trainingsaufwand und den laufenden Meisterschaftsspielen einer Fußballmannschaft oder der Probenzeit und den Auftritten einer Blaskapelle ist die jährliche Zeitinvestition doch eher gering.[410] *„Nichts können, wenig anstrengen"*, hat ein Brauchtumsexperte, dessen Name hier nicht genannt werden muss, die Vorzüge eines Krampus- bzw. Perchtenvereines auf den Punkt gebracht. Wer über die nötigen sozialen Kontakte verfügt, genug Geld hat, um sich jährlich eine neue Ausrüstung kaufen zu können, und bereit ist, einen Monat im Jahr auf sonstige Freizeitaktivitäten zu verzichten, kann prinzipiell Mitglied werden.

Das bedeutet nicht, dass nicht unzählige Krampus- und Perchtenfans verschiedenste Fertigkeiten und einen erheblichen Zeitaufwand in ihre Vereinstätigkeit einbringen. Aber dies ist keine notwendige Voraussetzung für die Mitgliedschaft in einem Krampus- oder Perchtenverein – oder gar für die Teilnahme an einem Krampus- oder Perchtenlauf. Diese vergleichsweise niedrige Zugangsschwelle hat nicht nur zum starken Andrang auf bestehende Krampus- und Perchtenvereine, sondern auch zur Gründung hunderter neuer Vereine beigetragen. Allerdings spricht einiges dafür, dass die Attraktivität von Krampus- bzw. Perchtenbräuchen nicht nur auf das Fehlen von Kenntnis- oder Fähigkeitsbezogenen Anforderungen zurückzuführen ist, sondern dass im Rahmen der breiten Expansionsbewegungen der letzten 15 bis 20 Jahre zusätzlich der von jedem Brauchausübenden zu leistende Aufwand und die von jedem Vereinsmitglied zu übernehmende Verantwortung gesunken sind.

Wie wir im sechsten Kapitel (siehe 6.4.5 und 6.4.6) gesehen haben, wird die quantitative Expansion keineswegs von allen etablierten Brauchträgern gutgeheißen. Im Anschluss an Eckart Voland (2009: 83-96) kann man dieses Dilemma auch als Trittbrettfahrerproblem verstehen. Angesichts der im sechsten Kapitel angestellten Überlegungen könnte man vermuten, der Aufwand, den die Mitgliedschaft in einem Krampus- oder Perchtenverein trotz allem mit sich bringt – von den finanziellen Kosten der Ausrüstung über den zeitlichen Aufwand bis zu den mit der moralischen Verlässlichkeit verbundenen emotionalen Kosten –, reiche aus, um das Fehlen von Anforderungen an Fähigkeiten, Kenntnisse und Talente auszugleichen, und um zu verhindern, dass Personen einem Verein beitreten, die lediglich die Vorteile der Gruppensolidarität nutzen möchten, ohne selbst in den Verein – und damit in die Szene und die von ihr gepflegten Brauchformen – zu investieren.

Die rezente Expansion von Krampus- und Perchtenbräuchen war jedoch nicht nur mit einer Anonymisierung der Krampus- und Perchtenszene, sondern auch mit der Institutionalisierung und Professionalisierung vieler Tätigkeiten verbunden. Aufgrund der Anonymität können nun auch jene von den von der Krampus- und Perchtenszene produzierten kollektiven Gütern profitieren, die nicht bereit sind (oder keine Gelegenheit erhalten), in sie zu investieren. Da es

---

410 Viele Krampusläufer sind natürlich gleichzeitig Mitglied in einem Fußballverein, einer Blaskapelle oder einem anderen Verein.

mittlerweile nicht nur tausende Gruppen, sondern auch jährlich hunderte Krampus- und Perchtenläufe gibt, kommen auch jene Gruppenmitglieder und Vereine in den Genuss des Krampus- bzw. Perchtenlaufens (und der damit verbundenen Reputation, Macht usw.), die sich kaum oder gar nicht um den Erhalt des Krampus- bzw. Perchtenbrauches bemühen – sei es durch die Organisation eines eigenen Laufes, die brauchbezogene „Aufklärung" brauchferner Bevölkerungsgruppen, die Beteiligung an Diskussionen über die adäquate Art der Brauchausübung oder auch nur durch vorbildhaftes Verhalten bei Krampus- und Perchtenläufen.

Da sich in den letzten Jahren ein großer und recht stabiler Pool an engagierten Brauchträgern, Vereinsobmännern und Veranstaltungsorganisatoren herausgebildet hat und darüber hinaus viele Abläufe schon institutionalisiert sind, ist es nicht nötig – und wohl auch nicht möglich –, dass alle Brauchausübenden selbst organisatorisch oder volksbildnerisch tätig werden. Obwohl im Zuge der Professionalisierung und Kommerzialisierung des Brauchtums der Aufwand, den eine Krampus- bzw. Perchtengruppe betreiben muss, um den Ansprüchen einer hochregulierten Veranstaltung zu genügen, deutlich gestiegen ist, hat die Größe und Anonymität gleichzeitig dazu geführt, dass einzelne Mitglieder von den kollektiv erzeugten Gütern (wie Reputation, Macht oder Spaß) profitieren können, ohne selbst die hohen zeitlichen und emotionalen Kosten (Verantwortung, Affektkontrolle, Identifikation mit dem Brauchtum) tragen zu müssen. Dies hat sicher dazu beigetragen, Krampus- und Perchtenbräuche für noch breitere Schichten attraktiv und kurzzeitige Vereinsmitgliedschaften möglich zu machen. Das gleiche gilt – wenn auch in geringerem Maße – für die Gründung neuer Gruppen, die auf den Vorarbeiten etablierter Vereine aufbauen können, ohne deren Risiko und Verantwortung zu tragen.

Aus der Perspektive vieler etablierter Brauchausübenden ist an dem rezenten Wachstum aber mindestens ebenso problematisch, dass – aus ihrer Sicht – nur wenige „Neue" bereit sind, sich bei der Nutzung der durch die Krampus- und Perchtenszene kollektiv erzeugten Güter (Läufe, Ansehen, Macht, Vergnügen, Selbstwertgefühl) zu beschränken. Das betrifft zum Beispiel die Bereitschaft, Verantwortung für die Gesundheit von Zuschauern und Gruppenmitgliedern zu übernehmen, statt sich dem wilden Treiben hinzugeben. Zwar haben im Zuge der Herausbildung großer, hochregulierter Veranstaltungen sowohl die Erwartungen an die Selbstkontrolle des einzelnen Brauchausübenden als auch die Standards der äußeren formalen Kontrollen zugenommen (siehe 6.4.12), aber gleichzeitig ist die soziale Kontrolle schwächer geworden. Daher hat die Expansion und Diversifizierung der Krampus- und Perchtenszene dazu geführt, dass man den Kreis der Brauchausübenden nicht mehr als „Referenzrahmen" (Welzer 2006) ansehen kann, in dem bestimmte Wertvorstellungen, Zielsetzungen und Handlungsnormen für alle Mitglieder verbindlich gelten. Sowohl das Verhalten einiger Maskierter als auch Gespräche mit etablierten Brauchträgern und Diskussionen auf *Krampusmania.at* legen den Schluss nahe, dass es gerade – aber nicht nur – in neu gegründeten, kleinen Krampus- und Perchtengruppen Brauchträger gibt, die die Wertvorstellungen und Handlungsnormen der Szene nicht in jenem Maße internalisiert haben, wie es sich die Etablierten wünschen würden. Dies ist auch darauf zurückzuführen, dass die Krampus- und Perchtenszene keineswegs homogen ist, sondern dass sie aus vielen Sub-Szenen mit unterschiedlichsten Brauchtumsauffassungen, Formvorlieben, Zielen und auch politischen Wertvorstellungen besteht, die miteinander beständig um mediale Aufmerksamkeit und brauchtumsbezogene Definitionsmacht konkurrieren (siehe drittes Kapitel).

Wie wir in diesem Kapitel schon gesehen haben und noch sehen werden, legen vor allem persönliche Gespräche und *Krampusmania*-Diskussionen den Schluss nahe, dass für einen überwiegenden Teil der Brauchausübenden die von ihnen geleisteten Investitionen – vom großen zeitlichen Aufwand über die sozialen Investitionen in das Vereinsleben und die emotionale Involviertheit in den Verein bis zu der als Pflicht angesehenen moralischen Verantwortung gegenüber dem Brauchtum – nicht in erster Linie als Kosten verstanden werden, sondern im Gegenteil selbst auch als Nutzen. Daher dürfte die von etablierten Brauchausübenden vorgetragene Klage über die Verantwortungslosigkeit und Beliebigkeit der „jungen" – oder jeweils eine andere Brauchauffassung vertretenden – Brauchausübenden weniger auf die Beobachtung zurückzuführen sein, dass viele „Neue" nicht genug investieren wollen oder sich bei der Konsumation des kollektiven Gutes zu wenig beschränken, sondern vielmehr damit, dass viele „Alte" (bzw. Etablierte) ein Interesse daran haben, die aktive Teilhabe am Krampus- und Perchtenbrauchtum – oder zumindest an der jeweils als „wahre" Form der Brauchtumspflege verstandenen Spielart – als knappes Gut zu erhalten. Und zwar nicht nur gegenüber „Ausländern" (siehe sechstes und siebentes Kapitel) und Frauen (siehe 6.4.7), sondern auch gegenüber „neuen" männlichen Brauchträgern.

(3) Gestalten. Eine weitere Funktion von Krampus- bzw. Perchtenbräuchen besteht darin, dass sie Menschen, die in ihrem beruflichen Alltag kaum die Möglichkeit haben, kreativ zu werden, eigene Ideen zu entwickeln und umzusetzen, genau dies ermöglichen. Im Gegensatz zu Vereinen, die sich der Pflege oder Wiederbelebung anderer Bräuche verschrieben haben, führen die meisten Krampus- und Perchtengruppen die traditionellen Formen nicht nur weiter, sondern interpretieren diese ihren Vorstellungen und Vorlieben entsprechend Jahr für Jahr neu. Auch wenn die meisten Vereine ihre Masken von professionellen Schnitzern herstellen lassen, liegt – wie wir im sechsten Kapitel gesehen haben – die Wahl des Gruppenthemas, des Maskenstils, des Schnitzers, aber auch die Planung der Spezialeffekte, die Konzeption der Shows und die Betreuung der

Homepage in den Händen der Gruppenmitglieder. Wie im letzten Unterkapitel zu zeigen versucht wird, liegt genau in dieser Flexibilität des Krampus- bzw. Perchtenbrauches dessen großer Erfolg bei jungen Menschen begründet. Anders als etwa beim Schuhplatteln und – wegen der Möglichkeit zur eigenen Mitwirkung – in noch stärkerem Maße als bei der Trachtenmode verbindet sich beim Krampus- und Perchtenbrauch das Gefühl der Verbundenheit mit den eigenen regionalen Wurzeln mit der Ästhetik internationaler Jugend-Pop-Kultur.

(4) Umkehrung der Machtverhältnisse. Eine weitere Besonderheit des Krampus- bzw. Perchtenbrauches ist, dass er das alltägliche Machtgefälle auf den Kopf stellt, und Menschen, die im beruflichen Alltag oder in ihren privaten Beziehungen wenig zu sagen haben, für die Dauer der Veranstaltung mit einer erheblichen – nicht nur symbolischen – Macht ausstattet; auch wenn sich die Art der Macht durch die zunehmende Reglementierung der Krampusläufe und durch die Einschränkung der Anonymität wandelt (siehe sechstes Kapitel). Wie wir im ersten und zweiten Kapitel gesehen haben, war die Möglichkeit, den Mächtigen im Schutze der Maske einmal im Jahr alles zurückzuzahlen und ihnen die Meinung zu sagen, bereits ein zentrales Motiv frühneuzeitlicher Maskenumzüge. Während des Krampuslaufes sind alle Augen auf die Krampusläufer gerichtet: sie bestimmen das Geschehen, werden bestaunt, fotografiert und respektiert; sie versetzen Leute, die ihnen körperlich, intellektuell oder hinsichtlich der gesellschaftlichen Position überlegen sind, in Angst und Schrecken; sie können sich Mädchen annähern und dürfen innerhalb bestimmter Grenzen Gewalt anwenden, während die Zuschauer dazu nicht legitimiert sind. So unmittelbar wie bei einem Krampus- oder Perchtenlauf wird das gesellschaftliche Machtgefälle wohl bei kaum einer anderen Freizeitaktivität auf den Kopf gestellt. So groß der Respekt, der während eines Laufes den Krampussen und Perchten gegenübergebracht wird, auch sein mag, so schnell treten die alltäglichen Hierarchien jedoch wieder in Kraft, sobald die Masken abgenommen sind. Im Gegensatz dazu hält das Ansehen eines für den lokalen Fußballverein wertvollen Spielers auch über die Dauer des Spiels an und ist außerdem stärker personenbezogen.

Ein interessantes und bezeichnendes Beispiel ist das im sechsten Kapitel (siehe 6.4.7) bereits ausführlich diskutierte Geschlechterverhältnis. Sieht man, wie dies jene konservativen Brauchpfleger tun, die den Krampus- bzw. Perchtenbrauch als „Männerbrauch" bezeichnen, die Pflege dieses Brauches als eine der letzten männlichen Domänen an, erscheinen die Polemiken gegen die steigende Zahl weiblicher Krampusse und Perchten als Versuch, zumindest im Brauchtum die Teilnahmeaspirationen von Frauen abzuwehren. Während sich das Argument, es sei „seit jeher" so gewesen[411], im beruflichen und familiären Alltag längst nicht mehr zur Rechtfertigung aktueller Ungleichheiten eignet, scheint es in Kreisen konservativer Traditionspfleger und -pflegerinnen, deren Ziel ja nicht die zeitgemäße Weiterentwicklung, sondern die originalgetreue Weiterführung ist, durchaus noch zu funktionieren. Außerhalb der konservativen Szene drängen jedoch Mädchen und Frauen zunehmend in die ehemals männliche Domäne ein – was für die statuserhöhende Funktion des Krampus- bzw. Perchtenbrauches für die Männer nicht ohne Folgen bleibt. So lange die Krampusse bzw. Perchten (und ihre Rangelgegner) Männer und ihre Opfer Frauen sind, sind zumindest für die Zeit des Laufes traditionelle Geschlechterrollen wieder intakt. Auch wenn man im realen Berufsleben von besser ausgebildeten Frauen überholt wird und eine Frau zur Chefin hat, auch wenn die Freundin oder Ehefrau mehr zum Familieneinkommen beiträgt als man selbst, auch wenn die Kinder keinen Respekt vor dem Vater haben – mit dem Aufsetzen der Maske ist die im realen Leben längst in Frage gestellte männliche Autorität gegenüber Frauen und Kindern mit einem Mal wieder hergestellt.[412] Auf diese Weise dienen Krampusbräuche auch dazu, die Verunsicherungen und Ansehensverluste, die im Zuge der Auflösung traditioneller Familienformen und Geschlechterverhältnisse entstanden sind, zu kompensieren.

Dies gilt nicht nur für die Zeit des Krampus- bzw. Perchtenlaufes, sondern für die ganze Krampuszeit. So lange keine Frauen dabei sind, kann sich der Einzelne diese Zeit als eine Zeit des wilden Herumziehens unabhängiger Männerbanden vorstellen, innerhalb derer ein zügelloseres Verhalten als im Alltag und – in Abwesenheit der eigenen Partnerin – sogar das spielerische Annähern an andere Frauen erlaubt ist. All dies ändert sich schlagartig, wenn die eigene Freundin plötzlich als Engel oder sogar selbst als Krampus mit dabei ist. So lange die Rollen eindeutig verteilt sind – Männer als Krampusse bzw. Perchten, Frauen als Engel, Marketenderinnen oder Nikoläuse – bleibt zumindest die körperliche Anstrengung, das Schwitzen und Raufen, den Männern überlassen. Seit auch diese Domäne zunehmend fällt, gerät diese Selbstwert-wiederherstellende Funktion des Krampus- bzw. Perchtenbrauches – zumindest für Männer – zunehmend ins Wanken.

---

411 Im zweiten und sechsten Kapitel wurde gezeigt, dass in den Quellen aus dem 17. und 18. Jahrhundert Frauen als Maskenträger genannt werden und dass diese Tatsache erst im 19. Jahrhundert, als sich Pflegevereinen der Bräuche annahmen, in Vergessenheit geriet.

412 Dass diese plötzliche Machtzunahme – gerade wenn die Gewissensbildung und der Standard der Affektkontrolle auf starke äußere Zwänge ausgerichtet ist – leicht außer Kontrolle geraten kann, beweisen die unzähligen Pressemitteilungen von „ wild gewordenen" Krampussen, die Autos aufhalten und beschädigen, Passanten schwer verletzen und eine „Spur der Verwüstung" (Kronen Zeitung / Tirol, 05.12.2011) durch Ortschaften ziehen.

(5) Gemeinnützigkeit. Die Aktivität in einem Krampus- oder Perchtenverein gibt den Mitgliedern darüber hinaus das Gefühl, einen wertvollen Beitrag zum Wohle der Gesellschaft – oder zumindest der lokalen Gemeinschaft – zu leisten. Wie im sechsten Kapitel gezeigt wurde, verstehen viele Krampusvereine ihre jeweilige Interpretation von Brauchtumspflege als gemeinnützige Arbeit.[413] Dieses Selbstverständnis kann verschiedene Formen annehmen und sich auf recht unterschiedliche Arten des Gemeinwohls beziehen. In den Mission-Statements einiger Krampusgruppen findet man das Motiv, den ansässigen Jugendlichen eine sinnvolle, ortsverbundene Freizeitbeschäftigung anzubieten. Viel häufiger – und vor allem auch in den tausenden Wortmeldungen der Jugendlichen selbst – wird jedoch als Ziel genannt, das Krampusbrauchtum zu bewahren oder wiederzubeleben und im lokalen Festkalender zu etablieren. Allerdings sind hier zwei Motivgruppen zu unterscheiden: für Lokalpolitiker, lokale Wirtschaftstreibende und Touristiker ist die Bewahrung bzw. Einführung des Krampusbrauchs ein Instrument, um andere Ziele, wie etwa die Stärkung der regionalen Identität, die Schaffung eines touristischen Spektakels oder die Ankurbelung des Weihnachtsgeschäftes, zu erreichen. Dementsprechend ist es in ihrem Interesse, dass Krampusläufe möglichst gewaltfrei und familienfreundlich ablaufen. Auf der anderen Seite besitzt für den Großteil der Krampusvereine die Pflege des Krampus- bzw. Perchtenbrauches einen Eigenwert. Auf den Vereinshomepages und in den Internetforen wird als Intention mit Abstand am häufigsten genannt, den Brauch zu bewahren, zu verbreiten und bei der Bevölkerung diesbezüglich Aufklärungsarbeit zu leisten. Im dritten und sechsten Kapitel wurde gezeigt, dass es innerhalb der Krampus- und Perchtengemeinde verschiedenste Auffassungen darüber gibt, was „echtes Brauchtum" ist und wie man mit ihm umgehen soll und darf. Über diese Auffassungsunterschiede hinweg verbindet die Krampus- und Perchtengemeinde das Ideal der Ehrenamtlichkeit. Vereinen, die ihre Auftritte gegen Bezahlung anbieten, wird häufig die „ehrliche" Identifikation mit dem Krampusbrauch und sogar das brauchbezogene Fachwissen abgesprochen. Selbst für professionelle Schnitzer und Ausstatter, deren Haupteinnahmequelle die Herstellung von Masken, Fellanzügen und Latexbrustpanzern ist, kann der Vorwurf, das Krampus- bzw. Perchtenbrauchtum nur als Einkommensquelle zu „missbrauchen", eine schwere Imageschädigung darstellen.

Der Anspruch, durch die Ausübung des Krampus- bzw. Perchtenbrauches der Gesellschaft zu dienen, kann jedoch noch extremere Formen annehmen. Nicht selten ist nämlich das Motiv zu finden, durch die Rückbesinnung auf eine als alt und regional verwurzelt vorgestellte Tradition gesellschaftlichen Fehlent-

---

413   Es geht hier nicht um die Frage, ob oder auf welche Art bestimmte Tätigkeiten tatsächlich „gemeinnützig", d.h. am Gemeinwohl orientiert sind. Vielmehr ist von Interesse, dass die handelnden Subjekte ihre Tätigkeit als „gemeinnützig" verstehen.

wicklungen entgegenzuwirken, oder zumindest ein Zeichen zu setzen. Dabei kann sich die oppositionelle Energie sowohl gegen „die Globalisierung" als auch gegen „die Politiker", gegen „die Amerikanisierung" wie gegen „die Ausländer" richten. Die Betonung des Eigenen, Guten und Echten ist am wirksamsten, wenn sie als Abgrenzung oder Verteidigung gegen das Fremde, Böse und Unechte geschieht.

Es sei darauf hingewiesen, dass es etliche Aktivitäten verschiedenster Krampus- und Perchtengruppen gibt, die unbestritten als gemeinnützig klassifiziert werden können – zum Beispiel Charity-Läufe oder Spendensammlungen. Am 11. und 12. November 2015 berichteten zum Beispiel zwei Kärntner Zeitungen (*„Perchten laufen für guten Zweck"*, Kleine Zeitung, 12.11.2015: 31; *„Krampusse und Perchten laufen für guten Zweck"*, Die Kärntner Woche, 11.11. 2015: 55), die „Magdalensberger Bergteufel" würden die Einnahmen des 7. Perchten- und Krampuslaufes in Lassendorf, an dem *„30 Gruppen mit über 600 furchterregenden, höllischen Gestalten"* (Die Kärntner Woche, 11.11.2015: 55) teilnehmen würden, der Aktion *„Kärntner in Not"* zur Verfügung stellen. Diese Aktion wurde von der *Kleinen Zeitung* mitorganisiert. Ein anderes Beispiel ist die „Charity-Maskenausstellung", die die Krampusgruppe „Lords of Darkness" aus Klagenfurt im November 2016 für einen an Leukämie erkrankten Buben organisierte (vgl. Die Kärntner Woche, 29.11.2016: 16).

(6) Strategien der Herstellung und Aufrechterhaltung. Angesichts dieser vielfältigen Arten, auf die der Krampus- bzw. Perchtenbrauch zur Statuserhaltung bzw. -wiederherstellung beiträgt, ist es nur allzu verständlich, dass die Brauchträger daran interessiert sind, das Ansehen des Brauches, die Macht der Vereine und auch die Exklusivität der Teilnahme zu bewahren. Aus dieser Perspektive müssen die Brauchausübenden nicht nur den Glauben aufrechterhalten, dass das Krampuslaufen in bestimmten Traditionen wurzelt und dass sie ausschließlich von Krampusvereinen ausgeübt werden dürfen. Sie müssen auch dafür sorgen, dass Krampus- und Perchtenläufe beliebte Events bleiben, dass die Brauchpflege ein exklusives Gut bleibt und dass der Brauch bzw. jene gesellschaftliche Integrationsebene, auf der er von Bedeutung ist, zumindest in ihrem Bewusstsein zentral bleibt.

Gerade wenn man in Betracht zieht, dass sich viele Brauchträger auf der globalen (und in zunehmendem Maße auch auf der nationalstaatlichen) Ebene als Außenseiter wahrnehmen, ist verständlich, dass sie bestrebt sind, auf jener Integrationsebene, auf der sie – vor allem in Bezug auf Zuwanderergruppen – die Etablierten sind, das heißt in ihrer Gemeinde, Region und teilweise auch in Österreich, das Machtgefälle zu den Außenseitern so steil wie möglich zu halten. Aus dieser Perspektive kann man die Weigerung, Jugendliche ausländischer Herkunft in einen Krampusverein aufzunehmen, als Versuch verstehen, Mitgliedern der Außenseitergruppe die Teilnahme an gemeinschaftlichen Aktivitäten und den Zugang zu statushohen, machtvollen Positionen zu verwehren. Diese Haltung impliziert die Hoffnung, dass sich die „Ausländer" *nicht* gesellschaftlich integrieren, dass sie *nicht* am Gemeindeleben teilnehmen, in der Arbeitswelt *nicht* erfolgreich sind und dass sie *keinen* Beitrag zum Gemeinwohl leisten. Sie sollen als Feindbild erhalten bleiben, aber ohne so stark zu werden, um für die Etablierten eine Bedrohung darzustellen.

So bestätigen sich die Glaubensaxiome der Etabliertenideologie immer wieder und ihr Status als überlegene Etabliertengruppe bleibt erhalten. Da sich erworbene Attribute zur Begründung dieser *„neo-feudalen Absetzung"* (Hoffmann-Nowotny 1988) nicht eignen, greifen die Etablierten auf Vorurteile über angeblich angeborene Attribute zurück. Dabei erfolgt diese *„Re-Ethnisierung"* (Bukow / Llaryola 1988) in beide Richtungen: auf der einen Seite werden den Zugewanderten bestimmte, angeblich ethnisch-kulturelle, Eigenschaften zugeschrieben (unzivilisiert, aggressiv, gewalttätig, wollen das „österreichische Brauchtum" zerstören), die sie für die legitime Partizipation an der Brauchausübung als ungeeignet erscheinen lassen. Auf der anderen Seite wird auch das exklusive Gut re-ethnisiert, indem es als „typisch österreichisch" oder „alpenländisch" gedacht wird. Auf diese Weise dienen regionaltypische Bräuche nicht nur als Identitätsanker im obigen Sinn, sondern auch als Trutzburgen gegen „Überfremdung" und „Globalisierung" – wenn auch nur im Miniatur-Maßstab.

Gleichzeitig müssen die Brauchträger dafür Sorge tragen, dass der Rückzugsbereich, innerhalb dessen sie gegenüber Zuwanderern und anderen Personen, denen sie im Alltag unterlegen sind, die Etablierten, Mächtigen, und Angesehenen sind, bestehen und von Bedeutung bleibt. In dieser Hinsicht geht die Gefahr auch von den gesellschaftlich höherstehenden Milieus aus. Einerseits stellt der Spott der kulturellen Elite sowohl die gemeinnützigen Absichten als auch die ohnehin auf die Dauer des Laufens beschränkten Überlegenheitsgefühle der Brauchausübenden in Frage. Andererseits geht von den „Eliten" ein beständiger Reglementierungsdruck aus – etwa hinsichtlich der (aus pädagogischer Sicht bedenklichen) Darstellung von Gewalt oder der (politisch inkorrekten) Sprache. Gerade weil für viele Menschen, die aus ihrem beruflichen Alltag kein positives Selbstbild ableiten können, gewöhnliche Leidenschaften die einzige Möglichkeit bieten, sich aus dem als bedrohlich wahrgenommen Alltag zurückzuziehen und endlich „man selbst" oder jemand ganz anders zu sein, können die Schmährufe der mächtigen und kulturell tonangebenden Milieus schmerzhaft sein. Vor allem, wenn sich die weniger mächtigen Milieus an den kulturellen Äußerungen und den erleseneren Umgangsformen der mächtigeren Milieus orientieren, kann deren *„vornehme Verachtung"* (Kaufmann 2005: 223) die ohnehin angeschlagene Selbstachtung endgültig zerstören und starke Schamgefühle

hervorrufen.[414] Aus dieser Perspektive kann die Orientierung vieler Krampus-
und Perchtengruppen an den Erzeugnissen der internationalen Unterhaltsindust-
rie auch als Versuch gesehen werden, sich von den häufig belächelten traditionalistischen „Brauchtümlern" abzugrenzen. Gleichzeitig bietet sich gerade die
Kombination von brauchtümlichen Elementen mit Elementen der Pop- und Par-
tymusik dazu an, proletarisches, anti-intellektuelles Selbstbewusstsein zu zeigen,
anstatt den ohnehin unerreichbaren Praxisformen der kulturellen Elite nachzuei-
fern.

8.3.5   Wurzeln – Folklore als Flucht vor der Gegenwart

In diesem Kapitel wurden bisher die inhaltlichen Elemente von Krampus- und
Perchtenbräuchen weitgehend ignoriert. Daher gelten viele der bisher angeführt-
ten Argumente nicht nur für Krampus- und Perchtenbräuche, sondern auch für
viele andere gruppenmäßig organisierte Freizeitbeschäftigungen. Trotzdem wurde gezeigt, dass Krampus- bzw. Perchtenbräuche – und die entsprechenden Vereine – eine Vielzahl sozialer Funktionen erfüllen und auf vielfältige Weise den
emotionalen Bedürfnissen vieler Menschen entgegenkommen. Wozu, so könnte
man daher mit der Ethnologin Eva Kreissl (Interview, 19.05.2010) fragen, ist der
Bezug auf lokale Traditionen überhaupt nötig? In diesem Unterkapitel wird die
These vertreten, dass die oben angeführten Argumente auf Krampus- und
Perchtenbräuche in besonderem Maße zutreffen. Dies hängt einerseits damit
zusammen, dass diese – wie andere folkloristische Events – nicht nur im Hinblick auf die Beziehungsmuster, sondern auch in inhaltlicher und formaler Hinsicht der Sehnsucht nach Sicherheit entgegenkommen, die angesichts der bedrohlichen Gegenwart häufig als Sehnsucht nach der Vergangenheit in Erscheinung tritt. Andererseits wird hier argumentiert, dass die besondere Anziehungs-

---

414 Zwei Beispiele für die öffentliche Bloßstellung der Wünsche und kleinen Leidenschaften
     relativ machtloser gesellschaftlicher Schichten sind die bereits angesprochenen „Leider-Nein-
     Kandidaten" bei TV-Casting-Shows und die Beitragsserie „Die unteren 10.000" in der ORF-
     Fernsehsendung „Willkommen Österreich". Seit 2007 besucht der weiß gekleidete „Society-
     Reporter" Herr Hermes jede Woche eine andere Veranstaltung der „unteren 10.000" (vgl.
     Willkommen Österreich – Das Web-Portal zur Sendung. URL: http://www.willkommen-tv.at/
     artikel.php?id=251 (letzter Zugriff: 06.12.2011)). In seinen Berichten von Oktoberfesten, Miss-
     Wahlen, Faschingspartys, Kleintierzüchtertreffen und anderen meist ländlichen Veranstaltun-
     gen werden die Anwesenden und der Grund ihrer Zusammenkunft ins Lächerliche gezogen.
     Allerdings nicht durch vordergründige Witze oder Kommentare, sondern durch die bloße Ab-
     bildung des Geschehens, die Wortmeldungen der Protagonisten und geschickten Schnitt. Das
     zentrale Element der Bloßstellung ist aber die bewusste Kontrastierung der meist betrunkenen
     Protagonisten und ihrer dialektalen Wortmeldungen mit der distanzierten Körperhaltung, den
     blasierten Blicken und geschliffenen Fragen des gebildeten Reporters aus der Großstadt.

kraft von Krampus- und Perchtenbräuchen darauf zurückzuführen ist, dass sie in inhaltlicher und formaler Hinsicht flexibler sind als andere Bräuche, die sich in den letzten Jahren auch großer Beliebtheit erfreuen, wodurch sie den emotionalen Bedürfnissen verschiedener sozialer Milieus entgegenkommen kommen. *(1) Die Sehnsucht nach Wurzeln als modernes Phänomen.* Die besondere Anziehungskraft von Krampus- und Perchtenbräuchen und anderen Folklore-Events liegt zunächst darin begründet, dass diese nicht nur im Hinblick auf die Beziehungsmuster und Gruppenstrukturen, sondern auch in inhaltlicher und formaler Hinsicht Anleihen an die Vergangenheit nehmen. Dadurch kommen sie dem oben besprochenen *„Gefühl der Heimatlosigkeit in einer globalisierten Welt"* (Berger 2007a: 123) besonders gut entgegen. Dieses Bedürfnis nach räumlicher und zeitlicher Verwurzelung ist kein Phänomen des ausgehenden 20. Jahrhunderts, sondern gehört zu den elementaren menschlichen Bedürfnissen. Aber die Thematisierung dieses Bedürfnisses in der heute bekannten Form, nämlich als Sehnsucht nach „Heimat", ist ein recht neues Phänomen und als Diskurs erst seit etwa 200 Jahren durchgehend präsent.

> „Gesellschaftliche Identitätskrisen als Ausdruck überwältigender Erfahrungen eines beschleunigten sozialen und kulturellen Wandels, einer globalen Veränderung ökonomischer und technologischer Rationalität, einer wachsenden sozialen Entwurzelung durch Mobilität und Migration. Es sind Bilder eines aufbrechenden und fragmentierten Gegenwartshorizonts, die heute als Beschreibung der Krise der Moderne entworfen werden – Bilder, in denen Motive der permanenten Veränderung, der politischen Unruhe, der sozialen Unsicherheit, des Verlustes kultureller Bindung dominieren – skeptische, ja bedrohliche Bilder, in denen die künftige Integrationskraft der bisherigen gesellschaftlichen Identitätsentwürfe zu Recht angezweifelt wird: Nation, Schicht, Region, Generation scheinen als soziale Bezugssysteme in globalen Horizonten zu verschwinden.
> Freilich sind es keine ganz neuen Bilder. Denn viele dieser Motive gehören zu einem festen Themenkreis, der in der Wissenschaft wie in der Kunst und Literatur der letzten hundert Jahre immer wieder aufscheint, beschrieben als ein ‚Unbehagen an der Moderne‘, als ein grundlegendes Unsicherwerden der Gesellschaft an sich selbst. Auch damals waren die Krisenbefunde stets verbunden mit der Frage nach Konzepten der Krisenbewältigung, nach Instanzen einer neuen Identitäts- und Sinnstiftung, die man sich nicht zuletzt im Bereich der Wissenschaften erhoffte. Solche versichernden Gegenrezepte versuchte in der Vergangenheit gerade auch die Volkskunde zu liefern, wenn sie mit Begriffen wie Volk, Tradition, Region oder Heimat ihre rückwärtsgewandten Visionen von Ursprung und Gemeinschaft entwarf, die der Gegenwart als Haltegriffe vor einem Abgleiten in den Abgrund der Moderne dienen, ihr also wieder ‚Identität‘ bieten sollten – häufig genug in nationalistischen und ethnozentrischen Bildern." (Kaschuba 2006: 136f.)

Um 1800 setzte ein grundsätzlicher Wandel im Heimatdenken ein, der die Deutungen, Bedeutungen und politischen Vereinnahmungen des Heimatbegriffs bis heute prägt. (Vgl. Gebhard / Geisler / Schröter 2007: 13-45.) Vor dem Hintergrund der beginnenden Industrialisierung, Verstädterung und Individualisierung wandelte sich der Heimatbegriff von einer *„objektive[n], rechtliche[n]"* in eine *„subjektive, sentimentalistische und ideologische Größe"*, von einem selbstverständlichen in einen *„reflexiv gebrochenen [...] problematisierenden, ästhetisierenden und folklorisierenden"* (Lipp 1997: 57) Bezug auf Heimat. Die Sehnsucht nach Heimat kann daher als Reaktion auf die Verlusterfahrung von Heimat angesehen werden. Je mehr sich die Räume differenzierten, desto stärker wurden regionale Eigenheiten betont. Je mehr die agrarische von der industriellen Produktion abgelöst wurde, desto mehr wandte man sich bäuerlichen Bräuchen zu. Je mehr gesellschaftliche Funktionen von der lokalen auf die nationalstaatliche Ebene übergingen, desto mehr wurde die lokale Ebene durch Bräuche betont. Je schneller sich die aktuellen Lebensbedingungen von den traditionellen entfernten, desto stärker wurden diese in formaler Hinsicht, als Bräuche, betont. Je mehr die alltägliche Sicht auf die Zukunft ausgerichtet war, desto mehr wandte man sich in der Vorstellung der Vergangenheit zu. (Vgl. Steininger 2001: 183-209.) Die Wahrnehmung, dass die Heimat beschützt oder dass ein Brauch gepflegt und bewahrt werden muss, setzt reflexive Distanz zu ihr bzw. zu ihm voraus. Erst durch die Verlusterfahrung von Heimat, durch den Blick von außen, entsteht Heimat als etwas Wertvolles und Schützenswertes, wie erst aus der Ferne Heimweh entsteht. (Vgl. Gebhard / Geisler / Schröter 2007: 9-13.)

> „Erst der geglaubte Verlust ermöglicht das entscheidende Moment der Distanz in dem Sinne, dass hier das unhinterfragte Nahverhältnis aufgelöst wird und damit überhaupt erst zum Thema werden und Reflexion evozieren kann. [...] In jedem Falle scheint es, als müsste eine krisenhafte Differenz zwischen dem, was Heimat vorstellt und dem Beheimateten eintreten, um Reflexion, Begriffsarbeit, Konzeptualisierungen und das Schreiben über Heimat erst hervorzubringen." (Ebd.: 11f.)

Diese Reflexionen können sowohl die Form eines subtilen Nachdenkens über die Probleme der Gegenwart und Zukunft als auch der Rückwendung zur „guten alten Zeit" annehmen. In beiden Fällen wird eine gesellschaftliche Praktik erst dann als erhaltenswerter „Brauch" angesehen, wenn sie ihre gesellschaftlichen Funktionen zu verlieren droht oder bereits verloren hat. So waren es, wie wir im ersten und zweiten Kapitel gesehen haben, im frühen 19. Jahrhundert zunächst bürgerliche, städtische Schichten, die das karge Landleben aus der Ferne als etwas „Echtes", „Reines" und Erhaltenswertes entdeckten. Viele jener Bräuche, denen sich diese Vereine pflegend annahmen, waren jedoch von der Landbevölkerung selbst schon aufgeben worden oder erfüllten ihre gesellschaftlichen Funktionen nur mehr marginal. Die Bewahrung und Pflege beschränkte sich weitgehend auf die äußeren Formen; die bäuerliche Lebenswirklichkeit und ihre Glaubensvorstellungen passten nicht in das städtische Bild vom romantischen Landleben und wurden daher nicht als erhaltenswert angesehen. Durch die Deklarierung als „Brauch" wurden diese Praktiken endgültig aus ihrem ursprünglichen gesellschaftlichen Kontext gelöst und ihrer gesellschaftlichen Funktionen und Bedeutungen enthoben. Nur so konnten etwa brutale Rügerituale zu spielerischen Maskenbräuchen werden. So wurden gesellschaftliche Praktiken, die sich zuvor auch in ihrer äußerlichen Erscheinung mit den Mustern der menschlichen Beziehungen, aber auch mit den Bedeutungen, die sie für die Menschen hatten, mitgewandelt hatten, zu in ihren Formen erstarrten, von ihren Bedeutungen und Funktionen losgelösten Bräuchen. Aber das bedeutet nicht, dass diese Bräuche inhaltsleer, funktions- und bedeutungslos waren bzw. sind. Ihre Inhalte, sozialen Funktionen und Bedeutungen haben sich lediglich gewandelt. Den bürgerlichen Kreisen, die sich der Pflege ländlicher Bräuche verschrieben, dienten diese Bräuche entweder als gedankliche Rückzugsgebiete, in die sie sich vor einer als bedrohlich und entfremdet wahrgenommenen Wirklichkeit flüchteten, oder als Mittel der Opposition gegen diese gesellschaftlichen Entwicklungen.

(2) Zwei Traditionslinien des Heimat-Konzeptes. Das eben Gesagte gilt in noch stärkerem Ausmaß für heutige Brauchtumsvereine, deren Bemühungen – teilweise bewusst (als historische Referenz für ein bestimmtes Formenrepertoire oder als allgemeiner Authentizitätsnachweis), teilweise unbewusst – in der Tradition der Heimat-Bewegungen des 19. Jahrhunderts stehen. Dabei kann man zwei Traditionslinien des Heimat-Denkens unterscheiden, die in unterschiedlichen historischen Kontexten entstanden sind.

Die erste Traditionslinie hat ihre Wurzeln im Heimatdenken der Romantik, das noch nicht ausschließlich auf die Vergangenheit und die Betonung des Eigenen ausgerichtet, sondern noch durch Ambivalenzen gekennzeichnet war: es beinhaltete das Eigene *und* das Fremde, das Weggehen *und* das Heimkehren. Die Sehnsucht nach Heimat realisierte sich sowohl im Heimweh als auch im Fernweh, und der Blick auf die Heimat wurde durch die Erfahrung mit dem Fremden gebrochen. (Vgl. Hüppauf 2007: 116.)[415] Die zweite Traditionslinie wurzelt im Nationalismus des späten 19. und frühen 20. Jahrhunderts. Zu dieser Zeit ging, wie wir im ersten Kapitel gesehen haben, die romantische Ambivalenz zunehmend verloren. Die idyllisierte Vorstellung vom Landleben und von dörflichen Bräuchen wurde in zunehmend scharfer Opposition zur Stadt, zur Modernisierung und zum „Internationalismus" formuliert. Im Rahmen der nationalistischen „Blut-und-Boden"-Ideologie wurde Heimat zu einem völkisch gedeuteten politi-

---

415   Auch die in der zweiten Hälfte des 19. Jahrhunderts entstandenen bürgerlichen Bewegungen (wie die Hygiene-, die Heimat- oder die Naturschutzbewegung) waren keineswegs ausschließlich auf die Bekämpfung des Fortschritts oder eine romantisierte Vorstellung von Vergangenheit ausgerichtet, sondern durchaus auch auf die Gestaltung einer besseren Gegenwart und Zukunft.

schen Kampfbegriff, der in der Gegenüberstellung von „Wir" und „Sie", dem Eigenen und dem Fremden, dem Echten und dem Falschen, dem Ehrlichen und dem Verlogenen, dem Gesunden und dem „Entarteten" wurzelte. Diese Opposition diente all jenen, die sich von der Modernisierung benachteiligt fühlten, als Kompensation. (Vgl. ebd.: 119-122.) Seit damals steht der Heimatbegriff unter dem Verdacht, zur Rechtfertigung von Ausgrenzung und Gewalt zu dienen. Nach dem Ende des Zweiten Weltkrieges wurde „Heimat" nicht nur zu einem „umstrittenen Begriff" (Gebhard / Geisler / Schröter 2007), sondern sogar zu einem „verpönten Gefühl" (Schmitt-Roschmann 2010), den bzw. das man weitgehend der extremen Rechten überließ. In einer Zeit des Wohlstandes und der scheinbar sicheren Zukunftsaussichten, in der sich die Verheißungen der Moderne (Wohlstand, Zufriedenheit, Sicherheit und Freiheit) für weite Bevölkerungsschichten in der Gegenwart und in der Zukunft zu erfüllen schienen, herrschte kein Bedarf nach einem rückwärtsgewandten, auf Abgrenzung und Opposition begründeten Heimatkonzept.

In den 1970er Jahren setzte ein Prozess ein, den die deutsche Zeitschrift *DER SPIEGEL* (30/1979: 134-136, zitiert nach Gebhard / Geisler / Schröter 2007: 43) damals als *„Rückeroberung von Heimat"* bzw. als *„Heimat – unter grüner Flagge"* feierte. Zu dieser Zeit traten die Nebenwirkungen der Industrie- und Wohlstandsgesellschaft zunehmend ins Bewusstsein zunächst intellektueller und im Laufe der 1980er Jahre immer breiterer Gesellschaftskreise. Dabei entwickelte sich ein alternatives Heimatkonzept, das an Elemente beider Heimatkonzeptionen anknüpfte, diese jedoch mit neuen Inhalten füllte und mit ganz neuen Elementen verband. Im Umfeld der (konservativen und linken) Wachstums- und Konsumkritik konnten Themen, die seit 1945 mit einem Sprech- und Denktabu belegt gewesen waren (wie etwa fehlender Gemeinschaftssinn, räumliche und zeitliche Orientierungslosigkeit oder die Notwendigkeit einer affektiven Bindung an eine Gemeinschaft), unter neuen Vorzeichen (Non-Profit-Organisation oder Stadtteilinitiative statt „Volksgemeinschaft") wieder aufgegriffen werden. Andererseits knüpften die Debatten der 1970er Jahre an das vornationalistische Heimatkonzept an. „Heimat" wurde nicht länger als Ausgrenzung und soziale Schließung konzipiert, sondern beinhaltete die Öffnung gegenüber dem Fremden und dessen Integration in das Eigene. Statt auf den fluchtartigen Rückzug in die Vergangenheit waren die Bestrebungen – etwa der Umweltschutzbewegungen – auf die Gestaltung einer besseren Zukunft ausgerichtet oder – wie in der Hausbesetzerszene – als Gegenentwurf zur unmenschlich wahrgenommenen Wachstumsgesellschaft gedacht. Diese inhaltlichen Implikationen waren ebenso neu wie die Tatsache, dass Heimat nicht mehr als etwas Sozialisiertes, sondern als aktive Gestaltung und Aneignung der Um- und Lebenswelt verstanden wurde. (Vgl. Gebhard / Geisler / Schröter 2007: 38-45.) Da die Umweltschutz- und andere Bewegungen auf ihre geistige Verwurzelung im 19. Jahrhundert keinen Wert legten und den Heimatbegriff so gut wie nicht verwendeten, wurden ihre Bemühungen im öffentlichen Bewusstsein kaum mit dem Themenkomplex „Heimat" in Verbindung gebracht. Im täglichen Sprachgebrauch breiter gesellschaftlicher Kreise spielte der Heimat-Begriff keine große Rolle, was nicht zuletzt mit der Bedeutungsvielfalt des Begriffes selbst zu tun hat (vgl. ebd.: 9). So waren und sind die öffentlich-medialen Diskurse von einer Vielfalt an Heimatkonzeptionen gekennzeichnet. Während die wöchentliche *ORF*-Sendung *Heimat, fremde Heimat* seit 1990 die Herausforderungen und Chancen der modernen Identitätssuche vor dem Hintergrund von Migration thematisiert (vgl. Weis 2001: 9), lebt bis heute im Heimatverständnis der FPÖ ein auf Ausgrenzung, Homogenität und der Gleichsetzung von Heimat, Nationalstaat oder „Vaterland" und „Volk" beruhender Heimatbegriff nationalistischer Prägung weiter.[416]

(3) Globalisierung und Heimat. Erst gegen Ende des 20. Jahrhunderts wurde „Heimat" als Begriff und als legitimes Gefühl von breiten gesellschaftlichen Kreisen wiederentdeckt. Seit einigen Jahren boomen Oktoberfeste, Trachtenbälle und Heumilch-Produkte, erzielen Trachtenhersteller, Land-Magazine (wie *Landlust, Lust aufs Land, Mein schönes Land, Liebes Land, Landleben* oder *Servus in Stadt und Land*) und die Volksmusikbranche Rekordgewinne. Jedes Jahr finden zwischen September und November in ganz Österreich hunderte „Oktoberfeste" mit bayerischem Bier, blauweißer Dekoration und in Lederhosen und Dirndln gekleideten Gästen statt. Seit Jahren boomen regionale Brauchtumsfeste wie das *Aufsteirern* in Graz oder die Veranstaltungen des *Kärntner Heimatherbstes* (siehe dazu 6.4.5). Außerdem verzeichnen Brauchtumsvereine wie die Landjugend oder Trachten- und Volkstanzvereine einen Zustrom von Mitgliedern. Auch der Jodelkurs, den das Steirische Volksliedwerk anbietet, erfreut sich bisher nicht gekannter Beliebtheit.

„Hollareiduliö: In Graz boomt das Jodeln wie schon lange nicht mehr, taktvolle Kurse sind derzeit der Renner - und zwar bei Alt und Jung.
Zuerst die schlechte Nachricht: Der Kurs ,Kleine Jodelschule', der am heutigen Dienstag in der Grazer Griesgasse vom Stapel rollt, ist schon seit Langem ausgebucht. Und jetzt die vielen guten Nachrichten: Es kommen laufend neue Workshops und Seminare hinzu, um die steigende Nachfrage halbwegs abzudecken. Denn

---

416 Die FPÖ bezeichnet sich selbst als *„Die soziale Heimatpartei"* (URL: https://www.fpoe.at/ (letzter Zugriff: 02.06.2017)) und ging in den letzten Jahren mit Slogans wie *„ Unser Geld für unsere Leut!"*, *„ Volksvertreter statt EU-Verräter!"*, *„ Abendland in Christenhand"*, *„Asylbetrug heißt Heimatflug"* (vgl. Die FPÖ und ihre Kritiker. URL: http://www.alanier.at/FPOE. html (letzter Zugriff: 02.06.2017)) *oder „Daham statt Islam"* (URL: http://www.tagesspiegel. de/politik/international/daham-statt-islam/757274.html (letzter Zugriff: 02.06.2017)) auf Stimmenfang. Die Faceboke-Seite der FPÖ trug zeitweise den Titel „FPÖ - Stark für die HEIMAT" (URL: http://de-de.facebook.com/FPOE.StarkFuerDieHeimat (letzter Zugriff: 09.12.2011)).

auch in Graz erlebt das Jodeln einen regelrechten Boom. ‚Es nimmt von Jahr zu Jahr zu, der Andrang ist enorm', lacht etwa Monika Primas, Geschäftsführerin des Steirischen Volksliedwerkes. ‚Und das Spannende daran ist: Wir erleben dieses Interesse quer durch alle Altersstufen. Und Berufsbranchen.'

Dass das Jodeln derzeit in aller Munde ist, kann sich Primas durchaus erklären: ‚Es geht um Tradition, um eine Rückbesinnung auf die Wurzeln. Und nicht zuletzt darum, ein wenig aus dem Stress des heutigen Alltags auszubrechen.' Dafür sei das Jodeln, dieser Wechsel zwischen Brust- und Kopfstimme, geradezu geschaffen: Immerhin setze man dabei Körper wie Seele ‚gleichermaßen in Schwingung'.

Und dies wollen immer mehr Grazer ausprobieren. ‚Wir haben daher gleich mehrere Kurstypen im Angebot. Das geht vom Tageskurs über das ‚Jodeln querfeldein' bis hin zur Fünf-Tage-Wanderung inklusive Jodeln.'

Zusätzlich bietet das Volksliedwerk auch individuelle Gruppenkurse an. Geschäftsführerin Primas: ‚Ab einer Größe von rund 20 Leuten kann sich etwa auch eine Freundesrunde oder ein Kreis von Arbeitskollegen bei uns melden, wir stellen dann zwei Jodel-Referenten zur Verfügung.' Der Halbtageskurs kommt dann pro Gruppe auf rund 500 Euro. ‚In Graz haben wir im Jahr zumindest 20 derartige Individualkurse. Tendenz steigend.'" (Kleine Zeitung, 07.11.2011 [12.12.2011].)[417]

Ähnliches gilt für die ungeheure Popularität, die verschiedenste Spielarten der Mundart-Musik längst auch bei jungen Leuten genießt. Andreas Gaballier, Hubert von Goisern, der *Holstuonarmusigbigbandclub* und die *Trackshittaz* sind nur vier von hunderten Beispielen. Dieser Boom lässt sich mit Zahlen belegen. Wie das österreichische Wirtschaftsmagazin *Trend* (8 / 2011: 56-68) , das dieser *„neuen Landlust"* im Juli 2011 eine Titelstory widmete, berichtet, konnte der Trachtendiskonter *Zillertaler Trachtenwelt* zwischen 2008 und 2010 seinen Umsatz verdreifachen und alleine im Jahr 2010 28.000 Lederhosen und 37.000 Dirndln verkaufen. Die *Servus Hansi Hinterseer GmbH* erzielte 2009 einen Bilanzgewinn von 1,8 Millionen Euro, die Alben und Konzerte des steirischen „Volks-Rock'n'Rollers" Andreas Gabalier sind Verkaufsschlager und die erste „Wiener Wiesn" im Jahr 2011 wurde von 150.000 Besuchern gestürmt.

Diese neue Konjunktur von Heimat, diese *„moderne Wurzelsuche"* (Köstlin 1994: 8) hat in den letzten Jahren eine Fülle sozial-, geistes- und kulturwissenschaftlicher Interpretationen gefunden. Gemein ist fast allen die Feststellung, dass die heutige Suche nach Heimat – wie jene im 19. Jahrhundert – als Reaktion auf einen erlebten Verlust von Heimat verstanden werden kann, der vor dem Hintergrund von Globalisierung und Migration noch bedrohlicher erfahren wird. Häufig wird die Konzeption von Heimat in Abgrenzung vom nationalistischen, ausgrenzenden Begriffsverständnis vorgenommen. Allerdings kann man die Konzeptualisierungen danach unterscheiden, ob sie Heimat auch im Hinblick auf

---

417 *Jodeln ist der letzte Schrei*, Kleine Zeitung, 07.11.2011. URL: http://www.kleinezeitung.at/
steiermark/graz/graz/2871753/jodeln-letzte-schrei.story (letzter Zugriff: 12.12.2011).

gegenwärtige Brauchneubelebungen thematisieren und auch diese Aneignungsversuche erstnehmen, oder ob sie diesen Aspekt ausklammern.

In (a) Deutungen, die in der Tradition des linken Denkens der 1970er Jahre stehen, wird „Heimat" als Möglichkeitsraum konzipiert, innerhalb dessen Opposition gegen den „Universalismus der Globalisierung" geleistet werden kann. Aber diese Opposition dürfe weder im Rückzug auf eine verklärte Vergangenheit noch in der Ausgrenzung des Fremden oder in einem plumpen „Kampf gegen die Globalisierung" bestehen. (Vgl. Hüppauf 2007: 131-138.) „Heimat braucht jeder. Aber bitte ohne Hirschgeweih und Alpenglühen", könnte man diese Haltung mit Verena Schmitt-Roschmann (2010: 5) auf den Punkt bringen. Heimat soll nicht wieder „bloße Abweichung und Rückständigkeit" (Hüppauf 2007: 115) sein.

> „Die Wiederentdeckung von Heimat ist in diesem Kontext nicht das Signum romantischer Nostalgie; die Gegenwart versteht den Begriff auf andere Weise, mehr im Sinn des Ursprungs im Vernacular, mobil und an Sprache gebunden, als Problem der Identität unter Einfluss des Heterogenen und des Fremden. [...] Die Wiederkehr der Heimat ist nicht gleichbedeutend mit einem Kampf gegen Globalisierung, sondern bedeutet eine Öffnung des Horizonts um eine von einem eindimensionalen Denken in Kategorien des Univesalismus verdrängte Dimension." (Ebd.: 131f.)

Dieses normative Heimatkonzept, das im Heimatdenken der Romantik und deren Fortführung in den 1970er Jahren wurzelt, klammert diesen neuen Folklore- und Brauchtumsboom aus. Es negiert all jene Versuche der Identitätsaneignung, die dem Bedürfnis nach Sicherheit und Orientierung durch den Rückgriff auf vermeintlich traditionelle und regionale Elemente oder durch die Abgrenzung von bestimmten gesellschaftlichen Gruppen nachzukommen versuchen.

Trotzdem bietet es Anknüpfungspunkte für unsere Überlegungen. Es verweist auf die Tatsache, dass jede heutige Thematisierung von Heimat reflexiv und problembewusst ist und Elemente des „Fremden" ebenso einbezieht wie solche des „Eigenen". Die Verschmelzung traditioneller Maskenelemente mit Stilelementen aus aktuellen Hollywoodfilmen ist ein gutes Beispiel. Allerdings muss genauer nachgefragt werden, welche nicht-traditionellen Elemente einbezogen werden, und welche von dieser Möglichkeit prinzipiell ausgeschlossen sind. Bei genauerer Betrachtung wird nämlich deutlich, dass sich die Anleihen größtenteils auf Hollywood-Filme beschränken, die – auch wenn sie aus der Perspektive konservativer Brauchtumsschützer als „brauchtumsfremd" erscheinen – zum Alltag der Jugendlichen gehören, und ihr ästhetisches Empfinden weit mehr prägen als jede Maskensammlung aus dem 19. Jahrhundert. Außerdem sind gerade in dieser Offenheit gegenüber brauchfremden Einflüssen verschiedene Auffassungen innerhalb der Krampus- und Perchtenszene zu beobachten. Es gibt konservative Gruppen, die prinzipiell alle Elemente, die nicht in jener Überlieferung, auf die sie sich beziehen, enthalten sind, als „brauchfremd" ansehen. Diese Definition schließt nicht nur Elemente aus anderen Kulturkreisen, sondern auch Elemente der Gegenwartskultur aus. Wie wir gesehen haben, spielen gerade bei Krampus- bzw. Perchtenläufen die Ausgrenzung des Fremden und die Gegenüberstellung von Wir- und Sie-Gruppen eine bedeutende Rolle. In dieser Hinsicht entsprechen heutige Krampus- und Perchtenbräuche wohl nicht dem linksnormativen Heimatkonzept Hüppaufs.

Interessant ist auch Hüppaufs Vorstellung, „Heimat" biete die Möglichkeit, die „*Universalität der Normen der Globalisierung*" in Frage zu stellen und könne als „*Raum von Selbstbestimmung und Eigensinn*" (ebd.: 114) gedacht werden. Wie gezeigt wurde, kann die heutige Begeisterung für Krampus- und andere Bräuche nicht nur als Rückzug, sondern auch als Opposition gegen Vereinheitlichung und „Gleichmacherei" verstanden werden. Aber die Vorstellung, dass diese Opposition „*[n]ur unter der Bedingung einer politisch reflektierten Reaktion, die nicht Flucht, sondern Pluralität und Differenzierungen als angemessene Alternativen denkt*" (ebd.), möglich ist, kann nicht geteilt werden. Eine „*politisch reflektierte Reaktion*" (ebd.) erfordert ein hohes Maß an emotionaler Selbstkontrolle sowie ein hohes Reflexions- und Distanzierungsvermögen. Wie anhand mehrerer Beispiele gezeigt wurde, kann man dies gerade von jenen sozialen Gruppen, die von den Nachteilen der Modernisierung am stärksten betroffen und daher in besonderem Maße emotional engagiert sind, nicht erwarten. Neben der Intention, den Brauch vor negativen Entwicklungen zu schützen und der Instrumentalisierung dieses Brauches als Mittel der Opposition gegen diese Entwicklungen ist der gedankliche Rückzug vor diesen bedrohlichen Tendenzen ein zentrales Motiv vieler Krampus- und Perchtenläufer.

Darüber hinaus ist Hüppaufs Annahme, „*dass Heimat durch ihre Konkretheit und Nähe einen Schutz vor Ausgrenzung durch Stereotype und Etikettierungen bietet*" (ebd.), solange sie nicht mit der Nation gleichgesetzt oder politisch instrumentalisiert wird, angesichts der Beobachtungen bei Krampus- und Perchtenläufen in Frage zu stellen. Während der systematischen Ausgrenzung zugewanderter Jugendlicher durchaus ein politischer Heimatbegriff zugrunde liegt, kommen die Ausschließungsversuche gegenüber Frauen und die Konkurrenzkämpfe zwischen verschiedenen Brauchauslegungen völlig ohne nationale Argumentationen aus. Deshalb sind sie aber nicht wenger aggressiv, brutal und schmerzvoll. Wie Elias gezeigt hat, bietet die Tatsache, dass eine soziale Einheit klein ist und in ihr persönliche Beziehungen vorherrschen, nicht automatisch Schutz vor Ausgrenzung, Stigmatisierung und Gewalt. Außerdem ist nicht klar, was es bedeuten soll, Heimat gehe „*den großen, gesellschaftlichen Prozessen voraus*" (ebd.).

Im (b) zweiten Typ der zeitgenössischen Thematisierung von Heimat, der vor allem in der volkskundlich-ethnologischen Literatur zu finden ist, nimmt die Diskussion heutiger Bräuche hingegen einen zentralen Stellenwert ein. Auch hier findet sich die Gegenüberstellung eines alten und eines neuen Heimatbegriffs, die Abgrenzung vom nationalistischen Begriffsverständnis und eine Öffnung des Heimatbegriffs für Fragen der Migration und Globalisierung. Allerdings wird Heimat – in Kontinuität und doch betonter Abgrenzung von der eigenen Fachgeschichte – *auch* als *„Volkskultur in der technischen Welt"* (Bausinger 2005) thematisiert.

„Die wirtschaftliche und auch die soziale Dynamik sind gewachsen, sie lösen früher wirksame Horizonte auf; aber noch immer gilt, daß die Menschen in ihrer Lebenswelt identitätsstiftende Horizonte zu bewahren suchen: Was unter das Schlagwort Globalisierung gefaßt wird, und was in den Alltag aller Menschen schonungslos eingreift, hat vielfach zu einer Aufwertung von Heimat und Heimatkultur geführt." (Bausinger 2005: VI.)

„Geht man davon aus, daß die Moderne ambivalente Züge als ganze trägt, daß sie auch negative Folgen zeitigt, wird man das Gebot der Revitalisierung, Gestaltung und kurz, Kultivierung sozialer Lebensräume, wie Heimatbewegung und Regionalismus sie bewirken können, nach wie vor hoch ansetzen müssen. [...] Im Rahmen und unter der Prämisse von Modernität erzeugen sie gegenüber anonymen, entfremdeten Funktionsabläufen Überschaubarkeiten; sie bieten Gestaltung, Selbstfindung und Verankerung im Nahraum an." (Lipp 1997: 64f.)

Aus dieser Perspektive dienen Trachtenbälle, die Volksmusik und wiederbelebte Bräuche in einer an Orientierungspunkten armen Welt als *„symbolische Sicherheitsmarkierungen"* (Kaschuba 2006: 182).

„Die Betonung des Regionalen, der Folklore, ja die politisch derzeit so gravierende Behauptung von Ethnizität [...] antwortet auf das Gefühl von Heimatlosigkeit in einer Welt, die sich der Herrschaft der letztlich doch ökonomisch gemeinten ‚Globalisierung' unterwirft." (Scharfe 2002: 317.)

Diagnosen dieser Art lassen sich in unzähligen volkskundlichen bzw. ethnologischen Arbeiten der letzten Jahre finden – etwa unter den Schlagworten *„Sehnsucht nach dem Archaikum"* (Schweidlenka 1994: 221), *„moderne Wurzelsuche"* (Köstlin 1994: 8), *„Identitätsbedarf in der Moderne"* (Berger 2007b: 89) oder *„Gefühl der Heimatlosigkeit in einer globalisierten Welt"* (Berger 2007a: 123). Bereits Victor Turners (1989) Weiterentwicklung von Arnold van Genneps Konzept der Übergangsrituale (1986) wies in diese Richtung. Turner stellte fest, dass in Zeiten des Übergangs bzw. des raschen gesellschaftlichen Wandels ein *„besonders großes Bedürfnis nach symbolischen und rituellen Orientierungszeichen [besteht], die den neuen Weg bezeichnen, bestätigen und sichern"* (Ka-

schuba 2006: 191). Im Anschluss an diese Überlegung hat Kaschuba den gegen-
wärtigen europäischen Gesellschaften einen besonders hohen *„Symbol- und
Ritualbedarf"* attestiert (vgl. ebd.: 187-193). Als scheinbar in regionalen Traditi-
onen verwurzelte Praktiken verschaffen volkskulturelle Veranstaltungen und
Erzeugnisse ein Gefühl der zeitlichen, räumlichen und identitären Verwurzelung.
Auch Kaufmann hat darauf hingewiesen, dass die Flucht in oder die Identifikati-
on mit einem Hobby besonders gut funktioniert, wenn dieses einen Bezug zur
Vergangenheit oder zu regionalen Kollektiven herstellt. Wie Ronan Le Coadic
(1998, 2001) am Beispiel bretonischer Volksfeste gezeigt hat, besitzen regionale
Feste und Bräuche eine besondere identitäre Kraft.

> „[...] [D]as Wiederaufleben der bretonischen Sprache in der Kultur (während das
> Bretonische als regionale Alltagssprache weiter verschwindet), der gegenwärtige Er-
> folg der keltischen Musik, die charakteristischen Landschaften, die kulinarischen
> Spezialitäten usw. Alle diese Bestandteile lassen sich offenbar nicht in ein unter-
> scheidbares, stabiles Ganzes integrieren. Sie fungieren eher als Stützen, die sehr
> freizügig Ressourcen der Identifizierung und der Selbstachtung bereitstellen."
> (Kaufmann 2005: 133.)

So werden *„Zeugnisse der Vergangenheit oder spezieller Kulturen [...] auf sehr
einfache Weise als Identitätsressourcen wiederverwertet"* (ebd.: 152). Dabei ist
besonders interessant, dass dies auch für Bräuche gilt, die im Alltag keine Rolle
(mehr) spielen und deren Abstammung von älteren Traditionen nicht belegt ist –
sogar dann, wenn offensichtlich ist, dass sie keine lokalen Wurzeln haben, oder
wenn sich verschiedene Protagonisten auf unterschiedliche, einander widerspre-
chende, Wurzeln beziehen.

> „Diese schwachen, heterogenen Stützen verhindern jedoch nicht, dass sich der kol-
> lektive Identifikationsprozess in bestimmten Kontexten kraftvoll Bahn bricht. In der
> Opposition zu anderen Gruppen und zum zentralistischen Staat, anlässlich von De-
> monstrationen oder Festen, kulturellen Ereignissen usw. Die Identität hat eine ande-
> re Logik als die Sozialisation. Sie ist unvergleichlich viel freier und beweglicher.
> Kleine konkrete Ressourcen, die wie nebenbei aufgefangen werden, können große
> Wirkung auf die Identität haben. Die Bretagne zum Beispiel entfaltet eine starke kul-
> turelle Identität, die in ihrer Vergangenheit wurzelt, obwohl sie sich auf gegenwärtig
> verschiedenartige, wechselnde Bruchstücke stützt." (Ebd.: 134.)

Diese Art der Deutung wird von vielen Protagonisten des Krampus- und Perch-
ten-Booms geteilt. Als normatives Konzept spiegelt sie sich in den Mission
Statements vieler Vereine wider, die der als bedrohlich und fremd erlebten Welt
ihre Bräuche entgegenstellen. Aber auch die Gallionsfiguren und wirtschaftlichen Profiteure der *„neuen Rustikalwelle"* (NEWS 39 / 2011: 124) bemühen
ähnliche Erklärungen. Im bereits angesprochenen *Trend*-Artikel berichtet etwa
eine Trachtenherstellerin, der Boom habe mit der Wirtschaftskrise eingesetzt.

Und der Chef von Sony-Österreich führt den jüngsten Erfolg von Mundart-Musik auf den *„großen Bedarf nach Identitätsstiftung im Zeitalter der Globalisierung"* (Trend 8 / 2011: 59) zurück. In einem *NEWS*-Artikel (39 / 2011: 122-129) über das *„Millionen-Business Volksmusik"* wird Andreas Gabalier mit folgenden Worten zitiert: *„Ich glaube, dass in unserer turbulenten Welt die Romantik verloren gegangen ist, nach der sich so viele sehnen."* (Ebd.: 129.) Und DJ Ötzi ergänzt:

> „Von der Politik bis zur Religion, wenn man den Fernseher aufdreht, wird einem nur noch Angst gemacht. Unsere Musik ist nicht zum Fürchten, in ihr kann man sich wohlfühlen. […] Die Leute greifen heute lieber auf das Gewohnte zurück. Das vermittelt ihnen Sicherheit und Verlässlichkeit." (Ebd.: 128.)

Die Schlussfolgerung der Autorin und des Autors des *Trend*-Artikels könnte ebenso gut einem volkskundlichen Aufsatz entstammen:

> „Die Suche nach Wertbeständigkeit und kulturellen Haltegriffen lässt mehr und mehr Österreicher für die gute alte Zeit, die es nicht mehr gibt und wahrscheinlich nie gegeben hat, schwärmen. Dabei ist nur eines sicher: Die Romantisierung der Provinz verspricht gutes Geschäft." (Ecker / Voss, Trend 8 /2011: 59.)

Beide Typen der gegenwärtigen Heimatkonzeption bieten Anknüpfungspunkte für die folgenden Überlegungen. Aber sie müssen durch einige Bemerkungen ergänzt werden.

(4) Die Sehnsucht nach traditionellen Inhalten und Formen. Die hier vertretene These lautet, dass Krampus- bzw. Perchtenbräuche und andere folkloristische Events deshalb so beliebt sind, weil sie der Sehnsucht nach zeitlicher und räumlicher Verwurzelung nicht nur im Hinblick auf die oben angeführten Beziehungsmuster und Vergemeinschaftungsformen entgegenkommen, sondern auch in inhaltlicher und formaler Hinsicht. Aber das bedeutet nicht, dass diese äußerlichen Elemente als Erklärung ausreichen. Die These, dass Trachtenfeste und regionale Produkte in einer an Orientierungspunkten armen Welt als *„symbolische Sicherheitsmarkierungen"* (Kaschuba 2006: 182) dienen, ist – wie wir gerade gesehen haben – keineswegs neu, aber sie ist wichtig und auch ein Teil des hier vertretenen Arguments. Aber wie im dritten Kapitel argumentiert wurde, reicht die bloße Feststellung, die noch dazu nur auf die inhaltlichen und formalen Aspekte beschränkt ist, nicht aus, um die große Beliebtheit von Trachten und Oktoberfesten, von Krampus-, Perchten- und anderen Bräuchen zu erklären.

Vielmehr ist auch diese Einschätzung bzw. diese Art des Selbsterlebens als Ausdruck einer Persönlichkeitsstruktur zu verstehen, die für bestimmte Muster des Zusammenlebens charakteristisch ist: für funktional hochdifferenzierte, demokratische Gesellschaften. Wie Elias gezeigt hat, ist die Feststellung, die Welt sei durch die Auflösung vormoderner „Gemeinschaften" und ihrer magisch-mythischen Vorstellungen halt- oder sinnlos geworden, selbst ein Resultat von Individualisierungsprozessen. Die gleichmäßigeren und umfassenderen Trieb- und Affektkontrollen, die für das Überleben in hochdifferenzierten Gesellschaften notwendig sind, werden häufig als Mauer wahrgenommen, die das „Individuum" von den anderen „Individuen" oder von „der Gesellschaft" trennt. Daher fühlen sich viele Menschen in den am weitesten fortgeschrittenen Industriegesellschaften häufig einsam, alleine und entfremdet. (Vgl. Elias 2005: 136-143.) Diese Empfindung hat sich in den letzten Jahrzehnten verstärkt. Einerseits, weil die Interdependenzketten, in die der und die Einzelne verstrickt ist, so lange und so verzweigt und die Machstrukturen so komplex sind, dass sie kaum zu überblicken sind. Daher werden sie oft als menschenlose Objekte wahrgenommen. Andererseits haben Geschwindigkeit und Vielschichtigkeit, in der sich diese Verflechtungsmuster wandeln, vervielfacht. Ein Aspekt dieser Wandlungen, auf den oben bereits hingewiesen wurde, ist, dass in den 1960er Jahren die „*Kette der Generationen*" (Elias 2001a: 237, 255, 297) bis zu einem gewissen Grad gerissen ist, da die jüngeren Generationen die Autoritätsstrukturen und Lebensformen der älteren Generationen ablehnten. Eine Folge dieser gesellschaftlichen Entwicklungen ist die Empfindung einer zeitlichen und räumlichen *Ent*wurzelung bzw. die Sehnsucht nach zeitlicher und räumlicher *Ver*wurzelung.

Aus Elias' Perspektive können wir das Leben nur dann wieder als sinnvoll wehrnehmen, wenn wir diese Art des *homo-clausus*-Denkens, das sich im Laufe der abendländischen Gesellschaftsentwicklung herausgebildet hat, überwinden und gleichzeitig die Kette zwischen den Generationen wiederherstellen. Das bedeutet, dass wir uns darüber bewusst werden müssen, dass wir räumlich und zeitlich mit anderen Menschen verflochten sind, dass wir nicht nur Teil weltweiter Menschennetzwerke, sondern auch eines „*Entwicklungsstromes*" sind, der vergangene, gegenwärtige und zukünftige Generationen miteinander verbindet. (Vgl. Elias 2006c: 396-401.)

Auf unser Problem übertragen bedeutet dies zunächst, dass Krampus- bzw. Perchtenbräuche den Menschen, die sie ausüben oder die ihnen beiwohnen, das Gefühl verleihen, in einer räumlichen und zeitlichen Traditionslinie zu stehen. Über diese Verwurzelung mit der Vergangenheit und mit der Region bzw. der lokalen Gemeinschaft hinaus geben sie den Vereinsmitgliedern die Möglichkeit, eine als wertvoll angesehene Tradition in der Gegenwart weiterzuführen, deren räumlichen und sozialen Wirkungskreis auszudehnen und sie an zukünftige Generationen weiterzugeben. Auf diese Weise verleihen Krampus- und Perchtenbräuche (wie andere folkloristische Aktivitäten) den Menschen, die sie pflegen, nicht nur ein Gefühl zeitlicher und räumlicher Verwurzelung, sie verstärken bzw. verändern gleichzeitig tatsächlich die Art der zwischenmenschlichen Beziehungen. Im Anschluss an diese Überlegung wurde hier die These vertreten, dass es nicht zielführend ist, die äußerlichen, symbolischen Aspekte von neu- oder wiedereingeführten Bräuchen isoliert von den für sie charakteristischen Beziehungsmustern und Vergemeinschaftungsformen zu betrachten. Daher wurde in den vergangenen Unterkapiteln auch danach gefragt, ob Krampusläufe und -vereine eine Form der zwischenmenschlichen Beziehung darstellen, die sich über die äußerlichen, symbolischen Aspekte hinaus (etwa im Hinblick auf das Gemeinschaftserlebnis, die Machtverhältnisse und Hierarchien, aber auch im Hinblick auf die Aspekte der Ersatzreputation, des Spannungsauf- und -abbaus oder der Gegnerschaft) besonders gut dazu eigenen, ein Gefühl der Sicherheit, des Selbstwerts und der Verwurzelung zu verleihen. Gerade weil folkloristische Veranstaltungen, Vereine und Produkte der Sehnsucht nach zeitlicher und räumlicher Verankerung *auch* – aber nicht nur – in symbolischer Hinsicht nachkommen, weil sie diese Verwurzelung materialisieren und sichtbar machen, boomen sie in so besonderem Maße. Aus dieser Perspektive tragen Krampus- und Perchtenbräuche tatsächlich zur Wiederherstellung der „Kette der Generationen" bei, weil sie mehr als alle anderen Brauchinnovationen Junge und Alte ansprechen und von ihnen gemeinsam getragen werden.

(5) Die relative Autonomie heutiger volkskultureller Praktiken. Es ist an dieser Stelle nicht möglich, alle verschiedenen Spielarten, in denen brauchtümliche und regionalistische Erzeugnisse gegenwärtig in Erscheinung treten, vorzustellen. Ebenso wenig möglich ist es, ihre jeweiligen identitäts- bzw. orientierungsstiftenden Potentiale und die ihnen entsprechenden emotionalen Bedürfnisse der Trägergruppen im Detail zu untersuchen. Stattdessen wird hier – wieder im Anschluss an Elias und Dunning (2003) – eine *Typologie der formalen und inhaltlichen Ausrichtung brauchtümlicher Aktivitäten* gebildet. Wieder werden die zentralen Merkmale als *Polaritäten* oder *Balancen* ausgebildet. Dementsprechend kann man die formale bzw. inhaltliche Ausrichtung heutiger Brauchtumsveranstaltungen und -vereine danach unterscheiden,

- ob sich der Bezug auf die Vergangenheit bzw. Tradition auf die äußeren Formen oder auf bestimmte Elemente des Brauchinhalts bezieht;
- ob die traditionellen Formen bzw. Inhalte als starre, unveränderliche Vorgaben oder als weiter zu entwickelnde, kombinierbare Inspirationsquellen verstanden werden;
- wie offen die Veranstaltung bzw. Gruppe gegenüber Elementen der modernen Popkultur sowie gegenüber Elementen aus anderen Kulturkreisen und aus anderen Brauchformen ist;
- ob den brauchtümlichen Aktivitäten ein offenes, integrierendes oder ein abgrenzendes, ausschließendes Heimat- bzw. Traditionsverständnis (i.o.S.) zugrunde liegt;

- ob die Hinwendung zu einem Brauch als Rückzug *aus* einer als bedrohlich wahrgenommenen Welt, als Verteidigung des Brauches *vor* dieser Welt oder als Opposition bzw. Gegenentwurf *gegen* diese Welt angesehen wird; oder zusammenfassend:
- wie hoch die relative Autonomie des Traditionsbestandes bzw. der anderen aufgenommenen Elemente gegenüber dessen / deren Entstehungskontext ist.

Im Wesentlichen beziehen sich all diese Polaritäten auf das Problem der relativen Autonomie einer gesellschaftlichen Praktik gegenüber ihrem Entstehungszusammenhang. Wie wir im sechsten Kapitel gesehen haben, haben Elias und Dunning (2003: 230-234) dieses Konzept eingeführt, um die Frage zu beantworten, weshalb sich bestimmte Sportarten auf der ganzen Welt ausgebreitet haben und andere nicht. Außerdem haben sie gefragt, warum manche von diesen Sportarten in verschiedenen Ländern verändert und an die dortigen Bedürfnisse angepasst wurden, während andere Sportarten unverändert übernommen wurden. Je größer, so Elias' und Dunnings These, die relative Autonomie einer Sportart gegenüber den Individuen, die sie ausüben und gegenüber der Gesellschaft, in der sie sich entwickelt hat, desto einfacher kann diese auf die jeweiligen Bedürfnisse der Menschen in anderen Ländern, Kulturkreisen oder gesellschaftlichen Milieus angepasst werden. Während etwa die Fuchsjagd nur innerhalb der englischen Oberklassen des 18. Jahrhunderts eine große Anziehungskraft ausübte, konnte sich das Fußballspiel im Laufe des 19. und 20. Jahrhunderts – in verschiedenen Spielarten wie Soccer, Rugby, American Football, Australien Football und jüngst Beachsoccer oder Futsal – auf der ganzen Welt und auf alle sozialen Schichten ausbreiten.

Im Anschluss an Elias und Dunning könnte man sagen, dass von den weitergeführten, wiedereingeführten oder erfundenen Volksbräuchen jene in Regionen ohne entsprechende Tradition und von breiteren Trägerschichten übernommen werden, die eine hohe Autonomie gegenüber ihrem jeweiligen Entstehungszusammenhang aufweisen. Es handelt sich um Brauchformen, die weniger auf regionale Besonderheiten, weniger auf eine spezielle gesellschaftliche Konstellation und weniger auf entsprechende Persönlichkeitsstrukturen der Individuen angewiesen sind, die sich weniger – oder zumindest nicht nur – auf überlieferte Formen und Inhalte als auf aktuelle ästhetische Gewohnheiten und emotionale Bedürfnisse der Menschen beziehen.

Dies gilt nicht nur für Krampus- und Perchtenbräuche. Jede heutige Brauchtumsveranstaltung ist reflexiv und beinhaltet nicht nur Elemente des „Eigenen" und „Traditionellen", sondern auch Elemente des „Fremden" und der Gegenwartskultur. Wie wir gesehen haben, weist bereits die Tatsache, dass ein alter oder angeblich alter Brauch als erhaltens- oder wiederbelebenswert angesehen wird, darauf hin, dass er gewissermaßen „von außen", von bestimmten gesellschaftlichen Funktionen und Bedürfnissen losgelöst, betrachtet wird. Anders als etwa bei einem vormodernen Rügegericht sind bei einer heutigen Brauchtumsveranstaltung die Inhalte, Formen und Teilnahmebedingungen unverbindlicher, individuell wählbarer und weitgehend austauschbar: *„Heimat in der Spätmoderne [...] ist [...] in den Inhalten flexibel, [...] bricht sich und spiegelt sich in sich selbst; sie reflektiert, denkt nach über sich, stellt sich dar und inszeniert sich"* (Lipp 1997: 62). Sie ist eine *„Bühne, auf der man Heimat spielt"* (ebd.).

Dies gilt auch und in besonderem Maße für Brauchtumsgruppen, die sich damit rühmen, „ursprüngliche", „echte" oder „authentische" Bräuche zu pflegen. Erstens haben wir gesehen, dass schon die im 19. Jahrhundert „gepflegten" und aufgezeichneten Bräuche, die heute vielen konservativen Krampusgruppen (ob sie sich nun Krampus- oder Perchtengruppe nennen) als Authentizitätsnachweis dienen, bereits romantisierende Rekonstruktionen waren. Zweitens beschränkt sich diese Pflege gerade bei formenbewahrenden Vereinen tatsächlich auf die äußeren Formen, während die gesellschaftlichen Funktionen, welche die nunmehrigen Bräuche vor ihrer Erstarrung erfüllt haben, etwa jene der Rechtsprechung oder der sozialen Kontrolle, heute von ganz anderen Praktiken oder von staatliche Instituten erfüllt werden. Anders als dies in manchen Brauchtumspflegekreisen und auch in der konservativen volkskundlichen Literatur immer wieder befürchtet wird, sind diese Bräuche trotzdem keineswegs inhaltsleer, funktions- und bedeutungslos. Vielmehr dienen sie – wie wir gesehen haben – verschiedenen Bedürfnissen, die für funktional hochdifferenzierte Gesellschaften charakteristisch sind. Selbst ganz junge, durchwegs kommerzialisierte und im wahrsten Sinne des Wortes „erfundene" Bräuche können Orientierung verleihen, Sicherheit erzeugen und als Rückzugsgebiet oder als Mittel der Opposition dienen. Wie wir gesehen haben, wird ein-und-dieselbe Krampusmaske von verschiedenen Personen als Inbegriff und Verfälschung, als Weiterentwicklung und Zerstörung „echten" Brauchtums verstanden. Ob Perchtenevents, heutige Trachtenmode, volkstümliche Schlager, „echte" Volksmusik oder streng nach Überlieferung gepflegte Oster- oder Krampusbräuche: sie alle sind das *„Ergebnis einer munteren Auseinandersetzung zwischen traditionellen Prägungen und den Möglichkeiten der Moderne"* (Bausinger 2005: VI). Dies gilt zunächst für die technischen Möglichkeiten. Selbst die traditionellsten Brauchtumsgruppen bedienen sich zur Koordinierung ihrer Tätigkeiten moderner Kommunikationstechniken, reisen zu ihren Auftritten nicht mit Kutschen, sondern mit Autos und werben für ihre Brauchtumsauffassungen auf ihren eigenen Homepages. Auch Familienhausmusik wird nicht ausschließlich mit Instrumenten gespielt, die gleich alt sind wie das Liedgut. Dies gilt – in unterschiedlichem Ausmaß – aber auch in formaler und inhaltlicher Hinsicht: so ist etwa die heutige Trachtenmode an die gegenwärtigen modischen Trends und an die heutige Körperkultur angepasst; und in allen

Varianten der heutigen „Volksmusik" – von der Hausmusik über den volkstümlichen Schlager bis zum „Volks-Rock'n'Roll" – werden – in unterschiedlichem
Ausmaß und auf unterschiedliche Art und Weise – traditionelle Elemente (wie
etwa die steirische Knopfharmonika) mit Elementen der gegenwärtigen Populärkultur (etwa verzerrten Gitarren oder neuen Fokussen des Liederrepertoires)
miteinander kombiniert.[418]

> „Was heute etwa als traditional empfunden wird, wechselt nach Zeit und Ort, je
> nachdem, ob das Attribut positiv oder negativ gemeint ist und abhängig vom sozia-
> len Blickfeld wie politischen Blickwinkel. Es sagt letztlich mehr über den Beobach-
> ter aus als über das Beobachtete." (Kaschuba 2006: 165f.)

*(6) Die inhaltliche und formale Flexibilität von Krampus- und Perchtenbräu-
chen.* Die hier vertretene These lautet, dass die besondere Anziehungskraft von
Krampus- und Perchtenbräuchen darauf zurückzuführen ist, dass sie eine besonders hohe Autonomie von ihren Entstehungszusammenhängen besitzen und somit in inhaltlicher und formaler Hinsicht flexibler als andere volkstümliche
Bräuche sind. Dadurch können sie den Persönlichkeitsstrukturen, emotionalen
Bedürfnissen, Wir-Gefühlen und Heimatkonzeptionen verschiedener gesellschaftlicher Milieus angepasst werden. Krampus- bzw. Perchtenbräuche können
auf allen Polaritäten der obigen Typologie der *formalen und inhaltlichen Ausrichtung* sowohl ganz rechts als auch ganz links verortet werden. Die Verschmelzung traditioneller Maskenelemente mit Stilelementen aus aktuellen Hollywoodfilmen ist hierfür ein gutes Beispiel.

Aber auch die Vereinsnamen zeugen von der Vielfalt der Bezugsrahmen
und von der Kombinationsfreudigkeit der Brauchträgerinnen und Brauchträger.[419] Am häufigsten ist nach wie vor die Kombination aus Orts- oder Regio-
nenname und Brauchbezeichnung („Krampusgruppe Öblarn", „Inntal-Pass",
„Mühlviertler Rauh-Teufel", „Lesteiner Perchten"). Wenig überraschend spiegeln sich auch in den Vereinsnamen verschiedenste Brauchtumsauffassungen
(formkonservativ vs. experimentell; geschlossen vs. offen; Fokus auf Formen vs.
Fokus auf Inhalte; Unterscheidung vs. Verschmelzung von Krampus und Percht
etc.) wider. Während manche Gruppen auch im Vereinsnamen die Brauchbe-

---

418 Andreas Gabalier verbindet sowohl in seiner äußeren Erscheinung als auch in seiner Musik
     vermeintlich typisch steirisch-volkskulturelle Elemente mit Stilelementen der 1950er Jahre und
     der gegenwärtigen Popkultur (die wiederum Retro-Elemente einschließt) (vgl. Offizielle
     Homepage von Andreas Gabalier. URL: http://www.andreas-gabalier.at/ (letzter Zugriff:
     08.10.2011)). Oder in Gabaliers Worten: *„Die Jugend kann sich mit mir identifizieren, weil es
     nicht Humtata-Humtata ist, sondern Volks-Rock'n'Roll. Ich glaube, dass es um ein gesundes
     Heimatgefühl geht."* (Gabalier, zitiert nach NEWS 39 / 2011: 129.)
419 Zur Methode siehe Guttmans (2008: 31-39) Vergleich des Soccer mit dem American Football
     anhand der Vereinsnamen.

zeichnung (Krampus, Percht, Klaubauf) bewusst wählen, kann man den Mission Statements anderer „Perchtengruppen" entnehmen, ihr Ziel sei die Pflege und Erhaltung des „Krampusbrauchtums".

Die ungeheure Zunahme von Krampus- und Perchtengruppen hat den Unterscheidungsdruck erhöht und es nötig gemacht, *„Alleinstellungsmerkmale"* (Berger 2007b: 88) in die Vereinsnamen zu integrieren.[420] Seit es in vielen Orten nicht nur eine, sondern mehrere Krampus- oder Perchtengruppen gibt, reicht die Angabe des Ortsnamens und der ortsüblichen Brauch- bzw. Gruppenbezeichnung nicht mehr aus. In Schladming gibt es etwa neben der „Bauer Pass" auch die „Schladminger Feuerteufel", die „Tirl-Pass" und die „Zores Pass". Ferner ist anzunehmen, dass sich in dem Maße, in dem sich die Aktionsradien der Vereine ausweiten, die Ortsbezeichnungen auf größere Gebiete beziehen.[421] Seit einiger Zeit greifen die Vereine bei der Namensfindung auch auf landschaftliche Besonderheiten der Region („Eisenerzer Grottenteufel", „Gletscherdeife Kaprun", „Stainacher Grimmingteufel", „Wolfsschluchtpass") und auf Elemente der lokalen Geschichte („Vilikumstoa – Pass") zurück. Außerdem sind alte umgangs-

---

420   Dass der Prozess der Namensfindung für viele Gruppen eine große Herausforderung ist, zeigt die Namensherleitung der „Fuchsstoapass": *„Die Wahl des Namens für die Pass bereitete uns anfangs schweres Kopfzerbrechen, da wir uns nicht einig wurden. Wir wollten einen klingenden, brauchtümlichen ‚bissigen' Namen, der für sich selbst spricht. Außerdem wollten wir ein Markenzeichen setzen. Wir wollen alle Irrtümer aufklären und auf die Frage ‚Wo ist der Fuchsstoa?' eine Antwort geben. Es gibt keinen Fuchsstoa! Es war bei einer unserer ersten Sitzungen klar, dass wir ein Tier (Markenzeichen) auf unseren Korb montieren wollten. Daher trug Clemens bei einer Sitzung einen ausgestopften Fuchs, der auf einem Stein sitzt, mit sich. Wir wollten diesen sofort erwerben, jedoch waren unsere finanziellen Mittel begrenzt. Ab diesem Zeitpunkt war der Name unserer Pass eigentlich für jeden klar."* (Fuchsstoapass – Vereine Salzburg – Lexikon – KRAMPUSMANIA das Original. URL: http://krampusmania.at/lexicon/ index.php/Entry/441-Fuchsstoapass/ (letzter Zugriff: 03.05.2017).)

421   Bei der für die quantitative Untersuchung des sechsten Kapitels notwendigen Zuordnung der Krampus- und Perchtengruppen zu ihren Herkunftsorten hat sich gezeigt, dass viele neue Vereine keine Ortsbezeichnung im Namen tragen. Das ist überraschend, wenn man annimmt, Krampus- bzw. Perchtenvereine seien ein Mittel der lokalen Identifikation. Dieses Phänomen müsste empirisch untersucht werden.
      Man kann jedoch vermuten, dass solange eine Gruppe nur in ihrem Heimatort tätig ist und aus Nachbarorten keine Gruppen ins Dorf kommen, das Tragen des Ortsnamens überflüssig ist (falls es überhaupt einen Verein gibt und die Brauchtumspflege nicht von den jungen Männern oder der Burschenschaft praktiziert wird). Sobald es jedoch einen Austausch von Gruppen zwischen mehreren Ortschaften gibt, erhält das Tragen des Ortsnamens eine Funktion. Während vorher das Tragen des Talnamens unsinnig gewesen wäre, ist nun das Führen des Ortsnamens wenig hilfreich, da man den Ort im Nachbartal gar nicht kennt. Dieser Gedanke lässt sich auf der Bezirks-, der Regionen- und der Bundesländerebene fortsetzen. Sieht man gar das Internet als wichtigstes Kommunikations- und Präsentationsmedium an, könnte man annehmen, dass der Herkunftsort ganz seine Funktion verliert. Diese Frage müsste aber empirisch geklärt werden.

sprachliche bzw. dialektale Flur- oder Vulgonamen („Eaboch-Pass Tyrol"[422])
oder römisch-lateinische Ortsnamen (z.B. „Noricumpass", „Monte Larix-
Pass"[423], „Brauchtumsgruppe Santicum"[424]) sehr beliebt. Neben englischen Ele-
menten („young", „carsty" oder „xtreme") sind in den letzten Jahren vor allem
„alte" Sprachen und Gestalten aus der römischen, griechischen oder germani-
schen Mythologie in Mode. Meist handelt es sich dabei um Varianten der
Brauchbezeichnung oder um Synonyme für „Teufel" oder „Satan" („Devils",
„Hellfaces", „Ugly Hellmoshers", „Lords of Darkness" oder „Dead Angels"
(Englisch) bzw. „Diabolus", „Morax"[425] (beide Latein), „Diabolos" (Griechisch),
„Atrox"[426] (Keltisch), „Mantus"[427] (Etruskisch) oder „djevels" (Germanisch

---

422   Namensherleitung der „Eaboch-Pass Tyrol": *„Der Name EABOCH stammt vom Grenzbach
      ‚JENNBACH' der die beiden Ortschaften Ebbs und Niederndorf trennt. Dieser Name wurde
      deshalb gewählt weil bei unserer Pass sowohl Ebbser wie auch Niederndorfer mitwirken, wo-
      bei die eine Zusammenarbeit der beiden Orte beim Krampuslaufen nicht immer selbstverständ-
      lich war."* (Vgl. Eaboch Pass. URL: http://www.eabochpass.at/aktuelles.html (letzter Zugriff:
      04.01.2009; im Mai 2017 nicht mehr online).)
423   Namensherleitung der „Monte Larix Pass": *„Der Name stammt von unserem Hausberg, dem
      Lärchberg ab, dann dachten wir uns , wir übersetzten Ihn ins lateinische.Und somit entstand
      unser Name MONTE LARIX PASS. Erst wenn die letzte Kerze erloschen, die letzte Schneeflo-
      cke gefallen, und der Mond über Monte Larix steht erwachen sie und kehren zurück ans karge
      Tageslicht ... die MONTE LARIX PASS! Sie kommen aus den dunklen Wäldern und Höhlen
      hervor und dann ist es wieder soweit, es ist wieder die Zeit, um etwas Unruhe in die kleine
      Stadt vor dem in der Dunkelheit schaurigen Berg zu bringen."* (Monte Larix Pass – Vereine
      Steiermark – Lexikon – KRAMPUSMANIA das Original. URL: http://krampusmania.at/lexi
      con/index.php/Entry/631-Monte-Larix-Pass/ (letzter Zugriff: 03.05.2017).)
424   Römischer Name jener Siedlung, die heute Villach heißt.
425   Namensherleitung der „Morax Pass": *„In der Demonology ist ‚MORAX' ein großer Graf und
      Präsident der Hölle, der 36 Legionen der Dämonen unter seinem Befehl hat."* (Morax. URL:
      http://www.morax-pass.at/morax.html (letzter Zugriff: 04.01.2009; im Mai 2017 nicht mehr
      online).)
426   Namensherleitung der „Atrox-Pass Tennengau": *„Die Gruppe wurde im Jänner 2000 gegrün-
      det. Der Name stammt aus dem Keltischen und bedeutet soviel wie teuflisch. Die keltische
      Sprache wurde deswegen gewählt weil der Tennengau früher ein Siedlungsgebiet der Kelten
      war. Da unsere Mitglieder aus Kuchl, Golling und Hallein stammen wurde als Ortsbezeich-
      nung der Tennengau gewählt."* (Vgl. Atrox-Pass Hauptmenu. URL: http://www.atroxpass.
      com/menu/index.html (letzter Zugriff: 04.01.2009; im Mai 2017 nicht mehr online).)
427   Namensherleitung der „Mantus Pass Hainfeld": *„Mantus ist eine Gottheit aus der Mythologie
      der Etrusker. Die Etrusker sahen in Mantus den Herrscher über die Unterwelt, dem Reich der
      Toten. Als Totenführer gehörte es auch zu seinen Aufgaben die Seelen der Verstorbenen in die
      Unterwelt zu geleiten. Ein anderer Name für ihn ist Charun (zu griech. Charon). Abbildungen
      von Mantus findet man auf etruskischen Totenkisten, welche ihn als Mann mit wilden Gesichts-
      zügen, Satyrohren, Flügel und Tunika zeigen. Meistens ist er mit einem Hammer, manchmal
      auch mit einem Schwert dargestellt. Nach Mantus soll die italienische Stadt Mantua benannt
      sein."* (Mantus Pass - Hainfeld – Vereine Niederösterreich – Lexikon – KRAMPUSMANIA
      das Original. URL: http://krampusmania.at/lexicon/index.php/Entry/1076-Mantus-Pass-
      Hainfeld/ (letzter Zugriff: 03.05.2017).)

bzw. Färöisch)). Die verbreitete Praxis, sich im Internet „Teufel" oder „Satan" in verschiedene Sprachen übersetzen zu lassen, eine möglichst auffällige Variante auszusuchen und die Begriffsherleitung wörtlich aus Wikipedia in den Gründungsmythos der eigenen Krampus- oder Perchtengruppe zu übernehmen, zeigt, wie unverkrampft viele Gruppen mit Traditionen und deren Inhalten umgehen. Dass in den letzten Jahren außerdem touristische Bezeichnungen in den Vereinsnamen (wie „Vulkanlandperchten" oder „Thermenperchten") auftauchen, ist ein Indiz für die zunehmende wirtschaftliche Relevanz von Krampusbräuchen und -gruppen. Abschließend ist darauf hinzuweisen, dass sich in der jüngsten Vergangenheit dialektale Ausdrücke und alte Berufsbezeichnungen („d'Holzknecht") zunehmender Beliebtheit erfreuen – gerade bei relativ neuen Gruppen mit durchwegs jungen Mitgliedern.

Als drittes Beispiel für die formale und inhaltliche Flexibilität von Krampus- und Perchtenbräuchen seien ein paar Vereinschroniken angeführt, die sich häufig dadurch auszeichnen, dass die wahren Geschichten der Vereine und ihrer Vorgängergruppen mit fiktiven Gründungslegenden oder mit aus dem Internet abgeschriebenen Informationen zum „Ursprung" des Krampusbrauches (auch bei vielen Vereinen, die sich selbst als „Perchten" bezeichnen) verwoben sind. Auch Berger (2000: 100) hat beobachtet, dass gerade neu gegründete Brauchtumsgruppen auf eine angeblich lange Tradition verweisen. Selbst wenn man nur nach der *Länge der Tradition* und dem *Vereinsstatus* unterscheidet, kann man einige Typen der Geschichtsschreibung unterscheiden. Die folgenden Textbeispiele sind Ausschnitte aus den Gruppengeschichten, wie man sie bis vor wenigen Jahren auf hunderten Homepages finden konnte. Da die meisten Krampus- und Perchtengruppen in den letzten fünf Jahren ihre Websites zugunsten von *Facebook*-Seiten aufgegeben haben, sind die meisten dieser Selbstbeschreibungen nicht mehr online verfügbar. Auch wenn sie an dieser Stelle nicht in der gebotenen Sorgfalt analysiert werden können, vermitteln sie doch einen Eindruck von der Vielfalt der in der Krampus- und Perchtenszene vertretenen Selbstverständnisse.

Das erste Zitat stammt von der Website des „1. Österreichischen Krampusmuseums" in Suetschach (Kärnten). Es ist ein Beispiel für das Selbstbild eines sehr konservativen Brauchtumsvereines, der nicht nur auf eine lange lokale Tradition, sondern auch auf eine sehr frühe Vereinsgründung zurückblickt.

> „Die Krampusgruppe Suetschach entstand nach unseren ältesten Aufzeichnungen im Jahre 1889. Seit diesem Datum wird bei uns im Ort der Brauchtum noch immer im gleichen Sinn gepflegt." (Krampusmuseum [04.02.2009].)[428]

---

428 Krampusmuseum. URL: http://krampusmuseum.suetschach.com/ (letzter Zugriff: 04.02.2009; im Mai 2017 nicht mehr online).

Der nächste Textausschnitt steht hingegen exemplarisch für die vielen in den letzten 15 bis 20 Jahren gegründeten Vereine, die ihrem Selbstverständnis nach ebenfalls an eine lange lokale Krampus- bzw. Perchtentradition anknüpfen. Erwähnenswert ist, wie die für die Reputation und das Selbstbild so zentrale Tradition konstruiert wird: einerseits durch den Verweis auf eine *„jahrelange Tradition"* des Krampuslaufens vor Ort und andererseits durch den Hinweis auf die *„jahrelange ,Toifierfahrung'"* der Mitglieder in anderen Krampusvereinen.

> „Das Krampuslaufen hat bei uns schon eine Jahrelange Tradition wobei es nie einen richtigen Verein zur Brauchtumspflege gegeben hat. Die EABOCH-PASS wurde gegründet im Jahr 2001 von XY[429], XY, XY und XY. Angefangen haben wir mit 6 Mitgliedern, doch mittlerweile sind wir 16 Leute die sich um die Erhaltung des Krampusbrauchtums bemühen. Die meisten Mitglieder unserer Pass haben jedoch schon vorher jahrelange ,Toifierfahrung' gesammelt." (Eaboch Pass [04.02. 2009].)[430]

Auch die „Krampusgruppe Hollenburg-Köttmannsdorf" (Kärnten) verweist in ihrer Selbstbeschreibung auf eine lange Tradition. Im Gegensatz zur „Eaboch-Pass" kann sie jedoch sogar ungefähr quantifizieren, wie weit diese Tradition zurückreicht. Gleichzeitig zeigt dieser Textausschnitt, dass es trotz der im sechsten Kapitel beschriebenen Institutionalisierungs- und Formalisierungsprozesse der letzten Jahre noch immer Krampusgruppen gibt, die zwar über relativ stabile Mitgliedschaften und klar verteilte Funktionen verfügen, aber keinen Verein im Sinne des Vereinsgesetzes 2002 gegründet haben.[431]

> „Die Krampusgruppe Hollenburg-Köttmannsdorf besteht seit rund 60 Jahren und wurde von den Vätern und Großvätern einiger derzeitiger Mitglieder auf der Hollenburg bzw. in der Wegscheide Göriach gegründet. Die Jährliche Hauptaufgabe der Krampusgruppe ist noch immer das Besuchen der Kinder in Begleitung des Nikolaus am 5. Dezember. Mit den hand-geschnitzten Holzmasken sowie Isländer, Neuseeländerschaffellen und Langhaarziegen begeistern die derzeit 20 aktiven Mitglieder unter Leitung von Obmann XY, XY und XY die Köttmannsdorfer." (Krampe.at [04.02.2009].)[432]

Das folgende Zitat von der – ebenfalls nicht mehr online verfügbaren – Website der „Krampusrunde Unterloibl" (Kärnten) ist aus zwei Gründen von Bedeutung. Erstens enthält es Hinweise auf verschiedene Diffusionslinien und -schichten von Brauchformen, Brauchgestalten und Maskenformen von Osttirol und Ober-

---

429   Namen wurden unkenntlich gemacht.
430   Eaboch Pass – Über uns. URL: http://www.eabochpass.at/ueberuns.html (letzter Zugriff: 04.02. 2009; im Mai 2017 nicht mehr online).
431   Eine ähnliche Struktur findet man – wie wir gesehen haben – bei den Osttiroler Klaibaifen.
432   Krampe.at – Krampusgruppe Hollenburg & Köttmannsdorf. URL: http://www.krampe.at/ chronik.php (letzter Zugriff: 04.02.2009; im Mai 2017 nicht mehr online).

kärnten nach Unterkärnten. Zweitens kann man die im sechsten Kapitel (siehe 6.4.1) idealtypisch skizzierten Institutionalisierungs- und Integrationsphasen von Krampus-, Perchten- und anderen Brauchtumsvereinen anhand dieser Verein-schronik über einen langen Zeitraum hinweg exemplarisch nachvollziehen.

„Der Gründer unserer Krampusrunde war XY, geb. am 02.August 1934 im Gailtal, er machte eine Lehre als Schuhmacher von 1948 - 1951, danach arbeitete er als Holzknecht im Gailtal, Stockenboi, Lienz und Matrei, wo er auch das erste Mal mit Krampussen und Perchten konfrontiert wurde. Im Jahre 1954 kam er nach Unter-loibl, wo er seßhaft wurde und im Gemeindegebiet von Ferlach bis heute lebt.

Gründung: 1955 das eigentliche Jahr der Gründung, war für das gesamte Ge-meindegebiet etwas neues, dass sie bisher nicht kannten, vorwiegend wurde im Loibltal, im Bodental und im Gemeindegebiet von Ferlach agiert, aber auch über die Gemeindegrenzen hinaus gibt es noch Auftritte in Klagenfurt im Quelle Haus am Heiligengeistplatz und im Wulfenia Kino. Ab dieser Zeit gibt es konkrete Aufzeich-nungen bis zum heutigen Tage. Wichtig war damals die Überlieferung der einzelnen Brauchtumsfiguren. Mit dem hl. Nikolaus, Luzifer, Koschträger und Krampussen zieht man am 5. Dezember von Haus zu Haus. Nach alter Tradition wurden die Masken und Gewänder der Krampusse selbst angefertigt. Für das Gewand wurden nur echte Langhaarschaffelle verwendet. Das Gesicht ist schmal und wird teilweise aus Holz hergestellt, es wurde mit Leder überzogen und unterscheidet sich durch überlieferte Stilrichtung drastisch von anderen Krampusgruppen, wie z.B. von den Perchten mit großen holzgeschnitzten Masken aus Oberkärnten und Osttirol, die in-zwischen auch von anderen Krampus-gruppen aus dem Rosental übernommen wur-den. Die Hörner wurden von Schafwiddern, Ziegenböcken, Langhornrindern und Kühen verwendet. Jeder Krampus hat zwischen vier und acht mittelgroße Kuhglo-cken, eine Kette und eine Hasel- oder Weidenzweigrute. Ab dem Jahre 1975 ist XY sen. für die Organisation der Auftritte zuständig. Seit diesem Jahr nennt sich die Brauchtumsgruppe ‚Krampusrunde Unterloibl'. Die Eigenheit der Unterloibler was Stil und Ausstattung anging war ein-zigartig in Kärnten und auch der Luzifer (XY, XY und XY) hatten mehr oder weniger die Narrenfreiheit beim Krampuslauf, der Luzifer stammt aus Lienz und ist so etwas wie ein ‚Wirbler', stürzt sich auf die Menge und ruft ‚jetzt kommen wir'!

Übergabe: Mit über 50 Jahren zog sich nach 30jähriger Tätigkeit der Hauptak-teur schließlich zurück und übergab im Jahre 1985 die Gruppe an Herrn XY sen., der gemeinsam mit seinem Sohn XX jun. die Gruppe bis 1999 führte. Luzifer zu dieser Zeit waren (XY, XY) Es gab zahlreiche Auftritte im benachbarten Italien (U-dine und ...) in Klagenfurt, Affritz, Moosburg, Villach, Zweikirchen und im Ge-meindegebiet von Ferlach...

Neuanfang: Im November 1999 übergab Herr XY die Gruppe, einem der letz-ten Unterloibler der noch übrig blieb, Herr XY übernahm die Gruppe und konnte in diesem Jahr nicht viel Impulse bringen, da er kurz vor dem 5. Dezember die Gruppe übernahm und keine gravierenden Änderungen mehr möglich waren. Im Jahr 2000, waren wir sehr erfolgreich, hatten Auftritte in der Steiermark (Leibnitz), Villach, Schiefling und einige Kränzchen in Ferlach und Klagenfurt. Anfang des Jahres 2001 gründeten wir einen Verein, es wurde ein Vorstand gebildet (Obmann XY, StVR. XY, Schriftführer XY, Kassier XY, StVR. XY, Kassenprüfer XY und XY) und ein gravierender Umschwung fand statt, die ganze Gruppe zog mit, alle statteten sich neu aus, es wurden Holzmasken bestellt, bei unserem Schnitzer Robert Mitterer in Bad Kleinkirchheim, Schaffelle wurden teilweise durch Ziegenfelle ersetzt, und fast alle Masken sind mit afrikanischen Langhörnern ausgestattet, die Gruppe wurde neu formiert, es wurden noch Mitglieder aufgenommen, eine Struktur nahm Formen an. Die Gruppe umfasst heute 22 aktive Krampusse, 1 Luzifer (XY) ein bis zwei Nikolos und zahlreiche Begleitpersonen, welche für die Sicherheit verantwortlich sind. Für heuer sind zahlreiche Veranstaltungen geplant, unter anderem ein eigenes Krampuskränzchen in Unterbergen und das 1. Rosentaler Krampustreiben, welches wir veranstalten und eine groß Show zelebrieren..." (Krampus-Power [04.02. 2009].)[433]

Die Selbstdarstellungen der „Brauchtumsgruppe Kolsassberg" aus Tirol und der „Döbrichaer Perchten" (heute: „Sauzipfteifl") aus Kärnten sind zwei von hunderten Beispielen, in denen die Gründung einer Krampus- oder Perchtengruppe als Wiederbelebung eines – in (nicht genauer bestimmten) früheren Zeiten gepflegten und danach in Vergessenheit geratenen – Brauches erzählt wird.

„Da das Brauchtum Teufellaufen (Krampuslaufen) in Kolsass und Kolsassberg in Vergessenheit geraten war, hatten XY und XY 1996 die Idee, eine Teufelgruppe zu gründen. Nach intensiver Vorbereitung war es 1998 soweit. Die Tartarus Pass wurde von XY, XY, XY, XY und XY gegründet. Bemerkenswert ist, daß die furchterregenden Larven von den Mitgliedern selbst geschnitzt wurden. Ein Jahr später wurde schon die erste Großveranstaltung gestartet,
ERSTE KOLSASSER HÖLLENNACHT ein mystisches Showprogramm, welches in dieser Art wohl noch nie dargeboten wurde. Die Besucherzahlen der darauffolgenden Höllennächte beweisen uns, daß wir mit diesen effektvollen Darbietungen das Publikum ansprechen. Erfreulich ist nicht nur die jährlich ansteigende Besucherzahl, sondern auch daß die Tartarus Pass mitlerweile über 30 Mitglieder hat." (Brauchtumsgruppe Kolsassberg [05.02.2009].)[434]

Die Umbenennung der „Döbriacher Perchten" in „Sauzipfteifl" belegt zudem einerseits den oben beschriebenen Trend zum Verzicht auf Ortsbezeichnungen und zeugt andererseits vom ungezwungenen Umgang vieler Gruppen mit verschiedenen Brauchgestalten und regionalen Brauchkomplexen.[435]

433 Krampus-Power – Über uns. URL: http://www.krampus-power.at/?path=content&contentid =11 (letzter Zugriff: 04.02.2009; im Mai 2017 nicht mehr online).

434 Brauchtumsgruppe Kolsassberg. URL: http://www.brauchtumsgruppekolsassberg.com (letzter Zugriff: 05.02.2009; im Mai 2017 nicht mehr online).

435 Im Gegensatz zur Percht verkörpert die Brauchgestalt Krampus den teuflischen Gegenspieler des guten Heiligen Nikolaus. In Teilen Tirols und Südtirols sind Variationen von „Teufel" bis heute die gebräuchliche Bezeichnung für den Krampus.

„Nach dem es seit 1994 in Döbriach keine Krampus bzw. Perchtengruppe mehr gab, kamen XY u. XY im Oktober 2001 auf die Idee dem Ganzen ein Ende zu setzen, und das in Döbriach in vergessenheit geratende Brauchtum wieder auferstehen zu lassen.Gesagt getan, es wurden Nägel mit Köpfen gemacht und über Nacht entstanden Sie... Die ‚DÖBRIACHer-PERCHTEN‘!!!" (Döbriacher Perchten [04.02. 2009].)[436]

Der nachstehende Textausschnitt von der Website einer Schweizer Perchtengruppe ist eines der seltenen Beispiele für die Gründung eines Perchtenvereines jenseits jener Gebiete, in die sich Krampus- und Perchtenbräuche in den letzten 15 bis 20 Jahren ausgebreitet haben.

„In einer Frühwinternacht im November 2006 nahmen drei alte Säcke - mit Namen Wolfi, Anaconda und DiDo - zusammen mit einem wackeren Jüngling in den besten Jahren, Sisa geheissen, ihren ganzen Mut zusammen und gründeten unter dem Namen den ersten Perchtenverein der Schweiz. Entstanden war die Idee nach einem Auftritt der Salzburger Stefani Perchten an der Fasnacht in Alstätten.
  Nun hat diese Idee ihre Verwirklichung gefunden. Nach unzähligen Arbeitsstunden waren die Fellkleider, die Pferdeschweife, die gruslig, schaurig-schönen Holzmasken sowie der Feuerschlitten für den ersten Auftritt am Tschätteri Umzug 2007 bereit und die Fasnacht von Altstätten um eine Bereicherung reicher. Das Konzept der Gründerväter hat sich bewährt und im Verlaufe eines Jahres konnte der Mitgliederstamm verdoppelt werden. Dies bestärkt uns darin weiterzumachen." (Riettuefel [03.05.2017].)[437]

Auch die „Liadnbering Teufeln", eigenen Angaben zufolge die erste Krampusgruppe des Burgenlandes, sind ein Beispiel für die Gründung eines Vereines in einem Gebiet, in dem Krampus- bzw. Perchtenvereine und entsprechende Umzugsbräuche keine lange Tradition haben (siehe 6.4.4). Trotzdem unterscheidet sich ihr Mission Statement in mindestens einem zentralen Punkt von jenem der „Riettuefel" aus der Schweiz. Ihr Ziel besteht nicht darin, einen im Rahmen einer Urlaubsreise gesehenen Brauch zuhause auszuüben, sondern sie erheben den Anspruch, einen „alten", vermeintlich heidnischen Brauch *„zu erhalten und zu zelebrieren"*, womit sie implizit behaupten, die von ihnen eingeführte Brauchform habe in ihrem Heimatort schon vor ihrer Einführung bestanden. Das Angebot, andere Dörfer oder *„Locations"* zu besuchen, deutet ebenfalls darauf hin, dass in der näheren Umgebung wenige vergleichbare Gruppen und Veranstaltungen existieren.

---

436   Döbriacher Perchten. URL: http://www.doebriacher.perchten.at (letzter Zugriff: 04.02.2009; im Mai 2017 nicht mehr online).
437   Riettuefel – Über uns. URL: http://www.riettuefeltriber.ch/ (letzter Zugriff: 03.05.2017).

„Der Verein Liadnbering Teufeln wurde als erste Burgenländische Krampusgruppe am 05.03.2004 gegründet. Sinn und Zweck des Vereines ist es, altes ‚Haydnisches' Brauchtum zu erhalten und zu zelebrieren. Jedes Jahr in den Rauhnächten um den 5. Dez. findet in unserer Heimatgemeinde Pöttsching ein mystischer Krampuslauf statt. Bei Bier, Glühwein und Gegrilltem können Sie und Ihre Kinder schaurige Masken und Kostüme bewundern. Die Liadnbering Teufeln können auf Wunsch auch Ihren Heimatort oder eine sonstige Location (Disco, Einkaufscenter...) heimsuchen. Bei Interesse bitte Kontakt aufnehmen. Noch freie Termine sind hier ersichtlich." (Liadnbering-Teufeln [04.02. 2009].)[438]

Das folgende Zitat von der – ebenfalls nicht mehr abrufbaren – Homepage der „Brennerpass" aus Kufstein (Tirol) ist besonders im Hinblick auf den im siebenten Kapitel diskutierten Umgang der Krampus- und Perchtenszene mit sogenannten „Ausländern" ein interessantes Fundstück. Während es nämlich einige Beispiele für Vereine mit einem serbisch- und bosnisch-stämmigen Mitglied gibt, ist dieses Mission Statement ein seltenes Beispiel für eine Krampus- bzw. Teufelsgruppe, die von einem Jugendlichen mit Migrationsbiographie mitgegründet wurde. Der Ausschnitt zeigt aber auch, wie sich der von der jüngsten Generation von Krampus- und Perchtenbegeisterten vollzogene Akt der Gruppengründung von der oft jahre- oder jahrzehntelangen Genese älterer Brauchtumsvereine unterscheidet.

„An einem stürmischen Wintertag ging für Denis Kücükkaya und Patrick Gugglberger ein Traum in Erfüllung. Sie gründete ihren eigenen Teufelpass. Sie riefen ihren Freund Murat an und fragten ihn was er von der Idee haltet. Murat war begeistert und die drei gingen sofort an den Computer und gründeten den BRENNERPASS. Der BRENNERPASS hat zurzeit 14 Mitglieder. 13 Läufer und eine Hexe. Am Anfang waren wir skeptisch mit dem Namen BRENNERPASS. Ich denke unser Pass kann sehr gut mit den anderen Kufsteinern Pässe (Omselpass - Flexnpass - De Zottla - Stoabergpass) mithalten. Hoffentlich wird der BRENNERPASS ein großer Erfolg. Ja so entstand der BRENNERPASS!! Pass sucht noch Mitglieder!!! Fotos folgen!" (Brennerpass [04.02.2009].)[439]

Wie der untenstehende Text der „Mantus Pass Hainfeld" (Niederösterreich) zeigt, kommt es auch vor, dass eine Krampus- oder Perchtengruppe aus einem bereits bestehenden Freizeitverein hervorgeht oder als Sektion innerhalb eines Vereines entsteht. Vieles spricht dafür, dass dies vor allem in Regionen der Fall

---

438   Liadnbering Teufeln. URL: http://www.liadnbering-teufeln.at/teufel.htm (letzter Zugriff: 04.02.2009; im Mai 2017 nicht mehr online).
439   Brennerpass. URL: http://www.brennerpass.at.tf (letzter Zugriff: 04.02.2009; im Mai 2017 nicht mehr online).

ist, in denen weder Krampus- noch Perchtengruppen eine längere Tradition haben, in denen es aber andere (Brauchtums-)Vereine gibt.

> „Innerhalb des Vereins ‚MF Event - Verein für sportliche und kulturelle Aktivitäten und Veranstaltungen' haben wir zum Ende der Saison 2010 eine eigene Pass Gruppe gegründet." (Mantus Pass [03.05.2017].)[440]

Der letzte hier angeführte Ausschnitt ist ein besonders sorgfältig ausgearbeitetes, aber im Hinblick auf den Umgang mit Geschichte und Tradition durchaus typisches Beispiel für eine Gründungsgeschichte, in der reale Ereignisse aus der Vereinsgeschichte spielerisch mit Versatzstücken lokaler Sagen, mit Elementen aus Horror- oder Fantasy-Filmen und mit rein erfundenen Ereignissen verschmolzen werden.

> „Die Geschichte der Devil's and Angel liegt schon viele Jahrhunderte in der Vergangenheit. Meistens steckt hinter jeder Sage auch ein Stück wahrer Geschichte. Als 1473 in Steyr der fast Fertiggestellte Turm abbrannte, tappte man lange über die Ursache im Dunkeln. Nur der zukünftige Turmwärter der Stadt Steyr schien sich mit seiner geheimnisvollen Geschichte eher verdächtig zu machen, weil seine Aussage als sehr unglaubwürdig galt.
>
> Vor einigen Jahren wurde ein kleines und schwer entzifferbares Schriftstück in einer kleinen Nische am Kirchturm entdeckt. Man weiß bis Heute noch nicht richtig, was, was dieses genau bedeuten zu hat, aber ein kleiner Teil des Pergaments wurde schon entziffert:
> ‚In der Nacht auf den 11.09.1473 trafen sich Teufel und Engel, um sich zuvereinen. Sie hatten schon Jahrhunderte lang auf diese Nacht gewartet. Durch die Schwarze Magie des Teufel's und des Engel's setzten sie den ganzen Turm in Brand. Seit diesem Treffen ziehen jedes Jahr in den Raunächten Teufel, Engel und andere Düstere Gestalten durch die Stadt Steyr und verbreiten Angst und Schrecken unter der Bevölkerung.'" (Devils and Angel [03.05.2017].)[441]

Man könnte diese Gründungsgeschichten nach unzähligen Gesichtspunkten weiter unterscheiden; etwa nach den jeweiligen Zielen (von der Traditionspflege über das Aufbauen sozialer Kontakte bis zum Verteidigen des Abendlandes), nach Vorbildern (regionale Traditionen oder *„das Traditionelle"* (vgl. Bausinger 2003: 130f.; siehe unten), Krampus und / oder Percht, Maskenbräuche aus anderen Kulturkreisen, Hollywoodfilme etc.), nach Brauchauffassungen (starres Festhalten an einer bestimmten Vorlage, langsame Weiterentwicklung traditioneller Elemente, Orientierung an gegenwärtigen ästhetischen Geschmäckern, *„Mi-*

---

440 Mantus Pass - Hainfeld – Vereine Niederösterreich – Lexikon – KRAMPUSMANIA das Original. URL: http://krampusmania.at/lexicon/index.php/Entry/1076-Mantus-Pass-Hainfeld/ (letzter Zugriff: 03.05.2017).

441 Chronik – devilsandangels Website!. URL: https://devilsandangel.jimdo.com/chronik/ (letzter Zugriff: 03.05.2017).

schung aus Tradition und moderner Technik" (Dämonenpass Kamptal [04.05. 2017])[442] usw.), nach der Verbindlichkeit bzw. Unverbindlichkeit der Formenvorgaben, oder nach Aspekten der der kulturellen Diffusion. Krampus- und Perchtenbräuche sind – zumindest in der Form von Umzugsbräuchen – so flexibel, dass sie auf verschiedenste Weise interpretiert werden können, weil sie besonders autonom gegenüber ihren Entstehungszusammenhängen sind. Damit ist nicht gemeint, dass ihr Entstehungskontext für die Brauchausübenden und die Zuschauer nicht von Bedeutung ist. Viele traditionalistische Krampusvereine verstehen die von ihnen gepflegte Brauchform als eine Aktivität, die aufs Engste an deren Entstehungszusammenhang gebunden und daher unveränderlich ist. In Elias' und Dunnings Worten könnte man sagen, dass folkloristische Bräuche heute gerade deshalb so beliebt sind, weil sie Elemente ihres Entstehungskontexts über Inhalte und Formen sichtbar mittransportieren (im Gegensatz zum Fußballspiel, bei dem die Lebenssituation der englischen Oberklassen des 18. Jahrhunderts für heutige Spieler und Zuschauer wohl keine Rolle spielt).[443] Wie wir gesehen haben, bezieht sich die Referenz auf den Entstehungskontext jedoch nur auf einzelne formale und manchmal inhaltliche Elemente, die sich mit aktuellen Bedeutungen und Inhalten vermischen. Außerdem ist die Übernahme einzelner Brauchelemente in einen anderen gesellschaftlichen Kontext nur möglich, die Pflege oder Wiederbelebung dieser Elemente nur wünschenswert, weil diese aus ihrem Entstehungszusammenhang gerissen sind. Trotzdem – oder gerade deshalb – können sie den heutigen Brauchpflegern als Projektionsfläche für ihre Wünsche, Sehnsüchte und Ängste dienen. Gleichzeitig werden Krampusbräuche von anderen Brauchträgergruppen als offene, von jeglichen Entstehungskontexten autonome Praktiken angesehen, die den jeweiligen ästhetischen Vorbildern und emotionalen Bedürfnissen entsprechend verändert und mit anderen Elementen kombiniert werden können. Zwischen diesen Extrempolen können die hunderten Krampus- und Perchtengruppen mit ihren jeweiligen Vorstellungen vom „echten Brauchtum" bzw. von „wahrer Brauchtumspflege" aufgereiht werden.

---

442 Dämonenpass Kamptal – Vereine Niederösterreich – Lexikon – KRAMPUSMANIA das Original. URL: http://krampusmania.at/lexicon/index.php/Entry/77-D%C3%A4monenpass-Kamptal/ (letzter Zugriff: 04.05.2017).

443 Gleichzeitig wird deutlich, dass die Autonomie folkloristischer Praktiken gegenüber ihrem Entstehungskontext – gerade aufgrund dieser Zentralität des formalen und teilweise inhaltlichen Bezugs auf ihren Entstehungskontext – kleiner ist als bei einem Fußballspiel, einem Hollywoodfilm oder anderen Produkten der spätmodernen Unterhaltungsindustrie. So haben sich Krampus- und Perchtenläufe in den letzten Jahren zwar weit über die Rückzugsgebiete der katholischen Brauchformen ausgebreitet, in den schwäbisch-alemannischen Kulturkreis mit seinen eigenen Winterbräuchen sind sie – zumindest bisher – kaum vorgedrungen.

Allerdings sei darauf hingewiesen, dass nicht alle Brauchformen, in denen die Brauchgestalten Krampus und Percht eine Rolle spielen, so autonom von ihrem Entstehungskontext sind wie öffentliche Umzüge und Läufe. Man denke an die starren Form- und Ablaufvorgaben beim Einkehrbrauch des Heiligen Nikolaus und an die emotionalen Proteste auf Änderungsvorschläge (etwa im Hinblick auf einen Verzicht auf den Nikolausbart, das Weglassen von Krampusmasken oder den Einsatz von Frauen als Nikolaus etc.). Wie wir bereits im sechsten Kapitel gesehen haben, ist es kein Zufall, dass in den letzten 15 bis 25 Jahren so viele Krampus- bzw. Perchtenläufe ins Leben gerufen wurden, während traditionell in der bäuerlichen Großfamilie gepflegte Krampus- und Perchtenbräuche weiterhin mit abnehmendem Interesse zu kämpfen haben – obwohl sich einige der hunderten neu gegründeten Krampus- und Perchtengruppen neben ihrer Hauptaktivität, der Teilnahme an und der Organisation von Läufen, auch der kleinen, privaten Bräuche annehmen.

Dabei ist die relativ starke Autonomie von Krampus- und Perchtenumzugsbräuchen nicht nur die Ursache für deren Expansion und Beliebtheit, sondern auch deren Ergebnis. Denn im Rahmen des Expansionsprozesses wird die Autonomie dieser Brauchformen noch immer größer – oder besser: der Grad der Autonomie kann immer stärker von den Brauchausübenden selbst gewählt werden. Der Unterschied zwischen Krampus- bzw. Perchtenläufen und anderen folkloristischen Veranstaltungen liegt nämlich weder darin, dass die Ersten völlig autonom und die Zweiten völlig heteronom von ihren jeweiligen Entstehungszusammenhängen wären, noch darin, dass die Ersten einfach autonomer wären als die Zweiten. Vielmehr sind Krampus- und Perchtenläufe so flexibel, ist die Bandbreite der möglichen Interpretationen und Aneignungen so groß, dass diese Bräuche sowohl als völlig heteronom als auch als hochautonom gedacht werden können. Dadurch können sie den emotionalen Bedürfnissen, Wir-Gefühlen, Intentionen und Brauchauffassungen von Menschen unterschiedlichsten Alters sowie verschiedenster sozialer und regionaler Herkunft entsprechend gestaltet werden.

Wie das Beispiel der österreichweiten „Münchner Oktoberfeste" zeigt, ist die Übernahme bräuchtümlicher Veranstaltungen aus anderen Regionen keine Besonderheit des Krampus- und Perchtenbrauchtums. Vielmehr handelt es sich dabei um ein von der Volkskunde bzw. Europäischen Ethnologie häufig beobachtetes Phänomen, das man in Anlehnung an Hermann Bausinger (2003: 130f.) als *„das Traditionelle"* bezeichnen könnte. Das Oktoberfest wird nicht als bayerisches Brauchtum, sondern als Inbegriff des Traditionellen verstanden, und dient – in Kärnten wie in der Steiermark, in Wien wie in Miami – als Projektionsfläche für die Sehnsucht nach regionaler Verwurzelung. Wie im Rahmen dieser Arbeit gezeigt wurde, spielt es für die Art und Intensität der Identifikation

mit dem Krampus- bzw. Perchtenbrauch keine große Rolle, ob die brauchtumspflegerischen Bemühungen an lokale Brauchformen anknüpfen, ob Elemente
anderer Brauchformen aufgenommen und zu einem neuen Brauch verschmolzen
werden oder ob überhaupt ein ganz neuer „Brauch" erfunden wird.[444] Wie oben
bereits angesprochen wurde, haben die meisten der heute in ganz Österreich
bestehenden Krampus- und Perchtengruppen ihre Umzugsbräuche entweder
wiederbelebt oder überhaupt in ihren Regionen erst eingeführt.

Die Besonderheit von Krampus- und Perchtenbräuchen liegt vielmehr in der
Tatsache, dass diese sowohl von begeisterten Oktoberfestbesuchern mit dem
oben beschriebenen offenen Brauchtumsverständnis betrieben werden als auch
von Menschen, die diese Oktoberfeste abwertend als „Brauchtumsevents" oder
„volkstümlichen Kitsch" bezeichnen. Dies gilt für alle Polaritäten der *Typologie
der formalen und inhaltlichen Ausrichtung*: es gibt Traditionalisten und Progres-
sive, Inhalts- und Formenbewahrer, unterschiedliche Auffassungen über die
Trennung von Krampus und Percht, über die Verbindlichkeit lokaler Traditionsbestände, über das Verhältnis von lokalen Traditionen zu „dem Traditionellen",
über die Veränderbar- und Kombinierbarkeit dieser Vorgaben, über die Bewertung potenziell einzubeziehender Elemente usw. Bei jedem größeren Krampus-
bzw. Perchtenlauf treten Gruppen, die traditionelle Maskenformen oder Brauchabläufe als starre, unveränderliche Vorgaben verstehen, neben Vereinen auf, für
die überlieferte Maskenformen lediglich Inspirationsquellen darstellen, die nach
Belieben aufgegriffen oder ignoriert, weiterentwickelt und mit anderen Brau-
chelementen verschmolzen werden können. Viele Gruppen und Schnitzer kom-
binieren traditionelle Elemente mit Elementen der aktuellen populären Jugendkultur, andere greifen Elemente aus anderen Kulturkreisen oder aus ihrem aktuellen Lebensalltag auf.

> „Mit der Verfilmung der Herr der Ringe, wurde eine neue Maskengeneration einge-
> läutet. Orcs waren plötzlich ‚in'. Man suchte nach neuen Vorlagen und wurde ver-
> mehrt in Filmen fündig. Gerade die Herr der Ringe Filme boten sich an. Sicherlich
> war es auch in den 80er oder 90er Jahren der Fall, dass Filme und ihre Kreaturen als
> Vorlage dienten, doch gerade die Orcs setzten nochmals einen drauf.
> Auch bei den Materialien hat sich so einiges getan. Heute werden Masken
> nicht mehr nur aus Holz gefertigt, sondern auch gegossen. Gussmasken aus Alumi-
> nium, Bronze oder Plastik. Züge aus der Fasnacht haben ebenso in den Krampus-
> brauch geschnuppert. Halbmasken bei denen der Mund frei ist, sodass beim Träger
> die eigene Mundbewegung zum Vorschau kommt. Oder sog. Schalen- oder

---

444 Die „Engelbach Teufeln" luden etwa im November 2011 zu ihrer *„altbewährten 6. Maskenausstellung"* ein. (Posteingang – Private Nachrichten – KRAMPUSMANIA Das Original.
URL: http://krampusmania.at/index.php?page=PMView&pmID=512875&folderID=0&page
No=1&sortField=time&sortOrder=DESC&filterBySender=0#pm512875 (letzter Zugriff: 25.
11.2011).)

Schandmasken, wie man sie auch aus dem venezianischen Bereich kennt. Nicht zu vergessen die ‚Felle' der Krampusse. Latexanzüge sind heute keine Seltenheit mehr. Gerade alte Postkarten ‚Gruß vom Krampus' dienten hierbei als Vorlage. Einflüsse aus dem ‚Larp-Sektor' – aus dem Mittelalterspiel – sind auch nicht abzustreiten (z. B. Köcher)." (Interview Steyerer, 14.09.2011.)

Einige Vereine sind an traditionellen Formen gar nicht interessiert und richten ihre Wünsche ganz an der modernen Unterhaltungsindustrie (etwa an Filmen wie *Der Herr der Ringe*, *Der Hobbit*, *Blade II*, *From Dusk till Dawn*, *X-Men* und *Planet der Affen* oder an Fernsehserien wie *Vikings* und *Game of Thrones*) aus.

„Die Einflüsse aus der Medien- und Filmwelt haben die jüngere Generation wieder ‚hinzugefügt'. Viele junge Burschen und seit einigen Jahren auch Mädls, würden sicher nicht als Krampus laufen, wenn sie mit traditioneller Ausrüstung laufen ‚müssten'. Sie lassen sich von Kinofilmen inspirieren und leben so ihre Fantasien aus." (Ebd.)

Allerdings ist – wie wir bereits gesehen haben (siehe 6.4.9, 6.4.10 und 7.3.2) – in den letzten Jahren ein Trend zurück zu „traditionellen Brauchtumsmasken" festzustellen, zu Masken, die, wie es ein Hersteller formuliert, *„auf alt gemacht"* (Feldtagebuch Mitterer, 06.12.2007 und 27.12.2007) sind. Wie die folgenden Interviewausschnitte zeigen, ist auch dieser Wandel nicht als Umkehr einer bis dahin linear verlaufenen Entwicklung anzusehen, sondern als Ausdruck der Vielgestaltigkeit und Offenheit des Krampusbrauches, die in den letzten Jahren noch zugenommen hat. Trotzdem kann man diesen Trend zu *„traditionellen"* oder *„urig-rustikalen"* Masken als Indiz für einen gegenwärtig besonders großen Bedarf an räumlicher und zeitlicher Verwurzelung interpretieren.

„Aber man muss auch sagen, dass in den letzten 2-3 Jahren wieder vermehrt ein uriger Stil Einzug hält. Die Grenze wurde irgendwann erreicht, die ‚blutige Schiene' mit Horrorfratzen bis zum Erbrechen ausgezehrt, sodass viele wieder traditionellere Züge bevorzugen. Gerade Gasteiner Maskenelemente werden hier herangezogen. Alte Bilder werden als Grundlage genommen, um einem möglichst urig-rustikalen und traditionellen, aber dennoch mit modernen Elementen versehenen Look, zu erreichen. […]
Ich denke, in den nächsten paar Jahren wird wieder vermehrt die urig-rustikalere Schiene gefahren. Bis das eben auch wieder ‚out' ist und vielleicht wieder eine andere Schiene sich seinen Weg bahnt." (Interview Steyerer, 14.09. 2011.)

„Und wir haben heuer wieder viele traditionelle Klappmaulmasken, die sagen, sie wollen dem ganzen Trend ein Bisschen trotzen. Da kommen immer mehr die das wollen. […] Es wird immer Solche und Solche geben. Das ist wie mit dem Latex, wir haben heuer wieder Anfragen für traditionelles Schafgewand und das andere sind dann eben wieder diese Latexsachen, die auch da sind. Aber das ist ja das Schöne an dem Brauch, dass es so viele Facetten davon gibt. […]

Ja, ich glaube, das wird immer ein bisschen im Kreis gehen. Es werden die, die modern gehen, aufs Traditionelle zurückgehen, es werden die, die jetzt wieder traditionell gehen, entweder dort stehen bleiben oder wieder etwas Anderes ausprobieren. Wir merken das auch bei unseren Gruppen: immer das Gleiche gehen funktioniert nicht. Die Gruppen sehnen sich nach Abwechslung. Und so lange es zu keinen Eingriffen kommt, zu keinen gesetzlichen Vorschriften kommt, wird sich nicht viel tun. Da wird's eher in der Richtung bleiben." (Interview Hafner / Trinkl, 15.05.2010.)

Wie im dritten Kapitel gezeigt wurde, sind einige Schnitzer bestrebt, bestimmte überlieferte Formen so originalgetreu wie möglich herzustellen – die Verwendung alter Werkzeuge und Verarbeitungstechniken eingeschlossen. Andere wollen die traditionellen Formen den aktuellen Sehgewohnheiten anpassen; und wieder andere verfolgen das Ziel, beim Betrachter die gleichen Emotionen hervorzurufen, die Krampusmasken vor hundert Jahren bei ihren Betrachtern hervorgerufen haben, wozu sie – wie die damaligen Schnitzer – aktuell gesellschaftlich vorherrschende Ängste thematisieren. In der Krampus- bzw. Perchtengemeinde ist in unterschiedlichsten Abstufungen und Vermischungen sowohl das offene, integrierende und in die Zukunft gewandte als auch das aus- und eingrenzende, auf die Vergangenheit ausgerichtete Heimatverständnis vertreten. Eine ähnlich große Bandbreite von Heimat- und Traditionsverständnissen findet man bei keinem anderen folkloristischen Brauchkomplex. Lediglich die Trachtenmode und die Volksmusik (im weitesten Wortsinne) lassen ähnlich viele Variationen des Traditionsverständnisses zu.[445] Aber anders als im Falle der Volksmusik und der Trachtenmode nehmen sich alle Krampus- bzw. Perchtenläufer, so verschieden ihre Brauchtumsauffassungen und ihre Intentionen auch sein mögen, als Teil einer Szene, als eine Bewegung wahr und nehmen auch an denselben Veranstaltungen teil. Ähnliches wird man von Hausmusik-Freunden und Musikantenstadl-Fans wohl nicht behaupten können. Außerdem haben wir im dritten Kapitel gesehen, dass Krampus- und Perchtenbräuche sowohl von den Brauchträgern als auch von Beobachtern unterschiedlich gedeutet werden: als Ort des Rückzugs aus einer als bedrohlich wahrgenommenen Gegenwart (Bräuche als Rückzugsgebiet); als letzte Bastion, die es gegen gefährliche Entwicklungen zu schützen gilt (Bräuche als schutzbedürftiges Objekt); als Gegenentwurf zur „unmenschlichen", entfremdeten Gegenwart (Bräuche als Gegenentwurf); als Mittel des friedlichen und ungerichteten Protestes gegen diese Entwicklungen (Bräuche

---

445   Man denke an den ideologischen (und medienwirksam ausgetragenen) Kampf zwischen dem *Kärntner Heimatwerk*, das sich auch bei neuen Tracht- und Dirndlkollektionen möglichst an regionalen Vorgaben aus dem 19. Jahrhundert orientiert, und dem Modehaus *Rettl 1868*, das seit einigen Jahren sehr erfolgreich „*Kärntner*" bzw. „*Steirer Kilts*" als uralte und erst jüngst wiederentdeckte kärntnerische bzw. steirische „*Ur-Tracht*" (siehe Werbefolder) vertreibt (vgl. Kleinkarierter Modestreit um das Karo – oesterreich.ORF.at., 05.12.2008. URL: http://ktnv1. orf.at/stories/329395 (letzter Zugriff: 03.01.2012)).

als Opposition); und als Ausgangspunkt einer Erneuerungsbewegung der ganzen Gesellschaft, die von einer Wiederbesinnung auf ihre vermeintlichen Wurzeln ausgeht (Bräuche als Neubeginn). Dabei erweisen sich diese Strategien hinsichtlich ihrer inhaltlichen Implikationen als recht flexibel, sodass als Objekt der Abgrenzung bzw. als Feindbild sowohl „die Globalisierung" als auch „die Ausländer", „die Politiker" wie „die Gutmenschen" dienen können. Gerade das Prinzip der Gegnerschaft, das bei einem Krampus- bzw. Perchtenlauf intensiviert wird, und die Möglichkeit, selbst gestaltend tätig zu werden, um den Brauch den eigenen Vorlieben und Bedürfnissen entsprechend zu formen, unterscheiden Krampus- und Perchtenumzugsbräuche von allen anderen brauchtümlichen Phänomenen – auch von der Trachtenmode und der Volksmusik. Diese Flexibilität ist dafür verantwortlich, dass Menschen unterschiedlichsten Alters, verschiedenster sozialer und regionaler Herkunft diese Bräuche ihren emotionalen Bedürfnissen, ihren ästhetischen Vorlieben und ihren Intentionen entsprechend gestalten können.

(7) Verwurzelt, aber nicht abgehängt. Das hier vorgetragene Argument lautet, dass Krampus- und Perchtenbräuche auf diese Weise sowohl der Sehnsucht nach Verwurzelung (in zeitlicher, räumlicher und identitärer Hinsicht) als auch der Angst, von den großen gesellschaftlichen Entwicklungen abgehängt zu werden, entgegenkommen. Indem sie es den Brauchträgern ermöglichen, Elemente der lokalen Brauchgeschichte mit Elementen der medial vermittelten, globalen Jugendkultur zu verbinden und auch modernste Techniken sichtbar einzusetzen, verleihen sie ihnen das Gefühl, trotz ihrer Heimatgebundenheit auf dem neuesten Stand der technischen und der medial-kulturellen Entwicklung zu sein. Dies ist vor allem für junge Menschen, aber auch für jene gesellschaftlichen Milieus von Bedeutung, deren Alltag sowohl durch Orientierungslosigkeit als auch durch die Angst vor dem Überholtwerden geprägt ist. Wenn die Beobachtung stimmt, dass dies für immer breitere gesellschaftliche Kreise zutrifft, ist verständlich, dass eine Freizeitbeschäftigung, die beiden Ängsten entgegen kommt, dabei aber so flexibel ist, dass Menschen unterschiedlichen Alters, verschiedener regionaler und sozialer Herkunft diesen Ängsten ihren jeweiligen Bedürfnissen, Intentionen und ästhetischen Vorlieben entsprechend begegnen können, eine starke Anziehungskraft besitzt.

Zusammenfassung der Ergebnisse

Diese Arbeit war im Wesentlichen der Frage gewidmet, warum in einer hochdifferenzierten, zukunftsorientierten und zunehmend global – auf jeden Fall aber in immer geringerem Maße lokal und auch national – integrierten Gesellschaft lokale Trachten, regionale Eigenheiten, nationale Symbole und vermeintlich alte Bräuche nach jahrzehntelangem Desinteresse plötzlich von breiten Bevölkerungsschichten wiederentdeckt werden. Dabei wurde die These vertreten, dass man diese Entwicklung nur verstehen kann, wenn man sie im Zusammenhang mit den emotionalen Bedürfnissen und Wir-Gefühlen, den Hoffnungen und Ängsten der betroffenen Menschen, aber auch mit den Mustern des Zusammenlebens, die diese Menschen miteinander bilden, betrachtet. Die zentralen Fragestellungen waren:

Warum erleben Krampus- und Perchtenumzüge, aber auch Trachten, Oktoberfeste und andere „Volksbräuche" seit ungefähr 20 bis 25 Jahren eine Renaissance? Weshalb werden in einer hochdifferenzierten Gesellschaft plötzlich regionale Eigenheiten und Traditionen wiederentdeckt? Was ist das für eine Gesellschaft, in der die Sehnsucht nach alten, kleinräumigen Traditionen wieder zunimmt? Was sagt dies über die Freizeitbedürfnisse, die Hoffnungen und Ängste, die psychischen Strukturen und Wir-Gefühle der Menschen aus?

Welchen emotionalen Bedürfnissen, Werthaltungen und Denkmustern, die für Menschen in hochdifferenzierten Gesellschaften charakteristisch sind, kommen diese Freizeitbeschäftigungen entgegen? Warum sind bestimmte Krampus- und Perchtenbräuche bei besonders breiten gesellschaftlichen Schichten, vor allem auch bei Jugendlichen und in städtischen Gebieten, so beliebt? Wodurch unterscheiden sich Krampus- und Perchtenläufe von anderen folkloristischen Events? Kommen sie dem psychischen Aufbau und dem Affekthaushalt, dem Bedürfnis nach Zugehörigkeit und Abgrenzung, nach Sicherheit und Orientierung, nach Verwurzelung und Erlebnis auf besondere Weise entgegen?

Wie haben sich Krampus- und Perchtenbräuche vor, während und nach ihrer Wiederentdeckung gewandelt? Hat ihre Beliebtheit auch damit zu tun, dass sie sich im Gegensatz zu anderen wieder oder neu eingeführten Bräuchen so gewandelt haben, dass sie den emotionalen Bedürfnissen vieler gesellschaftlicher Milieus besonders entsprechen. Ist ihre breite Anziehungskraft auch darauf zurückzuführen, dass sie flexibel genug sind, um an die psychisch-emotionalen

Bedürfnisse von Menschen aller Altersgruppen, aber auch unterschiedlichster sozialer und regionaler Herkunft, angepasst zu werden? Der *erste Teil* dieser Arbeit diente der wissenssoziologischen Aufarbeitung des Stands der Forschung zu alpinen Maskenbräuchen. Dabei wurde nicht nur die Brauchentwicklung selbst, sondern auch die Geschichte der Deutung dieser Bräuche vor dem Hintergrund der jeweiligen politischen, ökonomischen, sozialen, rechtlichen und wissenschaftsgeschichtlichen Zusammenhänge betrachtet. Diese Vorgehensweise erschien aus mehreren Gründen notwendig. Erstens gibt es unzählige verschiedene Deutungen der Brauchgeschichte. Zweitens sollte sich herausstellen, dass viele dieser Interpretationen stärker durch Engagement als durch Distanzierung geprägt sind. Der dritte Grund, den Stand der Forschung nicht einfach in einem Kapitel zusammenzufassen, sondern ihn selbst zum Gegenstand der Untersuchung zu machen und ihm mehrere Kapitel zu widmen, war die Tatsache, dass ein Soziologe, der sich mit Bräuchen beschäftigt, nicht nur mit diesen gesellschaftlichen Praktiken, sondern auch mit einer ganzen, für ihn zunächst fremden, Deutungstradition und Fachgeschichte konfrontiert wird. Diese Denktradition ist jedoch bis heute wirksam und spiegelt sich etwa in heimatkundlichen Publikationen, in Pressemitteilungen und in den Auffassungen vieler Brauchträgerinnen und Brauchträger wider. Gleichzeitig sind auch die heutigen volkskundlichen bzw. ethnologischen Brauchdeutungen, gerade weil sie sich von dieser mythologisch-völkischen Denktradition zu distanzieren versuchen, als Teil einer Abgrenzungsbewegung zu verstehen.

Zunächst, im *ersten Kapitel*, wurden die wichtigsten Erklärungsversuche von Brauchursprung und -entwicklung vorgestellt und zu den jeweils zeitspezifischen Mustern des Zusammenlebens, den Machtstrukturen, aber auch zu den psychisch-emotionalen Bedürfnissen und den Denkmitteln verschiedener sozialer Schichten in Beziehung gesetzt. Dabei wurde gezeigt, dass auch die Brauchbegeisterung des 19. Jahrhunderts im Zusammenhang mit den tiefgreifenden gesellschaftlichen Umwälzungen dieser Zeit zu verstehen ist. Im Rahmen von Staatenbildungs-, Industrialisierungs- und Urbanisierungsprozessen wurden Macht- und Statusverteilungen in Frage gestellt und Sicherheiten gingen verloren. Vor allem jene gesellschaftlichen Gruppen, die diesen Wandel als besonders drastisch erlebten, die ihre Macht- und Statuspositionen zu verlieren fürchteten, zogen sich gedanklich aus der Gegenwart zurück – in eine Vergangenheit, in der die Gesellschaft übersichtlich, die Positionen klar verteilt und die eigene Rolle abgesichert gewesen war. In einer Zeit der Industrialisierung und Verstädterung flüchtete sich das städtische Bürgertum in eine romantische Leidenschaft für die vorindustrielle, ländliche Idylle. Heimatliteratur und Volkskunde waren bestrebt, direkte Kontinuitätslinien zwischen zeitgenössischen Brauchformen und vorchristlichen Kulten zu ziehen. Da viele dieser Deutungen und Begriffsbildungen später von den Nationalsozialisten aufgegriffen wurden und sich etliche Volkskundler der nationalsozialistischen Ideologie verschrieben, wurde nach dem Zweiten Weltkrieg das Denken und Sprechen über Kontinuitäten in der Volkskunde mit einem Tabu belegt, das bis heute wirksam ist.

Im *zweiten Kapitel* wurde versucht, mithilfe volkskundlicher Fachliteratur die Brauchentwicklung soweit nachzuzeichnen, wie sie aus greifbaren Quellen belegt und nachvollziehbar gedeutet werden kann. Im Nachhinein erscheint diese Vorgehensweise insofern als problematisch, als zur Rekonstruktion der Brauchgeschichte – aus Mangel an Alternativen – auch jene Aufsätze herangezogen wurden, die im ersten Kapitel noch den Gegenstand der Untersuchung dargestellt hatten. Aus den oben erwähnten Gründen ist jedoch dieser Common Sense innerhalb der heutigen Volkskunde bzw. der Europäischen Ethnologie als betont antimythologisch und kontinuitätsblind zu bezeichnen. Aufgrund der Unmöglichkeit, im Rahmen dieser Arbeit selbst Quellenstudien durchzuführen, wurde dieses Kapitel trotzdem in der Arbeit gelassen. Es sei jedoch darauf hingewiesen, dass jene Arbeiten, auf denen diese Rekonstruktion der Brauchgeschichte beruht, nicht weniger von den Perspektivierungen ihrer Zeit beeinflusst sind als jene Deutungen, die sie als „mythologisch" kritisieren. Sie sind Ausdruck der gegenwärtigen Haltung einer wissenschaftlichen Disziplin, die sich – aus gutem Grund – mit ihrer Vergangenheit auseinandersetzt und sich von ihr abzuwenden versucht. Dass sie dabei ins andere Extrem verfällt und Kontinuitäten fast kategorisch ausschließt, ist zwar verständlich, muss aber immer mitgedacht werden. Das erste und das zweite Kapitel waren der Versuch, diese beiden extremen Haltungen darzustellen und nach ihren Hintergründen zu fragen. Vielleicht wird die Europäische Ethnologie in einigen Jahrzehnten in der Lage sein, beide Perspektiven zusammenzuführen. Die prozess- und figurationssoziologische Untersuchung des sechsten, siebenten und achten Kapitels ist ein Versuch, einen Beitrag zu einer solchen Perspektive zu leisten.

Den Abschluss des ersten Teils bildete das *dritte Kapitel*, das sich verschiedenen Deutungen der aktuellen Brauchentwicklung widmete und so zur figurationssoziologischen Untersuchung der gegenwärtigen Prozesse überleitete. Zunächst wurden die zahlreichen Deutungen des jüngsten Krampusbooms, die in volkskundlichen Arbeiten, in Medienberichten und in vielen Wortmeldungen von Brauchträgern zu finden sind, zu Interpretationstypen zusammengefasst und diskutiert. Dabei wurde deutlich, dass es auch und gerade unter den Protagonisten selbst unzählige, teilweise grundverschiedene Deutungen und Brauchauffassungen gibt. Was die einen als Brauchtumsmissbrauch bezeichnen, ist für die anderen Brauchtumspflege, Bindung und Identifikation mit der lokalen Gemeinschaft. Viele Beobachter und Brauchträger sehen den gegenwärtigen Boom als Teil gesellschaftlicher Fehlentwicklungen an, weil im Rahmen des rezenten

Expansionsprozesses viele überlieferte Formen, Abläufe oder Fertigungsverfahren in Frage gestellt wurden. Andere glauben hingegen, ein Werk der bewussten Planung einzelner Individuen und wieder andere das Ergebnis überindividueller Kräfte vor sich zu haben. Hier wurde eine andere Sichtweise vorgeschlagen und zu zeigen versucht, dass die wiederentdeckte Begeisterung für Krampus- und Perchtenbräuche als Teil langfristiger gesellschaftlicher Wandlungsprozesse verstanden und im Zusammenhang mit bestimmten Wandlungen der menschlichen Bedürfnisse betrachtet werden muss. In den letzten Jahren sind viele volkskundliche bzw. ethnologische Arbeiten entstanden, in denen aktuelle Brauchentwicklungen vor dem Hintergrund gesellschaftlicher Wandlungsprozesse und den Wandlungen der Sehnsüchte der Menschen betrachtet werden. Auch wenn viele von ihnen wertvolle Beobachtungen und erhellende Gedanken enthalten, gehen sie doch kaum über das Beschreiben oder das Anführen von Schlagworten hinaus. Daher wurde anhand eines Beispiels versucht, mögliche Berührungspunkte zwischen der volkskundlichen bzw. ethnologischen und der prozess- bzw. figurationssoziologischen Forschung aufzuzeigen. Die folgenden Kapitel waren hingegen der Versuch, die volkskundlichen Arbeiten durch eine theoretisch und empirisch fundierte Untersuchung zu ergänzen.

Der *zweite Teil* dieser Arbeit war den theoretischen und methodologischen Vorbemerkungen gewidmet. Das zentrale Anliegen des vierten und fünften Kapitels war, die Art der Theoriebildung und die Methodenwahl bzw. -konstruktion vorzustellen und zu begründen.

Im *vierten Kapitel* wurde die Art der Theoriebildung erläutert. Da sich diese Arbeit einem soziologisch kaum untersuchten Feld widmet und daher mit figurationssoziologischer Brille in ein volkskundliches Forschungsfeld wagt, konnten weder Hypothesen einfach aus bestimmten theoretischen Modellen abgeleitet werden, noch standen die Erhebungs- und Auswertungsverfahren von Anfang an fest. Auch wenn der theoretische Rahmen durch die Figurationssoziologie von Norbert Elias einigermaßen abgesteckt war, wurden die Annahmen und Konzepte auch in Auseinandersetzung mit empirischen Beobachtungen und mit volkskundlicher bzw. ethnologischer Literatur entwickelt. Bei Bedarf wurde die zivilisationstheoretische Perspektive durch andere Sichtweisen und begriffliche Werkzeuge – etwa Pierre Bourdieus Feldtheorie, Jean-Claude Kaufmanns Untersuchungen zur Identität oder Michael Vesters et al. Milieuforschung – ergänzt. Im zweiten Abschnitt dieses Kapitels wurde der figurationssoziologische Werkzeugkasten geöffnet und die einzelnen Werkzeuge vorgestellt. Dabei wurde einerseits versucht, die Anknüpfungspunkte, die sich aus der Diskussion der volkskundlichen Arbeiten ergeben haben, in Erinnerung zu rufen, und zu begründen, warum es sich für dieses Vorhaben lohnt, gewisse volkskundliche Konzepte in den Werkzeugkasten aufzunehmen. Andererseits wurden die wichtigsten prozess- und figurationssoziologischen Denk- und Sprachwerkzeuge aus dem Werkzeugkasten genommen, abgestaubt, geordnet und für ihren Einsatz bereitgemacht. Das *fünfte Kapitel* war hingegen der Vorstellung der Erhebungs- und Auswertungsmethoden gewidmet. Die Art der Theoriebildung brachte es mit sich, dass auch die Forschungsmethoden ständig an neue Erkenntnisse und Überlegungen angepasst und ergänzt werden mussten. Um dieser Prozesshaftigkeit gerecht zu werden, wurde in diesem Kapitel der Forschungsprozess anhand persönlicher Erlebnisse nacherzählt, wobei versucht wurde, sowohl die Methodenwahl und -weiterentwicklung darzustellen und forschungspraktische Probleme zu beleuchten als auch diesen Prozess kritisch zu reflektieren.

Der *dritte und längste Teil* dieser Arbeit stellte auch deren Kern dar: die figurationssoziologische Untersuchung des gegenwärtigen Krampus- und Perchtenbooms. Mit unterschiedlicher Schwerpunktsetzung wurde in allen drei Kapiteln der Frage nachgegangen, warum in einer Zeit der zunehmenden gesellschaftlichen Verflechtung und Differenzierung, der Globalisierung und Kommerzialisierung alte – oder als alt vorgestellte – Bräuche von breiten gesellschaftlichen Kreisen wiederentdeckt werden. Am Ende, im achten Kapitel, wurde versucht, diese Einsichten zusammenzuführen.

Im *sechsten Kapitel* wurde danach gefragt, ob und auf welche Weise sich in den letzten Jahrzehnten die Affektmodellierungen, Verhaltensstandards und Freizeitbedürfnisse der Menschen in hochdifferenzierten Gesellschaften verändert haben und mit welchen gesellschaftlichen Wandlungen diese Veränderungen einhergegangen sind. Dazu wurden die figurationssoziologischen Konzepte des Habitus und des mimetischen Ereignisses eingeführt und es wurde argumentiert, dass der Einzelne im alltäglichen – beruflichen wie privaten – Alltag auf so vielfältige Weise mit anderen Personen und Organisationen verbunden ist, dass er sein Verhalten beständig kontrollieren und längerfristigen Zielen unterordnen muss. Umso bedeutender sind zeitliche und räumliche Enklaven, in denen das spontane Ausleben emotionaler und körperlicher Triebäußerungen innerhalb bestimmter Grenzen erlaubt ist. Die zentrale These dieses Kapitels war, dass Krampus- und Perchtenläufe in den letzten Jahren auch deshalb so breite Bevölkerungsschichten ansprechen, weil sie es sowohl den Brauchausübenden als auch den Zuschauern ermöglichen, für die Dauer von zwei Stunden die im Alltag notwendigen Selbstzwänge ein wenig zu lockern und sich der emotionalen und körperlichen Spannung hinzugeben. Aus dieser Perspektive erscheint die Brauchbegeisterung der letzten Jahre weder als Produkt geschickter Marketingstrategen noch als Ergebnis überindividueller Geschehnisse, die nichts mit den aktuellen Bedürfnissen der Menschen zu tun haben. Vielmehr kann man sie als Teil der aktuellen gesellschaftlichen Wandlungen und der mit ihnen zusammenhängenden Wandlungen der menschlichen Bedürfnisse verstehen. Gleichzeitig wurde jedoch gezeigt, dass die Trieb- und Affektkontrollen auch innerhalb dieser zeitlichen und räumlichen Enklaven nicht in dem Maße gelockert werden können, wie dies bei mittelalterlichen Maskenzügen oder sogar noch bei Krampusläufen in den 1980er Jahren der Fall war. Vielmehr haben sich auch Krampus- und Perchtenbräuche auf spezifische Weise gewandelt.

Daher wurde in diesem Kapitel versucht, diese Wandlungen systematisch nachzuzeichnen und nach entsprechenden gesamtgesellschaftlichen Prozessen und Wandlungen der Persönlichkeitsstrukturen und emotionalen Bedürfnisse zu fragen. Dabei wurde die These vertreten, dass bestimmte Krampus- und Perchtenbräuche so beliebt sind, *weil*, nicht *obwohl*, sie sich gewandelt haben – auf eine Weise, die den oben skizzierten Bedürfnissen und deren Wandlungen besonders entgegenkommt. Als theoretisches Bezugsmodell diente das Konzept der *Versportlichung*, das Norbert Elias und Eric Dunning für die Untersuchung von Freizeitbeschäftigungen der englischen Oberklassen des 18. Jahrhunderts entwickelt haben. Diese Vorgehensweise basierte auf der Annahme, dass viele Veränderungen, die man heute – aber auch in der Langfristperspektive – an Krampus- und Perchtenläufen beobachten kann, jenen auf spezifische Weise ähneln, die Elias und Dunning an den heute am weitesten verbreiteten Sportarten festgestellt haben. Dies ist darauf zurückzuführen, dass beide Arten der Freizeitgestaltung Teil der gleichen gesellschaftlichen Wandlungsprozesse sind. Wenn sich die Formen des Zusammenlebens auf bestimmte Weise ändern, wandeln sich auch die gefühlsmäßigen Bindungen und Affektstrukturen, und damit die Freizeitbedürfnisse. Anhand verschiedenster Quellen wurden diese Wandlungen an Krampus- und Perchtenbräuchen nachgezeichnet. Auch wenn dabei das Konzept der Versportlichung als theoretischer Rahmen diente, wurden weder Kontinuitäten noch Veränderungen hervorgehoben. Stattdessen wurde versucht, verschiedenste Tendenzen auszumachen. Trotzdem konnte gezeigt werden, dass die Wandlungen der Brauchveranstaltungen sowie der brauchtragenden Bevölkerungsschichten und ihrer Bedürfnisse jenen ähneln, die Elias und Dunning als Versportlichung bezeichnet haben. Wenn es auch Auf- und Ab-, Vor- und Rückwärtsbewegungen geben mag, so verlaufen diese Prozesse langfristig doch in eine bestimmte Richtung: in die Richtung zunehmender Integration, Institutionalisierung, sozialer, quantitativer, zeitlicher und räumlicher Expansion, zunehmender Spezialisierung, Professionalisierung und Kommerzialisierung. Außerdem ist ein Übergang vom Vergnügen zur Ernsthaftigkeit, vom Selbst- zum Fremdzweck, vom Fremd- zum Selbstzwang, von der expressiven zur instrumentellen Gewalt und von der körperlichen zur Augenlust festzustellen. In all diesen Punkten spiegeln sich in Krampus- und Perchtenbräuchen gesellschaftliche Wandlungen wider – etwa hinsichtlich der Art des Zusammenlebens, der Art und

Intensität der gegenseitigen Abhängigkeit der Menschen, aber auch der emotionalen Bedürfnisse und Affektlagen. Aus dieser Perspektive kann man die Entwicklungslinien von Krampus- und Perchtenbräuchen als ein weiteres Beispiel für einen Zivilisierungsstrang unter vielen, miteinander verwobenen Strängen ansehen. Gleichzeitig wurde jedoch gezeigt, dass es auch widersprüchliche und Gegentendenzen gibt. So ist seit einigen Jahren zu beobachten, dass die Zahl und Brutalität von ernsten, nicht-spielerischen Auseinandersetzungen zwischen bestimmten Zuschauer- und Brauchträgergruppen zunimmt.

Dieses Phänomen stand im Zentrum des *siebenten Kapitels* – nicht nur, weil es der Richtung des Zivilisationsprozesses scheinbar entgegenläuft und daher besondere Aufmerksamkeit verdient. Anhand dieses Beispiels wurde außerdem demonstriert, dass auch gesellschaftlichen Machtbeziehungen, Wir-Gefühlen und Habitusunterschieden, aber auch den Prinzipien der Gegnerschaft und der Ausschließung bei der Frage nach der Anziehungskraft von Krampus- und Perchtenbräuchen eine entscheidende Bedeutung zukommt. Zur Diskussion der Frage, warum in letzter Zeit die Berichte über gewalttätige Auseinandersetzungen zwischen Brauchträgern und Zuschauern zunehmen, wurde auf Elias' und Scotsons Konzept der *Etablierten-Außenseiter-Beziehungen* zurückgegriffen. Als Quellen dienten einerseits Gespräche mit Brauchträgern und Experten und andererseits die Diskussionsforen szeneinterner Internetplattformen. Dass viele Zuschauer einen Krampus- bzw. Perchtenlauf als Provokation wahrnehmen, hat, so wurde argumentiert, zunächst damit zu tun, dass viele von ihnen nicht mit diesen Brauchformen aufgewachsen sind. Zudem stammen viele Krampus-Hooligans aus sozialen Schichten, deren Affektmodellierungen und Verhaltensstandards sich von jenen der meisten Anwesenden – und in noch größerem Maße von jenen der gesellschaftlich dominierenden Milieus – unterscheiden. Bei einem Krampuslauf, der allen Beteiligten ein besonders hohes Maß an emotionaler Selbstkontrolle abverlangt, treten diese Unterschiede besonders deutlich zutage. Da sich die Machtausstattung der beiden einander gegenüberstehenden Hooligan-Gruppen voneinander unterscheidet, wurde ein Krampuslauf als Etablierten-Außenseiter-Figuration verstanden. Aus diesem Grund wurde nicht nur nach den Machtverhältnissen, sondern auch nach Ängsten, Wünschen und Ansprüchen sowie nach Abgrenzungs- und Zugehörigkeitsbemühungen der Hooligans auf beiden Seiten gefragt. Die etablierten Brauchträger fühlen sich vom leicht abweichenden Verhalten der Jugendlichen ausländischer Herkunft bedroht. Sie schließen ihre Reihen, stigmatisieren die anderen als unzivilisiert und grenzen sich von ihnen ab. Diese fühlen sich ausgeschlossen und reagieren ihrerseits mit einer Verstärkung der ihnen zugeschriebenen Verhaltensweisen, was wiederum die Meinung der Brauchträger bestätigt. Vor allem für jene Brauchausübenden, die in ihrem Alltag zu den gesellschaftlichen Außenseitern zählen oder sich als

solche wahrnehmen, ist das Krampus- bzw. Perchtenlaufen eine der wenigen
Gelegenheiten, sich von noch schwächeren gesellschaftlichen Gruppen abzugrenzen, sich selbst als Etablierte zu fühlen und Selbstachtung zu erlangen.

Im *achten und letzten Kapitel* wurden die Überlegungen der vorangegangenen Kapitel zusammengeführt und es wurde argumentiert, dass sich Krampus-
bzw. Perchtenbräuche in den letzten Jahren so großer Beliebtheit erfreuen, weil
sie so vielen emotionalen Bedürfnissen der Menschen in hochdifferenzierten
Gesellschaften entgegenkommen, wie kaum eine andere Freizeitaktivität. Wie
die Brauchtumsbegeisterung des 19. Jahrhunderts ist auch der heutige Boom
alter oder als alt vorgestellter Bräuche als Versuch zu verstehen, sich aus einer
Welt gedanklich zurückzuziehen, die als bedrohlich, unmenschlich und unsicher
erlebt wird. In Zeiten drastischer gesellschaftlicher Wandlungen, in deren Verlauf Sicherheiten, Macht- und Statusverteilungen in Frage gestellt werden, gab es
immer wieder Abwehrreaktionen breiterer oder weniger breiter gesellschaftlicher
Gruppen. Aber die Wandlungen und Umbrüche, denen das europäische Abendland seit etwa 200 Jahren ausgesetzt ist, sind schneller, tiefgreifender, intensiver,
grundlegender und spürbarer als zuvor. Das gilt in besonderem Maße für die
Wandlungen der letzten 50 Jahre. Die weltweiten Integrations- und Verflechtungsprozesse sind so tiefgreifend, dass sich ihnen niemand entziehen kann. Und
diese Abhängigkeit wird für immer breitere Kreise in ihrem alltäglichen Leben
spürbar. Daher nehmen sich viele Menschen als Verlierer der Modernisierung –
oder als globale Außenseiter – wahr, die von einigen wenigen Etablierten ausgenützt werden.

Aus diesen Überlegungen wurden einige emotionale Bedürfnisse abgeleitet,
die aus figurationssoziologischer Perspektive für Menschen in hochdifferenzierten Gesellschaften charakteristisch sind: das Bedürfnis nach Sicherheit und
Überschaubarkeit; das Bedürfnis nach Gemeinschaft und eindeutigen Hierarchien; das Bedürfnis, zumindest in der Freizeit „etwas Besonderes" zu erleben;
das Bedürfnis, sich frei verwirklichen und ausleben zu können; gleichzeitig aber
das Bedürfnis nach einem vorgegebenen Selbstbild und Lebenssinn; das Bedürfnis, die im Alltag aufgestauten Affekte auf legitime Weise auszuleben; sowie das
Bedürfnis nach Anerkennung, verbunden mit dem Bedürfnis, weiterhin oder
wieder zu den gesellschaftlich Etablierten zu gehören.

Im Anschluss wurde gefragt, ob und inwiefern verschiedene Freizeitaktivitäten diesen Bedürfnissen entgegenkommen. Wie andere Hobbys bietet die Pflege von Krampus- und Perchtenbräuchen – insbesondere von in Vereinen ausgeübten Umzugsbräuchen – die Möglichkeit, sich gedanklich aus dem Alltag zurückzuziehen und entweder jemand ganz anderes oder ganz man selbst zu sein.
Ähnlich wie andere Freizeitvereine eignen sich Krampusgruppen besonders gut
als Zufluchtsort vor den Unsicherheiten, Widersprüchen und Sorgen des Alltags,

weil sie ein Gefühl der Gemeinschaft und des Zusammenhalts bieten und ein Repertoire kollektiv anerkannter Wahrheiten zur Verfügung stellen. Sie verfügen über eine innere Hierarchie, die jedem Mitglied eine eindeutige Position zuweist, wodurch sie Verhaltenssicherheit verleihen. Und sie ziehen klare Grenzen zwischen innen und außen, wodurch sie die Welt überschaubarer machen. Dadurch kommen sie den emotionalen Bedürfnissen jener gesellschaftlichen Milieus besonders entgegen, die ein Bedürfnis nach Abgrenzung von noch schwächeren sozialen Gruppen haben. Darüber hinaus vereint die Pflege von Krampus- und Perchtenumzugsbräuchen verschiedene mimetische und kathartische Funktionen, die ansonsten von mehreren Freizeitaktivitäten erfüllt werden – und zwar sowohl hinsichtlich der Gefühls- als auch der somatischen und der Verhaltenskomponente. Wie bei physischen Sportarten ist auch bei einem Krampuslauf die körperliche Bewegung von zentraler Bedeutung. Der zentrale Unterschied besteht darin, dass bei einem Krampulauf die Zuschauer in viel stärkerem Maße in die Geschehnisse involviert sind. Außerdem kann man einen Krampuslauf – ähnlich wie viele Mannschaftssportarten – als Scheinkampf verstehen, bei dem die Gruppenidentifikation, der körperliche Kontakt und das Prinzip der Gegnerschaft zentral sind. Mit Action- und Horrorfilmen haben Krampusläufe hingegen gemein, dass sie bei den Zuschauern Spannung, Angst und Grusel hervorrufen, weil sie einen Rahmen für die legitime Darstellung von Dingen und Handlungen bietet, die im realen Leben hinter die Kulissen gedrängt oder mit Unlustgefühlen belegt sind – von grauenhaften Fratzen über physische Gewalt bis zu sexuellen Handlungen und körperlichen Verrichtungen. Ein weiterer möglicher Grund für die starke Anziehungskraft von Krampus- und Perchtengruppen ist, dass sie reale oder befürchtete Statusverluste kompensieren und es ihren Mitgliedern ermöglichen, zumindest einmal im Jahr „jemand zu sein". Die Mitgliedschaft in einem zur Brauchausübung legitimierten Verein hat gerade in der dörflichen Gemeinschaft erheblichen Einfluss auf das Ansehen des Einzelnen. Eine diesbezügliche Besonderheit des Krampus- und Perchtenbrauches ist, dass die Mitgliedschaft in einem Krampus- oder Perchtenverein – anders als im Falle eines Fußballclubs oder einer Musikkapelle – keine besonderen Fähigkeiten oder Talente voraussetzt. Krampusläufe stellen überhaupt das alltägliche Machtgefälle auf den Kopf und statten Menschen, die im beruflichen Alltag oder in ihren privaten Beziehungen wenig zu sagen haben, für die Dauer der Veranstaltung mit einer erheblichen Macht aus.

Der letzte und vielleicht zentralste Gedanke ist, dass Krampus- und Perchtenbräuche – wie andere folkloristische Events – auch deshalb so beliebt sind, weil sie der Sehnsucht nach Sicherheit, nach zeitlicher und räumlicher Verwurzelung nicht nur im Hinblick auf die eben angeführten Beziehungsmuster und Vergemeinschaftungsformen entgegenkommen, sondern auch in inhaltlicher und formaler Hinsicht. Aus diesem Grund boomen Oktoberfeste und Trachten, wiedereingeführte Bräuche und die Volksmusik. Was Krampus- und Perchtenbräuche von allen anderen wiederentdeckten Bräuchen unterscheidet, ist ihre enorme inhaltliche und formale Flexibilität. Die Besonderheit besteht jedoch nicht in der Tatsache, dass sich hier traditionelle Elemente mit neuen technischen Mitteln und mit Elementen der medial vermittelten, globalen Jugendkultur vermischen. Dies findet man – wenn auch in weitaus geringerem Ausmaß – bei allen heutigen „Volksbräuchen" und in ähnlich starker Ausprägung auch in der „neuen Volksmusik". Der zentrale Unterschied besteht in der Tatsache, dass Krampus- und Perchtenbräuche – im übertragenen Sinne – sowohl in der Form der Hausmusik als auch in der Form des volkstümlichen Schlagers, sowohl in der Form des „Volks-Rock'n'roll" als in der Form des Death Metal betrieben wird. Auf diese Weise kommen Krampus- und Perchtenbräuche sowohl der Sehnsucht nach Verwurzelung (in zeitlicher, räumlicher und identitärer Hinsicht) als auch der Angst, von den großen gesellschaftlichen Entwicklungen abgehängt zu werden, entgegen und können den Persönlichkeitsstrukturen, emotionalen Bedürfnissen, Wir-Gefühlen und Heimatkonzeptionen verschiedener gesellschaftlicher Milieus angepasst werden.

Aus figurationssoziologischer Sicht ist diese Vielfalt weder beklagens- noch wünschenswert. Sie ist auch kein Hinweis auf die angebliche Sinn-, Bedeutungs- und Funktionslosigkeit dieser Bräuche. Vielmehr spiegelt sich in ihr die Flexibilität von Krampus- und Perchtenbräuchen wider, die dafür verantwortlich ist, dass Menschen unterschiedlichsten Alters, verschiedenster sozialer und regionaler Herkunft diese Bräuche ihren emotionalen Bedürfnissen, ästhetischen Vorlieben und Intentionen entsprechend gestalten können.

Literaturverzeichnis

Acham, Karl (Hg.) (2001): *Menschliches Verhalten und gesellschaftliche Institutionen: Einstellung, Sozialverhalten, Verhaltensorientierung* (= Geschichte der österreichischen Humanwissenschaften. Bd. 3.1). Wien: Passagen.

Acham, Karl (Hg.) (2003): *Unbehagen und Ambivalenzen in Kultur und Politik* (= Zeitdiagnosen. Studien zur Geschichts- und Gesellschaftsanalyse, Band 3). Wien: Passagen, 33-39.

Alexander, Jeffrey C. (2001a): The Past, Present and Future Prospects of Civil Society. In: A. Bron / M. Schemmann (Hg.): *Civil Society, Citizenship amd Learning*. Hamburg – Münster: Lit, 15-25. URL: http://ccs.research.yale.edu//alexander/articles/2001/alexander_ppfcivil.pdf (letzter Zugriff: 13.06.2009).

Alexander, Jeffrey C. (2001b): Toward a Sociology of Evil: Getting Beyond Modernist Common Sense and the Alternative to "The Good". In: M. P. Lara (Hg.): *Rethinking Evil: Contemporary Perspectives*. Berkeley – Los Angeles: University of California Press, 153-172. URL: http://ccs.research.yale.edu//alexander/articles/2001/alexander_socevil.pdf (letzter Zugriff: 13.06.2009).

Alexander, Jeffrey C. / Steven J. Sherwood (2002): "Mythic Gestures": Robert N. Bellah and Cultural Sociology. In: R. Madsen / W. M. Sullivan / A. Swidler / S. M. Tipton (Hg.): *Meaning and Modernity: Religion, Polity, and Self*. Berkeley: University of California Press, 1-14. URL: http://ccs.research.yale.edu//alexander/articles/2002/alexsherw_gestures.pdf (letzter Zugriff: 13.06.2009).

Anderson, Benedict ([1983] 2006): Imagined Communities. Reflections on the Origin and Spread of Nationalism. London – New York: Verso.

Anderwald, Karl / Peter Filzmaier / Karl Hren (Hg.) (2014): *Kärntner Jahrbuch für Politik 2014 / Koroški politični zbornik 2014*. Klagenfurt: Hermagoras Verlag / Mohorjeva založba. URL: http://www.jahrbuchkaernten.at/fileadmin/jahrbuch/Downloads/Jahrbuch%20f%C3%BCr%20Politik_2014.pdf (letzter Zugriff: 14.03.2017).

Ariès, Philippe ([1978] 2009): *Geschichte des Todes*. München: Deutscher Taschenbuch Verlag.

Assion, Peter (1986): Historismus, Traditionalismus, Folklorismus. Zur musealisierenden Tendenz in der Gegenwartskultur. In: U. Jeggle / G. Korff / M. Scharfe / B.J. Warneken (Hg.): *Volkskultur in der Moderne. Probleme und Perspektiven empirischer Kulturforschung*. Reinbek bei Hamburg: Rowohlt, 351-362.

Assmann, Jan (2004): *Religion und kulturelles Gedächtnis*. München: C. H. Beck.

Assmann, Jan ([1997] 2007): *Moses der Ägypter. Entzifferung einer Gedächtnisspur*. Frankfurt am Main: Fischer.

Axtmann, Roland (2000): The Contribution of Elias to the Debate of State Formation in Historical history. In: A. Treibel / H. Kuzmics / R. Blomert (Hg.): *Zivilisationstheo-*

rie in der Bilanz. Beiträge zum 100. Geburtstag von Norbert Elias. Opladen: Leske + Budrich, 105-118.

Bärtsch, Albert (1993): *Holzmasken. Fasnachts- und Maskenbrauchtum in der Schweiz, in Süddeutschland und Österreich.* Aarau: AT Verlag.

Bandura, Albert (1979): *Aggression. Eine sozial-lerntheoretische Analyse.* Stuttgart: Klett-Cotta.

Barth, Markus (2011): *Der Genitiv ist dem Streber sein Sex. Und andere Erkenntnisse aus meinem Leben 2.0.* Reinbek bei Hamburg: Rowohlt.

Bauer, Werner T. (2008): *Zuwanderung nach Österreich.* Hg. von der Österreichischen Gesellschaft für Politikberatung und Politikentwicklung – ÖGPP. URL: http://www.politikberatung.or.at/typo3/fileadmin/02_Studien/8_Migration/zuwanderungnach oesterreich.pdf (letzter Zugriff: 03.02.2011).

Baur, Uwe / Karin Gradwohl-Schlacher (2008): *Literatur in Österreich 1938-1945. Handbuch eines literarischen Systems.* Bd. 1: Steiermark. Wien – Köln – Weimar: Böhlau.

Bausinger, Hermann (1988): Da capo: Folklorismus. In: A. Kuntz / A. Lehmann (Hg.): *Sichtweisen der Volkskunde. Zur Geschichte und Forschungspraxis einer Disziplin.* Berlin – Hamburg: Dietrich Reimer Verlag, 321-328.

Bausinger, Hermann ([1978] 1999): Einleitung: Volkskunde im Wandel. In: H. Bausinger / U. Jeggle / G. Korff / M. Scharfe: *Grundzüge der Volkskunde.* Darmstadt: Wissenschaftliche Buchgesellschaft, 1-15.

Bausinger, Hermann ([1978] 1999): Identität. In: H. Bausinger / U. Jeggle / G. Korff / M. Scharfe: *Grundzüge der Volkskunde.* Darmstadt: Wissenschaftliche Buchgesellschaft, 204-263.

Bausinger, Hermann (2000): *Typisch Deutsch. Wie deutsch sind die Deutschen?* München: C. H. Beck.

Bausinger, Hermann (2003) Heimat im Plural. Zugehörigkeiten im Land. In: M. Blümcke (Hg.): *Alltagskultur in Baden-Württemberg.* Stuttgart: Kohlhammer, 17-34.

Bausinger, Hermann ([1961] 2005): *Volkskultur in der technischen Welt. Erweiterte Neuausgabe.* Frankfurt am Main: Campus.

Bausinger, Hermann / Utz Jeggle / Gottfried Korff / Martin Scharfe ([1987] 1999): *Grundzüge der Volkskunde.* Darmstadt: Wissenschaftliche Buchgesellschaft.

Bechtold, André (Red.) (2001): *Masken, Saltner und Vogelscheuchen. Schreck Gestalten auf Runkelstein.* Katalog zur gleichnamigen Sonderausstellung auf Schloss Runkelstein vom 12.04. bis 28.10.2001. Bozen: Athesia.

Beck, Ulrich (1986): *Risikogesellschaft. Auf dem Weg in eine andere Moderne.* Frankfurt am Main: Suhrkamp.

Beck, Ulrich (1997): *Was ist Globalisierung? Irrtümer des Globalismus – Antworten auf Globalismus.* Frankfurt am Main.

Beck, Ulrich (Hg.) (1998): *Perspektiven der Weltgesellschaft* (= Edition Zweite Moderne). Frankfurt am Main: Suhrkamp.

Beck, Ulrich (2002): *Macht und Gegenmacht im globalen Zeitalter. Neue weltpolitische Ökonomie.* Frankfurt am Main: Suhrkamp.

Beck, Ulrich / Anthony Giddens / Scott Lash (Hg.) ([1994] 1996): *Reflexive Modernisierung. Eine Kontroverse.* Frankfurt am Main: Suhrkamp.

Becker, Howard S. ([1963] 1982): *Außenseiter. Zur Soziologie abweichenden Verhaltens.* Frankfurt am Main: Fischer.

Behrens, Henning (2007): *Global Enterprise. Wie Globalisierung Internationale Politik, Weltwirtschaft, Internationales Business und das Globale Zusammenleben der Menschen verändert.* Berlin: Edition Lithaus.

Bell, Daniel ([1973] 1996): *Die nachindustrielle Gesellschaft.* Frankfurt am Main – New York: Campus.

Bell, Daniel ([1979] 1985): *Die Zukunft der westlichen Welt. Kultur und Technologie im Widerstreit.* Frankfurt am Main: Fischer.

Bemerburg, Ivonne / Arne Niederbacher (Hg.) (2007): *Die Globalisierung und ihre Kritik(er). Der Stand der aktuellen Globalisierungsdebatte.* Wiesbaden: SV Sozialwissenschaftlicher Verlag.

Bendelow, Gillian / Simon J. Williams (Hg.) (1998): *Emotions in Social Life. Critical Themes and Contemporary Issues.* London – New York: Routledge.

Berger, Karl Christoph (2000): *Das Klaubaufgehen in Osttirol. Volkskundliche Untersuchungen zum Wandel eines Brauchs.* Diplomarbeit. Innsbruck.

Berger, Karl Christoph (2007a): Heidnische Rituale in modernen Zeiten? Eine volkskundliche Skizze über gegenwärtige Tendenzen bei Krampusbräuchen in Tirol. In: *Tiroler Heimatblätter*, 4/2007, 120-124.

Berger, Karl Christoph (2007b): Sündige Pracht und herbe Rüge. Die Fastnacht in Tirol. In: E. Kreissl (Hg.): *Die Macht der Maske.* Weitra: Bibliothek der Provinz, 79-99.

Berger, Peter A. / Ronald Hitzler (Hg.) (2010): *Individualisierungen: Ein Vierteljahrhundert „jenseits von Stand und Klasse"?* Wiesbaden: VS Verlag für Sozialwissenschaften.

Berger, Peter A. / Stefan Hradil (Hg.) (1990): *Lebenslagen, Lebensläufe, Lebensstile* (= Soziale Welt, Sonderband 7). Göttingen: Schwartz.

Berger, Peter A. / Michael Vester (Hg.) (1998): *Alte Ungleichheiten – Neue Spaltungen.* Opladen: Leske + Budrich.

Berger, Peter L. (1977): *Facing upto Modernity.* New York: Basic Books.

Berger, Peter L. (Hg.) (1999): *The Desecularization of the World. Resurgent Religion and World Politics. The Resurgence of Religion in World Politics.* Grand Rapids: William B. Eerdmans Publishing Company.

Berger, Peter L. / Brigitte Berger / Hansfried Kellner ([1973] 1996): *Das Unbehagen in der Modernität.* Frankfurt am Main: Campus.

Berger, Peter L. / Hansfried Kellner (1974): *The Homeless Mind. Modernization and Consciousness.* London: Penguin.

Berger, Peter L. / Thomas Luckmann ([1966] 2004): *Die gesellschaftliche Konstruktion der Wirklichkeit.* Frankfurt am Main: S. Fischer.

Berkowitz, Leonard (1969): *Roots of Aggression.* New York: Atherton Press.

Bhagwati, Jagdish ([2004] 2008): *Verteidigung der Globalisierung.* München: Pantheon.

Binder, Beate / Reinhard Johler / Wolfgang Kaschuba / Peter Niedermüller (Hg.) (2001): *Inszenierung des Nationalen. Geschichte, Kultur und die Politik der Identitäten am Ende des 20. Jahrhunderts* (= alltag & kultur 7). Köln – Wiemar – Wien: Böhlau.

Binder, Dieter A.(2009): *Die Heimatmacher. Anmerkungen zum kulturellen Klima eines Raumes nach 1945.* In: Online-Nachlese zum Symposium „Transformationen. Vom

‚Heimatschutz' zur ‚Baukultur'" anlässlich des 100-Jahr-Jubiläums des Vereins BauKultur Steiermark, am 30.10.2009 im Hörsaal II der Technischen Universität Graz. URL: http://baukultur-steiermark.at/archiv/symposium-nachlese/03_binder _k.pdf (letzter Zugriff: 30.05.2011).

Bittlingmayer, Uwe H. / Rolf Eickelpasch / Jens Kastner / Claudia Rademacher (Hg.) (2002): *Theorie als Kampf? Zur politischen Soziologie Pierre Bourdieus.* Opladen: Leske + Budrich.

Blomert, Reinhard / Helmut Kuzmics / Anette Treibel (1993): *Transformationen des Wir-Gefühls. Studien zum nationalen Habitus.* Frankfurt am Main: Suhrkamp.

Bockhorn, Olaf / Editha Hörandner / Hartmut Prasch (Hg.) (2001): *Erlebniswelt Volkskultur. Referate der Österreichischen Volkskundetagung 2001 in Spittal/Drau* (= Buchreihe der Österreichischen Zeitschrift für Volkskunde, Bd. 17).

Bodemann, Ulrike (1983): Folklorismus – Ein Modellentwurf. In: *Rheinisch-westfälische Zeitschrift für Volkskunde,* Bd. 28, 1983, 101-110.

Bohnsack, Ralf (2001): Der Habitus der „Ehre des Mannes". Geschlechtsspezifische Erfahrungsräume bei Jugendlichen türkischer Herkunft. In: P. Döge / M. Meuser (Hg.): *Männlichkeit und soziale Ordnung. Neuere Beiträge zur Geschlechterforschung.* Opladen: Leske + Budrich, 49-72.

Bohnsack, Ralf / Arnd-Michael Nohl (2000): Events, Effereszenz und Adoleszenz: „battle" – „fight" – „party". In: W. Gebhardt / R. Hitzler / M. Pfadenhauer: *Events. Soziologie des Außergewöhnlichen.* Opladen: Leske + Budrich, 77-94.

Bolte, Karl Martin (1990): Strukturtypen sozialer Ungleichheit. Soziale Ungleichheit in der Bundesrepublik Deutschland im historischen Vergleich. In: P. A. Berger / S. Hradil (Hg.): *Lebenslagen, Lebensläufe, Lebensstile.* Göttingen: Schwartz, 27-50.

Bourdieu, Pierre ([1972] 1978): *Entwurf einer Theorie der Praxis auf der ethnologischen Grundlage der kabylischen Gesellschaft.* Frankfurt am Main: Suhrkamp.

Bourdieu, Pierre ([1979] 1987): *Die feinen Unterschiede. Kritik der gesellschaftlichen Urteilskraft.* Frankfurt am Main: Suhrkamp.

Bourdieu, Pierre ([1974] 1993): Haute Couture und Haute Culture (= Vortag bei Noroit (Arras), November 1974; in: Noirot, 192, November 1974, 1f., 7-17, Dez. 1974, Jan. 1975, 2-11). In: P. Bourdieu ([1980] 1993): *Soziologische Fragen.* Frankfurt am Main: Suhrkamp, 187-196.

Bourdieu, Pierre ([1976] 1993): Über einige Eigenschaften von Feldern (= Vortrag an der Ecole nornmale supérieure, Nov. 1976). In: P. Bourdieu ([1980] 1993): *Soziologische Fragen.* Frankfurt am Main: Suhrkamp, 83-90.

Bourdieu, Pierre ([1978] 1993): Der Rassismus der Intelligenz (= Beitrag auf dem Kolloquium der MRAP im Mai 1978; in: Cahiers Droit et liberté, 382, 67-71). In: P. Bourdieu ([1980] 1993): *Soziologische Fragen.* Frankfurt am Main: Suhrkamp, 252-256.

Bourdieu, Pierre ([1978] 1993): Historische und soziale Voraussetzungen des modernen Sports (= Einführungsreferat auf dem Internationalen Kongress der HISPA, März 1978 an der INSEP in Paris). In: P. Bourdieu ([1980] 1993): *Soziologische Fragen.* Frankfurt am Main: Suhrkamp, 165-186.

Bourdieu, Pierre ([1978] 1993): Jugend ist nur ein Wort (= Gespräch mit Anne-Marie Métailié; in: Les jeunes et le premier emploi. Paris: Assossiation des Ages, 1978,

520-530. In: P. Bourdieu ([1980] 1993): *Soziologische Fragen*. Frankfurt am Main: Suhrkamp, 136-146.

Bourdieu, Pierre ([1978] 1993): Über Ursprung und Entwicklung der Arten der Musikliebhaber (= Gespräch mit Cyril Huvé; in: Le Monde de la musique, Nr.6, Dez. 1978, 30f.). In: P. Bourdieu ([1980] 1993): *Soziologische Fragen*. Frankfurt am Main: Suhrkamp, 147-152.

Bourdieu, Pierre ([1980] 1993): Aber wer hat den Schöpfer erschaffen? (= Vortrag an der Ecole national supériore des arts décoratifs, Apr. 1980). In: P. Bourdieu ([1980] 1993): *Soziologische Fragen*. Frankfurt am Main: Suhrkamp, 197-211.

Bourdieu, Pierre ([1980] 1993): Die Metamorphose des Geschmacks (= Vortrag an der Universität Neuchâtel, Mai 1980). In: P. Bourdieu ([1980] 1993): *Soziologische Fragen*. Frankfurt am Main: Suhrkamp, 153-164.

Bourdieu, Pierre ([1980] 1993): *Soziologische Fragen*. Frankfurt am Main: Suhrkamp.

Bourdieu, Pierre (1970): Zur Genese der Begriffe Habitus und Feld. In: P. Bourdieu: *Der Tote packt den Lebenden. Schriften zu Politik & Kultur 2*. Hamburg: VSA-Verlag, 59-78.

Bourdieu, Pierre ([1993] 2008): An den Leser. In: P. Bourdieu et al.: *Das Elend der Welt. Zeugnisse und Diagnosen alltäglichen Leidens an der Gesellschaft* (= Edition Discours). Konstanz: Universitätsverlag Konstanz, 13f.

Bourdieu, Pierre ([1993] 2008): Position und Perspektive. In: P. Bourdieu et al.: *Das Elend der Welt. Zeugnisse und Diagnosen alltäglichen Leidens an der Gesellschaft* (= Edition Discours). Konstanz: Universitätsverlag Konstanz, 17-19.

Bourdieu, Pierre / Alain Accardo / Gabrielle Balazs / Stéphane Beaud / Emmanuel Bourdieu / Sylvain Broccolichi / Patrick Champagne / Rosine Christin / Jean-Pierre Faguer / Sandrine Garcia / Remi Lenoir / Françoise Œuvrard / Michel Pialoux / Louis Pinto / Denis Polalydès / Abdelmalek Sayad / Charles Soulié / Loïc J.D. Wacquant ([1993] 2008): *Das Elend der Welt. Zeugnisse und Diagnosen alltäglichen Leidens an der Gesellschaft* (= Edition Discours). Konstanz: Universitätsverlag Konstanz.

Bromberger, Christian (Hg.) (1998): Passions ordinaires. Du match de football au concours de dictée. Paris: Bayard.

Brubaker, Rogers (1992): *Citizenship and Nationhood in France and Germany*. Cambridge (Mass.): Harvard University Press.

Brubaker, Rogers (1996): Nationalism Reframed: Nationhood and the National Question in the New Europe. Cambridge (UK): Cambridge University Press.

Brubaker, Rogers / Margit Feischmidt / Jon Fox / Liana Grancea (2006): *Nationalist Politics and Everyday Ethnicity in a Transylvanian Town*. New York: Princeton University Press.

Bruckmüller, Ernst ([1985] 2001): *Sozialgeschichte Österreichs*. Wien: Verlag für Geschichte und Politik. München: Oldenbourg.

Buckley, Ann (2000): Elias on Minnesang. Reception and Reassessment. In: A. Treibel / H. Kuzmics / R. Blomert (Hg.): *Zivilisationstheorie in der Bilanz. Beiträge zum 100. Geburtstag von Norbert Elias*. Opladen: Leske + Budrich, 185-210.

Bukow, Wolf-Dietrich (1996): *Feindbild: Minderheit. Ethnisierung und ihre Ziele*. Opladen: Leske + Budrich.

Bukow, Wolf-Dietrich / Roberto Llaryora (1988): *Mitbürger aus der Fremde. Soziogenese ethnischer Minoritäten.* Opladen: Westdeutscher Verlag.

Bundesanstalt Statistik Österreich (2009): *Arbeitsmarktstatistik Jahresergebnisse 2009. Mikrozensus-Arbeitskräfteerhebung Schnellbericht 5.8.* Wien: Statistik Austria. URL: http://www.statistik.at/web_de/statistiken/arbeitsmarkt/erwerbsstatus/index.html (letzter Zugriff: 03.09.2010).

Burckhardt-Seebass, Christine (1989): Zwischen McDonald's und weißem Brautkleid. Brauch und Ritual in einer offenen, säkularisierten Gesellschaft. In: *Österreichische Zeitschrift für Volkskunde*, Bd. 92, 1989, 97-110.

Burckhardt-Seebass, Christine (1990): Lücken in den Ritualen des Lebenslaufs. Gedanken zu den „passages sans rites". In: *Ethnologia Europaea*, Bd. 20 / 2 (1990), 141-159.

Caciagli, Mario (1990): Das Europa der Regionen. Regressive Utopie oder politische Perspektive? In: *Österreichische Zeitschrift für Politikwissenschaft*, 19 / 1990.

Castendyk, Stephanie (1993): England-Bilder. In: R. Blomert / H. Kuzmics / A. Treibel (Hg.): *Transformationen des Wir-Gefühls. Studien zum nationalen Habitus.* Frankfurt am Main: Suhrkamp, 177-195.

Cavazza, Stefano (2000): Regionalismus und kulturelle Identität in Italien zwischen dem Ende des 19. und dem Anfang des 20. Jahrhunderts. Das Beispiel der Romagna und die Nationale Lage. In: *Acta Ethnographica Hungarica*, Volume 44, Numbers 3-4 / September 2000. Akadémiai Kiadó, 379-387.

Champagne, Patrick ([1993] 2008): Der letzte Unterschied. In: P. Bourdieu et al.: *Das Elend der Welt. Zeugnisse und Diagnosen alltäglichen Leidens an der Gesellschaft* (= Edition Discours). Konstanz: Universitätsverlag Konstanz, 141-156.

Clifford, James (1986): Introduction: Partial Truths. In: J. Clifford / G.E. Marcus (Hg.) (1986): *Writing culture: The poetics and politics of ethnography.* Berkeley: University of California Press, 1-25.

Clifford, James / George E. Marcus (Hg.) (1986): *Writing culture: The poetics and politics of ethnography.* Berkeley: University of California Press.

Comte, Auguste ([1842] 1974): Die Soziologie. Die positive Philosophie im Auszug. Stuttgart: Kröner.

Conrad, Christoph / Martina Kessel (Hg.) (1998): *Kultur und Geschichte. Neue Einblicke in eine alte Beziehung.* Stuttgart: Reclam.

Dahrendorf, Ralph ([2003] 2007): *Auf der Suche nach einer neuen Ordnung.* München: C.H. Beck.

Diekmann, Andreas ([1995] 2004): *Empirische Sozialforschung. Grundlagen, Methoden, Anwendungen.* Reinbek bei Hamburg: Rowohlt.

Dittel, Angelika (2004): *Die humanethologischen Aspekte des Krampuslaufs.* Diplomarbeit. Innsbruck.

Domínguez, Daniel / Anne Beaulieu / Adolfo Estalella / Edgar Gómez / Bernt Schnettler / Rosie Read (2007): Virtuelle Ethnografie. In: *Forum Qualitative Sozialforschung / Forum: Qualitative Social Research*, 8(3). URL: http://nbn-resolving.de/urn:nbn:de:0114-fqs0703E19 (letzter Zugriff: 11.12.2008).

Dorner-Hörig, Christian (2014): *Habitus und Politik in Kärnten. Soziogenetische und psychogenetische Grundlagen des Systems Jörg Haider* (= Figurationen. Schriften zur Zivilisations- und Prozesstheorie, Band 9). Wiesbaden : Springer VS.

Dubet, François (1994): *Sociologie de l'expérience.* Paris: Seuil.

Dubet, François (2002): *Le déclin de l'institution.* Paris: Seuil.

Dubet, François / Danilo Martuccelli (1998): *Dans quelle société vivons-nous?* Paris: Seuil.

Dunning, Eric (1979): Die Dynamik des modernen Sports: Anmerkungen zum Leistungsstreben und zur sozialen Bedeutung des Sports. In: N. Elias / E. Dunning (2003): *Sport und Spannung im Prozeß der Zivilisation* (= Gesammelte Schriften, Bd. 7). Frankfurt am Main: Suhrkamp, 363-397.

Dunning, Eric ([1983] 2003): Soziale Bindung und Gewalt im Sport. In: N. Elias / E. Dunning: *Sport und Spannung im Prozeß der Zivilisation* (= Gesammelte Schriften, Bd. 7). Frankfurt am Main: Suhrkamp, 398-432.

Dunning, Eric (2003): Vorwort. In: N. Elias / E. Dunning: *Sport und Spannung im Prozeß der Zivilisation* (= Gesammelte Schriften, Bd. 7). Frankfurt am Main: Suhrkamp, 9-41.

Dunning, Eric (2003): Sport als Männerdomäne. Anmerkungen zu den sozialen Quellen männlicher Identität und deren Transformation. In: N. Elias / E. Dunning: *Sport und Spannung im Prozeß der Zivilisation* (= Gesammelte Schriften, Bd. 7). Frankfurt am Main: Suhrkamp, 473-502.

Dunning, Eric / Patrick Murphy / John Williams (2003): Zuschauerausschreitungen bei Fußballspielen – Versuch einer soziologischen Erklärung. In: N. Elias / E. Dunning: *Sport und Spannung im Prozeß der Zivilisation* (= Gesammelte Schriften, Bd. 7). Frankfurt am Main: Suhrkamp, 433-472.

Durkheim, Émile ([1894/95] 1984): *Die Regeln der soziologischen Methode.* Frankfurt am Main: Suhrkamp.

Durkheim, Émile ([1893] 1992): *Über soziale Arbeitsteilung. Studie über die Organisation höherer Gesellschaften: Studie über die Organisation höherer Gesellschaften.* Frankfurt am Main: Suhrkamp.

Durkheim, Émile ([1897] 1983): *Der Selbstmord.* Frankfurt am Main: Suhrkamp.

Eberhart, Helmut (2009): „...*auf heimatlicher Grundlage...*". *Viktor Geramb und der Verein für Heimatschutz in Steiermark.* In: Online-Nachlese zum Symposium Transformationen. Vom „Heimatschutz" zur „Baukultur" anlässlich des 100-Jahr-Jubiläums des Vereins BauKultur Steiermark, am 30.10.2009 im Hörsaal II der Technischen Universität Graz. URL: http://baukultur-steiermark.at/archiv/symposium-nachlese/02_eberhart_k.pdf (letzter Zugriff: 30.05.2011).

Ebner, Johannes (2012): *Tradition ohne Vergangenheit. Figurationssoziologische Untersuchungen zu alten Bräuchen in Gegenwartsgesellschaften am Beispiel des Krampusbrauchs.* Masterarbeit. Graz.

Ebner, Johannes (2015): Rezension von: Christian Dorner-Hörig (2014): Habitus und Politik in Kärnten. Soziogenetische und psychogenetische Grundlagen des Systems Jörg Haider. In: *H-Soz-u-Kult*, H-Net Reviews, Juni 2015. URL: https://www.h-net.org/reviews/showrev.php?id=44451 (letzter Zugriff: 29.02.2017).

Ebner, Johannes / Barbara Colette Zitturi (2013a): Vom ‚Heimatschutz' zur ‚Baukultur' – Auf der Suche nach einer Vereinsidentität. Positionen und Rhetoriken von den 1970er Jahren bis heute. In: A. Senarclens de Grancy (Hg.): *Architektur – Identität –*

Politik. Der Verein für Heimatschutz in Steiermark im 20. Jahrhundert. Berlin: Jovis: 203-232.

Ebner, Johannes / Barbara Colette Zitturi (2013b): Vom landesweiten Berater zum Preisverleihungskomitee. Arbeitsfelder und Organisationsformen von den 1970er Jahren bis heute. In: A. Senarclens de Grancy (Hg.): *Architektur – Identität – Politik. Der Verein für Heimatschutz in Steiermark im 20. Jahrhundert.* Berlin: Jovis: 233-252.

Eckert, Josef / Mechtilde Kißler (1989): *Etikettierungsprozesse und Figurationswandel der Kölner Südstadt von 1926-1986. Zur Herausbildung eines heterogenen Lebensraumes und subkultureller Koexistenz unterschiedlicher Lebensweisen in einem innerstädtischen Wohngebiet.* Unveröffentlichter Forschungsbericht. Wuppertal – Köln.

Eckert, Josef / Mechtilde Kißler (1997): *Südstadt, wat es dat? Kulturelle und ethnische Pluralität in modernen urbanen Gesellschaften am Beispiel eines innerstädtischen Wohngebietes in Köln.* Köln: PapyRossa.

Egger, Simone (2008): *Phänomen Wiesntracht. Identitätspraxen einer urbanen Gesellschaft. Dirndl und Lederhosen, München und das Oktoberfest.* München: Herbert Utz Verlag.

Egger, Simone (2014): *Heimat. Wie wir unseren Sehnsuchtsort immer wieder neu erfinden.* München: Riemann.

Ehrenberg, Alain ([1998] 2004): *Das erschöpfte Selbst. Depression und Gesellschaft in der Gegenwart.* Frankfurt am Main – New York: Campus.

Eichener, Volker (1988): *Ausländer im Wohnbereich. Theoretische Modelle, empirische Analysen und politisch-praktische Maßnahmenvorschläge zur Eingliederung einer gesellschaftlichen Außenseitergruppe.* Regensburg: Transfer-Verlag.

Elias, Norbert (1985): Thomas Morus' Staatskritik. Mit Überlegungen zur Bestimmung des Begriffs „Utopie". In: W. Voßkamp (Hg.): *Utopieforschung,* Bd. 2. Frankfurt am Main: Suhrkamp, 101-156.

Elias, Norbert (1990): *Über sich selbst.* Frankfurt am Main: Suhrkamp.

Elias, Norbert ([1989] 1992): *Studien über die Deutschen. Machtkämpfe und Habitusentwicklungen im 19. und 20. Jahrhundert.* Frankfurt am Main: Suhrkamp.

Elias, Norbert ([1991] 1993): *Mozart: Zur Soziologie eines Genies.* Frankfurt am Main: Suhrkamp.

Elias, Norbert (1976): Zur Theorie von Etablierten-Außenseiter-Beziehungen. In: N. Elias / J. L. Scotson ([1964] 1993): *Etablierte und Außenseiter.* Frankfurt am Main: Suhrkamp, 7-56.

Elias, Norbert ([1939] 1997a): *Über den Prozeß der Zivilisation. Soziogenetische und psychogenetische Untersuchungen.* Bd. 1: Wandlungen des Verhaltens in westlichen Oberschichten des Abendlandes. Frankfurt am Main: Suhrkamp.

Elias, Norbert ([1939] 1997b): *Über den Prozeß der Zivilisation. Soziogenetische und psychogenetische Untersuchungen.* Bd. 2: Wandlungen der Gesellschaft. Entwurf zu einer Theorie der Zivilisation. Frankfurt am Main: Suhrkamp.

Elias, Norbert ([1987] 2001a): *Die Gesellschaft der Individuen.* Hg. von M. Schröter. Frankfurt am Main: Suhrkamp.

Elias, Norbert ([1987] 2001a): Die Gesellschaft der Individuen (Manuskript 1939). In: N. Elias: *Die Gesellschaft der Individuen*. Hg. von M. Schröter. Frankfurt am Main: Suhrkamp, 15-98.

Elias, Norbert ([1987] 2001a): Probleme des Selbstbewußtseins und des Menschenbildes (Manuskript 1940er-1950er). In: N. Elias: *Die Gesellschaft der Individuen*. Hg. von M. Schröter. Frankfurt am Main: Suhrkamp, 99-205.

Elias, Norbert ([1987] 2001a): Wandlungen der Wir-Ich-Balance (Manuskript 1987). In: N. Elias: *Die Gesellschaft der Individuen*. Hg. von M. Schröter. Frankfurt am Main: Suhrkamp, 207-315.

Elias, Norbert ([1991] 2001b): *Symboltheorie* (= R. Blomert / H. Hammer / J. Heilbron / A. Treibel / N. Wilterdink (Hg.): Norbert Elias. Gesammelte Schriften, Bd. 13). Frankfurt am Main: Suhrkamp.

Elias, Norbert ([1987] 2003): *Engagement und Distanzierung* (= R. Blomert / H. Hammer / J. Heilbron / A. Treibel / N. Wilterdink (Hg.): Norbert Elias. Gesammelte Schriften, Bd. 8). Frankfurt am Main: Suhrkamp.

Elias, Norbert (2003): Einführung. In: N. Elias / E. Dunning: *Sport und Spannung im Prozeß der Zivilisation* (= Gesammelte Schriften, Bd. 7). Frankfurt am Main: Suhrkamp, 42-120.

Elias, Norbert (2003): Die Genese des Sports als soziologisches Problem. In: N. Elias / E. Dunning: *Sport und Spannung im Prozeß der Zivilisation* (= Gesammelte Schriften, Bd. 7). Frankfurt am Main: Suhrkamp, 230-272.

Elias, Norbert (2003): Sport und Gewalt. In: N. Elias / E. Dunning: *Sport und Spannung im Prozeß der Zivilisation* (= Gesammelte Schriften, Bd. 7). Frankfurt am Main: Suhrkamp, 273-315.

Elias, Norbert (2005): *Autobiographisches und Interviews* (= R. Blomert / H. Hammer / J. Heilbron / A. Treibel / N. Wilterdink (Hg.): Norbert Elias. Gesammelte Schriften, Bd. 17). Frankfurt am Main: Suhrkamp.

Elias, Norbert ([1970] 2005): Gespräch mit Johan Goudsblom. In: N. Elias: *Autobiographisches und Interviews* (= Gesammelte Schriften, Bd. 17). Frankfurt am Main: Suhrkamp, 97-112.

Elias, Norbert ([1974] 2005): Sind wir „zivilisiert"? Interview von Stanisls Fonraine. In: N. Elias: *Autobiographisches und Interviews* (= Gesammelte Schriften, Bd. 17). Frankfurt am Main: Suhrkamp, 113-128.

Elias, Norbert ([1978] 2005): Interview mit Heiko Ernst. In: N. Elias: *Autobiographisches und Interviews* (= Gesammelte Schriften, Bd. 17). Frankfurt am Main: Suhrkamp, 129-143.

Elias, Norbert ([1981] 2005): Interview mit Didier Eribon. In: N. Elias: *Autobiographisches und Interviews* (= Gesammelte Schriften, Bd. 17). Frankfurt am Main: Suhrkamp, 144-152.

Elias, Norbert ([1983] 2005): „Eine Balance zwischen engagierten und distanzierten Haltungen." Gespräch mit Hans-Peter Waldhoff. In: N. Elias: *Autobiographisches und Interviews* (= Gesammelte Schriften, Bd. 17). Frankfurt am Main: Suhrkamp, S. 166-175.

Elias, Norbert (2006a): *Aufsätze I* (= R. Blomert / H. Hammer / J. Heilbron / A. Treibel / N. Wilterdink (Hg.): Norbert Elias. Gesammelte Schriften, Bd. 14). Frankfurt am Main: Suhrkamp.

Elias, Norbert ([1964] 2006a): Nationale Eigentümlichkeiten der englischen öffentlichen Meinung. In: N. Elias: *Aufsätze I* (= Gesammelte Schriften, Bd. 14). Frankfurt am Main: Suhrkamp, 86-123.

Elias, Norbert ([1964] 2006a): Bericht über die Diskussion „Der Bruch mit dem Traditionalismus". In: N. Elias: *Aufsätze I* (= Gesammelte Schriften, Bd. 14). Frankfurt am Main: Suhrkamp, 124-128.

Elias, Norbert ([1970] 2006a): Auszüge aus dem Katalog zur Ausstellung „Afrikanische Kunst". In: N. Elias: *Aufsätze I* (= Gesammelte Schriften, Bd. 14). Frankfurt am Main: Suhrkamp, 131-170.

Elias, Norbert ([1971] 2006a): Wissenssoziologie: Neue Perspektiven. In: N. Elias: *Aufsätze I* (= Gesammelte Schriften, Bd. 14). Frankfurt am Main: Suhrkamp, 219-286.

Elias, Norbert ([1973] 2006a): Die Dynamik des Bewusstseins als Teil der Dynamik von Gesellschaften. In: N. Elias: *Aufsätze I* (= Gesammelte Schriften, Bd. 14). Frankfurt am Main: Suhrkamp, 383-401.

Elias, Norbert ([1974, Manuskript] 2006a): Stufen der Entwicklung der afrikanischen Kunst in sozialer und visueller Hinsicht. In: N. Elias: *Aufsätze I* (= Gesammelte Schriften, Bd. 14). Frankfurt am Main: Suhrkamp, 171-218.

Elias, Norbert (2006b): *Aufsätze II* (= R. Blomert / H. Hammer / J. Heilbron / A. Treibel / N. Wilterdink (Hg.): Norbert Elias. Gesammelte Schriften, Bd. 15). Frankfurt am Main: Suhrkamp.

Elias, Norbert ([1983] 2006b): Über den Rückzug der Soziologen auf die Gegenwart I. In: N. Elias: *Aufsätze II* (= Gesammelte Schriften. Bd, 15). Frankfurt am Main: Suhrkamp, 389-408.

Elias, Norbert ([1986] 2006b): Wandlungen der Machtbalance zwischen den Geschlechtern: Eine prozeßsoziologische Untersuchung am Beispiel des Antiken Römerstaats. In: N. Elias: *Aufsätze II* (= Gesammelte Schriften, Bd. 15). Frankfurt am Main: Suhrkamp, 139-234.

Elias, Norbert (2006c): *Aufsätze III* (= R. Blomert / H. Hammer / J. Heilbron / A. Treibel / N. Wilterdink (Hg.): Norbert Elias. Gesammelte Schriften, Bd. 16). Frankfurt am Main: Suhrkamp.

Elias, Norbert ([1982] 2006c) Thomas Morus und die Utopie. In: N. Elias: *Aufsätze III* (= Gesammelte Schriften, Bd. 16). Frankfurt am Main: Suhrkamp, 249-266.

Elias, Norbert ([1983] 2006c): Über den Rückzug der Soziologen auf die Gegenwart II. In: N. Elias: *Aufsätze III* (= Gesammelte Schriften, Bd. 16). Frankfurt am Main: Suhrkamp, 297-333.

Elias, Norbert ([1986] 2006c): Figuration, sozialer Prozess und Zivilisation: Grundbegriffe der Soziologie. In: N. Elias: *Aufsätze III* (= Gesammelte Schriften, Bd. 16). Frankfurt am Main: Suhrkamp, 100-117.

Elias, Norbert ([1986] 2006c) Technisierung und Zivilisation. Beitrag für den Deutschen Soziologentag am 30. September 1986. In: N. Elias: *Aufsätze III* (= Gesammelte Schriften, Bd. 16). Frankfurt am Main: Suhrkamp, 182-234.

Elias, Norbert ([1988] 2006c): Was ich unter Zivilisation verstehe. Antwort auf Hans Peter Duerr. In: N. Elias: *Aufsätze III* (= Gesammelte Schriften, Bd. 16). Frankfurt am Main: Suhrkamp, 334-341.

Elias, Norbert ([1989] 2006c): Der charismatische Herrscher. In: N. Elias: *Aufsätze III* (= Gesammelte Schriften, Bd. 16). Frankfurt am Main: Suhrkamp, 342-350.

Elias, Norbert ([1990] 2006c): Über Menschen und ihre Emotionen. Ein Beitrag zur Evolution der Gesellschaft. In: N. Elias: *Aufsätze III* (= Gesammelte Schriften, Bd. 16). Frankfurt am Main: Suhrkamp, 351-384.

Elias, Norbert ([1990] 2006c): Die Furcht vor dem Tod. In: N. Elias: *Aufsätze III* (= Gesammelte Schriften, Bd. 16). Frankfurt am Main: Suhrkamp, 385-401.

Elias, Norbert ([1970] 2009): *Was ist Soziologie?* Hg. von D. Claessens. Weinheim – München: Juventa.

Elias, Norbert / Eric Dunning (Hg.) (2003*): Sport und Spannung im Prozeß der Zivilisation* (= R. Blomert / H. Hammer / J. Heilbron / A. Treibel / N. Wilterdink (Hg.): Norbert Elias. Gesammelte Schriften, Bd. 7). Frankfurt am Main: Suhrkamp.

Elias, Norbert / Eric Dunning ([1969] 2003): Die Suche nach Erregung in der Freizeit. In: N. Elias / E. Dunning: *Sport und Spannung im Prozeß der Zivilisation* (= Gesammelte Schriften, Bd. 7). Frankfurt am Main: Suhrkamp, 121-166.

Elias, Norbert / Eric Dunning (2003): Freizeit und Muse. In: N. Elias / E. Dunning (2003): *Sport und Spannung im Prozeß der Zivilisation* (= Gesammelte Schriften, Bd. 7). Frankfurt am Main: Suhrkamp, 169-229.

Elias, Norbert / Eric Dunning (2003): Volkstümliche Fußballspiele im mittelalterlichen und frühneuzeitlichen England. In: N. Elias / E. Dunning: *Sport und Spannung im Prozeß der Zivilisation* (= Gesammelte Schriften, Bd. 7). Frankfurt am Main: Suhrkamp, 316-337.

Elias, Norbert / Eric Dunning: Zur Dynamik von Sportgruppen – unter besonderer Berücksichtigung von Fußballgruppen. In: N. Elias / E. Dunning: *Sport und Spannung im Prozeß der Zivilisation* (= Gesammelte Schriften, Bd. 7). Frankfurt am Main: Suhrkamp, 338-362.

Elias, Norbert / John L. Scotson ([1964] 1993): *Etablierte und Außenseiter.* Übersetzt von M. Schröter. Frankfurt am Main: Suhrkamp.

El-Mafaalani, Aladin (2014): Salafismus als jugendkulturelle Provokation. Zwischen dem Bedürfnis nach Abgrenzung und der Suche nach habitueller Übereinstimmung. In: Thorsten Gerald Schneiders (Hg.): *Salafismus in Deutschland. Ursprünge und Gefahren einer islamisch-fundamentalistischen Bewegung.* Bielefeld: transcript.

El-Monir, Karin / Olivia de Fontana / Toni Anzenberger (2006): *Mystische Steiermark. Verborgenes Erbe, heilende Wasser, dunkle Welten.* Graz: Styria.

Esping-Anderson, Gösta ([1993] 2009): *Changing Classes. Straitification and Mobility in Post-Industrial Societies.* London – Thousand Oaks – New Delhi: Sage Publications.

Estel, Bernd (1994): Grundaspekte der Nation. In: B. Estel / T. Mayer (Hg.): *Das Prinzip Nation in modernen Gesellschaften – Länderdiagnosen und theoretische Perspektiven.* Opladen: Westdeutscher Verlag, 13-81.

Estel, Bernd (2002): *Nation und nationale Identität.* Habilitationsschrift. Tübingen.

Estel, Bernd / Tilman Mayer (Hg.) (1994): *Das Prinzip Nation in modernen Gesellschaften –Länderdiagnosen und theoretische Perspektiven.* Opladen: Westdeutscher Verlag.

Engels, Friedrich ([1845] 1980): *Die Lage der arbeitenden Klasse in England. Nach eigner Anschauung und authentischen Quellen.* München: Deutscher Taschenbuch Verlag.

Fäßler, Peter E. (2007): *Globalisierung: Ein historisches Kompendium.* Köln: Böhlau.

Falk, Gunter (1972): Es kommt die Zeit. Zur Soziologie des Todes. In: *Steirische Berichte. Themenheft: Der alte Mensch,* hg. vom Steirischen Volksbildungswerk und der Kulturabteilung der Steiermärkischen Landesregierungen. 1972 / Heft 5/6, 32-34.

Farkas, Reinhard (1999): Künstlerische und kulturelle Akzente der österreichischen Heimatschutzbewegungen. Diskurse, Strukturen, Projekte. In: BauStelle Schloß Lind (Hg.): 100 Jahre Kluft. *Über das Verhältnis von Volk und Avantgarde.* St. Marain / Neumarkt, 61-81.

Flam, Helena (2000): *The emotional Man and the Problem of collective Action.* Frankfurt am Main: Peter Lang.

Flam, Helena (2002): *Soziologie der Emotionen. Eine Einführung.* Konstanz: Universitätsverlag Konstanz.

Fleck, Christian (1990): *Rund um Marienthal. Von den Anfängen der Soziologie in Österreich bis zu ihrer Vertreibung.* Wien: Verlag für Gesellschaftskritik.

Fletcher, Jonathan ([1997] 2005): *Violence & Civilization. An Introduction to the Work of Norbert Elias.* Cambridge (UK) – Malden: Polity Press.

Franzen, Axel / Katrin Botzen ([1998] 1999): Die Vereinsstruktur Deutschlands. In: H. Wollmann / R. Roth (Hg.): *Kommunalpolitik. Politisches Handeln in den Gemeinden.* Opladen: Leske + Budrich, 52-59.

Frevert, Ute / Heinz-Gerhard Haupt (Hg.) (1999): *Der Mensch des 19. Jahrhunderts.* Frankfurt am Main – New York: Campus.

Frevert, Ute / Heinz-Gerhard Haupt (1999): Einführung. Der Mensch des 19. Jahrhunderts. In: U. Frevert / H.-G. Haupt (Hg.): *Der Mensch des 19. Jahrhunderts.* Frankfurt am Main – New York: Campus, 9-18.

Friedrichs, Jürgen (1995): *Stadtsoziologie.* Opladen: Leske + Budrich.

Fritz-Assmus, Dieter (Hg.) (1998): *Wirtschaftsgesellschaft und Kultur. Gottfried Eisermann zum 80. Geburtstag.* Bern – Stuttgart – Wien: Haupt.

Fröhlich, Gerhard (1991): „Inseln zuverlässigen Wissens im Ozean menschlichen Nichtwissens". Zur Theorie der Wissenschaften bei Norbert Elias. In: H. Kuzmics / I. Mörth (Hg.): *Der unendliche Prozeß der Zivilisation. Zur Kultursoziologie der Moderne nach Norbert Elias.* Frankfurt am Main: Campus, 95-111.

Fröhlich, Michael / Michael Kunczik / Gerhard Vossel / Wolfgang Bleh/ R. Streit (1993): *Habituation an Mediengewalt – eine Metaanalyse.* Universitärer Forschungsbericht. Mainz.

Fromm, Erich ([1976] 2011): *Haben oder sein.* München: Deutscher Taschenbuch-Verlag.

Frye, Malte (2008): „Before the War I didn't even know that I am a Muslim." Der Islam in Nachkriegsbosnien im Spannungsfeld von Konfession und nationaler Identität. In: *Modernisierung in Ost- und Ostmitteleuropa? Dynamiken innerstaatlichen und in-*

ternationalen Wandels. Forschungsstelle Osteuropa Bremen. Arbeitspapiere und Materialien, Nr. 98. Bremen.

Gallé, Volker (o.D.): *Otto Höfler & Bernhard Kummer. Nibelungenforscher im NS-System.* URL: http://www.nibelungenlied-gesellschaft.de/03_beitrag/galle/fs06_gal le.html (letzter Zugriff: 23.09.2010).

Gallenmüller-Roschmann, Jutta (1992): *Bewußtsein nationaler Zugehörigkeit und regionale Bindung in den alten und neuen Bundesländern.* München: SOWI-Arbeitspapier 57, 45-61.

Gallenmüller-Roschmann, Jutta (1999): Die drei Sprachgruppen Südtirols im Vergleich. In: Roland Wakenhut (Hg.): *Ethnische Identität und Jugend. Eine vergleichende Untersuchung zu den drei Südtiroler Sprachgruppen.* Opladen: Leske + Budrich, 83-108.

Gallenmüller-Roschmann, Jutta (2001): *Kulturelle Identitäten in Italien.* Frankfurt am Main: Peter Lang.

Gallenmüller-Roschmann, Jutta / Massimo Martini / Roland Wakenhut (Hg.) (2000): *Ethnisches und nationales Bewusstsein – Studien zur sozialen Kategorisierung: Coscienza etnica e coscienza nazionale – Studi sulla categorizzazione sociale.* Frankfurt am Main: Peter Lang.

Gallenmüller-Roschmann, Jutta / Roland Wakenhut (1993): Zu Theorie und Operationalisierung von Bewußtsein nationaler Zugehörigkeit. In: H.-U. Kohr / R. Wakenhut (Hg.): *Nationalbewußtsein und „neuer Nationalismus" bei Jugendlichen und jungen Erwachsenen. Theoretische Entwürfe und empirische Befunde.* München: Sozialwissenschaftliches Institut der Bundeswehr, 23-34.

Gallenmüller-Roschmann, Jutta / Roland Wakenhut (1994a): *Nationalbewußtsein-Ost vs. Nationalbewußtsein-West? Diskrepanzen im Bewußtsein nationaler Zugehörigkeit nach der deutschen Einigung.* München: SOWI-Arbeitspapier Nr. 93, 15-29.

Gallenmüller-Roschmann, Jutta / Roland Wakenhut (1994b): Nationale Identität. Konzeptualisierung und Entwicklung eines Fragebogens zur Erfassung des Bewußtseins nationaler Zugehörigkeit. In: W. Frindte / H. Pätzold (Hg.): *Mythen der Deutschen.* Opladen: Leske + Budrich, 173-186.

Gallenmüller-Roschmann, Jutta / Roland Wakenhut (1995): Modernisierung und ethnische Identität bei Jugendlichen in Südtirol. Zum Ansatz der Jugendstudie '94. In: R. Wakenhut (Hg.): *Ethnisches und nationales Bewußtsein. Coscienza etnica e xoxcienza nazionale.* Frankfurt am Main: Peter Lang, 139-155.

Gallenmüller-Roschmann, Jutta / Roland Wakenhut (1996): Ethnische Identität. Ladiner in Südtirol 1991 und 1994. In: *Ladinia,* Bd. 20, 5-18.

Gallenmüller-Roschmann, Jutta / Roland Wakenhut (1999): Eine sozialpsychologische Theorie ethnischer Identität und interethnischer Beziehungen. In: R. Wakenhut (Hg.) (1999): *Ethnische Identität und Jugend. Eine vergleichende Untersuchung zu den drei Südtiroler Sprachgruppen.* Opladen: Leske + Budrich, 33-70.

Gallenmüller-Roschmann, Jutta / Roland Wakenhut (2000): Kulturelle Identitäten in Italien – Identitá culturali in Italia. In: J. Gallenmüller-Roschmann / M. Martini / R. Wakenhut (Hg.): *Ethnisches und nationales Bewusstsein – Studien zur sozialen Kategorisierung. Coscienza etnica e coscienza nazionale – Studi sulla categorizzaione sociale.* Frankfurt am Main: Peter Lang, 113-140.

Gapp, Hans (Hg.) (1996): *Die großen Fasnachten Tirols.* Innsbruck: Edition Löwenzahn.

Gapp, Hans (1996): Einleitung. In: H. Gapp (Hg.): *Die großen Fasnachten Tirols.* Innsbruck: Edition Löwenzahn, 11-35.

Gebhard, Gunther / Geisler, Oliver / Steffen Schröter (Hg.) (2007): *Heimat. Konturen und Konjunkturen eines umstrittenen Konzepts.* Bielefeld: transcript.

Gebhard, Gunther / Oliver Geisler / Steffen Schröter (2007): Heimatdenken: Konjunkturen und Konturen. Statt einer Einleitung. In: D. Gebhard / O. Geisler / S. Schröter (Hg.) *Heimat. Konturen und Konjunkturen eines umstrittenen Konzepts.* Bielefeld: transcript, 9-56.

Gebhardt, Winfried (2000): Feste, Feiern, Events. Zur Soziologie des Außergewöhnlichen. In: W. Gebhardt / R. Hitzler / M. Pfadenhauer: *Events. Soziologie des Außergewöhnlichen.* Opladen: Leske + Budrich, 17-32.

Gebhardt, Winfried / Ronald Hitzler / Michaela Pfadenhauer: Einleitung (2000). In: W. Gebhardt / R. Hitzler / M. Pfadenhauer: *Events. Soziologie des Außergewöhnlichen.* Opladen: Leske + Budrich, 9-16.

Gebhardt, Winfried / Ronald Hitzler / Michaela Pfadenhauer (Hg.) (2000): *Events. Soziologie des Außergewöhnlichen.* Opladen: Leske + Budrich.

Geertz, Clifford ([1973] 1987): *Dichte Beschreibung. Beiträge zum Verstehen kultureller Systeme.* Frankfurt am Main: Suhrkamp.

Geertz, Clifford (2001): "From the Native's Point of View": On the Nature of Anthropological Understanding. In: A. Bryman (Hg.): *Ethnography.* London: Sage, 258-270.

Gellner, Ernest (1983): *Nations and Nationalism. New Perspectives on the Past Series.* Ithaca (NY): Cornell University Press.

Gennep, Arnold van ([1909] 1986): *Übergangsriten. Les rites de passage.* Frankfurt – New York: Campus.

Geramb, Viktor von (1993): Volkskunde und Heimatpflege. In: *Grundfragen des Heimatschutzes.* Hg. vom „Heimatschutz-Verband". Wien, 20-32.

Geramb, Viktor von ([1924] 1948): *Sitte und Brauch in Österreich. Ein Handbuch zur Kenntnis und Pflege guter heimischer Volksbräuche.* 3., überarbeitete Auflage von „Deutsches Brauchtum in Österreich. Ein Buch zur Kenntnis und zur Pflege guter Sitten und Bräuche" (1924). Graz: Alpenland-Buchhandlung.

Geramb, Viktor von (1954): Was die Heimatpflege will. In: *Heimatpflege. Mitteilungen des Vereins für Heimatschutz in Steiermark,* Beilage der Kleinen Zeitung. Graz, 1. Jg., 14.02.1954 / Nr.1. Steiermärkisches Landesarchiv, A. Verein für Heimatschutz in Steiermark, Karton 67, Heft 237.

Giannoni, Karl (1912): *Heimatschutz und Fremdenverkehr.* Vortrag des Geschäftsführers des Vereins für Denkmalpflege und Heimatschutz in Niederösterreich, am 14.06.1912. Zweiter Internationaler Kongreß für Heimatschutz vom 12. bis 15.06.1912 in Stuttgart.

Giannoni, Karl (1926): *Fremdenverkehr und Heimatschutz* (= Dürerbund – Österreichische Flugschriftenreihe, H. 1). München: Georg D.W. Callwey.

Giddens, Anthony ([1987] 1988): *Die Konstitution der Gesellschaft. Grundzüge einer Theorie der Strukturierung.* Frankfurt am Main – New York: Campus.

Giddens, Anthony (1991): *Modernity and Self-identity. Self and Society in the Late Modern Age.* Cambridge: Polity Press.

Giddens, Anthony (1993): Tradition in der post-traditionalen Gesellschaft. In: *Soziale Welt*, 1993, 44. Jg., 445-485.

Giddens, Anthony ([1990] 1996a): *Konsequenzen der Moderne*. Frankfurt am Main: Suhrkamp.

Giddens, Anthony ([1994] 1996b): Leben in einer posttraditionalen Gesellschaft. In: U. Beck / A. Giddens / S. Lash (Hg.): *Reflexive Modernisierung. Eine Kontroverse*. Frankfurt am Main: Suhrkamp, 113-194.

Girtler, Roland (1996): *Sommergetreide. Vom Untergang der bäuerlichen Kultur*. Wien – Köln – Weimar: Böhlau.

Girtler, Roland (1998): *Landärzte. Als Krankenbesuche noch Abenteuer waren*. Wien – Köln – Weimar: Böhlau.

Girtler, Roland (2001a): *Gruß vom Krampus*. Wien – München: Brandstätter.

Girtler, Roland (2001b): *Methoden der Feldforschung*. Wien – Köln – Weimar: Böhlau / Stuttgart: UTB.

Glaser, Barney G. / Anselm L. Strauss ([1967] 1999): *The Discovery of Grounded Theory. Strategies for Qualitative Research*. Hawthorne: Aldine de Gruyter.

Gleichmann, Peter / Johan Goudsblom / Hermann Korte (Hg.): *Macht und Zivilisation. Materialien zu Norbert Elias' Zivilisationstheorie 2*. Frankfurt am Main: Suhrkamp.

Goffman, Erving ([1959] 2003): *Wir alle Spielen Theater. Die Selbstdarstellung im Alltag*. München: Pieper.

Goffman, Erving ([1961] 1982): *Asyle. Über die soziale Situation psychiatrischer Patienten und anderer Insassen*. Frankfurt am Main: Suhrkamp.

Goffman, Erving ([1963] 1974): *Stigma. Über Techniken der Bewältigung beschädigter Identität*. Frankfurt am Main: Suhrkamp.

Gollesch, Heidrun / Ursula Schimanofsky (2005): Wirtschaftsfaktor Halloween. In: E. Hörandner (Hg.): *Halloween in der Steiermark und anderswo*. Berlin – Münster – Wien – Zürich – London: Lit, 201-216.

Gräber, Gerhard (1993): Separatismus und kollektive Mentalität. Eine Fallstudie am Beispiel des pfälzischen Separatismus nach dem Ersten Weltkrieg. In: R. Blomert / H. Kuzmics / A. Treibel (Hg.): *Transformationen des Wir-Gefühls. Studien zum nationalen Habitus*. Frankfurt am Main: Suhrkamp, 279-312.

Grafschafter, Kurt (2005): *Wilde Jagd. Nikolaus, Krampusse, Perchten und andere winterliche Gesellschaft*. St. Veit: Context.

Greiffenhagen, Martin (2000): Die Deutschen. Norbert Elias und die Politische Kulturforschung. In: A. Treibel / H. Kuzmics / R. Blomert (Hg.): *Zivilisationstheorie in der Bilanz. Beiträge zum 100. Geburtstag von Norbert Elias*. Opladen: Leske + Budrich, 243-257.

Greschke, Heike Mónika (2007): Bin ich drin? – Methodologische Reflektionen zur ethnografischen Forschung in einem plurilokalen, computervermittelten Feld. *Forum Qualitative Sozialforschung*, 8(3), Art. 32. URL: http://nbn-resolving.de/urn:nbn:de:0114-fqs0703321 (letzter Zugriff: Stand 11.12.2008).

Griese, Hartmut M. (2004): Rezension zu: Anne Juhasz / Eva Mey: Die zweite Generation. Etablierte oder Außenseiter? In: *socialnet*, 27.07.2004. URL: http://www.social net.de/rezensionen/1496.php (letzter Zugriff: 25.04.2017).

Grimm, Jacob (1835): *Deutsche Mythologie*. Göttingen: Dietrichsche Buchhandlung.

Gugutzer, Robert ([2004] 2010): *Soziologie des Körpers* (= Einsichten. Themen der Soziologie). Bielefeld: transcript.

Guttman, Allen (2008): Civilized Mayhem: Origins and Early Development of American Football. In: D. Malcolm / I. Waddington (Hg.): *Matters of Sport. Essays in Honour of Eric Dunning.* London – New York: Routledge, 31-39.

Häußermann, Hartmut / Walter Siebel (2004): *Stadt-Soziologie. Eine Einführung.* Frankfurt am Main: Campus.

Haid, Gerlinde / Hans Haid (Hg.) (1994): *Brauchtum in den Alpen. Riten – Traditionen – lebendige Kultur.* Rosenheim: Rosenheimer Verlagshaus.

Haid, Hans (1990): *Mythos und Kult in den Alpen. Ältestes, Altes und Aktuelles über Kultstätten und Bergheiligtümer im Alpenraum.* Mattersburg – Bad Sauerbrunn: Birizs, Edition Tau.

Haid, Hans (1994): ...immer höher, am höchsten, am größten – und andere folkloristische Superlative. In: G. Haid / H. Haid (Hg.): *Brauchtum in den Alpen. Riten – Traditionen – lebendige Kultur.* Rosenheim: Rosenheimer Verlagshaus, 253-258.

Haid, Hans (2006): *Mythen in den Alpen. Von Saligen, Weißen Frauen und Heiligen Bergen.* Wien – Köln – Weimar: Böhlau.

Haid, Oliver (2001): Ö3 präsentiert Halloween. Postmoderne Volkskultur zwischen UKW und WWW. In: O. Bockhorn / E. Hörandner / H. Prasch (Hg.): *Erlebniswelt Volkskultur.* Referate der Österreichischen Volkskundetagung 2001 in Spittal/Drau (= Buchreihe der Österreichischen Zeitschrift für Volkskunde, Bd. 17), 163-182.

Halbmayer, Ernst (o.D.): Einführung in die Methoden der Kultur- und Sozialanthropologie. In: *ksamethoden* – Postmoderne Kritik, literal turn und die Krise der Repräsentation, 18.06.2010. URL: http://www.univie.ac.at/ksa/elearning/cp/ksamethoden/ ksamethoden-83.html (letzter Zugriff: 15.06.2011).

Hall, Stuart (Hg.) (1994): *Rassismus und kulturelle Identität.* Hamburg: Argument.

Hall, Stuart (1997): *Representation. Cultural Representations and Signifying Practices.* London – Thousand Oaks – New Delhi: Sage Publications.

Hanisch, Ernst (1994): *Der lange Schatten des Staates. Österreichische Gesellschaftsgeschichte im 20. Jahrhundert* (= H. Wolfram (Hg): Österreichische Geschichte, Schuber 3: 19. und 20. Jahrhundert, Bd. 2: 1890-1990). Wien: Ueberreuter.

Haring, Sabine A. (2008): *Verheißung und Erlösung. Religion und ihre weltlichen Ersatzbildungen in Politik und Wissenschaft.* Wien: Böhlau.

Haring, Sabine A. (2010): Die Konstruktion eines „Neuen Menschen" im Sowjetkommunismus. Vom zaristischen zum stalinistischen Habitus in Design und Wirklichkeit. In: *LiTheS. Zeitschrift für Literatur- und Theatersoziologie,* Graz, Nr. 5, November 2010, 43-70. URL: http://lithes.uni-graz.at/lithes/beitraege10_05/heft_5_haring.pdf (letzter Zugriff: 04.07.2011).

Harvie, Christopher ([1994] 2005): *The Rise of regional Europe.* London – New York: Routledge.

Haslinger, Peter (1994): *Der ungarische Revisionismus und das Burgenland 1922-1932* (= Europäische Hochschulschriften, Reihe III, Bd. 616). Frankfurt am Main – Berlin – Bern – New York – Paris – Wien: Peter Lang.

Harvie, Christopher (1996): *Hundert Jahre Nachbarschaft. Die Beziehungen zwischen Österreich und Ungarn 1895-1994.* Frankfurt am Main: Verlag Peter Lang.

Harvie, Christopher (2004a): *Imagined territories? Nation und Territorium im tschechischen politischen Diskurs 1889-1938.* Habilitationsschrift. Albert-Ludwigs-Universität Freiburg.

Harvie, Christopher (Hg.) ([2001] 2004b): *Regionale und nationale Identitäten. Wechselwirkungen und Spannungsfelder im Zeitalter moderner Staatlichkeit* (= Identitäten und Alteritäten, Bd. 5). Würzburg: Ergon.

Haupt, Heinz-Gerhard / Jean-Luc Mayaud (1999): Der Bauer. In: U. Frevert / H.-G. Haupt (Hg.): *Der Mensch des 19. Jahrhunderts.* Frankfurt am Main – New York: Campus, 342-358.

Hausmanninger, Thomas / Thomas Bohrmann (Hg.) (2002): *Mediale Gewalt. Interdisziplinäre und ethische Perspektiven.* München: Wilhelm Fink.

Heer, Friedrich (1947): Volksseele und Vermassung. In: *Wort und Wahrheit. Monatsschrift für Religion und Kultur,* Hg. von O. Mauer / K. Strobl / O. Schulmeister / A. Böhm / K. Schmidthüs. Wien, 1947, Heft 2, 6.

Heer, Friedrich ([1981] 2001): *Der Kampf um die österreichische Identität.* Wien – Köln – Weimar: Böhlau.

Heller, Hartmut (2007): *Fremdheit im Prozess der Globalisierung.* Berlin – Münster – Wien – Zürich – London: Lit.

Herlyn, Gerrit (2001): *Ritual und Übergangsritual in komplexen Gesellschaften. Sinn- und Bedeutungszuschreibungen zu Begriff und Theorie* (= Studien zur Alltagskulturforschung, Bd. 1). Berlin – Hamburg – London – Münster – Wien – Zürich: Lit.

Heß-Meining, Ulrike (1999): Der Habitusbegriff. Ein soziologischer Ansatz zur Erfassung kollektiver Charaktere, Identitäten, Mentalitäten. In: H. Hahn (Hg.): *Kulturunterschiede. Interdisziplinäre Konzepte zu kollektiven Identitäten und Mentalitäten.* Frankfurt am Main: IKO – Verlag für Interkulturelle Kommunikation, 199-216.

Hillier, Jean / Emma Rooksby (2005): *Habitus. A Sense of Place.* Aldershot – Burlington: Ashgate Publishing Limited.

Hinz, Michael (2000): Zur Affektgeladenheit des Zivilisationsbegriffs. Norbert Elias, Wilhelm E. Mühlmann und Hans Peter Duerr im Vergleich. In: A. Treibel / H. Kuzmics / R. Blomert (Hg.): *Zivilisationstheorie in der Bilanz. Beiträge zum 100. Geburtstag von Norbert Elias.* Opladen: Leske + Budrich, 71-104.

Hirsch, Fred ([1980] 1991): *Die sozialen Grenzen des Wachstums. Eine ökonomische Analyse der Wachstumskrise.* Reinbek bei Hamburg: Rowohlt.

Hirschman, Albert Otto (1970): *Exit, Voice, and Loyalty. Responses to Decline in Firms, Organizations, and States.* Cambridge (MA) – London: Harvard University Press.

Hirschman, Albert Otto ([1970] 1974): *Abwanderung und Widerspruch. Reaktionen auf Leistungsabfall bei Unternehmungen, Organisationen und Staaten.* Tübingen: Mohr Siebeck.

Hitzler, Roland / Thomas Bucher / Arne Niederbacher ([2001] 2005): *Leben in Szenen. Formen jugendlicher Vergemeinschaftung heute* (= W. Gebhardt / R. Hitzler / F. Liebl (Hg.): Erlebniswelten, Bd. 3). Wiesbaden: VS Verlag für Sozialwissenschaften.

Hitzler, Ronald / Arne Niederbacher (2010): *Leben in Szenen. Formen juveniler Vergemeinschaftung heute.* 2., vollständig überarbeitete Auflage. Wiesbaden: VS Verlag für Sozialwissenschaften.

Hobsbawm, Eric ([1983] 2010): Inventing Tradition. In: E. Hobsbawm / T. Ranger (Hg.): *The Invention of Tradition.* Cambridge (UK): Cambridge University Press, 1-14.

Hobsbawm, Eric ([1983] 2010): Mass-Producing Traditions. Europe 1870-1914. In: E. Hobsbawm / T. Ranger (Hg.): *The Invention of Tradition.* Cambridge (UK): Cambridge University Press, 263-307.

Hobsbawm, Eric ([1962] 2004): *Europäische Revolutionen. 1789 bis 1848.* Köln: Glb Parkland.

Hobsbawm, Eric ([1975] 1990): *Die Blütezeit des Kapitals. Eine Kulturgeschichte der Jahre 1848 - 1875.* Frankfurt am Main: S. Fischer.

Hobsbawm, Eric ([1987] 1989): *Das imperiale Zeitalter. 1875-1914.* Frankfurt am Main – New York: Campus.

Hobsbawm, Eric ([1990] 2005): *Nationen und Nationalismus. Mythos und Realität seit 1780.* Frankfurt am Main – New York: Campus.

Hobsbawm, Eric ([1994] 2009): *Das Zeitalter der Extreme. Weltgeschichte des 20. Jahrhunderts.* München: Deutscher Taschenbuch Verlag.

Hobsbawm, Eric (1998): Das Erfinden von Traditionen. In: Chr. Conrad / M. Kessel (Hg.): *Kultur und Geschichte. Neue Einblicke in eine alte Beziehung.* Stuttgart: Reclam, 97-118.

Hobsbawm, Eric (2009): *Globalisierung, Demokratie und Terrorismus.* München: Deutscher Taschenbuch Verlag.

Hobsbawm, Eric ([2009] 2010): *Zwischenwelten und Übergangszeiten. Interventionen und Wortmeldungen.* Hg. von F.-M. Balzer / G. Fülberth. Köln: PapyRossa.

Hobsbawm, Eric / Terence Ranger (Hg.) ([1983] 2010): *The Invention of Tradition.* Cambridge (UK): Cambridge University Press.

Höfler, Otto ([1931] 1934): *Kultische Geheimbünde der Germanen.* Frankfurt am Main: Verlag Moritz Diesterweg.

Höfler, Otto (1937): *Das germanische Kontinuitätsproblem.* Vortrag, gehalten am Deutschen Historikertag 1937. Schriften des Reichsinstituts für Geschichte des neuen Deutschlands. Hamburg.

Höfler, Otto (1943): *Probleme der germanenkundlichen Forschung in unserer Zeit.* Vortrag, gehalten am 26. Februar 1943 auf der Arbeitstagung der Lehr- und Forschungsstätte für germanisch-deutsche Volkskunde in Salzburg. URL: http://homepages.unituebingen.de/gerd.simon/hoefler probleme.pdf (letzter Zugriff: 23.09.2010).

Hoffmann-Nowotny, Hans Joachim (1970): *Migration. Ein Beitrag zu einer soziologischen Erklärung.* Stuttgart: Enke.

Hoffmann-Nowotny, Hans Joachim (1973): *Soziologie des Fremdarbeiterproblems. Eine theoretische und empirische Analyse am Beispiel Schweiz.* Stuttgart: Enke.

Hoffmann-Nowotny, Hans Joachim (1976): Gastarbeiterwanderungen und soziale Spannungen. In: H. Reimann / H. Reimann (Hg.) ([1976] 1987): *Gastabeiter. Analysen und Perspektiven eines sozialen Problems.* Opladen: Westdeutscher Verlag, 46-66.

Hoffmann-Nowotny, Hans Joachim (1988): Paradigmen und Paradigmenwechsel in der sozialwissenschaftlichen Wanderungsforschung. In: G. Jaritz / A. Müller (Hg.): *Migration in der Feudalgesellschaft.* Frankfurt am Main – New York: Campus, 21-42.

Hoffmann-Nowotny, Hans Joachim (1994): Migrationssoziologie. In: Kerber, Harald / Arnold Schmieder (Hg.): *Spezielle Soziologien*. Reinbek bei Hamburg: Rowohlt, 388-406.

Höllinger, Franz / Helmut Kuzmics / Jürgen Fleiß (2009): Nationalstolz zwischen Patriotismus und Nationalismus? Empirisch-methodologische Analysen und Reflexionen am Beispiel des International Social Survey Programme 2003 "National Identity". In: *Berliner Journal für Soziologie*, Volume 19, Number 3 / September 2009, VS Verlag für Sozialwissenschaften, 409-434.

Hörandner, Editha (2005): Halloween. Ein Druidenfest oder die Liebe zur Kontinuität. In: E. Hörandner (Hg.): *Halloween in der Steiermark und anderswo*. Berlin – Münster – Wien – Zürich – London: Lit, 7-36.

Hörandner, Editha (Hg.) (2005): *Halloween in der Steiermark und anderswo*. Berlin – Münster – Wien – Zürich – London: Lit.

Hofer, Sigrid (1998): Denkmalpflege und Heimatbaukunst. In: D. Kerbs / J. Reulecke (Hg.): *Handbuch der deutschen Reformbewegungen 1880-1933*. Wuppertal: Peter Hammer Verlag, 59-71.

Hoops, Johannes / Heinrich Beck / Dieter Geuenich / Heiko Steuer (Hg.) (2004): *Reallexikon der germanischen Altertumskunde*, Bd. 26. Berlin: Walter de Gruyter.

Horsman, Mathew / Andrew Marshall (1994): *After the Nation-state. Citizens, Tribalism and the New World Disorder*. New York: Harper Collins Publishers.

Hortmann, Stefanie (1993): Deutschlandbilder britischer Studenten. In: R. Blomert / H. Kuzmics / A. Treibel: *Transformationen des Wir-Gefühls. Studien zum nationalen Habitus*. Frankfurt am Main: Suhrkamp, 158-176.

Hradil, Stefan (1988): *Soziale Ungleichheit in der Bundesrepublik Deutschland*. Opladen: Leske & Budrich.

Hradil, Stefan ([1990] 1992): Individualisierung, Pluralisierung, Polarisierung. Was ist von den Schichten und Klassen übriggeblieben? In: R. Hettlage (Hg.): *Die Bundesrepublik. Eine historische Bilanz*. München: C.H. Beck, 73-99.

Hruza, Karel (Hg.) (2008): *Österreichische Historiker 1900-1945. Lebensläufe und Karrieren in Österreich, Deutschland und der Tschechoslowakei in wissenschaftsgeschichtlichen Porträts*. Wien: Böhlau.

Hüppauf, Bernd (2007): Heimat – die Wiederkehr eines verpönten Wortes. Ein Populärmythos im Zeitalter der Globalisierung. In: D. Gebhard / O. Geisler / S. Schröter (Hg.): *Heimat. Konturen und Konjukturen eines umstrittenen Konzepts. Bielefeld*: transcript, 109-140.

Ilg, Karl (1996): Vorwort. In: H. Gapp (Hg.): *Die großen Fasnachten Tirols*. Innsbruck: Edition Löwenzahn, 6.

Inglehart, Ronald (1977): *The Silent Revolution: Changing Values and Political Styles among Western Publics*. Princeton: Princeton University Press.

Isabella, Simona (2007): Ethnography of Online Role-playing Games: The Role of Virtual and Real Contest in the Construction of the Field. In: *Forum Qualitative Sozialforschung*, 8(3), Art. 36. URL: http://nbn-resolving.de/urn:nbn:de:0114-fqs0703367 (letzter Zugriff: 11.12.2008).

Jacobeit, Wolfgang / Josef Moose / Bo Stråth (Hg.) (1990): *Idylle oder Aufbruch? Das Dorf im bürgerlichen 19. Jahrhundert. Ein europäischer Vergleich.* Berlin: Akademie-Verlag.

Jacobeit, Wolfgang / Josef Moose / Bo Stråth (1990): Einleitung. In: W. Jacobeit / Josef Moose / Bo Stråth (Hg.): *Idylle oder Aufbruch? Das Dorf im bürgerlichen 19. Jahrhundert. Ein europäischer Vergleich.* Berlin: Akademie-Verlag, 9-21.

Jaehrling, Karen (2001): Einfluß und Transformation regionaler politischer Milieus im Wandel föderativer Strukturen. Eine politisch-soziologische Betrachtung am Beispiel der Berufs-bildungspolitik. Beitrag zur Tagung *Der Wandel föderativer Strukturen,* DVPW / ÖGPW / SVPW, 08.-09.06.2001, Berlin. URL: http://www.iaq.uni-due.de/aktuell/veroeff/am/jaehr01a.pdf (letzter Zugriff: 20.04.2011).

Jansen, Christian (1993): „Deutsches Wesen", „deutsche Seele", „deutscher Geist". Der Volkscharakter als nationales Identifikationsmuster im Gelehrtenmilieu. In: R. Blomert / H. Kuzmics / A. Treibel (Hg.): *Transformationen des Wir-Gefühls. Studien zum nationalen Habitus.* Frankfurt am Main: Suhrkamp, 199-278.

Jeggle, Utz (1992): Sitte und Brauch in der Schweiz. In: *Handbuch der Schweizerischen Volkskultur,* hg. von P. Hugger. Bd. 2 / 1992, Basel, 603-628.

Jeggle, Utz / Gottfried Korff (1980): Folklorismus und Regionalismus. Eine Skizze zum Problem der kulturellen Kompensation ökonomischer Rückständigkeit. In: K. Köstlin / H. Bausinger (Hg.): *Heimat und Identität. Probleme regionaler Kultur.* Neumünster: Wachholtz, 39-52.

Jeggle, Utz / Gottfried Korff / Martin Scharfe / Bernd Jürgen Warneken (Hg.) (1986): *Volkskultur in der Moderne. Probleme und Perspektiven empirischer Kulturforschung.* Reinbek bei Hamburg: Rowohlt.

Johler, Reinhard (1999): Volkskunde und doch wieder Bräuche. Das Scheibenschlagen, der Funken- und der Hollepfannsonntag. In: F. Grieshofer, M. Schindler (Hg.): *Netzwerk Volkskunde. Ideen und Wege. Festgabe für Klaus Beitl* (= Sonderschriften des Vereins für Volkskunde in Wien 4). Wien: Österreichisches Museum für Volkskunde, 555-566.

Johler, Reinhard (2000): *Die Formierung eines Brauches. Der Funken- und Holepfannsonntag. Studien aus Vorarlberg, Liechtenstein, Tirol, Südtirol und dem Trentino* (= Veröffentlichungen des Instituts für Europäische Ethnologie der Universität Wien, 19). Wien: Universität Wien Institut für Europäische Ethnologie.

Johler, Reinhard (2001): Telling a National Story with Europe. Europe and the European Ethnology. In: P. Niedermüller, B. Stoklund (Hg.): *Europe. Cultural Construction and Reality,* Ethnologie Europaea 29/3. Kopenhagen: Museum Tusculanum Press, 67-73.

Johler, Reinhard (2007a): Einheit in der Vielfalt. Zur kulturellen Konstruktion eines Europa der Regionen. In: E. Beutner / K. Rossbacher (Hg.): *Ferne Heimat Nahe Fremde. Bei Dichtern und Nachdenkern.* Würzburg: Königshausen & Neumann, 195-208. URL: http://books.google.at/books?id=JFDFnWU7dDMC&pg=PA95&lpg=PA95& dq=Einheit+in+der+Vielfalt.+Zur+kulturellen+Konstruktion+eines+Europa+der+Re gionen.&source=bl&ots=kN3i6LhcIz&sig=gnGP__GtCNHDn7CVjVmgr3aGVAQ &hl=de&ei=pQUnTpKLMYSawaf2sHjCw&sa=X&oi=book_result&ct=result&resn um=3&ved=0CCsQ6AEwAg#v=onepage (letzter Zugriff: 20.07.2011).

Johler, Reinhard (2007b): Heimat Glokalisierung Welt. Beobachtungen zur kulturellen Gegenwart. In: R. Johler / U. Bechdolf / H. Tonn (Hg.): *Amerikanisierung Globalisierung. Transnationale Kulturprozesse im europäischen Alltag.* Trier: Wissenschaftlicher Verlag Trier, 157-170.

Johler, Reinhard (2008): Glokalisierung. Ein Konzept für die kulturwissenschaftliche Zukunft? In: *Volkskunde in Rheinland-Pfalz,* 23, 2008, 124-138.

Johnston, William M. ([2009] 2010): *Der österreichische Mensch. Kulturgeschichte der Eigenart Österreichs.* Wien – Köln – Graz: Böhlau.

Judt, Tony ([2005] 2006): *Geschichte Europas von 1945 bis zur Gegenwart.* München – Wien: Hanser.

Juhasz, Anne / Eva Mey (2003) *Die zweite Generation. Etablierte oder Außenseiter? Biographien von Jugendlichen ausländischer Herkunft.* Wiesbaden: Westdeutscher Verlag.

Kahl, Antje (2009): *Zum Funktionswandel von Bestattungsriten.* Kurzreferat zur Veranstaltung „Neue Bestattungsformen und Rituale – Wie wir Abschied nehmen", Stiftung Hospizarbeit in Münster, 03.11.2009. URL: http://www.stiftung-hospizar beit.de/uploads/media/Kurzreferat_Kahl.pdf (letzter Zugriff: 20.11.2011).

Kaiser, Alexander (Hg.): *Studienfahrt Kärnten Card – Erlebniswelten Österreich, Deutschland, Schweiz.* 27.-29.05.1999. Arbeitsmappe, Villach.

Kammerhofer-Aggermann, Ulrike (2003): Weihnachtsmärkte: Zentren der Sehnsüchte und des Tourismus. In: *Tourismus Journal,* 7. Jg, Heft 3, 329-354.

Kammerhofer-Aggermann, Ulrike (2007): „Lärmende Unordnungen". Maskenbräuche in Salzburg. In: E. Kreissl (Hg.): *Die Macht der Maske.* Weitra: Bibliothek der Provinz, 101-130.

Kanga, Taj (2002): *Neuer Regionalismus am Südlichen Oberrhein. Raum, Zugehörigkeit und sozial-ökonomischer Wandel.* Marburg: Tectum.

Kapteyn, Paul (1993): „Kulturgerecht verhandeln": Über nationale Zivilisationen und europäische Integration. Das Beispiel Schengen. In: R. Blomert / H. Kuzmics / A. Treibel (Hg.): *Transformationen des Wir-Gefühls. Studien zum nationalen Habitus.* Frankfurt am Main: Suhrkamp, 85-117.

Kaschuba, Wolfgang (1988): *Volkskultur zwischen feudaler und bürgerlicher Gesellschaft. Zur Geschichte eines Begriffs und seiner gesellschaftlichen Wirklichkeit.* Frankfurt / New York: Campus.

Kaschuba, Wolfgang (1990): Dörfliche Kultur: Ideologie und Wirklichkeit zwischen Reichsgründung und Faschismus. In: W. Jacobeit / J. Moose / B. Stråth (Hg.): *Idylle oder Aufbruch? Das Dorf im bürgerlichen 19. Jahrhundert. Ein europäischer Vergleich.* Berlin: Akademie-Verlag, 193-204.

Kaschuba, Wolfgang (1990): *Lebenswelt und Kultur der unterbürgerlichen Schichten im 19. und 20. Jahrhundert* (= Enzyklopädie Deutscher Geschichte, Bd. 5.). München: Oldenbourg.

Kaschuba, Wolfgang (Hg.) (1995): *Kulturen, Identitäten, Diskurse. Perspektiven europäischer Ethnologie.* Berlin: Akademie-Verlag.

Kaschuba, Wolfgang ([1999] 2006): *Einführung in die Europäische Ethnologie.* München: C.H. Beck.

Kaufmann, Jean-Claude ([1996] 1999): *Das verstehende Interview. Theorie und Praxis.* Konstanz: Universitätsverlag Konstanz.

Kaufmann, Jean-Claude (2001): *Pour une sociologie de l'individu. Une autre vision de l'homme et de la construction du sujet.* Paris: Nathan.

Kaufmann, Jean-Claude ([2004] 2005): *Die Erfindung des Ich. Eine Theorie der Identität.* Konstanz: Universitätsverlag Konstanz.

Kaufmann, Jean-Claude ([1995] 2006): *Frauenkörper – Männerblicke. Soziologie des Oben-ohne.* Konstanz: Universitätsverlag Konstanz.

Kelec, Necla (2006): *Die verlorenen Söhne. Plädoyer für die Befreiung des muslimischen Mannes.* Köln: Kiepenheuer & Witsch.

Kemper, Theodore D. (Hg.) (1990): *Research Agendas in the Sociology of Emotions.* Albany: State University of New York Press.

Kemper, Theodore D. (1990): Themes and Variations in the Sociology of Emotions. In: T. D. Kemper (Hg.) (1990): *Research Agendas in the Sociology of Emotions.* Albany: State University of New York Press, 3-23.

Kerbs, Diethart / Jürgen Reulecke (Hg.) (1998): *Handbuch der deutschen Reformbewegungen 1880-1933.* Wuppertal: Peter Hammer Verlag.

Kiss, Gabor (1991): Systemtheorie oder Figurationssoziologie – was leistet die Figurationsforschung? In: H. Kuzmics / I. Mörth (Hg.): *Der unendliche Prozeß der Zivilisation. Zur Kultursoziologie der Moderne nach Norbert Elias.* Frankfurt am Main: Campus, 79-111.

Kletzander, Helmut / Karl Rudolf Wernhart (Hg.) (2001): *Minderheiten in Österreich: Kulturelle Identitäten und die politische Verantwortung der Ethnologie.* Wien: Facultas.

Klueting, Edeltraud (1998): Heimatschutz. In: D. Kerbs / J. Reulecke (Hg.): *Handbuch der deutschen Reformbewegungen 1880-1933.* Wuppertal: Peter Hammer Verlag, 47-57.

Kneer, Georg / Markus Schroer (Hg.) (2009): *Handbuch soziologische Theorien.* Wiesbaden: VS Verlag für Sozialwissenschaften.

Knoblauch, Hubert (2000): Das strategische Ritual der kollektiven Einsamkeit. Zur Begrifflichkeit und Theorie des Events. In: W. Gebhardt / R. Hitzler / M. Pfadenhauer: *Events. Soziologie des Außergewöhnlichen.* Opladen: Leske + Budrich, 33-50.

Knoblauch, Hubert / Andrea Esser / Dominik Groß / Brigitte Tag / Antje Kahl (Hg.) (2010): *Der Tod, der tote Körper und die klinische Sektion* (= Sozialwissenschaftliche Abhandlungen der Görres-Gesellschaft, Bd. 28). Berlin: Duncker & Humblot.

Koch-Hillebrecht, Manfred (1977): *Das Deutschenbild. Gegenwart, Geschichte, Psychologie.* München: C.H. Beck.

Köck, Christoph (2001): Erlebniswelt, Volkskultur und Metatourismus. In: O. Bockhorn / E. Hörandner / H. Prasch (Hg.): *Erlebniswelt Volkskultur. Referate der Österreichischen Volkskundetagung 2001 in Spittal/Drau* (= Buchreihe der Österreichischen Zeitschrift für Volkskunde, Bd. 17), 31-49.

König, Otto (1977): *Kulturethologische Betrachtung des Klaubaufgehens.* Zusammengefasste Darstellung aus Einführungsvorträgen bei den Matreier Gesprächen 1976-1977.

König, Otto (1981): Kulturethologische Betrachtungen des Klaubaufgehens. In: Institut für Vergleichende Verhaltensforschung der Österreichischen Akademie der Wissenschaften (Hg.): *Maske – Mode – Kleingruppe. Beiträge zur interdisziplinären Kulturforschung.* Wien – München, 45-58.

König, Otto ([1980] 1983): *Klaubauf, Krampus, Nikolaus. Maskenbrauch in Tirol und Salzburg.* Wien: Ed. Tusch.

Köstlin, Konrad (1994): Alpen-Bräuche. Ein Vor-Wort. In: G. Haid / H. Haid (Hg.): *Brauchtum in den Alpen. Riten – Traditionen – lebendige Kultur.* Rosenheim: Rosenheimer Verlagshaus, 7-11.

Köstlin, Konrad / Hermann Bausinger (Hg.) (1980): *Heimat und Identität. Probleme regionaler Kultur.* Neumünster: Wachholtz.

Kogler, Siegfried (1999): Perchten, Perchten – die Sehnsucht nach dem Uralten? In: *Kärntner KulturKontakte,* 5, 1999, 41-43.

Kogler, Siegfried (2001): Brauch und neue Medien. Ein Kärntner Projekt. In: O. Bockhorn / E. Hörandner / H. Prasch (Hg.): *Erlebniswelt Volkskultur. Referate der Österreichischen Volkskundetagung 2001 in Spittal/Drau* (= Buchreihe der Österreichischen Zeitschrift für Volkskunde, Bd. 17), 99-115.

Korff, Gottfried ([1978] 1999): Kultur. In: H. Bausinger / U. Jeggle / G. Korff / M. Scharfe: *Grundzüge der Volkskunde.* Darmstadt: Wissenschaftliche Buchgesellschaft, 17-80.

Korff, Gottfried (2001): Halloween in Europa. Stichworte zu einer Umfrage. In: *Zeitschrift für Volkskunde.* Jg. 97, 2001, 201-295.

Korte, Hermann (1983): Migration und ihre sozialen Folgen. In: H. Korte / A. Schmidt: *Migration und ihre sozialen Folgen. Förderung der Gastarbeiterforschung durch die Stiftung Volkswagenwerk 1974-1981.* Göttingen: Vadenhoeck & Ruprecht.

Korte, Hermann (1984): Die etablierten Deutschen und ihre ausländischen Außenseiter. In: P. Gleichmann / J. Goudsblom / H. Korte (Hg.): *Macht und Zivilisation. Materialien zu Norbert Elias' Zivilisationstheorie 2.* Frankfurt am Main: Suhrkamp, 261-279.

Korte, Hermann / Alfred Schmidt (1983): *Migration und ihre sozialen Folgen. Förderung der Gastarbeiterforschung durch die Stiftung Volkswagenwerk 1974-1981* (= Schriftenreihe der Stiftung Volkswagenwerk, 23). Göttingen: Vadenhoeck & Ruprecht.

Kramer, Karl-Sigmund: (1974): *Grundriss einer rechtlichen Volkskunde.* Göttingen: Schwartz.

Kraus, Otto (Hg.) (2009): *Evolutionstheorie und Kreationismus – ein Gegensatz.* Stuttgart: Franz Steiner Verlag.

Krauss, Marita (2009): Heimat – eine multiperspektivische Annäherung. In: N. Donig / S. Flegel / S. Scholl-Schneider (Hg.): *Heimat als Erfahrung und Entwurf.* Berlin – Münster – Wien – Zürich – London: Lit, 33-52.

Kreissl, Eva (Hg.) (2007): *Die Macht der Maske.* Katalog zur gleichnamigen Ausstellung von 31.03.2007 bis 31.10.2007 in Schloss Trautenfels. Weitra: Verlag publication PN°1 Bibliothek der Provinz.

Kreissl, Eva (2007): Maske und Macht. In: E. Kreissl (Hg.): *Die Macht der Maske.* Weitra: Bibliothek der Provinz, 7-9.

Kreissl, Eva (Hg.) (2009a): *Krampus. Das gezähmte Böse. Aus der Sammlung Wabitsch.* Katalog zur gleichnamigen Ausstellung von 20.11.2009 bis 10.01.2010 im Volkskundemuseum Graz. Graz: Universalmuseum Joanneum.

Kreissl, Eva (2009b): Masken tragen. In: M. Carniel / M. Weller: *Perchtenzauber.* Graz: Leykam.

Krenn, Katharina / Wolfgang Otte (2007): „Wer's sehen will, weiß's eh". Das Tauplitzer Nikolospiel am 5. Dezember. In: E. Kreissl (Hg.): *Die Macht der Maske.* Weitra: Bibliothek der Provinz, 131-161.

Kretzenbacher, Leopold (1983): Volkskunde als Faktor der Kulturprägung im Österreich der Zwischenkriegszeit. In: *Internationales kulturhistorisches Symposion Modersdorf,* Szombathely 1983, Bd. 12, 83-93.

Krüdener, Bettina / Jörgen Schulze-Krüdener (2000): „Der Jugendbrauch lebt noch!" – Zur Eventisierung jugendlicher Brauchformen. In: W. Gebhardt / R. Hitzler / M. Pfadenhauer: *Events. Soziologie des Außergewöhnlichen.* Opladen: Leske + Budrich, 161-182.

Krüger, Michael (2000): Sport, Habitus und Staatsbildung in Deutschland. In: A. Treibel / H. Kuzmics / R. Blomert (Hg.): *Zivilisationstheorie in der Bilanz. Beiträge zum 100. Geburtstag von Norbert Elias.* Opladen: Leske + Budrich, 211-220.

Kuntz, Andreas / Albrecht Lehmann (Hg.) (1988): *Sichtweisen der Volkskunde. Zur Geschichte und Forschungspraxis einer Disziplin.* Berlin – Hamburg: Dietrich Reimer Verlag.

Kunczik, Michael / Astrid Zipfel (2002): Gewalttätig durch Medien? In: *Aus Politik und Zeitgeschichte. Beilage zur Wochenzeitung Das Parlament,* B 44/2002. Bonn: Bundeszentrale für politische Bildung, 29-37. URL: http://www.mediaculture-online. de/fileadmin/bibliothek/kunczik_gewalttaetig/kunczik_gewalttaetig.pdf (letzter Zugriff: 04.01.2011).

Kunczik, Michael / Astrid Zipfel (2002): Wirkungsforschung I: Ein Bericht zur Forschungslage. In: T. Hausmanninger / T. Bohrmann (Hg.): *Mediale Gewalt. Interdisziplinäre und ethische Perspektiven.* München: Wilhelm Fink, 149-159.

Kuzmics, Helmut (1989): *Der Preis der Zivilisation. Die Zwänge der Moderne im theoretischen Vergleich.* Frankfurt am Main – New York: Campus.

Kuzmics, Helmut (2000): Nationaler Habitus und Handlungstheorie. Das Beispiel von Autorität und Selbstironie im österreichischen Charakter. In: A. Treibel / H. Kuzmics / R. Blomert (Hg.): *Zivilisationstheorie in der Bilanz. Beiträge zum 100. Geburtstag von Norbert Elias.* Opladen: Leske + Budrich, 221-242.

Kuzmics, Helmut (2003): Und es tut gar nicht weh... In: *Sterz – Zeitschrift für Literatur, Kunst und Kulturpolitik,* Graz 2003 / Nr. 92-93, 6f.

Kuzmics, Helmut / Roland Axtmann (2000): *Autorität, Staat und Nationalcharakter. Der Zivilisationsprozeß in Österreich und England 1700-1900.* Opladen: Leske + Budrich.

Kuzmics, Helmut / Sabine A. Haring (2013): *Emotion, Habitus und Erster Weltkrieg. Soziologische Studien zum militärischen Untergang der Habsburger Monarchie.* Göttingen: V&R unipress.

Kuzmics, Helmut / Ingo Mörth (Hg.) (1991): *Der unendliche Prozeß der Zivilisation. Zur Kultursoziologie der Moderne nach Norbert Elias*. Frankfurt am Main – New York: Campus.

Kuzmics, Helmut / Ingo Mörth (1991): Norbert Elias und die Kultursoziologie der Moderne. In: H. Kuzmics / I. Mörth (Hg.): *Der unendliche Prozeß der Zivilisation. Zur Kultursoziologie der Moderne nach Norbert Elias*. Frankfurt am Main – New York: Campus, 7-31.

Lara, Maria Pia (Hg.) (2001): *Rethinking Evil: Contemporary Perspectives*. Berkeley – Los Angeles: University of California Press.

Lattacher, Wolfgang (o.D.): *Perchten und ihre Verwandtschaft*. Manuskript. Klagenfurt.

Lasch, Stephen ([1979] 1982): *Das Zeitalter des Narzißmus*. München: Bertelsmann.

Le Bart, Christian / Jean-Charles Ambroise (2000): *Le Fans des Beatles. Sociologie d'une passion*. Rennes: Presses universitaires de Rennes.

Le Coadic, Ronan (1998): *L'identité bretonne*. Rennes: Terre de Brume / PUR (Presses Universitaires de Rennes).

Le Coadic, Ronan (2001): L'identité bretonne, situation et perspectives. In: F. Elegoet (Hg.): *Bretagne construire*. Rennes: Tud ha bro, 14-26.

Leitner, Gerd (2014): Hochkultur der Gartenzwerge oder: Heimat, Heimat, über alles! In: K. Anderwald / P. Filzmaier / K. Hren (Hg.): *Kärntner Jahrbuch für Politik 2014 / Koroški politični zbornik 2014*. Klagenfurt: Hermagoras Verlag / Mohorjeva založba, 83-98. URL: http://www.jahrbuchkaernten.at/fileadmin/jahrbuch/Down loads/Jahrbuch%20f%C3%BCr%20Politik_2014.pdf (letzter Zugriff: 14.03.2017).

Lenz, Hans-Joachim (2007): Gewalt und Geschlechterverhältnis aus männlicher Sicht. In: Silke Brigitta Gahleitner / Hans-Joachim Lenz (Hg.): *Gewalt und Geschlechterverhältnis. Interdisziplinäre und geschlechtersensible Analysen und Perspektiven*. Weinheim: Juventa, 21-51.

Lepenies, Wolf (Hg.) (1981): *Geschichte der Soziologie. Studien zur kognitiven, sozialen und historischen Identität einer Disziplin*. Frankfurt am Main: Suhrkamp.

Lévi-Strauss, Claude: ([1955] 1987): *Traurige Tropen*. Frankfurt am Main: Suhrkamp.

Lindner, Wolfgang ([1994] 1999): *Die Wiederkehr des Regionalen. Über neue Formen kultureller Identität*. Frankfurt am Main: Campus.

Lipp, Wolfgang (1997): Heimat in der Moderne. Quelle, Kampfplatz und Bühne von Identität. In: K. Weigand (Hg.): *Heimat. Konstanten und Wandel im 19./20. Jahrhundert. Vorstellungen und Wirklichkeiten*. München: Deutscher Alpenverein, 51-72.

Liston, Kate/ Elizabeth Moreland (2009): Hockey and Habitus: Sport and National Identity in Northern Ireland. In: *New Hibernia Review*, Volume 13, Number 4, Geimhreadh / Winter 2009, 127-140.

Loyal, Stephen / Stephen Quilley (Hg.) (2004): *The Sociology of Norbert Elias*. Cambridge: Cambridge University Press.

Luverà, Bruno (1983): *Der neue Regionalismus. Von einem demokratischen Europa der Regionen zum ethnonationalen Föderalismus*. URL: http://www.philhist.uni-augsburg.de/lehrstuehle/volkskunde/veranstaltungen/ws0809/regionale_autonomie/ Downloads/Luvera_Neuer_Regionalismus.pdf (letzter Zugriff: 10.03.2010).

Madsen, Richard / William M. Sullivan / Ann Swidler / Steven M. Tipton (Hg.) (2002): *Meaning and Modernity: Religion, Polity, and Self*. Berkeley: University of California Press.

Maguire, Joseph / Emma K. Poulton (1999): European Identity Politics in Euro 96. Invented Traditions and National Habitus Codes. In: *International Review for the Sociology of Sport*, 1999, Vol. 34, No. 1, 17-29.

Maier, Charles S. (1991): *Die Gegenwart der Vergangenheit. Geschichte und nationale Identität der Deutschen*. Frankfurt am Main: Campus.

Maierbrugger, Matthias (1978): *Lebendiges Brauchtum in Kärnten*. Klagenfurt: Verlag Johannes Heyn.

Malcolm, Dominic / Ivan Waddington (Hg.) (2008): *Matters of Sport. Essays in Honour of Eric Dunning*. London – New York: Routledge.

Mannhardt, Wilhelm ([1875] 1904): *Wald- und Feldkulte (Bd. 1: Der Baumkultus der Germanen und ihrer Nachbarstämme. Mythologische Untersuchungen)*. Berlin: Verlag von Gebrüder Borntraeger.

Mannhardt, Wilhelm ([1877] 1904): *Wald- und Feldkulte (Bd. 2: Antike Wald- und Feldkulte aus nordeuropäischer Überlieferung erläutert)*. Berlin: Verlag von Gebrüder Borntraeger.

Martini, Massimo / Jutta Gallenmüller-Roschmann (2004): *La gioventù sarda. Orientamenti sociali e identità regionale*. Cagliari: CUEC – University Press.

Marx, Karl ([1849] 1998): *Lohnarbeit und Kapital. Lohn, Preis und Profit*. Berlin: Dietz.

Marx, Karl ([1867] 1972): *Das Kapital. Kritik der politischen Ökonomie (Bd. 1: Der Produktionsprozeß des Kapitals)*. Berlin: Dietz.

Marx, Karl ([1885] 1972): *Das Kapital. Kritik der politischen Ökonomie (Bd. 2: Der Zirkulationsprozeß des Kapitals)*. Berlin: Dietz.

Marx, Karl ([1894] 1972): *Das Kapital. Kritik der politischen Ökonomie (Bd. 3: Der Gesamtprozeß der kapitalistischen Produktion)*. Berlin: Dietz.

Maurer, Michael (1993): „Nationalcharakter" in der frühen Neuzeit. Ein mentalitätsgeschichtlicher Versuch. In: R. Blomert / H. Kuzmics / A. Treibel (Hg.): *Transformationen des Wir-Gefühls. Studien zum nationalen Habitus*. Frankfurt am Main: Suhrkamp, 45-81.

Meyer, Lieselore (2002): Perchten und Krampusse. Pelzige, gehörnte Gestalten ziehen durch das Land. In: H. Stingler (Hg.): *Teuflisch gut. Die besten Kärntner Perchten & Krampusse*. Klagenfurt: Südkärntner Magazine, 38f.

Meisen, Karl ([1931] 1981): *Nikolauskult und Nikolausbrauch im Abendlande. Eine kultgeographisch-volkskundliche Untersuchung*. Düsseldorf – Mainz: Schwann (Selbstverlag der Gesellschaft für Mittelrheinische Kirchengeschichte).

Mennell, Stephen (2007): *The American Civilizing Process*. Cambridge (UK) – Malden (MA): Polity Press.

Merton, Robert King: (1968): Sozialstruktur und Anomie. In: F. Sack / R. König (Hg.): *Kriminalsoziologie*. Frankfurt am Main: Akademische Verlagsgesellschaft, 283-313.

Messerschmidt, James W. (1993): *Masculinities and Crime. Critique and Reconceptualization of Theory*. Lanham: Rowman & Littlefield.

Mesure, Sylvie/ Alain Renaut (1999): *Alter Ego. Les paradoxes de l'identité democratique*. Paris: Aubier.

Meyerhoff, Joachim (2013): *Wann wird es endlich wieder so, wie es nie war.* Köln: Kiepenheuer & Witsch.

Mezger, Werner (1990): Sankt Nikolaus zwischen Katechese, Klamauk und Kommerz. Zu den Metamorphosen eines populären Brauchkomplexes. In: *Schweizerisches Archiv für Volkskunde*, Vierteljahrschrift im Auftrag der Schweizerischen Gesellschaft für Volkskunde. Hg. von Ue. Gyr. Basel. Teil I: 1990, Heft 1/2, 62-92; Teil II: 1990, Heft 3/4, 178-201.

Mezger, Werner (1991): *Narrenidee und Fastnachtsbrauchtum. Studien zum Fortleben des Mittelalters in der europäischen Festkultur.* Konstanz: Universitätsverlag Konstanz.

Michels, Robert ([1911] 1989): *Zur Soziologie des Parteiwesens in der modernen Demokratie. Untersuchungen über die oligarchischen Tendenzen des Gruppenlebens.* Stuttgart: Kröner.

Millard, Jerry / Astrid Leschly Christensen (2004): *Regional Identity in the Information Society*, BISER Domain Report, No. 4.

Mills, Charles Wright ([1963] 1973): *Kritik der soziologischen Denkweise.* Neuwied: Luchterhand.

Moebius, Stephan / Tina Weber (2007): Die mediale Repräsentation des Todes. Der Tod in den Kulturen der Moderne am Beispiel des Films. In: M. Schroer (Hg.): *Gesellschaft im Film.* Konstanz: Universitätsverlag Konstanz, 264-308.

Moser, Hans (1940): Neue archivalische Belege zur Geschichte des Perchtenlaufens. In: *Bayerische Hefte für Volkskunde*, Bd. 12, 1940. München, 62-65.

Moser, Hans (1962): Vom Folklorismus in unserer Zeit. In: *Zeitschrift für Volkskunde*, Bd. 58, 1962, 177-209.

Moser, Hans (1964a): Der Folklorismus als Forschungsproblem der Volkskunde. In: *Hessische Blätter für Volkskunde*, Bd. 55, 1964, 9-57.

Moser, Hans (1964b): Die Geschichte der Fasnacht im Spiegel von Archivforschungen. Zur Bearbeitung von bayerischen Quellen. In: *Volksleben. Fasnacht. Beiträge des Tübinger Arbeitskreises für Fasnachtsforschung*, Bd. 6, Tübingen 1964, 15-41.

Moser, Hans (1985): Volksbräuche im geschichtlichen Wandel. Ergebnisse aus 50 Jahren volkskundlicher Quellenforschung. In: *Forschungshefte. Bayerisches Nationalmuseum München*, Bd. 10, München – Berlin 1985, 336-392.

Moser jun., Josef (2002): Krampus in Kärnten und Osttirol. In: H. Stingler (Hg.): *Teuflisch gut. Die besten Kärntner Perchten & Krampusse.* Klagenfurt: Südkärntner Magazine, 4.

Mozetič, Gerald (2001): Soziologische Theorie. In: K. Acham (Hg.): *Menschliches Verhalten und gesellschaftliche Institutionen: Einstellung, Sozialverhalten, Verhaltensorientierung* (= Geschichte der österreichischen Humanwissenschaften, Bd. 3.1). Wien: Passagen, 349-384.

Müller, Felix / Ulrich Müller (1999): Percht und Krampus, Kramperl und Schiach-Perchten. In: U. Müller / W. Wunderlich (Hg.): *Mittelalter-Mythen 2. Dämonen-Monster-Fabelwesen.* St. Gallen, 449–460.

Müller, Ulrich / Wunderlich, Werner (Hg.) (1999): *Mittelalter-Mythen 2. Dämonen-Monster-Fabelwesen.* St. Gallen.

Münch, Richard (1993): *Das Projekt Europa. Zwischen Nationalstaat, regionaler Autonomie und Weltgesellschaft*. Frankfurt am Main: Suhrkamp.

Münch, Richard (1998): *Globale Dynamik, lokale Lebenswelten. Der schwierige Weg in die Weltgesellschaft*. Frankfurt am Main: Suhrkamp.

Norberg, Johan (2003): *Das kapitalistische Manifest. Warum allein die globalisierte Marktwirtschaft den Wohlstand der Menschheit sichert*. Frankfurt am Main: Eichborn.

Oelkers, Jürgen / Klaus Wegenast (Hg.) (1991): *Das Symbol. Brücke des Verstehens*. Stuttgart – Berlin – Köln: Kohlhammer.

o.A. (1918): Schreiben des Vereins für Heimatschutz in Steiermark an das „Präsidium des deutsch-österreichischen Staatsrates". Graz, 01.12.1918. In: W. v. Semetkowski (1968): *Aufsätze und Aufzeichnungen aus sechs Jahrzehnten*. Graz: Steirisches Volksbildungswerk, 33-39.

o.A. (2009): Nikolaus statt Weihnachtsmann. Gegenbewegung zum amerikanisierten Gabenbringer. In: *Bayerisches Landwirtschaftliches Wochenblatt*, 27.11.2009, 199. Jg. / H. 48, 73.

Opaschowski, Horst (1999): Kathedralen des 21. Jahrhunderts. Die Zukunft der Freizeitparks und Erlebniswelten. In: A. Kaiser (Hg.): *Studienfahrt Kärnten Card – Erlebniswelten Österreich, Deutschland, Schweiz*, 27.-29.05.1999. Arbeitsmappe, Villach.

Petrei, Bertl (1992): *100 Begegnungen mit der Kärntner Seele*. Klagenfurt: Verlag Johannes Heyn.

Pfeiffer, Christian / Peter Wetzels (2000): *Junge Türken als Täter und Opfer von Gewalt*. Hannover: KFN-Forschungsbericht Nr. 81.

Pieper, Richard (1992): Zur theoretischen und normativen Relevanz regionaler Identität. In: B. Schäfers (Hg.): *Lebensverhältnisse und soziale Konflikte im neuen Europa. Verhandlungen des 26. Deutschen Soziologentages in Düsseldorf 1992*. Frankfurt am Main – New York: Campus, 377-380.

Plasil, Tina (o.D.): *Klare Verhältnisse für ein modernes Österreich. Die Nationalratswahlen 1970 und 1971. Die Radio-Berichterstattung des ORF über Wahlkampf und Wahltag bei den Nationalratswahlen 1970 und 1971*. Wien: Österreichische Mediathek. URL: http://www.mediathek.at/downloadplatform/file/source/1159121 (letzter Zugriff: 22.12.2011).

Prasch, Hartmut (1985): *Masken und Maskenbrauchtum in Kärnten und Osttirol*. Innsbruck. Dissertation.

Prasch, Hartmut ([1985] 1987): *Masken und Maskenbrauchtum in Kärnten und Osttirol*. Klagenfurt: Universitätsverlag Carinthia.

Prasch, Hartmut (2001a): Erlebniswelt Volkskultur. Chancen – Risiken – Potentiale. In: O. Bockhorn / E. Hörandner / H. Prasch (Hg.): *Erlebniswelt Volkskultur. Referate der Österreichischen Volkskundetagung 2001 in Spittal/Drau* (= Buchreihe der Österreichischen Zeitschrift für Volkskunde, Bd. 17), 145-161.

Prasch, Hartmut (2001b): Sinn und Ursprung des Maskenbrauchtums im Spiegel wissenschaftlicher Forschung. In: A. Bechtold (Red.): *Masken, Saltner und Vogelscheuchen. Schreck Gestalten auf Runkelstein*. Katalog zur gleichnamigen Sonderausstellung auf Schloss Runkelstein, 12.04.-28.10. 2001. Bozen: Athesia, 19-34.

Prasch, Hartmut (2009): Masken im Mittwinterbrauchtum. In: M. Carniel / M. Weller: *Perchtenzauber.* Graz: Leykam.

Prisching, Manfred ([2006] 2009a): *Die zweidimensionale Gesellschaft. Ein Essay zur neokonsumistischen Geisteshaltung.* Wiesbaden VS Verlag für Sozialwissenschaften.

Prisching, Manfred (2009b): *Das Selbst. Die Maske. Der Bluff. Über die Inszenierung der eigenen Person.* Wien – Graz – Klagenfurt: Molden / Styria.

Quitzmann, Anton (1860): *Die heidnische Religion der Baiwaren. Erster faktischer Beweis für die Abstammung dieses Volkes.* Leipzig – Heidelberg: C.F. Wintersche Verlagshandlung.

Rattelmüller, P.E. (1953): Das Buttmandl-Laufen im Loip, Gemeinde Bischofswiesen bei Berchtesgaden. In: *Schönere Heimat. Erbe und Gegenwart,* hg. vom Bayerischen Landesverein für Heimatpflege, Landesstelle für Volkskunde, 42. Jg., 1953 / Heft 3/4, 107-110.

Redaktion scinexx.de (1998-2011): *Weihnachtsmann versus Christkind: Wer bringt denn nun die Geschenke?* Heidelberg: Springer / Düsseldorf: MMCD interactive in science, 17.12.2010. URL: http://www.g-o.de/dossier-detail-196-11.html (letzter Zugriff: 29.03.2011).

Rehbein, Boike / Hermann Schwengel (2008): *Theorien der Globalisierung.* Konstanz: Universitätsverlag Konstanz.

Rehberg, Karl-Siegbert (1991): Prozeß-Theorie als „Undendliche Geschichte". Zur soziologischen Kulturtheorie von Norbert Elias. In: H. Kuzmics / I. Mörth (Hg.): *Der unendliche Prozeß der Zivilisation. Zur Kultursoziologie der Moderne nach Norbert Elias.* Frankfurt am Main: Suhrkamp, 33-58.

Reicher, Dieter (2003): *Staat, Schafott und Schuldgefühl. Was Staatsaufbau und Todesstrafe miteinander zu tun haben.* Opladen: Leske + Budrich.

Reicher, Dieter (2009): Staatsbildungsprozesse und Figurationen rebellischen Verhaltens. Eine vergleichende Analyse amerikanischer und österreichischer Volkslieder/ Processes of stateformation and the habitus of the rebel hero. A comparative analysis of American and Austrian folksong-lyrics. In: *Österreichische Zeitschrift für Soziologie,* Bd. 34, Number 1 / März 2009. Wiesbaden: VS Verlag für Sozialwissenschaften, 23-44.

Ringel, Erwin (1984): *Die österreichische Seele. 10 Reden über Medizin, Politik und Religion.* Wien: Böhlau.

Ringel, Erwin / Strutz, Josef / Rohsmann, Arnulf (1988): *Die Kärntner Seele. Mit Darstellungen aus Literatur und bildender Kunst.* Hg. von F. Witzeling. Klagenfurt – Wien: Hermagoras Verlag / Mohorjeva založba.

Ritzer, George ([1993] 2006): *Die McDonaldisierung der Gesellschaft.* Konstanz: Universitätsverlag Konstanz.

Robertson, Roland (1998): Glokalisierung, Homogenität und Heterogenität in Raum und Zeit. In: U. Beck (Hg.): *Perspektiven der Weltgesellschaft.* Frankfurt am Main: Suhrkamp, 192-220.

Roby, Richard (2005): *The Changing Face of European Identity. A Seven-Nation Study of (Supra)National Attachments.* London: Routledge.

Rumpf, Marianne (1976): Spinnstubenfrauen, Kinderschreckgestalten und Frau Berchta. In: *Fabula*, Bd. 13, 1976, 129-161.

Rumpf, Marianne (1982): Butzenbercht und Kinderfresser. In: *Beiträge zur deutschen Volks- und Altertumskunde*, Bd. 21, 1982, 65-85.

Rumpf, Marianne (1999) *Perchten. Populäre Glaubensgestalten zwischen Mythos und Katechese.* (= Quellen und Forschungen zur europäischen Ethnologie, Bd. 7, hg. von D. Harmening.) Würzburg: Königshausen und Neumann.

Schaefer, Ralph I. / Matthias Goos / Sebastian Goeppert (o.D.): *Online-Lehrbuch Medizinische Psychologie. Glossar medizinische Psychologie / medizinische Soziologie.* Abteilung für medizinische Psychologie der Universität Freiburg. URL: http://www.medpsych.uni-freiburg.de/OL/glossar/body_institutionalisierung.html (letzter Zugriff: 06.12.2010).

Scharfe, Martin (1970): Zum Rügebrauch. In: *Hessische Blätter für Volkskunde*, 61, 1970, 45-68.

Scharfe, Martin (1986): Ungleichzeitigkeiten. Einführung. In: U. Jeggle / G. Korff / M. Scharfe / B.J. Warneken (Hg.): *Volkskultur in der Moderne. Probleme und Perspektiven empirischer Kulturforschung.* Reinbek bei Hamburg: Rowohlt, 347-350.

Scharfe, Martin (Hg.) (1991): *Brauchforschung* (= Wege der Forschung, Bd. 627). Darmstadt: Wissenschaftliche Buchgesellschaft.

Scharfe, Martin (2002): *Menschenwerk. Erkundungen über Kultur.* Wien – Köln – Weimar: Böhlau.

Scheff, Thomas J. (1990): *Microsociology: Emotion, Discourse, and Social Structure.* Chicago: University of Chicago Press.

Scheff, Thomas J. (1994) *Bloody Revenge: Emotions, nationalism, and war.* Boulder: Westview Press.

Scheff, Thomas J. (1997): *Emotions, the Social Bond, and Human Reality: Part/Whole Analysis.* Cambridge: Cambridge University Press.

Scheff, Thomas J. (2000): Shame and the Social Bond: A Sociological Theory. In: *Sociological Theory*, Volume 18, Issue 1, March 2000, 84-99.

Scheff, Thomas J. / Suzanne M. Retzinger (1991): *Emotion and Violence: Shame and Rage in Destructive Conflicts.* Lexington (MA): Lexington Books.

Scheff, Thomas J. / Suzanne M. Retzinger (1997): Shame, Anger and the Social Bond: A Theory of Sexual Offenders and Treatement. In: *Electronic Journal of Sociology.* URL: http://sociology.org/content/vol003.001/sheff.html (letzter Zugriff: 17.07.2011).

Scheibelhofer, Paul (2005): Zwischen zwei Männlichkeiten? Identitätskonstruktionen junger Männer mit türkischem Migrationshintergrund in Wien. In: *SWS-Rundschau – Sozialwissenschaftliche Studiengesellschaft*, Bd. 45, Heft 2, 208-230.

Scheibelhofer, Paul (2007): A Question of Honour? Masculinities and Positionalities of Boys of Turkish Background in Vienna. In: C. Riegel / T. Geisen (Hg.): *Jugend, Zugehörigkeit und Migration- Subjektpositionierung im Kontext von Jugendkultur, Ethnizitäts- und Geschlechterkonstruktionen.* Wiesbaden: VS Verlag für Sozialwissenschaften, 273-288.

Scheibelhofer, Paul (2008): Die Lokalisierung des Globalen Patriarchen. Zur diskursiven Produktion des türkisch-muslimischen Mannes in Deutschland. In: L. Potts / Jan

Kühnemund (Hg.): *Mann wird man. Geschlechtliche Identitäten im Spannungsfeld von Migration und Islam.* Bielefeld: transcript, 39-52.

Scherke, Katharina (2009): *Emotionen als Forschungsgegenstand der deutschsprachigen Soziologie.* Wiesbaden: VS Verlag für Sozialwissenschaften.

Scheu, Bringfriede (2007): *Ausgrenzung und Rassismus.* Klagenfurt – Wien – Ljubljana: Hermagoras Verlag / Mohorjeva založba.

Schlögel, Karl (2007): *Planet der Nomaden. Globalisierung und Migration.* Berlin: wjs.

Schmidt, Leopold (1972): *Perchtenmasken in Österreich.* Wien – Köln – Graz: Hermann Böhlaus Nachfolger.

Schmitt-Roschmann, Verena (2010): *Heimat. Neuentdeckung eines verpönten Gefühls.* Gütersloh: Gütersloher Verlagshaus.

Schnell, Rainer / Paul B. Hill / Elke Esser ([1988] 1999): *Methoden der empirischen Sozialforschung.* München –Wien: Oldenbourg.

Schröder, Helmut (1995): *Jugend und Modernisierung. Strukturwandel der Jugendphase und Statuspassagen auf dem Weg zum Erwachsensein.* Weinheim – München: Juventa.

Schroer, Markus (Hg.) ([2007] 2008): *Gesellschaft im Film.* Konstanz: Universitätsverlag Konstanz, 13.

Schroer, Markus ([2007] 2008): Einleitung: Die Soziologie und der Film. In: M. Schroer (Hg.): *Gesellschaft im Film.* Konstanz: Universitätsverlag Konstanz, 13.

Schuhladen, Hans (1981): *Die Nikolausspiele des Alpenraumes. Ein Beitrag zur Volksschauspielforschung* (= Schlern-Schriften, 271). Innsbruck: Wagner.

Schulze, Gerhard (1999): *Kulissen des Glücks. Streifzüge durch die Eventkultur.* Frankfurt am Main – New York: Campus.

Schulze, Gerhard ([2003] 2004): *Die beste aller Welten. Wohin bewegt sich die Gesellschaft im 21. Jahrhundert?* Frankfurt am Main: Fischer.

Schulze, Gerhard ([1992] 2005): *Die Erlebnisgesellschaft. Kultursoziologie der Gegenwart.* Frankfurt am Main – New York: Campus.

Schulze, Gerhard (2006): *Die Sünde. Das schöne Leben und seine Feinde.* Frankfurt am Main – New York: Campus.

Schulze, Gerhard (2010): *Krisen. Das Alarmdilemma.* Frankfurt am Main: Fischer.

Schwartz, Herman M. (2009): *States Versus Markets: The Emergence of a Global Economy.* Basingstoke: Palgrave Macmillan.

Schweidlenka, Roman (1994): Sehnsucht nach dem Archaikum. Über die politische Besetzung alten Brauchtums. In: G. Haid / H. Haid (Hg.): *Brauchtum in den Alpen. Riten – Traditionen – lebendige Kultur.* Rosenheim: Rosenheimer Verlagshaus, 221-234.

Semetkowski, Walter von (1968): *Aufsätze und Aufzeichnungen aus sechs Jahrzehnten.* Hg. vom Steirischen Volksbildungswerk unter Mitarbeit von Reinhild von Semetkowski. Graz: Steirisches Volksbildungswerk.

Sen, Amartya ([2006] 2010): *Die Identitätsfalle. Warum es keinen Krieg der Kulturen gibt.* München: C.H. Beck.

Senarclens de Grancy, Antje (2009): *Konservative Reform. Die Anfänge des Vereins für Heimatschutz in Steiermark.* In: Online-Nachlese zum Symposium „Transformationen. Vom ‚Heimatschutz' zur ‚Baukultur'" anlässlich des 100-Jahr-Jubiläums des

Vereins BauKultur Steiermark, am 30.10.2009 im Hörsaal II der Technischen Universität Graz. URL: http://baukultur-steiermark.at/archiv/symposium-nachlese/05_grancy_k.pdf (letzter Zugriff: 30.05.2011).

Senarclens de Grancy, Antje (2013a): Normative Didaktik. Die Steirische Landbaufibel und ihre NS-Vorbilder, in: A. Senarclens de Grancy (Hg.): *Architektur – Identität – Politik. Der Verein für Heimatschutz in Steiermark im 20. Jahrhundert.* Berlin: Jovis: 123-138.

Senarclens de Grancy, Antje (Hg.) (2013b): *Architektur – Identität – Politik. Der Verein für Heimatschutz in Steiermark im 20. Jahrhundert.* Berlin: Jovis.

Sennett, Richard (2006): *Der flexible Mensch. Die Kultur des neuen Kapitalismus.* Berlin: Bvt Berliner Taschenbuch Verlag.

Sennett, Richard (2007): *Die Kultur des neuen Kapitalismus.* Berlin: Bvt Berliner Taschenbuch Verlag.

Sick, Bastian ([2004] 2008): *Der Dativ ist dem Genitiv sein Tod. Ein Wegweiser durch den Irrgarten der deutschen Sprache.* Folge 1-3 in einem Band. Köln: Kiepenheuer & Witsch.

Simmel, Georg (1890): *Über soziale Differenzierung. Soziologische und psychologische Untersuchungen.* Leipzig: Duncker & Humblot.

Simmel, Georg (1917): Deutschlands innere Wandlung. Rede, gehalten in Strassburg, November 1914. In: G. Simmel: *Der Krieg und die Geistigen Entscheidungen. Reden und Aufsätze.* München – Leipzig: Duncker & Humblot.

Simmel, Georg (1917): *Der Krieg und die Geistigen Entscheidungen. Reden und Aufsätze.* München – Leipzig: Duncker & Humblot.

Simmel, Georg ([1900] 1989): *Philosophie des Geldes* (= Gesamtausgabe, Bd. 6). Frankfurt am Main: Suhrkamp.

Simmel, Georg ([1903] 2006): *Die Großstädte und das Geistesleben.* Frankfurt am Main: Suhrkamp.

Simmel, Georg ([1908] 1992): *Soziologie. Untersuchungen über die Formen der Vergesellschaftung* (= Gesamtausgabe, Bd. 11). Frankfurt am Main: Suhrkamp.

Smith, Anthony D. ([1986] 1988): *The Ethnic Origin of Nations.* London: Blackwell Publishers.

Smith, Anthony D. ([1986] 1999): *Myths and Memories of the Nation.* Oxford – New York: Oxford University Press.

Smith, Anthony D. ([1991] 1993): *National Identity.* Las Vegas: University of Nevada Press.

Smith, Anthony D. (1995): *Nations and Nationalism in a Global Era.* London: Blackwell Publishers.

Smith, Anthony D. ([1998] 2003): *Nationalism and Modernism.* London: Routledge.

Smith, Anthony D. (2003): *Chosen Peoples. Sacred Sources of National Identity.* Oxford – New York: Oxford University Press.

Smith, Anthony D. (2009): *Ethno-symbolism and Nationalism. A Cultural Approach.* New York: Routledge.

Smith, David M. / Enid Wistrich (2009): *Regional Identity and Diversity in Europe. Experience in Wales, Silesia and Flanders.* London: Tauris.

Soeffner, Hans-Georg (1989): *Auslegung des Alltags. Der Alltag der Auslegung. Zur wissens-soziologischen Konzeption einer sozialwissenschaftlichen Hermeneutik.* Frankfurt am Main: Suhrkamp.

Soeffner, Hans-Georg (1991): Zur Soziologie des Symbols und des Rituals. In: J. Oelkers / K. Wegenast (Hg.): *Das Symbol. Brücke des Verstehens.* Stuttgart – Berlin – Köln: Kohlhammer, 63-81.

Soeffner, Hans-Georg (1998): Zum Verhältnis von Kunst und Religion in der „Spätmoderne". In: D. Fritz-Assmus (Hg.): *Wirtschaftsgesellschaft und Kultur.* Bern – Stuttgart – Wien: Haupt, 239-255.

Sommersguter, Uwe Markus (2014): Des Kaisers starke Hände. In: K. Anderwald / P. Filzmaier / K. Hren (Hg.): *Kärntner Jahrbuch für Politik 2014 / Koroški politični zbornik 2014.* Klagenfurt: Hermagoras Verlag / Mohorjeva založba, 56-64. URL: http://www.jahrbuchkaernten.at/fileadmin/jahrbuch/Downloads/Jahrbuch%20f%C3%BCr%20Politik_2014.pdf (letzter Zugriff: 14.03.2017).

Spellerberg, Annette / Olaf Kühne (2010): *Heimat und Heimatbewusstsein in Zeiten erhöhter Flexibilitätsanforderungen: Empirische Studien im Saarland.* Wiesbaden: VS Verlag für Sozialwissenschaften.

Spencer, Herbert (1851): *Social Statics, Or, The Conditions Essential to Human Happiness Specified, and the First of Them Developed.* New York: D. Appleton.

Spencer, Herbert (1874-75): *The Principles of Sociology.* Teil 1 bis 5. London – Edinburgh: Williams and Norgate.

Spencer, Herbert (1884): *The Man Versus the State.* London – Edinburgh: Williams and Norgate.

Spindler, Susanne (2003): Wie man zum Türken wird: Fremd- und Selbstethnisierung in der totalen Institution. In: W.-D. Bukow (Hg.): *Ausgegrenzt, eingesperrt und abgeschoben. Migration und Jugendkriminalität.* Opladen: Leske + Budrich, 238-258.

Spindler, Susanne (2010): Männlichkeit im Kreuzungsfeld von Rassismus, sozioökonomischen Verhältnissen und Jugendlichkeit. In: *genderstudies*, Nr. 17, 6-7.

Spindler, Susanne (2011): Wer hat Angst vor Mehmet? Medien, Politik und die Kriminalisierung von Migration. In: G. Hentges / B. Lösch (Hg.): *Die Vermessung der sozialen Welt. Neoliberalismus – extreme Rechte – Migration im Fokus der Debatte.* Wiesbaden: VS Verlag für Sozialwissenschaften, 283-294.

Spode, Hasso (1999): Was ist Mentalitätsgeschichte? Struktur und Entwicklung einer Forschungstradition. In: H. Hahn (Hg.): *Kulturunterschiede. Interdisziplinäre Konzepte zu kollektiven Identitäten und Mentalitäten.* Frankfurt am Main: IKO – Verlag für Interkulturelle Kommunikation, 9-62.

Stagl, Justin (2003): Über den Wert des Eigenen und des Fremden. In: Karl Acham (Hg.): *Unbehagen und Ambivalenzen in Kultur und Politik.* Wien: Passagen, 33-39.

Stets, Jan / Peter Burke (2002): A Sociological Approach to Self and Identity. In: M. Leary / J.P. Tangney (Hg.): *Handbook of Self and Identity.* New York: The Guilford Press, 128-152.

Steininger, Hermann (2001): Von der traditionellen zur modernen (Volks-)Kultur. Beispiele aus Niederösterreich. In: O. Bockhorn / E. Hörandner / H. Prasch (Hg.): *Erlebniswelt Volkskultur. Referate der Österreichischen Volkskundetagung 2001 in*

Spittal/Drau (= Buchreihe der Österreichischen Zeitschrift für Volkskunde, Bd. 17), 183-209.

Stingler, Heidi (Hg.) (2002): *Teuflisch gut. Die besten Kärntner Perchten & Krampusse.* Klagenfurt: Südkärntner Magazine.

Strauss, Anselm / Juliet Corbin ([1990] 1995): *Grounded Theory. Grundlagen qualitativer Sozialforschung.* Weinheim: Psychologie Verlags Union.

Streng, Petra / Gunter Bakay (2005): *Wilde, Hexen, Heilige. Lebendige Tiroler Bräuche im Jahreslauf.* Innsbruck: Loewenzahn.

Strübing, Jörg (2007): Glaser vs. Strauss? Zur methodologischen und methodischen Substanz einer Unterscheidung zweier Varianten von Grounded Theory. In: *Historical Social Research,* Supplement, 2007 / 19, 157-174. URL: http://www.britannica.com/ bps/additionalcontent/18/25092044/Glaser-vs-Strauss-Zur-methodologischen-und-methodischen-Substanz-einer-Unterscheidung-zweier-Varianten-von-Grounded-Theory (letzter Zugriff: 12.05.2010).

Taylor, Charles (1992): *Negative Freiheit? Zur Kritik des neuzeitlichen Individualismus.* Frankfurt am Main: Suhrkamp.

Taylor, Charles (1995): *Das Unbehagen an der Moderne.* Frankfurt am Main: Suhrkamp.

Taylor, Charles ([1994] 1996): *Quellen des Selbst. Die Entstehung der neuzeitlichen Identität.* Frankfurt am Main: Suhrkamp.

Taylor, Charles (2001a): *Die Formen des Religiösen in der Gegenwart.* Frankfurt am Main: Suhrkamp.

Taylor, Charles (2001b): *Wieviel Gemeinschaft braucht die Demokratie? Politische Aufsätze.* Frankfurt am Main: Suhrkamp.

Taylor, Charles ([2007] 2009): *Ein säkulares Zeitalter.* Frankfurt am Main: Suhrkamp.

Thompson, Edward Palmer (1972): "Rough Music": Le Charivari anglais. In: *Annales Economies Societes Civilisations,* Jg. 27, 2 / 1972, 285-312.

Tönnies, Ferdinand ([1887] 2005): *Gemeinschaft und Gesellschaft. Grundbegriffe der reinen Soziologie.* Darmstadt: Wissenschaftliche Buchgesellschaft.

Treibel, Annette (1993): Transformationen des Wir-Gefühls. Nationale und ethnische Zugehörigkeiten in Deutschland. In: R. Blomert / H. Kuzmics / A. Treibel (Hg.): *Transformationen des Wir-Gefühls. Studien zum nationalen Habitus.* Frankfurt am Main: Suhrkamp, 313-345.

Treibel, Annette (2009): Figurations- und Prozesstheorie. In: G. Kneer / M. Schroer (Hg.): *Handbuch soziologische Theorien.* Wiesbaden: VS Verlag für Sozialwissenschaften, 133-160.

Treibel, Annette ([1990] 2011): *Migration in modernen Gesellschaften. Soziale Folgen von Einwanderung, Gastarbeit und Flucht.* München: Juventa.

Treibel, Annette / Helmut Kuzmics / Reinhard Blomert (Hg.) (2000): *Zivilisationstheorie in der Bilanz. Beiträge zum 100. Geburtstag von Norbert Elias.* Opladen: Leske + Budrich.

Turner, Victor (1989): *Vom Ritual zum Theater.* Frankfurt am Main – New York: Campus.

Van Krieken, Robert (2000): Beyond the Parsonian "Problem of Order". Elias, Habitus and the Two Sociologies. In: A. Treibel / H. Kuzmics / R. Blomert (Hg.): *Zivilisati-*

onstheorie in der Bilanz. Beiträge zum 100. Geburtstag von Norbert Elias. Opladen: Leske + Budrich, 119-142.

Vester, Michael (2002): Das relationale Paradigma und die politische Soziologie sozialer Klassen. In: U. H. Bittlingmayer / R. Eickelpasch / J. Kastner / C. Rademacher (Hg.): *Theorie als Kampf? Zur politischen Soziologie Pierre Bourdieus.* Opladen: Leske + Budrich, 61-122.

Vester, Michael / Peter von Oertzen / Heiko Geiling / Thomas Hermann / Dagmar Müller (1993): *Soziale Milieus im gesellschaftlichen Strukturwandel. Zwischen Integration und Ausgrenzung.* Köln: Bund.

Vester, Michael / Peter von Oertzen / Heiko Geiling / Thomas Hermann / Dagmar Müller ([1993] 2001): *Soziale Milieus im gesellschaftlichen Strukturwandel. Zwischen Integration und Ausgrenzung.* Vollständig überarbeitete, erweiterte und aktualisierte Auflage. Frankfurt am Main: Suhrkamp.

Voland, Eckart (2009): Keine menschliche Kultur ohne Religion. In: Otto Kraus (Hg.): *Evolutionstheorie und Kreationismus – ein Gegensatz.* Stuttgart: Franz Steiner Verlag, 83-96.

Vorarlberger Landesarchiv (2004): *Schreibweise von Örtlichkeiten in Vorarlberg,* 2, § 33 Abs. 1 des Tiroler Flurverfassungslandesgesetzes.

Wakenhut, Roland / Jutta Gallenmüller-Roschmann (1999): *Kulturelle Identitäten in Italien.* Forschungsbericht zum Projekt: „Nationaler Habitus in Italien" in Zusammenarbeit mit dem Sozialwissenschaftlichen Studienkreis für Internationale Probleme e.V. (SSIP) und mit finanzieller Unterstützung der ASKO Europa-Stiftung.

Warner, William Lloyd / Leo Srole (1945): *The Social Systems of American Ethnic Groups.* New Haven: Yale University Press.

Wouters, Cas (1999): *Informalisierung. Norbert Elias' Zivilisationstheorie und Zivilisationsprozesse im 20. Jahrhundert.* Wiesbaden: Springer VS.

Wouters, Cas / Stephen Mennell (2013): Discussing Civilisation and Informalisation: Criteriology. In: *Política y Sociedad,* Band 50, Nr. 2: 553-579.

Weber, Martina (2007): Ethnisierung und Männlichkeitsinszenierungen Symbolische Kämpfe von Jungen mit türkischem Migrationshintergrund. In: C. Riegel / T. Geisen (Hg.): *Jugend, Zugehörigkeit und Migration. Subjektpositionierung im Kontext von Jugendkultur, Ethnizitäts- und Geschlechterkonstruktionen.* Wiesbaden: VS Verlag für Sozialwissenschaften, 307-321.

Weber, Max (1904): Die Objektivität sozialwissenschaftlicher und sozialpolitischer Erkenntnis. In: M. Weber ([1922] 1988): *Gesammelte Aufsätze zur Wissenschaftslehre.* Tübingen: J. C. B. Mohr, 146-214.

Weber, Max ([1921/22] 1972): Ethnische Gemeinschaftsbeziehungen. In: M. Weber: *Wirtschaft und Gesellschaft. Grundriss der verstehenden Soziologie.* Tübingen: J. C. B. Mohr, 234-240.

Weber, Max ([1921/22] 1972): *Wirtschaft und Gesellschaft. Grundriss der verstehenden Soziologie.* Tübingen: J. C. B. Mohr.

Weber, Max ([1922] 1988): *Gesammelte Aufsätze zur Wissenschaftslehre.* Tübingen: J. C. B. Mohr.

Weber, Max ([1904] 2004): *Die protestantische Ethik und der Geist des Kapitalismus.* Hg. von D. Kaesler. München: C.H. Beck.

Weber, Max ([1921/22] 2006): *Wirtschaft und Gesellschaft. Grundriss der verstehenden Soziologie.* Paderborn: Voltmedia.

Weber, Tina (2007a): Codierungen des Todes. Zusammenhänge zwischen filmischen Inszenierungen des Todes und dem gesellschaftlichen Umgang mit dem Tod. In: K.-S. Rehberg (Hg.): *Die Natur der Gesellschaft. Verhandlungen des 33. Kongresses der Deutschen Gesellschaft für Soziologie in Kassel 2006.* Frankfurt am Main – New York: Campus, 3485-3494.

Weber, Tina (2007b): Filmische Codierungen des Todes. In: T. Macho / K. Marek (Hg.): *Die neue Sichtbarkeit des Todes.* München: Fink, 541-558.

Weber, Tina (2008): Six Feet Under: Die Domestizierung des Todes. In: S. Seiler (Hg.): *Was bisher geschah. Serielles Erzählen im zeitgenössischen amerikanischen Fernsehen.* Köln: Schnitt – der Filmverlag, 202 -212.

Weber, Tina (o.D.): *Audiovisuelle Darstellung von toten Körpern und Sektionen.* URL: http://userfiles.todundtoterkoerper.eu/Audiovisuelle%20Darstellungen%20von%20toten%20Körpern%20und%20Sektionen_Homepage.pdf (letzter Zugriff: 20.04. 2011).

Weber, Tina / Patrick Schubert (2010): Mediale Darstellung von klinischen Sektionen. In: H. Knoblauch / A. Esser / D. Groß / B. Tag / A. Kahl (Hg.): *Der Tod, der tote Körper und die klinische Sektion* (= Sozialwissenschaftliche Abhandlungen der Görres-Gesellschaft, Bd. 28). Berlin: Duncker & Humblot, 109-126.

Weber-Kellermann, Ingeborg (1965): *Erntebrauch in der ländlichen Lebenswelt des 19. Jahrhunderts.* Marburg: Institut für mitteleuropäische Volksforschung in der Philipps-Universität Marburg an der Lahn.

Weber-Kellermann, Ingeborg (1984): Die Sprache der Bräuche. In: *Zeitschrift für Volkskunde,* Bd. 80. Münster: Waxmann, 23-29.

Weber-Kellermann, Ingeborg (1985): *Saure Wochen, frohe Feste. Fest und Alltag in der Sprache der Bräuche.* München: Bucher C.J.

Weber-Kellermann, Ingeborg ([1978] 1987): *Das Weihnachtsfest. Eine Kultur- und Sozialgeschichte der Weihnachtszeit.* München: Bucher C.J.

Weingand, Hans-Peter (2005): „Halloween" in Österreichischen Printmedien. „Der Handel jubelt, die Trendforscher deuten, die Traditionalisten jammern, die Kosmopoliten feiern." In: E. Hörandner (Hg.): *Halloween in der Steiermark und anderswo.* Berlin – Münster – Wien – Zürich – London: Lit, 37-60.

Weis, Rudolf (2001): Grußadresse vom Generalintendanten des ORF. In: H. Kletzander / K.R. Wernhart (Hg.): *Minderheiten in Österreich: Kulturelle Identitäten und die politische Verantwortung der Ethnologie.* Wien: Facultas, 9f.

Weiss, Richard ([1946] 1978): *Volkskunde der Schweiz.* Erlenbach – Zürich: Rentsch.

Weiss, Richard ([1946] 1998): *Volkskunde der Schweiz. Grundriß.* München: Parabel.

Weitgruber, Wilhem (1984): *Von der Habergoass zum Fackeltanz. Ein Streifzug durch das Salzburger Brauchtum.* Salzburg: Graphia.

Westle, Bettina (1999): *Kollektive Identität im vereinten Deutschland – Nation und Demokratie in der Wahrnehmung der Deutschen.* Opladen: Leske + Budrich, 11-39.

Whyte, William Foote (1994): *Participant Observer. An Autobiography.* Ithaca (NY): ILR Press.

Whyte, William Foote (1943): *Die Street Corner Society. Die Sozialstruktur eines Italienerviertels.* Berlin – New York: Walter de Gruyter.

Williams, Simon J. / Gillian Bendelow (1998): Introduction: Emotions in Social Life. Mapping the Sociological Terrain. In: G. Bendelow / S. J. Williams (Hg.): *Emotions in Social Life. Critical Themes and Contemporary Issues.* London – New York: Routledge, XV-XXX.

Wilterdink, Nico (1993): Nationalitäten im alltäglichen gegen- und Miteinander. Nationale Identität in einer internationalen Organisation. In: R. Blomert / H. Kuzmics / A. Treibel (Hg.): *Transformationen des Wir-Gefühls. Studien zum nationalen Habitus.* Frankfurt am Main: Suhrkamp, 118-157.

Wolf, Helga Maria (2003): *Österreichische Feste & Bräuche im Jahreskreis.* St. Pölten – Wien – Linz: Niederösterreichisches Pressehaus Buchverlag.

Wollmann, Hellmut / Roland Roth (Hg.) ([1998] 1999): *Kommunalpolitik. Politisches Handeln in den Gemeinden.* Opladen: Leske + Budrich.

Wouters, Cas (1999): Informalisierung. Norbert Elias' Zivilisationstheorie und Zivilisationsprozesse im 20. Jahrhundert. Opladen – Wiesbaden: Westdeutscher Verlag.

Yazıcı, Oğuzhan (2011): *Jung, männlich, türkisch – gewalttätig? Eine Studie über gewalttätige Männlichkeitsinszenierungen türkischstämmiger Jugendlicher im Kontext von Ausgrenzung und Kriminalisierung.* Freiburg: Centaurus Verlag.

Zablatnik, Pavle (1992) *Volksbrauchtum der Kärntner Slowenen.* Klagenfurt: Hermagoras Verlag / Mohorjeva založba.

Zentrum für Europäische Gesellschaftsforschung ([1993] 2008): Editorische Vorbemerkung. In: P. Bourdieu et al.: *Das Elend der Welt. Zeugnisse und Diagnosen alltäglichen Leidens an der Gesellschaft* (= Edition Discours). Konstanz: Universitätsverlag Konstanz, 11f.

Zentrum für Vergleichende Geschichte Europas (Hg.) (2001): *The Boundaries of Nations and Nation-States: Regionalisms in European Intermediate Areas from the mid-19th to the end of the 20th century.* Tagung im Februar 2001.

Zerling, Clemens / Schweiger, Christian (2005): *Masken im Alpenraum. Perchten, Tresterer, Wilde Leut'...* Graz – Stuttgart: Leopold Stocker Verlag.

Zimmermann, Claudia (2008): *Die USA im österreichischen Meinungsbild nach dem Zweiten Weltkrieg.* Masterarbeit. Graz.

Quellenverzeichnis

Eigene Quellen

Feldnotizen: *Perchtenlauf Laßnitzhöhe.* Sa., 22.11.2008, Laßnitzhöhe (Steiermark), 23.11.2008.

Feldnotizen: *16. Schladminger Krampusumzug.* Sa., 29.11.2008, Schladming (Steiermark), 30.11.2008.

Feldnotizen: *Perchtenlauf auf dem Bauernmarkt am Lendplatz.* Fr., 05.12.2008, Graz / Lend (Steiermark), 07.12.2008.

Feldnotizen: *Kramupuslauf der Kinder.* Sa., 06.12.2008, Lienz (Osttirol), 08.12.2008.

Feldnotizen: *Maskenausstellung der Dark Devils Unzmarkt.* Sa., 14.11.2009, Unzmarkt (Steiermark), 16.11.2009.

Feldnotizen: *4. Perchtenlauf in Gralla.* Sa., 14.11.2009, Gralla (Steiermark), 16.11.2009.

Feldnotizen: *Großer Perchtenlauf mit über 400 Perchten.* Sa., 14.11.2009, Parkplatz des Einkaufszentrums Weinland, Leibnitz (Steiermark), 16.11.2009.

Feldnotizen: *Brauchtumsmesse Klagenfurt.* Fr., 20.11.2009, Klagenfurt (Kärnten), 20.11.2009.

Feldnotizen: *Nacht der Teufel 2009.* Sa., 21.11.2009, Ossiach (Kärnten), 22.11.2009.

Feldnotizen: *18. Klagenfurter Krampusumzug.* Sa., 28.11.2009, Klagenfurter Innenstadt (Kärnten), 30.11.2009.

Feldnotizen: *Krampus. Das gezähmte Böse. Aus der Sammlung Wabitsch.* So., 29.11.2009, Volkskundemuseum Graz (Steiermark), 30.11.2009.

Feldnotizen: *Perchtenlauf Graz.* So., 29.11.2009, Graz-Zentrum (Steiermark), 30.11.2009.

Feldnotizen: *Krampusrummel in Zell am See.* So., 06.12.2009, Zell am See (Land Salzburg), 07.12.2009.

Feldnotizen: *Aufsteirern.* So., 19.09.2010, Graz (Steiermark), 19.09.2010.

Feldnotizen: *19. Klagenfurter Krampusumzug.* Sa., 27.11.2010, Klagenfurter Innenstadt (Kärnten), 29.11.2010.

Feldnotizen: *Perchtenlauf Graz.* So., 28.11.2010, Graz-Zentrum (Steiermark), 29.11.2010.

Feldnotizen: *Besuch der Schnitzerei Klaus Steger.* Mi., 14.09.2011, Prettau im Ahrntal (Südtirol, Italien), 15.09.2011.

Feldnotizen: *20. Klagenfurter Krampusumzug.* Sa., 26.11.2011, Klagenfurter Innenstadt (Kärnten), 28.11.2011.

Feldtagebuch: *7. Rosentaler Krampustreiben.* Do., 29.11.2007, Hauptplatz Ferlach (Kärnten), 17.12.2007.

Feldtagebuch: *17. Villacher Krampus- und Perchtenlauf.* Fr., 30.11.2007, Villacher Innenstadt (Kärnten), 18.12.2007.

Feldtagebuch: *16. Klagenfurter Krampusumzug.* Sa., 01.12.2007, Klagenfurter Innenstadt (Kärnten), 19.12.2007.

Feldtagebuch: *Besuch des „1. Österreichischen Krampusmuseums"* in Suetschach (verbunden mit Einzelgesprächen mit Krampussen und Kindern sowie mit einer Teilnahme am Laufen am Dorfplatz), Mo., 03.12.2007, Suetschach (Kärnten), 04.12.2007.

Feldtagebuch: *Traditioneller Umzug.* Mi., 05.12.2007, Suetschach (Kärnten), 19.12.2007.

Feldtagebuch: *Zu Besuch beim Bildhauer und Maskenschnitzer Robert Mitterer.* Do., 06.12.2007 und Do., 27.12.2007, Wiedweg (Kärnten), 31.12.2007.

Feldtagebuch: *Spittaler Perchten- und Krampusumzug.* Do., 06.12.2007, Spittal (Kärnten), 26.12.2007.

Feldtagebuch: *Traditioneller Krampuslauf.* Fr. 07.12.2007, Tainach (Kärnten), 02.01. 2008.

Feldtagebuch: *Festa del Krampus.* Sa., 08.12.2007, Pontebba/Pontafel (Friuli – Venezia Giulia / Friaul – Julisch Venezien, Italien), 31.12.2007.

Feldtagebuch: *Raunachtslauf auf der Schleppe-Alm.* 28.12.2007, Klagenfurt-Lendorf (Kärnten), 31.12.2007.

Feldtagebuch: *Raunachtslauf Wolfsberg.* Fr., 29.12.2007, Wolfsberger Altstadt (Kärnten), 02.01.2008.

Feldnotizen: *Raunachtslauf im Zauberwald am Rauschelesee.* Sa., 05.01.2008, Keutschach am See (Kärnten), 06.01.2008.

Feldagebuch: *Besuch des Bildhauers und Maskenschnitzers Robert Mitterer.* Mo., 21.01.2008, Wiedweg (Kärnten), 29.01.2008.

Feldtagebuch: *Besuch des „Kärntner-Herndltandla"-Standes beim Klagenfurter Altstadtzauber.* Fr., 27.08.2008, Klagenfurt-Paulitzgassse (Kärnten), 28.08.2008.

Feldtagebuch: *Krampuslauf Hallein.* So., 02.12.2012, Halleiner Altstadt (Land Salzburg), 06.12.2012.

Feldtagebuch: *Krampuslauf Salzburg.* Mo., 03.12.2012, Salzburger Innenstadt (Sigmundstor, Getreidegasse, Mozartplatz), 06.12.2012.

Feldtagebuch: *3. Tuiflumzug Bruneck.* Fr., 07.12.2012, Brunecker Altstadt (Südtirol, Italien), 06.12.2012.

Feldtagebuch: *21. Krampuslauf Schladming.* Sa., 23.11.2013, Schladming (Steiermark), 24.11.2013.

Feldtagebuch: *1. Perchtenlauf Griffen.* Sa., 22.11.2014, Griffen (Kärnten), 03.12.2014.

Feldtagebuch: *Villacher Perchtenlauf.* Fr., 28.11.2014, Villacher Altstadt (Kärnten), 03.12.2014.

Feldtagebuch: *3. Klagenfurter Krampus- und Perchtenlauf.* Sa., 29.11.2014, Klagenfurter Innenstadt (Kärnten), 06.12.2014.

Transkript: *Gespräch mit Wolfgang Lattacher (Präsident des Kärntner Brauchtumsverbandes).* Sa., 15.05.2010, Klagenfurt (Kärnten), 16.05.2010.

Transkript: *Gespräch mit Melanie Hafner und Gerhard Trinkl (Kärntner Herndltandla).* Sa., 15.05.2010, Klagenfurt (Kärnten), 16.05.2010.

Transkript: *Gespräch mit Eva Kreissl (Steiermärkisches Volkskundemuseum Joanneum).* Mi., 19.05.2010, Graz (Steiermark), 20.05.2010.
Transkript: *E-Mail-Interview mit Thomas Steyerer (Herausgeber der Zeitschrift „Loavnschau. Das Krampus- und Perchtenmagazin").* Mi., 14.09.2011.

Presse-Quellen

Absperrgitter beim Krampusumzug. *Kärntner Tageszeitung* / Regionen, 26.11.2007, 18.
„Aliens gehören zu Halloween". Josef Moser kritisiert Figuren aus Fantasyfilmen bei Traditionsumzügen. *Kleine Zeitung* / Kärnten-Thema: Brauchtum, 25.11.2011, 17.
Asyl: Lend und Gries sind Hotspots. *Kleine Zeitung*, 22.07.2015. URL: http://www.klei nezeitung.at/steiermark/graz/4782453/Graz_Asyl_Lend-und-Gries-sind-Hotspots (letzter Zugriff: 20.12.2016).
Auch Dämonen haben Mainieren. *Kärntner Tageszeitung* / Beilage: Freizeit, 47. Woche / 2008, 30.
Auer, Regina: Krampusse sind im Anzug. *Kleine Zeitung* / Klagenfurt, 30.10.2007, 33.
Aufklärung: Flüchtlingen soll Angst vor Krampus genommen werden. *heute*, 27.11.2015. URL: http://www.heute.at/news/oesterreich/Fluechtlingen-soll-Angst-vor-Krampus-genommen-werden;art23655,1238282 (letzter Zugriff: 16.03.2017).
Aus der Hölle direkt nach Tainach. *Kärntner Tageszeitung* / Unterkärnten, 02.12.2007, o.S.
Aus Rache: Krampus fügte Schüler Schädelbruch zu. Ermittlungen nach Krampusangriff in Matrei in Osttirol. *Kurier*, 10.12.2013. URL: https://kurier.at/chronik/oesterreich/ aus-rache-krampus-fuegte-schueler-schaedelbruch-zu/40.068.042 (letzter Zugriff: 05.02.2017).
Bart ab für den Nikolo. *Kronen Zeitung*, 21.11.2014, Titelseite.
Bauer, Katja: Sexismus in der Politik: Frauen tragen das Risiko. *Stuttgarter Nachrichten*, 26.09.2016. URL: http://www.stuttgarter-nachrichten.de/inhalt.sexismus-in-der-poli tik-frauen-tragen-das-risiko.8d924aac-7478-41b2-b8a4-24c1693401f1.html (letzter Zugriff: 22.03.2017).
Brauchtum in der Steiermark. Vorweihnachtszeit mit Krippenausstellung, Perchten und Kathreintanz. *Kleine Zeitung* / Steiermark / Aviso – Tanz, Perchten, Ausstellung, 21.11.2008, 45.
Brühl, Jannis: Salafismus als Jugendkultur: Burka ist der neue Punk. *Sueddeutsche Zeitung*, 31.01.2015. URL: http://www.sueddeutsche.de/politik/salafismus-als-jugend kultur-burka-ist-der-neue-punk-1.2318706 (letzter Aufruf: 26.04.2017).
Brutale Attacke bei Krampuslauf: 15-jähriger Täter ausgeforscht. *Tiroler Tageszeitung*, 06.12.2014. URL: http://www.tt.com/panorama/verbrechen/9354496-91/brutale-attacke-bei-krampuslauf-15-j%C3%A4hriger-t%C3%A4ter-ausgeforscht.csp (letzter Zugriff: 06.04.2017).
Canori, Christiane: Krampusse „fliehen" vor Flüchtlingen. *Kleine Zeitung* / Kärnten, 20.10.2015. URL: http://www.kleinezeitung.at/kaernten/feldkirchen/4848160/Ossi ach_Krampusse-fliehen-vor-Fluechtlingen (letzter Zugriff: 16.03.2017).

Carr, Simon: Refugees in Austria told "don't be afraid of Krampus the child snatching Christmas Devil". *Daily Mirror*, 01.12.2015. URL: http://www.mirror.co.uk/news/world-news/refugees-austria-told-dont-afraid-6934831 (letzter Zugriff: 16.03.2017).

Cik, Thomas: Er lässt mehr als 800 Perchten mitten durch Villach laufen. *Kleine Zeitung*, 26.11.2014. URL: http://www.kleinezeitung.at/kaernten/villach/4605223/Villach_Er-laesst-die-Perch ten-in-Villach-laufen (letzter Zugriff: 27.02.2007).

Christoph Waltz erklärt in „Tonight Show" den Krampus. *Kleine Zeitung* / Heimat, 22.11. 2015: 21.

Dämonisches. *Die Kärntner Woche* / City Update, 27.12.2007, 12.

Das Gute oder die Rute. *Kleine Zeitung* / Kärnten, 05.12.2007, 24f.

Der Krampus hat Angst. *Klagenfurter*, 23/2015, 18./19.11.2015, Titelseite.

Der Krampus im Rathaus. *Niederösterreichische Nachrichten*, 13.12.2010. URL: http://www.noen.at/lokales/noe-uebersicht/krems/kommentar/Der-Krampus-im-Rathaus;art5338,16448 (letzter Zugriff: 22.12.2011).

Der Krampus ist immer öfter weiblich. *ORF.at*, 07.10.2016. URL: http://kaernten.orf.at/radio/stories/2801300 (letzter Zugriff: 17.03.2017).

Der Krampus ist keine Percht. *Grazer Stadtblatt* – Monatsschrift der KPÖ Graz, 10.11. 2011.

Die fünf größten Kramperl-Irrtümer (= Interview mit Markus Höretseder). *Tips* / Land & Leute / Linz-Land – Brauchtum, 48. Woche, 01.12.2010, 2f.

Die Kinder aus Suetschach fürchten sich nicht vor den finsteren Gesellen. *Kärntner Tageszeitung* / Berichte aus dem Bezirk Klagenfurt, 04.12.2008, Titelseite.

Die Kinder aus Suetschach fürchten sich nicht vor den finsteren Gesellen. *Kronen Zeitung* / Berichte aus dem Bezirk Klagenfurt, 04.12.2008, Titelseite.

Die Krampusse kommen! Am 30.1.2007 ab 16 Uhr sind bei INTERSPAR die Krampusse los! (= Werbeanzeige der Supermarktkette Interspar). *Die Kärntner Woche*, 28.01. 2007, 39.

Die Moorteufel bei XXXLutz (= Werbeanzeige). *Die ganze Woche*, 28.11.2008, o.S.

Die Rückkehr der Perchten. *Passauer Neue Presse*, 15.12.2008. URL: http://www.wisonet.de/webcgi?START=A60&DOKV_DB=PNP&DOKV_NO=29+22489258&DOKV_HS=0&PP=1 (letzter Zugriff: 08.10.2010).

Diese Perchten gehen mit gutem Beispiel voran. *Kärntner Tageszeitung*, November 2007, o.S.

Drei Fragen an…Gert Lach, Psychologe des Kärntner Landesschulrates. *Kleine Zeitung* / Kärnten-Thema: Krampusumzüge, 29.11.2007, 16.

Drei Fragen an… Wolfgang Lattacher vom Kärntner Brauchtumsverband. *Kleine Zeitung* / Klagenfurt, 30.10.2007, 33.

Ecker, Bernhard / Vanessa Voss: Die neue Landlust. Tracht & Volksmusik, Vollholz & Zeltgaudi boomen. Wer mit der Sehnsucht nach ländlicher Idylle Millionen umsetzt. *Trend. Das österreichische Wirtschaftsmagazin*, 8 / 2011. Wien: Verlagsgruppe NEWS GmbH, 56-68.

Eckardt, Andy: Austrian Villagers to Refugees: Please Don't Fear Krampus. *NBC NEWS*, 01.12.2015. URL: http://www.nbcnews.com/news/world/austrian-villager-refugees-please-dont-fear-krampus-n471906 (letzter Zugriff: 21.04.2017).

Ehrenkodex fürs „Klaubauf-Gehen". *Kleine Zeitung*, 05.12.2014, 21.

Ehrenkodex: Ein Knigge für den Krampus. *Kleine Zeitung* / Kärnten, 06.01.2015, 31.

Ein feuriger Brauch! Kleine Zeitung / Klagenfurt, 27.11.2007, 25.

Ein Jahr Flüchtlingskrise in Salzburg: Das ist passiert. *Salzburg24*, 31.08.2016. URL: http://www.salzburg24.at/ein-jahr-fluechtlingskrise-in-salzburg-das-ist-passiert/ 4877077 (letzter Zugriff: 20.04.2017).

Eine wilde Jagd. *Kärntner Tageszeitung* / Beilage: Freizeit, 47. Woche / 2008, 30f.

Eine Lehrstelle für den Nachwuchs. *Kärntner Tageszeitung* / Beilage: Freizeit, 47. Woche / 2008, 30.

EM: Steirischer Ziegenbock sollte nur wegen prächtiger Hörner geschlachtet werden: Tierfreunde retten „Perchten-Opfer". *Kronen Zeitung* / Steiermark, 20.12.2011, 19.

Emanzipation in der Hölle… Was die zotteligen Felle oft verstecken: so heiß kann es darunter manchmal sein! *Kärntner Tageszeitung* / Beilage: Freizeit, 47. Woche / 2008, Titelseite.

Engele, Robert: Tanz der Monster. *Kleine Zeitung* / Kärnten, 05.12.2008, o.S.

Er „krallte" sich einst die Unartigen. *Kärntner Tageszeitung* / Kärnten, 05.12.2007, 15.

Explosion bei Perchtenlauf. Kinder kamen mit leichten Verbrennungen davon. *Kleine Zeitung* / Kärnten, 15.12.2008, 16.

Fanzott, Melanie: Schaurig-schöner Umzug. 1000 Krampusse bahnten sich gestern den Weg durch Klagenfurt. *Kleine Zeitung* / Klagenfurt, 29.11.2009, 46.

Fekter will Asyl-Zentrum im Südburgenland – Baubeginn 2010? *Kronen Zeitung* / Österreich, 19.12.2009. URL: http://www.krone.at/oesterreich/fekter-will-asyl-zentrum-im-suedburgenland-baubeginn-2010-story-176709 (letzter Zugriff: 26.04.2017).

Feuer bei Perchtenumzug. *Kleine Zeitung* / Kärnten, 14.12.2008, 28.

Feuer-Drama um Krampus. *Kronen Zeitung*, 23.11.2014, Titelseite.

Feuerwerk & Fete nach Jubiläums-Krampuslauf. *Kärntner Tageszeitung* / Klagenfurt, 27.11.2011.

Fire Devils – eine heiße Sommeridee. *Kärntner Tageszeitung* / Beilage: Freizeit, 47. Woche / 2008, 31.

Fister, Katrin: Fell fing Feuer: Krampus schwer verletzt. *Kronen Zeitung* / Österreich, 23.11.2014, 12f.

Fr. 5.12. Krampuslauf (= Werbeanzeige des Klagenfurter Einkaufszentrums Südpark). *Kronen Zeitung* / Kärnten / Anzeigen, 04.12.2008, 79.

Fugger, Stephan: Ein Krampuslauf ist kein Balletttanz. *Klagenfurter*, 23/2015, 18./19.11. 2015, 12f.

Gailtaler Perchten eroberten Budapest. *Kärntner Tageszeitung* / Oberkärnten, 26.11.2011, 23.

„Ganz weg ist der Krampus noch nicht". Interview mit der Leiterin der Sammlung „Volkskunde und Alltagskultur" im Schlossmuseum Linz Andrea Euler. *Kronen Zeitung*, 05.12.2015, 9.

Gebirgsteufel – St. Jakob kaden [sic!] zum Fest. *Der Rosentaler*, 85. Ausgabe, November 2008, 42.

Girtler, Roland: Satyr und Krampus – die Masken des Herrn Riedl. *Krone bunt* / Girtlers Streifzüge, Dezember 2010, 68.

Gram, H. / W. Feldner: Wieder an der Paprika verschluckt. VSV hat sich auch daheim gegen Szekesfehervar blamiert. Holst lehnte Angebot aus Kroatien ab. *Kleine Zeitung* / Kärnten / Sport, 03.12.2007, 31.

Grill, Walter: Schiachperchtn, Hoabergoaß und andere finstere Gesellen. *Kärntner Tageszeitung* / Sport – Punch zum Sonntag, 05.12.2009, 65.

Hanfstingl, Bresgen, Stefanie: Rasur für den Nikolaus regt auf: Klagenfurter Mutter macht ihrem Ärger über Nikolaus-Styling Luft. *Die Kärntner Woche* / Regionaut der Woche, 26.11.2914, 3.

Heimat – unter grüner Flagge. *Der Spiegel*, 30/1979, 134-136.

Höllen-Gesellen lassen Kärntner zittern. *Kärntner Tageszeitung* / Kärnten, 17.11.2007, 10f.

Höllenspektakel. *Kärntner Tageszeitung*, 30.11.2008, Titelseite.

Höllisch großer Umzug. *Kleine Zeitung* / Kärnten, 27.11.2016, 24.

Höllischer Besuch bei Miss Kärnten. *Kärntner Tageszeitung*, 18.11.2007, o.S.

Höllisches Spektakel. *Kleine Zeitung* / Kärnten / Aviso, 28.11.2007, 43.

Höllisches Spektakel. In Villach geht am 4.12. Österreichs größter Krampus- und Perchtenlauf über die Bühne. *Kleine Zeitung* / Kärnten / Aviso – Die Kleine Zeitung präsentiert, 02.12.2009, 37.

Höllisches Spektakel. *Kleine Zeitung* / Kärnten, 26.11.2011, 27.

Hölzl, Christa: Nikolaus (= Leserbrief). *Kronen Zeitung* / Das freie Wort: Briefe an den Herausgeber, 22.11.2014, 36.

Hollauf, Franz / Andreas Kanatschnig: Ein teuflisches Spektakel. *Kleine Zeitung* / Klagenfurt, 02.12.2007, 42f.

Holzer, Elisabeth: Frau und Kind bei Perchtenlauf eingekreist: Helfer niedergeschlagen. *Kurier*, 06.12.2016. URL: https://kurier.at/chronik/oesterreich/frau-und-kind-bei-perchtenlauf-eingekreist-helfer-niedergeschlagen/234.523.441 (letzter Zugriff: 06.04.2017).

Holzer, Erwin / Bernhard Kofler / Werner Brugger: *Klaubaufnachlese*. Handout des Klaubaufteams beim Klaubaufgungl. Matrei, 26.12.1998.

Hunderte Teufel stürmten Mallnitz. *Kärntner Tageszeitung* / Oberkärnten, 29.12.2007, 18.

Ihre Fratzen sind alle hausgemacht. *Kärntner Tageszeitung* / Beilage: Freizeit, 47. Woche / 2008, 31.

In Drasendorf regieren ‚Teufel'. *Die Kärntner Woche*, 29.11.2016, 16.

In einer Nacht wiedergeboren. *Kärntner Tageszeitung* / Beilage: Freizeit, 47. Woche / 2008, 30.

In Gurnitz war wieder die Hölle los. *Kleine Zeitung* / Kärnten, 26.11.2014, 24.

Intensives Krampustreiben in allen Teilen der Region – Höhepunkt in Ferlach: Freitag geht's los. *Rosentaler Kurier* / Lokales, Advent 2009, 6.

Jeannée, Michael: Lieber guter alter Nikolo. *Kronen Zeitung*, 21.11.2014, 15.

Jodeln ist der letzte Schrei. *Kleine Zeitung*, 07.11.2011. URL: http://www.kleinezeitung .at/steiermark/graz/graz/2871753/jodeln-letzte-schrei.story (letzter Zugriff: 12.12.2011).

Kaiser, Manuela: Eine liebe Krampusine. *Kleine Zeitung* / Kärntnerin des Tages, 05.12. 2007, 16.

Kalser, Manuela: „Das war kein Krampus, sondern ein Sadist". *Kleine Zeitung* / Osttirol, 08.12.2013. URL: http://www.kleinezeitung.at/kaernten/osttirol/4108846/Ostti rol_Das-war-kein-Krampus-sondern-ein-Sadist (letzter Zugriff: 06.04.2017).

Kanatschnig, Andreas: Dunkle Gesellen ziehen dem Winter die Zähne. *Kleine Zeitung* / Kärnten, 28.11.2008, o.S.

Kanatschnig, Andreas: Wenn ein Ort alle das Fürchten lehrt. *Kleine Zeitung* / Kärnten, 06.12.2015, 30f.

Kanatschnig, Andreas: Die lange Nacht der Furcht. *Kleine Zeitung* / Kärnten, 08.12.2016, 20f.

Kärntner Brauchtumsverein sagt Krampuslauf ab. *Kurier*, 20.11.2015. URL: https://kurier.at/chronik/oesterreich/fluechtlinge-kaerntner-brauchtumsverein-sagt-krampuslauf-ab/159.631.813 (letzter Zugriff: 16.03.2017).

Kartik, Sandra / David Pesendorfer: Millionen-Business Volksmusik. Leichte Muse, fette Kohle. *NEWS*, 39/2011. Wien: Verlagsgruppe NEWS GmbH, 122-129.

Kasupovic, Merisha / Michaele Ruggenthaler: Ein Flecken Hölle auf Erden. *Kleine Zeitung* / Kärnten, 30.11.2014, 22f.

Kein Geld für die Perchten. *Kärntner Tageszeitung*, 20.11.2007, o.S.

Klaubauf in internationalen Medien. *Kleine Zeitung* / Kärnten, 06.1.22015, 31.

Kleinkarierter Modestreit um das Karo. *oesterreich.ORF.at*, 05.12.2008. URL: http://ktnv1.orf.at/stories/329395 (letzter Zugriff: 03.01.2012).

Kleinsasser, Camilla: Gesichter aus der Hölle. *Kleine Zeitung* / Sonntagsbeilage, 30.11.2014, 6f.

Kogler: Gar gruselige Gestalten. *Kronen Zeitung* / Kärnten, 22.11.2015, 50.

Kohlweis, Michael: Lady Krampus faucht im Mezzo. *Kärntner Tageszeitung* / Beilage: Freizeit, 47. Woche / 2008, 32.

Kohlweis, Michael: Zu oft wird Nikolaus als „Krampus" missbraucht. *Kärntner Tageszeitung* / Beilage: Freizeit, 49. Woche / 2008, 26f.

Kohlweis, Michael: „Zum Teufel: Nein, ich habe kein verrotztes Rentier mit!" *Kärntner Tageszeitung*, 02.12.2007, 47.

Krampus goes Hollywood: Der Kinofilm und Krampuslauf am Sunset Boulevard. *Kleine Zeitung* / Heimat, 22.11.2015, 21.

Krampusalarm! Die Kleibeif kommen! *Kronen Zeitung*, 29.11.2009, 12f. URL: http://www.wiso-net.de/webcgi?START=A60&DOKV_DB=KRON&DOKV_NO=0750820790780690952009112+91758340107&DOKV_HS=0&PP=1 (letzter Zugriff: 08.10.2010).

Krampusgruppen aus der Region: Auch die Jugend lebt Brauchtum... *Rosentaler Kurier*, Advent 2008 – Krampus 08, 13.

Krampuskränzchen. Thekenteufel, Krampussackerl,... Brav sein können Sie zu hause! (= Werbeanzeige der Klagenfurter Diskothek Congress). *Die Kärntner Woche*, 28.01.2007, 65.

Krampuslauf im Südpark! Samstag, 1. Dez. 2007 (= Werbeanzeige des Klagenfurter Einkaufszentrums Südpark). *Kronen Zeitung* / Kärnten / Anzeigen, 29.11.2007, 71.

Krampuslauf war rekordverdächtig. *Kärntner Tageszeitung*, 08.12.2009, o.S.

Krampuslauf wegen Asylwerbern abgesagt? *ORF.at*, 21.10.2015. URL: http://kaernten.orf.at/news/stories/2738069/ (letzter Zugriff: 16.03.2017).

Krampuslaufen: 100 Verletzte. *Kleine Zeitung* / Kärnten, 07.12.2007, 26.

Krampusmuseum öffnet Pforten. Puppenausstellung führt durch das weihnachtliche Brauchtum. *Kärntner Tageszeitung* / Klagenfurt-Anzeigen, 29.11.2007, VIII.

Krampusmuseum öffnet Pforten. Puppenausstellung führt durch das weihnachtliche Brauchtum. *Kronen Zeitung* / Klagenfurt-Anzeigen, 29.11.2007, VIII.

Krampusmuseum hat jetzt Saison. *Rosentaler Kurier* / Lokales, Advent 2009, 6.

Krampusse gehen in die Offensive. *Kleine Zeitung* / Klagenfurt, 03.11.201, 25.

Krampusse machten Innenstadt unsicher. *Kleine Zeitung* / Klagenfurt, 30.11.2014, 40.

Krampusse und Perchten laufen für guten Zweck. *Die Kärntner Woche*, 11.11.2015, 55.

Krampustradition seit Generationen! *Der Rosentaler*, 85. Ausgabe, November 2008, 43.

Krampuszeit bei Wienerroither. Die Semmelkrampusse vom Wienerroither haben bereits eine lange Tradition (= Werbeanzeige der Klagenfurter Bäckerei Wienerroither). *Kleine Zeitung* / Kärnten, o.D., o.S.

Krierer, Wilfried: Des Teufels rauhe Gesellen. *Kronen Zeitung* / Kärnten, 23.11.2014, 40f.

Krierer, Wilfried: 1000 teuflische Zottelgestalten. *Kronen Zeitung* / Kärnten, 26.11.2014, 23.

Krizsanitz, Norbert: Ohne Bart? (= Leserbrief). *Kronen Zeitung* / Das freie Wort: Briefe an den Herausgeber, 22.11.2014, 36.

Kuess, Sabine: Matreier pfeifen auf Kontrolle. Weitere schaurige Umtriebe im Bezirk. *Tiroler Tageszeitung*, 26.11.2009, 21. URL: http://www.wiso-net.de/webcgi? START=A60&DOKV_DB=TITA&DOKV_NO=08408409520091126122727007 4 &DOKV_HS=0&PP=1 (letzter Zugriff: 08.10.2010).

Kurbjuweit, Dirk: Der Wutbürger. *Der Spiegel*, 2010/41, 26-27.

Lindorfer, Raffaela: Rettet den Krampus: „Der tut nix". *Kurier*, 05.12.2015. URL: https://kurier.at/chronik/oesterreich/rettet-den-krampus-der-tut-nix/100.736.019 (letzter Zugriff: 05.04.2017).

Lux, Claudia / Stephan Schild: Höllisch hässlich, aber teuflisch anziehend. *Kleine Zeitung* / Kärnten-Thema: Krampusumzüge, 29.11.2007, 16f.

Martinz, Thomas: Wilde Gesellen sollen unsere Gegner holen. *Kärntner Tageszeitung* / Sport, 28.12.2007, 54.

Mayr, Ute: Vergnügen mit höllischem Antlitz. *Kärntner Tageszeitung* / Regionen – Klagenfurt, 20.11.2008, 16f.

Mehrere Verletzte nach brutalem Krampuslauf. *Heute*, 03.12.2013. URL: http://www. heute.at/oesterreich/salzburg/story/15849763 (letzter Zugriff: 06.04.2017).

Messner, Katharina: „Einmal die Burschen so richtig hertuschen!" *Krone bunt* / Brauchtum, Dezember 2010, 10f.

Missverstandene Gesellen. *Kleine Zeitung* / Kärnten, 01.12.2009, o.S.

Mittmannsgruber, Elsa / Mike Vogl: 37- Jährige von Krampus brutal attackiert – Hämatome an Beinen. *Kronen Zeitung*, 02.12.2014. URL: http://www.krone.at/salzburg/ 37-jaehrige-von-krampus-brutal-attackiert-haematome-an-beinen-story-429735 (letzter Zugriff: 06.04.2017).

Moorteufel werden mit neuen Masken schrecken. *Kärntner Tageszeitung* / Mittelkärnten, 18.11.2011, 27.

Mozart und die Perchten kommen zum Open-Air-Derby. *Kärntner Tageszeitung* / Sport, 13.12.2009, 57.

Münzer, Martin: Nikolo bald ohne Rauschebart. *Kronen Zeitung*, 21.11.2014, 14f.

mvu: Hitlergruß im Krampuskostüm. *Der Standard*, 05.12.2014. URL: http://derstandard. at/2000008998055/Hitlergruss-im-Krampuskostuem (letzter Zugriff: 06.04.2017).

Naderer, Moritz: Auch Halleiner Krampuslauf für 2015 abgesagt. *Salzburg24*, 17.11. 2015. URL: http://www.salzburg24.at/auch-halleiner-krampuslauf-fuer-2015-abge sagt/4522604 (letzter Zugriff: 20.04.2017).

Nach Drama im Vorjahr: Appell, die Tradition zu wahren: Perchtentreiben: Matrei will keine Brutalo-Klaubaufe mehr. *Kronen Zeitung* – Kärnten, 28.11.2014, 20.

Nase gebrochen: Polizist von randalierendem Krampus verletzt. *Kronen Zeitung* / Salzburg / Österreich, 05.12.2010. URL: http://www.krone.at/Oesterreich/Polizist_von_ randalierendem_Krampus_verletzt-Nase_gebrochen-Story-233970 (letzter Zugriff: 14.12.2010).

Nikolaus hat in Wiener Kindergärten Hausverbot. *Der Standard*, 30.11.2006. URL: http://derstandard.at/2676149/Nikolaus-hat-in-Wiener-Kindergaerten-Hausverbot (letzter Zugriff: 05.04.2017).

Nikolaus ohne Bart, Buch und Krampus. *ORF.at*, 06.12.2010. URL: http://ooe.orf.at/ stories/485769/ (letzter Zugriff: 19.05.2011).

Nikolo fliegt heute mit dem Hubschrauber an. *Kärntner Tageszeitung* / Mittelkärnten, 27.11.2011.

Novak, Philipp: Schön schiach. Immer mehr Figuren aus Hollywood mischen sich unter traditionelle Krampusse und Perchten. Zahl der laufenden Gruppen bei Umzügen geht zurück. *Kleine Zeitung* / Kärnten-Thema: Brauchtum, 25.11.2011, 16f.

Oberlechner, Kerstin: Ohne Titel. *Kleine Zeitung* / Kärnten, 29.11.2013, Pressereader.com. URL: https://www.pressreader.com/austria/kleine-zeitung-kaernten/2013 1129/281891591066631(letzter Zugriff: 11.04.2017).

Oberlechner, Kerstin: Krampusse bei Umzug attackiert. *Kleine Zeitung* / Klagenfurt, 05.12.2014: 27.

Oberlechner, Kerstin: Ganz schön fürchterlich. *Kleine Zeitung* / Kärnten / Kärntnerin des Tages, 05.12.2016.

Oberschenkelbruch bei Krampustreiben: Wie weit darf Brauchtum gehen? *Kleine Zeitung*, 04.12.2013, Titelseite. URL: http://www.pressreader.com/austria/kleine-zeitungkaernten/20131204/281947425648448 (letzter Zugriff: 11.04.2017).

Obkircher, Georg: Schön schiach. Hexenmasken, Totenköpfe, Teufelsgesichter: Franz Oberschneider ist einer der letzten Larvenschnitzer von Matrei in Osttirol. Und verpasst Generationen von Klaubaufgehern furchterregende, kunstvolle Fratzen. *Servus in Stadt & Land*, 12/2010. Fuschl am See: Red Bulletin GmbH, 100-107.

Österreich in EU-Ausländerstatistik auf Rang 7 – 10% Fremdenanteil. *Kronen Zeitung*, 16.12.2009. URL: http://www.krone.at/welt/oesterreich-in-eu-auslaenderstatistikauf-rang-7-10-prozent-fremdenanteil-story-176259 (letzter Zugriff: 26.04.2017).

Oster, Carmen: Böse Zungen behaupten sich. *Kleine Zeitung* / Heimat, 22.11.2015, 18f.

Oster, Carmen: Feige Monster und tapfere Angsthasen. *Kleine Zeitung* / Steiermark, 23.11.2008, 28f.

Perchten laufen für guten Zweck. *Kleine Zeitung* – AVISO, 12.11.2015, 31.

Perchten, Hexen und der Tod. *Kärntner Tageszeitung* / Regionen, 28.12.2007, 16.

Perchten- und Krampuslauf in Villach. *Kleine Zeitung* / Kärnten, 29.11.2009, o.S.

Perchtentreiben: Matrei will keine Brutalo-Klaubaufe mehr. *Kronen Zeitung* / Kärnten, 28.11.2014, 20.

Perry, Mark: Krampus bekommt Konkurrenz. *Kronen Zeitung*, 05.12.2015, 9.

Perry, Mark / Oliver Papacek / Katrin Fister: Krampuslauf: Polizist ringt nach Unfall mit Tod. *Kronen Zeitung* / Kärnten, 01.12.2014, 18f.

Peutz, Elisabeth: „Osttiroler Krampusse sind viel gefährlicher". *Kleine Zeitung*, 04.12. 2013, Pressereader.com. URL: http://www.pressreader.com/austria/kleine-zeitung-kaernten/20131204/281947425648448 (letzter Zugriff: 11.04.2017).

Pinter, Günter: Hinter den Masken. *Klagenfurter Monatsmagazin* / Report, 21.11.2008, 12f.

Plakate verspotten Verkehrslandesrat. *Kärntner Tageszeitung* / Regionen, 29.12.2007, 16.

Plauder, Thomas: Männer-Domäne fällt: Jetzt wird selbst der Krampus weiblich. *Kleine Zeitung* / Steiermark, 16.11.2014. URL: http://www.kleinezeitung.at/steiermark/ 4595407/MaennerDomaene-faellt_Jetzt-wird-selbst-der-Krampus-weiblich (letzter Zugriff: 17.03.2017).

Pließnig, Michael: Pyrotechnische Show (= Leserbrief, Antwort auf den Leserbrief Huldigung des Satans). *Kleine Zeitung* / Kärnten, 08.12.2007, 79.

Rau, wild und haarig. *Kleine Zeitung* / Kärnten / Aviso, 15.12.2008, 25.

Rauferei: Krampus verletzt. *Kleine Zeitung*, 09.12.2008, 19. URL: http://www.wiso-net.de/webcgi?START=A60&DOKV_DB=KLEI&DOKV_NO=075076069073078 0690952008+12090400040071&DOKV_HS=0&PP=1 (letzter Zugriff: 08.10.2010).

Raunacht im Zauberwald. *Kärntner Tageszeitung*, 03.01.2008, o.S.

Reichmann, Werner (2005): Böses, böses Haloweeen? *Der Standard* / Kommentar der Anderen, 05.11.2005, 31.

Ritter Strache rettet Krampus, Sparschwein und Abendland. *Der Standard*, 17.04.2007. URL: http://derstandard.at/2807772 (letzter Zugriff: 22.12.2011).

Rosentaler Krampustreiben in Ferlach wird der Höhepunkt: Brauchtum und Show. *Rosentaler Kurier* / Lokales, Advent 2007, 10.

Sabur, Rozina: Austrian town reassures asylum-seekers over unusual Christmas tradition. *The Telegraph*, 30.11.2015. URL: http://www.telegraph.co.uk/news/world news/eu rope/austria/12024686/Austrian-town-reassures-asylum-seekers-over-unusual-Christmas-tradition.html (letzter Zugriff: 16.03.2017).

Schager, G.: Kärntens „finstere Gesellen" locken auch New Yorker an. *Kronen Zeitung* / Kärnten, 04.12. 2008, XIIf.

Schaurige Gestalten. *Die Kärntner Woche*, 22.11.2015, 21.

Schaurige Tradition: Krampus- Warnung für Flüchtlinge in Österreich. *Kronen Zeitung*, 02.12.2015. URL: http://www.krone.at/oesterreich/krampus-warnung-fuer-fluecht linge-in-oesterreich-schaurige-tradition-story-485050 (letzter Zugriff: 16.03.2017).

Schild, Stephan: Ein Hausbesuch beim Krampus. *Kleine Zeitung* / Kärnten, 23.11.2007, o.S.

Schild, Stephan: Die Krampuskinder liefen heiß. *Kleine Zeitung* / Klagenfurt, 22.11.2016, 24.

Schlägerei bei Perchtenlauf. *ORF.at*, 03.12.2010. URL: http://ooe.orf.at/stories/485361/ (letzter Zugriff: 15.12.2010).

Schleich, Verena: Nikolaus hat die Jobgarantie. Darsteller gesucht: Allein in den Pfarren sind 170 Nikolos unterwegs, doch der Bedarf ist noch größer. *Die Steirer Woche* / Advent in Graz, 26.11.2008, 40f.

Schleich, Verena: Unschuldsengel und Satansbraten. Himmlisch sexy und höllisch heiß: Zu Krampus und Nikolo sind Dessous besonders verlockend. *Die Steirer Woche* / Magazin – Mode, 26.11.2008, 44f.

Schmerlaib, Martina: In der Innenstadt wird es höllisch. Am Samstag findet in Klagenfurt einer der längsten Krampusumzüge Österreichs statt. *Kleine Zeitung* / Klagenfurt, 25.11.2009, 23.

Schmidt, Colette M. (2013): Die Kunst der Selbstermächtigung eines Grazer Viertels. *Der Standard*, 03.05.2013. URL: http://derstandard.at/1363710008094/Die-Kunst-der-Selbstermaechtigung-eines-Grazer-Viertels (letzter Zugriff: 20.12.2016).

Schulte von Drach, M. (2010): Christkind, Weihnachtsmann und Nikolaus. Wer ist denn dieser Typ in Rot? *Sueddeutsche.de*, 23.12.2010. URL: http://www.sueddeutsche.de/wissen/nikolaus-und-weihnachtsmann-wer-ist-eigentlich-dieser-typ-in-rot-1.891007 (letzter Zugriff: 29.03.2011).

Schwarze Teufel in himmlischer Mission. *Kärntner Tageszeitung*, 3.12.2008, o.S.

Schwarzfurtner, Regina: Den Teufel graust's vor den Leuten! *Kärntner Tageszeitung* / Kärnten, 23.11.2007, 12f.

Sehnsüchtig erwartet: Ob er heute wohl kommt? Eltern und Kinder freuen sich aus anderen Gründen auf den Besuch des Nikolaus... *Kärntner Tageszeitung* / Beilage: Freizeit, 49. Woche / 2008, Titelseite.

SK Austria Kärnten: Siegen oder ab in die Hölle. *Kärntner Tageszeitung*, 30.11.2007, Titelseite.

„So macht man das Geschäft kaputt". *Kärntner Tageszeitung* / Regionen – Klagenfurt, 02.12.2008, 16f.

Sozial gerecht und rot! Der Nikolaus könnte glatt einer von uns sein! Nikolausaktion mit Gaby Schaunig. (= Werbeanzeige der SPÖ Kärnten). *Kärntner Tageszeitung* / Klagenfurt, 05.12.2007, o.S.

Steiner, Bertram Karl: Mit den Musen gegen das Tingeltangel. *Kleine Zeitung* / Kärnten / Kultur, 19.12.2007, 58f.

Steiner, Bertram Karl: „Sauschlachten", die Buam und die tägliche Grausamkeit. *Kärntner Tageszeitung* / Auszeit, 07.12.2008, 48.

Steiner, Clara Milena: Seenteufel: Die Krampus- Mädels sind los! *Kronen Zeitung* / Kärnten, 03.12.2016. URL: http://www.krone.at/kaernten/die-krampus-maedels-sind-los-seenteufel-story-541867 (letzter Zugriff: 17.03.2017).

Steiner, Jasmin: Valentina Dornauer: Ein Krampus mit weiblicher Note. *Kronen Zeitung* / Bundesländer / Tirol, 29.11.2016. URL: http://www.krone.at/tirol/ein-krampus-mit-weiblicher-note-valentina-dornauer-story-541660 (letzter Zugriff: 17.03.2017).

Stückler, Ricki: Größter Krampusumzug feiert 20-Jahr-Jubiläum. *Kärntner Tageszeitung* / Klagenfurt, 23. 11.2011, 18f.

Stückler, Ricki: Hexenkessel bannte Abertausende. *Kleine Zeitung* / Regionen – Klagenfurt, 02.12.2007, 18f.

Stückler, Ricki: Vier Meter große Krampusse. *Kärntner Tageszeitung* / Regionen – Klagenfurt, 29.11.2007, 18f.

Suetschacher Krampusumzug und seine Teilnehmer halten sich: An uralte Regeln. *Rosentaler Kurier* / Lokales, Advent 2007, 10.

Strobl, Bernhard: Krampus oder Percht. Krampusse bei Perchtenläufen, Perchten im Gefolge des Nikolaus. Da soll sich einer auskennen. Maskenschnitzer Wolfgang Gangl weiß die Regeln. *Die Salzburgerin – Das Gesellschaftsmagazin für Salzburg und Bayern*, o.D., 131f. URL: http://www.diesalzburgerin.at/bilder/pdfs_interviews/ gangl.pdf (letzter Zugriff: 28.03.2011).

Tausende beim gruseligen Umzug. *Kleine Zeitung* / Klagenfurt, 27.11.2011.

Teuflisch viel los. *Kleine Zeitung* / Kärnten, 29.11.2015, 28.

Teuflische Gesellen. *Klagenfurter* / Mein Verein, November 2016, 20.

Teuflisches Treiben rund um Klagenfurt. Zottelige Pelze und scheppernde Ketten. *Kärntner Tageszeitung* / Klagenfurt-Anzeigen, 29.11.2007, VIIIf.

Teuflisches Treiben rund um Klagenfurt. Zottelige Pelze und scheppernde Ketten. *Kronen Zeitung* / Klagenfurt-Anzeigen, 29.11.2007, VIIIf.

Um den Krampus und den Nikolaus ist es schlecht bestellt. *Die ganze Woche*, Nr. 49/2015.

Vater klagt gegen Kruzifix – ÖVP will „Kampf aufnehmen" – Streitthema Kreuz. *Kronen Zeitung*, 19.12.2009. URL: http://www.krone.at/oesterreich/vater-klagt-gegen-kruzifix-oevp-will-kampf-aufnehmen-streitthema-kreuz-story-176701 (letzter Zugriff: 26.04.2017).

Villacher exportieren Perchten nach New York. *OE24*, 30.11.2010. URL: http://www.oe24.at/oesterreich/chronik/Villacher-exportieren-Perchten-nach-New-York/115 14845 (letzter Zugriff: 27.02.2007).

Wabnig, Alexander: Die Bart'ln treiben wieder ihr Unwesen. *Kärntner Tageszeitung* / Regionen, 25.11.2009, 16.

Wabnig, Alexander: Auf der Jagd nach Krampussen. *Kärntner Tageszeitung* / Mittelkärnten, 25.11.2009, 19.

Was ein richtiger Nikolo braucht. *Krone bunt*, 06.12.2015, 18.

Weibliche Perchten: Zurück zur Tradition. *meinbezirk.at* – Regionalmedien Austria AG, 09.11.2011. URL: https://www.meinbezirk.at/klagenfurt-land/lokales/weibliche-perchten-zurueck-zur-tradition-d266796.html (letzter Zugriff: 21.03.2017).

Weinpolter, Franz: Armer Nikolaus… (= Leserbrief). *Kronen Zeitung* / Das freie Wort: Briefe an den Herausgeber, 22.11.2014, 36.

Wenn der Krampus rasselt. *Kleine Zeitung* / Kärnten – Sport, 08.12.2009, 61.

Winkler, Bettina: Huldigung des Satans (= Leserbrief). *Kleine Zeitung* / Kärnten, 05.12. 2007, 29.

Wirbel über Nikolo in Kindergärten. *ORF.at* / Diskussion, 28.11.2006. URL: http://wien.orf.at/stories/153934/ (letzter Zugriff: 08.11.2010).

Zebedin, Wolfgang: Ein Krampuslauf ist halt doch kein Ballett. *Kleine Zeitung* / Kärnten-Thema: Brauchtum im Wandel, 05.12.2014, 20f.

Zechner, Christian: Brennende Percht wurde rasch gelöscht. *Kleine Zeitung* / Kärnten, 23.11.2014, 28f.

Zeilinger, Elisabeth: Weibliche Revolution in der heimischen Krampusszene. *Tips* / Linz-Land, 14.12.2016. URL: http://www.tips.at/news/ansfelden/kultur/379132-weibliche -revolution-in-der-heimischen-krampusszene (letzter Zugriff: 17.03.2017).

Zöchling, Christa (2015): Der Grazer Bezirk Gries als Brennpunkt der Integrationsdebatte. *Profil*, 01.04.2015. URL: http://www.profil.at/oesterreich/grazer-bezirk-gries-brennpunkt-integrationsdebatte-5583174 (letzter Zugriff: 20.12.2016).

3. Krampuslauf in Klösterle. *SÜDKURIER Online*, 09.12.2009. URL: http://www.sued kurier.de/region/bodenseekreis-oberschwaben/vorarlberg/3-Krampuslauf-in-Kloes terle;art372497,4073820 (letzter Zugriff: 10.03.2011).

800 gruselige Höllenbiester lehrten Villacher das Fürchten. *Kärntner Tageszeitung / Oberkärnten*, 29.11.2008, o.S.

800 Krampusse: In Villach war wieder die Hölle los. *Kärntner Tageszeitung / Oberkärnten*, 05.12.2009, 17.

1000 schaurige Gesellen eroberten die Innenstadt. *Kärntner Tageszeitung / Klagenfurt*, 27.11.2011, 18f.

Internetquellen

Aktuelles von Andreas Gabalier. URL: http://www.andreas-gabalier.at/news.html (letzter Zugriff: 08.10.2011).

Amazon.de – Die großen Fasnachten Tirols. URL: https://www.amazon.de/gro%C3 %9Fen-Fasnachten-Tirols-Hans-Hrsg/dp/3706623536 (letzter Zugriff: 22.02.2017).

Anmelden und nicht zum Lauf kommen, ist die neueste Art von Gruppen. Krampusmania.at, 28.12.2016. URL: http://krampusmania.at/index.php/Thread/61825-Anmel den-und-nicht-zum-Lauf-kommen-ist-die-neueste-Art-von-Gruppen/?pageNo=1 (letzter Zugriff: 15.03.2017).

Anmeldung eines Krampusverein [sic!] – KRAMPUSMANIA das Original. URL: http://krampusmania.at/index.php?page=Thread&postID=519885&highlight=verein swesen#post519885 (letzter Zugriff: 13.12.2010).

Atrox-Pass Hauptmenu. URL: http://www.atroxpass.com/menu/index.html (letzter Zugriff: 04.01.2009).

Ausländer bei Perchtenlauf – Vorfälle – KRAMPUSMANIA das Original, 16.12.2009. URL: http://krampusmania.at/index.php?page=Thread&threadID=39038 (letzter Zugriff: 15.12.2010).

Ausländer bei Perchtenlauf / Page 1 – Vorfälle – KRAMPUSMANIA. URL: http://kram pusmania.at/index.php/Thread/39038-Ausl%C3%A4nder-bei-Perchtenlauf/?page No=1 (letzter Zugriff: 25.04.2017).

Ausländer bei Perchtenlauf / Page 2 – Vorfälle – KRAMPUSMANIA. URL: http://kram pusmania.at/index.php/Thread/39038-Ausl%C3%A4nder-bei-Perchtenlauf/?page No=2 (letzter Zugriff: 25.04.2017).

Ausländer bei Perchtenlauf / Page 3 – Vorfälle – KRAMPUSMANIA. URL: http://kram pusmania.at/index.php/Thread/39038-Ausl%C3%A4nder-bei-Perchtenlauf/?page No=3 (letzter Zugriff: 26.04.2017).

Ausländer bei Perchtenlauf / Page 4 – Vorfälle – KRAMPUSMANIA. URL: http://kram pusmania.at/index.php/Thread/39038-Ausl%C3%A4nder-bei-Perchtenlauf/?page No=4 (letzter Zugriff: 25.04.2017).

Ausländer bei Perchtenlauf / Page 5 – Vorfälle – KRAMPUSMANIA. URL: http://kram pusmania.at/index.php/Thread/39038-Ausl%C3%A4nder-bei-Perchtenlauf/?page No=5 (letzter Zugriff: 26.04.2017).

Ausländer bei Perchtenlauf / Page 6 – Vorfälle – KRAMPUSMANIA. URL: http://kram pusmania.at/index.php/Thread/39038-Ausl%C3%A4nder-bei-Perchtenlauf/?page No=6 (letzter Zugriff: 24.04.2017).

Ausländer bei Perchtenlauf / Page 7 – KRAMPUSMANIA das Original. URL: http://kram pusmania.at/index.php/Thread/39038-Ausl%C3%A4nder-bei-Perchtenlauf/?page No=7 (letzter Zugriff: 26.04.2017).

Ausländer bei Perchtenlauf / Page 8 – Vorfälle – KRAMPUSMANIA. URL: http://kram pusmania.at/index.php/Thread/39038-Ausl%C3%A4nder-bei-Perchtenlauf/?page No=8 (letzter Zugriff: 24.04.2017).

BM.I – Asylwesen. URL: http://www.bmi.gv.at/cms/BMI_Asylwesen/betreuung/ start.aspx (letzter Zugriff: 03.02.2011).

BM.I – Vereinswesen. URL: http://www.bmi.gv.at/cms/BMIVereinswesen/vereinsbeho erde/start.aspx (letzter Zugriff: 13.12.2010).

BM.I – Vereinswesen. URL: http://www.bmi.gv.at/cms/BMI_Vereinswesen/gruen dung/Erste_Schritte.aspx (letzter Zugriff: 13.12.2010).

Brauchtumsgruppe Kolsassberg. URL: http://www.brauchtumsgruppekolsassberg.com (letzter Zugriff: 05.02.2009; im Mai 2017 nicht mehr online).

Brennerpass. URL: http://www.brennerpass.at.tf (letzter Zugriff: 04.02.2009; im Mai 2017 nicht mehr online).

Bundesgesetz über die Gewährung von Asyl (Asylgesetz 2005 - AsylG 2005). RIS – Gesamte Rechtsvorschrift für Asylgesetz 2005. URL: http://www.ris.bka.gv.at/Gel tendeFassung.wxe?Abfrage=Bundesnormen&Gesetzesnummer=20004240 (letzter Zugriff: 03.02.2011).

Bundesgesetz vom 20. März 1975, mit dem die Beschäftigung von Ausländern geregelt wird (Ausländerbeschäftigungsgesetz - AuslBG). StF: BGBl. Nr. 218/1975 (NR: GP XIII RV 1451 AB 1510, 140. BR: 1325 AB 1327, 340). RIS – Gesamte Rechtsvor schrift für Ausländerbeschäftigungsgesetz. URL: http://www.ris.bka.gv.at/Geltende Fassung.wxe?Abfrage=Bundesnormen&Gesetzesnummer=10008365 (letzter Zu griff: 03.02.2011).

Christkind oder Weihnachtsmann? – Eltern, Kinder & Familie – wer-weiss-was. URL: http://www.wer-weiss-was.de/theme76/article3268722.html (letzter Zugriff: 29.03.2011).

Christkind vs. Weihnachtsmann – dieuniversitätonline (Universität Wien), 23.12.2002. Redaktion: Michaela Hafner. URL: http://www.dieuniversitaet-online.at/beitraege/ news/christkind-vs-weihnachtsmann/10/neste/251.html (letzter Zugriff: 29.03.2011).

Christkind, Weihnachtsmann und Nikolaus – Wissen – süddeutsche. URL: http://www. sueddeutsche.de/wissen/nikolaus-und-weihnachtsmann-wer-ist-eigentlich-dieser-typ-in-rot-1.891007 (letzter Zugriff: 29.03. 2011).

Chronik. URL: http://www.devilsandangel.at/devls/index.php/beispiel-seiten (letzter Zugriff: 27.12.2011).

Chronik – devilsandangels Website!. URL: https://devilsandangel.jimdo.com/chronik/ (letzter Zugriff: 03.05.2017).

Dämonenpass Kamptal – Lexikon – KRAMPUSMANIA das Original. URL: http://kram pusmania.at/index.php?page=LexiconItem&id=80 (letzter Zugriff: 03.01.2012).

Dämonenpass Kamptal – Vereine Niederösterreich – Lexikon – KRAMPUSMANIA das Original. URL: http://krampusmania.at/lexicon/index.php/entry/77-D%C3%A4mo nenpass-Kamptal/ (letzter Zugriff: 04.05.2017).

Dies und das und irgendwas. URL: http://diesdasirgendwas.blogspot.co.at/2014/12/ krampuskarten.html (letzter Zugriff: 22.03.2017).

Die FPÖ und ihre Kritiker. URL: http://www.alanier.at/FPOE.html (letzter Zugriff: 02.06.2017).

Die neue Kraft und soziale Heimatpartei. URL: http://www.alanier.at/FPOE.html (letzter Zugriff: 09.12.2011).

Döbriacher Perchten. URL: http://www.doebriacher.perchten.at (letzter Zugriff: 04.02.2009; im Mai 2017 nicht mehr online).

Eaboch Pass. URL: http://www.eabochpass.at/aktuelles.html (letzter Zugriff: 04.01.2009; im Mai 2017 nicht mehr online).

Eaboch Pass – Über uns. URL: http://www.eabochpass.at/ueberuns.html (letzter Zugriff: 04.02.2009; im Mai 2017 nicht mehr online).

Einladung und Bericht einer Zeitung – Brauchtum – KRAMPUSMANIA das Original. URL: http://krampusmania.at/index.php?page=Thread&threadID=46442 (letzter Zugriff: 13.12.2010).

Einladung und Bericht einer Zeitung – Krampusmania.at, 01.12.2010. URL: http://kram pusmania.at/index.php/Thread/46442-Einladung-und-Bericht-einer-Zeitung/?post ID=686500&highlight=brutalos#post686500 (letzter Zugriff: 20.03.2017).

Facebook – FPÖ – Stark für die HEIMAT. URL: http://de-de.facebook.com/FPOE. StarkFuerDieHeimat (letzter Zugriff: 09.12.2011).

Forschungsstelle Nachkriegsjustiz – Nationalsozialistengesetz 1947. URL: http://www. nachkriegsjustiz.at/service/gesetze/nsg1947.php (letzter Zugriff: 06.06.2011).

FPÖ – Stark für die HEIMAT. URL: http://de-de.facebook.com/FPOE.StarkFuerDie Heimat (letzter Zugriff: 09.12.2011).

FPÖ.at – News. URL: http://www.fpoe.at/news/ (letzter Zugriff: 09.12.2011).

FPÖ – Die soziale Heimatpartei. URL: https://www.fpoe.at/ (letzter Zugriff: 02.06.2017).

Fuchsstoapass – Lexikon – KRAMPUSMANIA das Original. URL: http://kram pusmania .at/index.php?page=LexiconItem&id=462 (letzter Zugriff: 03.01.2012).

Fuchsstoapass – Vereine Salzburg – Lexikon – KRAMPUSMANIA das Original. URL: http://krampusmania.at/lexicon/index.php/Entry/441-Fuchsstoapass/ (letzter Zugriff: 03.05.2017).

Funkenzuft Klösterle: Krampusse. URL: http://www.funkenzunft-kloesterle.at/cms/index. php?id=56 (letzter Zugriff: 10.03.2011).

Gefährliche Krampusse – So wehr ich mich. Tirol-Magazin, 30.11.2006. URL: http:// tirv1.orf.at/magazin/tirol/stories/154467/index.html (letzter Zugriff: 22.04.2017).

Hörner reißen / Page 1 – Vorfälle – KRAMPUSMANIA. URL: http://krampusmania. at/index.php/Thread/28454-H%C3%B6rner-rei%C3%9Fen/?pageNo=1 (letzter Zu griff: 13.04.2017).

Hörner reißen / Page 2 – Vorfälle – KRAMPUSMANIA. URL: http://krampusmania.at/ index.php/Thread/28454-H%C3%B6rner-rei%c3%9Fen/?pageNo=2 (letzter Zugriff: 13.04.2017).

Hörner reißen / Page 3 – Vorfälle – KRAMPUSMANIA. URL: http://krampusmania.at/ index.php/Thread/28454-H%C3%B6rner-rei%c3%9Fen/?pageNo=3 (letzter Zugriff: 13.04.2017).

Hörner reißen / Page 6 – Vorfälle – KRAMPUSMANIA. URL: http://krampusmania.at/ index.php/Thread/28454-H%C3%B6rner-rei%c3%9Fen/?pageNo=6 (letzter Zugriff: 13.04.2017).

Hörner reißen / Page 7 – Vorfälle – KRAMPUSMANIA. URL: http://krampusmania.at/ index.php/Thread/28454-H%C3%B6rner-rei%c3%9Fen/?pageNo=7 (letzter Zugriff: 13.04.2017).

Hörner reißen / Page 9 – Vorfälle – KRAMPUSMANIA. URL: http://krampusmania.at/ index.php/Thread/28454-H%C3%B6rner-rei%c3%9Fen/?pageNo=9 (letzter Zugriff: 13.04.2017).

Hörner reißen / Page 10 – Vorfälle – KRAMPUSMANIA. URL: http://krampusmania.at/ index.php/Thread/28454-H%C3%B6rner-rei%c3%9Fen/?pageNo=10 (letzter Zugriff: 13.04.2017).

Hörner reißen / Page 11 – Vorfälle – KRAMPUSMANIA. URL: http://krampusmania.at/ index.php/Thread/28454-H%C3%B6rner-rei%c3%9Fen/?pageNo=11 (letzter Zugriff: 13.04.2017).

Hörner reißen / Page 13 – Vorfälle – KRAMPUSMANIA. URL: http://krampusmania.at/ index.php/Thread/28454-H%C3%B6rner-rei%c3%9Fen/?pageNo=13 (letzter Zugriff: 13.04.2017).

Hörner reißen – Vorfälle – KRAMPUSMANIA das Original. URL: http://krampusmania.at/index.php?page=Thread&threadID=28454 (letzter Zugriff: 15.12.2010).

http://www.brauchtumsgruppekolsassberg.com. URL: http://www.brauchtumsgruppekol sassberg.com (letzter Zugriff: 05.02.2009).

http://www.brennerpass.at.tf . URL: http://www.brennerpass.at.tf (letzter Zugriff: 04.02.2009).

http://www.eabochpass.at/ueberuns.html. URL : http://www.eabochpass.at/ueberuns.html (letzter Zugriff: 04.02.2009).

HyperBourdieu 1970-1979. WorldCatalogue. (Bearbeitet von Ingo Mörth und Gerhard Fröhlich.) URL: http://hyperbourdieu.jku.at/hb70-79.htm (letzter Zugriff: 30.07.2011).

Ja was war den da los!!! – Vorfälle – KRAMPUSMANIA das Original. URL: http://kram pusmania.at/index.php?page=Thread&threadID=46493 (letzter Zugriff: 15.12.2010).

Ja was war den da los!!! – Vorfälle – KRAMPUSMANIA das Original. URL: http://kram pusmania.at/index.php?page=Thread&threadID=46493 (letzter Zugriff: 15.12.2010; dieses Posting war im April 2017 nicht mehr online).

Ja was war denn da los!!! / Page 1 – KRAMPUSMANIA das Original. URL: http://kram pusmania.at/index.php/Thread/46493-Ja-was-war-denn-da-los/?pageNo=1 (letzter Zugriff: 25.04.2017).

Ja was war denn da los!!! / Page 2 – KRAMPUSMANIA das Original. URL: http://kram pusmania.at/index.php/Thread/46493-Ja-was-war-denn-da-los/?pageNo=2 (letzter Zugriff: 25.04.2017).

Jungschar bildet Heiligen Nikolaus aus – Krampus kann heuer zu Hause bleiben – Diözese Linz Online, 16.11.2006. URL: http://www.dioezese-linz.at/redaktion/ index.php/www.diozese-linz.at/kirchenzeitung/www.dioezese-linz.at/www.haslin gerkeck-pr.at/kirchenzeitung/religion.orf.at/projekt02/news/0511/www.haslinger-keckpr.at/www.dioezese-linz.at/religion.orf.at/projekt02/news/0511/index.php? action_new=Lesen&Article_ID=33814, (letzter Zugriff: 10.05.2011).

KATH.NET – Katholischer Nachrichtendienst, 03.12.2010. URL: http://www.kath.net/ detail.php?id=29212 (letzter Zugriff: 19.05.2011).

kathweb Nachrichten – Katholische Presseagentur Österreichs, 04.12.2010. URL: http:// www.kathpress.at/site/nachrichten/archiv/archive/36223.html?SWS=7df7b45e10700 72c12d920445b76a5cd&ts=0.151460001305888775 (letzter Zugriff: 10.05.2011).

KG Moorteufel Steindorf – Facebook, 20.10.2015. URL: https://www.facebook.com/ groups/327908912300/?fref=ts (letzter Zugriff: 16.03.2017).

Kloesterle – Funkenzunft Klösterle am Arlberg. URL: http://www.klostertal.org/kloester le/de/tmp_1_1698091379/Funkenzunft_Klosterle_am_Arlberg_detail.aspx (letzter Zugriff: 28.03.2011).

Klösterle am Arlberg – Home. URL: http://www.kloesterle.com/vermieter/index .php?id=346 (letzter Zugriff: 10.03.2011).

Klösterle am Arlberg: Infos zur Aufnahme. URL: http://www.kloesterle.com/vermieter/ index.php?id=371 (letzter Zugriff: 10.03.2011).

KMU Marketing Agentur: Skandal ! Auch heuer kein Perchtenlauf!, 14.11.2011. URL: http://www.vi2day.at/world/item/1312-skandal-auch-heuer-kein-perchtenlauf- (letzter Zugriff: 27.02.2007).

Krampe.at – Krampusgruppe Hollenburg & Köttmannsdorf. URL: http://www.krampe.at/ chronik.php (letzter Zugriff: 04.02.2009; im Mai 2017 nicht mehr online).

Krampus-Pass d'Wienerwoid Teif'ln – Spaß mit der Pass. URL: http://www.wiener waldteufel.at/startseite.htm (letzter Zugriff: 26.08.2011).

Krampus-Power – Über uns. URL: http://www.krampus-power.at/?path=content&con tentid=11 (letzter Zugriff: 04.02.2009; im Mai 2017 nicht mehr online).

Krampusclub Teufelsportal – Facebook. URL: http://www.facebook.com/group.php? gid=419518850088 (letzter Zugriff: 03.03.2011).

Krampuslauf in Klösterle – Nachrichten – Vorarlberg Online – das Nachrichten Portal, 29.11.2010. URL: http://www.vol.at/news/tp:meinegemeinde:kloesterle/artikel/ krampuslauf-in-kloesterle/cn/news-20101129-04150754 (letzter Zugriff: 10.03.2011).

Krampuslauf Ossiach 2017 „20 Jahre Moorteufel" – Krampuszeit.at. URL: http://www. krampuszeit.at/event/__trashed/ (letzter Zugriff: 16.03.2017).

KRAMPUSMANIA. URL: http://krampusmania.at/ (letzter Zugriff: 02.03.2017).

KRAMPUSMANIA das Original. URL: http://www.krampusmania.at/ (letzter Zugriff: 03.01.2012).

Krampusmuseum. URL: http://krampusmuseum.suetschach.com/ (letzter Zugriff: 04.02.2009; im Mai 2017 nicht mehr online).

Krampusse sind nicht mehr das selbe! – Brauchtum – KRAMPUSMANIA das Original. URL: http://krampusmania.at/index.php?page=Thread&threadID=46835 (letzter Zugriff: 31.12.2010).

Krampusmuseum. URL: http://krampusmuseum.suetschach.com/ (letzter Zugriff: 04.02.2009).

Krampusstammtisch – Mitgliederliste. URL: http://www.krampus-stammtisch.com/wbb2/memberslist.php (letzter Zugriff: 31.12.2010).

Krampusstammtisch – Portal. URL: http://www.krampus-stammtisch.com/wbb2/hmportal.php (letzter Zugriff: 31.12.2010).

Krampustreff – Portal. URL: http://www.krampustreff.at/wbb3/index.php (letzter Zugriff: 03.03.2011).

Krampustreff – Portal. URL: http://www.krampustreff.at/wbb2/hmportal.php (letzter Zugriff: 31.12.2010).

Krampustreff – Portal. URL: http://www.krampustreff.at/wbb3/index.php (letzter Zugriff: 03.03.2011).

Lexikon – KRAMPUSMANIA das Original. URL: http://krampusmania.at/index.php?page=Lexicon (letzter Zugriff: 13.12.2010).

Lexikon – KRAMPUSMANIA das Original (Vereine). URL: http://krampusmania.at/index.php?page=Lexicon&lexiconID=1 (letzter Zugriff: 28.03.2011).

Lexikon – KRAMPUSMANIA das Original (Schnitzer). URL: http://krampusmania.at/index.php?page=Lexicon&lexiconID=3 (letzter Zugriff: 28.03.2011).

Lexikon – KRAMPUSMANIA das Original (Ausstatter). URL: http://krampusmania.at/index.php?page=Lexicon&lexiconID=4 (letzter Zugriff: 28.03.2011).

Lexikon – KRAMPUSMANIA das Original (Pyrotechnikbetriebe). URL: http://krampusmania.at/index.php?page=Lexicon&lexiconID=5 (letzter Zugriff: 28.03.2011).

Lexikon – KRAMPUSMANIA das Original (Stickereien). URL: http://krampusmania.at/index.php?page=Lexicon&lexiconID=6 (letzter Zugriff: 28.03.2011).

Liadnbering Teufeln. URL: http://www.liadnbering-teufeln.at/teufel.htm (letzter Zugriff: 04.02.2009; im Mai 2017 nicht mehr online).

Magistrat Graz – BürgerInnenamt SMI (Referat Statistik) (2016): Aktuelle Bezirks-Bevölkerungsstatistik Gries (Tabelle: Entwicklung der Hauptwohnsitze des Monats Oktober 2010 bis 2016). URL: http://www1.graz.at/statistik/Bev%C3%B6lkerung/Bezirksauswertungen/Bezirk_final_05.pdf (letzter Zugriff: 20.12.2016).

Magistrat Graz – BürgerInnenamt SMI (Referat Statistik) (2016): Aktuelle Bezirks-Bevölkerungsstatistik Lend (Tabelle: Entwicklung der Hauptwohnsitze des Monats Oktober 2010 bis 2016). URL: http://www1.graz.at/statistik/Bev%C3%B6lkerung/Bezirksauswertungen/Bezirk_final_04.pdf (letzter Zugriff: 20.12.2016).

Mantus Pass - Hainfeld – Lexikon – KRAMPUSMANIA das Original. URL: http://krampusmania.at/index.php?page=LexiconItem&id=1206 (letzter Zugriff: 03.01.2012).

Mantus Pass - Hainfeld – Vereine Niederösterreich – Lexikon – KRAMPUSMANIA das Original. URL: http://krampusmania.at/lexicon/index.php/Entry/1076-Mantus-Pass-Hainfeld/ (letzter Zugriff: 03.05.2017).

Mitglieder – KRAMPUSFORUM. URL: http://tuiflmania.at/wbb3/index.php?page=MembersList (letzter Zugriff: 03.03.2011).

Mitglieder – KRAMPUSMANIA. URL: http://krampusmania.at/index.php/MembersList/ (letzter Zugriff 02.03.2017).

Mitglieder – KRAMPUSMANIA das Original. URL: http://krampusmania.at/index.php? page=MembersList (letzter Zugriff: 03.03.2011).

Mitglieder – Krampustreff / Portal. URL: http://www.krampustreff.at/wbb3/index.php? page=MembersList (letzter Zugriff: 03.03.2011).

Mitgliederliste – Krampus-Stammtisch. URL: http://www.krampus-stammtisch.com/ wbb2/memberslist.php (letzter Zugriff: 03.03.2011).

Monte Larix Pass – Lexikon – KRAMPUSMANIA das Original. URL: http://krampus mania.at/index.php?page=LexiconItem&id=660 (letzter Zugriff: 03.01.2012).

Morax. URL: http://www.morax-pass.at/morax.html (letzter Zugriff: 04.01.2009).

Monte Larix Pass – Vereine Steiermark – Lexikon – KRAMPUSMANIA das Original. URL: http://krampusmania.at/lexicon/index.php/Entry/631-Monte-Larix-Pass/ (letzter Zugriff: 03.05.2017).

Nutzungsbestimmungen – KRAMPUSMANIA das Original. URL: http://krampusmania. at/index.php/Terms/?s=b7d24d4f97112c88fbb16d8c3fda00b043eaa12e (letzter Zugriff: 01.05.2017).

Österreich: „Daham statt Islam" – International – Politik – Österreich. URL: http://www. tagesspiegel.de/politik/international/daham-statt-islam/757274.html (letzter Zugriff: 02.06.2017).

Offizielle Homepage von Andreas Gabalier. URL: http://www.andreas-gabalier.at/ (letzter Zugriff: 08.10.2011).

Pass Gründung – Sonstiges – KRAMPUSMAIA das Original. URL: http://krampusmania. at/index.php?page=LexiconItem&id=806 (letzter Zugriff: 29.03.2011).

Pass – Lexikon – KRAMPUSMAIA das Original. URL: http://krampusmania.at/index. php?page=LexiconItem&id=806 (letzter Zugriff: 29.03.2011).

Perchten. URL: http://www.perchten.at/site07/ (letzter Zugriff: 25.11.2008).

Perchten.at – Perchtengruppen Österreich – Portal. URL: http://www.perchten.at/site07/ content/category/4/23/32/ (letzter Zugriff: 03.03.2011).

Perchtengruppen – Perchten.at – Perchtengruppen Österreich. URL: http://www.perchten. at/site07/content/category/4/23/32/ (letzter Zugriff: 03.03.2011).

Polizist von randalierendem Krampus verletzt / Page 1 – Vorfälle – KRAMPUSMANIA. URL: http://krampusmania.at/index.php/Thread/46551-Polizist-von-randalierendem-Krampus-verletzt/?pageNo=1 (letzter Zugriff: 13.04.2017).

Polizist von randalierendem Krampus verletzt / Page 2 – Vorfälle – KRAMPUSMANIA. URL: http://krampusmania.at/index.php/Thread/46551-Polizist-von-randalierendem-Krampus-verletzt/?pageNo=2 (letzter Zugriff: 13.04.2017).

Polizist von randalierendem Krampus verletzt – Vorfälle – KRAMPUSMANIA das Original. URL: http://krampusmania.at/index.php?page=Thread&threadID=46551 (letzter Zugriff: 15.12.2010).

Portal MedienGewalt.de. URL: http://www.mediengewalt.de/ (letzter Zugriff: 04.01. 2011).

Portal – KRAMPUSMANIA das Original. URL: http://www.kaem.at/wbb2/hmportal.php (letzter Zugriff: 25.11.2008).

Portal – KRAMPUSMANIA das Original. URL: http://ks.krampusportal.at/index.php? page=portal (letzter Zugriff: 05.04.2011).

Portal – TEUFELSPORTAL – DER KRAMPALRATSCH. URL: http://www.teufels portal.com/index.php?page=Portal (letzter Zugriff: 19.05.2011).

Posteingang – Private Nachrichten – KRAMPUSMANIA das Original. URL: http://kram pusmania.at/index.php?page=PMView&pmID=512875&folderID=0&pageNo=1& sortField=time&sortOrder=DESC&filterBySender=0#pm512875 (letzter Zugriff: 25.11.2011).

Probleme bei der Bestimmung der Grundgesamtheit – Freie Universität Berlin. URL: http://web.neuestatistik.de/inhalte_web/content/MOD_27531/html/comp_27607.htm l (letzter Zugriff: 07.04.2011).

Rettei – Galerie – KRAMPUSMANIA das Original. URL: http://krampusmania.at/index. php?page=UserGalleryPhoto&photoID=129&commentID=413#comment413 (letzter Zugriff: 02.12.2011).

RFJ-Steiermark: Unsere Frauen sind kein Freiwild!, 23.03.2016. URL: http://www.fpoe-stmk.at/news-detail/rfj-steiermark-unsere-frauen-sind-kein-freiwild/ (letzter Zugriff: 22.03.2017).

Riettuefel – Über uns. URL: http://www.riettuefeltriber.ch/ (letzter Zugriff: 03.05.2017).

Rute gegen Pferdeschweif tauschen??? / Page 2 – Vorfälle – KRAMPUSMANIA. URL: http://krampusmania.at/index.php/Thread/29186-Rute-gegen-Pferdeschweif-tauschen/?pageNo=2 (letzter Zugriff: 12.04.2017).

STATISTIK AUSTRIA, Bevölkerungsprognose 2016. URL: http://www.statistik.at/web_ de/statistiken/menschen_und_gesellschaft/bevoelkerung/demographische_prognosen /bevoelkerungsprognosen/index.html#index1 (letzter Zugriff: 17.05.2017).

STATISTIK AUSTRIA, Registerzählung 2011: Gemeindetabelle Österreich, erstellt am 19.11.2013 (registerzaehlung_2011_gemeindetabelle_oesterreich.pdf). URL: https:/ /www.statistik.at/web_de/statistiken/menschen_und_gesellschaft/bevoelkerung/volk szaehlungen_registerzaehlungen_abgestimmte_erwerbsstatistik/index.html (letzter Zugriff: 16.05.2017).

STATISTIK AUSTRIA, Volkszählung 2001, Probezählung 2006 (Gebietsstand 2006), erstellt am 04.12.2008 (bevölkerung_2001_und_2006_nach_politischen_bezirken_ einschl_veraenderung_034337[1].pdf). URL: http://www.statistik.at/web_de/statis tiken/bevoelkerung/volkszaehlungen_registerzaehlungen/bevoelkerungsstand/index. html (letzter Zugriff: 10.03.2011).

Suchergebnisse – KRAMPUSMANIA das Original. URL: http://krampusmania.at/index. php?form=Search&searchID=208170&highlight=vereinsgr%C3%BCndung (letzter Zugriff: 13.12.2010).

Suchergebnisse – KRAMPUSMANIA. URL: http://krampusmania.at/index.php/Search Result/98761/?highlight=vorf%C3%A4lle (letzter Zugriff: 12.04.2017).

TeachersNews – Katholische Jungschar: Rettet den Nikolaus! URL: http://www.teachers news.at/artikel/schulformen/kindergarten/003828.php (letzter Zugriff: 10.05.2011).

Teufelpass Volders / Fallen Angels. URL: http://www.fallen-angels.at/ (letzter Zugriff: 13.04.2017).

Tod und Toter Körper. URL: http://www.todundtoterkoerper.eu/projekt2.php (letzter Zugriff: 20.04.2011).

TP INFORMIERT – Das neue Teufelsportal. URL: http://www.teufelsportal.com/index. php?pag=Thread&threadID=31 (letzter Zugriff: 20.05.2011).

Über uns. URL: http://www.krampus-power.at/?path=content&contentid=11 (letzter Zugriff: 04.02.2009).

UMFRAGE: Wie zufrieden seit Ihr mit KRAMPUSMANIA.AT ???, 06.01.2017. URL: http://krampusmania.at/index.php/Thread/61839-UMFRAGE-Wie-zufrieden-seit-Ihr -mit-KRAMPUSMANIA-AT/?postID=802881&highlight=facebook#post802881 (letzter Zugriff: 09.03.2017).

Unabhängiges Krampus und Perchten-Portal. URL: http://www.teufelskreis.info/ (letzter Zugriff: 28.12.2010; im Mai 2017 nicht mehr online).

Unabhängiges Krampus und Perchten-Portal – teuefelskreis.info – PageInsider.com. URL: http://www.pageinsider.com/teufelskreis.info (letzter Zugriff: 31.12.2010).

Und für die Grünen der Krampus! – Die Grünen Krems, 21.12.2006. URL: http://krems. gruene.at/allgemeines/artikel/lesen/16498/ (letzter Zugriff: 22.12.2011).

Verein Pro-Christkind. URL: http://www.pro-christkind.net/php/portal.php (letzter Zugriff: 29.03.2011).

Verzeichnis Vereine – KRAMPUS-STAMMTISCH. URL: http://www.krampus-stamm tisch.com/wbb2/board.php?boardid=91 (letzter Zugriff: 03.03.2011).

Verzeichnis Vereine – Lexikon – KRAMPUSMANIA das Original. URL: http://krampus mania.at/index.php?page=Lexicon&lexiconID=1 (letzter Zugriff: 03.03.2011).

Vorfälle – KRAMPUSMANIA das Original. URL: http://krampusmania.at/index.php? page=Board&boardID=89 (letzter Zugriff: 13.12.2010).

Webmail: Posteingang – Das neue Teufelsportal, 11.05.2011. URL: https://webmail. tugraz.at/horde/index.php?url=https%3A%2F%2Fwebmail.tugraz.at%2Fhorde%2F (letzter Zugriff: 20.05.2011).

Weihnachtsmannfreie Zone – brauchwiki. URL: http://www.brauchwiki.de/Weihnachts mannfreie_Zone (letzter Zugriff: 29.03.2011).

Weihnachtsmannfreie Zone – Startseite. URL: http://weihnachtsmannfreie-zone.de/ (letzter Zugriff: 29.03.2011).

Willkommen Österreich – Das Web-Portal zur Sendung. URL: http://www.willkommen-tv.at/artikel.php?id=251 (letzter Zugriff: 06.12.2011).

Wollen wir das wirklich??? – Vorfälle – KRAMPUSMANIA. URL: http://krampusmania. at/index.php/Thread/38587-Wollen-wir-das-wirklich/?postID=597028&highlight= h %25C3%25B6rner%2Brei%25C3%259Fen#post597028 (letzter Zugriff: 12.04. 2017).

www.krambay.at – Facebook. URL: http://www.facebook.com/pages/wwwkrambayat/ 420389980680?sk=info (letzter Zugriff: 30.03.2011).

www.steinfeldteufel.at. URL: http://www.steinfeldteufel.at/index.php/kontakt.html (letzter Zugriff: 02.03.2011).

www.zerberus.at. URL: http://www.zerberus.at/index1 (letzter Zugriff: 02.03.2011).

Zerstört Facebook die Brauchtumsgemeinschaft? URL: http://krampusmania.at/index.php/ Thread/60801-Zerst%C3%B6rt-Facebook-die-Brauchtumsgemeinschaft/?postID=79 9745&highlight=facebook#post799745, 19.05.2015 (letzter Zugriff: 09.03.2017).

Zu viele Gruppen...! – Vorfälle – KRAMPUSMANIA. URL: http://krampusmania.at/index.php/Thread/37925-Zu-viele-Gruppen/?postID=586334&highlight=h%25C3%25B6rner%2Brei%25C3%259Fen#post586334 (letzter Zugriff: 12.04.2017).

Zurück zum Ursprung! KRAMPUSLAUF WIE IN ALTEN ZEITEN. URL: http://de-de.facebook.com/pages/Zur%C3%BCck-zum-Ursprung-KRAMPUSLAUF-WIE-IN-ALTEN-ZEITEN/172342376667 (letzter Zugriff: 06.12.2011).

(14) Lexikon – KRAMPUSFORUM. URL: http://tuiflmania.at/wbb3/index.php?page=Lexicon&lexiconID=1 (letzter Zugriff: 03.03.2011).

(15) Portal – www.krampusforum.at. URL: http://www.tuiflmania.at/wbb3/index.php?page=Portal (letzter Zugriff: 31.12.2010).

Sonstige Quellen

Echt steirisch. Steirer Karo. Wiederentdeckt und der Nachwelt zugänglich gemacht durch Rettl 1868 ©, Werbefolder.

Nikolospringen mit Krampuslauf. Do., 8. Dezember 2011. Alle Familien sind herzlich Willkommen! Flyer der FPK Klagenfurt. Ausgeteilt beim 20. Klagenfurter Krampusumzug am 26.11.2011.

Stadt – Land. Radiosendung in Radio Kärnten. Interview mit Wolfgang Lattacher. Fr., 28.12.2007, 09:03 bis 11:03 Uhr (Interview 10.03 bis 10.25 Uhr).

Printed by Printforce, the Netherlands